기독교문서선교회 (Christian Literature Center: 약칭 CLC)는 1941년 영국 콜체스터에서 켄 아담스에 의해 시작되었으며 국제 본부는 미국 필라델피아에 있습니다.
국제 CLC는 59개 나라에서 180개의 본부를 두고, 약 650여 명의 선교사들이 이동 도서차량 40대를 이용하여 문서 보급에 힘쓰고 있으며 이메일 주문을 통해 130여 국으로 책을 공급하고 있습니다. 한국 CLC는 청교도적 복음주의 신학과 신앙 서적을 출판하는 문서선교기관으로서, 한 영혼이라도 구원되길 소망하면서 주님이 오시는 그날까지 최선을 다할 것입니다.

박영호 박사
전 한국성서대학교 교수, 언약신학원 원장

'찰스 스펄전'(Charles Haddon Spurgeon, 1834-1892)은 마지막 '청교도 황태자'이며 '설교의 대왕'이었다. 그는 에섹스의 지방 도시인 캘버던에서 태어났다. 그의 유년기 교육은 조합 교회 목사인 할아버지 '제임스 스펄전'에게 맡겨졌다. 할아버지는 런던의 헉스턴대학 출신으로 청교도 신앙으로 무장한 실력이 있는 목사였다. 그는 스탬본(stambourne) 교구의 성도들로부터 사랑과 존경을 받았다. 아버지 '존 스펄전'은 톨즈베리 회중교회 목사였고 공산업자 사무실에서 점원으로도 일했다.

'스펄전'은 할머니 '사라'와 고모인 '앤'으로부터 영적성장에 많은 영향을 받았다. 7세부터 13세까지 콜체스터에서 초등교육을 받았으며, 라틴어·기하학·고전·수학 등을 열심히 공부했다. 14세 때에 성 어거스틴 농업학교로 전학을 갔으며 뛰어난 기억력과 상상력을 키우며 공정하고 정직한 소년으로 성장하였다.

1984년에는 뉴마켓 마을의 침례교도가 운영하는 학교에 입학했다. 이때 그는 상식적으로, 이론적으로 알고 있었던 구원을 개인적으로 체험하게 되었다. 어느 주일 날 눈보라가 쳐서 길이 막혀 목사가 오지 못해 구두수선공이나 재단사 같은 한 남자가 설교단에서 이사야 45:22에 근거하여 <예수를 바라보라>고 외쳤다. 이 설교를 통해 구원의 확신과 회심의 체험을 했다. 영적으로 거듭난 것이다. 그는 1850년 5월 3일 침례를 받았고, 케임브리지의 성 앤드루스 침례교회에 출석하여 평신도 순회설교자가 되었다.

'스펄전'은 17세 때인 1851년 10월 어느 주일 워터비치(waterbeach) 침례교회의 담임목사로 청빙을 받았다. 처음 그곳에서 목회를 시작했을 때는 40여 명이 모였으나 곧 400명 이상이 되었다. 그의 설교를 듣고 폭력·난동·술주정 같은 것들은 이 마을에서 완전히 사라져 버렸다. 그가 19세 때인 1853년 12월 18일 런던의 뉴 파크 스트리트 침례교회에서 설교를 하게 되었다. 그는 자연스럽게 <빛 되신 하나님 아버지와 그 아들 예수 그리스도>에 대하여 설교하였다. 청중들은 흥분하였다. 예배가 마쳤음에도 돌아가지 않고 기쁨에 넘쳐 있었다. 이들은 밤 예배 때에 이 놀라운 청년의 설교를 들어보라고 많은 사람을 초청하였다. 밤 예배 후에도 성도들은 그의 설교에 압도당하여 자기 교회 설교자로 남아 달라고 간청하였다.

'스펄전'은 자신이 대학 교육을 받지 못했다고 말하고 이 교회에서 설교할 사람이 아님을 강조했다. 그들은 "당신이 대학을 나왔다면 그렇게 많은 흥미와 열성을 가지고 있지 않았을 것입니다"라고 '스펄전'을 붙들었다. 2주간을 이 교회에서 더 보내고 워터비치에 돌아온 '스펄전'은 이제 정식 담임 목사로 청빙을 하겠다는 뉴파크 스트리트 집사들의 청원을 받게 되었다.

그리하여 1854년 2월 19세의 젊은 시골 목사가 런던의 강단에 서게 되었다. '스펄전'은 이곳에서 사역하기 시작하면서부터 존경하여 붙여준 목사(Reverend) 칭호를 거절하고 목자(Pastor)로 불러주도록 부탁하였으나 교회는 1865년에야 그의 청을 들어주었다.

'스펄전'의 설교는 그의 신학의 핵이다. 그는 설교를 모든 사역 중에서 가장 중요한 과제로 삼았다. 그가 『목회자 후보생들에게』준 강의에서도 설교에 관한 강좌가 대부분을 차지하며, 그 내용은 중요하다.

첫째, 설교는 하나님의 말씀을 선포하는 것이다.
둘째, 하나님의 말씀을 설교하는 자는 자나 깨나 기도로 준비해야 한다.
셋째, 설교는 가르치는 내용이 있어야 하며, 그 내용은 건전하고 본질적이어야 할 뿐 아니라 풍성한 교리가 있어야 한다.
넷째, 설교의 본문 선택에 신중을 기해야 한다.
다섯째, 설교자는 하나님만 의지하여 담대히 말씀을 선포해야 한다.
여섯째, 설교자는 음성을 잘 관리해야 한다. 부드럽고 자연스러운 맑은 목소리를 내는 것이 중요하다.
일곱째, 설교 전달에 있어서 자세와 태도 그리고 몸짓에 신경을 써야 한다.
여덟째, 설교에 예화를 사용하는 기술을 터득해야 한다.
아홉째, 설교는 본문을 떠나서는 안 된다.

'윌리암 니콜'(William Robertson Nicholl)은 "모든 젊은 목회자들은 스펄전 설교의 보고에 그들의 영혼을 푹 적셔야 하며, 구령의 비밀과 인생을 건축하는 비밀들을 배워야 한다"[1]고 했다. '스펄전'은 사도 바울 이후 전기독교인의 세계에서 가장 유능한 설교자였다. 그의 <감각에의 호소>(sense appeal)[2]는 귀한 복음의 내용물을 제시하기 위한 보자기였다.

'스펄전'은 설교의 클라이맥스에 가서 시각에 호소하는 한 위대한 언어그림(word picture)을 그렸다.

> 갈보리 십자가, 예수님의 피 흘리는 손에서 자비가 떨어집니다.
> 겟세마네 동산, 구세주의 피 흘리는 자국에 용서가 맺힙니다.
> 부르짖음이 들립니다.
> "나를 앙망하라. 그리하면 구원을 얻으리라."
> 그곳을 보십시오. 당신을 위해 못 박힌 두 손, 당신을 위해 피를 뿜어낸 두 발, 그 품이 당신을 향해 열려 있습니다.
> 만일 그대가 어떻게 자비를 구해야 할지 모른다면,
> 자! 여기 있습니다.
> "보십시오!"[3]

'스펄전'은 19세기 사람이었지만 이미 십자가가 가르치는 복음의 진수를 깨닫고 있었다. 그는 삼위 일체 하나님의 통치적 주권(수직적 영역)을 영접했을 뿐 아니라, 그 시대가 안고 있는 소외받은 사람들(수평적 영역)에 대한 사랑의 배려를 잊지 않았다. 그가 수행한 수직적 영역은 설교를 통한 직접적 말씀 선포와 목회 사역, 곳곳에 돌아다니면서 성경과 신앙 서적을 배부하는 컬포처스협회(the Colporteurs' Association)의 감독 및 운영, 신앙 월간지 「검과 삽」[1](The Sword and the Trowel)의 발

---

1 A. W. Blackwood, *Preaching from the Bible* (New York: Abingdon Cokesbury Press, 1941), 27.
2 '감각에의 호소'라는 말은 설교에서 외적인 자극의 사용없이 오관을 활동시키는 기술을 뜻한다.
3 George C. Lorimer, Charles H. Spurgeon, *The Puritan Preacher* (Boston: James H. Earle), 14-15.

행, 그리고 그가 정열적으로 집필해 내놓은 설교집 등을 말할 수 있겠다.

'스펄전'이 관심을 가진 수평적 영역은 사회에서 냉대받고 있는 고아들과 노인들이었다. 그는 런던에서 10만여 명의 아이들이 빈곤으로 거리를 배회하고, 감옥에 가거나 어린 나이로 죽는 것을 알게 되었다. 집 없는 고아들이 "시장의 쓰레기 더미에 모여들어서 버려진 자두, 오렌지, 사과 등-더위로 부패된 덩어리-을 오리와 돼지같이 게걸스럽게 먹고" 있다는 정보도 입수했다. 1866년 여름 '스펄전'은 한 저녁 기도 모임에서 이렇게 말했다.

> 사랑하는 친구 여러분!
> 우리는 커다란 교회입니다. 따라서 이 거대한 도시에서 주님을 위한 보다 많은 일을 해야만 합니다. 나는 오늘 밤, 우리가 주님께 새로운 일을 보내 달라고 간구하기를 원합니다. 그리고 만약 그 일을 하기 위해 돈이 필요하다면 그 돈을 마련하기 위한 방도를 주님께서 보내 주시기를 간구합니다.[4]

'스펄전'의 기도는 응답되었다. 며칠 후 그는 영국교회 성직자 미망인인 '힐야드' 부인으로부터 20,000파운드의 거금을 기부하겠다는 편지를 받았다. '스펄전'은 이 기금으로 고아원을 운영하기로 계획하고 그의 교회에서 그리 멀지 않은 스톡웰 지역에 2.5에이커의 땅을 구입하였다. '힐야드' 부인 외에도 많은 사람이 '스펄전'의 계획에 감동을 받고 헌금해 주었다.

곧 일련의 건물들이 지어졌다. 각 집에는 "14명의 소년이 수용되고, 아이들의 어머니 격인 보모가 한 명씩 집을 보살폈다. 그리고 예절과 일반교육, 기독교 교육 등을 개인적인 친밀함과 즐거움으로 가르치도록 했다." 건물 중에는 체육관, 큰 식당, 진료소 그리고 수영장이 있었다. 그 시대에 수영장 시설이 고아원에 설치되었다는 것은 놀라운 일이다.

'스펄전'은 침례교도였지만 실천 목회에 있어서는 칼빈주의의 근본 원칙과 청교도 정신의 진수를 그와 공유한 인물들에게 항상 마음을 열고 동역을 하였다.

---

4 정준기, 『청교도 인물사』(서울: 생명의말씀사, 1996), 316.

고아원에 소년들을 수용한 지 10년 후 소녀들을 위한 비슷한 건물이 세워졌다. 고아들은 교파에 관계없이 받아들여졌다. 백인은 물론 흑인도 있었고, 심지어 유대인도 있었다.

'스펄전'은 고아뿐만 아니라 노인들에게도 정성 어린 배려를 했다. 그가 런던에 왔을 때 그의 전임자인 '존 리폰'(John Rippon) 목사의 사역을 알게 되었다. '리폰' 목사는 가난한 미망인들을 위해 사립 양로원인 암즈하우스(Almshouse)를 세워 매주 약간의 돈을 그들에게 지급했었다. '스펄전'은 이 양로원 사역을 기쁘게 인계를 받았고, 메트로폴리탄교회가 세워지자 교회 근교에 새로운 양로원을 신축하였다. 새 건물은 17개의 작은 집으로 이루어졌고, 이 집에 살게 된 할머니들에게 음식과 옷 그리고 다른 생필품들을 공급하였다.

'스펄전'은 여러 면에서 '최후의 청교도'였다. 이 말은 그가 청교도 정신의 최후의 인물이라는 말이 아니다. '스펄전'과 같이 칼빈주의 청교도 정신을 계승한 사람이 도처에 있을 수 있기 때문에 문자적 의미의 '최후의 청교도'라는 별칭을 그에게 붙여 줄 수는 없다. 그러나 '스펄전'을 '청교도 창시자'인 '존 낙스'와 비교해 보면 이 별칭은 타당성을 갖는다.

우리는 '낙스'가 진리를 지키는 데 억척스러울 정도로 비타협적이었고, 복음 때문에 잔혹하리만큼 냉정하고 까다로운 사람인 것을 안다. '스펄전'도 '낙스'의 복음주의 신앙과 정신을 경모하였다.

'스펄전'은 '낙스'의 정신을 따라 진리 싸움에 과감히 뛰어들었으며, 진보주의자들과 야합하지 않고 그들의 모임에서 탈퇴하였다. 그는 '낙스'의 전투 정신으로 살았기에 '최후의 청교도'라는 별명을 받을 자격이 있다. '스펄전'은 청교도 존 번연의 『천로역정』을 100독 한 후, 자기 몸에는 <천로역정의 피>가 흐르고 있다는 유명한 말을 남긴 최후의 청교도 임이 분명하다.

'스펄전'은 근면한 성경 연구, 야심과 욕심 없는 공생애, 소외당한 자들에 대한 그의 연민 그리고 무엇보다도 죽어 있는 영혼들을 소생시키기 위해 타는 듯한 정열로 선포하는 그의 칼빈주의적 교리 설교는 그의 시대뿐만 아니라 오늘 그리고 미래의 사람들에게 큰 영향을 끼칠 것이다. 그는 모든 사람이 구원을 받을 수 있다고 설교하면서 실제로는 아무도 구원하지 못하는 보편적 구원론을 공격하였다.

'스펄전'은 제한적 구원을 가장 복음적으로 힘 있게 설교하였다. 그의 성경적인 가르침은 오늘날의 교회에 안정을 제공할 수 있다. 그것은 하나님의 사랑의 다양한 측면들을 수용하면서 하나님의 주권과 인간의 책임에 균형을 유지하도록 하기 때문이다.

본서 『스펄전 목사의 자서전』을 출간하면서 기쁜 마음으로 추천하고 발행한다.

스펄전 목사의 자서전

초기 생애(1834-1859)

C. H. SPURGEON Autobiography Volume 1: The Early Years
Written by Kwang sik Lee
All rights reserved.
Korean Edition Copyright ⓒ 2022 by Christian Literature Center, Seoul, Korea

스펄전 목사의 자서전: 초기 생애(1834-1859)

2022년 6월 20일 초판 발행

| 지 은 이 | 찰스 해돈 스펄전
| 옮 긴 이 | 이광식

| 편 집 | 이경옥
| 디 자 인 | 김소영, 서민정
| 펴 낸 곳 | (사)기독교문서선교회
| 등 록 | 제16-25호(1980.1.18.)
| 주 소 | 서울특별시 서초구 방배로 68
| 전 화 | 02-586-8761~3(본사) 031-942-8761(영업부)
| 팩 스 | 02-523-0131(본사) 031-942-8763(영업부)
| 이 메 일 | clckor@gmail.com
| 홈페이지 | www.clcbook.com
| 송금계좌 | 기업은행 073-000308-04-020 (사)기독교문서선교회
| 일련번호 | 2022-49

ISBN 978-89-341-2400-9 (04230)
ISBN 978-89-341-2399-6 (세트)

이 책의 저작권은 저자와 (사)기독교문서선교회가 소유합니다. 신저작권법에 의하여 한국 내에서 보호받는 저작물이므로 무단 전재와 무단 복제를 금합니다.

C. H. SPURGEON Autobiography Volume 1: The Early Years

스펄전 목사의 자서전
초기생애(1834-1859)

찰스 해돈 스펄전 지음
이광식 옮김

SPURGEON

CLC

1. 인상적인 자세를 취하고 있는 스펄전

인사말

우리는 다시 루터, 칼빈, 번연, 화이트필드 같은 사람들, 즉 영적으로 싸워서 시대의 획을 그으며, 그 이름만으로도 원수 사탄들의 귀에 공포를 드리우는 사람들을 원한다. 우리는 그런 사람들을 간절히 필요로 한다.

그들이 어디에서 올 것인가?

그들은 교회에 주시는 예수 그리스도의 선물이며, 때가 되면 우리에게 올 것이다. 그분에게는 다시금 설교자들의 황금시대를 우리에게 주실 권세가 있다. 청교도 시대에 그랬듯이, 위대한 신학자들과 강력한 목사들이 있는 풍요로운 시대를 주실 권세가 그분에게 있다. 재단 숯불에 입술이 닿은 사람들에 의해 선한 옛 진리가 다시 선포될 때에, 이것이 성령의 손에 들린 도구가 되어 이 땅에 위대하고도 철저한 부흥을 가져올 것이다.

사람들을 회심하도록 만들기 위해, 복음의 단순한 선포와 그것을 듣는 사람들의 귀를 여는 것을 능가하는 다른 어떤 수단도 나는 기대하지 않는다. 하나님의 교회가 강단을 멸시하는 순간, 하나님은 교회를 멸시하실 것이다. 주께서 그분의 교회들을 부흥케 하고 복 주기를 기뻐하신 것은 언제나 설교 사역을 통해서였다.

찰스 해돈 스펄전

목차

발행사(박영호 박사) · 1
인사말(스펄전 목사) · 11
삽화 목록 · 14
개정판 편집자 서문(B. O. T. 편집인) · 15
초판 편집자 서문(스산나 스펄전) · 18
저자 서문(스펄전 목사) · 25
연대기 요약 · 26

제1장 스탐본에서의 어린 시절 · 27
제2장 스탐본의 집회소 · 43
제3장 어린 시절의 사건들 · 54
제4장 학창 시절의 기억들 · 67
제5장 초창기의 종교적 인상들 · 80
제6장 많은 환난을 통과하여 · 100
제7장 커다란 변화 — 회심 · 138
제8장 회심 후의 경험들 · 168
제9장 부모에게 보낸 편지들(1850년 1월에서 6월까지) · · · 184
제10장 일기(1850년 4월에서 6월까지) · · · · · · · · · · · · · · · · 200
제11장 신앙고백 · 237
제12장 주를 섬기는 삶의 시작 · 249
제13장 칼빈주의 옹호 · 259
제14장 펜스(Fens)의 소년 설교자 · · · · · · · · · · · · · · · · · · · 280
제15장 워터비치의 젊은 구령자(soul-winner) · · · · · · · · · · 302
제16장 소녀의 실수 배후에 있는 주님의 손길 · · · · · · · · · 321
제17장 마을 목사로서의 추억 · 338
제18장 워터비치 외곽에서의 잊지 못할 예배들 · · · · · · · · 361
제19장 런던으로의 부름 · 374

제20장 오랜 목회사역의 시작, 1854년 · · · · · · · 398
제21장 사랑, 연애와 결혼 · · · · · · · 421
제22장 초기의 비판과 험담들 · · · · · · · 459
제23장 뉴 파크 스트리트교회의 부흥 · · · · · · · 493
제24장 최초의 문학하는 친구들 · · · · · · · 518
제25장 넘치도록 많은 수고 중에서 · · · · · · · 534
제26장 사람들의 영혼을 얻는 것 · · · · · · · 553
제27장 선지자들을 위한 새 학교 · · · · · · · 569
제28장 첫 인쇄물 · · · · · · · 578
제29장 결혼 초기 생활 · · · · · · · 602
제30장 서리 가든 음악당에서 일어난 대 참사 · · · · · · · 626
제31장 다양한 목소리들 – 찬성과 반대 · · · · · · · 663
제32장 "다운-그레이드"(Down-grade) 논쟁의 전조 · · · · · · · 694
제33장 헬렌스버그 저택과 정원 · · · · · · · 728
제34장 평일 예배 · · · · · · · 739
제35장 음악당에서의 예배 · · · · · · · 765

부록 뉴 파크 스트리트 회중의 신앙과 실천 선언문 · · · · · · · 796

삽화 목록

1. 인상적인 자세를 취하고 있는 스펄전 · 10
2. 에식스 주 켈비돈(Kelvedon)에 있는 스펄전 생가 · 85
3. 스탐본(Stambourne)의 옛 목사관 겸 집회소 · 85
4. 존 스펄전 · 86
5. "청소년 잡지"에서 발췌한 지면들 · 87
6. 제임스 스펄전이 88세 때 쓴 편지 · 88-89
7. 스펄전이 모친에게 보낸 편지 · 90-91
8. 아틸러리(Artillery) 거리에 있던 감리교 예배당 내부 · 92
9. 아일햄 페리(Isleham Ferry), 스펄전이 세례받은 장소 · 92
10. 테버샴(Teversham)의 초가집 · 411
11. 워터비치(Waterbeach)에 있던 감리교 예배당 · 411
12. 뉴 파크 스트리트 강단의 스펄전 · 412
13. 설교 개요에 관한 책에 실은 논평 · 412
14. 당시의 만화 · 413
15. 스펄전의 첫 자택, 현재 모습 · 413
16. 출입구와 기념 명패 · 413
17. 스펄전의 첫 자택, 지난 세기의 모습 · 414
18. 스펄전 부인의 평상시 모습 · 414
19. 가족 성경에 표기된 혼인신고 내용 · 414
20. 스냅 촬영한 스펄전 모습, 희귀본 · 415
21. 엑서터 홀에서 설교하는 스펄전 · 677
22. 로열 서리 가든 내에 있는 음악당 · 678
23. 모친에게 보낸 잊을 수 없는 편지 · 679
24. 음악당에서 설교하는 스펄전 · 680-681
25. 헬렌스버그 저택 · 682
26. 어머니와 함께 있는 찰스 스펄전과 토머스 스펄전 · 682
27. 정원에서의 스펄전 부부 · 683
28. 아버지와 쌍둥이 아이들 · 683
29. 스펄전과 요셉 패스모어 · 684

개정판 편집자 서문

Banner of Truth 편집인 일동

   스펄전의 자서전이 1897~1900년 사이에 처음 출판되었음에도 왜 그토록 오랫동안 등한시되었는지를 설명하기란 쉽지 않다. 출판업자들은 그것을 지나쳤고, 대다수 복음주의적 그리스도인들은 아마도 그 존재 자체를 까마득히 모르고 있었을 것이다.

   전기작가들은 이 고전의 풍부한 광맥으로부터 얼마간의 돌들을 캐내어 왔으며, 그것들은 스펄전의 삶을 주제로 금세기에 등장한 대중적인 책들에 포함되었다. 하지만 상당량이 아직 손대지 않은 채 남아 있으며, 따라서 스펄전의 면모 중에서 이 세대에 알려진 부분은 얼마 되지 않는다. 더욱이 일부 발췌되어 다시 전해진 구절들마저 원문과 비교하면 기껏해야 빈약한 대체물에 불과하다.

   만약 렘브란트나 컨스터블이라는 거장들의 작품을 직접 감상할 수 있다면 그 복사본을 보고 싶을 사람이 어디 있을까?

   자서전에는 독특한 색조가 있으며 (영적인 이름을 붙이자면 '기름부으심'이 있다) 깊이와 명암과 색채가 있다. 그것은 저자의 손이 아니면 누구도 그의 삶의 기록에 가미할 수 없는 부분이다. 그런데도 '그 자서전'은 지금까지 재판(再版)되지 못했다. 그것은 인기 있는 복음주의적 문헌에서 자리를 찾지 못했고, 오랜 세월 동안 제대로 읽히지 않은 채로 남아 있었다.

   그 자서전이 등한시되어 온 한 가지 이유는 초판이 전(全) 4권으로 구성될 정도로 분량이 방대한 탓에 있을 것이다. 하나의 출판물로서 그것은 여유로운 빅토리아 시대에는 넉넉하다고 찬탄 받을 수 있었겠지만, 지금은 어떤 출판업자도 그런 구성이 현대 독자층의 기호에 부합한다고 여기지 않을 것이다.

   만인이 알듯이, 큰 책들은 마치 긴 설교들처럼 유행에 뒤떨어지고, 따라서 초판의 기념비적인 크기는 빅토리아 시대의 손주 세대들의 흥미를 끌지 못하며, 그것의 재판을 억제하는 기능을 해왔음이 판명되었다.

한 나라의 영적인 역사에서 지금처럼 위태로운 시기에, 그리스도인들의 손에 힘을 더하고 마음에 감동을 불어넣기 위해서는, 지금이 그 자서전을 재출판할 적기라는 의식이, 우리 편집인들로하여금 원문을 검토하면서 과감히 단축할 부분이 있는지를 살펴보게 하였다. 그러나 우리는 그 자서전을 과감히 단축하는 시도를 하기보다는 오히려 원래대로 남겨두는 편이 낫다고 느꼈다.

그 4권은 자연스럽게 두 부분으로 구분되는 것이 분명한데, 제2권이 1859년에 서리 가든 음악당에서의 스펄전의 역사적 사역이 마무리되는 것으로 마치기 때문이다. 따라서 그의 어린 시절을 포함하는 이 부분은 그의 삶의 기록을 뒤섞지 않으면서 그 자체로 재판될 수 있었다. 남은 부분은 (초판의 구성에서 제3권과 4권) 자연스럽게 메트로폴리탄 태버너클에서 그의 사역의 출발점을 시작으로 할 수 있었다. 훗날에는 이 재판(再版) 역시도 재출간될 수 있기를 바란다.

우리의 관심을 이 두 권으로 제한하면서, 초판의 몇몇 장들은 자서전의 흐름을 놓치지 않으면서도 생략할 수 있음을 알게 되었다. 이 일이 어떻게 가능했는지를 설명하자면, 초판의 '그 자서전'이 본래 어떻게 수집되었는지를 설명하는 것이 필요하다. 그 작품은 스펄전의 생전에 출판되지 않았다.

1892년 스펄전의 사망 당시에 그 작업은 완성단계에 한참 이르지 못했다. 그의 부인이 말하듯이, 삶에서 드물게 여가를 누리던 시간에 틈틈이, 주로 "망통(Mentone)의 밝은 햇볕 아래에서" 그는 자기 인생의 몇 부분들을 기록하곤 했으며, 결론을 내리면서 "내 삶의 전기에 또 하나의 장이 구성되는구나!"라고 감탄하였다. 하지만 이러한 기쁨의 작업이 완성되려면, 그의 글이 매주 인쇄되는 설교문에 표현되거나, 그의 월간 잡지나 그 외 다양한 다른 저술에 실리는 등 지속적인 문헌적 수고가 선행되어야 했다.

그에게는 언제나 하나님의 말씀이 최우선이었고, 그가 망통에서 57세의 나이로 죽었을 때 마태복음 주해에 몰두하고 있었다는 것은 그의 삶의 특징을 보여준다. 그러므로 그 자서전의 완성은 그의 아내와 개인 비서의 몫이 되었다. 그 작업의 막바지 단계에서 그들은 스펄전 자신이 쓴 장들에 많은 것을 추가했으며 추가적인 장들도 구성했다. 우리가 줄일 수 있었던 분량은 바로 이 부분이다. 우리는 그 편집자들의 일부 자료들을 생략하고, 반면 스펄전이 쓴 것은 실질적으로 거의 완전히 유지하였다.

따라서 이 두 번째 판은 일반적인 축약본과는 거리가 멀다. 이 책은 사실상 초판에 실렸던 전기 자료를 모두 포함하고 있다. 생략된 유일한 장은 "스코틀랜드로의 첫 여행"이라는 제목이 붙은 장인데, 이 부분은 스펄전 부인에 의해 "사랑, 연애와 결혼"이라는 장에서 부분적으로 다루어졌다. 생략된 비 전기적인 자료에는 설교 개요, 신문 기고문, "시"에 관하여 청년 시절에 쓴 에세이, 그리고 몇몇 편지들과 같은 것이 포함되어 있다.

스펄전은 그의 자서전을 비체계적인 방식으로 썼고, 또 불규칙적인 시간에 글 쓰는 일을 했기 때문에 이 책의 다양한 부분 사이에는 약간의 연속성의 결핍이 있다. 현재의 편집자들은 몇 대목에서 자료를 재배치하고 몇몇 장들에는 새로운 서문을 삽입함으로써 이 약점을 보강하고자 노력했다.

또 이따금 각주를 통해 추가적인 정보를 제공하기도 했다. 몇몇 경우에는 짧은 장들이 더 큰 장들에 흡수되었고, 따라서 초판에서는 둘 이상의 장들이 여기서는 하나의 제목으로 합쳐지기도 한다. 스펄전 부인과 그의 개인 비서에 의해 수집된 장들을 제외하고, 그들에 의해 추가된 자료는 꺾쇠괄호로 표기되었다.

스펄전의 자서전이 사라진 데에는 출판의 문제들을 넘어 다른 이유들이 있을 수 있다. 하지만 분명한 것은 이 자서전에는 사람을 변화시키는 복음의 능력 및 아버지와 아들과의 교제 속에서 살았던 한 인생의 축복에 대한 영광스러운 증언이 실려 있다는 것이다.

오늘날 이 두 가지 실재를 통한 신앙의 회복보다 더 필요한 것이 무엇일까?

바로 그 목적을 위해 성령께서 이 책의 페이지들을 사용하시기를 바라는 기도로 이 책을 펴낸다.

1962년 9월 18일

이 책에 삽화로 실린 스펄전 목사의 가족 사진첩과 서신들에 접근할 수 있도록 친절하게 허락하신 스펄전대학의 학장 비슬리 머레이 박사에게 감사를 표한다.

초판 편집자 서문

수산나 스펄전
(찰스 스펄전 부인)

   이 책의 출판은 오래전 스펄전 목사의 구상에 따라 실행된 것입니다. 이따금 비교적 여유로운 시기가 허락될 때에 그는 분주한 삶의 수고에서 벗어날 수 있었습니다. 그 시기에 그는 주로 망통(Mentone)의 밝은 햇볕 아래에서 지냈으며, 그의 놀라운 삶의 과정에 있었던 많은 중요한 사건들을 기록하였습니다. 한 가지씩 기록을 마칠 때마다 그는 기쁘게 소리치곤 했습니다.
   "내 삶의 전기에 또 하나의 장(章)이 구성되는구나."
   충분히 긴 시간이 주어졌더라면, 틀림없이 그는 자신의 관점에서 비추어진 그의 삶의 이야기를 교회와 세상 앞에 자세히 설명했을 것입니다. 비록 지금 출판되는 것처럼 서로 연결된 형식을 갖춘 건 아니었지만, 사실상 그는 이 일을 공적 사역을 시작할 때부터 해왔습니다. 그의 설교에는 언제나 그의 개인적 체험이 잘 반영되었기에, 사실 그의 참된 전기는 그의 설교집이라는 전당에 잘 간직되어 있다고 할 수 있습니다.
   그가 출간한 잡지 <칼과 모종삽>(*The Sword and the Trowel*)은 그가 단독 편집을 맡은 전체기간 동안 고백적이면서도 자서전적이었습니다. 그의 다른 많은 책에도 그를 다루신 주님의 은혜로운 손길이 넌지시 언급된 부분이 많습니다.
   이 전기는 처음으로 그 모든 것을 모아 연속적인 이야기로 엮은 것입니다. 이 기록은 전적으로 스펄전 목사님 자신의 말로 된 것이며, 예외적인 부분이 있다면 간간이 한두 문장의 설명이 삽입되어야 하는 경우, 그에게 온 편지들, 그리고 그가 묘사한 사건들에 대한 다른 사람들의 증언 부분입니다. 마지막 후자의 경우 역사의 정확성을 위해 필요하다고 보이는 부분입니다.
   스펄전 목사님의 글에는 다른 사람들의 전기에 대한 참조도 풍부합니다. 1870년에, 아노트(Arnot) 씨가 쓴 제임스 해밀턴(James Hamilton) 박사의 삶을 읽고 그는 이렇게 썼습니다.

> 전기의 가치는 그것이 다루는 주제보다는 작가에게 훨씬 더 크게 의존한다. 밀턴(Milton)은 아이비메이(Ivimey)에 의해 훼손되었고, 케리(Carey)는 유스터스(Eustace)에 의해 질식당했다. 슬프게도 이는 문학적인 살인에 가깝다. 제임스 해밀턴은 그의 가까운 친구이자 지인인 윌리엄 아노트에 의해 방부 처리될 판이다. 한 영혼이, 은혜와 지혜가 많았던 한 상냥한 천재가 근사한 거푸집에 보관되었다. 만약 아노트 같은 사람이 전기 기록을 남길 것이 확실하다면, 차라리 한 사람의 경력이 조기에 종결되도록 기도하는 편이 나을 것이다.
>
> 은 바구니에 담긴 금 사과는 적절한 배경과 어우러졌기에 값진 것이다. 황금 사과는 소박한 바구니에 접촉했다고 해서 불명예스럽지도 않고, 그 자신보다 비싼 그릇과 비교당한다고 부끄럽지도 않을 것이다. 한 선한 사람의 삶의 기억이 빈약한 글에 의해 훼손되어서는 안 되며, 작가의 지나친 개입으로 빛을 잃어서도 안 된다.

이 자서전에서는, 다루어지는 주제가 작가 자신이기도 합니다. 그래서 황금 사과는 완벽하게 황금 바구니와 어우러져 그 모습을 드러낼 것입니다.

1857년에 출간된 초기 저서 『성도와 그의 구주』(The Saint and his Savior)에서 스펄전 목사는 이렇게 썼습니다.

> 만약 자기의 모든 행위가 기록되었다면, 감히 자기 자신의 전기를 읽으려는 사람은 극소수일 것이다. 부끄러움 없이 자기 삶의 전 과정을 돌아볼 수 있는 사람은 거의 없다.
> '모든 사람이 죄를 지었으니, 하나님의 영광에 이르지 못한다.'
> 우리 중 누구도 완벽을 주장할 수 없다. 이따금, 망각에 빠진 자아도취가 우리에게 자기 삶의 덕목들로 인해 의기양양하도록 부추긴다.
> 하지만 정직한 기억이 되살아날 때, 즉각 환상은 깨어지고 만다!
> 기억이 마법의 지팡이를 흔들면, 왕의 궁전에 엄청난 개구리들이 들끓는다. 깨끗하던 강이 눈 깜짝할 사이에 피로 변하고, 온 땅에 혐오스러운 것들이

기어오른다. 우리가 순수를 상상했던 곳에서, 보라, 결함들이 뛰어오른다! 만족이라는 '눈의 화관'(花冠)이 진리의 태양 앞에서 녹아내리고, 과즙으로 채워진 기쁨의 접시가 슬픈 기억으로 쓰게 변한다. 정직이라는 거울 앞에 서면, 오호라! 외견상 올곧게 보였던 삶에서 찌그러지고 어긋났던 모습들이 비추어져 실상을 드러낸다!

하늘의 광채로 머리가 희어진 그리스도인에게 그의 일생의 이야기를 들려달라고 해보라. 그는 가장 정직하고 도덕적인 사람 중의 하나였을 것이다. 하지만 그의 삶의 이력에도 한 가지 검은 점이 있을 것이며, 그것을 보고 그는 참회의 눈물을 흘릴 것이다. 왜냐하면, 그 시절에 그는 주를 경외함을 알지 못했기 때문이다. 예수를 위한 용맹한 전사에게 그의 행위들을 말해보라고 하라. 그 역시도 깊은 흉터를 가리키리니, 그것은 악한 자를 섬긴 대가로 받은 상처에서 생긴 것이다.

오래전 태버너클에서 설교할 때 스펄전 목사가 말했습니다.

나는 윌리엄 헌팅턴(William Huntington)의 『믿음의 은행』(Bank of Faith)을 읽고 놀라곤 했습니다. 아주 특별한 책이었습니다. 하지만 나는 나 자신의 역사에서도 윌리엄 헌팅턴이 썼던 것보다 훨씬 놀라운 '믿음의 은행'에 대해 쓸 수 있을 거라고 확신합니다. 친애하는 벗들이여, 내가 종종 여러분에게 말해왔듯이, 내게 만약 소설가의 재능이 있다면 나는 내 생애의 어느 한 날의 사건들에 대해서도 세 권의 소설을 쓸 수 있을 것입니다. 그 정도로 내 체험은 특이하고 놀라웠습니다.

나는 외부로부터 쓸 거리를 찾을 필요가 없습니다. 내부로부터도 자료가 풍부하기 때문입니다. 내 삶은 한 편의 아름다운 꿈처럼 여겨집니다. 내 삶에 주어진 은혜와 사랑으로 인해 나는 자주 놀라기도 하고 어안이 벙벙하기도 합니다.

하나님이 내게 얼마나 선한 분이셨는지요!

나는 위에 있는 성도 중 누구에게도 못지않게 큰소리로 노래하리라고 생각하곤 했습니다. 그만큼 하나님의 큰 은혜를 입었기 때문입니다. 한 번은 내가 설교에서 이런 시구를 인용하며 말한 적이 있습니다.

'저 무리 중에 가장 크게 노래하리.
천국의 저택들이 흔들리도록
왕의 은혜를 크게 외치리라.'

나는 내가 하나님의 은혜에 가장 크게 빚진 자이기에, 가장 큰 소리로 찬양하리라고 생각했습니다. 하지만 내가 강단에서 내려왔을 때, 한 덕망 있는 여인이 이렇게 말했습니다.
"오늘 목사님은 설교에서 한 가지 실수를 하셨어요."
내가 물었지요.
"성도님, 아마 제 실수는 열 가지도 넘겠지만, 말씀하시는 그 특별한 실수가 무엇이었나요?"
"아! 목사님은 목사님이 하나님의 은혜에 가장 크게 빚졌기 때문에 가장 크게 노래할 것이라고 말씀하셨는데, 목사님은 아직 청년이시잖아요.
목사님이 입은 은혜는 팔십 나이의 제가 입은 은혜에 비교하면 절반 밖에 안 될 거에요!
제가 목사님보다 더 많은 은혜에 빚졌기 때문에, 목사님이 가장 크게 노래하시도록 그냥 두지 않을 겁니다."
나는 그날 밤 친구들 사이에서 나를 뒤쪽으로 몰아내려는 모종의 음모가 있음을 알았습니다. 그런데 사실 그곳이 내가 원하는 곳이고, 또 가장 있고 싶은 자리입니다. 그 자리는 가장 크게 노래하는 사람이 있을 곳입니다. 가장 낮은 곳에서 가장 길게 하나님의 은혜를 찬송하는 자리입니다.

1869년 <칼과 모종삽>에서 스펄전 목사는 대중의 미신을 선용했습니다. 그는 너무 겸손하여 다음 문단의 끝맺는 문장들을 자기 자신에게 적용하지 않았습니다. 하지만 그것을 읽는 모두가 그 문장들이 그의 길고 은혜로운 사역의 지속적인 영향을 얼마나 정확하게 묘사하는지를 알 수 있습니다. 그는 이렇게 썼습니다.

혼(Hone)은 그의 연대기에서, 노팅엄셔 롤리(Raleigh)에 있는 한 통신원에게서 받은 편지를 소개한다. 편지의 내용은 다음과 같다. 수 세기 전, 교회와 한 마을 전체가 지진에 의해 삼켜졌다. 많은 마을과 읍이 같은 운명에 처했고, 우리는 그것들에 관한 소식을 더 이상 듣지 못했다.

**'시간이 흐르고
기억은 희미해지면서,
사람은 죽게 마련이다.'**

하지만 사람들이 말하기를, 롤리에서는 크리스마스 때가 되면 옛 교회에서 여전히 종이 울린다고 한다. 땅속 깊고 깊은 곳으로부터. 크리스마스 아침이면 계곡으로 나가서, 귀를 땅에 대고 지하 성전의 그 신비한 종소리에 귀 기울이는 것이 그곳 사람들의 풍습이었다. 이는 순전히 미신이다.
하지만 그 이야기는 사는 날 동안 청아하고 강력한 목소리로 진리를 위해 외쳤던 설교자들이 여전히 무덤에서도 외치고 있다는 진리를 예시한다!
죽어서도 그들은 여전히 말한다. 사람들이 그들의 무덤에 귀를 대건 아니 대건, 그들의 소리를 들을 수밖에 없다.

마지막 두 번째의 설교에서 스펄전 목사님은 기억에 남는 시편의 구절을 언급했습니다.

내가 죽지 않고 살아서 여호와께서 하시는 일을 선포하리로다 (시 118:17).

그때 그가 한 말은 이미 상당한 정도로 그 자신에 관하여 성취되어왔습니다.
종종, 한 사람의 죽음은 그에게 일종의 새로운 출생입니다. 육체적으로 떠났을 때, 그는 영적으로 생존합니다. 그리고 그의 무덤에서부터 한 생명 나무가 돋아나고, 그 잎사귀들이 만국을 치유합니다.
'오! 하나님의 일꾼이여!
죽음이 그대의 신성한 사역에 손대지 못하리라!
그대가 죽어서 진리가 살아 잘 전파된다면, 죽는 것에 만족하라!
죽음으로 그대의 영향력이 확대될 수 있다면, 죽는 것에 만족하라!'

선한 사람들이 죽는 것은 마치 씨앗이 죽어서 한 알 그대로 남지 않는 것과도 같습니다. 성도들이 땅에 누일 때, 그들은 땅을 떠나는 것이고, 일어나 천성문을 향해 오르는 것이며, 불멸 속으로 들어가는 것입니다.

오! 무덤이 이 현세의 몸을 받아들일 때, 우리는 죽지 않고 사는 것입니다.

이 책의 속표지 삽화로 실린 초상화는, 내가 아는 한, 전에 출판으로 소개된 적이 없습니다. 그것은 그의 연인이 곧 그의 아내가 되기 전에 주었던 선물이었습니다. 사랑하는 청년의 꿈에 매료되었을 때를 나는 회상합니다. 그의 상냥하고 소년 같은 얼굴을 응시할 때에, 나는 어떤 천사도 그처럼 아름답게 보이지는 않으리라고 생각하곤 했습니다!

후에, 그 그림은 떡갈나무로 만든 커다란 액자에 넣어져 간직되었고, 뉴 켄트(New Kent Road)의 집 벽에 있는 명예의 자리를 차지했습니다. 그곳에서 우리는 삶의 여정을 동행하기 시작했고, 신혼 가정을 세웠습니다. 여러 차례, 내 남편의 긴 부재 기간에, 그가 거의 끊임없이 설교 사역에 매진하는 동안에, 이 초상화는 내게 위안을 주었습니다. 그 그림에 표현된 조용하고 확신에 찬 믿음이 내 마음에 힘을 주었고, 내가 외로울 때면, 높이 든 그의 손가락이 내가 위안을 얻어야 하는 원천이 어디인지를 가리키고 있다고 나는 생각하곤 했습니다.

지금도 눈물 고인 눈으로 그 그림을 쳐다볼 때면 같은 위로와 어떤 성스러운 영향력이 내 마음에 스며듭니다. 그 그림은 내게 말합니다. 오래전에 그랬던 것처럼 지금도 말합니다.

"두려워 말아요, 내 사랑하는 이여!

하나님이 우리 모두를 돌보신다오. 우리가 아직은 잠시 서로 떨어져 있지만, 본향에서 우리는 곧 다시 만날 것이라오, 안녕!"

그간의 세월에, 내 남편의 모습에 대한 많은 묘사가 있었습니다. 청년 시절에는 얼굴이 강하고 힘이 넘치는 남성의 모습으로 변하고, 다음에는 슬픔과 질고를 아는 사람의 표정으로, 그런 다음에는 우리가 가장 잘 기억하는 대로 중후하고 고상한 풍모를 지닌 초상화로 변해왔습니다. 마지막 초상을 우리가 가장 잘 기억하는 것은 그의 떠남이 우리들의 사랑하는 마음 판에 영원히 각인되어 있기 때문이겠지요.

모든 초상화에서 그의 온화한 겸손, 부드러운 친절, 하나님께 대한 강한 믿음이 엿보이는데, 그 모든 것이 그의 영광스럽고 흠 없는 삶을 특징짓는 요소였습니다. 하지만 나는 이 초기의 초상화에 그의 힘의 비밀, 곧 주님을 향한 그의 강렬한 사랑과 변치 않는 헌신이 묘사되어 있다고 생각합니다.

이 책의 앞부분에는, 스펄전 목사의 스탐본에서의 삶의 회상이 상당한 분량으로 실려 있습니다. 부분적으로 그 이유는 그것이 조부 댁에서 보냈던 그의 행복한 유년기의 장면들을 포함하기 때문이며, 또 한편으로는 그 회상이 그의 친구들에게 특별한 가치를 지니기 때문입니다.

이 부분은 1891년 그에게 길고 끔찍한 질병이 오기 바로 전에 그가 몰입하여 작업했던 소중한 문헌입니다. 이 부분에는 또한 소년 시절 그를 사로잡았던 관심에 대한 그의 흉내 낼 수 없는 묘사도 담겨 있습니다. 그 관심은 스탐본에서 만난 닐 씨에 의해 생긴 것인데, 그 경건한 사람은 자그만 열 살 소년의 머리 위에서 예언을 말했습니다. 그 예언의 문자적인 성취, 그 사건 자체의 영향, 그리고 뒤에 이어진 상황들은 그의 후반부 삶의 역사 전체와 연관되어 있습니다.

스펄전 목사님이 썼던 대부분 편지가 처음으로 여기에 실렸는데, 이는 특히 그의 자서전과 관련하여 그가 준 지침을 따른 것입니다. 일부 다른 편지들의 위치는 친구들의 조언을 받아 내가 임의로 정했으며, 그중 소수는 앞서 출간된 바 있습니다. 의심의 여지 없이, 내 사랑하는 남편이 쓴 수천 통의 편지들이 남아 있지만, 출간의 목적으로 쓸 수 있는 것은 그중 십 분의 일도 되지 않을 것입니다.

하지만 그가 펜으로 남긴 유물 중에는 증보판으로 출간되어야 할 필요가 있는 것들이 많이 있습니다. 그러므로 공적이고 항구적인 관심사가 될만한 특별한 서신들을 보내주신다면 나는 무척 기쁠 것입니다. 또는, 원문들을 내게 빌려만 주시더라도, 내가 그것들을 복사한 후에 즉시 돌려드리겠습니다. 저에 대한 모든 연락은 서신을 통해주시기 바랍니다.

저자 서문

찰스 해돈 스펄전 목사

 전기는 만약 그것이 진짜 전기라면, 즉 그 사람의 인생의 사건들이 참되게 말해진다면, 흥미로운 것이다. 하지만 내가 생각하기에 누구에게나 가장 흥미로운 전기는 자기 자신의 삶에 관한 전기일 것이다.

 다른 사람의 인생에 있었던 사건들에 관하여 만약 그들이 직접 기록해둔 것이 없었더라면 나로서는 그것들을 인용하기란 불가능했을 것이다. 그래서 나도 내 인생의 사건들을 정직하게 기록함으로써 내 선조들에게 진 빚을 인정하기로 했다. 이것이 자기중심으로 기록된 것이건 아니건, 각 독자는 자기 취향에 따라 달거나 신 맛을 선택할 것이다.

 아버지는 자녀들에게 자기 인생 이야기를 들려줄 수 있으며, 그것이 자신의 교훈을 심어주는 가장 손쉬운 방식이라고 느낀다. 늙은 병사는 "어깨에 목발을 메고 어떻게 전장에서 이겼는지를 보여줄 때" 얼마든지 용서될 수 있다. 아버지나 늙은 병사의 이야기를 너그럽게 용인하고 들어주듯 내 이야기도 너그럽게 들어주기를 요청한다.

연대기 요약

1834. 6. 19.		에섹스 켈비돈에서 출생
1835.		콜체스터로 부모 이사
		스탐본에 있는 조부모에게로 가 함께 삶
1840.		콜체스터의 집으로 돌아옴
1848.		메이드스톤의 성 어거스틴 칼리지에 가다.
1849. 8. 17.		케임브리지셔 뉴마켓에서 학생—조수 신분이 됨
	9. 10.	첫 공개 연설 – 선교 모임
1850. 1. 6.		콜체스터에서 회심
	5. 3.	케임브리지셔 아일햄 마을에서 세례받음
	8.	케임브리지 리딩(Leeding) 씨 학교로 전학
		태버샴에서 설교 시작
1851.10.		워터비치 침례교회의 목사가 됨
1853.		워터비치 소책자 발행
	12.18.	런던, 뉴 파크 스트리트채플에서 설교
1854. 4. 28.		뉴 파크 스트리트 목회직 수락
1855. 1.		뉴 파크 스트리트 강단에서의 첫 설교 출판
	1.	언론으로부터 최초의 공격
	2. 11.	런던, 엑서터 홀에서의 첫 설교
	7.	스코틀랜드 첫 여행
1856. 1. 8.		수산나 톰슨과 결혼
	6.	메트로폴리탄 태버너클 건축 위원회 결성
	9. 20.	쌍둥이 아들 출생
	10. 19.	서리 가든 음악당에서 재난 발생
	11. 23.	음악당에서의 예배 재개
1857.10. 7.		수정궁에서 설교
1858. 8.		아일랜드 첫 여행
1859. 8. 16.		메트로폴리탄 태버너클의 초석을 놓음
	12. 11.	서리 가든 음악당에서의 마지막 예배

제1장

스탈본에서의 어린 시절

찰스 해돈 스펄전은 1834년 6월 19일 에식스의 작은 마을 켈비돈에서 태어났다. 그에게는 그 마을에 대한 기억이 없다. 그가 겨우 10개월 되었을 때 가족이 콜체스터로 이사했고, 다시 4개월 후 그 작은 아이는 시골 지역 한복판에 있는 스탐본—할스태드(Halstead)와 헤이버힐(Haverhill) 사이에 난 도로에서 서쪽으로 몇 마일 떨어진 곳—에 있는 그의 조부모에게 맡겨져 자랐기 때문이다. 거기서 그는 약 5세까지 머물렀고, 따라서 그의 가장 이른 기억은 그의 할아버지 제임스 스펄전(1776-1864)이 1810년 이후 줄곧 목회했던 그곳과 관련되어 있다.

비록 인간적인 이유에서는 왜 스펄전이 유아 시절을 그의 조부모와 함께 보내게 되었을지 모호하지만, 하나님의 목적은 모호하지 않다. 스탐본의 그 연로한 목사는 "옛 비국교도 대표자들의 한 사람으로 사는 것처럼 보였다. 모든 취향과 태도와 열망에 있어서, 그 노장은 오래전에 사라져버린 세대에 속하였다."

에식스가 청교도의 보루였을 때 선포되었던 옛 신학은 빅토리아 여왕이 왕위에 등극했을 때도 스탐본에서 여전히 사랑을 받았다. 그곳의 회중은 "청교도의 열망이 두 세기에 걸쳐 타오르는 희귀한 사례"에 해당했다. 마치 하나님이 17세기의 목사관과 "집회소"(Meeting House)를 스탐본에 보존해두신 듯했고, 마침내 그들이 신실하게 지켜왔던 증언이 그 나라에 그것을 다시 선포하도록 예정된 한 사람에게 전달되었다.

스탐본의 초기 생활과 관련하여 들려지는 많은 이야기 중에서, 그 사건들이 그 첫 5년의 체류 기간에 발생한 것인지, 혹은 그 어린 소년이 나중에 거기서 보냈던 긴 방학 중에 일어난 일인지의 여부가 항상 분명한 것은 아니다.

스탬본의 옛 목사관 그림[1]은 다른 누구에게보다 나 자신에게 훨씬 큰 매력이 있지만, 독자들도 필자에 대한 너그러운 마음으로 그 그림에 관심을 가지기를 바란다. 여기서 존경스러운 내 조부는 50년 이상을 살았고, 다소 많은 그의 가족을 부양하였다.

초기에 그것은 어느 비국교도 교사를 위한 꽤 알려진 거주지였음이 틀림없다. 그것은 그가 자신의 영지를 소유했거나, 또는 그 주변의 사람들이 매우 관대한 마음과 주머니들을 소유했다는 명백한 증거이다.

옛적에 그 집은 모든 면에서 신사계층의 저택이었다. 그 저택은 거주하는 훌륭한 목사에게 가장 알맞게끔 구조가 변경되어왔지만, 내가 어린 시절을 보냈던 예전의 집과 비교하면 고상함이 절반에도 미치지 못한다. 그 근사하고 오래된 목사관은 경건한 분위기를 자아냈다. 그 모양은 마치 낮게 엎드리는 듯이 보였으며, 따라서 건축자에 의해 철거되지 않았더라면 아마 저절로 무너졌을 것이다. 하지만 나로서는 그것이 어떻게든 영원히 보전되었더라면 하고 바란다. 나로서는 이렇게 외칠 수 있을 정도였다.

"건축자여! 그 집을 그대로 두시오. 타일 하나도 손대지 말고, 벽면 한 부분도 허물지 마시오."

하지만 때가 왔고, 그 흙집은 행복하게 해체되었으며, 더 오래 가는 구조물로 바뀌었다.

그것은 아주 고상한 목사관이었다. 전면에 창문이 여덟 개 있었으며, 비록 그중 세 개 혹은 네 개는 실제론 회벽으로 덮인 부분이며 검은색으로 색칠되었던 것으로 생각되지만, 유리창을 모방하여 열을 잘 맞추어서 그려진 것이었다. 그것들은 그리 나쁜 모조품이 아니었으니, 사진에서도 그렇게 나타날 것이다.

우리 중 일부는 소위 '창문세'라는 것을 기억할 것이다. 이는 빛을 (라틴어로 럭스, lux) 하나의 상품처럼 간주한 것이며, 따라서 하나의 사치품(럭셔리, luxury)처럼 취급하여 세금을 매긴 것이다.

빛이 들어오는 구멍마다 많은 세금이 매겨졌다. 목사의 적은 수입으로는 절약하는 수밖에 없었기에, 목사관의 여러 방은 어두운 상태로 남겨졌으

---

[1] 삽화 2를 보라. 이 그림은 명백히 초기 사진의 복사본이다.

며, 그것이 내 어린 생각으로는 경외심을 불러일으키는 것으로 여겨졌다. 다른 창문들 위에는 판자들이 걸려 있었는데, 거기에는 '유제품 가공실' 또는 '치즈실' 따위가 표기되었다. 그런 이름들을 붙임으로써 사람들은 세금부과를 면하곤 했다.

태양 빛에 세금 매길 것을 처음으로 고안한 사람은 참으로 괴팍한 정신을 가진 것이 틀림없다! 분명 그렇게 한 것은 집의 크기를 먼저 산정하고, 그렇게 해서 거주민의 재산에 따라 세금을 거둔다는 의도였던 것 같다. 하지만 의도치 않게, 그 제도는 큰 주택에 거주하긴 하지만 세금을 낼 수 없을 정도로 가난한 사람들이 빛을 차단하게끔 유도하고 말았다.

현관문으로 들어가 보자. 우리는 카펫이 깔리지 않은 넓은 홀로 들어선다. 커다란 벽난로가 있고, 그 위에 다윗과 블레셋 거인 골리앗이 그려진 그림이 있다. 홀 바닥은 벽돌이며, 깨끗한 모래가 조심스레 흩뿌려져 있다. 우리는 이런 풍경을 시골에서는 여전히 볼 수 있지만, 목사의 집에서 보기란 흔하지 않다. 홀에는 '그 아이'의 흔들 목마가 있다.

1889년에 내가 스탐본을 방문했을 때, 한 남자가 나를 거기에 태워 흔들어주었다고 주장했다. 나는 그 목마는 기억하지만 그 남자를 기억하진 못했다. 슬프게도 우리는 그렇게 더 소중한 것을 잊고, 더 천한 것은 기억한다. 이 목마는 내가 타고 놀았던 유일한 말이었다. 살아있는 동물들은 움직임이 너무 특이해서, 중력의 법칙은 대개 나를 말 안장에서 낮은 바닥으로 떨어뜨렸다. 따라서 나는 승마를 별로 좋아하지 않는다. 하지만 나의 스탐본 말의 품종에 대해 증언할 수 있는데, 그것은 심지어 어느 하원의원이 타고 다니던 말이었다.

그 홀에 서서, 문을 열어둔 채, 빗물이 문 꼭대기에서 빨래통으로 떨어지는 것을 쳐다보기를 나는 얼마나 좋아했던가!

홈통을 타고 흘러가는 빗물보다 빨래통에서 흘러넘치는 빗물을 만져보는 것을 얼마나 더 좋아했던가!

그렇다고 나는 생각했었는데, 지금 돌아보니 그렇지도 않다.

그 조그만 바다에서 무명실패를 띄우고 노는 것이 얼마나 행복했던가!

그 비가 얼마나 신선하고 향긋하게 느껴지던지!

소나기가 되어 쏟아지던 물의 향기가 지금도 내게 밀려온다.

오른쪽에 창문이 열린 곳은 최고의 응접실이었다. 대개 그 근방에는 장미들이 자랐고, 꽃봉오리들은 벽과 창문틀 사이로 비집고 들어올 수단만 찾을 수 있다면 방 안에서 꽃을 피웠다.

창문 앞 공간은 장미들이 자라기에 아주 널찍했는데, 그 공간에 다른 아무것도 없었기 때문이다. 이 사진이 찍히기 직전에 분명 정원 손질이 있었을 것이다. 이 장면에는 창문 아래에서 기어오르는 장미들이 보이지 않기 때문이다.

사람들이 집 안팎을 대대적으로 청소할 때 그들은 반달족이나 다름없었다!

이 "최고의 응접실"의 성스러운 벽에는 내 조부모와 삼촌들의 초상화들이 걸려 있었고, 어떤 가구 위에는 할아버지가 흔히 "세례"라고 부르시던 목적을 위해 사용하시던 훌륭하고 커다란 대야가 놓여 있었다. 내심으로, 나는 그 대야가 본래 펀치 음료를 담는 그릇이었다고 믿지만, 어쨌거나 그것은 예술 작품이었고, 그것이 바쳐진 용도로 쓰일만했다.

1. 병 속에 있는 사과

어린 시절에 나는 할머니의 선반 위에서 작은 유리병 안에 든 사과를 눈여겨보았던 것을 기억한다. 이는 내게 대단히 경이로웠다. 그래서 나는 그것을 조사해보려고 시도했다. 내 의문이다.

"어떻게 저 사과가 저렇게 작은 병 안에 들어갔을까?"

그 사과는 그 유리병의 둘레만큼이나 꽤 컸다.

어떤 수단으로 사과가 그 속에 들어가 있을까?

비록 그 선반 위의 보물에 손대는 것은 대역죄나 마찬가지였지만, 나는 그 병을 내려서 살폈고, 어린 생각에 그 사과가 결코 병목을 통과한 것이 아니라, 바닥을 나사처럼 풀어서 떼어내는 식의 방법을 통해 들어갔을 것이라고 확신했다. 마찬가지로 나는 그 사과가 밑으로 들어가지도 않았을 것이라고 확신했다.

어떤 신기한 수단에 의해 그 병이 두 조각으로 분리되고, 그런 다음 매우 조심스럽게 다시 붙여져서 결합 흔적이 남지 않았을 것이라는 생각을 고수했다. 나는 그 이론에 거의 만족하지 못했지만, 주위에 다른 이론을 제안할 철학자가 없었기에, 그 문제를 그냥 덮어두었다. 다음 여름의 어느 날, 나는 우연히 내 옛 친구이자 사촌이 가진 작은 병으로 나뭇가지가 뻗어 있는 것을 보았고, 그 속에서 작은 사과가 자라는 것을 보았다. 물론 그것은 병목을 통과했으며 아직은 매우 작은 것이었다. 커다란 비밀이 풀렸다.

"유레카! 유레카!"라고 외치진 않았지만, 그 헬라어를 알고 있었더라면 아마 나는 그렇게 외쳤을 것이다.

소년 시절의 이 발견은 현재를 위한 한 가지 예화가 될 수 있을 것이다. 아직 작을 때 그 사과들을 병 속에 들어가게 하자. 다른 말로 표현하자면, 어린 아이들을 주일학교라는 수단을 통해 하나님의 집 안으로 들어오게 하고, 훗날에 그들이 그분의 영광이 머무는 곳을 사랑하고, 거기서 영생을 구하며 또 찾을 수 있게끔, 소망을 품고 그 일을 하자는 것이다.

우리가 안식일을 따분하게 만들면, 많은 어린 영혼들이 종교에 관하여 나쁜 편견을 가질 수 있다. 우리는 그 반대의 일을 할 수도 있다. 설교가 너무 길고 지루하여 어린아이들을 지치게 만들거나 그들이 딴짓하도록 해서는 안 된다. 주의를 집중시키는 흥미로운 설교, 어린 마음에 진리를 간직하게끔 하는 애정 어린 교사들이 있다면, 우리는 다음 세대에 대하여 그들이 "그들의 안식처를 잊었다"고 불평하지 않아도 될 것이다.

할아버지는 대개 주일 아침에 이 최상의 응접실에 앉아계시곤 했고, 혼자서 설교를 준비하기도 하셨다. 할아버지와 함께 그 방에 들어갈 때면, 조용히 해야 하는 것은 하나의 '규칙'과 같았다. 『복음주의 잡지』(*The Evangelical Magazine*)가 내게 건네졌다. 거기에는 어느 훌륭한 목사님의 초상화와 선교지의 사진 한 장면이 실려 있었다. 할아버지는 종종 내게 조용히 하라고 요청하셨는데, 항상 '그 잡지'를 주시는 데에는 이유가 있었다.

그 당시 나는 그런 행동에서 별다른 의미를 인식하지 못했지만, 존경스러운 내 친척분은 확실히 그 잡지의 '진정제 효과'를 나보다 훨씬 잘 아신 것이 틀림없다. 개인적인 경험에서 나는 그분의 견해를 지지할 수 없다. '어린아이'를 진정시키는 데에는 또 하나의 수단이 훨씬 더 효과적이었다. 내가 주의를 흩트려 할아버지가 설교하실 수 없을 정도가 되면 나는 경고를 받았다.

아! 가련한 사람들이 천국에 이르는 길을 배우지 못하면, 그때 무슨 일이 벌어질까?

그럴 때면 나는 다시 한번 잡지에 실린 목사님의 초상화나 선교지 사진을 쳐다보았다. 훗날 언젠가 어떤 다른 아이가 그 훌륭한 복음주의 잡지에서 내 얼굴을 쳐다보게 될 줄을 나는 꿈도 꾸지 못했다.

아주 어렸을 때 나는 가족 기도 때 성경을 읽도록 허락받았다.[2] 언젠가 바닥없는 무저갱을 언급하는 요한계시록의 구절을 읽다가, 멈추고서 이렇게 물었다.

"할아버지, 이게 무슨 뜻이에요?"

대답은 친절했지만 만족스럽진 않았다.

"허허, 얘야, 계속 읽으렴."

하지만 그 소년은 설명을 듣고 싶었고, 그래서 아침마다 같은 장을 선택했고, 항상 같은 구절에서 멈추었고, 같은 질문을 반복했다. 그런 반복이 그 훌륭한 노신사를 성가시게 하여 대답하게 만들 줄로 기대한 것이다. 그 과정은 계속되었다. 주일을 포함하여 매일 아침에, 시편이나 복음서로 바꾸는 것도 없이, 일곱 머리 짐승이나 음녀들의 어미에 대한 역사를 듣는 것이 세상에서 가장 덕스러운 일은 결코 아니었을 텐데 말이다. 그 존경스러운 집안의 선조는 재치 있게 항복하였다.

"자! 얘야, 너를 궁금하게 만드는 것이 무엇이지?"

'그 소년'은 가끔 바닥 부분이 매우 약한 양동이들을 종종 보아왔다. 계속 닳아버리면 결국 바닥이 없어지고, 과일을 거기에 넣어두면 땅에 떨어지게 될 양동이였다. 여기서 궁금증이 생겼다.

앞에 말한 구덩이에 바닥이 없으면, 거기서도 더 낮은 곳으로 떨어지는 사람들은 다 어디로 떨어진다는 말인가?

2　"심지어 6살 때, 어떤 어린이들은 한 음절로 된 단어의 철자를 말하는 수준에서 더 진보하지 못했을 때, 그는 강조와 역점을 두면서 소리 내어 읽을 수 있었다. 그토록 어린 나이에 그렇게 할 수 있다는 것은 놀라운 일이다."『찰스 해돈 스펄전의 삶과 일』(The Life and Work of C. H. Spurgeon) G. H. Pike, 1권, 20쪽 이하.

이 수수께끼는 가족 예배에서 다루어지기에는 다소 적절치 않은 것이며, 그에 관한 설명은 좀 더 적당한 때로 미루어져야 했다. 이처럼 단순하지만 특이한 질문들이 가족 모임에서 다양한 성경 본문을 읽는 중에 수시로 튀어나오곤 했다.

하지만 가족 모임에서 그 호기심 많은 독자에게 모든 질문을 하도록 허용되지는 않았고, 할아버지는 그의 직무에서 곧장 뒤로 물러나시곤 했다. 사실 나에게 성경이 지나치게 어렵게 표현된 것은 아니었고, 아마 꽤 흥미도 있었기 때문에, 늘 독창적이고 호기심 어린 질문들로 점철되었던 것만은 아니다.

할아버지가 "그 바닥 없는 구덩이"에 대한 자기 생각을 들려주셨을 때, 두려운 생각이 들었던 것이 기억난다. 깊은 구덩이가 있고, 영혼이 떨어져 내린다.

오! 얼마나 빨리 떨어지는가!

거기서는, 꼭대기에서 보았던 마지막 빛줄기도 사라지고, 계속해서 떨어지기만 한다. 계속, 계속 떨어지고, 끝없이, 일천 년 동안이나 계속해서 떨어져 내려간다!

"바닥에 가까워지지 않았을까?

멈추긴 할까?"

아니다. "계속 – 계속 – 계속" 떨어지는 외침이 있을 뿐이다.

"나는 일백만 년 동안 떨어지고 있어요!

아직도 바닥에는 가까워지지 않았나요?"

아니다, 당신은 아직 바닥에 가까워지지 않았다.

그것은 "바닥없는 구덩이"다.

영혼은 끊임없이 더 깊은 아래를 향해 내려가고, 영원히 "무저갱" 속으로 떨어지고 있다.

계속, 계속, 계속, 바닥없는 구덩이 속으로!

화로다, 끝도 없이, 끝난다는 희망도 없이, 계속 떨어지는 영혼이여!

내 할아버지의 정원에는 근사하고 오래된 주목(朱木) 울타리가 있었다. 상당히 길었기 때문에, 초록의 벽이 되게 하려면 잘라주고 손질해주어야 했다. 그 위로 들판을 내려다보는 널찍한 풀밭 길이 있었다. 풀은 늘 베어져 있었기 때문에 걷기에 좋은 상쾌한 길이었다. 이 길에서, 오래된 청교도식 예배당이 세워진 이래로, 경건한 목사들이 걷고, 기도하고, 묵상하였다. 내 할아버지는 연구하면서 그 길을 사용하는 습관이 있었다.

설교를 준비할 때에 그는 오르락내리락 걷기도 했으며, 언제나 안식일이 되면 설교 전에 그곳에 삼십 분 정도를 머물렀다. 내가 보기에, 그곳은 완벽한 낙원처럼 보였다. 할아버지가 묵상하는 동안에는 그곳에 얼쩡거리는 것이 금지되었고, 나는 적지 않은 경외심을 가지고 그 광경을 바라보았다.

나는 이 순간에도 그 푸르고 고요한 산책로를 생각하기를 좋아한다. 그러나 한 번은 거의 공포에 질릴 정도로 놀란 적이 있는데, 어느 농부가 이 '지성소'에 관하여 "이곳을 경작하면 감자가 많이 나겠구먼" 하고 말하는 걸 들었을 때였다.

그가 거룩한 묵상에 관하여 신경 쓸 이유가 무엇이겠는가?

그에게 묵상이나 기도가 무엇이란 말인가?

사람에게 주된 목적은 감자를 기르고 그것을 먹는 것이 아니던가?

더 큰 맥락에서 보자면, 그런 것이 회심하지 않은 사람이 천상에 속한 사람의 정결하고 고양된 기쁨을 평가하는 방식이다.

알퐁스 카(Alphonse Karr)는 자기 주인에게 오두막을 떠나 마구간에서 자도록 허락해 달라고 요청한 어느 하인의 이야기를 들려준다.

그의 오두막에 무슨 문제가 있었을까?

"주인님! 나이팅게일 새들이 오두막 사방에서 지저귀고 있어서, 밤에 그 소리를 참을 수가 없답니다."

음악적인 귀를 가진 사람은 그 나이팅게일들의 노래에 매혹되었을 것이다. 음악적인 영혼의 귀를 갖지 못한 사람은 가장 달콤한 소리조차 성가시게 들을 것이다. 이는 거듭나지 못한 사람의 무능력에 대한 이미지이다. 그는 다가올 세상의 기쁨에 대해 알지 못한다. 그는 그것을 즐길 수가 없으므로 그것을 사모할 수도 없다.

내 할아버지가 그 집회소의 설교자인 동안, 제임스 홉킨스는 지역 교회의 교구 목사였다. 그들은 같은 복음을 전했고, 원칙을 굽히지 않았으며, 서로에게 훌륭한 친구였다. 성서협회는 교회와 집회소에서 번갈아 모임을 열었다. 때때로, 그 지역의 대지주는 오전에는 교회로, 오후에는 집회소로 갔다.

소년 시절, 나는 월요일에 홉킨스와 내 할아버지와 함께 그 대지주의 집에 차를 마시러 가곤 했다. 그 티―파티의 영광은 우리 넷이, 즉 세 명의 나이든 신사와 어린 소년이 모두 달콤한 버터 빵을 먹으며 대접을 받았다는 것이다. 설탕은 매우 진한 갈색이었고, 그 어린 소년이 매우 즐거워했듯이, 함께 한 늙은 소년들도 역시 즐거워했다.

그것은 스탐본에서 최고의 즐거움이었다!

이 두 하나님의 사람들 사이에는 즐거운 조화가 있었다. 그들은 세월이 갈수록 서로를 존중했다. 홉킨스에게 양식이 많아졌을 때, 스펄전 씨에게는 딸린 식구들이 늘었다. 그 교구 목사는 여러 가지 조용한 방식으로 자기 친구 돕기를 잊지 않았다. 병든 딸이 바닷가에 갈 수 있도록 5파운드의 돈을 주기도 하고, 병든 중에 위로의 선물을 주기도 했다.

한번은, 그 교구 목사의 식탁에 구운 소고기가 올랐을 때, 그는 절반을 뚝 잘라서, 사람을 시켜 말을 타고 가서 스펄전 씨의 독립교파 목사관으로 전달하게 했다는 말도 들었다. 국교회 목사와 비국교도 목사 사이에 자주 있었던 일에 대한 일종의 농담이지만, 고기는 아직 뜨거웠다고 한다.

왼쪽을 향하고 있는 그 집의 정면에는, 관목 때문에 많이 가려져 있긴 하지만 매우 중요한 창문이 있다. 빛이 그 창문을 통해 방으로 들어왔기 때문이다. 방에는 화덕, 압착 롤러가 있었고, 제일 좋은 것으로는 반죽 통이 있었다.

내가 그 반죽 통에 얼마나 자주 다가갔던가!

그 안에는 작은 선반이 있었는데, 거기에 "어린아이에게 대단한" 것이 올려지곤 했다. 크기로 말하자면 한 조각의 페이스트리에 불과하지만, 작은 귀가 달려 있고 건포도 두 알로 눈을 표시한 돼지나 토끼 따위가 그 성스러운 사원 안에 조심스럽게 놓였다.

마치 언약궤 안에 놓인 만나라고나 할까?

그리운 할머니, 당신은 그 "아이"를 응석받이로 키우려 하셨지요?

하지만 당신에 대한 기억은 그 아이를 "망치지 않으려고 노력했던" 더 지혜로운 분에 대한 기억보다 애틋하답니다.

이제 당신은 하늘의 처소에서 당신의 귀여운 손자를 내려다보고 계시겠지요?

만약 당신이 까다롭고 엄격하게 대하셨더라면 손자에게 더 좋았을 거라고 느끼시나요?

전혀 그렇지 않답니다. 사사건건 참견하시던 앤 고모[3]도 아마 그럴 기회가 다시 주어진다면 "그 아이"를 응석받이로 만드셨겠지요.

집 뒤편의 우유 가공실은 치즈 케이크를 만들거나 신선한 우유를 만들기에 꽤 근사한 장소였다. 이런 찬송가가 생각난다.

> 나 거기에 있었지, 다시 그곳에 가고 싶어라.

계단 아래의 벽장, 거기엔 바닥에 깔 모래를 보관해두었는데, 요즘으로 치면 정말 진기한 골동품 가게가 될만하다. 하지만 당시에는 주변의 소작인들에게 쓸모가 많은 장소였다.

집 뒤편에 거실이 하나 있었고, 거기서 가족이 모여 식사를 했다. 그림에서 흰색 벽면처럼 보이는 곳 안에 정원을 내다볼 수 있는 창문이 하나 있었다. 아마 그림의 끝부분에서 조금 더 오른쪽으로 있을 것이다. 그 창문에서 내다보이는 초록 정원의 작은 길, 그리고 울타리 너머 길로 이어지는 광경이 보기 좋았다.

내가 마지막으로 그 거실을 보았을 때는, 약간의 담쟁이덩굴이 회반죽으로 지어진 벽면을 따라 뻗어가고 있었고, 방 안쪽까지 다다르기도 했다. 하지만 내가 어린 시절에 그 담쟁이덩굴은 아직 푸르지 않았다. 나는 삼촌 중의 누군가가 종이에 남긴 메모를 기억한다. 삼촌들은 그 메모를 통해 어느 해에는 밀가루가 너무 나빠 반죽이나 푸딩을 해서 빵을 만들 수 없을 정도였음을 내게 알려준다.

그 일 이전에도 벽에 적힌 필체를 통해 역사를 배우기도 했다. 옛 나폴레옹 전쟁 때에, 그리고 곡물조례가 발표된 때, 가정에서 빵을 구하기란 극히 어려웠고, 작은 들판의 농작 실패는 가족들에게 곧장 피부로 느껴졌다.

벽난로 위에는 신비한 조끼가 하나 걸려 있었는데, 그 벽난로 자체는 내게

---

[3] 스펄전 아버지의 미혼 여동생이었으며, 그녀는 스탬본에서 그녀의 부모와 함께 살았다. 미혼 고모들이 종종 그렇듯이 그녀는 어린 조카에게 애정을 듬뿍 쏟았다.

매우 친숙했다. 할아버지 집에서는 양초들이 결코 과하게 사용되지 않았다. 누군가 방을 나설 때 양초 하나를 들고 가면, 방은 컴컴해질 정도는 아니었어도 더 어두워졌다. 만약 누군가 독서를 하고 싶으면, 난로 불빛이 유일한 수단이었다. 제일 좋은 방에는 이따금 질 좋은 양초가 있었지만, 그것은 축제나 특별한 행사가 있는 날에만 켜졌다.

내가 보기엔, 매일 켜는 양초들은 하급의 수지로 만들어진 것이었다. 런던이나 다른 큰 도시에 사는 독자들은 아마 촛불 끄는 도구를 보지 못했을 것이며, 부싯깃 통이나 유황성냥의 도움을 받아 힘들여 불을 얻을 때 쓰는 부싯돌과 강철도 본 적이 없을 것이다.

매섭게 추운 아침에 부딪히고 또 부딪혀서 마침내 불꽃이 일어나도 부싯깃이 축축해서 곧 꺼져버릴 때는 어찌나 힘들던지!

눈부시게 밝은 가스버너와 전깃불을 어린 시절의 희미한 촛불과 비교하면 우리는 정말 빛의 시대에 살고 있다. 하지만 기회란 것이 모두 일방통행은 아니다. 비록 더 많은 빛을 얻었지만, 그와 더불어 우리는 적어도 런던에서는 더 많은 안개와 연기를 얻었다. 우리의 거실에는 매우 근사하고, 넓고, 편리한 주방이 있었고, 그 한쪽 끝에는 커다란 옷장도 있었다.

아! 그 최고의 도자기 그릇을 독자들이 보았어야 한다!

그 그릇은 중요한 모임 때만 나왔으며, "그 아이"의 눈으로 보기에는 기막히게 좋았다. 고풍스러운 나선형 계단이 2층 방으로 안내한다. 내가 마지막으로 그 최상의 침실을 사용했을 때, 바닥이 창문 쪽으로 약간 기울어져 있었다. 아침이 되면 새들의 짹짹거리는 소리가 내 베개 바로 옆에서 들리는 듯했다. 마침내 나는 제비들이 회벽 바깥에 둥지를 지은 것을 발견했고, 또 참새들은 구멍을 발견하여 그곳으로 들락날락했다.

아마 거기에 새끼를 두었으리라. 항상 침대에 누워 조류학을 연구할 수 있었던 것은 아니다. 나는 이 모든 시골 생활을 좋아했다고 고백한다. 오래된 싸구려 침대 가구, 마차 나무 잎사귀와 달리아 꽃 모양으로 거울을 둘러싼 종이 장식, 그 삐걱거리던 오랜 저택을 모두 좋아했다.

2. 책들에 둘러싸인 소년

내가 독자를 즐겁게 하기보다 나 혼자서 즐거워하고 있는 건 아닌지 모르겠다. 이제 독자가 지루하지 않도록 장황한 이야기는 빼고 한 가지만 더 말하려 한다. 2층에는 특별한 장소가 하나 있었다. 이는 지루해질 위험을 무릅쓰고라도 뺄 수 없는 이야기다. 침실 중에는 작은 방이 하나 있었는데, 저 끔찍한 창문세 때문에 창문이 폐쇄된 방이다.

스탐본 집회소를 처음 세운 사람이 국교회를 떠나 독립 회중을 형성하려 했을 때, 그는 상당한 땅을 소유했던 것으로 보이며, 그 집은 당시 기준으로는 꽤 고급이었다.[4] 창문세 제도가 시행되기 전에, 그 작은 방은 목사의 서재이자 기도를 위한 골방이었다. 물론 아주 근사하고 아늑한 방이었다. 내가 거주할 때 그것은 어두운 동굴이었다. 하지만 거기엔 책들이 소장되어 있었고, 이점이 내게는 그 동굴을 금광으로 변하게 했다.[5] 거기서 "네게 흑암 중의 보화를 주리라"(사 45:3)는 약속이 성취된 셈이다.

그 책들 가운데 일부는 크기가 어마어마했으며, 소년이 들기 어려울 정도였다. 여기서 나는 처음으로 순교자들을 대했고, 특히 그들을 불태웠던 옛 종교당국자들을 알게 되었다. 다음으로는 존 번연에 대해서와 그의 『천로역정』에 대해 알았고, 계속해서 성경신학의 거장들을 알았다. 어떤 현대의 신학자들도 그들과는 비교할 바가 못 된다.

그들 저작의 구판(舊版), 여백에 표시된 옛 방식의 주해들이 내게는 소중하다. 심지어 책 모양과 활자체만으로도 진정한 청교도 서적을 쉽게 구분해낼

---

4   여기에 언급된 것은 1662년의 추방령이다. 당시 거의 2,000명에 이르는 동료 목회자들과 함께, 스탐본의 청교도 교구 목사였던 헨리 하버스(Henry Havers)는 통일령에 순응하느니 현직에서 물러나는 쪽을 택했다. "상당한 재산이였기에 그는 교구 내에 있는 한 농장을 사들였으며, 그곳으로 많은 사람이 찾아와 영적 지도를 구했다. 얼마 후 그는 목사관과 현재의 채플이 서 있는 땅을 구매하였고, 거기에 그의 저택이라고 불린 커다란 목재 건물과, 삼면으로 회랑을 갖추고 약 200명을 수용할 수 있는 예배당을 세웠다. 나중에 그 집회소와 목사관은 허물어졌고 스펄전 생전에 재건축되었다. 하지만 묘지와 오래된 주목나무 울타리가 있던 목사관 정원, 그리고 주변의 전원지대는 스펄전 어린 시절의 풍경을 여전히 많이 유지하고 있다.

5   헨리 하버스의 재산에 포함되었던 이 서재가 19세기 중반까지 보전되었다는 것은 주목할 일이다.

수 있다. 나는 거의 모든 신간에 대해 일종의 편견을 품고 있음을 시인한다.

나는 원본을 선호하는 편이다. 심지어 양피지나 염소 가죽에 싸인 것이든, 혹은 널빤지 표지로 싸인 것이라도 그렇다. 얼마 전, 이 오래된 책들을 새 목사관에서 보았을 때 눈물이 흘러내렸다. 누군가 다른 소년이 그 책들을 사랑하고, 여전히 영국에 위안과 축복이 될 저 위대한 옛 신학을 부흥시킬 것인지 궁금하다.

아직 어린 나이였을 때, 그 어두운 방에서 나는 옛 저자들을 불러냈다. 그들과 교제할 때보다 더 행복한 때는 없었다. 청교도주의가 멸시를 받는 작금에, 오랜 세월이 지나기 전에, 많은 참되고 용감한 사람들이 하나님의 도우심으로 청교도주의를 불러올 것이다. 회반죽으로 창문을 막은 자들은 저 옛 진리 위에 비치고 있는 하늘의 빛을 보고 놀랄 것이며, 그 빛이 그 방을 뚫고 나오는 것을 보고 당황하게 될 것이다.

여기에 수록된 스펄전 유년 시절의 사건은 1887년 여름 그가 스탐본을 방문했을 즈음 그의 "앤 고모"가 들려준 이야기이다.

스탐본교회에 출석하는 교인 중에 로즈(Roads)라는 이름을 가진 사람이 있었다. 그에게는 "맥주 몇 방울"을 얻으려고 자주 술집에 가는 버릇이 있었다. 그는 파이프 담배도 피웠는데, 그의 경건한 목사에게는 큰 근심거리였다. 목사는 그 교인의 수시로 변하는 행동을 생각하며 종종 한숨을 내쉬었다.

소년 찰스는 이 문제와 관련하여 그의 할아버지의 근심을 알아챘고, 그것을 마음에 담고 있었다. 어느 날 그가 별안간, 그 노신사가 듣는 데서, "내가 그 늙은 로즈를 죽일 테야, 그렇게 할 거야."라고 소리쳤다. "쉿, 쉿! 애야", 그 선한 목사가 말했다.

"그렇게 말하면 안 돼요. 그건 아주 나쁜 말이야. 너 나쁜 짓 하면 경찰에 잡혀가는 거 알지."

"저는 나쁜 짓은 하지 않을 거예요. 하지만 그를 죽일 거예요, 그렇게 할 거예요."

인자한 할아버지가 당황했다. 하지만 그 아이가 자기가 잘못인 줄 아는 일은 절대 하지 않을 것이라고 완벽히 확신했다. 그래서 그저 혼잣말로 "저런 이상한 아이하곤" 하며 지나쳐버렸다. 하지만 얼마 후, 그 아이가 들어오면서 이런 말을 할 때 위의 대화가 퍼뜩 떠올랐다.

"내가 늙은 로즈를 죽였다. 앞으로는 그가 내 할아버지를 걱정시키지 못할 거야."

"아이고 애야."

할아버지 목사님이 말했다.

"너 무슨 짓을 한 거냐? 어디에 있었어?"

"저는 아무 해도 끼치지 않았어요, 할아버지."

그 아이가 말했다.

"저는 주님의 일을 했어요, 그게 전부예요."

어린 찰스에게는 더 끌어낼 말이 없었다. 하지만 머지않아 그 신비가 밝혀졌다. "늙은 로즈"가 그의 목사를 만나러 왔고, 침울한 표정과 명백히 슬픈 마음을 가지고, 그가 어떻게 '죽임'을 당했는지 들려주었다. 대충 이런 식이었다.

"정말 죄송합니다, 내 사랑하는 목사님!

목사님께 큰 근심과 염려를 끼쳐왔습니다. 정말 잘못했습니다, 제가 잘 압니다. 하지만 저는 목사님을 항상 사랑했고, 만일 제가 제대로 생각만 했어도 그렇게 행동하지 않았을 겁니다."

친절한 신앙의 말로 목사의 격려를 받은 후, 그는 계속해서 이야기를 이어갔다.

제가 술집에 앉아 있었습니다. 담배 파이프를 입에 물고 손에는 맥주잔을 들고 있었답니다.

그때 저 아이가 들어오지 뭡니까?

저 같은 늙은이가 책망받아야 한다고 생각했는지, 저 아이의 입에서 꾸지람이 나오더군요!

그가 손가락으로 저를 가리키더니, 이렇게 말하더군요.

'여기서 무얼 하는가?

엘리야여!

교인이라는 사람이, 경건치 못한 사람들과 앉아서, 자기 목사의 마음을 그렇게 아프게 하다니요?

나는 당신이 부끄러워요!

정말이지 나 같으면 내 목사님의 마음을 아프게 하지 않을 거예요.'

그러고는 걸어 나갔습니다. 처음에는 화가 났는데, 전부 맞는 말이더군요. 제가 잘못한 겁니다. 그래서 담배 파이프를 내려놓고, 맥주잔에서 손을 떼고, 서둘러 어느 한적한 곳으로 갔지요. 거기서 주님 앞에 엎드려 내 죄를 고하고 용서를 구했습니다. 저는 자비로우신 주께서 저를 용서하신 것을 알고 믿습니다. 이제 저는 목사님께 용서를 구하러 왔습니다. 이제 더는 목사님을 근심시키지 않겠습니다.

두말할 필요도 없이, 그 참회에는 너그러운 용서가 따랐고, 주 안에서 한 형제를 얻게 되었으며, 모든 일이 그렇게 된 놀라운 방식으로 주님이 찬송을 받으셨다.

믿음을 저버렸던 그 사람의 진실한 회복은 호우킨(J. C. Houchin) 씨의 증언에서도 확인된다. 호우킨 씨는 스펄전의 할아버지를 이어 스탐본의 목사가 된 사람이다. 그 역시도 공식적인 기록에서 "올드 로즈"(Old Roads)라는 철자를 가진 이름을 확인했다. 호우킨 씨는 이런 기록을 남긴다.

> 토머스 로즈(Thomas Roads)는 나이든 신도 중의 한 분이다. 활동적이고, 활기차며, 자그마한 키를 가졌다. 하지만 글을 잘 모르는데, 아마 노동자 수준에서 크게 높지 않을 것이다. 하지만 그는 조랑말과 수레를 가지고 있고, 직접 계산해서 작은 물건을 사고팔 수 있다. 나는 그가 진실하고 열심을 가진 그리스도인이라고 본다. 가능하다면 그는 모든 일에서 쓸모있는 사람이 되려고 애쓰며, 특히 기도회나 젊은 사람들을 위한 모임에서 그러하다. 그는 그리스도인들의 교제와 기도를 위해 자기 집을 개방한다.
>
> 내가 사역하는 동안 그는 약 4년 정도 생존해 있었고, 끝까지 즐거운 확신을 유지하였다. 임종이 가까웠을 때, 내가 성경을 들고 읽은 후 그와 함께 기도할 때에, 그는 말했다. '목사님 저는 성경의 장(章)수를 세고 있었습니다.'
>
> '그래요, 왜 그렇게 하셨지요?'
>
> 그가 대답했다.

'저는 거기에 있는 말씀을 읽을 수 없었답니다. 그래서 성경에는 몇 장이나 있을까 알고 싶다고 생각했지요.'

이는 애잔하면서도 많은 것을 드러내 주는 일화다. 우리는 그에 대해 좋은 소망을 가졌고, 크게 그리워하였다.

제2장

스탐본의 집회소

"나는 최근 한 초상화를 내 가슴에 새겼습니다. 내게는 매우 소중한 초상화이기에, 아마 나는 대강이나마 그의 모습을 그려볼 수 있을 것 같습니다. 아마도 그는 내게 끝까지 남을 영광스러운 본보기일 것입니다. 이 사람은 아직 청년에 불과할 때에 말씀을 전하기 시작했습니다.

주님을 사랑하고 그분의 교회를 섬겼던 선조들에게 나서, 그는 거룩한 열망이 타오르는 것을 느꼈습니다. 자신의 능력을 입증한 후, 그는 대학에 들어갔고, 그 과정을 마친 후, 자기 수고를 50년 이상 지속한 곳에 정착했습니다.

젊은 나이에, 그의 진지한 열심과 건전한 교리는 하나님의 소유가 되어 국내와 해외에서 사용되었습니다. 비난과 욕설의 공격도 있었지만, 그것을 견디며 사는 것 역시 그의 특권이었습니다. 그는 그의 원수들보다 오래 살았고, 비록 한 세대를 이루는 친구들을 땅에 묻었지만, 여전히 따뜻한 가슴을 지닌 많은 이들이 그의 주변에 모여들어 끝까지 함께 하는 것을 보았습니다.

자기 양 떼를 심방하고, 자기 자신의 강단에서 설교하면서, 또 다른 교회들에서 말씀을 전하는 많은 여행을 하면서, 한 해, 한 해가 너무 빨리 지나갔습니다. 그러면서 그는 어느새 자신이 자녀들과 손주들로 이루어진 큰 부족의 족장이 되어 있는 것을 발견했습니다. 그의 후손들은 대부분 진리 안에서 행하고 있습니다. 팔십 대가 되어서도 그는 계속 설교했고, 마침내 질병으로 눕게 되었지만, 여전히 그는 전성기 때와 마찬가지로 즐겁고 쾌활했습니다.

그가 죽을 때가 왔습니다. 그는 그것을 솔직하게 말할 수 있었고, 마지막으로 내게 이렇게 말했습니다.

'나는 하나님을 위한 나의 증언이, 그 근본 교리들에 있어서, 변했다고 생각지 않는다. 나는 내 청중에게 어떤 신식 교리들도 가르치지 않았다. 중요한 요점에서, 나는 오류를 범했다고 시인하지 않아도 된다. 오직 나는 은혜의 교리들을 굳게 붙들었고, 이전보다 더욱 그 교리들을 사랑한다고 말할 수 있다.'

> 그는 그런 분이었습니다. 나이든 바울처럼, 그는 비틀거리는 무릎이 강단에 서는 것을 견딜 수만 있다면 말씀을 전하기를 갈망했습니다. 내게 그런 조부가 계셨다는 것이 감사합니다. 그는 불과 몇 시간 전에 그리스도 안에서 잠들었습니다. 임종의 침상에서도 그는 건강의 활기가 넘치는 사람들처럼 즐겁게 대화를 나누었습니다."
>
> 찰스 해돈 스펄전
> 1864년 2월 14일, 마태복음 10장 22절을 본문으로 전한 설교 중에서

그것은 희귀하고 오래된 예배당이었다. 그것이 내가 알던 그 모습으로 영원히 남아 있을 수 있다면 좋겠다. 내 펜으로 그것을 스케치할 수 있을지 모르겠다. 내가 열두 살 소년이었을 때, 나는 그 오랜 집회소의 뒷모습을 그렸다. 나는 한 농부의 집을 그려준다는 약속을 하고 그의 식탁에서 환대를 받았다. 연필로 그려진 그 추억의 그림이 내 사랑하는 앤 숙모에 의해 보존되어 무척 기쁘다. 하지만 그로부터 45년이 지난 지금, 같은 대상을 두고 펜을 들어야겠다.

그 강단은 "양 떼의 망대"(미 4:8)처럼 영광스러웠다. 그 위로는 거대한 공명판(共鳴板)이 걸려 있었다. 나는 그것이 떨어지면 내 할아버지가 어떻게 될까 하고 추측해보곤 했다. 나는 뚜껑을 열면 인형이 튀어나오는 깜짝 장난감 상자를 생각했는데, 내 사랑하는 할아버지가 그런 식으로 눌러졌다가 튀어나오는 일이 없기를 바랐다.

강단 뒤로는 그 목사의 모자를 걸어두는 못이 하나 있었고, 강단 내부에는 두 사람이 있을 만한 공간이 있었다. 아주 어린 소년이었을 때 나는 할아버지와 그곳에 앉아본 적이 있다. 하지만 내 생각에, 내 네덜란드 친구가 표현하듯이, 어른 두 사람이 있기에는 "꽤 좁은" 공간이었다.

바로 밑, 강단 전면에는, 탁자식 신도석이 있었고, 거기에 회중의 장로들이 앉았다. "빛과 지도력"의 역할을 하는 은혜로운 사람들이었다. 대개 그 자리에 해돈 삼촌이 서서, 찬송도 부르고 광고도 하였다. 절반쯤은 구별된 그 구역에서 나무토막이 올려지면, 2층에서 찬송하는 사람들은 거기에 음보(音步)를 맞추는 식이었다—보통, 길게, 짧게. 이 큰 신도석 바닥에는 큰 비석들이 있었다. 그것은 탁자의 역할도 하여, 그들이 예식(ordinance)을 행할

때는 그 위에 빵과 포도주를 펼쳐 놓기도 했다.

　나는 그 표현이 우리가 "성찬식"을 의미할 때 쓰는 정확한 표현이라고 생각한다. 나는 그들이 유아 세례를 "예식"이라고 표현했는지는 기억나지 않지만, 그들이 그렇게 생각했을 것이라고 여긴다. 소수의 사람은 그 문제에 꺼림칙함이 있어서, 다른 침례교 예배당에서 조용히 세례를 받았다.

　중간에 있는 신도석 공간은 정사각형 형태였고 널찍하였다. 양쪽에 있는 신도석은 귀족적이었는데, 초록색 모직 천으로 줄이 그어져 있었으며, 대부분은 색이 매우 바랬다. 어떤 경우는 황동 막대가 달린 작은 커튼이 쳐지기도 했는데, 그것이 가족 신도석을 꽤 사적인 공간으로 만들었고, 우리에게 생명의 말씀을 전하는 노 목사님의 눈초리 외에는 다른 사람들의 시선을 차단해주는 역할을 했다.

　신도석 안쪽에는 작은 가림막 천이 있어서 문을 열 때도 공간이 확보되도록 했고, 신도석 바깥 복도 쪽에 앉는 가난한 사람들은 그 천을 방석 용도로 쓰기도 했다. 집으로 갈 시간이 되면 사람들이 한꺼번에 일어서서, 가림막 천을 내려놓고, 천 방석을 신도석 안쪽과 바깥쪽에 놓아두고 밖으로 나섰다.

　요즘같이 퇴보한 시대에는 그런 광경을 볼 수 없을 것이다. 한 작은 소년은 이 거룩한 외양간 바닥에 무릎 방석을 놓고 앉아 있을 때가 더없이 좋았다. 특히 빨아 먹을 박하사탕이 있고, 같이 놀 사람이 아무도 없을 때는 그만한 곳이 없었다.

　나는 그 예배당 안쪽뿐 아니라 바깥쪽으로도 얼굴을 내밀고 있던 큰 벽시계를 잊을 수 없다. 그의 긴 몸이 새롭게 단장될 때면, 그것은 근사하고, 깨끗하고, 고풍스러운 청교도 예배당에 잘 어울리는 멋진 가구로 보였다. 내가 들은 정보가 옳다면, 그 오래된 시계는 방앗간 주인에게 팔렸고, 지금쯤 그의 헛간 어딘가에 놓여 있을 것이다.

　우리는 마지막에 얼마나 이상한 용도로 쓰이게 될지!

　그 사람들은 진짜 에섹스 사람들이었다. 그들은 "읍내"의 여러 장소에 대해 말하면서 마치 그런 곳이 외국의 어디인 것처럼 말했다. '수백 명'이 사는 곳으로 간 젊은 친구들은 대단한 배짱을 가진 존경스러운 탐험가들이었다. 그들은 좋은 설교를 사랑했고, "스펄전 목사님, 오늘 아침 말씀을 잘 들었습니다."라고 말하곤 했다.

물론 나는 그 목사님이 설교를 잘 했다고 생각하지만, 그들의 생각은 단지 목사를 칭찬하려는 것이 아니었다. 그들은 말씀을 잘 들었고, 그 표현 방식에는 칭찬하는 것과는 다른 무언가를 담고 있다. 하여간, 그 표현은 설교자에게서 자기가 행한 것을 자랑스럽게 여기는 모든 근거를 가져간다.

그들은 복음을 들을 수 있고 또 듣고자 했던 사람들이었다. 하지만 나는 그들이 다른 무엇이든 용납하려 했다고 생각지 않는다. 그들은 들으면서 비평하려는 경향이 있었다. 그들 중 일부는 말에서 매우 지혜로웠고, 일부는 그렇지 않았다. 내가 잘 기억하는 한 가지 사례로, 설교자가 동양의 방식으로 "가라지"에 대해 다루었을 때, 그렇게 하는 것이 전적으로 정당하기도 했지만, 그들은 이렇게 말했다.

> "목사님은 가라지를 보았을지는 모르겠으나 가라지에 대해 모르신다. 목사님이 그렇게 무지하게 말하는 것을 듣자니 고역이었다. 자라는 동안에는 알곡과 가라지를 구분할 수 없다고 말하는 것은 우스꽝스럽다."

그 투박한 비평가들이 이번에는 틀렸지만, 교리와 경험의 문제에서 그들이 만만한 상대가 아니었던 것은 분명하다.

나는 거기 사람들이 내가 십 년 후에 케임브리지 주에서 알게 된 농부들처럼 미신적이거나 연약하지는 않았다고 생각한다. 백발의 마법사들과 마녀들의 이야기는 내 소년 시절에는 알려지지 않았다. 그런 이야기들을 나는 내 나이 열여섯과 스물 사이쯤 되어서야 충분히 듣게 되었다.

어느 노동자가 내게 말하길, 한 마녀가 그의 벌거벗은 등에서 고양이 한 마리를 꼬리를 잡고 끌어내렸다고 했다. 그는 내게 흔적들을 보여주진 않았다. 하지만 그는 고양이 같은 동작을 완전히 신봉하였다. 잊을 수 없는 이야기가 있다.

스탐본에서 5마일 이내로 떨어진 헤딩햄(Hedingham) 마을에서, 비교적 최근인 1865년에 살인 사건이 발생했는데, 사람들은 그것을 마법에 의해 자행된 것이라고 믿었다. 스탐본에서는, 내가 어릴 때 나와 이야기를 나누었던 노인 중에서, 그런 터무니 없는 이야기를 믿을 사람은 없었다고 확신한다. 성경적인 주제나, 혹은 정치, 혹은 전도, 혹은 도덕적인 주제에 있어서, 그들은 에식스 풍의 방언으로 훌륭하고도 중요한 생각들을 표현하였다.

스탐본에도 분명 소수의 거친 사람들이 있었고, 예배당에도 가지 않는 사람들이 있었다. 하지만 예배당에 오는 사람들이 대다수였다.[1] 그들이 들었던 평이하고, 실제적이며, 상식적인 설교들이 그들을 짙은 미신에서 벗어나게 했다. 아직도 많은 동부의 앵글족 소작농은 미신에 얼이 빠져 있다.

1. 스탐본 예배당에서 찬송가 부르기

기도회는 주중 항상 지속하였지만, 어떤 시기에는 할아버지와 몇몇 나이든 여성분들만 참석했다. 좀 더 나이가 먹은 뒤에, 나는 할아버지에게 어떻게 찬송가를 그런 식으로 부르시냐고 질문했던 일이 기억났다.

"할아버지, 우리 모두 항상 노래를 불렀지요. 그런데 할아버지는 음성과 박자를 모르시고, 확실히 저 나이든 부인들도 마찬가지예요."

할아버지가 대답했다.

"애야, 한 가지 공통되는 박자와 음성이 있단다. '흠 하, 흠 하, 이거면 다 통하지. 그리고 나는 그럭저럭 잘 해왔어."

"하지만 길거나 짧은 박자의 찬송가를 부를 때는 어떻게 해요?"

"아! 그때는 좀 더 길게 '흠 하' 하든지, 아니면 긴 박자를 좀 줄이면 되지. 하여간 어떻게든 우리는 주님을 찬양했잖아."

아! 내 사랑하는 할아버지의 그늘이여!

당신의 손자도 4분음표나 8분음표 같은 것에 은사가 없기란 할아버지와 마찬가지랍니다!

이날까지 당신의 손자가 유일하게 독창으로 불러본 노래는 누구에게나 가능한 똑같은 곡조의 노래뿐이지요!

당신 손자는 이제 그것조차도 단념했답니다. 왜냐하면, 청중이 점점 지적으로 변해가면서 예전과 달리 참을성이 줄어들고 있으니까요.

---

[1] 그 예배당은 대략 600명을 수용했다. 주일 오후에 그곳은 대개 채워졌다. 『제임스 아처 스펄전』(*James Archer Spurgeon*) Holden Pike, 1894, 12쪽 참조.

한 번은 할아버지가 용감하게도 찬송가 책자를 만들어 낸 적이 있다. 나는 누구도 그것이 좋다고 말하거나, 회중이 모일 때 사용되어야 한다고 주장하는 것을 들어본 적이 없다. 그 책 속에서 할아버지는 만일 첫 번째 판이 쓸모 있는 것으로 판명되면 두 번째 판을 내겠다고 약속했다.

우리는 그가 다른 사람에게 해를 끼친 것은 아니기에 첫 번째 모음집을 낸 것을 용서한다. 물론 의도는 좋았다. 하지만 친애하는 그 노 목사님은 운율 같은 사소한 문제에는 전혀 주의를 기울이지 않았다. 감히 그 한 소절도 인용할 수가 없을 정도이다. 천국에 계신 우리 할아버지가 누리는 기쁨 중의 하나는 아마도 그가 이제 주님 앞에서 마음껏 새 노래를 작곡하고 부를 수도 있게 되었다는 점일 것이다.

우리가 그의 찬송을 인용하기 어렵다는 의미는, 그 의미나 교훈을 말하는 것이 아니다. 그 점에서라면, 우리는 웨스트민스터 총회 앞에서도 모든 구절을 인용할 수 있었고, 어떤 반대가 제기되는 것도 우려할 필요가 없었다.

스탐본 스타일의 찬송가 부르기는 내가 집으로 돌아갔을 때 나를 곤혹스럽게 했다. 어느 사이엔가 내 머리에는 찬송가의 마지막 줄은 항상 반복되어야 하는 것으로 인식되어 있었다. 할아버지는 내게 한 가지 안전한 규칙을 심어주셨는데, 즉 내가 옳다고 믿는 것을 행할 때는 결코 두려워해서는 안 된다는 것이었다.

그래서 내 부모님이 출석하시는 예배당에 갔을 때, 회중이 그리하든 하지 않든 나는 마지막 줄을 반복해서 불렀다. 그에 상당한 벌이 뒤따랐고, 그 벌이 내게 깨우쳐 준 것은 어린 소년은 자기 부모가 옳다고 생각하는 것에 따라야 한다는 것이었다. 비록 내 할아버지가 그 특정한 면에서는 실수하셨지만, 나는 결과가 어떠하든 내 믿음에 따라 행해야 함을 가르쳐주신 것에 대해 항상 그에게 감사한다.

그 집회소의 바깥은, 긴 면이 실제로는 정면이며, 승마를 위한 사각형 구조물이 있었다. 숙녀들은 계단을 올라, 그들의 말 등과 같은 높이의 연단에 설 수 있었다. 그것은 아주 추천할만한 고안물이었다.

내가 내 '로시난테'(돈키호테가 탔다는 말라빠진 말 – 역자주)에 오를 때마다 그런 종류의 고안물이 있었으면 하고 바란 적이 얼마나 많았던가!

나로서는, 이 승마용 사각 구조물은 다른 이유로도 매우 소중했다. 거대하고 오래된 라임 나무들은 무수한 잎사귀들을 떨어뜨렸다. 이것들을 쓸어모을 때면, 그 나이 드신 예배당 지킴이는 거대한 양의 잎사귀들을 그 승마용 구조물 속으로 쑤셔 넣곤 했다.

내가 내 몸 크기에 적당한 만큼의 잎사귀들을 끌어내면, 나는 그 속으로 기어들어 갈 수도 있었고, 발견될 염려 없이 숨어 누워있을 수도 있었다. 내 친구 맨톤 스미스 씨는 『길 잃은 나뭇잎들』(Stray Leaves)이라고 불리는 책을 썼고, 본인이 직접 『더 많은 길 잃은 나뭇잎들』(More Stray Leaves)이라고 제목을 붙인 또 다른 책을 썼다.

나는 그가 태어나기도 전에 그의 작품으로 들어간 것이다. 은신처로는 그만이었기에, 그곳은 "그 아이"에게는 경이로운 장소였다. 그 아이는 혼자 있곤 했다. 물론 그가 간 곳을 그의 수호천사들은 알았겠지만, 그들 외에는 지상에서 아무도 알지 못했다. 불과 얼마 전에, 사랑하는 앤 고모가 말씀하셨다.

> 하지만 찰스, 너 아주 어린 꼬마였을 때 어디에 있던 거니?
> 우리가 사방으로 너를 찾아다녔어도, 네가 스스로 걸어 나오기까지는 아무도 너를 찾을 수 없었잖아.

그 승마용 사각 구조물은 나뭇잎들이 있을 때 내가 주로 가는 곳이었으며, 어느 옛 무덤은 다른 경우에 내가 종종 가는 곳이었다. 아니, 내가 그 무덤으로 파고 들어간 것은 아니다. 그것은 일종의 제단 형태의 무덤이었다. 그 한쪽 측면의 돌은 쉽게 움직였고, 그래서 나는 안으로 들어갈 수 있었고, 다시 그 돌을 밀어 닫으면 나는 일종의 커다란 상자에 갇히는 셈이었다.

나를 거기서 찾을 거라고는 누구도 꿈도 꾸지 못할 장소였다. 나는 숙모에게 내 은신처를 보여주기 위해 그 무덤으로 갔었다. 하지만 들어 올려진 제단이 없어졌다. 그 윗부분은, 거기에 새겨진 사망자의 이름과 함께, 땅바닥에 평평히 놓여 있었다. 전에 기념비를 받치고 있던 옆면의 일부 돌들은, 그 건물이 현재의 형태로 수선될 때에, 문간 계단으로 사용되었다. 맨 위의 덮개로 쓰였던 돌은 같은 자리에 남아 있지만, 2피트 정도 높이로 올려져 있는 대신, 땅바닥에 내려져 있었다.

여전히 나는 그곳을 잘 기억하고 있으며, 예전에 있었던 그 무덤도 마찬가지다.

내 이름을 불러주던 선한 사람들의 소리를 내가 얼마나 자주 들었는지!

나는 그들의 발걸음이 내 동굴 가까이에 오는 것을 들었지만, 아주 심술궂게도 나는 여전히 "잃어버린" 상태에 있었다. 식사 시간이 지났음에도 불구하고 그랬다.

어린이로서 앞으로 내게 다가올 날들을 꿈꾸며, 홀로 조용히 있는 것이 내 소년 시절의 천국이었다. 하지만 그보다 나은 최고의 행복이 있었다. 가만히 폭스하운드의 짖는 소리를 들어보라. 붉은 코트를 입고 그 뒤를 따르는 사람들을 보라. 그때 나는 기쁨의 절정을 맛보았다. 사냥꾼들이 스탐본의 수풀에 찾아왔을 때, "그 소년"만 제외하고 다른 사람들은 놀라서 어쩔 줄을 몰랐다.

모든 여성과 어린이들이 엄숙하게 밀짚 끈 만드는 일에 몰두하고 있을 때, 여우가 지나간다면 그들이 어떻게 반응할까?

나는 함부로 상상할 수가 없는데, 왜냐하면, 나 스스로가 한 일을 기억하지 못하기 때문이다. 예배당 뒤쪽 수풀에는 내 어린 영혼에는 매력적인 신비가 있었다.

거기에 여우 한 마리가 살고 있지 않다고 누가 알겠는가?

어린이로서, 장차 무엇이 되려느냐는 질문을 받을 때, 나는 대개 사냥꾼이 될 것이라고 말했다.

정말이지 좋은 직업이다!

많은 젊은이가 마치 내가 사냥꾼이 되려던 것처럼 교구 목사가 되려고 생각한다. 그들이 긴 외투, 나팔 불기, 명예와 존경과 편안함을 좋아한다는 것은 그저 어린이처럼 유치한 생각이다. 그리고 그들이 목회 사역에서 부를 생각한다면 아마 바보일 것이다. (만약 침례교 목회와 관련하여 부를 바란다면 그들은 무지한 자들임이 틀림없다.) 설교자의 직무라는 매력은 너무 커서 약한 정신이 감당할 수 없다. 그러므로 나는 젊은이들에게 변덕스러운 기분을 성령의 감동으로 착각하지 말고, 유치한 선호도를 성령의 부르심으로 오해하지 말도록 진지하게 경고한다.

여우 사냥이 진행되는 동안, 나는 한 가지 교훈을 얻었다. 복음의 설교자가 된 내게 아주 유익했던 교훈이다. 그 후 어느 날 나는 양동이를 들고 가게로 심부름을 갔다. 1파운드의 차, 겨자 4분의 1파운드, 3파운드의 쌀을 사서 집으로 오는 길에, 나는 한 무리의 사냥개들을 보았다. 그리고 (소년 때 항상 그랬던 것처럼) 울타리와 도랑을 건너 그들을 따라가야 할 것처럼 느꼈다.

그러다 집에 도착했을 때, 모든 물품이 뒤섞여 있는 것을 발견했다. 차, 겨자, 쌀이 모두 뒤죽박죽되어 엉망이었다. 나는 내 설교 주제들을 양질의 튼튼한 꾸러미로 잘 싸야 하며, 내 강론의 실로 칭칭 동여매야 하는 것을 배웠다. 이것이 나로 하여금, 비록 지금은 별 인기 없는 방식이라 할지라도, 첫째, 둘째, 셋째 하는 식으로 설교를 엮도록 만들었다. 사람들은 겨자가 섞인 차를 마시려 하지 않을 것이며, 내용이 뒤죽박죽된 설교를 즐거워하지도 않을 것이다. 그런 설교는 어디가 머리인지 꼬리인지 분간할 수가 없기 때문이다. 그런 설교는 그저 머리와 꼬리 양쪽이 비슷하게 생긴 브라이트 씨의 스카이 테리어 종(種) 개와 같다.

왠지 우리 주일학교는 그리 대단치 않았다고 생각한다. 모든 어린이가 자기 머그잔을 들고 오고, 진짜 케이크와 차, 우유와 물, 그리고 연설이 있는 날은 대단한 날이었다. 하지만 그런 대단한 축제는 일 년에 한 번뿐이었다. 일찍이 나는 어쩔 수 없이 섬김에 참여한 적이 있다. 당시 나는 여전히 소년이었으며, 스탐본에는 방문 체류 중이었다.

나는 스스로 실패자라고 느꼈고, 내 주변의 어떤 사람들은 눈부신 성공을 거둔다고 생각했다. 하지만, 아직 소년 시절에, 어린아이들에게 읽기, 찬송가 구절 암송하기, 교리들을 외워서 말하기 등을 가르치는 것은 좋은 출발이었다. 나 자신이 배웠던 왓츠(Watts) 박사의 교리는 아주 단순하고, 아주 흥미롭고, 아주 함축적이어서, 성경 지식의 압축으로는 그보다 나은 것이 앞으로도 나오지 않을 것이다. 놀라운 것은 그러한 작은 가르침의 기적이 교사들에 의해 외면당해왔다는 것이다.

이 글을 쓰면서, 한 가지 질문과 대답이 아주 신선하게 떠오른다.

이사야는 누구인가?

그는 예수 그리스도에 대해 다른 모든 사람보다 더 많이 말했던 선지자입니다.

53년이라는 세월이 흘렀지만, 나는 콜체스터에서 읽었던 한 경건한 어린이에 관한 작은 책자가 기억난다. 제인웨이(Janeway)의 『어린이들을 위한 증거』(Token for Children)라는 책이 기억나고, 또 당시 내 또래 청소년들의 비행도 기억한다. 그들은 단지 소란을 피우는 정도가 아니라, 실제로 교사들을 발로 찼다. 기억의 과정에는 선택의 요소가 개입된다. 내 경우에는 기억나는 내용이 너무 다양해서, 기억의 안내만으로는 나 자신의 성격이 어땠는지 알 수가 없다.

청소년들을 위한 평일 학교가 나이든 벌리 부인에 의해 운영되었고, 그 유용한 지식의 전당으로 나는 보내어졌다. 내가 유일하게 기억하는 것은 그녀의 아들 가브리엘에 대해 꽤 많은 이야기를 들었다는 것이다. 그래서 나는 호감을 느껴 질문도 했는데, 그가 살던 읍내에서 집으로 올 때 그가 와서 나를 볼 수 있겠냐는 질문이었다. 하지만 나는 아직도 실망감을 이기지 못했다.

가브리엘을 보기 위해! 내가 가장 큰 종류의 날개를 절대적으로 기대했다고는 생각지 않는다.

하지만 틀림없이 날개가 있거나, 아니면 천사 같은 무언가가 있으리라고 추측했다. 그 둘레에 그룹이나 스랍 천사의 흔적들을 찾을 수 없는 단지 젊은 사람, 바지 입은 청년을 보다니! 너무 큰 실망이었다.

"이름에 무엇이 담겨 있나요?"

그는 당시엔 내가 알지 못한 질문이었다. 하지만 누구도 나에게 그렇게 물을 필요는 없을 것이다. 이름은 그저 딱지일 뿐이고, 그 실체가 거기에 있다는 증거가 결코 아니다.

옛 예배당 이야기로 돌아오자면, 거기서 가장 좋았던 점은 그 안에서 수행된 임무에 깃들었던 축복이다. 위로부터 성령의 이슬이 목회 사역에 내리길 멈추지 않았다. 내 할아버지가 어디를 가든, 그의 설교를 듣고 영혼들이 구원받았다. 내가 처음 설교자가 되었을 때, 이렇게 말하는 사람이 있었다.

"당신 할아버지의 설교를 들었어요. 스펄전의 설교를 들을 수 있다면 언제라도 신발이 벗겨질 정도로 달려갈 겁니다."

이 말은 고무적이었다. 또 다른 사람이, 내 할아버지의 설교를 한 번 들은 것이 그의 날개 깃털을 성큼 자라게 했다고 말했다. 하늘의 양식을 먹은 후에 그는 독수리처럼 오를 수 있었다고 했다.

"목사님은 언제나 아주 경험적이었습니다."

이 말은 어느 신실한 노동자의 요약이다.

"마치 그가 사람의 속에 들어가 있는 것처럼 느껴졌습니다."

건물들은 무너지게 마련이고, 새로운 신전들이 그 뒤를 잇겠지만, 어떤 지상의 집도 내 할아버지의 목회 사역보다 더 건전하고 더 유용한 사역을 제공하진 못할 것이다.[2]

내가 처음으로 할아버지를 떠났을 때, 그와 떨어지는 것이 얼마나 슬펐는지를 기억한다. 내 작은 삶에서 그것은 큰 슬픔이었다. 할아버지 역시 매우 슬퍼 보였다. 우리는 함께 소리 내어 울었다. 할아버지는 내게 무슨 말을 해야 할지 몰랐지만, 이렇게 말했다.

"애야, 오늘 밤 콜체스터에 달이 비칠 때, 그것을 쳐다보렴. 같은 달을 이 할아버지가 스탐본에서 쳐다보고 있다는 것을 잊지 말아라."

어린아이로서, 수년 동안 나는 달을 사랑했다. 내 할아버지의 눈과 나 자신의 눈이 저기 달에서 어떻게든 만난다고 생각했기 때문이다.

---

2   에식스의 작은 예배당에서 제임스 스펄전 목사의 사역은 54년간 지속하였고, 1864년에 88세의 나이로 죽기까지 그는 계속해서 힘있게 성공적으로 설교했다.

제3장

어린 시절의 사건들

스펄전의 아버지 존 스펄전(1810—1902)은 스탐본의 그 목사의 둘째 아들이며, 거슬러 올라가면 17세기 때부터 그의 가문에 주어졌던 복음 증거의 일을 신실하게 이어갔다. "내가 붙드는 신앙에는 내 선조들의 피의 흔적이 묻어 있습니다"라고 스펄전은 말하곤 했으며, 그의 머릿속에는 언제나 찰스 2세 시대에 비국교도라는 이유로 혹독한 투옥을 견뎌냈던 데덤(Dedham)의 욥 스펄전과 같은 사람이 있었다.

존 스펄전은 엘리자 자비스(1815년 오튼 벨챔프에서 출생)와 결혼했으며 켈비돈에 있는 그들의 신혼집은 아직도 남아 있다. 유년 시절에 부모님들과 떨어져 지낸 이유가 무엇이건, 찰스는 콜체스터 하이스 힐(Hythe Hill)에 있는 그의 새집에 오게 되자 행복했다. 수년 후 그는 하나님께서 그에게 주신 직분을 언급하면서 두 가지 이유를 제시했는데, 그것은 "내 어머니, 그리고 내 메시지의 진실"이었다. 아마 그는 아버지를 많이 보았던 것 같진 않다. 9마일 정도 떨어진 톨스버리에서의 목회 사역 외에도 그는 석탄 상인 사무소에서 회계를 맡고 있었다.

하지만 그렇다고 해서 외로웠던 어린 시절과는 거리가 멀다. 찰스가 다섯 살 무렵일 때 두 여동생과 한 남동생이 태어났다. 그들을 대상으로 건초더미 "강단"에서 연설을 하거나 그들을 이끌고 놀이를 하면서, 그는 자연스럽게 그들의 리더였다. 하루는, 그가 남동생과 함께 장난감 배를 가지고 놀 때, 배들에 이름을 짓자고 제안했다. "나는 내 배를 천둥신(The Thunderer)으로 지을 테야" 하고 찰스가 소리쳤다. "승리를 얻을 배는 그에 어울리는 이름을 가져야 하니까."

여러 해가 흘러, 그의 가족의 이름이 그에게 다른 영역에서 영감을 주었다. "아마 우리 선조들은 가난한 방직공들이었을 것이다. 하지만 나는 내 혈관 속에 황제들의 피가 흐르는 것보다는, 신앙 때문에 고난을 겪은 이들의 자리로 낮아지는 편이 훨씬 좋다." 성 레너드교회 가까이에, 그 길 반대쪽에, 스펄전이 16년간 살았던 집은 이제 아무런 흔적도 남지 않았다. 2차 세계대전이 발생한 지 몇 년 후 그 집은 무너졌다. 존 스펄전은 크랜브룩(Cranbrook)과 이슬링턴(Islington)에서 목회 사역을 더 수행한 후 91세의 나이로 숨졌다. 그의 장남보다 십 년 정도를 더 산 것이다.

어떤 사람도 자신의 전기 전체를 기록할 수는 없다. 만일 한 사람의 생각과 말의 역사가 기록될 수 있다면, 세상이라도 그 책들을 보관하기엔 부족하다고 생각하기에, 그만큼 들려진 이야기가 놀라운 것이다. 나는 가정과 학교에서의 내 삶에 대해, 어언 40년 또는 50년이라는 세월이 지난 후, 기억할 수 있는 대로 그저 몇 가지 사건들을 들려줄 뿐이다. 어린 시절의 사건 중에서, 그리고 그 자체로 내 어린 생각에 가장 깊이 새겨졌던 일은 빚과 관련되어 있다.

1. 내 첫 번째이자 마지막 빚

내가 아주 자그만 소년이었을 때, 앞치마를 입은 채로, 나는 한 여자 교사가 가르치는 학교에 갔다. 그러다 보니 석필(石筆) 한 자루가 필요하게 되었는데, 나에겐 그것을 살 돈이 없었다. 나는 연필을 자주 잃어버리는 것에 대해 꾸지람 받을 것이 두려웠다. 당시 나는 정말 부주의한 꼬마 녀석이었기 때문이다.

집에 가서 사달라고 감히 요청할 수도 없었다.

그럴 땐 내가 무엇을 해야 했을까?

그 지역에 작은 가게가 하나 있었다. 견과류, 팽이, 케이크, 공들을 팔았고 피어슨 부인이 주인이었다. 나는 이따금 그 노 부인에게 소년 소녀들이 외상으로 사는 것을 보았다. 크리스마스가 다가오고 있으니, 누군가 1페니는 줄 것이 분명하고, 어쩌면 6펜스짜리 은화 하나를 통째로 줄지 모른다고 나는 스스로 설득했다. 그래서 석필 한 자루를 위해 빚을 지기로 했고, 크리스마스 때는 틀림없이 갚을 수 있다고 확신했다. 마음이 편치는 않았지만, 용기를 내어 가게로 들어갔다. 가격은 1파딩(당시 1/4 페니에 해당)이었다. 전에 어떤 것도 빚진 적이 없었기 때문에 신용은 좋았고, 그래서 연필은 그 친절한 아주머니에 의해 내 손에 건네졌다. 그렇게 나는 빚을 졌다. 그 일로 기분이 썩 좋지 않아졌고, 내가 잘못을 한 것처럼 느껴졌지만, 곧 얼마나 쓰라린 사태가 벌어질지는 까맣게 모르고 있었다.

아버지가 어떻게 이 작은 거래에 대해 들으셨는지, 나는 영문을 알지 못했다. 어느 작은 새나 다른 무언가가 그에게 속삭인 것이 분명하고, 아버지는 나를 몹시 나무라셨다. 하나님이 그 일로 아버지에게 복을 주시길!

아버지는 분별 있는 사람이었고, 자기 자녀들을 망치는 분이 아니었다. 그는 자녀들을 투기하도록 기르기를 원치 않으셨고, 장난삼아서라도 큰 사기를 자금조달이라고 부르지 못하게 하셨다. 빚진 것 때문에 나는 아버지에게 머리를 한 대 맞았다. 그랬던 것이 확실하다. 아버지는 내게 빚지는 것에 대해 아주 강력한 교훈을 주셨다.

그것이 도둑질하는 것과 어떻게 비슷한지, 사람들이 그것 때문에 어떻게 망하는지, 소년 때 1파딩을 빚진다면 언젠가는 일백 파운드를 빚지고 감옥에 들어갈 수도 있고, 가족 전체에 수치를 안긴다는 내용이었다.

그것은 정말이지 강의였다!

지금도 그 소리가 들리는 듯하다. 그 일을 회상하면 지금도 내 귀가 울리는 것을 느낀다. 그런 다음 나는 그 가게로 끌려갔는데, 마치 탈영병이 막사로 끌려가는 것 같았다. 거리를 따라 걷는 내내 심하게 울었고, 끔찍스러울 정도로 부끄럽다고 느꼈다. 모든 사람이 내가 빚진 것을 알게 되었다고 생각했기 때문이다. 많은 엄숙한 경고를 듣는 중에 파딩이 지불되었고, 드디어 그 가련한 채무자는, 마치 새장에서 벗어난 새처럼 풀려났다.

빚에서 해방되는 느낌이 얼마나 달콤하던지!

내 작은 가슴이 어떻게 맹세하고 선언했던가?

"다시는 그 무엇도 나를 빚지도록 유혹하지 못하리라!"

그것은 좋은 교훈이었다. 나는 결코 그것을 잊지 않았다. 만약 모든 소년이 아직 어릴 때 같은 교훈으로 예방 주사를 맞는다면, 그것은 그들에게 큰 재산이나 다름없으며, 그들을 이후의 삶에서 근심의 무거운 짐에서 구원할 것이다.

내 아버지에게 하나님의 축복이 넘치기를 간구합니다!

하나님께서 그런 아버지들의 후손을 영국에 보내사, 영국을 악행과 회사들과 책략들과 지폐들로 인해 먹히지 않게 하시고, 이 영국이 썩은 나무처럼 병들지 않게 하소서!

그 초기의 몸살 이후로, 나는 여태 마치 루터가 교황을 미워한 것처럼 채무를 미워했다.

그 무렵에 있었던 또 한 가지는 내가 좀 잘했다고 볼 수 있는 일이다. 내 자녀들이 자라 어른이 된 지 오랜 후, 나는 내 아버지에게 이전의 한 가지 경험을 떠올리게 했는데, 그때까지 아버지는 그 일에 관해 설명을 들으신 적이 없었다. 내 동생은 어린 시절에 약한 발목 때문에 많은 고생을 했다. 그는 자주 넘어졌고, 집에서도 곤란을 겪었다.

마침내, 그 문제를 단지 부주의 탓으로 여겼던 아버지가 그를 고쳐주기를 바라면서, 집에 돌아와서 넘어진 흔적이 보일 때마다 회초리를 들겠다고 위협하셨다. 이 규칙에 관하여 아버지의 태도가 어떠셨는지를 회상해보니, 그는 상당히 의기양양했다.

"그래, 그거야, 이제 그 아이의 문제는 완벽히 고쳐질 거야."

내가 대답했다.

"아빠는 그렇게 생각하세요?

저는 그렇지 않은 것 같아요."

동생은 이후에도 많이 넘어졌다. 하지만 나는 항상 그의 무릎을 씻기고, 그의 옷을 털어주고, 그가 넘어진 흔적들을 모두 제거해주었다.

2. 어린 시절에서 얻는 예화들

어린 시절 나는 벽난로 장식이었던 돌로 만든 사과를 바라보곤 했다. 놀랍도록 진짜 사과를 닮았고, 또 색깔이 아주 좋았다. 수년 후 그 사과를 보았을 때도 그것은 더 익지 않았다.

더 연해지고 달아지기에 알맞은 환경에 있었으니 그윽한 맛을 낼 정도가 되지 않았을까?

만일 적도의 태양이 그 위에 비치고, 혹은 헐몬의 이슬들이 그 위에 떨어진다면, 그것은 식탁 위에 오르기에 적당해질 수 있었을까?

물론 그렇지 않을 것이다. 그것은 딱딱한 대리석 재질로 된 것이니 거인의 치아라도 깨뜨릴 것이다. 그것은 위선적인 신앙고백자, 어린아이들을 조롱하는 마음이 완고한 자, 하나님의 열매의 단순한 모방에 불과했다. 불친절하고, 탐욕스럽고, 비난을 일삼으며, 성미가 급하고, 이기적이며, 모든 것이 딱

딱해서 돌 같았던 교인들이 있다.
  그들은 지금도 그럴까?
  세월의 간격이 있었으니 그들이 좀 더 연해지지 않았을까?
  아니, 오히려 그들은 집에서 물고, 짖어대며, 찢어발기며, 게걸스럽게 삼키는 개들처럼 더 나빠졌다. 큰 덩치의 사람들이 성소의 조각 작품들을 도끼로 찍어내고, 우물들을 메우며, 돌을 던지며 정원의 좋은 작품들을 손상한다. 마귀가 목사에게 던질 돌멩이를 하나 원할 때, 그는 틀림없이 그들 중 한 사람을 사용할 것이다.
  우리가 꼬마 어린이였을 때, 정원 마당에 씨앗들을 심었다. 지금도 나는 그때의 상황을 잘 기억하고 있는데, 내가 씨앗을 심은 다음 날, 나는 정원으로 가서 흙을 긁어내며 그 씨가 자라고 있는지를 보려고 했다. 하루 혹은 최장 그쯤은 지난 후였을 것이다. 나는 씨가 땅 위로 올라와 제 모습을 드러내기까지 놀랍도록 오랜 시간이 걸린다고 생각했다. 물론 "아주 어린이다운" 생각이었고, 나는 내 생각이 유치했다는 것을 잘 안다.
  하지만 나는 당신이 기도와 관련해서 어린애처럼 되기를 바란다. 당신이 기도를 땅에 심었을 때, 기도가 자라는지 가서 살피라. 만일 단번에 자라지 않았으면—정해진 때가 올 때까지 기다리기를 거부하면서 유치해지라는 것이 아니라—항상 돌아가서 보고 싹이 나는지를 살피라. 당신이 정녕 기도의 효력를 믿는다면, 당신의 소리를 들으시는 하나님을 기대하라. 기대하지 않으면 얻지도 못할 것이다.
  하나님이 기도를 들으신다고 당신이 믿지 않으면 하나님은 당신의 기도를 듣지 않으실 것이다. 하지만 하나님이 들으신다고 당신이 믿으면, 그분은 당신의 믿음대로 당신을 대하실 것이다. 하나님은 당신이 그분을 선하시다고 여기는 이상으로 당신에게 선을 베풀지 않으실 것이다. 그분은 당신이 생각하는 지점까지만 다가오실 것이며, 따라서 당신의 믿음대로 당신에게 이루어질 것이다.
  학교에 다닐 때 우리는 집들과 나무들을 그리곤 했다. 집 밑에는 "집"이라 쓰고, 말 밑에는 "말"이라 쓰곤 했던 것을 기억하는데, 어떤 사람들이 말을 집이라고 생각할 수 있었기 때문이다. 그처럼 자신이 그리스도인이라는 표식을 목에 걸어두어야 하는 사람들이 있다. 그렇지 않으면 그들의 행위가 경건치 못한 자들과 같아서 우리가 그들을 죄인들이라 오해하기 때문이다.

소년 시절에 내가 매우 아끼던 개 한 마리가 있었다. 어떤 사람이 거리에서 그 개를 달라고 요청했다. 나는 그 말이 상당히 무례하다고 여겼고, 그래서 나도 같은 식으로 대꾸했다. 하지만 내 말을 들은 신사는 또 이렇게 말했다.

"자, 누구누구 공작이"—그는 이웃에 사는 대단한 인물이었다—"너에게 그 개를 요청한다면, 너는 그에게 줄 수 있겠니?"

"줄 수 있다고 생각해요"라고 내가 대답했다.

그러자 그 신사가 말했다.

"그러면 너는 온 세상 사람들과 다른 바가 없구나. 필요로 하지도 않는 사람들에게 주려고 하니 말이야."

나는 저 오래된 집 거실을 희미하게 비추던 골풀 양초를 결코 잊지 못한다. 1파운드를 주어도 많이 살 수 없었던 꽤 품질 좋은 심지 양초, 그리고 파티가 있을 때나 어떤 특별한 인물이 오기로 한 날에만 내왔던 틀에 넣어 만든 고급 양초들도 잊지 못한다. 짧은 여섯 개의 양초들은 집안의 불빛으로는 꽤 괜찮은 용품이었다. 재료를 합성한 것들은 순수하게 수지로만 만든 옛 양초만큼 좋아 보이지 않았다.

아마 내가 틀렸을 수도 있다. 그렇지만, 나는 신학에서 섞은 것은 좋아하지 않는다. 타협 없는 진실한 작품을 나는 선호한다.

야간 등은 아픈 사람들에게는 반가운 발명품이다. 그것은 골풀 양초를 대체했고, 거대한 탑에서도 종종 밝혀지곤 했다. 하지만 밤에 아팠을 때의 내게, 그것은 무시무시한 것을 연상시키곤 했다. 그것이 측면의 둥근 구멍들을 비출 때, 그것들은 마치 유령의 눈처럼 보였으며, 나를 노려보고 있는듯했다. 그 천정에 달린 둥근 고리는 느부갓네살의 풀무 불을 떠올리게 했다.

한 번은, 내가 별생각 없이 한 파운드의 수지 양초들을 빨래 건조대에 걸어두었다. 이 구조물이 불 가까이에 옮겨졌고, 그 결과 바닥은 기름과 녹아내린 양초의 무명실 등으로 범벅이 되었다. 이는 우리 모두에게 중요한 교훈인데, 어떤 것들을 녹아내리지 않게 하려면 강한 열에 노출하면 안 된다. 염려스럽게도 많은 사람의 선한 결심이 단지 일상생활의 작은 불에도 녹아내린다. 이 허풍선이 세대에 넘쳐나는 세련된 신앙고백과 완벽의 자랑 역시 그러하다.

스탐본에서 여러 날을 보내는 동안, 나는 잊을 수 없는 다양한 경험을 했다. 내 할아버지는 왓츠 박사의 찬송가를 아주 좋아하셨다. 내 할머니도 그 찬송가들을 좋아하셨는데, 할머니는 내가 그 노래들을 배우기를 원하셔서, 내가 그 찬송가 가사를 완벽하게 외울 때마다 한 곡당 1페니씩을 주겠다고 약속하셨다.

나는 그것이 돈을 버는 즐겁고도 손쉬운 방법인 것을 알았고, 그 곡들을 너무 빨리 배워 할머니가 한 곡당 쳐주는 대가를 반 페니로, 그리고 얼마 후에는 1파딩으로 줄여야겠다고 말씀하실 정도였다. 지나친 낭비로 파산하기를 원치 않으셨던가 보다. 한 곡당 쳐주는 액수가 얼마까지 내려갔는지는 알 수 없다.

그런데 갈수록 쥐가 들끓기 시작했기 때문에, 할아버지가 12마리를 잡을 때마다 1실링을 주겠다고 약속하셨다. 나는 쥐를 잡는 일이 찬송가를 배우는 것보다 더 나은 돈벌이가 된다는 것을 알았지만, 동시에 어떤 일거리가 내게 더 지속적인 유익을 주는 것인지도 알았다.

지금까지도, 나는 어떤 주제로 설교를 하든지, 설교의 중간 즈음에는, 그 주제와 어울리도록 찬송가의 어느 한 소절을 인용할 수 있다. 그 찬송가들은 내게 아직도 남아 있지만, 당시 내가 쥐들을 잡아 죽인 대가로 번 돈은 이미 오래전에 써버리고 지금 남은 것이 없다.

3. 리처드 닐(Knill) 목사의 스탐본 방문

내가 롤런드힐(Rowland Hill)교회에서 복음을 전할 것이며, 또 세계에서 가장 큰 회중을 대상으로 설교할 것이라고 예언한 리처드 닐 목사의 이야기는 많은 이들에게 하나의 전설로 여겨져 왔다. 하지만 그것은 엄밀한 사실이다. 닐 목사는 '런던선교회' 업무의 일환으로 1844년 에섹스 주 일대를 다니며 이 마을 저 마을을 방문하였다.[1] 그 여행 과정에서, 그는 스탐본 교구에

---

1 리처드 닐의 런던선교회와의 관련은 그가 인도 선교사직을 받아들였던 1816년으로 거슬러 올라간다. 좋지 못한 건강 때문에 그 나라에 3년 이상을 머물 수 없게 되자 상트페테르부르크(St. Petersburg)가 다음 13년간 그의 사역지가 되었다. 1833년에 영국으로 돌아온 후, 그는 선교회를 위해 1842년까지 영국 전역을 다니는 아주 성공적인 사절로서 역할을

서 약간의 시간을 보냈다. 그의 가슴에는 진실한 선교적 열정이 타올랐고, 그는 가는 곳마다 젊은이들과 나이든 이들의 영혼을 찾았다. 위대한 구령자 (soul-winner)였던 그는 곧 '그 소년'에 대해 캐물었다.

그는 내게 말했다.
"너는 어디서 자니?
아침에 내가 너를 부르고 싶구나."

나는 그에게 내 작은 방을 보여주었고, 그는 내 방을 잘 기억해 두었다. 여섯 시에 그가 나를 찾아 올라왔다. 내 할아버지의 정원에는 주목(朱木)으로 만든 원뿔 모양의 두 개의 정자가 있었다. 옛 목사관이 새 목사관으로 대체되었고, 옛 예배당도 사라져버렸지만, 지금도 그 주목 나무들은 예전처럼 무성하다.

우리는 오른쪽 정자로 들어갔고, 거기서, 아주 자상한 방식으로, 그는 내게 예수님의 사랑에 대해서와, 어린 시절에 그분을 의지하고 사랑하는 것의 복에 대해 들려주었다. 많은 이야기와 함께 그는 내게 그리스도를 전했고, 하나님께서 그에게 얼마나 선한 분이셨는지를 들려주었으며, 그런 다음 내가 주님을 알고 그분을 섬길 수 있도록 기도해주었다.

그는 그 정자에서 무릎을 꿇었고, 그의 팔로 내 목둘레를 감싸고서 나를 위해 기도했다. 예배 사이의 쉬는 시간에 그는 내가 그와 함께 있는 것을 좋아했다. 그는 내 유치한 이야기를 참을성 있게 들어주고, 많은 은혜로운 가르침으로 답해주었다. 그는 사흘간 연속으로 나를 가르치고, 나를 위해 기도해주었으며, 마침내 떠날 때가 되었다.

내 할아버지가 설교하기 위해 갔던 곳에서 돌아오자, 가족 모두가 아침 기도회에 모였다. 그때, 모두 함께 있는 자리에서, 닐 목사는 나를 그의 무릎 위에 올려놓고서 이렇게 말했다.

수행했다. 계속되는 수고에 지친 그는, 1842년에 워턴-언더-엣지(Wotton-under-Edge)에 목회자로서 정착했다. 그는 체스터(Chester)에 있는 한 교회의 목사로 생의 말년을 보냈으며, 거기서 1857년에 70세의 나이로 숨졌다. 그가 죽기까지 1,400만 부의 그의 소책자가 영국과 미국에 배포되었다고 추정된다.

"이 아이는 언젠가 복음을 전할 것이며, 큰 무리를 향해 복음을 전할 것입니다. 나는 장차 이 아이가 지금 내가 목사로 있는 (나는 그가 그렇게 말했다고 생각한다) 롤런드힐교회에서 설교할 것이라고 믿습니다."

그는 엄숙하게 말했으며, 참석한 모두에게 그가 말한 것에 대해 증인이 되라고 요청했다. 그런 다음 그는 6펜스를 내게 주었다. 내가 배운 이 찬송가의 보상이었다.

> 하나님은 신비한 방식으로 일하시고
> 그의 놀라운 일을 이루시네.

나는 장차 롤런드힐교회에서 설교할 때에 그 찬송가를 불러야 한다고 그에게 약속해야 했다.
한 아이의 약속으로서 그 일을 생각해보라!
그것이 그저 한가로운 꿈에 지나지 않을 것인가?
수년이 흘렀다. 내가 런던에서 설교를 시작하고 약간의 시간이 흐른 뒤에, 알렉산더 플레처 박사가 서리(Surrey)교회 어린이들에게 연례 설교를 하기로 예정되어 있었다. 하지만 그가 병들었고, 내가 그를 대신하여 어린이들에게 말씀을 전하도록 급하게 요청받았다. 내가 대답했다.
"예, 그렇게 하지요. 어린이들에게 '하나님은 신비한 방식으로 일하시네' 찬송가를 부르도록 허락한다면 응하겠습니다."
내가 오래전에 약속했기에, 그 노래가 불리어야 했다. 실제로 그렇게 되었다. 나는 롤런드힐교회에서 설교했고, 그 찬송가를 불렀다. 그때의 감정을 나는 형용할 수가 없다. 주의 종의 말씀이 성취된 것이다. 나는 서리교회가 리처드 닐 씨가 의도했던 것이 아닐까 상상했었다.
내가 어떻게 그 지방의 예배당에 간단 말인가?
내가 전혀 시도하지 않았건만, 롤런드 힐의 하계 거주지였던[2] 우튼언더에

---

2   롤런드 힐(1744-1833)은 비록 영국 국교회에서 부제의 직분을 받았지만, 그의 불규칙한 설교 때문에 사제직 서품은 거절당했다. 그럼에도 그는 계속해서 청중들을 찾을 수 있는

지(Wotton-under-Edge)의 목사가 내게 설교 초청을 한 것이다. 나는 회중이 "하나님은 신비한 방식으로 일하시네"라는 찬송가를 불러야 한다는 조건을 달았고, 그것 역시 그렇게 되었다. 그것은 내게 놀라운 일이었다. 오늘날 주께서 왜 나에게 이토록 은혜로우신지를 이해할 수 없는 것처럼, 당시 나는 어떻게 그런 일이 내게 어떻게 이루어졌는지 이해할 수 없었다.

닐 목사의 말이 그것이 성취되게 하는 데 도움이 되었을까?

나는 그렇게 생각한다. 나는 그 말을 믿었고, 내가 말씀을 전할 때가 오기를 고대했었다. 나는 회심하지 않은 사람이 감히 그 사역에 진입할 수 없을 것이라고 강하게 느꼈다. 의심의 여지 없이, 그것이 나를 더욱 구원을 추구하도록 만들었고, 갈망하도록 만들었다. 은혜에 의해 내가 구주의 사랑에 나 자신을 던질 수 있게 되었을 때, 내 입이 그분의 구원에 대해 말하기 시작한 것은 오래 걸리지 않았다.

어떻게 그 침착한 목사가 오직 하나님만이 보실 수 있는 한 사람의 미래에 대해 말할 수 있었을까?

어떻게 그가 살아서 그의 동생과 함께 그의 말이 실현된 것을 보고 즐거워할 수 있었을까?

우리는 우리가 그 대답을 안다고 생각하지만, 독자는 각자 나름대로 생각할 권리가 있을 것이다. 그 문제는 그렇게 남겨두자. 하지만 한 가지 실제적인 교훈만은 새겨두었으면 한다.

하나님께서는 우리가 모두 리처드 닐 목사님처럼 지혜롭기를 원하시고, 습관적으로 물가에 씨를 뿌리길 원하신다!

임종의 날, 팔십칠 세의 나이에, "인디언들의 사도"였던 존 엘리엇은 침상에서 어느 인디언 아이에게 알파벳을 가르치는 일에 빠져 있었다. 한 친구가 말했다.

"이제 수고를 그치고 쉬는 것이 어떤가요?"

그 하나님의 사람이 대답했다.

곳이라면 어디서든 설교했고, 콜체스터 우튼-언더-엣지에 그를 위한 채플이 세워졌다. 런던 서리 채플이 1783년에 건립되었을 때, 그곳은 그가 통상적으로 수고했던 장소가 되었다. 하지만 그는 우튼에서도 매년 일정 기간 직무를 수행했다.

"나는 내 일에서 쓸모 있게 해 달라고 하나님께 기도했다오. 그리고 하나님은 내 기도를 들으셨다오. 이제 내가 설교를 할 순 없지만, 하나님은 내게 이 불쌍한 아이에게 글을 가르칠 힘은 남겨 두셨다오."

쓰임 받을 어떤 기회도 무시하지 않는 것이, 영혼을 얻는 지혜로운 자들에게는 으뜸가는 규칙이다. 닐 목사님은 어린아이와 기도하는 것보다 더 중요한 의무들이 있다는 핑계로 아주 자연스럽게 그 목사의 어린 손자를 버려둘 수 있었다.

하지만 그 겸손한 목사의 행동이 운집한 청중에게 수십 번의 설교를 하는 것만큼 영향을 미치지 못했다고 누가 말할 수 있을까?

하여간, 내게는 한 어린아이를 배려하는 그의 따뜻한 친절이 영원한 결과들과 가득 맞물려 있다. 나는 그의 시간이 정말 잘 쓰였다고 영원히 느낄 것이다. 어디서나 기회가 주어지는 대로 선을 행하자.

결과가 부족하진 않을 것이다!

아래에 내 할아버지에게 보낸 닐 목사님의 편지는 아주 흥미롭다. 그 경건한 사람이 그 문제를 어떻게 생각했는지를 보여준다.

* * *

1855년 4월 17일, 체스터

편지: 스펄전 목사님께

존경하는 목사님!

아마도 당신은 저를 잊었을 것입니다. 하지만 저는 당신과 당신의 오래된 채플을 방문했던 것을 잊지 않았습니다. 채플 주변의 근사한 나무들, 정원의 사각형 구조물과 주목 나무들, 그리고 내가 대화를 나누었던 당신의 사랑스러운 손자도 잊지 않았답니다. 그 아이와 함께 정자에서 기도할 때 내가 그 아이의 머리에 안수했지요.

2년 전, 그가 내게 편지를 써서 이 일들을 떠올려 주었고, 그 일과 관련한 그의 따뜻한 감정을 알려주었습니다. 지난주에 저는 레밍턴에 있었습니다. 한 젊은 예술가와 만찬을 가졌는데, 그는 런던에서 그의 부모를 보기 위해 왔습

제3장 어린 시절의 사건들 65

니다. 그의 대화는 주로 그 지방 출신의 인기 있는 젊은 목사에 관한 것이었는데, 그는 그가 엑서터 홀에서 설교하는 것을 들었으며, 그의 이름이 스펄전이라고 했습니다. 저는 그를 안다고 말했지요.
어떻게 그런 일이 가능한가요?
그 신사가 말하더군요. 저는 그에게 내 방문과 당신의 손자가 내게 보낸 편지에 대해서와, 케임브리지 근방 워터비치에 있는 존 베리지 집안사람들에게 전한 스펄전의 설교에 대해 말해주었습니다.
오! 너무나 흥미롭고 즐거운 시간이었습니다!
저는 그날 밤 기쁨으로 거의 잠을 이루지 못했습니다. 한 이틀 뒤에 저는 위릭 근방에서 한 무리의 친구들과 만찬을 가졌습니다. 그들의 대화 역시 당신의 손자에 관한 것이더군요. 물론 그들은 제가 그의 이야기를 들었다는 것을 알지 못한 상태였습니다. 그중 둘은 런던에서 그의 설교를 들었던 사람이고, 그 주제에 대해 할 말이 많더군요. 그중 한 사람이 말했습니다. 그가 자기 할아버지 정원에서 목사님이 그와 함께 기도한 것을 언급했습니다.
저는 그를 위해 그리고 그에 대하여 많은 기도를 했습니다. 하나님이 그를 십자가 발치에 머물게 하시고, 인기가 그를 우쭐하게 하지 못하도록 말입니다.
저에게 그의 주소를 알려주시겠습니까?
그에게 편지를 쓰고 싶습니다. 이 사생활 개입을 용서하십시오. 저는 이 귀한 젊은이에 대해 느끼는 것이 아주 많습니다. 런던에는 네댓 명의 우리 목사들이 있고 내 마음은 그들에게로 많이 쏠려 있습니다. 저는 이 도시 북쪽에 7년 동안 거주해왔고, 400명 이상을 교회 회원으로 받아들였습니다. 매튜 헨리 채플은 여전히 존속하지만, 유니테리언 교도의 소유가 되었습니다. 우리 교회는 매튜 헨리 채플의 옛 회원들의 분파이며, 정통 가르침을 지키려고 합니다.
주께서 당신과 당신의 가족 모두에게 복을 주시길 바랍니다!
당신의 집에서 그들 중 일부를 보았던 오랜 기억을 회상합니다.

리처드 닐 올림

*   *   *

그 후, 나는 당시 체스터에 있던 닐 목사님을 돕기위해 설교하러 갔다.
이 얼마나 귀하고 멋진 만남이었던가!

그는 극장에서 설교하고 있었고, 결국 나는 그를 대신하여 무대에 서야 했다. 극장에서의 그의 설교는 내게서 미심쩍은 건물에서 설교하는 것에 대한 모든 두려움을 사라지게 했으며, 엑서터 홀과 서리 음악당에서 설교하는 것과 관련해 나를 자유롭게 했다. 이것이 다른 극장 예배들과도 얼마나 관련되어 있는지 많은 사람이 안다.

> 하나님은 신비한 방식으로 일하시고
> 그의 놀라운 일을 이루시네.

주의 은혜로 40년이 지난 뒤, 나는 1887년에 다시 그 정자에 앉았다. 이런 이야기를 듣는 것이 국외자에게는 그저 사소한 일에 지나지 않겠지만, 내게 있어 그것은 엄청난 순간이었다. 1887년 7월, 나는 스탐본으로 내려갔다. 그리고는 꿈속에 있는 사람처럼 그곳 주변을 걸었다.

스탐본 예배당의 현직 목사, 그의 아들과 그의 손주들을 포함하여 그의 온 가족들이 그 정원에 있었다. 주께서 내게 베푸신 인자로 인해 그분을 찬미하면서, 나는 그들을 그 정자 주변에 모이라고 부르지 않을 수가 없었다. 한 가지 거부할 수 없는 충동이 내게 밀려왔다. 내 주위에 서 있는 소년들을 축복하며 하나님께 기도하는 것이었다. 기억이 기도를 불러일으켰다. 나를 축복했던 그는 다른 사람들도 축복하곤 했을 것이다.

나는 그 소년들이 언젠가 자랐을 때, 나를 향하신 하나님의 인자하심에 대한 내 증언을 기억하길 바랐다. 하나님은 내 평생에 복을 주셨고 모든 악에서 나를 건지셨다. 나는 그분이 이 이야기를 읽는 모든 젊은이의 하나님이 되시기를 기도한다.

제4장

학창 시절의 기억들

이미 기록되었듯이, 스펄전은 스탐본에 있는 "벌리 교사의 학교"에서 학교수업을 시작했다. 콜체스터로 돌아오자마자 그는 쿡 부인이 운영하는 학교에 열 살까지 다녔고, 열 살 때 스톡웰(Stockwell) 하우스 스쿨에 들어갔다. 그 학교는 중등 과정의 좋은 교육을 제공했다. 재능 있는 고전과 수학 교사인 리딩(Leeding) 씨를 만난 것은 여기에서였다. 리딩 씨는 이야기 후반부에 다시 등장하겠지만, 그의 열성 있는 학생에게 지대한 영향을 끼치기 시작했다. 후에 스펄전의 남학생 동년배들은 라틴어와 기하학에서 그의 성취를 기억할 뿐 아니라, 그가 점심시간에 그들에게 제공했던 기분전환에 대해서도 기억했다.

스펄전과 몇몇 소년들은 점심을 먹으러 집으로 돌아가기에는 거리가 너무 멀어 점심을 가져와서 함께 먹었다. 어울려 점심을 먹는 동안 "농담이나 수수께끼 또는 에피소드 책장을 넘기는 것이 평상시 습관이었다. 우리는 많이 웃었다. 한꺼번에 먹고, 읽고, 웃느라고 거의 숨이 막힐 지경이었다. 운동은 스펄전의 강점이 아니었다. 지적인 놀이가 그의 즐거움이었다."

1848년 스펄전과 그의 동생 제임스는 메이드스톤(Maidstone)에 있는 한 대학에 보내졌다. 그의 유년기 중에서 이 시기에 관한 정보는 얼마 되지 않는다. 하지만 후에 그가 이따금 사용한 일화들이 그 자신의 유년 시절의 감정의 일부를 드러내 준다.

> 아버지여 내게 주신 자도 나 있는 곳에 나와 함께 있어 … 내게 주신 나의 영광을 그들로 보게 하시기를 원하옵나이다(요 17:24).

이 본문의 설교에서 그는 이렇게 말했다.

> 아이는 학교에서 행복할 수 있습니다. 하지만 그는 방학을 기다립니다. 단지 수업을 피하기 위해서일까요?

> 아니, 그렇지 않습니다!
> 그에게 물어보십시오,
> 그러면 그는 이렇게 대답할 것입니다.
> '나는 집으로 가서 내 아버지를 보고 싶어요.'

어느 날, 내가 길버트 화이트의 『셀본의 자연사』(Natural History of Selborne)를 펼쳐서 아래와 같이 새겨진 글귀를 읽었을 때 많은 기억이 되살아났다.

> 스톡웰, 학교, 콜체스터,
> 반년마다 치르는 시험에서
> 영어 일등상으로
> 찰스 스펄전에게 수여됨
>
> 1844년 12월 11일
시험 채점관 T. W. 데이비스

일단 학급에서 일등을 차지한 후, 나는 그 자리를 유지하려고 신경을 썼다. 어느 한 학기는 예외였는데, 그때는 내가 바닥까지 내려가려고 결심한 때였다. 선생님은 내가 갑작스럽게 우둔해진 것을 이해할 수 없었다. 마침내 어느 순간 그는 내가 학급의 제일 앞자리에서 자리를 옮기려고 의도적으로 그랬다는 것을 알아챘다.

내가 옮겨간 곳은 찬바람 드는 문 반대쪽, 제일 아래, 난로 바로 옆이었다. 그러자 선생님은 모범생 자리를 바꾸어버렸다. 내가 본래의 명예로운 자리로 올라가는 데에는 오래 걸리지 않았고, 그곳에서 나는 난로의 따뜻함도 즐길 수 있었다.

내가 국교회 소속 학교로 보내진 때는 열네 살 무렵이었다. 그 학교는 지금 메이드스톤의 성 어거스틴대학(St. Augustine College)으로 불린다. 세 명의 남자 성직자가 있었고, 그들이 차례로 교리를 가르쳤다. 하지만 왠지 학생들은 썩 잘 지내는 것처럼 보이지 않았다. 한 번은 한 학생이 성직자에게 성례의 수는 얼마인가 질문을 받았을 때, 그는 "일곱이요"라고 대답했다. 그런데 그것이 아니라는 대답을 들었을 때 그 학생은 "오! 선생님, 제단에서 행

해지는 것은 한 번입니다!"라고 말했다.

그 말에 나는 "들쭉날쭉합니다. 저는 그렇게 생각합니다."라고 말하지 않을 수 없었다. 그 말에 담긴 암시에 그 점잖은 신사는 미소를 지었다. 물론 나는 다시는 무례하게 중간에 끼어들지 말라는 주의를 받았다. 나는 국교회 상류층의 자녀들이 일반 서민층 학교의 소년들보다 성경에 무지하다고 확신한다.

그 국교회 성직자 중 한 사람은 훌륭한 분이었다고 나는 믿는다. 내가 신자의 세례에 대해 충분히 이해하게 된 것은 그분 덕택이다. 나는 대개 학급의 우등생이었다. 한번은 국교회 교리를 수업하는 동안 이런 식의 대화가 오고 갔다.

목사: 네 이름이 뭐지?
스펄전: 스펄전입니다. 목사님!
목사: 아니, 그것 말고. 네 이름이 뭐지?
스펄전: 찰스 스펄전입니다. 목사님!
목사: 아니 그렇게 행동하면 안 돼. 나는 단지 너의 크리스천 이름을 알고 싶을 뿐이야.
스펄전: 죄송합니다만 목사님, 저는 그런 이름을 갖지 못했습니다.
목사: 이런, 어떻게 그런 일이 있을 수 있지?
스펄전: 왜냐하면, 제가 크리스천이 아니라고 생각하기 때문입니다.
목사: 그럼 너는 뭐냐? 이교도냐?
스펄전: 아닙니다. 목사님. 우리가 이교도는 아닐 것입니다. 하지만 하나님의 은혜가 없다면, 진실한 크리스천이 아니라고 생각합니다.
목사: 자! 좋아, 알았다. 네 이름이 뭐지?
스펄전: 찰스입니다.
목사: 누가 그 이름을 주었지?
스펄전: 정말 모르겠습니다. 목사님. 저는 어떤 대부(代父)도 없었다는 것을 압니다. 저에게는 이름을 줄 만한 대부가 없었습니다. 그러니 아마도 저의 어머니나 아버지가 이름을 주었을 것입니다.
목사: 자! 너는 이 소년들을 웃게 만들어서는 안 돼. 물론, 네가 일반적인

대답을 하는 것을 나는 바라지 않는다.

그는 항상 나를 존중해주는 것처럼 보였고, 내가 종교 지식에 매우 숙달되었다는 이유로 기독교 달력을 상으로 주기도 했다. 교리공부가 진행되는 동안, 그는 별안간 나를 향해 이런 식으로 말하기도 했다.

목사: 스펄전, 너는 제대로 세례를 받지 못했구나.
스펄전: 오! 저는 세례를 받았습니다. 목사님, 제 할아버지가 작은 응접실에서 저에게 세례를 주었죠. 그는 목사님이었고, 그래서 저는 그가 옳게 행한 것으로 압니다!
목사: 아! 하지만 너는 믿음도 없고 회개도 하지 않았으니, 세례를 받지 말았어야 했잖아!
스펄전: 오! 목사님, 그건 그 문제와 아무 관련이 없습니다! 모든 유아는 세례를 받아야 하지요.
목사: 왜 그렇게 알고 있지?
기도서(Prayer Book)에는 세례 전에 믿음과 회개가 필요하다고 말하고 있잖아?
또 이건 성경적인 교리이기 때문에 아무도 그것을 부인해선 안 돼. (여기서 더 나가 그는 성경에서 세례를 받는 모든 사람이 믿는 자들이었음을 보여주려 했다. 물론 그것은 쉬운 일이었다.) 자! 찰스, 다음 주까지 시간을 줄 테니, 성경에서 세례 이전에 믿음과 회개가 필요한 요건이라고 선언하지 않는 대목이 있는지 찾아보렴.

나는 승리를 확신했다. 왜냐하면, 내 할아버지와 아버지 두 분 모두가 행한 의식은 틀림없이 옳은 것이라 여겼기 때문이다. 하지만 나는 그런 구절을 찾을 수 없었다. 나는 패배했다. 그래서 내가 취할 입장에 관하여 마음을 굳혔다.

목사: 자! 찰스, 지금은 어떻게 생각하지?
스펄전: 목사님이 옳았다고 생각합니다. 하지만 그 문제는 저에게만 아니

라 목사님에게도 적용됩니다.

목사: 나는 너에게 이 점을 이해시키고 싶어. 왜냐하면, 이것이 우리가 후견인을 지명하는 이유이거든. 즉, 믿음이 없다면, 거룩한 세례에 관하여 나도 너처럼 권리를 가질 수 없어. 하지만 내 후견인들의 약속이 그에 상응하는 것으로 교회에 의해 받아들여졌단다.

너는 분명 네 아버지를 보았고, 그가 돈이 없을 때는 약속어음을 제시하지?

그러면 그것이 지불에 대한 보증으로 여겨진단다. 왜냐하면, 우리는 그가 정직한 사람으로서 자신이 제시한 서명의 명예를 지킬 것이라고 기대하기 때문이지.

자! 후견인들은 일반적으로 훌륭한 사람들이야. 우리는 선의로 그 아이를 위한 그들의 약속을 받아들이지. 그 아이가 당시에는 믿음을 가지지 못하지만, 우리는 그가 믿음을 가질 것이라는 약조를 받아들이지. 그 약속을 아이는 견진성사[입교] 때 이행하고, 그때 그는 그 증서를 자신의 수중에 지니게 되는 것이지.

스펄전: 그런데 목사님, 저는 그것이 매우 나쁜 약조라고 여겨지네요.

목사: 그 문제로 논쟁할 시간이 없어. 하지만 나는 그것이 선하다고 믿는다. 나는 단지 너에게 이걸 묻고 싶어. 어느 쪽이 성경을 더 진지하게 여기는 것으로 보이니?

국교회 목사인 나니, 아니면 비국교도인 너의 할아버지니?

그는 성경에 반하여 세례를 준다. 그리고 나는, 내 의견으로는, 그렇게 하지 않아. 대신 나는 약속을 요구하지. 내가 회개와 믿음의 등가물로 간주하는 약속이면서, 앞으로 지켜질 것으로 간주하는 약속을 말이야.

스펄전: 목사님, 정말이지 당신이 더 옳은 것 같다고 여겨지네요. 하지만 오직 믿는 자만이 세례를 받는 것이 참되다고 보이기에, 둘 다 틀렸다고 생각합니다. 비록 목사님이 성경을 더 정중하게 대하는 것처럼 보이기는 해도 말이에요.

목사: 자! 너는 너 자신이 제대로 된 세례를 받지 않았다고 고백했지?

그리고 너는 할 수 있다면 제대로 세례를 받는 것이 의무라고 생각하지. 그러면 너를 대신해 약속해 줄 후견인들이 있단다.

스펄전: 오! 아니에요! 저는 일단 세례를 받았고, 제가 받아야 할 때가 되기도 전에 받았지요. 저는 다음번에는 제가 세례받기에 합당하게 될 때까지 기다릴 겁니다.

목사: (미소를 지으며) 아! 그건 네가 틀렸단다. 하지만 네가 하나님의 말씀을 지키려는 것을 보니 너무 좋아!

그분에게 새 마음을 구하고 하늘의 가르침을 구하렴, 그러면 하나씩 진리를 깨닫게 될 거야. 아마도 네 속에 깊이 뿌리 내리고 있는 견해에 큰 변화가 생길 거야. 그 순간부터, 나는 정말이지 하나님의 은혜가 내 속에서 변화를 일으킬 때 세례를 받고 싶다고 결심했다.

후에 나는 내 친구였던 그 목사님에게 이렇게 말했다.

"부적절한 세례로 제가 비난받을 이유는 없습니다. 나는 그 문제, 그 오류와 관계가 없습니다. 만약 오류가 있다면, 내 부모님과 조부모에게 있는 것입니다."

내가 국교회 예배에 참석할 기회를 가졌던 것은 메이드스톤에 있을 때였다. 따라서 오랜 후에, 목회자대학(Pastors' College)에서 나는 이렇게 말할 수 있었다.

국교회에서는 아주 칭송을 받는 특유의 교회풍의 음성이 있습니다. 일종의 '목구멍 첨탑'의 위엄이자, 귀족적이고, 신학적이고, 사제 풍이며, 초자연적이고, 인간 같지 않게 언어를 오물거리는 것이며, 말을 연신 굴려대는 방식의 발성입니다. 이런 식으로 그 표본을 보여줄 수도 있습니다.

'기우뚱하는 자는 기우뚱하게 둘지어다.'

비록 인상적이진 않아도, 이런 식의 표현은 성경 본문을 놀랄 정도로 뒤튼 것입니다.

'귀하고 사랑스러운 형제들이여!

성경은 다양한 방식으로 우리를 감동시킵니다.'

그런 식의 신성해 보이는 방식의 발성을 누가 모른단 말입니까?

'앨버트 왕자, 웨일스의 앨버트 왕자, 그리고 모든 왕실의 가족들…아멘' ―

그런 식의 소리는 내 소년 시절의 기억과 마찬가지로 내 귀에는 그저 단조로운 빅벤(Big Ben)의 종소리처럼 울릴 뿐입니다. 만약 어떤 사람이 기관지염도 없고 그 외 다른 질병도 없으면서, 그토록 부자연스럽게 말한다면, 나는 그가 틀림없이 목구멍 질병에 걸렸다고 말할 수 있을 것입니다. 비국교도의 입장에서 발성 습관과 관련하여 나는 그들에게 한 방 먹이는 것입니다. 내가 믿기로는 후두와 폐가 약해지는 것은 그런 식의 발성 때문이며, 그 질병에 걸려 상당히 많은 사람이 침묵의 무덤에 빠지고 말았습니다.

그 국교회 학교에 다니는 동안 나는 다양한 경험을 했다. 한 가지 비행을 저지른 것을 오늘까지 기억한다. 어느 찬장에 암모니아를 담은 커다란 병이 있었는데, 나는 신입생들을 그곳으로 데려가서 코를 대고 냄새를 맡아보라고 말하곤 했다. 통상적인 결과는 냄새를 맡은 그들이 몸서리를 치는 것이었다. 한번은, 한 소년이 쓰러져 기절한 적도 있었다.

나는 정말 놀랐고, 앞으로 다른 누구에게도 같은 장난을 치지 않기로 했다. 아마 (데이비드 워커) 선생님이 내 삼촌이어서 내가 더 자유롭게 행동한 것 같다. 아무튼, 내 숙모가 나를 아주 좋아해 주셨고, 그 덕분에 나는 많은 곤경에서 벗어날 수 있었다.

학생들을 벌할 때 워커 씨의 통상적인 방식은, 처벌이 가능한 한 그들이 저지른 잘못과 상당히 닮도록 만드는 것이었다. 예를 들자면, 학생들이 학교를 빠져나가 강에서 배를 빌렸다면, 다음 날 밤에, 잠들어 있는 그들을 깨워, 즉시 그것을 원래 있던 곳으로 되돌려 주게 하는 식이었다. 학생들은 자기들의 잘못이 자신들에게 얼마나 큰 불편을 가져오는지를 알고는 대개는 같은 잘못을 반복하지 않으려 했다.

종종 일어난 일이지만, 체벌이 가해져야 할 때, 내 삼촌은 나를 보내 회초리를 찾아오게 했다. 그것은 아주 유쾌하지 못한 임무였다. 지금 생각해보면, 나는 한 번도 회초리를 느껴야 하는 학생들이 좋아하는 막대기를 고르는 데 성공한 적이 없다. 너무 얇거나, 너무 두껍거나 둘 중 하나였다. 결국, 나는 매 맞은 아이들에게 만약 다음번에 더 좋은 것을 찾아오지 못한다면 적당한 보복이 있을 것이라고 협박을 받았다. 나는 그 경험에서, 하나님의 자녀들이 그들이 맞은 징계의 회초리를 좋아할 것이라고 기대하지 말아야 하는 것을 배웠다.

 한 번은 내가 삼촌의 기분을 크게 상하게 했다. 칠판에서 연산 문제를 풀고 계시는 삼촌에게 실수를 지적한 것이다. 그는 학생들 앞에서 실수를 고치려고 하는 것은 그의 위신을 깎아내리는 것이라고 말했다. 하지만 나는 실수를 발견하고서도 그것을 언급하지도 않고 넘어가는 것은 옳지 않다고 주장했다.

 내가 생각하기에, 그 사건 이후, 그는 내가 스스로 시간을 활용할 수 있으며, 책을 가지고 가서, 메드웨이(Medway) 강가의 떡갈나무 아래에서 스스로 공부를 하는 것이 유익하다고 판단한 것 같다. 아무튼, 그는 내게 어떤 계산을 맡김으로써 나의 수학적 진보를 인정한다는 것을 보여주신 셈인데, 내가 믿기로 그 계산법은 지금도 런던에 있는 어느 생명보험협회에서 쓰이고 있다.

 1889년 7월, 스펄전은 메이드스톤의 그 마을을 짧게 방문했다. 켄트에 다녀온 후 안식일 저녁에, 그는 메트로폴리탄 태버너클에서 시편 71편 17절로 설교했다. 거기서 그는 이런 말을 한다.

 나는 지난주에 메이드스톤 켄트에 다녀왔습니다. 내가 그곳을 방문한 시기는, 40년 전, 내가 그곳에 있는 "대학"이라 불리던 학교를 떠났던 날에 가까울 것입니다. 나는 그 장소에 가보아야 한다고 생각했고, 특히 메드웨이 강가에 서 있는 한 나무를 보아야 한다고 생각했습니다. 그 나무 아래에서 나는 많은 시간, 많은 날, 아니 많은 주간을 보냈습니다. 온종일 책을 읽으면서 말입니다.

 "학창 시절에요?"

 여러분은 물을 것입니다. 그렇습니다. 내 선생님은 내가 교실에 있는 것보다는 그 나무 아래에서 더 잘할 거라고 여기셨습니다. 그는 지혜로운 분이셨죠. 그는 내게 책을 주었고, 나 혼자 내버려 두셨습니다. 지난 주간에 내가 그 나무 아래에 섰을 때, 발치에서 부드럽게 흐르는 강물을 보면서, 나는 지난 40년 동안에 내게 베푸신 하나님의 은혜로 인해 그분께 감사드렸습니다. 이렇게 말할 수 있었지요,

 "오! 하나님, 저를 어려서부터 교훈하셨으므로 제가 지금까지 주의 기이한 일들을 전하였나이다."

오늘 밤 이곳에는 젊은이들이 더 있을 것입니다. 막 학교에서 돌아온 학생들도 있고, 이제 곧 학창 시절을 마쳐가는 소년들과 소녀들이 있을 것입니다. 나는 이들이 얼마간의 시간을 거룩하게, 미래에 대해 조용히 생각하며 보내기를 원합니다. 그들이 섬길 분에 대해, 그들의 선생(Teacher)이 되실 분에 대해, 또 그들이 교사가 되어 다른 사람들에게 가르칠 분에 대해, 또 삶이 이전보다 더 공적으로 변하면 삶이 어떻게 쓰여야 하는지에 대해 생각하면서 말입니다.

지난주 내가 그곳에 섰을 때, 나는 하나님을 찬미하지 않을 수 없었습니다. 내가 그 학교를 떠난 지 얼마 되지 않아, 그분이 나를 그리스도 안에 있는 믿음으로 이끄셨고, 그분 안에서 안식을 얻게 하시고, 영생을 찾도록 이끄셨기 때문입니다. 내가 그 학교에 12개월간 다녔던 것에 대해서도 하나님께 감사하지 않을 수 없습니다. 그곳은 영국 국교회 학교였습니다. 그 학교에 가기 전까지 나는 영국 국교회에 대해 아무것도 본 적이 없었습니다.

하지만 내 삶의 전환이 있었고, 그곳에 있던 시기를 통해, 오늘 내가 여기 있을 수 있었습니다. 국교회의 교리문답에 따르면, 아마 여러분 중 일부는 기억하시겠지만, 이런 질문이 있습니다.

"세례를 받은 사람들에게 요구되는 것이 무엇인가?"

내가 말해야 한다고 배웠던 대답, 그리고 내가 말했던 대답은 "회개와 믿음"이었습니다. "회개로써 사람들이 죄를 버리고, 믿음으로써 성만찬에서 주어진 하나님의 약속을 굳게 신뢰한다"였습니다. 나는 그 대답을 성경에서 찾아보았습니다. 그리고 나는 회개와 믿음에 관한 한 그것이 매우 정확하다는 것을 알았습니다.

물론, 내가 후에 그리스도인이 되었을 때, 나는 침례교인이 되었습니다. 그리고 나는 이 자리에 있습니다. 내가 침례교인이 된 것은 영국 국교회의 교리문답 덕분입니다. 회중 교회에서 자랐기 때문에, 나는 내 삶에서 이 문제를 살펴본 적이 없었습니다. 나는 나 자신이 유아로서 세례를 받았다고 생각합니다. 그래서, "세례를 받는 사람들에게 요구되는 것이 무엇인가"라는 질문에 직면했을 때, 나는 회개와 믿음이 요구되는 것을 알았습니다.

나는 스스로 말했습니다.

"그렇다면 나는 세례를 받지 못했다. 유아였던 내게 물을 뿌리는 것은 착오였다. 오! 하나님 간청하오니 제게 회개와 믿음을 갖게 하시면, 저는 제대로 세례를 받겠습니다."

같은 의견을 가진 사람이 세상에 또 있었는지 모르겠습니다. 침례교인들이 외양을 꾸미는 것은 거의 없고, 적어도 그때 그들이 겉치레하는 경우가 거의 없었기 때문에, 나는 그들의 존재를 알지 못했습니다. 그래서 나는 그 국교회 학교에 고마움을 느낍니다. 그리고 내가 메이드스톤에서 배웠던 국교회 교리문답에 관해서도 고마움을 느낍니다. 내가 그 교리문답의 다른 질문에 대해서도 생생한 감사를 느끼는지는 모르겠습니다.

하여간 나는 특정한 한 가지 질문에 관하여는 매우 감사하는데, 그것이 그 교리문답을 쓴 사람이 결코, 의도하지 않았던 방향으로 나를 이끌었기 때문입니다. 내가 믿듯이, 그것은 어떤 참된 세례가 있으려면 회개와 믿음이 요구된다는 성경의 가르침을 따르도록 나를 이끌었습니다.

1. 젊은 보조교사의 신학 선생

신학에서 내가 처음 받은 지도는 뉴마켓에 있는 침례교학교의 나이 많은 요리사를 통해서였다.[1] 거기서 나는 보조교사(usher)였다. 그녀는 오랜 신앙 연륜을 가진 경건한 사람이었고 「복음의 기치」(The Gospel Standard)[2]라는 잡지를 읽곤 했다. 그녀는 강력한 칼빈주의 교리를 좋아했고, 강한 것을 먹은 만큼 강하게 살았다.

여러 번 우리는 은혜 언약에 관하여 검토했고, 성도의 개별적인 선택, 그들의 그리스도와의 연합, 최종적인 견인, 그리고 실제적인 경건이 의미하는

---

1   스펄전은 메이드스톤(Maidstone)에서 케임브리지 주 뉴마켓으로 1849년 8월에 왔다. 이 학교의 교장은 존 스윈델(John Swindell)이었다.
2   1835년에 창간된 잡지이며, J. C. 필팟(Philpot, 1802-1869)이 편집인이었다. 그는 1835년 영국 국교회에서 탈퇴하였고, 그의 월간지 발행을 17,000부 이상으로 끌어올렸다. 필팟의 목표는 "자연 종교를 무너뜨리고, 사탄이 사방에 세우고 있는 문자-종교의 강력한 성들을 무너뜨리는 것"이었다. 그의 사망 후 스펄전은 이렇게 썼다. "우리는 필팟 씨의 설교를 읽고 많은 유익을 얻었습니다. 그의 한 가지 주제에서는 필적할만한 사람이 없습니다." 『검과 모종삽』(The Sword and Trowel), 1870, 332쪽.

바가 무엇인지에 대해 이야기를 나누었다. 나는 우리가 요즘의 신학 박사들 여섯 명에 의해 배울 수 있는 것보다 더 많은 것을 그녀에게서 배웠다고 믿는다. 마음속 깊이 경건을 맛보고, 보고, 즐기는 그리스도인들이 더러 있다. 이들은 비록 일생 책들을 탐구하기도 하겠지만, 책들이 줄 수 있는 것보다 더 깊은 지식을 얻는다.

뉴마켓의 그 요리사는 경건하고 체험이 많은 여성이었고, 그녀로부터 나는 우리가 출석했던 예배당의 그 목사에게서 배운 것보다 더 많은 것을 배웠다. 한번은 내가 그녀에게 물었다.

"왜 그런 자리에 가신 겁니까?"

그녀가 대답했다.

"글쎄, 내가 갈 수 있는 다른 예배 장소가 없었기 때문이지."

내가 말했다.

"하지만 그런 허튼소리나 듣는 것보다 집에 머무는 편이 나을 겁니다."

그녀가 대답했다.

> 그럴지도 모르지. 하지만 나는 밖으로 나가서 예배드리는 것이 훨씬 좋아, 비록 예배에 나가 아무것도 얻지 못하는 한이 있어도 말이야. 너는 암탉이 이따금 옥수수 알갱이를 찾기 위해 잡동사니 더미를 온통 헤집는 걸 본 적이 있을 거야. 비록 옥수수 알갱이를 얻지 못해도, 하여간 그것을 찾기 위해 애쓰는 모습이지. 그것을 얻기 위해서라면 수단도 활용하는데, 그런 과정에서 운동으로 몸을 따뜻하게 하지.

그렇게 그 나이 많은 수녀는 빈약한 설교 속에서 무언가를 찾아 헤집는 과정에서 복된 메시지를 얻는다고 했다. 그 과정이 그녀에게 영적인 능력을 단련하고 그녀의 영혼을 따뜻하게 해 주기 때문이라고 했다. 또 다른 경우에, 나는 그녀에게 설교 전체에서 부스러기 하나 건지지 못했는데, 혹 하나라도 건진 것이 있는지를 물었다. 그랬더니 그녀가 대답하였다.

"오! 내게는 오늘 저녁이 더 좋았지. 왜냐하면, 그 설교자가 말한 모든 것에 대해, 내가 방금 '그 반대'를 넣었거든, 그랬더니 그 설교자의 말 전부가 진정한 복음으로 변하지 뭐니!"

스펄전이 "귀가하라는 부름"을 받은 후, 벨파스트(Belfast) 퀸스대학의 에버렛(J. D. Everett) 교수는 『기독교 세계』(The Christian World)에 다음과 같은 글을 실었다.

> 1849년 여름, 아직 내가 열여덟 살이 채 못되었을 때, 나는 스윈델 씨에 의해 운영되는 한 침례교학교를 돕기 위해 뉴마켓에 갔다. 거기엔 두 명의 다른 보조가 있었지만, 내가 도착한 지 얼마 후 그들은 떠났다. 나는 한 주 정도 유일한 보조교사로 남게 되었다.
>
> 나는 그때 열다섯 살 먹은 한 소년에 의해 내 의무의 일부를 덜게 되었는데, 그는 수습직원으로 온 학생이었다. 이 사람이 찰스 해돈 스펄전이었다. 그다음 석 달간 우리는 일을 분담했다. 우리는 기숙사에서 지냈고, 같은 방을 공유했으며, 함께 산책도 하고, 공통의 고민거리를 두고 토론하기도 했다. 우리는 서로에게 최고의 친구였다.
>
> 그는 다소 작고 섬세했으며, 창백하지만 통통한 얼굴을 하고 있었다. 짙은 갈색 눈과 머리에, 태도는 밝고 활기찼고, 대화의 흐름은 막힘이 없었다. 근육은 좀 부족해 보였고, 크리켓이나 다른 운동경기에는 관심을 보이지 않았으며, 길에서 소와 마주치는 것을 겁냈다.
>
> 그는 강력한 청교도 성향의 집안에서 잘 양육 받았으며, 당시 중산층 학교에서 배우는 과목들에 능숙했다. 그는 헬라어를 약간 알았고, 충분한 라틴어 지식으로 사전 없이 버질의 서사시를 대략 이해할 수 있었다. 또 그는 대수학을 좋아했다. 그는 방정식 문제를 다룬 큰 책(아마 블랜드 저서일 것이다)을 가지고 있었는데, 두세 개 정도를 빼고는 그 책에 있는 모든 문제를 풀 수 있었다. 그 두세 문제를 푸는데 그를 도울 수 있었던 것을 나는 자랑스럽게 생각한다.
>
> 그는 모든 종류의 책을 학습하는 면에서 똑똑하고 영리한 소년이었다. 회계 문제를 판단할 때 그는 내게 그의 아버지 회계사무소에서의 경험을 전해주었다. 그는 업무에서도 똑똑한 사람이었다. 그는 사람들과 사람들의 태도를 예리하게 관찰했고, 매우 기민하게 판단을 내렸다. 그는 농담을 즐겼지만, 진지했으며, 열심히 일했고, 엄격할 정도로 양심적이었다.
>
> 그는 그가 칭찬하는 웅변 문구들을 외우는데 놀라운 기억력을 가졌다. 우리가 산책하는 도중에, 그는 콜체스터 박람회에서 그가 들었던, 회중교회 목사

데이비즈 씨의 야외 연설의 격정적인 묘사들을 큰 열정으로 쏟아내기도 하였다. 명백히, 이런 야외 예배에 의해 그의 상상력은 크게 자극을 받았을 것이다. 하여간 그런 야외 예배에서 그의 아버지는 큰 목소리 덕분에 찬송가를 발표하도록 뽑히기도 했다. 목소리 성량은 그 집안 내력인 것으로 보이지만, 당시에는 내 젊은 친구에게서 아직 두드러지게 나타나진 않았다.

나는 또한 그가 번연의 『넘치는 은혜』(Abounding Grace)를 암송하는 것을 들었다. 그는 마음에 드는 동료였고, 쾌활하면서 공감이 가는 친구였다. 그는 말을 잘 하는 사람일 뿐 아니라, 말을 잘 경청하는 사람이었다.[3] 그는 일반적이고 전통적인 틀에 박힌 사람이 아니었고, 그 자신만의 강한 특징을 가지고 있었다.

신학적인 관점에서 그의 초기 시절에 대해 말하자면, 나는 이미 출판된 것에 무언가를 보탤 수 있다. 스윈델 씨의 저택에는 충실하고 나이 많은 하인이 하나 있었다. 덩치가 크고 건장한 여인이었는데, 나를 비롯하여 모든 기숙사 거주자들에게는 '요리사'로 잘 알려졌다. 그녀는 아주 강한 신앙의 열정을 가지고 있었고 열렬한 칼빈주의자였다.

스펄전은, 아직 깊은 종교적 확신에 이르지 못했을 때, 그녀와 대화를 나누었고, 하나님의 진리에 관한 그녀의 견해에 깊이 감명을 받았다. 이런 일을 그는 특유의 간결한 방식으로 내게 들려주었다. 그의 신학을 그에게 가르친 사람은 그 '요리사'였던 것이다.[4] 내가 이 사실을 언급하면서 그의 비밀을 누설하는 것이 아니기를 바란다. 가장 낮은 출처로부터 기꺼이 배우고자 했던 것이 한 위대한 사람의 기억에는 결코 불명예가 아닐 것이다.

---

3 에버렛은 그의 일기에서 1849년 9월 10일 월요일 오후의 일에 대해서도 기록한다. 그날 소년들은 주일학교 교실에서 선교 모임을 가졌고, 거기서 스펄전은 의장으로서 유창하게 말했다. 아마도 그것이 그의 첫 연설일 것이다.
4 그 요리사의 이름은 메리 킹(Mary King)이다. 스펄전은 그의 첫 출판물에서(성도와 구주, 1857) "나는 내게 필요한 모든 신학을 획득했다"고 적었다. 그녀와 가까이 지내는 몇 해 동안 스펄전은 이 은혜로운 여인의 재정적인 필요를 돕는 기쁨을 누렸다.

제5장

초창기의 종교적 인상들

> "우리 중 어떤 이들에게는 처음 예수의 이름을 들었던 때를 기억하기란 쉽지 않을 수 있습니다. 유아 시절 그 달콤한 소리는 마치 자장가처럼 우리 귀에 친숙했지요. 우리에게 가장 이른 시기의 기억들은 하나님의 집, 가족 제단, 성경, 찬송, 뜨거운 기도 등과 관련되어 있습니다.
>
> 어린 사무엘과 마찬가지로, 우리는 성소의 등불로 우리의 안식처를 밝혔고, 아침 찬송 소리에 잠을 깨곤 했습니다. 부모가 환대하였던 저 하나님의 사람은 여러 번 우리 머리에 손을 얹고서, 우리가 진실하게 복되신 구세주의 이름을 부를 수 있기를 바라며 축복하였습니다. 그의 축복의 기도에 어머니는 진지하게 '아멘'으로 화답했지요. 아마 우리가 처음으로 부르도록 배운 노래는 어린이들의 최고의 친구(Friend)와 관련된 내용일 것입니다.
>
> 우리가 처음으로 읽기 시작한 책에는 그분의 다정한 이름이 실려 있었고, 경건한 분들에 의해 우리는 수없이 예수의 이름을 생각하도록, 또 우리의 어린 마음을 그분께 드리도록 요청을 받았습니다."
>
> 찰스 해돈 스펄전

나는 경건한 부모를 가진 특혜를 입었다. 조심스러운 눈으로 살펴주시고, 의심스러운 또래들과 어울리는 것을 좀체 허락지 않으시며, 불경스럽거나 상스러운 어떤 것도 듣지 말라고 경계하시며, 어려서부터 하나님의 길에 대해 가르쳐주신 부모였다. 영원에 대한 엄숙한 생각이 밀려와 어떤 결정을 내려야 한다는 압박을 느낄 때가 있었다.

그 시기에, 만약 내가 하나님의 은혜의 도움을 받지 못했다면, 양심을 어기고 가책에 대항하도록 홀로 버려졌다면, 나는 아마도 이 순간에 죽어서 매장되는 운명에 처했을 것이다. 내 악한 길로 무덤까지 갔을 것이다. 아니면,

지금 내가 그리스도와 그분의 진리를 위한 열렬한 옹호자가 되기를 갈망하는 것에 못지않을 정도로 경건치 못한 자들의 열성적인 우두머리가 되어 있을 것이다.

나는 마음속에 깊은 회한을 느끼며 이 말을 하고 있다. 나는 한때 그분에게서 내 얼굴을 숨겼으며, 양심의 통증이나 가책도 느끼지 못한 채, 수년을 그렇게 흘려보냈다. 그리고서야 내가 얼마나 구주를 필요로 하는지를 알게 되었다. 내가 그리스도의 구원에 참여하지 못하고 있을 때, 내가 보기에 그리스도 안에서 행복하고 즐거워하는 다른 이들의 경고는 없었다.

여전히, 다른 사람들이 지금 그런 것처럼, 당시에 나는 미루고 있었다. 하루 또 하루를 미루고, 한 달 또 한 달을 미루었다. 그러면서 그리스도는 인생의 자투리 시간에도 오실 수 있기에, 내가 다른 할 일이 없을 때, 나를 피로 씻어줄 그분을 생각해도 된다고 여겼다.

오! 내 영혼이여, 그로 인해 아프게 맞아야 하리!

여러 주간 여러 달을 흘려보내고, 그리스도에게서 내 얼굴을 감추었으며, 나를 위해 피 흘리신 귀하신 주님을 고의로 무시한 것을 생각하면, 지금도 나는 나 자신에게 회초리를 들 수 있다고 여긴다.

어린이들이 부모에게 말수가 적어질 때가 종종 있다. 자주 나는 어린 소년들과 그들의 영혼에 관하여 대화를 나누어왔다. 그들은 그런 문제로 부모와 대화할 수 없었다고 내게 토로한다. 나 자신도 그랬었다. 내가 영혼의 문제로 근심했을 때, 내가 신앙의 문제로 대화를 나누기로 선택한 사람들은 내 부모가 아니었다.

그들에 대한 사랑이 부족해서도 아니며, 그들 편에서 사랑이 없어서도 아니었지만, 어쨌거나 그랬다. 이상하게 주눅 드는 느낌이 갈급한 영혼에 스며들었고, 그것이 나를 친구들에게서 멀어지게 만들었다. 물론 나는 내 좋으신 어머니의 엄숙한 말에 얼마나 많은 덕을 입었는지 모른다. 아직 어린아이였을 때, 그녀가 집에서 우리와 함께 머무는 것은 주일 저녁의 관습이었다. 우리는 식탁 주변에 모여 앉아 성경 구절을 읽었고, 그러면 그녀는 그 구절들을 우리에게 설명해주었다. 그렇게 한 후, 다음 순서는 기도의 시간이다. 알레인(Alleine)의 『경종』(*Alarm*) 또는 백스터의 『회심으로의 초대』(*A Call to the Unconverted*)라는 소책자가 있었다. 그 내용이 우리가 식탁 주변에 앉아 있을 때 읽히고 또 우리 각자에게는 예리한 논평이 주어졌다. 이어 우리가 우리의 상태에 대해 생각하려면 얼마나 걸릴지, 또 우리가 주님을 찾기까지는 얼마나 걸릴 것인지에 대한 물음이 있었다.

그런 다음에 어머니의 기도가 있었는데, 그 기도의 어떤 말들은 우리가 백발이 될 때까지도 결코 잊지 못할 것이다. 내 기억에, 한 번은 어머니의 기도가 이런 식이었다.

> 주님! 만약 저의 자녀들이 계속해서 죄 가운데 행한다면, 그들이 멸망하는 것은 그들의 무지 때문이 아닐 것입니다. 그들이 그리스도를 붙잡지 않는다면 심판의 날에 내 영혼이 그들에 대해 신속히 반대 증언을 해야 할 것입니다.

내 어머니가 내게 불리한 증언을 하신다는 그 생각은 내 양심을 찔렀고, 내 마음을 어지럽혔다. 어린아이일 때, 만약 내가 어떤 잘못을 저질렀다면, 나는 그 일에 대해 말할 다른 누구도 필요로 하지 않았다. 나는 스스로 그 일에 대해 말했고, 내가 잘못했다고 의식하면서 울다가 잠이 들곤 했다. 그리고 내가 주님을 알게 되었을 때, 나는 그분이 내게 부드러운 양심을 주신 것에 대해 매우 감사하게 느꼈다.

아버지들과 어머니들은 그 자녀들의 구원을 위해 하나님이 사용하시는 자연스러운 대리자들이다. 내 어린 시절에, 내 어머니의 가르침보다 내 생각에 깊은 인상을 심어준 가르침은 없었다고 나는 확신한다.

그 어떤 어린이에게도, 그 어린 마음에 자기 자식을 부드럽게 돌보는 어머니만큼 큰 영향을 줄 사람이 있다고는 나는 지금도 상상할 수 없다. "어머니"라는 성스러운 이름에 감명을 받지 않을 만큼 죽은 영혼을 가진 사람은 창조물 중의 오점이다. 어떤 사람이라도 경건한 어머니에게 입은 덕을 다 헤아리기란 불가능할 것이다. 정녕 나는 나를 위해 기도하시고 또 나와 함께 기도하신 어머니의 아들이 되게 하심으로써, 주께서 내게 주신 최고의 복을 내가 얼마나 소중히 여기는지를 말로 표현할 재간이 없다.

어머니가 내게 다가올 진노에서 피할 것을 경고하실 때에 어머니의 눈에 눈물이 고였던 것을 내가 어찌 한시라도 잊을 수 있단 말인가?

나는 어머니의 말에 상당히 호소력이 있었다고 믿는데, 다른 사람들은 그렇게 여기지 않을 수도 있다. 하지만 적어도 나에게는 호소력이 있었다.

어머니가 무릎을 꿇고서, 그리고 팔로 내 목을 감싸 안고서 "오! 제 아들이 당신 앞에 살게 하소서!"라고 기도하던 때를 내가 어찌 잊을 수 있을까? 악한 행동이 내게서 싹트는 것을 꾸짖을 때, 어머니가 눈살을 찌푸리던 것도 내 기억에서 지울 수 없다. 근엄하면서도 연민에 찬 찌푸림이었다. 또 어머니의 미소는 결코 내 기억에서 희미해지지 않을 것이다. 내게서 이스라엘의 주 하나님을 향한 어떤 선한 일을 보았을 때, 어머니의 얼굴은 기쁨으로 빛났었다.

나는 내 아버지가 한 사건에 대해 말씀하신 것을 잘 기억한다. 내게 큰 인상을 심어준 사건이었다. 아버지는 설교하기 위해 빈번하게 집을 떠났다. 언젠가, 아버지가 예배를 위해 길을 가고 있을 때, 아버지는 다른 사람들의 영혼을 돌보느라 정작 자기의 가족을 소홀히 하고 있음을 깨닫고는 두려웠다. 그래서 아버지는 발길을 돌려 집으로 향했다. 집에 도착하자마자, 아버지는 아래층에 아무도 없는 것을 보고 놀랐지만, 계단을 오르면서, 누군가 기도하는 소리를 들었다. 침실 문가에서 그 소리에 귀를 기울이며, 아버지는 그 소리가 내 어머니의 기도 소리인 것을 알았다.

어머니는 자녀들의 구원을 위해 간절히 구하면서, 특히 장남이자 의지가 강한 찰스를 위해 기도하고 있었다. 내 아버지는 그의 사랑하는 아내가 아들과 딸들을 위해 영적인 관심을 가지고 그토록 잘 보살피고 있으니, 안심하고 주님의 일을 위해 떠날 수 있다고 느꼈다. 아버지는 어머니를 방해하지 않았고, 약속된 설교를 하기 위해 즉시 길을 떠났다.

어느 날에는 어머니가 내게 말씀하셨다.

"아, 찰스! 나는 네가 그리스도인이 되도록 자주 주님께 기도했지요. 하지만 네가 침례교인이 되었으면 하고 기도한 적은 없단다."

나는 이렇게 대꾸하고 싶은 유혹을 물리칠 수 없었다.

"아, 어머니! 주님은 어머니의 기도에 대개 풍성하게 응답하셨잖아요. 그래서 주님께서 어머니가 구하는 것이나 생각하는 것 이상으로 넘치게 주신 거랍니다."

열네 살이 되기까지, 나는 침례교인이라고 불리는 사람들에 대해 들어본 적도 없었다. 내가 그들에 대해 들었을 때는, 그들과 관련된 소식이 전혀 우호적이지 않았다. 나는 내 부모가 침례교인들을 나쁜 사람들이라고 믿도록 의도하셨다고는 생각지 않는다. 하지만 그 당시에 나는 분명히 그렇게 생각했다.

어디에선가 그들을 중상하는 말을 들었던 것이 틀림없다고 느끼는데, 그렇지 않고서야 내가 어찌 그런 견해를 가지고 있었겠는가?

나는 한 시간 이내에 죽게 된 한 아기에게 물이 뿌려지는 것을 본 적이 있다. 그리고 최근에도 어느 경건한 사람이 아이를 잃은 부모에게 이런 식으로 위로의 말을 건네는 것을 들었다.

"그 아이가 세례를 받았으니 얼마나 다행인가요! 그건 정말 위안으로 삼을 일이랍니다!"

그 가정은 독립파 교회에 소속된 가정이고, 그 말을 건넨 사람은 독립파 교회 목사였다.

같은 신념과 관련하여, 한 어린 소년에게, 그의 아버지가 싫어함에도 불구하고 물을 뿌린 어느 나이든 목사도 있었다. 그 아이는 그 목사의 집 현관에서 뛰어다니고 있었고, 그 아이의 어머니는 그것을 지켜보고 있었다. 그 아이는 붙잡혔고, 그 경건한 사람이 소리쳤다.

"이리 오세요, 부인, 이 불쌍한 아이가 이제부터는 이교도처럼 살지 않을 겁니다."

어떤 기도 의식이 행해졌고, 그 꼬마 아이는 유아 세례의 언약에 가입한 것이다. 그 아이는 괴로워하며 온 정도가 아니라, 강제로 끌려온 것이며, 의심의 여지 없이, 그 일이 끝났음을 생각하고는 흥겨워하며 제 갈 길로 갔다.

어린이들은 신앙의 큰 신비를 이해하지 못한다고 말하는 사람들이 더러 있다. 심지어 주일학교 교사 중에서도 복음의 중요한 가르침을 언급하기를 조심스럽게 피하는 사람들이 있다. 어린이들은 아직 그런 교리를 배우기에는 준비가 되지 못했다고 그들이 생각하기 때문이다. 오호라, 같은 실수가 강단으로도 기어들어 왔다!

어떤 부류의 설교자들 가운데는, 하나님의 말씀의 많은 교리가, 비록 진실이기는 하지만, 사람들에게 가르치기에는 적합하지 않다고 믿는 자들이 있다.

2. 에식스 주 켈비돈(Kelvedon)에 있는 스펄전 생가

3. 스탐본(Stambourne)의 옛 목사관 겸 집회소

4. 존 스펄전

Home
Juvenile Society
───────────────

Vol 1
No 2
April 1846
───────────────

Colchester C. Spurgeon

1 Pin per line is the cost for notices not of the societies

Juvenile Magazine

3 for one ½ penny

Contributions have been received from Eliza, Spurgeon

Sunday 19th
Praymeeting very good, carry it on & let me say that on 26th there is another.

Blessings come through prayer

Sunday 26
No prayermeeting what a decline imitate the page before.

Certainly this morning there is an excuse but only one in a month is shameful

My dear friends Mr & Mrs B.

I am very ill, but I had rather a better night the last, freer from the pains in hands then I have felt for some nights past, and feel a little better this morn'g.

I do hope the Lord by my affliction is preparing me for a better state. I have been preaching almost 60 years, and I'm not ashamed to say, that I have not done one act that I could rest upon for eternity. In of myself, all my support is, and thro' Christ His covenant engagement I can rest upon with pleasure, for those he loves once, he will never leave nor forsake. My dear friends, seek him now while he is to be found, call upon him while he is near, if you seek him He will be found of you, but if you forsake him he will cast you off forever. We need encouragement and stirring up we are so apt to to forget him, who only can can save us. I hope Mr B, is better than when you wrote My sight begins to fail me, I can hardly see what I write You shall hear from me again soon if I stand. Love to you all.   H Spurgeon Senr

Mambourn 29 April 63

Newmarket
May 1st 1850

My Dear Mother,

Many, very many happy returns of this your Birthday. In this instance my wish will certainly be realized, for in heaven you are sure to have an eternity of happy days. May you in your coming years live beneath the sweet smiles of the God of peace; may joy and singing attend your footsteps, to a blissful haven of rest & tranquility. Your birthday will now be doubly memorable, for on the third of May, the boy for whom you have so often prayed, the boy of hopes and fears, your firstborn, will join the visible church of the Redeemed on earth, and will bind himself doubly to the Lord his God, by open profession. You my mother, have been the great means in God's hand, of rendering me what I hope I am. Your kind warning Sabbath evening addresses were too deeply settled on my heart to be forgotten. You by God's blessing prepared the way for the preached word, & for that Holy Book the Rise & Progress. If I have any courage if I feel prepared to follow my Saviour not only into the water but should he call me, even into the fire; I love you as the preacher to my heart of such courage, as my praying, watching mother. Impossible I think it is that I should ever cease to love you, or you to love me,

8. 아틸러리(Artillery) 거리에 있던 감리교 예배당 내부

9. 아일햄 페리(Isleham Ferry), 스펄전이 세례받은 장소

사람들이 그런 교리를 왜곡시켜 스스로 멸망시킬 우려가 있다고 여기기 때문이다.

그따위 책략을 몰아내라!

하나님이 계시하신 것이라면 무엇이든 전파되어야 한다. 그분이 계시하신 것이 무엇이건, 비록 내가 그것을 이해할 능력이 없다 해도, 나는 그것을 믿고 전할 것이다. 나는 하나님의 말씀의 어떤 교리도, 만일 구원에 이를 수 있는 아이라면, 어린아이가 받지 못할 것은 없다고 주장한다. 나는 지금까지 단 하나의 예외도 없이 진리의 모든 위대한 교리들을 아이들에게 가르치고자 했다. 훗날 그들이 배운 교리에 의해 신앙을 견지하도록 하기 위함이다.

나는 어린이들이 성경을 이해할 수 있다고 증언한다. 나 자신이 아직 어린아이일 때, 내 아버지 친구들 모임에서 어떤 문제를 두고 양쪽의 자유로운 진술을 들은 후, 신학의 얽히고설킨 논점들을 토론할 수 있었기 때문이다. 사실상, 어린이들은 아주 이른 시기에, 오히려 나중에는 이해하기 어려운 어떤 문제들을 이해할 수 있다.

어린이들에게는 두드러지는 믿음의 단순성이 있으며, 믿음의 단순성은 최고의 지식에 매우 가깝다. 정녕 나는 어린이의 단순성과 심오한 지성의 천재성 사이에 큰 차이가 있다고 생각지 않는다. 어린이처럼 가르침을 단순하게 받아들일 수 있는 사람은, 모든 것을 삼단논법의 추론으로 접근하려는 사람들이 결코 이르지 못하는 지식을 종종 얻는다.

어린이들이 어느 정도로 배울 수 있는지를 알기 원한다면, 많은 교회와 경건한 가정을 살펴보라고 지적하고 싶다. 영재들이 아닐지라도, 디모데나 사무엘 같은 아이들이 얼마든지 있으며, 여아들 경우에도 일찍이 구주의 사랑을 알게 된 아이들이 얼마든지 있다. 한 아이가 잃어질 수 있는 것과 마찬가지로, 구원받을 수 있는 것도 당연한 이치이다.

아이가 죄를 지을 수 있기 시작하자마자, 하나님의 은혜가 역사하는 경우, 그 아이는 하나님의 말씀을 믿고 받아들일 수 있다. 어린이들이 악을 배우기 시작할 무렵, 그들은 정녕 성령의 가르침 아래에서 선을 배울 수도 있다.

내가 훈련을 받은 가정에서는, 안식일에는 어떤 요리도 하지 않았으며, 겨울철에는 어떤 따뜻한 것이 식탁 위에 올려지긴 했지만, 그것은 토요일에 준비된 푸딩이거나 감자 몇 개 정도였다. 그런 것을 데우는 데는 큰 어려움이 없었기 때문이다.

  이런 방식이, 큰 주일 연회를 준비하거나 부엌에서 종처럼 일해야 하는 것과 비하면 훨씬 낫고 또 기독교적이 아닐까?

  예배당이 너무 멀든지 혹은 걷기에는 날씨가 너무 험해서 말을 타야 하는 경우라면, 경건한 부류에 속하는 그리스도인들은 항상 그 동물에게 토요일이나 월요일에 그 나름의 안식일을 주었다. 물론 마부가 고용된 경우에도 마찬가지였다. 그리스도인들은 마부에게도 말을 세워둘 시간을 주고, 마부도 가족과 함께 들어가 예배드릴 수 있게 항상 배려하였다. 함께 예배를 마친 후에는 마부가 그들을 위해 다시 말을 가져올 때까지 기꺼이 기다려 주었다. 마부도 축복에서 배제되기를 원치 않았기 때문이다.

  내가 소년 시절, 어느 목사가 이 본문으로 설교하는 것을 들었던 기억이 있다.

> 누가 현숙한 여인을 찾아 얻겠느냐?
> 그의 값은 진주보다 더하니라 (잠 31:10).

그 설교의 인상적인 도입부는 이런 식이었다.

> 누가 현숙한 여인을 얻을 수 있습니까?
> 그런 여인을 찾기로 선택하는 자라면 누구에게나 가능합니다. 솔로몬이 현숙한 여인을 찾지 못한 유일한 이유는 그가 잘못된 곳에서 찾았기 때문입니다. 현숙한 여인이라면 그렇게나 많은 처와 첩들을 둔 왕을 피합니다. 하지만,

그 설교자는 이어갔다.

> 만약 솔로몬이 여기 이 자리에 있다면, 그리고 진실로 지혜롭다면, '누가 현숙한 여인을 얻을 수 있을까?'
> 이렇게 묻지 않을 것입니다. 그는 교회에 출석할 것이고, 경건한 여인의 무리 중에서 온유와 정숙으로 단장한 영혼을 즉시 찾아낼 것입니다. 만일 그가 '도르가' 모임에 참관하는 것을 허락받는다면, 한때 그가 '곤고한 자에게

손을 펴며 궁핍한 자를 위하여 손을 내민다'(잠 31:20)고 언급했던 유의 여인을 많이 볼 수 있을 것입니다. 만일 그가 주일학교로 자리를 옮기면, 거기서 한때 그가 '입을 열어 지혜를 베풀며 그 혀로 인애의 법을 말하며'(잠 31:26)라고 했던 다른 여인들을 만날 것입니다. 주 예수를 섬기는 우리는 수도 없이 현숙한 여인들을 만납니다. 그들에 대해 우리는 그 지혜의 왕에게 '그녀의 값은 진주보다 더합니다'라고 말할 수 있습니다.

내가 말한 그 설교자는 이런 말로 내 관심을 끌었다.

왜 '진주'보다 더하다 일까요?
왜 금강석보다 더하다가 아닐까요?
내 형제들이여!
금강석은 창백하고 허약해 보이는 돌에 지나지 않기 때문입니다. 그것을 전시하려면 환한 촛불이 필요합니다. 하지만 진주는 건강한 보석이며, 대낮에도 아름답습니다. 그 얼굴이 가정생활의 활동으로 밝게 빛나는 여인이 아름답습니다. 그런 부류의 여인이야말로 남편이 맘 편히 가정사를 맡길 수 있는 여인입니다.

그런 해석을 수정하고 싶은 사람이 있을지 모르나, 그 설교자의 정서는 건전하고 실제적이었다. 내 소년 시절의 설교자들에 대해 내가 항상 좋은 기억을 간직하고 있는 것은 아니다. 십여 문장을 말한 후에는 습관적으로 다음과 같이 말하는 목사에게서 듣기도 했다.
"내가 이미 말했듯이,"
"내가 앞에 진술한 것을 다시 말합니다."
아아! 그 목사님이 말한 것에는 딱히 특별한 것이 없었거니와, 그 반복은 빈약함을 더욱 분명히 드러낼 뿐이었다.
만약 아주 좋은 점이 있었고, 그것을 강하게 말했다면, 왜 굳이 그것을 반복한단 말인가?
만약 그것이 빈약한 요소였다면, 왜 그것을 두 번씩 드러낸단 말인가?
물론 이따금 어떤 문장의 반복이 아주 효과적일 때도 있다. 그것이 가끔은 좋을 수도 있으나, 하여간 습관처럼 되는 것은 아주 해롭다.

반복될 걸 빤히 아는 사람들이 첫 번째에 듣지 않는다고 해서 이상할 것이 무엇인가?

한번은 아주 호평을 받는 목사님이 슬프게도 "항아리 속의 호박벌처럼" 중얼거리는 것을 들은 적이 있다. 이는 좀 저속한 비유이긴 하지만 아주 정확한 묘사이다. 내가 보기엔 의심할 나위 없이 그것은 윙윙거리는 소리였고, 그레이 씨의 애가(哀歌)에 대한 풍자를 떠올렸다.

> 아른거리는 물체가 시야에서 흐려지고,
> 나른한 정적만이 공기 중에 흐르네.
> 목사가 단조롭게 윙윙대는 날개 소리를 내는 곳만 빼고,
> 졸음을 부르는 딸랑 소리가 잠든 양 떼를 안심시키네.

확실한 가치를 지닌 교리를, 가장 적절한 언어로, 진심으로 전달하는 사람이, 똑같은 말을 자꾸 반복함으로써 목회적인 자살을 하다니 그 얼마나 딱한 일인가!

오호라! 오호라!

그 따분한 음성, 웅성거리는 소리, 귀에 거슬리는 단조로움, 천국이나 지옥에 대해 말할 때, 영생에 대해 말할 때나 영원한 진노에 대해 말할 때나, 물레방아처럼 한결같은 음조로 말하다니!

어쩌다가, 문장의 길이에 따라 소리가 조금 커지거나 부드러워질 때가 있었지만, 그 높낮이는 여전히 같았고 우울한 발성은 변하지 않았다. 쉼도 없고, 다양성도 없고, 음악도 없고, 오로지 한결같은 단조로움만 있는, 끔찍한 황무지 같은 연설이었다. 바람이 에올리언(Aeolian)의 하프에 불면, 하프의 모든 줄이 부풀어 오른다. 하지만 하늘의 바람이, 어떤 사람들에게 지나갈 때, 대부분 오직 한 줄로만 지나가기에, 전체적으로 불협화음만 낼뿐이다.

어떤 목회자들의 단조로운 북소리 아래에서는, 오직 은혜만이 듣는 자들에게 덕을 세울 수 있다. 공정한 배심원단이라면, 설교자에게서 뿜어져 나오는 소리를 들으며 그 반복되는 음조 때문에 잠에 빠지는 것에 대해서는, 정당하다고 평결을 내릴 것이라고 나는 생각한다.

나는 히브리서에 대한 어느 연속 설교를 아주 생생하게, 혹은 아주 끔찍하게 기억하고 있다. 그것은 아주 바람직스럽지 않은 종류로 내 머리에 깊이 각인되었다. 나는 당시에 히브리서가 히브리인들에게만 간직되고 다른 사람들에게는 알려지지 않았으면 좋았겠다고 자주 생각했다. 왜냐하면, 그것이 슬프게도 한 가련한 이방인 소년에게는 따분하기 그지없었기 때문이다. 일곱 번인가 여덟 번째 설교가 전해졌을 무렵, 일부 아주 착한 사람들만이 그것을 견딜 수 있었다.

물론, 이 사람들은 전에는 이보다 더 귀중한 강론을 들어본 적이 없다고 말했지만, 보다 인간적으로 판단하는 사람들 편에서는 매번의 설교가 지루함만 증대시켰다. 그 서신에서, 바울은 우리에게 "권면의 말을 용납하라[참으라]"(히 13:22)고 타이르는데, 우리는 정말 그렇게 했다.

나는 또 소년 시절에 다니엘서를 본문으로 한 긴 강론을 기억하는데, 만일 내가 그 본문의 의미에 대해 동떨어진 인식을 하고 있었다면, 그 강론이 내게 아주 교훈적으로 다가왔을 것이다. 한번은 "그들이 눈물 골짜기로 지나갈 때 그곳에 많은 샘이 있을 것이며"(시 84:6)라는 본문으로 전해진 설교를 들었던 기억이 난다.

정녕, 그 설교자는 자기 설교를 샘으로 만들지 못했다. 그 설교는 막대기처럼 메말랐고, 들을 가치가 없었다. 그 속에 즐거움 같은 것은 전혀 없었으며, 희망을 간직한 그리스도인들을 반대하고, 천국으로 가면서 항상 투덜거리고 불평하는 사람들을 책망하는 열변의 홍수만 있을 뿐이었다.

그리스도인들이 언제나 자기 마음에서 증거들을 찾기 위해 더듬거리고, 항상 욥이나 예레미야를 읽으며 슬픔에서 그들과 필적하려고 애쓰고, 입술의 적절한 표현을 위해 항상 애가(哀歌)의 구절만 뒤지며, 가련한 뇌를 괴롭히고, 불쌍한 마음을 혼란스럽게 하며, 치고, 외치고, 하나님을 향해 습관적으로 불평하면서 울부짖는다.

"내가 받는 재앙이 탄식보다 무거움이라"(욥 23:2)고 말하는 것은 아니지 않은가?

나는 한 목사가 항상 이런 식으로 설교하는 것을 듣곤 했다.

"이것을 행하시오, 저것을 행하시오, 또 다른 것을 행하시오, 그러면 구원을 받을 것입니다."

그의 이론에 따르면, 기도하는 것은 아주 쉬운 일이었다. 자기 자신을 새 마음을 가진 사람으로 만드는 것은 식은 죽 먹기였고, 거의 아무 때고 할 수 있는 일이었다. 실제로 나는 내가 원하는 때에 그리스도께 돌이킬 수 있다고 생각했었다. 그래서 나는 그 시기를 내 인생의 마지막까지 미룰 수 있다고 생각했고, 그런 일은 병상에 누운 채 편안하게 이루어질 수 있다고 생각했다. 머지않아 나는 깨닫게 되었다.

나는 기도했다. 하나님이 아시듯, 나는 실제로 기도했다. 그런데도 내가 기도했다고 여겨지지는 않았다.

뭐라고요?

내가 보좌 앞에 나간다고?

나처럼 비참한 사람이 약속을 붙든다고?

내가 감히 하나님이 나를 지켜보시기를 기대한다고?

그건 불가능해 보였다. 눈물과 신음으로, 때로는 그런 것조차 없이, 그저 "아아!" "그럴 수만 있다면!!"

"하지만"—내 입술은 이 외에 더 말할 수가 없었다. 그건 기도였다. 하지만 당시에는 그렇게 여겨지지 않았다.

오! 하나님을 노여우시게 하는 한 가련한 죄인이 효력 있는 기도를 한다는 것이 얼마나 힘든 일인가!

하나님의 능력을 붙드는 힘은 어디에 있고, 천사와 씨름할 힘이 어디에 있단 말인가?

정녕 내 속에는 없었다. 그저 나는 물처럼 약했고, 때로는 돌처럼 무정했었다. 한때, 강력한 설교를 듣고, 내 마음이 속에서 뒤흔들렸다. 내 마음 깊은 곳이 녹아내렸다. 나는 주를 찾고 싶다고 생각했고, 무릎을 꿇었고, 씨름했으며, 내 마음을 그분 앞에 쏟아냈다. 어떤 은혜의 순간에 그분이 나를 위로하는 고귀한 약속을 주시길 기대하면서, 다시금 나는 감히 그분의 성소에서 그분의 말씀을 들으려 했다.

하지만, 아! 그 처량한 오후에, 나는 그 속에 그리스도가 없는 한 설교를 들었다. 내게는 더 이상 아무런 희망도 없었다. 샘에서 한 모금이라도 마시길 원했건만, 나는 쫓겨났다. 나는 내가 그리스도를 믿은 것 같다고 느꼈고, 그를 갈망하며 기다렸다.

하지만, 아아! 그 끔찍한 설교, 그리고 그 설교에서 들려진 끔찍한 내용이란!

내 가련한 영혼은 무엇이 진리이고 무엇이 오류인지 분간할 수 없었다. 어쨌거나 나는 그 사람이 확실히 진리를 전하고 있다고 생각했지만, 나는 쫓겨나고 말았다. 나는 감히 그리스도께 갈 수 없었고, 믿을 수 없었고, 그분을 붙들 수 없었다. 다른 사람은 모르겠지만, 나는 거부되고 말았다.

제6장

많은 환난을 통과하여

"우리를 겸손하게 만드는 진리 곧 인간의 태생적인 부패는, 세상 지혜의 무딘 이해력으로는 깨달아지기가 무척 어렵습니다. 위로부터 배운 영혼이라 할지라도 그 진리에 아연 놀라지 않을 수 없습니다. 주께서 구원하기로 정하신 자들에게 그 깨달음은 다양한 방식으로 찾아옵니다.

영혼의 괴로움과 건전한 교리 사이에는 필연적인 연결이 있습니다. 깊이 신음했던 사람들에게는 하나님의 은혜가 소중합니다. 그들이 얼마나 통탄할 죄인인지를 보기 때문입니다.

조셉 하트와 존 뉴턴의 찬송을 여러분은 종종 부르며, 데이비드 브레이너드와 조나단 에드워드의 전기들을 여러분 중에서 많은 이들이 읽었습니다. 요즘과 같은 현대에는 하나님의 영원한 언약에 대해 많이 듣는 경우가 드문데, 그 이유는 죄의 자각이 성령의 가르침으로부터 직접적으로 온다고 믿는 사람이 소수이기 때문입니다.

하나님의 구속 경륜에서, 죄성과 관련하여 마음을 조명하시는 성령의 효과적인 작용은, 자기의 택하신 백성들을 향한 아버지의 인격적인 사랑과 하나님의 아들이 그들을 위해 이루신 특별한 속죄에 관하여 명백한 증거가 됩니다."

찰스 해돈 스펄전

내 마음은 휴경지(休耕地)와 같았고, 많은 잡초로 뒤덮였다. 하지만 어느 날, 저 위대한 '농부'가 오셨고, 내 영혼을 경작하기 시작하셨다. 열 마리의 검은 말들이 그의 팀이었고, 그가 사용한 쟁기날은 날카로웠으며, 쟁기는 깊은 고랑을 만들었다. 십계명이 검은 말들이었다. 그리고 하나님의 공의는, 마치 쟁기날처럼 내 심령을 찢어놓았다.

나는 정죄 받았고, 완전히 실패했으며, 파멸되었다. 잃어진 바 되었고, 도움도 없었고, 희망도 없었다. 나는 지옥이 내 앞에 있다고 생각했다. 그때 십자형 쟁기질이 시작되었다. 내가 복음을 들으러 갔을 때, 그것은 내게 위로를 주지 못했다. 나는 위로의 부스러기라도 얻기를 원했지만, 그런 혜택은 불가능하다고 여겨졌다.

하나님의 은혜로운 약속들이 나를 향해서는 눈살을 찌푸렸고, 그분의 위협들이 내게 천둥처럼 다가왔다. 기도했지만, 아무런 평화의 응답을 얻지 못했다. 이런 식으로 오랜 시간이 흘렀다.

우리 마음의 깊은 쟁기질을 통해 지금 우리가 거두는 풍성한 혜택은 우리가 겪은 과정의 혹독함과 충분히 조화를 이룬다. 유죄선고의 포도주 틀에서 짓눌려져 나온 포도주가 소중하다. 회개의 갱도에서 채굴한 금이 순결하다. 깊은 상심의 동굴에서 발견된 진주가 밝게 빛난다. 만일 주께서 우리를 낮추시지 않았더라면 우리는 결코 그런 깊은 겸손을 알지 못했을 것이다.

만약 그분이, 그분의 막대기로 우리 마음의 부패와 질병을 들추어내지 않으셨더라면, 우리는 결코 육체적인 신뢰에서 떨어지지 못했을 것이다. 그분이 우리를 멈추어 서게 하시고 우리 힘줄을 오그라들게 하지 않으셨다면, 우리는 결코 마음이 연약한 자들을 위로하거나 약한 자를 굳세게 하는 법을 배우지 못했을 것이다.

만약 우리에게 지친 자들을 위로하는 능력이 있다면, 그것은 우리 자신이 한때 겪었던 것을 기억하기 때문이다. 우리의 공감 능력은 여기에 있다. 지금 우리가 헛된 자부심으로 자랑하는 사람을 멸시할 수 있는 이유는, 호언장담하던 우리 자신의 힘이 우리를 철저히 실패하도록 만들었고, 그런 자랑이 우리 눈에는 경멸스러워졌기 때문이다.

지금 우리가 간절한 소망으로 우리 동료 인간들의 영혼을 위해 기도할 수 있다면, 그리고 특히 죄인들의 구원을 위해 일반적인 열정 이상의 감정을 느끼고 있다면, 우리는 그 이유의 상당 부분을 우리가 죄로 인해 세게 맞아본 적이 있고, 그래서 주의 두려우심을 알게 되었고, 그들에게 호소하도록 강권함을 받는다는 사실에 돌려야 한다.

수고하는 목사, 간절한 사역자, 열정적인 전도자, 신실한 교사, 강력한 중보 기도자들은, 모두 그들의 열정의 근원을 그들이 죄로 인해 겪었던 고통에서, 또한 그들이 그 자신의 악한 본성에서 얻게 된 지식에서 거슬러 찾을 수 있다.

우리는 우리 자신의 경험이라는 전통(箭筒)을 가지게 되면서, 비로소 가장 날카로운 화살들을 뽑을 수 있게 되었다. 영혼의 고통이라는 용광로에서 단련되어 온 이들이 아니면, 우리는 예리한 칼날과 같은 이들을 달리 발견하지 못한다.

철저하게 깊고도 쓰라린 죄의 감각이 가미된 영적 체험은 그런 경험을 한 이에게 큰 가치가 있다. 그것은 마시기에는 끔찍하지만, 속에는 아주 유익하며, 이후 삶 전체에서도 유익하기는 마찬가지다. 아마도, 전도가 활발한 이 시대에 경건이 빈약한 이유는 사람들이 평안과 기쁨만 얻으려 하는 안이함 탓일 것이다.

우리는 현대의 회심자들을 판단하고 싶지 않지만, 단연코 우리가 더 선호하는 영적인 훈련의 형태는, 우리를 저 눈물의 십자가로 이끌고, "모든 죄가 깨끗이 씻겼다"고 단정하기 전에 우리에게 그 더러움을 보게 만드는 것이다. 너무 많은 사람이 죄를 가볍게 생각하고, 그래서인지 구주를 가볍게 생각한다.

자기 하나님 앞에 서서, 죄를 자각하고 정죄를 느끼며, 자기 목에 밧줄이 걸려 있음을 느꼈던 사람이, 용서를 받을 때는 기쁨으로 눈물을 흘리는 법이다. 그런 사람이 전에 용서받았던 악을 미워하며, 흘리신 피로써 자기를 깨끗하게 하신 구속의 주를 높이며 사는 것이다.

우리 자신의 경험은 우리가 주님을 갈망하던 시기를 회상하게 한다. 오직 그분만 바라고, 그분만을 바라던 시기이다. 단지 의식에 참여하는 것은 우리에게 헛되었다. 그것은 사막의 열기에 그을리고 물이 빠져나간 빈 병처럼 공허했다. 육체의 즐거움은 소용없었고, 이스라엘 백성이 마시기를 거부했던 마라의 쓴 물처럼 쓸 뿐이었다. 율법적인 설교자의 가르침도 헛되었으니, 그것은 눈먼 방랑자에게 울부짖는 사막의 소리일 뿐이었다. 헛되고, 더 헛되었던 것은, 우리의 거짓 피난처들이었다. 그것들은 숭배자들의 머리 위로 무너져내린 저 다곤의 신전처럼 우리 귀 가까이에서 무너졌다.

우리에겐 오직 한 가지 희망, 우리 불행을 피할 유일한 피난처가 있을 뿐이었다. 저 방주가 떠 있는 곳을 제외하고는, 북이나 남이나, 동이나 서를 보아도 광대한 고통의 바다가 있을 뿐이었다. 저 별이 빛나는 곳을 제외하고는, 하늘은 순전한 어둠으로 뒤덮인 광대한 벌판일 뿐이었다.

예수! 예수! 예수! 그분만이, 다른 누구도 아닌 그분만이, 폭풍을 피하는 유일한 피난처가 되셨다. 부상을 당한 병사가, 전장에 누워서, 불처럼 몸의 진액을 마르게 하는 상처를 지닌 채 외마디 단조로운 외침으로 "물! 물! 물!" 하고 외치듯, 떨며 간청하는 소리를 낼뿐이었다. 그렇게 우리는 끊임없이 하늘에 우리의 기도를 올리며 외쳤다.

"다윗의 아들 예수여! 나를 불쌍히 여기소서."

수없이 우리는 기도 속에서 은혜의 보좌 가까이에 가는 즐거움을 누려왔고 또 희망한다. 하지만, 그런 기도는 구주를 찾을 때 우리 영혼의 비통함 속에서 올려질 때가 아니면 결코 우리 입술에서 나오지 않았다.

우리는 종종 더 큰 자유, 더 큰 기쁨, 더 강한 믿음을 가지고, 더 웅변적인 언어로 마음을 쏟아내기도 한다. 하지만 우리 속에 꺼지지 않는 욕구가 있을 때, 채울 수 없는 갈망이 있을 때보다 더 격렬하게 부르짖었던 적은 결코 없었을 것이다. 그때 우리의 헌신에는 잠드는 것도 없었고 게으름피우는 것도 없었다.

그때 우리에게는 우리를 기도의 수고로 내모는 명령의 채찍이 필요치 않았다. 그저 우리의 영혼이 한숨과 탄식으로, 강렬한 부르짖음과 눈물로, 우리의 터질듯한 마음을 쏟아내지 않으면 견딜 수 없던 것이다. 그때 우리는 마치 소가 도살장으로 끌려가듯 우리의 기도 골방으로 끌려갈 필요가 없었다.

우리는 창으로 날아가는 비둘기처럼 신속하게 그곳을 향해 날아갔다. 그리고 그곳에 있을 때, 우리는 소원을 부채질할 필요도 없었고, 비록 때로는 경로를 찾기 어려울 때도 있었지만, 단지 분수대처럼 그것을 솟구쳐내면 그만이었다.

나는 내가 처음으로 진지하게 기도했던 때를 기억한다. 내가 한 말을 정확히 기억하진 못하지만, 틀림없이, 그 간청에서 필요했던 충분한 몇 마디가 포함되었다. 나는 자주 한 가지 형식을 반복했다. 나는 습관적으로 꾸준히 그것을 반복하곤 했었다. 마침내, 나는 진짜로 기도하게 되었고, 그때 나는 나 자신이 하나님 앞에, 마음을 감찰하시는 여호와의 즉각적인 임재 안에 서 있다고 인식했다. 나는 속으로 말했다.

> 내가 주께 대하여 귀로 듣기만 하였사오나 이제는 눈으로 주를 뵈옵나이다. 그러므로 내가 스스로 거두어들이고 티끌과 재 가운데에서 회개하나이다 (욥 42:5,6).

나는 왕 앞에 섰을 때의 에스더처럼 느꼈다. 아찔하고 두려웠으며, 참회의 심정으로 가득했다. 그분의 위엄과 나 자신의 죄악 때문이었다. 내가 입 밖으로 낼 수 있었던 유일한 한 마디가 있다.

그저 "오! ― 아아!" 같은 것뿐이었다고 생각된다.

유일하게 완성된 문장 하나가 있다.

"오! 하나님이여 죄인인 저를 불쌍히 여기소서!"

그분의 압도적이고도 장엄한 광채, 그의 능력의 위대함, 그의 공의의 엄격성, 말로 표현할 수 없는 그분의 성품의 거룩, 두려울 정도로 크신 그분의 위엄―이런 것들이 내 영혼을 압도했고, 내 영혼은 완전히 탈진하여 쓰러져 버렸다. 하지만 그 기도 속에서 참되고도 진실하게 하나님께 가까이 갈 수 있었다.

나는 천국에 친척들이 많지 않다. 하지만 한 분은 계시는데, 내가 정말 사랑하는 분이다. 그분은 종종 나를 위해 기도하셨다고 믿어 의심치 않는다. 그녀는 내가 어린아이일 때 나를 돌보셨고, 내 유아 시절에 나를 양육하셨으며, 지금 영광스러운 그 보좌 앞에 앉아 있다. 갑자기 부름을 받으신 분이다.

나는 할머니가 사랑스러운 손자를 내려다보고 있다고 상상하는데, 그 아이가 죄와 방황과 어리석음의 길을 행할 때도 그러셨을 것이다. 물론 슬픔으로 쳐다볼 수는 없었을 것이다. 영화롭게 된 성도의 눈에는 눈물이 없으니 말이다. 할머니가 회한의 심정으로 쳐다볼 수는 없었을 텐데, 하나님의 보좌 앞에서는 그런 감정이 없기 때문이다.

하지만 아! 그 순간, 하나님의 은혜로, 내가 기도하지 않을 수 없었을 그때, 홀로 무릎을 꿇고 씨름하였을 때, 나는 할머니가 쳐다보며 이렇게 말했다고 생각한다.

"보라, 그가 기도한다. 보라, 그가 기도하는구나!"

오! 나는 할머니의 표정을 그릴 수 있다. 할머니는 잠시 두 개의 천국을 가진 듯이 보였다. 할머니가 "보라, 그가 기도하는구나!"라고 말할 수 있었을 때, 할머니는 곱절의 기쁨을, 즉 할머니 자신에게 있는 천국의 기쁨만 아니라 내 속에 있는 천국의 기쁨도 느꼈을 것이다.

나는 악인들의 청원은 주님께 가증스럽고 그래서 청원을 올리려는 그들의 시도는 죄를 짓는 것이라는 생각 때문에, 기도를 중단한 몇 사람들을 안다.

나 자신이 예수께 올 때, 수년간 용서를 구하면서도 얻지 못했던 것을 나는 잘 기억하고 있다. 종종, 영혼의 깊은 고뇌 속에서, 나는 간구를 멈추었는데, 그런 간청들이 소용없다고 여겨졌기 때문이다. 그리고 다시 성령께서 나를 은혜의 보좌로 이끄셨을 때, 반복되었지만 응답이 없던 그동안의 부르짖음이 기억나서, 깊은 두려움이 내게 엄습했다. 나는 나 자신이 무가치함을 알았고, 그래서 하나님의 공의가 내게 응답이 임하도록 허락지 않을 것이라고 상상했다.

나는 내 위의 하늘이 놋쇠와 같다고 여겼고, 설사 내 기도가 그것을 뚫고 올라간다고 해도, 내가 아무리 열심히 부르짖어도, 주께서 내 기도를 차단하실 것이라 여겼다. 나는 감히 기도하지 못했다. 죄책감이 심했다. 내가 감히 기도하려 했을 때도, 그것은 거의 기도라고 하기가 어려웠다. 들으신다는 기대가 없었기 때문이다.

"아니야,"

나는 말했다.

"그것은 주제넘은 짓이지. 나는 그분께 간청을 올려선 안 돼."

어쩌다, 내가 기도하려 했을 때도, 기도할 수가 없었다. 무언가에 의해 모든 말이 막혀버렸고, 심령은 그저 한탄하고, 애타며, 갈급할 뿐이었으며, 한숨만이 기도를 대신할 수 있었다.

하지만 나는 어렸을 때도 하나님이 내 기도를 들으신 것을 기억한다. 무엇에 대한 기도였는지는 모르겠지만, 아마 아주 사소한 일과 관련되었을 것이다. 그래도 어린이였던 내게, 그것은 솔로몬이 올렸고 하나님이 들으셨던 그 위대한 기도만큼이나 중요했었다.

그렇게 해서 내 머릿속에는 여호와가 하나님이시라는 생각이 일찍이 각인된 것이다 (어린 사무엘처럼 당시에도 아직 나는 주님을 안 것이 아니었고, 그저 기도 중에 그분을 더듬어 찾았을 뿐이다). 후에, 내가 실제로 그분을 알게 되었을 때, 지성적으로 이해하며 그분께 부르짖게 되었을 때, 나는 기도를 응답받았고 청원한 것을 얻게 되었다 (나는 지금 주님을 아는 사람이라면 누구나 말할 수 있는 것을 말하고 있다).

그때 이후로 그분은 우리의 간청에 수도 없이 응답하셨다. 나는 이런 문제에 대해 다 말하지 못한다. 우리와 우리의 귀하신 주님 사이엔 많은 비밀이 있기 때문이다. 우리가 받은 기도 응답을 다 언급하는 것은 신중치도 못하고, 적절치도 못하며, 또는 가능하지도 않을 것이다. 그리스도와 크리스천 영혼 사이에는 사랑의 통로가 있다. 엄선된 동료들 사이에서가 아니면, 또는 아주 드문 경우를 제외하고는, 말해서는 안 되는 문제이다. 주 예수와 우리의 사귐은 너무나 신성하고, 너무나 영적이며, 너무나 천상에 속한 일이기에, 진주 문 이편에서 말해질 수가 없다.

하지만 우리의 간청에 대한 주님의 응답들을 모은다면, 하늘을 가로질러 기록될 수 있을 정도이며, 모든 눈이 그것을 읽을 수 있을 것이다. 여러 분야에서, 기도에 어떤 실제적인 효과가 있는지에 대해 의문을 제기하는 사람들이 있다. 그들은 기도의 효과란 "기도하는 사람들의 가슴에 어떤 경건한 감정을 자극하는 것" 말고는 없다고 말한다.

이 정도는 귀여운 표현이다!

우리의 많은 일이 은혜의 보좌에 방문한 것에서 비롯되었다. 하지만 그런 말을 탐탁지 않게 여기면서도 참아주는 높은 양반들이 있는데, 우리가 그들에게 고맙다고 해야 할까?

나는 그들이 왜 기도가 우스꽝스럽고, 위선적이며, 심지어 비도덕적이라고 주장하지 않는지, 그것이 오히려 궁금하다!

그들의 표현의 절제에 우리가 감사라도 해야 할까?

아직도 나는 모르겠다. 그들을 모임에서 보게 되었을 때, 나는 별로 달갑지 않았다. 그들은 거의 우리를 바보 취급했기 때문이다.

그들은 우리가 단순히 경건한 감정을 고조시키기 위해 소용없는 행동을 한다고 생각하지 않는가?

만약 우리가 어떤 무분별한 행동을 통해 혜택을 받을 수 있다면 우리는 심각한 백치임이 틀림없다. 우리는 그런 행위의 차원에서 허공을 향해 휘파람을 불 의향이 없다. 우리는 듣지 못하고 말하지 못한다고 입증된 신에게 계속해서 기도하는 일에 만족해서는 안 된다. 우리를 조롱하는 친구들이 열광주의라고 여길지 몰라도, 우리에게는 여전히 어느 정도의 상식이 있다. 우리는 기도의 응답을 얻는다고 확신한다.

이 사실에 대해 나는 내가 살아있는 사람이며, 태버너클에서 설교하는 것을 확신하듯이 확신한다. 나는 내가 주님께 요청했던 것을 그분의 손에서 받았음을 엄숙히 선언한다. 그리고 그러한 증언에 나는 혼자가 아니다. 같은 사실을 증언하는 수많은 남자와 여자들이 내 동료들이다. 그들 역시 기도와 간구로 주님을 찾았으며, 그분이 그들의 소리를 들으셨고, 그들을 고통에서 건지셨다.

지상의 전투적 교회에서나 천상의 승리한 무리 가운데서, 새 마음을 받은 사람이라면, 예수로부터 상처를 입지 않고 죄에서 되찾아진 영혼은 한 사람도 없다. 그 고통은 가벼운 정도이지만, 치유는 신속했을 것이다. 그래도 각자의 경우에 실제적인 아픔의 멍이 있었을 테고, 그것이 하늘의 의사가 치료를 위해 요구하는 것이었다. 우리 가운데 어떤 이들은, 이 상처가 인생의 초기에 시작되었고, 유아에서 유년기로 넘어가는 단계에서부터 아픈 회초리를 느꼈을 것이다.

우리는 일찍부터 죄의 자각이 있었음을 기억할 수 있으며, 그로 인한 하나님의 진노를 인식할 수 있었다. 우리가 아주 어렸던 시기에 깨어난 양심은 우리를 은혜의 보좌로 몰고 갔다. 비록 우리가 우리 심령에 징계를 가하는 손길을 알지 못했지만, 그럼에도 우리는 "젊었을 때에 멍에를" 맸다(애 3:27).

그 시기에 돋아난 "연한 희망의 싹들"이 얼마나 많았던가?

오호라! 또한, 그것들이 얼마나 빨리 청년의 정욕에 의해 시들고 말았던가!

우리는 얼마나 자주 환상에 놀라고 꿈에 두려워하였으며, 부모의 꾸지람, 어느 놀이 친구의 죽음, 혹은 어느 엄숙한 설교에 의해 우리의 마음이 속에서 녹았던가!

실로 우리의 선함이란 "아침의 구름과 이슬"에 지나지 않았다. 하지만 이런 하나하나의 상처들이 얼마나 많이 우리를 율법으로는 죽임을 당하도록 작용했으며, 또 그것이 하나님의 효과적인 활동이었음을 누가 알겠는가?

이런 매번의 각성 속에서 우리는 은혜로운 목적을 깨닫게 되었다. 이런 각성들을 통해 우리는 우리의 길을 감찰하시고 우리를 죄에서 건지기로 작정하신 하나님의 손길을 감지한다. 줄곧 두드려졌던 쐐기의 작은 끝부분이 내적으로 씨름하던 이 청소년 시기에 끼워져 박힌 것이다.

청년의 마음속에서 일어나는 영적인 분투를 아무도 멸시하지 말라. 소년의 근심과 청소년의 회개가 가벼이 여겨져서는 안 된다. 어린이의 부드러운 양심을 짓밟음으로써 악한 자의 의도에 조금이라도 이바지하는 자는 엄청나게 두려운 죄를 짓는 것이다. 어린이들이 몇 살 때 회심할 수 있는지 아무도 추측하지 못한다.

나는, 적어도, 기억하기조차 어려운 이른 시기에도 어떤 아이들의 마음속에 은혜가 작동한다는 사실을 개인적으로 증언할 수 있다. 어린 나이에도, 나는 죄와 악함 때문에 많은 슬픔을 느꼈다. 온종일을 울부짖으면서 내 뼈는 녹았다. 낮에도 밤에도 하나님의 손이 나를 누르셨다. 내 영혼이 내 속에서 낙망했기에, 나는 구원을 갈망했다. 나는 하늘이 내 위로 무너지지 않기를, 나같이 죄 많은 영혼을 뭉개버리지 않기를 바라며 두려워했다.

하나님의 율법이 나를 사로잡았고, 내 죄를 내게 보여주었다. 내가 밤에 잠을 잔다고 해도, 나는 끝없는 구덩이에 관한 꿈을 꾸었고, 깨어날 때는 내가 꿈꾸었던 불행을 느꼈다. 하나님의 집으로 올라갔지만, 내 노래는 한숨뿐이었다. 내 방으로 물러나서, 거기서, 눈물과 신음으로 기도를 올렸으나, 희망도 없고 피할 곳도 없었다.

하나님의 법이 열 가닥 난 회초리로 나를 매질하고, 매질한 후에는 소금으로 문지르고 있었기 때문이다. 고통과 근심으로 내 몸은 떨리고 후들거렸으며, 내 영혼은 살기보다는 목이 졸려 죽기를 원할 정도였다. 그 정도로 내 슬픔이 극심했었다.

그 고통이 보내진 것은 바로 이런 이유, 즉 내가 예수께 부르짖도록 하기 위함이었다. 대체로, 우리의 하늘 아버지는 우리를 매질하여 우리에게서 모든 자기 신뢰를 벗겨버리시고서야, 비로소 우리로 구주를 찾도록 만드신다. 우리가 양심이 쓰려 견딜 수 없는 고통을 느끼게 되어야, 즉 일종의 지옥의 전조를 맛보는데 이르러서야, 비로소 그분은 우리로 천국을 간절히 사모하게 하실 수 있다.

아침에 깼을 때, 제일 처음 알레인의 『경종』(*Alarm*) 또는 백스터의 『회심하지 않은 자들을 향한 부르심』(*Call to the Unconverted*)을 집어 들곤 했던 때가 있었다.

오! 그 책들, 오! 그 책들!

죄책감에 사로잡혔을 때 나는 그 책들을 읽고 삼켜버릴 정도였다. 하지만 그것은 마치 시내 산의 기슭에 앉아 있는 것 같았다. 5년 동안, 어린이였을 때, 내 눈엔 내 죄만 보였다. 비록 내가 내 생활을 지켜보는 이들이 내게서 어떤 특별한 죄를 발견하지 못했을 것이라고 주저 없이 말할 수 있지만, 나는 나 자신을 보았고, 하나님께 대해 역겹고도 터무니없는 죄를 짓지 않는 날이 단 하루도 없었다.

몇 번씩이나, 나는 내가 태어나지 않았으면 하고 바랐다. 병이 심했다. 메스꺼움에 고통이 수반되었고, 가련한 몸은 극도로 뒤틀렸으며, 영혼은 내 속에서 무너졌으며, 질그릇처럼 메말랐다. 하지만 그 지독한 아픔도, 아무리 고통스러웠어도, 죄악을 발견한 것에 비견하면 아무것도 아니었다. 차라리 칠 년 동안 지긋지긋한 통증을 겪고, 시들어가는 질병을 겪더라도, 그것이 차라리 저 죄악의 끔찍함을 또다시 보는 것보다는 나을 것이다. 나는 내 어깨에 온 세상을 짊어진 듯한 상태에서 이 세상을 걸어야 했다. 그리고 마치 큰 산이 작은 흙 두둑들을 능가하듯이, 다른 모든 슬픔을 능가하는 큰 슬픔을 견뎌야 했다.

나는 오늘날까지도 나 자신의 거대한 죄를 발견했을 때 느낀 그 끔찍한 고통 때문에, 어찌하여 내 손이 내 몸을 찢어발기지 않았는지 궁금하다. 하지만, 공개적으로 그리고 일반적으로, 나는 다른 사람들보다 더 큰 죄인이 아니었다. 그러나 마음의 죄가 벌거벗겨져 드러나고, 입술과 혀의 죄가 드러났을 때, 그때 나는 "유다와 이스라엘의 죄악이 엄청나게 크다"는 것을 알았다.

아아! 다시 이런 혹독한 교훈을 받는 학교에서 배워야 하는 일이 없기를!

내 영혼의 구원에 대해 생각하기 전에, 나는 내 죄가 별로 없다고 착각했다. 내 모든 죄는 죽었고, 망각의 묘지에 묻혔다고 상상했다. 하지만 자각의 나팔이 내 영혼을 일깨워 영원한 일들을 생각하게 했고, 내 모든 죄를 향해서는 부활의 신호를 알렸다.

오! 일어난 죄들이 얼마나 셀 수 없이 많은지 바닷가의 모래보다 많을 것이다!

나는 보았다. 내 생각들은 나를 저주하기에 충분했고, 내 혀의 말들이 나를 지옥에서도 가장 아래로 가라앉힐 수 있었다. 행위로 지은 내 죄는, 내 콧구멍에서 악취를 내기 시작했고, 나는 그것을 견딜 수 없었다. 나는 내가 사람이 되기보다 차라리 개구리나 두꺼비라면 좋았겠다고 생각했다. 나는 가장 불결한 동물, 가장 혐오스럽고 경멸스러운 동물이 나 보다는 낫겠다고 여겼다. 왜냐하면, 내가 전능의 하나님께 무섭고도 지독한 죄를 지었기 때문이다.

주님의 억제하시는 은혜와 어린 시절 내 아버지 집과 할아버지 집에 있을 때 가정생활의 경건한 영향 때문에, 나는 다른 사람들이 빠졌던 어떤 외적 형태의 죄와는 거리를 둘 수 있었다. 그리고 나 자신을 찬찬히 살펴보기 시작했을 때, 이따금 나는 정말 내가 꽤 존중받을만한 소년이라고 생각했고, 내가 다른 소년들 같지 않다고 약간 자랑스럽게 생각하는 경향이 있었다. 불성실하지도 않았고, 부정직하지도 않았고, 불순종하는 편도 아니고, 맹세를 남발하거나 안식일을 어기지도 않았으며, 기타 등등 그런 모습이었기 때문이다.

하지만 별안간, 나는 그 손에 하나님의 율법을 들고 있는 모세를 만났다. 나를 쳐다볼 때, 그는 불꽃 같은 눈으로 나를 샅샅이 살피는 것 같았다. 그는 내게 "하나님의 열 가지 말씀"―십계명을 읽으라고 명했다. 내가 그것을 읽자, 그 모든 계명이 연합하여 지극히 거룩하신 하나님 편에서 나를 고소하고 정죄하는 것만 같았다.

그러자 마치 다니엘처럼 느꼈다.

> 내 몸에 힘이 빠졌고 나의 아름다운 빛이 변하여 썩은 듯하였고 나의 힘이 다 없어졌다(단 10:8).

나는 바울이 "우리가 알거니와 무릇 율법이 말하는 바는 율법 아래에 있는 자들에게 말하는 것이니 이는 모든 입을 막고 온 세상으로 하나님의 심판 아래에 있게 하려 함이라"(롬 3:19)고 썼을 때, 그가 의미한 것이 무엇인지 이해할 수 있었다.

이런 조건에서 내가 자신을 보았을 때, 나는 자기변호의 차원에서 아무 말도 할 수 없었고, 변명이나 정상참작을 위해서도 할 말이 없었다. 엄숙한 침묵으로 나의 잘못을 주님께 시인할 뿐, 자기 정당화나 사과의 말은 한마디도

할 수 없었다. 실로 이스라엘의 거룩하신 분에게 무서운 죄를 지었다고 느꼈기 때문이다.

그때, 무서운 침묵이 내 영혼에 엄습했다. 만일 내가 자기에게 유리하도록 뭐라도 한마디 하려고 시도했더라면, 나는 자기를 정죄하는 거짓말쟁이가 되고 말았을 것이다. 나는 욥의 말이 내게 적용된다고 느꼈다.

> 내가 눈 녹은 물로 몸을 씻고 잿물로 손을 깨끗하게 할지라도, 주께서 나를 개천에 빠지게 하시리니 내 옷이라도 나를 싫어하리이다. 하나님은 나처럼 사람이 아니신즉 내가 그에게 대답할 수 없구나 (욥 9:30-32).

그때 내 놀란 양심에 법의 보편성에 대한 기억이 떠올랐다. 황제의 통치 아래에 있던 옛 로마 제국에서 말해지던 것이 생각났다. 만약 어떤 사람이 로마의 법을 하나라도 어기면, 그에게는 온 세상이 하나의 거대한 감옥이 되었다.

이는 그가 황제의 권력이 미치는 세상 밖으로 벗어날 수 없었기 때문이다. 일깨워진 내 양심에도 같은 일이 일어났다. 내가 어디로 가든, 내 생각, 내 말, 내가 일어나는 것 그리고 쉬는 것에 대해서도 율법의 요구가 있을 것이다. 내가 한 일, 내가 하지 않은 일, 모든 것이 율법의 차원에서 인지될 것이다. 그때 나는 이 율법이 나를 사방으로 둘러쌌으며, 나는 항상 그것과 충돌하고, 항상 그것을 어기고 있었음을 알게 되었다. 나는 죄인처럼 여겨졌고, 그저 죄인일 뿐이었다. 내가 입을 열면, 나는 잘못된 것을 말했다. 잠잠히 앉아 있어도, 내 침묵 속에는 죄가 있었다. 하나님의 영이 그런 식으로 나를 다루고 계셨음을 나는 기억한다.

심지어 내가 하나님의 집에 있을 때도 나는 죄인으로 느끼곤 했다. 내가 노래할 때, 나는 거짓된 혀로 엄숙한 소리를 냄으로써 주님을 조롱하고 있다고 여겼다. 내가 기도할 때, 나는 기도에서 죄를 짓고 있다고 생각했다. 내가 느끼지 않는 것을 고백하면서, 또한 전혀 진실하지 않은 믿음 즉 불신의 다른 형태일 뿐인 것으로 은혜를 구함으로써, 그분을 모독하고 있다고 느꼈다. 말씀의 판결을 들을 때면, 나는 내 사슬이 다시 덜거덕거리며 옥죈다고 느꼈다.

영혼의 고통을 나보다 더 심하게 느낀 노예가 있었을까?

율법의 지하감옥에서 나는 5년을 포로로 지냈으며, 내 청춘은 시기상조로 늙어버리고, 내 영혼의 활기는 다 소진된 것 같았다.

오! 모든 영혼의 하나님, 제가 누구보다도 죄를 미워해야 하는 까닭은, 제가 누구보다도 당신의 율법의 채찍 아래에서 고통을 겪었기 때문입니다!

내가 율법의 구금하에 있을 때, 악에서 어떤 즐거움도 얻지 못했다.

오호라! 내가 죄를 지었지만, 하나님의 율법에 대한 내 감각이 많은 형태의 죄에 빠지지 못하도록 나를 억제했다. 그 점에 대해 나는 내 삶에서 수없이 하나님께 감사를 드렸다. 내가 회심하기 전에, 내가 악한 의도를 가졌을 때, 내게는 죄의 기회들이 없었다. 반대로 말하자면, 내게 죄의 기회가 주어졌을 때, 나에게는 악으로 향하는 욕망이 없었다. 욕망과 기회들이 서로 만날 때, 부싯돌과 강철이 서로 만난 것처럼, 그것들은 불꽃을 만들어 불이 붙게 한다.

하지만 이것이든 저것이든 둘 다 위험하기는 하지만, 서로 떨어져 있는 한, 둘 중 어느 것도 아주 큰 악을 만들어낼 순 없다. 나는 다른 사람들처럼 방탕에 빠지거나, 혹은 어떤 더 심각하고 무거운 악덕에 탐닉할 수 없었다. 율법의 손아귀에 잡혀있었기 때문이다. 나는 그렇게 행동하지 않고서도 충분히 죄를 지었다.

오! 나는 떨면서 한 발씩 내딛곤 했는데, 나쁜 짓을 할까 두려웠기 때문이다!

나의 옛 죄가 이미 많은 것 같아서, 죄를 더 짓느니 차라리 죽는 것이 낫다고 느꼈다. 율법의 손아귀에서 나는 쉼을 누릴 수가 없었다. 내가 잠시라도 잠을 자고 싶거나, 무덤덤해지거나 신경을 쓰고 싶지 않아도, 십계명 중에서 한가지 또는 다른 것이 나를 거칠게 깨웠다. 그리고는 찌푸린 얼굴로 나를 쳐다보면서 말했다.

"너는 나를 어겼어!"

내가 어떤 선행을 해야겠다고 생각했지만, 어떻게 해서든, 율법이 언제나 중간에 내 선행을 망치고 말았다. 나는 만약 눈물을 맘껏 흘릴 수 있다면, 내 잘못에 대해 보상을 할 수 있겠거니 하고 상상했지만, 어떻게든 율법이 거울을 내밀었고, 나는 곧 온통 얼룩진 내 얼굴을 보았고, 눈물로 더 꼴사나워진 모습을 보았다.

율법은 또한 내 모든 희망을 이 엄격한 판결로 앗아가는 듯 보였다.

> 누구든지 율법 책에 기록된 대로 모든 일을 항상 행하지 아니하는 자는 저주 아래에 있는 자라 (갈 3:10).

내가 그 모든 일을 항상 행하지는 못하는 것을 잘 알았기에, 나는 내가 저주받은 것을 보았고, 어찌할 바를 몰랐다. 내가 한 가지 죄를 짓지 않았어도, 만약 다른 죄를 지었다면, 아무런 차이가 없었다. 나는 저주 아래에 있었다. 내가 내 혀로 하나님을 저주하지 않았다고 한들 무엇이 달라지는가?

내가 탐심을 품었다면, 그것으로 나는 율법을 어긴 것이다.

사슬을 끊은 자가 말하기를, "나는 그 고리를 끊지 않았고, 저 고리도 끊지 않았어요"라고 말할 수 있는가?

그럴 수 없다. 만일 당신이 하나의 고리를 끊었다면, 당신은 사슬 전체를 끊은 것이다.

아아! 나는, 당시에 입 닥치고 있을 수밖에 없었다!

나는 하나님의 공의를 훼손하였다. 나는 불순했고 오염되었다. 그래서 나는 이렇게 말하곤 했다.

"설혹 하나님이 나를 지옥에 보내시지 않으려 해도, 그분은 그렇게 하셔야만 한다."

나는 스스로 나를 심판하는 자리에 앉아, 내가 느끼기에 정당하다고 여긴 판결을 선언했다. 나는 내 죄를 용서받지 않고는 천국에 들어갈 수 없었다. 설사 천국에 들어가라는 제안을 받아도, 그렇게 하는 것이 옳지 않다는 것을 나는 알았다. 나 자신을 정죄하는 동안, 나는 내 양심으로 하나님이 정당하시다고 인정했다. 율법은 심지어 나를 절망하게 버려두지도 않았다. 내가 옳은 일을 행하려는 모든 소원을 포기하겠다고 생각하고, 그냥 가서 내 양심을 죄 속에 빠뜨려야겠다고 마음먹으면, 율법이 말했다.

"안 돼, 너는 그렇게 할 수 없어. 죄를 지으면서 너에게 안식은 있을 수 없다. 화인 맞은 양심으로 맹목적으로 죄를 짓기엔 너는 율법을 너무 잘 알고 있잖아."

그렇게 율법은 모든 면에서 나를 근심하게 하고 고통스럽게 했다. 마치 율법이 새장 속에 나를 가둔 것 같았고, 벗어날 수 있는 모든 길은 다 막아버렸다. 내가 두려워 입을 다물 수밖에 없었던 이유 중 하나는, 내가 율법의 영적인 특성을 알게 된 것이다. 만약 율법이 "간음하지 말라"고 말하면, 나는 나 자신에게 "나는 간음하지 않았다"라고 말할 것이다. 그런데 율법은, 그리스도께서 해석하셨듯이, 이렇게 말한다.

> 음욕을 품고 여자를 보는 자마다 마음에 이미 간음하였느니라 (마 5:28).

율법은 또 말한다.

> 도둑질하지 말라.

그러면 나도 "음, 나는 어떤 것도 훔치지 않았지."
그런데, 나는 내 것이 아닌 것을 소유하고 싶은 욕망도 죄라는 것을 발견한다. 율법의 영적 특성은 나를 놀라게 했다.
나를 에워싼 이런 율법에서 빠져나갈 수 있다는 희망을 내가 어떻게 품을 수 있겠는가?
그것은 마치 대기와도 같아서 내가 거기서 벗어나는 것은 불가능했다. 설혹 내가 율법을 완벽하게 지킨다고 한들, 그것을 십 년, 이십 년, 삼십 년을 실수 없이 지킨다고 한들, 마지막에 그것을 어기게 되면, 나는 끔찍한 처벌을 받아야 한다. 나는 그 사실을 기억했다. 주께서 선지자 에스겔에게 하신 말씀이 떠올랐다.

> 그가 그 공의를 스스로 믿고 죄악을 행하면 그 모든 의로운 행위가 하나도 기억되지 아니하리니 그가 그 지은 죄악으로 말미암아 곧 그 안에서 죽으리라 (겔 33:13).

그래서 나는 내가 정말로 "율법 아래에 갇힌" 것을 보았다. 나는 이 방법, 저 방법으로, 빠져나갈 길을 찾기를 바랐다.
어린아이였을 때 나는 세례를 받지 않았던가?
나는 규칙적으로 기도하면서 자라지 않았던가?

나는 지금껏 정직하고, 올바르며, 도덕적인 젊은이였지 않은가?

이 모든 것이 아무것도 아니란 말인가?

율법은 그 불 칼을 뽑으며 "아무것도 아니다"라고 말했다.

"누구든지 율법 책에 기록된 대로 모든 일을 항상 행하지 아니하는 자는 저주 아래에 있는 자라."

그래서 내 영혼에는 안식이 없었다. 한순간도 없었다.

내가 무엇을 해야 했던가?

나는 어떻게 해도 내게 아무런 자비를 보이지 않는 이의 손에 붙잡혔다. 모세는 결코 "자비"에 대해 말하지 않았다. 율법은 자비와는 아무런 상관이 없었다. 자비는 다른 입에서 전해지는 말이며, 다른 영역에서 허용되는 말이다.

하지만 믿음이 오기 전에 나는 어떤 존재였는가?

> 율법 아래에 매인 바 되고 계시될 믿음의 때까지 갇혀 있었다 (갈 3:23).

나는 담대히 말할 수 있다. 만약 사람에게 하나님의 은혜가 결핍되면, 그의 행위는 노예의 행위에 불과하다. 그는 그것을 하도록 강요당한다고 느낀다. 나는 안다. 내가 하나님의 자녀로서의 자유에 들어오기 전에, 만약 내가 하나님의 집에 갔다면, 그것은 그렇게 해야 한다고 생각했기 때문이다. 내가 기도했다면, 만약 내가 기도하지 않으면 어떤 불행한 일이 생길 것이 두려웠기 때문에 그렇게 한 것이다.

내가 하나님의 은혜에 감사를 드린 적이 있다면, 그것은 내가 만일 감사하지 않으면 또 다른 것을 얻지 못한다고 생각했기 때문이다. 내가 어떤 의로운 행동을 했다면, 그것은 하나님이 내게 마지막에 보상을 주실 것 같고, 천국에서 금 면류관을 얻을 것을 바랐기 때문이다.

나는 불쌍한 노예였고, 그저 나무를 쪼개고 물을 긷는 기브온 사람에 불과했다!

내가 만약 그런 일에서 손을 뗄 수 있었다면, 나는 그렇게 하기를 좋아했을 것이다. 만약 내가 의지대로 할 수 있었다면, 나를 위해 예배당에 가는 일은 없었을 것이고, 종교도 없었을 것이다. 만약 내가 내키는 대로 할 수 있었다면, 나는 세상에 속해 살았을 것이고, 사탄의 길을 따랐을 것이다. 의는 내게 억압이었을 것이며, 죄가 내게는 자유였을 것이다. 하지만 진실을 말하자면, 이 세상의 모든 속박과 억압 중에서도, 죄의 속박보다 더 끔찍한 것은 없다. 애굽의 이스라엘 백성들에 대해 말해보자. 짚을 배급받지 못한 상태에서, 벽돌은 최대한 만들어내야 한다. 잔인한 작업 감독의 채찍 아래에 있는 흑인 노예를 생각해보자. 나는 그것이 견디기 어려운 속박이라는 것을 인정한다.

하지만 그보다 훨씬 나쁜 것이 있다. 죄를 자각한 죄인이 자기 죄 짐을 느껴야 할 때의 속박이다. 자기의 죄들이 자신을 향해 짖어댈 때, 그것은 마치 지친 수사슴 주위에서 사냥개들이 짖어대는 것과 같으리라. 자기 죄의 짐을 어깨 위에 올려놓았을 때 한 인간이 느끼는 속박은, 그의 영혼이 견디기에는 너무 무거워, 그것을 벗어날 길이 없는 한, 그를 영원한 고통의 심연으로 가라앉게 만든다.

그런 사람을 보는 듯하다. 그의 얼굴에는 미소의 기미도 없다. 어두운 구름이 그의 이마에 몰려 있다. 엄숙하고 진지한 모습으로 그는 서 있다. 그의 말은 탄식이며, 그의 노래는 신음이며, 그의 미소는 눈물이다. 그가 행복해 보일 때조차, 뜨거운 고뇌의 땀방울들이 그 뺨의 깊은 주름을 타고 빗줄기처럼 흘러내린다.

그가 누군지 그에게 물어보라. 그는 "비참한 파산자"라고 말할 것이다. 그에게 어떤지 물어보라. 그는 자기는 "불행의 화신"이라고 말할 것이다. 어떻게 될 것이냐고 그에게 물어보라. 그는 "나는 영원히 잃은 자로 지옥에 있을 겁니다. 나에겐 아무런 희망이 없습니다"라고 말할 것이다.

그런 사람이 곧 속박 아래에 있는, 죄를 자각한 가련한 죄인의 상태이다. 한때 내가 그랬었다. 그러므로 나는 모든 속박 중에서, 율법의 속박, 부패의 속박, 이것이 가장 고통스럽다고 선언한다.

내 느낌에는, 다소간 차이는 있겠지만, 이것이 하나님의 모든 백성의 역사이다. 우리가 모든 면에서 닮지는 않았다. 우리는 어떤 특징들에서 크게 다르다. 하지만 하나님의 모든 자녀의 중요한 특징들은 같다고 발견될 것이며, 그들의 기독교적 경험은 주님의 가족의 다른 지체들의 그것과 닮을 것이다.

나는 모두가 다가올 심판에 대한 불안을 내가 겪었던 것처럼 느꼈을 것이라고 말하지 않는다. 하지만 내게는 그런 일이 있었다. 나는 내가 유죄임을 알았고, 내가 하나님을 노하시게 한 것을 알았고, 빛과 지식을 거슬렀음을 알았다. 하나님이 언제 나를 불러 결산하게 하실지를 알지 못했지만, 아침에 깨었을 때, 내가 가진 첫 번째 생각은 하나님의 정당한 진노에 마주하게 될 것이며, 그분이 별안간 내게서 목숨을 찾으리라는 것이었다. 종종, 그 시절에 잠시 조용히 묵상할 시간을 가질 때, 마음에 큰 낙심이 엄습했다. 나를 내 하나님에게서 추방해버리는 죄, 그 죄를 느꼈기 때문이다.

나는 땅이 나 같은 죄인을 지탱해주는 것이나, 하늘이 무너져 나를 가루로 만들지 않는 것이 의아했고, 별들이 그 길을 벗어나 나 같이 추악한 사람과 싸우지 않는 것이 이상했다.

정녕 그때 나는 깊은 구덩이에 내려가야 한다고 느꼈고, 죽지 않는 벌레가 내 가슴과 양심을 갉아 먹는 고문을 당해야 한다고 느꼈다. 나는 하나님의 집에 갔다. 그리고 복음을 들었다고 생각했다. 그러나 그것이 내게는 복음이 아니었다. 내 영혼은 모든 종류의 양식을 싫어했다. 나는 약속을 붙들 수 없었고, 정당한 근거가 있는 구원의 소망을 누릴 수 없었다. 혹 누군가가 내게 무슨 일이 일어날 것이냐고 물었다면, 나는 틀림없이 이런 식으로 대답했을 것이다.

"나는 구덩이로 내려갈 겁니다."

누가 내게 자비가 임할 수 있다는 소망을 가지라고 호소했다면, 나는 그런 소망을 누리기를 거절했어야 했다. 나는 저주받은 감방에 있다고 느꼈다. 그 감방에서는, 사람이 자기 자신을 비방하는 글을 쓴다.

그는 절대적으로 하나님의 진노가 그의 위에 머문다고 확신한다. 거기서 그는 발아래 돌이 열려 무덤처럼 그를 삼켜버리지 않을까 무서워한다. 그는 감방의 벽들이 그를 압축하고 바스러뜨려 흔적마저 없애버릴 것 같아 가슴을 졸인다. 그는 자신이 아직 숨을 쉬고 있다는 것에 놀라고, 혈관 속의 피가 불타는 강으로 변하지 않는 것에 놀란다. 그의 영혼은 두려워하는 상태에 있다. 그는 잃은 자가 될 것이라고 느낄 뿐 아니라, 그 일이 지금 일어날 것이라고 느낀다.

내가 듣기로, 뉴게이트(Newgate)에 있는 그 저주받은 감방은 가장 구석진 곳에 있으며, 거기서 교수대를 세우는 소리를 들을 수 있다고 했다. 나는 내 교수대가 세워지는 소리를 들었다. 나는 그것을 잘 기억한다.

한 조각씩 조립될 때마다 율법의 망치 소리가 들렸다!

마치 큰 무리의 사람들과 악귀들이 나의 영원한 형 집행을 지켜보려고 모여든 것 같았고, 그들 모두가 내 영혼을 비방하며 온통 시끄럽게 외쳐대는 듯했다. 그때 시간을 알리는 큰 종소리가 울렸고, 나는 곧 내 마지막 순간이 올 것이며, 저 운명의 교수대에 올라 영원히 버려지게 되리라고 생각했다.

오! 그 저주받은 감방이여!

도벳(Tophet) 바로 옆, 그곳에 갇힌 사람의 형편보다 더 비참한 상태는 없으리라!

이런 상태에서 여러 달을 지내는 동안, 나는 성경을 읽어나갔다. 위협들은 모두 대문자로 인쇄되어 있었지만, 약속에 관한 활자는 너무 작아 오랫동안 알아볼 수가 없었다. 그래서 약속들을 읽을 때면 그것들이 나의 것이라고 믿지 못했으며, 단지 위협들만 내게 해당한다고 믿었다.

"성경에 '믿지 않는 사람은 정죄를 받으리라'(막 16:16)고 쓰여 있으면, 그것은 나를 의미하는 거야!"

분명히 나는 말했다. 하지만 성경에 "그러므로 [예수는] 자기를 힘입어 하나님께 나아가는 자들을 온전히 구원하실 수 있으니"(히 7:25)라는 구절이 쓰여 있으면, 나는 배제당했다고 생각했다.

> 그가 눈물을 흘리며 구하되 버린 바가 되어 회개할 기회를 얻지 못하였느니라 (히 12:17).

이 구절을 읽으면, 나는 "아! 이 구절은 나 자신에 대해 말하고 있구나"라고 생각했다. 또한 "가시와 엉겅퀴를 내면 버림을 당하고 저주함에 가까워 그 마지막은 불사름이 되리라"(히 6:8)는 구절을 읽을 때는, "**오호라! 이 구절은 글자 그대로 나를 묘사하는구나**"라고 말했다. 주님께서 "찍어버리라 어찌 땅만 버리게 하겠느냐"(눅 13:7) 말씀하시는 것을 들었을 때, 나는 "이 본문은 나에 대해 말하는구나. 그분이 머지않아 나를 찍어버리시고 나로 하여금 더 이상 땅을 버리지 못하게 하시겠구나"라고 생각했다.

하지만 "오호라! 너희 모든 목마른 자들아 물로 나아오라"(사 55:1)는 구절을 읽을 때, 나는 "이 구절은 내게 해당하지 않아, 분명해"라고 말했다.

> 수고하고 무거운 짐 진 자들아 다 내게로 오라 내가 너희를 쉬게 하리라
> (마 11:28).

또 내가 말씀을 읽을 때, 나는 "저 구절은 내 형제, 내 자매에게 해당하는군"이라고 말했으며, 또는 내 주변에 내가 아는 다른 누군가를 위한 구절이라고 생각했다. 비록 모든 "무거운 짐 진 자들"이라고 했어도 나는 해당이 안 된다고 여겼다. 하나님이 아시듯이, 비록 내가 울고, 부르짖고, 한탄하여, 내 마음이 내 속에서 무너질 정도였어도, 혹 어떤 사람이 내게 죄 때문에 슬퍼하는 것이냐고 물었다면 나는 이렇게 대답했어야 했다.
"아니요, 나에겐 죄로 인한 참된 슬픔이 없답니다."
"음, 너는 죄의 짐을 느끼고 있지 않니?"
이렇게 물었다면, 나는 "아닙니다"라고 답했어야 하며, "하지만 너는 진짜로 죄를 자각하는 사람이잖아"라고 말했다면, 나는 "아니오, 그렇지 않답니다"라고 말했어야 했다.

가련한 죄인들이 그리스도께 올 때 너무나 캄캄해서 그들의 손을 볼 수 없을 정도라는 것이 이상하지 않은가?

그들은 눈이 멀어 그들 자신을 보지 못한다. 비록 성령이 그들 속에서 역사하시기를 기뻐하시고, 그들에게 경건한 두려움과 부드러운 양심을 주셨어도 그들은 일어서서 그런 복들을 받지 못했다고 선언할 것이며, 그들 속에는 어떤 선한 것도 없으며, 하나님이 그들을 바라보시거나 사랑하시지도 않는다고 말할 것이다.

어떤 사람들은 마귀의 유혹이 모든 믿음을 능가하는 방에 갇히는 경험을 한다고 내가 말할 때, 나는 내가 아는 것을 말하는 것이지 전해 듣고 배운 것을 말하는 것이 아니다. 내가 말하는 것을 이해하고 싶다면 청교도 존 번연의 『넘치는 은혜』(Grace Abounding)를 읽어보라. 번연은 말하길, 마귀가 그를 유혹하여 하나님의 존재와 성경의 진리와 그리스도의 인성과 그분의 신성을 의심하도록 했다. 또 그가 말하길, 한번은 마귀가 그를 유혹하여 그가 결코 글로 쓰지 못한 일들을 말하게 했다. 그 말은 글로 쓸 경우 다른 사람들을 오

염시키는 것이었다.

　아아! 불경한 말을 들어본 기억도 없었고, 더욱이 그런 말을 한 적도 없던 어린 나이에, 내 생각 속에는 지존하신 하나님을 대적하는 얼마나 많은 저주와 모독의 표현들이 들어왔었는지, 그 어두웠던 시절을 나는 기억한다. 특히 나는 어느 시골 마을의 좁고 굽은 길을 기억한다. 어느 날 나는 그 길을 따라 걷고 있었는데, 속으로 구주를 찾고 있었다. 별안간, 지옥의 수문이 열린듯 했다. 내 머리는 아수라장이 되고 말았다.

　일만 마리의 악령들이 내 머릿속에서 사육제를 연 것 같았고, 나는 내 귀로 쏟아져 들어온 모독의 말들을 발설하지 않으려 입을 막아야 했다. 전에 내가 한 번도 들어보거나 생각해보지 못한 것들이 거침없이 내 생각 속으로 밀려들어 왔고, 그 급류를 나는 감당할 수가 없었다. 나를 내동댕이치고 갈 기갈기 찢는 것은 마귀였다. 이런 일들이 나를 심하게 괴롭혔다. 약 반 시간 정도, 가장 두려운 욕설들이 내 머릿속으로 밀고 들어 왔다.

　오! 하나님 앞에서 내가 얼마나 신음하고 부르짖었던가!

　그 유혹은 지나갔지만, 며칠이 지나기 전에, 그것은 다시 찾아왔다. 다른 어느 때보다 내가 기도하고 있을 때, 또는 성경을 읽고 있을 때, 이런 불경한 생각들이 내게 쏟아져 들어왔다. 나는 나이 많은 어느 경건한 분과 이 일에 대해 상의했다. 그가 내게 말했다.

　"오! 이 모든 일은 많은 하나님의 백성이 너보다 앞서 겪은 일이란다."

　"하지만", 그가 내게 물었다.

　"너는 이런 생각들을 미워하니?"

　"미워합니다"라고 나는 정직하게 대답했다.

　"그렇다면", 그가 말했다.

> 그것들은 네 생각이 아니야. 옛 행정관리들이 부랑자들을 대했듯이, 그들을 채찍질하고 그들의 본래 구역으로 보내버리곤 했던 것처럼, 그 악한 생각들을 대하렴. 그 문제로 신음하고, 그 문제로 회개하고, 그것들을 마귀에게, 그 생각들의 아비에게 보내려무나. 그 생각들은 그에게 속한 것이지 네 것이 아니란다.

　나는 한 번을 제외하고는 완전히 불신자가 되었던 적이 없다. 그리고 그 한번은 내가 구주의 필요를 알기 전이 아니었으며, 오히려 그 후였다. 그것은 내가 그리스도를 원했고, 그분을 갈망했던 바로 그때였다. 별안간, 그 생각이—내가 혐오했지만 내가 정복할 수 없었던 생각—내 머리에 들어왔다.

하나님이 안 계시고, 그리스도도 없으며, 천국도 없고 지옥도 없으며, 내 모든 기도는 그저 웃음거리일 뿐이고, 차라리 내가 바람을 향해 속삭이거나 휘몰아치는 파도를 향해 말하는 편이 낫다는 생각이었다.

아아! 내 배가 불바다 가운데서 표류했던 때를 나는 기억한다. 내 아버지에게서 물려받았던 내 믿음의 닻은 풀어졌다. 나는 더 이상 계시의 연안에 나 자신을 매어두고 정박할 수 없었다. 나는 이성을 향해 말했다.

"네가 나의 선장이다."

나는 나 자신의 뇌를 향해 말했다.

"네가 나의 방향타이다."

그러고는 나의 미친 항해를 시작했다. 하나님께 감사하게도, 그것이 지금은 모두 끝났다. 하지만 그 간략한 역사를 들려주고자 한다. 그것은 자유 사상이라는 폭풍의 바다 위를 지나는 다급한 항해였다.

나는 계속 전진했고, 내가 전진할수록, 하늘은 어두워지기 시작했다. 하지만 그 결함을 채워주듯이, 물결은 반짝이는 광채로 어슴푸레 빛났다. 나는 나를 기쁘게 하는 불꽃이 위로 나는 것을 보았고, "이런 것이 자유 사상이라면, 아주 행복한 것이다"라고 느꼈다.

내 생각이 보석처럼 보였고, 내 두 손으로 별들을 뿌렸다. 하지만 이윽고, 반짝이는 영광의 광채 대신, 음울한 악귀들이 보였다. 사납고 무서운 악귀들이 물에서 튀어나왔고, 내가 돌진하자, 그들은 이를 갈며 나를 향해 낄낄댔다. 그들은 내 배의 이물을 움켜잡고서 나를 끌고 갔다. 그런 사이 나는 부분적으로 내 움직임의 속도에 기뻐했지만, 무서운 속도로 내 믿음의 옛 경계석을 지나칠 때 몸서리를 쳤다.

나는 불신앙의 음산한 영역 끝자락까지 갔으며, 불신의 바다 밑바닥까지 갔다. 무서운 속도로 전진하면서, 나는 세상이 있는지를 의심하기 시작했다. 나는 모든 것을 의심했다. 마침내 마귀는 나에게 나 자신의 존재마저 의심하게 만듦으로써 자멸하고 말았다.

나는 자 자신이 아무것도 없는 공허 속에서 떠도는 하나의 생각일 뿐이라고 여겼다. 그때, 그 생각으로 화들짝 놀라고, 결국 내가 실체가 있는 살과 피를 가지고 있음을 느끼면서, 하나님이 계시고, 그리스도가 계시며, 천국과 지옥이 있음을 알았고, 이 모든 것이 절대적인 진리임을 보았다. 의심의 과도함이 그 불합리를 입증한 셈이다.

"이런 의심이 진실일 수 있을까?"

이런 소리가 들려왔다. 그때 나는 그 죽음의 꿈에서 깨어났다. 하나님이 아시지만, 만일 내가 깨어나지 않았더라면 그 꿈은 내 영혼을 파멸시킬 수도 있었다. 내가 깨어났을 때, 믿음이 키를 잡았고, 그 순간부터 나는 의심하지 않았다. 믿음은 나를 뒤로 물러나게 했고, 또 소리쳤다.

"비켜, 물러나!"

나는 내 닻을 갈보리에 내렸다. 내 눈을 들어 하나님을 향했다. 그래서 여기에 나는 살아있고, 지옥에서 벗어났다.

그러므로, 나는 내가 아는 것을 말한다. 나는 그 위험한 항해를 했고, 안전히 육지에 닿았다. 내게 다시 불신앙의 사람이 되라고 요청해보라!

그럴 일은 없다. 나는 그것을 시도해보았다. 처음에 그것은 달콤했지만, 나중에는 썼다. 이제, 어느 때보다 더 확고하게 하나님의 복음에 묶이고, 요지부동의 반석 위에 서서, 나는 나를 흔드는 지옥의 논증에 항거한다.

왜냐하면, 나는 "내가 믿는 자를 내가 알고 또한 내가 의탁한 것을 그 날까지 그가 능히 지키실 줄을 확신하기"(딤후 1:12) 때문이다. 설혹 지금은 믿는 다른 많은 사람이 한때 무신론의 경계에 있었고, 거의 모든 것을 의심했었다고 해도, 나는 놀라지 않을 것이다. 사탄이 그의 불신앙의 도장을 찍으려 시도할 때는 그가 사람의 마음이 약해졌다고 볼 때이다.

하지만 하나님을 찬양하라!

사탄은 진실로 그리스도께 오는 죄인에게 결코 그 일을 이루지 못한다!

어떤 회의론자의 케케묵은 소리가 하나님의 말씀을 공격하는 것을 들을 때마다, 나는 속으로 미소를 지으며 생각한다.

"이런 얼간이 같으니!

그런 하찮은 반대로 강변하려 하느냐?

나는 이미 불신앙과 관련하여 나 자신의 논쟁에서 그보다 열 배나 큰 어려움을 경험했다."

이미 말과 경주를 해 본 사람은 보행자와 함께 달리는 일로 피곤하지 않다. 고든 커밍(Gordon Cumming)처럼 사자를 죽여본 사람들은 들고양이들을 두려워하지 않듯이, 사탄에 맞서 겨루어본 사람들은 허세나 부리는 회의론자들이나 저 악한 자의 열등한 종들 가운데 누구와 맞서도 물러서지 않는다.

나는 한 사람이 사탄의 왕국을 통과하여 하나님 아들의 나라로 들어가는 과정에서 끔찍한 고통을 겪고, 절망적인 상황을 만나고, 심한 싸움을 싸웠던 것이 종종 큰 축복으로 판명된다고 생각한다. 머잖아 구원받은 각 사람은 저 어둠의 왕자와 백병전을 벌일 터인데, 일반적으로는, 한 사람의 경력의 초기에 그 모든 일을 겪어보고서 나중에 이처럼 느끼고 말할 수 있다면 그것은 큰 은혜이다.

> 내게 무슨 일이 닥치든, 내가 그리스도를 찾을 때 겪었던 것만큼 고통을 겪을 순 없을 것이다. 비틀거리게 만드는 의심이나, 끔찍한 신성모독이나, 섬뜩한 암시들, 심지어 자살의 생각들까지 그 무엇이건, 내 여린 마음을 공격할 수는 있겠지만, 그것들은 내 영혼이 구주를 찾아 애쓰면서 겪었던 어둠의 큰 공포를 능가하지는 못할 것이다.

이 고통스러운 시련을 경험하는 것이 바람직하다고 말하는 것이 아니며, 우리가 거듭남의 증거로 그런 것을 추구해야 한다고 말하는 것은 더더욱 아니다. 하지만 우리가 그것을 통과하여 승리하였다면, 우리는 그것을 지속적인 무기로 사용할 수 있을 것이다. 만약 우리가 지금 우리에게 닥치는 모든 의심과 두려움을 물리칠 수 있다면, 그것은 이미 우리가 겪었던 일에 비해 그다지 강력하지 못하기 때문이다.

우리 구주 예수 그리스도의 이름으로 시련을 이겼으니, 그 사실을 우리는 활용하고 또 다른 사람들을 위해서도 잘 사용할 수 있지 않을까?

자기 죄 때문에 깊은 상심에 빠져 있는 젊은 회심자와 대화를 나눌 때마다, 그에게 그의 불안한 처지 이상으로, 그가 표현할 수도 없는 어떤 일을 들려주는 것이 유익하다는 것을 나는 매우 자주 발견했다. 그는 내가 길을 찾은 곳에서 헤매고 있었다. 내가 이미 있었던 곳을 그가 알았더라면, 그곳이 그가 현재 처한 것보다 얼마나 더 깊은 진창이었는지를 알았더라면, 그는 헤매지 않았을 것이다. 그가 어떤 끔찍한 생각들에 시달리는 것을 말하며, 자기 구원이 불가능하다고 여길 때, 나는 이렇게 말했다.

"음, 나는 그런 생각을 천 번도 더 했었답니다. 하지만 하나님의 영의 도우심으로 그것을 극복했지요!"

나는 한 사람이 직접 겪은 경험이 다른 사람들의 마음에 있는 악과 싸울 때 사용할 수 있는 최상의 무기 중 하나임을 안다. 종종, 그들의 고민과 의기소침은, 혼자라는 느낌 때문에 더 심해지는 것이 일반적이다. 하지만 그들이 다른 한 형제가 같은 일을 겪었고 또 그것을 극복할 수 있었음을 발견할 때, 그것이 효과적으로 제거되기 이전이라도 크게 누그러진다.

내 영혼에 구주가 얼마나 귀하신 분인가를 그에게 보여줄 수 있을까?

그렇다면 그는 내 속에 계신 하나님께 영광을 돌릴 것이다. 이윽고 그는 귀하신 주님의 얼굴을 바라보며 밝아질 것이며, 나와 함께 주님을 광대하시다 하며, 그분의 이름을 함께 높일 것이다.

수많은 사람이 '자기의'(self-righteousness)라고 하는 스스로 생각하기에 좋은 배를 타고 항해를 하고 있다. 그들은 그 배를 타고 천국에 도착할 것을 기대하고 있다. 하지만 그 배는 저 아름다운 항구에 한 영혼도 안전하게 실어 나른 적이 없고, 앞으로도 그럴 것이다. 자기의는 외형으로 드러난 죄가 그러하듯이 파멸로 이끄는 신속한 길이다.

우리는 하나님의 율법을 어김으로써 자기를 파멸시킬 수 있듯이, 그리스도의 의를 반대함으로써 자기를 멸망시킬 수 있다. 자기 의는 하나님께는 신성모독과 마찬가지의 모욕이며, 따라서 하나님은 결단코 그것을 용인하시지 않을 것이다. 자기의로 천국에 들어갈 영혼은 하나도 없을 것이다.

하지만 이 선박은 성경의 모든 반대를 무릅쓰고 제 나름의 항해를 지속할 것이다. 왜냐하면, 인간들이 종종 부드러운 남풍을 만나기도 하고, 만사가 그들에게 순조롭게 여겨지며, 그들 자신의 행위를 통해 저 평화의 항구에 틀림없이 도착할 거라고 믿기 때문이다.

그러므로, 어떤 끔찍한 폭풍이 이 배를 덮칠 때, 자기 행위와 자기 자신의 느낌을 통해 가지는 사람들의 희망이 완전히 파선하게 될 때, 나는 기쁘다. 저 오래된 배의 목재가 하나씩 해체되고, 좌초하여 산산이 부서질 때, 나는 즐거워한다. 사람들이 여러 다른 길에서 안전을 찾으려 하겠지만, 그들이 오늘 안전이라고 여기는 것이 무엇이건, 그것은 그들을 현혹할 뿐이다. 그것은 파멸로 끝나고 만다.

그러므로 결국에는 사람들을 속이는 것들에서 벗어나, 구원받을 더 나은 소망을 찾고 얻는다면 그것이 천 배나 더 복된 일이다. 나는 저 끔찍한 유라굴로 광풍이 내 배에 불어닥쳤을 때를 잘 기억한다. 그것은 다른 사람들이 가졌던 것과 다름없는 배였다.

물론 그들은 그들 자신의 배를 옹호하려 할 것이다. 그 배의 돛은 수선이 필요했다. 여기저기 약간의 페인트칠도 필요했다. 그렇다 하더라도 그 배는 항해에 알맞았고, 로이드(Lloyd)선박협회에 "A1"으로 등록되기에 적합했고, 최고수준의 배로 가입되었을 것이다. 적어도 나는 그렇게 생각했다. 폭풍우가 그 배를 덮쳤고, 배는 부서져 조각났으며, 그렇게 된 것에 대해 나는 하나님께 감사드린다. 왜냐하면, 만일 내가 물에 빠지지 않았더라면, 나는 지금 이 순간에도 그 배에 타고 있었을 테니 말이다. 나는 그 옛 선체의 마지막 널빤지에라도 매달리려 노력했지만, 결국 그것을 포기할 수밖에 없었고, 도움과 안전을 위해 다른 곳으로 눈을 돌릴 수밖에 없었다.

그리스도께 오기 전에, 나는 나 자신에게 말했다.

"만약 내가 예수를 믿는다면, 지금 이 모습으로 구원받을 수 있을까?

정말이지 그런 일은 있을 수가 없어. 나는 무언가를 느껴야 하고, 또 무언가를 해야만 해."

나는 내가 했던 어떤 선한 결심들을 생각하고는 나 자신에게 조롱을 퍼부을 수 있었다!

마치 어린아이들이 빨대와 비누로 방울들을 만들 듯이 나는 선한 결심들을 불어 만들었다. 그것들은 무지개의 모든 색깔을 띤 근사한 방울들이었다!

하지만 그것들은 손만 대어도 터지고 말았다. 그것들은 아무짝에도 쓸모없었다. 영원한 희망을 세우기에는 빈약하기 짝이 없는 재료였다.

오! 구원을 위한 그런 행위라니!

얼마나 노예처럼 고달픈 수고이거늘, 그것이 만들어내는 초라한 결과라니!

나는 가장 초라한 직조기에 불과했거늘, 나는 나를 덮어줄 의복을 직접 짜서 만들 수 있다고 꿈꾸었던 것이다. 이것이 선조 아담과 하와가 그들의 결백을 잃었을 때 궁리했던 일이다.

> 무화과나무 잎을 엮어 치마로 삼았더라 (창 3:7).

그것은 매우 수고로운 일이었고, 고통스러운 속박으로 많은 사람을 지치게 했던 일이다. 하지만 최악의 요소는 주님께서 이 '자기의'의 책략을 따르는 모든 사람에 대해 다음과 같이 선언하신 것이다.

> 그 짠 것으로는 옷을 이룰 수 없을 것이요 그 행위로는 자기를 가릴 수 없을 것이다 (사 59:6).

오! 구원을 받기 위해서는 무언가를 해야 한다고 설교자가 말해주기를 내가 얼마나 많이 바랐던가! 만일 그것이 가능했다면, 나는 기꺼이 그렇게 했을 것이다. 만약 설교자가 "네 신발과 양말을 벗고, 존 오그로우츠(John o' Groat's, 영국 최북단의 스코틀랜드 마을—역자주)까지 달려가라"고 말했다면, 나는 먼저 집으로 가지 않고, 나의 구원을 위해 그 날 밤에 당장 출발했을 것이다. 만약 그가 "네 등을 벗어 보이고 오십 대의 채찍을 맞으라"고 말했더라면 나는 기꺼이 이렇게 대답했을 거라고 수도 없이 생각했다.

"여기 대령했습니다!

채찍을 가지고 오셔서, 원하는 대로 힘껏 내리치십시오. 제가 평화와 안식을 얻을 수만 있다면, 그리고 내 죄를 없앨 수만 있다면, 얼마든지 그렇게 하십시오."

하지만 모든 것 중에서 가장 단순한 방식—십자가에 못 박히신 그리스도를 믿는 것, 그분이 완성하신 구원을 받아들이는 것, 나는 아무것도 아니며 그분이 모든 것이 되게 하시는 것, 그분이 이루신 일을 신뢰하는 것 외에는 아무것도 하지 않는 것—그것을 나는 붙들지 못했다.

한때 나는 선한 행실에 구원이 있다고 생각했다. 그래서 열심히 노력하고, 고결과 정직의 성품을 유지하려고 무던히도 애를 썼다. 하지만 하나님의 영이 내 마음에 들어오셨을 때,

죄는 살아나고 나는 죽었다 (롬 7:9).

내가 선하다고 생각했던 것이 악하다고 판명되었다. 내가 거룩했다고 상상했던 바로 그 점에서, 나 스스로가 불경스러움을 발견했다. 나는 나의 최상의 행동들이 죄로 가득했고, 내 눈물에 대해서도 슬퍼해야 하고, 내 기도마저 하나님의 용서가 필요한 것을 발견했다. 나는 율법 행위로써 구원을 추구하고 있었으며, 내 모든 선행도 이기적인 동기에서 행하고 있었다는 것을, 즉 나 자신을 구원하기 위한 것이었고, 그래서 그것들이 하나님께 받아들여질 수 없다는 것을 깨달았다.

나는 두 가지 이유로 내가 선한 행위로 구원받을 수 없음을 발견했다.

첫째, 나에게는 어떤 선한 행위도 없으며,
둘째, 설혹 선한 행위들이 있다고 해도 그것들이 나를 구원할 수 없었다.

그런 후, 나는 정녕 구원은 부분적으로는 개혁으로써, 또 부분적으로는 그리스도를 의지함으로써 얻어질 수 있다고 생각했다. 그래서 나는 다시 열심히 노력했고, 또 생각하기를, 만약 내가 여기저기에 약간의 기도를 추가하고, 약간의 참회의 눈물과 개선하겠다는 약간의 맹세를 추가한다면 모든 것이 잘 될 것이라고 여겼다.

하지만 많은 날을 피곤하고 지치도록 노력한 후에도, 마치 쉼 없이 맷돌을 돌리는 초라하고 눈먼 말처럼, 나는 조금도 더 나간 것이 없음을 발견했다. 여전히 하나님의 저주가 내 위에 매달려 있었고, 내 마음에는 여전히 극심한 공허감이 있었다. 그것은 결코 세상이 채울 수 없었던, 근심과 염려로 뒤섞인 공허였다. 내 영혼이 바라던 안식에 도달할 수 없었기에 몹시도 괴로울 뿐이었다.

내 어린 마음에서 벌어졌던 죄와의 전투는 얼마나 치열했던가! 성령 하나님께서 처음으로 나를 깨우시던 때, 내 죄를 씻어주는 보혈에 대해 나는 거의 몰랐으며, 죄의 심연에서 영원히 익사하는 것 같았다. 하지만 내가 아는 한 가지가 있었는데, 그것은 내가 예전처럼 머물 수 없다는 것이었다. 어쨌거나 더 나아지지 않으면, 이전의 나보다 더 정결하게 되지 않으면, 나는 행복할 수 없었다.

오! 내 영이 얼마나 신음하며 하나님께 부르짖었던가!

나는 이것을 조금도 과장 없이 말한다. 그 신음은 어떻게 형언할 수가 없다.

오! 내 가련하고 어두운 길에서, 내가 얼마나 한 가지 죄를 이기고 또 다음 죄를 이기기를, 또한 하나님의 힘으로 나를 공격하는 원수들에 맞서 싸우기를 바랐던가!

하지만 아무런 성공도 없이, 죄의 정복자이자 자기 백성의 구원자가 오셔서 원수들을 쫓아내지 않는 한, 여전히 전투는 패배하고 있었다. 나는 오랜 시간 나 자신을 개선하려 노력했지만, 결코 많은 진보를 이루지 못했다. 나는 시작할 때에 내 속에 악귀가 한 마리 있는 것을 보았지만, 내가 멈추었을 때는 열 마리가 있는 것을 보았다.

더 나아지기는커녕, 더 나빠지고 있었다. 나에겐 자기의, 자기 신뢰, 자기 기만이 있었고, 그 외에도 마음속에 자리를 잡고 기숙하는 다른 많은 죄가 있었다. 내 집을 쓸고 닦고 하는 동안, 내가 제거하려고 애썼고 또 잠시 떠나 있었던 악한 영이 되돌아왔고, 그보다 더 악한 다른 일곱 악귀를 데리고 왔다. 그리고는 들어와서 거기에 거주하였다. 그때 나는 믿으려고 애를 썼다. 표현하기가 좀 이상하지만, 하여간 그랬었다. 내가 믿기를 바랐을 때, 나는 그러지 못하는 것을 발견했다.

그리스도의 의에 힘입어 천국에 가는 길은 내가 보기엔 나 자신의 의로 천국에 가는 것만큼이나 어려워 보였다. 시내 산을 통해 천국에 가는 것이나 갈보리를 통해 천국에 가는 것이나 내게는 다를 바가 없었다. 나는 아무것도 할 수 없었다. 회개할 수도 없었고 믿을 수도 없었다. 나는 절망했고, 복음이 있어도 잃은 자가 될 수밖에 없다고 느꼈으며, 그리스도의 죽음에도 불구하고 영원히 여호와 앞에서 쫓겨날 거라고 느꼈다.

만약 내가 그 상태에서 절망하지 않았더라면, 나는 구원받지 못했을 것이라고 고백해야겠다. 내가 할 수 있었던 동안, 나는 반역한 것이며, 저항하였고, 하나님에 맞선 것이었다. 그분이 내게 기도하기를 바라셨을 때, 나는 기도하지 않으려 했다. 그분이 내게 목회자의 소리에 귀를 기울이기를 바라셨을 때, 나는 들으려 하지 않았다. 그리고 내가 들었을 때, 눈물이 내 뺨을 타고 흘렸을 때, 나는 그것을 닦았고, 내 마음을 녹이신 분에게 저항했다. 선택에 관한 설교가 있었지만, 그것이 나를 기쁘게 하지 못했다. 율법에 관한 설교가 있었고, 그것이 나의 무능을 보여주었지만, 나는 그것을 믿지 않았다.

나는 그것이 구시대 실험적인 기독교의 변덕이라고 생각했고, 고대의 어떤 신조는 지금 사람들에게 맞지 않는다고 여겼다. 또 다른 설교가 있었는데, 죄와 죽음에 관한 것이었다. 하지만 나는 내가 죽었다고 믿지 않았다. 왜냐하면 나는 내가 충분히 살아있고, 회개할 수도 있으며, 나 자신을 차차 바르게 만들 수 있다고 여겼기 때문이다.

다음에는 강력한 권면의 설교가 있었다. 하지만 나는 내 집을 내가 좋아하는 식으로 세울 수 있다고 느꼈으며, 또한 내가 원하는 즉시 그렇게 할 수 있다고 느꼈다. 그렇게 나는 계속해서 나의 자주성(自主性)을 믿었다.

내 마음이 약간 감동될 때, 나는 그 느낌을 죄의 쾌락으로 흩어버리려 했다. 마침내 하나님께서 내게 효과적인 타격을 가하지 않으셨더라면, 그리고 내가 그분의 저항할 수 없는 은혜의 활동에 어쩔 수 없이 복종하지 않았더라면, 나는 구원받지 못했을 것이다. 그분의 은혜가 내 부패한 의지를 정복했으며, 나를 스스로 그분의 은혜의 홀 앞에 엎드리게 했다.

주님께서 진정으로 나를 정신 차리게 하셨을 때, 그분은 내게 큰 포탄을 발사하여 나를 산산이 부서지게 하셨고, 그리고 오! 나는 내가 전적으로 무방비상태임을 알았다. 나는 내가 천사들보다 강하며, 모든 것을 이룰 수 있다고 생각했지만, 결국 나 자신이 아무것도 아님을 보게 되었다.

예수께서 삭개오에게 말씀하셨다.

> 속히 내려오라 (눅 19:5).

그분이 내게도 내려오라고 말씀하시던 때를 내가 어찌 잊을 수 있을까?

내가 취해야 했던 첫 번째 조치는 내 선한 행실에서 곧바로 내려오는 것이었다.

그런데, 오! 그 추락이란!

나는 또한 나의 자주성 위에 서 있었다. 그리스도께서 말씀하셨다.

"내려오라!

나는 너를 네 선행에서 끌어내렸으니, 이제 네 자주성에서도 끌어내릴 것이다."

그래서 나는 또다시 떨어졌다. 나는 확실히 바닥에 닿았다고 생각했는데, 다시 그리스도께서 말씀하셨다.

"내려오라!"

그분은 나를 내가 아직도 구출될 수 있다고 느낀 지점까지 떨어지게 하셨다. 하지만 여전히 명령이 내려졌다.

"내려오라, 아직 더 내려와야 한다."

나는 다시 내려왔고, 마침내 절망 속에서, 내 희망의 나무에 있는 모든 가지에서 손을 놓았다. 그리고는 말했다.

"저는 아무것도 할 수 없습니다. 저는 망했습니다."

물이 내 머리를 휘감았고, 나는 낮의 빛에서 차단되었다. 나는 내가 이스라엘 백성에게서 멀어진 이방인이라고 생각했다. 하지만 그리스도께서 말씀하셨다.

"더 낮은 곳으로 내려오라, 너는 너무 교만하여 구원받을 수 없구나."

그때 나는 더 내려가서 내 부패를 보았다. 내 악함과 더러움을 보았다. 하나님은 언제나 그분이 구원하기를 원하시는 죄인을 낮추신다.

내가 이런 상태에 있을 때, 그러면서도 나 자신을 믿게 하려고 애쓸 때, 한 음성이 속삭였다.

"헛된 인간, 헛된 인간이여!
네가 믿고자 한다면, 와서 보라!"

그때 성령께서 나를 어느 한적한 곳으로 이끌어가셨다. 내가 거기 서 있는 동안, 별안간 내 앞에 십자가에 달리신 분이 나타났다. 나는 쳐다보았다. 그때 나는 믿음이 없었다. 나는 눈물 고인 그분의 눈을 보았고, 여전히 흐르고 있는 피를 보았다. 나는 그분 주변에 있는 그분의 원수들을 보았다. 그분을 무덤으로 내몰고 있었다. 나는 형언할 수 없는 그분의 고통을 눈여겨보았고, 말로 묘사할 수 없는 신음 소리를 들었다.

내가 올려다보았을 때, 그분이 눈을 뜨셨고, 내게 말씀하셨다.

인자가 온 것은 잃어버린 자를 찾아 구원하려 함이니라 (눅 19:10).

하지만 나는 그 은혜로운 말씀 이상이 필요했다. 복음의 일반적인 부름은 우리가 여름 저녁에 가끔 보는 막전(幕電, 번개가 구름에 가려 빛의 반사만 보이는 현상)과 같다. 아름답고, 장엄하다. 하지만 특별한 부르심은 하늘에서 떨어지는 포크형 섬광(forked flash, 여러 갈래로 갈래지며 치는 번개)과 같다. 그것은 어디엔가 떨어진다. 그것은 갑옷 솔기 사이를 맞추는 화살이다. 구원하는 부르심은 예수께서 이렇게 부르셨을 때와 같은 부르심이다.

"마리아야."

그러자 그녀가 예수께 아뢰었다.

"랍오니!"

그분이 내 이름을 속삭이셨을 때를 내가 기억하지 못할까?

그분이 내 귀에 "내게 오라"고 말씀하셨을 때를 내가 잊을까?

그것은 효과적인 부르심이었다. 거부할 수 없는 부르심이다. 나는 내가 종교를 비웃었던 것을 안다. 나는 그것을 멸시했고, 혐오했다.

하지만, 오! 그 부르심이여!

나는 오지 않으려 했다. 하지만 그리스도께서 말씀하셨다.

"너는 올 것이다. '아버지께서 내게 주시는 자는 다 내게로 올 것이다.'"

"주여! 저는 가지 않을 것입니다."

"아니, 너는 올 것이다"라고 예수님이 말씀하신다. 나는 때때로 하나님의 집에 올라가면서도 듣지 않겠다는 결심에 가까운 마음을 가지고 올라갔다. 하지만 나는 들어야 했다.

오! 어떻게 말씀이 영혼에 들어왔던가!

내 속에 거부할 힘이 남아 있었던가?

그렇지 않다. 나는 거꾸러졌다. 모든 뼈가 부러진 것 같았다.

내 영혼에 파인 도랑이 어떠했던가?

내가 상상했던 장점들은 다 떠나버렸다.

그저 한 무더기의 쓰레기뿐이었다!

내 지식도 떠나고, 내 선한 결심도 떠나고, 내 자주성도 떠났다. 이윽고 내 모든 힘이 떠났다. 이렇게 깊이 파는 일이 마쳤을 때, 그 고랑은 너무나 깊어서, 내가 그 속에 들어가자 그것은 마치 무덤처럼 보였다. 나 자신의 죄성을 아는 것이 내게는 너무나 큰 슬픔이었기에, 이것이 나의 위로와 구원에 도움이 되는 쪽으로 작용하는 것은 불가능해 보였다. 하지만 그렇게 되었다.

만약 주님께서 높이 세우기를 원하신다면, 그분은 항상 깊이 파신다. 그분이 만약 큰 은혜를 주기 원하신다면, 그분은 그에 대한 필요를 깊이 인식하게 만드신다. 내가 그리스도와 함께 시작하기 훨씬 이전에, 그분이 나와 함께 시작하셨다. 하지만 내가 그분과 함께 시작할 때, 마치 법률가들이 '극빈자의 자격으로'(in forma pauperis)라고 말하듯이, 자기 소유라곤 전혀 없는 불쌍한 탁발수도승의 모양으로 그리스도만 바라보았다.

내 눈이 처음으로 그분의 십자가를 보았을 때, 그리고 그분 안에서 안식했을 때, 나는 나 자신의 공로란 전혀 없었음을 잘 알고 있다. 내게는 결점투성이였다. 지옥에 가기에 합당하다고 느낀 것을 빼고는, 내게 아무런 자격이 없었다.

내게는 신뢰할만한 희미한 덕목조차 없었다. 나로서는 가망이 없었다. 나는 끝자락에 이르렀다. 내가 만일 녹여질 수 있었다면, 나 자신에게는 동전 한 닢의 가치가 될만한 선도 남지 않았을 것이다. 나는 온통 썩었고, 부패물 덩어리였다. 그보다 훨씬 심하면 심했지 조금도 그보다 낫지 않았다. 나는 그때 전적으로 바울에게 동의하여, 나 자신의 의는 배설물에 지나지 않는다고 말할 수 있었다. 그는 강력한 표현을 쓰곤 했지만, 나는 그가 그 표현이 충분히 강하다고 느꼈을 거라고는 생각지 않는다.

> 내가 그리스도를 얻고 또 그 안에서 발견되기 위하여 모든 것을 배설물로 여긴다
> (빌 3:8).

내 기질상의 특징이 어떤지 잘 모르겠지만, 나는 언제나 안전한 것들을 좋아했다. 내가 아는 한, 내 본성에는 한 톨의 투기성도 없다. 안전한 것들—바위로 만들어졌다고 내가 볼 수 있는 것들, 그리고 시간의 시험을 견뎌낼 수 있는 것들—을 나는 탐내며 붙잡기를 원했다. 그래서인지 내 소년 시절의 정신은 이런 식으로 추론하곤 했었다.

성경은 그리스도를 믿는 자는 멸망하지 않는다고 내게 말한다. 그렇다면, 만약 내가 예수를 믿으면, 나도 영원히 안전할 것이다. 내 존재가 영원히 지옥에 있게 될 두려움은 없을 것이다. 나는 내 영원한 상태를 걸고 모험을 하

지 않을 것이다. 그것이 영원히 안전한 길이다.

  내가 죽음으로 눈을 감을 때, 나는 그리스도의 얼굴을 볼 것이며, 영광중에서 그분을 볼 것이다. 그것이 확실하다. 성도의 최종 견인이라는 교리가 전해지는 것을 들을 때마다, 내 입에 군침이 돌 정도로 나는 하나님의 자녀가 되기를 원했다. 옛 성도들은 다음과 같이 시작하는 토플라디(Toplady)의 찬송을 부르곤 했다.

> 오직 은혜에 빚진 자 되어
> 언약의 자비를 노래하네;
> 주의 의를 힘입어 두려움 없으니,
> 내 삶과 소유를 주께 바치네.

  그 찬송을 들을 때 나는 나 자신은 결코 그 찬송가를 부르지 못할 것으로 생각했다. 너무나 숭고한 교리를 담고, 너무나 달콤하며, 너무 위안을 주는 그 찬송은 절정을 이루는 마지막 구절에서 이렇게 노래한다.

> 그분의 손바닥에 새겨진 내 이름
> 영원히 지워지지 않으리;
> 지울 수 없는 은혜의 표식이
> 그분 가슴에 새겨져 있기 때문이네;
> 정녕, 끝까지 나는 인내하리니
> 확실한 보증이 주어졌기 때문이네;
> 영화로운 천국의 영혼들은
> 더 행복하겠지만, 지금보다 더 안전하진 않으리.

  그 노래를 들을 때 내 가슴은 내 몸에서 빠져나갈 듯이 뛰었다. 그러면서 나는 하나님께 부르짖곤 했다.
  "오! 이와 같은 구원에 저도 한 분깃을 얻기 원하나이다."
  나는 이와 같은 묵상을 했던 것을 분명히 기억한다.
  "이제 도둑이나 살인자처럼 되지 않을 것이며, 부정한 사람도 되지 않을 것입니다."

나는 그런 훈련을 하면서 모든 종류의 죄를 혐오했다.

"하지만", 나는 속으로 생각했다.

"나는 교수형 당할 수도 있어. 내가 도둑으로 판명되지 않는다는 보장이 없잖아."

내 학교 동료 중에 누군가가 생각났기 때문이다. 그는 나보다 나이가 많았고, 이미 사기에 능숙하게 되었다.

"나라고 그렇게 되지 말란 법이 있는가"라고 나는 생각했다. 내가 성경에서 '만약 내가 그리스도께 내 마음을 드리면, 그분이 나를 죄에서 지키시고, 내가 사는 동안 나를 보전하실 것이다'는 교리를 보았다고 생각했을 때, 내 영혼의 기쁨이 어땠는지 아무도 모를 것이다.

하지만 비록 내가 그렇게 생각하긴 했으나, 성경에 그 교리가 계시 되어 있는지 확신하진 못했다. 나는 다소 "극단적인" 어느 목사가 같은 교리를 말하는 것을 들었을 때 황홀감으로 가득했던 것을 기억한다. 나는 그런 식의 복음을 갈망했다.

"오오!", 나는 생각했다.

"하나님이 나를 사랑하기만 하신다면, 내가 그분의 것임을 내가 알 수만 있다면 얼마나 좋을까!"

그 교리의 황홀케 하는 요소는, 만약 내가 사랑을 받으면, 주님이 나를 끝까지 지키신다는 것이었다. 비록 소년이었지만, 나는 그런 복음에 반했다. 그런 진리를 위해서라면 아무것도 아깝지 않음을 알았기에, 나는 더욱 구원을 바라는 데에 진지해졌다. 구원을 받으면, 하나님이 결코 나를 문밖에 두지 않으실 것이기 때문이었다. 그것이 내게 복음을 매우 소중히 여기도록 만들었다.

그래서, 성령께서 내 죄를 보게 만드시고, 구주를 찾도록 인도하셨을 때, 그 교리는 내 영혼에 밝은 별과 같았다. 성경은 이 진리로 가득한 것으로 보였다.

"네가 그리스도를 믿으면, 그분이 너를 모든 악에서 구원하실 것이다. 그가 너를 이 세상에 사는 동안 정직과 성결의 삶으로 이끄실 것이고, 또한 종말에 너를 천국으로 안전하게 데려가실 것이다."

나는 사람을 신뢰할 수 없다고 느꼈다. 가장 선량한 사람도 진리에서 멀리 떨어져 방황하는 것을 보았기 때문이다. 내가 그리스도를 신뢰하면, 그것은 내게 천국에 갈 기회 정도가 아니라 확실한 것이었다. 내가 내 전부를 그분에게 맡기고 기대면, 그분이 나를 지키신다는 것을 배웠다.

성경에 그렇게 기록된 것을 보았기 때문이다.

> 의인은 그 길을 꾸준히 가고 손이 깨끗한 자는 점점 힘을 얻느니라 (욥 17:9).

나는 사도가 이렇게 말하는 것을 발견했다.

> 너희 안에서 착한 일을 시작하신 이가 그리스도 예수의 날까지 이루시리라 (빌 1:6).

그런 표현들은 또 있었다. 나는 추론했다.
"오! 내가 보험회사를 발견했군, 그것도 좋은 회사를!
나는 내 영혼을 거기에 맡겨야겠다. 나는 이 모습 이대로 예수께 갈 것이다. 왜냐하면, 그분이 그렇게 하라고 말씀하시기 때문이다. 나는 나를 그분에게 의탁해야지."

내가 만약 알미니안 이론을 경청했더라면, 나는 결코, 회심하지 않았을 것이다. 내게는 그것이 아무 매력도 없었기 때문이다. 자기 백성을 내쫓는 구주, 자기 자녀들을 멸망하도록 버려두는 하나님은 내가 숭배할 가치가 없고, 명백하게 구원하지 않는 구원이란 전할 가치도 없고 들을 가치도 없다.

나는 한때 예수님이 나를 구원하시지 않을 거라며 두려워했던 것을 기억한다. 하지만 나는 내 마음에, 설혹 그분이 나를 구원하지 않으시더라도, 그분이 다른 불쌍한 죄인들을 위해 행하신 일 때문에라도 그분을 사랑해야 한다고 느끼곤 했다. 그분의 삶과 죽음에 관한 놀라운 이야기를 읽으면서, 설사 그분이 나를 거절하시더라도, 나는 그분의 발치에 여전히 엎드려 이렇게 말할 것 같았다.

> 당신이 저에게 퇴짜를 놓으셔도, 여전히 당신은 복되신 그리스도이십니다. 설혹 당신이 저를 저주하셔도, 저는 당신께 당신의 처분이 합당하다고 말할 수밖에 없습니다. 당신께서 원하시는 대로 저를 대하십시오. 하지만 당신은

저 죽어가는 강도를 구원하셨고, 일곱 귀신 들렸던 여인을 구원하셨습니다. 그러니 설혹 당신께서 굳이 저를 구원하시지 않아도 여전히 당신은 복되신 그리스도이십니다. 저는 당신에게 항의할 수 없으며, 불평할 수도 없고, 그저 당신의 발 앞에 엎드려 당신을 경배할 뿐입니다.

설혹 그분이 나를 저주하여도, 하나님은 다른 사람들에게 너무 은혜로우시기에, 나는 그분을 사랑한다고 말할 수밖에 없다고 느꼈다. 특히 성경의 한 본문이 나로 환호성을 지르게 했다. 나는 그것을 여러 달 묵상하며 살았다. 나는 죄의 무게를 느꼈고, 구주를 알지 못했다.

하나님이 나에게 진노를 발하시고 불쾌하여 세게 치시지 않을까 두려웠다!

이 예배당 저 예배당을 돌아다니며, 말씀이 선포되는 것을 들으러 갔지만, 복음은 한 문장도 듣지 못했다. 그런데 이 한 본문이 결국 고뇌와 슬픔으로 자살하게 될 거라는 생각에서 나를 건져냈다. 그것은 이 달콤한 말씀이다.

> 누구든지 주의 이름을 부르는 자는 구원을 받으리라 (행 2:21).

나는 곰곰이 생각했다. 나는 내가 원하는 만큼 그리스도를 믿지 못할 것이고, 용서도 얻지 못할 수 있다. 하지만 나는 내가 그분의 이름을 부르는 것을 안다. 나는 내가 기도하는 것을 안다.

아아! 내가 밤낮으로 탄식과 눈물과 한숨의 기도를 하는 것을 안다. 설혹 내가 영원히 잃은 자가 되어도, 나는 저 약속에 호소할 것이다.

"오! 하나님, 당신께서는 '누구든지 내 이름을 부르는 자는 구원을 받으리라'고 말씀하셨습니다!

저는 불렀습니다.

그런데 저를 버리실 겁니까?

저는 당신의 약속에 호소합니다. 저는 마음을 다해 기도드렸습니다. 당신은 정의로우십니다.

그런데 진정으로 당신의 이름을 부른 죄인을 정죄하시렵니까?"

내 어머니가 무언가를 말씀하셨을 때 그것이 내 마음에 큰 인상을 심어주었다. 그리스도를 찾으며 몇 년을 지내면서도 그분이 나를 구원하신다고 믿지 못하고 있을 때였다. 어머니는 많은 사람이 맹세하며 하나님을 모독하는 것을 들었다고 말씀하셨다. 하지만 그녀가 한 가지는 들어본 적이 없는데, 즉 한 사람이 그리스도를 찾았는데 그리스도께서 그를 거부하셨다는 말은 듣지 못했다는 것이다.

"그리고", 그녀가 덧붙였다.

"하나님은 어떤 사람이든 그런 말을 하고서도 살도록 허용치 않으신다고 나는 믿는단다."

그런데 나는 그런 말을 할 수 있다고 생각했다. 나는 내가 그분을 찾았으며, 또 그분이 나를 내쫓으셨다고 생각했다. 그래서 나는 그런 말을 할 것이라고, 설혹 그렇게 말하는 것이 내 영혼을 파멸시키더라도, 내가 사실이라고 생각한 것을 말할 것이라고 결심했다. 하지만 속으로 다시 말했다.

"한 번 더 시도해보자."

그래서 나는 주님께 갔다. 나 자신을 버리고, 나 자신을 단순히 그분의 자비에 던져 맡기고, 그분이 나를 위해 죽으신 것을 믿었다.

그리고 이제, 그분의 이름을 찬송할지라!

나는 그분이 나를 내쫓으신다고 결코 말할 수 없게 되었다!

개인적인 경험의 결과, 나는 내 어머니의 증언에 나 자신의 간증도 보탤 수 있게 되었다. 나는 내 삶에서 많은 악한 말들을 들었다. 나 역시 사람들이 맹세하며 하나님을 모독하는 것을 들었다. 내가 듣고 떨릴 정도였다. 하지만 한 사람이 이렇게 말하는 것은 결코 들어본 적이 없는데, 나는 하나님이 어떤 사람이든 그런 거짓말을 하는 것을 좀체 허용치 않으신다고 생각한다. 심지어 술에 취한 사람이라도, 이렇게 말하는 것을 들어보지 못했다.

"나는 내 온 마음을 다해 진지하게 하나님을 찾았습니다. 하지만 그분이 나를 듣지 않으셨고, 응답하지 않으셨고, 단지 나를 내쫓으셨습니다."

나는 그런 일이 가능하다고 생각지 않는다. 물론 사람들이 거의 무한대로 악하다는 것을 내가 알지만, 어떤 사람이든 그런 가증스러운 거짓을 감히 말하지 못할 것이다. 하여간, 나는 그런 말을 들어보지 못했다고 말할 수 있다.

제7장

커다란 변화 — 회심

뉴마켓의 학교에서 발생한 열병은 스펄전의 첫 학기를 예정된 시간보다 일찍 끝마치게 했고 그는 겨울 방학을 위해 집으로 돌아왔다. 크리스마스가 지나고 새해 첫 주일이 밝았을 때, 날씨는 추웠고 눈이 내리고 있었다. 그날은 1850년 1월 6일이었다. 날씨 때문에 그의 아버지와 9마일 떨어진 톨스버리(Tollesbury)까지 도보 여행에 동행할 수 없게 되자, 스펄전은 그의 회심의 장소로, 하이스 힐에 있는 집 근방, 아틸러리 거리에 있는 초대감리교회로 인도되었다.

그 예배당은 1839년에 지어졌으며 비록 부분적으로 1897년에 재건축되긴 했지만, 구조상으로는 스펄전이 알던 때의 모습이 많이 남아 있다. 근년에 그 건물은, 다른 많은 건물과 마찬가지로, 쓰이지 않게 되어, 예배의 장소로는 포기되었다. 하지만 그것은 현재 (1962년) 몇몇 젊은 그리스도인들에게 복음주의 모임을 위해 임대되었다.

1864년 10월 11일 이 예배당에서 설교하면서, 스펄전은 이 건물의 2층 회랑 아래 왼편 좌석 하나를 가리키며 말했다.

"내가 회심할 때 저 좌석에 앉아 있었습니다."

인생의 말년에, 그는 자기 회심의 갑작스러움을 하나님과 우리의 관계가 한순간에 영원히 변화될 수 있다는 사실을 위한 예화로 거듭 사용하였다.

구원받은 영혼은 장래에 영원히 그런 것과 마찬가지로 그가 처음 믿은 그 순간에도 하나님께 가깝고 또 소중합니다. 그는 천국에 올라가 영화롭게 되고 또 자기 주님처럼 변화될 때와 꼭 마찬가지로, 지금도 그리스도 안에서 모든 것을 약속받은 참된 상속자입니다.

우리의 입술을 모아 14행 「소네트 시」를 한 단어로 압축해보자. 우리의 목소리로 긴 시간 걸리는 가락을 걸러서 한 음절의 노래로 표현해보자. 우리의 혀로 긴 세월 하모니의 정수를 뽑아 한 글자로 말해보도록 하자. 이는 우리가 마치 정금이 많은 찌꺼기를 능가하듯, 우리 생의 다른 많은 날을 훨씬 능가하는 한 시간에 관하여 쓰고 있기 때문이다.

이스라엘의 유월절 밤이 기억되어야 할 밤이며, 시인들의 주제이자, 마르지 않는 감사 찬송의 원천(源泉)이었듯이, 지금 우리가 말하는 시간, 결코 잊을 수 없는 시간, 우리가 죄에서 해방되고 예수 안에서 의롭게 되던 그 시간 역시 그러하다. 다른 날들은 비슷한 다른 날들과 뒤섞여 희미해진다. 유통되는 동전들이 닳아서, 마침내 그 새겨진 이미지와 글자들이 완전히 지워지게 되는 것과 같다.

하지만 이날은 여전히 새롭고, 신선하고, 밝게 남아 있으며, 그 모든 부분이 마치 어제 일어난 일인 것처럼 선명하다. 기억은, 소중히 간직하는 기념품을 중풍으로 마비된 손에서 떨어뜨리듯, 잃어버릴 수 있다. 하지만 비틀거리며 무덤에 갈 때까지, 가슴에서 결코 풀어버릴 수 없는 기념의 징표가 하나 있으니, 그것은 우리 영혼이 속량을 받은 그 행복의 시간이다.

해방된 갤리선의 노예는 그의 차꼬가 풀려 땅에 떨어지는 소리를 들은 날을 잊을지 모르고, 용서받은 반역자가 사면에 따라 사형집행인의 도끼를 모면할 수 있었던 그 순간을 잊을지도 모른다. 또 난파로 긴 시간 절망했던 선원이 어느 친절한 손길이 그를 오랜 굶주림에서 건져준 순간을 잊을지도 모른다.

하지만 죄를 용서받은 시간, 완전한 사면의 순간이여, 우리 영혼은 여기 사는 날 동안에도 또 불멸의 세월 속에서도 결코 그대를 잊지 못하리!

우리 삶의 각 날에는 돌보는 천사가 함께한다. 하지만 이날에는, 마치 마하나임에서의 야곱처럼, 천사들의 무리가 우리를 만난다. 해는 매일 아침 떠오르지만, 그 사건이 있던 날 아침에 해는 일곱 배나 더 빛난다.

그 날의 행복한 시간은, 지상에서의 천국의 날들 같았고, 영원불멸의 날들과 같았으며, 무궁한 영광의 날들이요 천국의 지극한 행복의 날들과 같았다. 거룩한 황홀감, 표현할 수 없는 환희가, 우리 영혼을 가득 채웠다. 두려움, 근심, 슬픔, 모든 비통의 무리가 서둘러 도망쳤다. 그리고 그 자리에 무수한 기쁨들이 찾아왔다.

내가 성령의 손에 의해 죄를 자각하였을 때, 하나님의 공의에 대한 선명하고도 날카로운 감각이 있었다. 죄는, 다른 사람들에게 어떤지 몰라도, 내게는 견딜 수 없는 짐이 되었다. 나는 지옥보다 죄가 더 두려웠다. 그런 동안 줄곧, 나는 하나님의 이름의 영예와 그분의 도덕적 통치의 온전함에 대해 깊은 관심을 두고 있었다. 나는 만약 내가 정당치 못한 방식으로 용서받을 수 있다면 그것은 내 양심을 만족하게 하지 못할 것이라고 느꼈다. 하지만 그때 이런 질문이 떠올랐다.

"이토록 심한 죄인을 의롭게 하시면서도, 하나님은 어떻게 정당하실 수 있을까?"

나는 이 질문에 근심했고 또 지쳤다. 그에 대해 어떤 답변도 찾을 수 없었다. 분명, 내가 내 양심을 만족하게 할 수 있는 답변을 궁리해낼 수는 없었다. 속죄의 교리는 내 생각에 성경에 대한 하나님의 감동을 입증하는 가장 확실한 증거 중의 하나다.

의로운 통치자가 의롭지 못한 반역자를 위해 죽는다는 생각을 누가 할 수 있었겠는가?

이것은 인간의 신화적 가르침이 아니며, 시적 상상력이나 꿈도 아니다. 이 속죄의 방식이 인간들에게 알려진 것은 그것이 사실이기 때문이다. 허구는 그런 것을 고안해낼 수 없다. 하나님 자신이 그것을 정하셨다. 그것은 상상될 수 있는 문제가 아니다.

내가 자랄 때부터 나는 예수의 희생에 의한 구원 계획에 대해 들어왔었다. 하지만 내 영혼 깊은 곳에서는, 마치 내가 미개인으로 태어나고 자란 것과 마찬가지로 그것에 대해 더 알지 못했다. 빛이 있었으나, 나는 눈이 멀었다. 주께서 친히 그 문제를 내게 밝혀주시는 것이 꼭 필요했다. 그것은 내게 마치 새로운 계시와도 같았고, 하나님이 의로우시기 위해 예수님이 속죄 물로 선언되셨다는 것은 마치 성경에서 내가 한 번도 읽어보지 못한 것처럼 신선했다.

나는 그것이 하나님의 새로 태어난 모든 자녀에게, 언제든 그것을 볼 때마다, 새로운 계시처럼 다가와야 한다고 믿는다. 나는 주 예수의 대속(代贖)이라는 영광스러운 교리를 말하고 있다. 나는 대리 희생을 통해 구원할 수 있다는 것과 그러한 대속을 위한 준비가 일의 첫 구상과 단계부터 이루어졌음을 이해하게 되었다.

나는 옛적에 하나님의 아들, 곧 아버지와 동등하시고 함께 영원하신 아들이, 택하신 백성들을 위한 언약의 머리(Head)가 되셨음을 알게 되었다. 이는 그가 그 자격과 능력으로 그들을 위해 고난받고 또 그들을 구원하시기 위함이었다. 우리의 타락이 처음에 개인적인 것이 아니었고, 우리가 우리의 연방 대표 곧 첫째 아담 안에서 타락한 것이니만큼, 우리가 두 번째 대표자 즉 자기 백성을 위한 언약의 머리로서 두 번째 아담이 되신 분에 의해 회복되는 일이 가능해진 것이다.

나는 그것을 이해하게 되었다. 내가 실질적으로 죄를 짓기 전에, 나는 이미 내 첫 조상의 죄에 의해 타락한 것이다. 그러므로 율법의 관점에서 내가 두 번째 머리이자 대표자에 의해 살아나는 일이 가능하다는 것을 알고 나는 기뻤다. 아담에 의한 타락에는 빠져나갈 구멍이 있었으니, 또 다른 아담이 첫째 아담이 초래한 파멸의 결과를 원상태로 돌릴 수 있었다.

공의로우신 하나님이 나를 용서하실 가능성에 대해 내가 노심초사하고 있을 때, 나는 믿음으로 하나님의 아들이 사람이 되셨으며, 또 그가 친히 그 자신의 몸으로 내 죄를 지고 나무에 달리셨음을 이해하게 되었다. 나는 그분에게 내려진 징계로 내 평화가 이루어졌고, 그분이 맞으신 채찍으로 내가 나음을 입었음을 알게 되었다. 하나님의 아들 때문이었다. 비할 데 없으시며 지극히 영광스러우신 그분이, 몸소, 내게 내려져야 마땅한 형벌을 짊어짐으로써 율법의 정당성을 입증하셨고, 그로써 하나님이 내 죄를 간과하실 수 있었다. 천국을 위한 내 유일한 희망은, 경건치 못한 자를 위해 갈보리의 십자가에서 이루어진 완전한 속죄에 놓여 있다.

나는 확고하게 거기에 의지한다. 나는 다른 어디에도 일말의 희망을 두지 않는다. 개인적으로, 나는 나 자신의 죄성을 결코 극복할 수 없었다. 나는 시도했고 또 실패했다. 내게는 악한 성향들이 너무나 많아, 마침내, 그리스도께서 나를 위해 죽으셨다는 믿음 안에서, 나는 내 죄 많은 영혼을 그분에게 던졌다.

그러고서야 나는 한 승리의 원리를 얻었고, 그로써 내 죄악의 자아를 정복할 수 있었다. 십자가의 원리는 죄를 죽이는 목적으로 사용될 수 있다. 옛 전사들이 거대한 양손 검을 사용하여 휘두를 때마다 대적들을 베어버린 것과 같다. 죄인들의 친구(Friend)로는 믿음과 같은 것이 없다.

그것은 모든 악을 이긴다. 그리스도께서 나를 위해 죽으셨다면, 나같이 경건치 못하고, 나 같이 힘없는 자를 위해 죽으셨다면, 나는 더 이상 죄 안에서 살 수 없다. 나는 일어나 나를 속량하신 그분을 사랑하고 섬겨야 한다. 나는 나의 가장 좋은 친구를 살해한 악한 자와 놀아날 수 없다. 나는 그분을 위해 거룩해져야 한다.

그분이 나를 죄에서 구원하려고 죽으셨거늘 내가 어찌 다시 죄 속에서 산단 말인가?

어느 날 내가 외국에서 산책할 때, 나는 내 기억에 영원히 새겨진 한 장소에 들르게 되었다. 거기서 나의 친구(Friend), 나의 가장 좋은 친구, 내 유일한 친구가 죽임당한 것을 보았다. 나는 슬프고 놀란 중에 허리를 굽혀 그를 보았다. 나는 그의 손이 거친 쇠못으로 뚫어진 것과 그의 발이 같은 방식으로 찢어진 것을 보았다.

나는 숨진 그의 얼굴이 너무 무서워 가까스로 용기를 내어 그를 볼 수 있었다. 그의 몸은 굶주림으로 야위었고, 그의 등은 채찍에 맞은 자국으로 붉었고, 그의 이마에는 둥근 선의 흔적이 뚜렷했다. 가시에 찔린 자국들임이 분명했다. 나는 몸서리쳤다. 이 귀한 친구(Friend)를 잘 알고 있었기 때문이다. 그는 잘못한 것이 없었다. 그는 가장 순수했고 또 가장 거룩했다.

누가 그에게 상처를 입힐 수 있었을까?

그는 누구에게도 상처를 준 적이 없었다. 전 생애 동안 그는 "두루 다니시며 선한 일을 행하셨다"(행 10:38). 그는 병든 자를 고치시고, 주린 자에게 먹이시고, 죽은 자를 일으키셨다.

이런 일들로 사람들이 그분을 죽인단 말인가?

그분은 사랑이 아닌 것은 아무것도 하지 않으셨다. 내가 그 가련하고 슬픈 얼굴을, 고통으로 가득하면서도 사랑으로 가득 찬 그 얼굴을 들여다보는 동안, 이런 분의 손에 못을 박을 정도로 악할 수 있었던 사람이 누구일까 궁금했다. 나는 속으로 말했다.

"이런 반역자들이 어디서 살 수 있을까?

이와 같은 분에게 매질을 가할 수 있었던 자들이 누구일까?"

그들이 만일 압제자를 살해했다면, 우리는 그들을 용서할 수 있을 것이다. 그들이 악이나 비행에 탐닉했던 자를 죽였다면, 그것은 그의 응보였을 것이다. 그가 살인자나 반역자 또는 폭동을 일으킨 자였다면, 우리는 "그의 시신을 묻어라. 정의가 마침내 그에게 정당한 대가를 치르게 했구나"라고 말했을 것이다.

하지만 나의 가장 좋은 친구요, 사랑 많으신 분이 죽임을 당하시다니,

그 반역자들은 어디로 숨었단 말인가?

내가 그들을 붙잡으리니, 그들도 죽어야 하리라. 내가 고안해낼 수 있는 고문이 있다면, 정녕 그들 모두 고문을 당해야 할 것이다.

오! 내가 얼마나 큰 분노와 복수심을 느꼈던가!

이 살인자들을 찾을 수만 있다면, 그들에게 무슨 짓이라도 할 테다!

내가 그 시신을 바라보고 있을 때, 발소리가 들렸다. 어디서 그 소리가 나는지 궁금했다. 나는 귀를 기울였고, 그 살인자가 바로 가까이에 있는 것을 분명히 알아챌 수 있었다. 어두웠기 때문에, 나는 그를 찾기 위해 더듬었다. 어떻게 해서든 그를 찾으려 손을 뻗어보았지만, 그를 찾을 수가 없었다.

그는 내 손이 뻗은 곳보다 가까이에 있었기 때문이다. 마침내 나는 내 손을 내 가슴에 댔다. "이제 너를 잡았구나"라고 나는 말했다. 하지만 오! 그는 바로 내 마음속에 있었다. 그 살인자는 내 품속에 숨어 있었고, 내 영혼의 가장 깊은 구석에 살고 있었다.

아아! 그때 정녕 나는 정녕 울고 말았다. 죽임당하신 내 주님 앞에서, 그 살인자를 숨겨주고 있던 나야말로, 정녕 가장 악한 자라고 느꼈다. 그분의 시신 앞에 엎드려 울면서 나는 이 구슬픈 찬송가를 불렀다.

> 그분에게 고문을 가했던 주역이
> 바로 나, 내 죄, 내 잔혹한 죄였네.
> 내 범죄의 행위 하나하나가 못이 되고,
> 내 불신이 창이 되어 그분을 찔렀네.

구주를 죽음에 이르게 하려고 따라다니며 짖어대던 폭도들 가운데, 통곡과 한탄으로 괴로움을 토로하는 은혜로운 영혼들이 더러 있었다. 통곡과 한탄은 그 슬픈 행진에 어울리는 적절한 음악이리라. 상상 속에서, 내 영혼이 십자가를 지고 갈보리로 오르시는 구주를 볼 때, 나는 저 경건한 여인들

과 합류하여 그들과 더불어 운다.

하지만 내 슬픔의 참된 이유는 슬피 우는 저 여인들이 생각하는 것보다 더 깊은 곳에 있다. 그들이 운 것은 죄 없는 분이 수난을 당하시며, 선(善)이 핍박을 당하고, 사랑이 피 흘리며, 온유가 죽게 된 것 때문에 울었다. 하지만 내 마음에는 울어야 할 더 깊고도 쓰린 이유가 있었다.

내 죄들이 그분의 피 흐르는 어깨 살을 찢은 채찍이었고, 그분의 이마에 가시로 만든 관을 씌운 것이다. 내 죄가 크게 소리쳤다.

"그를 십자가에 못 박아라! 그를 십자가에 못 박아라!"

또 그분의 어깨 위에 십자가를 올려놓았다. 그분이 죽음의 자리로 끌려가는 것은 어떤 사람에겐 영원히 슬퍼할 충분한 이유다. 하지만 내 경우엔, 내가 그분을 죽인 장본인이었으니, 그저 보잘것없는 눈물의 샘으로 표현하기엔 그 슬픔이 한도 없이 크다.

왜 그 여인들이 사랑했고 또 울었을까?

그 이유를 추측하기란 어렵지 않다. 하지만 내 마음이 사랑과 슬픔을 느끼는 데에는 그들이 울었던 것보다 더 큰 이유가 있다. 나인성의 과부는 그녀의 아들이 일어난 것을 보았다. 하지만 나 자신은 새로운 삶으로 일어났다. 베드로의 장모는 열병에서 고침을 받았다. 하지만 나는 더 큰 죄의 질병에서 나음을 입었다.

막달라 마리아에게서는 일곱 귀신이 쫓겨났지만, 나에게서는 한 군단 전체가 쫓겨나갔다. 마리아와 마리아는 그분의 방문을 받는 은혜를 입었지만, 나의 경우엔 그분이 나와 함께 거하신다. 그분의 모친이 그의 몸을 낳았지만, 그분은 내 속에 형성되셨고, "영광의 소망"이 되셨다. 은혜를 입은 점에서 그 경건한 여인들은 아무에게도 뒤지지 않겠지만, 나는 감사와 슬픔에서 그들에게 뒤지지 않을 것이다.

> 사랑과 슬픔으로 내 가슴이 찢어지니,
> 눈물로 그분의 발을 씻으리;
> 가슴 속 침묵이 하염없이 흐르는 사이
> 날 구원하려 죽으신 그분을 위해 우네.

윌리엄 헌팅턴은 그의 『자서전』에서, 하나님의 은혜로 각성하게 된 이후 그가 느꼈던 가장 예리한 고통의 감각 중의 하나는 "하나님을 위한 큰 연민 (pity)"이었다고 말한다. 그런 표현을 다른 데서 내가 본 적이 있는지 모르겠다. 물론 나로서는 내가 하나님과 공감한다는 표현과 주님이 그토록 나쁘게 취급당하신 것에 슬픔을 느낀다는 표현을 선호하긴 하지만, 어쨌든 그것은 아주 놀라운 표현이었다.

아아! 자기 동료들에 의해 잊히고, 멸시받고, 짓밟힌 사람들이 많이 있다. 하지만 영원하신 하나님이 당하신 만큼 멸시를 받았던 사람은 하나도 없다! 많은 사람이 살해당하고 학대당한다. 하지만 하나님이 당하신 만큼 학대를 당한 사람은 하나도 없다. 많은 사람이 잔인하고 배은망덕한 취급을 당해왔지만, 하나님이 당하셨던 만큼 나쁘게 취급당한 사람은 없다.

나 역시 한때 그분을 멸시했었다. 그분이 내 마음의 문을 두드리셨지만 나는 문 열기를 거부했다. 그분은 내게 오셨고, 수도 없이 여러 번 오셨으며, 아침마다 밤마다 찾아오셨다. 그분이 내 양심을 살피셨고, 그분의 영으로 내게 말씀하셨으며, 마침내 율법의 천둥소리가 내 양심에 울려 퍼지게 하셨다. 나는 그리스도가 잔인하며 무자비하다고 생각했다.

오! 그분을 그렇게 나쁘게 생각한 나 자신을 절대로 용서할 수가 없다! 그런데 내가 그분에게 갔을 때 얼마나 따뜻한 환대를 받았던가!

나는 그분이 나를 세게 치셨다고 생각했다. 하지만 그분의 손은 분노로 주먹을 쥐었던 것이 아니라, 자비로 활짝 펴져 있었다. 나는 그분의 눈이 나를 향해 진노의 불꽃을 발하신다고 굳게 믿었었다. 하지만 오히려 그분의 눈은 눈물로 가득하셨다. 그분이 내 목을 안고 내게 입을 맞추셨다. 그분이 내 누더기를 벗기고, 그분의 의로 옷을 입혀주셨으며, 내 영혼으로 큰 기쁨의 노래를 부르게 하셨다. 내 마음의 집에, 그분의 집인 교회에, 음악과 춤이 있었다. 한때 잃었던 그분의 아들을 찾았고, 죽었던 자가 다시 살아났기 때문이다.

하나님의 복음에는 말로 다 표현할 수 없는 능력이 있다. 나는 한때 마극 (Mazeppa, 馬劇, 주로 말을 등장시키던 19세기의 공연 오락물—역자주)을 좋아했다. 내 정욕의 야생마에 손과 발이 묶인 채로 태워져, 저항할 수는 없는 상태에서 질주하고 있었다. 내 뒤로는 내 몸과 영혼을 합법적인 먹이로 여기는 울부짖는 늑대 무리가 추격하고 있었다. 그 야생마를 멈춘 강한 손이 나타났으니, 그 손이 나를 묶었던 끈을 자르고, 나를 내려놓았으며, 나에게 자유를 주었다.

복음에 능력이 있는가?

당연히 있다. 그것을 느낀 사람은 그렇다고 인정할 수밖에 없다. 내가 내 죄의 강력한 옛 성에 살고, 나 자신의 행실에 거주하던 때가 있었다. 나팔수가 문 앞에 이르렀고, 문을 열라고 명했다. 나는 노하여 현관에서 그를 꾸짖었고, 들어오지 못한다고 그에게 말했다.

그다음에 다정한 표정을 한 훌륭한 저명인사가 찾아왔다. 그의 손에는 못 박혔던 상처가 흔적으로 남아 있었고, 그의 발에도 역시 못자국이 남아 있었다. 그는 자기의 십자가를 들어 올려, 그것을 망치처럼 사용하였다.

첫 번째 타격에서, 내 편견의 문이 흔들렸다.

두 번째 타격에서, 그것이 더 흔들렸다.

세 번째 타격에서, 그것은 쓰러졌다.

그리고 그가 들어왔고, 이어서 말했다.

"일어나라, 바로 서라, 내가 너를 영원한 사랑으로 사랑하노라."

복음은 능력이다!

아아! 정녕 복음은 능력이다!

그것은 언제나 청초한 이슬을 머금고, 아침의 싱그러움으로 반짝이며, 그 힘과 영광은 영원히 지속한다. 나는 나 자신의 가슴에서 그 능력을 느꼈다. 나는 내 영혼 속에 계시는 성령을 증언한다. 나는 그것이 능력임을 아는데, 그것이 나를 정복했고, 나를 엎드리게 했기 때문이다.

> 그분의 거저 주시는 은혜만이, 처음부터 끝까지
> 내 애정을 쟁취하고, 내 영혼을 단단히 결박했네.

나의 회심에서 요점은, 구원을 받기 위해, 내가 할 일은 그리스도를 바라보는 것 외에 아무것도 없다는 발견에 있다. 나는 내가 아주 선량하고 주의 깊은 경청자였다고 믿는다. 나 자신에 관한 나의 인상은 누구도 들어본 적이 없을 만큼 내가 노력했다는 것이다. 어린이로서, 수년 동안 나는 구원의 길을 배우려 노력했다.

복음이 제시되는 것을 내가 들어본 적이 없었던지—이런 경우라고 생각하긴 어렵다—또는 내가 영적으로 눈이 멀고 귀가 먹어서 보고도 볼 수 없고 들어도 들을 수 없었던지, 두 경우 중 하나였을 것이다. 하지만 내가 죄인으로서 나 자신에게서 눈을 돌려 그리스도를 바라보아야 한다는 좋은 소식은, 내가 이전에 들어왔던 어떤 소식보다도 한편으로 나를 상당히 놀라게 했고, 한편으로는 신선하게 다가왔다.

내가 성경을 읽어보지 않았던가?

물론 나는 읽었고, 그것도 진지하게 읽었다.

내가 그리스도인들에 의해 양육되지 않았던가?

물론 나는 그런 분들 사이에서 양육되었다. 내 어머니, 아버지, 그리고 다른 그리스도인들이 있었다.

내가 복음을 들어본 적이 없었던가?

들어보았을 거라고 나는 생각한다. 하지만, 어찌 된 영문인지, "믿으면 살리라"는 말씀은 내게 새로운 계시 같았다. 고백하건대 나는 경건한 분위기에서 가르침을 받았고, 요람에서부터 기도하는 손길에 의해 보살핌을 받았으며, 예수님에 관한 노래를 자장가처럼 들으면서 잠들었다.

하지만 복음을 계속해서 들어왔었고, 여러 구절을 배우며 수칙과 계명들을 익히고, 여기저기서 많은 것을 배운 이후였건만, 주의 말씀이 능력으로 내게 임했을 때, 그것은 마치 내가 사람이 찾은 적 없는 중앙아프리카의 어느 부족들 사이에 살아왔던 것처럼 새로웠다. 정결하게 씻어주는 샘, 구주의 혈관에서 흐르는 피로 채워지는 그 샘에 관한 소식은, 마치 내가 처음으로 듣는 소식처럼 새로웠다.

우선, 내 영혼의 구원에 적용되는 복음을 받아들였을 때, 나는 실제로 전에 그것을 들어본 적이 없다고 생각했다. 그리고 내가 경청했던 이전의 설교자들이 진실로 그것을 전하지 않았다고 생각하기 시작했다. 하지만 뒤돌아보건대, 그 이전에 수백 번이고 제대로 전해지고 내가 들었던 복음을 그제야 믿고 싶어진 것이다. 차이란 이것이다. 즉 전에 들어본 적이 없는 것처럼 그때 내가 들었다는 것이다.

내가 복음을 들었을 때, 메시지는 내가 이전에 들었던 것과 비교해 더 선명하지 않았을 수 있다. 하지만 성령의 능력이 임하여 내 귀를 열었고, 그 메시지를 내 마음으로 인도했다. 이와 같은 본문은 전에 내가 수십 번 들었던 것이 틀림없다.

> 믿고 세례를 받는 사람은 구원을 얻을 것이라 (막 1616).
> 땅의 모든 끝이여, 내게로 돌이켜 구원을 받으라 (사 45:22).
> 모세가 광야에서 뱀을 든 것 같이 인자도 들려야 하리니 이는 그를 믿는 자마다 영생을 얻게 하려 하심이니라 (요 3:14,15).

그런데도 나는 믿음이 의미하는 바를 제대로 깨닫지 못했다. 믿음이 정녕 무엇인지를 처음 깨달았을 때, 그리고 그것을 발휘했을 때, 내게는 이 두 가지가 하나로 결합하였다. 나는 믿는 것이 무엇인지를 알게 되자 그 즉시로 믿었다.

그때 나는 그 진리가 전에는 선포되는 것을 들어본 적이 없다고 여겼다. 하지만 이제 확신하는 것은, 그 빛이 전에도 내 눈에 종종 비추었지만, 내가 눈이 멀었던 것이며, 그래서 그 빛이 임한 적이 없었다고 느낀 것이다. 빛은 항상 비추고 있었다. 하지만 그것을 받아들일 힘이 없었다. 영혼의 안구가 하나님의 광선을 감지하지 못한 것이다.

나는 내 죄들이 용서되는 것이 가능하다고 믿지 못했다. 왜 그런지 모르겠지만, 나는 세상에서 별난 사람 같았다. 사람들의 명부가 만들어졌을 때, 무슨 이유에선지, 내 이름이 빠져야 마땅하다고 여겨졌다. 만약 하나님이 나를 구원하시고 세상을 구원하지 않으셨다면, 나는 정말 이상하게 여겼을 것이다.

하지만 만약 그분이 나만 빼고 온 세상을 구원하셨다면, 그것은 내게 정당하다고 여겨졌을 것이다. 그리고 이제 은혜로 구원받았기에, 나는 이렇게 말하지 않을 수 없다.

"나는 정녕 불에서 꺼낸 그슬린 나무입니다!"

우리 가운데 하나님을 찾는 과정에서 그분에 의해 오래 지연되었던 사람들 일부는, 아마도 그분을 곧바로 영접했을 때보다 그분을 더 사랑할 것이라고 나는 믿는다. 그리고 우리는 다른 사람들에게 더 잘 전할 수 있다. 우리는 그분의 인자하신 사랑과 부드러운 자비에 관하여 더 많이 말할 수 있다.

존 번연은 만약 마귀에게 수년간 이리저리 끌려다녔던 경험이 없었더라면 그토록 훌륭한 "하늘나라 가는 여정"을 쓸 수 없었을 것이다. 나는 저 사랑스러운 '크리스천'의 초상을 참 좋아한다. 내가 처음 『천로역정』(The Pilgrim's Progress)을 읽었을 때, 그리고 등에 무거운 짐을 지고 있는 크리스천의 목판화를 보았을 때, 나는 그 불쌍한 친구에게 큰 관심이 가는 것을 느꼈다. 그래서인지 그가 그 무거운 짐을 오래도록 진 후 마침내 그것을 벗게 되었을 때, 나는 기뻐서 펄쩍 뛰고 싶었다. 내가 죄의 짐을 지고 느낀 것이 바로 그런 것이었다. 나는 그것을 오래도록 졌고, 마침내 그것이 내 어깨와 마음에서 영원히 굴러떨어졌다. 나는 『천로역정』을 백번 이상 읽었고 1년에 2회 정도 꼭 읽었다.

한번은 하나님께서 한겨울에 유사(類似)를 통해 나에게 설교하셨다. 땅은 검은색이었고, 초록색 풀이나 꽃 따위는 보이지 않았다. 들판을 멀리 내다보는 동안, 황량한 풍경 외에는 아무것도 없었다. 메마른 울타리, 잎사귀 없는 나무들, 그리고 검은색 땅, 어디를 보아도 마찬가지였다. 별안간, 하나님이 말씀하셨고, 눈의 보고(寶庫)에서 빗장이 풀렸다. 흰 눈이 내려와 마침내 검은색은 보이지 않게 되었고, 모든 것이 눈부신 흰색으로 뒤덮였다. 그때는 내가 구주를 찾고 있을 때였으며, 머지않아 나는 그분을 찾았다.

나는 눈 속에서 내가 보았던 그 '설교'를 잘 기억하고 있다.

> 여호와께서 말씀하시되, 오라, 우리가 서로 변론하자. 너희의 죄가 주홍 같을지라도 눈과 같이 희어질 것이요 진홍같이 붉을지라도 양털같이 희게 되리라 (사 1:18).

개인적으로, 나는 좋은 책들 때문에 하나님께 감사드려야 한다. 나는 도드리지 박사의 『영혼 속에서 신앙의 생성과 진보』(Rise and Progress of Religion in the Soul), 백스터의 『회심으로의 초대』(A Call to the Unconverted), 알레인의 『회심하지 않은 죄인들을 향한 경종』(Alarm to Unconverted Sinners), 제임스의 『초조한 질문자』(Anxious Enquirer) 등을 통해 도움을 많이 받았다. 하지만 내가 하나님께 가장 감사해야 하는 것은 책들 때문이 아니라 선포된 말씀 때문이다.

그 말씀이 내게 전해진 것은 어느 가난하고 교육받지 못한 사람, 목회 사역을 위해 어떤 훈련도 받아본 적이 없으며, 그 이름을 이 세상에서 한 번도 들어본 적이 없는 사람을 통해서였다. 그는 주중에 일에 종사하는 사람이었으며, 아마도 그 일은 천한 종류였을 것이다. 하지만 그는 안식일에 은혜가 충만하여 내게 말했다.

   땅의 모든 끝이여 내게로 돌이켜 구원을 받으라 (사 45:22).

 책들도 좋았지만, 그 사람은 더 좋았다. 계시 된 말씀이 나를 일깨웠지만, 나를 구원한 것은 선포된 말씀이었다. 그래서 나는 언제나 진리를 듣는 것에 특별한 가치를 부여한다. 그것에 의해 내가 내 영혼이 즐거워하는 기쁨과 평안을 얻었기 때문이다. 영혼이 근심에 짓눌린 상태에서, 구원의 길을 찾기를 바라며, 나는 내가 사는 읍내의 모든 예배 장소에 참석해야겠다고 결심했다.

 하나님이 나의 죄를 용서하실 수만 있다면, 나는 무엇이든 기꺼이 하려고 했고, 또 무엇이든 기꺼이 되려고 했다. 나는 모든 예배당을 돌아다녀야겠다고 결심하고선 출발했으며, 또 모든 예배 장소에 실제로 갔다. 하지만 오랫동안 헛걸음을 했다. 그렇다고 목사들을 탓하진 않는다. 한 사람은 하나님의 주권을 전했고, 나는 그의 설교를 기쁘게 들을 수 있었다.

 하지만 구원받으려면 무엇을 해야 하는가를 알고 싶은 불쌍한 죄인에게 그 숭고한 진리가 무엇이란 말인가?

 항상 율법에 대해 선포했던 또 다른 훌륭한 사람이 있었다.

 하지만 씨 뿌림이 필요한 땅에 자꾸 쟁기질만 하는 것이 무슨 소용이란 말인가?

 또 한 사람은 실제적인 설교자였다. 나는 그의 말을 경청했다. 하지만 그것은 발이 없는 한 무리의 사람들에게 군사 기동 훈련을 가르치는 지휘관과 매우 흡사했다.

 내가 무엇을 할 수 있단 말인가?

 그의 모든 권고는 나에게 효과가 없었다. "주 예수를 믿으라, 그리하면 구원을 받으리라"는 말이 전해졌다던 것도 내가 알지만, 나는 그리스도를 믿는다는 것이 무엇인지를 모르고 있었다. 이 훌륭한 사람들은 모두 '영의 생각을 하는' 그의 다수 회중에 적합한 진리를 전파했다. 하지만 내가 알기 원했던 것은 오직 하나였다.

"어떻게 하면 내 죄를 용서받을 수 있을까?"

그들은 이 귀한 것을 내게 말해주지 않았다. 나는 한 불쌍한 죄인이, 죄의식을 가진 채, 어떻게 하면 하나님과의 평화를 찾을 수 있을까에 대해 듣기를 바랐지만, 내가 갔을 때 설교는 계속 이런 식이었다.

스스로 속이지 말라, 하나님은 업신여김을 받지 아니하신다 (갈 6:7).

그것은 내 상태를 더욱 상하고 나빠지게 만들었고, 나를 안식으로 이끌지 못했다. 나는 다시 갔다. 어느 날에는 본문이 의인들의 영광에 관한 내용이었다. 불쌍한 나를 위한 것이 전혀 아니었다!

나는 식탁 아래의 개와 같았고, 자녀들의 음식을 먹도록 허락되지 않았다. 그 후에 또 갔다. 내가 정직하게 말할 수 있는 것은 내가 기도 없이 하나님께 가지 않았다는 것이다. 그리고 모든 곳에서 나보다 더 주의 깊게 듣는 사람은 없었다고 확신한다. 어떻게 하면 구원을 받을 수 있을지 깨닫기를 간절히 바랐기 때문이다.

나는 때때로 생각한다. 하나님이 인자하심으로 어느 주일 아침에 눈보라를 보내시지 않았더라면, 나는 지금까지도 어둠과 절망 가운데 있었을 것이다. 그때 나는 어떤 예배 장소로 가고 있었다. 눈보라 때문에 더 갈 수 없게 되자, 나는 옆길로 방향을 틀었고, 어느 자그마한 초대 감리교예배당(Primitive Methodist Chapel)으로 들어섰다. 그 예배당에는 열너댓 명 정도가 있었다.

나는 초대 감리교파에 대해 들은 적이 있었다. 그들이 얼마나 크게 노래를 부르는지 다른 사람들의 머리가 지끈거릴 정도라는 내용이었다. 하지만 그것이 내게는 문제가 되지 않았다. 나는 내가 어떻게 구원받을 수 있는지를 알고 싶을 뿐이었고, 만일 그들이 내게 그것을 말해줄 수 있다면, 그들이 내 머리를 얼마나 아프게 하는지는 문제가 아니었다.

그날 아침 목사는 오지 않았다. 그는 눈에 갇혔으리라고 나는 추측했다. 마침내 아주 야위어 보이는 한 사람, 구두 제작인 같기도 하고, 양복장이 같기도 하고, 뭐 그런 종류의 일을 할 것 같은 사람이 설교하려고 강단에 올랐다. 음, 설교자가 교육을 받은 사람이라면 다행일 텐데, 하지만 이 사람은 정말 우둔했다. 그는 본문을 고수해야 했고, 그 단순한 이유 때문인지 다른 할 말이 거의 없었다. 본문은 이것이었다.

> 땅의 모든 끝이여, 내게로 돌이켜[나를 보라] 구원을 받으라 (사 45:22).

그는 그 말씀을 제대로 발음하지도 못했다. 하지만 그것도 문제가 아니었다. 나는 그 본문에 무언가 나를 위한 희망의 서광이 있다고 생각했다. 그 설교자는 이렇게 시작했다.

> 내 사랑하는 친구들이여!
> 이것은 정말이지 아주 단순한 본문입니다. 본문은 이렇게 말합니다.
> '보라!' 보는 것에는 큰 고통이 따르지 않습니다. 그것은 여러분의 발이나 손가락을 드는 것이 아닙니다. 그것은 단지 '보는' 것입니다. 자! 사람이 보는 것을 배우기 위해 대학에 갈 필요는 없습니다. 여러분이 대단한 바보일지라도, 보는 것은 할 수 있습니다. 사람이 볼 수 있기 위해 일 년에 일천 번 정도 연습할 필요도 없습니다. 누구나 볼 수 있습니다. 어린아이도 볼 수 있습니다. 하지만 본문은 말합니다.
> '나를 보라그렇습니다.' (Look unto Me).

그는 에식스 사투리로 말했다.

> 여러분 중 많은 사람이 자기 자신을 바라봅니다. 그래 봐야 소용없습니다. 여러분 자신에게서 아무런 위안도 찾지 못할 겁니다. 어떤 사람들은 성부 하나님을 바라봅니다. 아니, 그분은 차후에 바라보십시오. 예수 그리스도께서 말씀하십니다.
> '나를 보라.'
> 또 어떤 사람들은 이렇게 이야기합니다.
> '우리는 성령님의 역사를 기다려야 해.'
> 지금은 그 일이 여러분과 상관이 없습니다. 그리스도를 보십시오. 본문이 말합니다. '나를 보라.'

그런 다음 그 사람은 이런 식으로 본문에 덧붙여 말했다.

> 나를 보라, 내가 굵은 핏방울을 뚝뚝 흘리고 있다.
> 나를 보라, 내가 십자가를 지고 있다.
> 나를 보라, 내가 죽었고 장사되었다.
> 나를 보라, 내가 다시 살아났다.
> 나를 보라, 내가 하늘로 올라왔다.
> 나를 보라, 내가 아버지의 우편에 앉아 있다.
> 오오! 불쌍한 죄인이여!
> 나를 보라! 나를 보라!

그 정도 길이까지 나가고, 십 분 정도를 어찌어찌해서 끌고 가다가, 그는 능력의 한계에 부딪혔다. 그때 그는 회랑 아래에 있는 나를 보았다. 참석자는 소수인데, 그는 내가 낯선 사람인 것을 알아보았을 것이다. 시선을 내게 고정하고서, 마치 내 마음을 전부 알고 있는 듯, 그는 말했다.

"젊은이! 그대는 매우 비참해 보입니다."

음, 나는 그랬었다. 하지만 나는 강단에서 내 개인의 외모를 가지고 그렇게 진술하는 것에 대해서는 익숙지 않았다. 그런데 그것이 좋은 일격이었다. 제대로 정곡을 찔렀다. 그가 이어서 말했다.

"그리고 그대는 항상 비참할 것이오. 이생에서도 비참하고, 죽어서도 비참할 것이오. 만약 이 본문에 순종하지 않는다면 말이오. 하지만 그대가 지금 순종한다면, 이 순간에, 그대는 구원받을 것이오."

그리고서, 손을 높이 들더니, 오직 초대감리교파 사람들만 할 수 있는 방식으로 그가 외쳤다.

"젊은이! 예수 그리스도를 바라보시오. 보라! 보라! 보라! 보고 사는 것 외에 다른 수가 없소이다!"

나는 즉시 구원의 길을 보았다. 나는 그가 무슨 다른 말을 했는지 모른다. 다른 말에는 그다지 주의하지 않았다. 나는 그 한 가지 생각에 사로잡혔다. 마치 놋 뱀이 높이 들려져서, 사람들이 바라보고 치유될 때처럼, 나에게도 그랬다.

나는 오십 가지 일을 하려고 기다리고 있었다. 하지만 "보라"는 말씀을 들었을 때 그것이 내게 얼마나 매력적인 말씀으로 들렸던가!

오! 나는 바라보았고, 거의 내 눈이 빠질 정도로 바라보았다. 그 순간 나는 태양을 본 것이다. 나는 그 즉시 일어설 수 있었고, 그리스도의 보혈과 오직 그분만을 바라보는 단순한 믿음에 대하여 가장 열정적으로 노래할 수 있었다.

오! 누군가가 전에 이런 말을 내게 해주었더라면, "그리스도를 의지하라, 그리하면 살리라." 하지만 그 모두가 지혜로운 순서를 따른 것이며, 이제 나는 의심 없이 말할 수 있다.

> 당신의 상처에서 흐르는 그 물줄기를
> 믿음으로 본 이후엔
> 구속의 사랑이 내 노래가 되었으니
> 죽기까지 내 노래의 주제가 되리라.

나는 그리스도께 오기까지 결코 만족할 수 없었음을 내 영으로 고백할 수 있다. 아직 어린아이였을 때에도, 나는 이미 비참함을 느끼고 있었다. 심지어 거기에 오늘날 내가 아는 것보다 더 많은 권태, 더 많은 근심, 더 많은 마음의 고통을 더할 수 있다. 이런 고백에서 나는 아주 특이할 것이다.

하지만 나는 그렇게 말할 수 있고, 그것이 진실임을 안다. 내 영혼이 예수께 의탁했던 그 귀한 시간부터, 나는 견고한 기쁨과 평안을 찾았다. 하지만 그 이전에, 어린 시절의 모든 흥겨운 놀이 같은 것, 소년 시절에 상상할 수 있는 모든 안락함이나 즐거움들이 내게는 헛되고 정신만 성가시게 만들었다.

그 행복한 날, 내가 구주를 발견하고 그분의 귀한 발치에 가까이 가기를 배웠던 그 날은 결코 잊을 수 없는 날이다. 평범해 보이는 아이, 알려지지 않았고, 다른 사람들이 이름을 들어본 적 없는 아이였던 내가 하나님의 말씀을 들었다. 그 귀한 본문이 나를 그리스도의 십자가로 인도했다. 나는 그날의 기쁨을 말로 표현할 수 없는 것이라고 증언할 수 있다.

나는 펄쩍 뛸 수도 있었고, 춤이라도 출 수 있었다. 어떤 열광적인 표현이라도, 그 날 내 영혼의 기쁨을 표현하기에는 부족하다. 그 이후로 그리스도인으로서 많은 경험을 한 날들이 지나갔다. 하지만 그날처럼 들뜨고 솟아오르는 기쁨으로 가득한 날은 없었다. 나는 앉아 있던 좌석에서 뛰어오를 수도 있을 것 같고, 그 자리에 참석했던 감리교 형제들을 향해 가장 큰 소리로 외칠 수도 있을 것 같았다.

> 나는 용서받았습니다!
> 나는 용서받았습니다!
> 은혜의 순간이로다!
> 한 죄인이 십자가의 보혈로 구원을 받았습니다!

내 영혼은 속박의 사슬이 끊어진 것을 보았고, 해방된 영혼인 것을 느꼈다. 나는 천국의 상속자, 용서받은 자, 그리스도 예수 안에서 받아들여진 사람, 진흙탕과 끔찍한 구덩이에서 건짐을 받은 자가 되었고, 내 발은 반석 위에 올려졌고, 내 거동은 안정되었다. 나는 집으로 오는 내내 춤을 출 수 있다고 생각했다.

나는 존 번연이 그의 회심에 관하여 말할 때, 쟁기로 갈아놓은 들판의 까마귀들을 향해서도 말하고 싶었노라고 밝혔을 때, 그 의미가 무엇인지 이해할 수 있었다. 그는 너무 충만하여 억제할 수 없었고, 누군가에게 말해야 한다고 느낀 것이다.

모든 사람이 자기 구원의 날과 시간을 기억할 수 있는 것은 아니다. 하지만 리처드 닐(Richard Knill) 목사는 "그와 같은 날에는 천국의 모든 수금이 울렸다. 리처드 닐이 거듭났기 때문이다"라고 말했듯이, 나에게도 마찬가지였다.

천국에 있는 자비의 자명종이 내 해방의 시각에 울렸다. 그때가 왔기 때문이다. 내가 그 예배당에 갔던 날, 10시 30분과 내가 집으로 돌아왔던 12시 30분 사이에, 내게 어떤 변화가 일어났던가!

나는 어둠에서 나와 기이한 빛으로 들어갔으며, 사망에서 생명으로 옮겨졌다. 단지 예수를 바라봄으로써 나는 절망에서 구출되었고, 너무나 즐거운 상태로 들어가게 되었다. 사람들이 집에서 나를 보았을 때, 그들이 내게 말했다.

"너에게 어떤 놀라운 일이 일어났구나."

그리고 나는 그 모든 일에 관하여 열성적으로 말해주었다.

오! 그날, 장남이 구주를 만났고 또 용서받았음을 알게 되었다는 말을 들었을 때, 식구들에게도 큰 기쁨이 있었다. 그 행복에 비교하면 지상의 모든 즐거움은 아무것도 아니며 또 헛될 뿐이다. 그렇다, 나는 있는 모습 그대로 예수를 바라보았고, 그분이 내 구주이신 것을 알았다. 여호와의 영원한 목적이 그렇게 작정하였다. 그 이전에는 나만큼 비참한 사람도 없었으나, 그 짧은 순간에, 나보다 더 기쁜 사람이 없었다.

나는 번갯불보다 긴 시간을 보내지 않았으나, 그 일이 이루어졌고, 다시는 되돌릴 수 없었다. 나는 보았고, 살았으며, 내 죄가 저 위대한 대속 자에게 옮겨져 영원히 치워진 것을 보고 자유의 기쁨으로 껑충 뛰었다.

그분의 눈은 내 영혼 속에 말로 표현할 수 없는 사랑의 광선을 쏘았다. 그러자 한순간에 나는 구원받았다. 그분을 바라보면서, 고통스러웠던 내 영혼의 아픔이 치유되었다. 크게 갈라진 상처가 나았고, 부러진 뼈들이 회복되었으며, 나를 덮었던 누더기들이 모두 제거되었다. 내 영혼은 저 먼 북극의 티끌 하나 없는 눈처럼 희어졌다.

> 내 영혼엔 선율이 흘렀다. 내가 구원받았고, 씻어졌고, 용서받았기 때문이다. 나무에 달리신 그분을 통해서 이루어진 일이다.
>
> 오! 나의 주님!
>
> 저는 어찌하여 귀하신 주님께서 십자가의 죽음에까지 낮아지셨는지 이해하지 못합니다. 어찌하여 당신께서 그 이마에서 영원 전부터 빛나는 광채를 발하던 별들의 화관을 치우시고, 오히려 가시관이 당신의 관자를 누르게 하셨는지, 저는 그저 놀랄 뿐입니다. 어찌하여 당신이 저 영광의 외투, 곧 당신의 영원한 제국의 푸른 빛 망토를 벗으셨는지 저는 깨닫지 못하겠습니다. 그것을 벗으시고 당신은 잠시 수치스러운 자주색 외투를 걸치셨지요. 그리고는 불경한 사람들의 조롱을 받으셨습니다. 그들은 왕에게 경배하는 시늉을 하며 당신께 절했지만, 그것은 조롱이었습니다.
>
> 당신은 수치스럽게도 아무것도 가린 것 없이 벌거벗겨졌고, 흉악범처럼 죽임

을 당하셨습니다. 이것을 저로서는 이해할 수 없습니다.

하지만 진정 놀라운 것은 당신께서 이 모든 고통을 저를 위해 당하셨다는 것입니다!
진실로, 저를 위한 당신의 사랑은 놀랍고, 여인들의 사랑을 능가합니다!
당신처럼 슬픔을 겪어본 이가 누구입니까?
어떤 사랑이 당신의 사랑과 같아서, 그 큰 슬픔의 수문을 열 수 있겠습니까?
어떤 사랑이 당신의 사랑처럼 강력하여, 기꺼이 슬픔의 바다를 이루는 원천이 될 수 있단 말입니까?

내게는 그분의 피 흘리는 손처럼, 가시 면류관을 쓴 머리처럼 진실 된 것은 달리 없다. 가정, 친구들, 건강, 부, 안락—이 모든 것은 그날 그분이 나타나실 때 마치 별들이 태양 빛에 숨은 것처럼 광채를 잃었다. 그분이 유일한 구주이시며 인생 최고의 행복을 주는 분이셨다. 그분만이 영생하도록 솟아나는 생명수 샘을 주는 분이셨다. 십자가에 달리신 예수를 바라보고, 그의 고난과 죽음을 묵상하면서, 나는 그분이 사랑의 시선을 내게 보내셨다고 생각했다. 그때 나는 그분을 쳐다보며 외쳤다.

예수! 내 영혼의 연인이여!
저로 당신의 품을 향해 날게 하소서.

그분이 말씀하셨다.
"오라."
나는 그분을 향해 날았고 그분을 껴안았다. 그분이 나로 다시 가게 하실 때, 나는 내 짐이 어디에 있는지 궁금했다.
그것이 사라졌다!
거기, 무덤 속에, 그 짐이 놓였고, 나는 공기처럼 가볍다고 느꼈다.
날개 달린 스랍 천사 같다고 할까?
나는 근심과 절망의 산들을 넘어 날 수 있었다.
그리고 오! 얼마나 큰 자유와 기쁨을 느꼈던가!

나는 황홀하여 펄쩍 뛸 수 있었다. 크게 용서받고, 죄에서 풀려났기 때문이다. 아가서의 배우자처럼 나는 말할 수 있었다.

> 내가 사랑하는 자를 만났노라 (아 3:4).

나, 한 소년이 영광의 주를 만났다.
나, 죄의 노예가 위대한 구원자를 만났다.
나, 어둠의 자녀가 빛 중의 빛을 만났다.
나, 잃은 자 중에서도 가장 천한 자가 내 구주이시며 내 하나님을 만났다.
나, 외로운 과부 같은 사람이 친구(Friend)를 만났고,
나를 사랑하는 나의 남편을 만났다.

오! 내가 용서받다니 그것이 얼마나 신기하던지!
내가 그토록 신기했던 것은 용서 자체가 아니라, 그것이 나에게 임했다는 것이다. 나는 그분이 내 죄와 같은 죄들을 용서하실 수 있다는 것이 놀라웠다. 무수하고도 흉악한 범죄들이었고, 양심의 큰 송사를 느낀 죄들이었건만, 그분에게는 내 영혼의 모든 풍랑을 잠재우시고 강물처럼 잔잔하게 하실 수 있는 능력이 있었다.
그 날이 흐린 날이건 맑은 날이건, 그것은 내게 아무 문제가 아니었다.
내가 그리스도를 만났다!
그것으로 충분했다. 그분이 나의 구주가 되셨고, 내 모든 것이 되셨다. 내가 진심으로 말할 수 있는 것은, 죄를 용서받은 한 날이 죄를 자각하고 보낸 5년의 세월에 대한 충분한 보상이 되었다는 것이다. 나는 밤마다 나를 두렵게 했던 모든 공포에 대해서와, 낮에 나를 놀라게 했던 모든 불길한 예감에 대해 하나님께 감사해야 한다. 그것이 그 이후로 줄곧 나를 더 행복하게 했기 때문이다. 혹 내 영혼을 누르는 근심이 있을 때, 그것이 한때 나를 땅바닥에 엎어지게 하고 마치 짐승처럼 기도록 만들었던 무거운 고통과 근심의 짐은 아니기에, 나는 하나님께 감사드린다.
나는 전에 겪었던 고통을 다시 겪을 수 없다는 것을 안다. 내가 지옥으로 보내어지지 않는 한, 나는 내가 한때 알았던 고뇌보다 큰 고뇌를 알지 못할

것이다. 이제 믿음 안에서 누리는 편안함, 기쁨과 평화, 하나님의 자녀로서의 "정죄 없음"은, 내 지나간 날들의 슬픔과 고통에 대한 기억 덕분에, 곱절이나 달콤하고 이루 말할 수 없을 정도로 소중하다.

오! 하나님 아버지, 영원히 찬송을 받으소서!

음산한 겨울처럼 그 암울했던 날들 때문에, 이 여름의 날들이 더 아름답고 더 달콤합니다! 나는 이 땅을 걸어가는 동안 어떤 어둠도 두려워할 필요가 없다. 내가 만나는 어떤 사람도 두렵지 않다. 죄가 씻어졌고, 내 영혼이 더는 유죄 상태가 아니기 때문이다. 내 영혼은 깨끗해졌고, 거룩하다. 하나님의 찌푸린 얼굴이 더는 나를 향하지 않는다. 오히려 내 아버지께서 미소를 지으시고, 나는 그분의 눈을 바라본다. 그 눈은 사랑으로 반짝인다. 나는 그분의 음성을 듣는다. 지극히 감미로운 음성이다.

나는 용서받았네! 나는 용서받았네! 나는 용서받았네!

그때를 회고해 보면, 콜체스터에 있는 그 초대감리교회 예배당에서 내가 들었던 그 말씀이 왜 내게 복이 되었는지, 한 가지 이유를 알 수 있다. 나는 그 복을 구하며 하나님께 울며 부르짖고 있었다. 소년으로서 구주를 찾고 있었을 때, 나는 해가 뜰 때 일어나곤 했다. 은혜로운 책들을 읽을 시간을 갖기 위해, 또 주님을 찾기 위해서였다. 은혜의 보좌 앞에 왔을 때 나는 이런 종류의 간청을 드리곤 했다.

> 주님이여! 저를 구원하소서. 저와 같은 죄인을 구하신다면 당신의 은혜가 빛날 것입니다!
> 주님이여, 저를 구원하소서. 그렇지 않으면 저는 영원히 잃은 자가 되고 말 겁니다.
> 주님이여! 저로 멸망하게 두지 마소서.
> 오! 주여, 예수께서 죽임을 당하셨으니 저를 구원하소서!
> 그분의 고통과 핏방울로써, 그분의 십자가와 수난으로써, 저를 구원하소서!

나는 종종 이른 아침이 하루 중 최상의 때임을 확인하였다. 나는 시편 기자가 말한 기도문을 좋아했다.

> 아침에 나의 기도가 주의 앞에 이르리이다 (시 88:13).

우리로 믿게 하시는 성령께서 내게 믿음으로 말미암은 평안을 주셨다. 나는 전에 정죄를 확실히 느꼈던 것처럼 이제는 용서를 확실히 느꼈다. 내가 이전에 정죄를 확신한 것은 하나님의 말씀이 그렇게 선언했고 또 내 양심이 그것을 증언했기 때문이었다. 그러나 주께서 나를 의롭다 하셨을 때, 나는 같은 증언들에 의해 정반대의 확신을 얻게 되었다. 성경에 기록된 주의 말씀은 이렇게 말한다.

> 그를 믿는 자는 심판을 받지 아니하는 것이요 (요 3:18).

내 양심은 내가 믿는 것을 증언하고, 또 나를 용서하시는 하나님이 의로우시다 증언한다. 이렇게 나는 성령의 증거와 내 양심의 증거를 얻었고, 이 둘은 하나로 일치한다. 저명하고 탁월했던 존슨 박사는 어떤 사람도 자기가 용서받았는지를 알 수 없으며, 믿음의 확신과 같은 것은 없다는 주장을 하곤 했다.

아마도, 존슨 박사가 성경을 좀 더 연구했더라면, 그리고 좀 더 성령의 조명을 받았더라면, 그 역시도 자기 자신의 용서를 알게 되었을 것이다. 그는 한때 도자기 분야에 전문가가 되려고 시도했지만 성공하지 못했다. 분명히, 그는 도자기에 전문가가 아니었듯이, 신학에서도 아주 신뢰할만한 판단자는 아니었다. 나는 신학과 도자기 분야 모두에서 그의 견해가 별 가치가 없다고 생각한다.

자기가 용서받았는지 사람이 어떻게 알 수 있냐고?

그렇게 말하는 성경 본문이 있다.

> 주 예수를 믿으라 그리하면 구원을 받으리라 (행 16:31).

나는 주 예수 그리스도를 믿는다.

내가 구원받았다고 믿는 것이 비합리적인가?

요한복음에서 "아들을 믿는 자에게는 영생이 있고"(요 3:36)라고 그리스도께서 말씀하신다. 내가 영생을 가졌다고 믿는 것이 불합리한가?

나는 바울 사도가 성령으로 말하는 것을 발견한다.

> 그러므로 이제 그리스도 예수 안에 있는 자에게는 결코 정죄함이 없나니 (롬 8:1).
> 그러므로 우리가 믿음으로 의롭다 하심을 받았으니 우리 주 예수 그리스도로 말미암아 하나님과 화평을 누리자 (롬 5:1).

만일 내가 오직 예수에게만 나의 신뢰를 두었음을 알고, 또 그분을 믿는 것을 안다면, 말할 수 없는 즐거움으로 기뻐하는 것이 마땅하며, 오히려 하나님과 화평하지 못한 것이 천 배나 불합리하지 않은가?

믿음의 필연적인 결과로서 영혼이 구원받았음을 아는 것은 하나님의 말씀에 기초한 것이다. 나는 예수를 내 구주로 삼았고, 그래서 나는 구원받았다. 나는 그분을 왜 내 구주로 삼았는지 이유를 말할 수 있다. 겸손한 마음으로 고백하지 않을 수 없는 것은, 내가 그렇게 한 것은 그렇게 하지 않을 수가 없었기 때문이었다.

나는 그런 상황에 갇혔었다. 엄격한 율법의 작용이 나를 그런 상태로 몰았기 때문에, 설혹 50명의 다른 구원자들이 있다고 해도 그들을 생각할 수가 없었고, 오직 이 한 분에게로 올 수밖에 없었다.

나는 신성한 구주를 원했다.

나는 나를 위해 저주를 받으셔서 내 죄를 속하신 구원자를 원했다.

나는 다시 살아나신 구주를 원했고, 자기 생명으로 나를 살게 하실 수 있는 구주를 원했다. 나는 말씀 안에서 내 앞에 나타나시고, 내 마음에 계시 되는 그런 구세주를 원했다.

나는 그분을 소유하지 않을 수 없었다.

나는 그때, 언젠가 루더퍼드(Rutherford)가 에버딘의 지하감옥에서 그리스도를 향한 사랑으로 충만하여 다음과 같은 말을 했을 때 그의 언어를 이해할 수 있었다.

"오! 나의 주님, 설혹 저와 당신 사이에 넓은 지옥이 가로놓였다 해도, 그것을 제가 헤치며 걷지 않고는 당신께 이를 수 없다 해도, 오직 제가 당신을 포옹할 수 있고 당신을 '나의 것'이라고 말할 수 있다면, 저는 두 번 생각지 않고 그 모든 것을 뚫고 갈 것입니다!"

오! 내가 얼마나 그분을 사랑했던가!

그분의 사랑 말고는 다른 모든 사랑을 지나치는 것, 그것이 당시에 내가 그분을 향해 느꼈던 사랑이었다. 만약, 그분을 만나기로 한 장소 옆에 맹렬히 불타는 화형대가 있었어도, 나는 굳이 사슬에 묶이지 않아도 그 위에 섰을 것이며, 즐거이 내 살과 피와 뼈들을 주어 재가 되게 했을 것이다. 그분을 향한 내 사랑을 증언하기 위해서라면 얼마든지 그렇게 했을 것이다.

그때 내 모든 재물을 가난한 자들에게 주겠냐고 그분이 물으셨다면, 나는 모든 것을 주었을 것이며, 그분을 위해 나 자신을 거지로 만들었어도, 나는 나 자신을 굉장히 부자라고 생각했을 것이다. 그때 만약 그분이 내게 그분의 원수들이 다 모인 가운데서 설교하라고 명하셨다면, 나는 이렇게 말할 수 있었을 것이다.

> 당신의 모든 양 떼 중에 내가 먹이기를 주저하는
> 어린 양은 단 한 마리도 없을 것이며,
> 당신의 대의를 위해서라면 내가 면전에서 외치기를 두려워하는
> 적수가 단 하나도 없을 것입니다.

예수님이 나를 구원하셨는가?

여기서 나는 감히 주저하면서 말할 수 없다. 나는 그분이 그렇게 하신 것을 안다. 그분의 말씀은 참되며, 그러므로 나는 구원받았다. 내가 구원받았다는 증거는 내가 설교한다는 사실에 있지 않고, 또는 내가 이런저런 일을 한다는 사실에 있지도 않다. 내 모든 희망은 예수 그리스도께서 죄인들을 구원하러 오셨다는 이 사실에 있다.

나는 죄인이다. 나는 그분을 믿는다. 그분이 나를 구원하러 오셨다. 그래서 내가 구원받은 것이다. 나는 습관적으로 이 복된 사실을 즐거이 음미하며 산다. 그 진리를 의심했던 때는 지난 과거이다. 나는 내 믿음을 지탱하기 위해 그분의 말씀을 붙든다. 그것은 아주 놀라운 일이며, 그것을 즐거워하는 자들에게는 다른 무엇보다 놀라운 일이다.

오늘날까지 내가 들어온 가장 크고 놀라운 일은 하나님이 나를 의롭게 하신다는 것이다. 전능하신 그분의 사랑이 아니라면, 나는 나 자신을 무가치한

똥보라 느끼고, 부패의 덩어리, 죄의 무더기라 느낀다. 하지만 나는 알고 확신한다. 나는 그리스도 예수 안에 있는 믿음으로 의롭다 하심을 받았고, 마치 내가 완벽하게 의로운 자였던 것처럼 대접을 받으며, 하나님의 상속자 곧 그리스도와 함께하는 상속자가 되었다.

비록 본성으로는 가장 악한 자들 가운데서 내 자리를 찾아야겠지만, 아무런 자격 없는 내가, 자격 있는 자처럼 여겨졌다. 나는 이전에 경건치 못한 자였으나, 마치 언제나 경건했던 사람인 것처럼 사랑을 받는다.

루터와 칼빈과 마찬가지로, 나는 언제나 복음의 골자는 대속(代贖, Substitution)이라는 단어에 있다고 생각해왔다. 그리스도께서 인간을 대신하여 서신다는 뜻이다. 내가 복음을 이해하였다면, 그것은 바로 이것이다. 나는 영원히 잃은 자가 되어야 마땅하다. 내가 저주를 받지 않는 유일한 이유는, 그리스도께서 나를 대신하여 형벌을 받으셨기 때문이다. 죄 때문에 두 번씩 형을 집행할 필요는 없다. 다른 한편으로, 나는 내가 완벽한 의를 갖지 않는 한 천국에 들어가지 못하는 것을 안다.

나는 나 자신의 완벽한 의를 가질 수 없다는 것을 절대적으로 확신한다. 왜냐하면, 나는 매일 죄를 발견하기 때문이다. 하지만 그때 완벽한 의를 가지신 그리스도께서 이렇게 말씀하신다.

> 불쌍한 죄인이여! 내 옷을 가지고, 그것을 입으라. 너는 하나님 앞에서 마치 네가 그리스도인 것처럼 설 것이며, 나는 하나님 앞에서 마치 죄인이었던 것처럼 설 것이다. 나는 죄인을 대신하여 고통을 당할 것이며, 너는 네가 행하지 않은 공로로 보상을 받을 것이다. 그 공로는 내가 너를 위해 행한 것이다.

나는 처음에 내가 그리스도께 왔던 것처럼, 매일 죄인으로서 그리스도께 오는 것이 아주 편리하다는 것을 안다.

"너는 성자가 아니야."

이렇게 마귀는 말한다. 음, 내가 성자가 아니라면, 나는 죄인이겠지. 그런데 예수 그리스도께서 세상에 오신 것은 죄인을 위해서였어. 물에 빠지든 헤엄을 치든, 나는 그분에게 간다. 나에게 다른 희망은 없다. 그분을 바라봄으로써, 나는 그분의 은혜만 바라게 하는 모든 믿음을 얻는다. 내 영혼을 처음 끌어당

긴 말씀은 "나를 보라"(Look unto Me)였다. 내 귀에는 그 청아한 음성이 아직도 울린다. 거기서 나는 회심하였고, 계속해서 새로워지고 힘을 얻을 것이다.

내가 본 것, 귀로 들었던 것, 내 마음이 직접 느꼈던 것에 대해 개인적인 간증을 하려고 한다.

첫째, 그리스도는 아버지의 독생자이시다.

그분이 온 세상 사람들에게는 인간일 뿐이어도, 내게는 그분이 하나님이시다. 그분은 나를 위해서 하나님 외에는 할 수 없는 일을 하셨다. 그분은 내 완고한 의지를 복종시키셨고, 돌 같은 마음을 녹이셨고, 강철로 된 사슬을 끊으셨으며, 놋쇠 문을 열고, 철 빗장을 부러뜨리셨다.

그분은 나의 애통을 웃음으로 바꾸셨고, 나의 외로움을 기쁨으로 변하게 하셨다. 그분이 사로잡혔던 나를 사로잡으시고, 말할 수 없는 기쁨으로 나를 기쁘게 하시고 영광으로 가득하게 하셨다. 다른 사람들이 그분을 어떻게 생각하든지, 내게는 그분이 영원한 아버지의 독생자이시다.

그분의 거룩한 이름이 높임을 받으시기를!

> 오! 하늘의 거룩한 천사들처럼
> 이제는 그분을 찬송할 수 있다네.
> 세세토록 그분 앞에 경배하며
> 쉬지 않고 그분의 사랑을 노래하는
> 행복한 가수들이여!
> 언제 나는 그대들의 합창에 동참할까?

둘째, 나는 그분이 은혜가 충만하시다고 증언한다.

아아! 그분이 아니었다면, 나는 그분의 영광을 볼 수 없었을 것이다.

내 죄는 차고도 넘쳤다. 나는 그분을 믿지 않았기에 이미 정죄를 받았었다.

그분은 나를 내가 원치 않는 곳으로 이끄셨고, 비록 내가 버둥거렸지만, 그분이 계속해서 나를 끌고 가셨다.

마침내 그의 은혜의 보좌 앞에 왔을 때 나는 정죄 받은 범죄자처럼 떨고 있었지만, 그가 말씀하셨다.

"네 많은 죄가 사하여졌도다. 안심하라."

다른 사람들이 그분을 멸시해도, 나는 그분이 은혜가 충만한 분이라고 증언한다.

셋째, 나는 그분이 진리가 충만하시다고 증언한다.

그분의 약속은 진실했고, 한 번도 어겨진 적이 없다. 나는 종종 그분을 의심한 적이 있었으나, 이제 그것을 부끄러워한다.

그분은 나를 실망케 하신 적이 없고, 이 점에서 나는 기뻐한다.

그분의 약속은 언제나 '예'와 '아멘'이다.

내가 개인적으로 이 대목을 더 강하게 표현할 수 있지만, 그리스도 안에서 모든 믿는 자의 증언을 말할 뿐이다.

나는 어떤 하인도 내가 섬기는 분만큼 좋은 주인을 섬긴 적이 없을 것이라고 증언한다.

어떤 형제도 그분이 내게 좋은 친지로서 대하셨던 것처럼 대할 수는 없을 것이다. 어떤 배우자도 그리스도께서 내 영혼의 남편이 되셨던 것보다 더 좋은 배우자를 얻지 못할 것이다. 어떤 죄인도 그리스도보다 더 좋은 구주를 만나지 못할 것이며, 어떤 병사도 그리스도보다 더 좋은 대장을 만나지 못할 것이다.

우는 자에게 그리스도와 같은 위로자가 어디 있으랴?

그리스도께서 내게 그러셨다. 나는 그분 외에 아무도 원하지 않는다. 내 삶에서, 그분이 나의 생명이다. 죽음에서는, 그분이 죽음에 대해 사망을 선언하실 것이다. 가난할 때는 그리스도가 나의 풍요이며, 아플 때는 그분이 나의 병상이다. 어둠 속에서 그분은 나의 별이시고, 밝을 때는 그분이 나의 태양이시다. 믿음으로 나는 복되신 하나님의 아들이 친히 흘리신 보혈로써 내 영혼을 속량하셨음을 이해하였다. 은혜의 경험으로, 그분이 어두운 절망의 구덩이에서 나를 일으키셨고, 내 발을 반석 위에 두셨음을 나는 안다.

그분이 나를 위해 죽으셨다. 이것이 내가 가진 모든 만족의 뿌리이다. 그분이 나의 모든 죄악을 치우셨다. 그분이 자기 보혈로 나를 깨끗하게 하셨다. 그분이 자기의 완벽한 의로 나를 덮으셨다. 그분이 자기의 미덕으로 나를 둘러싸셨다.

이 세상에서와 세상의 모든 유혹과 올무에서 나를 지키신다고 그분이 약속하셨고, 이 세상을 떠날 때를 대비해, 그분은 이미 나를 위해 천국에 처소를 예비해두셨다. 쇠하지 않는 지극한 행복이니, 영원한 즐거움의 면류관은 결코 빛이 바래지 않으리라.

나에게, 내 육체가 이 땅에 머무는 날들 또는 세월은 그다지 중요하지 않다. 내 죽음의 방식도 크게 중요치 않다. 원수가 나에게 순교를 선고하든지, 의사가 나에게 곧 이 삶을 떠나게 될 거라고 선언하든지, 어느 것이나 마찬가지다.

> 기껏해야 몇 번 더 해가 뜨고 지고 나면
> 아름다운 가나안 기슭에 상륙하리라.

그 이상 내가 무엇을 바랄 수 있으랴?
짧은 지상의 날들이 지나는 동안, 나는 날 위해 종이 되셨던 그분의 종이 되어야 하리라. 기독교 신앙에 관하여 나는 이렇게 말할 수 있다. 설혹 내가 개처럼 죽어야 하고, 불멸의 소망이 없다고 해도, 행복한 삶을 영위하고자 한다면, 나는 온 마음으로 하나님을 섬길 것이다. 나는 예수를 따르는 자가 될 것이고, 그분의 발자취를 따라 걸을 것이다. 내세의 삶이 없어도, 여전히 나는 왕이나 황제가 되는 것보다는, 한 사람의 그리스도인이면서 가장 낮은 크리스천 목사가 되기를 선호할 것이다. 그리스도 안에 더 큰 기쁨이 있다고 믿기 때문이다.

그렇다. 그분의 얼굴을 한 번 보는 것만으로도, 이 천한 세상의 모든 칭송을 얻는 것보다 그리고 가장 눈부시고 화창한 날들이 우리에게 줄 수 있는 모든 즐거움보다 더 큰 기쁨을 얻는다.

나는 그분이 지금까지 내게 선하셨던 것처럼 앞으로도 영원히 그러실 것을 믿으며, 그분이 착한 일을 시작하신 곳에서 그 일을 완수하실 것이라 믿는다. 예수 그리스도를 믿는 신앙에는, 지상에서조차 한 사람이 지기에는 너무 무거운 포도송이가 달려 있다. 그 과즙이 어찌나 풍성한지 천사의 입술도 이보다 더 감미로운 포도주를 맛본 적이 없을 정도이다. 여기서 누릴 수 있는 기쁨들이 있다.

낙원에서의 신성한 진미(珍味)와 감로수 섞은 포도주조차 지상에서 주님과 함께하는 연회에서 누리는 달콤한 만족을 능가하기란 어렵다. 나는 마음을 예수께 드린 수백 수천 명의 사람을 보았다. 하지만 나는 예수께 실망했다고 말한 사람을 본 적이 없고, 실제의 예수 그리스도가 선포된 것보다는 못하다고 말한 사람을 만난 적이 없다.

내 눈이 처음 그분을 보았을 때, 힘에 겨워 지친 내 어깨에서 짐이 벗어졌을 때, 그리고 내가 정죄에서 벗어났을 때, 나는 내가 들어왔던 모든 설교자가 마땅히 전해야 할 메시지의 절반도 전하지 못했다고 생각했다. 그들은 내 주님의 아름다움의 절반도 말하지 않은 것이다.

너무나 선하신 주님!
너무나 너그러우신 주님!
너무나 은혜로우신 주님!
기꺼이 용서하기를 원하시는 주님!

나로서는 마치 그들이 거의 그분을 중상했다고 여겨질 정도였다. 물론 그들은 할 수 있는 한 그분을 닮게 그리려고 했겠지만, 그것은 그분의 형상의 비길 데 없는 아름다움과 비교하면 단지 하나의 얼룩에 불과했다. 그분을 본 적이 있는 사람이라면 모두 같은 말을 할 것이다.

나는 자주 집으로 돌아갈 때 애석하다고 느끼면서 간다. 내 주님을 내가 알고 있는 대로 전하지 못했기 때문이다. 그리고 내가 그분을 아는 것은 그분의 은혜의 크기에 비교하면 얼마 되지 못한다.

그분을 더 알고, 그것을 더 잘 말할 수 있다면 얼마나 좋으랴!

제8장

회심 후의 경험들

우리의 신앙은 때때로 그 존립 자체를 위해 싸워야 합니다. 우리 안의 옛 아담이 맹위를 떨치며, 우리 안에 있는 새 영을, 마치 어린 사자처럼, 무찔러버릴 수 있다고 무시해버립니다. 그렇게 이 두 강한 자들이 다투고, 마침내 우리의 영혼은 고뇌로 가득해집니다. 우리 중의 어떤 이들은, 우리가 감히 되풀이하지 못할 신성모독으로 유혹을 받는 것이 무엇인지를 압니다. 또 우리가 한때 사투 끝에 극복했던 끔찍한 유혹으로 혼란스러워진다는 것이 무엇인지 압니다. 우리는 그것에 맞서려고 거의 피 흘리는 희생을 치렀습니다. 그런 내적 갈등 속에서, 성도는 홀로 있어야 합니다. 그들은 그들의 감정을 다른 사람들에게 말할 수 없습니다. 감히 그렇게 할 수가 없습니다. 설혹 말한다고 해도, 가까운 형제들이 그들을 멸시하거나 비난할 수 있습니다. 대부분의 신앙고백자가 그것이 의미하는 바를 알지도 못하기 때문입니다. 다른 치열한 길을 걸어왔던 사람들도 모든 것을 공감하지는 못합니다. 오히려 그들은 고통스러워하는 불쌍한 영혼을 향해 이렇게 말하는지 모릅니다.
"이 지점에서는 우리가 당신과 함께 갈 수가 없습니다."
오직 그리스도만이, 비록 죄는 없으시나 우리처럼 모든 면에서 시험을 받으셨습니다. 어떤 사람도 모든 면에서 다른 사람과 똑같이 시험을 당하진 않습니다. 그래서 각 사람은 격렬한 전쟁의 한 가운데서 홀로 서야 하는 시련을 겪습니다. 어떤 책도 그를 도울 수 없고, 어떤 전기도 그를 지원할 수 없으며, 그 발에서 못 박혔던 흔적을 드러내는 한 사람(Man)을 제외하고는, 어떤 사람도 앞서 그 길을 걸어본 적이 없습니다. 그분만이 슬픔의 모든 굽은 길들을 아십니다. 하지만 그런 샛길에서도, 주께서 우리와 함께하시고, 우리를 도우시며, 우리를 붙드시고, 우리에게 마지막까지 이길 수 있는 은혜를 주십니다.

찰스 해돈 스펄전

내 눈이 처음 그리스도를 보았을 때, 그분은 내게 아주 실제적인 그리스도이셨다. 내 죄의 짐이 내 등에서 굴러떨어졌을 때, 그것은 내게 실제적인 용서였고 실제적인 죄에서의 해방이었다. 그리고 그 날 내가 처음으로 "예수 그리스도는 나의 것"이라고 말했을 때, 그것은 내게 그리스도를 실제로 소유하는 것이었다.

청소년다운 경건한 마음으로 이른 새벽에 성소에 올라갔을 때, 모든 노래가 내게는 실제로 시편이 되었고, 기도가 있었을 때는, 그 모든 기도를 따라했었다!

그것은 정녕 기도였다!

조용한 침묵의 시간에도 마찬가지였다. 하나님께 가까이 다가갈 때는, 아무리 단순한 의무라 하더라도, 시늉만 내거나 판에 박힌 것이 없었다. 그것은 하늘에 계신 내 아버지와의 실제적인 대화였다.

오! 그럴 때면 내 구주 그리스도를 내가 얼마나 사랑했던가!

나는 내가 가진 모든 것을 그분을 위해 드리고 싶었다. 그 시절 내가 죄인들을 향해서는 어떻게 느꼈던지!

아직 소년이었지만, 나는 전하고 싶었고, 또 말하고 싶었다.

> 주변의 죄인들에게
> 얼마나 귀하신 구주를 내가 만났는지를.

처음 주님을 알았을 때, 내가 느낀 가장 큰 슬픔 중의 하나는, 내가 아주 잘 알던 어떤 사람들 즉 나와 불경한 대화를 나누었던 사람들, 그리고 내가 죄에 빠지도록 유혹했던 몇몇 다른 사람들과 관련된 것이었다.

혼자서 기도할 때, 내가 항상 올렸던 기도 중 한 가지는, 내가 알던 특정한 사람이 내가 유혹했던 죄로 인해 잃은 자가 되지 않게 해 달라는 것이었다. 비슷한 경우가 조지 화이트필드에게도 있었다. 그는 회심 이전에 함께 카드 놀이를 했던 사람들을 잊지 않았고, 그들 모두를 구주께로 인도하는 기쁨을 누렸다.

내가 처음 주님을 만난 후 닷새쯤 지났을 때의 일이다. 그때 내 기쁨은 매우 컸었고, 그리스도께서 나의 것이라는 즐거운 생각에 춤이라도 출 수 있을 것 같았다. 그런데 별안간 의기소침이라는 슬픈 구덩이에 빠졌다. 이제는 당시 내게 왜 그런 일이 일어났는지를 말할 수 있다.

내가 처음 그리스도를 믿었을 때, 마귀가 죽었다고 생각했었는지는 확실치 않다. 하지만 분명히 그가 치명적인 상처를 입었기 때문에 나를 더 괴롭히지 못할 것이라고 여긴 것 같다. 그때 나는 내 본성의 부패가 치명타를 입었다고 상상했다. 나는 쿠퍼(Cooper)의 찬송 가사를 읽었다.

> 당신의 발 앞에 이끌린 그 귀한 시간 이후로
> 내 모든 어리석은 행동들 뿌리째 잘렸네.

나는 정녕 그 시인이 그가 말하고 있는 바를 안다고 생각했다. 그러나, 쿠퍼가 그 말을 했을 때 그는 누구보다 큰 실수를 했다. 왜냐하면 내 생각에, 어떤 사람도 그의 모든 어리석은 행위들을 뿌리째 베어버리진 못하기 때문이다. 어쨌거나, 어리석게도 나는 그런 일이 내게 일어났다고 꿈꾸었다. 그것들이 다시 싹을 틔우는 일은 없을 것이라고 믿었다.

나는 완벽해지고 있다고 기대했다. 하지만 보라, 내가 초대하지 않은 침입자가 발견되었다. 살아계신 하나님에게서 멀어지려는 불신의 악한 마음이었다. 그래서 나는 내가 처음 말씀의 단순한 선포를 통해 하나님과의 화평을 얻게 되었던 그 초대감리교 예배당으로 갔다. 마침 이 구절이 그때의 본문 말씀이다.

> 오호라 나는 곤고한 사람이로다 이 사망의 몸에서 누가 나를 건져내랴(롬 7:24).

'이 본문은 나를 위한 것이군'이라고 나는 생각했다. 주중에 나는 거의 그 지경까지 간 것이다. 나는 내가 그리스도를 신뢰한 것을 알았고, 또 그 기도의 집에 앉았을 때, 내 믿음은 단순하게 그리고 오로지 구세주의 속죄에 집중한 것을 알았다.

하지만 마음에 근심이 있었다. 내가 원하는 만큼 거룩해질 수 없었기 때문이다. 나는 죄 없이 살 수가 없었다. 아침에 일어날 때는, 모든 거친 말을 삼가고 모든 악한 생각과 보는 것을 삼가겠다고 생각했으나, 그 예배당에 나는 탄식하면서 올라갔다. "선을 행하기 원하는 나에게 악이 함께 있는"(롬 7:21) 것 때문이었다. 목사는 이런 말로 시작했다.

"바울은 이렇게 말했을 때 신자가 아니었습니다."

잠깐만, 나는 내가 신자였음을 알았고, 내가 보기엔 그 본문에서 바울도 틀림없이 신자였던 것으로 보였다. (지금 나는 그가 신자였다고 확신한다.) 그 사람이 계속해서 말하기를, 하나님의 자녀라면 속에서 어떤 갈등도 느끼지 않는다고 했다. 그래서 나는 모자를 집어 들고 예배당을 나와버렸다. 그리고 그 이후로 그런 곳은 거의 참석한 적이 없다. 그런 곳은 회심하지 않은 사람들이 가기엔 아주 좋은 곳이지만, 하나님의 자녀들에게는 거의 쓸모가 없다. 이것이 잘 못 된 교파에 대한 나의 생각이다. 그것은 외부인들을 끌어들이기에는 고상하지만, 거기 앉아서 꿀을 먹으려고 들어온 사람들에게는 끔찍하다. 그것은 마치 행정 교구의 울타리와 같아서, 양들이 방황할 때에 양들을 들어오게 하기에는 좋은 장소이지만, 그 안에 양식은 없다. 꿀 있는 곳을 발견한다면 가능한 한 빨리 양들을 그곳에서 내보내는 편이 낫다.

나는 그 목사가 경험적인 신학, 또는 실제적인 마음의 신학에 대해서는 아무것도 이해하지 못한다는 것을 알았다. 만일 알았더라면 그가 그런 식으로 말하진 않았을 것이다. 그는 좋은 사람이었다고 나는 믿는다. 하지만 내 경우와 같은 문제를 다루는 임무에서는 전적으로 무능했다.

오! 내 영혼에 죄의 권세를 느끼던 그 날 이후로 죄에 대해 내가 얼마나 질색하게 되었던가!

오! 죄여, 죄여, 내가 너에게는 진절머리가 난다!

너는 내게 한순간 외견상의 즐거움 이상을 준 적이 없다!

오히려 그것과 함께 오늘날까지 내 속에서 타는듯한 깊고도 끔찍한 고통이 들어왔다!

나는 내가 과도한 민감함, 어떤 사람들이 "병적인 감수성"이라고 부르는 것 때문에 시달렸던 것을 잘 기억하고 있다.

내가 죄에 대한 생각, 즉 당시에 지독하게 악하게 보이던 죄의 생각 때문에 내가 얼마나 몸서리치고 떨었던가!

하나님께로 회심한 이후 첫 번째 주간에, 나는 잘못할 것이 두려워 한 발을 떼기도 힘들었다. 그날을 곰곰이 생각하면, 만약 성미 때문에 실수했거나, 허황된 말을 했거나, 무슨 그릇된 일을 저질렀을 경우, 나는 심하게 자책했다고 기억한다. 그 당시에 내 주님의 뜻에 대해 아는 것이 있었더라면, 나는 주저 없이 그 일을 행했을 것이다. 그분의 말씀에 일치되는 것이라면, 그것이 유행하는 것인지 아닌지, 그런 것은 내게 아무 문제가 아니었다.

오! 그분의 뜻을 행하고, 그분을 따르기 위해서라면, 그분이 어디로 가라 하시든 나는 갔을 것이다!

당시에는 그분의 명령을 행하는 것이라면 내가 결코, 결코, 느슨해지지 않을 것처럼 여겨졌다. 다른 사람들의 경험이 내 경험과 일치하는지는 모르지만, 나는 이것을 말할 수 있다. 즉 내가 만났던 최악의 어려움, 혹은 내가 봉착할 수 있는 최대의 난관이, 내가 회심한 지 얼마 후에 일어났다. 내가 처음 죄의 무게를 느꼈을 때, 그것은 하나의 짐이었고, 수고였고, 고통이었다. 그러나 두 번째는

> 믿음과 사랑과 모든 은혜 안에서
> 내가 자라도록 주께 기도했네.
> 구원에 대해 더 알아가고
> 그분의 얼굴을 더 간절히 찾길 원했네.

그래서인지, 그분이 내게 응답하여 내 모든 죄를 내게 풀어 놓으실 때, 그 죄들은 이전보다 더 끔찍하게 보였다. 나는 애굽 안에서 만난 애굽인의 악함은 애굽 밖에서 만난 애굽인의 악함과 비교하면 그 절반도 안 된다고 생각했다. 내가 전에 알았던 죄들은 잔인한 공사 감독들 같은 것이었다.

그러나 그들이 두려운 정도는 저 애굽 군인들의 죄, 즉 창과 도끼로 무장하고 차축에 날카로운 낫이 설치된 철 병거를 타고서, 나를 공격하려고 급하게 몰려오는 무리와 비교하면 무서운 정도가 절반도 안 되었다. 사실 그것들은 종전처럼 내게 가까이 다가오지는 않았다. 그런데도 그것들은 전에 내가 그들의 노예였을 때보다 더 나를 놀라게 했다.

이스라엘 백성은 마구를 갖추고, 열을 지어 행진했다. 나는 그들이 노래하

면서 갔을 것이라고 믿는다. 매일의 노역과 잔인한 속박에서 벗어났기 때문이다. 하지만 불현듯 행진하면서 머리를 돌려 보았다. 그들 뒤에서 어떤 무서운 소음이 들렸기 때문이다. 병거와 사람들이 싸우려고 덤벼드는 소리였다. 마침내 애굽 사람들이 시야에 들어왔고, 그들 뒤에서 일어나는 먼지구름도 보였다.

그때 그들은 자기들이 망하게 되었고, 곧 원수의 손에 쓰러지게 생겼다고 말했다. 나는 기억한다. 회심 후 (이런 일이 모두에게 일어나지는 않겠지만 내게는 일어났었다.) 원수가 이렇게 말하는 때가 닥쳐왔다.

> 내가 뒤쫓아 따라잡아 탈취물을 나누리라, 내가 그들로 말미암아 내 욕망을 채우리라, 내가 내 칼을 빼리니 내 손이 그들을 멸하리라 (출 15:9).

그처럼, 사탄은 한 영혼을 놓아주기를 싫어하여 급하게 뒤쫓는다. 그는 할 수 있다면 그 영혼을 되찾으려 한다. 그래서 종종, 회심하고 머지않아, 무서운 갈등의 때가 찾아온다. 그때 영혼은 살 수 있을 것 같지 않아 보인다.

"애굽에 매장지가 없어서 우리를 이끌고 와서 일시적인 자유를 누리게 하였다가, 결국은 원수들에게 훨씬 큰 고통을 받게 하시는가?"

불신앙은 그렇게 말했다. 하지만 하나님은 마지막 일격으로 자기 백성을 곧바로 구해내신다. 미리암이 여인들과 함께 소고를 잡고 춤을 출 때 그녀는 그것을 알았다. 미리암은 여인들에게 화답하며 말했다.

> 너희는 여호와를 찬송하라. 그는 높고 영화로우심이요 말과 그 탄 자를 바다에 던지셨음이로다 (출 15:21).

나는 모세의 노래 중에서 그가 다음과 같이 노래한 대목을 가장 좋아한다.

> 깊은 물이 그들을 덮으니 그들이 돌처럼 깊음 속에 가라앉았도다 (출 15:5).

누가 능히 하나님께서 택하신 자들을 고발하리요?
의롭다 하신 이는 하나님이시니, 누가 정죄하리요?
죽으실 뿐 아니라 다시 살아나신 이는 그리스도 예수시니, 그는 하나님 우편에 계신 자요 우리를 위하여 간구하시는 자시니라 (롬 8:33,34).

나는 어릴 때 더럽거나 불경한 언어에 대해서는 거의 모르고 자라도록 세심한 보살핌과 양육을 받았다. 그래서인지 나는 어른이 욕설하는 것을 거의 들어본 적이 없다. 하지만 그리스도인으로서 내 초창기 시절, 때때로 내 머릿속에 너무나 악한 생각이 들어와서 내 손으로 내 입을 치던 때가 있었음을 잘 기억한다. 그 생각이 입 밖으로 튀어나올까 두려웠기 때문이다.

이것이 사탄이 그 손아귀에서 하나님이 건져내신 자들을 고문하는 한 가지 방식이다. 가장 훌륭한 성도 가운데 많은 이들이 이런 식으로 괴롭힘을 당해왔다. 한번은, 유혹자에게 지독하게 공격을 당하고 나서, 내 사랑하는 할아버지를 만나러 갔다.

나는 할아버지에게 내 끔찍한 경험에 대해 말했고, 이런 말로 마무리를 지었다.

"할아버지, 나는 내가 하나님의 자녀일 수가 없다고 확신해요. 그렇지 않고서야 이렇게 악한 생각을 할 수가 없잖아요."

"천만에 찰스,"

그 선하시고 나이 드신 분이 말했다.

> 네가 그렇게 유혹을 받는 것은 네가 그리스도인이기 때문이야. 이런 신성모독은 너에게서 난 것이 아니야, 그것들은 마귀의 새끼들이고, 마귀는 그것들을 그리스도인의 문 앞에 두기를 좋아하지. 그것들을 네 것으로 받아들이지 말고, 집안의 방에도 네 마음의 방에도 두지 말거라.

나는 내 할아버지가 하신 말씀에 크게 위로를 느꼈다. 특히 할아버지의 말이, 내가 구주를 찾고 있으면서 비슷한 방식으로 유혹을 받았을 때, 다른 나이 지긋한 성도가 내게 한 말을 확인시켜준 점에서 그랬다. 많은 사람이 이런 구절을 장난삼아 대한다.

> 내가 알고 싶은 것 있으니
> 종종 나를 근심하게 하는 생각이라네.

내가 주를 사랑하는 걸까, 아닐까?
내가 그분의 것인가, 혹은 아닌가?

만일 그들도 직접 우리 중 어떤 이들이 겪었던 것을 겪었더라면, 더 이상 그런 장난을 하지 않을 것이다. 나는 사람들이 항상 자기 존재에 대해, 자기들이 처한 위치에 대해 확신하는 이유는 그들의 경험이 얕기 때문이라고 믿는다.

때로는 끔찍한 곤경에 빠져서, 가장 확신 있는 하나님의 자녀조차도 자기가 거꾸로 서 있는지 똑바로 서 있는지 거의 분간하지 못할 때가 있기 때문이다. 대양을 헤쳐가는 선원도 때로는 흔치 않은 곤란과 폭풍을 만나, 이리저리 휘청거리고, 술 취한 사람처럼 비틀거리며, 어찌할 바를 모를 때가 있다. 그럴 때, 만약 예수님이 내가 그의 것이라고 속삭이시면, 질문에 대한 모든 답변이 단번에 주어진 것이며, 내 영혼은 증거를 얻는다. 그것을 사탄의 면전에서 흔들면, 그는 사라지고, 나는 즐거워하며 내 길을 갈 수 있다.

나는 내 영적인 생활에서 나 자신에게 더 많은 규칙을 부여하고, 더 많은 죄를 지음을 알았다. 규칙적으로 아침과 저녁에 기도하는 습관은 신자의 삶에서 필수불가결한 것이다. 하지만 기도의 시간을 규정하는 것이나 많은 사람과 기도 제목들을 억지로 기억하는 것은 속박이 될 수 있고, 기도를 돕기보다는 얽매이게 할 수 있다.

어느 특정한 시간에 내가 자신을 낮추겠고, 또 다른 시간에는 기뻐하겠다는 식으로 말하는 것은, 마치 설교자가 설교 원고의 가장자리에 "여기서 외치고," "여기서는 미소 지으라"고 적어두는 것처럼 가식적인 꾸밈이 될 수 있다.

왜 그런가?

만약 설교자가 자기 마음에서 우러나 전하는 것이면, 그는 틀림없이 알맞은 곳에서 외치고, 또 적절한 순간에 미소지을 것이기 때문이다. 영적인 생활이 건전하다면, 규칙이나 맹세와는 무관하게, 적절한 때에 기도가 나올 것이며, 자연스럽게 영혼을 낮추기도 하고 성스러운 기쁨이 솟아나기도 할 것이다.

연감(年鑑)에 따라 순서에 맞추는 식의 종교 생활은 그 감정이 기계에서 찍어내는 벽돌처럼 될 것이다. 성 금요일에는 울고, 이틀 후에는 즐거워하고, 달력에 따라 그 감정을 조절하는 것은 너무나 인위적이어서 모방할 가치가 없다.

자기 점검은 아주 큰 복이다. 하지만 나는 자기 점검이 아주 불신앙적이고, 율법적이며, 자기 의를 세우는 방식으로 진행되기도 하는 것을 알았다. 사실상, 나는 그것을 나 자신을 위해 수행한 것이다. 나는 자신의 위안을 위해, 지금 생각하는 것보다, 훨씬 더 많은 표적과 징후와 증거들에 골몰하던 때가 있었다. 지금 나는 이런 문제를 다루는 데 있어서 마귀와 상대가 안 되는 것을 안다. 그래서 나는 날마다 이렇게 부르짖을 수밖에 없다.

"나는 죄인 중의 괴수라네, 하지만 예수께서 나를 위해 죽으셨네."

내가 하나님의 약속을 (그것이 그분의 약속이고 또 그분이 나의 하나님이시기 때문에) 믿을 수 있는 동안에, 또 내가 내 구주를 (그분이 하나님이시고 따라서 구원할 능력이 있기 때문에) 신뢰할 수 있는 동안에는, 모든 것이 잘 되어간다.

하지만 내가 이런저런 곤혹스러운 일들에 대해 스스로 의문을 제기하기 시작하고, 내 눈을 그리스도에게서 떼면, 내 삶의 모든 미덕이 많은 구멍을 통해 새나가는 것을 발견한다. 믿음에서 주의를 딴 데로 돌리는 어떤 실천도 악한 실천이며, 특히 우리를 십자가 아래에서 멀어지게 하는 종류의 자기 점검이란, 그릇된 방향으로 나아가게 마련이다.

내가 처음 구주를 알았을 때, 나는 어떤 특정한 방식으로 나 자신을 시험하곤 했다. 종종 나는 내 길에 거치는 돌을 두었는데, 그래서 나는 나와 똑같이 행동하는 사람들에게 경고할 수 있다. 때때로 나는 내 방으로 올라가서, 자기 점검의 방식으로, 혼자서 이런 질문을 하곤 했다.

"내가 죽는 것을 두려워하나?

만일 내가 내 방에서 쓰러져 죽으면, 나는 즐겁게 눈을 감는다고 말할 수 있을까?"

음, 종종 내가 정직하게 그렇게 말할 수 없었던 때가 있었다. 나는 죽음이란 매우 침통한 것이라고 느끼곤 했다.

"아아! 그렇다면", 나는 말했다.

"나는 그리스도를 믿지 않은 거잖아?

내가 주 예수 그리스도를 신뢰한다면, 나는 죽는 것을 겁내지 말아야 하고, 오히려 확신을 가져야 해."

아! 불쌍한 영혼이여! 하나님의 성도 중에서도, 죽음의 두려움 때문에 일생의 상당 기간을 속박당하는 사람들이 많다. 나는 지금 하나님의 귀한 자녀들을 안다. 내가 믿기로, 그들은 죽을 때 영광스럽게 죽을 것이다. 하지만 내가 또 아는 것은, 죽음의 생각은 그들에게도 즐겁지 않다는 것이다.

이는 하나님께서 목숨 사랑과 자기 보존이라는 법칙을 자연에 새겨두셨다는 이유로 설명될 수 있다. 그러니 친족과 친구들을 둔 사람이 소중했던 사람들을 남겨두고 떠나기를 좋아하지 않는 것은 충분히 자연스러운 일이다. 내가 알기로, 사람이 더 많은 은혜를 받으면, 죽음에 대한 생각을 기뻐할 것이다.

또 한편으로, 지금 당장은 죽음에 대한 전망으로 두려움을 느끼지만, 그리스도 안에서 안전하고 또 즐거워하면서 죽을 사람이 많다는 것을 나는 안다. 연로하신 내 할아버지는 언젠가 내가 아직도 잊지 못하는 설교를 하신 적이 있다. 그는 "모든 은혜의 하나님"(벧전 5:10)이란 본문으로 설교하고 있었는데, 하나님이 주신 각기 다른 종류들의 은혜를 묘사한 후에, 매번 그 끝부분에서 이런 말을 함으로써 성도들의 관심을 끌었다.

"하지만 여러분이 원치 않는 은혜의 종류가 하나 있습니다."

그리고서 그는 이런 말로 마무리를 지었다.

> 여러분은 살아가는 동안에 죽는 은혜를 구하지 않습니다. 그러나 그것이 필요할 때 여러분은 죽는 은혜를 얻게 될 것입니다. 여러분이 그것을 필요로 하는 상태에 있을 때, 여러분이 그리스도를 신뢰한다면 그 은혜를 충분히 받을 것입니다.

친구들의 모임에서, 우리는 만약 순교의 날이 온다면 화형당할 준비가 되었는가 하는 질문으로 토론하고 있었다. 내가 말했다.

> 나는 여러분에게 솔직하게 오늘 내가 느끼는 대로 말해야 합니다. 나는 화형당할 준비가 되지 않았습니다. 하지만 스미스필드(Smithfield)에 화형대가 있다면, 그리고 내가 거기서 한 시에 화형당할 예정인 것을 안다면, 한 시가 되

면 화형당할 수 있도록 충분한 은혜를 받게 될 것이라고 나는 믿습니다.

청소년 시절에, 늙어가면서 눈이 멀게 된 어느 목사님에게서 말씀을 듣고 큰 감명을 받았다. 그는 성찬대에서 말했고, 막 그 교회에 입회한 우리에게 증언하기를, 우리가 신실하신 하나님을 의지하는 것을 보니 감사하다고 했다. 그 훌륭한 분이 매우 약한 중에서, 그렇지만 매우 진지하게 우리에게 말하기를, 그는 소년 시절에 자기를 그리스도께 드린 이후로 결코 후회한 적이 없다고 말했다.

그 말을 들으면서 나는 그런 하나님이 내 하나님이 되셨다는 기쁨으로 가슴이 뛰었다. 그의 간증은 그보다 더 젊은 사람이라면 결코 할 수 없는 간증이었다. 더 젊은 사람이라면 더 유창하게 말할 수 있었겠지만, 내 어린 마음에는 등에 80년 세월의 짐을 진 연로하신 분의 말이 더 웅변적이었다. 20년 동안 그는 태양 빛을 보지 못했다. 그의 백발의 머리채는 이마에서 늘어져 있었고, 그의 어깨 위로 흘러내렸다. 그는 주의 만찬석에서 일어나 우리에게 연설했다.

형제들과 자매들이여! 나는 곧 여러분을 떠날 것입니다. 불과 몇 개월 후면, 나는 내 발을 침상에서 거두고, 내 조상들과 함께 잘 것입니다. 내게는 학자의 지성이 없고, 웅변가의 혀도 없습니다. 하지만 떠나기 전에, 공개적인 자리에서 내 하나님을 증언하길 원합니다. 나는 50~60년간 그분을 섬겨왔으며, 그분이 신실하지 못한 것을 한 번도 발견하지 못했습니다. 나는 말할 수 있습니다.
'내 평생에 선하심과 인자하심이 나를 따랐으며, 주 하나님이 약속하신 모든 선한 것 중에 단 한 가지도 빠진 적이 없었습니다.'

거기 경애하는 노인 한 분이 서 있었다. 그는 비틀거리며 무덤으로 들어가고 있었다. 자연적으로 그는 하늘(heaven)의 빛을 잃었지만, 더 좋은 의미에서 하늘(Heaven)의 빛이 그의 영혼을 비추고 있었다. 비록 그가 우리를 쳐다볼 수 없었지만, 그는 우리를 향해 몸을 돌리고는, 마치 이렇게 말하는 것 같았다.

젊은이들이여! 생의 이른 시기에 하나님을 신뢰하십시오. 내게는 그분을 너무 일찍 찾았다고 후회할 이유가 없습니다. 나는 그저 내 인생의 많은 날을 허비한 것을 슬퍼할 뿐입니다.

젊은 신자들의 믿음을 강화하기 위해서라면, 베테랑 크리스천 즉 전투에서 입은 상처로 뒤덮인 사람이, 자기 주님을 섬겼던 것이 행복한 섬김이었다고, 만약 다른 주인을 섬겼더라면 그렇게 행복하지 못했을 것이라고, 왜냐하면 그분을 섬기는 것이 즐겁고 그 보상은 영원한 기쁨이라고 말하는 것을 듣는 것보다 더 유익한 일은 없는 것 같다.

젊은 시절에 나는 한 경건한 분을 알았다. 그는 지금 돌아가셨지만, 누구보다도, 쓸모있는 삶의 장서들을 만들어내는 도구였다. 내가 말하는 장서란 종이로 된 책들을 의미하는 게 아니라, 삶의 책들을 말하는 것이다. 많은 청년이 그를 통해 주를 위해 살 것을 결심했고, 설교자, 교사, 집사 및 여러 분야의 일꾼들이 되었다. 어떻게 그런 일이 일어났는지는, 그들을 훈련한 사람이 누구인지를 안다면 의아하지 않을 것이다.

그는 모든 선한 말과 행실에 구비된 사람이었다. 그는 특히 성경 공부반에 관심을 기울였는데, 거기서 그는 복음을 선명하고도 열성적으로 제시했다. 그의 어린 학생 중 하나가 그가 살던 고장을 떠날 때마다, 그는 작별의 면담 시간을 가지곤 했다. 뜰에는 가지가 넓게 드리운 떡갈나무가 한 그루 있었다.

그곳이 바로 그가 요한, 토마스, 윌리엄 등등과 이른 아침의 약속을 정하던 장소였다. 그 만남의 시간에는 주님께 드리는 간절한 기도가 포함되었는데, 큰 도시로 올라가면서, 그 어린 소년이 죄로부터 지켜지고, 유익한 사람이 되게 해 달라는 내용이었다. 그 나무 아래에서 몇 사람이 주님을 위한 삶을 결단했다. 그것은 인상적인 행동이었고 그 영향은 지속하여 남았다. 훗날 많은 사람이 그 장소를 다시 찾았고, 그들의 선생님의 기도로써 신앙적으로 구별되었다.

소년 시절 처음 구주를 사랑할 무렵, 내 어린 마음은 몹시 아팠다. 나는 아버지 어머니를 비롯해 내가 사랑한 모든 것으로부터 멀리 떨어져 있었다. 가슴이 터질 것 같다고 생각했다. 나는 학교에서 보조원이었고, 거기서는 동정이나 도움을 거의 기대할 수 없었다. 내 방으로 가서, 나는 내 작은 슬픔을 예수님의 귀에 아뢰었다. 그것들이 비록 지금은 아무것도 아닌 것 같지만, 당시에는 내게 큰 슬픔이었다. 무릎을 꿇고서 나를 영원한 사랑으로 사랑하신 그분의 귀에 속삭일 때이다.

오! 그 달콤함이여!

만일 내가 다른 사람들에게 말했더라면, 그들은 그 이야기를 다른 곳에 옮겼을 것이다. 하지만 그분, 나의 복되신 친구는, 내 모든 비밀을 아시고도, 결코 다른 곳에 말하지 않으신다.

어린 신자로서 내가 자주 암송하던 성경 구절이 있다. 너무 은혜롭게 여겨진 그 구절은 바로 이것이다.

> 밧줄로 절기 제물을 제단 뿔에 맬지어다 (시 118:27).

나는 그때 전적으로 그리스도의 것이라고 느끼지 못했다. 주께서 말씀하신 결혼 언약에서는, 남편이 신부의 손가락에 반지를 끼우면서 이렇게 말한다.

"내 사랑하는 자는 내게 속하였다."

나는 그리스도께서 내 손가락에 무한하고 영원한 언약의 반지를 끼워주신 다고 느꼈던 것을 기억한다.

오! 그 날은 즐거운 날이었으며, 실로 행복한 날이었다!

행복하고 행복한 날이여, 그분의 선택이 내게 알려졌고, 또한 그분이 나의 선택을 그분에게 고정되게 하셨다!

확실히 그리스도의 소유가 된 것에서 오는 영혼의 복된 안식은, 모방할 순 없겠지만, 크게 바랄만한 것이다. 내가 알기론 훌륭한 사람들이고 또 구원받을 사람이면서도, 이런 달콤한 안식을 얻지 못하는 사람들이 있다. 그들은 그런 안식이 아주 나이 들거나 임종이 임박해서야 주어지는 것으로 생각한다. 오히려 그들은 믿음의 확신을 가지는 것이나 그리스도를 "내 사랑하는 자는 내게 속하였다"는 식으로 이해하는 것은 다소 위험하다고 말한다.

나는 열다섯 살 소년으로서 이런 행복한 방식으로 그리스도인의 삶을 시작했다. 나는 확실히, 그리고 주저 없이, 주 예수 그리스도를 믿었다. 그리고 내가 어느 그리스도인 여성을 보았을 때, 내가 그리스도를 믿었고, 그분이 나에게 속하였으며, 또 그분이 나를 구원하셨다고 그녀에게 단순하게 말할 수 있었다.

나는 하나님께서 결코 자기 백성을 버리시지 않으며, 자기 일을 중간에 포기하지도 않으실 것이라는 위대한 진리를 확신 있게 표명할 수 있었다. 한번은 꾸지람을 들었는데, 그렇게 확신 있게 말할 권리가 내게 없으며, 그렇게 말하는 것은 주제넘다는 내용이었다. 그 여성은 내게 말했다.

"아! 나는 그런 식의 확신을 좋아하지 않아."

그리고는 이런 말을 덧붙였다.

"나는 네가 그리스도를 신뢰하고 있다고 믿어. 그러기를 바라. 하지만 나는 비록 나이 많은 여인이지만, 결코 어떤 소망이나 신뢰를 넘어 그 이상의 것을 가져본 적이 없단다."

안타깝지만 그녀는 믿는 우리에게 본보기가 아니다. 우리는 일어나야 하며, 기어 다니는 수준의 삶을 초월하는 수준에 이르러야 한다. 올바르게 시작하는 사람, 올바르게 시작하는 소년, 올바르게 시작하는 소녀는, 이렇게 말함으로써 시작할 것이다.

"하나님이 친히 '그를 믿는 자는 심판을 받지 아니하는 것이요' 라고 말씀하셨다. 나는 그분을 믿는다. 그러므로 나는 심판을 받지 않는다. 그리스도는 나의 것이다."

회심하기 전에, 나는 성경을 읽으며 그 장엄함에 경탄하곤 했다. 그 역사에 매력을 느꼈고, 그 언어의 숭고함에 탄복했다. 하지만 나는 거기서 주님의 의도를 놓쳤다. 하지만 성령께서 하나님의 생명을 가지고 오셨을 때, 또 그 책(Book)을 새롭게 조명된 내 영혼에서 약동하게 하셨을 때, 그 내적인 의미가 기이한 영광으로 빛을 발했다. 하나님의 말씀에서 무언가를 발견할 때마다, 나는 강렬한 기쁨으로 받아들였다.

그 무렵부터, 하나님께 감사하게도, 비록 고난이 없지는 않았고, 특히 항상 내게 있는 의기소침의 성향에서 완전히 벗어난 것은 아니었지만, 나는 예수 그리스도를 신뢰하는 믿음 안에서 기뻐하며 또 기뻐하고, 행복하고 또 말할 수 없이 행복하다. 게다가, 나는 내 성격상의 큰 약점들이 강해지는 것을 알게 되었다. 반면 강한 격정은 누그러지고, 악한 성향들은 통제되며, 새로운 원리들이 심어졌다.

나는 변화되었다. 마치 한 사람이 완전히 박멸된 후 새로 만들어진 것처럼 나는 이전의 나와는 다른 사람이 되었다. 나는 이 변화에 대해 어떤 공로도 주장하지 않는다. 결코 그런 것이 아니다. 하나님이 나를 위해 위대한 일을 하셨다. 하지만 하나님은 같은 일을 다른 사람들을 위해서도 행하셨으며, 또한 예수 그리스도와 그의 속죄 제물을 통하여 그분의 얼굴을 찾는 자에게 지금도 기꺼이 행하기를 원하신다.

나는 회심 전에 거의 멍청이 수준이었다가 나중에 그 재능이 놀랍도록 발전한 사람들을 더러 안다. 전에는 무지해서 읽지도 못하고, 어쩌다 실수로 말한 것을 빼고는 평생 문법에 맞는 말은 하지도 못하던 어떤 사람이 있었다. 설상가상으로 그는 이웃들이 "미쳤다"고 부를 정도로 사람들에게 안 좋게 인식되었다. 하지만 그가 회심했을 때, 그가 첫 번째 한 일은 기도하는 것이었다. 그는 더듬거리며 몇 마디 말을 했다.

조금 지나자 그의 말하는 능력은 날로 개선되었다. 그다음에 그는 성경을 읽고 싶다고 생각했다. 그리고 오랜 후, 여러 달을 애쓴 후, 그는 읽는 법을 배웠다.

다음에는 무엇일까?

그는 설교할 수 있다고 생각했다. 그는 자기 집에서, 그 나름의 방식으로 설교를 조금 했다. 그다음에 그는 생각했다.

"책을 좀 더 읽어야겠어."

그렇게 그의 정신은 확장되었고, 마침내, 내가 믿기로 그는 현재 쓸모 있는 목사가 되었다. 그는 한 시골 마을에 정착했고, 하나님을 위해 수고하고 있다.

한 가지 생각이 오랫동안 대중의 마음을 사로잡았다. 그것은 종교적인 사람이 지혜로운 사람이 되기란 거의 어렵다는 것이다. 그것은 깊은 사고와 이해력 깊은 지성을 가진 사람인 체하는 불신자, 무신론자, 이신론자들이 늘 하는 말이며, 그리스도인 논객은 원수의 손아귀에 떨어지고 만다는 두려움을 갖게 하려는 말이다. 하지만 그것은 순전히 잘못된 말이다. 복음은 지혜의 총합이고, 지식의 정수이기 때문이며, 또한 진리의 보고이자, 신비로운 비밀들의 계시이기 때문이다.

그 속에서 우리는 어떻게 정의와 자비가 결혼하는지를 본다. 여기서 우리는 어떻게 가차 없는 율법이 완전히 충족되며, 주권적 사랑이 의기양양하게 죄인을 차지하는지를 목격한다. 복음에 대한 묵상은 우리의 정신을 넓혀준다. 그리고 복음이 우리의 영혼을 열어 연속되는 영광의 빛들을 비출 때, 우리는 그 속에 나타난 심오한 지혜에 놀란다.

내가 종종 말했듯이, 복음을 알기 전에, 나는 여러 종류의 지식을 여기저기 사방에서 끌어모았다. 화학에서 조금, 식물학에서도 조금, 천문학에서도 조금, 여기서 조금, 저기서 조금, 그 외 다른 곳에서도 조금 등등, 이런 식이었다. 그것들을 한꺼번에 모으니 하나의 커다란 혼돈이었다.

하지만 복음을 배웠을 때, 나는 내 머릿속의 모든 것을 마땅히 있어야 할 곳에 두는 하나의 서가(書架)를 가지게 되었다. 그리스도와 특히 십자가에 달리신 그분을 발견하였을 때, 그것은 마치 내가 체계의 중심을 찾은 것 같았으며, 그래서 다른 모든 과학이 적당한 질서대로 움직이는 것을 볼 수 있었다.

지구에서 볼 때, 행성들은 매우 불규칙한 방식으로 움직이는 것처럼 보인다. 그것들은 진행하기도 하고, 역행하기도 하고, 그 자리에 머물기도 한다. 하지만 태양에서 볼 수 있다면, 우리는 그것들이 끊임없이, 한결같이, 등속원운동(等速圓運動)을 하며 움직이는 것을 볼 것이다.

지식도 마찬가지다. 여러분이 좋아하는 어떤 과학으로 시작해보라, 그러면 진리는 온통 어긋난 듯이 보일 것이다. 십자가에 달리신 그리스도의 과학으로 시작해보라, 그러면 여러분은 태양과 함께 시작하는 셈이고, 다른 모든 과학이 완벽한 조화 속에서 돌며 움직이는 것을 볼 것이다. 세상에서 가장 위대한 정신은 바른 목적에서 출발함으로써 진보할 것이다.

옛말에, "자연에서 출발하여 자연의 하나님께로 올라가라"(Go from nature up to nature's God)는 말이 있다. 하지만 언덕을 오르기란 고되다. 가장 좋은 것은 '자연의 하나님으로부터 출발하여 자연으로 내려가는'(go from nature's God down to nature) 것이다.

일단 여러분이 자연의 하나님께 이르렀고, 그분을 믿고, 그분을 사랑한다면, 파도 속에서 음악을 듣고, 자연의 속삭임에서 노래를 듣기란 놀랍도록 쉽다. 돌들과 바위에서, 굽이치는 냇가에서, 어디서든 하나님을 보며, 소들의 울음소리와 천둥 치는 소리에서와 힘찬 나팔 소리에서나 어디서든 그분의 소리를 들을 수 있다. 그리스도는 내게 하나님의 지혜이다. 나는 이제 십자가에 못 박히신 그리스도라는 학문을 알게 되어 모든 것을 배울 수 있다.

제9장

부모에게 보낸 편지들
(1850년 1월에서 6월까지)

1860년 1월 6일의 늦은 저녁, 하이스 힐(Hythe Hill)에 쌓인 눈은, 거리를 내려다보는 스펄전의 집에서 새어 나오는 불빛을 여전히 반사하고 있었다. 저녁에는 난롯가 주변에 앉아 성경을 읽으면서 시간을 보냈다.

마침내 존 스펄전이 "얘들아, 이제 자야 할 시간이다"라고 말했을 때, 그의 장남이 대답했다.

"아버지, 저는 아직 자고 싶지 않아요."

오랜 세월이 지난 후 스펄전의 아버지는 그날 밤을 회상했다.

"우리는 밤늦도록 앉아 있었다. 그 아이가 내게 그날 일어났던 일 곧 그가 구원받은 것을 내게 들려주었다. 그 말을 들으며 내가 얼마나 기뻤던가. 찰스는 손을 움켜쥐고서 내게 말했다.

"오늘 아침에 보라, 보라, 보라는 본문에서 나는 구원을 발견했어요. 그리고 그 감리교회의 저녁 설교에서 들은 그의 사랑하시는 자 안에서 우리를 받아주셨다(KJV, 엡 1:6, 역자주)는 본문에서, 저는 평안과 용서를 발견했어요."

영적인 삶을 시작할 때부터 스펄전은 이렇게 그의 경험들을 부모와 나누었다. 다음의 편지들은 그가 뉴마켓으로 돌아온 후 그들에게 보낸 것이며, 열다섯 살 때 그의 첫사랑의 기쁨이 어땠는지를 보여준다

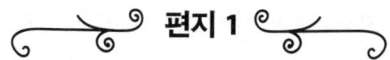

편지 1

뉴마켓, 1850년 1월 30일

사랑하는 아버지!

저는 아주 행복하고 편안합니다. '우리 모든 선조가 그랬듯이 순례자이자 나그네처럼' 지상에 머무는 동안 이보다 더 행복하고 편할 수 없을 정도입니다. 기숙사 거주 학생은 네 명뿐이고, 열두 명 정도가 통학합니다. 근사하고 자그마한 수학 학급이 있는데, 수업 시간은 전에 제가 공부했던 시간과 비슷한 것 같아요.

스윈델 선생님과 신앙적으로 좋은 대화를 나눌 수 있었습니다. 그것이 제가 제일 필요로 하는 것이었지요.

오! 저의 지나간 시간이 얼마나 무익했던지요!

저는 오랫동안 천상의 경이로운 일들에 눈을 감고 지냈던 것이 틀림없습니다.

이제야 어느 정도 보게 되었지요!

제 눈을 뜨게 해 주신 예수님의 사랑을 어찌 말하지 않고 잠잠할 수 있을까요?

이제 저는 그분을 보며, 저의 영원한 구원을 위하여 그분을 확고히 신뢰할 수 있습니다. 하지만 이윽고 저는 의심하고, 그럴 때면 저는 슬퍼합니다. 다시 믿음이 등장하고, 그러면 저는 저의 마음이 그분에게 있음을 다시 확인하게 됩니다.

이제 저는 모든 것을 할 수 있는 것처럼 느껴지고, 또 그리스도를 위해 모든 것을 버릴 수 있을 것처럼 느껴집니다. 물론 저는 그것이 그분의 사랑에 비교하면 아무것도 아니라는 것을 잘 압니다. 뒤돌아선다는 것은 저에게는 생각지도 못할 일입니다.

기도가 얼마나 달콤한지요!

항상 기도에 빠지고 싶답니다.

성경이 얼마나 아름다운지요!

전에는 성경을 그토록 사랑한 적이 없었습니다. 이제 성경은 내게 필수적인 양식처럼 여겨집니다. 저는 제 속에 영적 생명의 자그마한 조각을 가진 정도가 아니라 성령께서 거기에 두신 생명을 느낍니다. 그분이 떠나시면 저는 살 수 없다고 느낍니다. 제가 그분을 근심하게 하는 일이 없기를 떨며 바랄 뿐입니다.

게으름이나 교만이 나를 이기지 않을까?

제가 기도의 태만 때문에 복음의 명예를 가리지나 않을까?

혹은 하나님께 죄를 지어 성경의 명예를 실추시키지 않을까 두렵습니다. 정말이지, 우리가 죄와 부패하고 타락한 본성을 제거할 수 있는 곳에서는 행복할 것입니다. 지금까지 제가 빠져 있었던 저 끔찍한 구덩이를 쳐다볼 때, 다시 거기에 빠지지 않기를 떨면서 바라고, 또 한편으론 이제 제가 왕의 대로(大路) 위에 있음을 즐거워합니다.

집에서 제가 저를 위해 너무 많은 공간을 차지했던 것에 대해 용서를 구합니다. 그런데 지금도 그곳 생각이 많이 난답니다.

성경을 볼 때, 주 예수를 영접하면 즉시, 그분을 드러내어 시인하는 것이 의무라는 것이 명백하지 않은가요?

저는 세례가 그리스도의 명령이라고 생각하며 굳게 믿습니다. 그래서 만일 제가 그것을 받지 않으면 아주 편치 않을 것 같습니다. 그런 일에 저는 자격이 없지만, 제가 예수님의 사랑을 받을 자격이 없는 것도 마찬가지겠지요. 그런데 제가 예수님의 사랑을 받았다고 믿으니, 이제 세례도 받아야 한다고 생각합니다.

아버지 어머니께 제 사랑을 전합니다. 전보다 아버지를 더 사랑하게 된 것 같아요. 아버지가 나의 주 예수님을 사랑하기 때문이지요. 아버지, 사랑하는 어머니와 아처, 엘리자, 에밀리, 루이사, 로티 … 모두에게 안부와 사랑을 전해주세요.

우리 모두, 이 치열한 삶이 끝난 후에, 그곳에서 만났으면 좋겠어요―

> 광대한 빛의 나라
> 거기엔 건강과 평화와 기쁨이 하나로 연합하니
> 다함이 없는 즐거움이 솟아오르고
> 모든 소망이 이루어지네.

그리고 아버지가 이곳에 계신 동안, 복음의 축복이 아버지에게 넘치기를 바라고, 우리가 가족으로서 모두 주님께 헌신했으면 좋겠어요!

하나님의 복이 우리 모두에게 있기를 비옵니다.

언제나 순종적이고 착한 애정 어린 아들이 되기를 바라는

찰스 해돈 스펄전 드림

* * *

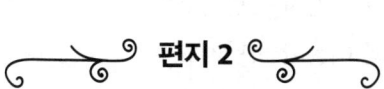

뉴마켓, 1850년 2월 19일

사랑하는 어머님께!

지난번 편지 이후로 꽤 긴 시간이 흘렀네요. 그동안 아주 바빴답니다. 저는 매일 밤 스윈델 선생님과 불어책을 읽고 있어요. 프랑스인 뻬레 선생님은 매주 한 번 와서 한 시간씩 가르쳐 주신답니다. 제가 흔적을 남긴 집이 현재까지 33 가구나 되네요. 이번에는 일전에 앤드루스 부인이 제공한 곳에 있게 되었는데요,

그분은 이 집에 안나 스윈델 양과 마지막으로 살았답니다. 다음 수요일에—내일을 의미합니다—저는 소책자 배포자들 모임에 참석하게 되었습니다. 그 모임은 정체 상태에 있는데, 이제 그들이 새롭게 출발하게 되기를 바랍니다. 목요일에, 심프슨 씨가 찾아와서 가장 중요한 주제를 가지고 저와 대화를 나누려 합니다.

오! 제가 그리스도를 위해 무언가 할 수 있다면 정말 좋겠어요! 소책자 배부는 그 자체로 너무 즐겁고 쉬워서, 제가 입은 놀라운 은혜의 빛과 비교하면 아무 일도 아닌 것 같아요.

제가 할아버지에게 편지를 썼는데 근사한 답장을 받았답니다. 저는 절망의 구렁텅이에 빠져 있었는데, 할아버지가 강한 위로의 편지를 보내셨지요. 하지만 그것이 제가 원하는 것일까요?

저는 오히려 저의 무감각과 냉담 때문에 꾸지람을 들어야 하지 않을까요?

저는 기도하지 않은 것처럼 기도하고, 듣지 않은 것처럼 듣고, 읽지 않은 것처럼 읽습니다. 그런 것이 저의 무감각과 냉담이지요. 저는 토요일과 주일에 영광스러운 부흥을 경험했습니다. 제가 어떤 것이라도 할 수 있을 때, 완전히 죽은 것은 아니겠지요.

오! 얼마나 끔찍한 상태인지요!

하나님의 자녀라면 예수님의 사랑과 그분의 영광스러운 속죄에 대해 냉정하게 바라보거나 하찮게 생각하기란 불가능하다고 생각해요.

왜 제 마음은 항상 따뜻하지 못할까요?

그것은 저 자신의 죄 때문이 아닌지요?

저는 이 죽은 것 같은 상태가 진짜 죽음, 곧 영적인 죽음의 서곡이 되지 않을까 두렵답니다. 저는 여전히 제 속에서, 그리고 저 자신에 대해서, 연약함, 무가치함, 그리고 전적인 무능을 느낀답니다. 저 자신을 잃어버리지 않으려고 하나님께 기도하지만, 만일 혼자 남겨진다면 틀림없이 그렇게 되고 말 것이 분명합니다.

제가 그분에게서 끊어진다면, 저는 저 자신의 악한 마음속에 있는 블레셋 사람들에 의해 사로잡힐 것이고, 제 눈은 모든 영적인 선한 것에 대해 영원히 닫히고 말 것입니다.

오! 사랑하는 아버지, 어머니, 저를 위해 기도해주세요!

오! 예수님 저를 위해 기도해주세요!

그러면 저는 구출될 것이고, 영원히 구원받을 것입니다. 저는 항상 성경을 읽고 싶고 성령의 도우심으로 매일 큰 깨달음을 얻고 싶어요. 그런데 스윈델 선생님이 그리스어와 불어를 공부하도록 저를 재촉하니, 시간이 부족하답니다.

하나님의 도우심으로, 제가 지상에 있는 그분의 교회에 입회가 허락되는 대로 가능한 빨리 예수님의 이름을 시인할 것을 결심하게 되었습니다.

영광스럽게도 할아버지가 저에게 그렇게 하도록 격려해주십니다. 저는 의무이자 특권으로서 그렇게 하기를 바랍니다. 그때 저는 주님의 줄이 나와 연결되었음을 느낄 것이며, 주의 깊게 행해야 할 의무를 더욱 강하게 느낄 것입니다. 물론 그렇게 하는 것이 구원의 한 부분을 형성하는 것은 아니라고 확신하지만, 양심은 저에게 세례 시에 그리스도와 함께 매장되는 것이 의무라고 확신시킵니다. 제가 그렇게 하는 것에 어머니가 반대하지 않으시니 무척 기쁘답니다. 스윈델 선생님은 침례교인이에요.

굴뚝이 무너졌을 때 틀림없이 어머니는 매우 놀라셨을 겁니다.

아무도 다치지 않아서 얼마나 감사한지요!

여기는 바람 때문에 큰 재해를 입었답니다. 제 감기는 집에 있을 때나 마찬가지고, 오히려 나빠졌어요. 최대한 몸을 돌보고 있으니 곧 나아지겠지요.

동생들은 어떤지요?

그들에게, 그리고 아처와 엘리자에게도 제 사랑을 전해주세요.

아처는 어떻게 지낸대요?

어머니와 아버지를 향한 제 최고의 사랑을 받아주세요. 모두 잘 지내시기를 비옵니다.

당신의 애정 어린 아들 찰스 해돈 스펄전

*　　　*　　　*

편지 3

뉴마켓, 1850년 3월 12일

내 사랑하는 아버님께!

친절하고, 교훈적이고, 예상치 못한 편지를 보내주셔서 너무 감사합니다. 어머니에게 사랑의 문안을 드립니다. 어머니가 곧 건강을 회복하시기를 소망합니다.

지난번 교회 모임에서 회원 추천을 받았습니다. 아무도 아직 저를 본 적이 없습니다. 이제 제가 곱절로 신중하고, 기도 역시 곱절로 할 수 있기를 바랍니다.

자기 삶이 그리스도 안에 있고 또 그분의 도우심과 약속 안에 있다는 확신이 없다면, 그리스도인이 어떻게 행복하게 살 수 있을까요?

또는 그냥 살아가는 것조차 가능할 수 있을까요?

전능자께서 나의 도움이 되실 것과 이스라엘의 목자가 나의 영원한 보호

자시라는 확신이 없다면, 저는 이런 결정적인 발걸음을 감히 내딛지 않았을 것입니다. 이제 기도는 마치 제가 유아 때 젖을 빠는 것처럼 되었습니다. 비록 제가 기도에서 항상 즐거움을 얻는 것은 아니지만, 그럼에도 저는 기도 없이 살 수 없다고 느낍니다.

> 죄에 정복되어 수치로 내 얼굴 덮었을 때,
> 나는 예수를 바라보았고, 그가 나를 은혜로 구원하셨네.
> 절망의 수렁에서 그의 이름을 부르니
> 그가 응답하여 지옥에서 나를 건지셨네.
> 기도, 오! 달콤한 기도여!
> 아무리 미미한 기도여도, 기도와 같은 것은 없네.

절망의 구렁텅이에서라도 기도와 믿음의 도움으로 통과할 수 있을 것입니다.

주님의 이름이 찬송 받으시길 원합니다!

의의 태양이 떠오르자 낙심은 안개처럼 사라지고, 그 태양이 제 마음속에 빛을 비추었습니다.

> 하나님이 참로 이스라엘에 선을 행하시도다(시 73:1).

가장 짙은 어둠 속에서, 저는 결심했습니다. 설혹 제가 또 다른 위로의 빛 한 줄기를 얻지 못한다고 해도, 비록 제가 영원히 잃어버려져도, 그럼에도 예수님을 사랑할 것이며, 그의 계명의 길에서 힘껏 달리기로 말입니다. 이렇게 결심할 수 있게 된 때부터, 모든 먹구름이 흩어졌습니다.

만일 그것들이 돌아온다면, 사랑하시는 분의 능력 안에서 저는 그것들을 마주치기를 두려워 않겠습니다. 저에게 한 가지 시련은, 제가 그리스도를 위해 포기하고, 제 사랑을 그분에게 보여드릴 아무것도 가진 게 없다는 점입니다. 제가 할 수 있는 것은 적고, 제가 행하는 것도 미미하기 때문입니다. 유혹자는 말합니다.

'너는 그리스도를 위해 남겨놓은 것이 없잖아?'

그럴 때 저는 그에게 나는 자기의(自己義)를 버렸다고 말합니다. 그가 또 말합니다.

'좋아, 하지만 너는 그것이 더러운 누더기인 것을 본 후에야 그랬잖아!'

제가 대답할 수 있는 말이라곤, 나의 만족은 내게서 나지 않는다는 것이 전부입니다.

(목요일 오후)

방금 사랑하는 어머니에게서 매우 근사한 쪽지를 받았답니다. 구매주문서를 보내주셔서 정말 감사합니다. 저는 회원들에게 회비 의무가 있는 걸 몰랐답니다. 아버지가 일러주신 대로 하겠습니다.

(여기서 편지 한 조각이 잘려나갔다.)

남동생과 여동생이 나아서 기쁩니다. 다시 한번 가족 모두에게 사랑을 전합니다.

사랑하는 아버지!

저는, 아버지의 착하고 애정 어린 아들입니다.

아들 찰스 스펄전 드림

*   *   *

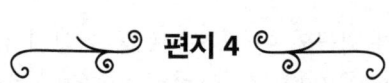

뉴마켓, 1850년 4월 6일

사랑하는 아버님께!

즐거운 소식을 전할게요. 지난 목요일 밤에, 제가 회원으로 받아들여졌어요. 오! 이제부터 더욱 주님의 영광을 위해 살기를 원합니다.

그분에 의해 제가 영원히 구원받았음을 확실히 느낍니다!

세례로 인한 저의 망설임 때문에, 저는 주의 만찬에 참여하지 않았습니다. 세례의 필요성을 이해하지 못하는 사람에게도, 이 복된 특권에 참여하는 것은 완벽하게 옳고 또 합당합니다. 하지만 저는 그렇게 할 수 없었습니다. 담벼락에 걸려 넘어질 것 같다고 상상했거든요. 세례야말로 그리스도께 대한 신앙을 고백하는, 그분이 정하신 방식이라고 확신했기 때문입니다. 이것이 제가 세례에 대해 가진 유일한 관점입니다.

저는 나 자신의 구원을 위해 어떤 한 가지라도 보탤 수 있다는 생각을 싫어합니다. 저는 내 마음의 부패를 충분히 느낍니다. 부패한 나의 옛 마음은, 내 구원을 위해 극히 적은 양이라도 보태기는커녕, 나의 구속자의 능력과 그분이 기뻐하시는 활동이 아니라면, 오히려 내 구원을 방해한다는 것을 제가 잘 압니다.

지난 목요일 이후, 저는 몸은 좀 편치 않아도, 제 마음은 천국에 있는 것 같다고 말할 수 있어요. 이제 저는 제 자격을 명확히 깨닫게 되었습니다. 또한, 하나님의 소자 중 하나가 멸망하기란, 하나님이 살아계시지 않는다거나, 사탄이 왕 중의 왕을 이긴다거나, 예수께서 더는 택하신 백성의 구원자가 아니라고 말하는 만큼이나 불가능하다는 것을 알게 되었습니다. 두려움과 의심들이 다시 나를 공격할 수 있겠지만, 내 아버지께서 그 일을 정하셨다면 저는 두려워 않고 그것을 마주할 것입니다.

하나님이 가장 잘 아십니다. 비록 제가 은혜의 초대를 두 번 다시 받지 못해도, 지금부터 저의 죽음의 날까지 의심이 떠나지 않는다 해도, '주의 기초는 든든히 서고, 주께서 자기의 소유된 백성을 아시니', 이것이 우리의 보증입니다.

이제 저는 아버지가 최근의 이 모든 시련을 어떻게 견디실 수 있었는지, 그 비결을 이해하게 되었습니다. 이 믿음은 자격 없는 우리 모두에게 과분한 선물이며, 은혜는 강력하여 지옥을 능가합니다. 하나님의 주권적이며, 선택적이며, 전능의 은혜가 아니라면, 저는, 한 사람으로서, 구원받기를 결코 소망할 수 없었습니다.

하나님이 '유 쉘'(You shall, 네가~되리라) 하고 말씀하시니, 지옥의 마귀들이 모두 빠져나오더라도, 한 사람의 진짜 그리스도인에게서 하나님의 은혜 역사를 멈추지 못할 것입니다. 필요할 때마다 그리스도인은 '아이 윌'(I will, 내가~이리라) 할 것이기 때문입니다.

오! 이렇게 위대한 구원으로 나를 구원할 것을 약속하셨고, 또 그 약속을 확실히 이루실 그분을 제가 얼마나 적게 사랑했었는지요!

저는 주님께서 제 팸플릿 구독자들 가운데 역사하시고 또 저의 작은 수고에 복을 주신다고 믿습니다. 저는 그들 중 많은 분과 아주 흥미롭고 고무적인 대화를 나누었습니다.

오오! 한 사람의 죄인이라도 강권함을 받아서 예수님께 오는 것을 볼 수 있으면 좋겠어요! 하나님이 기뻐하시면, 언젠가 저를 아버지처럼, 성공적인 복음의 설교자로 만들어주시기를 제가 얼마나 갈망하는지요!

저는 아버지의 고귀한 특권에 대해 거의 시기할 정도랍니다. 헐몬의 이슬과 성령의 역사가 아버지의 수고 위에 늘 함께하시기를 비옵니다.

불초 자식은 아버지와 어머니를 위해 기도하면서, 은혜와 평강이 두 분에게 늘 함께하시길 구합니다.

오! 자비의 하나님께서 아처의 마음을 그분께로 이끄시기를, 그리고 그를 그분의 은혜에 참여하는 사람이 되게 하시기를 기도합니다!

제가 신앙의 즐거움의 한 방울이 회심하지 않은 사람들의 일만 대양의 쾌락보다 가치 있다고 말할 때, 제 말을 믿는지 그에게 물어보세요. 그리고 그에게 그 사실을 경험으로 한 번 입증해볼 마음이 없는지도 물어보세요. 사랑하는 어머니에게 제 사랑을 꼭 전달해 주세요.

캔틀로우 목사님이 세례를 베푸는 시기가 이달로 다가옵니다. 저는 아버지의 뜻을 거슬러 행동하지 않을 것이기에, 겸손히 아버지께 동의를 구합니다. 다음 달에 대화를 나누면 아주 좋겠습니다. 아버지의 허락을 믿어 의심하지 않습니다. 우리는 모두 그리스도 예수 안에서 하나이며, 형식이나 의식들이, 우리를 나누지 못할 것이라고 믿습니다.

가족 모두 잘 지내시기를 바라며,
육적으로 뿐 아니라 믿음 안에서 당신의 사랑하는 아들인 찰스 해돈 스펄전 드림

* * *

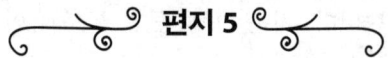

편지 5

뉴마켓, 1850년 4월 20일

사랑하는 어머님께!

매일 아침 아버지에게서 오는 편지를 기다렸어요. 답장을 고대했었지요. 지난번 아버지의 편지를 받은 후로 한 달이 지났네요. 세례받는 문제에 대해 허락 또는 거절 여부를 알려주시기를 바랍니다. 애태우며 지내왔거든요. 오늘이 20일이고, 캔틀로우 목사님이 세례 주는 날은 이달 하순으로 예정되어 있어요.

저는 다음 주로 알고 있어요. 성례 주일을 또 한 번 놓치면 아주 슬플 것 같습니다. 그리고 제 현재의 소신으로는, 세례받지 않고 앉아 있으면 제 양심이 무척 상할 것 같습니다. 그렇게 되지 않기를 바랍니다. 질의를 받았을 때, 저는 교회 모임의 회원들에게 그런 일은 없을 것이라고 확약했습니다.

어머니, 저는 종종 불쌍하게 굶주린 —씨가 생각납니다. 그가 어머니에게 제시하는 앙상한 수사와 웅변 때문입니다.

어머니가 영적인 위안을 위해 그에게 의존하지 않으신다면 얼마나 좋을까요!

저는 어머니가 비 없는 구름처럼 공허한 그 사람, 그 판에 박은듯한 설교자를 그만 따르기를 바라고 있습니다. 그의 설교에 별 내용이 없다고 생각하기 때문입니다.

사랑하는 어머니!

오히려 제 친구인 랭포드에게 가서 말씀을 듣는 것이 어떨까요?

그는 (세례받지 않은 사람에게도 열려 있는) 공개 성찬식을 거행하는 침례교인이며, 세례 없이도 어머니를 받아줄 거라고 믿습니다. 아마도 그의 설교는 저에게뿐 아니라 아처, 엘리자, 내 여동생들에게도 은혜가 될 겁니다. 그렇다면 약간의 신조 차이는 포기할만한 가치가 있지 않을까요?

하나님은 그가 하고자 하시는 사람을 구원하실 수 있고, 그가 하고자 하실 때, 또 그가 하고자 하시는 곳에서 구원하실 수 있습니다. 하지만 —씨의 시내 산에서 노호(怒號)하는 식의 설교는 모든 사람 앞에서 절대 해서는 안 되는 일입니다.

저는 이 편지의 일자를 저 황홀한 땅에서 표시하여, 내게 불어오는 뿔라(천성의 길목)의 따뜻한 공기를 느끼며 부칩니다. 제가 느끼는 즐거움의 한 방울은 고통의 전 삶만큼 가치가 있습니다. 제가 두려운 것은 이 세상의 만족에 빠지게 되는 일입니다.

나의 사랑을 어머니, 사랑하는 아버지, 엘리자, 아처, 에밀리, 루이사, 그리고 로티에게 전합니다. 어머니가 잘 지내시기를 바랍니다. 저는 훨씬 좋아졌구요, 처방전 보내주셔서 감사합니다. 다시금 사랑을 전합니다.

사랑하는 어머니의 한결같이 친애하는 아들이 되길 바라는 찰스.

> 추신: 만약 세례를 받으면, 야외 강에서 받을 겁니다. 몇몇 다른 사람들과 함께 들어갈 겁니다. 많은 증인 앞에서의 선한 고백은 저와 나의 주님, 나의 구원자, 나의 왕 사이의 결속이 될 것이라고 믿습니다.

* * *

편지 6

뉴마켓, 1850년 5월 1일

사랑하는 어머님께!

생일 축하드립니다!

행복하고 즐거운 날들을 많이 맞이하시길 바랍니다!

이번 경우엔, 제 소원이 틀림없이 실현될 겁니다. 왜냐하면, 어머니는 천국에서 영원히 행복한 날들을 보내실 테니까요!

앞으로의 남은 날들에서도, 평강의 하나님의 따스한 미소 아래에서 사시기를 바랍니다. 안식과 평화의 복된 안식처로 향하는 길에, 즐거움의 노래가 어머니의 발걸음에 동반하기를 바랍니다!

어머니 생일은 이제 이중으로 기억하게 생겼는데, 5월 3일에, 어머니가 그토록 자주 기도해주셨던 그 소년이, 희망과 두려움을 가졌던 소년인 당신의 첫아들이, 지상에서 구속받은 자들의 가시적 교회에 회원으로 가입하게 되었기 때문입니다. 공개적인 신앙고백을 통해 그는 하나님께 곱절이나 단단히 결속되겠지요.

저의 어머니이신 당신은, 내가 소망하는 나 자신이 되는 일에, 하나님의 손에 들린 큰 도구이셨습니다. 어머니의 친절하고 따뜻한 안식일 저녁의 말씀은 제 마음에 깊이 자리 잡아 잊히지 않았지요. 하나님의 은혜로, 저는 어머니를 통해 선포되는 말씀을 들었고 또 경건 서적인 『영혼 속에서 신앙의 생성과 진보』(Rise and Progress of Religion in the Soul)라는 책을 읽게 되었습니다.

만약 제가 용기를 가지고 내 구주를 따를 준비가 되었다고 느낀다면, 물속에 뛰어들 뿐 아니라, 그분이 부르신다면 불 속에라도 뛰어들 태세가 되었다고 느낀다면, 어머니의 덕택이 크답니다. 저는 당신을 제 마음에 그런 용기를 불어넣어 준 설교자로서, 또 저를 위해 기도해주시고 지켜봐 주신 어머니로서 사랑합니다.

저는 제가 어머니를 사랑하지 않는다거나, 또는 어머니가 저를 사랑하시지 않는 것은 불가능하다고 생각합니다. 그러나 주 우리 아버지께서 우리를 사랑하시지 않는 것은, 비록 우리가 그것을 종종 의심하기도 하고 심지어 불순종할 때가 있음에도 불구하고, 더욱 불가능하다고 생각합니다.

저는 언젠가 어머니께서, 하나님의 보잘것없는 도구인 제가 다른 사람들에게 설교하는 것을 보시고선, 기뻐하시기를 소망합니다. 저는 나의 유일한 힘이시며 나를 사랑하시는 주님의 이름으로, 나 자신을 영원히 그분의 대의를 위해 드리기로 맹세했습니다.

어머니는 만약 제가 세례받는 것이 저의 의무라고 생각하면서도 그것을 회피했다면, 그것이 나쁜 출발이 될 뻔했다고 생각지 않으세요?

만약 어머니가 지금 저처럼 행복하시다면, 저는 어머니가 계속해서 행복하시길 더할 나위 없이 바랄 뿐입니다. 제 생각에, 저는 이 지구상에서 가장 행복한 사람입니다.

어머니가 즐겁게 방문하시길 바랍니다. 또 이번 방문이 어머니 건강에도 많이 도움이 되길 바랍니다. 감히 편지를 쓰시라고 요청하지 않을게요. 어머니가 너무 바쁘셔서 편지 쓰는 일이 하나의 과제가 된다는 걸 아니까요.

사랑하는 어머니! 제 편지가 어머니에게 근심이 되지 않았으면 좋겠습니다. 제 사랑을 전합니다. 어머니를 근심케 하는 일은 하지 않을 테니 안심하세요. 저는 언제나 한결같이 같은 모습으로 남을 겁니다.

어머니의 다정한 아들 찰스 해돈.

추신: 스윈델 목사님 부부가 어머니와 아버지에게 경의를 표합니다.

* * *

뉴마켓, 1850년 6월 11일 자

사랑하는 어머님께!

　소중한 편지를 보내주셔서 감사합니다. 어머니 편지글은 흔치 않은 내용이어서, 어머니에겐 수고스럽겠지만, 제게는 종종 귀한 보화처럼 여겨집니다.

　주님의 높은 주권을 묵상하고, 또한 나의 구원이 전적으로 거저 주시는 그분의 선택적 사랑인 것을 돌아보면, 저는 정말이지 많은 감사를 드려야 합니다. 그분은 저를 그의 긍휼의 그릇 중 하나로 택하셨고, 제 안팎의 많은 반대에도 불구하고, 그분은 틀림없이 그분의 일을 이루실 것입니다. 영원한 속량으로 나를 사신 그분을 생각하면 저는 기꺼이 나 자신을 포기하고 전적으로 그분께 바칠 마음이 있습니다.

　이제 저는 그분의 귀한 약속들을 의지할 수 있고, 또한, 비록 제가 천국에 있는 위대한 성도들처럼 거룩하지 못하지만, 안전하다고 느낍니다.

　주일학교 어린이들에게 말씀을 전할 두 번의 기회가 있었습니다. 마치 죽어가는 사람이 죽어가는 사람들에게 말하듯이 애를 써서 전했지요. 저는 거룩한 줄에 의해 뉴마켓에 매여 있습니다. 제가 주일에 규칙적으로 방문하는 교회에는 70명이 있습니다. 저는 소책자를 주지 않고, 그냥 가서 앉아 있다가, 영적인 문제에 그들의 관심을 끌려고 노력합니다. 주께서 일하고 계심을 믿을만한 큰 이유가 있습니다.

사람들이 너무 친절하고, 저를 만나는 것을 기뻐한답니다. 저는 차마 그들을 떠날 수 없습니다. 여기 있는 우리는 너무 연약하기에 가장 약한 사람도 가만히 있을 수가 없습니다. 기도 모임에 참석하는 사람은 꽤 있지만, 그래도 기도하는 사람은 소수랍니다. 그래서 저는 계속해서 참여를 요청받고 있습니다.

집사 중 한 분인 ─씨가 계속해서 자기 집에 저를 초청하고 있습니다. 그는 약간 알미니안 쪽인데, 뉴마켓에 있는 크리스천 대부분이 그렇답니다. 할아버지가 제게 편지를 써 보내셨어요. 할아버지는 제가 침례교인이 되는 것을 나무라지 않으시고, 그저 제가 격식에 매여 엄격한 성찬식만 시행하는 부류가 되지 않기를 바라신답니다. 그 점에서 우리는 일치합니다.

저는 우리가 주의 만찬에 올 때 다른 사람들에게 있는 그런 문제는 잊어야 한다고 확고하게 생각합니다. 저는 세례받지 않은 그리스도인들에게, 비록 저는 그들이 잘못 알고 있다고 생각하더라도, 너그러울 수 있고 또 앞으로도 그러기를 희망합니다. 그것은 큰 문제가 아니며, 사람들은 다양할 수 있습니다.

우리는 우리 각자의 양심을 따라야 하면서, 동시에 다른 사람들도 그렇게 하도록 존중해야 할 것입니다. 형식의 문제로 논쟁하는 것보다는 꼭 필요한 경건에 관하여 이야기하며 시간을 보내는 편이 더 낫다고 생각합니다. 저는 주님께서 저에게 매일같이 모든 '자기 의존'으로부터 젖떼기를 하게 하시며, 또한 저 자신을 아무것도 아닌 자로 보도록 가르치신다고 믿습니다.

저는 그분이 아니라면 제가 완벽히 죽은 자인 것을 압니다. 저를 살리는 것은 그분의 일입니다. 저는 그분이 그 일을 이루실 것과 장차 제가 그분의 영광스러운 집에서 사랑하는 주님의 얼굴을 볼 것을 확신합니다.

내 원수들은 많습니다. 그들은 잔인한 증오로 나를 미워하지만, 여호와께서 내 편이 되십니다.

그러니 제가 왜 두려워하겠습니까?

저는 정복과 승리의 때까지 전능자의 능력 안에서 행진할 것입니다. 사라 역시 부름을 받게 되어 너무나 기쁩니다. 한 집안에서 두 사람이 한꺼번에 공개적으로 주님의 이름을 시인할 수 있게 되다니요!

우리는 주님 안에서 형제와 자매입니다. 우리들의 아버지께서 은혜의 방문을 통해 우리 각 사람을 새롭게 해 주시길 바랍니다!

저는 바울처럼 말할 수 있다고 느낍니다.

> 내가 저주를 받아 끊어질지라도, 나의 형제 곧 골육의 친척들이 구원받기를 원하노라!(참조. 롬 9:3).

우리 형제들이 구속받아 은혜 언약 안에 포함된 자들임을 하나님이 입증해주신다면 얼마나 기쁜 일일까요!

어머니 얼굴을 많이 보고 싶습니다. 심장이 고동치는 설렘으로 우리가 영생에 속한 영광스러운 일들에 관해 이야기 나눌 수 있기를 바랍니다. 나의 사랑을 어머니와 아버지께 전달합니다.

저 언약의 사자가 두 분과 함께 거하시기를, 그리고 그의 은혜의 비전으로 두 분의 마음을 황홀하게 해 주시길 바랍니다!

엘리자, 아처(생일 축하한다고 전해주세요), 에밀리, 로티, 루이사에게 사랑을 전합니다. 그들이 우리 집에서 교회의 회원이 되었으면 좋겠어요!

어머니가 건강하시다니 무척 기쁩니다. 저는 건강한데, 시험 준비 때문에 좀 고되긴 합니다.

언제나 어머니의 다정한 아들, 찰스.

추신: H— 선생님이 참석할 예정입니다. '너희는 모든 선한 일 행하기를 준비하라'(참조. 딛 1:3). 시간이 없지만, 그렇게 되도록 하겠습니다.

제10장

일기
(1850년 4월에서 6월까지)

> "구원받은 남자와 여자들의 날은 참된 생명이 동틀 때부터 시작된다. 그들의 첫 번 생일이 아니라, 그들이 거듭난 날부터 시작되는 것이다. 하나님의 은혜의 행위 때문에 그들의 달력은 바뀌었고 수정되었다."
>
> 찰스 해돈 스펄전
>
> "의심의 생각이 찾아올 때면 나는 종종 이런 말을 했다.
> '자! 이제, 하나님이 계신지에 대해서는 감히 의심하지 않을 테야. 내 일기에서 돌아볼 수 있고, 언젠가 깊은 고통의 수렁에서 내가 하나님께 무릎 꿇었고, 무릎을 일으킬 즈음엔 응답이 내게 주어졌다고 말할 수 있기 때문이지.'"
>
> 찰스 해돈 스펄전

1. 스펄전 부인의 서문

결혼한 지 얼마 되지 않은 어느 날, 남편이 고리가 채워진 작은 공책을 가지고 왔다. 그것을 내 손에 건네주면서 남편이 무겁고 심각한 어조로 말했다.
"이 공책에는 지난날 내 영적 체험들의 기록이 담겨 있어요. 여보, 잘 보관해 주세요. 하지만 나는 그것을 다시 보길 원치 않아요."
그는 이 공책을 다시 보지 않았고, 내게도 그것은 봉인된 공책이었다. 나는 그것을 열어보려 하지 않았다. 이 공책은 펼쳐지지 않은 채, 내가 그것을 본지 40년 동안 그대로 보관되어왔다. 하지만 이제, 경건한 마음과 손으로, 그것을 숨겨놓았던 장소에서 꺼낸다. 소년다운 필체를 보면서, 그리고 내 사랑하는 남편의 지난 시절 마음속 생각들을 읽기 시작하면서, 내가 그의 글을 옮겨쓰는 일을 감당할 수 있을까 생각해보았다.

내 눈이 흐르는 눈물을 감추면서 볼 수 있을지, 내 손은 많이 떨지 않고 펜을 잡을 수 있을지, 그리고 그를 너무나 사랑했던 내 마음이, 지나간 일을 지나간 일로 여기고, 지상의 수고와 슬픔이 영원한 영광의 기쁨 중에 영영 잊히는 것에 대해서 하나님께 감사할 수 있을지를 가늠해보았다.

주님이시여! 제게 힘을 주시고 도와주소서!

이 작은 공책의 내용은 거의 3개월 동안 꾸준하게 쓴 일기인 것이 드러났는데, 1850년 4월 6일부터 시작하여, 같은 해 6월 20일에 끝나는 것이었다. 이 공책에는 세례받을 시기, 그 어린 회심자가 주님을 섬기려는 처음 노력이 담겨 있었고, 나중에 그 위대한 설교자를 알았고 사랑했던 모든 사람을 위한 깊은 관심과 애정으로 가득했다. 마침내 나는 오래 간직되었던 그 책의 비밀을 드러내는 일이 정당하다고 느꼈다.

이 일기에 담긴 영혼의 고백들과 거룩한 결심을 한 번 숙독하는 것으로도 하나님의 영광에 이바지할 수 있고, 또한 이를 통해 하나님이 어떻게 자기의 어린 종을 그가 알지 못하는 방식으로 인도하셨는지를 보일 수 있다고 여겼기 때문이다. 나는 하나님이 내게 이 일을 하게 하신다고 믿는다.

열여섯 소년의 신앙 일기이다. 이어지는 그의 삶의 이력의 빛으로 읽힌다면, 아주 감동적이다. 어떤 경우에는, 미래의 나무의 줄기와 가지들이, 그것이 맺는 열매를 통해 희미하게 윤곽을 드러낸다. 마찬가지로 여기서 우리는 주께서 영광스러운 섬김을 위해 예비하고 계셨던 한 인물의 어떤 윤곽과 아름다움을 감지할 수 있다.

비록 그가 틀림없이 그의 내면에서 앞으로 개발될 놀라운 능력의 요동침과 진통을 느꼈을 테지만, 그런데도 그의 겸손은 얼마나 두드러졌던가? 어느 곳에서 그는 "만약 제가 저 자신에 대해 높이 평가하는 생각을 품는다면, 주님이여, 저를 용서하소서"라고 말한다. 일찍이 주님께서는 남편의 후반부 인생을 장식한 온유의 은혜라는 보기 드문 열매를 위해, 귀한 씨앗을 심으신 것이다. 기도에 참여하는 것이든, 주일학교 어린이들에게 가르치는 것이든, 공적인 권면과 관련하여 젊은이로서 노력을 기울인 후, 그는 자신의 성공에 놀란 것처럼 보인다.

그러면서 그는 교만과 자기 영광을 멀리하려고 굉장히 애를 쓰며, 거듭해서 자기 자신의 약함을 고백하고, 또 하나님이 주시는 힘을 구한다. 이 선택된 영혼에 얼마나 깊은 토대가 놓였던가!

하나님께서는 그 위에 얼마나 거대한 진리와 교리의 기둥들을 세우셨으며, 장차 자기 주님을 위해 세상에서 위대한 일을 하게 될 그 사람의 영적인 의식을 형성하셨던가!

그는 진실로 "적절하게 뼈대를 갖춘 건물"이었으며, "주 안에서 거룩한 성전"이자 "성령 안에서 하나님이 거하실 처소"가 되기 위하여 자라갔다(참조. 엡 2:21,22). 그가 이런 생각들을 기록했을 때 그의 나이는 어렸지만, 은혜에서는 원숙했으며, 영적인 문제에 있어서 대다수 그리스도인이 늙어서야 얻을 수 있는 것보다 더 풍부하고 폭넓은 경험들을 쌓았다!

이 일기장 쪽수마다 하나님, 성령의 일하심과 가르침이 얼마나 분명하게 계시 되어 있으며, 또한, 배우는 그 학생의 온순함과 열심과 겸손은 마찬가지로 얼마나 분명하게 나타나 있는가!

이 일기의 많은 문장이 기이하게도 그의 미래의 위치와 사역과 관련하여 예언적인데, 특히 다음의 두 대목에서 그렇다.

"오! 나의 하나님, 저를 당신의 신실한 종으로 삼으소서!
이 시대와 세대에서 제가 당신의 명예를 높이게 하시고, 당신을 섬기는 일에 영원히 구별되게 하소서!"

또한, "저를 당신의 뛰어난 종이 되게 하시고, 당신의 위대한 종 바울처럼 당신을 섬길 수 있도록 능력의 은총을 허락하소서!"

이러한 기도의 호흡에서, 우리는 또한 그의 위대한 힘의 비밀이 어디에 있는지를 보게 된다. 그는 하나님을 절대적으로 믿고 신뢰했다. 그의 믿음은 하나님의 방식으로 영예롭게 되었다. 자기 자신의 약함을 깊이 자각하였기에, 그는 어린아이처럼 자기 주님에게 온전히 기대고 의지하였다.

하나님이 그를 이끄셨고, 마치 아버지가 어린 아들을 자기 팔로 안듯이 그를 안으셨다. 하나님의 영이 그 안에 거하시고, 그에게 모든 것을 가르치셨다. 그의 온 마음이 하나님과 그분을 섬기는 일에 드려졌다. 하나님의 약속들은 그에게 진실이었으니, "주는 항상 미쁘시니 자기를 부인하실 수 없으시기"(딤후 2:13) 때문이었다.

하나님은 자기의 사랑하시는 종을 영광 가운데서 영접하실 때까지, 그에게 선물들과 은혜를 양손에 가득 올려주셨다.

아마도 이 작은 공책이 보여주는 값진 것 중에서 가장 값비싼 것은, 저자의 주 예수님을 향한 개인적이며 강렬한 사랑일 것이다. 그는 그분의 품 안에 살았다. 사도 요한처럼 그는 그의 머리를 예수님의 품에 기대었다. 일기에서 사용된 사랑스러운 용어들은 결코 공허한 말이 아니었으며, 또한 중단되지도 않았다. 그 용어들은 하나님의 사랑이 성령에 의해 그의 마음에 부어져서 흘러넘친 것이다. 무의식이 그의 입술을 닫기 전에, 망통에서 그가 내게 한 마지막 말 중에서 한 가지는 이것이다.

"오! 여보, 내 주님과 함께 너무나 복된 시간을 보냈구려!"

언제나 그런 식이었다. 주님은 그에게 마치 그의 눈이 그를 바라볼 수 있는 것처럼 실제적이었다. 하나님의 임재 안에 사는 것은 그의 즐거움이었고, 그것이 그의 매일의 삶이자, 매 순간의 삶이었다.

내 사랑하는 남편의 삶의 세밀한 부분들을 이렇게 짧은 몇 개월 만에 다시 쓰자니, 그 과업은 나 자신에게 달콤하고도 고통스러운 일이다. 하지만 누군가 이것을 통해 얻는 것이 있다면, 하나님께 더 가까이 이끌리고, 하나님의 진리에 대해 더 선명한 관점을 가지게 된다면, 나는 이 고통을 즐거움으로 여길 것이며, 슬픔은 내게 기쁨을 가져다줄 것이다.

2. 일기

출생	1850년 1월 6일
교회 교제로 받아들여진 날	4월 4일
세례	5월 3일
첫 성찬 참여	5월 5일
주일학교 교사로 추천되다	5월 5일
케임브리지에 있는 교회에 가입	10월 2일

3. 헌신

오! 위대하시며 측량할 수 없으신 하나님!
저의 마음을 아시며, 저의 모든 행위를 시험하시는 하나님!
당신의 성령의 도우심을 겸손히 의지하여, 저는 저 자신을 당신께 양도하나이다.
당신의 소유로 타당한 제물로서, 저를 당신의 소유로 돌려드리나이다.
저는 영원히, 주저 없이, 계속해서 당신의 소유가 되고 싶습니다.
지상에 있는 동안, 저는 당신을 섬길 것이며,
그리하여 영원히 당신을 즐거워하며 찬송할 수 있기를 바라나이다! 아멘.

1850년 2월 1일
찰스 해돈 스펄전

4. 축복의 희년(禧年, 1850)

4월 6일 — 주님으로 인해, 또 그분 얼굴의 영광으로 인해 새로워지는 복된 하루였다. 역 주변을 걷다가 여러 사람과 대화를 나누었다. 나는 주께서 이곳에서 일하고 계시다고 믿는다. 세례에 대해 진지하게 생각하는 시간을 가졌다.

여호와는 나의 능력과 찬송이시요 또 나의 구원이 되셨도다 (시 118:14).

4월 7일 — 별로였던 하루. 몸은 무겁고 영혼은 처졌다. S. 씨의 창세기 22장 8절 말씀 설교를 들었다. 마음에 담을 수가 없었다. 두통이 떠나지 않는다. 알미니안주의는 이제 내게 맞지 않는다. 만약 지금처럼 몸이 무겁다면, 오래 살지 못할 것이다. 저녁에는, 설교 시간에 참석할 수 없었다. 그래서 더 행복했다. 저녁 내 실컷 먹기만 했다.

내가 미지의 세상으로 솟아올라
심판의 보좌에서 당신을 뵐 때,
만세 반석! 나를 위해 열렸으니,
당신 안에 나를 숨기리.

S. 목사는 어찌하여 자기는 에서가 회심했다고 믿는다고 말하는지, 나는 이해할 수가 없다. 주께서 "에서는 내가 미워하였다"고 말씀하셨는데 말이다.

4월 8일 ─ 아침 식사 후 산책을 했다. 하나님의 주권적인 뜻을 어느 때보다 분명히 이해하게 되었다. 그분이 나를 부르셨다. 그분이 나를 영광으로 데려가실 것이라고 확실히 느낀다. 몸이 썩 좋지 않다.

오! 은혜의 하나님, 당신이 원하실 때 저를 본향으로 데려가소서!

처음부터 끝까지 "은혜, 은혜, 은혜!"이다.

4월 9일 ─ 오늘 다시 행복해졌다. 이런 날들만 계속된다면, 땅과 하늘이 하나가 될 텐데―내가 지금 무슨 말을 쓴 거지?

나는 오늘 죄를 지었음을 안다. 천국에서는, 죄를 지을 수 없을 것이다.

오! 거룩하게 되기를, 하나님 닮게 되기를!

언젠가는 그렇게 되리라 믿는다.

오! 영광스러운 시간!

오! 복된 거처, 내 하나님을 가까이하고 그분처럼 되는 때가 오기를!

예수님, 제가 어찌 당신을 잊을 수 있겠습니까?

당신의 생명이 저의 즐거움입니다. 주께서 저를 당신의 영으로 붙드시고, 제게 당신을 향한 더 많은 사랑을 부어주소서!

오! 나의 하나님, 아직 잘 기도할 수가 없습니다.

A.를 기억하소서! 오! 내가 하나님을 위해 더 많은 일을 할 수 있다면 좋으련만!

너희는 그 은혜에 의하여 구원을 받았다 (엡 2:8).

4월 10일 ─ 건강이 훨씬 좋아졌다. 지옥을 능가하는 것은 은혜이다. 내 활동 영역은 얼마나 좁은가?

하지만 위대하신 분이 황공하게도 내가 존재하기도 전에 나의 위치를 정해두셨다!

모든 것은 하나님에 의해 정해진다. 그분의 이름을 찬송하리니, 비록 그가 나를 죽이셔도, 나는 그분을 신뢰하리라. 죄가 예수의 피로 모두 씻어졌다. 의심과 두려움이 곧 다시 찾아오겠지. "내 영혼의 소원"을 다해 그것들과 마주칠 준비를 하자. 주의 임재가 아직 떠나지 않았다.

내가 대천사의 혀를 가졌더라도, 그분의 은혜를 충분히 찬미할 수 없을 것이다. 사랑하는 어머니와 가족이 모두 잘 지냈으면 좋겠다. 곧 십자가를 예상해야 할 것이다.

자기 십자가를 지고 나를 따르지 않는 자는 내게 합당하지 아니하니라 (마 10:38).

4월 11일 ─ 나는 선한 목자라 나는 내 양을 알고 양도 나를 안다 (요 10:14). 이 구절을 은혜롭게 묵상했다.

그분이 자기의 모든 양을 아신다면, 어찌 그중 하나라도 잃을 수 있으랴? 오늘 높은 지위에 있는 일부 사람들의 죄악에 대해 글을 읽었다.

하나님 아버지여!

그들을 용서하시고, 당신의 이름이 훼방을 받지 않게 하소서!

오! 나의 사랑하는 주님, 이렇게 당신의 명예를 더럽히느니 저는 영원히 멸망하는 편이 낫겠습니다. 제 마음이 오직 당신만을 바라나이다!

시편 68:18-20에 대한 S. 목사의 설교를 들었다. 그가 우리 구원의 모든 영예를 하나님께 돌리는 것을 들으니 좋았다.

이스라엘의 목자이시어!

당신의 양 떼를 모든 진리로 인도하소서!

저를 깨우시고, 당신을 더욱 사랑하게 하소서!

4월 12일 ─ 오늘 세상의 일들이 내 생각을 너무 많이 차지했다. 내 주님께만 관심을 온전히 고정할 수 없었던 하루였다. 그렇지만 주님은 그분의 얼굴을 내게서 숨기지 않으셨다. 비록 유혹을 당해도 나는 넘어지지 않으며, 시험을 당해도 패하지 않는다. 진실로 이는 주님의 주권적인 은혜 때문이다. 예수님의 속죄의 피가 새롭게 적용되어 내 죄들을 씻어주시길 갈망합니다.

오! 하나님, 주께서 저를 낮추소서, 그러면 저는 추락을 두려워할 필요가 없을 것입니다!
오! 시온을 찾아오시고, 당신의 교회를 보전하소서!
교회로 영광의 빛을 발하게 하소서!

오늘 4월의 소낙비가 계속 내리고 있다. 주님은 자기의 약속을 잊지 않으신다. 예수님이 나의 마음을 취하셨다.

부지 중에 내 마음이 나를 내 귀한 백성의 수레 가운데에 이르게 하였구나 (아 6:12).

내 마음으로 사랑하는 자야 네가 양 치는 곳과 정오에 쉬게 하는 곳을 내게 말하라 (아 1:7).

오! 내 사랑하는 분, 흠 없으시며 가장 아름다우신 주여!
저는 영원히 당신의 것이길 원합니다!
매일 저를 만나주소서!
당신의 품이 천국이기 때문입니다.
저를 거룩하게 하소서!
준비시켜 주소서!
열매를 맺도록 도우소서!
영원히 당신의 소유가 되게 하소서!

4월 13일 — 주말인데 그다지 피곤하지 않다. 한 가지 이유는 매 하루가 내게는 주일이기 때문이다. 찬송을 받으실 목자여, 이제 저는 잔잔한 물가를 건나이다. 세상에는 얼마나 많은 사건이 일어나는지! 영국교회의 형편이 상당한 위기에 처해 있다. 나는 내 작은 일을 사랑한다.

주여! 저와 함께하소서!

"깊도다, 하나님의 지혜와 지식의 풍성함이여!"(롬 11:33).

내 영혼아, 그를 의지하라; 열심히 그분 뒤를 따르라.

4월 14일 ― 오늘 아침 S. 목사로부터 요한삼서 4절을 본문으로 한 설교를 들었다. 이신칭의라는 위대한 주제에 대한 것이었다. 만일 행위가 값이라면, 누가 감히 천국에 가기를 꿈꿀 수 있겠는가?

나는 그럴 수 없다. 그것은 마치 내가 태양에 뛰어오를 수 있다 치고 또 그것을 내 손으로 잡을 수 있다고 해도, 태양 안에서 나를 하나의 소유물로 드리는 것과 같다. 오후에는, 지난 주일의 내용 일부가 반복되었다.

에서는 우리에게 별로 흥미로운 설교 거리를 제공하지 않는다. 저녁의 주제는 결단이었다. 나는 상당히 고무되었다. 세례에 관하여 집에서 어떤 대답이 곧 오기를 바란다.

> 물과 불 가운데를 지나더라도, 예수께서 인도하시면
> 그가 가시는 곳에 나는 따르리.

어느 곳에서든 나는 그분을 저버리지 않을 것이며, 그분 곁을 떠나지 않을 것이다.

4월 15일 ― 오늘은 잘 지냈고, 꽤 행복한 날이었다. 경주의 첫날이다. 오 하나님, 저로 달라지게 하소서!

오늘 기도 모임이 좋았다.

> 주여! 인자함은 주께 속하오니 (시 62:12).

내가 다른 무엇을 의지할 수 있을까?

P. 씨가 저녁에 왔고, 11시 넘어서까지 함께 이야기했다. 덕분에 나는 경건하게 보냈어야 할 시간의 일부를 잃었다.

은혜의 보좌로 나아갈 때
얼마나 다양한 장애들을 우리가 만나는지!
하지만 기도의 가치를 아는 자라면,
그곳에 자주 가기를 싫어할 자 누구랴?

4월 16일 — 오늘 저녁에는, 하이스에서 온 친구들이 모일 것이다. 당신의 은혜로운 복을 허락하소서!

『천로역정』의 뿔라 땅에 관하여 읽었다. 나는 거기에 가본 적이 있다. 그것도 '절망 거인'(Giant Despair)에게 이르기 전에. 우리가 항상 위로를 얻는 것은 아니니, 그렇지 않으면 잠들 수가 있기 때문이다. 지금 영적으로 조금 졸린 상태이다.

강한 구원자이시어!

제 눈을 열어주소서!

내 영혼이 애굽의 고기 솥을 그리워하는 것 같다.

그것도 하늘의 만나를 먹고 난 후에!

오! 나의 구주이시어, 저를 도우시고 용서하소서!

4월 17일 — 도덕률폐기론에 관한 풀러의 글을 일부 읽었다. 나의 하나님, 제 가까이에 얼마나 깊은 구렁이 있는지요!

나는 이런 종교를 미워한다고 말할 수 있다. 나는 하나님을 사랑하기를 원하며, 내 하나님 아버지처럼 거룩해지기를 바란다. 나와 내 의의 태양 사이에는 약간의 구름이 있지만, 그분이 여전히 나를 비추고 계심을 의심치 않는다. 그분은 나를 떠나신 적이 없다. 나는 살아있는 하나의 기적이며, 내가 살아있다는 것 자체가 은혜이자 걸어 다니는 불가사의다. 이 시각부터 그분을 더 가까이하며 살 수 있기를, 그리고 그분의 이름을 더 영화롭게 할 수 있기를!

4월 18일 — 구름이 흩어졌다고 믿는다. 오늘 약간의 햇살을 보았다. 구름이 있건 없건, 나는 그분의 능력 안에서 행할 것이다. 채플에 갔는데 사람이 거의 없었다. 나는 힘을 새롭게 할 수 있었다.

이제 주님의 길에서 달릴 수 있기를 간구한다!

아버지가 왜 편지를 보내시지 않는지 궁금해지기 시작했다. 분명, 그럴만한 이유가 있겠지. 주여! 당신의 백성에게 힘을 주소서, 은혜의 생기를 불어넣으사 당신의 교회를 부흥케 하소서!

4월 19일 ― 하나님을 충분히 가까이하며 살지 못하고 있다. 주의 길에 대한 나의 냉정함과 무관심을 한탄해야 할 것이다.

오! 회복하시는 은혜의 하나님, 한창때에 당신의 종에게 오소서!

나는 그분을 의지하리, 나는 그분의 능력과 사랑을 의심할 수 없다.

암, 그렇고말고!

> 당신을 사랑합니다, 흠모합니다.
> 오! 더욱 사랑하도록 은혜를 주소서!

다시 그분 앞에 가서 그분의 미소짓는 얼굴을 다시 뵈리라.

> 내 이름으로 아버지께 무엇을 구하든지 다 받게 하려 함이라 (요 15:16).

4월 20일 ― 내 팸플릿을 들고 돌아다녔다. 주의 영이 나와 함께하심을 느낄 수 없었다. 내 발과 혀에 걸림이 있는 것 같았는데, 그럴 만도 하다. 기도하지 않았거나, 또는 성경을 충분히 연구하지 않았기 때문이다. 내 허물을 고백하오니, 내 죄가 항상 내 앞에 있나이다.

은혜! 모든 것이 은혜다!

주여! 당신의 속죄 피로 저를 새롭게 씻어주소서!

> 당신의 복음은 땅 같이 굳게 섰나이다.
> 나의 주, 나의 소망, 나의 힘이시여.

하나님이 나를 보호하시면 나는 망할 수 없다. 나는 아무것도 할 수 없다. 약하고 죄 많은 벌레 같은 나여.

4월 21일 ― 오늘 아침에 S. 목사가 데살로니가후서 3장 3절로 말씀을 전했다. '주께서 그것을 행하시리라', 이는 그리스도인의 큰 소망이자 내 삶의 주된 위로다. 오후에는 마태복음 9장 22절이었다. 여기서도 주님의 일하심이 있다. 세상의 의사들은 그 일을 하지 못했다.

하나님이시여!

이 위대한 구원으로 인해 당신을 찬송하나이다!

저녁에는 요한삼서 4절이었는데, 나는 같은 설교를 두 번 전하는 것에는 별 흥미를 못 느낀다. 전체적으로, 오늘은 말씀에서 많은 즐거움을 얻었다. 그럴 자격은 거의 없지만, 아니 전혀 없지만. 내게는 공로 없으니, 전혀 없도다.

천하고도 천한 자여!

어찌 이토록 오랫동안 이 위대한 구원에 대해서와 하나님의 백성의 영광스러운 상태에 대해 눈을 감고 살았단 말인가.

4월 22일 — 주께서 나를 버리지 않으셨다. 오늘 저녁에 기도회에 갔고, 기도에 참여했다.

나의 유일한 친구되신 주님에 대해 말하는데 내가 무엇을 두려워하랴?

다음에는 소심하지 않을 것이다. 주께서 이 일에 나를 도와주시면 좋겠다. 다른 일에서도 그분이 나를 도우실 것이다. 요즘 내 영혼은 더 활발하고, 더 솟구쳐오르며, 내 삶의 모든 기쁨이신 주님께 더욱 빠져든다. 믿음은 하나님의 귀한 선물이며, 사랑 역시 그분의 선물이다. 처음부터 끝까지 모든 것이 하나님께 속한 것이다.

4월 23일 — 내 기도가 어느 정도 응답되었다. 내 일이 다시 살아났다고 믿는다. 내게는 아무 공로가 없다. 모든 것이 은혜이며, 나는 그것을 인정해야 한다. 은혜가 자라는 일에서나, 은혜 안에서 사는 일을 위해서나, 모든 일에서, 나는 주님께 의존한다고 느낀다. 나는 매일의 공급을 받되, 충분히 받는다.

그러나 한꺼번에 이틀 치 분량을 받진 않는다. 모든 것을 위해 주님께 의존한다고 느끼고 또 주님을 신뢰할 수 있다는 것은 은혜이다.

노래하라! 내 영혼아, 노래하라! 주께서 너를 속량하셨으니, 너는 안전함이라!

4월 24일 — 캔틀로우 목사로부터 편지를 받았다. 세례는 목요일에 거행된다. 하나님이 저를 도우사 주께 합당한 삶을 살게 하시고, 저의 공개적인 신앙고백이 저를 더욱 성실하게 하소서! 리딩 씨에게서 온 편지는 내가 생각했던 것보다 좋았다.

오! 주여, 진실로 저의 분깃이 기쁨의 장소에 있으며, 제가 좋은 기업을 얻었나이다. 세례에 대해서는 내가 바라는 대로 행할 것이다. 진리를 위한 열심 때문에, 그리고 내 구주와 가까이 동행하는 것 때문에 잃는 것은 아무것도 없다. 오히려, 나는 모든 것을 얻는다.

주여! 당신은 나의 생명이십니다. 저를 인도하소서.

당신의 지혜와 사랑에 따라 이 땅에서의 제 분깃을 정하소서!

4월 25일 ― 버웰(Burwell)에 갔다. 어린이들의 시험에 관한 내용을 들었다. 가르치는 것은 정말 주님으로부터 주어지는 재능이다.

얼마나 무거운 책임이 내게 부여되었는가!

언젠가 나는 이 재능을 그분의 명예를 위해 사용할 거라고 믿는다. 아버지에게서 편지가 왔다. 정말이지, 그는 내게 다소 엄격하시다. 내가 내 양심을 따랐고, 그리고 주님의 교회와 관련하여 주제넘게 주님의 울타리를 넘지 않았으니, 이 정도는 예상했던 바다. 내 일은 내 구주를 따르는 것이지, 나 자신을 위해 편한 길을 고르는 것이 아니다.

만약 내가 어느 정도 훌륭하게 행한다면, 나는 그 모든 영광을 내 구원의 위대한 창시자에게 드리고 싶다. 이제 좀 담대해지는 느낌이 드는데, 마귀가 나를 비난해도 나는 그를 반박할 수 있다.

주님! 저는 여태 변절하지 않았고, 어떤 원수들도 공포로 저를 떨게 하지 못했으니, 이 모든 것이 주님 덕분입니다!

저는 제 구원이 전적으로 예수님의 손에 달린 것이라 믿고, 계속해서 하늘을 바라보며 달려갈 것입니다.

예수님은 나의 생명, 나의 모든 것의 모든 것이십니다!

4월 26일 ― 내가 세례를 의지하는 것은 아닌가 하는 내 아버지의 염려가 내 심령을 얼마나 요동하게 하는지!

나의 하나님, 제가 그런 생각을 얼마나 혐오하는지를 당신께서는 아시나이다.

그렇지 않습니다. 제가 오늘부터 하나님처럼 거룩하게 될 수 있다고 해도, 과거의 죄를 저 자신이 속죄할 수 없다는 것을 저는 압니다. 오늘은 상당히 좋은 날이었다. 『천로역정』의 두려움(Fear), 불신(Mistrust), 소심(Timorous) 씨

등과 일촉즉발의 상태다. 진리를 위한 용감(Valiant-for-Truth) 씨가 되어 내 주님의 영광스러운 전쟁에서 살고 또 죽기를!

4월 27일 ― 두려움이여, 썩 꺼지라!

의심이여, 물러나라!

만군의 주의 이름으로 나는 내 기치를 세울 것이다. 오라, 너희 구덩이에서 올라온 귀신들이여, 나의 대장을 너희는 당하지 못하리!

그분의 이름으로, 그분의 무기로 무장하고, 그분의 능력으로, 나는 용감히 너희 모두와 맞설 것이다!

그런 지도자 곁에서 죽는 것이 얼마나 영광스러운 일인가!

나는 사람이 아니라 벌레이며, 헛되고, 아무것도 아니지만, 그분이 그의 사랑을 내게 주셨으니, 내가 왜 떨거나 두려워한단 말인가?

내 팸플릿을 들고 돌아다녔다. 좋은 씨가 자라고 뿌리를 내리기를! 내가 마땅히 그래야 하는 것과 달리 하나님 가까이에서 살지 못한 것을 다시금 한탄한다. 주께서 내게 주신 은혜의 크기로 인해 주님의 이름을 송축하리라. 모든 면에서 나는 그분을 신뢰할 수 있다.

4월 28일 ― S. 목사가 아침과 저녁에 요한복음 1장 5절 본문으로 말씀을 전했다. 나는 주제에 집중할 수 없었다. 그의 생각의 흐름도 이해할 수 없었다.

오후에, 내가 한 사람을 채플로 인도하고, 한 소년을 주일학교로 인도했을 때 얼마나 기쁘던지!

주님이 도우셨습니다!

이런 격려를 통해, 당신의 능력 안에서, 저는 더욱 당신을 위해 살고, 끊임없이 싸우고, 더 열심히 일하기로 맹세합니다.

저를 붙잡아주소서!

저를 도우소서!

저는 아무것도 할 수 없습니다. 오늘 비록 내 마음이 종전처럼 은혜에 도취하진 않았어도 주께서 나와 함께 하셨다. 나는 그늘에서나 햇살 아래에서나 한결같이 주님을 따를 것이다.

구주 시여! 제 안에 거하소서. 저는 당신의 것이오니, 저를 도우사 당신을 섬기게 하소서. 주님, 오직 주님만을 영원히 사모하나이다!

4월 29일 — 기도회에 참석했다. 마태복음 8장 20절에 대해 생각했다. 내가 주님의 임재를 누리며 살 때, 아무것도 역경이라 할 수 없다. 나는 내 주님과 함께 거하기를 바라며, 그분을 위해서라면 모든 것을 견딜 것이다. 내 처음 사랑이 식지 않기를 원합니다. 그 사랑이 계속 빛을 발하게 할 불이 제 속에는 없습니다.

나의 주 나의 하나님!

당신만이 이 일을 하실 수 있습니다. 저는 새롭게 저를 당신께 드리고 싶고, 오직 당신의 십자가를 즐거워하고 싶습니다.

4월 30일 — 또 한 달이 지나갔다. 시간은 흐르고, 집으로 갈 날이 가까워진다. 이달은 거룩한 즐거움과 많은 은혜를 누린 달이었다. 예수님께서 나를 위해 행하신 일과 비교하면 내가 행한 일이란 얼마나 적은가!

그토록 선하신 주님께 나는 얼마나 게으른 종인가!

시간은 계속 흐르며, 내게 기쁨도 슬픔도 가져다주겠지. 하지만 하나님이 나와 함께 하시면, 모든 것이 내 것이다!

이곳(뉴마켓)은 얼마나 허영의 시장(Vanity Fair)과 닮았는가!

이곳은 방문객들로 북적댄다. 사람들이 여기서 런던까지 갈 때 타고 가는 기관차를 보았다. 주여! 그 기관차처럼, 계속해서 직진할 수 있도록 제게 힘을 주소서.

나의 위대한 기관사시여! 당신에 의해 안내되길 원하나이다.

5월 1일 — 이제 새로운 달이 시작되었다. 지난 한 달을 잘 넘겼으니 주님께 감사하다. 이번 달에도 주님을 의지해야지. 주님, 더욱 당신의 영광을 위해 살도록 저를 도우소서. 제 매일의 행함과 대화에서 당신의 명예를 높이게 하소서. 세례의 날이 다가옵니다. 제가 세상에 대해서는 죽고, 당신을 위해서만 살게 하소서!

오! 주님, 저는 당신을 섬기고 싶습니다. 하지만 부담을 느낍니다. 한 법과 싸우는 또 한 법이 있으니, 이것이 저를 부분적으로 옥죄는 듯합니다.

당신의 은혜로써, 제 마음을 당신에게서 멀어지게 하는 모든 차꼬를 깨뜨리소서!

5월 2일 — 강의에 참석했다. 사람 수는 매우 적었고, 교회 모임이라 하기에도 부족했다. 주여, 뉴마켓에 있는 당신의 교회를 부흥케 하소서!

분에 넘치도록 행복한 날이었다. 나는 좀 더 높이 오를 수 있었고, 비록 약한 시력으로나마 내가 바라던 가나안을 볼 수 있다. 내일은 엄숙한 날이 될 것이다. 기도에서 마음을 쏟아내는 점에서 평소 때보다 나아진 것 같다. 나는 지지가 필요하고, 또 그것을 얻게 될 것이라고 느낀다.

하나님의 모든 백성은 얼마나 안전한가!

그들 중 소자 하나라도 잃어질 수 없을 터이니, 주의 약속과 맹세는 깨어질 수 없다. 진리의 하나님께서 자기 백성을 영원히 버리신다고 생각하는 것은 죄다. 그것은 수치이며 신성모독이다.

> 두려워하지 말라 내가 너와 함께 함이라, 놀라지 말라 나는 네 하나님이 됨이라 (사 41:10).

> 내가 결코 너희를 버리지 아니하고 너희를 떠나지 아니하리라 (히 13:5).

5월 3일 — 어머니 생일이다. 오늘 자연의 세계에서 그랬던 것처럼, 하늘의 해가 어머니에게 비치고, 그래서 어머니의 심령이 부흥하면 좋겠습니다! 캔틀로우 목사와 함께 11시에 출발하여 아일햄(Isleham)에는 1시에 도착했다. 오후에, 나는 세례에서 내 주님을 따르고 또한 그분과 함께 매장되는 특권을 누렸다.

복된 세례여! 내 죽음을 온 세계에 알리는 근사한 상징이다. 이제부터, 나는 오직 예수를 위해 살기 원합니다!

내 몸과 영혼을 초라한 제물로나마 받아주시고, 당신에게 결속되게 하소서. 당신의 능력을 의지하여, 이제 저는 영원히 당신을 섬기기로 저를 당신께 드리나이다.

저로 당신의 이름을 시인하는 일에서 절대로 물러서지 않게 하소서!

> 내가 만일 주님을 저버린다면
> 증언하라, 사람과 하늘의 천사들이여!

나는 예수님과 그의 십자가만 즐거워하기로, 내 삶을 그분의 대의를 확장하는 일에 쓰기로, 무엇이든 그분이 기뻐하시는 일에 쓰기로 맹세합니다. 나는 이 엄숙한 고백에서 진지하기를 원하고, 하나님께 영광을 돌리는 오직 한 가지 목적을 마음에 두겠습니다. 오늘 종일 저를 붙들어주신 것을 감사합니다.

제가 오늘 이렇게 할 수 있었던 것은 오직 당신의 능력입니다. 당신이 행하셨고, 또 당신이 행하실 것입니다. 당신이 저로 당신께 대한 신앙고백을 하게 하셨으니, 이제 저로 당신의 명예를 높이고, 고백한 대로 행하며, 지상에서 그리스도의 삶을 살도록 저를 도우소서!

5월 4일 — 뉴마켓에 9시에 도착했다. 영적으로 고양된 느낌, 내 팸플릿을 들고 한 바퀴 돌았다.

오! 나의 주님, 저로 당신을 섬기도록 도와주소서!

교회에 S. 씨와 내가 히스(Heath)에 있었다는 소문이 있다. A. 씨가 내게 무뚝뚝하게 그 소문에 대해 말해주었다. H. 씨는 많은 사람이 경마장에 다닌다는 이유로 친교를 하지 않으려 한다. 내 주님이 아시니, 내가 H. 씨에게 내 결백을 말할 필요는 없다. 비록 내가 제자들 그룹에서 쫓겨나고 거절되어도, 주님은 그분이 택하신 한 사람을 쫓아내지 않으실 것이다. 이 점에 있어서, 나는 무죄하다고 내 손을 씻을 수 있다.

5월 5일 — 세 번째, 하지만 요한복음 1장 5절을 본문으로 한 아주 강력한 설교였다. 하나님의 백성은 선한 일을 위해 얼마나 특별하고 열심을 내는 사람들이어야 하는가!

주님! 저를 도우사 당신을 높일 수 있게 하소서!

오후에는 주의 만찬에 참여했다. 왕의 아들로서 자격을 갖춘 나를 위한 왕의 연회이다. S. 씨는 모든 사람 앞에서 나를 지목하였다. 주일학교에서 처음으로 M. 씨랑 함께 사람들을 방문했다. 나는 나의 새로운 일이 상당히 좋다. 저녁 예배 후 교사들의 기도회가 8시에서 9시까지 있었다. 우리 중 다섯이 기도에 참여했다. 저녁 먹으러 B. 씨 집에 갔고, 젊은 C. 와 대화를 나누었고, 가족 기도는 10시가 넘어서야 마쳤다!

오늘은 매우 흥분되었고, 분주하게 끊임없이 움직이는 가운데서도 내 마음은 아주 견고했다고 느낀다.

만세 반석이시여! 저를 당신에게 묶으소서!

아직은 율법의 나쁜 작용을 느낀다. 모든 것이 하나님께 속하였으니, 그분이 그의 약속을 이루시리라.

> 양 떼 중 가장 비천한 자를 구원하는 일에
> 그분의 명예가 달렸도다.

5월 6일 — 기도회에 참석했다. 오후에는 선교 모임이 있었고, 그리스도의 왕국의 영광에 관한 것이 주제였다.
"그가 통치하셔야 한다."
구주시여, 오셔서 당신의 나라가 온 세상으로 확장되게 하시고, 모든 사람의 마음 위에 당신의 홀을 펼치소서!
저를 당신의 성전으로 삼으시고, 당신의 손에 들린 선한 도구로 삼으사 저를 명예롭게 하소서!
주여! 저를 저의 두 큰 대적들인 교만과 태만에서 구원하소서!
저를 지키소서!
오! 저를 지키시고 보전하소서!
저는 실수 많은 양입니다. 제가 의지하는 것은 당신의 능력이며, 제가 기대는 것은 당신의 힘입니다. 저는 아무것도 아니오니, 당신의 오른손으로 저를 붙드소서.

5월 7일 — 나는 다시금 내 미지근함을 고백해야겠다. 내가 처음 사랑을 잃어버리고 있는 건 아닌지 두렵다. 냉담함과 무력감은 내게는 타고난 것처럼 보인다. 내게는 내면의 따뜻함이 없다. 그것은 모두 의의 태양으로부터 오며, 풍성하고, 거저 주시며, 주권적인 은혜로 말미암은 것이다.
내가 완전히 얼어서 죽음에 이르지 않은 것이나, 내가 죄 때문에 하나님으로부터 멀어져 멸망하도록 버려지지 않은 것이 얼마나 큰 긍휼인가!
주여! 저로 당신을 따르도록 도우소서, 당신의 오른손으로 저를 붙드소서!
오 주여! 저는 힘이 필요합니다!
두려워하지 않으려 합니다. 오직 당신의 전능을 의지하나이다.

5월 8일 — 교사들 업무 회의가 있었다. 너무 많은 농담과 경박함은 주일학교 교사란 어떠해야 하는지에 대한 내 생각과 일치하지 않는다.

주님! 세상의 악으로부터 저를 지켜주시고, 저로 길을 잃지 않게 하소서. 하지만 이들이 당신의 백성이라면, 저를 도우사 그들보다 당신을 더 잘 섬기게 하시고, 내 주님을 더 많이 닮게 하소서!

오! 나의 하나님, 언제나 당신을 가까이하게 하시고, 더욱 당신의 영광을 위해 살게 하소서. 지금까지 행했던 것보다 더 많이 당신을 영화롭게 하게 하시고, 오직 당신만을 위해 살게 하시며, 당신을 섬기는 일에 시간과 삶이 쓰이게 하소서!

저를 보전하시고, 온전하게 하시며, 지켜주시고, 복을 내려주소서!

저를 지키소서, 오! 저를 지키소서, 왕 중 왕이시여,

전능자이신 당신의 날개 아래에 살게 하소서.

5월 9일 — 기도회가 있던 날. S. 목사가 사임했다. 음, 우리에게는 우리를 떠나지 못하고, 떠나지도 않을 더 나은 '목사'(Pastor)가 있다. 정말이지, 나는 아주 많이 가라앉았다. 내 등불이 희미하게 꺼져가는 것 같다.

주여! 부채질하시고, 더 타오르게 하소서!

저는 제가 멸망할 수 없다는 것을 압니다.

하지만, 비오니, 나의 하나님이시여!

다시 저를 방문하시고, 다시 살리사 붙들어주소서.

그리하여 저로 당신을 더욱 영화롭게 하게 하소서.

저로 당신의 빼어난 종으로 만드시고, 당신의 위대한 종 바울처럼, 당신을 섬길 수 있는 능력의 복을 허락하소서!

5월 10일 — 주의 이름을 찬송할지라!

그가 그의 종을 버리지 않으셨고, 자기의 택하신 자를 외면치 않으셨도다! 비록 나는 종종 죄를 짓고, 기도의 소중한 특권에 소홀했지만, 그분은 나를 버리지 않으셨다. L. 씨에게서 편지 한 통을 받았다. 주께서 그에게 복을 주시고, 그를 쓰시는 증표로 그에게 많은 영혼을 주시길 바란다. 그들이 어떻게 훤히 알고 있는지 궁금하다. 시간이 날아간다. 계절이 오고 또 간다.

주여! 당신의 영을 제게 주사 저로 매 순간 성장할 수 있게 하소서!

나는 "값으로 사신" 것이 되었다.

5월 11일 — 내 구역을 돌았다. 이 사람들의 얼굴을 보니 주님이 역사하신다고 믿는다.

오! 주여, 이는 주님의 일이오니, 그것을 이루소서!
나는 주의 길을 계속 가도록, 또한 계속해서 내 여분의 시간을 그분을 섬기는 데 쓰도록 격려받는다고 느낀다. 제 손의 일을 형통하게 하소서!
내 영혼이 고무되고, 내 삶이 회복되며, 또한 곧 주의 임재를 누리기를 소망한다.

5월 12일 ― 인자의 날 중의 한 날, 행복한 날이다. 안식일은 끝나지 않으리라! 주일학교에 9시에 가서, 10시 30분 예배까지 머물렀고, 12시 15분에 나왔다. 주일학교는 1시 45분에 있었고, 예배는 3시에서 4시까지 있었으며, 심방은 5시까지였다.

오늘은 이렇게 빽빽한 일정으로 보냈다. 아침 강해는 고린도전서 4:7에 대한 것이었다. 진실로, 내게 있는 것 중에 받지 않은 것은 하나도 없다. 내 재적인 의를 자랑하지 못한다. 주께서 나를 선택하지 않으셨더라면, 내가 그분을 선택했을 리가 없다.

은혜! 은혜! 은혜! 모든 것이 은혜다.

나는 아무것도 할 수 없다. 나는 아무것도 아니다. 한때 지옥의 종이었던 내가 이제 하늘에 계신 하나님의 아들이 되었으니 얼마나 달라졌는가!

숭고한 소명에 합당하게 행하도록 저를 도우소서!

오후, 시편 48:14 말씀이다.

> 이 하나님은 영원히 내[우리] 하나님이시니 그가 나[우리]를 죽을 때까지 인도하시리로다(시 48:14).

이보다 더 좋은 인도자를 바랄 수 없으며, 혹은 이보다 더 영원한 친구를 바랄 수 없으리. 그가 자기의 길로 나를 인도하실 것이다.

주여! 제가 길을 택하도록 허용치 마시고, 샛길 목초지로 들어 방황하게 버려두지 마시며, 오히려 영광에 이르는 곧은 길로 저를 이끄소서!

저녁, 사도행전 17장 11절, 내 성경 읽기표에 있는 하나님의 말씀이다.

주여! 저에게 베뢰아 사람들보다 더 고상한 마음을 주소서. 성경을 상고하여, 영원한 생명에 이르는 지혜를 갖도록 은혜를 베푸소서!

그것은 당신의 선물이며, 당신 없이 저는 그 일을 하지 못합니다. 저는 새롭게 저 자신을 당신께 드리길 원하오니, 이 제물을 당신의 줄로 묶으시고, 당신의 제단 뿔에 매어주소서!

저로 당신에게서 멀어지지 않게 하소서!

저를 당신의 은혜로운 팔로 단단히 붙드소서!

당신의 전능이 저의 보호가 되고, 당신의 지혜가 저의 방향이 되며, 당신의 은혜가 저의 구원이 되게 하소서.

"주여! 내가 믿나이다, 나의 믿음 없는 것을 도와주소서."

5월 13일 — 과분하도록 큰 은혜를 받은 날. 세상에서의 행복은 언제나 약간의 지겨움과 함께 오기 마련이다. 하지만 신앙의 기쁨, 하나님과의 교제에서 오는 기쁨은 얼마나 달콤한지요!

집에서 편지가 왔다. 모두 잘 지내고 있다. 아버지여, 좋은 소식에 감사드립니다. 저에게도 복을 내려주소서.

오! 하나님 아버지여! 저는 당신께 헌신하길 원합니다.

저를 당신께 드릴 수 있다는 것이 저의 가장 고귀한 특권입니다. 당신을 섬기는 것이 가장 큰 즐거움이며, 시들지 않는 기쁨입니다. 저는 영원히 당신의 제복을 입은 당신의 종으로 알려지고 싶으며, 당신의 특별한 백성 중 하나이길 원합니다.

5월 14일 — 저녁에 황홀한 기쁨을 맛보았다. 넋을 잃은 것 같았고, 이 초라한 한 줌 흙덩이의 경계를 넘어 날 수 있을 것만 같았다. 영적인 실재들이, 마치 아브라함의 종이 산자락에서 기다리고 있을 때처럼, 육체에 있는 동안에도 볼 수 있도록 임재하였다.

내가 얼마나 많은 은혜를 입었는가?

그럴 정도로 내가 선을 행한 것이 있었던가?

전혀 없다!

> 주여, 당신의 은혜의 줄로
> 배회하는 제 마음을 당신에게 묶어주소서.

당신의 이름이 영원토록 찬송 받으시길 원하나이다!

오! 내 영혼아, 여호와를 송축하라, 그분을 전심으로 따르라, 그분을 사랑하고 섬기라!

5월 15일 — 나는 얼마나 연약한지!

하나님을 가까이하는 상태를 지속하지 못한다. 나 자신의 무기력을 인정하지 않을 수 없다. 주님, 당신에게서 멀어져 얼마나 방황했는지를 고백합니다. 당신은 위대한 생명수 샘이십니다.

> 나는 주의 법을 잊지 아니하였사오니
> 당신의 방황하는 양을 소성케 하소서.

한창의 나이에 저로 다시 살아나게 하시고, 당신의 얼굴을 제게 비추소서! 저는 영원한 저주를 받아도 할 말이 없는 자입니다. 하지만 구원은 공로가 아니라 값없이 주시는 은혜로 말미암나이다. 이것이 마치 뗏목과도 같으니, 이 세상이 파선하여 광대한 심연에서 멸망할 때, 저는 그 뗏목에 올라 영광으로 흘러갈 것입니다.

5월 16일 — 채플에 갔다. 시편 23:3에 관한 설교이다.

이런 회복이 내게 얼마나 필요한가!

주께서 그 일을 행하시지 않으면, 나는 할 수 없다.

"당신의 원수이자 나의 원수를 내쫓으소서!"

저는 당신의 주권적인 뜻에 수동적이며 복종할 것입니다. 주께서 보시기에 옳은 일을 행하소서.

주여! 저를 지키소서. 주의 부흥의 때를 기다리나이다. 저에게 일하는 법을 가르치시고, 또한 당신이 곧 오실 것을 기대하고 소망하면서 기다리는 법을 가르치소서. 주의 구원의 즐거움을 내게 회복시키소서!

저는 천한 위치에 있사오나, 영원히 안전함을 믿습니다. 그가 나를 인도하시리라.

5월 17일 — 이제 세례받은 지 2주가 지났다. 얼마나 엄숙히 제가 당신께 헌신했는지요!

지금도 제 서원을 반복하고 싶고, 다시 엄숙히 저 자신을 당신께 드리나이다.

내가 만일 주님을 저버린다면
증언하라, 사람과 하늘의 천사들이여!

주님의 능력 안에서 저는 모든 것을 할 수 있습니다. 주님은 구원하기로 맹세하셨고, 죽음과 지옥이라도 주님의 영원한 목적을 무산시키지 못합니다.

저를 붙들어주소서!

당신께서 저에게 은혜를 주셨고, 오직 당신만이 그 일을 행하실 수 있나이다. 주께서 저를 구원하지 않으시면, 저는 멸망할 수밖에 없나이다. 주께서 저를 떠나지 아니하시리니, 주님은 제게 주의 얼굴의 영광을 일부 보이셨나이다.

5월 18일 — 정거장 구역. 처음 출발했을 때 나는 영적인 일들에 관하여 벙어리나 마찬가지였다. 곧 어느 정도 주님의 일하심을 느꼈다. 주의 거룩하신 이름이 영원히 찬송을 받으소서!

구속받은 모든 이들이여 '아멘'하고 외칠지어다!

능력은 그분의 것이다.

사랑하는 주님! 영원한 아름다움도 주의 것입니다!

당신은 바라보기만 해도 영광스러운 분이시니, 당신의 얼굴의 황홀한 비전을 더욱 허락하시고, 당신의 사랑의 표정을 보게 하시며, 당신과 더 지속적인 교제를 갖게 하소서!

주여! 이 땅 위에 역사하시어, 세상의 정죄 받은 죄인들 가운데서 당신이 택하신 자들이 오게 하소서!

5월 19일 — 주일학교에 갔다. S. 씨가 설교했다. 오늘 아침의 본문은 고린도후서 3장 6-8절이었다. 생명의 직분은 얼마나 영광스러운가!

저 돌판들이, 복된 언약궤 안에 놓여 있을 때 얼마나 아름다운가!

오후에는 에스겔 36장 27절이었고, 저녁에는 "진리가 무엇이냐?"

이에 관한 내용이었다. 흥미의 관점에서 보면, 오늘 설교는 실패였다. 어린이들에게 기도에 관해 가르쳤다. M. 씨와 함께 여섯 명의 신입 아이들을 방문했다. 저녁엔 B. 씨의 집에 있었다. 그의 가족 제단에서 기도에 참여했다.

오늘은 내게 화창한 날이었다. 주께서 높은 곳에서 나를 방문하셨다.

오! 내 영혼아, 즐거워하라, 기쁨으로 떨지어다!

네 힘을 새롭게 할지어다!

주의 이름으로 달리고, 또 달리라!

그분이 나와 함께 하신다. 그분이 나와 함께 하셨다.

그분은 약함을 강함으로 만드신다!

주님은 구원하기에 능하시니, 주는 저의 가장 고상한 노래가 될 것입니다!

당신의 사랑이 강권하여 저로 당신을 사랑하게 하시고, 영원히 당신을 위해 살게 하소서!

나는 내 구주와 함께 매장되었으니, 세상에 대해 못 박히고, 날마다 죽을 수 있기를!

당신의 멍에는 쉽고 당신의 짐이 가볍다는 말씀이 얼마나 확실한지요!

나는 그리스도 예수로 말미암아 모든 것을 할 수 있다.

5월 20일 — 기도회에 참석했다. 내 생명이 발현하는 원천은 얼마나 무궁무진한가!

내 식량이 공급되는 곳간은 얼마나 무한한가!

나는 틀림없이 구원될 것이다. 전능자께서 그 일을 착수하셨기 때문이다. 또 다른 영광스러운 날, 소성케 하시는 주님의 은혜가 다시 임한 날, 주의 이름이 찬송을 받으소서!

주를 섬긴다는 것은, 설혹 즐거움이 유일한 보상이라 할지라도, 행복한 섬김이다. 그분의 은혜가 임하는 것은 얼마나 달콤한지, 꿀과 송이 꿀보다 더 달도다!

5월 21일 — 영광스러운 날, 모든 날이 이렇게 행복하다면!

오! 그리스도인의 안전은 확실하지만, 천국에 있는 어떤 성도보다 아직 복되진 않다.

주여! 제가 어찌 주님을 떠날 수 있겠습니까?

누구에게, 어디로 제가 가겠나이까?

당신은 제 사랑의 중심이며, 모든 영광스러운 이름이 하나로 된 것과 같습니다. 당신은 가장 빛나고, 가장 달콤하고, 가장 아름다우신 분입니다. 주를 뵈온 적이 있는 성도나 천사들은 그것을 알 것입니다. 저는 구원을 위해 당신을 의지합니다. 당신 없이는 제가 아무것도 할 수 없습니다. 저는 전적으로 연약하오니, 당신께서 그 모든 일을 행하셔야 하나이다.

그렇지 않으면 저는 멸망할 것입니다!

모든 사랑을 담아, 모든 것을 능가하는 사랑으로, 배회하는 제 마음을 당신께 고정되게 하소서!

5월 22일 — 내 약함이 나의 가장 큰 힘이다. 내가 약할 때 오직 예수만 의지하기 때문이다. 나는 하나의 질그릇이다. 나는 중생하지 못한 토기 그릇 중의 하나였다.

주님! 이제는 저를 당신이 쓰시는 그릇으로 삼아주소서!

당신의 피를 의지하오니, 저는 씻음을 받았나이다. 나를 더럽혀 마지막 날 나로 흠 없이 서지 못하게 할 자 누구인가?

기쁨, 말할 수 없는 황홀한 기쁨이로다!

나는 땅의 경계를 넘어 날고, 내 '남편'(Husband)이 나를 그의 팔에 안았으니, 나는 그의 것이며, 그는 나의 것이라. 영광스러운 나의 황태자, 나의 구속자, 나의 사랑이시여!

5월 23일 — 채플에 갔다. 사람들이 거의 없었다.

"그가 내 영혼을 소생시키시도다."

같은 주제다!

그분이 나를 소생시키시다니, 이것이 얼마나 진실한 일인가!

새롭게 되는 내 날들은 비록 짧아도 영광스럽고, 수년 동안의 슬픔과 근심을 감수할 가치가 있다.

오! 사랑하는 주님!

내 평생의 날이 지옥의 불씨 위에 놓이더라도, 당신의 모습을 제게 보여주신다면, 저는 그 불꽃을 지나 당신을 만나러 달려가겠습니다.

저는 영원히 주님의 것이니, 주님께 얼마나 큰 사랑의 빚을 졌는지요!

나의 변호자, 형제, 남편이시여, 저의 처음 사랑이 식지 않게 하소서!

당신의 손길 안에 저를 지키시고 보전하소서!

5월 24일 — 과분한 기쁨을 누린 날. 나는 주님의 임재에서 쫓겨나지 않았다. 비록 그가 나를 죽이신다고 해도, 나는 그분을 신뢰하지 않을 수 없으니, 그분의 사랑의 증거들을 가졌기 때문이다.

주님! 어둠과 고통의 때, 내 머리가 수그러질 때, 그때 다시 당신의 종에게 돌아오셔서 그에게 용기와 힘을 주소서!

오! 영원히, 오! 영원히, 저를 방주에 붙들어 매사 홍수로부터 안전하게 하시고, 저로 마지막에 저 영광의 대지에 이르게 하소서!

오! 저로 당신의 명예를 더럽히지 말게 하소서!

저로 그리스도의 대의에 오명을 남기는 일이 없게 하소서!

저를 지키소서, 그리하면 제가 영원히 안전하겠고, 평안히 쉬리이다.

5월 25일 ― 거저 주시는 은혜, 주권적인 사랑, 영원한 안전이 나의 호위병들이다. 무엇이 저로 당신께 제 모든 것을 바치지 못하게 하며, 내 마지막 피 한 방울까지 흘리지 못하게 할까요?

소책자들을 들고 내 구역을 돌았다. 한 여성이 내게 24권의 새로운 소책자를 건넸다. 나는 T. 씨가 사람들에게 주의 만찬이 그들을 구원할 것이라고 말함으로써 많은 해를 끼치는 것이 두렵다.

주여! 역사하소서, 주여! 역사하소서.

주께서 제게 용기를 주셨으니, 제가 실망하지 않겠나이다!

"내 영혼아, 여호와를 송축하라."

언약은 내가 의지하는 것이다. 내 맏형님과 전능자 사이에 서명된 약정서는 영원히 설 것이다.

> 그들을 내 손에서 빼앗을 자가 없느니라 (요 10:28).

5월 26일 ― 어린이들을 위해 한 바퀴 돌았다. 아침에 주일학교. S. 씨가 "이 모든 것들이 나를 반대한다"는 제목으로 설교했다. 저녁때까지 예배당에 머물렀다. 기도하고 하나님과 교제하기에 좋은 계절이다. 오후 말씀은, 벧엘에서의 야곱의 헌신에 관한 내용이었다.

내 사랑하는 왕이시여!

저도 같은 방식으로 당신께 저를 드리고 싶습니다. 저녁의 주제는 바울의 위대한 수고였다. 오! 내가 그런 사람을 본받을 수 있다면, 이 세상에서 가장 위대하게 될 텐데 말입니다!

5월 27일 ― 내 영혼의 생명이시여!

제가 눈이 멀어 세상의 것을 쳐다보고, 당신의 거룩한 아름다움을 잊을 때 저를 용서하소서!

오! 죽음처럼 강하고, 지옥처럼 격렬하며, 영원히 지속하는 사랑을 위하여!

5월 28일 ― 주께서는 가시 울타리로 저를 둘러싸셔서 저로 나가지 못하게 하셨습니다. 이것이 저의 위로입니다.

오! 복되신 주여, 당신의 공적에 비길만한 다른 이름이 누구입니까?

모든 아름다움이 결합하여 하나의 완벽을 이루었으니,

> 나의 사랑 너는 어여쁘고 아무 흠이 없구나 (아 4:7).

당신이 저를 위해 죽으셨으니, 제가 당신을 위해 살아야 하지 않겠습니까? 저를 향한 예수님의 사랑이 얼마나 큰지, 모든 것을 능가하는 사랑입니다! 그 보답으로 제가 할 수 있는 것은 없지만, 무가치한 저 자신을 당신에게 드리나이다.

어찌, 제가 당신의 사랑을 의심할 수 있겠나이까?

당신께서 저를 떠나신다고 제가 어찌 상상할 수 있겠나이까?

그렇습니다. 혹 제가 죄를 지어 당신의 신뢰를 저버리더라도, 당신은 결코 저를 보내시지 않을 것입니다. 어떤 도둑도 당신의 귀한 소유를 훔쳐가지 못합니다. 결코, 결코, 저는 잃어질 수 없습니다.

속량 받고 구속받았으니까요?

그러니 누가 저를 가로채어 가겠습니까?

제 영혼은 본성의 부패와 은혜의 원리 사이에서 싸움이 벌어지는 전쟁터입니다!

그들이 군대로 짓밟아 제 영혼을 찢으려 해도, 저는 멸망할 수 없습니다.

5월 29일 ― 능력은 주께 속한 것이다. 그가 내게 나의 분깃을 주셨다. 그 분이 질그릇에 그의 보화를 담으셨다.

내가 그분의 택하신 자, 그가 뽑으신 자 중의 하나라는 것이 얼마나 행복한가?

그분 안에 내 영혼의 힘이 있도다!
하지만 나는 하늘의 부르심을 따라 살지 못하고 있다. 주님이 아니라면 내가 할 수 있는 것이 하나도 없다. 그분이 도우셨고, 그분이 도우실 것이다. 이것이 내 위안이다. 그분의 영원한 약속이 내 안식이며, 내 떡이며, 내 힘이다.

오! 나의 하나님, 저로 당신의 신실한 종이 되게 하소서. 제가 저의 사는 날 동안 이 세대에서 당신을 영화롭게 하게 하시고, 영원히 당신을 섬기도록 구별되게 하소서!

5월 30일 — 폭풍 같은 소동이 어느 정도 지나갔다. 간간이 구름이 가릴 때가 있어도, 태양은 여전히 빛나고 있다. 하나님과의 더욱 지속적인 교제가 있길 갈망한다. 교회에서 나이 드신 A. 부인과 훌륭하고 힘이 나는 대화를 나누었다. 두 명의 후보가 제안되었다. 다음 주일에는 성찬식이 없을 텐데요. 주께서 그것 없이도 우리를 먹이실 것이다. 그분이 나를 지키셨고 앞으로도 지키실 것이다. 내 영혼 속에서 다툼은 이제 잠잠해졌다. 마른 땅에 강이 흐르듯 평화가 다시 찾아왔다.

5월 31일 — 나는 모든 면에서 연약하다. 나는 나 자신을 조금도 지킬 수 없다.

제가 스스로 그런 시도를 한 것에 대해 저를 용서하소서!

저는 이제 옷이 다 벗겨져, 벌거벗고, 지치고, 죽은 상태로 오려 합니다.

"당신의 값없이 주시는 생명의 뗏목에 더 단단히 굳세게 붙들어 매어주소서!"

저는 간절히 부르짖나이다. 자비, 지속적인 자비는 제가 요청하는 모든 것입니다. 그분은 한번 사랑하신 자들을, 끝까지 사랑하시리라. 그분이 일단 나를 사랑하셨으니, 이제 나는 안전하다.

주여! 내 안에 핀 숯불이 당신을 향한 타오르는 불길이 되어 온 세상에 나타나게 하소서!

그 사랑이 죄의 그루터기를 태우게 하소서!

6월 1일 — 새로운 달이다. 시간은 미끄러지듯 흐른다. 이달에는 지난 달보다 더 많은 일을 해야 할 텐데!

제 마음의 소원이오니, 이달에는 당신의 품으로 더 가까워지게 하소서!

남쪽 구역으로 갔다. 성경에 모순들이 있다고 말하는 한 여성과 대화를 나누었다. 어떤 좋은 일이 이루어지고 있다. 일을 행하실 수 있는 주께서 일하실 것이다.

누가 그분을 막겠는가?

주님의 때에 그 일이 이루어질 것이다. 그분의 때가 최상이다.

오! 의의 태양이여, 일어나소서,

어찌하여 이 백성이 어둠 속에 누워있어야 하나이까?

6월 2일 — 하루를 여는 때에 J. 씨에게서 민수기 21장 4절에 대해 들었다. 흥미로웠지만, 다소 약했다. 오후에는 계시록 19장 12절이었다. 내 주님은 정녕 많은 면류관을 쓰실 자격이 있다. 영광의 면류관들이 그분의 신성하고 복된 머리에 올려질 것이다. 저녁에는 요한일서 5장 4절 말씀, 고기처럼 단단한 음식이다. 주님은 오늘 저녁에 만나를 보내셨다.

"세상을 이기었노라!"

영광스러운 승리, 놀라운 정복, 하나님의 승리!

그런 약속을 가진 내가, 나를 지키시고, 인도하시며, 보전하실 하나님의 능력을 어찌 의심하랴?

주일학교의 큰 학급에서 죽음—경건하지 않은 자의 머리 위에 머리털 한 올에 매달려 있는 두려운 칼—에 대해 말씀을 전했다. B. 씨와 차를 마시며, "건전한 말씀 형식"에 대한 내 생각을 나누며 토론했다. 저녁 예배 후 기도회가 있었다. 일곱 명이 참석했고, 우리 중 여섯이 기도에 몰두했다.

위대한 왕이시여, 주일학교에 복을 주소서!

오! 내 영혼아, 네 상전의 명예를 드높이라!

그분을 위해 살고, 그분 안에 살라!

나는 황태자이다.

좋은 군사가 되어 내 주님을 위해 싸워야 하지 않겠는가?

오! 하나님, 내게 칼을 주소서, 당신의 칼을 빌려주소서, 그것을 휘두를 힘도 주소서!

나와 당신의 적들이 사자처럼 사나워도, 당신의 칼이 그것들을 멸할 것입니다!

6월 3일 — 기도회에 참여했다.

주님, 시온에게 은혜 베푸시려고 당신이 정하신 때는 언제나 올까요?
당신이 택하신 자들을 모아 거두실 때는 언제일까요?
"우리를 그리스도의 사랑에서 끊을 자가 누구랴?"
아멘! 저는 영원히, 영원히 안전합니다. 기뻐하라, 내 영혼아, 기뻐하라, 그리고 네 기쁨이 너를 강권하여 너로 그분을 위해 더 진지하고 더 뜨겁게 일하게 하라!

값 주고 사신 바 되고 속량을 받은 자로서, 나는 내 소유가 아니다. 할아버지에게서 편지를 받았다.
그분 생각이 나와 다르지 않아서 얼마나 기쁜지!

6월 4일 — 나는 오늘 모든 죽는 것들의 가변성에 대해 증거를 얻었다. 그것들은 내게 얼마나 하찮은 문제이며, 또 내 영원한 기업은 얼마나 안전한가!
주님! 이제 저를 도우사 저로 교만과 나태와 맞서도록 저의 망루에 오르게 하소서!
항상 깨어 경계하도록 저를 도우사, 부지 중에 원수가 다가오지 못하게 하소서. 만약 제가 저 자신을 높이 생각하거든, 저를 용서하소서!
당신께서는 저로 모든 면에서 저의 약함을 느끼도록 만드십니다. 저로 오직 주님의 자비를, 전능자의 팔을 신뢰하고 의지하게 하소서!
주여! 힘을 주소서, 주여! 힘을 주소서!

6월 5일 — 깨어라, 내 영혼아, 주께서 베푸신 은혜들을 기록하라!

> 그가 내게 정당히 요구하시는 한 노래 있으니,
> 곧 그분의 인자하신 사랑이라.
> 오! 거저 주신 은혜로다!

자비! 나는 다른 분(Another)의 공기로 숨을 쉰다. 나는 이 땅에서 내 상전(Master)의 처분에 따르는 소작농이다. 주권적인 은혜가 나를 여기까지 지키셨고, 그 주권적인 은혜에 나는 지금도 의존한다.

기도 응답을 받았던 달콤한 순간들, 지금까지 주께서 베푸신 풍성한 은혜로 인해 그분의 이름을 찬송할지라!

나는 내 주님과 가까운 교제 속에 살기 원하고, 그분의 풍성한 사랑의 연회에 참석하고 싶다.

6월 6일 — 기도회 있던 날. S. 씨가 바벨론 포로에 대해 말씀을 전했다. 예배 후에는 교사 모임이 있었다.

영성과 활기찬 경건이 얼마나 결핍되었는지!

오! 주님, 제게 생명을 주소서.

불씨가 살게 하시고, 그것이 불이 되어 타오르게 하소서!

저는 결코 멸망할 수 없습니다. 하지만 저는 제 망루에 머물기를 원합니다. 제 원수가 많기 때문입니다. 그들은 잔혹한 증오심으로 저를 미워합니다.

저로 죄와 교만과 게으름을 미워하게 하소서!

저는 오직 당신께서 제게 생명을 주셔야만 삽니다. 제게 저 자신의 생명이라곤 조금도 없습니다. 한순간이라도 주께서 저를 버리시면 저는 망하고 말 것입니다.

6월 7일 — 오! 주여, 제게 베푸신 주의 자비가 얼마나 크고 많은지요!

나를 위해 계획된 저 위대한 구원과 천국의 안전을 생각할 때, 그것이 너무 좋아 믿기지 않을 정도입니다. 하지만 이제 저는 당신의 약속을 믿습니다. 이제 제가 영원히 당신의 것이 되기를, 당신의 영광이 저의 유일한 목표가 되기를 원하나이다!

제가 바울처럼 될 수만 있다면, 저에게 얼마나 명예로운 일일까요!

오! 주여, 당신이 가르치시는 사람은 행복하나이다. 저는 행복합니다.

사랑하시는 내 주님이 나를 지켜보신 이후로, 또 내가 그분의 영광스러운 얼굴을 본 이후로, 어찌 내가 행복하지 않을 수 있으랴?

6월 8일 — 종종 그래왔던 것과는 달리 오늘은 열망으로 불붙지 못했다.

주여! 주께서 일어나셔서, 당신의 능력을 알게 하시고 느끼게 하실 때는 언제입니까?

내 날개를 퍼덕여 천국에 올라가고, 다른 사람들이 내 뒤를 따른다면, 얼마나 황홀한 일일까?

그때 내 면류관을 벗어 그분 발아래에 두고, 그분을 만유의 주라고 부르리!

그분은 모든 영광과 찬송을 받으시기에 합당하며, 통치와 능력은 그분의 것이니, 당연히 그가 그것들을 가지시리라.

그분의 복된 머리에 많은 영광의 면류관이 올려지기를!

나를 위해 죽임당하신 어린 양이 그 모든 영광에 합당하시도다!

내 사랑하는 주님은 지극히 영광스러우시다.

6월 9일 — S. 목사가 사도행전 16장 19절로 설교했다. 듣고 얻은 것이 별로 없다.

오후에는, "그의 사랑하는 자를 의지하고 거친 들에서 올라오는 여자가 누구인가?"(아 8:5)

본문의 말씀이었다. "그의 사랑하는 자"에 대한 설명을 충분히 듣지 못했다. 저녁에는 "네 하나님을 만날 준비를 하라"는 제목의 설교였다.

오! 준비된다는 것이 얼마나 큰 은혜인지!

> 언제든, 땅을 떠나도록
> 우릴 부르는 신호가 주어지리니,
> 그 부름에 즐거이 순종하여
> 천사들의 날개 타고 천국으로 향하리.
> 정녕 우리는 영원무궁토록
> 그리스도와 함께 다스리리!

C. 씨에게서 다소 상처를 받았다. 그는 그다지 올바르게 행동하지 않는다. 그러나 이제 그를 용서한다. 나는 예수님만 바라보길 원하며, 오직 그분의 영광만 숙고하고 싶다. 나 역시도 교만하며, 모든 면에서 연약하다.

제게 힘이 없으니, 저를 지키소서!

힘을 위해, 강하신 당신을 바라보길 원합니다.

저는 당신의 것이오니 저를 지키소서!

6월 10일 — 사랑하는 어머니로부터 편지를 받았다. S. 목사가 기도회에서 어머니 사례를 언급했다. 기도에 참여했다. 오늘 개인 기도는 많이 하지 못했다. 하지만 내 주님이 주시는 기쁨은 사라지지 않았다. 나는 여전히 내 구원의 하나님을 신뢰한다. 주님! 만일 제가 당신을 잊거든, 제 오른손이 왼손을 잊게 하소서.

그분이 나를 위해 그토록 많은 일을 행하셨거늘 내가 어찌 그분을 떠날 수 있으랴?

절대 그럴 수 없다.

> 심장의 박동과 호흡이 남은 동안
> 저는 당신을 기억할 것입니다!

6월 11일 — 기도는 내게 노동과 같고, 무겁게 끌리는 마차 바퀴와도 같다. 그렇다고 중단할 수는 없다. 나는 계속 전능자의 힘을 의지할 것이며, 무력한 자로서, 내 구속자의 팔에 나 자신을 맡길 것이다.

"아아, 저를 홀로 버려두지 마소서!"

나는 새 예루살렘의 황금 길을 걸을 것이며, 그분의 아름다운 얼굴을 뵈리라. 그분은 땅의 기초가 놓이기 전에 나를 사랑하셨고, 내가 창조되기도 전에 은혜로 나를 부르셨다.

6월 12일 — 주님은 나의 도움이시니, 내 호소에 응답하시리. 주님의 풍성한 은혜에 대해 내가 느끼는 감사를 기록하고 싶다. 특히 그 가운데서도 나를 선택하신 은혜, 높으신 사랑의 계획에 따라, 나를 속량 받은 사람 중의 하나로 삼으신 그분의 위대한 은혜를 기록하고 싶다.

어찌, 내가 그분을 위해 살지 않으리!

어찌 내가 내 아름다우신 구속자, 나의 왕, 남편, 형제, 친구로부터, 내 마음에서나 삶에서 조금이라도 뒤로 물러나리오?

오! 그럴 수 없나이다. 제게 "나는 결코 당신을 불명예스럽게 하지 않겠습니다!" 이렇게 말할 힘을 주소서.

6월 13일 — 주위에 위험들이 도사리고 있다. 사탄이 길을 막고 서 있다. 주 안에서가 아니면 나에게는 희망이 없고 안전하지도 않다. 그러나 계속해서 천성으로 향하는 곧은 길을 걸을 것이다. 주 여호와께는 영원한 힘이 있고, 소진되지 않는 영원한 사랑의 광산이 곧 나의 것이다. 주님은 자기의 택하신 백성을 위하여 그것들을 보전하신다. 기도회에 갔다. 기도 중에 내 주님께 아뢰길 힘썼다.

오소서! 내 사랑의 주여, 당신은 영원히 저의 것입니다. 저를 떠나지 마소서, 저를 버리지 마소서,

오! 나의 왕, 나의 구주 이시어!

나는 영원히 구원을 받은 것이다!

6월 14일 ― 시험이 있던 날. M. 씨가 선교회를 위해 말씀을 전하도록 기회를 주었다. 주께서 이런 기회를 주셔서 감사하다. 선교와 관련된 연설을 했다.

주여! 당신의 종으로 당신의 발아래에 낮아져 겸손하게 하소서!

나는 교만이나 헛된 영광에 얼마나 치우치기 쉬운지!

저를 지키사, 제가 가진 것 중에 받지 않은 것이 없음을 항상 염두에 두게 하소서. 나를 다르게 만든 것은 은혜, 하나님이 거저 주신, 주권적인 은혜이다.

내가 왜 택하신 그릇이 되었는가?

내가 자격이 있어서가 아님을 나는 확실히 안다. 오직 풍성한 사랑때문이다.

6월 15일 ― 내 S. 구역을 돌았고, 내가 가진 것을 사람들과 나누었다.

주여! 저들을 당신의 보호에 두시길 원합니다.

그들을 불쌍히 보시고, 그들로 목자 없는 양같이 되지 않게 하소서!

주께서 이들 가운데 역사하시어 이 백성이 번성하게 하소서!

나는 아무것도 할 수 없다.

내가 어찌 이토록 오래 영적인 삶을 영위할 수 있었을까?

내가 서 있는 것은 하나님의 능력 때문이니, 전능자에 의해 나는 도움을 입을 것이다.

"내 은혜가 네게 족하도다."

나는 그분을 신뢰한다. 그가 자기의 일을 온전히 이루실 것이다.

6월 16일 ― 연로하신 W. 목사가 설교했다. 너무 낮은 소리로 말해서 알아듣기가 어려웠다. 그분과 S. 씨에게 붙잡혔다. 주여! 저를 도우사 진리를 굳게 붙들게 하시고, 조금도 물러서지 않게 하소서!

주일학교 어린이들에게 말씀을 전했다. 항상 겸손한 상태를 유지할 수 있 길 기도한다!

교만이 내 마음에 거주한다. 이제 뉴마켓을 떠나게 되는데, 아마도 영원히 떠나겠지. 이 세상의 장면은 얼마나 자주 바뀌는지!

하늘 위, 영원한 천국에 집이 있다는 것이 얼마나 복된 일인가!

6월 17일 — 6시에 뉴마켓을 떠나, 12시쯤 스탐본에 도착했다. 할아버지는 잘 지내신다. 오늘 여행의 은혜를 누렸다. 이 삶은 하나의 여행이다. 언젠가 복된 목적지에 도착한다는 것을 나는 안다. 행복한 목적지, 시들지 않는 행복의 목적지이다.

하나님의 은혜의 주제에 대해 글을 쓸 수 있다면 얼마나 좋을까?

하나님이 사람을 사랑하사 그를 위해 죽기까지 하시고, 그를 세상의 토대가 놓이기 전에 선택하신다는 것은 하나의 기적이며, 완벽한 기적이다.

6월 19일 — 내 생일이다. 이 땅에서 16년을 살았지만, 사실 태어난 지 여섯 달 정도밖에 되지 않았다. 은혜 안에서 나는 아직 한참 어린이다.

나는 죄와 허물로 죽은 상태에서, 생명 없이, 하나님도 없이, 세상에서 얼마나 많은 시간을 허비했던가!

내가 내 죄 속에서 멸망하지 않은 것이 얼마나 큰 은혜인가!

주에게서 났고, 거듭난 자가 되었으니, 내 부르심은 얼마나 영광스러우며, 내 선택은 얼마나 고상한가!

성도가 된 자로서, 이전보다 합당하게 행하도록 주여 저를 도우소서!

6월 20일 — 정녕 나의 분깃은 즐거운 곳에 정해졌고, 나는 훌륭한 기업을 갖게 되었다. 이제 밝은 빛 안에서 신앙생활을 사랑할 수 있다. 모든 상황 속에서 나는 그것을 사랑하고 또 자랑스러워하리라.

사방에서 폭풍이 일었다. 하지만 나는 지금 상당한 평화를 누리고 있으니, 아버지의 이름이 높임을 받으소서!

"하지만 몰아치는 폭풍보다 내게 더 두려운 것은 속이는 평안이다."

저로 이곳에 가만히 머물게 마시고, 은혜가 계속해서 내 마음속에 흐르게 하소서! 오! 나의 주, 나의 왕이시여, 저를 다스리시고, 저를 통해 영광을 받으소서!

떨기나무 같은 저일지라도, 당신께서 거하시면, 저는 타오르면서도 소멸하지 않을 것입니다!

　만물의 질서는 정하여졌고, 구속하시는 사랑의 언약은 영원히 확실하도다!

　내 구원은 그분 안에서 영원히 정하여졌으니 영원토록 확실하다.

　그것이 제 속에서 온전히 이루어져, 제가 그리스도 안에서 한 사람으로, 온전한 사람으로 자라, 빛나는 성도의 유업에 참여할 준비가 되기를 바라나이다!

　오! 내 영성이 되살아나기를 원하나이다!

　비할 데 없으신 임마누엘이시여, 저로 다시 한번 제 마음의 성소에서 당신의 얼굴을 보게 하소서!

　저로 하나님이 택하신 자들의 기쁨과 믿음을 알게 하소서. 저로 값없이 주시는 왕의 은혜 안에서 즐거워하게 하시며, 죄와 죄의 권능으로부터 저를 구원하소서!

　은혜는 영광스러운 주제이다. 가장 높이 나는 천사들의 높이를 능가하는 주제이며, 예수와 함께 상속자가 된 한 사람으로서 생각할 수 있는 가장 고상한 개념이다. 모든 능력은 하나님께 속하였고, 모든 능력이 나를 보호하고 지키기 위해 발휘된다.

　저로 매일의 은혜를 누리게 하시며, 평화와 위로, 열정과 사랑을 갖게 하시고, 당신의 영광을 위하여 일할 수 있도록 힘을 주소서!

　아침에 범프스테드에서 온 C. 씨가 "엘리야여, 여기서 무엇을 하느냐?"는 제목으로 전하는 말씀을 들었다. 오후에는 "내가 문이다"는 말씀이었다. 예배 전후에 기도회에 가서, 기도에 참여하고, 시편을 읽고, 어린이들에게 말씀을 전했다.

　하나님의 집의 문지기만 되어도 그것이 얼마나 영광스러운가!

　오! 겸손하게, 항상 예수님의 발치에 머물 수 있기를 소원한다!

　그러면 나는 은혜 안에서 더욱 자랄 것이고, 하나님을 아는 지식도 늘어갈 것이다. 주님은 나를 넘어지지 않도록 지키실 수 있고, 또 그리하실 것이니, 부르신 자녀들을 결코, 떠나지 않겠다고 그가 친히 약속하셨기 때문이다.

　화창한 날. ― R. 씨에게 어떻게 하나님의 자녀가 그런 곳에 갈 수 있느냐고 말했다.

　"헛되고 헛되니, 모든 것이 헛되도다."

　주여! 그를 용서하소서,

그가 자기의 높은 부르심을 망각하고 있나이다!
나도 그런 곳에 갔겠지만, 그러지 않은 것은 하나님의 은혜 때문이다.
내 마음속에도 모든 악의 씨앗들이 있으며, 교만은 여전히 내가 아끼는 죄이고, 나는 그것을 떨쳐버리지 못한다.
일어나소서,
오! 나의 주여!
강한 자를 대적하소서!
주께서 저를 돕지 않으시면 저는 원수의 손에 죽을 것입니다.
그러니 저로 승리의 길로 이끄소서!
너 헛된 생각들아, 나를 떠나라!
내가 가진 것 중에 받지 않은 것은 하나도 없다.
내가 이성을 가지고 있다는 것도 주님의 은택이다.
고난이 올 때 기도 없이 내가 어떻게 살 수 있을까?
문제들을 보좌 앞에 가져갈 수 있다는 것이 얼마나 복된가!
이제 나는 말할 수 있다. 주님은 나의 기도를 들으시고,
내가 두려워하는 것을 내게서 치워주셨다.
하지만 오! 지난날처럼 주님의 임재를 느낄 수 있다면 얼마나 기쁠까!
그분의 얼굴을 기뻐하고, 그분의 사랑 안에서 즐거워할 수 있다면, 그것은 곧 하늘 아래에서 일종의 천국을 누리는 것이리라.
내 구주, 나의 왕이시여, 당신은 저의 것입니다.
저는 사랑에 의해, 저의 사랑이 아니라,
죽음으로 보이신 당신의 사랑에 의해 당신에게 묶였나이다!
가장 아름다우신 존재, 가장 사랑스러운 분이시여,
오소서! 당신의 미소짓는 얼굴을 보게 하소서!

제11장

신앙고백

회심하고서, 뉴마켓에 있는 기독교회에 가입하기를 희망하던 때 내가 겪었던 어려움이 기억난다. 나는 연속해서 나흘을 방문하고서야 겨우 목사를 만날 수 있었다. 매번 그와의 면담을 방해하는 장애물이 있었다. 그를 만날 수 없었기 때문에, 나는 그에게 글을 써서 내가 교회로 갈 테니 나를 회원으로 받아주길 제안하고 싶다고 말했다.

그는 나를 이상한 인물로 간주했다. 그도 그럴 것이, 나는 하나님의 백성과의 교제가 없이는 행복할 수 없다고 느꼈기 때문이다. 나는 그들이 있는 곳에 있기를 원했고, 만약 그들이 누군가에게 조롱을 당한다면, 나 역시 그들과 함께 조롱받기를 원했다.

만일 사람들이 그들을 추한 이름으로 부른다면, 나 역시 그 추한 이름으로 불리기를 바랐다. 왜냐하면, 그리스도께서 수치를 당하실 때 내가 그분과 함께 수난을 당하지 않으면, 그분이 영광 가운데 계실 때 그분과 함께 다스리기를 기대할 수 없다고 느꼈기 때문이다.

내가 뉴마켓에 있는 회중교회의 회원으로 받아들여졌을 때, 나는 아직 세례받지 않았음에도 불구하고 성만찬에 초대받았다. 나는 그 초대를 거절했다. 왜냐하면, 그렇게 하는 것이 신약성경의 순서에 부합되지 않는 것처럼 보였기 때문이다.

> 그 말을 받은 사람들은 세례를 받으매 이날에 신도의 수가 삼천이나 더하더라. 그들이 사도의 가르침을 받아 서로 교제하고 떡을 떼며 오로지 기도하기를 힘쓰니라 (행 2:42,43).

나는 믿는 자로서, 그리고 세례받은 자로서 주의 만찬에 참여할 수 있기까지 기다렸다. 나는 내 아버지, 내 할아버지와 함께 하나님의 집에 출석했다. 하지만 성경을 읽었을 때, 나 자신을 판단하는 것이 내가 할 일이라고 생각했다. 내 아버지와 할아버지는 작은 어린아이들을 팔에 앉으시고, 그들의 얼굴에 몇 방울의 물을 떨어뜨리고는 그들이 세례받았다고 말씀하셨다.

하지만 나는 아기들이 세례받는 것에 관하여 성경에서 아무것도 발견할 수 없었다. 나는 헬라어를 조금 배웠지만, "세례하다"는 단어가 물을 뿌리는 것을 의미한다는 것을 찾지 못했다. 그래서 나는 나 자신에게 말했다. "그들은 훌륭한 분들이지만, 틀렸을 수도 있다. 비록 내가 그들을 사랑하고 존경하지만, 그들을 모방해야 할 이유는 없다."

그들이 나의 정직한 신념을 알게 되었을 때, 그들은 내가 내 양심에 따라 행동하는 것이 옳다고 인정하셨다. 무의식적인 유아에게 주는 "세례"란 장난감 배나 종을 대상으로 "세례"를 주는 것이나 마찬가지로 어리석은 일이라고 나는 간주한다. 전자나 후자나 성경적 근거가 없는 것은 다른 바가 없기 때문이다. 그래서 나는 친척들을 떠나 오늘의 나, 즉 소위 침례교인이 된 것이다.

하지만 나는 침례교인이 되기보다 그리스도인이 되기를 훨씬 더 희망한다. 많은 사람이 그들의 조모가 그랬다는 이유로 예배당에 간다. 물론 그런 조모는 훌륭한 분이시겠지만, 그녀가 당신의 판단에 영향을 미쳐야 한다고는 여기지 않는다. 한 사람이 말한다. "그게 중요하지는 않아요. 나는 내 선조들의 교회를 떠나고 싶지 않습니다."

그건 나도 마찬가지다. 나는 내 아버지와 같은 교단에 속하고 싶고, 일부러 내 친구들과 달라지거나 그들의 교파 혹은 교단을 떠나고 싶지 않다. 하지만 나에게는 하나님이 내 부모보다 위에 계셔야 한다.

비록 부모가 우리 마음의 제일 꼭대기에 있고, 우리가 그들을 사랑하며, 그들을 존경하고, 다른 모든 문제에서는 그들에게 엄격히 순종해야 하지만, 신앙의 문제에 있어서만은, 우리는 오직 우리 자신의 주님을 향해 서기도 하고 넘어지기도 하는 것이다. 신앙의 문제에서 우리는 사람으로서 자발적인 판단의 권리를 요구하며, 판단한 후에는, 우리 자신의 양심과 신념에 따라 행동하는 것이 의무라고 생각한다.

언젠가 나는 사십 년간 그리스도인으로 있으면서 세례받는 것을 앞으로의 의무라고 믿는 한 사람을 만났다. 그러나 내가 그 문제를 꺼냈을 때 그는 이렇게 대답했다.

> 믿는 이는 다급하게 되지 아니하리로다 (사 28:16).

사십 년을 미룬 후에, 그는 서두르지 않겠다고 말했다. 나는 그에게 다른 성경 구절을 인용했다.

> 주의 계명들을 지키기에 신속히 하고 지체하지 아니하였나이다 (시 119:60).

그리고 나서 나는 그가 잘못 적용한 구절의 의미가 무엇인지를 알려주었다. 한 여성은 존 길(John Gill)이 케터링에서 그의 첫 번째 설교를 할 때 현장에 있었고, 또한 50년이 넘게 지난 후 런던에서 그의 마지막 설교를 들었다. 그의 사후에, 그녀는 그가 시무했던 교회에 가입했다. 꽤 길게, 그녀는 자신의 흥미로운 경험을 들려주는데, 그 이야기는 듣는 사람들에게 대개는 즐거움을 준다. 그녀의 이름은 메리 베일리였다. 그토록 오랜 세월 동안 예수를 믿는다는 신앙고백을 미루는 일에서 그녀를 닮지 말기를 바란다.

그녀는 자기 주님에게 반세기 동안 불순종하며 살았으며, 심지어 그녀가 그분의 이름을 시인할 때에도 그녀는 아주 오랫동안 구주께서 정하신 성례를 소홀히 하며 미룬 것에 대해 깊은 회한을 느껴야 했다.

내가 열다섯 살 소년이었을 때, 나는 주 예수를 믿고 세례를 받았으며, 그리스도의 교회에 합류하였다. 지상에서 그 어떤 일도, 다른 소년들이 같은 방식으로 인도를 받았다는 말을 들었을 때보다 나를 더 즐겁게 하진 못했을 것이다. 나는 내가 그때 그렇게 한 것을 단 한 번도 유감스럽게 느낀 적이 없다. 나는 그것을 곰곰이 생각할 충분한 시간을 가졌고, 다른 길을 시도해보도록 하는 많은 유혹이 있었다.

만약 내가 속았다거나 실수했다고 여겼더라면, 나는 예전에 태도를 바꾸었을 것이며, 다른 사람들이 같은 기만에 빠지지 않도록 막는 일에 최선을 다했을 것이다. 내가 주 예수께 나 자신을 드리고 그분의 종이 되기로 했던 그 날은, 내 생애 최고의 날이었다. 그때부터 나는 안전할 수 있었고 또 행복할 수 있었다. 그때 나는 삶의 비밀을 알게 되었다. 내 삶을 쏟아야 할 가치 있는 대상을 찾았고, 인생의 고통을 이기는 시들지 않는 위로를 발견한 것이다. 나는 이 글을 읽는 모든 소년이 밝은 눈, 가벼운 발걸음, 흥겨운 마음, 활기찬 정신을 가지기 바라기 때문에, 나의 본을 따를 것인지 아닌지를 숙고해보라고 호소한다. 나는 경험한 것을 말하고, 내가 아는 것을 말하고 있다.

세례는 교회와 세상 사이를 구분하는 표징이다. 그것은 세례받은 사람이 세상에 대하여 죽었음을 아름답게 나타낸다. 공공연하게, 그는 더 이상 세상에 속하지 않는다. 그는 세상에 대하여 죽어 매장되었으며, 새로운 삶을 향해 다시 일어난다. 어떤 상징도 이보다 더 의미심장하지 않다. 믿는 자가 물에 잠김으로써, 그리스도 예수의 매장 안에서 그리스도인이 된 자신도 온 세상을 향해 묻혔음을 놀랍게 나타내는 것이다. 그것은 루비콘을 건너는 것이다.

만일 시저가 루비콘을 건너면, 그와 로마 상원 사이에는 다시 평화란 없을 것이다. 그는 칼을 뽑고, 칼집을 던져버린다. 믿는 자에게 세례의 행위란 그런 것이다. 그것은 배를 불태우는 것이다. 그것은 이렇게 말하는 것과 같다.

> 나는 다시 너에게 돌아갈 수 없다. 나는 너에 대해서는 죽었다. 내가 너에 대해 완벽하게 죽어 묻혔으며, 세상과는 아무런 상관이 없다는 것을 입증한다. 나는 그리스도께 속하였고, 영원히 그리스도의 것이다.

다음은 주의 만찬이다. 그 예식은 믿는 자가 생명의 문제에 있어서 세상과 얼마나 구별되며, 영적 양식을 어떻게 공급받는지를 아름답게 나타낸다. 그는 그리스도의 살을 먹고, 그의 피를 마신다. 이 두 예식 모두 어느 정도 믿는 자를 십자가로 데려가는데, 특히 첫 번째 것이 그렇다.

경건했던 앤드루 풀러의 생애를 읽으면서, 나는 그 사실에 주목하였다. 그가 세례를 받은 후에, 마을의 몇몇 젊은 남자들이 그를 조롱하는 경향이 있었다. 그들은 그에게 어떻게 물에 적셔지는 것을 좋아하게 되었는지 조롱하며 물었다. 그런 질문들은 오늘날에도 아주 흔하다. 나는 일백 년 전의 조롱이 오늘날에도 통하는 것에 주목하지 않을 수 없다.

예배, 기도, 믿음, 신앙고백─이것이 구원의 길이다. 그리고 신앙고백은,

만일 사람이 순종하려 하고, 성경을 따르고자 한다면, 그리스도의 방식대로 행해져야 한다. 물에서, 아버지와 아들과 성령의 이름으로 받는 세례여야 한다. 하나님이 그것을 요구하신다. 물론 사람이 세례 없이도 구원을 받고, 수많은 사람이 강에 뛰어들지 않고도 천국으로 올라갔다. 세례가 구원하는 것이 아니다.

하지만 사람이 구원받고자 한다면, 불순종해서는 안 된다. 하나님이 명령을 주셨으니, 그것을 실행하는 것은 자기 몫이다. 예수님이 제자들에게 말씀하셨다.

> 너희는 온 천하에 다니며 만민에게 복음을 전파하라. 믿고 세례를 받는 사람은 구원을 받을 것이요 믿지 않는 사람은 정죄를 받으리라 (막 16:15,16).

영국 국교회 기도서 역시 물에 담그는 것을 옹호한다. 그 기도서는, 만약 어린이들이 약하면, 물을 뿌려야 할 것이라고 말할 뿐이다. 최근에 태어난 아이들이 얼마나 약한지 놀랄 따름이다. 작은 아이들은 너무나 여려서 그들의 교회가 지지하는 물에 잠김 대신 뿌리는 몇 방울만으로도 충분하다.

나는 모든 국교회 신자들이 더 나은 교회 신자들이 되기를 바란다. 만약 그들이 그들 자신의 신앙 조항에 더 일관적이길 바라고, 또한 그들의 교회 기준에 좀 더 일치한다면, 그들은 자기 자신에 대해서도 좀 더 일관적일 수 있을 것이다.

나는 신약성경을—특히 헬라어로—읽는 것을 통해 침례교인이 되었으며, 영국 국교회 교리문답을 숙독함으로써 내 결심에 용기를 얻었다. 그 교리문답은 세례를 위해서는 회개와 죄의 용서가 필수라고 선언한다.

도드리지(Doddridge)는 영혼과 하나님 사이의 엄숙한 언약은, 합당한 심사숙고와 가장 진지한 기도로써 서명되고 직인이 찍혀야 한다고 권장했다. 저명한 성도 중 다수는 진정으로 그들 자신을 주께 헌신하는 이 뛰어난 방식을 채택했으며, 그들이 헌신의 행위를 새롭게 할 때, 그 엄숙한 문서를 다시 정독함으로써 적지 않은 유익을 거두었다.

나는 세례에서 그리스도와 함께 장사 되는 것이 훨씬 더 성경적이며 헌신을 표현하는 강력한 징표라고 생각한다. 하지만 나는 내 형제들이 다른 행동으로써 신앙을 다짐하는 자유를 부정하고 싶지는 않다. 만약 그것이 그들에게 좋아 보인다면, 나 자신도 회심 이후에 그랬던 것처럼 그들도 그럴 수 있다고 본다. 내가 성경을 읽은 것에 따르면, 그리스도를 믿는 자는 세례 시에 그와 함께 장사지내져야 하며, 또 그렇게 함으로써 공개적으로 그리스도인의 삶으로 들어가는 것이다.

그래서 나는 침례교 목사를 찾아다녔는데, 펜(Fen) 카운티에 있는 아일햄(Isleham) 보다 가까운 곳에서는 찾을 수 없었다. 거기에 W. W. 캔틀로우 씨라는 분이 있었다. 내 부모님은 내가 자기의 확신에 따르기를 바라셨고, 캔틀로우 씨는 내게 세례를 베풀 준비를 했으며, 내 고용주는 내게 그 목적으로 하루 휴가를 낼 수 있게 해 주었다.

1850년 5월 3일을 나는 결코 잊을 수 없다. 그날은 내 어머니의 생일이면서, 나 자신은 몇 주만 있으면 16세가 될 무렵이었다. 나는 일찍 일어나서, 두 시간 정도 조용히 하나님께 기도하며 헌신하는 시간을 가졌다.

그 후 약 8마일을 걸어서, 거룩한 명령에 따라, 삼위 하나님의 이름으로 물에 잠기기로 예정된 그 장소에 도착했다.

그때의 걷기란 어떠했던가!

그 아침의 여행에서 얼마나 많은 생각과 기도가 내 영혼으로 몰려들었는지! 그날은 따뜻한 날씨가 아니었는데, 그래서 두세 시간을 조용히 걸어서 여행하기에는 훨씬 더 좋았다. 나는 그것을 즐겼다. 캔틀로우 씨의 미소 짓는 얼굴이 그 시골길 걷기의 충분한 보상이 되었다.

지금도 그 선한 사람의 모습과 토탄(土炭) 불의 흰 재가 눈에 선하다. 우리는 토탄 불 곁에 서서 우리 앞에 놓인 그 엄숙한 행사에 관해 이야기를 나누었다. 우리는 함께 페리(Ferry)로 갔다. 아일햄의 친구들은 사람의 기술로 만든 욕조에서 실내 침수를 달가워하지 않았기 때문이다. 그들은 흐르는 강을 세례 장소로 활용했다. 아일햄 페리, 종달새 강(the River Lark)은 아주 조용한 장소였다.

마을에서는 반 마일 정도 떨어져 있었고, 연중 어느 때나 교통 때문에 방해받는 일이 거의 없었다. 그 강 자체가 아름다운 시내로서, 케임브리지셔와 서포크 사이를 흐르고 있었다. 지방의 낚시꾼들에게는 소중한 곳이었다. 이 작은 종달새 강의 운행은 베리 세인트 에드먼즈(Bury St. Edmunds)와 린(Lynn)

에 있는 바다 사이로 이어질 것이다. 하지만 초기에는 아일햄에서의 운행이 더 많았다.

페리-하우스는 (8번) 그림에서 나무들 옆에 숨어 있는데, 세례식에서 목사와 세례 후보자의 편의를 위해 무료로 개방된다. 바지선은 수리를 위해 옮겨진 것인데, 거기에 설교자가 자리를 잡고 선다. 세례식이 주중에 있을 때는 관중의 참석이 적은 편이다. 하지만 주일에는 많은 사람이 모이는데, 설교자는 강 한가운데 정박한 바지선에 서서, 강 양편의 군중에게 말씀을 전한다. 이 일은 강이 그리 넓지 않기 때문에 쉽게 이루어질 수 있다.

바지선 뱃머리 쪽에 있는 강둑이 통상적으로 입수하는 장소다. 정확한 깊이는 발을 디디면 곧 알 수 있으므로, 이 즐거운 예식은 부드럽게 흐르는 강에서 진행된다. 사고나 무질서가 진행을 방해한 적은 없었다. 7 또는 8마일 사이에서, 그 종달새 강은 최소한 다섯 개 이상의 교회들을 위해 세례 장소를 제공했으며, 그 교회들은 결코 야외 세례를 포기하지 않으려 했다.

아일햄에서의 첫 세례에 대해서는 이렇게 기록되어 있다.

> 1798년 9월 13일, 존 웨버 시니어, 존 웨버 주니어, 윌리엄 브라운, 존 위브로우, 메리 건스토운이 케터링의 풀러 씨에 의해 아일햄 페리에서 세례를 받았다.

내가 보기엔 평일치고는 큰 무리가 모였던 것 같다. 아래로 접히는 소년의 반코트를 차려입고, 나는 세례식에 앞서 열리는 예배에 참석했다. 하지만 그와 관련한 모든 기억은 내게서 사라졌다. 내 생각은 온통 물에 있었고, 이따금 내 주님과 함께 기뻐하고 있었으며, 또 가끔은 공적으로 신앙을 고백한다는 떨리는 경외감에 사로잡히기도 했다.

두 여성이 먼저 세례받기로 되어 있었다. 다이애나 윌킨슨과 유니스 풀러였다. 나는 물을 걸을 때 그들을 목사에게로 안내하도록 요청을 받았다. 하지만 나는 소심하게도 그 일을 거절했다. 그것은 내게 새로운 경험이었고, 이전에 세례를 본 적이 없었기에, 어떤 실수라도 할까 두려웠기 때문이다. 강바람이 제법 매섭게 불었다. 내 차례가 되어 나는 물을 헤치며 걸어 들어갔다.

하지만 몇 걸음을 뗀 후, 나룻배를 비롯하여 배들에 타고 있는 사람들과 양쪽 기슭에 있는 사람들을 보았을 때, 나는 마치 하늘과 땅과 지옥이 모두 나를 응시하고 있는 것처럼 느꼈다. 그때 거기서, 나는 내가 어린 양을 따르는 자임을 시인하는 것을 부끄러워하지 않았다. 두려움은 씻겨져 내려갔다. 그것은 강을 따라 바다로 흘러 들어갔고, 틀림없이 물고기들에 의해 삼켜졌을 것이다. 나는 그런 느낌을 이전에 가져본 적이 없었다.

세례는 또한 내 혀도 풀리게 했다. 그날부터 혀는 결코 잠잠히 있지 않았다. 나는 수많은 종류의 두려움들을 그 종달새 강에서 잃어버렸고, "여호와의 계명을 지키는 것에는 큰 상이 있음"(시 19:11)을 발견했다. 그날은 내게 지극히 행복한 날이었다. 이토록 오랜 시간이 지난 후에 그 일을 쓸 수 있도록 내게 은혜를 베푸신 하나님을 찬송합니다!

> 그때 이후 많은 날이 지나고,
> 많은 변화를 지켜보았네.
> 하지만 지금까지 나는 지탱되었으니,
> 주님 말고 누가 나를 붙잡아 주었으랴?

그 아일햄의 제의실(祭衣室)에서, 나는 아주 신사적이고 친절한 목사님과 함께 매우 행복한 저녁을 보냈다.[1] 그 제의실은 매우 추웠다고 기억되는데, 그래서 그 방을 따뜻하게 하려고 내가 여전히 기억하는 그 토탄 불이 필요했다. 캔틀로우 씨는 한동안 자메이카에서 선교사로 지냈고, 힌턴(Hinton)의 『니브의 생애』(*Life of Knibb*)에서 세 차례 언급된다. 이 훌륭한 사람은 32년간 아일햄에 거주하였으며, 세월이 그를 쇠약하게 할 때까지 그 지역 교회의 목사였다.

또 그는 우리 신학교의 학생이었던 윌슨 씨를 후계자로 받아들였다. 그는 "분노를 쉬게 하는 유순한 대답"(잠 15:1)을 제시하는 데 일가견이 있었다.

---

1 오랜 세월이 흐른 뒤, 한 그리스도인은 스펄전이 세례받던 날을 다음과 같이 회상했다. "그날 가장 고귀한 기억은 저녁에 제의실에서 가졌던 기도회였다. 거기서 스펄전 씨가 기도했고, 그 소년의 기도에 귀를 기울인 사람들이 놀랍게 여겼으며 기쁨으로 눈물을 흘렸다.

그는 자기 회중에게 사랑을 받았으며, 그 마을에서 누구에게서나 존경을 받았다. 그의 죽음은 내 삶에서 중요한 이정표처럼 작용하여, 내가 흔히 "그 소년 설교자"로 불리던 이후로 오랜 날이 흘렀음을 내게 상기시킨다.

스티븐슨은 『찰스 해돈 스펄전 목사, 그의 삶과 일』(The Rev. C. H. Spurgeon, his Life and Work)에서 내가 세례받기 일 년 전에 그 침례교회에 가입했다고 주장한다. 하지만 그렇지 않다. 나는 그리스도께서 친히 개입하신 방식이 아니었다면 그 교회에 가입할 것을 꿈도 꾸지 않았다. 나는 다른 모든 믿는 자들이 세상을 향한 죽음, 그리스도와의 매장, 새로운 삶으로의 부활을 상징하는 세례 의식에 의해, 교회와 그들의 가시적인 연결을 시작하는 중요한 지점으로 인도되기를 바란다.

그 넓은 시내, 사람들이 모여든 강둑, 엄숙한 잠김은 결코 내 뇌리에서 지워지지 않았으며, 오히려 자주 내 의무를 다하게 하는 박차(拍車)로서, 그리고 헌신을 확인하는 인장(印章)으로 작용했다.

> 이후로는 누구든지 나를 괴롭게 하지 말라(갈 6:17)!

처음에 나를 구원하신 분이 후에는 나를—내 영과 혼과 몸을—그분의 종으로 받으셨으니, 이 죽을 몸이 물속에 잠기는 것을 그 표시로 삼으셨도다! 그 외적인 표징은 종종 정신과 마음에 영적인 의미를 생생하게 되살려주는 기능을 한다. 따라서 그것은 친히 그 예식을 제정하시고 자기 자신이 그에 따르기도 했던 분을 기념하여 소중히 여겨지는 것이다.

*　　　*　　　*

윌슨 씨도 그 그림을 설명하면서, 한 가지 재미있는 이야기를 덧붙인다.

페리가 보이는 곳에서, 마차와 수레가 운반선을 타고 강을 건너기 위해 기다리고 있었다. 오래된 거룻배 하나가 물속에서 부식되고 있었으며, 또 하나는 마른 땅에 올려져 수리 중이었다. 상자는 장어를 시장에 팔려고 보내기 전에 보관하기 위한 것이었다. 자세히 보면 또 하나의 작은 배가 있을 것이다. 고인이 된 아일햄의 교구 목사는 대단히 엄격한 사람이었는데, 그가 재치 있는 페리의 한 부제(副祭)를 만나서 최근에 그곳에서 행해진 세례에 대해 흠을 잡기 시작했다.

그 교구 목사가 말했다.

"나는 이곳이 사람들이 몰려드는 곳이라고 생각합니다. 일전의 주일날, 그들은 안식일에 대해 거의 존중심을 보이지 않았어요."

그 부제가 대답했다.

"정말 그랬습니다. 큰 무리가 모였지요. 하지만 그들 모두 하나님의 집에 있을 때처럼 조용했고 주의를 기울였답니다."

"J. S.—라는 사람이 세례받았다는 것이 사실인가요?"

교구 목사가 물었다.

부제가 대답했다.

"예, 사실입니다. 그는 그때 기쁨으로 충만해 보이던데요."

"뭐라고요!"

교구 목사가 소리쳤다.

"그 사람은 학교도 다니지 않았고 글도 읽지 못하는 사람이잖소! 그런 그가 종교에 대해 어찌 알아 여기서 신앙을 고백할 수 있었단 말이오?"

그러자 그 부제가 미소를 지으며 대답했다.

"음, 아마도 그 가난한 사람은 아직도 아는 것이 거의 없을 겁니다. 하지만 그는 우리에게 자기가 어떻게 구주를 발견했는지를, 또한 그분의 사랑 안에서 어떻게 행복하게 되었는지를 말해주었지요."

부제가 한 마디 덧붙였다.

"하지만, 목사님은 어린아이들에게 세례를 주시지 않습니까? 그 어린이들이 전혀 아는 것이 없음을 목사님이 분명히 인식하시면서도, 목사님이 그들을 하나님의 자녀들로 만들었음을 선언하면서 말입니다."

만일 누군가 '왜 나는 이런 식으로 세례를 받는가?' 묻는다면, 나는 그것이 그리스도의 성례 중 하나이며, 그 예식에 의해 아주 특별히 그분의 이름을 믿는 믿음으로 그분에게 연합된다고 믿기 때문이라고 대답한다.

> 믿고 세례를 받는 사람은 구원을 얻을 것이라 (막 16:16).

나는 세례가 나를 구원할 것이라는 미신적인 생각을 하지 않는다. 나는 구원받았기 때문이다. 나는 물로써 죄가 씻어지기를 구하지 않는다. 내 죄가 그리스도 예수를 믿는 믿음으로 말미암아 용서된다고 믿기 때문이다. 하지만 나는 세례를 믿는 자에게 죄 씻음의 표징이자, 주와 함께 장사지낸 바 되었다는 상징, 새로운 출생의 외적 공표라고 간주한다.

나는 세례를 의지하지 않는다. 오직 나는 내 구주로서 예수를 의지할 뿐이다. 나는 나의 주님이신 그분에게 순종해야 한다고 느끼며, 그분이 요단강에서 자신의 세례로써 친히 우리에게 보여주신 본보기를 따라야 한다고 느낀다. 나는 한 집단에 가입하는 외적인 의식을 이행하여 침례교인이 된 것이 아니며, 사도들의 방식을 따라 그리스도인이 되었다. 사도들은, 믿었을 때 세례를 받았다.

존 번연이 세례를 받았는가와 관련하여 의문이 있다. 하지만 같은 질문은 나에 대해서는 결코 제기될 수 없다. 어떤 종파에 거의 속하지 않는 나이지만, 내가 내 마음의 확신을 따랐느냐 아니냐에 대해 의문을 가지게 할 조금의 의향도 없다. 나는 직접 신약성경을 읽었고, 거기서 믿는 자들의 세례를 발견했으며, 주님의 명령이라고 내가 이해한 바를 소홀히 여길 생각이 조금도 없다.

만약 다른 사람들이 내가 본 것과 달리 본다면, 그들 자신의 주님에 대해 그들이 서기도 하고 넘어지기도 할 것이다. 영적인 문제들에 대한 내 이해와 자각은 내 삶의 법이었으며, 앞으로도 항상 그러기를 나는 희망한다.

만일 내가 침례교인이 되는 것이 틀렸다고 생각했다면, 나는 그것을 포기했을 것이며, 내가 옳다고 믿는 쪽이 되었을 것이다. 침례교인들이 고수하는 특정 교리는, 하나님의 말씀에서 온 것이 아니라면 그들이 어떤 권위도 인정하지 않는다는 것이다. 그들은 —만약 사람들이 말하는 바가 복음서 저자들, 사도들, 선지자들, 그리고 무엇보다 주님 자신의 가르침에 일치하지 않으면— 신부들(Fathers)의 권위에 어떤 중요성도 부여하지 않으며, 물론 수녀들(mothers)의 권위에도 관심을 두지 않는다.

만약 우리가 하나님의 말씀에서 유아 세례를 찾을 수 있다면, 우리는 그것을 받아들여야 한다. 그것은 우리에게 큰 난관에서 빠져나오도록 도움을 줄 것이다. 그렇게만 된다면 우리에게 딱지처럼 붙은—우리가 괴팍하다거나, 다른 사람들과 같지 않다거나 하는—비난을 우리에게서 제거할 수 있을 것이기 때문이다. 하지만 우리는 성경을 잘 살펴보았고, 그것을 찾지 못했다. 그리고 그것이 성경에 있다고 믿지 않는다. 누군가 스스로 최초로 성경에 그것을 기재하지 않는 한, 우리는 다른 사람들이 성경에서 유아 세례를 찾을 수 있다고도 믿지 않는다.

우리의 선조들은 재(再)세례파(Ana-baptists)라고 불렸다. 그들이 이미 세례 받은 자들에게 다시-세례를 준다(re-baptize)고 반대자들이 그렇게 불렀기 때문이다. 물론, 그들은 그런 종류의 일을 하지 않았다. 그들은 의식이 없는 유아로서 전에 물 뿌림을 받은 자들이 신앙을 고백할 때에, 그들을 물에 잠기게 했다. 재세례(ana-baptism)나 이중세례(re-baptism)란 없었다. 그 둘은 전적으로 구분된다.

나는 그런 종류의 재세례에 대해 아주 많은 이야기를 들려줄 수 있다. 태버너클교회의 장로 중 한 분에 관한 이야기다. 그는 일반적으로 이해되는 용어로는 네 번씩이나 "세례를 받았다."

첫 번째는 아기로서 물 뿌림을 받은 것이다.

그때 그는 너무 아파서 체구가 반쪽에 불과했고, 기도서에 그런 목적으로 제시된 의식에 따른 것이다. 그가 나았을 때, 사람들이 제대로 일을 마무리하려고 그랬는지, 그를 교회로 데려갔다. 하지만 교구 주임 목사가 그 아이에게 원래 그에게 정해졌던 이름 대신 소녀의 이름을 주었다. 그의 아버지와 어머니는 자기들의 남자아이가 여자 이름으로 불리는 위험을 무릅쓰고 싶지 않았다.

그래서 그들은 아이를 세 번째로 다른 성직자에게 데려갔는데, 그 성직자는 그에게 올바른 이름을 부여했다. 그가 자랐을 때, 그는 회심했고, 성경의 순서에 따라 내가 그에게 세례를 주었다. 영국 국교회는 그에게 세례를 주려고 세 번이나 시도했지만, 매번 실패했다!

제12장

주를 섬기는 삶의 시작

> "여러분이 세상의 죄악을 한탄할 때, 여러분의 감정이 눈물로 끝나지 않도록 하십시오.
> 행동 없이 단지 우는 것만으로는 아무것도 하지 못합니다.
> 일어서십시오.
> 여러분이 목소리와 지식을 가졌으면, 나가서 복음을 전하십시오.
> 그것을 이 거대한 도시의 모든 거리와 골목에서 전하십시오.
> 여러분이 부를 가졌으면, 가서 그것을 가난한 자, 병든 자, 궁핍한 자, 죽어가는 자, 교육받지 못한 자, 무지 가운데 있는 자들을 위해 쓰십시오.
> 여러분이 시간을 가졌으면, 가서 선한 행동에 그것을 쓰십시오.
> 기도의 능력을 갖췄으면 가서 기도하십시오.
> 펜을 다룰 수 있다면, 가서 죄악을 적어 모든 사람에게 우편으로 발송하십시오.
> 여러분 모두는 이 전투의 날에 총을 잡으십시오.
> 이제 하나님과 그분의 진리를 위하여, 하나님과 대의를 위하여, 주를 아는 우리 모든 사람은 그분의 깃발 아래에서 싸우기를 추구해야 합니다!"
>
> 찰스 해돈 스펄전

우리가 그리스도를 위해 일하도록 허락받지 못했다면, 어떻게 그분과 우리의 일체감이 온전해질 수 있는지를 나는 이해하지 못한다. 그분이 자기의 보혈로 우리를 구원하기를 기뻐하시고도, 우리를 아무것도 하지 않도록 내버려 두셨더라도, 우리가 어느 정도까지는 그리스도와의 교제를 누릴 수도 있을 것이다.

하지만 (나는 경험에서 말한다) 내가 보기엔 내가 그분을 위해 한 영혼을 얻기 위해 애쓸 때만큼 그리스도와의 생생한 교제, 그리고 매우 실제적인 영혼의 교제란 없다.

오! 내가 영혼의 곤란 때문에 싸우고, 영혼의 완고 때문에 울게 될 때, 영혼을 향해 하나님의 은혜를 논증하기 시작하고 또 실패했음을 발견할 때, 그리고 내가 영혼의 고통 속에서 어떤 영혼이 멸망하기보다는 차라리 내가 죽을 수 있다고 느낄 때, 그때 나는 비로소 그분의 마음을 읽을 수 있게 된다.

그리고 그분의 흐르는 눈물, 피와 같은 땀, 죽음의 상처들이, 그분이 가련하고 타락한 인류를 얼마나 많이 사랑하셨는지를 보여주었다는 것을 비로소 이해하게 된다.

내가 처음 하나님께 회심했을 때, 만일 주께서 내게 "나는 너를 내 집으로 데려왔고, 너를 사용하려고 한다. 너는 성도들이 신발을 터는 현관문 깔개가 될 것이다."라고 말씀하셨다면, 아마 나는 이렇게 대답했을 것이다.

> 오! 제가 그들의 복된 발에서 먼지를 터는 도구가 될 수 있다면 행복하겠습니다. 저는 하나님의 백성을 사랑하기 때문입니다. 제가 아주 사소하게라도 그들을 섬길 수 있다면, 그것은 저의 기쁨이 될 것입니다!

그 당시, 내가 하나님의 이스라엘에서 지도자가 되겠다는 생각은 내 머리에 들어오지 않았다.

아아! 그렇지 않다. 그분의 집 한쪽 구석에 내가 앉을 수만 있어도, 또는 문지기가 되어도, 내게는 그것으로 충분했다!

만약, 식탁 아래의 개처럼, 그분의 은혜의 부스러기만 얻을 수 있어도, 그것이 그분의 손에 의해 주어지는 호의이기만 하다면, 그것이 그분이 친히 떼신 것이기 때문에, 그것은 내가 원하는 전부였다. 그날 나 자신을 내 구주에게 넘겨드렸을 때, 나는 그분에게 내 몸, 내 혼, 내 영혼을 드린 것이다.

나는 그분에게 내가 가진 모든 것을 드렸다. 그리고 현세에서와 영원에서 내가 장래에 가질 것도 모두 드렸다. 나는 그분에게 내 모든 재능을 드렸고, 내 힘, 내 기능, 내 눈, 내 사지, 내 감정, 내 판단력, 내 전인격을 드렸다. 그리고 내게 부여될지 모르는 새로운 능력이든 혹은 새로워질 능력이든, 그 모든 것을 주님께 드렸다. 이렇게 좋은 시간에, 내가 내 기쁨의 기록을 슬픔의 기록으로 바꿀 수 있다면, 나는 내 주님께 약속했던 엄격하고 흔들리지 않는 맹세를 지키는 데 실패했던 때와 상황에 대하여 참회의 고백을 드리며 울고 싶다.

그때 내가 한 맹세를 결코 후회하는 것이 아니라, 오히려 내 맹세를 새롭게 하기를 간절히 원한다. 내가 하나님께 구하는 것은, 만일 내가 내 몸에서 그분의 것이 아닌 피 한 방울이라도 가졌다면, 그것을 흘려서 내보내 주시라는 것이다. 만약 내 머리에 그분에게 바쳐지지 않은 머리털 한 올이라도 있다면, 나는 그것을 뽑아버리고 싶다.

청소년 시절에, 마음으로 그리스도를 향해 드린 내 최초의 섬김은 내가 아는 사람들에게 적용할 수 있는 적절한 소책자들을 선택하고, 그것을 봉투에 넣고 봉인하여, 하나님이 그들에게 복을 주시기를 바라는 희망을 담아 그들에게 보내는 것이었다.

다른 소책자들을 들고서, 뉴타운 읍내의 특정 구역에서 그것들을 나누어 주었던 일을 나는 잘 기억한다. 이집 저집을 다니면서, 겸손한 언어로 말을 걸고, 하나님 나라의 일들에 대해 말해주었다. 만약 작은 일이라도 할 수 있다는 발견을 통해 격려를 받지 않았더라면, 나는 그리스도를 위해 아무것도 하지 않았을 것이다.

그런 다음 나는 더 이상의 무언가를 하기를 구했고, 거기서 또 더 이상의 무언가를 하기를 구했다. 나는 하나님의 많은 종이 그들의 주님을 위한 더 높고 더 고상한 수고로 인도받아온 것은, 그들이 바른 정신과 방법으로 그분을 섬기기 시작했기 때문이라고 믿어 의심치 않는다.

나는 신앙적인 소책자를 나누어준 것은 그저 첫걸음일 뿐이며, 그리스도를 위해 행한 다른 많은 일과 견줄 수 없다고 여긴다. 하지만 그 첫걸음이 없다면, 우리는 결코 두 번째 단계에 이르지 못할 것이다. 첫 단계에 이르러서야, 우리는 다음 단계를 밟도록 격려를 받고, 그런 식으로 마지막 단계까지 이르는 것이다.

하나님이 우리를 도우시니, 우리는 광범위하게 쓰임 받을 수 있다. 내 동료 인간들의 영혼들을 얻으려는 진지함을 내가 처음 구주의 이름을 사랑했을 때처럼 강하게 느낀 적은 없을 것이다. 비록 나는 설교할 수 없었고, 대중을 향해 증언할 수 있을 것이라고는 생각조차 하지 않았지만, 나는 작은 종잇조각에 글을 쓰곤 했으며, 그것들을 어디든 떨어뜨렸다.

어느 가련한 인생이 그것들을 주워, 그들 영혼에 은혜의 메시지로 받아들이기를 바라는 마음에서였다. 그리스도를 위해 무언가를 할 시도를 하지 않고는 단 5분도 그냥 만족할 수가 없었다. 거리를 따라 걸을 때면, 반드시 약간의 소책자들을 손에 쥐어야 했다.

혹 철도 객차에 있을 때면, 창문 밖으로 소책자 하나를 떨어뜨려야 했다. 잠깐의 여유 시간이 있을 때, 나는 무릎을 꿇거나 성경을 보았다. 동료들 속에 있다면, 반드시 대화의 주제를 그리스도께로 돌려야 했다. 그 모든 것은 내 주님을 섬기기 위해서였다. 내 그리스도인의 삶의 이른 여명에, 나는 그리스도의 대의를 위하느라고 좀 신중치 못한 일도 했다.

하지만 나는 이 말을 하고 싶다. 그 시절로 되돌려진다면, 비록 무분별하고 성급하다 할지라도, 내 주님을 향한 같은 사랑을 가지기를 원한다. 내 영혼에 압도적인 영향을 끼치고, 나로 내 주님의 계명에 순종하게 만드는 그 사랑을 가지길 원한다. 내 하나님을 섬기기 위해서라면 어떤 일이라도 하는 것이 내 기쁨이었기 때문이다.

그때 기와 사이로 별들이 보이는 다락방에 앉아서, 하늘의 대화를 듣는 것이 내게 얼마나 큰 기쁨이었던가!

너절한 벽지로 둘러싸인 초라한 침상에서, 어느 쇠약한 주님의 성도가 나와 함께 그것을 바라보았다!

잠수부들처럼, 나는 진주를 값지게 여겼다. 그 껍질이 부서졌더라도 마찬가지다. 그것을 얻을 수 있다면 어디든 가리지 않고 갔을 것이다. 내 체중에 눌려 계단들이 삐걱거리며 흔들렸을 때, 그 푹 꺼진 의자가 내게 편치 않은 쉼을 제공하던 때, 그 병실의 열과 악취가 내 동료를 몰아냈을 때, 예수님의 친구였던 이가 내게 그분의 사랑과 그분의 신실하심과 그분의 은혜에 대해 들려주는 동안에 말이다.

나는 곱절 이상의 보상을 받았다고 느끼지 않았던가?

주님의 가장 멸시받은 종들이, 고통당하는 영혼들을 위로하고 그들을 믿음 안에서 세우는 일에 선택된 도구가 되는 것은 아주 빈번한 일이다.

* * *

나는 사회에서 지위가 있는 사람들 몇몇이 주일학교에 관심을 가지는 것이 보기 좋다. 많은 교회가 빠지는 한 가지 큰 실수는 어린아이들을 젊은이가 돌보도록 맡겨두는 것이다. 더 나이 든 회원들, 지혜가 더 많은 이들이, 그들에게 거의 관심을 두지 않는다. 그리고 아주 빈번하게, 교회의 더 부유한 회원들은 마치 가난한 자들을 가르치는 것이 부자들이 특별히 할 일이 아닌 것처럼 비켜 서 있다.

사실은 그것이야말로 진정 그들이 할 일이다. 나는 이스라엘의 유력자들이 원수와 싸우는 이 큰 전투에서 돕는 모습을 보고 싶다. 미국에서는 대통령들, 판사들, 의원들, 그리고 가장 높은 지위에 있는 사람들이, 그저 겸손의 차원에서가 아니라—나는 그런 용어를 쓰는 것을 조롱한다—오히려 그들을 명예롭게 하는 차원에서 주일학교 어린아이들을 가르친다는 말을 우리는 듣는다.

주일학교 반에서 가르치는 사람이 좋은 학위를 얻은 사람이다. 나는 석사나 학사 또는 사람들이 붙여준 어떤 다른 명예보다도, 차라리 주일학교 교사의 타이틀을 더 받고 싶다.

하루의 첫 몇 시간보다 일하기 좋을 때는 없다. 마찬가지로 청춘의 이른 시기보다 주님을 섬기기에 좋을 때는 없다. 나는 처음 하나님을 알았을 때 그분에게 드릴 수 있었던 작은 섬김에서 얻은 기쁨을 기억한다.

나는 주중에는 줄곧 학교에서 일에 매였지만, 토요일 오후에는 자유였고, 비록 나 자신도 소년에 불과했지만, 휴식을 위한 그 시간을 정당하게 사용할 수 있었다. 그래서 안식일에는 주일학교 반에서 가르치는 일에 헌신하였고, 나중에는 주일학교에서 말씀을 전하기도 했다. 내가 가르치기 시작했을 때, 여전히 나는 은혜에서 아주 어린 자였다.

나는 내가 가르치는 학급의 소년들에게 예수 그리스도는 그를 믿는 모든 자를 구원하신다고 말했다. 한번은 그들 중의 하나가 이런 질문을 했다.

"선생님, 선생님은 그분을 믿나요?"

나는 대답했다.

"응, 나는 믿기를 희망해."

그때 그가 다시 질문했다.

"하지만 확실히 믿진 않나요?"

나는 주어야 할 답에 대해 신중히 생각할 수밖에 없었다. 그 소년은 "그러기를 희망해"라는 내 대답에 만족하지 않았다. 그는 마치 "당신이 그리스도를 믿으면, 당신은 구원받습니다"라고 말하는 듯했다. 그때 나는 내가 만일 적극적으로 다음과 같이 말할 수 있을 때까지는 효과적으로 가르칠 수 없다고 느꼈다.

"나는 그것이 그렇다는 것을 안다. 나는 내가 듣고, 보고, 맛본 것을 말할 수 있고, 생명의 선한 말씀을 다룰 수 있다."

그 소년이 옳았다. 우리 자신의 안전과 주 안에서의 기쁨에 대하여, 확신에서 솟아나는 것이 아니면 참된 증언이란 있을 수 없다. 내가 좀 무디어지면, 내 학문적 소양의 바퀴들은 삐걱대면서 제자리를 맴돌기 시작했다. 그것은 내가 예화 또는 일화를 제시해야 한다는 것을 아주 분명하게 시사했다. 그래서 나는 부분적으로는 그들에게 말하지 않을 수 없었기 때문에, 이야기를 들려주는 법을 배웠다. 내 반에 있던 한 소년은 이런 식으로 말하곤 했다.

"선생님, 이건 아주 따분해요. 우리에게 이야기를 들려줄 순 없나요?"

물론 그는 말을 안 듣는 아이였고, 확실하진 않으나 자라서 나쁜 길로 들어선 것으로 여겨진다. 그렇지만 나는 그의 주의를 끌기 위해 그가 원한대로 이야기 형식으로 전하려고 노력했다.

어느 교사 모임에서, 남자 교사들은 가르침이 끝나면 주일학교 책임자가 전한 그날의 교훈에 대해 몇 마디씩 돌아가면서 발언하자는 제안이 받아들여졌다. 내 차례가 돌아왔다. 내가 말한 후에, 주일학교 책임자는 다음 주일에는 자기랑 위치를 바꾸어 말씀을 전하라고 내게 요청했다. 그렇게 한 후에, 그는 내가 아주 잘했다고 말하고선, 매 주일에 어린이들에게 말씀을 전해달라고 또 내게 요청했다.

하지만 이 요청에 대해선 내가 좀 머뭇거렸다. 다른 교사들에게 정당하지 않다고 여겼기 때문이다. 그가 말했다.

"아! 주일에는 당신이 나를 대신해서 말씀을 전해주길 기대합니다."

이렇게 시작된 선례는 교사 활용의 일환이 되었고, 당분간, 교사 중의 한 분이나 나 자신이 격주로 안식일에 말씀을 전하는 것이 일상화되었다. 신속하게 다른 일들이 뒤따랐다. 내가 말할 때 나이 드신 분들도 참석했다. 머지않아, 듣는 사람의 수가 늘어나 주일학교라기보다는 한 예배당 전체의 모임

같이 보였다. 목사님은 썩 좋아하지 않으셨다. 자기 영역을 침범당했다고 질투할 수 있는 상황이었다.

나는 항상 내가 전할 주제를 신중하게 준비한 후에 최선을 다해 말씀을 전했다. 청소년에 불과했지만 나는 이렇게 말했다.

"사려 깊지 못한 내용을 쏟아내기보다는, 읽고 연구하고 기도하는 일에 나 자신을 드려야 한다고 생각합니다."

곧 청중은 내가 말한 내용에 대해 감사를 표했다.

오! 내가 얼마나 진지하게 전했던가!

나는 후년의 나보다 그때의 내가 말씀을 더 잘 전했다고 종종 생각한다. 상당히 떨면서 전했지만, 내 마음을 담아서 전했기 때문이다. 마을에서 주일에 조금 말하기 시작하고, 후에는 주중 매일 밤에 말씀을 전했을 때, 나는 내 마음에서 신선하게 솟아나는 내용을 전하곤 했다. 책에서 많은 것을 거둘 시간은 별로 없었다. 나에게 중요한 도서관은 하나님의 말씀과 나 자신의 경험이었다.

나는 내 심령에서 솟아나는 것을 말했다. 물론 많은 면에서 서툴고, 많이 약하고, 청소년답게 어리석은 부분도 많았지만,

오! 그럼에도 사람들을 그리스도께로 이끌고자 하는 열망은 얼마나 강했던가!

나는 종종 한 불쌍하고 늙은 사람을 구원하거나, 내 나이 또래의 한 소년을 구주의 발치로 이끌 수만 있다면, 기꺼이 내 목숨을 내어놓을 수도 있겠다고 느꼈다. 나는 인생의 이른 시기에 내 주님을 위해 일하도록 부름을 받은 것이 큰 기쁨이라고 느낀다. 그리고 나는 이윽고 이렇게 말할 수 있었다.

> 하나님이여! 나를 어려서부터 교훈하셨으므로 내가 지금까지 주의 기이한 일들을 전하였나이다. 하나님이여! 내가 늙어 백발이 될 때도 나를 버리지 마시며 내가 주의 힘을 후대에 전하고 주의 능력을 장래의 모든 사람에게 전하기까지 나를 버리지 마소서 (시 71:17,18).

나는 내 주님께서 그의 늙은 종을 버리실 거라고는 생각하지 않는다. 내가 늙을 때, 사람들은 내게 싫증을 내겠지만, 그분은 그렇지 않을 것이다. 그분

은 내 기도를 들으실 것이다.

주여! 당신을 섬기는 일에서 나를 쫓아내지 마소서.

나는 내 동료 인간들에게 축복이 되는 무언가를 할 때마다, 그렇게 해야 한다는 의무를 느꼈다고 진실로 말할 수 있다. 예를 들어, 주일학교에 가서 가르치는 것을 생각하기에 앞서, 누군가 나를 부르더니 그의 학급을 맡아 달라고 요청하고 호소했다. 나는 가지 않겠다고 거절할 수가 없었다. 그래서 거기에 갔고, 책임자에게 발목을 잡혔고, 어쩔 수 없이 계속해야만 했다.

당시 나는 어린이들에게 말씀을 전해달라는 요청을 받았다. 나는 할 수 없다고 생각했다. 하지만 나는 일어섰고, 더듬거리면서 몇 마디를 전했다. 내가 사람들에게 처음으로 설교하려고 시도했던 때도 마찬가지였다. 나는 그러고 싶은 마음이 없었다. 하지만 그곳에 할 수 있는 다른 사람이 없었고, 그 작은 회중은 한 마디의 경고나 초대의 말씀도 듣지 못한 채 흩어져야 했었다.

그것을 내가 어떻게 참는단 말인가?

나는 그들에게 말할 수밖에 없다고 느꼈고, 무엇이든 내가 손대기 시작한 것은 그런 식이었다. 나는 항상 내가 저항할 수 없는 어떤 충동 같은 것을 느꼈다. 하지만 더 나아가, 나는 섭리에 의해 그 자리에 배치되었다고 느꼈기에, 나는 그 의무를 회피하고 싶지 않았다. 설혹 내가 피하고 싶었어도, 나로서는 피할 방도가 없었다.

나는 내 주일학교 학급에 속했던 한 소년의 침대 곁에 서 있던 때를 결코 잊지 못할 것이다. 그는 가정에서 좋은 훈련을 거의 받지 못했다. 그는 겨우 열일곱 소년이었음에도 술주정뱅이가 되었고, 술독에 빠져 죽을 지경에 이르렀다. 나는 그를 쳐다보면서 말했고, 그를 구주께로 향하도록 노력했다. 마침내 임종 시의 가래 끓는 소리가 들렸다. 아래층으로 내려가면서, "사람이란 죽는 것을 준비하는 것 말고는 무슨 일이든 하는구나."라는 생각에 모든 사람이 바보라고 여겨졌다.

거리에서 수레 끄는 사람들을 바라보았고, 가게에서 분주한 사람들, 물건 파는 사람들을 바라보면서, 모두 영원의 문제를 빼고는 어떤 일에든 종사하는 어리석은 사람들이라고 여겼다. 무엇보다, 죽어가는 죄인들에게 살아계신 그리스도를 바라보게 하고 그분의 보혈을 의지하도록 그들을 초대하지 못하는 나 자신이 어리석게 여겨졌다.

하지만 한 시간 남짓 그렇게 있다가, 평정심을 되찾았다. 나는 결국 죽어가고 있는 것이 아니라 생각하기 시작했고, 전처럼 무심하게 길을 지나갈 수 있었다. 나는 사람들이 이 세상에 대해 생각할 때는 지혜로우면서도, 다음 세상에 대해서는 그렇지 못하다고 생각하기 시작했다. 그 죽음의 침상에 대한 인상은 곧 지워졌다. 슬픈 사실은, 그리스도인까지도 점차 무디어져서, 한때 그를 놀라게 했고 그의 피를 얼어붙게 만들었던 죄가, 조금도 그를 놀라게 하지 않는다는 것이다.

나는 나 자신의 경험에서 말할 수 있다. 처음 내가 욕설을 들었을 때, 나는 경악했고, 나 자신을 어디로 숨겨야 할지를 몰랐다. 하지만 지금은, 저주라든가 하나님께 대한 훼방의 말을 듣는 경우, 비록 혈관 속으로 끔찍한 전율이 흐르기는 하지만, 그런 악한 말을 내가 처음 들었을 때 가졌던 엄숙한 감정이나 강렬한 분노 같은 것은 없다. 점차 우리는 죄에 익숙해진다.

나는 심지어 죄를 지적하는 설교도 설교자에게 해로운 영향을 끼칠 수 있다고 염려한다. 솔직히 고백하건대, 이런 주제들에 대해 말해야 하는 우리에게는 그것을 우리 자신에게 적용하기보다는 오히려 직업적으로 다루는 경향이 있다. 그런 식으로 우리는 어느 정도 악에 대한 두려움을 잃어버린다. 마치 젊은 의사들이 해부실에서 곧 그들의 여린 불안감을 잃어버리는 것과 같다.

우리는 직무상 어쩔 수 없이 처음에 우리의 가슴을 미어지게 했던 일만 가지의 문제들을 보아야 한다. 젊은 시절의 사역 초기에, 위선과 모순에 마주칠 때, 우리는 쓰러져 죽을 준비가 되어 있다. 하지만 수년 후에는 이런 끔찍한 죄악들을 당연한 문제로 여기는 경향이 있다. 세속성, 탐욕스러움, 육욕, 이런 것들이 우리 일의 시작 단계에서는 우리에게 충격이었다.

하나님의 일꾼들조차 마음을 굳어버리게 만드는 죄의 영향을 느낄 수 있다는 것, 이는 슬픈 징조가 아닌가?

나는 지구의 대기가 새로 벽에 바른 회반죽을 굳게 하는 것만큼이나 내 마음을 굳게 만드는 경향이 있다고 매일같이 느낀다. 하나님의 성령으로 새롭게 세례를 받지 않으면, 끊임없이 십자가 아래에 서지 않으면, 내 구주의 죽음의 고통이라는 진홍색 상형문자에서 죄의 저주를 읽지 않으면, 이미 많은 신앙고백자가 그렇게 된 것처럼 나도 곧 강철처럼 무감각해지고 말 것이다.

제13장

칼빈주의 옹호

> "우리는 '칼빈주의'라는 용어를 단지 짧게 표현하기 위해 사용합니다. '칼빈주의'라는 교리는 칼빈에서 비롯된 것이 아닙니다. 우리는 그것이 모든 진리의 위대한 설립자에게서 비롯되었다고 믿습니다.
>
> 아마도 칼빈 자신은 그것을 주로 어거스틴의 저작물에서 끌어냈을 것입니다. 의심의 여지 없이, 어거스틴은 그의 관점을, 하나님의 성령을 통해, 바울의 글들을 부지런히 연구함으로써 얻었으며, 바울은 그것들을 성령을 통해 기독교 신앙의 위대한 설립자이신 예수 그리스도로부터 받은 것입니다.
>
> 그러므로 우리가 이 용어를 사용하는 것은, 이 교리들을 가르쳤던 칼빈에게 어떤 특별한 중요성을 부여하기 때문이 아닙니다. 만일 더 잘 이해될 수 있는 용어를 찾을 수 있다면, 그리고 그것이 전체적으로 진실에 부합되기만 한다면, 우리가 그것을 어떤 다른 이름으로 부르기를 원한다고 해도 무방할 것입니다."
>
> 찰스 해돈 스펄전

> "칼빈이 전했고, 어거스틴이 전했던 옛 진리가 오늘 내가 전해야 할 진리입니다. 그렇지 않다면 나는 내 양심과 내 하나님에 대해 거짓될 것입니다. 나는 진리를 임의로 형성할 수 없습니다. 나는 어느 한 교리의 거친 가장자리 부분을 떼어내는 일 따위는 전혀 알지 못합니다. 존 녹스의 복음이 내 복음입니다. 한때 스코틀랜드를 뒤흔들었던 그 천둥소리가 다시금 영국 전체에 울려 퍼져야 합니다."
>
> 찰스 해돈 스펄전

선하고 견고한 교리를 믿으며 그리스도인의 삶을 시작한다는 것은 아주 좋은 일이다. 어떤 사람들은 20년 동안 20가지의 다른 "복음들"을 받아들인다.

그들의 여정이 끝날 즈음이면 그들은 얼마나 더 많은 것들을 받아들일까? 예측하기 어려울 것이다. 감사하게도 하나님은 내게 일찍이 그 복음을 가르치셨다. 나는 그것에 완벽히 만족하며, 다른 것을 알기를 원치 않는다. 신조의 끊임없는 변화는 확실한 손실이다. 만일 한 나무를 2년 또는 3년마다 옮겨야 한다면, 사과들을 저장할 크고 높은 저장고를 세울 필요가 없을 것이다.

사람들이 항상 교리와 원리에서 옮겨 다니고 있다면, 그들은 하나님께 영광을 돌릴 수 있는 열매를 많이 맺지 못할 것이다. 어린 신자들이 주께서 그분의 말씀 안에서 가르치신 저 위대한 근본 교리들을 확고히 붙잡고 시작한다면 그것은 아주 선한 일이다.

왜 그런가?

만일 어떤 사람들이 한동안만 지속하는 일시적이고 임시적인 구원에 대해 전하는 것을 내가 믿는다면, 나는 거기에 대해 전혀 감사하지 못할 것이다. 하지만 하나님이 영원한 구원으로 구원하신다는 교리를 내가 알게 되고, 그분이 영원한 의를 믿는 자에게 주신다는 것과 그것을 영원한 사랑의 영원한 토대 위에 세우셨다는 것을 내가 알게 될 때, 그렇다면 나는 '오! 이처럼 놀라운 복이 내게 주어지다니!' 하면서 놀라고 감탄할 것이다.

> 멈추라, 내 영혼아!
> 감탄하고 찬미하라!
> '오! 왜 그런 사랑이 내게 주어졌는가?'
> 감격하여 물으리라.
> 은혜가 나를 구주의 가족에 포함되게 하였으니,
> 할렐루야!
> 감사를, 영원한 감사를, 주께 드리나이다!

마음이 자연스럽게 자유의지의 교리로 이끌리는 사람들이 더러 있다. 내 마음은 자연스럽게 주권적인 은혜의 교리들로 이끌린다고 말할 수 있다. 이따금, 거리에서 가장 악한 종류의 사람들을 만날 때, 나는 하나님이 나를 그들처럼 행동하지 않게 하신 것에 대해 눈물로 감사드리면서 가슴이 터질 것 같다고 느낀다!

 만약 하나님이 나를 혼자 버려두셨더라면, 그리고 그분의 은혜로 나를 만지지 않으셨더라면, 나는 얼마나 큰 죄인이 되어 있을 것인가!

 나는 늘 그렇게 생각해왔다. 하나님이 나를 억제하지 않으셨더라면, 나는 죄의 극단까지 치달았을 것이며, 악의 심연에 빠지고 말았을 것이며, 어떤 악이나 어리석음에서도 멈추지 않았을 것이다. 만약 하나님이 나를 내버려두셨다면, 나는 죄인들의 우두머리가 되고 말았을 것이라 느낀다.

 하나님이 그렇게 하셨다는 한 가지 근거를 빼고는, 나는 내가 왜 구원을 받았는지 그 이유를 이해하지 못한다. 나는 내가 왜 하나님의 은혜에 참여자가 될 수 있었는지, 아무리 애써 이유를 찾으려 해도 찾을 수가 없다. 지금 이 순간 내가 그리스도 밖에 있지 않다면, 그것은 단지 그리스도 예수께서 나와 함께 있고자 하셨던 그분의 의지 때문이다.

 그분의 의지는, 그분이 계신 곳에 나도 그분과 함께 있는 것이며 또한 그분의 영광에 내가 참여하는 것이다. 내가 면류관을 둘 수 있는 곳은 그분의 머리 외에 달리 어디에도 없다. 그분의 강력한 은혜가 나를 구원하여 구덩이에 빠지지 않게 했다. 내 지난 삶을 돌아볼 때, 모든 여명의 빛은 하나님께 속하였고, 전적으로 하나님께 속하였음을 나는 볼 수 있다.

 내가 태양을 밝힐 횃불을 든 것이 아니라, 오직 태양이 나를 비춘 것이다. 내가 내 영적인 생명을 시작한 것이 아니다. 그렇지 않다. 나는 오히려 성령에게 속한 일들을 거부했고, 거스르며 투쟁했다. 그분이 나를 이끄셨을 때도, 한동안 나는 그분을 따라 달리지 않았다. 내 영혼 속에는 모든 거룩하고 선한 것에 대해서 타고난 증오가 있었다. 나를 향한 호소를 망각했고, 경고를 바람에 날려버렸으며, 천둥마저 멸시하였다. 그분의 사랑의 속삭임이 있었을 때, 그것마저 아무것도 아닌 헛된 것으로 여기며 거부하였다.

 하지만 이제 나는 나 자신을 위해서 분명히 말할 수 있다.

 "그분만이 나의 구원이시다."

 그분이 내 마음을 돌려놓으셨고, 나로 그분 앞에 무릎을 꿇게 하셨다. 나는 정녕 도드리지(Doddridge)와 토플라디(Toplady)와 함께 말할 수 있다.

은혜가 나를 가르쳐 기도하게 했고,
내 눈에서 눈물이 흐르게 했네.

이 순간 나는 이렇게 덧붙여 말할 수 있다.

나를 이날까지 지킨 것이 은혜였으니,
앞으로도 나를 떠나지 않게 하시리.

내가 한순간에 은혜의 교리들을 배우게 된 방식을 나는 잘 기억하고 있다. 우리 모두 태생적으로 그러하듯이, 알미니안으로 태어났기에, 나는 강단으로부터 계속해서 옛 교리들을 들어왔음에도, 여전히 하나님의 은혜를 이해하지 못했다. 내가 그리스도께 왔을 때, 나는 나 스스로 그렇게 하고 있다고 생각했다. 비록 내가 주님을 진지하게 찾긴 했으나, 주님께서 나를 찾고 계셨다고는 생각하지 않았다.

그 젊은 회심자가 처음에 이것을 의식했다고 생각지 않는다. 나는 내가 처음 그 진리를 영혼에 받아들였던 그 날과 시간을 기억할 수 있다. 존 번연이 말했듯이, 그것이 마치 달구어진 쇠로 그런 것처럼 내 마음속에 각인되었을 때 내가 어떻게 별안간 아기에서 어른으로 성장했다고 느꼈는지를, 또한 어느 평일 밤 하나님의 집에 앉아 있을 때 단번에 하나님의 진리의 실마리를 발견하고는 성경적인 지식에서 얼마나 진보했다고 느꼈는지를, 나는 그것을 지금도 기억해낼 수 있다.[1]

"너는 어떻게 그리스도인이 되었는가?"

이런 생각이 문득 들었다. 나는 주님을 찾았다.

"하지만, 네가 어떻게 주를 찾게 되었는가?"

진리가 순식간에 머릿속에서 떠올랐다. 앞서 내 마음속에서 나로 주님을 찾게 만드는 어떤 영향력이 없었다면 나는 그분을 찾지 않았을 것이다. 나는 기도했다. 그렇게 생각했다. 하지만 그때 나 자신에게 물었다.

---

[1] 9장에서 1850년 4월 6일의 편지를 보라. 그리고 10장에서 4월 7일 일기도 참조하라: "아르미니아누스주의는 이제 내게 맞지 않는다."

내가 어떻게 기도하게 되었지?
나는 성경을 읽음으로써 기도하게끔 유도되었다.
내가 어떻게 성경을 읽게 되었지?
내가 성경을 읽은 것은 맞지만, 무엇이 나를 그렇게 하도록 이끌었을까?

그때, 한순간에, 나는 그 모든 것의 밑바탕에 하나님이 계셨음을 보게 되었다. 그리고 그분이 내 믿음의 창시자이셨음을 이해하게 되었다. 그렇게 은혜의 전체 교리가 나에게 열렸고, 오늘날까지 나는 그 교리에서 떠나지 않았다. 나는 이것이 나의 지속적인 고백이 되기를 원한다.
"나는 나의 변화를 전적으로 하나님의 은혜로 돌립니다."
언젠가 나는 이 본문으로 설교가 전해진 예배에 참석한 적이 있다.

> [여호와께서] 우리를 위하여 기업을 택하시나니 (시 47:4).

강단을 차지했던 분은 상당히 알미니안이었다. 그는 이런 말로 시작했다.
"이 구절은 전적으로 우리의 현세적인 기업을 언급합니다. 그것은 우리의 영원한 운명과는 아무런 상관이 없습니다."
그가 계속해서 말했다.

> 우리는 그리스도께서 우리를 위해 천국이나 지옥의 문제를 선택하시는 것을 원치 않습니다. 조금이라도 상식이 있는 사람이라면 천국을 선택하는 것이 아주 분명하고 쉬우며, 누구라도 지옥을 선택하는 것보다는 더 잘 알 것입니다.
> 천국과 지옥을 선택하는 데 있어서, 우리에게는 어떤 초월적인 지성이나 더 위대한 존재가 필요치 않습니다. 그것은 우리 자신의 자유의지에 맡겨져 있습니다. 우리에게는 충분한 지혜가 주어졌고, 우리 자신을 위해 판단할 수 있는 충분히 올바른 수단도 주어졌습니다.

결국, 그가 논리적으로 추론한 바에 따르자면, 우리를 선택해 주실 예수 그리스도는 필요치 않은 셈이다. 나는 생각했다.

"아! 그러나 내 형제여, 우리가 선택할 수 있다는 것은 사실이지만, 우리가 올바르게 선택하려면 상식 이상의 무언가가 우리에게 필요하다고 생각합니다."

* * *

우선, 묻고 싶은 것이 있다.

우리가 이 세상에 오게 된 것에 대해 말하자면, 우리는 모든 것을 관장하는 섭리와 여호와의 손의 결정을 인정해야 하지 않을까?

우리의 발걸음을 정하기 위해 이것이나 저것을 선택하는 것이 우리 자신의 자유의지에 맡겨졌다고 생각하는 이들은, 우리가 이 세상에 들어온 것이 우리 자신의 의지에 속하지 않았다는 것을 인정해야 한다.

어떤 특정한 사람들을 우리의 부모로 선택하기 위해, 상황을 이끄는 능력이 우리에게 있었던가?

그런 선택이 우리와 조금이라도 관련이 있었던가?

오직 하나님이 친히 우리의 부모, 태어난 곳, 친구들을 정하신 것이 아닌가?

하나님은 나를 호텐토트족 피부를 가지고 태어나게 하시고, 어느 꼬질꼬질한 모친에 의해 '가축우리' 같은 곳에서 양육 받게 하시고, 또 이방 신들 앞에 경배하도록 가르침을 받으면서 자라게 하실 수도 있지 않았을까?

그것이 그분에게는 밤낮 나를 위해 무릎 꿇고 기도하는 경건한 모친을 주시는 일만큼 쉬운 일이 아닌가?

오! 만일 그분이 원하셨다면, 그분은 내게 어떤 방탕한 사람들이 내 부모가 되게 하실 수도 있지 않았을까?

그랬더라면 그들의 입술에서 나는 일찍부터 두렵고, 추하고, 외설적인 언어를 들었을 것이다.

그분은 나를 술주정뱅이 아버지 밑에 자라도록 하실 수도 있지 않았을까?

그랬더라면 그는 나를 무지의 동굴에 틀어박혀 살게 했을 것이고, 범죄의 사슬에 매인 채 자라게 했을 것이다.

내가 행복한 분깃을 얻었고, 내 부모 역시 하나님의 자녀로서 주님을 경외하도록 나를 훈련하려고 애썼던 것은, 하나님의 섭리가 아니었던가?

존 뉴턴은 한 여인에 대한 기발한 이야기를 들려주었다. 그녀는 선택의 교리를 입증하기 위해 이런 말을 했다.

"아! 목사님, 주님은 제가 태어나기도 전에 저를 사랑하신 것이 틀림없습니다. 제가 태어난 후에는 제게서 사랑할만한 아무것도 찾지 못하셨을 테니까요."

나는 그것이 내 경우에도 마찬가지라고 확신한다. 나는 선택의 교리를 믿는다. 그것이 확실하다고 여기기 때문이다. 만약 하나님이 나를 선택하시지 않았다면, 내가 결코 그분을 선택하지 않았을 것이다. 나는 그분이 내가 태어나기 전에 나를 택하셨음을 확신하는데, 그렇지 않았더라면 후에 내가 그분을 선택하지 않았을 것이기 때문이다.

그분은 내가 알지 못하는 이유 때문에 나를 선택하셨음이 틀림없다. 왜냐하면, 나는 나 자신에게서 그분이 특별한 사랑으로 나를 바라보실 어떤 이유도 찾을 수 없기 때문이다. 그래서 나는 그 위대한 성경적 교리를 받아들일 수밖에 없다.

나는 어느 알미니안 형제가 내게 들려준 이야기를 기억한다. 그는 성경을 스무 번 이상 읽었지만, 그 속에서 선택의 교리를 찾지 못했다고 했다. 그가 덧붙여 말하기를, 만약 선택 교리가 성경에 있었다면 그것을 확실히 찾았을 것이라고 했다. 왜냐하면, 그는 성경을 무릎을 꿇고 읽었기 때문이라고 했다. 내가 그에게 말했다.

> 나는 당신이 매우 불편한 자세로 성경을 읽었다고 생각합니다. 만약 당신이 편안한 의자에서 그것을 읽었더라면, 성경을 더 잘 이해했을 것 같습니다. 물론, 더 많이, 더 잘 기도하십시오. 하지만 사람이 성경을 읽는 자세에 무언가가 있다고 생각하는 것은 일종의 미신입니다. 그리고 성경을 스무 번이나 읽고도 선택의 교리를 발견하지 못했다니, 나로서는 당신이 성경에서 다른 무엇이라도 찾은 게 있다면 그것이 놀랄 일이라 여겨집니다. 틀림없이 당신은 빠른 속도로 성경을 대충 읽었을 것이며, 그랬기에 성경의 의미가 명료함

에도 그것을 이해하지 못한 것 같습니다.

어떤 강이 별안간 땅에서 솟아나는 것을 본다면 놀랄 것이다.

지구의 모든 강이 발현하는 하나의 거대한 샘이 한꺼번에 솟구쳐 오르는 것을 본다면 어떻겠는가?

백만이나 되는 강들이 한꺼번에 생성되는 것을 보면 어떨 것인가?

얼마나 대단한 광경일까!

누가 그런 일을 상상이나 할 수 있을까?

하지만 하나님의 사랑이 그 샘이다. 거기에서 모든 자비의 강들이 발현하고, 우리 인간을 영원히 기쁘게 한다. 현세의 은혜와 영원한 영광의 모든 강이 거기에서 솟아난다.

내 영혼아! 그 신성한 수원(水源)에 서서 영원토록 하나님의 위대하심을 찬미하라!

그 하나님이 곧 우리의 아버지시며, 우리를 사랑하신 분이시다!

태초에, 이 우주가 마치 태어나지 않은 삼림이 도토리 알갱이 속에 있는 것처럼 하나님의 생각 속에 있을 때, 태고의 메아리가 저 고요를 일깨웠다. 산들이 조성되기 전, 빛이 하늘을 비추기 전, 하나님이 그분의 택하신 피조물들을 사랑하셨다.

어떤 피조물이 존재하기도 전에,

천사의 날개에 의해 저 창공에 바람이 일어나기도 전에,

아직 우주가 존재하기도 전에,

하나님 외에는 아직 아무것도 없을 때, 바로 그때, 그 깊은 고요와 적막 속에서, 하나님은 자기의 택하신 자들을 향한 사랑으로 그 마음이 움직이셨다. 그들의 이름이 그분의 마음에 새겨졌고, 그래서 그들은 그분에게 소중한 존재가 되었다.

예수님은 세상의 기초가 놓이기 전에, 영원 전부터 자기 백성을 사랑하셨다!

오! 그분이 나를 은혜로 부르셨을 때, 내게 말씀하셨다.

내가 영원한 사랑으로 너를 사랑하기에 인자함으로 너를 이끌었다(렘 31:3).

그런 다음, 때가 찼을 때, 그분이 나를 자기 피로 사셨다. 내가 그분을 사랑하기 전에, 그분이 나를 위해 깊고도 넓게 패인 상처에서 심장의 피를 쏟아내셨다.

그렇다. 처음 그분이 내게 오실 때, 나는 그분에게 퇴짜를 놓지 않았던가?

그분이 문을 두드리셨을 때, 그리고 들어오기를 요청했을 때, 나는 그분을 쫓아내며 그분의 은혜를 멸시하지 않았던가?

아아! 나는 너무 자주 그렇게 했다는 것을 기억한다.

마침내, 그분이 효력 있는 은혜의 능력으로 말씀하셨다.

"나는 반드시, 들어갈 것이다."

그런 다음 그분이 내 마음을 돌려놓으셨고, 나로 그분을 사랑하게 하셨다. 하지만 그분의 은혜가 없었더라면, 나는 지금까지도 그분을 거절했을 것이다. 내가 죄 속에서 죽었을 때 그분이 나를 사셨다면, 필연적이고 논리적인 결론이다.

그분이 먼저 나를 사랑하신 것이 틀림없지 않은가?

내 구주께서 나를 위해 죽으신 것이 내가 그분을 믿었기 때문인가?

그렇지 않다. 나는 그때 존재하지도 않았다. 나는 그때 있지도 않았다. 그러면, 내가 아직 태어나지도 않았을 때, 내가 믿음을 가졌기 때문에 그리스도께서 죽으실 수 있는가?

그런 일이 가능할 수 있는가?

그것이 나를 향한 구주의 사랑의 기원일 수 있는가?

오! 절대로 그렇지 않다!

내 구주께서는 내가 믿기 오래전에 나를 위해 죽으셨다. "하지만", 누군가는 이렇게 말한다.

"그분이 당신이 믿음을 가질 것을 미리 보셨어요. 그래서 그가 당신을 사랑하신 겁니다."

그분이 내 믿음에 대해서 무엇을 보셨단 말인가?

내가 스스로 그런 믿음을 가지게 될 것이라고, 내가 스스로 그분을 믿을 것이라고 그분이 미리 보셨다고?

천만에요! 그리스도께서는 그것을 미리 보실 수 없었다. 왜냐하면, 은혜의 선물 없이 또 성령의 활동 없이는, 어떤 그리스도인도 그 믿음이 저절로 생겼다고 말하지 않을 것이기 때문이다. 나는 많은 위대한 신자들을 만났고, 이 문제에 대해 그들과 대화를 나누었다. 하지만 가슴에 손을 얹고 이렇게 말하는 사람은 아무도 없었다.

"나는 성령의 도움 없이 예수를 믿었습니다."

나는 인간 본성의 부패 교리에 대해 인정할 수밖에 없다. 왜냐하면, 나 자신이 마음의 부패를 보고, 내 육신에 선한 것이 없다는 매일의 증거들을 얻기 때문이다. 하나님이 타락하지 않은 인간과 언약을 맺으신다고 해도, 인간이란 별 대수롭지 않은 피조물이기에, 언약 맺는 일은 주님의 편에서 엄청난 은혜의 행위임이 틀림없다.

하지만 만약 하나님이 죄 많은 인간과 언약을 맺으신다면, 그리고 인간이 아주 불쾌한 피조물이라면, 언약을 맺는 일은 하나님 편에서는 순수하고, 자유롭고, 풍성하고, 주권적인 은혜의 행위임이 틀림없다. 주께서 나와 언약을 맺으셨을 때, 그것은 전적인 은혜이며, 오직 은혜일뿐이라고 나는 확신한다.

내 마음은 불결한 짐승들과 새들이 모여 사는 동굴과도 같았고, 새로워지기 전 내 의지는 얼마나 강했으며, 하나님의 통치 주권에 대항하여 얼마나 완고하고 반역적이었던가를 나는 기억한다. 그럴 때마다, 나는 천국에 들어가면 내 아버지 집에서 가장 낮은 방을 차지하고 싶다고 느낀다. 모든 성도 중에서 지극히 작은 자보다 더 작고, 죄인 중의 괴수인 자에게는 그렇게 되어야 마땅하다고 느낀다.

애석하게도 최근에 작고한 덴험(Denham) 씨는 자기 초상화 밑에 이런 글귀를 새겨넣었다.

"구원은 주께 속한 것이다."

그것이 정확히 칼빈주의의 요약이다. 그것이 칼빈주의의 개요이자 본질이다. 만약 칼빈주의자가 무슨 의미냐고 누군가 내게 묻는다면 나는 이렇게 대답할 것이다.

"그는 구원이 주께 속하였다고 말하는 사람이지요."

나는 성경에서 이것과 다른 교리를 찾을 수 없다. 그것은 성경의 정수이다.

"오직(only) 그분이 나의 반석이며 나의 구원이시다."

만약 이 진리와 반대되는 것을 말한다면, 그것은 이단일 것이다. 이단에 대해 말하자면, 나는 그것의 본질이 여기에 있음을 발견한다. 이단이란 "하나님은 나의 반석이시며 나의 구원이시다"라는 이 위대하고, 근본적이며, 반석과 같은 진리에서 떠난 것이다.

로마의 이단이란, 예수 그리스도의 완전한 공로에 무언가를 더하는 것이 아니고 무엇인가?

우리의 의를 지지하기 위해, 육체의 행위를 끌어오는 것이 아니고 무엇인가?

알미니안 이단이란, 구속 주(the Redeemer)의 일에 무언가를 더하는 것이 아니고 무엇인가?

모든 이단은, 이 기준으로 끌어온다면, 여기서 정체를 드러낼 것이다.

나는 개인적으로는 우리가 오늘날 칼빈주의라고 불리는 것을 전하지 않으면, 십자가에 못 박히신 그리스도를 전하는 것도 없다는 견해를 가지고 있다. 그것을 칼빈주의라고 부르는 것은 별명이다. 칼빈주의는 복음이며, 달리 무언가가 아니다. 만약 우리가 행위가 아닌 이신칭의(以信稱義)를 전하지 않는다면, 우리는 복음을 전할 수 없다고 나는 믿는다.

또 하나님의 은혜의 주권을 전하지 않거나, 여호와의 선택하시고, 변하지 않으며, 영원하며, 변동치 않는 압도적인 사랑을 높이지 않으면, 복음을 전할 수 없다고 나는 믿는다. 그리고 그리스도께서 십자가에서 이루신 일에 의한 하나님의 택하시고 뽑으신 백성의 특별하고도 구체적인 구속이라는 교리에 기초하지 않으면, 역시 복음을 전할 수 없다고 나는 생각한다. 성도가 부름을 받은 후에 타락할 수 있고, 하나님의 자녀들이 예수를 믿은 후에도 저 주의 불에 탈 수 있다는 복음을 나는 이해할 수 없다. 그런 복음을 나는 혐오한다.

> 그리스도의 양이 타락하여 잃어진다면
> 그런 일이 일어날 수 있다면,
> 오호라! 내 변덕스럽고 나약한 영혼은
> 하루에도 천 번씩 넘어질 것이네.

하나님이 사랑하시는 성도 하나가 멸망하였다면, 모두가 그렇게 될 수 있다. 언약 중 어느 한 가지가 버려질 수 있다면, 모든 언약이 그렇게 될 수 있다. 그렇다면 복음의 약속은 전혀 참되지 않은 것이고, 성경은 그저 거짓말이고, 그 속에는 내가 받아들일 가치가 전혀 없게 된다. 하나님의 성도 한 사람이 최종적으로 멸망할 수 있다고 내가 믿을 수 있다면, 그 즉시 나는 불신자가 될 것이다.

만약 하나님이 일단 나를 사랑하셨다면, 그분은 영원히 나를 사랑하실 것이다. 하나님은 위대한 기획자이시다. 그분은 모든 것을 친히 그 일을 하시기 오래전부터 그의 위대한 지성으로 정해두셨다. 그분은 일단 정하시면 절대 그것을 바꾸시지 않는다.

"이것이 이루어지리라"고 그분이 말씀하시면, 운명의 무쇠 손이 그것을 표시하고, 그렇게 이루어진다.

"이것이 나의 목적이다"라고 그분이 선언하시면, 그렇게 확정되는 것이고, 지구나 지옥도 그것을 변경하지 못한다. 하나님이 말씀하신다.

> 이것이 나의 작정이다. 너희 거룩한 천사들은 그것을 반포하라. 너희 악령들아, 너희가 할 수 있다면 그것을 천국 문에서 떼어내려고 시도해보라. 하지만 너희는 그럴 수 없을 것이며, 내 작정은 영원히 굳게 설 것이다.

하나님은 자기 계획을 바꾸지 않으시는데, 왜 그럴까?

그분은 전능하셔서 그분이 원하시는 것을 이루실 수 있기 때문이다. 그분은 전지하시므로 계획을 잘못 수립하실 수 없다. 그분은 영원하신 하나님이시다. 그러므로 그분의 계획이 성취되기 전에 사람처럼 죽는 일은 없다.

그분에게 바꾸실 이유가 무엇인가?

지구의 무가치한 입자들, 하루 있다가 사라지는 것들, 이 여린 존재의 잎사귀를 기어 다니는 곤충들이여, 너희는 너희의 계획을 바꿀 수 있겠지만, 그분은 결코, 결코 자기의 계획을 바꾸지 않으신다.

그분이 나를 구원하실 계획을 말씀하셨던가?

만약 그렇다면, 나는 영원히 안전하다.

그분의 손바닥에 새겨진 내 이름은
영원히 지워지지 않으리.
그 이름은, 지울 수 없는 은혜의 표식으로
그분의 가슴에 새겨졌다네.

나는 그리스도인이 은혜에서 떨어질 수 있다고 믿는 어떤 사람들이 어떻게 행복하게 지낼 수 있는지를 모르겠다. 그들이 하루를 절망하지 않고 버텨내는 것만으로도 칭찬받을만한 일일 것이다. 만약 내가 성도의 최종 견인 교리를 믿지 않는다면, 나는 모든 사람 중에서 가장 비참한 사람일 것이다. 왜냐하면, 나는 위로의 토대를 상실한 것이기 때문이다. 그렇게 된다면 나는 내 마음이 어떤 상태에 빠지더라도 마르지 않는 샘물처럼 될 것이라고 말하지 못한다.

오히려 나는 별안간 물이 마르는 간헐적인 샘과 비교해야 하거나, 혹은 항상 채워질 것이라고 기대할 수 없는 저수지와 비교되어야 할 것이다. 나는 가장 행복하고 가장 진실한 그리스도인은 감히 하나님을 의심하지 않으며, 오히려 그분의 말씀을 표현된 그대로 단순히 받고 또한 의심 없이 믿는 자들이라고 생각한다. 그들은 하나님이 말씀하셨으면 확실하다고 느끼고, 그렇게 될 것이라고 믿는다. 기꺼이 내 간증을 하자면, 나에게는 내 주님을 의심할 어떤 이유도 없고, 의심할 이유의 그림자조차도 없다.

하늘이든, 땅이든, 지옥이든 하나님이 참되시지 않은 어떤 증거라도 가져오라고 나는 도전한다. 나는 지옥의 깊은 곳에서 악귀들을 소환하고, 이 땅으로부터 시련과 환란을 당한 신자들을 부르고, 또한 하늘을 향해 피로 씻은 무리의 경험에 호소하고 도전한다. 이 세 영역에서 하나님의 신실하심을 반대하며 증언할 수 있거나, 그분의 종들이 신뢰했던 그분의 주장을 약화시킬 수 있는 사람은 단 하나도 발견되지 않을 것이다! 많은 일이 일어날 수 있거나 일어나지 않을 수 있다. 하지만 확실히 일어날 것이라고 내가 아는 것이 있다.

흠 없고 온전한 모습으로
그가 내 영혼을 이끄시리니,

> 그분의 영광스러운 면전에
> 황홀한 기쁨으로 나를 서게 하시리.

인간의 모든 목적은 좌절되었지만, 하나님의 목적들은 그렇지 않다. 인간의 약속들은 깨어질 수 있고, 실제로 그렇게 되어 왔다. 하지만 하나님의 약속은 모두 성취될 것이다. 그분은 약속하신 것을 결코 깨는 분이 아니다. 그분은 약속을 지키시는 분이며, 그분의 백성 모두가 그렇다고 증언할 것이다. 이것은 내 개인적인 감사의 확신이다.

> 여호와께서 나를 위하여 보상해 주시리이다 (시 138:8).

무가치한 나, 잃어버리고 무너졌던 나였다. 하지만 주께서 나를 구원하실 것이다.

> 나, 피로 씻어진 무리 가운데서,
> 면류관을 쓰고 종려 가지를 흔들며
> 승리의 함성을 외치리.

나는 땅의 쟁기가 다시는 뒤집히지 않는 땅으로 간다. 거기는 지구 최상의 목초지보다 더 푸르고, 지금껏 보아온 가장 풍성한 추수를 거둔 때보다 풍요롭다. 나는 지금껏 지어진 어떤 건물보다 더 화려한 건축물을 향해 간다. 그것은 사람이 설계한 것이 아니다. 그것은 "하나님의 건물이며, 손으로 짓지 않은 집이며, 천국의 영원한 처소이다." 천국에서는 모든 것을 알고 즐거워할 것이다. 마침내 내가 주님 앞에 나타날 때, 나는 말할 수 있을 것이다.

> 세세 무궁토록
> 은혜가 모든 수고에 왕관을 씌우리니,
> 은혜는 천국 맨 꼭대기에 놓인 돌이 되어
> 합당한 칭송을 받게 되리.

나는 어떤 이들이 그들의 신학 체계에서 예수의 피의 공로에 제한을 두는 것이 필요하다고 생각한다는 것을 안다. 만약 나의 신학적 체계에서 그런 제한이 필요하다면, 나는 그것을 바람에 날려버리고 싶다. 나는 내 머리에 그런 생각을 품을 수 없고, 감히 그런 생각을 허용치도 않을 것이다. 그것은 거의 신성모독에 가깝게 보인다.

그리스도께서 마치신 일에서 나는 일종의 대양(大洋) 같은 공로를 본다. 내가 아무리 내려가도 그 끝을 모르고, 그 기슭을 찾을 수 없을 정도다. 그리스도의 피에는 충분한 효험이 있다. 만약 하나님이 원하셨다면, 그 피로써, 창조주 하나님의 법을 어긴 이 세상의 모든 사람을 구원할 뿐 아니라, 일만 개나 되는 세계의 모든 사람을 구원할 수도 있을 것이다.

이 문제에서 무한성을 인정한다면, 제한이란 말도 안 되는 것이다. 하나님의 아들이 제물이 되셨다면, 제한적 가치를 생각한다는 것은 모순이다. 신적 제물에 제한이나 측정이라는 용어를 적용할 수는 없다. 하나님의 의도는 희생 제물의 무한한 적용에 고정되어 있으며, 그것을 제한적인 활동으로 바꾸시는 것이 아니다.

하나님이 이미 그분의 은혜를 주신 사람들의 수를 생각해보라. 천국에 있는 셀 수 없는 무리를 생각해보라. 만약 당신이 오늘 그곳에 초대된다면, 그 보좌 앞에 있는 무리의 수를 세는 것이, 별들의 수효나 바닷가 모래의 수를 세는 것만큼 어려운 것을 발견할 것이다. 그들은 동으로부터 왔고, 서에서 왔으며, 북쪽에서와 남쪽에서 왔다. 그들은 하나님의 나라에서 아브라함과 함께 앉아 있으며, 이삭 및 야곱과 함께 앉아 있다.

천국에 있는 그들 외에도, 지상에 있는 구원받은 자들을 생각해보라.

하나님을 찬송하라!

지상에서 그분의 선택을 받은 자들의 수는 수백만에 이를 것이며, 날이 이르면, 지금보다 밝은 날이 이르면, 헤아릴 수 없는 무수한 사람들이 구주를 알게 될 것이고 그분 안에서 즐거워할 것이다. 아버지의 사랑은 소수만을 위한 것이 아니라 큰 무리를 위한 것이다. 우리는 "아무도 능히 셀 수 없는 큰 무리"(계 7:9)를 천국에서 보게 될 것이다. 사람은 아주 유명한 인물들부터 셀 수 있을 것이다.

예를 들어 뉴턴 같은 인물부터 시작하여, 성능 좋은 계산기를 두드려 세어

볼 수 있을 것이다. 하지만 구속받은 그 큰 무리의 수는 오직 하나님만 아신다. 나는 지옥에 있는 수보다 천국에 있는 수가 더 많다고 믿는다. 만약 누가 왜 그렇게 생각하느냐고 묻는다면, 나는 그리스도께서 모든 면에서 "탁월하시기" 때문이라고 대답할 것이다.

그리스도의 우월성을 믿기에, 낙원에 있는 수보다 사탄의 지배 밑에 있는 수가 더 많은 경우를 나는 상상할 수 없다. 게다가, 지옥에 능히 헤아릴 수 없는 큰 무리가 있을 것이라는 구절을 나는 읽어본 적이 없다. 나는 모든 유아의 영혼이, 그들이 죽자마자, 신속하게 낙원으로 옮겨진다고 알아 즐거워한다.

그런 영혼이 얼마나 많은지를 생각해보라!

그리고 천국에는 온전하게 된 사람들의 영혼이 이미 헤아릴 수 없을 정도로 많다는 것을 생각해보라. 지금까지 모든 열방과 족속과 민족과 방언들에서 구속받은 사람들이 있다. 그리고 더 좋은 날이 이르면, 그리스도를 믿는 신앙이 보편화 될 것이다. 그때, 남극에서 북극까지 무한히 넓은 영역을 그가 친히 다스리시리.

모든 왕국이 그분 앞에 엎드리고, 민족들이 일어나는 그때, 저 위대한 천년왕국의 세월은 앞서 지나간 수천 년 세월의 결핍들을 충분히 보완할 것이다. 그리스도는 모든 곳에서 주(主)로 인정될 것이며, 그분을 찬송하는 소리가 온 땅에서 울려 퍼질 것이다. 마침내 그리스도의 탁월함이 드러날 것이다. 그분에게 속한 무리의 수는, 저 지옥 군주의 병거를 따르는 수를 훨씬 능가할 것이다.

어떤 사람들은 보편적 속죄(universal atonement)라는 교리를 좋아한다. 그들은 이렇게 말한다.

> 그건 너무 아름다워요. 그리스도께서 모든 사람을 위해 죽으셨다는 것은 멋진 생각입니다. 인간 본능에 아주 호감이 가는 교리잖아요. 그 교리에는 대단히 기쁘고 아름다운 무언가가 있습니다.

그런 점이 있다는 것을 나도 인정한다. 하지만 아름다움이 종종 허위와 결합될 수도 있다. 보편적 속죄의 이론에는 감탄할 요소가 많지만, 나는 거기에 어떤 가정이 필연적으로 개입되는지를 보이려고 한다. 만약 그리스도께서 십자가에서 모든 사람을 구원하기를 의도하셨다면, 그분은 자기가 죽기 전에 잃어버린 자들도 구원하기를 의도하신 것이다.

그리스도께서 모든 사람을 위해 죽으신 것이라는 그 교리가 진실이라면, 그분은 이 세상에 오시기 전에 지옥에 있던 자들을 위해서도 죽으신 것이라는 말이 된다. 틀림없이 그때도 자기들의 죄 때문에 버려진 수많은 영혼이 있었을 것이기 때문이다.

또, 만약 그리스도의 의도가 모든 사람을 구원하는 것이었다면, 한탄스럽게도 그분의 의도가 좌절되었다는 말이 아닌가?

왜냐하면, 불과 유황으로 타는 못이 있다고 그분이 친히 증언하셨기 때문이다. 보편적 속죄 교리에 따르면, 그 저주의 구덩이에 그분이 자기 피로 사신 바로 그 사람들 가운데 일부가 던져졌다는 말이 된다.

그런 교리는 내가 보기에, 특별하고도 제한적인 속죄라는 칼빈주의 기독교 교리와 관련된 논리적 귀결보다 받아들이기가 천 배나 더 어렵다. 내 구주께서 지옥에 있었거나 지옥에 있는 사람들을 위해 죽으셨다고 생각하는 것은, 나로서는 받아들이기가 너무 끔찍한 가정이다. 그분이 모든 인간을 위한 희생의 대리자였고, 하나님께서 그 대리자를 먼저 벌하신 후에, 나중에 다시 죄인들을 벌하셨다고 잠시라도 상상한다는 것은, 하나님의 정의에 대한 내 생각과 완전히 모순된다.

그리스도께서 모든 사람이 죄를 위하여 속죄와 배상의 제물을 바치셨는데, 나중에 바로 그 사람들 가운데 일부가 그리스도께서 이미 속하신 그 죄 때문에 벌을 받는다는 것은, 내가 보기엔 아주 말도 안 되게 부당한 것이다. 그런 부당성은 로마 신화의 사투르누스, 야누스, 깡패 같은 여신들, 또는 가장 악마적인 이교의 신들에게나 돌릴 수 있는 특징이다. 정의롭고 지혜로우며 선하신 여호와 하나님을 그런 식으로 생각하는 것을 하나님이 금하신다!

살아있는 사람 중에 은혜의 교리들을 나보다 굳게 붙잡고 있는 사람은 없다. 만약 누군가 내가 칼빈주의자로 불리는 것에 부끄럽지 않냐고 묻는다면, 나는 이렇게 대답할 것이다.

나는 그저 크리스천으로 불리기를 원하지만, 당신이 내게 굳이 묻는다면 나는 존 칼빈에 의해 주장된 교리적 관점을 유지하고 있습니다. 나는 대체로 그 교리들을 지지하며, 그것을 공언하기를 기뻐합니다.

하지만 나는 시온의 성벽 안에 오직 칼빈주의 크리스천들만 있다고 생각하거나, 우리의 관점을 지지하지 않는 자들 가운데 구원받은 자가 없다는 식으로는 절대 상상하지 않는다. 현대의 알미니안 황태자인 존 웨슬리의 성격이나 영적 상태에 대해 아주 포악한 말들이 있었다.

내가 그에 관하여 할 수 있는 말은, 나는 그가 전한 교리 중 다수를 혐오한다는 것이며, 그렇지만 그 사람 자체에 대해서는 최고의 웨슬리안이라고 존중한다는 것이다. 만약 열두 사도들의 수에 두 사람이 더 추가되어야 한다면, 그 수에 더해질 사람으로서 조지 화이트필드와 존 웨슬리보다 더 적합한 사람을 찾을 수 없다고 믿는다.

존 웨슬리의 성품은 나무랄 데 없이 자기희생, 열정, 성결, 하나님과 교통을 드러낸다. 그는 평범한 그리스도인의 보통 수준을 훨씬 능가하는 삶을 살았다. 그는 "세상이 감당하지 못할" 사람 중의 하나였다. 이런 진실들을 보지 못하는 사람들, 혹은 적어도 우리가 보는 방식으로 진실들을 보지 못하지만, 그런데도 그리스도를 구주로 받아들이는 사람들이 있다고, 천국 안에서나 밖에서나, 가장 건전한 칼빈주의자들과 마찬가지로 은혜의 하나님 마음에 소중히 여김을 받는 사람들이 많이 있다고 나는 믿는다.

믿는 바에 있어서, 나는 내가 극단적-칼빈주의(Hyper-Calvinistic) 형제들과 다르지 않다고 생각한다. 하지만 그들이 믿지 않는 바에 있어서 그들과 다르다고 생각한다. 나는 그들이 주장하는 바에 못 미치게 주장하는 것이 아니라, 오히려 한술 더 떠 주장한다. 나는 성경에 계시된 진리를 좀 더 강하게 주장한다고 생각한다.

우리가 우리의 배를 북, 남, 동, 혹은 서쪽으로 조정하여 움직이는 가장 기본적인 몇 가지 교리들이 있다. 하지만 성경을 공부하면서, 우리는 북-서, 북-동 등에 대해서도 무언가를 배우기 시작할 것이며, 이외에도 그 네 가지 기본 지점 사이에 놓여 있는 다른 많은 것이 있다는 것을 배우게 될 것이다.

성경에 계시 된 진리 체계는 단순히 하나의 직선이 아니라, 둘이다. 어떤 사람도 한 번에 두 선을 보는 법을 알기까지는 복음에 대해 올바른 관점을 얻지 못할 것이다. 예를 들어, 나는 성경의 한 책에서 읽는다.

> 성령과 신부가 말씀하시기를 오라 하시는도다 듣는 자도 오라 할 것이요 목마른 자도 올 것이요 또 원하는 자는 값없이 생명수를 받으라 (계 22:17).

하지만 나는 동일한 성령의 감동으로 된 말씀의 다른 부분에서 "원하는 자로 말미암음도 아니요 달음박질하는 자로 말미암음도 아니요 오직 긍휼히 여기시는 하나님으로 말미암음이니라"(롬 9:16)는 가르침을 받는다. 한 곳에서 나는 섭리 안에서 모든 것을 주관하시는 하나님을 보며, 또 한편으로는 사람이 자기가 원하는 대로 행동하고, 또 하나님께서 사람의 행동을 상당 부분 그 자신의 자유의지에 맡기셨다는 것을 보지 않을 수 없다.

만약 내가 사람은 자유롭게 행동하여 하나님이 그의 행동을 통제하지 않으신다고 선언한다면, 나는 무신론에 아주 가까워진 상태일 것이다. 또 다른 면에서, 만약 내가 하나님이 모든 것을 통제하시므로 사람은 책임져야 할 정도로 자유롭지 않다고 선언한다면, 나는 즉시 반율법주의나 운명론에 빠지는 셈이다.

하나님이 예정하신다는 것과 인간에게 책임이 있다는 것은, 두 가지 사실로서, 그것을 명확히 이해할 수 있는 사람은 드물다. 사람들은 그것이 모순되고 반대된다고 믿겠지만, 그런 것이 아니다. 잘못은 우리의 연약한 판단력에 있다. 두 가지 진리가 서로 상충할 수는 없다. 만약 내가 성경의 한 부분에서 모든 것이 미리 정해졌다고 배운다면, 그것은 진실이다. 또 만약 내가 성경의 다른 부분에서 사람은 자기의 모든 행동에 책임이 있다는 것을 발견한다면, 그것은 진실이다. 이 두 진리가 서로 충돌한다고 내가 상상하게 된다면, 그것은 단지 나의 판단력 부족이다.

나는 그 두 가지가 어떤 지상의 모루 위에서 하나로 용접되어 뭉쳐질 수 있다고 믿지 않지만, 영원에서는 틀림없이 하나가 될 것이라 믿는다. 그것들은 거의 평행 한 두 선이다. 인간의 정신은 그것을 가장 멀리까지 따라간다고 해도 결코 그것들이 합쳐지는 것을 발견하지 못할 것이다. 하지만 그것들은 결국 합쳐지며, 영원 속 어딘가에서, 하나님 보좌 가까운 곳, 모든 진리가 솟아나는 곳에서 만날 것이다.

종종 우리가 믿는 교리들이 우리를 죄로 이끄는 경향이 있다는 말을 듣는다. 우리가 사랑하는 이 숭고한 교리들, 우리가 성경에서 발견한 것이, 부도덕한 것이라고 아주 단호하게 주장하는 소리를 들어왔다. 가장 거룩한 사람들이 그 교리들을 믿었다는 것을 고려하고서도 그렇게 단언할 만큼 뻔뻔스러운 사람이 있을지 모르겠다.

나는 감히 칼빈주의가 난잡한 종교라고 말하는 그 사람에게 묻는다.

여러 세대에 걸쳐 은혜의 교리 체계의 위대한 주창자들이었던 어거스틴, 칼빈, 또는 화이트필드의 성품에 대해 어떻게 생각하는가?

또는 은혜의 교리가 그 저작들에 가득한 청교도들에 대해서는 어떻게 생각하는가?

그런 시대에 알미니안 한 사람이 있었더라면, 그는 가장 불쾌한 이단 사상가로 여겨졌을 것이다. 하지만 지금은 우리가 이단자들이고 그들이 정통인 것처럼 여겨진다. 우리는 옛 학파로 거슬러 올라간다. 우리는 우리의 가계(家系)가 사도들로부터 비롯되었다고 추적할 수 있다. 그것이 거저 주시는 은혜의 혈통이다. 그것이 침례주의자들의 설교를 통해 흐르다가, 우리를 하나의 교파로 모이게 했다. 그것이 없다면, 우리는 오늘날 우리가 서 있는 곳에 있지 않을 것이다.

우리는 황금빛 경주로를 달려 예수 그리스도께로 이를 수 있으며, 그 과정에서 믿음의 계승자들인 강력한 선조들을 만날 것이다. 그들은 모두 이 영광스러운 진리들을 주장했다. 우리는 그들에 대해 이렇게 물을 수 있다.

"세상에서 이들보다 거룩하고 훌륭한 사람들을 어디서 찾을 것인가?"

하나님의 은혜의 교리만큼 사람을 죄로부터 보전해준다고 여겨지는 교리는 달리 없다. 그것을 "방탕한 교리"라고 부르는 자들은 거기에 대해서 아무것도 모르는 자들이다. 불쌍하고 무지한 사람들 같아서, 그들은 그들 자신의 천박한 주장이 하늘 아래 가장 방탕한 교리라는 것을 거의 알지 못한다.

만약 그들이 진리 안에서 하나님의 은혜를 안다면, 세상이 터를 놓을 때부터 우리가 하나님의 선택된 자들임을 아는 지식만큼 우리를 거짓으로 지켜주는 것이 없음을, 그들도 곧 이해할 것이다. 나의 영원한 보전을 믿는 것, 내 아버지의 애정의 불변성을 믿는 것만큼, 단순한 감사의 동기로 나를 그분에게 가까이 가도록 이끄는 것은 없다. 진리를 믿는 것만큼 사람을 덕스럽게 만들어주는 것은 없다. 거짓된 교리는 곧 거짓된 행실을 낳는다.

사람이 오류로 가득한 믿음을 가지게 되면, 반드시 머지않아 오류로 가득한 삶을 살게 된다. 전자가 자연스럽게 후자를 낳는 것이다. 모든 사람 가운데, 가장 깨끗한 경건, 가장 숭고한 경외심, 가장 열렬한 헌신의 특징을 보이는 이들은, 자신들이 은혜로 구원받았음을 믿는 자들이다. 행위가 아닌 믿음으로 구원받았음을 믿고, 믿음도 그들 자신에게서 난 것이 아니라 하나님의 선물임을 믿는 자들이다.

그리스도인들은 어떻게 해서든, 그리스도를 다시 십자가에 못 박아 드러내놓고 욕되게 하는 일이 없도록, 항상 주의해야 한다.

제14장

펜스(Fens)의 소년 설교자

스펄전이 콜체스터학교를 떠나 메이드스톤으로 간 것과 동시에, 3년간 그를 가르쳤던 리딩 씨는 그 자신의 작은 학교를 운영하려고 케임브리지로 옮겼다. 1850년 8월 6일, 리딩 씨는 존 스펄전으로부터 한 통의 편지를 받는다. 그의 장남이 그 선생의 지도를 계속 받을 기회를 얻고, 그에 대한 답례로 무보수 봉사를 제안한 내용이었다. 그 편지에 대한 답장은 같은 날에 발송되었다. 케임브리지의 그 선생은 이렇게 썼다.

> 제 학교 행사와 관련한 일이 늘어날 텐데, 귀하 아드님의 봉사를 확보할 수만 있다면 저에게는 더없이 좋은 일일 것입니다. 하지만 저의 불완전한 성공이 그런 약속에 장벽으로 여겨집니다. 저는 귀하의 아드님을 높이 평가하고 있으므로, 귀하께서 제안하신 그런 조건으로 시작할 수가 없습니다. 저는 제 능력의 한도 내에서는 기꺼이 그에게 모든 지원을 아끼지 않겠습니다. 그의 도움에 대한 보답으로 그의 공부의 진척뿐 아니라 그의 식사와 세탁을 지원하겠습니다. 이 특별한 시점에 저에게 주신 귀하의 제안은, 저를 위한 하나님의 섭리의 놀라운 개입입니다.

그 열여섯 살의 "가정교사"는 이렇게 해서 케임브리지로 오게 되었고, 동일하게 하나님의 섭리를 의식하게 되었다. 그는 나중에 이렇게 썼다. "나는 사람들이 부르는 식으로는 '일천 가지의 운들'이, 마치 거대한 기계에 달린 톱니바퀴들처럼 서로 한꺼번에 작동하여, 내가 있는 곳에 나를 정확히 배치한 것을 볼 수 있었다.

다음 3년간 그는, 그의 목소리와 펜이 닿을 수 있는 모든 사람에게 복음을 전하는 일생의 의무를 위해, 하나님의 손에 의해 더 깊이 준비될 수 있었다. 하지만 그런 동안에도 유니언 길(Union Road)에 있는 그 학원의 소년들과 펜스의 시골 교회 출석자들은 곧 "저 젊은이는 앞으로 제2의 루터처럼 영국을 뒤흔들 거야"라는 말을 듣게 될 사람의 출현으로 유익을 얻을 수 있었다.

케임브리지에서, 여덟 시에, 종에서부터 주인까지 총 여덟 명이, 반 시간 정도 각기 자기 방에서 기도와 묵상 중인 모습으로 발견되는 한 집에서 살았다는 것은, 내게 특권이었다. 규칙적으로 시간이 돌아올 때마다, 마치 정해진 시간에 식사에 참여하는 것처럼, 그런 일이 일어났다. 만약 그것이 한 집안 전체의 규칙이라면, 그것은 우리에게 대단한 일일 것이다. 옛 청교도 시대에는, 한 종이 주인에 관해 질문을 받으면 종종 이런 대답을 하곤 했다.

"선생님, 제 주인은 기도 중에 있습니다."

마치 요즘에 "제 주인은 지금 바쁘십니다"라는 대답을 듣는 것과 같다. 그리스도인들이 묵상하고, 하나님의 말씀을 연구하고, 기도하는 것은, 당시에는 당연한 사실로 여겨졌다. 기도나 예배를 위해 잠시 시간을 떼어두는 것을 사회가 존중했다. 크롬웰 시대에, 아침의 특정한 시간에 치프사이드(Cheapside) 가(街)를 걸어가다 보면, 모든 집에서 차양막을 내려둔 것을 볼 수 있었다고 한다.

오호라! 오늘날 어디에서 그런 거리를 볼 것인가?

한때는 당연한 규칙이었던 것이, 이제는 예외적인 현상이 되고 말다니!

내가 케임브리지에 있는 침례교회—세상에서 볼 수 있는 가장 훌륭한 교회 중의 하나이면서, 가장 관대하고 가장 지적인 교회 중의 하나였다. 물론 그것은 상당히 오래전 내가 어렸을 때의 이야기다—에 가입했을 때, 아무도 내게 말을 건네지 않았다. 주일날, 나는 어느 신도석에 앉아 주의 만찬에 참여했다. 어느 신사가 함께 그 신도석에 앉았었는데, 그 예식이 끝났을 때 내가 그에게 말했다.

"선생님, 잘 지내시기를 바랍니다."

그가 말했다.

"못 알아보겠는데 누구시지요?"

내가 대답했다.

"모르는 사이는 아니라고 생각합니다. 당신과 저는 형제니까요."

"무슨 뜻인지 모르겠군요"라고 그가 말했다.

"음", 내가 대답했다.

"좀 전에, 제가 떡과 잔에 참여했을 때, 우리가 그리스도 안에서 하나라는 표시로 참여한 것이지요. 제 말은 그런 뜻이었습니다. 당신은 그런 뜻에서 참여하시지 않았던가요?"

우리는 그 시각에 거리에 있었다. 그가 양손을 내 어깨에 올리고는—나는 그때 열여섯이었다—이렇게 말했다.

"오, 참으로 순박하군요!"

그가 덧붙여 말했다.

"당신이 옳아요, 내 귀한 형제여, 당신이 옳지요."

"나랑 차 한 잔 하지요. 당신이 처음 내게 말을 건넸을 때 내가 아무 대꾸도 안 한 것 같아 마음에 걸립니다."

그날 저녁 나는 그와 차를 마시러 갔다. 내가 떠날 때, 그가 다음 주일에도 오는지를 내게 물었다. 물론 나는 갔다. 다음 안식일에 그가 내게 말했다. "매 주일 저녁에 여기 오시겠습니까?"

그 귀한 친구는 나와 같이 걸어서 마을까지 가곤 했다. 나중에 내가 설교를 위해 떠났을 때도, 그리고 이날까지도, 그는 내게 가장 진실한 그리스도인 친구 중 하나로 남아 있다. 우리는 종종 지난날을 돌아보면서, 내가 용감히도 그리스도인의 교제를 실제로 진실로 생각했다는 사실에 웃곤 했다. 그가 당시에 내게 한 말이 기억난다.

"나는 당신이 나에게 말을 건네서 꽤 기뻤어요. 만약 당신이 교회 집사 중 한 사람에게 그렇게 말을 건넸더라면, 아마도 내가 당신에게 보인 친절한 반응을 얻지 못했을 겁니다."

*   *   *

다음 편지들은 케임브리지에서 보낸 첫해에 쓴 것으로, 그 젊은 회심자가 은혜 안에서 신속히 성장하는 것을 보여준다.

유니언 길, 케임브리지,
1850년 9월 19일.

사랑하는 아버지께!

아버지의 친절한 편지를 때마침 잘 받았습니다. 저는 지난 성례 주일에 이곳에 있는 교회에서 주의 만찬에 참여했습니다. 저의 교적부 정리를 편지로 요청드립니다. 저는 진작에 그렇게 하길 원했습니다. 침례교는 단연코 케임브리지에서 가장 존중받는 교단입니다.

침례교회가 셋 있는데, 제가 출석하는 성 앤드루 가에 있는 채플, 시온 채플, 그리고 에덴 채플입니다. 아주 근사한 감리교 채플도 하나 있고 몇몇 다른 교회들도 있습니다. 저는 주일학교에서 오후 내내 가르칩니다. 리딩 씨는 아침 순서를 맡습니다. 지난 주일에 우리는 히브리서 6장 11,12절을 본문으로 한 장례식 설교를 들었습니다. 우리는 아침 7시에 기도회를 하고, 한 번은 저녁 예배 후에 가집니다. 기도회는 제 영혼에 소중한 은혜의 수단이라고 믿습니다.

우리 능력의 주님이 신선한 기름을 공급해주시지 않으면 우리의 등불은 얼마나 신속히 꺼지고 말까요?

그분의 은혜의 풍성함에서 우리의 필요를 채우신다는 흔들리지 않는 약속이 없다면, 정말이지 우리는 가련한 신세가 되겠지요.

진정, 예수님이 오시는 곳에서, 그분은 다스리기 위해 오십니다.

그분이 내 마음에서 더욱 다스려주시길 내가 얼마나 바라는지요!

저는 자아, 자기 신뢰, 자기의, 이런 모든 잔재가 내 영혼에서 깔끔히 치워지기를 바랍니다. 저는 모든 악한 감정들, 부패한 욕망, 반역적이고, 의심하는 생각들이 정복되어, 완전히 왕의 발아래에 짓밟히고, 제 온 영혼이 깨끗하고 거룩하게 되는 때가 오기를 갈망합니다. 하지만 제가 너무 오래도록 이 흙집이라는 새장에 갇혀 있었기에, 그것들이 구석구석 숨어 도사리고 있음을 알고 있으며, 그래서 저는 비록 은혜의 승리가 확실하더라도 힘겨운 싸움을 해야 합니다. 기도가 최선의 싸움입니다. 그 외 다른 것으로는 그것들을 쓰러뜨리지 못할 것입니다.

할아버지에게 편지를 썼습니다. 할아버지가 편찮으신 것 때문에 마음이 아픕니다. 할아버지에게는 지금 약속이 필요합니다. 청년이나 노인이나 약속의 말씀을 의지할 수 있습니다. 약속의 말씀들은 천국의 곡물이며, 하나님 나라의 양식입니다.

한번 그것을 맛본 사람이라면 어느 누가 그 속에 달콤함도 위로도 없는 껍질을 먹으려 들까요?

하나님의 능력이 그분의 모든 자녀를 지키실 것입니다. 그분이 자기 자녀들에게 말씀하십니다.

죄에 대하여 죽은 [너희]가 어찌 그 가운데 더 살리요?(롬 6:2).

저는 저 자신의 타고난 부패의 깊이를 가늠할 수 없고, 하나님의 영원한 사랑의 산봉우리에 오를 수도 없다고 확실히 느낍니다. 저는 날마다 약속 위에 납작 엎드리는 수밖에 없다고 느끼며, 또 예수님의 보호에 제 영혼을 맡겨야 한다고 느낍니다. 비록 더디지만 제 걸음을 순종 안에서 움직이게 하는 이는 예수님이시며, 모든 은혜의 성취는 오직 그분에게서 비롯된다고 느낍니다. 이스라엘 백성처럼, 저는 기도로써 전진하고, 하늘의 만나를 모으고, 거저 주시는 은혜에 의지하여 살고 싶습니다.

제 모든 삶에서, 저에게 베푸신 아버지의 큰 친절과 사랑에 더하여, 아버지의 기도 역시 제 기억에 늘 남아 있습니다. 아버지와 사랑하는 어머니가 자주 은혜의 보좌에 올라가셔서 저를 위해 드리셨던 간구로 인해 감사합니다. 여동생과 남동생들에게 제 사랑을 전해주시고, 동일하게 아버지와 어머니를 위한 저의 사랑도 받아주세요. 건강히 지내시기를 바라며,

순종적이고, 애정어린 아들로 남기 원하는 찰스 스펄전 드림.

*   *   *

사랑하는 삼촌에게

말하지 못하는 사람들은 남에게 해를 끼치지 않는다! 삼촌의 침묵과, 저의 소홀함이, 우편 요금이 비쌌던 시대를 생각나게 하는군요. 삼촌은 틀림없이 저에 대해 반율법주의자의 우두머리쯤 된다는 소리를 들으셨을 것 같아요. 그런 말을 믿지 않을 만큼 삼촌이 저에 대해 충분히 아신다고 믿습니다. 내 삶의 한 가지 목적은 그런 비방을 불식시키는 것입니다. 저는 죄와 부패의 몸을 지니고 날마다 신음하고 있습니다.

오! 이 육신을 벗어버리고, 죄에서 자유롭게 될 날이 오길 바랍니다! 제가 갈수록 확신하게 되는 것은, 행위와 믿음이 뒤섞인 언약에 의해 구원받으려고 시도하는 것은, 베리지(Berridge)의 말로 표현하자면, "달팽이와 코끼리를 한 멍에로 묶으려는 것"이지요. 저는 모든 일에서 내 주님을 향해 달음박질 하기를 원합니다. 하지만 저 자신의 순종과 의를 신뢰하는 면에서, 저는 바

보 이상의 바보가 되어야 하고, 미친 사람보다 더 정신 나간 사람이 되어야 합니다. 가련하고 의존적인 존재로서, 우리는 끊임없이 기도할 필요가 있고, 보좌 아래를 계속해서 우리의 거주지로 삼아야 합니다.

만세반석(萬歲盤石)만이 우리의 유일한 피난처이기 때문입니다. 저는 믿음의 확실한 지식으로 그리스도 안에 있는 나의 분깃으로 인해 기뻐하며, 또한 영원한 구원의 확실성으로 인해 즐거워합니다.

하지만 제가 가는 길에는 분투와 다툼과 위험들과 원수의 방해가 있겠지요!

마음속의 원수들은 너무나 강력해서, 주께서 저를 버려두셨더라면, 나를 죽여 오래전에 지옥으로 보냈을 것입니다. 하지만 주님의 이름을 찬송합니다! 그분의 선택, 속량, 구원의 사랑이 저를 굳게 붙들어주었습니다.

누가 내 아버지의 손에서 나를 빼앗는단 말입니까?

저는 무릎을 굽혀 자주 도움을 구하며 부르짖었습니다. 그리고 그분이 지금까지 내 부르짖는 소리를 들으셨지요. 오, 제가 만일 주님의 모든 백성이 영혼의 투쟁을 겪는다는 것을 몰랐더라면, 저는 모든 것을 잃었다고 포기하고 말았을 것입니다!

저는 기록된 약속들이 그분의 모든 성도에게 그렇듯이 저를 위한 것이라는 것을 알아 기뻐하며, 또한 그것들을 굳게 붙잡기를 원합니다. 설혹 온 세상과 심지어 신앙을 고백하는 하나님의 백성이 내 이름을 악하다고 배척하여도, 내 주님, 그분은 그렇지 않을 것입니다. 저는 하나님의 특별한 은혜 안에서 기뻐하며, 하나님의 은혜로, 내 원칙에서 조금도 벗어나지 않을 것이며, 또는 신앙 문제에서 이 세상의 유행하는 방식을 신봉하지 않을 것입니다.

오! 제가 지난 세대의 거룩한 사람들처럼 될 수 있다면 좋겠습니다. 두려움 없는 사람들, 하나님과의 친밀한 교제를 누렸던 사람들처럼, 세상으로부터는 더욱 젖을 떼고, 제 생각을 온전히 영적인 일들에 고정할 수 있기를 바랍니다! 하지만 제가 주님을 섬기려 할 때, 지옥의 진액으로 가득한 저의 옛 거짓된 마음이 내 입으로 올라오는 것을 발견합니다. 그래서 내가 말하고 행하는 모든 것을 오염시켜버리지요.

만약 삼촌처럼, 시간과 감각에 관련된 일들에 종사하도록 부름을 받았다면, 제가 무엇을 해야 할까요?

저는 일에 부지런한 편도 못되고, 정신적으로도 강인하지 못합니다.
아마 삼촌은 이렇게 말씀하시겠지요?
'애는 온통 자기 자신에 대해서만 말하고 있네.'
맞습니다. 제가 그러고 있습니다. 어쩔 수가 없네요. 자아가 과도하게 저의 주인 노릇을 하려는 경향이 있습니다. 저는 저의 무식을 자랑하고 있습니다. 두꺼비처럼, 해로운 교만으로 부풀어 올라, 내가 갖지 않은 것도 자랑하고, 정작 탄식해야 할 때 자랑하고 있답니다. 저는 부패성에 있어서 삼촌이 저보다는 훨씬 자유로울 거라고 믿습니다. 삼촌은 은밀한 기도에서나, 모임에서나 가족 기도에서나, 은혜의 보좌 앞에서 복되고도 거룩한 자유를 누리셨잖아요.
기뻐하라!
천국이 우리를 기다리고 있습니다.
주님의 가족 모두가 우리를 기다리고 있습니다!
천국의 처소가 준비되었고, 면류관이 만들어졌으며, 수금이 울립니다. 거기에는 버들가지가 없습니다. 우리가 사자처럼 용맹스럽게, 진리를 위해서 또 왕이신 예수의 대의를 위해, 용감하게 행진할 수 있기를 바랍니다.
성령의 도우심으로, 모든 죄와의 영원한 전쟁을 선언하고, 성령의 검이 우리 마음속의 모든 원수를 멸할 때까지 쉬지 않기를 바랍니다!
우리가 주님을 의뢰할 수 있기를 바랍니다!
그분이 우리를 도우실 것입니다. 우리는 반드시 승리할 것입니다. 우리는 패할 수가 없습니다.
패배라니요?
불가능합니다!
누가 우리를 아버지의 손에서 강탈할 수 있단 말입니까?
주님이 삼촌에게 크게 복 주시기를 바랍니다!

당신의 애정어린 조카 찰스 해돈 스펄전.

*　　　*　　　*

케임브리지
1851년 5월 1일

사랑하는 어머님께

생일을 축하드리며, 오래 장수하시기를 기도드립니다. 바람이 울부짖는 광대한 광야에서의 또 한 해가 어머니에게 지나갔네요. 어머니는 사랑하시는 주님의 팔에 기대셨고, 이제 축복의 문에 더 가까이에 계십니다. 저는 지난 한 해가 어머니에게 행복한 해였다고 믿지만, 어머니가 다시 그 길을 지나고 싶거나, 또는 한 걸음이라도 그 길로 돌아가고 싶어 하실 거라고는 생각하지 않습니다. 그리스도의 신비로운 몸의 지체들인 우리 모두에게, 그리스도인으로서의 보호, 죄의 억제, 성결의 지향, 인내 등에서 영광스럽고 경이로운 은혜가 나타났습니다.

이스라엘에서 한 아기가 그 어머니에게 무어라고 말할까요?

음, 저는 이렇게 말하고 싶습니다.

'올해의 은혜가 내년을 위한 축복의 전조가 되길 바랍니다.' 어머니를 오랫동안 지켜주신 하나님께서, 결코 어머니를 떠나지 않으실 거라고 확신합니다. 만약 하나님께서 어머니에게 계속해서 선한 일을 행하시려고 생각지 않으셨다면, 이미 행하신 그 모든 선한 일들을 행하시지 않았을 겁니다. 지나간 시간에서 보이신 그분의 사랑이, 작년 한 해 동안 보이신 그분의 사랑이—

> 혹 고난 중에 우리를 떠나실까
> 생각하지 못하게 하시네.

황홀하도록 즐거웠던 순간들, 친교의 숭고한 시간, 그분의 임재의 태양 빛 아래서 보낸 복된 날들이, 확실하고 틀리지 않은 영광의 보증들입니다. 올해의 섭리를 기억해보세요.

다른 사람들은 우연이라고 보는 일들에서 어머니는 얼마나 분명하게 그분의 손길을 보았는지요!

세상을 움직이시는 하나님께서 그 크신 마음을 기울여 어머니를 생각해주신답니다. 어머니의 전 생애, 어머니의 영적인 삶에서, 모든 것이 합력하여 선을 이루셨습니다. 아무것도 잘못된 것이 없습니다. 하나님이 모든 것을 주관하시고 통제하셨으니까요.

> 야곱아 어찌하여 네가 말하며, 이스라엘아 네가 이르기를, 내 길은 여호와께 숨겨졌으며 내 송사는 내 하나님에게서 벗어난다 하느냐?(사 40:28).

우리의 머리털도 세시는 하나님이 우리를 그분의 눈동자처럼 지키셨고, 어머니를 잊지 않으셨으며, 여전히 영원한 사랑으로 어머니를 사랑하십니다. 산들이 떠나고 작은 산들이 요동할지라도, 하나님의 친 백성인 우리는 안전하다고 확신할 수 있습니다.

저는 지금 어머니가 매일 묵상하시는 것을 쓰고 있을 뿐입니다.

사랑하는 어머니, 이 편지가 어디서 오는지를 아시지요?

바로 당신의 아들에게서랍니다. 함께 기뻐해요. 저를 위한 어머니의 기도가 응답될 것임을 저는 압니다. 하나님이 그렇다고 말씀하셨으니, 응답은 반드시 있을 것입니다. 하나님이 어머니에게 연회─꿀, 우유, 포도주─를 베푸시길 바랍니다.

그래서 어머니가 골수와 기름진 것으로 만족하고, 신앙의 진미와 아름다운 것으로 만족하시며, 주 안에서 크게 기뻐하시길 바랍니다!

한 해 전, 저는 세례로써 예수님의 이름을 공개적으로 시인했었지요. 제가 신앙고백의 명예를 손상하지 않도록, 저의 엄숙한 맹세를 깨뜨리지 않도록, 저를 위해 기도해주세요. 지난 한 해를 뒤돌아볼 때, 저는 저를 향한 사랑과 은혜가 마치 '거대한 전시장'처럼 크게 나타났음을 볼 수 있습니다. 지금 하이드 파크에서 열리는 박람회보다 더 대단한 것이지요. 사랑하는 아버지, 남동생 아처, 여동생들에게 제 사랑을 전해주시고, 어머니도 제 갑절의 사랑을 받아주세요. L. 씨 부부가 안부를 전해 달라고 하네요. 우편환을 보내주셔서 감사합니다.

어머니의 애정 어린 아들, 찰스 드림.

나의 첫 설교

케임브리지에는 설교자 협회가 있는데, 한때 로버트 로빈슨과 로버트 홀의 사역 무대였던 성 앤드루 교회랑 연관되어 있다. 많은 훌륭한 형제들이 케임브리지 인근의 여러 마을에서, 전체 계획에 따라 자기 차례에 복음을 전한다. 그 무렵에 그 모임을 주도하는 인물은 신망 있는 제임스 빈터 씨였는데, 우리는 그를 빈터 주교(Bishop Vinter)로 부르곤 했다.

그의 온화한 성품, 따뜻한 마음씨, 친절한 태도는 협회 전체가 사랑으로 채워지도록 하기에 충분했다. 그래서인지 열정적인 일꾼들 상당수가 그 협회에 소속되었고, 함께 멍에를 멘 동료로서 수고를 아끼지 않았다. 내 의심은, 그가 자기 자신을 전하고, 그의 형제들을 도울 뿐 아니라, 일종의 신병모집 담당관처럼, 그 단체의 수를 유지하기 위해 젊은이들을 끌어들였다는 것이다. 최소한 나는 개인적으로 경험한 한 가지 사례에 근거해 말할 수 있다.[1]

어느 토요일, 나는 오전 수업을 마쳤고, 학생들은 모두 반(半) 공휴일을 즐기러 집으로 갔다. 그때 앞서 언급한 그 "주교"가 들어와서 다음 날 저녁에 테버샴(Teversham)으로 가도록 내게 요청했다. 거기서 아직 많이 섬겨보지 않은 한 젊은이가 설교하기로 했는데, 동행자가 있으면 기뻐할 것이라는 이유 때문이었다.

그 말은 아주 교묘하게 고안된 문장이었다. 내가 올바로 기억하고 있다면, 물론 나는 바르게 기억하고 있다고 생각하는데, 그 당시, 주일 저녁에 드러난 것에 비추어 곰곰이 생각해보고서, 나는 그의 기발함에 혀를 내두르고 말았다. 가서 설교하라는 요청은 단호하게 거절당할 수 있겠지만, 단지 혼자 가는 것을 좋아하지 않는 어느 형제의 동료로서 행동하고, 아마도 찬송을 하거나 기도를 하는 정도라면 그다지 어려운 문제가 아니었기 때문이다.

나는 그 요청을 그런 방식으로 이해했기에, 기꺼이 응했다. 그 작은 소년이 화살을 줍기 위해 달려갔을 때, 그는 요나단과 다윗이 무엇을 하고 있는

---

[1] 빈터 씨는 St. Andrew Street Chapel의 부제였으며, 젊은 스펄전에게서 언젠가 명백히 드러날 천재성을 본 가까운 친구 그룹 중 한 사람이었던 것으로 보인다. 한 동료 부제는 스펄전에 대해 이렇게 밝혔다. "누구든 살아서 그 일을 보겠지만, 그는 장차 영국에서 가장 위대한 사람 중의 하나가 될 것이다."

지를 거의 알지 못했다. 마찬가지로, 어느 젊은이와 동행하여 태버샴으로 가도록 꼬드김을 당했을 때 나도 무슨 일이 일어나는지 거의 알지 못했다.

내가 맡은 주일학교가 끝나고, 차를 마신 후, 나는 나보다 몇 살 위인 어느 신사와 함께 출발하여, 반웰(Barnwell)을 지나고, 뉴마켓 길을 따라 걸었다. 우리는 좋은 대화를 나누었는데, 마침내 나는 그가 설교하는 동안 하나님의 임재를 느끼기를 바란다는 내 희망을 말했다. 그는 놀란 것 같이 보였다. 그리고는 자기는 일생 설교해 본 적이 없으며, 그런 일을 시도할 수도 없다고 단언했다. 그는 젊은 친구, 곧 스펄전 씨를 쳐다보고 있었다.

이게 무슨 상황이란 말인가?

나는 그저 목사가 아니며, 설혹 내가 목사라고 해도 준비가 되지 못했다고 대꾸하는 수밖에 없었다. 내 동료는 한 가지 말만 반복했다. 즉, 그는 훨씬 더 강력한 어조로, 자기는 설교자가 아니며, 예배의 다른 부분에서 나를 도와줄 수 있겠지만, 만약 내가 설교하지 않으면 그날 설교는 없는 것이라고 했다.

그가 덧붙여 말하기를, 만약 내가 주일학교에서 전한 말씀을 반복한다면, 그것도 그 가련한 사람들에게는 적절할 것이며, 아마도 어느 학식 있는 목사님이 연구를 많이 한 설교보다 그들에게 더 큰 만족을 줄 것이라고 했다. 그때 나는 한번 최선을 다해보겠다고 느꼈다. 나는 조용히 길을 걸었고, 내 영혼을 하나님께로 향했다.

그리고 오두막에 사는 소수의 가난한 사람들에게 예수님의 달콤한 사랑에 대해 분명히 말할 수 있을 것 같이 여겨졌다. 하나님의 도움을 구하는 기도를 하면서, 나는 시도해보자고 결심했다.

내 본문은 "믿는 너희에게는 보배이나"(벧전 2:7)가 될 것이며, 나는 입을 열어 하나님의 귀한 아들의 명예를 위하여 내 입을 열어주시길 바라며 주를 의지했다. 그것은 큰 모험이자 진지한 시도인 것처럼 보였다. 하지만 성령의 능력을 의지하며, 나는 최소한 십자가의 이야기를 전할 수 있을 것이며, 사람들이 한 말씀도 얻지 못한 채 집으로 가는 일은 용인하지 않을 셈이었다.

우리는 초가로 된 오두막의 낮은 방으로 들어갔다. 거기에는 소수의 소박한 농장 노동자들과 그들의 부인들이 모여 있었다. 우리는 찬송하고, 기도하고, 성경을 읽었다. 그리고 내 설교 차례였다. 얼마나 길었는지, 또는 얼마나 짧았는지, 나는 기억하지 못한다. 그 임무는 내가 염려했던 것보다는 한결 수월했고, 오히려 나는 꽤 좋은 결론에 이르고, 마지막 찬양도 적절히 제시할 수 있어 기뻤다. 기쁘게도 나는 망치지 않았고, 도중에 중단하지도 않았으며, 설교에 담은 생각이 모자라지도 않았고, 바라던 피난처를 볼 수 있었다. 드디어 설교를 마치고 찬송가를 집어 들었다. 그런데 놀랍게도, 한 나이 드신 분이 소리쳤다.

"고맙기도 하지, 젊은이 몇 살이나 되었소?"

내가 아주 엄숙하게 대꾸했다.

"그런 질문을 하려면 예배가 끝날 때까지 기다리셔야 합니다. 이제 찬송하겠습니다."

우리는 찬송했고, 그 젊은 설교자가 축복을 선언하고, 이어서 대화를 시작했는데, 대화는 따뜻하고 우정어린 이야기로 확대되어 모든 사람이 참여하게 되었다.

"몇 살이나 되었나요?"

그의 주된 질문이었다.

"만 열여섯이 안되었습니다."

내가 대답이었다.

"아, 열여섯이 안되었군요"

노 부인이 거들었다.

"제 나이는 신경 쓰지 마시고, 주 예수님과 그분이 얼마나 귀한 분이신지만 기억해주세요"가 제가 말할 수 있는 전부였다. 만약 케임브리지의 신사들이 합당하게 여긴다면, 다시 오겠다는 약속을 했다. 그 시절에 "케임브리지의 그 신사들"에 대한 내 경외심은 아주 크고 깊었다.

지금까지는 물고기처럼 벙어리였어도, 아주 낮은 방식으로 예수님을 위해 말하기를 시작할 수 있는 젊은이들이 또 있지 않을까?

우리의 작은 마을들은 젊은 설교자들에게 기회를 제공한다. 채플에 초대될 때까지, 혹은 근사한 설교문을 준비할 수 있거나, 지적인 청중을 확보할 때까지 기다리지 않는 것이 좋겠다. 만약 그들이 나가서 주 예수께서 그들을 위해 행하신 것을 마음으로부터 말하고자 한다면, 그들은 준비된 청중들을 찾을 것이다.

많은 젊은이가 그리스도를 섬기는 일을 어떤 큰일들을 행함으로써 시작하기를 바라는데, 그것 때문에 결국 아무것도 하지 않는다. 내 독자들 가운데는 그런 불합리한 야망에 희생되는 사람이 없기를 바란다. 처음에는 유아들을 기꺼이 가르치거나, 작은 소책자를 나누어주는 일로 시작한다면, 사역을 열망하면서 머잖아 강단에서 읽게 될 근사한 원고문이나 손보고, 잔뜩 으스대며, 흰 넥타이를 매고 잠자는 젊은이들보다는 훨씬 더 쓸모 있을 것이다. 농부의 부엌에서 분명한 복음의 주제를 가지고 이야기하는 사람, 손수레를 끄는 소년과 우유 짜는 여자에게 관심을 둘 수 있는 사람이, 계속해서 교양에 대해서나 지껄이려 하고, 그 때문에 아무도 이해하지 못하는 단어들을 사용하는 법을 배우는 고지식한 소인배보다, 그 속에 목회적 소양이 더 많다고 할 수 있다.

　가장 가난한 사람들이 기쁘게 듣고 유익을 얻게 하는 것은, 그 자체로 하나의 성취이며, 또 그것을 넘어, 영향력 있는 목회를 위한 가장 바람직한 전망이자 준비이다. 우리의 젊은 형제들이 오두막 설교를 위해 나가게 하고, 그들로 스스로 일하게 하자. 장소 임대, 양초, 그리고 약간의 형식을 위해 드는 비용은 많지 않다. 많은 젊은이가 그 정도 비용은 자기 호주머니에서 모두 충당하려 할 것이다. 집들이 모여 있는 어떤 외딴 지역도, 설교 공간이 없는 상태로 버려두어선 안 된다. 이것이 테버샴에 있는 초가 오두막에서 내가 얻은 교훈이다.

*　　　*　　　*

　하나님 가까이에 사는 남자들과 여자들의 판단은 상당한 무게가 있으며, 그들의 판단은 대체로 틀리지 않는다. 하지만 이런 호소는 최종적이지도 않고 오류가 없지도 않다. 단지 상담하는 사람의 지성과 경건의 정도에 따라 평가될 뿐이다. 나는 보기 드물게 경건했던 어느 크리스천 여성으로부터 설교하지 말라는 조언을 받았던 것을 기억한다. 나는 솔직하고 참을성 있게 그녀가 준 의견의 가치를 평가하려고 노력했다.

　하지만 그녀의 견해의 무게는 더 폭넓은 경험을 한 사람들의 판단력에 미치지 못했다. 만약 한 사람이 사역을 위해 진실로 하나님의 부르심을 받았다면, 나는 그 일을 보류하도록 그에게 도전해볼 것이다. 진정으로 그 속에 설교하도록 부르시는 성령의 감동이 있는 사람은 달리 어쩔 수가 없다. 그는 반드시 설교할 것이다. 뼛속에 불이 있는 것처럼, 그것이 불을 뿜을 때까지 영향력을 미칠 것이다. 친구들이 그를 말리고, 대적들이 그를 비판하고, 멸시하는 자들은 그를 비웃겠지만, 그 사람은 굴하지 않는다. 하늘의 부름을 받았다면 그는 설교할 수밖에 없다. 온 땅이 그를 저버린다면, 그는 황량한 산꼭대기를 향해 선포할 것이다. 그가 하늘의 부름을 받았다면, 비록 그에게 회중이 없다 해도, 물결치는 폭포수를 향해서도 설교하려 할 것이다. 시내가 그의 목소리를 들을 것이다. 그는 침묵할 수가 없다.

그는 "주의 길을 예비하라"고 광야에서 외치는 소리가 되려 할 것이다. 하늘의 별들을 멈출 수 없듯이 그런 사역자를 멈출 수 없다고 나는 믿는다. 한 사람이 정녕 부름을 받았다면, 그에게 설교를 중단시키느니, 차라리 어느 강력한 폭포 아래에서 유아용 컵을 들고 쏟아지는 물줄기를 멈추려 하는 편이 쉬울 것이다.

그 사람은 하늘의 감동을 받았으니, 누가 그를 멈춘단 말인가?

그는 하나님에게 감동되었거늘, 누가 그를 방해한단 말인가?

독수리의 날개로, 그는 반드시 날 것이다.

누가 그를 사슬로 땅에 묶어두겠는가?

스랍 천사의 목소리로, 그는 말할 것이다.

누가 그의 입술을 봉할 것인가?

성령이 말씀하시듯이 사람이 말할 때, 그는 천국의 기쁨과 유사한 기쁨을 느낄 것이다. 그리고 그것이 끝났을 때, 그는 자기의 일을 다시 하기 원할 것이며, 다시금 설교하기를 갈망할 것이다.

주님의 말씀이 내 속에서 불과 같지 않은가?

하나님이 그것을 거기에 두셨다면 나는 말해야 하지 않는가?

비록 대학에 들어간 것은 아니지만, 나는 케임브리지에서 3년을 지냈다. 나는 학위를 획득할 수가 없었다. 왜냐하면 나는 비국교도였기 때문이다.[2]

---

2 1662년의 통일령(The Act of Uniformity)은 비국교도들을 대학에서 추방하였다. 통일령에서 이 조항은 1871년에 이르러서야 폐지되었다.

게다가, 나에게는 어느 훌륭한 학자나 친절한 친구 아래에 있는 것보다는 개인적으로 연구하면서 설교하는 것이 더 좋았다. 내 지도 교사가 직접 표현한 판단에 따르면, 나는 학위 취득의 길이 열렸다면 그 명단에서 좋은 순위에 들 정도로, 내 연구에서 충분히 숙달된 것으로 여겨졌다는 것이다. "너는 충분히 해낼 수 있어"라고 그가 내게 말했다.

하지만 나는 더 좋은 대학 과정을 밟았는데, 내가 처음 설교를 시작했을 때, 이것이 내가 평소에 일할 길이었기 때문이다. 나는 아침에 일찍 일어났고, 기도하고 말씀을 읽었다. 온종일, 나는 학생들을 가르치거나 할 수 있는 한 신학 연구를 많이 했다. 그리고 저녁 7시에, 나는 순회 설교자가 되어, 케임브리지 인근의 마을들로 들어가서 내가 배운 것을 널리 전했다.

걷는 동안의 조용한 묵상은 내가 읽은 것을 소화하는 데 도움이 되었고, 내가 얻는 교훈을 공적인 자리에서 반복하고, 사람들에게 전하는 것은 그것을 내 기억에 박히도록 하는 데 도움이 되었다. 이는 내가 기억한 것을 문장 단위로 반복했다는 것을 의미하지 않는다. 오히려 나는 내가 읽은 것을 걷는 동안에 다시 생각했고, 그것이 내 영혼 속에서 작용하게 한 것이다. 그래서 나는 내가 처음 내 정신과 마음으로 받아들인 것을 단순하고 진지하게 밝히 말할 수 있지 않으면, 그것을 많이 배우거나 혹은 충분히 배우지 못한 것이라고 증언할 수 있다.

나는 비 오는 저녁에는 틀림없이 아주 특이하게 보이는 청년이었을 것이다. 나는 설교를 위해 3마일, 5마일, 심지어 8마일을 왕복으로 걸어 다니곤 했는데, 비가 내릴 때면, 방수되는 레깅스와 방수 외투를 입고 방수용 모자까지 챙겨 썼다. 그리고 들판을 가로질러 갈 때 길을 밝히려고 희미한 손전등을 들고 다녔다.

나는 내 주님을 초기에 섬긴 일을 통해 내가 크게 유익을 얻었다고 확신한다. 농부의 부엌이나 오두막에서, 혹은 창고에서, 복음 전하는 것을 즐거워하던 때가 얼마나 많았던가!

많은 사람이 내게 들으러 왔는데 아마도 그 이유는 그때 내가 소년이었기 때문일 것이다. 내 초년병 시절, 나는 엉뚱한 것들도 많이 말했고, 많이 서툴렀던 것 같다. 하지만 내 청중은 그다지 비판적이지 않았고, 어떤 신문도 내 발꿈치를 물지 않았다. 그렇게 나는 행복한 '훈련학교' 시절을 보냈고, 거기서 나는 지속해서 실습하고, 지금 내가 소유한 준비된 연설가라는 학위를 취득한 것이다.

나는 이 순회 사역에서 많은 모험과 다양한 경험을 했다. 어느 여름날 저녁, 워터비치에서 멀리 떨어지지 않은 한 마을에서 설교하기로 약속되었을 때, 목적지에 도착하기도 전에 하늘이 어두워졌고, 그 지역에 심한 폭우가 쏟아졌다. 어떤 사람들은 번개에 놀라기도 했다. 하지만 주 예수 그리스도를 믿은 이후로, 나는 아무리 심한 폭풍우라 해도 그것을 두려워해 본 적이 없다. 소년 시절, 내 삼촌 집에 있을 때, 어느 날 밤 거센 폭풍이 몰아쳤던 것을 분명히 기억한다. 나이 드신 분들 모두가 두려워했다.

하지만 나는 진정 주 예수님을 신뢰했기에 두려워하지 않았다. 그때 아기가 위층에 있었는데, 계단에 있는 커다란 창문 때문에 아무도 아기를 데려올 용기를 내지 못했다. 내가 위층 침실로 올라가서 그 아이를 그 어머니에게 데려다주었다. 그리고는 시편을 읽었고, 공포로 떠는 내 친척들과 함께 기도했다. 진짜 위험할 때도 있었다. 가까운 거리에 무언가를 쌓아둔 무더기에 불이 붙었지만, 나는 여름날의 햇볕 아래에 있을 때처럼 평온했다. 내가 본래 용감해서가 아니라, 내 주님을 흔들리지 않는 믿음으로 신뢰했기 때문이었다.

나는 번개를 좋아한다. 하나님의 천둥은 나의 기쁨이다. 큰 천둥이 치고 벼락이 떨어지는 폭우 속에 있을 때보다 내가 기분 좋게 느껴지는 때는 없다. 그럴 때 나는 마치 독수리 날개를 타고 오를 수 있는 것처럼 느끼며, 내 온 마음은 사랑으로 노래할 수 있을 것 같다.

> 높은 곳에서 다스리시는 하나님
> 그가 원하실 때 천둥이
> 폭풍우 휘몰아치는 하늘을 타고
> 바다 위로 떨어지네.
> 이 위엄에 찬 하나님이 우리 하나님이시며,
> 우리의 아버지, 우리의 사랑이시네.
> 그가 하늘의 능력을 내려보내시니
> 우리를 위로 데려가시기 위함이라네.

사람은 본성상 하늘을 두려워한다. 하늘의 징조들에 대한 미신적인 두려움이 있다. 가장 용감한 정신을 가진 사람도 이따금 하늘이 번갯불로 번쩍거리고, 천둥의 우르릉대는 소리가 대기를 흔들며 울려 퍼질 때 두려움에 빠진다. 하지만 나는 천둥이 대지를 뒤흔들고, 번개가 하늘에서 쏜 화살처럼 번쩍일 때, 실내에 머물러 있는 것이 부끄럽다고 항상 느낀다. 그때 하나님은 바깥에 계시며, 나는 어떤 넓은 공간으로 걸어 나가서, 얼굴을 위로 향하여 하늘의 열린 문을 응시하는 것을 좋아한다. 마치 번개가 멀리 있는 것을 계시하여, 나로 보이지 않는 것을 쳐다볼 수 있게 해 주는 것만 같다.

이 특별한 경우에, 내가 설교하기로 한 곳을 향해 걸어가면서, 나는 폭풍우를 즐거워하고 있었다. 그렇게 길을 가면서 어느 오두막 곁을 지나고 있을 때, 나는 폭우 때문에 매우 놀라고 두려워하는 것처럼 보이는 한 여인을 보게 되었다. 나는 지나치고 싶지 않았고, 어려움에 빠진 동료 인간을 버려두고 싶지 않았다. 그래서 나는 그 집에 들어가 성경 몇 구절을 읽고 기도하였고, 그렇게 그 여인을 위로했다. 그런 후 나는 약속을 지키기 위해 목적지를 향해 계속해서 길을 걸었다.

그 마을에 들어서자마자, 나는 방수용 외투를 벗었다. 왜냐하면 그 매끈한 표면이 번개의 생생한 빛을 반사하여 소심한 사람을 놀라게 할 수 있다고 여겨졌기 때문이다. 하지만 나는 곧 사람들이 심한 폭우 때문에 예배를 기대하지 않고 있었음을 알게 되었다. 그래서 나는 집마다 돌아다니며 집회 장소에 오도록 사람들을 초대했다. 회중을 모으는 이 특이한 방식이 많은 청중을 모이게 했다. 예배가 열렸고, 마친 후 나는 다시 케임브리지의 집으로 돌아왔다.

어느 날 밤, 한 시골 마을에서 말씀을 전한 후, 나는 혼자서 외딴 오솔길을 따라 걸어서 집으로 오고 있었다. 나를 괴롭힌 것이 무엇인지 몰랐지만, 나는 하마터면 깜짝 놀랄 뻔했다. 확실히, 산울타리 안에 서 있는 섬뜩하고, 거인 같기도 하고, 팔을 펼쳐 서 있는 무언가를 나는 보았다.

확실히, 나는 이번에 초자연적인 것과 마주쳤다고 생각했다. 한밤의 달빛 아래서 걸어가고 있는 어떤 불안한 영혼이거나, 혹은 무저갱에서 나와 배회하는 어떤 귀신이라고 생각했다. 나는 잠시 숙고를 하고는, 유령이라고 믿지 않고, 용기를 내서, 그 신비를 풀어보자고 결심했다. 그 괴물은 고랑 반대편,

울타리 안 오른쪽에 서 있었다.

나는 고랑을 뛰어넘었고, 이어서, 오래된 나무 하나를 붙잡고 있는 나 자신을 발견했다. 그 나무는 익살맞게도 얼간이들을 놀라게 할 요량으로 애써 위장을 하고 있었던 것이다. 그 오래된 나무는 자주 나에게 큰 도움을 주었다. 왜냐하면 그것을 통해 나는 난관들을 뛰어넘는 법을 배웠고, 그것들이 아무것도 아니든지 또는 승리로 이어지는 것을 알게 되었기 때문이다.

빈번하게도, 그 시골 지역에서, 사람들이 모여든 낮은 건물에서 설교하고 있을 때, 나는 공기가 희박하여 양초가 희미하게 타는 것을 보곤 했다. 그것은 활력을 주는 요소가 거의 사라진 공기를 들이마심으로써 우리가 스스로를 죽이고 있음을 명백히 시사하는 것이다. 나는 불이 꺼질 것을 염려하기도 하고, 또 회중을 평상시보다 좀 일찍 떠나게 하는 것이 낫다고 생각하곤 했다.

어떤 경우에는, 자그만 강단에 있는 내 양편에 양초가 하나씩 켜져 있었는데, 내가 다소 혈기 왕성하여, 한쪽에 있던 양초를 그것이 있던 자리에서 넘어뜨렸다. 그것은 아래에 있던 내 친구의 대머리 위로 떨어졌고, 그가 어떤 표정을 하고서 나를 쳐다보았는데, 지금도 나는 그 표정을 보는 듯하고, 그것이 여전히 나를 미소 짓게 만든다.

나는 내가 말하고 있던 것을 이어가느라고 그 사고를 더는 주목하지 않았다. 하지만 내 청중의 대부분은 그 사고를 그날 설교 중에 언급된 "삶의 영광이란 얼마나 순식간에 몰락하는가!"

이에 대한 생생하고도 실제적인 예화로 여겼다고 나는 믿는다.

내 초창기 시절, 나는 어딘가에서 설교학에 관한 한 권의 책을 읽었다. 거기에 당시 나를 상당히 놀라게 한 언급이 있었는데, 이런 취지였다.

"만약 본문을 선정하는 데 어려움이 있을 때, 그는 즉시 식료품 잡화상으로 돌아가거나, 쟁기질하는 편이 낫다. 그에게는 목회자에게 요구되는 능력이 없음이 분명하기 때문이다."

그런 일은 아주 빈번하게 나의 십자가이자 부담이었기 때문에, 나는 속으로 내가 세속적 노동에 종사하고 목회직을 떠나야 하는 것이 아닐까 자문했다.

하지만, 나는 그렇게 하지 않았다. 내가 여전히 가지는 확신은, 비록 그 책

저자의 포괄적인 판단으로 비난을 받더라도, 나는 하나님이 명백히 인치신 부르심을 따라야 한다는 것이다. 나는 그 책 저자의 지나친 언급 때문에 양심에 많은 고통을 겪었고, 급기야, 약 오십 년을 목회직에 종사했던 내 할아버지에게 설교 주제를 정하는데 난처한 적이 없었는지를 여쭈어보았다. 할아버지는 내게 솔직하게 말씀해주셨다. 이 문제는 언제나 그에게 가장 큰 고민거리였고, 그것과 비교하면 설교 그 자체는 전혀 힘들지 않았다고 하셨다.

나는 존경스러운 그분의 진술을 기억한다.

"어려운 것은 본문이 충분하지 않아서가 아니라, 오히려 본문이 너무 많아서 내가 그들 중에 꼭 끼었기 때문이란다."

우리는 마치 꽃을 아주 좋아하는 어떤 사람 같은데, 그는 정원의 아름다운 꽃들에 온통 둘러싸여 있고, 그중에서 하나만 고르도록 허락되었다.

그는 장미와 백합 사이에서 얼마나 서성댈까?

일만 개의 아름다운 꽃봉오리들 가운데 하나를 고르자니 그 어려움이 얼마나 클까!

내게는, 여전히, 본문 선택이 가장 난처한 문제임을 인정해야겠다.

불어식으로 말하자면 '풍요 속의 당혹'(embarras de richesse)이라고나 할까?

이는 빈곤으로 인한 당혹과는 엄연히 다르다. 많은 진리 중에서 가장 요긴한 것에 우선 시중을 들어야 하는 고충이자, 들어주기를 바라는 모든 아우성, 필요하다고 강요하는 갖가지 의무들, 또한 모든 공급을 요구하는 사람들의 많은 영적인 필요들 가운데 가장 시급한 것에 집중해야 하는 고충이다. 나는 빈번하게 한 가지 주제를 위해 앉아서 여러 시간 기도하면서 기다린다고 고백한다. 이것이 내 연구의 주요 부분이다.

나는 과정에서 많은 수고를 기울여 주제를 다루며, 교리의 요점들을 곰곰이 생각하고, 성경 구절들에서 골격을 만든 다음에는, 나머지 뼈들은 망각의 지하무덤에 모두 파묻고, 거센 물결의 흐름 속에 떠내려 보내며, 마침내 붉은 빛을 보고, 바라던 항구를 향하여 곧장 항해를 진행한다. 내 생애에, 거의 모든 토요일에는, 나는 설교의 개요를 충분히 준비한다. 그리고 비록 그 개요들을 써서 한 달간 전할 수 있는 자유가 있다고 느껴도, 감히 그것들을 더 사용하지 않는데, 이는 마치 정직한 선원이 밀수품을 해안으로 실어나르지 않는 것과도 같다.

정녕 나에게는 내 주님에게서 아침에 좋은 본문을 받을 때가 가장 행복한 날이다. 내가 하루에 두세 편의 설교를 해야 했을 때, 나는 주님께 아침의 주제를 구하여 그 주제에서 설교했다. 그리고 오후의 주제 또는 저녁의 분량을 위해 주님께 기도하고, 그것을 나 자신의 영적 위안을 위해 묵상한 후에, 그것에 기초하여 설교했다. 규칙적인 설교작성가처럼 직업적인 방식으로서가 아니라, 나 자신을 위해 영적 양식을 섭취한 것이다. 그런 단순한 양식은 설교문을 작성하느라 한 주간을 보냈을 때보다 사람들에게 훨씬 많은 유익을 끼쳤다. 왜냐하면, 그것은 나 자신의 영혼이 막 받은 직후에, 내 마음에서부터 나온 따뜻한 양식이기 때문이다. 그것은 잘 전달될 수 있었는데, 왜냐하면 그것은 내 마음에서 잘 알려진 것이고, 잘 맛본 것이며, 잘 느껴진 것이기 때문이다.

이따금, 설교 본문은 아주 놀라운 방식으로 내게 온다. 내가 케임브리지에 살고 있을 때, 평상시처럼, 나는 인근 마을에서 저녁에 설교해야 했다. 거기까지 나는 도보로 가야 했다. 온종일 성경을 읽고 묵상한 후에도, 적절한 본문을 만날 수 없었다. 내가 무엇을 하려고 해도, 성스러운 신탁으로부터 아무런 반응이 오지 않았고, 우림과 둠밈으로부터 빛이 비치지 않았다. 나는 기도했고, 성경을 샅샅이 찾았으며, 한 구절씩 자세히 살폈다.

하지만, 내 정신은 본문을 붙잡으려 하지 않았다. 번연이 말하곤 했듯이, 나는 "내 생각 속에서 많이 굴러떨어지기도 하고 오르기도 했다." 바로 그때, 나는 창가로 걸어가서 밖을 내다보았다. 내가 살고 있던 좁은 거리 건너편에서, 나는 한 마리의 불쌍하고 외로운 카나리아 한 마리가 슬레이트 지붕 위에 있는 것을 보았다. 한 무리의 참새 떼에 둘러싸여 있었다. 참새들은 마치 카나리아를 찢어놓기라도 하려는 듯이 모두 그것을 쪼아대고 있었다. 그 순간 이 구절이 내 머릿속으로 들어왔다.

> 내 소유가 내게 대하여는 무늬 있는 매가 아니냐 매들이 그것을 에워싸지 아니하느냐 (렘 12:9).

나는 가장 큰 평정심을 가지고 길을 나섰고, 홀로 먼 거리를 걷는 동안 그 구절을 묵상했고, 특이한 백성에 관하여, 그리고 그들의 원수들의 박해에 관하여, 자유롭고 편안하게 전할 수 있었다. 그리고 시골의 내 청중에게 위로가 되었다고 나는 믿는다. 그 본문은 내게 보내진 것이었다. 물론 까마귀들이 가져다준 것은 아니지만, 참새들이 가져다준 것은 확실하다.

케임브리지에 사는 동안, 바스(Bath)의 윌리엄 제이가 설교하는 것을 들은 적이 있다. 그의 본문은 "오직 너희는 그리스도의 복음에 합당하게 생활하라"(빌 1:27)였다. 나는 그가 아주 위엄있지만 동시에 아주 단순하게 설교했던 것을 기억한다. 그의 진술 중 한 마디가 어린 내 마음에 깊이 각인되었고, 나는 그것을 잊지 않았다. 그 진술은 이것이다.

"여러분은 여러분과 하나님 사이의 한 중보자가 필요합니다. 하지만, 여러분은 여러분 자신과 그리스도 사이에서는 중보자가 필요치 않습니다. 여러분은 있는 모습 그대로 그분에게 올 수 있습니다."

그가 했던 또 하나의 인상적인 말은 이것이었다.

"교황주의는 거짓입니다. 퓨지주의(Puseyism, 옥스포드 퓨지 교수[1800-1882]가 제창한 종교운동)는 거짓입니다. 세례에 의한 중생은 거짓입니다."

나는 또한 제이가 설교 도중에 숙녀들이 종종 너무 값비싼 옷을 입는 것 때문에 비난받는다고 말한 것을 기억한다. 그가 우리에게 말하기를, 비록 그 자신은 그 문제에 대해 많이 알지는 못하지만, 만약 그들의 수입이 얼마인지를 듣기 원한다면, 그는 그들이 아주 넓은 마당을 덮을만한 비단과 새틴과 레이스와 리본을 살 수 있을 정도라고 말했다. 제이에 대한 기억을 나는 잃어버리고 싶지 않다.

우리가 그 당시의 제이와 같은 존경스러운 족장에게 들을 때, 그의 나이 때문에 그의 말에는 한층 큰 무게가 느껴진다. 만약 내가 같은 설교를 어느 젊은이가 전하는 것을 들었더라면, 나는 그를 대단하게 여기지 않았을 것이다. 그 설교가 거의 무덤의 경계선에 서 있는 나이 많은 사람에게서 나온 것이기에 훨씬 큰 깊이가 있었던 것으로 보인다.

내 사역의 초기에, 아직 소년이었을 때, 나는 존 안젤 제임스(John Angell James)의 설교를 듣고 싶은 강한 열망에 사로잡혔었다. 나는 오직 그 목적을 위해 버밍햄까지 순례를 떠났다. 나는 그가 주중의 저녁에 커다란 교회 부속실에서 이 본문으로 강론하는 것을 들었다.

너희도 그 안에서 충만하여졌으니(골 2:10).

그 은혜로운 강론의 향취가 오늘까지도 내게 남아 있다. 나는 이 구절을 읽을 때마다 그 뛰어난 하나님의 사람의 조용하면서도 진지한 말을 연상하지 않을 수 없다. 수년 후, 내가 제임스의 일행이 되자마자, 그의 설교를 듣기 위해 케임브리지에서 버밍햄까지 내내 걸었다고 그에게 말했다. 그 본문에 대한 내 언급을 듣고서 그가 대꾸했다.

"아! 그것은 칼빈주의식 설교였지요. 당신은 그 설교를 좋아했겠지만, 내 설교가 항상 좋지는 않았을 겁니다."

나는 또한 그의 귀한 책 『불안해 하는 탐구자』(The Anxious Enquirer)에 대해 감사를 표할 기회를 가질 수 있어 기뻤다. 그 책은 많은 죄인을 그리스도께로 이끄는 도구가 되었고, 주님을 찾고 있을 때 나 역시 크게 도움을 받은 책이다.

제15장

워터비치의 젊은 구령자(soul-winner)

그 당시 찰스 해돈 스펄전의 비밀은, 그 이후에도 마찬가지이듯이, 하나님께 대한 그의 절대적인 의존이며 온 마음을 기울이는 진지함과 열정이었다. 후자를 보여주는 전형적인 사건은 그의 첫 번째 워터비치 방문 때 일어났다. 그는 스미스 씨 집에서 하룻밤을 묵었고, 당시 어린 소년이었던 스미스 씨의 아들과 한 침대를 썼다. 자리에 눕기 전에, 찰스 해돈 스펄전은 무릎을 꿇었다. 하지만, 그의 동료가 기도하지 않고 침대에 뛰어들어 누웠다. 스펄전은 자신의 기도를 마치자마자, 그의 침대 동료에게 하나님께 밤에 지켜주시도록 보호를 요청하지 않고서 잠자리에 드는 것이 두렵지 않으냐고 물었다. 그가 계속해서 말했다.

"만일 네가 기도와 구주 없이 마지막 잠을 자게 된다면, 그게 얼마나 무서운 일이 되겠니?"

한 시간 남짓 그 젊은 설교자는 소년과 대화했고, 그의 진지함에 소년이 감동했다. 그 젊은 설교자는 그 소년을 침대 밖으로 나오게 해 그와 함께 기도했고, 그 밤에 그 소년은 회심했다. 그는 지금 워터비치에서 존경받는 집사이다. 그 소년이 다른 때에도 스펄전과 함께 잠을 잔 적이 있는데, 이른 시간에 그 젊은 설교자는 크게 괴로워하면서 그의 동료를 깨웠고, 그의 마음이 심판에 관한 생각으로 가득하다고 말했다. 그는 마치 환상을 보는 듯이, 잃은 자들이 겪는 불의 고통과 하나님의 진노의 연기가 피어오르는 것에 대해 묘사했다. 그의 청취자는 그 토요일 밤, 아니 그 일요일 아침을 결코 잊지 못할 것이다. 그 문제는 그 설교자의 마음에 간직되었고, 일요일 저녁에 그는 그 생각을 설교문에 담아 두었다가 전했는데, 그가 전한 가장 두려운 설교였을 것이다… 강한 사람들도 두려워했고 은혜를 구하며 부르짖었으며, 여인들은 흐느끼다 실신하기도 했다. 그들 눈앞에서 그려진 그 두려운 그림에 대한 기억은, 그 예배당에 참석한 사람들을 오늘날까지도 놀라게 한다.

찰스 레이, 『찰스 해돈 스펄전의 생애』(1903).

술취함과 불경으로 악명높은 마을을 지나간 적이 있는가?

선술집 기둥에 기대어 있거나 비틀거리며 거리를 걷는 가난하고 비참한 사람들을 만나본 적이 있는가?

마치 죄악의 소굴 같은 그들의 집을 들여다보고서, 경악해본 적이 있는가?

그곳에 거주하는 사람들의 가난, 타락, 비참함을 보고 탄식한 적이 있는가?

"예, 그런 적이 있습니다" 라고 독자는 말할 것이다.

하지만, 먼저 그런 곳에 복음을 전파하고 나서, 다시 그 마을을 걷는 것이 여러분의 특권으로 여겨진 적이 있는가?

나에게는 그런 적이 있다. 나는 한때 내가 방금 묘사한 것과 같은 한 마을을 알았고, 아마도 그 마을은 어떤 면에서는 영국에서 최악의 마을 중 하나로 꼽힐 수 있었을 것이다. 그곳에서는 정부에 세금을 바치지 않는 독주가 몰래 만들어지고 있었고, 악과 결탁한 모든 형태의 폭동과 불의가 성행하고 있었다.

그 마을로 한 소년이 들어갔다. 그는 대단한 학문을 획득한 것도 아니고, 단지 사람들의 영혼을 찾으려는 진지한 열정을 가지고 있었다. 그는 거기서 설교하기 시작했고, 그것이 하나님을 기쁘시게 하였고 그곳 전체가 뒤집혔다. 짧은 기간에, 그 자그마한 오두막 교회[1]는 사람들로 빽빽이 들어찼다. 그 마을 최고의 방랑자들이 눈물의 홍수를 쏟아냈고, 그 교구의 저주는 축복으로 변했다. 사방으로 모든 종류의 강도와 악당들이 있었으나 더는 그들이 보이지 않았다.

하나님의 집에서도 악을 행하곤 했던 사람들이 십자가에 달리신 예수에 대해 듣고 기뻐했다. 나는 과장된 이야기를 하는 것이 아니며, 내가 모르는 일을 말하고 있지도 않다. 그 마을에서 주를 위해 수고하는 것이 나의 기쁨이었기 때문이다. 술에 취한 모습은 거의 자취를 감추고, 많은 형태의 난봉이 그쳤다. 남자들과 여자들이 일하러 갈 때는 즐거운 마음으로 갔으며, 영

---

[1] "초가지붕으로 된 진기한 구조의 작은 건물이었다. 그곳은 한때 비둘기장이었으나, 지역 침례교인들이 일백 파운드에 사들였다. 벽돌 바닥은 도로 층보다 낮았고, 신도석은 등받이가 높은 구식 형태였다. 회랑들의 전면과 그것을 지탱하는 사각 형태의 기둥에는 예배자들의 의복을 걸 수 있도록 고리가 걸려 있었다." (찰스 레이). 스펄전이 열일곱의 나이에 그 교회 목회자가 되었을 때 교인들의 수는 사십 명이었다.

원히 살아계시는 하나님을 찬송했다. 해가 질 때, 소박한 오두막집 사람은 자녀들을 불러모아, 진리의 책에서 일정 부분을 읽어주었으며, 그런 다음 함께 무릎을 꿇고 하나님께 기도했다.

저녁 시간이면, 마을의 한쪽 끝에서 다른 쪽 끝까지, 거의 모든 가정에서 나오는 노랫소리를 들을 수 있었을 것이라고, 나는 즐겁고도 행복하게 말할 수 있다. 나는 하나님의 은혜를 찬미하며, 주께서 우리 가운데 놀라운 일들을 행하기를 기뻐하셨다고 증언한다. 하나님은 예수 이름의 권세를 보여주셨다. 그리고 복음이 영혼들을 얻을 수 있고, 주저하는 영혼들을 이끌며, 죄 많은 남자와 여자들의 삶과 행위를 새롭게 만들 수 있다는 것에 대해, 나로 증언자가 되게 했다.

여기에서 언급된 마을은 물론 워터비치이며, 그곳에서 스펄전은 1851년 10월에 처음 설교했다. 다음의 서신이 그것을 입증한다.

*　　　*　　　*

유니언 길, 9번지, 케임브리지,
(1851) 10월 15일.

사랑하는 아버지께!

아버지의 반가운 전갈을 받았습니다. 감사의 답변이 늦었다면 용서를 바랍니다. 저는 매번 주일마다 바쁘게 일해왔습니다. 그동안 집에는 한 번도 가지 못했고, 올해에는 갈 수 있을 것 같지도 않습니다. 지난 주일, 저는 워터비치로 불리는 곳으로 갔습니다. 거기에는 세워진 지 오래되었지만 목회자를 부양할 형편이 안 되는 교회가 하나 있습니다.

저는 매월 마지막에 그곳을 방문하기로 약속했습니다. 그곳에는 이십 년 동안, 마치 아버지가 톨즈버리에 가시는 것과 같은 방식으로 케임브리지에서 건너오던 한 목사가 있었습니다. 그 후, 그들은 목회자를 청빙하려 시도했지만, 그를 부양할 수가 없었기에, 그는 떠났고, 그들은 예전의 방식대로 할 수밖에 없었습니다. 그곳으로 오가는 철도가 있으며, 거리는 겨우 6마일에 불과합니다.

아버지께서 매우 훌륭한 회중을 가지신 것에 저는 기쁩니다. 분명 그곳에서 일하는 것은 대단한 일이라고 저는 느낍니다. 그곳의 들판은 무르익어 추수를 기다립니다. 아버지가 뿌리신 씨는 자라 풍성하게 되었으니, 많은 알곡을 거두게 되리라고 소망합니다. 사랑하는 어머니에게 안부를 전해주세요. 정녕 아버지는 시련을 견뎌오셨습니다. 아버지가 어떻게 그것들을 견디셨는지를 보는 것이 저에겐 항상 유익입니다. 어머니가 심하게 아프셨을 때를 저는 잊지 못할 것 같습니다. 아버지가 얼마나 꿋꿋하셨는지요! 또 얼마나 쾌활하셨는지요! 아버지는 편지에서 저에게 말씀하셨지요

> 찌푸린 구름이 잔뜩 몰려오고
> 천둥이 소리치듯, 고난이 닥쳐올 때,
> 언제나 그렇듯 그분이 곁에 서 계시니
> 오! 그분의 인자하심이 얼마나 좋은지!

저는 아버지가 잘 계시고, 또 그 구름이 물러갈 것이라고 믿습니다. 저는 상당히 잘 지내고 있고, 행복하다고 말할 수 있습니다.

• 숙모는 어디 계신지요?

숙모에게서 직접으로든 간접으로든 소식을 들은 지가 넉 달이 지났네요. 우리에게는 아직 정착한 목회자가 없고, 앞으로도 달라지지 않을 거라 예상됩니다. 아버지 설교로 인해 많이 감사합니다. 저에게는 앞으로도 유익이 될 겁니다.

저를 택하여 복음을 받게 하시고, 또 그것을 말할 수 있게 하신 사랑이 얼마나 큰지요!

저의 가장 큰 관심은 은혜 안에서 자라는 것이며, 복된 길에서 계속 나아가는 것입니다. 저는 이런 저의 동기가 변하지 않기를 간절히 바라며, 제가 주님의 종이 아닌 나 자신의 종이 되는 일이 없기를 바랍니다. 그것을 잊는 순간 제가 얼마나 빗나가기 쉽고, 또 거룩한 직무에 미치지 못하는 다른 목적을 추구하기 쉬울는지요!

L. 씨 부부는 잘 지내며, 아버지께 안부를 전해달라고 합니다. 할아버지는 저에게 스탐본에 오라고 하셨지만, 거기에 갈 여유가 없네요. 아버지, 어머니, 집안의 모든 식구에게 사랑을 전합니다.

아버지의 애정어린 아들, 찰스 해돈 스펄전.

*   *   *

워터비치에서 스펄전의 첫 설교 본문은 마태복음 1장 21절이었다. 집사 중의 한 사람인 로버트 코(Robert Coe)는 훗날 예배 시작 무렵 케임브리지에서 온 그 젊은이에 대한 인상을 다음과 같이 묘사했다.

"그는 탁자형 신도석의 한쪽에 앉았고, 나는 반대편에 앉았다. 나는 그 장면을 결코 잊지 못할 것이다. 그는 너무 창백하게 보여, 나는 속으로 그가 설교할 수 없을 거라고 여겼다. 게다가 그는 소년이었다. 나는 그의 앳됨을 멸시했고, 사실 회중이 노래하는 동안에도 줄곧 그렇게 생각했다. 찬송이 끝났을 때, 그가 벌떡 일어나더니 서기관과 바리새인과 율법사들에 관한 성경의 한 장을 읽고 강론하기 시작했다. 그가 그들의 의복, 경문, 긴 기도에 대해 말할 즈음에, 나는 그가 설교할 수 있겠다고 생각했다."

다음은 워터비치에서 전한 첫 설교의 개요이다.

개요 33. 죄로부터의 구원

이름을 예수라 하라 이는 그가 자기 백성을 그들의 죄에서 구원할 자이심이라 (마 1: 21).

1. 용서와 의(義)의 전가를 포함하는 칭의

1) 용서—자유롭고, 완벽하고, 즉각적이며, 되돌릴 수 없는 것이며, 죄의 결과들로부터의 구원을 가져온다. 죄의 결과들이란

하나님의 정당한 노여움

율법의 저주

천국에 들어가지 못함

영원한 형벌에 이르는 법적 책임이다.

2) 의의 전가—사람을 거룩하고, 죄 없으며, 칭찬과 보상을 받기에 합당하게 만든다. 그에 수반되는 것들은

하나님의 사랑

율법의 축복

천국에 들어감

천국의 기업을 받을 권리와 자격이다.

이런 일을 예수께서 행하신다. 첫째로 그의 고난과 죽음으로써, 둘째로 율법에 대한 그분의 거룩한 순종으로써 그렇게 하셨다.

2. 죄로부터의 구원과 적극적인 성결을 포함하는 성화

다음 요소에 대한 승리

첫째, 우리의 타고난 부패
둘째, 죄의 습관
셋째, 유혹
넷째, 퇴보

1) 우리 안에 모든 거룩한 영향력을 불러일으키는 활동

(1) 거룩한 본성
(2) 거룩한 습관
(3) 성결을 위한 갈망
(4) 하나님의 은혜 안에서의 진보

2) 성화는 완만하고, 불완전하며, 점진적이고, 천국에서가 아니면 결코 완성되지 못한다는 면에서 칭의와 다르다.

성화는 예수님이 (1) 그분의 본보기와 계명을 통해 (2) 성령에 의해 이루시는 일이다.

죄책과 죄의 결과와 죄의 영향으로부터의 완벽한 구원, 이것이 예수님이 우리에게 주시는 아름다운 구원이다.

* * *

내가 워터비치의 자그만 오두막 교회에서 설교하기 시작했을 때, 내 첫 번째 관심사는 하나님이 나를 통해 영혼들을 구원하실까 하는 것이었다. 그들은 머리털이 덥수룩한 소년이었던 나를 불렀다. 내가 생각하기에 나는 그런 모습이었다. 아마 나는 반코트를 입고 있었을 것이다.

일정 시간 설교한 후에 나는 생각했다.

"이 복음은 나를 구원했지만, 그때 다른 누군가가 내게 전한 것이다. 이제 내가 전하는 복음이 다른 사람을 구원할 것인가?"

주일 일정을 마쳤을 때 나는 집사들에게 이렇게 말하곤 했다.

"내 사역을 통해 누군가가 주님을 찾았다는 말을 들은 적이 있나요? 내 설교를 통해 그리스도께로 온 사람을 알고 있나요?"

훌륭한 나의 오랜 친구이자 집사인 분이 내게 말했다.

"누군가 틀림없이 구주를 영접했을 것입니다. 나는 그럴 거라고 확신합니다."

"오!" 내가 대답했다.

"하지만 나는 그것을 알고 싶어요, 나는 그렇다는 것을 입증하고 싶습니다!"

내 첫 번째 회심자가 생겼다는 소식이 들려왔을 때 내 마음이 얼마나 기뻐 뛰었던가!

나는 가득 찬 회중과 친구들의 친절한 표현으로는 만족할 수 없었다. 나는 상한 마음을 가지게 된 사람들, 참회자의 눈에서 흐르는 눈물에 대해 듣기를 갈망했다. 어느 주일 오후에, 큰 전리품이라도 발견한 것처럼, 집사 한 분이 내게 이 말을 전했을 때 내가 얼마나 기뻤는지 모른다.

"하나님이 이곳에서 당신의 사역에 확인 도장을 찍으셨습니다."

오! 만일 누군가가 "누군가가 당신을 위해 2만 파운드를 남겨두었습니다"라고 말했더라도, 나는 손가락 하나 까딱하지 않았을 것이다. 그런 기쁨은 하나님이 내 사역을 통해 한 영혼을 구원하셨다는 말을 들을 때에 비하면 아무것도 아니다.

"그 사람이 누군가요?"

나는 물었다.

"그 사람은 이러이러한 곳에 사는 가난한 노동자의 아내랍니다! 그녀는 2주 혹은 3주 전에 당신의 설교를 듣고 상심한 마음으로 집에 갔고, 영혼의 큰 근심 속에서 지냈습니다. 하지만, 이제 그녀는 평안을 찾았고, 당신에게 말하고 싶은 게 있다고 합니다."

내가 말했다.

"그곳까지 나를 태워다 줄 수 있을까요?

그녀를 만나러 가야겠습니다."

그리고 월요일 아침 일찍, 나는 그 집사가 언급한 마을로 가서 내 첫 번째 영적인 자녀를 만나보았다. 지금도 내 눈에는 그녀가 살았던 그 오두막이 눈에 선하다. 정말이지 그것은 언제나 그림처럼 생생하다. 나는 생애 처음으로 금화 한 닢을 번 소년처럼, 혹은 바다 깊은 곳으로 내려가서 귀한 진주를 건져 올린 잠수부처럼 느껴졌다. 나는 하나님이 내게 주신 각 사람을 소중히 여기지만, 아무래도 그중에서도 그 여인이 가장 소중하게 여겨진다.

그때 이후로, 주님은 내게 복을 주셔서 수천 명의 영혼에게로 이끄셨고, 그들은 내 입술에서 나오는 말씀을 듣거나 혹은 설교문을 읽음으로써 구주를 만났다. 나에게는 말씀 선포를 통해 태어난 많은 영적 자녀들이 있다. 하지만 여전히 그 다수 중에서도 그 여인이 으뜸이다. 적어도, 그녀는 오래 살지 못했고 나는 그녀에게서 많은 흠결을 발견하지 못했다.

일 년인가 이년 후에, 그녀는 신실한 믿음의 삶을 살다가 본향으로 갔다. 많은 사람이 뒤를 따른 그 길을 앞서 간 것이다. 나는 그녀가 교회의 회원으로 받아들여질 때와 죽어갈 때와 천국으로 갈 때의 모습을 잘 기억한다. 그녀는 내 사역의 첫 번째 인장(印章)이며, 그래서 매우 귀중한 사람이다.

모든 어머니에게는 자기의 첫아들을 볼 때처럼 행복으로 가득할 때가 없을 것이다. 그때 나는 동정녀 마리아의 찬가를 부를 수 있었다. 내 영혼은 나의 비천함을 기억하시고, 모든 세대가 나를 복되다고 부르는 일을 하도록 큰 영예를 주신 주님을 높여드릴 수 있었다. 나는 한 영혼의 회심을 그렇게 여겼고, 지금도 그렇게 여긴다.

나는 한 영혼을 죽음에서 구원하는 수단이 되는 것을 지상에서 가장 위대한 웅변가가 되는 것보다 더 원한다. 나는 세상에서 가장 가난한 여인을 예수님의 발치로 데려오는 일을 캔터베리의 대주교가 되는 것보다 더 원한다. 나는 모든 신비를 설명하는 것보다 차라리 불에서 타다 남은 나무 동강 하나를 건져내기를 더 원한다.

무저갱에 빠지지 않도록 한 영혼을 얻는 것은 박사들의 신학 논쟁의 광장에서 면류관을 쓰는 일보다 더 영광스러운 성취이다. 예수 그리스도의 얼굴에 있는 하나님의 영광의 베일을 신실하게 벗기는 것이, 마지막 심판에서는, 종교적 난제들을 풀거나 묵시적 난제의 꼬인 매듭을 자르는 일보다 더 가치 있는 일로 여겨질 것이다.

나의 가장 행복한 생각 중의 한 가지는, 내가 죽을 때, 그 일은 그리스도의 품에 안겨 안식으로 들어가는 나의 특권이 되리라는 것이며 또한, 천국을 나 혼자만 즐기지 않을 것임을 내가 안다는 것이다. 내 사역을 통해 그리스도께로 인도된 수천 명의 사람이 이미 그곳에 들어갔다.

오! 천국을 향해 날아가는 것은 얼마나 행복한 일인가! 또한, 영광에 들어가자마자, 내 앞뒤로 수많은 회심자와 더불어 "아버지, 제가 여기 있습니다. 그리고 아버지께서 제게 준 자녀들이 여기 있습니다."라고 말할 수 있을 때, 그 행복은 어떨 것인가!

* * *

목사는 자신의 초창기 회심자들을 절대 잊지 않을 것이라고 나는 생각한다. 그는 살아서 자신이 도구가 되어 하나님을 향해 태어난 수백 명의 사람을 보겠지만, 이들 중에서도 그가 젊어서 낳은 자녀들을 가장 즐거운 기억으로 간직할 것이다. 그들은 그의 처음 난 자녀들로서, 그의 힘과 능력의 시작이기 때문이다. 나는 내 젊은 시절의 사역을 통해 하나님과 화평하게 된 나이 많은 한 여인을 회상한다. 특히, 나는 그녀가 자신의 무지했던 지난 시절과 그 결과로 자녀들을 신앙 없이 양육했던 이야기를 들려주면서 슬픔으로 통곡한 것을 기억한다. 그녀의 말을 나는 아래와 같이 옮겨두는데, 이는 자녀들을 위해 사랑으로 수고하고 이 생애에서 그들에게 모든 필요를 공급하면서도, 다가올 삶에 대하여는 생각 없는 어머니들에게 유익이 되도록 하기 위해서다.

그녀가 말했다.

오, 목사님!
저는 지금 아주 행복합니다. 단지 한 가지 큰 슬픔이 여전히 나를 침울하게 만듭니다. 내 귀한 자녀들을 생각하면 너무나 슬프답니다. 남편이 떠난 이후 저에게는 자녀 여덟이 맡겨졌습니다. 저는 아침에도 낮에도 밤에도, 빨래 일도 하고 다른 여러 가지 방식으로 힘들게 일했지요. 자녀들을 먹일 빵을 사기 위해서였답니다. 나는 그들 모두를 먹이고 입혔지만, 내가 어떻게 그렇게 했는지 모르겠습니다.

저는 먹는 것에서나 입는 것에서 종종 저 자신을 부인했습니다. 힘겨운 시절을 보냈지요. 수선하고, 세탁하고, 살 집을 마련하기 위해, 아무도 나보다 심하게 노예처럼 일하진 않았을 거예요. 저는 자녀들의 몸을 돌보는 일을 소홀히 했다고 저 자신을 책망하지 않습니다.

하지만, 그들의 영혼에 대해서라면, 저는 나 자신을 돌보지 않았을 뿐 아니라, 당연히 그들의 영혼도 돌보지 않았답니다. 자녀 중 둘이 죽었습니다. 그들을 생각만 해도 가슴이 미어집니다. 하나님은 저를 용서하셨지만, 그 불쌍한 아이들에 대한 저의 죄를 잊을 수가 없습니다. 저는 그들에게 유익이 될 수 있는 한 말씀도 가르친 적이 없습니다. 다른 자녀들은 살아있지만 신앙이 없답니다. 어미인 내가 어떻게 살았는지를 그 아이들이 보았는데, 어찌 그들이 신앙적인 사람이 되기를 기대할 수 있을까요?

그것이 그들을 위해 지금까지 애썼던 모든 일보다 훨씬 저를 더 힘들게 만듭니다. 그들이 그들의 잔인한 어미 때문에, 멸망으로 내려가지 않을까 그것이 걱정이랍니다.

여기서 그녀는 울음을 터뜨렸다. 나는 그녀에게 큰 연민을 느꼈으며, 그녀가 '잔인했다고' 생각하지 않는다고 말했다. 왜냐하면, 그녀는 알지 못했고, 의도적으로 자녀들의 유익에 대해 소홀하지는 않았을 것이기 때문이다.
"저를 위로하려 하지 마세요"
그녀가 말했다.

제가 상식적으로만 생각했더라도, 저는 내 자녀들이 양이나 말처럼 죽고 그것이 끝이라고 여기지는 않았을 겁니다. 저는 그런 문제를 전혀 생각하지 않았답니다. 조금이라도 생각했더라면 그러지는 않았을 테니까요. 저는 제가 자녀들의 영혼에는 전혀 관심을 기울이지 않았던 잔인한 어미였다고 느낍니다. 그들은 모두 세상에 빠져 있고, 그들 중에 아무도 예배당에 가지 않으니, 해마다 마찬가지랍니다. 제가 그들을 교회에 데려간 적이 없으니, 제가 어떻게 그들을 탓할 수 있겠습니까?
제가 회심하자마자 장남을 찾아갔습니다. 그는 대가족을 거느리고 있답니다. 저는 그 아들에게 주님이 저를 위해 행하신 일을 들려주었고, 나와 함께 예배에 참석하자고 호소했습니다.
하지만, 그는 죽음 후가 궁금하긴 하지만 시간이 없다고 말하더군요. 제가 간절히 호소하자, 그는 어머니 뜻은 잘 알겠지만 자기는 가지 않겠다고 하더군요. 그는 주일마다 아주 편히 지내고 있는데 굳이 목사의 설교를 들으러 가지 않겠답니다. 목사님, 목사님이 아시다시피, 큰 나무를 굽힐 수는 없답니다. 아직 굽힐 수 있는 잔가지였을 때 굽혔어야 했습니다.
오! 그가 어렸을 때 내가 하나님의 집에 그를 인도했더라면! 아마 그때는 따라가려고 했을 겁니다. 그는 자기 어머니를 사랑했기 때문이지요. 지금도 그가 자기 어미를 사랑하는 건 맞지만, 제가 원하는 곳으로 갈 만큼 사랑하지는 않는가 봅니다. 그래서, 보시다시피, 이제는 제가 아들을 위해 아무것도 할 수가 없답니다. 저는 잔인한 어미였습니다. 어린 아들을 주일학교에 보냈어야 할 시간에, 들판으로 혹은 거리로 내보냈으니 말입니다. 오! 시간을 되돌릴 수만 있다면, 그래서 제 어린 자녀들을 주위로 모을 수 있다면, 저는 복되신 구주에 대해 그들에게 가르칠 수 있으련만!

이제는 모두 힘에 부치니, 제가 무엇을 할 수 있을까요?

워터비치에서 이웃들 사이에 말참견하는 여자라는 평판을 듣던 한 여인이 있었다. 나는 조만간 그녀에게서 '말참견-놀이'의 본보기가 무엇인지 보게 될 것이라는 말을 사람들에게 들었다.

내가 말했다.

"좋습니다. 하지만, 그건 두 사람이 참여해야 하는 게임이군요."

나는 누군가 내 대답을 그녀에게 전달하는 사람이 있을 줄 확신하지 못했다. 하지만, 오래 지나지 않은 어느 날 아침, 내가 그녀의 대문 앞을 지나가고 있을 때, 거기에는 그 숙녀 혼자만 서 있었다. 그녀가 말하는 투는, 내가 그녀에 관해 들은 말이 완전히 정당했다는 것을 확인시켜 주었다. 전형적으로 말이 상스럽고 거친 여인이라도 당시 그 여자에 비하면 아무것도 아니었다. 나는 어떻게 행동할 것인지 결심하고서, 미소를 지으며 이렇게 말했다.

"예, 감사합니다. 저는 잘 지내고 있습니다. 당신도 잘 지내시기 바랍니다."

그때 또 다른 독설이 튀어나왔고, 음성은 한결 더 높아졌다. 거기에 대해 나는 여전히 미소를 지으면서 대답했다.

"예, 비가 내릴 것 같진 않군요. 이제 가봐야겠다고 생각합니다."

"이런 남자를 봤나!"

그녀가 소리쳤다.

"아주 전봇대처럼 귀가 먹은 것 같군. 저런 사람에게 폭풍이 몰아친들 무슨 소용이람!"

내가 그녀에게 말했다.

"좋은 아침입니다."

나는 그녀가 언제 한 번이라도 그 "귀먹은" 설교자에게 말씀을 들으려고 예배당에 올 것인지에 대해선 확신하지 못했다. 그 설교자는 그녀의 미친 헛소리에 주의를 기울이는 것이 아무 소용이 없다는 것을 알았다.

내가 만약 그녀에게 어떤 도움이라도 될 수 있다는 희망이 있었다면, 나는 그녀의 집을 방문해서 그녀와 대화했을 것이다. 그 지역에 있을 때 나는 다소 이상한 장소에도 거리낌 없이 들어간 적이 있었기 때문이다. 나는 내 주님이 가시는 곳이라면, 가기를 부끄러워할 필요가 없다고 생각하곤 했으며, 런던에 오기 전에, 실제로 나는 어떤 사람들의 집에 들어갔다. 물론 나는 사람들이 안식일에 나를 초대 하지 않았다면 그런 곳에 들어가기를 부끄럽게 느껴야 한다고 생각하곤 했다. 내가 신앙적인 권면을 주기 위한 목적으로 그곳에 발을 들여놓았을 때, 어떤 사람들이 내게 말했다.

"뭐라고요! 그런 집에 들어갔다고요?"

"예, 그렇게 하는 것이 옳다고 생각합니다. '건강한 사람에게는 의사가 필요 없겠지만, 그들은 아프잖아요.'"

나는 "이스라엘 집의 잃어버린 양들"을 찾아갔으며, 내가 그곳에 갔기 때문에 그들의 마음을 얻었고, 그들에게 그들의 죄에 대해 말해줄 수 있었다. 하지만, 내가 멀찍이 떨어져 있었더라면, 약간 이런 분위기였을 것이다.

"떨어지십시오, 나는 당신보다 거룩합니다. 나는 당신의 집에 들어갈 수가 없습니다. 왜냐하면, 당신은 너무 심한 죄인이기 때문입니다."

하지만, 내가 먼저 가서 한 사람에게 말을 걸고, 그의 어깨에 손을 올리고 질문하면, 그는 자신의 마음 상태에 대해 말하기를 싫어하지 않는다. 그리고 내가 떠난 후에는 이렇게 말한다.

"저 사람은 자기 동료에게 말하기를 부끄러워하지 않는다. 나는 저런 설교자가 좋다."

*   *   *

워터비치에 있을 때, 나로 쓰린 눈물을 흘리게 만든 사람이 있었다. 내가 처음 그 사람을 알았을 때, 그는 나쁜 무리의 두목이었다. 키가 크고, 잘 생겼으며, 체구가 건장한 사람이었다. 아마도 주변 수 마일 이내에서 그는 누구보다 술을 많이 마실 수 있는 사람이었다. 그는 저주하고 맹세했으며, 그러고도 두렵다는 생각조차 하지 않았다. 그는 이웃에게 공포였다. 그 지역에 많은 방화가 있었는데, 많은 사람이 그를 지목했다.

이따금 그는 한 번에 2주 혹은 3주간을 술에 취해 있곤 했는데, 그럴 때 그는 고래고래 악을 쓰고 옷차림도 누더기여서 미친 사람 같았다. 그 사람이 내 설교를 들으러 왔다. 나는 그가 작은 예배당에 들어왔을 때의 기분을 잊을 수 없다. 그는 자리에 앉았고, 내 말을 경청하며 깊은 관심을 보였다. 나는 그가 경험한 것이 단지 감정 변화라고 생각했지만, 그는 회심했다고 고백했다.

얼핏 보기에, 그는 진짜 회개한 사람이었고, 외적으로는 상당히 다른 사람이 되었다. 그는 음주와 욕설을 멈추었고, 많은 면에서 모범적인 인물이 되었다. 교구 전체가 놀랐다. 나이 많은 톰 아무개가 있었는데, 그가 은혜를 받았다는 소문이 돌았다. 그는 정기적으로 예배당에 출석했으며, 명백히 변화된 사람으로 여겨졌다. 선술집은 최고의 고객 하나를 잃었다. 그는 뒷골목에서 목격되지 않았고, 이웃에서 다반사이던 술 취한 사람들의 언쟁에도 끼지 않았다.

얼마 후, 그는 용감하게도 기도 모임에서 앞으로 나왔다. 그는 자신이 경험한 일에 대해서와, 그가 느끼고 알게 된 것에 대해 말했다. 나는 그가 기도하는 것을 들었다. 그것은 투박하고 거친 언어였지만, 아주 열정적인 진지함이 담겨 있었다. 나는 그를 구세주의 면류관에 박힌 밝은 보석이라고 간주했다. 6개월에서 9개월 정도를 그는 우리 모임에 모습을 드러냈다. 해야 할 어떤 거친 일이 있으면, 그가 앞장서곤 했다.

만약 6~7마일 떨어진 곳에 지원해야 할 주일학교가 있으면, 그는 걸어서 그곳까지 갔다. 어떤 위험을 무릅쓰고라도, 그는 주님의 일에 도움이 되려고 나섰다. 그리스도의 교회의 가장 낮은 지체라도 섬길 수 있으면 그는 크게 기뻐했다. 나는 그가 바지선을 끌어당기는 모습을 보았는데, 아마도 당시에 일백 명 정도의 사람들이 배에 있었고, 그는 내가 설교할 예정이던 장소로 그 배를 끌어가고 있었다. 그는 그 일을 기뻐했고, 배 위에 있던 사람들처럼 흥겹게 노래하고 있었다. 만약 주님에 대해서나 그분의 종에 대해 나쁜 말이라도 하는 사람이 있으면, 그는 주저 없이 그런 사람을 때려눕혔다.

그는 한동안 그런 모습으로 지냈다. 하지만 마침내, 그가 옛 동료들의 비웃음, 야유와 조롱에 노출되었을 때, 비록 처음에는 어른처럼 견뎠지만, 도무지 참을 수 없는 지경에 이르렀다. 그는 자신이 다소 광신적이었거나 너무 열성적이었다고 생각하기 시작했다. 그는 당당하게 들어오던 예배당에 살금 살금 들어오고, 차츰 주중 저녁 예배에서 빠졌으며, 다음에는 안식일마저 빠지기 시작했다.

비록 종종 경고를 받고, 책망도 받았지만, 그는 자기의 옛 습관으로 되돌아갔으며, 마침내 그가 한때 알았던 하나님이나 신앙에 관한 생각이 모두 사라져버린 것 같았다. 그는 다시 신성모독의 맹세를 입 밖에 냈으며, 한술 더 떠 불경스럽고 사악한 행동까지 하기에 이르렀다.

한때 우리가 자랑스럽게 여기고, 기도회에서
"오! 이 사람의 회심을 통해 하나님이 얼마나 많이 영광을 받으실까!
하나님의 은혜가 할 수 없는 일이 무엇일까?"
이렇게 감사하며 언급했던 그였거늘, 우리 모두에게 혼란스럽게도, 그는 다시 옛 모습으로 돌아가고 만 것이다. 때때로 그는 술에 취해 거리에서 발견되었다. 그리고 우리에게는 이런 비난이 돌아왔다.
"이 작자가 당신네 기독교인 중 하나가 맞지, 그렇지?
회심했던 당신들 중 하나가 옛날로 돌아갔고, 전보다 더 나빠졌구나!"
그 지역을 떠나기 전에, 나는 그 사람 속에 은혜의 진정한 역사가 정녕 없는 것인지 염려스러웠다. 그는 일종의 거친 인디언 같은 사람이었다. 그가 들판에서 새를 잡아서, 털을 뽑고는, 날것으로 먹었다는 말도 들려왔다. 그것은 그리스도인다운 행동이 아니었고, 웃고 넘길 이야기도 아니며, 결코 좋은 평판을 들을 수 없는 행동이었다. 나는 그 지역을 떠난 후에도 그의 상황을 수소문하여 알아보았지만, 그에 관하여 좋은 소식은 들을 수가 없었다. 그는 이전보다 더 나쁘게 되었다. 그는 조금도 나아지지 않았고, 누구도 그를 제어할 수 없었다.

워터비치 초기에 내 설교를 듣던 사람 중에 나이 많은 여성이 한 분 있었다. 나는 그녀를 "많은 근심 부인"(Mrs. Much-afraid)이라고 불렀다. 나는 그녀가 오래전에 천국에 들어갔다고 확실히 느끼지만, 그녀는 자신이 그 영광의 문으로 들어가지 못할 것이라고 항상 두려워하고 있었다. 그녀는 하나님의 집에 매우 규칙적으로 출석했고, 아주 좋은 태도로 말씀을 들었다. 그녀는 복음 안에서 생수를 마시는 듯했다. 그렇지만 그녀는 자신의 영적 상태에 대해 언제나 의심하고, 두려워하며, 떨고 있었다.

내가 알기로 그녀는 50년간 그리스도를 믿었던 사람이다. 그런데도 그녀는 항상 소심하고, 두려워하고, 불안해하는 상태로 머물러 있었다. 그녀는 아주 친절한 노인이었고, 언제든 이웃을 도우려 했으며, 회심하지 않은 사람들에게 한마디라도 건네려 했던 사람이다. 내가 보기에 그녀는 두 사람 몫이 될 만큼 충분한 은혜를 가졌지만, 그녀 자신의 견해로는, 한 사람을 위한 은혜의 절반도 가지지 못했다고 여겼다.

어느 날 그녀와 대화를 나누고 있을 때, 그녀는 자기에게 아무런 희망이 없다고 말했다. 그녀는 자신이 믿음 없는 위선자라고 믿었.

내가 말했다.

"그러면 더는 예배당에 나오지 마세요. 우리 교회는 위선자들을 원하지 않으니까요.

왜 굳이 오려고 하십니까?"

그녀가 대답했다.

"저는 갈 거예요. 결석할 수는 없으니까요. 저는 하나님의 백성을 사랑합니다. 저는 하나님의 집을 사랑합니다. 그리고 하나님께 예배드리는 것을 좋아합니다."

내가 말했다.

"좋습니다. 당신은 이상한 종류의 위선자이군요. 당신은 회심하지 않은 사람치고는 아주 낯선 종류의 사람이군요."

그녀가 탄식하며 말했다.

"아아! 목사님은 좋으실 대로 얘기하실 수 있습니다. 하지만, 저는 구원받을 희망이 없답니다."

내가 다시 그녀에게 말했다.

"음, 다음 주일에 제가 당신을 강단에 세우겠습니다. 그러면 당신은 예수 그리스도는 거짓말쟁이라고 사람들에게 말할 수 있을 테고, 당신이 그분을 신뢰하지 못하겠다고 말할 수 있을 겁니다."

그녀가 소리치며 말했다.

"오! 그런 말을 하기 전에 차라리 온 몸을 찢기는 편이 낫겠어요. 왜냐하면, 그분은 거짓말을 하실 수 없으니까요!

그분이 하시는 모든 말씀은 진실입니다."

내가 되물었다.

"그렇다면 왜 당신은 그분 말씀을 믿지 않나요?"

그녀가 대답했다.

"저는 그분 말씀을 믿어요. 하지만, 어떻게 된건지, 그것을 저 자신을 위해서는 믿지 못하겠어요. 나는 그것이 저를 위한 것인지 의심스럽답니다."

"정말 아무런 희망도 없는 걸까요?"

내가 물었다.

"없습니다" 라고 그녀가 대답했다. 그래서 나는 내 지갑을 꺼낸 후 그녀에게 말했다.

"자, 여기 5파운드가 있습니다. 이건 제가 가진 돈 전부입니다. 하지만, 내가 당신의 소망을 값으로 쳐서 이 5파운드를 주겠습니다. 당신은 원한다면 당신의 소망을 5파운드에 내게 팔 수 있습니다."

그녀는 그게 무슨 의미인지 궁금하게 여기면서 나를 쳐다보았다.

그러다가 소리쳤다.

"어머나! 저는 온 세상을 주어도 그것을 팔지 않을 겁니다."

그녀는 내게 그녀에게 구원의 소망이 전혀 없다고 말했지만, 그녀는 그것을 온 세상을 주고도 팔지 않겠다고 한 것이다!

나는 내가 천국에 가면 그 선한 영혼을 볼 것이라고 기대한다. 그녀는 틀림없이 내게 이렇게 말할 것이다.

"오! 친애하는 목사님, 제가 저 아래 워터비치에 살 때 얼마나 어리석었는지요!

저는 영광으로 향하는 길을 줄곧 탄식하며 걸었답니다. 그 길을 노래하며 걸을 수도 있었는데도 말이에요. 저는 항상 근심하고 두려워했지요. 하지만, 내 귀하신 주님께서 은혜로 저를 지키셨고, 이곳으로 안전하게 데리고 오셨답니다."

그녀는 평온하게 숨졌다. 존 번연이 '의기소침' 씨(Mr. Despondency)의 딸 '많은 근심' 양(Miss Much-afraid)에 대해 말했던 것이 그녀에게도 적용된다. '담대' 씨(Mr. Great-heart)는 천성으로 향하는 길에서 그 불쌍한 순례자들과 함께 많은 어려움을 겪었다. 만약 그 길에 지푸라기 하나라도 놓여 있으면, 그들은 거기에 걸려 넘어질 것을 두려워했기 때문이다.

하지만, 번연은 말한다.

"그들이 떠날 시간이 왔을 때, 그들은 강가로 갔다. 의기소침 씨가 남긴 마지막 말은 '밤이여 잘 가거라, 낮이여 환영하노라'였다. 그의 딸은 노래하면서 강을 건넜다."

"우리 주님은 세상을 떠나는 자기의 소심한 자녀들을 위해, 종종 그 강을 잔잔하고 평온하게 하시며, 심지어 그들이 즐겁고 의기양양하게 건너게 하

Luke XIX. 41 – The Redeemer's tears over sinners.

Jesus had a triumphant entrance into Jerusalem; he rode not on the forbidden horse of Egypt, but on the noble ass of Palestine; all around were shouting, palm branches were waving, clothes spread on the ass and on the ground, while the whole city was stirred. 'Tis a man riding on the ass, and in triumph, too, and yet this triumphant man weeps;— he is looking on a fair & beautiful city, and yet he weeps —.   There were pleasing associations connected with it; there, Abraham offered Isaac; there, David danced before the ark, & dwelt in solemn state. Through its streets Solomon once rode in regal splendour;— there Josiah held his great passover.— Once, happy feet ransomed from Babylon had trod its stones,— thither the tribes went up every year in joyful procession; but these are not in his mind, for see he weeps. ——— He wept at the grave of Lazarus, but then he lost a friend; but now 'tis for a city flourishing, blooming, gorgeous with a temple surpassing all edifices on earth. —— —

I. He wept at the remembrance of what she had been.
1. A city abounding with privileges, but having not at all improved them.
2. A city to whom prophets had been sent, but she had spilt their blood, and disregarded all.
3. A city of the highest order & degree about to be brought down to the lowest depths.

II. What she then was —
1. A city filled with those whom he had benefited,

신다. 그분은 가장 위대한 성도들도 더러는 어둠 속 병상에 눕게 하시고, 이어 영원한 빛 속에서 그들을 깨우신다. 하지만, 그분은 빈번하게도 '적은 믿음' 씨(Mr. Little-faith)와 '약한 마음' 씨(Mr. Feeble-mind)와 '망설임' 씨(Mr. Ready-to-halt)와 '많은 근심' 양(Miss Much-afraid)을 위해서는 촛불을 계속 밝혀 두신다. 그들은 빛 속에서 잠들고, 역시 어린 양이 영원토록 영광을 받으시는 땅에서 잠을 깬다.

<다음은 1852년 초에 워터비치에서 전해진 설교문 중의 복사본이다.>

> and those same persons remaining most ungrateful.
> 2. He knew her state of sinfulness, & wept at the remembrance that she was a sink of sin, – cruel, bloody, vile hypocrites there
> 3. A city he had lived and preached in
> 4. A city given over – condemned –
> III. What she would be –
> 1. She was to be stript of all her privileges.
> 2. Utterly ruined and destroyed –
> Now let Jesus stand up, and weep over Waterbeach, & over this congregation –
> You have been distinguished for sin; yes, many here, and your sin is aggravated by your many privileges. You are now many, yea, most of you, dead in trespasses and sins, and some especially vile. –
> You have long resisted divine calls, – you will yet go on in sin, and many of you will be damned. Weep, oh preacher! Weep. Weep. Weep, – men, women.
> Now let Jesus stand up, & weep over you one by one.
> 1. Over the open reprobate, – despisers, drunkards.
> 2. Over the unconverted many-year hearer.
> 3. Over the hopeful young, who yet will go aside..
> 4. Over convinced sinners wiping their tears away.
> 5. Over many feast-goers, who go despite warnings.
> 6. Over old men, on the brink of hell.
> 7. Over hypocrites, deceiving their own souls.
> 8. Over those who are given up & let alone.
> 9. Over careless, laughing, critical, &c, hearers –
> Weep one by one. Oh, that mine eyes were fountains of tears.
> 168.   Bles. Bless –

제16장

소녀의 실수 배후에 있는 주님의 손길

"요나의 삶은 하나님 없이는 쓰여질 수 없습니다. 그 선지자의 삶의 이야기에서 하나님을 빼면, 쓸 역사는 아무것도 남지 않습니다. 이는 진실로 우리 각 사람에게도 마찬가지입니다. 하나님 없이는 삶이 없는 것이며, 생각도 없고, 행동도 없으며, 아무리 천하거나 반대로 아무리 높든지, 한 사람의 삶의 이력이란 것도 없습니다. 하나님을 빠뜨리고 나면, 누구의 삶의 이력도 쓸 수 없습니다.

만약 여러분이 그것을 시도한다면, 그것은 아주 잘못 쓰여서, 마치 지푸라기 없이 벽돌을 만들려고 시도했다는 것이 금방 드러날 것입니다. 그게 아니면 진흙 없이 토기장이의 그릇을 만들려고 시도한 셈이겠지요. 한 사람의 삶에서 힘과, 거룩과, 의로움의 가장 큰 비밀은, 하나님을 인정하는 것이라고 나는 믿습니다.

어떤 사람에게 하나님 앞에서 그분을 경외하는 마음이 없을 때, 그가 지나치게 천박하게 되고, 심지어 마구 날뛰게 되는 것을 보아도 이상할 것이 전혀 없습니다. 하나님에 관한 생각이 그 사람의 정신을 얼마나 지배하느냐의 정도에 따라, 우리는 한 사람의 삶이 얼마나 참되고 진실로 가치 있는 삶인지의 여부를 볼 수 있을 것입니다. 하지만, 우리가 하나님을 잊어버리는 정도에 따라, 우리는 그만큼 바보짓을 하고 말 것입니다. 마음속으로 '하나님이 없다'고 말하는 자는 바보입니다. 그리고 하나님이 안 계신 것처럼 살고 행동하는 사람도 바보입니다. 경건한 삶에서는 모든 일에 정해진 때가 있습니다.

우리가 '왜 여기는 하얗고 저기는 검은가?
왜 여기는 햇살이 비치는데 저기는 폭풍이 몰아치는가?
왜 여기엔 결혼식이 있는데 저기엔 장례식이 있는가?
왜 때로는 수금이 울리고 다른 때에는 저음의 나팔 소리가 울리는가?'

이렇게 물을 필요가 없습니다. 하나님이 아십니다. 우리가 모든 것을 그분의 손에 맡길 수 있을 때, 그것은 우리에게 큰 축복입니다."

찰스 해돈 스펄전

워터비치 마을에서 말씀을 전하기 시작한 지 얼마 못되어, 나는 사역을 좀 더 충분히 준비하려면, 스테프니(Stepney) 곧 지금의 리전트 파크 칼리지에 입학하라는 강한 조언을 들었다.[1] 탄탄한 배움이 결코 걸림이 되지 않으며, 또 종종 아주 유용한 도구가 될 수 있음을 알았기에, 나는 그 기회를 붙잡고 싶다는 쪽으로 마음이 기울었다. 나는 비록 대학 훈련이 없이도 쓸모 있게 되기를 희망했지만, 그것이 있다면 더 쓸모 있게 되리라는 친구들의 견해에 동의했다.

그 대학의 지도 교수인 앵거스 박사가 케임브리지를 방문했고, 출판업자인 맥밀런 씨 집에서 우리가 만나기로 약속이 잡혔다. 그 문제로 생각하고 기도하면서, 나는 약속된 시간에 정확히 맞춰서 그 집으로 갔다. 그리고는 내게 안내된 한 방으로 들어가서 거기서 두 시간 정도를 참을성 있게 기다렸다.

나 자신이 하찮게 여겨지고 런던에서 온 그 지도 교수가 대단하게 여겨진다는 느낌을 받으면서, 나는 과감하게 벨을 눌렀고, 터무니없이 오래 지연되는 이유에 대해 문의했다. 충분히 인내했고, 또 보조 교사로서 내가 처리해야 할 학교 업무도 있었으므로, 벨을 누른 것이다.

하인이 도착했고, 그는 기다리던 그 젊은이에게 그 박사가 다른 방에서 지체하였고, 더 오래 머물 수 없었기 때문에, 열차 편으로 런던으로 출발했다고 알려주었다. 그 멍청한 소녀가 나를 응접실로 안내를 하고선, 누군가 방문했다는 사실을 그 가족 아무에게도 알리지 않은 것이다.

결과적으로, 비록 양쪽 당사자들이 의도하지 않았음에도, 그 만남은 이루어지지 않았다. 그 순간 나는 조금 실망했다. 하지만, 그 이후로, 내 발걸음을 다른 길로 이끌었던 그 기이한 섭리에 대해, 나는 진심으로 일천 번이나 주님께 감사드렸다.

대학 기관에 들어가고자 하는 생각을 여전히 가지고 있었기 때문에, 나는 즉각 신청서를 작성할까 하는 생각도 해 보았다. 하지만, 그렇게 되지 않

---

[1] 당시 스테프니에 있는 침례교대학은 갓 40년을 넘긴 역사를 갖고 있었다. 1810년에 세워졌을 당시 그곳의 주변 환경은 약간 시골 분위기였으나, 당시에는 공기가 탁한 런던 동쪽 끝 구역의 모든 특징을 지녔다. 1856에 그 대학은 스테프니에서 옮겼으며, 리전트 파크 칼리지로 알려지게 되었다.

앉다. 그날 오후, 케임브리지 평신도 설교자 협회의 마을 지부 중 한 곳에서 설교해야 했기에, 묵상 중에 생각을 가다듬으면서, 나는 미드섬머 커먼(Midsummer Common)을 지나 체스터턴(Chesterton)으로 이어지는 작은 목조 다리까지 천천히 걸었다.

커먼을 중간 정도 지나고 있을 때, 나는 어떤 큰 목소리 같은 것에 깜짝 놀랐다. 하지만, 그것은 특이한 착각일 수도 있었다. 그것이 무엇이건, 그 느낌은 아주 강렬할 정도로 생생했다.

이 말씀이 아주 분명히 들리는 것 같았다.

> 네가 너를 위하여 큰일을 추구하느냐?
> 그것을 추구하지 말라 (KJV, 렘 45:5).

이 일이 나로 하여금 내 위치를 다른 관점에서 보도록 이끌었고, 내 동기와 의도에 도전했다. 나는 내가 사역하고 있는 가난하지만 다정한 사람들, 그리고 보잘것없어 보이지만 내게 책임으로 맡겨진 그 영혼들을 기억했다. 비록 나는 당시에 그 결심의 결과로 무명과 가난을 예상했지만, 그때 거기서 나는 엄숙히 대학교육의 제안을 포기하기로 했고, 최소한 한동안이라도 내 백성과 함께 머물면서 힘이 미치는 한 말씀을 계속해서 전하기로 결심했다. 그 말씀이 아니었다면, 아마도 나는 십중팔구 내가 있던 곳에 없었을 것이며 또한, 지금의 나도 없을 것이다. 나는 양심에 따라 그 권고의 말씀에 순종했으며, 지금까지 그것을 후회할 이유를 찾지 못했다.

방향을 구하면서 주님을 기다리면, 그분의 뜻은 어김없이 적절한 시기에 우리에게 나타난다. 비록 섬기는 제사장이 더 이상 에봇을 입지 않아도, 주께서는 여전히 그분의 지혜로 자기 백성을 인도하시며 또한, 사랑 안에서 그들의 모든 길을 명하신다. 당혹스러운 처지에 빠질 때면, 신비하고도 놀라운 방식으로, 그분은 그들에게 "이것이 바른 길이니 너희는 이리로 가라"(사 30:21)고 그들 뒤에서 이르는 소리를 듣게 하실 것이다. 아마도, 우리의 마음이 더 민감하다면, 우리는 이런 성스러운 권고의 말씀으로 더 많은 은혜를 입을 수 있을 것이다.

하지만, 오호라! 그렇게 하는 대신, 우리는 마치 무지한 말과 노새 같아서,

더 부드러운 수단 대신 환난의 재갈과 굴레를 자초한다. 그렇지 않다면 더 행복한 방법이 더 자주 활용될 것이고, 그런 방식에 대해 시편 기자는 이렇게 시사한다.

주의 교훈으로 나를 인도하시나이다(시 73:24).

다음 편지들은 대학 과정의 제안과 관련하여 더 세부적인 정보들을 제공한다.

*   *   *

케임브리지,
1852년 2월 24일.

사랑하는 아버지께!

"스테프니대학의 지도 교수인 앵거스 씨가 2월 1일 주일에 우리를 위해 설교했습니다. 저는 나만의 공간에 있었기 때문에 그를 만날 기회가 없었습니다. 그런데 월요일에, 그가 나를 만나기 원한다는 말을 들었을 때 저는 무척 놀랐습니다.

확언하지만, 저는 저 자신에 관해 그에게 언급한 적이 없으며, 다른 누구에게도 말하지 않았답니다. 이 일은 아주 예기치 않게 다가왔습니다. 아마도 우리 교회 집사들이 워터비치에서 내가 하는 일을 듣고, 나에 대해 그에게 언급하는 것이 옳다고 여기지 않았나 추측됩니다.

아무튼, 저는 만나기로 한 장소로 갔지만, 아주 특이한 상황이 발생해서, 우리는 서로 엇갈리고 말았습니다. 그는 응접실에서 기다렸고, 그사이 저는 어느 객실 안으로 안내되었습니다. 제가 왔다고 그에게 알려야 하는 것을 하인이 잊은 것입니다. 런던으로 떠나야 했기에, 그는 기다릴 수가 없었고, 편지를 써 동봉하였습니다."(아래 편지를 담은 봉투 겉면에, 다음과 같은 메모가 스펄전의 필적으로 적혀 있다.)

"와츠 씨에게 보내어진 것이다. 왜냐하면, 그는 내게 소중한 친구이고, A. 씨는 그가 그것을 내게 전달할 것임을 알았기 때문이다. 와츠 씨는 나를 아들처럼 대하신다. 그는 충분히 아버지가 되실 자격이 있다. 내가 아는 한, 그는 나를 위해서라면 무엇이든 하려고 하신다."

* * *

대학에서,
1852년 2월 3일, 화요일.

존경하는 선생님께!

어제 스펄전 씨를 만날 기회를 놓쳐 유감입니다. 이제, 당신을 통해, 이 글이 그에게 전해지기를 바라며 글을 씁니다. 물론, 저는 우리 위원회에 이 문제로 아무런 확약을 할 순 없습니다. 하지만, 만약, 그가 이 문제를 기도하는 마음으로 숙고하고서 이곳에 입학을 지원한다면, 그의 지원에 대해 호의적으로 고려할 것이라고 장담할 수 있습니다. 가슴이 뜨겁고 헌신적인 목사들이 정말 필요합니다.

그런 인물들을 키워내고, 그래서 그들이 중요한 자리를 차지하고 또 오래 견디도록 하려면, 우리는 그들에게 특히 성경 지식으로 철저히 준비되도록 할 필요가 있습니다. 저는 당신의 친구가 철저한 준비 없이 자리를 잡는 것을 안타깝게 여길 것입니다. 그는 어느 경우에도 쓰임을 받겠지만, 그의 쓸모는 한층 더 커질 것입니다. 하여간 준비가 된다면, 준비되지 못한 경우보다, 더 넓은 영역에서 쓰여질 것입니다.

지원서는 5월 이전에 우리에게 보내져야 합니다. 우리 대학의 학기는 9월에 시작됩니다. 그리고 만일 S. 씨가 이 문제를 더 생각해본다면, 적절한 시기에 그로부터 답변을 듣게 되길 바랍니다.

이만 줄이겠습니다.

요셉 앵거스.
와츠 씨,
목재상, 주소지 등등, 케임브리지.

아버지에게 보내는 스펄전의 편지는 다음과 같이 이어진다.

제가 여태까지 오래 기다린 것은 아버지에게 좀 더 말할 것이 있기를 바랐기 때문입니다. 저는 아버지가 주시는 비용으로 대학에 들어가길 바라는 것으로 보이고 싶지 않습니다. 저는 저 자신의 돈으로 비용을 댈 수 있거나, 또는 도움을 주려는 친구들의 제안이 있을 때까지는 대학에 가길 원치 않습니다. 아버지에게 부담이 되고 싶지 않기 때문입니다. 거의 모든 친구가 제가 대학에 들어가야 한다고 말했습니다. 저는 거기에 대해 아주 큰 바람은 없으며, 사실상 전혀 없습니다. 하지만, 저는 그것을 기도할 문제라고 여겼고, 하나님이 저를 인도하실 것이라고 신뢰하며 또 확신합니다.

물론 이런 문제에서 아버지는 저의 유일한 혈육의 지도자이자 안내자이십니다. 아버지의 판단은 언제나 최선이었습니다. 틀림없이 아버지는 최선이 무엇인지 아실 것입니다. 하지만, 아마도 아버지는 저 자신의 의견을 말해보라고 허락하실 것이며, 그 이유는 제가 제 의견을 신뢰하기 때문이 아니라, 단지 아버지가 제 의향을 알고자 하시기 때문일 것입니다. (말씀드리기 송구스럽지만) 저는 아직 대학에 가지 않는 편이 좋다고 생각합니다. 적어도 지금은 아니라고 생각하는데, 그 이유는—그런 공부 과정을 통해 얻어지는 이점이 무엇이든지, 제 능력이 현재보다 향상된다면 저는 더 나아질 수 있을 것입니다. 제가 더 많이 알 때, 저는 더 많이 배울 수 있을 것입니다.

섭리가 저를 아주 크게 쓸모 있는 곳, 종종 450명이 모이는 회중으로 이끌었습니다. 정감 있고 기도하는 교회이며, 깨어 있는 청중입니다. 많은 사람이 이미 설교가 하늘의 능력으로 전해지는 것을 인정합니다.

지금, 제가 그들을 떠나야 할까요?

몇 년 후, 저는 저의 재정 상태가 개선되기를 희망합니다. 아버지에게 비용 부담을 드리지 않고, 적어도 전적으로 의존하지 않을 수 있기를 바랍니다. 아버지가 저를 위해 짐을 지고 계신 것이 저는 편치 않습니다. 저는 가능한 저 자신의 방식으로 일을 하고 싶습니다. 아버지가 이런 제 마음가짐을 좋아하실 거라고 믿습니다.

저는 교육을 받지 않는 것이 아닙니다. 저에게는 향상될 수 있도록 많은 기회가 주어졌습니다. 제가 원하는 것은 오로지 더 많은 시간입니다. 하지만

그 문제도, 잘 조정되기만 하면, 리딩 씨가 제게 배려해 주실 것입니다.²

저는 많은 실습을 하는데, 우리는 설교로써 설교를 배우는 것이 아닐까요? 아버지는 제 방식이 어떤지 아실 겁니다. 저는 그것이 대학교 방식과는 다를 거라고 짐작합니다. 제 방식이 크게 나쁘진 않습니다. 하나님이 제 방식에 복을 주셨고, 앞으로 한층 더 복을 주실 것이라고 저는 믿습니다. 모든 것을 저는 바르게 하고, 그분이 제 안에서 행하시니, 능력은 그분께 속한 것입니다. 저는 지금 아주 잘 지내고 있습니다. 저는 제 나이 또래의 다른 누구 못지않게 잘 지내고 있다고 생각하며, 상당히 행복합니다. 만약 제가 궁핍하게 되면, 사람들이 저를 위해 사례를 더 올려줄 수도 있다고 생각합니다.

지금, 제가 몸을 던져서, 대학을 떠나자마자 또 다른 자리를 얻는 문제로 섭리를 의지해야 할까요?

그렇지 않다고 봅니다. 충분히 말씀드렸으니 아버지께서 판단해보시지요. 저는 이 문제를 하나님과 아버지에게 맡기겠습니다. 하지만, 여전히, 저는 아버지가 이 방식으로 결정하시면 좋겠습니다. 물론, 저도 의지가 있으며, 아버지도 그것을 아십니다. 하지만 저는 '내 뜻대로 마시고 아버지의 뜻과, 하나님의 뜻대로 되기를 원합니다' 라고 말씀드립니다.

저는 그 편지를 받았다고 막 알렸고, 내 친구들과 상의하기까지는 답신을 보낼 수 없다고 말했습니다. 아버지께서도 동의하신다면, 저는 앵거스 씨가 저의 현재 상태를 올바로 알도록 알리는 것이 좋겠다고 생각합니다. 그렇게 하는 것이 앞으로도 그가 저에 대해 호의를 갖도록 할 것입니다.

휘갈겨 쓴 필체를 양해해주세요. 정말 시간 여유가 없네요. 어젯밤에 편지를 쓰려고 생각했는데, 어느 죽어가는 사람을 방문하도록 호출을 받았고, 감히 거절할 수가 없었답니다. W─에 있는 사람들은 내가 그들을 떠난다는

2　공부에 대한 스펄전의 몰두는 그의 장래의 영향력을 평가하는 면에서 중요한 요소이다. 그의 남동생은 다음과 같이 증언했다, "그는 공부밖에 하지 않았다. 내가 토끼들, 닭들, 돼지와 말들을 돌보았고, 그는 계속 책만 보았다. 내가 여기저기 분주하게 움직이며, 소년이 손볼 수 있는 모든 것에 손대고 있을 때, 그는 여전히 책을 붙들었고, 공부에서 멀어질 수가 없었다. 하지만, 비록 그가 아무 일에도 관여하지 않았으나 그는 그것들에 관하여 모든 것을 말할 수 있었다. 그 이유는 그가 모든 것에 관하여 읽고 오래도록 선명하게 기억하였고 또한 곳간처럼 방대하게 기억했기 때문이다. … 그는 공부에서 대단한 진보를 이루었기에 나는 그와 같은 수준에 이를 젊은이들이 거의 없다고 확신하며, 또한 그를 능가하는 사람이 있었는지를 나는 알지 못한다."

암시조차 좋아하지 않을 겁니다. 저는 그들이 왜 저를 사랑하는지 모르겠지만, 그들은 저를 사랑합니다. 주님이 하시는 일입니다.

저의 사랑과 감사를 어머니와 남동생 아처와 여동생들에게도 전해주세요. 언제라도 저에게서 온 편지가 유용하다고 여기신다면, 그렇다고 알려만 주시면, 편지를 쓰도록 하겠습니다. 하나님께서 모든 곳에서 모든 악으로부터 저를 지키시기를 바라고, 또 아버지와 함께 거하시되 영원히 아버지와 함께 거하시기를 바랍니다. 다시 사랑을 전하며,

아버지의 애정어린 아들 찰스.

*　　　　*　　　　*

<1852년 3월 9일, 스펄전이 아버지에게 보낸 편지에서 발췌한 내용>
"저는 줄곧 대학에 대해 혐오감을 가져왔습니다. 다만 스스로 상의해서는 안 되며, 예수님이 그 문제에 대해 저로 합당하게 생각하게 해 주실 것이라고 느낍니다. 케임브리지에 있는 제 친구들의 관점으로는, 제가 워터비치에 있는 사람들 곁에 머무는 것이 저의 의무라고 여겨지는가 봅니다. 그곳에 있는 교회도 만장일치로 그렇게 말하고, 케임브리지에 있는 우리 집사들 가운데 세 분도 그렇게 말합니다."

*　　　　*　　　　*

<킹(King) 집사가 스펄전의 부친에게 보내는 편지>

워터비치,
1852년 3월 20일.

존경하는 목사님께!

아드님을 스테프니대학에 보내려는 당신의 의도를 전해 듣고, 아주 애석하게 느끼며, 이 서신을 통해 말씀드립니다. 만약 당신이 워터비치에서 아드님의 사역과 관련된 모든 상황을 잘 아신다면, 최소한 당분간이라도, 그렇게 하려는 뜻을 미루실 거라고 저는 생각합니다.

실례를 무릅쓰고 말씀드리자면, 그가 온 이후로, 회중이 매우 많이 늘었

고, 종종 통로와 제의실(祭衣室)까지 가득 찹니다. 많은 사람이 공간이 부족하여 돌아가는 형편입니다. 그가 부주의한 사람들을 각성시키는 일에 쓰임 받고 있다는 몇 가지 사례들도 있습니다. 비록 우리는 그를 겨우 5개월간 알았을 뿐이지만, 그에 대한 애정은 마치 그를 오랜 세월 알고 지낸 것처럼 강합니다. 만약 그가 지금 당장 우리를 떠난다면, 그것은 우리에게 '애가, 슬픔, 눈물'이 되고 말 것입니다.

그에 더하여, 그에게는 가고 싶은 마음이 없으며, 오히려 그 반대입니다. 그리고 전에 그가 갈 것을 천거했던 케임브리지에 있는 그의 친구들도, 지금은 주저하며, 그들의 견해를 바꾸어야 할 것 같다고 느낍니다. 만약 목사님께서 이곳을 방문하셔서 직접 한 번 보신다면, 이 설명이 과장이 아님을 발견하실 겁니다. 아마도 당신은 무척 놀라실 것이며, '실제 일어나는 일의 절반도 전해지지 않았다'고 여기실 겁니다. 하나님의 인도를 따라 구세주의 영광에 이바지하는 쪽으로, 그리고 주변 사람들에게 최대한 유익한 방향으로 행동하는 것이, 우리의 진지하고 간절한 기도입니다.

교회와 회중을 대표하여
C. 킹 집사 배상.

> 추신: 우리의 친구들은 S. 씨가 최소한 일 년은 우리와 함께 있어 주기를 노심초사 바라고 있습니다. 이 제의에 목사님이 응해주신다면, 우리는 하나님께 깊이 감사할 것입니다. 또 우리는 우리 가운데 많은 사람에게 지속적인 은혜가 수반되기를 희망합니다. 이런 취지로 간단한 연락을 주신다면 매우 감사하겠습니다.

* * *

1852년 4월 6일.

사랑하는 아버지께!

제가 보낸 편지에 아버지를 근심하게 하는 내용이 조금이라도 있었다면 죄송합니다. 아버지의 편지가 슬픈 편지가 되었던 이유는 아버지가 언급하신 내용 때문이 아닙니다. 워터비치에 있는 사람들을 떠나는 문제에 관한 제 생각 때문이었을 뿐입니다. 아버지가 주신 아주 친절한 제안에 저는 진심으로 감사드립니다.

제가 하나님의 뜻에 따라 행동할 완벽한 자유가 있다고 확인해 주신 것에 대해서도 감사드립니다. 저는 아버지께서 저에게 강요하실 거라고는 상상하지 않았고—실수가 있다면 그건 단지 저의 표현상의 미숙함 때문입니다— 만약 제가 편지 속에 조금이라도 잘못된 내용을 언급했거나 어떤 잘못된 생각으로 표현한 부분이 있다면, 아버지에게 애정 어린 호소로써 용서를 구합니다. 저는 줄곧 다정한 부모에게 순종적인 아들로 행동하기를 바랐습니다. 그러니 혹 제가 잘못한 것이 있다면, 아버지나 어머니는 그것을 제 사랑의 부족 때문이 아니라, 단지 행동의 미숙함 탓으로 돌리실 것이라고 확신합니다.

저의 결정에 관하여는, 지난번 편지에서 충분히 말씀드렸으므로 더 언급하는 것이 불필요할 것입니다. 적어도 한동안이라도, 저는 지금 있는 곳에 계속 머무는 것이 저의 의무라고 진정으로 생각합니다. 제가 떠나는 것을 암시만 했을 뿐인데도, 워터비치의 사람들은 그 어느 때 보다 많은 눈물을 흘렸습니다. 그들은 저에게 더 없이 강한 애정의 증표를 주었습니다.

모든 사람이 한마음으로 기도를 올리길, '주여, 그를 이곳에 머물게 하소서!'라고 했습니다. 제가 킹 씨에 의해 확인한 것은, 이곳 사람들이 대부분 좋아했던 목사님들이 있었지만, 항상 일부는 반대자가 있었다는 것입니다. 그런데 지금은, 킹 씨가 잘 관찰해보아도, 저를 반대하는 의견을 아무에게도 들어본 적이 없다는 것입니다. 주께서 저로 사람들에게 호의를 입게 하셨기 때문이며, 또 제가 아직 어려서 그들이 저의 많은 결점을 간과해주기 때문이지요. 저는 이것이 여기 실정을 보여주는 사실들의 하나라고 믿습니다. 제일 나쁜 건, 제가 위험한 자리에 있는 것입니다. 첨탑은 조용한 계곡만큼 안전하지 않습니다. 제가 계속 겸손할 수 있도록 아버지가 기도해주시는 것을 알고 있고, 저도 그렇게 기도하고 있습니다.

오! 비 없는 구름이 지나가면, 제가 얼마나 슬픔을 느낄는지요!

말씀을 전하는 일에서의 많은 어려움을 생각하고 있을 때, 선택의 교리가 제게 큰 위안이 되었습니다. 저는 사람들이 구원받기를 원합니다. 사람이 능히 셀 수 없는 큰 무리가, 하나님의 변경할 수 없는 작정에 의해, 영생을 얻기로 정해졌다는 것이 저의 위안입니다. 그러니 우리의 수고가 헛될 수 없고, 반드시 우리는 얼마를 얻게 되어 있습니다. 언약이 그것을 확실하게 보증합니다.

아버지의 원고 개요 일부를 얻을 수 있다면 기쁘겠습니다. 물론 그것들이 저를 게으르게 만들도록 하지는 않을 테고, 다만 어떤 대목이 단번에 열리지 않을 때 그것들은 약간의 실마리를 제공할 것입니다. 아버지가 개요들을 쓰시려면 무척 힘드시겠지만, 아처가 저를 위해 그것들을 옮겨쓸 수 있을 것으로 봅니다.

제 현금 상황에 대해 말씀드리자면, 최근에 저는 책을 많이 구입했습니다. 제가 지속해야 하는 일이 그 책들을 요구하네요. 아버지가 아시다시피 L. 씨는 제가 원하는 책들을 많이 비치하지 않습니다. 미드섬머에서 저는 수중에 15파운드 정도 지닐 수 있고, 혹은 하나님의 은혜로 그 이상을 가질 수 있을 것이라고 추산합니다(물론 하나님이 저를 번창하게 하시는 경우이겠지만). 저는 자력으로 대학에 갈 만큼 충분히 모을 수 있을 것이고, 만약 그렇지 않은데도, 제가 대학에 가야 한다면, 확실친 않지만 케임브리지에 있는 친구들이 제가 그럭저럭 꾸려갈 수 있도록 도와줄 것입니다.

OO는 교회에 가입하는 문제로 긍정적인 반응을 보이던가요? 그렇지 않다면, 그녀가 주님을 시인하기를 부끄러워하는 것을 제가 부끄러워한다고 그녀에게 말해주세요. 간절한 기도 속에서 저를 기억해주세요… 사랑하는 어머니에게도 제 사랑을 전해주세요. 어머니는 세상의 모든 어머니를 향해 '부모의 기도는 잊혀지지 않는다'는 진실을 말해줄 수 있다고 저는 확신합니다. 아마 아버지는 하나님께서 가장 나쁜 자를 처음으로 구원하셨다고 생각하실 것입니다. 혹 아버지는 그렇게 생각하지 않으실지 모르지만, 저는 그렇게 생각한답니다. 제가 다른 누구보다 아버지에게 더 많은 근심을 끼쳤다고 믿습니다.

하지만, 그뿐 아니라 제가 아버지께 기쁨도 드렸다고 여전히 믿습니다. 저로 인한 고생을 보상하진 못했지만, 제가 진리 안에서 행하는 것을 아버지가 보시면 그것이 보답이 되기를 소원합니다. 에밀리에게도 저의 안부를 전해주세요 … 작은 아이들이 커가고 있겠군요. 제 사랑을 그들에게 전합니다. 그들도 하나님의 딸들이 되길 소망합니다.

아버지의 애정어린 아들, 찰스

*   *   *

스펄전이 어머니에게 보낸 날짜 표기가 없는 편지 중 일부. 첫 부분은 소실되었다.

"이번에는 어머니의 기도가 곱절로 필요합니다. 어머니가 절 위해 기도해 주신다는 것을 압니다. 저는 어머니 기도의 축복을 여러 번 느꼈습니다. 주님께서 어머니를 찾아주시고 또 그분의 영원하신 팔로 어머니를 안아주시길 바랍니다!

어머니가 고난을 겪어오셨지만, 저는 어머니가 환난 중에서도 하나님이 주시는 위로로 항상 기뻐하셨다고 믿습니다. 실망하신 적은 있었겠지만, 절망하신 적은 없었지요.

복되신 주님께서 저를 그분의 아들로 삼아주신 것을 찬송합니다. 이 일은 오직 그분의 주권적인 은혜입니다. 선한 일은 한 가지도 실패하지 않았습니다. 부패한 본성이 살아나고, 옛사람은 강력하다고 느껴왔습니다. 하지만 은혜가 항상 결정적인 순간에 꼭 맞게 임하여, 저를 저 자신에게서 구해냅니다. 주께서 저를 지키십니다! 그분의 능력이 아니면 저는 잘 할 수 있는 가망이 없습니다. 그분의 전능하신 팔로 충분하다는 것을 저는 압니다. 모든 사람이 저를 위해 기도하도록 해 주세요. 기도는 금보다 귀하고, 저를 풍요롭게 합니다. 어머니, 모세처럼 팔을 들어주세요. 제 속에서와 제 바깥에서 큰 싸움이 있습니다. 예수님이 저를 위해 간구하십니다. 그것은, 그분과 같은 중보자를 필요로 하는 사람에게는, 기운을 돋우는 생각입니다.

여호와-예수, 자기 백성의 보호자가 가까이에 계십니다. 고난의 때에 언제나 도우시며, 멀리 떨어져 계시지 않습니다. 우리는 그분 안에 살며, 그분은 우리를 둘러싸고 계십니다.

그분이 은혜를 베푸시니, 그분이 사랑하시는 자들을 누가 멸한단 말입니까?

저는 요한복음 15장 9절로 설교한 적이 있습니다.

아버지께서 나를 사랑하신 것 같이 나도 너희를 사랑하였으니 나의 사랑 안에 거하라 (요 15:9).

(1) 시작이 없는 사랑이 있습니다. 하나님은 예수님을 사랑하기 시작하신 적이 없습니다.
(2) 제한 없는 사랑이 있습니다. 하나님은 무한한 사랑으로 예수님을 사랑하십니다.
(3) 변함없는 사랑이 있습니다. 하나님은 예수님을 언제나 한결같이, 똑같이 사랑하십니다.
(4) 끝없는 사랑이 있습니다.
언제 하나님이 예수님을 사랑하시길 그치겠습니까?
바로 그렇게 예수님이 어머니와 저를 사랑하십니다.

가장 연약한 성도라도 마침내 승리하리니,
죽음과 지옥도 그 길을 막지 못하네.

그리스도인 친구들은 어떻게 지내는지요?
랭포드 씨에게 제 안부와 사랑을 전해주세요. 그의 기도 중에 특별한 관심을 바란다고 그에게 전해주세요. 저는 '아무것도 아닌 자'로 느끼기를 바라지만, 이 일은 아주 큰 성취랍니다. 아버지께는 편지 감사하다고 전해주세요. 만군의 주께서 아버지를 형통하게 하셔서, 수고의 결실이 풍성하게 하시길 바랍니다!
어머니께 저의 사랑을 전합니다. 손이 나으시기를 바랍니다. 어린 동생들에게 입맞춤하며 제 사랑을 전해주세요. 그들이 예수님을 배우기를 바랍니다! 아처가 잘 지낸다고 하니 기쁩니다.
우리를 위한 어머니의 일만 번의 기도가 기도를 들으시는 주님에게서 응답되기를 바랍니다!
에밀리는 더 강해지기를 바랍니다. 그녀에게 온 마음으로 예수님을 사랑한다고 생각하는지 물어보아 주세요.
숙모가 어디에 사시는지 알면 좋겠습니다. 여러 번 물었는데 아직 답이 없네요. 집에서 많은 편지가 오기를 기대하지는 않습니다. 아버지는 무척 바쁘시고, 이미 아버지의 편지를 많이 받았다고 생각합니다. 혹 어떤 면에서 제 뜻이 충분히 명확하게 전달되지 않은 부분이 있다면, 언제라도 편지를 써서 물어봐 주세요. 제 일은 곧 어머니의 일이랍니다. 저는 항상 어머니가 승인해주실 일을 하기 원합니다.

모두에게 다시 한번 사랑을 전하며 —"

어머니의 애정어린 아들, 찰스

*　　　*　　　*

<1852년 11월, 스펄전이 어머니에게 보낸 편지에서 발췌한 내용>

제가 대학에 가지 않은 것에 대해 갈수록 기쁜 생각이 듭니다. 하나님이 제 길에 햇빛을 비추시고 은혜의 미소들을 보내시기에, 대학과 관련한 모든 전망을 잃어버렸어도 애석하게 여길 수가 없답니다. 저는 하나님을 향한 사랑과 그분의 대의로부터 좀 물러섰던 것이 아닌가 하고 의식합니다.

저는 저 자신을 위해 부유하기보다 차라리 그분을 섬기면서 가난하기를 원합니다. 저는 제 마음이 바랄 수 있는 모든 것을 가졌습니다. 아니, 하나님은 제가 바라는 것보다 더 많은 것을 저에게 주십니다. 저의 회중은 여전히 크고 우호적입니다. 제가 워터비치에 있는 동안 줄곧, 저는 매번 주일마다 다른 집에서 머물렀습니다.

52 가정이 저를 그들 집으로 데리고 갔으며, 저를 초대했지만 제가 아직 응하지 못한 여섯 가정이 더 있습니다. 그들이 저에게 사례를 너무 적게 주고 돌보지 않는다고 말하는 사람들이 있겠지만, 저는 감히 그건 틀린 말이라고 누구에게든 말합니다!

그들은 그들이 할 수 있는 모든 일을 합니다. 우리의 기념일은 성대하게 치러졌습니다. 여섯 분이 세례를 받았습니다. 많은 군중이 강가에 섰습니다. 예배당은 나중에 꽉 들어찼습니다. 차를 마실 때나 설교를 들을 때나 마찬가지입니다.

* * *

 1852년의 이 기념일에서, 나의 존경스러운 친구이자 베리 세인트 에드먼즈(Bury St. Edmunds) 지역의 유명인사인 코넬리우스 엘벤이 설교하도록 요청을 받았다. 그가 내 요청에 진심으로 순응했다는 것을 나는 잘 기억한다. 나는 그가 삼등석 객차에서 내릴 때 역에서 그를 만났다. 그 객차는 그가 선택한 것으로서, 자기 친구들이 그의 여행에 최소한의 경비만 들도록 하기 위한 목적이었다. 그의 체구는 엄청나게 컸는데, 그의 마음이 그의 몸만큼이나 크다는 것을 곧 알아볼 수 있었다. 그 기념일과 연관되어 강에서 세례식이 있었다.

 하지만, 엘벤 씨는 우리와 함께 물에 들어갈 수 없다고 말했고, 만약 그가 흠뻑 젖으면, 베리 세인트 에드먼즈보다 가까운 곳에서는 그에게 맞는 옷이 없을 것이라고 했다. 그는 방문 기간에 내게 많은 이야기와 거룩한 조언을 들려주었다. 나에게 그의 조언은 마치 디모데에게 주는 바울의 말처럼 무게 있게 다가왔다.[3] 그는 내게 열심히 공부하라고 말했고, 우리의 작은 교회에서 가장 중요한 그리스도인들을 잘 파악해두라고 당부했다.

 "왜냐하면", 그가 말했다.

> 만약 이 사람들이 성경 지식이나 사람들에게 덕을 세우는 능력에서 당신을 능가하게 된다면, 그들 중에서 당신의 사역에 불만을 느끼는 시험이 발생할 것이기 때문입니다. 그들이 아무리 선량해도, 그들은 우월감을 느낄 것이고, 다른 사람들도 그것을 알아챌 것입니다. 그렇게 되면 교회에서 당신의 위치를 유지하기가 매우 어려울 것입니다.

 나는 그 견해가 타당하다고 느꼈으며, 그의 자극은 유용했다. 그날의 설교

---

3 엘벤은 이 방문에 대해 말하기를 즐거워했다. 그날 저녁 그는 일기에서 다음과 같이 썼다. "오늘 워터비치에서 찰스 해돈 스펄전을 위해 설교했다. 그는 떠오르는 스타이다. 언젠가 그는 교단에서 부각될 것이다." 엘벤 씨는 이렇게 말하곤 했다. "그날, 나는 스펄전을 위해 설교했습니다. 그는 나를 위해 찬송을 인도했지요. 만약 그가 나를 위해 설교하고 내가 그를 위해 찬송을 인도할 수 있다면 매우 기쁠 것입니다." 이런 섬김을 스펄전은 베리 세인트 에드먼즈(Bury St. Edmunds)에서 두 번 이상 엘벤 씨를 위해 실천했다.

는 형식 면에서 아주 담백했고, 두드러지게 실천적이었다. 나는 그가 수리아 나아만의 이야기를 읽은 것과, 그에 관하여 간결하면서도 함축적인 설명을 한 것을 기억한다. 그는 매튜 헨리를 자기의 모범으로 삼은 듯이 보였고, 예배를 인도하는 도중에, 탕자를 영접하는 아버지에 대한 헨리의 모방할 수 없는 묘사를 들려주었다. 그 묘사는 누가복음 15장에 관한 매튜 헨리의 주석에 실린 것이다. 깊은 음색이면서 은혜롭고 다정한 목소리로, 그가 말했다.

"'아직도 거리가 먼데 아버지가 그를 보았습니다' — 여기 자비의 눈이 있습니다. '아버지가 그를 보고 측은히 여겼습니다' — 여기 자비의 마음이 있습니다. '그리고 달려갔습니다' — 여기 자비의 발이 있습니다. '목을 안았습니다' — 여기 자비의 팔이 있습니다. '입을 맞추었습니다' — 여기 자비의 입술이 있습니다. 모든 것이 자비였습니다!"

하지만 무엇보다 내 기억에 새겨진 한 가지는, 그 경건한 사람이 떠날 때 내가 들은 말이다. 그것은 아주 생생하게 다가왔다. 그는 사람들의 영혼에 관하여 말할 때, 한 사람 한 사람 개개인을 향하여 말하는 것의 효용성에 대해 일화들을 들려주었다. 그리고 할란 페이지(Harlan Page)라는 사람을 거듭 인용하면서, 아주 진지하게 내 의무에 관하여 권고했다. 일천 가지의 문제로 바쁘면서도, 코넬리우스 엘벤은 그의 고향 마을에서 오십 년에 걸친 명예로운 사역을 마쳤고, 모든 주민이 그를 존경하고 애석히 여기는 가운데, 또한 그의 교회의 깊은 애정 속에서 돌아가셨다.

그는 넓고 애정이 가득한 마음의 소유자였으며, 쾌활한 정신과, 흥미로운 화술을 지닌 사람이었다. 그는 내 청년 시절의 친구였을 뿐 아니라, 훗날 런던에서 나를 위해 설교도 했었다. 그는 흥겹게 웃으면서, 한 부인의 이야기를 들려주곤 했다. 그 부인은 뉴 파크 스트리트에서 내 설교를 들으러 왔다가, 문 안으로 머리를 내밀었다가, 거구의 코넬리우스 엘벤을 보고나서, 되돌아가면서 이렇게 소리쳤다고 한다.

"오, 아니야! 저 사람에게는 '살'(肉)이 너무 많아, 나는 저 사람에게 들을 수 없어."

그 부인의 말은 아주 부당한 판단이었다. 그 귀한 사람의 거대한 체구는 그에게 심한 고통이었기 때문이다. 그가 고이 잠드시길!

나는 그의 무덤을 위해 시드는 꽃다발을 엮지 않으련다. 오히려 나는 주께서 그의 이마에 씌워주신 저 불멸의 면류관에서 발하는 광채를 눈여겨볼 것이다. 그는 좋은 사람이었고, 믿음과 성령이 충만한 사람이었다.

     *   *   *

에버렛 교수는 (4장 후반부에 등장한다) 이 시기와 관련하여 다음의 추억담을 간직하고 있다.

> 1852년 무렵, 나는 한 고등학교에서 직책을 맡고 있었다(런던 근방 토터리지에 있는 소로굿 씨의 학교다). 거기서 다른 보조 교사의 결원이 생겨, 나는 소로굿 씨의 승인을 얻어, 내 오랜 친구 스펄전에게 그가 와서 그 자리를 채워주도록 제안하는 편지를 썼다. 그는 분명하게 결정하도록 며칠 시간을 달라고 요청했고, 그 후 사양하는 내용의 글을 보내왔다.
> 그가 사양한 주된 이유는, 그가 당시 맡은 위치와 관련된 전도의 일을 그만두고 싶지 않다는 것이었다. 그는 당시에, 혹은 후속 편지에서, 지난 12개월간 300회 이상 설교했다고 진술했다. 그리고 워터비치에 있는 그 교회는 안이 가득 찼을 뿐 아니라, 열어놓은 창문 밖에도 청중으로 붐빈다고 알려주었다.

제17장

마을 목사로서의 추억

> 워터비치 마을이 이름 없는 곳으로 여겨져서는 안 된다. 침례교회의 기록은, 롤런드 힐(Rowland Hill)이 대학 업무 시간 사이에 케임브리지에서 말을 타고 가만히 건너와서는, 예수님의 사역자로서 그의 은사를 워터비치에서 처음으로 발휘하였다고 밝히기 때문이다. 그가 설교자로서 사역을 시작했다고 알려진 집은 여전히 그 자리에 서 있다. 그보다 훨씬 이전에, 케임브리지셔의 사도이자 성스러운 프란시스 홀크로프트(Francis Holcroft)는, 통일령에 의해 그가 살던 바싱본(Bassingbourne)에서 추방되자, 사방에 다른 많은 교회를 세웠듯이 이 마을에도 교회를 설립했다. 진리 때문에 케임브리지 성내에 감금되었을 때, 그는 간수의 호의를 얻어, 야간에 워터비치를 방문할 수 있도록 허락받았다. 거기서 그는 그를 따르는 적은 무리에게 설교하고 주의 규례로 그들을 돌보았으며, 항상 아침 햇살이 잠자는 대적들을 깨우기 전에 돌아왔다.
>
> 찰스 해돈 스펄전.

내가 워터비치에서 목사가 되었을 때, 사람들은 나를 위해 적은 액수의 지원밖에 할 수 없었다. 그래서 나는 케임브리지에 있는 한 학교에서 보조 교사를 겸했다. 조금 지나, 나는 학교 일을 그만두어야 했고, 사람들의 섬김과 사례에 기대게 되었다. 그들은 내게 일 년에 45파운드의 사례를 주었다. 하지만, 나는 내가 사용하는 방 2개에 주당 12실링을 지불해야 했으므로 내 수입은 나를 부양하기에 충분치 않았다.

하지만, 그 사람들은, 비록 돈은 없었지만, 농작물이 있었다. 회중 가운데 어느 한 사람이 돼지를 잡으면 반드시 그중에서 내 몫을 가지고 왔다. 또 그들 중 어떤 이들은 케임브리지에 있는 시장에서 돌아올 때 내게 빵을 가져오곤 했다. 그래서 나는 방세를 낼 정도로 충분한 빵과 고기를 확보했고, 종종 빵과 고기를 주는 방식으로 여주인에게 방세를 지불하곤 했다.

워터비치에 지독한 구두쇠였던 한 노인이 있었다. 내가 런던으로 옮긴 후, 그 지역에 방문한 적이 있었는데, 그때 나는 그에 관한 이야기를 들었다. 마지막 병중에서, 그는 아래층 응접실에 마련된 침상에 있었고, 그의 무덤을 창문 바로 바깥에 파도록 지시했다. 가능한 장례식 비용을 줄이기 위해서였다고 한다.

그에 관하여 이야기를 들려주던 친구 하나가 말했다.

"그는 누구에게도 무언가를 주어본 적이 없습니다."

그의 말에 내가 대꾸했다.

"음, 나는 그가 그 정도보다는 낫다고 생각합니다. 어느 주일 오후에, 그가 내게 반(半) 크라운 동전을 세 개나 주었거든요. 저는 그때 새 모자가 필요했는데, 그 돈으로 장만했답니다."

그 친구가 다시 응수했다.

"흠, 그가 그런 낭비를 한 것에 대해 절대 자기를 용서하지 않았을 거라고 확신합니다. 그는 틀림없이 자기 반 크라운 백동화 세 개를 돌려받기를 원했을 것입니다."

내가 대답했다.

> 오! 하지만! 당신은 아직 이야기 전체를 듣지 않았습니다. 그다음 주일에, 그 노인 양반이 다시 내게 왔고, 탐욕의 죄에서 구원받을 수 있도록 자기를 위해 기도해줄 수 있냐고 물었습니다. 그가 말하길, "주님께서 당신에게 금화 반 닢을 주라고 내게 말씀하셨는데, 제가 반-크라운을 제 수중에 감추었지 뭡니까. 지난 밤에 그 생각 때문에 쉬지를 못했답니다."

더드니(Doudney) 박사는 "웨스트우드"에서 가진 스펄전과의 인터뷰를 묘사하면서, 1892년 3월호 「복음」이라는 잡지에서 다음과 같이 기록하였다.

> 대화의 주제들 가운데 길(Gill) 박사의 『주석』(Commentary)에 대한 것도 포함되었다. 나는 스펄전 씨에게서 내가 어떤 이유로 그것을 다시 제작하게 되었는지에 대해 질문을 받았다.

나는 그 진실한 인물에게, 한 가지 이유로, 그 책의 높은 가격 때문에 일반적으로 목사들의 능력으로는 그것을 소유하기 어렵다는 점을 설명했다. 나 자신이 소유한 복사본은 소박한 캔버스 양장본인데, 6파운드 10실링의 비용이 들었다. 게다가, 나는 실업학교를 세우고 싶은 생각이 간절했는데, 그렇게 하여 교구의 젊은이들에게 직업을 찾게 해 주고 싶었다.
"그 주석의 몇 권에 구독자들의 이름이 표기되어 있나요?"
스펄전이 물었다. 나는 기억하지 못했다. 하지만 잠시 그가 무언가를 살펴보러 물러나더니, 재빨리 그 주석의 마지막 권인 구약의 제4권을 가지고 나타났다. 그리고는 그가 자기 자신의 이름을 가리키면서 말했다.
"당신은 반-크라운 할부 가격으로 이 책을 출판했습니다. 그렇지 않았다면 제가 그것을 구독할 수 없었을 것입니다.'
여기서 스펄전의 성품의 단면—그의 소문난 단순함과 정직성—을 볼 수 있다. 그런 환경에서, 그런 방식으로, 그처럼 명성과 인기를 얻은 사람이, '당신은 반-크라운 할부 가격으로 이 책을 출판했습니다. 그렇지 않았다면 제가 그것을 구독할 수 없었을 것입니다"라고 솔직하게 진술할 사람이 얼마나 될까?

스펄전이 육필로 쓴 다음 내용이 길 박사의 『주석』 각 권에 표기되어 있다.

1권에서 — 나는 이 책을 구독했고, 매달 할부로 지불했다.
찰스 해돈 스펄전, 1852년.
1854년에 나는 이 저자의 강단을 계승하도록 허락받았다.
찰스 해돈 스펄전.
5권에서 — 나는 길 박사의 이 책들을 매달 할부로 구독했고, 철해두었다.
1852년 12월. 찰스 해돈 스펄전,
케임브리지 거주,
워터비치 침례교 목사.
1854년 4월, 한때 카터 레인(Carter Lane)에 있다가, 지금은 사우스워크(Southwark) 뉴파크 스트리트(New Park Street)에 있는 교회, 길(Gill) 박사와 후에 리폰(Rippon) 박사가 시무하였던 바로 그 교회에, 목사로 만장일치로 선출되다.

11861년에, 이 교회는 뉴잉턴 버츠(Newington Butts) 메트로폴리탄 태버너클(Metropolitan Tabernacle)로 이주하였고, 뉴파크 스트리트교회의 공간보다 훨씬 더 커졌다.

6권에서 — 많은 사람이 길 박사를 비웃지만, 그를 제외시킬 수는 없다. 어떤 점에서 그는 탁월하지 않지만, 항상 참고할 가치가 있다.

찰스 해돈 스펄전. 1886년.

4권에서 — 더드니 박사가 진술했듯이, 스펄전의 이름이 이 저작의 구독자 명단에 나타난다.

찰스 스펄전,
유니온 로드, 케임브리지.

* * *

근년에, 나는 집사들을 성토하는 많은 말을 들어왔으며, 그들의 직분에 대해 진지한 논의를 담은 글을 읽기도 했다. 목회직에 있는 내 형제 중 다수가 집사들을 통렬히 비난하며, 어떤 이들은 그들의 이름을 언급하면서 떨기도 한다. 또 몇몇 사람은, 집사들이 목회자의 삶에서 마치 용들이라도 되는 듯이, 갑주를 입고, 그들이 가는 곳이라면 어디든 가서 그들과 싸울 태세가 되어 있다.

집사를 비난하면서, "집사는 마귀보다 나쁩니다. 마귀는 대적하면 도망치기라도 하지만, 집사를 대적하면 덤벼들기 때문이지요"라는 말을 들은 적도 있다. 이 말은 내 말이 아니다. 나는 심하게 말할 이유가 전혀 없다. 비록 어떤 경우에는 그런 말이 사실일 수도 있겠으나, 나로서는 그렇다는 경험적인 증거가 없다. 내가 지어냈다는 일백 가지 말 중에서 한 가지도 전혀 내 말이 아니다.

그중에서 한 가지 예를 들자면, 그런 말은 내가 태어나기 전에 유행했던 말이다. 나는 저 술에 취한 솔로몬, 잉글랜드의 제임스 1세이자 스코틀랜드 제임스 6세 앞에서 야고보서 1장 6절로 설교한 사람을 용서한다. 그 유혹이 너무 커서 물리치지 못했을 것이다. 하지만, 한 집사의 죽음을 축하하면서 "저 거지 같은 인간이 죽었습니다"라고 욕설을 토한 저 파렴치한은, 만일 그런 사람이 정말 살아있다면, 영원히 비난을 받아야 할 것이다. 나는 그런 욕설을 내게로 돌린 거짓말쟁이를 용서하지만, 그가 그 악명높은 기술을 다른 사람에게 쓰지 않기를 바란다.

집사들에 대한 내 견해를 말하자면, 일반적으로, 그들은 목사들만큼 좋은 사람들이다. 사역에서, 그들은 나쁘기도 하고 좋기도 하며, 나쁘거나 좋은 비율은 집사들 모임에서나 목사들 모임에서나 마찬가지라고 여겨진다.

만약 군림하려는 집사들이 있다면, 군림하려는 목사들도 있지 않은가?

집사 중에 무지하고 쉽게 짜증 내는 사람들이 있다면, 우리의 강단에도 그들의 호적수들이 있지 않은가?

교회는 그 관심사들을 밤낮 연구하고, 자신들의 재산을 기부하고, 가난한 자들을 돌보고, 사역자들을 격려하며, 형통할 때만 아니라 고난의 때에도 신실하게 자기 자리를 지키는 수천 명의 경건한 사람에게 고마운 빚을 지고 있다. 이런저런 일에서 그들이 무슨 실수를 하고, 연약하고, 심지어 틀리는 경우가 있어도, 넓고도 자세한 관찰을 통해 볼 때, 나는 우리 집사들 대부분이 우리 신앙의 명예라고 확신한다. 우리는 바울이 그의 형제들에 대해 그랬듯이 그들을 "그리스도의 영광"(고후 8:23)이라고 부를 수 있다.

내가 처음 목회직을 맡았던 마을 교회의 집사들은 내가 보기엔 세상에서 탁월한 자들이었고, 나는 그들에게서 큰 기쁨을 얻었다. 주중에 열심히 일하는 사람들이었던 그들이 안식일에는 주를 위한 수고를 아끼지 않았다. 나는 진실로 그들을 사랑했고, 여전히 그들을 사랑한다. 내 생각에, 그들은 한 시골교회의 집사들로서 나라 전체에서도 보기 드물 정도로 완벽에 가까웠다.

하지만, 나의 집사들이 훌륭하긴 했지만, 모든 면에서 완벽한 것은 아니었다. 한 번은, 내가 그들에게 주일 저녁에 강가에서 설교하겠다고 제안했다. 그러자 그들 중에 한 분이 이런 발언을 했다.

"아! 저는 그것이 싫습니다. 그것은 감리교인들을 모방하는 것입니다."

건전한 칼빈주의자였던 그에게는, 감리교인의 잘못된 것을 무엇이라도 따라 한다는 건 두려운 일이었다. 하지만, 나에게는 그것은 오히려 칭찬할 만한 일이었고, 그런 면에서 감리교식으로 하는 위험을 무릅쓰는 것이 행복했다. 영국 전역에서, 우리의 도시들, 읍, 마을들, 그리고 촌락에서, 야외 설교가 무시된다면 복음을 들어볼 수 없는 수만 명의 사람이 있다. 나는 하나님께서 우리에게 크고 작은 교회와 예배당들에서 설교할 수 있도록 허락하신 것을 기뻐한다.

하지만, 나는 우리가 그것에 대해 어떤 사도적인 선례를 가지고 있다고는 여기지 않는다. 정녕 우리의 사역을 그런 장소들에만 제한하는 사도는 아무도 없다. 만약 질서와 덕을 세우는 데 도움이 된다면, 예배를 위해서 건물들을 따로 구별하는 것은 우리에게 허용된다고 나는 믿는다.

하지만, 이런 장소들을 성소라든가 하나님의 집이라고 부를 근거는 없다. 거룩한 사람들이 모이는 곳이라면 모든 곳이 마찬가지로 거룩하기 때문이다. 우리가 설교를 담 안쪽으로만 제한하는 것은 전적으로 해로운 일이다. 우리 주님이 회당에서 설교하신 것은 사실이다.

하지만, 그분은 종종 언덕에서도 말씀하셨고, 때로는 배에 오르셔서, 때로는 집 마당에서, 때로는 공공 도로에서도 말씀하셨다. 그분에게 유일하게 필요한 것은 청중이었다. 그분은 진실한 의미에서 영혼들의 '어부'이셨으며, 자기들의 집 안에 가만히 앉아서 물고기가 와서 잡혀주기를 기대하는 자들과는 다르셨다.

우리 주님께서, 예배당 바깥 의자나 탁자 위에 서서 전한다면 수백 명의 사람이 들을 수 있을 때, 강단에서 텅 빈 신도석을 향해서만 계속 설교하는 목사를 바라실까?

나는 그렇게 믿지 않으며, 내 사역의 초창기부터 같은 견해를 유지했다. 그래서, 비록 나의 착한 집사는 내가 감리교인들을 모방하고 있다고 생각하긴 했지만, 나는 강변에서 설교했다.

또 다른 훌륭한 형제 중의 한 분, 아주 귀하고 나이 드신 그리스도인이, 어느 날, 내가 저녁 초대를 받아 그의 집에 갔을 때 나에게 말했다.

"목사님, 저는 목사님이 초대하는 설교들을 하지 않으신다면 좋겠습니다. 목사님의 호소는 너무 포괄적이어서, 마치 사람들을 너무 많이 그리스도께 오도록 재촉하는 듯이 보입니다. 저는 그것을 좋아하지 않습니다. 그것은 저의 교리적인 관점과 전혀 일치하지 않기 때문입니다."

내가 대답했다.

"그런가요?

제가 어떤 설교를 하길 원하시나요?"

그가 말했다.

"음, 목사님, 비록 제가 그런 설교를 좋아하진 않지만, 주님이 그렇게 하신 것이 분명하네요. 제 사위가 그런 설교를 듣고 하나님께 회심했으니까요. 그리고 제가 얼마 전 주일에 목사님의 그런 설교 때문에 화가 난 상태로 집에 왔을 때, 제 딸은 가슴을 치면서 울고 있었습니다. 그러니,"

그가 말을 이어갔다.

"저와 같은 늙은이는 개의치 마십시오. 하나님이 목사님에게 복을 주시는 한, 목사님은 목사님의 방식대로 나가십시오."

내가 그에게 말했다.

"하지만, 내 귀한 형제님, 만약 하나님이 이런 유의 설교를 승인하신다면, 당신도 그것을 좋아해야 한다고 생각지 않으시나요?"

그가 대답했다.

"글쎄요, 아마도 그래야겠지요. 하지만, 저는 늙은이랍니다. 저는 지금까지 그런 관점으로 양육되어 왔답니다. 저는 그 관점에서 벗어나는 것이 좀 염려됩니다. 하지만, 목사님은 제가 말씀드리는 것을 조금도 신경 쓰지 마십시오."

내가 마음으로 해야겠다고 결심한 것이 바로 그것이기 때문에, 결국 우리는 동의하게 되었다.

워터비치의 집사님들 중 한 분은 이름이 킹(King)이다. 그는 아주 꼼꼼한 사람인데, 회계와 교회 서적 관리를 맡아서 감탄스러울 정도로 깔끔하게 일을 수행했다. 그는 차분하고, 사려 깊고, 신중한 사람이었지만, 열정과 따뜻함도 지닌 사람이었다. 그의 아내도 그와 버금가는 사람이었는데, 그 부부는 은혜와 지혜에 있어서 그 마을에서는 아무에게도 뒤지지 않았다. 킹 씨는 방앗간 주인이었다. 방앗간 옆 그의 오두막에서 나는 종종 행복한 밤을 보냈고, 그의 훌륭한 아들을 만나곤 했는데, 당시 그는 케임브리지셔 알드레스(Aldreth)에 있는 침례교회의 목사였다. 나는 우리가 킹 2세를 두고 실컷 웃었던 일을 기억한다.

킹 주니어가 설교 약속 때문에 말을 빌려서 탔는데, 그 장소에 말을 끌고서 나타났다. 아주 짧은 길을 말을 타고 가다가, 말과 함께 나머지 길을 줄곧 걸어서 온 셈인데, 말이 잘 놀라는 말이었기 때문이다. 1세 킹 씨는 한번은 아주 섬세한 방식으로 내게 친절한 힌트를 준 적이 있다. 그는 내게 강단에서 좀 더 신중하게 말해야 한다고 말하지 않았지만, 어느 월요일 아침, 내가 그의 집을 나설 때, 내 성경에서 핀 하나를 발견했다.

디도서 2장 8절을 가리키고 있었다.

> 책망할 것이 없는 바른 말을 하게 하라. 이는 대적하는 자로 하여금 부끄러워 우리를 악하다 할 것이 없게 하려 함이라(딛 2:8).

더할 나위 없이 달콤한 구절이었다. 그 지혜로운 책망은 잘 간직되었고 사랑으로 받아들여졌다. 그것은 너무나 교묘한 방식으로 주어졌고, 그 때문에 그 가치는 한없이 증대되었다. 킹 씨는 나와 워터비치 교회에 대해서 집사 중의 으뜸이었고, 그의 아들은 그런 아버지를 둔 아들다웠다.

어느 날, 국내 전도 활동을 위해 기금을 모으기로 한 모임이 있었다. 모금이 막 끝나고, 집사들이 모금 접시들을 모두 탁자 위로 가져왔다. 그때 한 노신사가 들어왔다. 그는 마음은 그 자리에 와 있었지만 다른 모임 때문에 늦을 수밖에 없었다. 그는 이미 두 시간 전에 발을 예배당에 들여놓고 싶었지만, 다른 의무가 그것을 막았다.

하지만, 자기 업무를 마무리하자마자, 그는 곧장 나섰고, 속으로 말했다. "아! 이거 늦어서 걱정인걸. 하지만, 최소한 어떻게 진행되었는지 듣기라도 해야겠군. 주께서 그 모임과 진행되는 그 선한 일에 복을 주시면 좋겠습니다!"

그의 이름은 수엘(Sewell)이며, 참 이스라엘 사람으로서, 번연의 『천로역정』에 나오는 나이 많은 정직 씨(Mr. Honest)의 이미지 그대로였다. 연로한 내 친구가 들어오는 것을 보면서 내가 말했다.

"방금 들어온 우리 형제가 오늘 저녁 행사와 관련하여 하나님의 복을 구하고, 봉헌 기도를 함으로써 모임을 마치겠습니다."

그는 일어섰다. 하지만, 기도를 하지 않았다. 그는 눈을 감지 않았고, 오히려 무언가를 찾고 있는 듯이 보였다. 그는 손을 모으지 않았고, 오히려 손을 주머니에 넣고, 무얼 찾는지 더듬고 있었다. 내가 말했다."

"아마 내 형제가 내 말을 이해하지 못한 것 같네요. 수엘 씨, 저는 당신에게 무언가를 내라고 말한 것이 아니고 기도하라고 부탁했습니다."

"아, 예" 그 올곧고 무뚝뚝한 노 성도가 대꾸했다.

"하지만 저는 드리기 전까지는 기도할 수가 없습니다. 제가 드릴 가치가 없다고 생각하는 일에 복을 구하는 것은 위선이 될 것입니다."

그 표현은 그 훌륭한 사람에게는 최소한의 겉치레가 아니라, 그의 정직한 마음이 느낀 것을 쏟아낸 말이었다. 그의 행동은 비록 특이하게 보이기는 했지만, 마치 쉽게 잊혀지지 않는 좋은 설교처럼 전체 회중에게 기억되었다.

* * *

내 첫 목회직에서, 나는 종종 도덕률폐기론자들(Antinomians)과 싸워야 했다. 그들은 자기들이 선택되었다고 믿기에, 자기들이 원하는 대로 살 수 있다고 주장하는 자들이었다. 나는 그 이단이 상당 부분 소멸되었기를 바라지만, 슬프게도 내 목회 초기 시절에는 그것이 널리 퍼져있었다. 내가 아는 그 부류의 한 사람이 있다.

그는 선술집 탁자에 서서, 맥주잔을 손에 쥔 채, 줄곧 자기가 하나님의 선택된 백성 중의 하나라고 공언하고 있었다. 사람들이 그를 선술집에서 쫓아냈다는 말을 내가 들었을 때, 나는 그가 받아 마땅한 대접을 받았다고 느꼈다. 경건치 않은 사람들조차 그곳에서 그런 부류의 "선택된" 사람들을 원치 않았다. 자기가 주님의 택하신 백성 중의 하나라고 진실로 공언할 수 있는 사람이라면, 누구라도 술 마시고, 욕설하며, 거짓말 등등을 하면서 죄 속에서 살 수가 없다. 그런 부류의 사람 하나를 기억하는데, 그는 정말이지 나쁜 작자였다. 그는 뻔뻔하게도 이런 식으로 말하곤 했다.

"나는 내가 하나님의 소중한 백성 중 한 사람인 것을 압니다."

내가 말했다.

"예, 당신은 헐값으로 팔거나 내던져 버리기에는 '소중한' 존재가 맞지요."

그는 나의 분명한 말을 좋아하지 않았지만 그것이 사실이었다. 그것이 그가 하나님의 소중한 백성 중의 한 사람이라는 유일한 의미이기 때문이다. 내 마음 깊은 곳에서, 나는 도덕률폐기론의 냄새를 풍기는 모든 것을 몹시 싫어

한다. 그것은 사람들로 하여금 그들이 죄 속에서 사는 동안에도 그리스도 안에서 안전하다고 이러쿵저러쿵 지껄이게 만든다. 우리는 선한 행실에 의해 (by) 또는 선한 행실 때문에(for) 구원받지 못하며, 또한 선한 행실이 없어도 (without) 구원받지 못한다.

그리스도께서는 자기 백성을 그들의 죄 안에서(in their sins)는 아무도 구원하시지 않을 것이다. 그분은 자기 백성을 그들의 죄로부터(from their sins) 구원하신다. 만일 어떤 사람이, 성령의 도우심으로 하나님 앞에서 거룩한 삶을 살기를 바라고 있지 않다면, 그는 여전히 "악독이 가득하여 불의에 매인"(행 8:23) 사람이다. 이런 부류에 속한 한 사람을 안 적이 있는데, 그는 "구원하는 믿음"(saving faith)에 대해 많은 말을 했다.

그는 자신의 악한 삶으로 악명이 높았고, 그래서 나는 그가 구원하는 믿음이라는 말로 의미하는 바가 무엇인지 이해할 수 없었다. 마침 모금이 있을 때, 나는 그가 손톱으로, 4페니짜리 은화를 집지 않기 위해, 3페니짜리 동전을 얼마나 조심스럽게 골라내는지를 보게 되었다. 그때 나는 그의 말의 의미를 이해하게 되었다.

선한 행실이 없는 "구원하는 믿음"이란 개념은 우스꽝스러운 것이다. 구원받은 사람이 완벽한 사람은 아니지만, 그의 마음의 소원은 완전해지는 것이다. 그는 언제나 완전을 갈망한다. 최종적으로, 한때 십자가에 못 박히셨고 지금 영화롭게 되신 구주의 형상을 따라, 지식과 참된 거룩함에 있어서, 그가 완전하게 되는 날이 올 것이다.

워터비치에서 사역하는 동안, 항상 예배당 앞쪽 좌석에 앉는 사람이 있었다. 그는 비록 그 자신이 여태껏 살았던 누구 못지않게 행실이 나쁜 오래된 위선자였음에도, 내가 설교하는 동안, 그가 건전한 교리라고 생각하는 대목에서는 항상 고개를 끄덕이곤 했다. 내가 칭의에 대해 말할 때, 그의 고개는 아래로 내려갔고, 내가 전가되는 의에 대해 전할 때, 다시 그의 고개가 아래로 내려갔다. 의심의 여지 없이, 그의 평가에 따르면 나는 꽤 훌륭한 사람이었다. 나는 그가 고개를 끄덕이는 것을 고쳐주어야겠다고 마음을 먹었다. 아니면 적어도 한 번이라도 그의 고개를 가만히 있게 만들고 싶었다.

그래서 내가 말했다.

"하나님이 여러분을 선택하시는 것과 여러분이 여러분 자신을 선택하는 것 사이에는 큰 차이가 있습니다. 하나님이 그분의 성령으로 여러분을 의롭게 하시는 것과, 여러분이 거짓된 믿음 혹은 뻔뻔함으로 여러분 자신을 의롭게 하는 것 사이에는 엄청난 차이가 있습니다. 이것이 그 차이입니다."

내가 계속해서 말했다—그 노인네는 즉시 나를 고약한 아르미니우스주의자로 취급하며 무시했다—여러분은 여러분 스스로를 선택했고 또 여러분 스스로를 의롭게 했지만, 여러분에게는 하나님의 성령의 표식이 없습니다. 여러분에게는 진정한 경건의 증거가 없고, 여러분은 거룩한 남자들과 여자들이 아닙니다. 여러분은 죄 속에서 살 수 있고, 여러분은 죄인들처럼 행할 수 있습니다. 여러분은 마귀의 형상을 가지고 있습니다. 그런데도 여러분은 여러분 자신을 하나님의 자녀들이라 부르고 있습니다.

누구든지 하나님의 자녀 된 사람의 첫째 증거 중의 하나는 그가 완벽한 증오심으로 죄를 미워하는 것이며, 거룩해지기를 바라고 그리스도를 닮은 삶을 추구한다는 것입니다. 그 늙은 도덕률폐기론자는 그 교리를 인정하지 않았지만, 나는 내가 설교하는 내용이 하나님의 말씀에서 계시된 것임을 알았다.

그런 부류에 속한 또 한 사람이 있었다. 그는 한때 내가 설교하려고 가던 마을들을 향해 자주 나와 동행하던 사람이었다. 나는 그의 삶의 방식에 대해 특정한 사실들을 알기까지는 그의 동행을 즐거워했지만, 그의 삶을 알고 나서는 그를 뿌리쳤다. 나는 그가 다른 누군가에게 접근해 짝이 되었을 거라고 믿는다. 왜냐하면 그는 주중 저녁마다 쏘다녀야 했기 때문이다. 그는 많은 자녀를 두었고, 그들은 사악한 남자들과 여자들로 자랐다. 그 이유는, 그 아버지가, 끊임없이 이런 만남에 분주한 동안, 자기 자신의 아들과 딸들을 구주에게 인도하려고 시도한 적이 없기 때문이다.

어느 날 그가 내게 말했다.

"저는 제 자녀들에게 손을 댄 적이 없답니다."

그래서 내가 대답했다.

"그렇다면 하나님이 당신에게 손을 대실 것 같다고 생각됩니다."

그가 말했다.

"오! 저는 그들에게 결코 꾸짖어 말한 적도 없답니다."

내가 대꾸했다.

"그렇다면, 하나님이 당신을 매우 꾸짖으실 것 같다는 생각이 듭니다. 부모가 자녀를 억제되지 않은 죄 속에 버려두는 것은 하나님의 뜻이 아니기 때문입니다."

나는 또 한 사람을 아는데, 내 목회 초기 시절, 그는 안식일마다 자기가 "진리"라고 부르는 것을 듣기 위해 먼 거리를 여행하곤 하던 사람이다. 그의 아내나 자녀 중에는 아무도 예배당에 가지 않았다.

내가 그 문제에 대하여 아주 진지하게 말했을 때, 그는 이렇게 대답했다. "주님께서 자기 소유(own)를 구원하시겠지요."

그 말에 대해 나는 그에게 주님께서 그를 '소유하길' 원치 않으실 거라고 대꾸하지 않을 수 없었다. 그는 내게 그렇게 말하는 근거가 무엇이냐고 따져 물었다. 그래서 나는 이 구절을 증거로 제시했다.

> 누구든지 자기 친족 특히 자기 가족을 돌보지 아니하면 믿음을 배반한 자요 불신자보다 더 악한 자니라(딤전 5:8).

그의 친구 중 한 사람이 내게 말하기를, 어느 날, 그가 자기가 살던 지역에 하나님의 자녀가 얼마나 사는지를 알게 되었다고 했다. 그 수는 정확히 '다섯'이라고 했다. 내가 그들의 이름을 알고 싶어져서, 그 다섯이 누구냐고 물었다. 놀랍게도 그는 "우선 나 자신이 있구요"라는 말로 시작하는 것이다!

그 지점에서 나는 그를 멈추게 했고, 그가 그 첫 번째 사람이라고 확신하는 것에 대해 의문을 제기했다. 그 이후로 나는 그 인물이 어디로 가버렸는지 모른다. 하지만 분명한 것은, 그가 그런 확신을 가지는 것보다 가지지 않는 편이 훨씬 더 낫다는 것이다.

어쨌거나 그는 자기 자신의 목록에 자기를 첫 번째로 올렸고, 그 다섯의 리스트에 오른 다른 인물들도 같은 부류의 사람이었다. 그가 가지 않았던 다른 예배당들에는, 성품이 진실하고 정직하며, 영성도 있고 기도도 많이 하는 사람들이 있었는데, 그가 보기엔 그들은 그와 비교해서 질이 떨어지는 사람들이었다. 그는 자기 자신을 이스라엘의 재판장으로 세우고는, 그 마을에 하나님의 백성이 정확히 얼마나 있는지 아는 체를 한 것이다.

주께서 자기 백성을 아신다(딤후 2:19).

나는 측량줄을 가진 그 사람의 시각으로는 거의 존경을 받지 못한 것에 대해 하나님께 감사드린다. 내가 측량줄을 손에 잡은 천사를 본다면[참조. 슥 2:1] 충분히 기쁠 것이다. 하지만, 측량줄을 가졌다고 주장하는 어떤 사람을 볼 때, 나는 그에게 하나님에게서 왔다는 증거를 제시해야 한다고 말할 것이며, 또한 선택된 자가 누구인지를 아는 것은 다른 어떤 방식에 의해서가 아니라 다름 아닌 우리 주 예수님이 제시하신 기준으로 알아야 함을 알려줄 것이다.

그들의 열매로 그들을 알리라(마 7:20).

나는 종종 악한 세상에도 크게 신세를 지기도 했는데, 세상이 모순적인 신앙고백자들을 대하는 방식 때문이다. 내가 워터비치에서 목사로 있는 동안, 어느 젊은이가 교회에 가입했다. 우리는 그가 변화된 인물이라고 생각했다. 하지만, 일 년에 한 차례, 마을에는 축제의 형태로 큰 유혹이 있었다. 그 축제가 다가오자, 이 어리석은 친구가 아주 악한 무리와 어울렸다. 그는 저녁에 선술집의 긴 방에 있었고, 일어난 일에 대해 내가 들어 알게 되었을 때, 나는 정말 그곳 여주인에게 크게 고마움을 느꼈다.

그녀가 들어와서, 그곳에 있는 그를 보고는 이렇게 말했다.
"안녕하세요, 잭 누구누구 씨, 당신이 왜 여기에 있나요?
당신은 스펄전 무리의 한 사람이잖아요, 그런데 당신이 여기에 있네요. 당신은 자기를 부끄러워해야 합니다. 여기는 당신에게 어울리는 곳이 아닙니다. 얘들아, 이 사람을 쫓아버려라."

그들이 금요일 밤에 그를 문밖으로 내보냈고, 우리는 주일날 그를 문밖에 세워두었다. 그리고 우리는 교회 명부에서 그의 이름을 지워버렸다.

그가 갈 곳은 어디였던가?
세상은 그를 받지 않으려 하고, 교회도 그를 받지 않으려 한다. 만약 그가 온전히 세상 편이었다면 세상이 그를 중시했을 것이다. 만약 그가 온전히 그리스도의 편이었다면, 그리스도께서도 그를 중시하셨을 것이다. 하지만, 그가 각각의 편에 별 볼일이 없는 자가 되려고 함으로써, 어느 편에서도 별 볼 일이 없게 되었고, 그의 삶은 비참하게 되었다. 그가 거리를 걸을 때, 사람들은 그를 손가락질하며 조롱했다. 내가 염려했듯이, 그리스도인들은 그를 위선자라 생각하면서 외면했고, 세상 사람들도 그를 위선자라 부르고, 그의 이름을 하나의 속담으로 만들어버렸다.

목회 초기 시절, 나는 이따금 도덕률폐기론자인 설교자들과도 경쟁해야 했다. 한때 나는 목회자 동료들과 친구들 가운데에 있었는데, 그들은 복음을 믿지 않는 것이 죄인지에 대해 논쟁하고 있었다. 그들이 토론하는 동안, 내가 말했다.

"신사 여러분! 내가 그리스도인들 가운데 있는 것이 맞습니까? 여러분은 성경을 믿는 사람들입니까, 아닙니까?"

그들이 말했다.

"물론이지요, 우리는 그리스도인입니다."

"그렇다면", 내가 말했다.

"성경이 '죄에 대하여라 함은 그들이 나를 믿지 아니함이요'(요 16:9)라고 말하지 않습니까?

그리고 사람들이 그리스도를 믿지 않는 것은 그들의 저주받을 죄가 아니겠습니까?"

만약 내가 그들이 하는 말을 직접 듣지 않았더라면, 나는 어떤 사람들이 "죄인이 그리스도를 믿지 않는 것은 죄가 아닙니다"라고 감히 단언할 정도로 악할 수 있다는 것을 상상도 하지 않았을 것이다. 나로서는, 그들이 아무리 그들의 주장을 밀어붙이기 원했더라도, 진리를 뒷받침한다는 명분으로 거짓말을 하진 않을 거라고 여겨야 마땅했지만, 내 견해로는, 그런 사람들은 실제로 그런 일을 일삼는다. 진리는 강한 성루이기에, 오류에 의해 지지를 받아야 할 필요가 없다. 하나님의 말씀은 인간의 모든 계략에도 불구하고 굳건히 설 것이다. 나로서는, 경건치 않은 자 편에서 믿지 않는 것이 죄가 아님을 입증하기 위해 결코 궤변을 고안해내지 않을 것이다. 나는 그것이 죄라고 확신하기 때문이다.

내가 성경에서 "정죄는 이것이니 곧 빛이 세상에 왔으되 사람들이 자기 행위가 악하므로 빛보다 어둠을 더 사랑한 것이니라"(요 3:19)는 말씀을 배울 때, 그리고 "믿지 아니하는 자는 하나님의 독생자의 이름을 믿지 아니하므로 벌써 심판을 받은 것이니라"(요 3:18)는 말씀을 읽을 때, 나는 성경이 불신앙은 죄임을 선언한다고 단정한다.

합리적이고 편견 없는 사람들에게, 그 말씀은 그것을 입증하기 위해 어떤 추론도 요구하지 않는다.

피조물이 자기 창조주의 말씀을 의심하는 것이 죄가 아니란 말인가?

지극히 작은 존재요, 티끌 같은 내가, 감히 하나님의 말씀을 부인하는 것이 그분에 대한 범죄이자 모욕이 아니란 말인가?

아담의 자손이, 마음속으로라도,

"하나님! 나는 당신의 은혜를 의심합니다.

하나님! 나는 당신의 사랑을 의심합니다.

하나님! 나는 당신의 능력을 의심합니다."

이렇게 말하는 것이, 바로 거만의 극치요 교만의 꼭대기가 아니라는 말인가?

만약 우리가 모든 죄를 한 덩어리로 뭉칠 수 있다면—살인, 훼방, 정욕, 간음, 간통, 모든 종류의 악, 그리고 그 모든 것을 하나의 거대한 부패의 덩어리로 뭉친다면—그것 역시도 불신앙의 죄에는 필적하지 못한다고 나는 느낀다. 이는 죄의 군주이자, 죄악의 진수이며, 모든 범죄의 독을 섞은 것이면서, 고모라의 포도주의 찌끼와 같다. 그것은 죄의 으뜸이며, 사탄의 걸작품이자, 마귀 최고의 업적이다. 불신이 바로의 마음을 완고하게 했다. 그것이 하나님을 비방하는 랍사게의 혀에 면허를 주었다.

그렇다, 정녕 그것이 신을 죽이는 죄, 주 예수 그리스도를 살해한 죄가 되었다.

불신앙, 그것은 많은 독을 섞은 잔이다!

그것이 수많은 사람을 교수대로 이끌었고, 수치스러운 무덤에 이르게 했다. 불신앙 때문에, 사람들이 자기 자신을 살해했고, 피 묻은 손으로 그들의 창조주의 재판정 앞으로 끌려 왔다. 내 앞에 불신자를 데리고 와보라. 그가 하나님의 말씀을 의심하는 자임을 내가 안다면, 그가 하나님의 약속과 그분의 경고를 불신하는 것을 내가 안다면, 나는 그가 장래에, 그에게 가해지는 놀라운 억제력이 없는 한, 가장 추악하고 더러운 죄를 지을 것이라고 결론을 내릴 것이다. 불신은 죄의 바알세불이다. 바알세불처럼, 그것은 모든 악한 영들의 우두머리이다. 여로보암은 자기도 범죄하고 이스라엘로 범죄하게 하였다고 언급된다[참조. 왕상 14:16].

불신앙에 대해서도 같은 말을 할 수 있다. 그것은 자기도 범죄할 뿐 아니라, 다른 것들로 범죄하게 만든다. 그것은 모든 범죄의 알이며, 모든 비행의 씨앗이다. 불신앙―사실상 악하고 비열한 모든 것이 그 한 단어 속에 웅크리고 있다.

*　　　*　　　*

죄의 옹호자들과는 놀랍게 대조되는 경우를 나는 목회 초기에 만난 적이 있으며, 물론 그 이후로도 그런 사람들을 자주 만나왔다. 많은 사람이 자기들이 온전하다고 공언하며, 여러 달 혹은 여러 해를 하나님께 죄를 짓지 않고서 살아왔다고 말한다. 한 사람이, 자기가 온전하다고 내게 말했는데, 그는 곱사등이었다. 그에게, 만일 그가 온전한 사람이라면 그는 온전한 몸도 가져야 할 것이라는 내 생각을 말했을 때, 그가 내 말에 화를 내기에 내가 다시 그에게 말했다.

"음, 내 친구여, 비록 당신이 온전하다고 해도, 당신보다 더 온전에 가까운 사람들이 아주 많답니다."

"오!" 그가 소리쳤다.

"그 말에 배신을 당한 듯이 느껴져 화가 나네요."

그는 그가 수년간 화를 낸 적이 없다고 말했다. 그런데 내가 그를 예전의 연약한 모습으로 되돌렸으며, 그것이 그에게는 고통스럽다고 말했다. 나는 내 말이 그가 자신의 모습을 제대로 보게 하는 데 유익을 끼쳤다고 확신한다. 어떤 사람이 자신을 완전히 성장한 그리스도인이라고 생각할 때, 그는 한때 내가 보았던 어느 불쌍한 소년을 떠오르게 한다. 그는 자신의 몸에 비해 너무나 눈부신 머리를 가지고 있었기에, 종종 그것을 베개 위에 올려놓았다. 그것이 너무 무거워 어깨 위에 올려두고 다닐 수 없었기 때문이다.

그의 어머니가 내게 들려준 이야기에 따르면, 그가 서려고 시도할 때, 그는 종종 넘어졌는데, 그의 무거운 머리 때문에 균형을 잃었기 때문이다. 더러는 아주 빠르게 자라는 사람들이 있는 것 같다. 하지만 그들은 뇌에만 물을 주어 전체적으로 균형을 잃어버린다. 하지만 진실로 은혜 안에서 자라는 사람은 이런 식으로 말하지 않는다.

"이런 어쩌나! 나는 내가 자라고 있음을 느낄 수 있어. 주님을 찬양하라! 찬송을 부르자, 나는 자라고 있다네! 나는 자라고 있다네!"

나는 종종 자라기는커녕 더 작아지고 있다고 느낀 적도 있다. 나는 그런 일이 있을 수 있는 일이며, 심지어 좋은 일이라고 생각한다. 만약 우리가 우리 자신을 아주 위대하다고 평가한다면, 우리에게 많은 암 질환이 있거나, 혹은 절개할 필요가 있는 더러운 종양들이 있기 때문이다. 그런 것들이 악한 물질을 분출하여 우리로 우리의 대단함을 자랑하게 만드는 것이다.

우리의 웨슬리파 형제들은 그들이 여기 지상에서 완벽해질 것이라는 개념을 가지고 있다. 그들이 온전해졌을 때 그들을 본다면 나는 무척 기쁠 것이다. 그리고 만약 그들 중 누군가가 종의 지위에 있고 무언가 부족한 상황에 놓였다면, 나는 기꺼이 내가 나눌 수 있는 임금의 일정 부분을 그들에게 줄 것이다. 완벽한 종들을 둔다는 것은 나 자신에게도 큰 명예이자 복으로 느껴질 것이기 때문이다. 더욱이, 그들 중 누군가가 주인이고, 종들을 필요로 할 때, 만약 내가 완벽한 상전을 볼 수만 있다면, 나는 기꺼이 그 직분을 맡아서 급여가 전혀 없어도 그들을 섬기고 싶을 것이다.

처음 주님을 알게된 이후로, 내게는 줄곧 한 분의 완벽한 선생(Master)이 있을 뿐이다. 만약 또 다른 완벽한 선생이 있다고 내가 확신할 수 있다면, 최고의 선생은 영원히 최고의 자리에 모시면서도, 매우 기쁘게 그를 둘째 선생으로 모실 것이다. 자기가 완벽하다고 말하는 한 사람이 언젠가 나를 방문하여, 자기를 찾아와서 만나라고 나에게 요청했다. 그렇게 하면 내가 그에게서 귀중한 교훈을 얻게 될 것이기 때문이라고 했다.

내가 말했다.

"정말 그럴 수도 있겠습니다만, 나는 당신의 집으로 가고 싶지 않습니다. 당신의 방들 가운데 어느 하나로 들어가기란 매우 어렵다고 생각합니다."

"어째서 그런가요?"

그가 물었다.

내가 대답했다.

"음, 당신의 집에는 천사들로 가득해서 저를 위한 방은 없을 것이라는 생각이 드네요."

그는 그 발언을 좋아하지 않았다. 그리고 내가 한두 가지 다른 장난스러운 대꾸를 했을 때, 그는 격렬하게 화를 냈다.

"친구여", 내가 그에게 말했다.

"결국, 나도 당신만큼이나 완전하다고 생각합니다.

하지만, 완전한 사람들이 화를 내나요?"

그는 자기가 화를 냈다는 것을 부인했다. 비록 특이하게 뺨 주위가 붉어졌고, 눈이 맹렬하게 타오르긴 했지만, 그런 것은 열정이 있는 사람들에게 일반적인 현상이라고 말했다. 하여간, 나는 그의 온전함을 어느 정도 망쳤다고 생각한다. 그가 나를 찾아왔을 때에 비하면, 명백히 자기 자신에 대해 훨씬 덜 만족한 상태에서 집으로 갔기 때문이다.

나 자신의 경험은 날마다 내 속에 있는 악과 싸우는 것이다. 나는 내 속에서 은혜와 친밀한 어떤 것을 발견할 수 있기를 바란다. 하지만 여태껏, 내 본성을 샅샅이 살펴보았지만, 온통 하나님을 거역하는 것들만 보았을 뿐이다. 어느 때는 나태와 관련된 무기력이 찾아온다. 그러면 매 순간 활동적이야 하고, 하나님과 사람들의 영혼을 위해 해야 할 일이 많을 때, 그 일을 할 시간이 거의 없다.

또 다른 때는 열정과 관련된 성급함이 찾아온다. 그러면 침착하고 냉정해야 하고, 그리스도인답게 인내로 참고 견디어야 할 때, 경솔하고 조급한 표현들이 튀어나온다. 곧, 나는 자만심과 '악마의 속삭임'—나는 그것을 달리 순화해서 부를 수가 없다—에 시달린다.

"네가 얼마나 근사하게 해 냈느냐!

네가 네 역할을 얼마나 훌륭하게 이행했더냐!"

그다음엔 추악하고 신의 없는 불신이 기어 나와서, 하나님이 사람들의 문제에는 관심을 두지 않으시고 내 행동에도 개입하지 않으실 거라는 암시를 던진다.

하지만, 내가 완벽해질 수만 있다면 나는 무슨 대가라도 치르고 싶다!

이따금, 만약 구약과 신약에서 언급된 하나님의 백성이 모두 온전했다면, 나는 절망하고 말았을 것이다. 그러나, 그들도 내가 내 속에서 발견하고 슬퍼하는 것과 같은 종류의 잘못을 가졌던 것으로 보이기 때문에, 내가 내 허물에 대해 더 관대하게 느끼지는 않더라도, 그들과 함께 이렇게 말할 수 있어서 정녕 즐거워한다.

> 주께서는 나와 관련된 것을 완전하게 하시리이다(KJV, 시 138:8).

　의심의 여지 없이, 그분은 틀림없이 내 믿음, 내 사랑, 내 소망, 그리고 모든 은혜를 완전하게 하실 것이다. 그분은 그분 자신의 목적을 완성하실 것이다. 그분은 그분의 약속들을 성취하실 것이다. 그분은 내 몸을 완전하게 하실 것이고, 내 영혼을 완전하게 하실 것이다. 해 아래에서 어떤 사람도 완전에 이르는 것은 절대적으로 불가능하다고 굳게 믿지만, 그것과 마찬가지로 내가 확신하는 것은, 모든 신자에게, 미래의 완전은 의심의 여지 없이 확실하다는 것이다.

　주께서 우리를 더 나아지게 하시는 정도가 아니라, 우리를 완벽하게 정결하고 거룩하게 하시는 날이 올 것이다. 그분이 단지 우리의 정욕을 억제하시는 정도가 아니라, 모든 귀신을 내쫓으실 날이 올 것이다. 그때 그분은 우리를 그분 앞에서 거룩하고, 흠이 없으며, 책망할 것이 없는 모습으로 만드실 것이다.

　하지만, 그날은, 내가 믿기로는, 우리가 우리 주의 즐거움으로 들어갈 때까지는, 그리고 천국에서 그리스도와 함께 영화롭게 되기까지는 오지 않을 것이다. 그때, 하지만 그때가 되어서야 비로소, 그분은 우리를 "그 영광 앞에 흠이 없이 기쁨으로 서게 하실" 것이다(유 1:24).

*　　　*　　　*

　내가 설교하고 심방하면서 케임브리지에서 마을들을 돌아다닐 때, 특히 가난한 사람들의 집에서 로마 가톨릭의 그림들이 벽에 걸려 있는 것을 볼 때면 종종 슬픈 생각이 들었다. 아마도 그 그림들이 꽤 예쁘면서도 아주 싸구려였기 때문일 것이다.

　가톨릭 출판업자들은 동정녀 마리아의 그림들, 성모 승천이라는 거짓 우화, 그리고 성자들과 성녀들에 관한 모든 종류의 신화들을 아주 교묘하게 만들어내고는, 화려하게 색칠하고 낮은 가격에 팔았다. 이런 천한 생산품들이 수많은 가정으로 흘러 들어갔다.

두렵게도, 나는 성부 하나님을 노인네처럼 묘사한 그림을 보기도 했는데, 그 개념이 너무 꺼림칙해서 언급하기도 싫을 정도이다. 아직도 그 그림은 영국의 오두막집들에 버젓이 걸려 있다. 여호와께서는 우리에게 그의 모습이나 형상을 만들지 말고, 어떤 방식으로든 그분의 외모를 묘사하는 시도를 하지 말도록 분명히 명하셨으니, 그렇게 하려는 어떤 시도도 불순종이며 신성모독이 되는 것이다.

많은 마을에서, 구원의 길에 관하여 심각한 무지가 만연하다는 것을 발견하고는 나는 한탄하였다. 그들은 읽지 못하기 때문에, 또 많이 알지 못하기 때문에, 구원받을 수 없다는 개념이 머릿속에 주입된 것처럼 보였다. 내가 개인적인 구원에 관하여 어떤 것을 물어볼 때면, 그들은 자주 이런 대답을 하곤 했다.

"오! 목사님, 저는 배워본 적이 없답니다!"

그런 말이 죄를 회개하지도 않고 구주를 의지하지도 않은 것에 대한 충분한 변명이라도 되는 듯이 여기는 것 같았다. 하지만, 배우지 못한 자들이라고 해서 그리스도에게서 멀찍이 떨어져 있을 이유는 없다. 어느 옛 그리스 철학자에 대해 전해지는 말이 있는데, 그는 자기 집 문 위에 이런 글을 써 붙였다고 한다.

"학식 있는 자가 아니면 누구도 이곳에 들어오지 못한다."

하지만, 그리스도는 그와 정반대로, 그분의 문 위에 이런 글을 써놓으신다. "소박한 자, 그를 이곳에 들어오게 하라."

나는 아주 많은 겸손한 시골 사람들이 구주의 초대를 받아들였다고 증언할 수 있다. 후에 그들이 신앙의 진리들을 굳게 붙잡고 있음을 보는 것은 큰 기쁨이었다. 그들 중 많은 이들이 신학에서 성숙한 선생들이 되었다. 때때로 나는, 만약 학위를 가질만한 사람들이 학위를 가진다면, 그 증서들이 종종 옮겨져서, 쟁기를 다루는 사람이나 목수의 작업대에서 일하는 사람들에게 주어지지 않을까 생각하곤 한다. 왜냐하면, 농부의 작은 손가락에 있는 신학이 종종 우리의 현대 신학자들 몸 전체에 있는 신학보다 더 실제적이기 때문이다.

"하지만, 그들은 신학을 이해하지 않습니까?

누군가 묻는다. 문자로는 '그렇다'고 나는 대답할 것이다. 하지만, 신학의 정신과 삶에 관해서라면, 명예신학박사(D.D.)는 종종 '곱절의 극빈자'(Doubly Destitute)를 의미한다.

언젠가 내가 워터비치에서 목격한 한 사건은 죽음에 대한 한 가지 예화를 제공한다. 한 무리의 마을 사람들, 한 가족 중에서 젊은 사람들이 다른 지역으로 이주하려던 참이었다. 수년 동안 자기의 오두막 화롯가를 떠나지 않았던 나이 드신 어머니가, 그들이 떠나야 하는 철도역까지 왔다.

나는 그들의 친구이자 목사로서 그 슬픔에 처한 무리 가운데 서 있었다. 나는 사랑하는 어머니가 아들과 딸, 그리고 어린 손주들에게 일일이 포옹하는 것을 보았다. 나는 그들이 두 팔로 나이 드신 어머니의 목을 안는 모습, 그런 다음 배웅하러 나온 마을의 모든 친구를 향해 작별의 말을 하는 모습을 그릴 수 있다. 섬뜩한 소리가 들려온다.

그것은 모든 마음에 아픔을 전한다. 그 소리는 마치 죽음의 사자가 가정의 버팀목들을 곧 잃게 될 늙은 어머니에게 전하는 소리 같다. 그 작은 마을 역이 분주해지고, 승객들은 서둘러 자기 좌석을 향해 간다. 그들은 객차 창문 밖으로 목을 내밀고, 나이 든 모친은 그들의 모습을 마지막으로 보기 위해 플랫폼 끝부분에 서 있다. 기관차에서 호각이 울리고, 열차는 멀어져 간다. 별안간, 그 불쌍한 여인은, 플랫폼에서 뛰어내리더니, 철로를 따라 달린다. 온 힘을 다해 부르짖는다.

"내 아이들아! 내 아이들아! 내 아이들아! 그들이 떠났구나, 이제 나는 그들을 다시 볼 수 없겠구나."

이 일화는 고전적이지 않을 수 있다. 그렇지만, 많은 죽음을 대할 때, 경건한 사람들이 별안간 와락 붙잡혀 가는 것을 볼 때, 나에게는 그 장면이 떠오른다. 마치 바람이 그들을 몰아간 것처럼 신속히, 또는 급한 바다 물결이 그들을 삼켜 우리 눈앞에서 사라지게 한 것처럼, 그들은 우리에게서 떠났다. 뒤에 남겨져 우는 것은 우리의 고통이다. 그들은 떠났고 다시 부를 수 없기 때문이다.

하지만, 그 그림에는 어떤 즐거운 요소도 있다. 그것은 작별일 뿐이다. 그들이 멸망한 것은 아니다. 그들은 먼지가 되어 사라진 것이 아니다. 그들이 감옥으로 끌려간 것도 아니다. 그것은 단지 한 곳에서 다른 곳으로 향하는 떠남일 뿐이다.

그들은 여전히 살아있다. 그들은 여전히 복되다. 우리가 우는 동안, 그들은 즐거워한다. 우리가 슬퍼하는 동안, 그들은 찬송의 시들을 노래한다. 그리고 머지않아, 하나님의 선한 때에, 우리는 그들과 다시 만날 것이며, 영원히 다시는 헤어지지 않을 것이다.

*   *   *

워터비치 목회 초기에, 지금도 잊을 수 없는 흥미로운 사건이 하나 있었다. 당시 케임브리지 시장이었고, 내 젊은이 특유의 실수들을 교정해주려고 두서너 번 시도했던 한 신사가 있었다. 어느 날, 그가 내게 와서는, 내가 회중에게 '만약 도둑이 천국에 들어가면 그가 천사들의 호주머니를 털기 시작할 것입니다'라고 정말 그렇게 말한 것이냐고 물었다.

"예, 그렇습니다."

내가 대꾸했다.

"내가 회중에게 말했지요. 만약 경건치 못한 사람이 본성의 변화 없이 천국에 가는 것이 가능하다면, 그는 거기에 있다고 해서 조금도 나아지지 않을 것입니다. 그리고 그때는 예화의 방식으로 그렇게 말했습니다. 도둑이 영화로운 성도 가운데 끼일 수 있다면, 그는 여전히 도둑으로 남을 테고, 그는 천사들의 호주머니를 훔치면서 그곳을 돌아다니겠지요!"

"하지만, 오! 내 귀한 젊은 목사님."

브림리(Brimley) 씨가 아주 진지하게 물었다.

"천사들은 호주머니가 없다는 걸 모르시나요?"

"없지요, 선생님."

나도 똑같이 심각하게 대답했다.

"제가 그걸 몰랐네요. 하지만, 그걸 아는 신사분을 통해 그 사실을 확인하게 되어 매우 기쁩니다. 기회가 주어지는 대로 그것을 바로잡도록 유의하겠습니다."

다음날 월요일 아침, 나는 브림리 씨의 가게로 들어가서 그에게 말했다.

"선생님, 제가 그 문제를 어제 바로 잡았습니다."

"무슨 문제요?"

그가 궁금해하며 물었다.

"아! 그, 천사들의 호주머니에 관한 문제 말입니다!"

"뭐라고 하셨는데요?"

그가 다음에 들을 말에 대해 거의 체념한 투로 물었다.

"오! 제가 사람들에게 지난번 설교 때에 내가 실수했다고 언급한 후, 미안하다고 했습니다. 하지만, 내가 한 신사―케임브리지 시장―를 만났는데, 그가 천사들은 호주머니가 없다는 것을 내게 확인시켜주었고, 그래서 내가 말한 것을 바로잡아야겠다는 것과, 나는 누구라도 천국에 대해서 잘못된 개념을 가지고 떠나기를 원치 않는다고 말했지요. 이어서 나는, 만약 도둑이 그의 본성이 변화되지 않고 천사들 가운데 있게 된다면, 그는 그들의 날개에서 깃털을 훔치려 시도할 것이라고 말했지요."

"정말 그렇게 말했단 말입니까?"

브림리 씨가 물었다.

"예, 그렇게 말했습니다"라고 내가 대꾸했다.

"그렇다면", 그가 소리쳤다.

"제가 다시는 목사님을 바로 잡으려고 시도하지 않겠습니다."

그것이 바로 그가 말해주기를 내가 정확히 원했던 것이다.

한번은, 내가 워터비치에 있을 때, 회중이 졸았다. 그날은 주일 오후였다. 우리 영국 마을들에서, 주일 오후 예배에는 처량하게도 노력이 낭비될 때가 종종 있다. 구운 소고기와 푸딩이 청중의 정신을 무디게 하고, 설교자 자신도 소화가 진행되는 동안 정신적 활동이 굼뜨다. 사람들이 많은 음식을 먹고 나서, 무겁고 둔한 상태에서 예배당에 오며, 오래지 않아 그들 중 다수가 고개를 끄덕인다. 그래서 나는 그들을 깨우기 위해 오래된 방법을 시도했다. 나는 온 힘을 다해 소리쳤다.

"불이야! 불이야! 불이야!"

자리에 앉아 있던 그들이 깜짝 놀랐고, 청중 가운데 일부는 불난 곳이 어디냐고 물었다. 다른 설교자들이 비슷한 상황에서 그렇듯이, 나는 "지옥에서요, 구주를 영접하지 않는 죄인들 때문에 불이 났습니다"라고 대답했다.

제18장

워터비치 외곽에서의 잊지 못할 예배들

> 말씀을 전하도록 하나님께 부름을 받은 모든 사람은, 그의 조물주께서 그를 빚으신 그대로의 사람이 되어야 합니다. 요한이 바울이나, 아볼로나, 게바를 본받으려 해서는 안 됩니다. 요한의 방식이나, 습관이나, 말의 태도 역시 다른 세 사람 중의 한 사람 또는 전부를 비난하는 근거가 되어서도 안 됩니다. 하나님께서는 씨앗이 땅에서 올라올 때 각각의 씨앗에 맞는 몸을 주십니다. 그와 마찬가지로, 하나님은 각각의 사람에게 그 자신에게 맞는 적절한 성장을 허락하십니다. 그가 자기의 내적 자아가 그 자신의 참된 형상으로 드러나는 것에 만족한다면 그렇게 될 것입니다. 저명한 사람들 속에 있는 선과 악은, 다른 사람들이 굽실거리는 방식으로 모방의 대상으로 삼을 때에는 두 가지 모두 해로울 뿐입니다. 맹종하듯 모방하는 선이란 부풀려지다가 결국 격식만 남고, 그런 식으로 모방하는 악은 참을 수 없는 것이 되고 맙니다. 다른 사람들을 가르치는 교사가 우리의 유일한 스승(Master)의 학교로 들어간다면, 수많은 오류를 피할 수 있습니다.
>
> 찰스 해돈 스펄전.

워터비치에서 설교한 지 1년 정도 지났을 무렵, 나는 다른 여러 곳에서 기념식이나 특별 예배를 인도하도록 초청받았다. 몇 차례에 걸쳐 나는 아주 특이한 경험을 했다. 목회 초기에 내가 알고 지낸 괴짜 인물이 있었는데, 그의 이름은 포토 브라운이었고, "호튼의 방앗간 주인"으로 알려졌다. 그가 나에게 자기 예배당에 와서 설교해달라고 요청했다. 그리고 토요일 밤에서 월요일 아침까지 나는 그의 손님이 되어서 '교묘한 고통'을 겪었다. 나는 그의 집에 머무는 동안 내가 느꼈던 그 이상한 감정의 혼재를 묘사하기 위해 다른 용어를 쓸 수가 없다.

첫날 밤에는 특별히 관심 끄는 일이 아무것도 일어나지 않았다. 하지만, 다음 날 아침 내가 계단을 내려갈 때, 브라운 씨가 내게 말했다.

"우리는 주일 아침에 목사님의 아침을 위해 계란 두 개를 항상 제공합니다. 계란 속에 든 인 성분이 뇌에 좋답니다. 그런데 목사님은 오늘 정신적인 영양분이 많이 필요할 것처럼 보입니다."

나는 이 말에 대꾸하지 않았고, 내 때를 기다리다가, 입을 열어 공격을 시작할 때, 그가 예상하지 못했을 정도의 공세를 펼치는 편이 낫다고 생각했다. 그날 세 번의 예배가 예정되어 있었다. 브라운 씨가 아침에 설교했고, 이웃의 목사가 오후에, 그리고 나는 밤에 설교하기로 되어 있었다. 우리가 나를 초대한 주인장 집에 돌아와서, 저녁 식사를 마친 후, 그는 안락의자에 등을 기대었다. 눈은 감고 있었고, 양손의 손가락 끝을 서로 맞대고서, 큰소리로 독백을 하기 시작했다.

"오! 주여, 오늘 온종일 좋은 날이 되게 해 주셔서 감사합니다! 주여, 아침에는, 당신의 보잘것없는 종이 당신의 이름으로 말씀을 전할 특권을 누렸습니다. 어느 정도 자유롭게 전했고, 사람들에게 어느 정도 받아들여졌기를 바라나이다. 오후에는, 훌륭한 형제가 좋고, 건전하고, 내용이 풍성한 복음 설교를 했습니다. 아주 눈부실 정도는 아니었지만, 그럼에도 아주 유용했던 것 같습니다. 저녁에는, 주여! 단골 증기 기관차가 우리에게 왔는데, 그 앞의 모든 것과 모든 사람을 치고 달렸습니다."

그때, 그는 눈을 뜨고서, 나를 힐끔 쳐다보았다. 그리고는 대화를 시작했는데, 그때의 대화는 내가 지금도 거의 그대로 기억할 수 있을 정도다.

대화 내용은 다음과 같다.

브라운: 젊은이, 당신이 설교할 수 있다고 당신을 설득한 분이 있었나요?
스펄전: 예, 선생님, 저는 주님께서 저를 이 일로 부르셨다고 믿고, 또 같은 견해를 가진 상당히 많은 사람을 만났습니다.
브라운: 목사가 된 지는 얼마나 되었나요?
스펄전: 12개월이 조금 넘었습니다.
브라운: 작년에 얼마나 많은 영혼을 구원했나요?
스펄전: 아무도 없습니다, 선생님.

브라운: 없다고요?
당신은 12개월을 목사로 있었는데, 구원받은 영혼이 아무도 없다니요?
그걸 시인하는 것에 부끄러움을 느껴야 합니다. 아 물론, 당신이 오늘 밤 우리에게 전한 것과 같은 교리들을 지금까지 전해왔다면, 구원받은 영혼이 없다는 소리를 듣는 것이 놀랍지는 않군요.

스펄전: 구원받은 영혼들이 없다는 말은 제가 하지 않았습니다. 저는 내가 아무도 구원하지 않았다고 말했습니다. 저는 주님께서 저를 도구로 쓰셔서 몇 사람을 구원하신 것을 알고 행복합니다.

브라운: 당신네 형제들 대부분은 "겸손한 도구"라는 말을 하지만, 그런 와중에도 그들은 루시퍼처럼 교만하지요. 하지만, 그건 그저 목회자들의 위선적인 말투일 뿐입니다. 당신은 내가 말하는 의미를 잘 알 겁니다.
그건 그렇고, 회심한 지는 얼마나 되었소?

스펄전: 21개월 되었습니다, 선생님.

브라운: 얼마나 자주 설교합니까?

스펄전: 주일에 세 번, 주중에 한 번은 워터비치에서 합니다. 그리고 주중에는 거의 매일 밤 다른 어디에선가 설교합니다.

브라운: 우리는 주일 아침과 저녁 설교만 쳐줍니다. 오후 예배는 아무도 구원하지 못합니다. 사람들이 식사 후에 너무 졸아서 듣지 못하니까요. 그러니까, 예를 들자면, 일백 번 하고 네 번의 설교에, 스물하나의 영혼들이 구원받았다면, 팔십 세 번의 설교는 낭비지요! 정말이지, 그 스물하나의 영혼 전체가 한 설교를 통해 구원받았다면, 일백 세 번의 설교는 낭비라고 말할 수 있답니다.
당신은 워터비치에 사나요?

스펄전: 아닙니다. 저는 케임브리지에 살고 있고, 거기 한 학교에서 가르칩니다.

브라운: 오, 저런! 그렇다면 당신은 현재 수습 소년이고, 단지 설교를 실습하고 있군요! 당신의 사역은 일종의 주말 농장이고, 틈틈이 경작해야겠군요.

교인들이 사례는 얼마나 주나요?

스펄전: 일 년에 45파운드입니다.

브라운: 오! 그게 전부인가요? 일 년에 100파운드 이하로는 영혼들이 구원받지 못합니다. 물론, 이 말은 사람들이 그 돈을 사례로 줄 수 있는 사역지에 해당하는 말이지만, 하여간 그 액수는 어떤 목사에게도 너무 적습니다. 자, 젊은 친구여, 내가 좋은 충고 한마디 하겠소. 당신은 절대 설교자가 되지 못할 거요. 그러니 그걸 포기하고, 가르치는 일에 전념하시오.

수년 후, 내가 그를 보고 그의 조언과 예언을 상기했을 때, 그는 익살스럽게 말하곤 했다.

"아! 한 사람이 때에 맞는 약간의 조언으로 얼마나 큰 유익을 끼칠 수 있는지는 아무도 알 수 없답니다. 확실히 나의 예리한 발언이 당신을 분발하게 했군요."

실제로 나는 분발하긴 했지만, 그가 말한 의미에서는 아니었다. 나는 곧 그가 지독한 알미니안이라는 것을 알게 되었다. 그리고 그가 내게는 너무나 소중한 칼빈주의를 공격했을 때, 나는 그의 교리 체계를 무가치한 신학이라고 맹렬히 비난했다.

나는 그가 여러 선교단체에 그들이 보고하는 회심자 수에 비례하여 돈을 주었다는 것을 알았다. 가능한 가장 저렴한 비용으로 사람들을 그리스도께로 데려오는 것처럼 말이다!

그는 여러 가지 연례 보고서를 받았고, 교회에 사람 수가 늘어난 만큼 금액을 나누어 지불했다.

따라서 가장 많은 돈은 한 사람당 액수가 가장 적은 곳으로 보내어졌다!

그가 한 말의 배경에는 일말의 진실이 있었지만, 그가 기부되는 돈에 따라 개종자들에 관하여 말하는 방식에는 정말이지 충격을 받았다. 그래서 나는 그가 그랬던 것처럼 자유롭게 내 의견을 공개적으로 밝혔고, 조금의 거리낌도 없이 그의 말을 되받아쳤다. 그것은 격렬한 논쟁이었고, 늙은 신사와 애송이 소년 모두 충분히 흥분했지만, 전투 당사자 어느 쪽에도 상처를 남기진 않았다.

월요일 아침에, 브라운 씨는 나와 함께 다정한 대화 속에서 헌팅던으로 걸어갔다. 후에 그는 내게 안부를 전하는 말과 함께 홀데인의 『삶』을 선물로 보냈다. 그리고 그가 비록 자기의 교리적 진술로 나를 몸서리치게 했지만, 나는 한편으로 그 무뚝뚝한 이단자에게 속으로 끌리는 것을 느꼈다. 분명 그는 그 상황에서, 그의 아주 기괴한 교리적 관점을 의도적으로 표출했을 텐데, 아마도 그 젊은 설교자를 빼내기 위해서였을 테고, 또한 그를 많은 점에서 바로잡기 위해서였을 것이다.

하지만, 그가 보기에, 그 젊은 설교자는 다루기에는 가망이 없어 보이는 학생이었고, 포토 브라운이나 피니 교수나, 다른 어떤 알미니안도 두려워하지 않았다. 오히려 그 젊은이는 자기 자신의 견해를 확고하게 주장했고, 그것이 그 괴팍한 방앗간 주인의 관심을 끌었고 불쾌하게 하지는 않았다. 브라운 씨는 주일날 그의 예배당에서 설교한 젊은 신사들을 비평할 때에 대개는 좀 더 말랑한 사람들을 대면해 온 것이다.

* * *

내 목회 초기에 알게 된 또 한 명의 특이한 인물은 코트넘(Cottenham)의 서튼(Sutton) 씨였다. 그는 나를 본 적이 없지만, 내가 인기 있는 젊은 목회자라는 말을 들었다. 그래서 그는 기념일 설교를 위해 나를 초청했다. 아침 예배 전에 나는 그 교회의 제의실(祭衣室)에 있었다. 그 나이 든 사람이 들어와서 나를 보았을 때, 그는 내가 젊은 것을 보고는 매우 놀란 것처럼 보였.

의례적인 인사를 무뚝뚝하게 나눈 후에 그가 말했다.

"당신이 이처럼 풋내기 소년인 줄 알았더라면 당신을 여기에 오도록 청하지 않았을 것이오. 이런, 사람들이 오전 내내 마차, 수레 등 온갖 종류의 탈것을 타고는 기념식 장소로 밀려 들어오고 있군!"

내가 말했다.

"좋습니다, 목사님. 제가 생각하기엔 이것이 당신의 기념식을 위해선 훨씬 더 좋은 일일 것 같군요. 하지만, 나는 내가 왔던 것처럼 곧장 돌아갈 수 있습니다. 워터비치에 있는 내 교인들이 나를 보면 매우 기뻐할 겁니다."

"아니, 아니오"라고 그 늙은 목사가 말했.

"이제 당신은 이왕 여기에 왔으니, 최선을 다해야 합니다. 저기 케임브리지에서 온 젊은 친구가 한 사람 있으니, 그가 당신을 도와줄 것입니다. 그리고 우리는 당신에게서 많은 것을 기대하지 않을 겁니다."

그런 다음 그는 초조한 듯이 그 방을 서성거렸고, 불평을 늘어놓았다.

"오, 이런! 세상이 어떻게 되어 가는 건지, 어머니 젖도 떼지 못한 신출내기 소년들이 설교자라니!"

시간이 되어 나는 강단으로 안내를 받았다. 그 노 목사는 계단에 앉았다. 만약 중간에 내 설교가 끊기는 경우 그 예배를 이어갈 태세였다. 기도와 찬양 후, 나는 잠언을 본문으로 정해 읽었는데, 그 속에 이런 말씀이 포함되어 있었다.

> 백발은 영화의 면류관이라(잠 16:31a).

거기까지 읽고서, 나는 멈추었다가, 이렇게 말했다.

"나는 이것을 의심합니다. 왜냐하면, 오늘 아침에, 나는 백발이 된 한 사람을 만났습니다만, 그는 자기 동료 인간을 향한 일반적인 정중함도 배우지 못했기 때문입니다."

계속해서 나는 그 구절을 마저 읽었다.

> 공의로운 길에서 얻으리라(잠 16:31b).

내가 말했다.

"아아! 이는 다른 경우입니다. 백발을 공의로운 길에서 만나게 될 때, 그때는 그것이 영광의 면류관이 될 수 있습니다. 그리고, 공의로운 길에서 만나게 된다면, 붉은색 머리나, 그 외 다른 색깔의 머리도 영광의 면류관이 될 수 있습니다."

나는 예배를 계속 진행했고, 할 수 있는 최선을 다해 설교했다. 내가 강단에서 내려올 때, 서튼 씨가 내 등을 철석 치면서 소리쳤다.

"대단한 강심장이오!

나는 거의 사십 년을 목사로 지냈지만, 내 생애에서 설교 때문에 이렇게 기쁜 적은 없었소이다. 그런데 당신은 여태 강단에서 짖어온 사람 중에서 가장 짓궂은 설교자더군요."

그 예배당을 떠나 집으로 오는 동안, 그는 길을 건너더니 그날 예배를 두고 토론하던 한 무리의 사람들과 이야기를 나누었다. 나는 그가 이렇게 말하는 것을 들었다.

"내 일생에 이런 경우는 처음입니다."

그날 남은 시간 동안 우리는 좋은 시간을 보냈다. 주께서 말씀에 복을 주셨고, 서튼 씨와 나는 이후로 가장 좋은 친구가 되었다. 나는 서튼 씨가 전한 설교에서 그가 한 묘사를 결코 잊지 못한다. 나는 그의 입술에서 나온 말을 메모로 남겨 가지고 있는데, 그것은 앞으로도 주해로 남겨질 것이지, 이 세상에서 다시 전파되지는 않을 것이라고 믿는다.

본문은 "올빼미와 밤의 매와 뻐꾸기"(KJV, 레 11:16)였다.

이 구절 자체는 누군가를 감동하게 할 만큼 풍성한 의미를 담고 있다고 보긴 어려울 것이다. 이 구절은 내게도 크게 다가오지 않았고, 그래서 나는 순진하게 이렇게 물었다.

"설교의 서두를 어떻게 시작하셨습니까?"

그가 아주 능글맞게 대꾸했다.

"서두?

아! '밤의 매, 올빼미, 뻐꾸기', 세 마리가 있지요?

그 새들의 목을 곧장 비트는 거지요."

그는 이 새들이 모두 율법으로는 부정하며, 부정한 죄인들의 명백한 모형이라고 제시했다. 밤의 매들은 은밀하게 좀도둑질하는 사람들이며, 또한 제품에 불순물을 섞는 자들, 사기꾼이라는 의심을 사지 않으면서 음흉한 방식으로 자기 이웃들을 속이는 자들이라고 했다. 올빼미들에 대해서 말하자면, 그들은 술주정뱅이들의 전형이었다. 그들은 항상 밤에 활개를 치며, 낮 동안에는 너무 졸려서 머리를 기둥에 부딪힐 뻔하는 사람들이다. 신앙고백자들 가운데도 이런 올빼미들이 물론 있다. 올빼미는 털이 뽑히고 나면 아주 작은 새인데, 많은 깃털을 가지고 있어서 크게 보이는 것뿐이다.

그처럼, 많은 신앙고백자들이 모두 깃털에 지나지 않는다. 그들의 허풍스러운 신앙고백을 제거할 수만 있다면, 그들에게 남는 것은 아주 조금밖에 없을 것이다. 다음으로 뻐꾸기들은 교회 성직자들인데, 그들은 교회에서 입을 열 때마다 항상 같은 어조로 말하며, 교회 유지세와 십일조와 더불어 다른 새들의 알을 먹고 산다. 뻐꾸기들은 또한 자유의지론자들(free-willers)이기도 한데, 그들은 항상 "두-두-두-두"(Do-do-do-do, '하라'는 행위만 강조한다는 풍자- 역자주)라고 말한다.

이런 주해가 아주 근사하지 않은가?

하지만, 그것을 전달한 사람에게는, 그 강론이 딱히 두드러지거나 이상할 것도 없다고 여겨졌을 것이다.

그 존경스러운 형제가 한번은 아주 독특한 설교를 했는데 아주 독창적이고 유용했다. 아마도 그 설교를 들은 사람은 그것을 죽는 날까지 기억할 것이다. 그때의 본문은 이것이다.

> 게으른 사람은 사냥해서 잡은 것을 굽지 아니하느니라(KJV, 잠 12:27).

그 노 목사님이 강단 꼭대기에 기대어 말했다.

"그러니, 내 형제들이여, 그는 게으른 놈이었습니다!"

그건 서두였다. 그런 후 그는 계속해서 말을 이어갔다.

"그는 사냥하러 나갔고, 토끼를 잡느라고 많은 수고를 한 후에, 너무 게을러서 그것을 굽지 않은 겁니다. 그는 정말로 게으른 작자였습니다!"

그 설교자는 우리 모두에게 그런 게으름이 얼마나 우스꽝스러운지를 느끼도록 했다.

그런 다음 그가 말했다.

"하지만, 그렇다면, 여러분도 이 사람처럼 비난을 받을 수 있습니다. 여러분도 똑같은 일을 하기 때문입니다. 여러분은 런던에서 내려오는 인기 있는 목사에게 듣습니다. 그의 설교를 듣기 위해 수레에 말을 매고는, 십 마일 또는 이십 마일을 마차를 몹니다. 그런 다음, 그 설교를 다 듣고 난 다음에, 여러분은 거기에서 유익을 얻는 것을 잊어버립니다. 여러분은 토끼를 잡아놓고, 그것을 굽지 않습니다. 여러분은 진리를 찾아 사냥을 나갔지만, 정작 그 진리를 받아들이지 않습니다."

그는 계속해서, 마치 고기가 신체에서 흡수되기 위해서는 요리가 필요한 것처럼―그가 정확히 그 단어를 썼다고는 생각지 않는다―, 진리가 우리의 정신 속에 받아들여지고 우리가 그것을 먹고 자라도록 하기 위해서는, 어떤 과정을 거치는 것이 필요하다고 제시했다. 그는 그가 어떻게 설교를 요리하는지를 우리에게 보이고자 했는데, 대단히 유익한 방식이었다.

그는 마치 요리책을 펼치듯이 시작했다.

"먼저, 토끼를 잡으세요."

"그렇게", 그가 이어 말했다.

"먼저, 복음 설교를 들으세요."

그런 다음에, 그는 아주 많은 설교들이 사냥할 가치가 없다고 선언했다. 그리고 슬프게도 좋은 설교들은 희소하니, 멀리까지 가서 건전한, 옛 방식의, 칼빈주의식 강론을 들을 가치가 있다고 말했다. 그다음에, 설교를 잡은 후에도, 설교자의 연약함 때문에 필요한 일이 많을 텐데, 즉 유익하지 않은 것들은 버려져야 한다고 했다. 여기서 그는 들은 것을 분별하고 판단하는 것에 대해 자세히 말했고, 어떤 사람의 모든 것을 믿지는 말아야 할 것에 대해 말했다.

다음에는 설교를 굽는 것에 대한 지침이 이어졌다. 기억의 쇠꼬챙이를 끝에서 끝에까지 찔러넣고, 진실로 따뜻하고 진지한 마음의 불 앞에서, 묵상이라는 구이용 회전 틀에서 그것을 계속해서 돌리는 것이다. 그러면 설교가 요리되는 그 과정에서, 진정한 영적 자양분이 공급될 것이다. 나는 그의 강론을 대략 전하고 있을 뿐이다. 비록 그것은 약간 우스운 것처럼 보이기도 하지만, 듣는 이들에게는 그렇게 여겨지지 않았다.

서튼 씨가 말하는 방식은 대개 그런 식이었다. 그의 사역도 그런 식이었다. 그가 평안히 안식하길 바란다. 그는 괴짜 어르신이었다. 그는 삼십 년에서 사십 년 정도 양들의 목자였다가, 후에는 비슷한 기간 동안 사람들의 목자가 되었다. 그가 종종 내게 들려주기를, 그의 두 번째 양무리는 "첫 번째 양들보다 더 양들 같다"고 했다. 그의 설교를 듣고 천국으로 가는 길을 발견한 회심자들이 아주 많았고, 그래서 그가 그들을 기억할 때면, 우리는 마치, 나면서 못 걷게 된 사람이 베드로와 요한의 말을 듣고 뛰는 것을 본 사람들 같았다. 비난하려던 사람들도 있었지만, "병 나은 사람이 베드로와 요한과 함께 서 있는 것을 보고 비난할 말이 없었다"(행 4:14).

* * *

내 설교 경험의 초기에, 정말 훌륭한 사람이 있었다. 내가 그를 대신하여 예배를 인도할 때, 그는 이렇게 시작하는 찬송을 부르자고 고집했다.

> 전능하신 하나님! 천사들이 주를 찬송할 때에,
> 혀짤배기 유아도 당신의 이름을 노래할 수 있나요?

그 찬송은 나와 특별히 관련하여 불리었는데, 처음에 그것은 아주 적절했다. 왜냐하면, 그 노 성도가 나를 영적인 일들에서 "유아"로 간주한 건 당연했기 때문이다. 하지만 십 년 후, 내가 다시 그를 위해 설교하려고 그 지방으로 내려갔을 때, 내 설교에 앞서 같은 찬송이 여전히 불리었다.

> 전능하신 하나님! 천사들이 주를 찬송할 때에,
> 혀짤배기 유아도 당신의 이름을 노래할 수 있나요?

그리고 내가 사십 세였을 때, 그 덕망 있는 어르신은 그의 긴 생애의 거의 끝자락에 있었다. 나는 설교로 돕기 위해 다시 한번 그에게로 갔다. 그때도 나는 회중과 함께 이 찬송을 불러야 했다.

> 전능하신 하나님! 천사들이 주를 찬송할 때에,
> 혀짤배기 유아도 당신의 이름을 노래할 수 있나요?

나는 내가 꽤 큰 편에 속하는 유아라고 생각했다. 그리고 나 자신의 찬송을 고르고 싶다고 느꼈다.

다른 기회에, 내가 설교하고 있던 교회에서 그곳 목회자가 회중이 부를 찬송을 낭독하곤 했다. 사용되는 찬송가는 와츠 박사에 의해 편집된 것이었는데, 그 책에는 맨 먼저 시편 찬송이 있었고, 다음으로 찬송가 1권, 2권, 3권이 실려 있었다. 나는 구분된 여러 권 중에서 하나의 찬송을 골랐는데, 약간의 실수로 그 목사가 그 책의 다른 부분을 펼쳤다. 그는 자신의 실수를 알아채기 전에 이미 해당 찬송을 읽고 있었다.

> 영원하신 왕이 하늘에서 내려와
> 땅을 방문하실 때,
> 거만한 왕들의 높은 성을 멸시하여
> 시선을 돌리셨네.
>
> 그분이 두려운 병거를 달리라고 명하여
> 아득한 하늘에서 땅으로 향하심은,
> 그의 눈으로 기쁘게 보신
> 겸손한 영혼들을 방문하시기 위함이네.

와츠 박사의 그 찬송에 친숙한 사람들은 마지막 절이 이렇게 시작하는 것을 알 것이다.

> 그분의 은혜는 그분의 성품과 같으니,
> 모든 것을 그분의 주권대로 모든 것을 값없이 주시네.

그 목사가 이 두 소절을 읽었을 때, 그가 말했다. "우리는 이 찬송을 부르지 않을 겁니다." 나는 그 상황에서 그 찬송을 불러야 한다고 느꼈고, 그래서 이렇게 말했다. "부탁입니다만, 우리는 이 찬송을 불러야 합니다. 만약 이 찬송을 부르지 않는다면 오늘 아무것도 부르지 맙시다."

그러자 그 목사가 그 책을 덮었고, 나는 설교를 이어갔다. 나는 내 강론으로 상당히 다른 주제를 정했었다. 하지만, 그런 도전이 내게 닥쳐왔을 때, 나는 내 주제를 바꾸어야 한다고 느꼈고, 그래서 이 구절을 본문으로 선언했다.

내가 긍휼히 여길 자를 긍휼히 여기고 불쌍히 여길 자를 불쌍히 여기리라. 그런즉 원하는 자로 말미암음도 아니요 달음박질하는 자로 말미암음도 아니요 오직 긍휼히 여기시는 하나님으로 말미암음이니라(롬 9:15-16).

나는 이 말씀에서 훌륭하고 건전한 교리를 충분하게 강론하며 설교했고, 어떤 이들이 칼빈주의라고 부르는 신앙의 골수와 기름진 것을 좋아한 모든 형제와 자매들의 마음은 기쁨으로 충만했다. 하지만, 칼빈주의는 우리 주님 자신과 그분의 사도들에게까지 거슬러 올라간다.

* * *

내 목회 초기 시절, 나는 케임브리지셔 아일햄에서 설교하도록 초청을 받았다. 그곳은 내가 세례를 받은 곳이다. 나는 오전 예배를 인도했다. 내 형제 알디스가 오후에 설교했던 것으로 기억하며, 저녁에는 다시 내가 순서를 맡아야 했다. 아일햄 사람들은 내가 회중을 끌어모을 것이라고 믿어서인지, 그 지역에서 가장 큰 예배당을 빌렸다. 나는 그 일을 잊지 못할 것이다. 왜냐하면, 나는 그날 오전 11시에 일곱 명을 향해 설교했기 때문이다! 그 수가 모인 사람의 전부였다.

그리고 내가 그들에게 말했던 내용도 기억하는데, 나는 그들이 오리들이 출입구를 통과할 때에 행동하는 방식을 연상하게 한다고 말했다. 오리들은 항상 고개를 숙인다. 오리들은 심지어 헛간에 들어가고 나갈 때도 그렇게 하는 경향이 있다.

입구 높이가 이십 피트가 되어도, 오리는 고개를 숙이지 않고서 들어가는 법이 없는데, 문 꼭대기에 머리를 부딪칠까 염려해서이다!

그래서 내가 그들에게 말했다.

"여러분은 장소가 협소할 것을 염려하여 일곱 사람을 위해 저 큰 예배당을 빌렸습니다!"

하여간, 나는 비록 회중이 적어도, 그날 아침에 최선을 다해 설교하겠다고 결심했다. 오후 예배를 맡았던 형제가 내게 말했다.

"어떻게 그렇게 하실 수 있는지 모르겠네요. 당신은 마치 그 장소가 가득 차 있는 것처럼 진지하게 설교했습니다."

"예" 내가 대답했다.

"저는 그것이 저녁에 그 장소를 가득 채울 유일한 길이라 생각했습니다. 그래서 저는 제가 가진 모든 총을 펼쳐 놓고, 저 적은 무리의 사람들에게 가능한 가장 큰 감명을 끼치려고 결심했지요."

오후에는 청중이 어지간히 모였다. 아마 일백 명에서 일백오십 명 사이였을 것이다. 그런데 내가 밤에 설교할 때, 그곳에는 서 있을 자리도 없었다. 물론 내가 군중을 모았다고 나 자신을 칭찬하는 것은 아니지만, 내가 말하지 않을 수 없는 것이 있다.

그것은, 만약 내가 아침에 그 일곱 사람에게 최선을 다해 설교하지 않았더라면, 밤에 큰 회중을 모으지 못했을 것이라는 점이다. 첫 예배에 그곳에 왔던 사람들이 나가서 얼마나 좋았던가를 계속 말하면서 돌아다녔고, 많은 사람에게 저녁에는 그들이 직접 와서 들어보라고 유도한 것이다.

제19장

런던으로의 부름

> 스탐본과 인근 마을들에서 설교하도록 한 주간 방문하는 것과 관련해서, 저는 최대한 당신의 뜻을 따라 섬기겠습니다. 주일에는 안 되겠지만, 주중에는 모든 날이 가능합니다. 이곳은 수고하기에 좋은 지역이지만, 가능하다면 저는 더 많은 일을 하고 싶습니다. 밭이 크기 때문에, 일꾼들은 온 힘을 다해 일해야 합니다. 저는 종종 제가 중국인이거나, 인도인, 또는 아프리카인이었으면 좋겠다고 여길 때가 있습니다. 그러면 제가 온종일 전하고, 전하고, 또 전할 수 있을 테니 말입니다. 설교하다가 죽는다면 행복할 것입니다. 하지만 저는 성령을 더 원합니다. 저는 성령의 거룩한 힘이 충분하다고 느끼지 않으며, 아니, 충분한 정도의 절반도 되지 못한다고 느낍니다.
>
> 찰스 해돈 스펄전,
> 1853년 9월 27일에 그의 삼촌에게 보낸 편지에서.
>
> 리처드 닐 씨는 십자가를 전하는 복된 선교사였고, 그에게 나는 개인적으로 큰 빚을 졌다고 느낍니다. 그가 말했습니다. '만약 온 세상에 회심하지 않은 단 한 사람이 있고, 그 사람이 시베리아 벌판에 살고 있다면, 세상의 모든 그리스도인 목사와 신자 개개인이 그 영혼이 그리스도께 인도되도록 그곳까지 순례의 길을 떠난다고 해도, 그렇게 해서 그 영혼이 구원받는다면, 그 수고는 결코 낭비된 것이 아닙니다.' 이는 진리를 놀라운 방식으로 전한 것이지만, 불멸의 영혼의 가치를 깨달은 모든 사람은 그 방식에 흔쾌히 동의할 것입니다.
>
> 찰스 해돈 스펄전

1853년에, 나는 케임브리지 상공회의소에서 열리는 그 도시의 주일학교 연합 연례 모임에서 연설해달라는 요청을 받았다. 다른 두 명의 목사가 발언할 예정이었고, 그들 모두 나보다 나이가 훨씬 많았다. 그래서 자연스럽게, 내가 첫 번째 순서로 배정되었다. 나는 그때 내가 말한 내용을 기억하지 못하지만, 평상시처럼 직설적인 방식으로 말했던 것은 분명한 듯하다. 나는 내 발언에서, 다른 발언자들이 그들 차례가 되었을 때 나를 사납게 대하도록 만든 요소가 있었다고 생각지 않는다.

특히, 그들 중의 한 사람은, 그의 진술에서 아주 개인적이면서도 모독적인 방식으로, 많은 회중 앞에서 내가 어리다는 점을 강조하고 있었다. 그때, 그는 절정이라고 여겨지는 대목에서, 소년들이 어른들을 가르치려고 시도하기에 앞서, 수염이 자랄 때까지는 여리고에서 머물라고 한 성경의 사례(참조. 삼하 10장)를 적용하지 않는 것이 유감이라고 말하고 있었다.

의장의 허락을 받아서, 나는 청중에게 여리고에서 머물라고 명령받은 사람들은 소년들이 아니라 다 자란 어른들이었음을 상기시켰다. 그들이 적들에 의해 수염이 깎인 것은 가장 큰 모욕이었으며, 따라서 수염이 다시 자랄 때까지는 수치스러워 집으로 돌아올 수 없었음을 상기시켰다.

그리고 덧붙이기를, 그 사건과 진정으로 상응하는 경우는, 공개적인 죄에 빠짐으로써, 자신의 거룩한 소명을 더럽히고, 그래서 사람 됨됨이가 어느 정도 회복되기까지 한동안 외딴곳에 가서 지낼 필요가 있는 목사에게서 발견된다고 말했다. 공교롭게도 나는 나를 부당하게 공격한 그 사람을 정확하게 묘사한 셈이 되었고, 그런 이유로, 당시에 참석하여 그 상황을 아는 모든 이들은 그 사건을 더 잘 기억하게 되었다.

그날 저녁 그 강당에는 에식스에서 온 한 신사가 있었는데―로우튼(Loughton)의 조지 굴드(George Gould)―, 그는 내 잘못이 아닌 일로 내가 처했던 난감한 입장에 깊이 공감했으며, 또 내가 한 말에 큰 인상을 받았다. 그래서 얼마 후, 그가 런던에서 뉴 파크 스트리트 교회의 집사 중 한 명인 토머스 올니(Thomas Olney)를 만났을 때, 그는 강단이 비었으니 내 예배 순서를 확보해보라고 채근했다. 이렇게 해서 그는, 하나님의 손안에서, 내가 케임브리지셔에서 대도시로 옮기는 일에 수단이 되었다.

*　　　　*　　　　*

1853년 11월 마지막 주일 아침에, 나는 평상시처럼 케임브리지에서 워터비치 마을을 향해 걸었다. 그 작은 침례교회의 강단을 맡기 위해서였다. 그 길은 5~6마일 정도 되는 시골길이었는데, 그것을 나는 평소 한보씩 걸어 측정해보곤 했다. 나는 그 길을 주일마다, 도중에 작은 조랑말이 끄는 마차를 만나지 않은 한, 늘 걸어서 다녔다.

조랑말 마차를 만나는 경우도 중간지점까지만 타고 갔는데, 밀턴에 있는 통행료 징수 초소를 지날 때 발생하는 엄청난 비용 때문에 감히 더 타고 갈 엄두를 내지 못했다!

그 겨울의 아침에, 나는 도보 이동과 강단 준비로 상기되어 있었다. 탁자 형태의 신도석에 앉았을 때, 런던의 우표가 붙어 있는 한 통의 편지가 내게 건네졌다. 그것은 좀 특이한 서신이었기에 나는 호기심을 가지고 열어보았다. 거기에는 서더크(Southwark)의 뉴 파크 스트리트교회에서 설교해 달라는 초대장이 들어있었다. 전에 그 교회의 강단을 차지했던 이는 리폰(Rippon) 박사였다. 당시 내 앞의 탁자 위에 올려져 있는 찬송가의 편집자인 바로 그 리폰 박사, 그 찬송 선집(選集)에서 내가 예배 때에 막 찬송을 고르려고 했던 그 위대한 리폰 박사였다. 고인이 된 리폰 박사가 내 위에서 맴도는 듯했다. 그의 이름의 영광이 뉴 파크 스트리트교회와 그 강단을 말할 수 없는 경외감으로 덮고 있는 듯했다.

나는 조용히 그 편지를 탁자에서 밀어 나에게 찬송가를 가져다준 집사에게 건넸다. 아마 무언가 실수가 있었을 것이며, 그 편지는 틀림없이 노퍽(Norforl) 어딘가에서 설교하는 다른 스펄전 씨에게 보내는 것이라고 말했다. 그는 머리를 흔들면서 실수가 아닐 것이라고 말했다. 그리고 그는 언젠가 그의 목사가 어느 큰 교회 또는 다른 교회로 가실 것임을 알고 있었노라고 말했다. 다만 런던 사람들이 그처럼 빨리 나에 대해 들었다는 것이 조금 놀랍다고 말했다.

그가 말했다.

"코트넘이나 세인트아이브스, 또는 헌팅던이었다면 저는 전혀 놀라지 않았을 것입니다. 하지만, 이 작은 곳에서 런던으로 가는 것은 일대진보(一大進步)네요."

그는 아주 근엄하게 머리를 흔들었다. 하지만, 내가 찬송을 찾아봐야 할 시간이 되었기에, 그 편지는 치워졌고, 내가 기억하는 한, 그날에는 거의 잊혔다. 다음 날, 그 런던의 집사에게서 온 편지에 아래와 같은 답변이 실렸다.

*　　　　*　　　　*

1853년 11월 28일,
케임브리지, 파크 스트리트, 60번지.

친애하는 선생님!

저는 워터비치에 거주하지 않습니다. 따라서, 친구들이 즉시 저에게 전달하긴 했지만, 귀하의 편지는 어제까지는 저에게 도착하지 않았습니다. 이곳을 비우겠다고 워터비치에 있는 회중을 설득하기란 쉽지 않겠지만, 12월 11일에 귀하의 교회에서 예배를 인도하도록 준비하겠습니다.

4일에는 이 회중을 떠날 수 없습니다. 이 회중이 선뜻 동의할 대안을 찾는 것이 불가능하므로, 연속 두 번의 안식일을 떠나 있을 수가 없습니다. 저는 귀하가 어떻게 저에 대해 들었는지 아주 궁금합니다. 그리고 제가 그곳에 갔을 때 격에 어울리지 않는 상황이 닥치지 않도록, 나 자신에 관하여 약간의 설명을 해야겠다는 생각이 듭니다.

비록 제가 한 교회에서 2년 이상 목회를 했고, 그 기간에 수가 두 배로 늘긴 했지만, 저는 생일을 불과 19번 보냈을 뿐입니다. 저는 사람을 두려워하는 것이 무엇을 의미하는지 거의 알지 못하며, 큰 회중을 대할 때나, 빈번하게 붐빌 정도로 사람들이 모였을 때나, 한결같이 처신해왔습니다.

하지만, 만약 귀하가 제 나이가 귀하 교회의 강단에는 부적절하다고 생각하신다면, 모쪼록 저를 그곳에 가지 않도록 조치해 주시길 바랍니다. 위대하신 하나님, 나를 도우시는 하나님께서, 저를 혼자 두지 않으실 것입니다. 지난 2년간, 거의 매일 밤, 저는 그분의 진리를 선포하는 데 도움을 받았습니다. 그러므로, 귀하가 제안을 받아들이신다면, 저는 11일에 가겠다고 약속할 수 있습니다. 저는 토요일 오후에 그곳에 도착할 것이며, 월요일에 돌아올 것입니다. 공급할 것을 확보해야 하니, 이른 답변을 주시면 고맙겠습니다.

찰스 해돈 스펄전

*　　　　*　　　　*

이내 또 하나의 서신이 도착했다. 앞의 편지는 젊은 설교자의 나이를 정확히 알고서 보낸 것이며, 오직 그를 염두에 두고 발송된 서신이라고 밝히고 있었다. 앞 서신의 요청이 반복되고 다그쳐졌으며, 런던으로 오는 날짜가 언급되었고, 그 설교자가 숙박할 장소도 지정되었다. 그 초대는 받아들여졌으며, 그 결과 펜스(Fens)의 그 소년 설교자는 런던으로 여행하였다. 내가 그 집사가 지정해 준 블룸즈베리 퀸 광장에 있는 어느 숙박 시설에서 밤을 지낸 것은 오래전 일이건만 불과 어제 일처럼 느껴진다. 나는 커다란 검정 새틴 옷감의 외투를 입고, 흰 점들이 새겨진 푸른 손수건을 사용했다. 그 숙소에 머물던 젊은 신사들은 런던에 설교하러 올라온 명백한 "풋내기" 시골 청년을 보고는 무척 놀랐다.

그들은 주로 복음주의 교회에 속한 인물들이었는데, 설교자가 시골 소년이라는 것에 아주 재미있어 하는 것처럼 보였다. 그들은 풋내기의 말을 듣기보다는, 그들 나름의 방식으로 나를 '격려하기로' 암묵적으로 동의한 듯이 보였다. 그에 따라 나는 '격려'를 받았다! 그때 그들이 대도시의 위대한 목사들에 대해서나, 회중들에 대해 어떤 이야기를 했던가! 내가 기억하기로, 한 사람에게는 그의 설교를 경청하는 일천 명의 '도시' 사람들이 있었다.

또 한 사람의 교회에는 영국 전역에서 맞수를 찾기 어려운 '생각이 깊은' 사람들로 가득 찼다. 한편, 세 번째 사람에게는 엄청난 청중이 있었는데, 그들은 거의 전부 런던의 '젊은 사람들'로 구성되었고, 그들은 그의 웅변에 넋이 빠졌다고 했다.

이 사람들이 설교문을 작성하는 과정에서 기울이는 연구, 회중을 유지하는 데 쏟아붓는 엄청난 수고, 모든 상황에서 그들이 드러내는 출중한 언어 구사, 이런 말들이 내가 듣고 있는 와중에 되풀이되고 있었다. 내가 현관문 건너 쪽의 침대로 안내되었을 때, 나는 즐거운 꿈을 꾸기에 유리한 상태에 있지 않았다.

뉴 파크 스트리트의 환대로 그 젊은 목사는 멀리 떨어진 임대 숙소의 그 방에 다시 보내어지지 않았다. 하지만, 분명, 런던의 숙소에서의 그 토요일 저녁은 내 영혼을 아주 의기소침하게 만드는 작용을 했다. 좁은 침대에서 나는 홀로 비참한 심정으로 뒤척였고, 어떤 연민도 발견하지 못했다. 거리에서 들려오는 택시들의 삐걱대는 소리도 끔찍했고, 젊은 도시 점원들에 대한 기억도 혹독했다. 그들은 예절이라곤 찾아볼 수 없는 음산한 표정으로 나의 촌스러움을 응시했다. 심지어 마치 내게 윙크를 하는 듯 12월의 어둠을 깜빡거리며 밝히던 가스등조차 내게는 무정하게 느껴졌다. 사람들로 가득한 그 도시에 내 친구는 없었다. 나는 낯선 이방인들 사이에 홀로 있는 것처럼 느꼈고, 내가 빠져든 곤경에서 헤쳐나와, 케임브리지와 워터비치의 쾌적한 거주지로 안전히 빠져나갈 수 있도록 도움을 받길 바랐다.

당시엔 케임브리지와 워터비치가 그 자체로 에덴처럼 여겨졌다. 주일 아침에는 날씨가 맑고 추웠다. 나는 홀번 힐(Holborn Hill)을 따라 블랙프라이어스(Blackfriars)를 향해 천천히 이동했고, 서더크 브릿지 아래의 길고 복잡한 도로와 골목들을 지나갔다. 어찌할까 생각하며, 기도하고, 두려워하면서, 또 소망하고, 믿으면서, 나는 혼자라고 느꼈지만 또한 혼자가 아니었다. 하나님의 도우심을 기대하며, 내적으로 그것을 절실히 필요로 한다는 느낌으로 무겁게 눌리면서, 내게 메시지가 전달되는 그 지점을 찾으려고 음울한 벽돌 광야를 통과하고 있었다.

한 가지 본문이 내 입술에서 여러 번 떠올랐다. 왜 "[예수께서] 사마리아를 통과하여야 하겠는지라"는 말씀이 떠올랐는지 모르겠다. 어떤 방향으로 우리 주님이 여행하셔야 할 필요성은, 분명 그분의 종들에게서도 되풀이된다. 내 여행이 내가 추구한 것이 아니었고, 적어도 그때까지는 결코 유쾌한 것도 아니었다. "필요하다면"이라는 한 가지 생각이 다른 모든 생각을 압도하는 것 같았다.

뉴 파크 스트리트교회가 보이자, 나는 나 자신의 무모함에 잠시 놀랐다. 내가 보기에 그 채플은 크고, 화려하게 장식되었으며, 위용 있는 건물이었다. 청중은 부유하고, 비평적이며, 내가 목회하던 다정하고 겸손한 사람들과는 거리가 있을 것임을 암시하는 듯했다. 이른 시간이었고, 따라서 들어오는 사람들이 없었다. 정해진 시간이 되었을 때, 건물 외관에서 느낀 인상을 지지할만한 징조는 없었다.

하나님의 도우심으로, 나는 내 능력 밖이라는 느낌이 들지 않았고, 청중이 그렇게 적지도 않은 것 같았다. 주께서 나를 아주 은혜롭게 도우셨다. 나는 강단에서 행복한 주일을 보냈고, 따뜻한 마음씨를 가진 친구들과 막간의 시간을 보냈다. 밤에, 터덜터덜 걸어 퀸 광장의 좁은 숙소로 돌아왔을 때, 나는 혼자가 아니었다.

나는 더 이상 런던 사람들을 아무 감정도 없는 야만인들처럼 바라보지 않았다. 내 말투가 바뀌었다. 나는 누구의 동정도 필요치 않았다. 나는 숙박 중인 그 젊은 신사들과 그들의 경이로운 목사들을 조금도 개의치 않았으며, 택시들의 삐걱대는 소리라든가, 해 아래의 다른 어떤 것에 대해서도 신경 쓰지 않았다. 그 사자를 사방에서 살펴보았다. 하지만 그의 위엄은 내가 수 마일 떨어진 곳에서 단지 그의 포효를 들었던 때에 비하면 십 분의 일도 채 되지 않았다.

* * *

스펄전은 두 통의 편지를 그의 아버지에게 써서, 런던에서의 그의 첫 번째 경험을 설명했다. 앞 서신의 상당 부분은 소실되었는데, 서신의 첫 장과 마지막 부분이 그에 포함된다. 분명, 그 젊은 설교자는 집사들이 회중 수의 감소에 관하여 그에게 들려준 내용을 언급했을 것이다. 그의 편지에서 보존된 부분이 다음과 같이 시작하고 있기 때문이다.

"… 특정한 소리를 내는 첫째 나팔 소리에 그 사람들은 돌아올 것입니다.…" 그 사람들은 칼빈주의자이며, 그들은 다른 어떤 것과 잘 지낼 수 없기 때문입니다. 그들은 지난주에 한 도시 선교사를 위해 100파운드의 돈을 마련했습니다. 전쟁을 위한 힘을 비축한 것이지요. 그 집사들이 내게 말하길, 만약 내가 그곳에 세 번의 주일을 보낸다면, 방이 없을 것이라고 했습니다.

그들이 말하기를 런던의 모든 인기 있는 목사들은 복음적인 사람들이며, 솔직하고, 단순하며, 참신한 사람들이라고 했습니다. 그들은 온 나라에서 우리 교파에 속한 훌륭한 설교자들을 다 초청했었는데, 그들 중 누구에게도 두 번 요청한 적이 없다고 했습니다. 그들이 너무 철학적이고, 메마르고, 학식 있는 설교들을 전했으며, 한 번으로 족했기 때문이었습니다. 제가 두 번 요청받은 유일한 사람이고, 모든 사람이 기쁘게 들었던 유일한 사람이라고 했습니다.

나는 그들에게 그들이 하는 일을 그들이 모르고 있으며, 그들이 몸 안에 있는지 몸 밖에 있는지도 모르고 있다고 말했습니다. 그들은 너무 굶주려 있었기에, 복음의 한 조각 별미(別味)가 그들에게 좋은 대접이 되었습니다. 길(Gill)

과 리폰(Rippon)의 초상화—그들의 삶처럼 거대한 초상화—가 제의실에 걸려 있었습니다. 그들 중 많은 이들이 내가 다시 나타난 리폰이라고 말했습니다.

이는 하나님이 행하시는 일입니다. 저는 그런 정도가 못되며, 그들이 잘못 안 것입니다. 저는 사실만을 언급할 뿐입니다. 저는 과장하지 않았고, 그런 말로 우쭐하지도 않았습니다. 내 사랑하는 사람들을 떠나는 것이 고통스럽습니다. 하나님이 그것을 원하십니다.

저를 기쁘게 하는 유일한 일은, 아버지가 추측하시겠지만, 대학 문제에 제가 바른 판단을 내렸다는 것입니다. 저는 그 집사들에게 제가 대학 졸업자가 아니라고 말했고, 그러자 그들이 말했습니다. '그것은 우리에게 하나의 특별한 장점입니다. 만약 당신이 대학 출신이었다면 당신에게 큰 매력이나 감동이 없었을 것입니다.'

학교 문제에 관하여, 집사들에게 편지를 보내는 일에 대해서는, 제가 알아서 하도록 맡겨주시면 좋겠습니다. 저는 집사들에게 보내는 어떤 편지도 아무 유익을 주지 않을 거라고 확신하기 때문입니다. 한 교회는 그 자신의 문제들을 꾸려갈 자유가 있습니다. 우리는 지금 사랑의 연합 가운데 있으며, 사정은 나아질 것입니다. 하지만 침례교단의 교회들은 그들 자신의 문제에 다른 교파 사람들이 조금이라도 간여하게 되면, 그것을 규칙 위반이자 그들의 자유에 대한 침해라고 여길 것입니다. 저는 이렇게 말하고 싶고, 아마 아버지께서도 제가 이렇게 말하는 것이 언짢지 않으실 겁니다.

'저는 그 편지와 상관이 없습니다. 저는 제 아버지에게 편지를 쓰도록 요청하지 않았습니다. 집사들은 그것을 교회 앞에 제시하는 문제에 대해 원하는 대로 해야 합니다.'

저는 이제 그것이 불필요하다고 생각하니 기쁩니다. 만약 그것이 필요했다고 하더라도 저는 마찬가지로 만족해야 할 것입니다. 많은 목사들이 학교를 운영합니다.[1] 그것은 흔한 일입니다. '당신이 목사가 되려 한다면'이라

---

1 1853년 12월에 케임브리지의 한 신문에 실린 다음 광고는 스펄전이 이듬해에 자기 자신의 학교를 열기로 작정했다는 것을 명확히 보여준다. "케임브리지 파크 스트리트 60번지, 찰스 해돈 스펄전은 그의 수많은 친구들에게 다음 사항을 알려주시길 요청합니다. 즉, 크리스마스 이후에, 6~7명의 젊은 신사들을 통학생으로 받아들일 것입니다. 그는 유익한 상업교육을 제공하기 위해 최선의 노력을 기울일 것입니다. 평소 일과는 산술, 대수학, 기하학, 계량학을 포함합니다. 요청이 있는 경우, 문법과 작문, 고대와 현대 역사, 지리학,

고 말하는 것은 온당치 않습니다. 저는 이미 목사이며, 영국의 여느 목회자처럼 2년간 목회를 해왔습니다. 아마도 여느 목회자가 해 온 것 이상일 것입니다. 왜냐하면, 저는 그 기간에 600번 이상을 설교했기 때문입니다.

또 연락드리겠습니다.

*   *   *

1853년 12월
케임브리지, 파크 스트리트, 60번지.

사랑하는 아버지께!

제가 앞에서 다소 갑작스럽게 편지를 끝맺었지요?

하지만, 아버지도 편지를 쓰실 때 종종 그렇게 하신 적이 있으니, 저를 너그러이 이해하실 수 있을 것입니다. 제가 말하지 않고 남겨둔 부분이 없다고 여겨집니다. 저는 집에 삼일 정도 머물 수 있기를 바랍니다. 저는 (1월) 3일 화요일에 런던에서 내려가서, 6일 금요일까지 집에 머물렀으면 합니다. 비록 짧지만 행복한 방문이 되기를 기대합니다.

제가 런던에 정착하게 된다면, 저는 자주 가서 아버지를 뵐 것입니다. 저는 그곳에 가는 것을 큰 기쁨으로 여기며 기대하지 않습니다. 저는 제가 있는 위치에 만족합니다. 하지만 하나님이 저에게 더 많은 일을 하게 하신다면, 저는 그분을 신뢰하며 가야겠지요. 런던 사람은 칼빈주의에서 저보다 높은 견해를 가지고 있습니다.

하지만 저는 한 교회를 저 자신의 관점으로 이끄는 데 성공했으며, 하나님의 도우심으로, 다른 교회에서도 같은 일을 할 수 있을 것이라 믿습니다. 저는 칼빈주의자입니다. 저는 어떤 이가 "영광스러운 칼빈주의"라고 부른 것을 좋아합니다. 하지만 '과격주의'(Hyperism)는 너무 양념이 강해 제 입맛에는 맞지 않습니다.

저는 런던에서 친척 한 분을 만났는데, 토머스 스펄전의 따님이며, 발링던

자연사, 천문학, 성경, 도안, 라틴어와 헬라어 기초, 불어도 포함될 수 있습니다. 수업료는 매년 5파운드입니다."

(Ballingdon)에 살고 있습니다. 월요일에, 그녀가 결혼하지 않은 자매를 데리고 왔습니다. 아버지도 기억하실 텐데, 그녀는 우리가 지난 크리스마스에 방문했을 때 집에 있었습니다. 저는 만약 랭퍼드 씨가 원한다면, 1월 4일 수요일에 그를 위해 설교하는 것을 반대하지 않을 것입니다.

저는 월요일에 런던을 돌아다녔습니다. 세인트 폴 대성당 꼭대기에도 올라가 보았고, 책방에서 돈을 좀 쓰기도 했습니다.[2]

워터비치의 교인들은 아주 슬퍼합니다. 어떤 이는 저를 보고 심하게 울었습니다. 아직 공개적으로 말하기엔 너무 불확실하여, 강단에서 이 사안에 대해 아무런 언급도 하지 않았는데도 말입니다.

런던에서 그들이 원하는 것은 칼빈주의입니다. 거기에서는 어떤 알미니안 설교도 용납되지 않을 것입니다. 교회에서 몇몇 사람은 신학적인 식견에서 저를 훨씬 앞섭니다. 그들은 그렇다고 인정하지 않겠지만, 그들 모두 그들의 신조를 표현한 셈인데, 그들은 나의 독창성 혹은 특이함이 바로 런던 청중의 관심을 끄는 점이라고 했습니다. 그 예배당은 교단 내에서 가장 근사한 건물 중의 하나입니다. 그 양식이 케임브리지 박물관을 약간 닮은 것 같습니다.

즐거운 성탄 보내시고 행복한 새해를 맞이하시길!

야곱의 하나님을 송축합니다!

아버지의 애정 어린 아들,
찰스 해돈 스펄전.

* * *

메트로폴리탄 태버너클의 초석을 놓을 때, 스펄전의 아버지는 대학 사건과 그의 아들이 런던으로 오게 된 것에 대해 다음과 같이 흥미로운 언급을 했다.

---

2 스펄전은 『논평과 주해』(Commenting and Commentaries)라는 책에서 이 일을 암시한다. 현대의 주석가를 통틀어, 높은 지위는 통상 토머스 스콧(Thomas Scott)에게 부여된다. 나는 그의 자격을 논박하지 않겠다. 그는 복음주의 성공회 주석가이며, 이는 아담 클라크(Adam Clake)가 감리교도들의 선지자 격인 것과 마찬가지다. 하지만 그가 내게 통찰을 준 경우는 드물며, 나는 그를 참조하는 일을 거의 중단한 상태이다. 내가 런던에서 처음 설교 사례로 받은 돈은 토머스 스콧을 사는데 투자되었다. 나는 그 투자를 후회하지도 않지만, 그 일 때문에 크게 신난 것도 아니다.

"존경하는 시장님, 저는 오늘 밤 당신을 만나게 되어 아주 행복합니다. 우리는 에식스 사람들입니다. 우리는 콜체스터 출신이지요. 콜체스터는 위대한 사람들에 관하여 자랑할만한 것이 있습니다. 시장님이 콜체스터 출신이지요. 여러분에게 다른 사람에 대해 말할 필요가 없겠군요. 친구들이여, 저는 평생에 두통을 앓아본 적이 없습니다. 그런데 제가 한번 앓아본 적이 있다면, 바로 오늘일 것입니다. 저는 긴장되기도 하고 흥분도 됩니다.

하지만, 오늘 제 잘못을 인정해야 하니 아주 행복하다고 느껴지진 않습니다. 한 사람이 자기 잘못을 시인할 때는, 그것을 고치는 방향으로 많은 애를 쓴 후일 것입니다. 저는 항상 제 아들이 런던으로 온 것이 잘못이었다고 생각했습니다. 이제 여러분은 제가 틀렸음을 보고 계십니다. 저는 항상 그가 대학에 가지 않은 것이 잘못이라고 생각했습니다. 저는 어느 날 밤, 그를 사랑했던 귀한 친구와 함께, 그를 설득하느라고 서너 시간을 보냈습니다만, 소용이 없었습니다.

그는 말했습니다.

'아닙니다. 저는 대학에 가지 않을 겁니다. 아버지에게 엄격한 복종이 요구되는 상황이 아니라면요.'

거기서 저는 그 문제에서 손을 뗐습니다. 그리고, 비록 제가 전에 아들이 런던으로 가기로 한 것이 발을 잘못 딛는 것이라고 생각했으나, 이제는 하나님이 그와 함께하셨음을 봅니다. 그리고 제가 오늘 밤 이곳에 온 것이 발을 잘못 디딘 것이라고 생각했지만, 아마도 제가 다시 한번 잘못 생각한 것 같습니다. 저는 여러분에게 오늘이 제 생애에서 가장 행복한 날 중의 하나라고 말할 수 있습니다.

아직 청년에 지나지 않는 제 아들에게 베풀어진 친절을 생각하니, 제 느낌을 형언할 수가 없습니다. 저는 이 모든 것을 하나님의 선하심으로 돌리며, 또한 그분의 백성의 진실한 기도 탓으로 돌립니다. 친구들이여, 제 아들은 모든 면에서 유혹에 노출되어 왔으며, 지금까지도 유혹에서 자유롭지 않습니다.

여러분이 지금까지 그를 위해 기도해 오셨고, 또한 하나님이 그를 붙들어 주셨습니다. 여러분이 계속 기도해주시기를 당부드립니다. 오늘 밤 이곳에 있는 모든 분이, 집으로 가셔서, 여러분의 목사를 위해 기도해주십시오. 이런 모임은 사람을 지나치게 들뜨게 하고 그의 마음을 교만으로 채워지도록 하기에 충분합니다. 하지만 하나님의 은혜는 진정 모든 필요를 충족합니다. 몇 사람이 제게 말했습니다―저는 그들이 그렇게 말한 동기가 무엇이었는지 모르겠습니다―, '당신의 아들은 런던에서 6개월을 버티지 못할 겁니다. 그는 교육을 받지 않았어요.'

제가 말했지요, 당신이 '대단히 잘못 안 겁니다. 그는 받을 수 있는 최상의 교육을 받았습니다. 하나님이 그의 교사이셨고, 또한 그에게는 지상의 교사들도 있었습니다.' 적어도 교육 수준에 있어서, 그는 런던에서 아주 잘 헤쳐나갈 것임을 내가 압니다. 또 사람들은 그의 건강이 받쳐주지 못할 것이라고 말했습니다.

하지만 아직 건강이 그를 약하게 만들진 않았습니다. 그가 체질적으로 아주 강하지 못한 건 사실이지만, 하나님이 그에게 은혜를 베푸셨습니다. 제가 생각하기에, 오늘 밤 제 행복에 정점을 찍을 수 있는 일이 한 가지 있다면, 그것은 아마도 여기서 그의 할아버지를 보는 일일 것입니다.

저는 그가 이곳에 우리와 함께 있는 것을 보고 싶었습니다. 하지만 그가 말씀하시더군요. "얘야, 나에게 같이 가자고 하지 말거라. 난 너무 늙었단다. 나는 내게 베푸신 하나님의 선함과 인자하심으로 족하단다.

그는 항상 여러분의 목사에 대해 말했습니다.

옛 사람들은 말할 거리가 있으면 좋아하시지요. 그래서인지 그는 항상 그의 손자에 대해 말한답니다. 그 다음으로는, 내 사랑하는 벗들이여, 나는 그의 모친을 이곳에서 보았더라면 좋았을 것입니다. 하나님의 은혜로, 나는 그의 모친이 그를 그리스도께로 인도하는 수단이었다고 믿습니다."

*　　　*　　　*

뉴 파크 스트리트에 처음 방문한 이후, 스펄전은 1854년 1월 1일, 15일, 29일, 이렇게 세 번의 안식일에 다시 설교하기로 동의한다. 하지만 마지막 날짜가 이르기 전에, 이미 그 교회는 그가 항구적으로 예배를 인도할 수 있게 하려고 결정적인 행동을 취했다. 스펄전은 그가 가장 소중히 여기는 문서들과 함께 아래의 편지들을 보존하였다. 그것은 지금 처음으로 출판되는 것이다. 그와 더불어, 뉴 파크 스트리트교회 강단을 6개월 동안 맡아달라는 초대에 응하는 그의 정확한 답변도 사본으로 보관되었다.

*   *   *

1854년 1월 25일,
런던, 루드게이트 힐, 크리드 거리, 15번지.

귀한 목사님께!

기쁜 마음으로, 목사님께서 하나님의 은혜로 잘 지내시고 행복하시길 바라면서 이렇게 몇 자 적어 보내드립니다.

목사님께서는 제가 교회 회원들의 의향에 대해 암시를 드린 것을 기억하실 것입니다. 그것은 특정 기간에 목사님을 설교하도록 초빙하는 것을 목적으로 집사들에게 교회의 특별 모임을 소집하도록 요청하는 내용이었습니다.

그 특별 모임이 오늘 저녁에 있었습니다. 그리고 제가, W. 올니(Olney) 씨의 개인적인 요청에 따라, 6개월간 목사님을 초빙하는 건에 관하여 결의안을 제출하게 되었음을 기쁘게 알려드립니다. 연로하신 올니 씨가 특별 모임의 의장이었습니다.

로우(Low) 씨는 몸이 편치 않은 상태이지만, 목사님이 오시는 것을 강하게 지지합니다. 특별 모임에서 제의실이 가득하게 사람이 모였는데, 다섯 사람만이 목사님을 반대하였습니다. 그 다섯 중 셋은 좀처럼 우리와 한자리에 모이지 않는 사람들입니다. 그것은 아주 행복한 모임이었습니다.

저는 하나님께서 자비를 베푸셔서 목사님을 우리에게 보내주시기를 바라며, 또한 목사님이 우리에게 오실 길을 분명히 보실 수 있기를 바랍니다. 양 떼의 위대한 목자이신 주님께서 이 오래된 교회를 부흥케 하시는 일에 목사님을 도구로 삼으신다면, 우리는 정말 기쁠 것이며, 모든 영광을 하나님께 돌릴 것입니다.

저로서는, 파크 스트리트에서 지낸 이후로, 형제들 가운데 현재 목사님을 향하는 정도로 목사에 대해 기대를 거는 경우를 보지 못했습니다. 우리는 실의에 빠졌지만, 아주 망한 것은 아닙니다. 그동안은 우리에게 시련의 시간이었습니다. 우리 교회는 흩어졌습니다. 하지만 남아 있는 상당한 수의 사람들이 여전히 자기 자리를 지키고 있습니다. 그리고 일단의 젊은 회원들이 자라나고 있으며, 선한 목자의 보살핌을 요청하고 있습니다.

저는 목사님이 우리 가운데 오시도록 권유를 받고 계심을 알지만, 저로서는 이렇게 말하고 싶습니다, '오셔서 우리를 시험해보십시오.' 가능하다면, 저는 다음 주간에 반나절을 목사님과 보내고, 그때 제가 미처 쓰지 못한 내용을 말씀드릴 수 있기를 바랍니다. 편지를 벌써 써야 했지만, 또 한편으로 오늘 저녁 회의의 결과를 기다려야겠다고 생각했습니다. 우리는 게으른 설교자를 원치 않습니다. 저는 목사님에게 그런 점이 없다는 것을 압니다. 제가 말했듯이, 우리는 실의에 빠졌지만, 다시 일어설 여지가 있습니다. 비록 우리가 지금까지 믿음이 약한 중에서 기도를 드렸지만, 저는 하나님께서 우리의 초라한 기도에 곧 응답하시리라고 믿습니다.

우리의 지도자로 활동적인 목사님이 오신다면 채플과 연관된 다양한 단체들도 부흥할 것입니다. 목사님에 대한 소수의 반대도 있을 수 있겠지만, 그것은 물처럼 불안정한 자들의 반대일 뿐이며, 더구나 교회에서는 반대를 찾기 어려울 것이라고 확실히 말씀드립니다.

목사님은 아주 많은 신실한 친구들을 만나시게 될 겁니다. 집사들의 요청을 목사님이 받으신 후에 뉴 파크 스트리트를 위한 목사님의 결정을 성령께서 이끌어주신다면, 저는 목사님이 수천 명의 회중에게 축복이 되실 거라고 바라며 또 기도합니다. 하나님께서 목사님에게 수많은 영혼을 보내셔서 그것이 목사님께 기쁨의 화관이 되기를 바랍니다.

리폰(Rippon), 콕스(Cox), 콜리어(Collier), 베넷(Bennet), 그리고 다른 훌륭한 목사님들처럼, 목사님이 수천 명의 무지한 여행자들을 예수님의 십자가로 이끄는 인도자가 되시기를 바라고 기도합니다. 곧 목사님을 뵙기를 바랍니다. 하나님이 기뻐하셔서 그분의 영광을 위해 목사님을 우리에게로 오게 하신다면, 저는 하나님께 감사할 것이며, 목사님의 이 땅에서의 행복과 영적인 행복을 위해, 제 힘닿는데 까지는 할 수 있는 모든 것을 할 것입니다.

제가 그 모임에서 초안을 작성하고 워드 씨가 다듬은 결의서 사본을 동봉했습니다. 그리스도인의 사랑을 전하며 끝을 맺습니다. 목사님이 모든 일에서 지혜롭게 행하도록 주께서 지도해주시길 바랍니다.

그리스도 안에서 목사님의 신실한 친구이자 형제인,
주일학교 지도책임자, 윌리엄 커틀러(William Cutler)

* * *

찰스 해돈 스펄전 목사님께
"찰스 해돈 스펄전 목사의 사역이 대다수 의견으로 인정되었기에, 6개월간 강단의 공급을 위해 그를 초빙하기로, 또한 집사들이 이 결의서를 그에게 전달하고, 그와 필요한 사항을 의논하기로 결의하다."

집사들이 보낸 이 공식 서신에 대한 스펄전의 답변은 다음과 같다.

1854년 1월 27일,
케임브리지, 파크 스트리트 60번지.

제임스 로우 씨께
저를 청빙하는 일과 관련하여 뉴 파크 스트리트에서 만장일치로 결의하신 것에 대해 깊은 감사를 느끼지 않을 수 없습니다. 제가 만일 현재 상황에서 불편을 겪고 있다면, 저는 하나님의 섭리가 제 앞에 펼쳐 놓은 듯한 전망에 대해 순전히 기쁨만 느꼈을 것입니다. 하지만, 헌신적이고 다정한 사람들이 있기에, 저는 어떻게 할지를 모르겠다고 느낍니다.

한 가지 제가 아는 것은, 제가 어쩔 수 없이 아주 힘든 처지에 놓이게 되리라는 것입니다. 이들은 제가 편히 지낼 만큼 사례비를 충분히 올리지 못합니다. 만일 그랬더라면, 저는 이들을 떠나라고 하는 어떤 요청에도 귀를 막았을 것입니다. 하지만, 이제 내 하늘의 아버지께서 저를 이 작은 에덴동산에서 몰아내십니다. 나가야 하는 것을 보면서, 나는 내키지 않는 마음으로 에덴을 떠나며, 떨면서 내 앞에 있는 미지의 땅을 밟습니다.

제가 처음으로 워터비치에서 설교했을 때, 저는 3개월 동안의 초빙에 응했을 뿐입니다. 그런 조건이었기에, 만약 그 기간에 제가 떠날 것에 대한 좋은 이유를 발견했거나, 혹은 그들 편에서 그것을 원했더라면, 저는 자유롭게 그들의 공급을 중단할 수 있었고, 그들 편에서도 기한 만료가 되기 전이라도 내게 그렇게 할 수 있는 같은 권리가 있었습니다.

이제, 귀하로부터 6개월의 초빙을 받은 것에 대하여, 저는 기간에 대해서는 반대가 없음을 밝히며, 오히려 나처럼 젊은 목사를 일종의 연장된 수습 기간을 두고 초빙하기 바라는 교회의 신중함을 인정합니다. 하지만 저는, 이

제19장 런던으로의 부름   389

문제를 잘 따져본 후에, 제가 그토록 긴 기간의 전폭적인 초빙을 받아들일 수 없다고, 감히 그렇게 할 수 없음을, 이 서신을 통해 말씀드립니다. 제 반대는 수습 기간의 길이에 대해서가 아니라, 한 젊은이에게 런던의 회중을 향해 그처럼 오랜 기간 설교하도록 약속하는 것이 좋지 않다는 것입니다.

그가 회중을 알고, 회중이 그를 알기까지, 그건 너무 긴 기간입니다. 저는 그 기간의 절반인 3개월 동안 강단을 맡는 것이 좋겠습니다. 그런 다음, 회중이 실망하거나, 교회가 동의하지 않으면, 저는 약속을 깨지 않고도 자유롭게 그만둘 수 있을 것입니다. 그리고 귀하의 편에서는, 저를 잘못 대하는 것처럼 보이지 않고도 그만두게 할 권리를 가지는 것입니다.

제가 그렇게 할 이유를 찾지 못하고, 또 교회에서도 여전히 저를 원하는 경우, 저는 추가적인 초빙의 형식 없이도 나머지 3개월을 더 남을 수 있을 것입니다. 하지만, 그 기간(두 번째 3개월)에도, 제가 잘 감당하지 못할 경우, 단지 일시적으로 말씀을 공급하는 것으로 그치고, 2주간의 여유를 두고 해임이나 사임을 할 수 있을 것입니다.

아마도 이것이 사업상의 거래 같은 것은 아닐 것입니다. 하여간 이것이 제가 선호하는 과정입니다. 열광이나 인기는 종종 가시덤불을 태울 때 나는 탁탁거리는 소리와도 같아서 곧 소멸합니다. 제가 도움이 되지 못하는 경우, 저는 방해가 되고 싶지 않습니다.

즉시 부임하는 것에 대해서는, 저는 그럴 수 없다고 생각합니다. 이 교회의 집사들이 제가 이곳에서 한 분기를 마무리해주길 바라는 의견을 넌지시 밝혔습니다. 물론 그들은 의무적으로 그래야 한다고 말하지 않고 그저 '목사님이 가능하시다면 그렇게 해 주세요' 정도로 말했을 뿐입니다. 이것은 아마 너무 긴 지체일 것입니다.

저는 그들이 대안을 찾을 때까지 그들을 돕고 싶으며, 이 일은 대단히 어렵게 진행될 것입니다. 제가 네 번의 안식일 동안 귀 교회에서 말씀을 전했으니, 이번에는 그 보답으로 네 번의 안식일을 그들에게 말씀을 전하도록 허락해주시기 바랍니다. 저는 2월 첫 주와 두 번째 주일에 그들을 섬기고, 한 달 혹은 6주 안에 두 번의 주일에 그들을 더 섬길 것입니다.

비록 그들은 저에게 빚을 졌다고 말하지만, 저는 그들에게 친절의 빚을 많이 졌습니다. 그들 중 일부는 귀하가 석 달 안에 싫증이 나서 나를 그들에게 되돌려 보내주기를 바라면서, 심지어 그렇게 기도할 정도입니다.

　귀하에게 제 마음을 정직하게 털어놓았습니다. 귀하는 아주 친절하십니다. 제가 실수하였다면 이해하실 것이라 믿습니다. 저는 저 자신의 것이 아니라 값으로 사신 바 된 자로서, 귀하와 이 교회 사람들에게 바르고 처신하고 싶습니다.

　저는 그 소수의 정직성과 용기를 존중하며, 그들이 왜 다수가 아닌지에 대해 의아할 뿐입니다. 제가 하나님께 기도하는 것이 있습니다. 그것은 만약 제가 귀 교회에 남아 있는 것이 적절치 않다고 여겨진다면, 6개월이 끝마칠 즈음에는 다수가 그 소수와 같은 입장이 되어서, 저로 인해 귀 교회가 두 파로 나누어지는 일이 없도록 하는 것입니다.

　금전적인 문제에서 저는 충분히 만족합니다. 모든 목사에게 마찬가지이겠지만, 한 가지를 부탁드리니, 귀하께서 교회에 상기하여 주시기 바랍니다. 즉, 개인적으로나 공적으로, 제가 큰일을 감당해낼 수 있도록, 모든 교인이 진지하게 우리 주 예수 그리스도의 하나님께 기도의 씨름을 해 주시길 당부합니다.

　건강하시길 바랍니다. 경의를 표하며, 이만 줄이겠습니다.

찰스 해돈 스펄전

*　　　*　　　*

　다음 편지는 스탐본에 있는 삼촌에게 보내진 것이다. 순진무구한 즐거움에서 깊은 엄숙으로의 신속한 전환은, 생을 마칠 때까지 스펄전의 특징이었다.

1854년 3월 2일,
버로우 자치구, 도버 길 75번지.

사랑하는 삼촌께

　제가 구입한 책들을 철도든 다른 어떤 수단으로든, 위의 주소로, 가능한 빠른 기회에 보내주시면 정말 고맙겠습니다. 저는 여러 달 동안 그 책들을 가지고 싶었지만, 아마도 삼촌에게 그것들을 보내실 방편이 없을 거라고 생각했답니다. 이제 그것들을 역으로 보내주시면 운반 비용은 제가 부담하겠습니다.

물론, 저는 제 편지에 답장을 기다리지 않겠습니다. 삼촌이 저에게 친필로 쓰시는 일을 볼 것이라고 다시는 기대하지 않을 겁니다.

"소망이 더디 이루어지면 …" —신경 쓰지 마시고—솔로몬에게 문장을 마무리하라고 하세요. 저는 삼촌을 위해 자작나무 막대기를 마련해두고 있어요. 제가 삼촌 집에 가면, 사정없이 그것을 사용할 겁니다. 그러니 삼촌의 마른 피부에 살을 좀 불려놓으셔야 할 겁니다.

그 문제에 대해 제가 좀 거슬리는 말을 할 수도 있지만, 제가 삼촌의 안락의자에 앉을 때까지 혹은 삼촌이 저의 의자에 앉을 때까지 아껴두겠습니다. 삼촌이 런던에 머무실 때, 만약 저를 만나러 오시지 않는다면 꾸짖는 소리를 듣게 될 겁니다. 삼촌이 감히 이곳에 오고서도 저랑 멀리 떨어진 곳에 머물 거라고는 상상조차 않겠습니다. 제가 진심으로 환영할 것이라고 약속드립니다.

도버 길 75번지, 버로우 자치구, 런던.

제 주소를 읽으실 수 있겠지요?

숙모에게도 안부의 인사를 전합니다. 제가 받은 편지 수로만 평가해본다면, 숙모는 삼촌보다 훨씬 좋으신 분 같아요.

삼촌, 이제 농담은 그만할게요. 제가 이제는 런던 사람이라는 걸 들으셨을 겁니다. 약간은 유명인사가 되었지요. 어떤 대학도 저를 이보다 높은 위치에 올려놓지 못했을 겁니다. 이 교회는 교단 내에서 최정상의 위치에 있는 교회 중의 하나일 것입니다.

하지만 제가 해야 할 일이 무척 많아서, 저는 하나님의 자녀들이 저를 위해 올려드릴 수 있는 모든 기도를 간절히 필요로 합니다. 삼촌이 현세에서와 영적인 면에서 형통하시다는 소식을 듣게 된다면 저는 기쁠 것입니다. 제가 삼촌을 향해 냉정해진다고는 한순간도 상상하지 마세요. 내 주님의 한 가지 목표는 사랑의 정신이 그분의 제자들 가운데 퍼지도록 하는 것이었습니다. 따라서 저는 사소한 일들이 결코 형제들을 향한 내 사랑을 식게 하지 못할 것이라고 믿습니다. 정중하고도 애정을 담아 삼촌에게 이렇게 물어보고 싶습니다,

"하나님의 뜻은 이루어지고 있는지요?"

"삼촌의 영혼은 형통한지요?"

"예수의 귀하신 이름을 향한 삼촌의 사랑은 어떠한지요?"

저 자신이나 삼촌이 영혼의 문제에서 번성하기를 간절히 바랍니다. 우리는 무익한 삶을 살 수 없습니다. 시간의 모래는 너무나 귀하기에 부주의하게 흐르도록 허용되어선 안 됩니다. 우리 앞에 할 일이 있고, 만약 우리가 게으르거나 불충한 종이라면 우리에게 화가 있을 것입니다!

자주 하나님과 단독으로 대화를 나누는 사람은 복됩니다.

그리고 모세가 산꼭대기에서 내려올 때 그랬던 것처럼, 그 이마에 천상의 영광이 드리운 채 자기 골방에서 나오는 사람은 복됩니다!

삼촌과 제가 그 복을 구하는 사람이 되기를, 하나님이 언제나 우리와 함께 하시기를 바랍니다! 책 문제는 잊지 마세요. 안녕히 계세요.

찰스 해돈 스펄전

* * *

다음 편지는 스펄전이 케임브리지에서 그가 묵었던 곳의 숙녀들에게 보낸 것이다.

1854년 3월,
버로우 자치구, 도버 길 75번지.

블런슨 가의 아가씨들에게,

친애하는 벗들에게,

오랫동안 침묵했지만, 저는 여러분을 잊지 않았습니다. 저는 여러분의 시련에 대해 생각했고, 내 주님에게 여러분을 위로하고 붙들어주시길 간청했습니다. 여러분이 그분 안에서 분깃을 가졌다면, 여러분의 고난은 축복이 될 것이며, 모든 고통이 은혜로 바뀔 것입니다.

저는 아주 잘 지내고 있으며, 모든 것이 제가 바랄 수 있던 것보다 더 잘 진행되고 있습니다. 제가 섬기는 교회는, 비록 크지만, 아주 비좁습니다. 통로들이 막혔고, 모든 틈새마다 가득 찼습니다. 저는 대략 한 달 안에 여러분을 방문하여 볼 수 있길 기대합니다. 저는 4월 넷째 안식일에 워터비치에 있기를 희망합니다.

저는 현재의 제 숙소에서 아주 잘 지내고 있지만, 여러분과 함께 지낼 때보다는 좋지 않습니다. 여러분이 저에게 보여주신 배려는 뭐라고 찬사를 드려도 부족하거든요. 여러분을 위한 제 심정을 전하며, 어떻게 여러분을 섬길 수 있을지 알기를 바랄 뿐입니다.

저는 여러분이 의심과 낙심에 빠지지 않기를 바랍니다. 오히려 여러분이 할 수 있는 것을 하시고, 나머지는 하나님께 맡기세요. 야곱의 하나님을 자기 도움으로 삼는 사람은 복이 있습니다. 그는 궁핍이나, 고통이나, 죽음까지도 두려워할 필요가 없습니다. 여러분이 이 사실을 더 깨달을수록, 여러분은 더 행복해질 것입니다.

그렇게 하는 유일한 방편은 지속적으로 기도 중에 자주 하나님과 교통하는 것입니다. 예수님과 단둘이 있으세요. 그러면 그분이 여러분의 마음을 위로하실 것이며, 여러분의 지친 영혼을 회복하실 것입니다. 방을 하나 비워두시기 바랍니다.

저는 워리커 부인 댁에 잠시 들르겠지만, 꼭 여러분의 댁에 들러 여러분을 만날 것이니, 기억해두시기 바랍니다. 하나님을 신뢰하고 기뻐하십시오. 그럼 안녕히 계십시오.

찰스 해돈 스펄전

*　　　　*　　　　*

6개월의 수습 기간은 다 채워지지 않았다. 그럴 필요가 없었기 때문이다. 예배당이 가득 찼고, 기도회에는 능력이 충만했다. 회심의 역사가 일어나고 있었다. 50명의 남성 회원들에 의해 서명된 특별 교회 회의를 위한 요청서가 4월 12일에 집사들에게 보내졌다. 그 회의는 4월 19일에 열렸으며, 그 결과는 다음 서신에서 언급된다.

1854년, 4월 20일,
그레이스처치 가(街) 30번지.

내 사랑하는 젊은 형제에게,

어제 저녁 뉴 파크 스트리트교회에서는 많은 사람이 참석한 가운데 특별 모임이 열렸습니다. 거기서 통과된 결의서 사본을 동봉합니다.

만약 그 교회의 목사가 되도록 하는 초청을 받아들이는 것이 당신의 의무라고 느낀다면, 워터비치의 교회에서 사임하고 가능한 빨리 우리 교회로 오시는 것이 바람직할 것입니다. 그러면 당신은 회원의 위치에서 우리 교회 회의에 참석하실 수 있게 됩니다.

나의 귀한 젊은 형제 찰스 해돈 스펄전 목사님에게,
특별 회의 의장, 제임스 로우

목회 초빙을 받아들이는 스펄전의 서신은 아래와 같다.

1854년 4월 28일,
버로우 자치구, 도버 길 75번지.
서더크 뉴 파크 스트리트교회에서 예배드리는 침례교회 앞으로,

그리스도 예수 안에서 사랑받는 형제에게,

19일 현장에서 통과된 결의서에 그 내용이 담겨 있듯이, 저를 여러분의 목사 회원으로 받아들이기 위해, 만장일치로 결정된 귀 교회의 초청장을 받았습니다. 그토록 따뜻하고 진심 어린 초청에 긴 답변서가 필요하진 않을 것입니다. 저는 그것을 받아들입니다. 어떻게 답변을 할지에 대해 당혹스럽지 않았습니다. 많은 것들이 저로 이런 답변을 보내도록 강권했습니다.

저는 귀 교회에 가려고 애쓰지 않았습니다. 저는 신분은 낮아도 정감 있는 사람들의 목사였기 때문입니다. 저는 출세를 구하지 않았습니다. 귀 교회의 집사들로부터 온 첫 번째 초청 편지는 뜻밖이었고, 런던에서 설교한다는 생각에 저는 떨었습니다. 저는 그것이 어떻게 해서 저에게 온 것인지 이해할 수 없었고, 지금까지도 기이한 섭리에 놀랄 뿐입니다. 저는 저 자신을 언약의 하나님의 손길에 내어드리길 원하며, 그분의 지혜가 모든 것을 지도해주

기를 바랍니다. 그분이 나를 위해 길을 선택하실 것이고, 제가 판단할 수 있는 한, 이것이 그분의 선택입니다.

내 전임자들의 영광스러운 이름을 언급할 수 있는 회중에게 목사가 된다는 것은 큰 명예라고 느껴집니다. 그리고 저에게 맡겨진 숭고한 책임을 제가 인식할 수 있도록, 귀하가 기도에서 저를 기억해주시길 바랍니다. 저의 연소함과 경험 부족을 기억하시고, 이런 것들이 주님께 쓰임 받는 일에 걸림이 되지 않도록 기도해주십시오. 귀하께서 이런 면들을 기억하신다면, 아마 제가 저지를 수도 있는 실수 혹은 제가 내뱉은 부주의한 단어들을 용서하도록 이끌지 않을까 생각합니다.

지존하신 주의 이름을 찬양합니다. 그분이 저를 이 직무로 부르셨다면, 그분이 이 일에서 저를 도우실 것입니다.

그렇지 않다면, 어찌 감히 한 어린아이가, 한 청년이, 예수님의 마음과 손을 가득 채운 그 일을 시도할 생각을 품을 수 있겠습니까?

제게 보이신 당신의 친절은 너무나 크고, 제 마음은 당신에게 매여 있습니다. 저는 당신이 한결같으실 것에 대해 염려하지 않으며, 오히려 저 자신이 한결같을 수 있을까를 염려합니다. 복음은, 저로 위대한 일들을 시도할 수 있게 만들 것이라고 믿으며, 믿음으로 저는 그렇게 시도할 것입니다.

아픈 자를 심방하고, 초심자를 양육하고, 상호 덕을 세우는 모든 일에 귀하의 협력을 요청합니다.

오, 제가 귀하에게 상처를 주는 일이 없고, 오히려 지속적인 유익이 될 수 있으면 좋겠습니다! 이제 더 드릴 말씀이 없으니, 한 가지만 더 언급하겠습니다. 혹시 이 서신에서 젊고 경험 미숙한 저에게 어울리지 않는 표현상의 몇 단어가 있다면, 무례하다고 여기지 마시고, 저의 실수를 용서하시기 바랍니다.

우리 언약의 하나님, 삼위일체 여호와께서 귀하에게 은혜를 주시길 바라며,

복음 안에서 여러분을 섬기려는,
찰스 해돈 스펄전

* * *

에버렛 교수는 스펄전의 생애에서 이 시기에 관하여 다음과 같이 말한다.

그는 뉴 파크 스트리트교회로의 부름에 대해 즉시 내게 알려주었다. 그가 그곳에 정착하고 얼마 되지 않았을 때, 나는 약속을 정하고 그를 방문했다. 그와 함께 반나절을 보냈고, 그는 그의 성공에 관한 이야기들을 기탄없이 내게 들려주었다. 꾸준히 그의 설교를 들으러 오는 저명한 인사들, 그의 설교 전달에 관하여 셰리던 노울스(Sheridan Knowles) 같은 웅변가들이 표현한 찬사도 포함되어 있었다.

노스 다코타, 리스본의 G. H. 데이비스 목사는 셰리던 노울스의 주목할만한 예언을 아래와 같이 기록한다.

나는 스테프니(Stepney) 곧 지금의 리전트 파크 칼리지의 학생이었다. 유명한 배우이자 극작가인 셰리던 노울스는 브록(Brock) 박사에게서 세례를 받았으며, 우리의 웅변 지도 교수로 임명되었다. 우리는 그 위대한 노장에게 근사한 성경을 선물로 사 주려고 돈을 모았다.

전달식은 어느 수요일 오후에 있었다. 그때 일은 결코 잊을 수 없는데, 셰리던 노울스 그 자신을 위해서 뿐 아니라, 어느 한 사람에 대한 그의 예언 때문이었다. 그때까지 그가 예언한 인물에 대해 우리는 아는 것이 없었다. 전달식에 들어서자마자, 노울스 씨가 외쳤다,

"학생들, 여러분은 케임브리지셔의 소년에 대해 들어보았습니까?"

우리 중 아무도 들어본 적이 없었다.

"그렇다면, 학생들", 그가 계속했다. "즉시 가서 한 번 들어보십시오."

이 시점은 스펄전이 뉴 파크 스트리트교회에서 두 번의 주일에 설교한 이후였다. 설교를 어떻게 하는지를 알고 싶으면 즉시 가서 들어보십시오. 그의 이름은 찰스 스펄전입니다. 그는 소년에 불과하지만, 세계에서 가장 놀라운 설교자입니다. 그는 웅변에서 완벽하며, 그 외에, 연기 예술 면에서도 달인

입니다. 그는 내게서 배운 것이 전혀 없으며, 다른 누구에게도 배운 적이 없습니다. 그는 그냥 완벽합니다. 그는 모든 것을 압니다. 그는 무엇이든 할 수 있습니다. 나는 한때 드루리 레인(Drury Lane) 극장의 임차인이었습니다. 내가 아직 그 지위에 있다면, 그에게 한 시즌 동안 그 극장 무대에서 공연할 기회를 제공하고 싶습니다.

왜냐하면, 그는 자기 청중에게 그가 원하는 무엇이든 할 수 있기 때문입니다!

그는 5분 안에 그들을 웃길 수 있고, 울게 할 수도 있으며, 다시 웃게 할 수도 있습니다. 그의 능력은 따라잡을 수가 없습니다.

학생들이여! 내 말을 귀담아서 들으십시오. 그 젊은이는 이 세대와 다른 세대를 통틀어 가장 위대한 설교자가 될 것입니다. 그는, 바울까지 포함하여 지금까지 복음을 전했던 그 어떤 사람보다 많은 영혼을 그리스도께로 이끌 것입니다. 그의 이름은 모든 곳에서 알려질 것이며, 그의 설교들은 세상의 많은 언어로 번역될 것입니다.

제20장

오랜 목회사역의 시작, 1854년

스펄전을 초빙한 회중의 역사는 17세기까지 거슬러 올라간다. 처음에 그들은 서더크의 한 개인 주택에서 모였다. 윌리엄 라이더(William Rider)가 1652년에 초대 목사가 되었다. 그가 사역한 기간은 알 수가 없는데, 그가 "언젠가 사망했다"라고만 알려졌기 때문이다. 벤저민 키치(Benjamin Keach)가 1668년에 그를 계승했다. 찰스 2세 시대는 비국교도에게 어두운 시기였으며, 키치도 역시 신앙 때문에 고초를 겪었다. 그러나 1672년 관용령이 발표되자마자, 회중은 서더크 페어 스트리트 고트 경내에 큰 집회장을 세웠다. 36년 후에 키치의 자리는 벤저민 스틴턴(Stinton)에게 이어졌다. 그의 14년간의 목회직은 42세의 나이에 그의 갑작스러운 죽음으로 끝났다. 그때부터, 1720년에서 1771년까지, 저명한 학자이며 저자인 존 길(John Gill) 박사에 의해 증언이 지속되었다.

길의 사역 후반에 회중의 수는 줄었지만, 1773년 존 리폰(John Rippon)의 초빙이 축복의 새로운 시기로 이끌었다. 하지만, 그 시기가 지나고, 63년에 걸친 리폰의 긴 사역이 끝나기 전, 1836년 그의 죽음 이전에도, 그는 그 교회를 회복시켜 더 밝은 날들로 이끄는 데 쓰임 받을 후계자를 위해 빈번하게 기도하곤 했다. 이어지는 시기에는 별다른 변화가 없었다. 1757년에 회중이 카터 레인(Carter Lane)으로 집회 장소를 옮겼다가, 새로운 런던 브릿지로 이어지는 도로 건설 때문에 1830년에 다시 옮긴 사실로 인해, 위치는 더 나빠졌다. 약간 값싸고, 뉴 파크 스트리트라고 불리는 저지대 거리에 있으며, 강둑에 가깝고, 맥주 공장을 비롯해 여러 공장에 의해 그늘이 드리워진 땅을 "마치 교회를 산 채로 매장하려는 계획인 것처럼" 구입하였다. 도심에 접근하는 가장 가까운 길은 당시 통행세가 부과되던 서더크 브리지였다. 그럼에도 일부 회중은 리폰의 기도를 기억하였다. 비록 뉴 파크 스트리트교회(1833년 건립)의 첫 이십 년 동안 세 명의 목사들이 왔다 갔지만, 스펄전은 다음과 같이 말한다.

"회중 가운데는 은혜의 부흥을 위해 기도하기를 멈추지 않은 소수의 사람이 있었

> 다. 회중의 수는 점점 줄었다. 하지만 그들은 소망을 간직했으며, 항상 간직했다. 최악의 상태에 처했을 때도 그들은 결코 소망을 잃지 않았으며, 주께서 그들을 기억하셨고 그들에게 번영의 시대를 허락하셨다. 그 이후로 그들은 한탄하거나 의심하지 않았으며, 오히려 긴 세월 동안 지속되는 즐거움을 누렸다."

내가 뉴 파크 스트리트교회에 왔을 때, 내가 설교했던 회중은 소수에 불과했다.[1] 하지만, 나는 그들이 얼마나 뜨겁게 기도했던가를 결코 잊을 수 없다. 때때로 그들은 마치 그들과 함께 있는 언약의 사자를 실제로 볼 수 있는 것처럼, 또 그들이 그로부터 반드시 축복을 받아야만 하는 듯이 간구하였다. 두 번 이상, 우리는 모두 집회의 엄숙한 경외감에 압도되었고, 주의 능력이 우리 위에 임하는 듯이 여겨져서 한동안 침묵하며 앉아 있었다. 그런 경우 우리가 할 수 있는 것이라곤 축복 기도를 하며 이렇게 말하는 것이 전부였다.

"사랑하는 친구들이여! 오늘 밤 이곳에 하나님의 영이 아주 명백하게 임하셨습니다. 집으로 가서, 그분의 은혜로운 감화를 잃어버리지 않도록 하십시오."

그때 축복이 임하였다. 예배당은 청중으로 가득 찼으며 많은 영혼이 구원받았다. 나는 항상 모든 영광을 하나님께 돌리지만, 그분이 내게 처음부터 기도하는 사람들을 섬기는 특권을 주신 것을 잊지 않았다. 뉴 파크 스트리트에서 우리는 영혼을 뒤흔드는 기도회를 열었다. 모든 사람이 새 예루살렘을 둘러싸고 있는 십자군처럼 보였고, 각 사람은 중보기도의 힘으로 저 천상의 도시를 침노하려고 결심한 듯이 보였으며, 곧 다 받아들일 여지가 없을 정도로 엄청난 축복이 임했다.

탁월한 위치로 부름을 받은 사람들에게는 자기 자신의 능력에 대한 확신이 있다. 그 확신에 정당한 근거가 있고, 겸손이 가미되며, 각양 좋은 은사와 온전한 선물을 주시는 분에게 모든 영예와 영광을 돌리는 거룩한 감사가 수반된다면, 그 확신은 필시 도움이 된다.

하지만, 동시에, 자기확신이란 타락에 가까운 것이며, 자기 자신에게 기

---

[1] 약 200명이었다. 당시 그 채플은 1,200명을 수용할 수 있었다.

대는 자들은 넘어질 것이며, 육적인 안전이란 그 안에서 살기에는 토대 없는 구조물과 같다는 사실보다 분명한 것은 없다. 내가 런던에서 목사가 되었을 초기에, 내 성공이 나를 소스라치게 했다. 내 경력이란 것을 생각해볼 때, 그것은 나를 우쭐하게 만드는 것과는 거리가 멀었고, 오히려 나를 가장 밑바닥으로 내던졌다. 거기서 나는 참회(miserere)의 노래를 부를 뿐, 대영광송(gloria in excelsis)을 부를 여유를 찾지 못했다.

이 큰 무리를 계속해서 이끌어야 하는 나는 누구인가?

나는 초야의 마을로 도망치고 싶었고, 또는 미국으로 이민을 떠나고 싶었다. 산간벽지에서 호젓한 둥지를 찾기를 원했으며, 그런 곳에서 내게 꼭 필요한 것들만 있어도 나는 충분히 만족했을 것이다. 내 필생의 사업의 막이 오르는 때는 바로 그럴 때였다. 어떻게 될지 나는 두려웠다. 나는 불충하기를 원하진 않았으나, 무서웠고, 나 자신이 부적합하다는 느낌으로 가득했다. 나는 은혜의 섭리가 나를 위해 예비한 그 일이 두려웠다. 나는 나 자신이 어린아이에 불과하다 느꼈고, 이 음성을 들을 때에 떨었다.

> 일어나라 산들을 타작하여 겨같이 만들라(참조. 사 41:15).

이러한 의기소침은 주께서 내 사역을 위해 더 큰 복을 준비하고 계실 때마다 나를 덮쳤다. 구름은 흩어지기 전에 짙고, 은혜의 폭우를 쏟기 전에 어두운 그늘을 드리운다. 의기소침은 이제는 내게 거친 옷을 입은 예언자, 내 주님의 더 풍성한 축복이 가까웠음을 알리는 세례 요한처럼 되었다. 나보다 훨씬 훌륭한 사람들도 그것을 경험했다. 그릇을 닦는 것은 주인의 용도에 그것을 더 적합하게 만든다.

고난 속에 잠기는 것은 성령의 세례에 선행한다. 금식은 연회를 위한 식욕을 제공한다. 주님은 광야 후미진 곳에서 그분의 종이 양 떼를 돌보고, 홀로 경외심을 가지고 기다리는 중에 나타나신다. 광야는 가나안으로 가는 길이다. 낮은 골짜기가 산 정상으로 이끈다. 패배는 승리를 준비한다. 비둘기에 앞서 까마귀가 보내어진다. 밤의 가장 어두운 시간이 새벽을 앞선다. 뱃사람들이 깊은 곳으로 내려가지만, 다음 파도가 그들을 하늘을 향해 솟구치게 한다. 주께서 그들의 영혼을 바라던 항구로 데려가시기에 앞서 그들의 영혼은 고통으로 녹는다.

*　　　*　　　*

　　내가 뉴 파크 스트리트교회의 목사로 피택된 지 오래 지나지 않아, 자신이 말하기를 "수치스럽게 취급당했다"는 이유로 그 교회를 떠난 한 사람과 면담을 했다. 그는 교회에서 잘 알려진 여섯 사람의 이름을 거명하였는데, 그들이 대단히 그리스도인답지 않은 방식으로 그를 대했다고 주장했다. 그의 말에 따르면 그는 무고히 고통을 당하는 불쌍한 사람으로서 인내와 성결의 본보기였다!

　　나는 그가 다른 사람들에 대해 말하는 방식을 보고 그의 특징을 곧 알아보았고 (나를 결코 그릇되게 인도한 적이 없는 판단 방식이다) 그래서 어떻게 행동해야 할지 결심했다.

　　나는 그에게 교회가 슬프게도 불안정한 상태에 있었고, 혼란에서 벗어나는 유일한 길은 모든 사람이 지난 일을 잊고 다시 시작하는 것이라고 말했다. 그는 내게 시간이 지난다고 사실들이 바뀌지 않는다고 말했다. 그래서 나는 만약 그 기간에 사람이 더 지혜롭고 나은 사람이 된다면, 시간의 경과가 사실들을 보는 그 사람의 관점을 바꿀 것이라고 대꾸했다. 나는 덧붙여서, 과거는 내 선임자들과 함께 모두 지나갔으니, 그가 새로운 방식에 따라 그들과 문제를 해결해야 하며, 나는 그 문제에 조금도 상관하지 않겠다고 말했다. 그는 다소 상기될 정도로 분통을 터뜨렸고, 나는 그가 냉정을 찾을 때까지 분을 발산하도록 허용했다.

　　마침내 우리는 악수를 하고 헤어졌다. 그는 좋은 사람이었지만, 불편한 신조에 따라 행동했으며, 그래서 때때로 아주 이상한 방식으로 다른 사람들을 거북하게 만들었다. 만약 내가 그에게 찬성하고 그의 편을 들었더라면, 분쟁은 끝나지 않았을 것이다. 나는 나 자신의 성공과 교회의 번영을 위해, 내가 오기 전에 있었던 모든 분쟁에 대해 못 본척함으로써 지혜롭게 처신했다고 확신한다. 대학을 갓 졸업한 정도의 젊은 신출내기가 어느 한 파벌에 의해 훈수를 듣거나, 친절과 아첨에 매수되어 한 패가 되는 것은 지극히 우매한 짓이며, 결국 자기 교인의 절반에 의해 그 자신을 파멸시키게 된다.

요즈음에는, 내가 처음 런던에 왔을 때처럼 젊은 사람들에게 많은 충고를 하는 것 같지 않다.

맙소사! 나는 얼마나 많은 충고를 들었던가!

나는 어느 미국 유머작가만큼이나 많은 충고를 들었다고 생각하는데, 그는 적어도 세상을 세 번 망치기에 충분할 정도로 많은 충고를 들었노라고 말했다. 나도 그 정도는 들었다고 확신한다. 하지만, 이제, 우리의 젊은 형제들에게 충고하거나 그들의 무분별한 행동을 넌지시 드러내는 대신, 우리는 차라리 그들의 성급함과 열심을 기뻐한다.

우리는 그들에게서 신선함과 활력을 보는 것을 좋아한다. 그들이 이따금 엇나가기 시작한다면, 시간이 그들의 열정을 조절해줄 것이며, 아마도 불과 몇 년의 세월이 지금 그들에게 부족한 신중함을 더해줄 것이라고 느낀다.

* * *

나는 내 사역 초기에 일어났던 두드러진 회심에 대해 많은 이야기를 들려줄 수 있다. 한 번은, 내가 사무실에 있을 때, 한 아일랜드 남자가 나를 만나러 들어왔다. 그는 깍듯이 인사한 후에 말을 시작했다.

"실례합니다만, 목사님, 질문이 있어서 왔습니다."

내가 말했다.

"오! 너무 깍듯한 말투는 제가 좋아하지 않습니다.

하지만, 질문이 무언가요?

그리고 어째서 당신은 그 문제를 당신의 사제에게 가져가지 않았지요?"

그가 말했다.

"그에게 찾아갔었지요. 하지만, 그의 대답이 마음에 들지 않았습니다."

"좋습니다!"

"질문이 무엇인가요?"

그가 말했다.

"하나님은 의로우십니다. 만약 하나님이 의로우시다면, 그분은 반드시 저의 죄들을 벌하실 것입니다. 저는 벌을 받아 마땅합니다. 만약 하나님이 공정한 분이시라면, 그분은 저를 벌하셔야 합니다. 하지만, 목사님은 하나님은 자비로우시며 죄를 용서하신다고 말씀하십니다. 저는 어떻게 그것이 정당한지 이해할 수 없습니다. 그분은 그런 일을 행하실 권리가 없습니다. 그분은 정의로우셔야 하고, 벌을 받아 마땅한 자들을 벌하셔야 합니다. 어떻게 하나님이 의로우시면서 동시에 자비로우실 수 있는지 말해주십시오."

내가 대답했다.

"그리스도의 피로써 가능하지요."

그가 말했다.

예, 저의 신부님도 그렇게 말했습니다. 목사님도 아주 비슷한 말씀을 하시는군요. 하지만, 그는 좋은 거래에 대해서도 말했는데, 저는 그것을 이해할 수 없었습니다. 그 짧은 답변이 저를 만족시키지 못합니다. 제가 알고 싶은 것은 어떻게 예수 그리스도의 피가 하나님을 공정하시게 할 수 있는지, 그러면서 동시에 하나님을 자비롭게 할 수 있는지에 대한 것입니다.

그때 나는 그가 알고 싶은 것이 무엇인지를 이해했으며, 구원의 계획을 다음과 같이 설명했다.

"자 선생님, 당신이 한 사람을 죽였다고 가정해봅시다. 그리고 재판장이 '저 아일랜드 사람은 교수형을 당해야 한다'고 말했다고 칩시다."

그가 재빨리 말했다.

"저는 교수형을 당했어야 마땅합니다."

"하지만 선생, 제가 당신을 아주 좋아한다고 가정해봅시다. 그렇다면 제가 당신을 교수형 당하지 않도록 구할 수 있는 어떤 방법이 없을까요?"

"없습니다, 목사님, 저는 방법을 생각해낼 수 없습니다."

"그렇다면, 제가 여왕에게 가서 이렇게 말한다고 가정해보십시오, '여왕이시여, 제가 이 아일랜드 사람을 무척 아낍니다. 저는 재판장이 그가 교수형에 당해야 한다고 말한 것이 아주 정당하다고 생각합니다. 하지만, 제가 대신 교수형을 당하게 해 주십시오. 그러면 여왕께서는 법을 법대로 집행하시는 것이 됩니다.' 자, 여왕은 내 제안에 동의할 수 없을 겁니다. 하지만, 여왕이 당신 대신에 나를 교수형에 처하도록 동의할 수 있다고 가정해보십시오—하나님은 모든 왕이나 여왕보다 더 큰 능력을 가지셨기에 당연히 그렇게 하실 수 있습니다.

그렇다면, 경찰 당국자들이 나중에 당신을 잡아갈 것이라 생각합니까?"

그가 즉시 대답했다.

"그럴 수 없다고 생각합니다. 그들은 나에게 손대지 않을 것입니다. 만약 그들이 손을 댄다면, 나는 이렇게 말할 것입니다,

'당신들 무얼 하는 것이요?

저 신사가 황송하게도 나를 위해 교수형을 당하지 않았소?

나를 그냥 두시오.

정녕, 당신들은 같은 일로 두 사람의 목을 맬 수 없습니다.

그렇지 않소?'"

내가 그 아일랜드인에게 대꾸했다.

"아, 내 친구여! 바로 그겁니다. 그것이 바로 우리가 구원받은 방식입니다! 하나님은 반드시 죄를 벌하십니다. 그리스도께서 말씀하셨습니다, '내 아버지여, 저 죄인을 대신하여 나를 벌하소서.' 그리고 아버지께서 그렇게 하셨습니다. 하나님이 자기의 사랑하는 아들 예수 그리스도에게 우리의 모든 죄 짐을 짊어지게 하셨고, 모든 형벌과 징계를 감당하게 하셨습니다. 이제 그리스도께서 우리를 대신하여 벌을 받으셨으니, 하나님이 만약 주 예수 그리스도를 믿는 어떤 죄인을 처벌하신다면 공정하지 못하게 되는 셈입니다. 당신이 예수 그리스도를 믿으면, 하나님의 사랑을 받는 독생자를 믿으면, 당신은 기뻐하며 갈 수 있습니다."

"믿음!", 그 사람이 박수를 치면서 말했다.

"그것이 복음이군요. 이제 저는 안전합니다. 모든 죄에도 불구하고, 저는 저를 위해 죽으신 그분을 믿겠습니다. 그러면 구원을 얻을 것입니다."

뉴 파크 스트리트에서 일어났던 또 하나의 특이한 회심은, 주일 저녁에 마실 술을 가져오기 위해 양조장에 습관적으로 다니던 사람의 경우이다. 그는 예배당 문 주변에 몰린 무리를 보았고, 그래서 안을 들여다보았다. 이어 밀고 들어가 회랑 계단의 꼭대기에 이르렀다. 바로 그때, 그가 서 있는 방향으로 내가 몸을 돌렸다. 내가 그때 왜 그랬는지 모르지만, 그리 좋지 않은 동기로 들어온 한 사람이 회랑에 있을 것이라고 말했다. 그때도 그는 주머니에

술병을 지니고 있었다. 그 특이한 표현이 그 사람을 강타했다. 설교자가 너무나 정확하게 자기를 묘사한 것 때문에 그는 놀랐고, 이어지는 경고에 귀를 기울였다. 말씀이 그의 마음에 닿았고, 하나님의 은혜가 그에게 임했다. 그는 회심하였고, 이윽고 하나님을 두려워하며 겸손히 행하였다. 다른 경우에, 한 가난한 창녀가 같은 건물에서 구주를 만났다. 그녀는 블랙프라이어스(Blackfriars) 다리에 올라 자기 삶을 끝내려고 결심했다.

하지만, 주일 저녁에 예배당 곁을 지나다가, 한 번 들어가 볼까 하는 생각이 들었고, 마지막으로 창조주 앞에 서도록 준비시켜 줄 수도 있는 무슨 말이든 들어보자고 하는 마음을 먹었다. 그녀가 통로 쪽으로 일단 발을 들여놓자, 그녀는 그냥 나갈 수가 없었다.

그날 밤의 본문은 "**이 여자를 보느냐?**"(눅 7:44)였다.

나는 그 도시에서 공공연한 죄인으로 이름난 그 여인을 묘사했고, 많은 용서를 받았기에 많은 사랑을 가지고, 그 여인이 눈물로 구주의 발을 적시고 머리털로 닦아내는 모습을 그렸다. 내가 설교하는 동안, 그녀는 그녀 자신의 악한 삶이 회중에게 묘사되고 있다는 생각에 눈물을 쏟았다. 우선, 내가 자살로 생을 마감하려던 가련한 사람을 구하는 수단이 되고, 다음으로는, 그녀의 영혼을 멸망에서 구원하는 수단이 된 것이 내게는 큰 기쁨이었다.

태버너클에서도 같은 방식으로 은혜의 일들이 계속해서 일어났다. 남자와 여자들이 단순한 호기심 때문에 들어오기도 했다. 호기심은 종종 근거 없는 이야기에서 비롯된 것이기도 하고, 어떤 경우는 편견을 가진 사람의 악의적인 비방 때문에 형성된 것이기도 했다. 하지만, 예수 그리스도께서 그들을 부르셨다. 그들은 예수님의 제자들이 되었고, 우리에게는 마음이 따뜻한 친구들이 되었다.

가장 어울리지 않는 신병들 가운데 일부가, 나중에는 우리의 가장 소중한 군사들이 되었다. 그들의 출발은 혐오였으나, 마칠 때는 열정이었다. 그들은 비웃으며 들어왔으나, 기도하는 사람으로 남았다. 그런 경우가 드문 일이 아니었다. 화이트필드와 웨슬리의 시대에도 그런 사람들은 드물지 않았다.

감리교 저널에 따르면 감리교도들에게 던지려고 주머니에 돌을 넣어 오는 사람들이 있었다. 하지만, 그들의 적대감은 다윗의 아들이 사용한 물맷돌에 맞아 쓰러졌다. 다른 이들은 소요를 일으키려고 왔지만, 그들의 마음속에 소요가 일어났으며, 그 소요는 그들이 예수 그리스도에게 오기까지 결코 잠잠해질 수 없었다. 교회의 역사는 회심을 원치 않았던 사람들의 두드러진 회심의 이야기로 점철된다. 은혜를 구하지 않았으며, 심지어 거기에 적대감을 보였던 사람들이, 영원한 자비의 팔이 개입하심으로써, 꺾이고 변화되어 어린 양의 진실하고 헌신적인 추종자들이 되었다.

*   *   *

런던에서 지내게 된 이후로, 즉흥적으로 말할 수 있는 습관을 기르기 위해, 나는 월요일 저녁 기도회를 위해 아무 연구나 준비도 하지 않았다. 나는 줄곧 그 자리를 즉흥적인 권면의 기회로 삼았으며, 그 모임을 위해 복잡한 강론이나 난해한 주제를 고르지 않았다. 나는 아주 단순하고도 편안한 내용으로 제한하여, 우리 믿음의 요소에 대해 말했다. 그 경우에, 나는 자리에서 일어서면서, 다음과 같이 돌아보며 질문하였다.

"오늘 하루 동안 이미 내 생각을 사로잡았던 주제가 무엇이었던가?

지금 내 마음에 자리 잡은 것이 무엇인가?

찬송이나 기도에서 떠오르는 주제가 무엇인가?"

회중 앞에서 일어나서, 자신이 아무것도 알지 못하는 주제에 대해 영감을 얻고자 희망을 거는 것은 아무 소용이 없다. 만약 누군가 그 정도로 어리석다면 결과는 뻔하다. 그는 아무것도 알지 못하는 대로 말할 것이며, 회중은 믿음의 유익을 얻지 못할 것이다.

하지만, 나는 자기가 충분히 이해하는 주제에 대해서는 즉흥적으로 말하지 못할 이유도 없다고 생각한다. 어떤 상인도, 자기 업무 내용을 잘 알고 있는 사람이라면, 묵상을 위해 따로 물러날 필요 없이 거래할 때 설명할 수 있을 것이다. 마찬가지로, 나는 우리가 거룩한 믿음의 중요한 원리들에 대해서 잘 파악하고 있어야 한다고 생각한다.

나는 내 영혼의 매일의 양식이 되는 주제에 대해 말하도록 요청을 받을 때 당혹감을 느껴선 안 된다. 그런 경우에는, 말하기 전에 손으로 쓰는 수고를 통해 얻을 수 있는 유익이 무엇인지 나는 모르겠다. 왜냐하면, 그렇게 하면서, 사람은 즉흥적으로 쓰고자 하고, 즉흥적으로 쓰는 것은 즉흥적으로 말하는 것보다 효력이 떨어지기가 쉽기 때문이다. 쓰는 것의 유익은 신중하게 수정하는 기회에 있다.

하지만, 아주 유능한 작가들이 그들의 생각을 처음부터 정확하게 표현할 수 있는 것처럼, 유능한 연설가도 그렇게 할 수 있다. 스스로 설 수 있는 사람의 생각은, 자기에게 익숙한 주제를 설명하는 동안, 그의 처음 생각에서 크게 벗어나지 않을 수 있다.

묵상의 크림은 그의 마음의 열기에 의해 녹아버릴 수 있다. 그가 전에 그 주제를 잘 연구하였다면, 비록 그 순간에 따로 연구하지 않아도, 그는 아주 효과적으로 전할 수 있을 것이다. 반면에 다른 사람은, 앉아서 쓰는 동안, 그의 첫 아이디어에 갇힐 수 있는데, 그것은 아주 모호하고 김빠지는 내용이 될 수 있다.

나는 한때 뉴 파크 스트리트교회에서 설교하면서 매우 특이한 경험을 했다. 나는 주일 저녁 예배의 앞 순서를 행복하게 진행하였고, 설교에 앞서 찬송가를 부르고 있었다. 설교 본문을 찾으려고 성경을 펼쳤다. 그 본문은 내가 강론의 주제로 신중하게 연구한 것이었다.

그런데, 다른 쪽 페이지에서, 다른 성경 구절이 나에게 튀어 오르는 것이 아닌가?

마치 숲에서 사자가 튀어나오는 것 같았고, 내가 이미 선택한 본문을 묵상했을 때 느꼈던 것 이상으로 훨씬 강력한 것이 느껴졌다. 사람들은 찬송을 부르고 있었고, 나는 탄식하고 있었다. 나는 둘 사이에 꼼짝없이 끼었으며, 내 생각은 어느 쪽으로도 기울어지지 않았다. 나는 자연스럽게 내가 신중하게 계획한 길에서 달리고 싶었지만, 다른 본문이 양보할 기미를 보이지 않았다. 마치 내 옷자락을 붙잡고 이렇게 외치는 것 같았다.

"안 됩니다, 안 돼. 당신은 나를 본문으로 삼아 설교해야 합니다. 하나님은 당신이 나를 따라오길 원하십니다."

나는 내 의무에 대해 곰곰이 생각했다. 나로서는 광신자가 되고 싶지도 않고, 불신앙의 사람도 되고 싶지도 않았기 때문이다. 마침내 나는 속으로 생각했다.

"좋아, 나는 내가 준비한 설교를 전하고 싶고, 새로운 생각의 길로 나가는 것은 큰 모험이다. 하지만, 여전히 이 본문이 나를 사로잡고 있으며, 그것이 주께로부터 온 것일 수 있으니, 어찌 되건 모험을 한 번 시도해보자."

나는 거의 항상 설교를 시작하면서 곧바로 본문을 알린다. 하지만 이번에는 평상시 습관과는 달리 그렇게 하지 않았다. 그럴만한 이유가 있었기 때문이다. 나는 상당한 자유를 느끼며 설교의 첫 대지를 이어갔으며, 생각과 말 모두에서 완벽하게 즉흥적으로 말하고 있었다.

두 번째 요점은 특별하고도 조용하면서 효과적인 능력을 의식하면서 떠올랐다. 하지만 세 번째 요점이 무엇이 될지, 또는 무엇이 될 수 있을지에 대해 아무런 생각이 없었다. 그 시점에 본문은 더 이상의 재료를 제공하지 않았다. 내가 계산하지 않았던 한 사건이 일어나지 않았더라면, 나는 내가 실제로 말할 수 있었던 것을 결코 말할 수 없었을 것이다.

나는 내가 거룩한 충동이라고 생각한 것에 순종하여 큰 어려움에 빠져버렸다. 하지만 그 상황에서 비교적 편안함을 느꼈고, 하나님이 나를 도우실 것을 믿으면서, 더 할 말이 없으면 최소한 예배를 마치면 된다는 것을 알았다. 나는 고심할 필요가 없었는데, 별안간 온통 캄캄해졌기 때문이다. 가스가 다 떨어진 것이다. 통로 쪽이 특히 사람들로 빽빽했고, 예배당 전체가 사람들로 만원이었다. 불이 나간 것은 큰 위험이었지만, 큰 축복이 되었다.

그때 내가 무엇을 할 수 있었을까?

사람들은 약간 놀랐지만, 나는 그들에게 전혀 놀라지 말라고 말함으로써 그들을 즉시 진정시켰다. 비록 가스는 떨어졌지만, 곧 불이 들어올 것이라고 말했다. 그리고 나 자신은 원고가 없지만, 만약 그들이 가만히 앉거나 서서 듣기를 원한다면, 어둠 속에서도 빛이 있을 때와 마찬가지로 말할 수 있다고 했다. 만약 내 설교가 아주 정교한 내용이었다면, 계속해서 이어가는 것이 불합리했을 것이다.

하지만, 내가 놓인 입장 때문인지, 오히려 나는 한결 덜 당황스러웠다. 나는 즉시 잘 알려진 본문으로 생각을 전환할 수 있었다. 그 본문은 어둠 속에서 걷는 빛의 자녀와, 빛 속에서 걷는 어둠의 자녀들에 대해 말하는 본문이었다. 나는 내게 적절한 진술과 예화가 쏟아지는 것을 느꼈다. 등불이 다시 밝혀졌을 때, 나는 완전히 넋을 잃고 몰입한 내 앞의 청중을 볼 수 있었다. 그 모든 것이 참 기이한 일이었다. 나중에 몇 차례 교회 모임들이 있었을 때, 두 사람이 그들의 신앙을 고백하기 위해 앞으로 나왔다. 그들은 바로 그날 저녁에 회심했다고 고백했다.

첫 번째 사람은 설교의 앞 부분에서 회심했다고 시인했는데, 그 부분은 내게 임했던 새로운 본문에서 나온 설교였다. 다른 한 사람은 그의 각성이 그 날 설교의 후반부와 관련되었다고 회고했는데, 갑작스러운 어둠 때문에 나온 부분이었다. 이런 식으로, 섭리는 나를 놀라게 했다. 나는 하나님을 의지했고, 그분은 나를 위해 적절한 때에 불이 꺼지도록 준비하신 것이다. 어떤 사람은 비웃겠지만, 나는 하나님을 찬미한다. 다른 사람들은 비난할지 모르지만, 나는 즐거워한다.

뉴 파크 스트리트교회 건물이 팔렸을 때, 나는 강단을 나이팅게일 거리에 있는 내 정원으로 옮기게 했고, 그것을 거대한 버드나무에 고정해두었다. 나는 로렌조 도우(Lorenzo Dow)의 글을 꽤 재미있게 읽었는데, 그는 오래전에, 신앙의 퇴보가 얼마나 쉬운지를 보여주려고 산지에서 나무 한 그루를 미끄러뜨려 내려오게 했다는 이야기가 전해진다.

그에 앞서, 그는 아주 힘겹게 자기 자신을 일으켜 세우는 몸짓을 보여주었는데, 그것은 넘어졌다가 다시 일어나기가 얼마나 어려운지를 보여주기 위해서였다. 그 이야기가 내게 한층 더 재미있었던 이유는, 나 자신과 관련하여 한 가지 터무니없는 이야기가 돌았기 때문이다. 내가 강단 난간을 타고 미끄러져 내려왔으며, 강단이 벽에 고정되었을 때는 뒤쪽에서 등장했다고 하는 말이 돌았다!

나는 그 허위사실과 관련하여 조금의 빌미도 제공한 적이 없다. 하지만 그 이야기는 날마다 반복되었고, 심지어 내가 그런 행동을 했을 때 현장에 있었다고 공언하는 사람들도 있다고 들었다. 그들이 직접 눈으로 내가 그런 어리석은 장난을 치는 것을 보았다는 것이다.

한 사람이 허위사실을 수없이 반복해서 말하면 그는 마침내 자기 자신마저도 속이고, 자기가 진실을 말하고 있다고 믿는 일이 가능하다. 사람들이 사실도 아닌 불쾌한 말을 하려 할 때, 그들은 비방을 일삼는 근거에 별로 주의를 기울이지 않는다. 나로서는, 오랜 시간을 유리 상자 안에서 살아왔기 때문에, 한때 수정궁(Crystal Palace)에서 본 적이 있는 벌들처럼, 내 일에 지속할 뿐 구경꾼들에게는 무관심 하려고 노력한다. 내 개인적인 습관들이 사실대로 전해지면, 비록 그 습관들이 나 외에는 누구에게도 관심사가 되지 않아도, 나는 거기에 대해 철저히 무관심하다고 느낀다.

예외가 있다면, 내가 의기소침에 빠졌을 때다. 그럴 때 나는 "넓은 광야에서 오두막집 하나"를 바라며 탄식한다. 거기서는 신문기자들의 루머와 인터뷰 따위가 나에게 미치지 못하기 때문이다. 나는 공인들을 겨냥한 시사 비평에서 내 몫을 정당하게 받아들일 용의가 있다.

그러나 나는 신문 지상에서 나 자신과 관련된 이야기를, 그 속에 일말의 진실을 담고 있는 경우에도, 좀처럼 읽지 않는다고 실토해야겠다. 롤런드 힐(Rowland Hill), 시드니 스미스(Sydney Smith), 존 버리지(John Berridge)에 대해 조 밀러(Joe Miller)가 전한 일화들, 그리고 아주 오래되고 케케묵은 이야기들이, 나에게로 돌려졌다. 마치 그 이야기들이 나보다 앞선 사람에게도 해당하고, 나보다 뒤에 올 사람들에게도 해당하는 것처럼 말이다.

나에 대해 전해진 많은 말들은, 오늘날까지도 전해지고 있지만, 사실과는 거리가 멀 뿐 아니라, 그중 일부는 신성모독의 경계선에 있거나 매우 불경스럽다. 대체로, 나는 허위사실이 도는 속도는 상당히 빠르다고 믿는데, 그렇지 않고서는 그토록 많은 거짓말이 만들어지지 않을 것이기 때문이다.

실제로 나는 얼마 전에 어느 목사가 하는 말을 들은 적이 있는데, 그는 자신에게 최근에 일어난 한 가지 일에 관하여 말했다. 하지만, 그 원래의 이야기를 나는 이십 년 전에 말했다! 일전에 내가 경험한 것이라고 말할 때, 나는 그렇다고 믿고 진술하는 것이다. 하지만, 이 사람이 자기에게 일어났다고 말하는 것을 듣고 나면, 그 일이 정말로 나에게 일어났었던 일인지 나로 어리둥절하게 만든다.

설교자나 연설가가, 어떤 이야기를 흥미롭게 하려고, 자기에게 일어나지도 않은 일을 자기에게 일어난 사건인 것처럼 말하는 것은, 정말이지 매우 유감스러운 일이다. 양심적이고 정직한 것은, 하나님의 진리를 선포하려고 일어서는 모든 사람의 한결같은 특징이어야 한다.

나는 여러 차례 뉴 파크 스트리트교회의 집사들에게, 철제 골격의 창틀 윗부분 유리들이 치워지는 것이 좋겠다는 내 의견을 말했다. 창문들이 열리도록 만들어지지 않았기 때문이었다. 하지만 내 말에 아무런 반응이 없었다. 그러나 하늘이 도우신 사건이 발생했다.

10. 테버샴(Teversham)의 초가집

11. 워터비치(Waterbeach)에 있던 감리교 예배당

12. 뉴 파크 스트리트 강단의 스펄전

13. 설교 개요에 관한 책에 실은 논평

> Better is the end of life than the beginning.
> Better the end of labour than the starting.
> These sketches are so many proofs of the power of faith — By faith I got them. —
> They are evidences of God's love — for oft have they come just at the moment when had they tarried, I had been undone.
> Blessed be God — for making men so much his darlings as to let them speak his word.
> May it be my topmost desire to live as much to God's glory as possible — and.
>   When I shall die
>   Receive me I'll cry
>   For Jesus has lov'd me
>   I cannot tell why...
> In health, contentment and peace   June 19/52
> Only feeling the thorns of sin & sin's effects.—

14. 당시의 만화 (우측 상부에 스펄전의 집회를 알리는 광고판도 보인다)

15. 스펄전의 첫 자택, 현재 모습

16. 출입구와 기념 명패

17. 스펄전의 첫 자택, 지난 세기의 모습

18. 스펄전 부인의 평상시 모습

19. 가족 성경에 표기된 혼인신고 내용
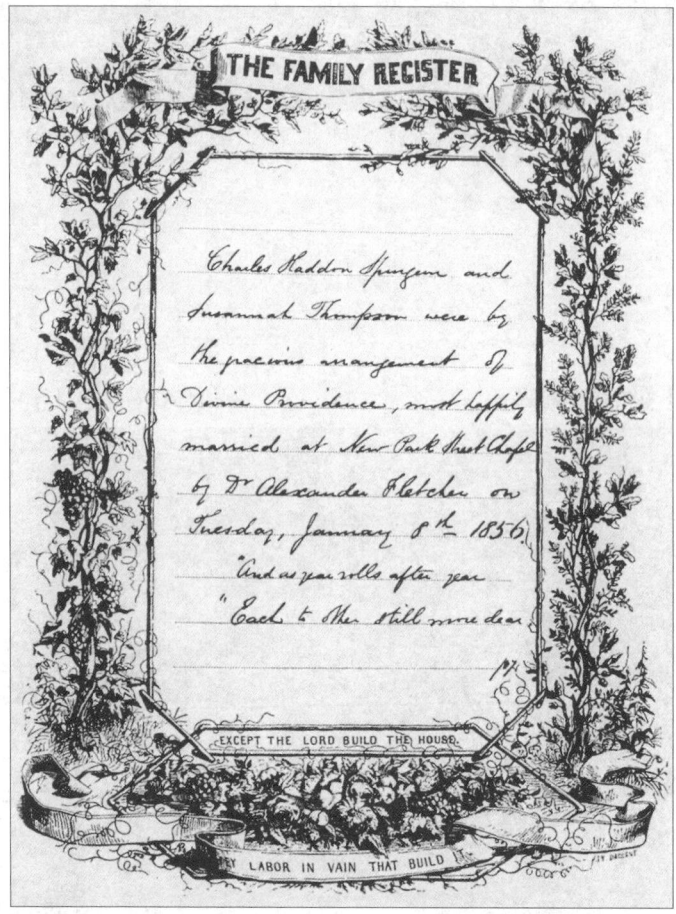

20. 스냅 촬영한 스펄전 모습, 희귀본

어느 월요일에, 누군가 아주 능수능란하게 그 창문들을 대부분 제거했다. 마치 유리 다루는 기술자가 작업한 것처럼 말끔했다. 사람들이 상당히 놀랐고, 누가 그 짓을 저질렀는지 추측하기 시작했다. 나는 범인 발견에 5파운드의 현상금을 걸고, 범인이 발각되면 그가 선물로 그 액수를 받도록 하자고 제안했다. 그런데 현상금이 마련될 기미가 없었고, 그래서 나는 한 개인에게 걸림이 될 일을 굳이 알리는 것이 내 의무는 아니라고 느꼈다. 나는 누구도 나를 의심하지는 않을 거라고 믿는다. 하지만, 그들이 의심한다면, 그 답답한 건물 안으로 산소가 통하도록 내가 막대기를 들고 걸어 다녔다고 실토할 수밖에 없다.

내가 런던에서 설교를 시작한 지 얼마 안 되어서 회중이 너무 많아졌다. 그래서 저녁에는 예배당에 가스등을 켰는데, 마치 캘커타의 지하 감옥(Black Hole of Calcutta)처럼 답답했다.

1854년 어느 날 밤, 거기서 설교하는 도중에 나는 소리쳤다

"믿음으로, 여리고 성벽이 무너졌습니다. 또한, 믿음으로 이 검은 벽 역시 무너져내릴 것입니다."

설교를 마쳤을 때, 한 나이 지긋하고 신중한 집사가, 다소 위압적인 말투로 내게 말했다.

"그런 말은 다시 듣지 않게 해 주십시오."

"무슨 말입니까?"

내가 물었다. 그리고 덧붙여 말했다.

"그것이 무너질 때 집사님은 그런 말을 다시 듣지 않을 겁니다. 그러니 더 신속히 그 일을 하는 편이 나을 겁니다."

교회 연보에서 발췌한 다음 내용은 교회 회원들이 진지한 열심을 가지고 그 일을 착수했음을 보여준다.

1854년 8월 30일, 교회 회의

"다음과 같이 결의하다. 우리는 한 교회로서, 우리의 존경하는 목사님의 사역에 수반된 성공에 대하여, 우리의 하늘의 아버지께 진실한 감사의 고백을 기록하기 원하며, 가능한 이른 기간에, 주일에 예배당으로 몰려오는 양들에게 확장된 시설을 제공하는 것이 중요하다고 인식한다. 또한, 우리의 존중 받는 집사들이 이 문제를 충분하고도 신중하게 고려하여, 10월에 열리는 교

회 회의에서 보고할 것을 애정을 담아 요청한다."

하지만, 그 일은 불가피하게 상당히 지연되었는데, 교회 부속실과 주일학교 교실들이 예배당 위원회와는 별개의 위원회에 의해 유지되고 있었기 때문이다. 그래서 그 공간들을 본채에 포함하기에 앞서 이 문제를 기부 관리 위원회에 상정할 필요가 있었다. 상황을 충분히 조사한 후에, 그들은 장애물을 두지 않기로 했고, 결국 1855년 초반에 개조 공사가 시작되었다. 적합한 시기에 예배당은 제안한 대로 확장되었으며, 새로운 학교 교실은 예배당 곁에 나란히 세워졌다. 창문들은 여닫을 수 있게 설치되었고, 학교에 앉은 학생들도 설교자의 소리를 들을 수 있도록 허용되었다.

런던에서 콜레라가 발생한 해

1854년, 내가 런던에서 지내며 12개월쯤 되던 무렵, 내가 사역하던 인근 지역에 아시아에서 유래한 콜레라가 발생하였다. 내 회중도 피해를 겪었다. 가족마다 연이어 아픈 사람의 병상 심방을 위해 나를 찾았고, 나는 거의 매일 무덤을 방문해야 했다. 처음에, 나는 청년의 열정으로 나 자신을 포기하고 환자를 심방했으며, 모든 계층과 모든 믿음의 사람들이 부르면 사방으로 찾아가곤 했다.

하지만, 곧 나는 몸이 지쳤고, 마음도 아프게 되었다. 내 친구들이 한 사람씩 쓰러지는 듯했고, 나 역시도 주변 사람들처럼 병들고 있다고 느꼈다. 조금만 더 일하거나 슬퍼하는 상황이 지속되었다면 나는 다른 사람들과 마찬가지로 병상에 눕게 되었을 것이다. 나는 내 짐이 감당할 수 있는 이상으로 무겁다고 느꼈고, 곧 그 짐에 짓눌려 쓰러질 것 같았다.

나는 탄식하면서 장례식장에서 집으로 돌아오곤 했다. 그때, 하나님께서 그렇게 하셨는지, 그레이트 도브(Great Dove) 길에서, 나는 호기심으로 어느 구두 제조공의 창문에 붙여진 종이 한 장을 읽게 되었다. 그것은 광고문 같아 보이진 않았으며, 실제로도 그렇지 않았다. 그 종이에는 굵은 손글씨로 이런 내용이 쓰여있었다.

> 네가 말하기를 여호와는 나의 피난처시라 하고 지존자를 너의 거처로 삼았으므로 화가 네게 미치지 못하며 재앙이 네 장막에 가까이 오지 못하리라(시 91:9,10).

내 마음에 미친 효과는 즉각적이었다. 믿음이 그 구절을 자기 것으로 삼았다. 나는 안전하고, 생기를 되찾고, 불멸의 생명으로 둘러싸였다고 느꼈다. 나는 죽어가는 사람들을 계속해서 방문했고, 차분하고도 평화로운 심령으로 그 일을 수행했다. 나는 재앙이 두렵다고 느끼지 않았고, 해를 입지도 않았다. 섭리가 그 소매상인을 감동하여 창문에 그 구절을 붙여두게 한 것이다. 나는 그것을 감사하는 마음으로 인정하고, 그 놀라운 능력을 기억하면서, 여호와 나의 하나님을 찬송한다.

『환난의 때 최선의 피난처』라는 제목이 붙은 소책자는 스펄전이 "본향으로 떠날" 무렵에 출판되었다. 그 책자에서 웨스트민스터, 오처드 거리, 피버디 19번지의 W. 포드 씨는 이렇게 썼다.

> 1854년, 스펄전 목사님이 런던에서 보낸 첫해, 콜레라가 그의 교회가 위치한 지역과 그가 거주하던 이웃을 휩쓸었다. 지역 당국자들은 가난한 사람들을 배려했고, 거리 모퉁이마다 공고문을 붙여, <콜레라>라고 크게 제목을 달고서, 조언과 의약품이 무료로 제공되는 장소를 알렸다.
>
> 그 시기에, 나는 그레이트 도브 길에 살았으며, 스펄전 목사님은 좀 더 그리니치 쪽으로 가까운 버지니아 테라스에 살았다. 길모퉁이마다 붙여진 공고들을 보고서, 나는 그 내용이 사람들을 겁먹게 하려고 고도로 계산된 것이라는 인상을 강하게 받았다.
>
> 한 친구의 동의를 얻어 나는 공고문 하나를 구했고, 중앙에 이 말을 썼다.
>
> 네가 말하기를 여호와는 나의 피난처시라 하고 지존자를 너의 거처로 삼았으므로, 화가 네게 미치지 못하며 재앙이 네 장막에 가까이 오지 못하리라(시 91:9-10).
>
> 나는 이 공고문을 내 가게 창문에 붙였고, 수백 명의 사람이 그것을 읽었다. 그 글을 조롱하거나 부적절하다고 탓하는 사람은 없었다. 그 무서운 역병에 사람들이 압도되고 침울했기 때문이다. 그 공고문을 읽은 사람 중에는 스펄전 목사님도 있었다.

콜레라가 유행하던 시기에, 지방에서 많은 약속이 있었지만, 나는 그 모든 것을 포기하고 런던에 남아 병든 자들과 죽어가는 자들을 방문했다. 나는 그와 같은 질병과 죽음과 슬픔의 시기에는 그곳에 있는 것이 내 의무라고 느꼈다. 어느 월요일 아침, 약 3시경에, 날카로운 초인종 소리에 나는 잠을 깼다. 나는 런던 브리지에서 그다지 멀지 않은 한 집으로 즉시 심방을 가자는 재촉을 받았다. 내가 3층에 있는 어느 방으로 들어섰을 때, 그곳에는 한 간호사와 한 죽어가는 사람만 있었다.

내가 들어서자 "오, 목사님!" 하고 간호사가 소리쳤다.

"30분쯤 전에, 누구누구 씨가 목사님을 불러 달라고 저에게 간청했답니다."

"그가 무엇을 원합니까?"

내가 물었다.

"그는 죽어가고 있답니다, 목사님!"

그녀가 대답했다.

내가 말했다.

"예, 직접 보니 그렇군요."

"그는 어떤 사람이었나요?"

간호사가 대답했다.

"그는 지난밤에 브라이튼(Brighton)에서 왔습니다. 온종일 나가 있었지요. 제가 성경을 찾아보았는데, 집에는 없답니다. 목사님이 성경을 가져오셨기를 바랍니다."

"오!", 내가 말했다.

"지금은 그에게 성경이 아무 소용 없습니다. 만약 그가 내 말을 이해할 수 있다면, 나는 그에게 성경 말씀으로 구원의 길을 알려줄 수 있습니다."

나는 그의 곁에 서서 그에게 말했다. 하지만 그는 대답이 없었다. 나는 다시 말했다. 그래도 그가 유일하게 의식하는 것은 공포의 그림자였으며, 그것은 다가오는 죽음으로 인사불성 상태와 뒤섞였다. 이윽고, 그 의식마저 사라지고, 감각도 없어졌다. 나는 몇 분간 그 자리에 서 있었다. 그를 지켜본 그 불쌍한 여인과 함께 탄식하고 있었다. 그 영혼에 대해서는 아무런 가망이 없었다. 그의 얼굴을 응시하면서, 나는 그가 죽었으며, 그의 영혼이 떠난 것을 알아보았다.

그 사람은, 일평생, 나를 습관적으로 조롱하던 사람이었다. 강한 언어로, 그는 자주 나를 위선자라고 비난했다. 그러나 그가 죽음의 화살에 맞자마자 그는 나를 찾았고 나의 조언을 구했다. 비록 그가 입술로는 시인하려 하지 않았지만, 의심의 여지 없이 그는 내심으로는 나를 하나님의 종이라고 느낀 것이다. 거기에 서 있었지만, 나는 그를 도울 수 없었다.

그의 부름에 신속하게 응답하긴 했지만, 그의 시신을 지켜보고, 한 잃은 영혼을 보고 슬퍼하는 것 외에 내가 할 수 있는 것이 무엇이었던가?

그는 건강했을 때 사악하게 그리스도를 거절했으나, 죽음의 고통 속에서 미신적인 기대로 나를 찾았다. 너무 늦었다. 그는 목사와의 화해를 갈망했고, 저 닫힌 문 안으로 들어가기를 구했지만, 그럴 수가 없었다. 회개할 여지가 그에게 남아 있지 않았다. 하나님이 오랫동안 그에게 주셨던 기회들을 다 낭비해버렸기 때문이다.

나는 집으로 갔고, 곧 다시 불려 갔다. 그때는 한 젊은 여인을 보았다. 그녀 역시 마지막 순간을 맞고 있었다. 그것은 아름다운 광경이었다. 그녀는 노래하고 있었다. 비록 자신이 죽어가는 것을 알면서도, 그녀는 노래하고, 주변 사람들과 대화를 나누고 있었다. 그녀의 오라비들과 자매들에게 자기 뒤를 따라 천국에 오라고 말하였고, 그녀의 아버지에게 작별 인사를 하고 있었다.

그러는 동안 그녀는 마치 그날이 자신의 결혼식 날인 것처럼 줄곧 미소를 지었다. 그녀는 행복했다. 나는 내 생애에서 그날 아침에 내가 겪었던 일보다 더 뚜렷하게 대조되는 것을 본 적이 없다. 그 차이는 하나님을 경외하는 사람과 그분을 경외하지 않는 자의 차이였다.

제21장

사랑, 연애와 결혼

C. H. 스펄전 부인의 기록

내가 이 장에서 1854년과 1855년에 있었던 사건들을 기록하는 소중하고 섬세한 일에 착수하게 되었을 때, 오직 두 가지 길이 내 앞에 열리는 것 같았다. 하나는, 가능한 한 은혜로운 방식으로, 의례적인 어투와 일상적인 일들을 들려줌으로써, 우리 둘만의 사랑 이야기라는 민감한 사실들과 달콤함을 감추는 길이다.

또 다른 하나는, 내 영혼에 가득한 것을 솔직하게 밝히는 방식인데, 지나간 일을 공정한 시각으로 바라보고, 하나씩 내 눈앞에 떠오르는 사실들을 사실적이고 생생하게 묘사하는 것이다. 나는 후자를 택했고, 그럴 수밖에 없다고 느꼈다. 내 손은 내 마음이 명하는 것에 순종할 뿐이었고, 한편으로는 오류가 없으신 성령님의 지도를 따랐다고 믿는다.

한 사람의 지난 생에서 가장 소중한 비밀들을 이런 식으로 드러낸다는 것은 흔치 않을 일이다. 그러나 이번 경우에, 나는 내가 택한 방식이 정당하다고 생각한다. 언젠가 내 남편이 말했다.

"당신은 내 삶을 하늘을 지면 삼아 기록할 수 있소, 나는 감출 것이 하나도 없으니까."

그의 삶의 역사에서, 그의 거룩하고 흠 없는 성품을 담고 있는 숨겨진 페이지들을 나는 증언하지 않을 수 없다.

그래서 나는 내 마음의 빗장을 열고, 소중하게 간직해 두었던 추억들을 쏟아내기로 했다. 어떤 사람들은 내가 헤프다고 비난할지 모르겠다. 하지만 다수의 독자는 내가 뿌리는 보석들을 주워 모을 것이며, 그들의 소유로 소중히 간직할 것이라고 확신한다.

나의 사라진 기쁨을 두고 애도하면서, 나는 많은 한숨을 지으며 슬퍼했다. 그러나 다른 한편으로, 그것은 나를 "모든 위로의 하나님"께로 가까이 이끌어 왔으며, 그런 남편의 사랑을 받은 고귀한 특권에 대해 두고두고 하나님을 찬미하도록 가르쳤다.

수년 전, 나는 아주 가슴 아픈 이야기를 읽었다. 그 이야기는, 이 편찬 작업 때문에 어쩔 수 없이 과거의 기록들을 읽고, 오래도록 봉해두었던 사랑하는 남편의 편지들을 다시 숙독하고, 우리가 서로에게 전부였던 행복한 시절을 떠올리는 동안에도, 줄곧 내 머리에서 떠나지 않았다. 내게 각인되었던 그 사건의 세세한 내용을 다 기억하진 못하나, 주된 사실들을 여기에 옮겨본다.

한 쌍의 신혼부부가 알프스 지역의 큰 빙하 중 하나를 건너던 중, 치명적인 사고가 발생했다. 남편이 빙하 지대에 많은 거대한 크레바스 아래로 떨어졌다. 밧줄이 끊어졌다. 갈라진 틈이 너무 깊어서 아무런 도움도 닿을 수 없었다. 그의 시신조차 찾을 수 없었다. 그 아내의 상실의 슬픔을, 우리는 침묵의 베일로 덮어두어야 했다.

40년 후 그녀가 목격되었다. 사고 당시 그 부부와 동반했던 안내원과 함께, 그녀는 빙하 기슭에서 가장 가까운 호텔에 머물면서, 얼음 바다가 망자의 시신을 내놓기를 기다리고 있었다. 잘 알려진 빙하 진행의 규칙에 따라, 오래전에 잃은 남편의 시신이 그 날짜 무렵에 급류 어귀에서 발견되기를 기대했다. 참을성 있게, 포기치 않고 지속해서, 그들은 찾고 또 기다렸다. 그리고 마침내 그들의 소망은 보상을 받았다. 어느 날 남편의 몸이 얼음의 감옥에서 석방되었다.

아내는 오래전에 떠났던 남편의 모습을 보고 또 보았다!

하지만, 그 이야기의 비애는 그녀가 당시 늙은 여인이 되었다는 사실에 있다. 새롭게 건져낸 몸은 상당히 젊고 건장한 남성의 몸이었다. 수정 장식함이 그토록 오랜 세월이 지나도록 그 보석을 아주 잘 보관하고 있었다. 40년 세월이 그 대리석 이마에 아무 주름도 남기지 않았고, 모든 것을 시들게 하는 시간의 손가락도 그 무덤 속에 있는 그를 건드리지 못했다.

아주 짧은 순간, 그 나이 많은 부인은 젊은 시절의 남편을, 즉 영원히 지나간 시절의 그의 모습을 지켜본 것이다!

이 장의 기록을 준비하는 동안 내가 겪은 경험도 그 이야기와 어느 정도 비슷하다. 나는 사실, 세월이라는 거대한 빙하의 기슭에 서 있다. 그리고 말할 수 없는 애정을 가지고 내 사랑하는 남편을 그 힘이 강건하던 시절의 모습으로 바라본다. 청춘의 이슬이 그에게 맺혀 있고, 주께서는 그를 사람 중에서도 강하게 지으셨다. 사실 두 이야기가 전적으로 병행되진 않는데, 그 이유는 40년간 줄곧 나는 내 사랑하는 남편과 함께 지냈기 때문이다.

우리는 함께 늙었다. 그래도 그가 영광으로 들어간 7년의 세월이 내게는 마치 반세기처럼 느껴진다. 이제, 저물어가는 세월의 짐을 느끼며, 나는 내 사랑하는 남편을 다시 보기를 고대하며 기다리고 있다. 하지만 40세의 그의 모습이거나 7년 전의 그의 모습으로가 아니라, 내가 무덤 길을 지나 그와 상봉하도록 부름을 받을 때의 그의 모습으로, 또는 우리 주 예수 그리스도께서 그분의 모든 성도와 오실 때의 모습으로 그를 만나기를 고대한다. 그렇게 나는 기다리고 있다.

> 복스러운 소망과 우리의 크신 하나님 구주 예수 그리스도의 영광이 나타나심을
> (딛 2:13).

*   *   *

내 미래의 남편이 될 사람을 내가 처음 본 것은, 그가 뉴 파크 스트리트교회의 주일 강단에서 첫 설교를 할 때였다. 나는 거기에 처음 간 사람이 아니었다. 나는 거기서 괴팍하고 거친 설교자였지만 영혼들을 그리스도께로 인도하는 복된 기술에는 조예가 깊었던 제임스 스미스 목사 때부터 (후에 첼트넘 목사가 되었음) 많은 강론을 들었다. 종종 나는 그가 후보자들에게 세례 의식을 행하는 것을 보았고, 나도 언젠가 이렇게 주 예수님을 믿는 믿음을 고백할 수 있을까를 생각하며 눈물을 글썽였다.

옛날 분위기이면서 말쑥한 외모를 한 집사장을 기억하는데, 나는 그를 큰 경외심을 가지고 대했다. 그는 법률가였으며, 이전 세대에서는 귀했던 비단 스타킹과 반바지를 입었다. 찬송가 부를 시간이 되면, 그가 즉시로 강단 아래에 있는 개방된 연단 위로 올라갔는데, 나는 내가 앉은 곳에서 그의 옆모

습을 보았다. 내가 기억하는 바로는, 그는 키가 작고 통통한 사람이었다. 그의 둥실둥실한 몸은 꼬리가 긴 코트를 걸치고 있었는데, 그 모습이 영락없이 거대한 개똥지빠귀 새와 비슷했다. 그가 쨱쨱거리고 재잘거리는 듯한 목소리로 찬송가 가사를 불러줄 때면, 나는 그 닮은꼴이 완벽하다고 생각했다!

나는 또한 계단이 하나도 없던 그 기이한 강단도 잘 기억하는데, 그것은 마치 거대한 제비 둥지처럼 보였다. 설교자는 벽으로 난 문을 통해 뒤에서 등장했다. 내 어린애 같은 상상력은 그 목사가 조용하면서도 "으스스한" 방식으로 거기에 나타날 때마다 언제나 흥분되었다. 한순간에 그 큰 상자는 비워지곤 했다.

다음 순간, 만약 내가 성경이나 찬송가를 내려다보고 있다가 다시 눈을 들면, 거기에 설교자가 있었다!

편안하게 앉아 있거나, 예배를 막 시작하려고 서 있는 모습이었다. 나는 그게 매우 재미있다고 여겼다. 물론 실제로는 문이 있었고, 그 문을 통해 목사님이 강단에 들어왔다는 것을 알았지만, 그것을 안다고 해도 그 신비로운 출입구에 대해 내가 빠져들었던 즐거운 상상은 방해받지 않았다. 나를 매료시켰던 그 강단에서, 앞으로 내 마음의 연인이 되고 내 지상의 삶에서 빛이 되어줄 사람을 처음으로 흘깃 보게 되었다는 사실이 정말이지 꽤 특이한 일이었다.

스미스 씨가 떠난 후, 세월이 흐르면서, 뉴 파크 스트리트교회에는 메마르고 황량한 시기가 찾아왔다. 대의명분은 시들어 거의 죽었으며, 아무도 주께서 그곳에서 예배드리는 신실한 남은 백성을 위해 예비해두신 강력한 축복을 꿈꾸지 못했다.

*　　　*　　　*

어린 시절부터 나는 시니어 올니(Olney) 씨 부부("아버지 올니"와 그의 아내)의 총애를 받는 큰 특권을 누렸다. 나는 그들이 보로우(Borough)와 웨스트 크로이든(West Croydon)에 살 때 그 가정의 정기적인 방문자였다. 내가 1853년 12월 18일 주일 저녁에, 예전 예배당에서 그들과 같은 신도석에 앉은 이유는 이런 서로 간의 애정 때문이었다. 워터비치의 시골 소년을 초청하여, 명예롭지만 텅 빈 성전에서 설교하게 한다는 것에는 많은 흥분과 우려가 교차했다. 많은 사람이 그 일을 모험적인 실험이라고 생각했다. 하지만, 그가 전한 첫 설교를 들었을 때부터, 친애하는 "아버지 올니" 씨의 마음은 하나님이 이 젊은 다윗을 통해 큰일들을 행하실 것이라는 믿음이 확고했다고 나는 믿는다.

그 가족이 아침 예배에서 돌아왔을 때, 그들은 여러 감정으로 가득했다. 그들은 그런 설교를 전에 들어본 적이 없었다. 그들은 당혹스러웠고, 놀라면서도, 왕의 진리로 양식을 공급받은 것이다. 그러나 그들은 그 젊은 설교자에 대해 많이 우려하고 있었다. 그는 텅 빈 신도석이 그처럼 많은 것을 보고는 크게 실망했으며, 케임브리지셔에 있는 그의 가득 찬 예배당으로, 그가 사랑하는 교인들에게 다시 돌아가고 싶다는 의사를 밝혔다.

"무엇을 할 수 있을까?"

올니 집사님이 말했다.

"오늘 밤에는 더 많이 모여야 해. 그렇지 않으면 우리는 그를 잃게 될 거야!"

그래서, 그 주일 오후 내내, 그들은 친구들과 지인들을 찾아보자고 결심했다. 그리고는 이런저런 수단을 동원하여 그들을 구슬렸고, 그날 저녁에 그 놀라운 소년 설교자의 설교를 듣기 위해 뉴 파크 스트리트에 오겠다는 약속을 그들에게서 받아 냈다.

"어린 수지도 반드시 같이 와야 해요"라고 연로한 올니 부인이 호소했다. 나는 그 "어린 수지"가 예배 참석에 딱히 관심이 있었다고는 생각지 않는다. 목사의 위엄과 예의범절에 대한 그녀의 생각은, 아침 예배 참석자들이 그 젊은 목사의 특이한 외모를 두고 말들을 주고받는다는 소식을 듣고, 다소 충격을 받고 혼란스러워졌을 것이다!

그래도 내 친구들을 기쁘게 해 주고 싶었기 때문에, 나는 그들과 함께 갔다. 그렇게 해서 나는 내 소중한 남편이 런던에서 두 번째 설교를 전했을 때도 참석했다.

아! 그때 나는 내 눈이 장래 내 삶의 연인이 될 사람을 보게 되리라고는 생각지도 못했다. 하나님께서 가까운 장래에 나를 위해 무언가를 예비하신다는 명예에 대해서도 꿈꾸지 못했다!

우리의 삶을 우리가 계획하도록 버려두지 않으시고, 우리의 아버지께서 우리를 위해 선택하신다는 것은 은혜이다. 그렇지 않다면 우리는 때때로 가장 좋은 축복의 길에서 벗어날 것이며, 하나님의 섭리가 마련한 가장 좋고 사랑스러운 선물들을 우리에게서 멀어지게 할 수 있기 때문이다.

사실을 전부 말한다면, 나는 그 젊은 웅변가의 웅변에는 전혀 매력을 느끼지 못했다. 그의 시골풍 태도와 말투는 존경보다는 유감을 더 불러일으켰다.

아아! 내 헛되고 어리석은 마음이여!

나는 그의 진지한 복음 제시와 죄인들을 향한 강력한 호소를 이해할 정도로 충분히 영적이지 못했다. 윤기나는 검정 옷을 입은 그의 큰 덩치, 길고 잘 다듬어지지 않은 머리, 흰 점들이 박혀 있는 푸른색 포켓 손수건, 그 자신을 아주 생생하게 묘사해주는 이런 것들이 오히려 내 관심을 끌었다. 아무래도 나는 약간 재미있다는 느낌으로 깨어 있었던 것 같다.

전체 설교에서 내가 간직하게 된 것은 단 한 문장이었다. 그것은 오직 진기하다는 이유로 기억된 것인데, 내게는 그 설교자가 다음과 같이 말한 것이 비범하다고 여겨졌다.

"하늘에 있는 성전의 산 돌들은 그리스도의 피라는 주홍색 시멘트로 서로 완벽하게 연결되어 있습니다."

* * *

내가 그에게 처음 소개된 것에 대해서는 기억이 나질 않는다. 아마도 같은 날 주일 저녁에, 다른 많은 사람에게 그랬던 것처럼 그가 내게 말을 건넸을 것이다. 하지만, 항구적인 위임 목회를 목적으로, 그가 뉴 파크 스트리트 강단을 맡기로 한 최종적인 약정이 맺어졌을 때, 나는 그를 우리 모두에게 친구였던 올니 씨 부부 집에서 이따금 만나곤 했다. 그리고 나는 때때로 그의 설교를 들으러 갔다.

비록 내가 스펄전이 런던으로 오기 전 약 일년 동안, 폴트리 채플의 S. B. 버그네(Bergne)의 목회 아래에서 구주의 필요성을 인식하도록 양육을 받긴 했지만, 그 당시에는 아직 신앙에 대해 어떤 공개적인 고백을 하지 않은 상태였다.

버그네 씨는 어느 주일 저녁에 이 본문으로 설교했다.

말씀이 네게 가까워 네 입에 있으며 네 마음에 있다(롬 10:8).

그 예배에서 나는 내 영혼에 참 빛이 처음 동튼 것으로 기억한다. 주께서 그분의 종을 통해 내게 말씀하셨다.

"네 마음을 내게 다오."

그리고, 그분의 사랑에 강권함을 받아, 그날 밤에 그분에게 전적으로 나를 양도하겠다는 엄숙한 결심을 하게 되었다. 하지만, 그 이후에 나는 하나님의 일에 냉담하고 무관심해졌다. 어둠과 낙심과 의심의 계절이 내게 닥쳐왔지만, 나는 나의 신앙적인 경험을 모두 내 가슴 속에 조심스럽게 감추고 있었다.

아마도 이런 잘못된 주저와 망설임이, 내가 처음 내 연인의 목회 아래로 인도되었을 때 내 영혼이 병들고 잠든 상태였던 것과 많은 관련이 있었을 것이다. 영적 소성과 각성을 나는 그 누구보다 필요로 하고 있었다. 그것을 나는 스펄전의 진지한 호소와 경고의 음성을 통해 얻게 되었으며, 그의 목소리는 곧 내게는 세상에서 가장 달콤한 목소리가 될 것이었다.

점차로 나는 영적 퇴보 상태에서 깨어나게 되었다. 그리고 그때, 큰 노력을 기울여, 나는 윌리엄 올니("아버지 올니"의 둘째 아들이면서 인척 관계로는 내 사촌)에게서 영적인 도움과 지도를 구하였다.

친필 메모와 서명

그는 뉴 파크 스트리트교회의 주일학교에서 활동적으로 섬기고 있었고, 진정한 "큰마음 씨"(Mr. Great-heart, 『천로역정』 2부에 등장하는 인물로서 다른 순례자들의 훌륭한 안내자이자 인도자-역자주)로서, 젊은 순례자들의 위로자였다. 그가 새로운 목사에게 나에 관해 이야기했을 수도 있는데, 그건 뭐라고 말할 수 없다. 하지만 어느 날, 나는 스펄전 씨로부터 삽화가 실린 『천로역정』을 받고서 매우 놀랐다. 책 안쪽에 그는 이름을 새겨넣었고 그것은 복사본 형태로 재현되었다.

나는 내 남편이 당시에는 나에 대해 씨름하는 한 영혼이 천국을 향하도록 돕는 것 외에 다른 생각이 없었다고 생각한다. 하지만, 나는 나에 대한 그의 관심에 깊은 감명을 받았고, 그 책은 도움이 될 뿐 아니라 소중한 책이 되었다. 차츰 비록 많이 떨긴 했지만, 나는 하나님 앞에서의 내 상태에 대해 그에게 말했고, 그는 설교와 대화를 통해 부드럽게 나를 이끌어주었다. 그는 성령의 능력으로 내 지친 영혼이 갈망하던 평화와 용서를 찾도록 나를 그리스도의 십자가로 이끌었다.

이처럼 한동안 조용히 일이 진행되었다. 우리의 우정은 꾸준히 자랐고, 나는 폴트리 채플 시절 이후로 처했던 상태에 비해 한결 행복했다. 하지만, 1854년 6월 10일 시드넘(Sydenham)에서 있었던 수정궁(Crystal Palace) 개장일까지, 장래의 밝은 꿈이 내 눈앞에 분명히 펼쳐진 건 아니었다. 스펄전 씨를 포함하여 친구들의 큰 파티가 개막식 때에 있었다.

우리는 수정궁에서 커다란 시계가 설치된 끝부분에 다소 높은 좌석에 자리를 잡았다. 거기서 우리가 진행 절차를 기다리면서 이야기하고, 웃고, 맘껏 즐거워하는 동안, 스펄전 씨는 그가 가끔 빠지곤 했던 한 권의 책을 내게 건넸다.

그는 어느 특정 구절들을 가리키면서 말했다.

"이 구절에서 시인이 암시하는 것이 무어라고 생각하시나요?"

그 책은 당시 신간이었던 마틴 투퍼(Martin Tupper)의 『잠언에 담긴 철학』(*Proverbial Philosophy*)이었는데, 이미 그 당시에 불리한 비평이 미풍처럼 불기 시작하다가, 나중에는 휘몰아치는 폭풍처럼 비하와 가차 없는 야유가 퍼부어지던 책이었다.

나는 그때는 책의 저자들과 그들의 비애에 대해 알지 못했다. 그가 가리키는 손가락은 "결혼"이라는 장으로 내 눈을 인도했다. 그 부분의 첫 문장들은 이런 식으로 전개되었다.

현숙한 아내를 위하여 네 하나님께 구하라, 현숙한 여인은 섭리가 주는 최상의 선물이기 때문이라. 하지만 그가 약속하시지 않은 것을 무모한 확신으로 구하지 말라.

너는 그분의 선한 뜻을 알지 못하니, 그 문제를 두고 순종의 태도로 기도하라. 너의 간구를 그분의 자비에 맡기고, 그가 너를 선대하실 것을 확신하라. 네가 만약 지상에 사는 동안 젊은 아내를 얻고자 한다면 그녀를 생각하며 그녀의 행복을 위해 기도하라.

"당신은 당신의 남편 될 사람을 위해 기도하나요?"

그가 내 귀에 부드럽고 낮은 목소리로 말했다. 너무나 부드러워 다른 누구도 그 속삭임을 듣지 못했다.

그 질문에 내가 어떤 음성으로 대답을 했던 것은 아니라고 기억한다. 하지만 빠르게 뛰는 내 심장은, 숨길 수 없는 화끈거림을 내 뺨으로 전달했고, 그 속에서 밝아진 빛이 드러날까 두려워 살포시 아래로 깐 내 눈은, 이미 사랑이 이해하는 언어를 말했을 것이다.

바로 그 순간부터, 그 어린 아가씨는 그 젊은 목사의 곁에 아주 조용하고 차분하게 앉아 있었다. 수정궁 주변에서 화려한 행사가 진행되는 동안에도, 그녀는 눈앞에 지나가는 번쩍거리는 가장행렬에 주목하기보다는, 오히려 그녀 가슴에서 새롭게 깨어난 감정들의 두근거림을 더 의식하고 있었다고 생각한다.

그 책이나 그 책의 이론들도 다시 언급되지 않았다. 하지만 개막 행사들이 끝나고, 방문객들이 자리를 떠나도 된다고 허락되었을 때, 같은 저음의 목소리가 다시금 속삭였다.

"나와 함께 수정궁 주변을 산책하실래요?"

우리가 그 파티에서 어떻게 먼저 빠져나왔는지 나는 모른다. 하지만, 우리는 오랜 시간을 함께 돌아다녔다. 그 놀라운 건물 안에서만 다닌 것이 아니라, 정원을 거닐었고, 심지어 아래 호수 쪽으로도 걸었다. 호수길 옆으로는 멸종되었다고 하는 괴물들의 거대한 형체들이 정교하게 본뜬 모양으로 설치되어 있었다. 기억에 남아 있는 6월의 그 날에 걷는 동안, 하나님께서 친히 우리의 마음을 떼어놓을 수 없는 참된 애정의 끈으로 묶어놓으셨다고 나는 믿는다.

비록 우리는 그것을 알지 못했지만, 서로에게 영원히 마음을 주었다. 그 때부터 우리의 우정은 빠르게 자랐고, 신속하게 깊은 사랑으로 익어갔다. 그 사랑은 진실로 오늘날까지 내 마음에 살아 있다. 아니, 오히려 초기에 그랬던 것보다 더 숭고하고 강한 형태로 여전히 살아 있다.

비록 하나님께서는 더 높은 섬김을 위해 내 남편을 불러가시는 것이 합당하다고 보셨지만, 내게 위로를 남겨두셨다. 이 위로는 온 마음으로 여전히 그를 사랑한다는 것과 사랑이 영원히 다스리는 저 복된 나라에서 다시 만나게 될 때 우리의 사랑이 온전해질 것을 믿는 믿음에서 오는 위로이다.

* * *

오래지 않아 (1854년 8월 2일) 우리 둘 사이의 달콤한 비밀은 공개적으로 드러났다. 사랑의 표정, 부드러운 목소리, 서로 꼭 잡은 손은 "그렇고 그런 사랑 이야기"를 모두 말해주었다. 하지만 입으로 시인할 때가 왔을 때, 얼마나 아름다웠던지!

전에 세상에 그런 행복이 있었던가?

40년이라는 세월이 지난 지금에도, 나는 당시에 보았던 것처럼, 그 경이로운 일이 일어났던 장소를 분명히 볼 수 있다. 그것은 어느 자그맣고 고풍스러운 (내 할아버지의) 정원에서였다. 그 정원은 삼면으로 높은 벽돌담이 둘러 있었고, 격식을 차린 직선의 자갈길이 놓여 있었으며, 작은 잔디밭도 있었다.

정원 한가운데는 커다랗고 열매가 많이 맺히는 배나무가 있었다. 할아버지의 마음에 늘 긍지로 여겨졌던 나무였다. 어떤 사람이 생각하기에는, 사랑을 선언할 장소로는 다소 따분하고 그다지 낭만적이지 않은 장소일 수도 있었다. 하지만, 사람들은 그러한 순간에는 주변 환경의 선정에 특별한 주의를 기울이지 않으며, 그들의 마음에 영원히 새겨질 사진의 좋은 배경을 확보하기 위해 그다지 애쓰지 않는다.

그날에 대해 말하자면, 나는 그 오래된 정원을 신성한 장소이자 행복의 낙원이라고 생각한다. 거기에서 내 사랑하는 이가 자기 배필이 되도록 나에게 구애하였고, 그가 나를 얼마나 많이 사랑하는지를 말해주었기 때문이다. 비록 그의 사랑을 내가 이미 알고 있다고 생각했지만, 그가 말하는 것을 듣는 것은 아주 다른 문제였다.

나는 떨었고 순전한 기쁨과 즐거움으로 침묵했다. 그 달콤한 약혼에 대해서는 세부 설명이 필요 없다. 모든 사랑하는 참된 마음은 경험이나 기대감으로 세세한 내용을 충분히 상상할 수 있을 것이다. 내게, 그 순간은 달콤할 뿐 아니라 엄숙한 순간이었다. 크게 떨리는 마음을 안고, 나는 내 연인을 떠나 서둘러 집으로 갔다.

그리고 위층으로 올라가, 하나님 앞에 무릎을 꿇고 감사와 찬미를 올려 드렸다. 행복한 눈물을 흘리며, 그토록 훌륭한 남자의 사랑을 내게 주신 그분의 크신 자비에 감사드렸다. 만약 그때, 그가 얼마나 훌륭한 사람인지, 그리고 그가 얼마나 위대하게 될 것인지를 알았더라면, 나는 그의 존재로 인한 행복감보다는 그런 위치에 수반되는 책임감 때문에 압도되고 말았을 것이다.

하지만 하나님께 감사하게도, 내 행복한 결혼 생활을 통틀어, 우리를 묶어 준 온전한 사랑은 결코 느슨해지거나 흔들리지 않았다. 그처럼 유명한 하나님의 종에게 평생의 동반자가 되기에 내가 얼마나 부족한지를 잘 알지만, 나는 또한 그가 그렇게 생각하지 않았다는 것을 안다. 그는 자기 아내를 지상에서 그에게 주신 하나님의 선물로 보았다.

당시 내가 기록했던 일기의 첫머리에는, 다음과 같이 간략한 기쁨의 표현이 담겨 있다.

> 1854년 8월 2일. 오늘 아침에 일어난 모든 일을 기록하기란 불가능하다. 나는 그저 침묵 속에서 내 하나님의 자비를 바라보고, 그분이 베푸신 모든 은택을 찬송할 뿐이다.

*   *   *

내 남편은 종종 특별히 가치 있다고 여기는 책에 그의 이름과 간략한 논평을 기록하곤 했다. 그가 소장했던 칼빈의 주석 첫 권에는 내가 위에서 쓴 내용을 직접적으로 확인해 주는 메모가 담겨 있다.

> The volumes making up a complete set of Calvin were a gift to me from my own most dear, tender wife. Blessed may she be among women. How much of comfort & strength she has ministered unto me it is not in my power to estimate. She has been to me God's best earthly gift, & not a little even of heavenly treasure has come to me by her means. She has often been as an angel of God unto me.
>
> C. H. Spurgeon

스펄전의 친필 메모와 서명

약혼 이후, 우리는 끊임없이 만났다. 나는 자주 뉴 파크 스트리트교회 예배에 참석했다. 1855년 2월 1일, 하나님을 향한 회개와 우리 주 예수 그리스도께 대한 믿음을 고백하고서, 나는 약혼자에게 세례를 받았다. 내가 "교회 앞으로 나와야만" 할 때, 그는 그 문제를 가능하면 조용히 진행하려고 노력했다. 불필요한 호기심이 일어나지 않도록 하기 위해서였다.

하지만, 그 사실이 조금 누설된 것이 틀림없다. 나중에, 우리는 그 당시에 작은 사건이 있었음을 듣고 미소를 지었다.

조니 디어(Jonny Dear)라는 이름을 가진 연로하신 분이, 세례 후보자 목록에서 내 앞에 있었다. 그가 문답을 마치고 나왔을 때, 그 방 뒤쪽에 앉아 있었던 두 명의 미혼 여성이 다음과 같이 나누는 대화가 들려왔다.

"그 남자분 이름이 뭐였지요?"

"조니 디어입니다."

"오! 그렇다면, 다음에는 '귀한 자매'(sister dear) 순서로군요!"

그녀의 추측이 옳았다. 나는 그날 다소 어려운 시련을 행복하게 통과할 수 있었다.

스펄전 목사님은 나에게 회개와 믿음에 관한 고백을 글로 써보면 좋겠다는 뜻을 밝혔고, 나는 그대로 따랐다. 나는 그것이 교회의 직분자에게 읽혔는지 혹은 스펄전 자신만 정독한 후에 보관되었는지는 모른다. 하지만 그것은 그의 서류철에 보존되었고, 그는 다음과 같은 말로 내 간증에 대한 그의 만족을 확인시켜주었다.

*   *   *

1855년 1월 11일,
도버 로드, 75번지.

내 사랑하는 님에게

그 편지는 내가 바랄 수 있는 전부입니다. 오! 내 사랑하는 이가 자기 영혼 속에서 일어난 은혜의 일을 이렇게 잘 증언할 수 있다니, 너무 기뻐서 눈물이 날 것 같습니다(지금 나는 실제로 그렇게 하고 있습니다). 나는 당신이 진정으로 하나님의 자녀인 것을 알았으나, 그런 길로 인도되어 왔다고는 생각지 않았습니다.

내 주님께서 깊이 쟁기질을 하시고 씨를 뿌리셨다고 나는 이해합니다. 깊이 뿌려진 그 씨가 흙덩이와 씨름하면서, 지금 당신 가슴속에서 고통과 더불어 들썩이고 있습니다. 내가 영적인 징후들에 대해 아는 것이 있다면, 당신을 위한 치유책도 안다고 생각합니다. 당신의 위치는 그리스도를 위해 진지하게 수고하는 단계가 아닙니다.

당신은 두 가지 이상의 방식으로 할 수 있는 모든 것을 행했지만, 성도들과의 실제적인 관계 속으로 들어오지 못했고, 또한 당신이 섬길 수 있었던 죄 많고, 아프고, 비참한 사람들과도 접촉하지 않았습니다. 활동적인 섬김은 신앙에 온기를 더해주며, 의심을 제거해주는 경향이 있습니다. 이와 같은 행위들이 우리의 소명과 선택의 증거들이 되기 때문입니다.

나는 아무에게도 아첨하지 않습니다만, 한 가지는 정직하게 말하기를 원합니다. 내가 관찰해왔던 몇 가지 사례들은 당신의 경우와 마찬가지로 만족스럽습니다. 나는 지금 당신을 흠모하는 친구로서 쓰는 것이 아니라, 당신의 목사로서 편견 없이 쓰고 있다는 것을 밝힙니다. 만약 주께서 당신의 파멸을 원하셨다면, 그분은 당신에게 이와 같은 일들을 말씀하시지 않았을 것이며, 당신이 그분의 신실한 약속을 의지할 수 있게끔 허락하지도 않으셨을 것입니다.

나는 하나님의 심판대에서 모든 사람의 피에 대해 깨끗한 상태에서 서기를 바라므로, 아첨하는 것은 내게 해악이 될 것입니다. 그리고 나는 당신을 가장 깊고 순수한 애정으로 사랑하기 때문에, 당신의 영원한 문제를 결코 가볍게 취급할 수 없습니다. 그러나 다시 말하지만, 당신이 지금까지 마음의 교훈을 깊이 습득해왔고 당신 자신의 부패의 납골당을 아주 빈번하게 들여다본 것에 대해서 나는 당신을 위해서뿐 아니라 나 자신을 위해서도 하나님께 크게 감사드려야 합니다. 당신이 더 온전해지려면 다른 교훈들도 배워야 할 것입니다.

하지만 내 사랑하는 이여!

첫째 교훈을 잘 배우는 것이 얼마나 좋은지요! 한때 나는 당신을 사랑하면서도, 당신이 천국의 상속자가 되지 못하는 건 아닐까 두려웠습니다. 그러나 하나님이 그분의 은혜 가운데 당신이 진정 선택된 자임을 내게 보이셨습니다. 그때 나는 죄를 짓지 않고도 당신을 향한 내 애정을 드러낼 수 있다고 생각했습니다. 하지만 당신의 간증 글을 보기까지는, 나는 당신에게 그런 대단한 식견이 있고 또 영혼의 지식에 조예가 깊은 줄은 상상하지 못했습니다. 하나님은 선하시고, 너무나 선하시며, 한없이 선하십니다.

오! 내가 이 마지막 선물을 얼마나 소중히 여기는지요!

왜냐하면, 이제 나는 그 어느 때보다도, 주시는 분이 그 선물을 소중히 여기시면, 나 역시도 순종의 관계 속에서 그 선물을 소중히 여길 수 있다는 것을 알기 때문입니다. 구주의 보혈로 사신 귀한 존재로서, 당신은 내게 주신 구주의 선물입니다. 멈추지 않는 그분의 인자하심을 생각하면 내 가슴은 벅차오릅니다. 인자하심은 곧 그분의 성품입니다. 그분이 베푸시는 많은 은혜로 인해 기쁨의 소리를 높이지 않을 수 없습니다.

우리에게 어떤 일이 닥치든, 고난이나 역경이나, 질병이나 죽음이 오더라도, 우리는 최종적인 이별을 두려워할 필요가 없습니다. 우리 서로에게서나, 우리 하나님에게서나 마찬가지입니다. 이 순간 당신이 여기에 있지 않아서 기쁩니다. 내 감정이 너무도 깊어 내 팔로 당신을 안고 울 것처럼 느껴지기 때문입니다. 가장 좋은 은총이 당신에게 임하기를, 언약의 사자가 당신의 동행자가 되시기를, 당신의 간구가 응답 되기를 바랍니다!

그리고 예수님과 당신의 대화가 천국에서도 이어지기를 바랍니다!

안녕, 나의 하나님이시며 또 내 아버지의 하나님께 당신을 위해 기도합니다.

지상의 사랑뿐 아니라, 순수하고 거룩한 애정을 전하며, 이만 줄입니다.

찰스 해돈 스펄전

* * *

이 무렵, 수정궁은 우리가 자주 가는 데이트 장소였다. 거기에는 그 자체로도 사람들의 관심을 끄는 것들이 있었지만, 아마도 개막식 날의 그 교제 때문에 우리 눈에 더 매력적으로 보였을 것이다. 몇몇 친구들과 공동으로 우리는 정기 입장권을 가졌으며, 우리는 그것을 선한 목적으로 사용했다.

내 남편에게, 그 아름다운 정원에서 맑은 공기를 마시며 한두 시간 정도 휴식하고 긴장을 푸는 것은, 모여드는 회중에게 끊임없이 설교하는 수고에 대비하게 해 주었고, 어느 정도 런던의 탁한 공기의 나쁜 영향에서도 벗어나게 해 주었다. 그가 런던 브리지에서 시드넘까지 달려 내려오기란 쉬웠다. 가능하면 일주일에 한 번 정도, 우리는 조용한 산책과 대화를 위해 거기서 만나기로 약속했다.

화요일 저녁 예배를 마친 후에, 그는 복도에서 내게 속삭이며 "내일 3시요"라고 했다. 그 말은 내가 그 시각에 수정궁에 있으면, "누군가" 수정 분수에서 나를 만날 것이라는 의미였다. 나는 그때 브릭스턴 가, 세인트 앤 테라스(St. Ann Terrace) 7번지에 살고 있었는데, 그 집에는 내 부모님인 R. B. 톰슨 부부와 내 삼촌인 H. 킬빙턴 씨가 공동 거주하였다. 거기서 시드넘까지 멀리 걷는 것은 내게 즐거운 과업이었다.

그이와의 만남이 기대되었고, 보상으로 즐거운 교제가 따랐기 때문이다. 우리는 많은 정원을 돌아다녔는데, 그것들은 당시 주로 교훈적이고 교육적인 목적으로 만들어진 것이었다. 우리는 이집트, 앗시리아, 폼페이 등을 재현한 공간을 감탄하면서 구경했다. 눈부시게 행복한 시간이 지나가는 동안, 우리는 서로를 향해 다정한 마음을 나눈 것 외에도 많은 것을 배웠다고 생각한다.

젊은 목사는 해야 할 의무 때문에 시간이 많지 않았지만, 대개 월요일이면 나를 보러 왔으며, 출판을 위해 교정해야 할 설교 원고를 가지고 왔다. 이 중요한 일이 진행되는 동안, 나는 조용히 있으면서 내 일에만 신경 쓰는 법을 배웠다. 목사의 아내가 되려고 하는 사람에게 그것은 좋은 훈련이었다.

목사의 아내가 될 사람은 자신이 차지하게 될 위치에 합당하려면 적지 않은 훈련이 필요했다. 하지만, 나는 장래 의무를 위한 준비 차원에서 한 가지 사건이 생겼던 것을 기억한다. 그것은 내 감정으로 선뜻 받아들이기 어려운 일이었고, 유감스럽게도, 반감을 느낀 일이었다. 기록자로서 충실해야 하므로, 그 이야기를 들려주려고 한다.

그리고 공적인 삶의 시작 단계부터, 성직에 대한 내 남편의 헌신이 어떻게 그의 가슴에서 다른 모든 열정과 목적을 지배하고 심지어 흡수하기까지 했던가를 보여주고자 한다. 그는 가장 높은 수준에서 "부름을 받고, 선택된, 충실한" 그리스도의 종이었다. 전 생애에서 그는 하나님을 섬기는 일을 첫 번째 자리에 두었고, 모든 지상의 일들을 두 번째 자리에 두었다. 태버너클에서 주일 아침 설교 직전이면, 그는 정신이 완전히 딴 데 팔려있었다. 그래서 내가 잠시 목양실을 떠났다가 돌아오면, 그는 일어나서 악수로 나를 맞이하며 정중한 음성으로 "안녕하세요?"라고 묻곤 했다.

마치 내가 낯선 방문객인 것처럼 맞이하는 것이었다. 그러다가 내 얼굴에서 재미있다는 표정을 읽고 나서야 그는 자기 실수를 알아차렸고, 웃으면서 말했다.

"오! 여보, 신경 쓰지 마세요. 찬송가에 대해 생각하고 있었답니다."

이런 일이 한 번만 있었던 게 아니라 여러 번 있었다. 예배가 끝나고 집으로 오는 동안, 그는 그 일을 언급하면서 아주 즐거워하곤 했다.

내게는 전혀 자랑거리가 아니지만, 초기에 있었던 이야기를 전해야겠다. 그 이야기를 쓰는 동안, 나는 후년에 그가 그 이야기를 듣고 즐거워하던 모습을 기억하고 미소를 짓는다. 내가 그를 많이 즐겁게 하려고 하거나, 또는 그의 얼굴에서 어떤 우울한 표정을 읽어내려고 할 때, 나는 그에게 그가 자기 연인을 어느 예배에 데리고 갔던 시절을 상기시키곤 했다.

거기서 그는 자신이 전할 강론의 내용에 너무 깊이 몰두하여, 그녀에 관한 생각은 모두 잊어버렸으며, 그녀가 자신을 돌보도록 내버려 둬 버렸다. 그 사건을 회상하자면, 그 일은 정말 당시 내게는 심각한 일이었고, 결말이 안 좋을 수도 있는 일이었다.

내가 그 이야기를 꺼내면, 그는 뺨에 눈물이 흐를 정도로 익살스럽게 웃다가, 사랑스럽게 내게 입을 맞추곤 했다. 그러면서 그는 내가 그의 나쁜 태도를 참아준 것이나, 내가 그를 그만큼 사랑해준 것이, 너무도 기쁘다고 말하곤 했다.

그 이야기의 내막은 이러하다. 그는 케닝턴의 "혼즈"(The Horns)라는 큰 강당에서 설교하기로 되어 있었다. 그곳은 당시 우리가 거주하던 곳에서 그리 멀리 떨어지지 않은 곳이었다. 그는 내게 동행을 요청했고, 세인트 앤 테라스에서 우리 가족과 함께 식사했다. 예배는 오후에 있을 예정이었다. 우리는 함께 출발했고, 택시 안에서 충분히 행복했다. 우리가 계단으로 무리 지어 올라오는 사람들 사이에 뒤섞일 때면, 서로 곁에 꼭 붙어 있도록 노력하자고 대화를 나누었다.

하지만 입구에 도착할 무렵, 그는 내 존재를 잊어버렸다. 불멸의 영혼들을 향해 전해야 할 메시지의 짐이 그를 눌렀다. 그는 건물 측면의 작은 문 안으로 들어갔는데, 그곳에서 관계자들이 그를 기다리고 있었다. 주변의 억세고 열성적인 인파 속에서 힘겹게 씨름하도록 남겨진 나를 까맣게 잊어버린 것이다.

우선, 나는 무척 당혹스러웠으며, 그다음엔, 이런 고백을 해야 하는 것이 유감스럽지만, **화가 났다.** 나는 즉시 집으로 돌아왔다. 그리고 어머니에게 내가 겪은 슬픔을 토로했다. 어머니는 심란해진 내 마음을 달래고 안정을 되찾게 하려고 애쓰셨다. 어머니는 내 남편이 평범한 남자가 아니며, 그의 전 삶은 하나님과 그분을 섬기는 일에 온전히 바쳐졌으며, 따라서 나는 그의 마음에 첫 번째 자리를 차지하려고 애씀으로써 결코 그에게 방해가 되어서는 안 된다는 것을 지혜롭게 설명해주셨다.

이윽고, 훌륭하고 애정 어린 많은 조언을 들은 후, 내 마음은 부드러워졌고, 내가 그동안 얼마나 어리석고 고집스러웠는지를 보게 되었다. 그때 문 앞에 택시가 섰다. 그 귀하신 스펄전이 집으로 달려온 것이다.

그는 흥분하여 "수지 여기 있나요?"

소리치며 들어왔다.

"사방을 다 돌아다녔는데 그녀를 찾지 못했어요, 혹시 그녀가 혼자서 집으로 돌아왔나요?"

내 어머니가 그에게 갔고, 그를 한쪽으로 데려가시더니, 자초지종을 그에게 알려주셨다. 생각해보면, 그가 상황을 인지하게 되었을 때, 내 어머니는 그 역시도 위로하셔야 했을 것이다.

왜냐하면, 그는 어떤 식으로든 내 기분을 상하게 하려는 의도가 전혀 없었으며, 그를 이런 식으로 의심함으로써 내가 그에게 부당한 짓을 했다고 틀림없이 느꼈을 것이기 때문이다. 마침내, 어머니는 나를 그에게로 이끄셨고, 나는 아래층으로 내려갔다. 조용히, 그는 내게 내가 얼마나 분함을 느꼈는지를 말할 수 있도록 했고, 이어서 어머니가 주신 교훈들을 상기시켰으며, 나를 향한 그의 깊은 애정을 확인시켜주었다. 하지만 모든 일에 우선하여, 그는 자신이 **하나님의 종**이며, 나는 내 주장을 그분의 뜻에 복종시키도록 준비되어야 함을 지적했다.

나는 그날의 가르침을 잊지 않았다. 나는 힘든 교훈을 **마음으로 배웠다**. 하나님을 섬기기 위해 그의 시간과 집중이 요구될 때, 나는 그에 대한 내 권리를 주장하는 일이 다시는 없었던 것으로 기억한다. 주님을 위한 일에서 그에게 방해가 되지 말아야 한다는 것이 나의 결혼 생활에서 한결같은 목적이었다. 그래서 그가 주어진 일을 완수하도록 중간에 방해하지 않으려 노력했고, 나 자신의 건강이 좋지 않다는 이유로 그가 나와 함께 집에 머물러야 한다고 호소하지도 않았다.

나는 이 결심을 이행하도록 하나님이 힘을 주셨음에 감사드리며, 신속한 바퀴처럼 돌아가는 남편의 헌신 된 삶에서 나 자신이 걸림이 되었다고 자책하지 않을 수 있어서 기쁘다. 이에 대해 나는 나 자신에게 공적을 돌리지 않는다. 그것은 나를 향하신 주님의 뜻이었으며, 그분이 나에게 필요한 훈련을 받게 하신 것이다.

수년 후, 나는 주님이 택하신 종을 그의 사역, 그의 문헌적인 작업, 유난히 바쁜 그의 삶의 무수한 수고를 위해 즐거이 양도할 수 있었다. 이제 나는 남편이 케닝턴의 "혼즈"에서 설교했던 날 오후에 일어난 일에 대해 하나님을 찬미할 수 있다. 그날 저녁에 우리 셋은 즐겁고 아늑한 분위기에서 함께 차를 마셨다.

폭풍이 지난 후 내 마음에 찾아온 고요는 얼마나 달콤했던가!

우리 둘은 지혜로운 조언을 주시고 부드러운 외교적 수완을 발휘하신 어머니를 얼마나 사랑하고 존경했던가!

약간의 시간이 흐른 후, 스펄전 목사님이 윈저(Windsor)에 약속이 있을 때, 나도 그와 동행하도록 요청을 받았다. 남편은 초대장을 내게 전하면서, 위의 사건을 다음과 같이 언급했다.

* * *

사랑하는 수지!

당신은 이 초대에 대해 어떻게 생각하나요?

내가 바라는 것을 그대로 표현하라고 하면 나는 '갑시다'라고 말할 거요. 하지만 내 희망 사항이 항상 당신을 기쁘게 하는 것은 아님을 알기에 나는 그것을 당신 자신의 선택에 맡겨야 한다고 생각합니다. 아마도, 당신이 가기로 정한다면 나는 또다시 당신에게 주의를 기울이지 못할 수 있을 겁니다.

하지만, 이 일은 우리 둘 모두에게 근사한 일이 될 겁니다 —'찰스'는 제법 개선되었다는 것을 보일 수 있고, '수지'는 그의 실수를 참을성 있게 견딤으로써, 그의 성품을 아는 지식에서 성장했음을 나타낼 수 있을 거요.

이렇게 하여, 둘 사이에 생겼던 "작은 균열"은 조각으로 때우기식의 평화로 마무리된 것이 아니라, 서로의 신뢰를 깊게 하였고, 녹아서 사라질 때까지 오해를 직시할 수 있는 뜨거운 사랑의 증대로 이어졌다. 마치 아침의 구름이 강렬한 햇살 앞에서 사라지는 것과도 같았다.

나는 남편의 제의를 다정하게 승인했다. 내 남편이 그로부터 16년 후에 (1871) 남긴 두 개의 메모들은, 단지 내가 해야 할 의무를 행한 것 때문에 나에게 주어진 보상이 얼마나 풍성했는지를 보여줄 것이다.

* * *

내 사랑에게

당신으로 인해 내가 하나님께 얼마나 감사하는지 아무도 모를 거요.
여태껏 내가 하나님을 위해 행한 모든 일에서, 당신의 몫이 크다오.
나를 행복하게 해 줌으로써, 당신은 나를 그분 섬기는 일에 적합하게 만들었다오.
주님의 대의를 위한 능력이 당신 때문에 잃어진 부분은 조금도 없어요.
오히려 나는 당신이 동행해준 덕분에 주님을 훨씬 많이 섬길 수 있었다오.
전능의 주 하나님께서 영원히 당신에게 복을 주시길!
나는 내 기이한 삶의 역사를 생각하고 있습니다.
자비의 강물을 내게로 줄곧 흘려보낸 영원한 사랑의 수원(水源)을 회상하고 있지요.
나는 경건한 마음으로 여러 가지를 생각하고 있어요.
우선 태버너클 건축이 생각나는군요. 대단한 일이었지요.
그런데 지금은 얼마나 작은 일로 보이는지!
당신은 톰슨이라는 아가씨가 뉴 파크 스트리트교회의 확장을 위해 자그마치 100파운드의 돈을 모금했던 것을 기억하나요?
그녀의 소중한 마음을 축복합니다!
그 귀한 여인을 내게 아내로 허락하시고, 또 훌륭한 아내가 되게 하신 사랑을 생각해보세요. 조금의 과장이나 사랑의 아첨 없이, 그 아내는 내게 이상적인 아내였다고 믿습니다. 하나님께서 나 같은 남자를 위해 만드신 딱 알맞은 배필이었지요. 하나님께서 그녀를 나에게 지상 최고의 축복이 되도록 계획하신 것 같고, 어떤 의미에서는 영적인 축복이기도 하지요. 당신은 믿으려 하지 않겠지만, 영적인 면에서도 나는 당신을 통해 크게 유익을 얻었답니다. 지면이 채워지기 전에 이 메모를 마무리하지만, 사랑의 사연은 내가 파도처럼 수많은 입맞춤을 당신에게 보낼 때까지는 멈추지 않을 겁니다.

*　　　　*　　　　*

콜체스터 방문은 우리 둘 모두가 바라던 일이었다. 나는 스펄전 씨의 부모에게 장래의 며느리가 될 사람으로 소개되기를 원했고, 약간의 어려움과 실망도 있었지만, 내 아버지의 동의도 얻었다. 즐겁고 색다른 경험에 대한 열렬하고도 활기찬 기대를 안고서, 우리는 중요한 첫 여행을 함께 떠났다.

그 방문에 대한 내 기억이, 비록 무척 행복하긴 했으나 다소 흐릿하게 남은 것은 놀랄 일이 아니다. 나는 환대 받았고, 총애를 받았으며, 가족 모두가 다정다감하다고 느꼈다. 구경을 시켜주려고, 그들은 콜체스터 읍내와 주변에서 관심거리가 될 만한 모든 장소에 나를 데리고 갔던 것으로 기억한다. 하지만, 내가 본 것이 무엇인지 나는 알지 못한다.

내 사랑하는 사람과 온종일 함께 있다는 기쁨, 이것이 3일이나 4일 이어진다는 것이 내 마음을 즐거움으로 채우기에 충분했으며, 그것이 다른 즐거움을 다 잊어버리게 했다. 내 생각에 우리는 한 주간의 휴가를 금요일까지는 마치고 돌아와야 했다. 관습에 따라, 우리는 대개 토요일에 편지를 교환했으며, 서로에게 보낸 내용은 다음과 같은 식이었다.

* * *

4월 —일
도버 가 75번지

너무나 귀한 내 사랑 수지에게

우리 서로가 교제를 나누며 얼마나 많은 즐거움을 누렸던가요!

내가 그토록 많은 행복을 주고 또 받을 수 있었다는 것이 거의 불가능한 것처럼 보입니다. 당신처럼, 나는 지금 영적으로 매우 낮아진 상태에 있다고 느끼지만, 에스겔서의 달콤한 약속이 나를 격려합니다.

나는 또 네가 그들 가운데에서 입을 열게 하리라 (겔 29:21).

정녕 내 하나님께서는 나를 잊지 않으셨습니다. 내 사랑, 나를 위해 기도해주세요. 구주의 공로로 말미암아, 연합된 기도는 우리에게 복을 얻게 해줄 겁니다!

우리는 우리 자신의 마음 상태에 너무 관심을 기울이지 말고, 우리의 길을 주님께 맡기도록 합시다. 루터가 말했습니다.

'내 손에 가진 것을, 나는 대개 잃어버린다. 하지만, 내가 하나님의 손에 둔 것은 계속해서 그리고 영원히 내 소유가 될 것이다.'

내 사랑을 당신에게 전할 필요는 없지요. 비록 몸으로는 떠나 있으나, 내 마음은 여전히 당신과 함께 있기 때문입니다.

당신에게 많은 사랑을 받으며,
또 당신을 열렬히 사랑하는, 찰스 해돈 스펄전.

> 추신: 마귀가 「에식스 스탠다드」(*The Essex Standard*)에서 다시 짖어댔소. 그 잡지는 다른 서신에 동봉합니다. 신경 쓰지 말아요. 사탄이 그 입을 열 때, 그는 내게 검을 그 목구멍에 쑤셔 넣을 기회를 제공한다오.

*　　*　　*

나의 답신

4월 —일,
세인트 앤느 테라스에서

사랑하는 당신에게

조금 전에 당신의 서신을 받았어요. 다정하고 진심 어린 감사를 전하고 싶습니다. 지난 주간 동안 내가 얼마나 많은 행복을 누렸는지 당신에게 알려주려고 시도하는 것은 부질이 없답니다. 말이란 마음에서 따뜻하게 데워진 생각이나 느낌을 담는 차가운 식기 같아요. 나는 당신이 이 행복한 주간에 내게 보여준 모든 상냥함과 관심에 감사를 잘 표현하고 싶어요.

하지만, 나는 당신이 그 모든 것을 기쁨으로 여겼다는 것을 아는데, 그것을 굳이 감사로 표현하여 오히려 당신을 불편하게 만들지 않을까 염려됩니다. 오늘 당신의 생각은 '왕관의 보석들'을 생각하느라 분주했을 거라고 예상되네요. 그 보석들은 크기, 색깔, 광택, 아름다움에서 다를 수 있지만, 가장 작은 것이라도 말 그대로 '보석'이지요.

그렇지 않나요?

그 「에식스 스탠다드」 잡지는 분명 '보다 높게'라는 그들의 표어가 어울리지 않아요. 그들은 그들의 나부끼는 기(旗)에 새겨진 '사람들을 유익하게'라는 역할도 수행하지 못한답니다. 하지만 그건 중요하지 않아요. 우리는 아삽이 다음과 같이 말했듯이 모든 것이 주님의 통제 안에 있다는 것을 아니까요.

> 진실로 사람의 노여움은 주를 찬송하게 될 것이오, 그 남은 노여움은 주께서 금하시리이다 (시 76:10).

나의 사랑이여! 그분의 은혜가 오늘 밤 특별한 방식으로 당신에게 임하길 바랍니다. 그리고 다가오는 주일에, 당신이 큰 회중 앞에 서게 될 때, 당신이 '하나님의 모든 충만하신 것으로 충만하게' 되기를 바랍니다!
잘 자요. 당신의 정답고 신실한 연인, ─수지.

*　　　*　　　*

앞의 서신에서 「에식스 스탠다드」에 대한 언급은, 그의 목회 사역에서 이처럼 이른 시기에, 하나님의 종에 대하여 언어의 공격이 시작되었으며, 악한 이들의 잔인한 화살이 그에게 심한 상처를 입혔다는 사실을 시사한다. 그는 또한 가장 혹독한 비평가 중 일부가 그에게 가장 허심탄회한 친구이자 따뜻한 동조자가 되어야 했던 사람들이라는 것을 배우기 시작했다.

이 핍박에 대한 첫 번째 언급이 1855년 1월 1일에 써서 나에게 보낸 서신에 실려 있다. 거기서 그는 이렇게 말한다.

> 나는 '입사 지원서'에 의해 큰 소동이 일어났음을 알았습니다. 나 때문에 내가 이름도 모르는 사람이 들고 일어났답니다. 마치 제임스 왕이 (제임스 웰스) 주님의 소자들 가운데 하나를 공격하려고 왕좌에서 떨치고 일어난 것 같이 보입니다.

그 후 5월에, 토요일에 보내는 서신중 하나에는 이런 문장이 실려 있었다.

나는 골짜기에 처해 있습니다. 부분적으로는 「쉐필드 인디펜던트」(Sheffield Independent)와 「엠파이어」(The Empire)에 실린 두 번의 필사적인 공격 때문이며, 또 부분적으로는 내가 주제를 발견할 수 없다는 이유 때문입니다. 하지만 믿음이 떨어지진 않았습니다. 나는 약속을 알고 또 믿으며, 두려움 없이 약속을 의지합니다. 내가 입는 모든 상처는 명예의 상처입니다.

그래서 심약한 상태에서도 전장으로 나갑니다!

내 사랑, 당신이 여기에 있다면 나를 위로하려 했겠지요. 하지만 당신이 여기에 있지 않으니, 더 좋은 일을 하려 합니다. 즉, 위층으로 홀로 올라가, 내 근심을 주님의 귀에 쏟아내는 거지요.

'예수, 내 영혼의 연인이시여!

나는 당신의 품으로 날아갈 수 있습니다!'

이런 것은 훗날에 그에게 불어닥친 저 끔찍한 중상, 비방, 악담, 전례 없는 격분이라는 폭우의 몇 방울에 지나지 않는다. 하지만 하나님께 감사하게도, 그는 살아남았고, 이겨냈다. 나는 이런 비방에 대해서는 더 말하지 않겠다. 이어지는 장들에서 상세히 언급될 것이기 때문이다.

* * *

내 부모님이 팔콘 광장(Falcon Square)의 집으로 이사한 후, 우리는 더 자주 만났고, 서로를 더 잘 알게 되었다. 둘의 마음은 순수한 사랑 안에서 갈수록 더 밀접하게 결속되었다. 좀 더 "훈련"이 되는 일이 생겼다. 내 연인이 어느 날 오래되고 낡아 보이는 책을 한 권 들고 오더니 놀랍게도 이런 말을 했다.

"나는 당신이 이 책을 주의 깊게 읽어보기를 원합니다. 특별히 은혜롭거나, 색다르게 느껴지거나, 교훈적이라고 여겨지는 모든 단락과 문장에 표시하면서 읽어주세요.

나를 위해 그렇게 해 줄 수 있지요?"

물론 나는 즉각 요청에 응했다. 하지만 그는 그런 약속을 지키기 어려운 내 무능함에 대해서는 알지 못했고, 그가 좋아하는 청교도 작가들의 영적인 아름다움을 음미하기에는 내가 얼마나 부족했었는지도 알지 못했다. 그가 내게 요청한 일은 가장 단순한 종류의 문헌 작업이었는데, 나는 그런 일에는 완전히 문외한이었다. 따라서 그 "무미건조하고" 오래된 책에서, 그가 틀림없이 그 속에 간직되어 있다고 여기는 빛나는 다이아몬드와 황금을 찾아낸다는 것은 내게는 아주 중요하면서도 어려운 임무처럼 보였다!

하지만, 사랑은 비길 데 없는 교사이다. 나는 적극적인 학생이었고, 그래서, 소중한 가정교사의 도움과 의견에 따라, 그 일은 매일같이 진행되었다. 이윽고, 그가 『고대의 개울가에서 찾은 매끄러운 돌들』(Smooth Stones taken from Ancient Brooks)이라고 불렀던 작은 책자가 모습을 드러냈다.

이 제목은 저자의 이름을 청교도 풍으로 재미있고 재치있게 표현한 것인데, 나는 그 편집자들이 이 행복한 공동 작업의 결과에 아주 기뻐했다고 믿는다. 나는 그 작은 책이 지금은 절판되었다고 알고 있으며, 남은 제본들은 아주 희귀하여 찾아보기 힘들다. 하지만, 그 책들을 소유한 이들은 책을 읽어가는 과정에서, 그 책장들 사이에 이처럼 달콤한 사랑의 이야기가 숨어 있음을 알면 더 관심이 간다고 느낄 것이다.

날이 흐르면서, 내 연인의 설교 일정은 급속도로 늘어갔다. 하지만 그는 시간을 내어 나를 방문하고 서신을 보냄으로써 나를 행복하게 해 주었고, 주일 오전마다, 나는 거의 항상 그의 사역을 지켜볼 수 있도록 내 부모님에게 허락을 받았다. 하지만 이런 기쁨에는 많은 고통도 섞여 있었다.

1855년 초기에, 그는 엑서터 홀에서 어마어마한 군중을 향해 설교하고 있었고, 그의 육체적 능력에 가해지는 부담은 끔찍할 정도였다. 그가 죄인들을 향해 그리스도께로 오라고 호소할 때나, 그리스도를 제시하며 그분의 통치권과 의를 강조할 때, 때때로 그의 음성은 갈라지고 잘 나오지 않았다. 그의 앞에 놓인 책상의 아래쪽 선반에는 언제나 한 잔의 칠리 식초가 놓여 있었고, 나는 그가 그 치료법을 쓸 때면 어떤 일이 예상되는지를 알았다.

오! 그 때문에 내가 얼마나 애타던지!

나는 그의 앞에 나타날 때 차분하고 절제된 모습으로 나타나서, 그 작은 측면 회랑에 있는 내 좌석에 조용히 앉아 있으려고 얼마나 자제력을 발휘해야 했던가!

예배가 끝났을 때, 그에게 다가가서 그를 위로하고 격려할 권리를 갖기를 내가 얼마나 갈망했던가!

하지만 나는 다른 사람들처럼 떠나야 했다. 나는 그에게 속했고, 거기에 있던 다른 누구보다도 그의 마음에 가까운 사이였음에도 말이다!

젊고 사랑으로 가득한 마음에 그것은 가혹한 훈련이었다. 지금 오랜 세월이 흐른 뒤에도, 이상하리만치 생생하게, 나는 그가 다음의 본문으로 설교했던 주일의 저녁을 기억한다.

그의 이름이 영구함이여(시 72:17).

그것은 그가 즐거워했던 주제였다. 구주의 영광을 높이는 일은 그의 주된 기쁨이었다. 그 설교에서 그는 자기의 은혜로우신 왕 앞에서 경의와 찬미를 표현하며, 자기 자신의 혼과 생명을 쏟고 있는 것처럼 보였다. 물론 나는, 그가 모든 사람이 보는 앞에서, 거기서 죽을 것이라고는 생각하지 않았다!

그 설교의 끝부분에서, 그는 자기의 목소리를 회복하려고 힘껏 노력했다. 그래도 발성은 되지 않았다. 그의 격정적인 연설은 그저 갈라진 소리와 억양 속에서 들려올 뿐이었다.

"내 이름은 쇠하여지고, 그리스도의 이름이 영원히 지속하기를 원합니다!"

예수! 예수! 예수! 만유의 주이신 그분에게 왕관을 씌워 드립니다!"

그런 후 그는 거의 의식을 잃은 채로 뒤에 있는 의자로 물러났다.

훗날, 주께서 그를 위해 맑은 톤의 음성을 구비시켜주시고, 그 음성이 사람들의 귀를 황홀하게 하고, 듣는 사람들의 마음을 녹였을 때, 내가 위에서 묘사하려고 했던 그 고통스러운 장면은 거의 재현되지 않았다.

정반대로, 가장 큰 건물 안에서, 수천 명이 모여든 곳에서도, 그는 마치 음악의 거장이 최고의 악기를 연주할 때처럼 아주 편안하게 말했다. 그는 청중을 감미로운 음색으로 매료시킬 수도 있었고, 주의와 경고를 알리는 소리가 맑고 분명하게 울려 퍼지게 할 수도 있었다.

스펄전은 그의 목에 자갈 도로를 깔았다고 장난스럽게 말하곤 했다. 하지만 실상, 그가 많은 설교와 연설에서 목을 꾸준히 자연스럽게 사용한 것이,

일반적으로 "성직자의 쉰 목"으로 알려진 해로운 증세로부터 자유로워졌다고 나는 믿는다. 엑서터 홀 첫 사용 기간에, 뉴 파크 스트리트교회는 확장되었다. 이 보수 공사가 완료되었을 때, 그는 자기 자신의 강단으로 돌아왔고, 엑서터 홀에서의 예배는 중단되었다. 적어도 한동안은, 그의 목 건강에 대한 내 염려를 내려놓을 수 있었다.

그러나 그의 일은 거의 매일같이 늘어나고 있었다. 그의 인기는 빠른 속도로 높아졌다. 이 무렵에 주목할만한 많은 야외 예배들이 시행되었고, 내게 보내진 서신들에서 이런 상황이 한두 번 언급되었다.

1855년 6월 2일, 그는 이렇게 썼다.

> 지난 저녁, 약 500명이 그 들판으로 왔습니다. 나중에는 엘드리지 씨가 친절을 베풀어 임대한 채플로 자리를 옮겼지요. 주님은 나에게 능력과 자유를 주셨습니다. 나는 영혼들이 구원받았다고 믿습니다. 그리고 나 자신에 대해 말하자면, 나는 죄인 중의 괴수처럼 설교했고, 역시 나와 마찬가지로 으뜸가는 죄인들을 향해 설교했답니다. 많은 사람이 눈물을 흘렸고 적지 않은 사람들이 미소를 지었답니다.

그 후, 같은 달 23일에, 나는 환희에 찬 편지를 받았는데, 첫머리가 이렇게 시작되었다.

> 어제, 나는 목사로서 영광의 정상에 올랐습니다. 내 회중은 어마어마하게 많았고, 내 생각에 10,000명 정도 되었습니다(이들은 해크니에 있는 들판에 모였습니다). 틀림없이 엑서터 홀에 모이는 수보다 두 배나 많은 수이지요. 주께서 나와 함께하셨고, 깊은 침묵이 목격되었습니다.
> 하지만, 오! 마칠 즈음에, 어떤 산 사람도 그처럼 열광적인 박수를 받은 적이 없을 겁니다!
> 내가 살아 있는지 궁금할 정도였답니다!
> 그 예배 후에, 5~6명의 신사가 내가 지나갈 통로를 내려고 애를 썼지만, 나는 15분가량 환호성과 기도와 외침 속에 파묻히다시피 했습니다.
> 그 15분이 마치 한 주간처럼 느껴지더군요!

나는 서둘러 그 들판을 돌아보았지만 빠져나갈 여망이 없었지요. 마침내, 별
안간 근사한 무개(無蓋) 마차가 나타나더니, 두 명의 수행원과 함께 내 곁에
섰습니다. 나는 마차에 올라탔고, 지나가도록 요청해서 나왔답니다. 그들은
친절하게 그렇게 해 주었고, 나는 선 채로 모자를 흔들며 소리쳤지요.
'하나님의 은혜가 여러분과 함께하시길!'
그러는 사이 수천 명의 머리에서 모자가 들려 올려졌고, 갈채가 연이어 쏟아
졌답니다. 분명, 이 갈채 한 가운데서, 나는 다가오는 비난의 폭풍이 낮게 우
르릉대는 소리를 들을 수 있지만, 이조차도 나는 주님을 위해 감내할 수 있
습니다.

이는 참된 예언이었다. 그가 전했던 진리에 대한 사람들의 증오가 높이 일
어난 때가 있었다. 하나님의 은혜의 복음을 담대히 선포한 그 설교자를 향해
퍼부어진 것에 비하면, 다른 어떤 조롱도 그보다 더 쓰릴 수 없었고, 어떤 비
웃음도 그보다 경멸적일 수 없다고 여겨졌다. 그는 그리스도의 십자가 발치
에서 그것을 몸소 배웠다.

하나님께 감사하게도, 그는 살아서 그의 정직성과 충실성으로 인해 많은
사람을 능가하는 명예를 얻었으며, 생의 마지막 순간까지, 결코 자기 신조를
바꾸지 않았고, 하나님의 은혜의 교리를 온 마음으로 증언하는 일에서 조금
도 퇴보하지 않았다.

*　　　*　　　*

그 해 (1855) 7월, 내 낭군은 많은 설교 약속의 이행과 휴가를 겸해 스코틀
랜드로 갔다. 그가 나중에 알게 되었듯이, 그것은 매우 나쁜 계획이었다. 혹
사당한 정신은 휴식 시간에는 절대적인 안정이 필요했으며, 만약 이런 합리
적인 규칙이 깨어진다면 설교와 영혼 모두는 어려움을 겪기 때문이다.

이 여행 기간에 내게 보낸 그의 편지들은 전혀 즐거운 내용이 아니었다. 여
기에 그 서신에서 일부 발췌한 내용을 소개하려 한다. 이 내용은 그가 처음으
로 경험했고, 훗날 그가 깊이 참여하게 된 예배 형식의 윤곽을 보여준다. 당시
그는 행복하거나 편치 않았다. 그는 줄곧 돌아오기를 갈망하고 있었다.

그것은 또한 그가 **첫 번째**로 철도로 긴 여행을 한 경험이기도 했다. 여행 경험이 부족한 여행객이 어떤 육체적 고통을 겪었는지를 묘사한다는 것이 다소 특이할 것이다. 그 시절에는 특별 객차도 없었고, 고급 호텔의 위락 시설이나 도구들로 채워진 호화로운 휴게실 객차도 없었다. 그래서 우리의 불쌍한 여행자는 힘겹게 여행했다. 그는 칼라일(Carlisle)에서 쪽지를 써서 보냈는데, 그저 그의 안전을 내게 확인시켜주기 위한 것이었다.

그 후 글라스고우(Glasgow)에 도착하여 그는 열차 이동에 대해 이렇게 설명했다.

왓퍼드(Watford)에서, 경비와 함께 가면서 즐거운 대화를 조금 나누었습니다. 그의 친절에 대해 하나님이 복을 주시기를 바랍니다. 10시 45분에, 나는 객차 안으로 들어갔습니다. 사람들은 자고 있었습니다. 나는 잠을 잘 수가 없었고, 몸이 아주 찌뿌드드했습니다. 아침 햇살이 밝자, 나는 다른 경비와 함께 2등 객차로 들어갔고, 멋진 광경을 즐기면서 한편으로는 몸의 감각은 불편했습니다. 이곳에 도착했을 때는 피곤하고, 먼지투성이였고, 졸리고, 기분도 썩 좋지 않고, 심한 코감기에 걸렸습니다.

지난밤에 나는 깨지 않고서 12시간을 잤지만, 여전히 잠을 자기 전처럼 피곤을 느낍니다. 두 번 다시는 이렇게 멀리까지 여행하지 말아야겠다는 생각이 듭니다. 하루 만에 집에 도착하지는 않을 것입니다. 만약 그렇게 한다면 내 여행은 유익이라기보다는 손해가 될 것입니다. 나는 당신이 내 끔찍한 열차 여행에 동행하지 않아서 기쁩니다. 하지만, 당신을 이곳으로 단번에 데려올 수 있다면, 곧장 그렇게 하고 싶습니다. 내 사랑! 나를 위해 기도해주세요.

다음 서신은 소상히 소개하려고 한다. 나는 이 서신들에서 가능하면 "사랑"에 관한 내용은 남겨두려고 노력해왔다. 내게 소중한 일들이 독자들에게는 진부한 이야기처럼 보이지 않을까 염려되기도 하지만, 무엇보다 그것이 어려운 작업이기 때문이다. 사랑의 실개천은, 마치 개울의 암벽 사이에서 노래하고 춤추는 물처럼 흐르고 있는데, 내가 그 음악 소리를 멎게 할 수 없기 때문이다.

그의 아름다운 생의 마지막까지, 그의 편지들은 자상한 남편으로서만 아니라 한결같이 헌신적인 연인으로서의 편지였다. 그 애정의 실개천은 마르지 않았다. 오히려 갈수록 더 깊고 넓게 흐르는 물이 되었으며, 그 노래의 곡조는 갈수록 달콤하면서도 강해졌다.

＊　　　＊　　　＊

1855년 7월 17일, 에버펠디(Aberfeldy)

내 소중한 사랑에게

　당신의 소중한 서신을 잘 받았습니다. 정말이지 내가 여태 읽었던 모든 것을 능가하며, 심지어 당신이 직접 펜으로 쓴 것 중에서도 최고네요. 이제 나는 모든 것이 좀 정돈이 되었어요. 지난 주일, 나는 두 번 설교했고, 그것을 한마디로 요약하자면, 그 예배가 '영광스러웠다'는 것입니다. 아침에, 패터슨 박사의 교회에 사람들이 꽉 들어찼고, 저녁에 워드로 박사의 교회에는 숨 막힐 정도로 2,500명 이상의 사람들이 몰렸답니다. 그런 와중에 건물 밖에서는 그 숫자만큼의 사람들이 돌아갔다고 하더군요. 나에 대한 환대는 열광적이었습니다. 죽을 수밖에 없는 사람에게 이보다 더 큰 명예가 주어진 적이 없을 겁니다.

　그들은 파크 스트리트교회에 있는 사람들만큼이나 즐거워했습니다. 오늘, 나는 내가 머무는 집 주인 가족과 근사한 드라이브를 했습니다. 내일, 나는 **여기서** 설교할 예정입니다. 내가 조용히 머물기란 거의 불가능합니다. 이미, 여기저기 사방에서, 나를 오라고 요청하는 서신들이 당도했습니다. 내가 북극에 가지 않는 한, 나는 결코 내 거룩한 수고에서 벗어나지 못할 것 같아요.

　차를 타고 이동하는 동안, 나는 당신에게 돌아가는 상상을 했답니다. 당신이 내 곁에 가까이 있다고 생각했지요. 내 사랑, 하나님의 섭리가 허락한다면 머지않아 다시 당신과 달콤한 교제를 누리게 되겠지요. 나는 전에 내가 당신을 많이 사랑한다는 것을 알았지만, 이제는 당신이 내게 얼마나 필요한 존재인지도 느낀답니다. 물론 당신이야 내가 없어도 잃을 것이 별로 없겠지요.

　이제 내가 돌아가면, 당신은 내가 이전과 마찬가지로 다정다감하면서도, 당신의 감정에 좀 더 주의를 기울이는 것을 보게 될 겁니다. 이제 나는 당신의 눈물에 완전히 공감할 수 있습니다. 런던에 있을 때는 끊임없는 약속 때문에 그것을 인식하지 못했지만, 이제는 당신이 곁에 없다는 부재의 아픔을 적지 않게 느끼기 때문이지요.

물론 내 편에서 불가피한 상황이라는 점을 잘 알겠지만, 틀림없이 당신은 나의 부재를 많이 느끼고 있겠지요!

내 사랑! 과장할 줄 모르고, 과장할 여지도 없다고 느끼는 사람이 보내는 가장 순수하고 깊은 사랑을 받아주세요. 내가 편지 쓰는 일에 피곤을 느낄 것이라고 여기지 마세요. 당신을 기쁘게 해 주고, 나보다 더 깊이 상대방의 부재를 느끼고 있을 당신을 위로하는 것이 내 기쁨이랍니다. 여행과 설교는 나로 당신의 부재를 어느 정도 잊게 만듭니다. 내 눈은 수면을 청하지만, 위로부터의 은혜―일시적인 은혜와 영원한 은혜들―가 내 사랑하는 연인의 머리 위에 임하기를 구할 때까지는 좀 더 깨어 있으려 합니다. 당신의 이름이 내게 너무 달콤합니다. 그녀 자신만큼이나 그 이름을 사랑하는 나, 그녀의 많은 사랑을 받는, 찰스 해돈 스펄전.

* * *

내 연인의 스코틀랜드 여행은 브래드퍼드(Bradford)와 스톡턴(Stockton)에서의 설교 약속 때문에 중단된 것 같다. 이 도시들로 향하는 도중에, 그는 윈더미어(Windermere)의 경치를 보기 위해 머물렀고, 거기서 약간의 안정과 휴식을 취하길 원했다. 하지만 그는 이 경험에 대해 슬프게 느껴지는 글을 쓴다. 그가 말한다.

> 이것은 시간을 보내는 나쁜 방법입니다. 여기 있으니 차라리 하루에 다섯 번 설교하는 편이 나았을 것입니다. 게으름은 나에게 **고역**입니다. 나는 다시 목줄을 메고, 마구를 차고, 오래된 마차를 끌기를 갈망합니다.
> 오! 나 자신의 골방에서 가지는 고요한 시간이여!
> 만일 나에게 돌아가고 싶은 한 가지 이유가 있다면, 당신을 보고 싶은 맹렬한 소원보다 더 유력한 이유가 있다면, 그것은 내가 조용히 물러난 시간에 **내 주님**을 볼 수 있다는 것입니다.

브래드퍼드에서의 예배에 대해, 그는 이처럼 간략하게 기록한다.

> 지난 주일은 글라스고우에서보다 더 큰 승리의 날이었다. 엑서터 홀보다 더 많은 사람을 수용할 수 있는 그 강당이 두 번의 예배에서 모두 비좁았다. 저녁에는 바깥에 있다가 돌아간 수만 해도 엄청났으며, 또 다른 강당을 청중으로 가득 메울 정도였다. 스톡턴에서, 교회는 가득 찼고, 내 주님은 미소를 지으셨다. 나는 오늘 아침 8시에 그곳을 떠났다.

에든버러를 경유하여, 글라스고우로 되돌아와서, 그는 그 도시에서 설교했고, 후에 나는 애절한 작은 서신을 받았다. 거기서 그는 자기 자신에 대해 쓴소리를 했다. 아마 딱히 이유도 없었을 것이다. 하지만 그의 말은, 그가 얼마나 민감한 양심으로 하나님을 섬겼는지, 그가 자기 주님을 불쾌하게 하는 어떤 것을 자기 자신에게서 찾아내는 일에 얼마나 민첩했던가를 보여준다. 그에게, 만약 그의 주님의 얼굴이 감추어진다면, 사람들의 갈채란 얼마나 무가치한 것이 되고 말았던가!

그는 말한다.

> 나는 에든버러에서 설교했습니다. 그리고 실패로 인한 고뇌로 가득한 채, 이곳으로 돌아왔습니다.
> 아! 내 사랑이여,
> 당신의 연인이 요나처럼 행동했고, 니느웨를 향해 증언하는 일을 더 하고 싶지 않다는 마음이 들 정도입니다. 비록 비가 내렸어도, 강단은 사람들로 가득했습니다. 거기에 내가 있었지만, **내 하나님이 안 계셨답니다!**
> 그것은 내 편에서 뼈아픈 실패였습니다. 그러나, 하나님은 내 말을 통해 가련한 영혼들에게 복을 주실 수 있지요.

서둘러 떠났던 하일랜드(HIghlands)로의 짧은 여행—글라스고우에서 하루짜리 관광— 이후, 또 다른 주일 예배가 있었는데, 그때 큰 무리가 실망했다—입장이 불가능하다는 이유로 20,000명이 발길을 돌렸다. 그런 후 스코틀랜드 여행(많은 유사한 사건들의 전조였다)은 지난 일이 되었고, 본거지로 돌아온 후 진지하고 활기차게 활동이 재개되었다.

내 약혼자의 사역에서 이처럼 이른 시기에, 아직은 그가 너무 젊었기에 설혹 인기와 성공으로 자만에 빠져도 아무도 이상하게 여기지 않았을 것 같을 때도, 그의 마음속에는 깊은 겸손이 있었다. 그것이 그로 낮아져서 주님의 발치에 머물게 했으며, 날로 커져만 가는 유명세의 짐을 견디기에 적합하도록 만들었다. 이는 1855년의 많은 서신에서 명백히 드러난다. 나는 그것을 언급할 수밖에 없다고 느끼는데, 지금까지도 어떤 이들은 그에 대해 자기 만족적이라든가 거만하다든가 하는 식의 말을 감히 하고 있기 때문이다.

만일 그들이 가장 친한 친구들이 그를 알았던 것처럼 그를 알았더라면, 그들은 그의 낮은 마음에 놀라움을 금치 못했을 것이며, "그리스도의 온유와 겸손"이야말로 그의 가장 두드러진 매력 중의 하나라고 증언했을 것이다. 믿음 안에서 그의 사랑하는 아들인 더블린의 휴 브라운(Hugh D. Brown) 목사는, 최근에 출간된 추도 연설문에서 스펄전에 대해 다음과 같이 말했으며, 그것은 진실하게 말한 것이다.

> 그는 너무나 놀라운 사람이면서, 또 너무나 단순한 사람이었습니다. 위대하면서, 어린아이와 같은 마음을 가진 사람이었지요. 아니 어쩌면, 너무 위대해서 너무 단순했는지도 모르겠습니다. 그에게는 불확실한 평판을 보강해줄 과장된 태도가 필요치 않았습니다. 하지만, 그는 어디서나 높이 평가되었습니다. 그가 사람의 견해에 신경을 쓰지 않았고, 삶과 사역 모두에서 올바르고, 솔직했으며, 투명했기 때문입니다.
> 그의 유일한 야망은, 자기 자신이나 다른 무엇도 아니며,
> '내가 어떻게 내 주님을 가장 높일 수 있을까?'
> 이런 모습으로 가득 차 보였습니다.

이 사려 깊은 말은, 그의 놀라운 경력이 막 시작되고, 영광스러운 일생의 과업이 그의 앞에 펼쳐지려 할 시기에도 그에게 적용될 수 있을 것이다.

다음 서신은 그의 마음속 깊은 곳을 드러내어 보여준다. 그리고 내게는 그것을 공개하는 것에서 고통의 대가가 따른다. 하지만, 이 서신은 그를 잘 알지도 못한 사람들이 그에게 가해왔던 자기 본위와 자만이라는 부당한 비난

을 잠재울 것이다.

> 당신이 나를 위해 진지하게 기도해준다면, 나는 당신에게 깊은 고마움을 느낄 것입니다. 나는 전과 달리 하나님을 향한 사랑으로 가득하지 못한 것이 아닌지 염려됩니다. 나는 영적인 일들에서 나의 슬픈 쇠퇴를 보고 한탄합니다. 당신이나 다른 사람들은 그것을 볼 수 없겠지만, 나는 지금 그것을 의식하고 있습니다. 그런 느낌 때문에 내 기쁨의 잔은 쓴 물로 채워집니다.
> 오! 만약 내가 하나님에게서 떨어지고, 그분의 길에서 멀리 떠난다면, 인기를 얻는 것이나, 성공하는 것이나, 많이 가진 것, 심지어 당신의 달콤한 사랑을 가진다 한들 그것이 무엇이란 말입니까?
> 아찔한 높이에 내가 서 있는 것 때문에 나는 떱니다. 나는 내가 무명의 사람이기를 바랍니다. 정녕 나는 내 모든 명예와 명성에 어울리지 않는 사람입니다. 이제 새롭게 시작해야겠습니다. 더는 면모(綿毛) 가운을 입지 않으려 합니다. 당신에게 호소하니, 진심 어린 기도로 내 기도에 동참해주세요. 우리 둘이 일치한 마음이 된다면, 당신이 사랑하는 사람은 더 쓸모 있는 사람이 될 테고, 성결과 행복에서도 나아질 것입니다.

몇 달 후, 그는 이런 글을 썼다.

> 패트리어트(The Patriot)가 나에 대해 극찬하는 글을 실었네요. 그 글이 나를 더 인기 있게 만들 것 같아요.
> 하나님이여 저를 지켜주소서!
> 나는 작은 고난들이 나를 올바른 상태로 유지해준다고 믿어요. 균형을 잡아주는 이 오래된 회초리가 없었더라면, 나는 아첨 때문에 잘못되고 말았을 겁니다.

편견 없는 독자라면, 이런 말이 헛되고 자아도취적인 사람의 말인지를 판가름할 수 있을 것이다!

* * *

    1855년이 끝나가고 있었다. 당시 우리는 말할 수 없는 기쁨으로 우리 자신의 가정을 꾸리고, 결혼이라는 거룩한 끈으로 연합하기를 고대하고 있었다. 내 연인은 콜체스터에서 그의 부모님과 함께 크리스마스를 보내려고 떠났다. 개인적인 "작별 인사"를 한 후에 그는 다시 이런 글을 보냈다.

* * *

사랑하는 연인에게
    내가 얼마나 당신을 사랑하는지!
    나는 당신이 보고 싶습니다. 하지만, 내가 당신을 떠난 지 아직 반 시간밖에 안 지났네요. 내 마음이 당신과 함께 있다는 것을 생각하고 내가 없는 동안에도 스스로 위로하기 바랍니다. 은혜로우신 하나님께서 모든 일에서, 마음과 감정, 삶과 죽음에서나, 천국에서도, 당신에게 복을 주시길 바랍니다!
    당신의 미덕이 온전해지고, 당신의 소망이 실현되고, 당신의 열정이 지속되며, 그분을 향한 당신의 사랑이 증대되어가고, 그분을 아는 당신의 지식이 더 깊어지고, 더 높아지고, 더 넓어지기를 바랍니다. 사실상, 내 마음이 바랄 수 있는 것 이상으로, 또는 내 소망이 고대하는 것 이상으로, 영원히 그런 은혜가 당신의 것이 되기를 바랍니다!
    우리가 서로에게 축복이 되기를 원합니다. 혹시 내가 잘못하면 당신이 용서해주세요. 당신이 실수하면 나는 눈감아 줄 겁니다.
                          천국에 갈 때까지, 그리고 그곳에서도, 당신의 사람인
                                      찰스 해돈 스펄전.

* * *

아! 내 신랑이여
    우리가 황홀하게 받아들였던 지상에서의 복된 결속은 이제 풀어졌습니다! 죽음이 내 육신의 눈에서 그대를 감추었습니다. 하지만 죽음도 나를 당신에게서 떼어놓거나, 우리의 마음을 그토록 가까이 결속시켰던 사랑을 끊을 수 없습니다. 나는 그 사랑이 여전히 살아있고 자라고 있다고 느낍니다. 그리고 오직 우리가 저 영광의 나라에서 만나서, 함께 "보좌 앞에" 예배드릴 때, 비로소 우리의 사랑은 영적으로 충만하게 자란다고 믿습니다.

잊지 못할 이 시기와 관련된 한 가지 유물이 있다. 내 책상 위에는, 이 장을 쓰고 있는 지금, 『강단의 장서』(The Pulpit Library)라고 제목이 붙은 한 권의 책이 있다. 그것은 내 신랑의 설교를 모아 처음으로 출간된 책이다. 그리고 그 책의 속지에는 아래의 글이 새겨져 있다.

(친필 글귀 내용) 며칠이 지나면 톰슨 양에게 무언가를 선물한다는 것은 내 권한 밖의 일이 될 것입니다. 이 책을 우리의 행복한 만남과 달콤했던 대화를 추억하는 기념물로 삼아주세요.

1855년 12월 22일.
찰스 해돈 스펄전

친필 메모와 서명

* * *

결혼식 날짜가 1856년 1월 8일로 잡혔다. 그날이 오고, 또 지나기까지, 나는 흥분과 감동의 꿈나라에서 살았기에, 어떤 구체적인 사건들을 기억하기란 쉽지 않다. 결혼 생활이라고 하는 전에 밟아보지 않은 새로운 길이 펼쳐졌고, 우리의 발은 그 입구 문턱에 서 있었다. 하지만 두 여행자가 서로의 손을 움켜쥐고, 그 맞잡은 손을 주님의 손에 둔다는 것, 그리고 그분이 "죽음에 이를 때까지" 그들의 안내자가 될 것을 확신하며 여정을 떠나는 것에는 깊고도 은은한 즐거움이 있었다.

나는 내가 하나님이 지으신 땅에서 최고의 남자에게 사랑받고 또 사랑하는 아내가 되는 그날의 사건들을 상세하게 떠올려보려고 노력했다. 하지만, 그 대부분 시간은 황금의 안개라는 베일로 가려져 있다. 그 베일을 통해, 빛을 발하면서도 불분명한 것을 볼 수 있을 뿐이다. 내 기억에 분명히 떠오르는 것은 몇 가지에 불과하다.

나는 이른 아침 침대 옆에서 무릎을 꿇고 있는 한 젊은 소녀를 본다. 그녀는 그날 해야 할 일에 대한 책임감과 경외심에 사로잡혀 있다. 하지만 주께서 그녀에게 은혜를 베푸시기에 표현할 수 없을 정도로 행복하다. 오직 그분 앞에서 그녀는 진지하게 능력과 은총을 구하며, 그녀 앞에 펼쳐지는 새로운 삶에서의 인도를 구한다. 팰컨 광장에 있는 그 작은 이 층 방은 그날 아침에 매우 신성한 장소였다.

곧이어, 나는 아주 수수한 옷차림의 처녀를 본다. 그녀는 아버지의 옆자리에 앉아 있고, 도시의 거리를 지나 뉴 파크 스트리트교회로 이동하고 있다. 조금은 어리둥절한 모습이다. 지나가는 사람들이 그 혼례식 마차를 흘깃 놀란 표정으로 쳐다본다. 그녀가 얼마나 훌륭한 신랑을 만나러 가는지를 그들 모두는 잘 알고 있다!

목적지에 다가오자, 수많은 사람이 그 여인을 신부로 선택한 남자를 잘 알고 좋아한다는 것이 분명해졌다. 그 건물은 사람들로 넘쳤고, 그 젊은 설교자를 칭송하는 군중이 그 예배당 주변 거리를 메웠기 때문이다. 나는 그 이상은 기억하지 못한다. 그 가득 메꾸어진 장소 안에서, 나는 많은 하객이 신도석에 앉아 있는 것을 어렴풋이 볼 수 있었다. 나이 지긋하신 알렉산더 플레처 박사가 상냥한 미소를 지으며 신랑과 신부 앞에 서 있었다. 집사들은 들뜨고 열성적인 구경꾼들을 조용히 시키고 만족하게 하느라 애를 먹고 있었다.

다음에, "우리 둘을 진실로 하나가 되게 한" 혼인예식이 이어졌다. 우리는 마음에 벅찬 기쁨을 느끼며 손을 잡고 있었고, 삶이 다할 때까지 우리의 복된 관계를 법적으로 묶어주는 간략한 서약의 말이 있었다. 그리고 금가락지가 내 손가락에 채워졌다. 비록 가늘고 지금은 닳았지만, 여전히 그 반지는 무덤을 초월하는 사랑에 대해 말하며, 영원토록 이어지는 영적인 연합에 관한 소중한 서약을 일깨워준다.

제22장

초기의 비판과 험담들

> 이 시대에는, 강단에 대한 증오가 점증하고 있습니다. 강단은 오랜 세월 그 토대를 견고히 유지해왔지만, 부분적으로 비효율적으로 되면서, 그 높은 지위를 잃어가고 있습니다. 강단을 굳건하게 사용하는 대신, 소심하게 오용함으로써, 세상은 그것을 멸시하기에 이르렀습니다. 이제 아주 확실해진 것은, 우리가 사제들에게 시달리는 것은 언론에 시달리는 정도에 비하면 절반밖에 안 된다는 것입니다. 정녕 우리는 언론에 의해 시달리고 있습니다. 머큐리(Mercuries), 디스패치(Dispatches), 저널(Journals), 가제트(Gazettes) 등의 잡지들이 이제 강단의 웅변과 스타일을 판단합니다. 그들은 검열관의 자리를 차지하고 앉아, 직무상 오히려 그들을 비난해야 할 사람들을 비난하고 있습니다. 나로서는, 모든 사람이 나를 비난할 자유가 있다는 것에 기꺼이 동의합니다. 하지만 나는 적어도 한 편집자의 행위에 대해서는 맞서야 함을 느끼는데, 그는 내 말을 잘못 인용하여 그 의미를 왜곡해왔습니다. 아니 그 이상의 행위도 해왔습니다. 그는 내 글이나 말에서 언급되지 않은 것을 '인용'이라는 이름으로 자신의 머리로 조작하기까지 했습니다.
>
> 찰스 해돈 스펄전
> 1857년 1월 25일, 로열 서리 가든 내의 음악당에서 전한 설교에서

앞장에서 언급된 편지들을 다시 읽다가 스펄전 부인은 그녀가 결혼 전에 신문을 수집하여 그녀의 연인과 관련된 내용을 스크랩했다는 것을 상기해냈다. 다양한 기사들에 등장했으므로 스펄전 목사는 그것들을 그녀에게 보냈고, 대개는 각각의 기사에 대해 이런 말을 덧붙였다.

"여기 당신의 박물관에 또 다른 기증품이 들어왔습니다."

그 내용을 다시 인쇄하면 어렵지 않게 한 권의 책을 채울 수 있을 것이다. 하지만, 그렇게 하는 것이 유용한 목적에 이바지할 것 같지 않다. 특히 신문들은 1855년과 1856년 동안 영국에서 일어난 다양한 분야의 내용을 담고 있기에, 초기 스크랩북에서 발췌한 내용을 제시하는 것만으로 충분할 것이다. 그 내용은 그 시기의 신문 논지를 공정하게 대변하고 있으며, 그 설교자 자신에 의해 직접 수집된 것이기 때문에 독자들은 더 큰 관심이 갈 것이다. 이 발췌문들을 보존한 책의 속표지에는, 스펄전의 친필로 다음의 글귀가 새겨져 있다.

1. 사실들, 허구, 해학

마지막 단어는 허위라는 뜻으로 볼 수도 있다. 그 속에는 사실이 아닌 것이 많고, 전체를 두고 보면 단지 익살스럽다고 여겨질 만한 것이 얼마 안 되기 때문이다. 이런 글에는 너무 모욕적이거나 심지어 신성모독적인 문단도 삽입되어 있다. 그래서 독자는 그런 대목을 읽으면서, 죄인들을 구주에게 인도하려고 온 힘을 기울여 수고하고 있는 그토록 젊고 열성적인 주 예수 그리스도의 종에 대해, 어떤 사람이 그토록 잔인한 방식으로 글을 쓸 수 있었는지에 대해 의아해하지 않을 수 없을 것이다.

그의 사역 초기에, 사역 후반기와는 달리, 그는 아직 사방에서 날아오는 공격에 익숙하지 않았다. 그래서 그의 서신들은 그가 자신을 겨냥하는 비방과 중상을 예민하게 느꼈음을 보여준다. 이따금, 그는 강단에서 이런 형태의 불같은 시련에 대해 암시하기도 했다.

1857년 3월 15일에 전한 설교에서 그는 말했다.

나는 이런 상황을 잊지 않을 것입니다. 내가 그리스도께 온전히 헌신했다고 생각한 후에, 내 성품에 대해 중상모략하는 소식이 내 귀에 들려오고, 내 마음은 낙심되었고, 그리스도의 복음을 전하는 중에도 내 마음은 고통으로 깨어졌습니다. 나는 무릎을 꿇고 말했습니다, '주님! 저는 주님을 위해서라면 저의 개성조차도 지키려 하지 않겠습니다. 제가 만약 그것을 잃어야 한다면,

그렇게 되도록 하겠습니다. 저의 개성을 지킬 수 있다면 좋겠지만, 어쩔 도리가 없습니다. 주님이 겪으셨던 것처럼, 그들은 내가 귀신들렸고, 미쳤으며, 술주정뱅이에다가 술고래라고 말합니다.

수년이 지난 후, 그는 지면에 실린 기사에 덜 영향을 받았다. 아마도 그 일이 더 쉽게 된 이유는, 대다수 집필진이 채택한 논조가 크게 개선되었기 때문이며, 우호적인 기사들과 글들이 적대적인 글들보다 훨씬 많아졌기 때문일 것이다. 그런 우호적인 글들이 슬픔과 고통을 유발할 수 있는 글에 대한 기억을 지워버렸다. 활동과 관련하여 신문과 다른 기록물들을 보관하는 스펄전의 습관은 끝까지 계속되었다. 풍자 그림, 비평, 혹은 칭찬의 글이 입수되면, 그는 이렇게 말하곤 했다.

내 수집품에 하나가 더해졌군.

그러나 칭찬인가 비난인가 하는 여부는, 하나님과 사람들을 향해 가해지는 공격에 대해 그의 양심이 느끼는 바에 비하면 덜 중요한 문제였다. 1884년 태버너클에서 설교하면서, 그는 자신의 초기 경험에 대해서와, 과도기에 있었던 변화에 대해 다음과 같이 언급하였다.

그들이 벌떼처럼 나를 에워쌌습니다."라고 다윗은 말합니다. 즉, 그들의 수가 많고, 또 그들이 매우 격노했다는 것입니다. 벌들이 흥분할 때, 그것들은 가장 끔찍한 공격자들이 됩니다. 그들의 침은 뾰족하고, 그것으로 혈관에 불을 지르는 독을 주입합니다. 나는 일전에 아프리카 여행자에 관한 글을 읽었습니다. 그는 경험으로 이것이 무엇인지 알았지요. 몇몇 흑인들이 그의 배를 강 위로 끌어당기고 있었습니다. 그런데 그것을 끌어당기던 밧줄이 벌집을 건드렸습니다. 순식간에 벌들이 선실에 있던 그를 덮쳤습니다. 그는 얼굴과 손에 쏘였고, 눈에도 쏘였다고 말했습니다.
온몸이 불덩어리가 되었고, 그는 공격자들을 피해 강으로 뛰어들었습니다. 하지만, 벌들은 여전히 그를 괴롭혔고, 그가 물 위로 모습을 드러낼 때마다 머리를 공격했습니다. 그런 일을 겪고 나서, 그는 차라리 한꺼번에 사자 두 마리를 만나거나, 물소 떼를 만나는 것이, 다시 벌들에게 공격을 당하는 것보다는 낫겠다고 말했습니다. 그처럼 다윗이 제시하는 비유는 아주 생생한 것입니다.

악하고 천박한 정신이 있는 한 무리의 사람들, 정신적으로나 영적으로 벌들보다 크지 않은 사람들이, 떼로 모여 선량한 사람을 수천 군데나 찌를 수 있습니다. 그들은 경멸과 조소와 비방과 거짓 진술로써 한 사람을 거의 미치게 만들 수 있습니다. 그들의 지극한 왜소함이 처벌도 받지 않고 상처를 입힐 수 있는 능력을 부여합니다.

우리 중에 어떤 이들도 그런 경험이 있습니다. 행복하게도 이제는 그 경험이 지나간 시절의 일이 되었습니다. 그중의 한 사람으로서, 나는 거짓과 악의에 단련되었다고 말할 수 있습니다. 그 찌르는 침들은 마치 내가 철로 만들어진 사람인 것처럼 이제 더는 고통을 일으키지 않습니다. 하지만 처음에는 울분을 터뜨렸지요. 사랑하는 친구들이여, 같은 경험을 하게 될 때 놀라지 마십시오. 그것을 이상한 일처럼 여기지 마십시오. 왜냐하면, 성도는 모든 시대에서 이런 식으로 취급되어왔기 때문입니다. 하나님께 감사하게도, 상처는 치명적이지 않으며, 오래 가지도 않습니다! 시간이 낫게 해주고, 차츰 배짱이 생깁니다. 진정한 해로움은 호된 시련을 겪은 우리 중 누구에게도 미치지 못하며, 아무런 상처를 남기지 못합니다.

*　　　　*　　　　*

연대기적 순서를 따르면, 최초의 진지한 공격은 1854년 12월 찰스 워터스 뱅크스 목사가 『질그릇』(The Earthen Vessel)에 발표한 글에서 시작된다. 다음은 그 기사에 실린 내용이다.

C. H. 스펄전 씨는 서더크 지구에 있는 뉴 파크 스트리트교회의 시무 목사이다. 그는 매우 두드러진 목회적 재능을 가진 젊은이며, 그의 수고는 놀라울 정도로 성공을 거두어, 전에 침체하던 뉴 파크 스트리트교회를 거의 전례 없을 정도로 번영의 상태로 끌어올렸다. 높은 신망을 얻고 오래 검증된 서리 태버너클의 제임스 웰스(James Wells)를 제외하면, 우리는 런던 전역에서 스펄

전 씨만큼 강당을 가득 메우는 회중을 가진 침례교 목사를 알지 못한다. 하지만, 이 지점에서, 아주 엄중한 질문이 제기된다.

'그는 무엇을 하고 있는가?'

'그는 누구의 종인가?'

'그는 마음을 살피고, 그리스도를 높이며, 진리를 제시하고, 죄인들을 회심시키며, 교회를 돌보며, 영혼을 구원하는 목사라는 증거로 무엇을 제시할 것인가?'

이것이 우리가 아는 많은 사람이 논쟁하고 있는 요지이다. 이 의문이 분명히 해소된다면, 그리고 이 나라에 있는 그리스도의 모든 참된 교회들이 의심 없이 확신하도록 입증될 수 있다면, 우리는 진정으로 기뻐할 것이다. 이 주제를 독자들에게 소개하면서, 우리는 수중에 확보된 모든 자료를 제공하려는 의도 이상의 다른 목적을 가지지 않는다. 그런 자료의 신중하고도 꼼꼼한 조사는, 어느 정도 신앙의 덕을 세우고 유익을 줄 것이다. 우리는 이러한 진술들이 **결론**이 아니라 **서론** 정도로 여겨지기를 바란다.

하지만, 많은 사람의 생각 속에, 신앙을 고백하는 교회 안에서 이 젊은 사무엘의 **진정한 위치**가 무엇일까 하는 의문이 일어나는 것을 보고서, 우리는 우리 앞에 놓인 기록물들을 살펴보고 싶어졌다. 이 자료들에서 우리는 영혼 속에서 일어나는 진정한 은혜의 작용, 구원의 소식과 십자가의 신비들을 선포하도록 하는 하나님의 부르심, 예루살렘에 사는 사람들의 마음에서 성령의 역사를 보여주는 모든 증거를 찾아볼 수 있을 것이다.

그 기사는 스펄전의 영적 체험에 대해 친절히 언급하고, 최근 청중의 우호적인 증언도 포함한다. 비록 그의 실명은 제시되지 않았지만, 그의 판단은 뱅크스 씨에게 중요한 의미로 다가왔을 것이다. 하지만, 지면의 대부분은 그 젊은 설교자의 인쇄된 설교문의 발췌로 채워졌다. 다음 달(1855년 1월)에 발행된 「질그릇」에는 상당한 분량의 대화가 실렸는데, 기사의 하단에는 '욥'이라는 필명이 실려 있었다. 스펄전은 그 작가가 저 가공스러운 제임스 웰스라고 믿었.

다음의 발췌문은 그 노련한 전문가가 장차 명성과 유용성에 있어서 그의 비평을 훨씬 능가하게 될 '애송이'와 관련하여 어떤 글을 썼는가를 보여줄 것이다.

나는 개인적으로 스펄전 씨에게 적대감이 없다. 그의 사역에 관한 당신의 논평이 아니었다면, 내가 그에 대해 글을 쓸 일도 없었을 것이다. 그의 사역은 공적인 문제이며, 따라서 여론에 열려 있다. 고린도전서 1장 6절을 근거로 한 스펄전의 설교 <너희 속에서 견고하게 된 그리스도의 증언>은 단연코 최상이라고 당신이 주장하였으므로, 이제 나는 당신의 허락을 받아, 같은 설교에 대한 내 견해를 제시하려고 한다. 하지만 그에 앞서 먼저 스펄전과 관련하여 몇 가지 진술을 하려고 한다.

우선, 그가 어린 시절부터 매우 부지런하고 열정적인 독서가였으며, 특히 신학 분야의 서적들을 탐독하였다는 것은 분명하다. 또 그가 자기의 신학적 연구에 고전과 과학 분야의 책들까지 포함하여, 모든 종류의 정보를 습득해왔다는 것도 분명하다. 그는 그것들을 결합하여 마음껏 다룰 수 있다. 이렇게 독서로 습득한 것이, 스펄전에게는 좋은 연설의 재능과 합쳐졌다. 웅변술이 잘 연구되었고, 그의 말에는 적절한 행동이 가미된다. 이러한 대중 연설의 양식은, 고대 그리스 극장에서 한 사람이 말을 하고 다른 사람이 몸짓으로 공연하며, 다루고 있는 주제에 맞추어 다양한 얼굴과 모양과 몸짓을 표현하는 정도까지 활용되었다. 스펄전은 그런 아이디어를 가지고 있는데, 단지 차이가 있다면, 그가 혼자서 양쪽 모두를 수행한다는 것이다.

그는 엘리샤 콜스(Elisha Coles, 17세기 인물로서 옥스퍼드대학 교무행정을 맡았고 칼빈주의 관점에서 하나님의 주권에 관한 책을 쓰기도 했다―역자주)를 너무 잘 알기에 성경에서 하나님의 주권을 잘 이해할 수 있다. 또한, 토플라디(Toplady)와 터커(Tucker)의 저술을 잘 알기에 성경에서 예정과 섭리의 교리를 충분히 이해할 수 있다. 고(故) 찰머스(Chamers) 박사의 어려운 글도 통달하였기에, 회전하는 행성들이나, 체계적으로 움직이는 지구와 흙과 물의 입자들에 대해서나, 각각의 입자에 정해진 영역이 있다는 내용까지도 논할 수 있다.

하지만, 이에 더하여, 그는 성품이 좋은 사람처럼 보인다. 동료 인간들에게 친절하고, 호의적이며, 예의 바르고, 선의로 가득하고, 태도에서 매력적이고 사교적이다. 그런 종류의 사람을 싫어한다는 것은 거의 잔인해 보일 정도다. 똑같은 말을, 퓨지(Pusey) 박사와 추기경 와이즈먼(Wiseman)에게도 쓸 수 있을 것이다. 하지만 우리가 의식하게 되는 것은, 거짓되고 '거만한 겸손'이라는 거친 의복뿐 아니라, 저 아말렉 족속을 닮은 우아한 발걸음, 부드러운 의복과 세심하게 의도된 세련된 예절(마 11:8), 또한 "진실로 사망의 괴로움이 지났도다'(삼상 15:32)라고 말하는 자의 매혹적인 미소도 포함된다. 하지만, 사무엘은 그런 방식에 속아 넘어가기에는 너무 정직했다. 그러므로 우리도 '우유 기름보다 미끄러운 말'(시 55:21)을 조심해야 한다. 개혁자들 가운데 이처럼 **정감 있는** 계층에 속한 사람은 하나도 없었던 것 같다. 하지만, 이런 인간적인 세련됨이 수천 명의 사람에게는 경건으로 통하고, 수만 명의 사람이 거기에 속아 넘어간다. 뱀이 하와를 속인 것은 아주 대단한 **우아함**을 통해서였다. 불행하게도, 하와의 후손 역시 우아함에 이끌린다. 사탄은 어둠의 왕일 뿐 아니라 '빛의 천사'로 가장할 수도 있다는 것은 진실이다. 만약 가능하다면 택한 자들까지 속이기 위함이다.

그리고 이 모든 것에 더하여, 「질그릇」에서 말하듯이, 스펄전은 불과 열다섯 살 때 주님을 알게 되었다. 그 젊은이를 위해, 그리고 다른 사람들을 위해, 제발 그렇다고 증명되기를 바란다! 하지만 나는 —아주 엄숙하게— 그의 회심의 진정성에 대해 의심을 하고 있다. 그가 중생하지 않은 사람이라고 말하는 것이 아니다. 그건 내가 할 말이 아니다. 하지만 내가 아는 것은, 하나님에게 속하지 않은 회심도 있다는 것이다. 사람은 어떤 형태로건 죄를 자각할 수 있고, 자기 구원의 가능성과 관련하여 마음의 고통을 느낄 수 있으며, 극심한 두려움도 경험할 수 있다. 그리고 그런 것들이 아무리 진지하더라도, 또 그들이 꿈이나 환상에 의해서나 심지어 말씀의 명백한 능력에 의해 그런 것에서 어떻게든 벗어났더라도, 만약 그들이 그들의 영혼과 사역에서 하나님의 진리의 법과 증언의 시험을 견디지 못하면, 그들 속에는 **참된** 빛이 없는 것이다. 한 사람이 지적으로 조명을 받을 수 있다.

그는 하늘의 은사를 맛볼 수도 있으며, 성령의 역사에 참여하는 자가 되고, 하나님의 선한 말씀을 맛보았다고 공언할 수도 있다(히 6장). 하지만 그런데도 그는 여전히 거듭나지 않았을 수 있으며, 따라서 다시 타락할 위험이나 한때 붙잡았던 진리의 분깃에서 떨어질 가능성이 있다. 그런 사람들은 본성상 그들이 어떤 상태인지를 철저히 깨닫지 못한다.

시편 38편과 로마서 7장은 그들이 접근하는 한 가지 길을 보여준다. 그것에 대해 그들은 웅변적으로 말할 수 있다. 하지만, 동시에 그들은 진실로 그들이 그 길 안에서 행하지 않고 있다는 확실한 증거를 보여준다. 스펄전은 천사들의 사역에 관한 설교에서 그가 대부분 사람과 달리 천사의 존재를 더 많이 느낀다고 말한다. 좋다, 그럴 수도 있다. 하지만, 하늘에서 온 **실제** 천사라고 해도, 만약 다른 복음을 전한다면 그는 … (참조. 갈 1:9).

스펄전의 목회 사역과 관련하여, 나는 다음과 같이 믿는다.

첫째, 그것은 아주 끔찍할 정도로 기만적이다. 그것은 성령의 역사에서 본질적인 요소들을 간과한다. 그것은 각성시키고 속에서 역사하는 성령의 능력만을 기준으로 아직 그리스도인이 아닌 자들을 그리스도인으로 취급한다. 따라서, 자유의지론자들, **지적인** 칼빈주의자들, 높은 자들과 낮은 자들이, 철학적이고 고전적 취향을 가진 그리스도인들과 더불어 그를 기뻐하는 것이다. 이는 그저 그 자신이 속아 넘어간 속임수로 다른 사람들을 속이는 것일 뿐이다.

둘째, 그가 일부 사실을 말한다. 그의 사역에서 죄의 자각이 일어나는 일부 사례들이 있긴 하다. 그런 사람들은 구원의 문제에 진지한 관심을 끌게 될 것이지만, 얼마 후에는, 광야의 험한 길에 동반되는 어려움 때문에 그의 사역에서 떠날 것이다.

셋째, 비록 내가 그런 사역에 성령의 참된 사역에 부여하듯이 도덕적 가치를 부여하는 것은 아니다. 그런데도 그것은 일부 사람들에게는 도덕적으로 또 사회적으로 유익을 끼칠 수 있다. 아마도 그런 사람들은 스펄전 씨처럼 아주 지적이고 상당한 웅변적 은사를 가진 사람에게서만 듣는 것을 좋아하겠지만, 그들이 유익을 얻는 것에는 '치명적으로 속아 넘어가는' 대가가 따른다.

넷째, 내 견해, 내 주장, 내 결론은 이렇다. 자기 자신의 마음을 아는 사람, 매일의 십자가가 무엇을 의미하는지를 아는 사람, 형식과 능력의 차이를 아는 사람, 명목과 실제적인 생명을 구분하는 사람, 유사품과 본질의 차이를 아는 사람, 소리 나는 구리와 울리는 꽹과리 및 거북이 울음처럼 단지 애절하고 구슬픈 울음소리와 지치고 상한 영혼들을 치유하는 갈보리의 음성을 구분하는 사람은, 스펄전의 사역에서 유익이 되는 소리를 듣지 못한다는 것이다.

다섯째, 나는 스펄전이 더할 나위 없이 인기에 부응했다고 믿는다. 그의 사역은 모든 사람에게 공손하다. 설교에서, 그는 모든 사람을 은혜롭게 받아들인다. 사실 대단한 환대이다. 그는 모든 교리를 전하는 사람, 아무런 교리도 전하지 않는 사람, 모든 경험을 전하는 사람, 아무런 경험도 전하지 않는 사람을 모두 받아들인다. 그래서인지 **지적으로는** 고상한 칼빈주의자이면서 **몸가짐이 헤픈** 사람들이 그런 목사를 강단에 받아들인다. 그렇게 한다는 것은, 불법의 사람, 배교의 영이 그들 가운데 도사리고 있음을 보여주는 것이다.

온건한 칼빈주의자들 역시 그를 받아들이는데, 그렇게 함으로써 그들은 그를 사랑하는 형제로 받아들인다는 정신을 보여준다. 이따금 그의 교리적 과격함이 그들에게 조금 걸림이 되긴 하지만, 그들은 **체험**이 곧 이런 칼빈주의의 오점을 제거해 줄 것이고, 모든 것을 좀 더 입맛에 맞게 조절해줄 것이라 기대한다. 하지만, 이 점에서 나는 그들이 실망할 것이라 믿는다. 그는 자기 영역을 선택했고, 그의 궤도는 정상을 벗어난 것으로 보일 것이다. 하지만, 그는 **지적으로** 계속해서 빛날 것이고, 혜성 같은 자기 매력을 발산하면서, 다른 모든 궤도를 가로질러 갈 것이다. 그는 모두에게 우호적으로 보이지만, 사실 어떤 것에도 속하지 않는다.

그의 독창성은 그가 사용하는 자료들에 있지 않다. 그의 독창성은 오히려 그가 자기 생각에 맞추어 자료들을 배치하는 것에 있다. 이런 수고에 그는 부지런하다.

이 점에서 그는 우리 교파의 일부 목회자들에 책망을 할 수 있다. 즉, 부지런하지 않고, 연구도 하지 않고, 근면하지도 않으며, 오히려 게으르고, 태만하며, 부주의하고, 머리가 텅 비어 있고, 강단에 있을 때도 응접실에 있을 때와 마찬가지로 머리가 비어 있는 사람들은 그에게 책망을 받을만하다. 그런 자에게 설교란 바람을 뿌리고, 돌개바람을 거두는 것과 같다. 많은 사람이 이런 이유로 우리 사역에서 떠났으며, 온전한 복음을 전하기보다는 어중간한 복음을 단지 단조롭게 열광적으로 전하는 것을 선호한다. 또는 전하더라도 다양성, 생명력, 능력도 없이 전한다. 주님께서 그분의 종들을 깨워주시기를, 그래서 아직 낮인 동안에 그들이 일하게 하시기를.
하지만 결론적으로, 나는 그가 어리다는 점을 충분히 참작하고 싶고, 그리고 그 점을 참작하여도, 그가 끝까지 어떤 사람이 될 것인지에 대해 우리에게는 공정한 표본이 있다고 믿고 싶다.

위의 글 뒤에 편집자의 논평이 이어졌고, 찬반을 표하는 의견 표명이 길게 이어졌다.

욥은 다시 글을 써서, 그가 앞서 사용한 한 가지 표현에 관하여 설명했다. 하지만, 스펄전에게 진실한 영적 삶이 결핍되어 있다고 한 그의 주장에서는 더욱 단호해졌다.

* * *

편집자에게—

스펄전의 설교에 관한 내 논평 중에서, 나는 목사로서, 그에 대해 '그가 끝까지 어떤 사람이 될 것인지에 대해 우리에게 공정한 표본이 있다고 믿고 싶다'고 표현했습니다. 유감스럽게도 어떤 사람들은 그것이, 스펄전이 지금 자연인의 상태에 있으며, 그가 끝까지 그런 상태를 지속할 것임을 의미할 것이라고 말합니다. 하지만, 나는 결코 그런 의미로 쓴 것이 아닙니다.

내가 의미한 것은 그의 **사역**에 대한 것이며, 그의 사역은 지금 그러하듯이, 마지막에 어떻게 될 것인지에 대해 분명한 표본이 될 것이라고 믿는다는 것입니다. 비록 일부 사람은 '천사들도 발 디디기를 두려워하는 곳에' 내가 돌진하는 것을 보았다고 즐거워할지도 모르겠으나, 나는 여기서 그의 개인적인 운명에 대해 언급하는 것이 아닙니다.

편집자님! 나는 믿을만한 소식통을 통해 스펄전 씨 자신은 내가 쓴 글에 신경 쓰지 않기로 작정했다는 소식을 들었습니다. 만약 내가 참되다고 믿는 것을 말했다는 이유로 원수로 여겨진다면(갈 4:16), 나는 그로 인한 비난을 기꺼이 감수할 태세가 되어있습니다.

또한, 그의 사역에 대해 다르게 생각할 정당한 이유를 찾게 된다면 아주 행복할 것입니다. 하지만, 나는 현재로서는 (흔들리기는커녕) 내가 쓴 내용에 대해서 한층 더 확신하고 있습니다. 미안하지만 나는 스펄전의 친구들이 이 주제에 대해 말한 것은 마치 지푸라기로 돌을 치려는 것 같다고 말하지 않을 수 없습니다(렘 1:18). 그러니 나는 그들의 말에 신경 쓰지 않습니다. 나는 다만 행위의 무게를 달아보시는 분의 이 음성이 그들에게 해당하지 않는지 그들이 주의하기를 바랍니다.

이는 너희가 나를 가리켜 말한 것이 내 종 욥의 말 같이 옳지 못함이니라 (욥 42:7).

웰스는 오랫동안 지속해서 스펄전을 반대했으며, 심지어 스펄전이 같은 날에 예배를 인도하기로 되었다는 이유로 설교하기로 한 약속마저 이행하기를 거절했다. 하지만, 그의 엄격한 침례교 형제 중에서도 많은 이들이 그의 행동에 동조하지 않았고, 그들도 마찬가지로 귀하게 여겼던 진리를 전하는 그 젊은 목사를 따뜻하게 환영해주었다.

「질그릇」의 편집자(뱅크스 씨)는 1855년의 후반기에 나온 그의 잡지에서, 직접 펜을 들어 세 편의 글을 실었다. 그 과정에서, 당시까지 스펄전의 삶과 사역을 점검하면서 그는 아래와 같이 썼다.

리처드 십스는 다음과 같이 근사한 말을 했다, 목사의 직무는 구애하는 것이고, 그리스도와 그리스도인 영혼 사이에 결혼을 성사시키는 것이다. 우리는 우리의 생각을 분명히 밝힐 것이다. 우리는 찰스 해돈 스펄전의 사역이, 성령의 손길 안에서, 영혼들을 얻어 그리스도께로 인도하는 것이기를 소망해왔다. 그리고 우리가 받은 인상은, 그가 살아있는 동안, 그는 우리의 교회들이 점점 그 수를 증대하는 데 쓰이는 도구가 되리라는 것이다.
전능의 하나님께서 우리에게 참된 선지자들을 허락하시기를 바란다. 우리는 모든 잔인한 기고자들에게 이렇게 말할 것이다, 너희가 아무리 「질그릇」을 향해 쏘아대고, 괴롭히고, 추방하고, 비난하여도, 너희는 우리에게 아무런 해를 끼치지 못한다.
우리에게는 스펄전의 동기의 진실성이나 그의 마음의 정직성을 의심할 아무런 근거가 없다. 우리는 그 자신의 경험에 관한 그의 진술이 정당하고 참되다고 믿지 않을 수 없다. 그의 사역을 조사하면서, 우리는 그가 세 가지, 즉 그리스도의 영광과 불멸의 영혼들의 유익 그리고 시온의 행복을 목표로 했다고 믿을 수밖에 없다. 그리고 이 모든 일에서 그리스도의 사랑이 그를 강권하신다고 믿을 수밖에 없다. 만약 우리 앞에 제시된 설교들을 철저히 검토하고서 그에 반대되는 증거들이 나타난다면, 우리는 그것을 감추려 하지 않을 것이다. 하지만, 우리가 정직하게 믿는 바는 그런 종류의 증거가 나올 수 없다는 것이다.

스펄전의 사역 과정에서, 하나님을 향한 사랑, 그리스도 안에서의 황홀한 기쁨, 성령의 강력한 기름 부으심에 대한 표현이 빈번하게 나타난다. 이런 것이 하나님이 진실로 그의 속에 계심을 우리로 믿게 한다. 우리는 그것이 우리 심령의 깊은 확신임을 고백해야겠다. 우리는 감히 그것을 감추려 하지 않을 것이다.

왜 우리가 그래야 하는가?

우리가 많은 사람에게 비난을 받을 수도 있겠지만, 우리에게 어떤 일이 일어나더라도, 누가 우리 잡지를 폐기한다고 해도, 여전히 우리는 그것을 인정해야 한다. 이 설교들에는 우리를 당혹하게 하고, 혹 어떤 이들이 모순된다고 여길만한 문장들이 더러 있다. 그러나 우리는 그 설교자의 가슴 속에 삼위일체 하나님의 생명과 사랑이 머물고 있음이 강력하게 나타나는 것을 발견했다.

이처럼 주저 없이 편견 없는 평결을 제시하면서, 우리는 **뉴 파크 스트리트 강단**의 설교문에 실린 모든 문장을 지지하는 것은 아니며, 모든 표현 양식을 정당화하는 것은 아니다. 우리의 첫 번째 임무는 우리에게 입수되는 **매일의 새로운 일** 책자를 살펴보는 것이었다. 우리는 모든 교회 예비 회원들을 위해 그런 조사를 하는 것이다. 생명, 즉 뉴 파크 스트리트교회 사역에서 하나님의 생명 증거를 우리가 발견하지 못했다면, 우리는 눈이 먼 것이며, 또한 영적인 분별력이 우리에게 결여된 것이다.

우리는 교회의 부흥을 사모하는 모든 그리스도인에게 이 젊은이를 위해 기도할 것을 호소한다. 우리는 그가 주께서 우리 가운데 보내신 사람이기를 간절히 소망한다. 불행히도 하나님과 다투는 자로 발견되지 않기를, 우리 중에 그와 다투는 자가 없기를 바란다. 그가 스스로 나타낸 것이 아니고, 스스로 자격을 부여한 것도 아니며, 그가 자기 스스로를 보낸 것이 아님을 기억하자. 그가 가진 선하고, 경건하며, 은혜로운 것은 모두 주께서 그에게 주신 것이다. 그가 행하고 있는 모든 일은 불멸의 영혼들에 유익한 것이니, 곧 주께서 그를 통해 행하시는 일이다.

*　　　　*　　　　*

다음의 공격은 그 성격이 아주 다르다. 그 공격은 1855년 2월 27일자 「입스위치 익스프레스」(*The Ipswich Express*)에 실린 내용에 포함되어 있으며, 그 신문사의 런던 통신원으로부터 온 서신의 형태로 되어있다.

한 겁쟁이 성직자. – "종교의 세계에 꽤 흥미로운 일이 생겼다. 그것은 한 젊은이에 의해 생겨난 것인데, 그는 침례교 목사이다. 내가 듣기로, 그의 아버지는 콜체스터에서 스펄전이라는 이름으로 불리는 독립파 목사이다. 이 젊은이는 말이 유창하며, 그 결과는 대단히 성가시다. 그의 교회가 수리 중이어서, 그는 매 주일 엑서터 홀에서 설교한다. 그곳은 숨 막힐 정도로 꽉 들어찬다. 그의 모든 강론은 나쁜 취향의 분위기가 풍기는데, 저속하고 과장되었다. 그런데도 그는 인기가 많은데, 시작하는 시간보다 30분 일찍 가지 않으면 들어갈 수 없을 정도다. 내가 듣기로는, 독립 교단의 어느 지도적인 목사가 이 조숙한 젊은이의 설교를 듣고 나서, 그 공연이 '하나님과 사람에 대한 모독'이었다고 말했다고 한다.

실제로, 나는 얼마 전 일요일에, 그 재능 많은 목사가, 설교에 앞서 뻔뻔스럽게 말하는 것을 들었다. 그가 참석한 많은 젊은 여성들에게 그들이 분명히 이해해주기를 바란다고 말한 것은, 그가 약혼했으며 그의 마음이 다른 여성에게 있기에, 그는 그에게 발송되는 어떤 선물도 받지 않을 것이며, 그에게 주어지는 어떤 관심이나, 젊은 여성이 선물로 보내는 어떤 털신 슬리퍼도 받지 않겠다는 내용이었다. 나는 그 목사가 친애하는 여성 청중들 때문에 아주 불편하게 되었다고 상상한다. 하여간, 그가 남기고 싶은 인상은 그런 것이다. 하지만, 그가 사려 깊은 소수에게 남긴 것으로 보이는 유일한 인상은, 그런 말들이 유발하고 또 그런 사람이 풍기게 마련인 강렬한 슬픔과 유감이다."

* * *

그 문제에 대한 스펄전의 느낌은 부친에게 보내는 다음의 편지에서 판단해볼 수 있다

1855년 3월 4일
도버 길 75번지

사랑하는 아버지!

이번 주 「입스위치 **익스프레스**」에 실린 모욕적인 비방 때문에 근심하지 마세요. 물론, 그것은 모두 거짓말입니다. 조금의 근거도 없습니다. 런던 전체가 나에 대해 말하고 있고, 수천 명이 문 가까이에 접근할 수 없는 와중에, 3류 작가의 견해는 중요치 않습니다.

아버지께서 따로 글을 쓰지 마시라고 간청합니다. 하지만 아버지가 하비 씨 또는 어떤 관리를 만나실 수 있다면, 그것은 유익할 수 있습니다. 모든 요점에 대해 자세한 대답은 다음 주에 실릴 것입니다.

저는 아버지를 위해 염려할 뿐입니다. 저는 아버지가 근심하시는 것을 원치 않습니다. 저 자신은, 기뻐할 것입니다. 마귀가 분발하고, 교회는 각성하고 있으니, 저는 이제 그리스도를 위하여 고난받기에 합당한 자로 여김을 받습니다. 저는 안정되어 있답니다. 상당히 안정되어 있지요. 하지만, 앞에 제가 드린 말씀 잊지 마세요, 그리고 저를 막으려고도 하지 마세요.

전날 밤, 저는 아침 동이 틀 때까지 잠을 이루지 못했습니다. 그래도 이제 내 주님께서 저를 기쁘게 하십니다. 이제 저는 '비난에 환호하고, 수치를 환영합니다.'

가족 모두에게, 특히 어머니에게 사랑을 전합니다. 4월 16일에 집에 가려고 합니다. 그렇게 되기를 바랍니다, 아멘.

아버지의 애정 어린 아들,
찰스 해돈 스펄전.

* * *

3월 6일에, 「입스위치 익스프레스」는 다음의 글을 실었다.

찰스 해돈 스펄전 목사

런던에서 좋은 지위에 있는 한 신사가, '찰스 해돈 스펄전 목사의 친구'로서, 지난 호에 우리 잡지사 런던 통신원의 서신에 담겼던 내용에 대해 이의를 제기한다. 그 신사는 그 내용이 '거짓 투성이'임을 우리에게 확인해준다. 사정이 그러하므로, 우리는 시간을 지체치 않고 반박 내용을 싣고, 동시에 그런 허위 내용이 우리 칼럼에 실린 것에 대해 유감을 표명한다. 스펄전에 대해 우리는 개인적으로 아는 것이 없고, 따라서, 당연히, 그에게나 그의 친구들에게 고통을 주는 어떤 말도 하기를 원치 않는다. 지금까지 그래왔고 앞으로도 계속 그렇겠지만, 공인들을 비평하는 일에 있어서 우리의 변함없는 바람은 인격적인 침해를 피하는 것이다.

우리는 우리의 런던 통신원이 스펄전에 관하여 단지 풍문에 불과한 (지금은 부정확한 것으로 확인된) 내용을 전했다는 것에 대해 큰 유감을 표한다. 우리는 또한 그 통신원의 기고문을 지면에 싣기 전에 검토하지 않은 점에 대해서도 마찬가지로 유감을 표한다. 지면에 실리는 모든 서신은 검토를 받아야 하지만, 편집자들이 출판 일정에 서두르느라 검토를 소홀히 한 경향이 있었다.

한편, 런던의 한 출판업자는 스펄전이 지난달 11일에 엑서터 홀에서 전한 설교를 보내왔다. 그는 우리에게 그 목회자를 공평하게 평하려면 그 설교문을 읽고 검토해야 한다고 진술했다. 우리는 런던에 있는 익명의 통신원으로부터 또 다른 설교문을 받았으며, 그것은 스펄전이 지난 11월에 전한 것이었다. 그 통신원이 함께 보낸 글에도 비슷한 요청이 담겨 있었다. 설교문을 검토하는 것은 우리가 통상적으로 하는 일이 아니지만, 지금과 같은 특별한 상황에서, 우리는 이러한 요구들이 정당하다고 인정하며 그들의 요구에 따를 것이다.

우리의 통신원이 스펄전의 설교를 (그 설교자의 친구들이 생각하듯이 '거칠게') 비판하였으므로, 우리는 이런 설교문들을 검토할 기회를 가지는 것이 마땅하다고 간주한다. 그렇게 하는 과정에서, 스펄전의 친구들은, 우리가 최선을 다하여 편견에 치우치지 않은 판단을 내릴 것이라는 점을 확신해도 좋다. 우리는 어떤 것도 얕보지 않을 것이며, 악의에 차서 깎아내리는 일도 없을 것이다.

책임 편집자는 스펄전을 공격한 사람들의 기고문을 실었던 것과 마찬가지로, 스펄전을 옹호하는 사람들의 기고문을 여러 편 실었다. 그리고 4월 24일에는 그가 약속했듯이 여러 편의 설교에 대한 평론을 실었으며, 그 내용은 다음과 같다.

어떤 이는 위대하게 태어나며, 어떤 이는 위대한 일을 성취하고, 또 어떤 이는 위인으로 떠받들어지기도 한다. 우리는 우리에게 맡겨진 스펄전의 설교문들을 검토하였다. 이제 그 임무를 끝내면서, 아마도 우리는 그 신사가 어떤 진정하고 항구적인 위대한 일을 성취하였는지, 혹은 칭송하는 무지한 자들에 의해 그저 위대하다고 헛되고도 인위적으로 떠받들어졌는지에 대해, 독자들의 판단에 도움을 줄 수 있을 것이다.

2월 27일 『입스위치 **익스프레스**』는 평상시처럼, 우리 신문 런던 통신원의 글을 실었다. 그는 정치와 일반 문학 영역에서 작가로서 꽤 알려진 신사이다. 그 글에는 스펄전의 설교 스타일에 대한 다소 가혹한 비평, 통신원이 들은 한 가지 소문에 관한 한 두 줄의 글이 포함되어 있었는데, 소문의 내용은 스펄전이 일전에 설교에서 했다고 하는 다소 불합리한 진술에 대한 것이었다. 우리는 그 글이 인쇄될 때까지 읽지 않았다.

그 문단의 내용을 보자마자, 우리는 통신원이 **단지 풍문**에 불과한 내용을 전송한 것에 대해서 뿐 아니라 서둘러 출판한 우리 자신도 꾸짖었다. 그 풍문은 그 설교자와 그의 친구들을 성가시게 할 수 있다. 이제 우리는, 그 설교자 자신의 출판물에 근거하여, 스펄전이 정말로 수많은 과장을 일삼는지, 그리고 자기가 행하지도 않은 일을 자기에게로 돌려 단지 잘못을 저지를 뿐 아니라 '불필요하고 우스꽝스러운 과시'를 하고 있는지를 살펴보았다.

하지만, 하루 이틀 사이에, 우리는 스펄전의 지인들로부터 여러 통의 서신을 받았다. 그들 중의 일부는 그의 가까운 친구들이었으며, 그들은 '털 슬리퍼'와 같은 터무니없는 이야기에 대해 분명하게 반박했다. 그 사역의 명예를 위해, 우리는 그 이야기를 분명하게 부인할 수 있어서 기쁘다. 그리고 우리는 시간을 지체치 않고 우리의 부주의를 통해 부정확한 소식을 공공연하게 퍼뜨린 일에 대해 진심으로 유감을 표명하였다. 게다가, 우리는 스펄전의 친구들로부터 받은 많은 서신 가운데 가장 긴 서신들을 몇 가지 지면에 실었다. 모두 그 신사를 목사이자 남자로서 칭찬하는 내용 일색이었다. 그리고 그의 대의명분을 열렬히 지지하는 몇몇 사람들의 바람에 부응하여, 우리는 스펄전의 설교문을 검토할 것을 약속했다. 우리 출판물에는 그를 비난하는 것에 비해 그를 절찬하는 내용이 약 20배 정도는 많은 것 같다. 우리는 정중하게 스펄전 지지자들과 한동안 상당한 교신을 지속해왔다.

비록 우리는 신학에 대한 것을 신문에 싣는 것이 어울리지 않는다고 생각하지만, 최소한 부당한 일이 자행되는 것보다는, 한 차례 우리의 일상적인 코스에서 조금 벗어나 설교를 비평해보기로 동의하였다.

우리가 그 이상 할 수 있었을까?

정녕, 우리가 취한 조치는, 우리 편에서 스펄전 씨에 대해 어떤 나쁜 감정도 없다는 것을 분명하게 보여주었다. 그래서인지 처음에 (다소 화가 나서) 불쾌한 글에 대해 우리에게 주의를 요청했던 그 신사는 우리와 나눈 교신에서 다음의 문장으로 마무리하였다.

"저는 귀사의 해명에 완전히 만족하며, 그것이 귀사에 영예로운 일이라고 생각합니다."

그 '평론'은 5월 1일에도 계속되었고, 5월 29일에 마무리되었다. 평론의 어조가 어땠는지는 마지막 문단에서 확인될 수 있을 것이다.

런던에는 톰 썸(Tom Thumb, 영국 민속 이야기에 등장하는 인물로서 아버지의 엄지손가락보다 작아 소에 삼켜지는 등 갖가지 모험을 한다―역자주), 찰스 킨(Charles Kean, 19세기 영국 배우), 살아있는 해골, 찰스 해돈 스펄전 등과 관련하여 아주 많이 부풀려진 이야기들이 있고, 전적으로 망상이나 착각에 지나지 않은 다른 일들이 있다. 하지만, 정신이 온건한 절대다수의 사람들은 일시적인 소동에 영향을 받지 않고 '평온하게 제 갈 길'을 간다. 우리의 결론적인 견해는, 런던이 아닌 다른 어떤 곳에서는 스펄전은 그가 촉발한 **소동**을 일으킬 수 없었다는 것이다. 런던에서나, 혹은 다른 어느 곳에서든, 종교적인 오해는 다른 무엇보다 쉽게 시작되고 계속될 수 있다는 점을 잊어서는 안 된다. 한 사람이 강단을 차지할 때, 그는 어쨌거나 상당히 이름이 알려진 셈이고, 따라서 그에 대한 표현들은 다른 위치에서 나온 것이라고 해도, 적대적 비난이 아니라면 용인될 수 있을 것이다.

스펄전의 경력은 아주 흥미로운 질문들을 연상시킨다.

만약 그런 사람이 그토록 짧은 시간에, 지금 차지하고 있는 그런 지위를 차지하였다면, 바로 그 사실이 종교적 세계에 대해 많은 부분을 말해주는 것이 아닐까?

만약 스펄전이 설교자들의 넓은 세계에서 최고라면, 그 영역에서 최악의 사람은 어떤 종류의 사람일까?

강단은 대체로 시대와 보조를 맞출까, 아니면 시대에 뒤처질까?

스펄전 같은 사람의 엄청난 성공은, 일찍이 존 포스터(John Foster)가 불만을 제기했듯이, 신중한 사람들이 복음주의 종교의 공개적인 신앙고백에 대해 가진 혐오를 설명해주지 않을까?

비록 「입스위치 익스프레스」에 실린 허위는 신속하게 반박되었지만, 그것은 다른 언론의 지면에도 광범위하게 복제되었다. 「더 엠파이어」(The Empire, 런던)와 「크리스천 뉴스」(The Christian News, 글라스고우)가 해당 글을 전부 실었고, 그 글의 일부 내용은 영국 각지에서 출판하는 논평들에 포함되었다. '슬리퍼' 이야기는 너무나 자주 반복되었기에, 아마도 많은 사람이 어리석게도 그 이야기를 믿었을 것이며, 또 다른 사람들은 사악하게도 스펄전이 그런 말을 하는 것을 들었다고 퍼뜨렸을 것이다!

*   *   *

1855년 4월 18일자 「에식스 스탠다드」(The Essex Standard)는 긴 기고문을 실었는데, '인습타파주의자'라고 서명되어 있었다. 엑서터 홀에서의 주일 저녁 예배를 묘사하면서, 필자는 다음과 같이 썼다.

대단한 군중과 '종교적 열광'이 아테네 시민들에게 열변을 토하는 데모스테네스, 로마 상원 앞에서 연설하는 키케로, 십자군에게 설교하는 은둔자 피터(Peter the Hermit), 엡워스에 있는 부친의 묘소에서 설교하는 웨슬리, 하이트 파크에서 수천 명의 심금을 울린 화이트필드를 생각나게 했다. 그래서 나는 다소 호기심을 가지고 그 '웅변가'와 청중들 모두를 훑어보았다. 21세의 젊은이였지만, 훨씬 나이 들어 보였고, 체구는 작고 통통했으며, 꽤 넓고 큰 얼굴에 좁은 이마, 무표정한 눈, 도톰하고 관능적인 입술, 강하지만 경쾌한 목소리—네스토르(Nestor, 호머의 일리아드에 등장하는 슬기로운 노장군, 역자주)보다는 스텐토르(Stentor, 역시 일리아드에 등장하는 큰 목소리의 전령)를 연상시킴— 등이 이상적인 웅변가의 모습과는 정반대이다. 단, 그의 불같은 눈과 불타는 가슴은 예외이다.

하프를 가지지 않은 오르페우스라고 할까 '메트로폴리스의 돼지'를 인간으로 변화시키고, 죄인들을 성자들로 회심시키는 강력한 매력이 무엇일까?

우리는 숨 쉬듯 표현되는 생각들, 불붙은 말을 기다려야 했다. 찬송가 부르는 소리가 활기차게 울려 퍼졌고, 이어서 설교자는 빌립보서 3장을 읽고 강해하기 시작했다. 강해는 그의 강점이 아닌 것이 명백했다. 다음으로는 그의 청중이 기도라고 부르는 순서가 이어졌다. 그것은 보이지 않는 존재를 부르는 것이었고, 그 내용에는 자기 자신과 택함을 받은 성도들을 위한 얼마간의 간청, 그리고 바깥뜰에 있는 예배자들을 위한 기도도 포함되었다. 그 발언은 신을 낮게 보고 자기를 높이 여기는 인상을 풍겼다. 물론 자기가 눈에 띄지는 않았으며, 듣는 사람에게는 '소자', '떠듬거리며 말하는 어린아이', '아기', '공성퇴', '작은 다윗', '이 멸시받는 젊은이', '이 부르짖는 사람', '텅 빈 숫양의 뿔' 등의 표현으로 제시되었다.

만약 공경이 지상의 부모를 향한 존경의 최고 표시라면, 하물며 모든 것 위의 지존하신 아버지에 대해서는 더욱 그래야 하지 않겠는가!

신을 향한 거만한 지시처럼 들리는 그 거슬리는 말의 영향으로, 나는 '건전한 형식의 말'을 기뻐할 수밖에 없다고 생각했다. 안식일마다 교회의 기도가 그런 건전한 형식의 말로 표현된다면, 격렬한 말로 예법을 어기기란 불가능할 것이기 때문이다.

강론은 빌립보서 3장 10절에 대한 것이다. 제목은 '내가 그리스도를 알고자 하여'이다.

인간이 추구하는 다양한 대상들이 열거되고 다루어진 후에, 바울이 알고자 한 대상과 본성과 결과가 우리 앞에 제시되었다. 자기의 연구에 대해 말하면서, 스펄전은 그것이 그의 '영지'(領地)였고, 거기에서 그는 밀턴과 로크에게 **종들**처럼 말을 건넬 수 있고, '이리로 오라'고 말할 수 있다고 했다. 스펄전은 논쟁을 좋아한다. 하지만, 자기 자신에 대해서는 특이할 정도로 얌전히 대하면서, 요즘에는 '자신과 맞설 적수를 찾을 수 없다'고 말한다. 그가 좋아하는 행동은 손을 씻는 것이고, 다음에는 손을 서로 비벼서 말리는 일이다. 그는 소요학파(逍遙學派), 즉 걷는 학파에 속한다. 그는 마치 극장 바닥을 밟고 다니는 배우처럼 끊임없이 왔다 갔다 한다. 그의 방식은 저속한 일상용어로 말하다가 고함치는 것으로 변화를 주는 식이다. 우리의 거룩한 종교의 가장 엄숙한 신비들이 그에 의해 무례하고, 거칠고, 불경스럽게 다루어진다. 신비가 통속화되고, 거룩함이 불경스러워지며, 상식이 능욕당하고, 품위가 혐오스러워진다. 그의 고함 소리는 조잡한 일화들 사이에 배치되고, 그 소리는 청중의 고막을 찢을 정도다.

이것이 인기다!

이것이 런던의 '종교적 열광'이다!

이것이 웨슬리와 화이트필드를 무색하게 한다고 하는 그 젊은 목사이다! 이것이 그의 설교이고 신학이다. 이런 것이 안식일마다 5천 명의 사람들이 듣고, 받아들이고, 인정하고, 그리고 거기에서 유익을 얻는다고 하는 것이다!

「에식스 스탠다드」의 다음 호는 비슷한 논지의 또 다른 글을 싣는다.

*   *   *

편집자에게.

귀사의 수요일 판에 실린 "인습타파주의자"의 기고문은 지금 선풍을 일으키는 그 젊은 설교자에 대한 충실한 묘사였다. 우리가 그 글을 미리 보았더라면, 우리는 어제 콜른(Colne)에 가는 수고를 하지 않았을 것이며, 우리를 극도로 메스껍게 만든 설교를 듣지 않아도 되었을 것이다. 으스대고, 은발의 사람들은 좀처럼 용인할 수 없는 언어를 채택하는 그 21살짜리 애송이의 설교를 두고 하는 말이다.

다른 많은 사람과 마찬가지로, 비록 그가 공연하는 동안 미소를 짓지 않을 수 없었지만, 공공연히 종교적 예배라고 자처하는 그 시간에, 우리는 강단의 매춘을 보고 울고 싶은 심정을 더 느꼈다. 그의 기도는 우리에게 대단히 불경스러울 정도로 친숙하게 여겨졌으며, 그런 감정의 발산과 영국 국교회 예전에서 사용하는 아름답고도 단순하며, 경건하고, 독실한 언어의 차이를 우리는 깊이 의식하게 되었다. 그리고 우리는 속으로 말했다,
'비국교도들이 그들의 목사들을 강제하여 이런 열광적인 언어들을 쏟아내도록 허용하는 대신, 건전한 형식의 언어를 사용하도록 하면 얼마나 좋을까? 이들이 사용하는 언어는 고상하고 참으로 경건한 모든 사람에게 분명 매우 거슬렸을 것이다!'
런던에 있는 비국교도 예배당 중에 가장 좋은 축에 속하는 교회가 스펄전 이라는 한 젊은이와 그의 교리적 신조에 점유되었다는 것은 많은 사람에게 애석하기 짝이 없는 문제다. 그들이 그를 침례 교단의 정상적인 목회자로 인정하기를 꺼리는 것은 정당하다. 우리는 어제 그가 침례교 국내 선교회라는 훌륭한 단체의 대표가 되었다는 말을 듣고서 못내 유감스러웠다. 만약 재정이 그들의 목적이었다면, 틀림없이 그들은 그것을 얻었다. 하지만, 모금 액수가 크다는 것을 이해하지만, 타당성을 저버린 그런 동기는 용인될 수 없다고 지적하고 싶다. 불과 어제 그 말을 직접 듣기 전까지는 상당히 쓸모 있는 사람이라고 내가 생각했던 한 사람에 대해, 이런 글을 쓴다는 것이 내게는 지극히 유감이다. 그러나 공공에 대한 의무감이, 이처럼 분명하고 위축되지 않은 방식으로, 나로 내 견해와 느낌을 표현하도록 이끌었다.

할스테드, 1855년 4월 18일,
타당성을 선호하는 사람으로부터.

다음 주간에, 상당히 다른 종류의 기고문이 같은 언론에 실렸다.

귀사의 독자들은, 찰스 해돈 스펄전 목사에 대해 영국 국교회를 지지하는 두 사람이 가진 견해를 지면을 통해 읽었다. 귀사가 공정하다면, 한 비국교도에게도 기회를 주어, 그 저명한 복음 사역자의 뜨거운 설교를 즐겁게 듣는 많은 사람의 생각도 표현할 기회를 제공하리라고 믿는다.
스펄전은 새로운 시대를 연다. 아니 더 정확히 말하면, 번연, 웨슬리, 화이트

필드의 훌륭한 옛 방식을 부활시킨다. 그들의 불붙은 웅변은 듣는 이들의 가슴에 확신을 심어주었다. 그들은 죽을 인생들의 갈채에 관심을 기울이지 않았으며, 모든 것을 하나님의 영광을 위하여 행했다.

스펄전은 이 사도들의 발자취를 따르는 것이니, 그보다 더 바람직한 지도자가 누구란 말인가?

지금의 강단은 인간의 죄악을 향한 분개한 루터의 외침 대신, 단지 지성을 과시하는 자들에 의해 너무 많이 오용되고 있다. 우리는 그저 매끄러운 서간체 언어에 대해서 소극적인 반감을 느낄 뿐이다. 설교자들은 그들의 냉담하고 '얼음에 쌓인듯한' 논설을 그들의 청중 가운데 교육받은 일부를 향해 발표한다. 대다수 교육받지 못한 가난하고 무능한 사람들은, 이런 '과학적인' 설교들에서, 설교가 그들의 이해력을 초월한다는 단순한 사실로부터 거룩한 길을 배우는 셈이다!

마치 복음이 너무나 부서지기 쉬워서, 움츠러들지 않는 솔직함으로 전하면 그 능력을 잃어버린다고 여기는 듯한 이런 목사들은, 거룩하신 구주와는 얼마나 다른가!

그분의 말씀은 언제나 분명한 단순성, 그리고 '하루살이는 걸러내고 낙타는 삼키는 눈먼 인도자들'에 대한 철저한 혐오가 특징이었다.

스펄전은 악의 뿌리까지 파헤친다. 그의 강론은 어린아이도 이해할 수 있지만, 또한 아주 높은 철학과 건전한 신앙적 교훈으로 가득하다. 오류투성이 사람들의 저서가 아닌 하나님의 말씀을 유일한 지침으로 삼으면서, 머리가 아니라 **마음**에 호소한다. 그는 살아있는 진리를 사람들의 지성에 강력하게 제시하고, 주의를 집중시키며, 그런 다음에는 그가 직접 말하듯이, 활에 메신 저라는 화살대를 채우고, 전능자의 축복과 지시에 따라, 죄인의 가슴을 쏘아 맞힌다.

그는 불신앙이란 맞서 싸워야 할 대상이지, 손가락으로 조심스럽게 다루어야 할 대상이 아니라고 주장한다. 그래서 엑스터 홀에는 사람으로 가득하다. 이들이 런던의 가장 가난한 사람들이라는 항의가 있다.

그래서 어땠단 말인가?

무엇보다 그들은 신앙적인 훈련이 필요하다. 나는 이 나라의 귀족 계층에게만 영혼이 있다는 견해를 지지하는 자들은 극소수라고 생각한다. 여호와께서는 그의 영을 일반 대중에게도 불어넣으셨고, 스펄전은 그들을 위하는 사람이다. 내 짧은 소견에, 찰스 해돈 스펄전 같은 사람들이 더 많아진다면, 안식일을 모독하는 자들이 더 줄어들 것이고, 로마의 우상숭배를 따르는 경향도 줄어들 것이며, 홀리오크(Holyoake)와 페인(Paine)의 추종자들도 줄어들 것이다.

결론적으로, 스펄전이 그에게 가해지는 비난과 관련하여 잘못이 있다고 해도, 그리스도인이라면 형제 일꾼의 결점들을 덮어주는 편이 더 낫지 않을까 제안하고 싶다. 아무도 그 젊은이의 정직한 노력을 의심하지는 않기 때문이다.

그렇게 하는 편이, 순수한 금속에서 여기저기 녹슨 곳을 찾아내려 애쓰고, 침소봉대하고, 방자하게도 불가피하게 겨가 섞여 있다고 해서 익은 곡식들을 거부하는 편보다는 낫지 않을까?

필자: 민중의 소리.

*　　　　*　　　　*

잉글랜드 동부의 다른 신문들에 비해 우호적인 기사를 실었던 「**첼름스퍼드 크로니클**」(*The Chelmsford Chronicle*) 편집자에게, 스펄전은 다음과 같은 글을 보냈다.

편집자에게,

대체로 저는 저에 대한 신문사들의 글에 관심을 기울이지 않는 편입니다. 모든 영예는 내 주님께 돌리고, 또 불명예스러운 기사들은 나를 광고해줄 뿐이고 또한 나로 복음의 소리에 더 귀 기울이게 만든다고 믿습니다. 하지만 귀하는, 왜 그런지 제가 영문을 모르겠지만, 제 수고에 대해 너무나 우호적으로 말해주었기에, 귀하에게 감사를 표하는 것이 옳다고 생각합니다. 만일 내가 개인적으로 그렇게 할 수 있었다면 기꺼이 그렇게 했을 것입니다. 그러나 최상의 대안은 서신을 통해 표현하는 것이지요. 지속적인 욕설의 소음 한 가운데서, 가련한 한 인간이 친절한 음성을 듣는 것은 즐거운 일입니다.

저는 귀하가 저를 칭찬한 말에 썩 어울리지 않는 사람입니다. 하지만 마찬가지로 저는 「에식스 스탠다드」를 비롯한 여러 언론이 나를 향해 쏟아낸 저급한 비난에도 어울리지 않는 사람이기에, 그 두 가지 측면을 서로 다투게 하려 합니다.

저는 웅변적이지도 않고 학식이 많지도 않으나, 교회의 머리이신 주님은 대중에 대한 공감 능력과, 가난한 자들을 향한 사랑과 무지하고 깨우치지 못한 사람들의 주의를 끄는 수단들을 제게 주셨습니다. 나는 결코 인기를 추구하지 않았습니다. 그리고 나는 왜 그토록 많은 사람이 내 설교를 들으러 오는지도 모르겠습니다.

그래도 지금 내가 그것을 바꾸어야 할까요?

고상한 비평가를 기쁘게 하려고, 단순하면서도 감동적인 스타일을 간절히 바라는 '그 사람들'을 내가 떠나야 할까요?

비평가가 보기에 나는 아마도 '천박한' 사람이든지 뭐 그런 종류일 것입니다. 하지만, 사람들을 경청하게 만들어야겠다는 것을 제외하고는, 일부러 그러는 것이 아닙니다. 내가 굳게 믿는 바는, 우리에게는 **공손한** 설교자들이 충분할 정도로 많다는 것과, '많은 사람이' 변화를 요구한다는 것입니다. 하나님께서 저를 가장 낮고 버림받은 사람들에게 보내셨습니다. 다른 사람들은 그들에게 어울리는 계층의 사람들을 섬기라고 하십시오. 이 사람들은 내게 속했으며, 나는 그들에게 맞도록 내 견해를 고수해야 합니다.

이렇게 귀하를 번거롭게 하는 유일한 이유는 객관적인 한 친구를 향한 감사의 표시입니다. 귀하가 다른 때에 나를 비난할 이유를 찾을 수도 있을 것입니다. 그러면 그렇게 하십시오. 그래야 할 경우엔 귀하가 그렇게 할 것이라고 믿습니다. 하지만, 어린 내 마음은 '한 친구'를 쉽게 잊지 않을 것입니다.

신뢰를 보내며 찰스 해돈 스펄전.

1855년 4월 28일 「버킹엄셔 크로니클」(*The Bucks Chronicle*)은 '한 영국인'이라고 서명된 기고문을 실었다. 아래에 소개하는 그 기고문의 일부는 실린 글 전체의 분위기를 충분히 보여준다

그 인기 있는 목사(우리 신문사의 런던 통신원으로부터)

희소성은 고가(高價)로 이어지고, 희귀함은 호기심을 낳는다. 위대한 설교자들은 앤 여왕 시대의 동전처럼 희귀하다. 시장은 평범한 물건들로 과잉 공급 상태인데, 신학의 세계에서 스타가 등장했다. 마치 크리스마스 시즌에 코번트 가든(Covent Garden, 런던 중심 지구에 있던 청과도매시장 자리-역자주) 시장에 나온 완두콩만큼이나 희귀한 상품이다. 우리는 직업적인 속어에 파묻혔다. 마치 우유 배달부가 그의 들통을 땅바닥에 내려두고, 종 손잡이를 흔들면서, 발작적인 소리로 '미-이-일-크'(milk) 라고 외치는 것과 같은 소리를 들었다. 우리는 교리나 신학을 강조하는 시대는 지났다고 생각했다.

우리는 더는 대규모 회중이 격렬한 정신 이상의 징후와 같은 말을 경청하는 모습을 볼 수 없을 것이라고 여겼다. 광신적으로 흥분하여 뻥튀기 기계 소리를 내는 설교나, 찌꺼기를 닦아내면 사물의 색채를 제대로 보게 되리라는 식의 말은 들을 일이 없을 것이라고 여겼다. 이 점에서 우리는 틀렸다. 정통 교리의 안개 낀 평야에 스타가 등장했다. 그에게 목 부분을 두르고 있는 표식이 없다면, 그의 더욱 도드라진 특징 때문에, 우리는 그를 혜성이라고 부를 것이다.

그는 엑서터 홀에 모습을 드러냈다. 한 주간의 첫날에는 그를 볼 수 있다. 그 스타는 바로 스펄전이다. 잉어는 아니고, 강꼬치고기를 무척 닮았다. 매주 수천 명의 사람이 그를 보려고 모인다. 그는 과대하게 반짝인다. 그는 목사인데, 그것도 어린 목사다.

오 이런 맙소사!

그 어린 목사가 평이하게 말하는 경우는 드물다. 빠른 속도로 문장들을 연결하고, 이런저런 말들을 섞어 설교로 엮는다. 이제 오전 11시에 가까워졌다. 그는 읽기 위해 일어선다. 마치 그 감동된 책이 그 구성 자체로는 충분하지 않은 듯이, 그는 그 자신의 해설을 시작한다. 마치 석탄 배달부가 고대 역사가 투키디데스를 해설하는 것이나 다름없다.

신경 쓰지 마시라!

신학 분야에서의 그 거물은 제 나름의 사명이 있다. 그의 사명은 저 외딴 오지의 야만인들을 합리주의자로 회심시키는 것이 아니다. 위대하신 아버지의 자비를 나타내는 것이 아니다. 자비가 넘치는 여호와 하나님의 용서를 가르치는 것이 아니다. 주님 나라의 확장을 선포하는 것도 아니다.

그런 것이 아니다!

오히려 그의 사명은, 만약 '잭 스트로긴스'라는 인물이 비밀 조사 장부에 기록되었다면, 사건의 거대한 흑막이 펼쳐지기 전에, 그가 무엇을 하고 무엇을 말하더라도, 반드시 저 유황불 지옥이라는 구렁텅이로 떨어질 것임을 가르치는 것이다. 그리하여 중단된다는 전망도 없이, 형벌을 받고, 구이가 되어 쪼그라들어 바짝 마른 숯덩이가 되리라는 것이다.

잭 스트로긴스가 거기에 떨어지는 이유는 잭 스트로긴스가 할 수밖에 없는 행위를 했다는 것 때문이다. 펄펄 끓는 가마솥 때문에 겁을 먹고 행복의 문으로 들어가는 것은 유쾌하지 않다.

'사람이 천국에 들어갈 수 있으려면 스펄전 같은 사람이 가르치는 극단적 칼빈주의로 세뇌되어야 한다'라고 말하는 것은 그리스도인답지 않다. 그것은 저 나사렛 위인의 조용한 위엄과는 어울리지 않는다.

배고픈 영혼들을 위한 만나 같은 것은 떨어지지 않는다. 오히려 천둥 번개 속에서 거센 폭우만 쏟아져 내린다. 그것이 꽃들의 고개를 숙이게 만들지만, 나중에 꽃들은 마치 아무 일도 일어나지 않았다는 듯이 다시 고개를 든다. 그 액서터 홀의 애송이가 신에 대해 말할 때, 그가 불경스러운 수준을 넘는다는 점과, 목사의 입에서 나오는 신성모독은 가장 저급한 인간이 야만적인 욕설을 내뱉을 때 덕스러운 사람들이 놀라 어쩔줄 모를 때 만큼이나 그 죄가 크다는 것을 기억하면 좋겠다.

*   *   *

「쉐필드 로드럼 인디펜던트」는 1855년 4월 28일에, 같은 날 버밍엄셔 신문에 실렸던 것과 같은 논지의 기사를 실었다.

바로 지금, 서더크에 있는 뉴 파크 스트리트교회의 목회자인 스펄전 씨는 침례교단에서 위대한 사자, 스타, 유성과 같은 존재이며, 혹은 달리 우리가 무어라고 부르든지 대단한 인물이다. 그는 종교계에서 센세이션을 일으켰다. 일요일마다, 큰 무리가 엑서터 홀에 몰려든다. 그의 예배당이 확장공사를 하는 동안 그는 엑서터 홀에서 지난 몇 주 동안 설교해왔다. 그것은 마치 대단히 극적인 공연 같기도 하다. 아침과 저녁으로, 열광하는 청중의 거대한 환호가 터져 나오고, 입장이 허락된 행운아는 종종 닫힌 문 바깥에 몰려 있는 수백 명의 부러움을 산다. 그 정도의 인기에 상응하는 사례를 찾으려면, 찰머스(Chalmers) 박사, 에드워드 어빙(Edward Irving), 또는 제임스 파슨스(James Parsons)의 시대로 거슬러 올라가야 할 것이다. 하지만, 나는 그들을 엑서터 홀의 종교적 선동가와 비교함으로써 그들을 불명예스럽게 하지 않을 것이다.¹ 그들은 진지하게 온 열정을 다해 복음을 전했다.

스펄전은 **자기 자신을** 전한다. 그의 큰 특징이라 할 수 있는 비길 데 없는 거만을 표시내고, 거룩한 것을 조잡할 정도로 친숙하게 만들며, 구어체 스타일로 호통을 치면서 열변을 토하는 것만 제외한다면, 그는 하나의 배우에 지나지 않는다. 그는 마치 자기가 서리 극장의 무대에 있는 것처럼 거들먹거리면서 왔다 갔다 걷고, 역겨울 정도로 빈번하게 자기가 하늘과 친숙하다고 자랑해댄다.

그의 유창함, 침착성, 웅변 기술, 도전적인 발언, 이런 것들이 생각이 부족한 그의 청중을 매료시키는 것 같다. 그들은 경건보다는 흥분을 사랑하는 자들이다. 나는 한두 번 스펄전의 출판된 설교문을 훑어보았는데, 그의 조잡한 사상, 학자인체하는 표현들, 눈에 띄게 불필요한 문체 등에 넌더리가 나서 외면해버렸다. 그 불쌍한 젊은이의 뇌는 그가 획득한 악명과 그의 사원에 바쳐진 향에 의해 돌아버린 것처럼 보였다. 다른 곳도 아닌 강단에서, 그는 자기의 호언장담을 들으러 모여든 군중을 향해 자랑을 일삼았다. 아주 최근에, 그는 가까운 친구들에게 그가 이미 약혼했기 때문에 더 이상 '슬리퍼'를 보내지 말라고 말했다.

또 다른 경우에, 그는 올해 말까지, 적어도 200,000부의 그의 쓰레기 같은 설교 출판물이 온 나라에 뿌려질 것이라고 자랑했다. 이 정도는 메트포폴리스에 나타난 저 대단한 종교적 스타에 대한 온건한 묘사이다. 그들의 말을 빌려 말하자면, 스펄전은 그의 교단으로부터 어떤 지지나 격려도 받지 않는다. 나는 그가 그들의 어떤 모임에도 역할을 맡도록 초대받은 적이 없다고 생각한다. 정녕, 그는 그런 교제를 바라지도 않는다. 그는 높은 고립 상태에 있는

---

1   1855년에 스펄전에 대해 이런 식으로 묘사한 이 신문사가, 1898년에는 그의 『자서전』을 논평하면서 그에 대해 "이 고귀한 청교도 설교자이자 성스러운 그리스도인"으로 묘사하였다는 점을 주목할 필요가 있다.

것을 자랑하며, 고열이 나는 그의 머리를 더 뜨겁게 만드는 인기의 잔에 취해 있다.

그는 일시적인 큰 화젯거리, 별안간 나타나 종교적 대기(大氣)를 가로질러 지나가는 하나의 혜성이다. 그는 로켓처럼 높이 발사되었지만, 머지않아 막대기처럼 떨어질 것이다. 가장 우울한 생각은 '종교적 세계'에 스펄전 목사를 추종하는 병적인 열광이 있다는 것이다. 그나마 관대하게 결론을 내리고 싶은 것은, 매주 그의 극장식 공연에 몰려드는 무리의 대다수는 평소 예배당에 자주 가는 것이 습관화되지 않은 사람들로 구성되어 있다는 것이다.

한 비방자가 어린 목사에게 보내는 이보다 더 높은 찬사는 없을 것이다! 그의 최초의 많은 청중과 관련하여, 스펄전 자신은, 그들이 뉴 파크 스트리트교회, 엑서터 홀, 또는 서리 가든 음악당으로 오기 전까지는 어떤 예배당에도 참석하는 것이 익숙하지 않은 사람들이라고 증언한다. 무엇보다도 그들 중 다수는 참으로 회심하게 되었고, 큰 교회를 세우는 데 도움을 주었으며, 나중에는 메트로폴리탄 태버너클의 예배자들이 되었다는 것이다.

「램버스 가제트」(The Lambeth Gazette)는 스펄전의 목회 현장에서 매우 가까운 곳에서 발행되는 신문이기에, 편집자가 그의 삶과 일에 관한 **사실들**을 확인하기란 쉽다. 그런데도 그 신문사의 1855년 9월 1일 지면에는 아래에 발췌된 내용을 포함하는 기고문을 실었다.

> 감출 수 없는 사실은, 시골 읍(邑) 같은 지역의 강단에서는 야바위가 특정 계층에서 상당히 매력을 끈다는 것이다. 찰스 해돈 스펄전 목사는 지금 서더크의 스타다. (흔히 '외바퀴 손수레 웰스'라는 기이한 별명으로 알려진) 웰스는 지난 몇 년 동안 이 분야에서 독주했다. 하지만 마침내 이 분야의 정상에서 그의 호적수가 등장했고, 상당 기간 인기를 입증할 것 같다. 그는 아주 젊은 사람이고, 역시 젊은 '자매들'이 그를 따라서 미친 듯이 춤을 추고 있다.
> 그는 이 천박한 정신을 가진 처녀들로부터 신발 가게를 열기에 충분한 슬리퍼들을 선물로 받았다. 최근에 그가 '약혼했다'고 광고하지 않았더라면, 그는 그에게 쏟아져 들어오는 잡동사니 선물들로 곧 기념품 상점이라도 열 수 있었을 것이다.

의심의 여지 없이 그는 선량한 청년이고, 좋은 의도를 가졌지만, 이 '사람 숭배'가 그를 망치지 않을까?

예배 중간에 나타나는 그의 강단 태도에는 가식과 허영의 기미가 엿보인다. 그것이 단지 과도한 책임감일 수도 있겠지만, 우려되는 감정의 표현일 수도 있다.

그런 것을 보고도 놀라지 않을 사람이 누구일까?

1856년 4월 12일, 「브리스틀 애드버타이저」(*The Bristol Advertiser*)는 그 도시에서 스펄전이 했던 설교에 대해 보고하면서 다음과 같이 평한다.

> 지금, 스펄전이 어디서나 일으키는 이 특별한 선풍을 어떻게 설명할 수 있을까?
>
> 그가 전하는 교리 때문은 아니다. 그것은 '정통'이다. 그것은 수많은 다른 성직자들이 전하는 교리다. 그의 외모 때문도 아니다. 그의 외모는 평범하다. 그의 이마는 좁고, 그의 눈은 작으며, 비록 자화자찬의 섬광을 번쩍거릴 수는 있지만, 감상적인 숙녀들이 항상 매료되었던 '하늘의 광선' 만큼 눈부시지는 않다.
>
> 그의 체형은 넓고 뚱뚱하다. 그의 예절은 무례하고 서툴다. 간단히 말해, 우리는 이 신사에게서 그가 획득한 타의 추종을 불허하는 명성을 설명할 만한 어떤 진정한 특징들도 찾을 수 없다. 만약 그의 가식이 단순하고, 종교적 열심의 조용하고 성스러운 위엄이 그를 뒷받침한다면, 그의 세련미의 결핍, 그의 명백한 무지, 그의 눈에 띄게 저속한 표현과 태도는 용서될 수 있을 것이다.
>
> 만약 그가 중요한 영역에서 선을 행하고 있다고 우리가 느낀다면, 그를 비난하고 멸시하면서 따라다니는 것은 어느 정도 불경스러운 일일 수 있다. 만약 그가 비범한 정신력과 상상력 혹은 연설 능력을 소유하였다면, 어찌하여 그토록 많은 사람이 그의 설교를 듣기 위해 애쓰는지를 우리가 이해할 수 있을 것이다. 하지만, 그의 지성은 교양이 부족한 정도가 아니라, 명백히도 변변찮은 수준에 지나지 않는다.
>
> 그는 상상력은 있으나, 대부분의 예시는 그 적절성이나 전개 면에서 수준 미

달이다. 그는 말이 유창하다. 그는 멈추지 않고 말한다. 그는 약간 무대 배우와 같은 태도를 취하며, 그런 면에서 어떻게 최대의 효과를 내는지를 안다. 그의 음성은 강력하고, 그의 발음은 선명하다. 이런 식으로 그는 웅변술에서 많은 **기계적인** 효과들을 능숙히 구사한다.

그러나 그의 사상은 평범하고, 비록 놀랍기는 하지만, 그가 제시하는 수치는 허위이다. 그는 좋은 것을 거칠게 말하고, 그에게 최상의 것을 가장 진부하게 표현하며, 그에게 가장 놀라운 것을 아주 무모한 문장들로 표현한다. 염치도 모르는 건방짐, 빈약한 지성, 경박스러운 과시, 무례한 태도, 이런 것들이 종교의 이름으로 그리고 교회와 관련하여, 비록 일시적이라 할지라도 인정되고 있다는 사실에 대해 우리는 엄숙하게 유감을 표한다.

우리가 보기에, 그것은 스스로를 예수의 제자라고 부르는 사람들의 지성에 대해서와, 조용하고 존경스럽고 위엄있는 경건에 대하여 슬픈 현실을 말해 준다. 신앙보다 호기심이 더 강한 곳, 덕을 세우는 예배라기보다는 흥분하기 더 쉬운 곳에서, 필시 신앙생활은 아주 낮은 수준에 머물게 되든지 혹은 어떤 다른 해로운 요소들과 뒤섞이게 마련이다.

*　　　*　　　*

「데일리 뉴스」(*The Daily News*)는 좀 더 나은 기사가 기대되는 신문이었지만, 1856년 9월 9일에 발행된 지면에서 '인기 있는 목사들—스펄전 목사 편'이라는 제목의 긴 기사를 실었다. 다음과 같은 내용이다.

일반적으로 신교도 국가들에서, 특히 영국에서, 우리는 거룩한 말과 일들에 대해 과도한 친숙함을 꺼리는 편이다. 우리는 교회가 극장으로 변하는 것을 보는 것에 대해서는, 극장이 교회로 변하는 것에 대해서나 마찬가지로 혐오를 느낀다. 우리는 종교적 관점에서뿐 아니라 좋은 취향의 원리에 근거하여, 한 목회자가 자기 강단에서 공연하는 모습을 보는 것이, 마치 배우가 하늘을 향해 호소하는 것을 듣는 것처럼, 거의 역겨운 수준이라는 견해를 고수한다. 하지만, 이 견해가 보편적으로 환대받는 것은 아니다. 이 진리를 굳게 믿고 싶은 사람이라면, 일요일 저녁 여섯 시가 되기 몇 분 전에 엑서터 홀 맞은편에 자리를 잡고 기다려보라. 만약 그가 언급된 시간에 조금 앞서 도착하지 않으면, 입구에서 강당으로 올라가는 포장길에는 서 있을 공간조차 없음을 보게 될 것이다. 여섯 시에 문이 열리고, 빽빽한 군중이 쏟아져 들어간다. 이어지는 인파의 물결은 여섯 시 반이 될 때까지 멈추지 않는다. 여섯 시 반이 되면, 회랑과 연단을 포함하여, 그 거대한 강당 전체가 빽빽이 들어선 무리로 채워진다.

만약 관중이 이 시간보다 앞서 들어가려고 유의하지 않으면, 그에게는 입석 공간을 찾아보는 적은 기회만 있을 뿐이다. 그가 좌석을 찾을 수 있을 정도로 충분히 일찍 들어간다면, 그는 자연스럽게 그 광경의 특징들을 둘러볼 수 있을 것이다. 그 특징들은 두드러진 것이어서, 아주 나른한 사람의 관심까지도 불러일으킬 정도다. 무대 끝까지 시선을 뻗어보면 수천 명의 사람이 명백히 누군가의 등장을 고대하고 있다.

연단은 높이 솟아 있고, 좌석은 다 들어찼다. 이 무리의 거의 모든 눈이 정면의 연단을 향하고 있다. 강당 안에서의 숨 막히는 긴장은, 이따금 엉뚱하게도 어떤 자리를 차지하거나 지키려 애쓰는 사람들 간의 다툼으로 깨어지기도 한다. 별안간, 이 소음은 중단된다. 키 작고, 체격이 벌어지고, 꿰뚫어 보는 눈을 가지고, 짙은 머리에 중간 가르마를 한 사람이, 연단을 따라 나와서 윗자리에 앉는다. 짧은 기침이 이어지고, 다소 조바심 내던 회중을 안도시키듯, 저녁 집회가 시작되었음이 선언된다.

낯선 사람이 물었을 때 경외심이 묻어나는 대답이 돌아왔는데, 방금 도착한 사람이 찰스 해돈 스펄전 목사라는 것이다. 아마도 낯선 사람이라면, 스펄전이 분명 런던에서 가장 인기 있는 설교자라는 말을 들을 것이다. 그는 서더크의 뉴 파크 스트리트에 있는 그의 예배당에서 저녁 설교를 중단해야 했는데, 그 이유는 그의 설교를 듣기 위해 모여드는 수천 명의 사람을 수용할 공간이 부족하기 때문이다. 엑서터 홀이 대체 공간으로 채택된 것은 그 불편을 조금이나마 줄이기 위함이었다. 하지만 15,000명을[2] 수용할 수 있는 새로운 예배당 건축이 지금 고려 중인데, 그 건물이 세워질 때까지는 불편을 효과적

---

2 물론 이 수치는 많은 언론에서 부정확하게 제시한 사례 중 하나다. 예배당 건물이 그 정도의 인원을 수용할 것으로 예상되지는 않았다.

으로 해소할 다른 조치는 없을 것이다.

그 기사는 이렇게 끝을 맺는다.

우리는 이 칼럼을 이 강단의 어릿광대에 대한 묘사로 가득 채울 수 있다. 하지만 우리는 스펄전 설교의 특성을 이미 충분히 보여주었다. 우리는 그가 현재 자신이 소속된 교파의 시류를 제외하고는 어떤 신학에도 무지하다는 사례를 얼마든지 제시할 수 있었다. 또, 성경에 대한 그의 터무니없는 목회적 해석은 동양의 풍습과 언어 형식에 대해서 중간 수준의 지식도 갖추지 못했음을 보여줄 수도 있었다. 스펄전 목사로부터 영적으로 술 취한 듯한 소리를 들으려고 계속해서 모여드는 회중은, 결국 편협하기 짝이 없는 부류의 사람이 될 뿐 아니라, 더 강력한 흥분을 일으키는 독주를 탐하는 사람들이 될 것이다. 일단 그들을 흥분시킨 것은, 그들의 미각을 완전히 망쳐놓을 것이다. 그 설교자는 어쩔 수 없이 갈수록 과격해지게 될 것이며, 결국 위험한 광신주의를 과도하게 증폭시킬 것이다.

1856년 10월 11일, 「타임지」(*The Illustrated Times*)는 스펄전의 초상화, 혹은 풍자 그림에 가까운 인물화를 게재하였으며, 그와 관련하여 많은 예언 중의 한 가지를 포함하는 긴 기사를 실었다. 물론 그것은 나중에 거짓으로 판명되었다. 그 기사는 이렇게 말한다.

스펄전의 인기는 전례가 없다. 웨슬리와 화이트필드의 시대 이후로 모든 것을 통틀어보아도 그의 인기와 같은 것은 찾아볼 수 없다. 파크 스트리트교회는 그의 설교를 간절히 듣고 싶어 하는 사람들의 절반도 수용하지 못한다. 심지어 엑서터 홀마저 너무 적다. 정녕, 확실한 소식통에 의하면, 스펄전의 친구들은 서리 가든에 있는 음악당을 대관하기를 원하며, 그가 그 건물마저 채울 것이라고 굳게 믿는다. 그의 인기는 런던에만 한정되지 않는다. 스코틀랜드에서, 그는 아주 많은 추종자를 얻었고, 최근에는, 한적한 농업 지역에서 한 지점을 향해 가는 사람들의 긴 행렬을 우리가 직접 눈으로 확인했다. 우리는 그들에게 어디로 가고 있는지를 물었고, 돌아온 대답은, '우리는 스펄전의 설교를 듣기 위해 가고 있습니다'였다.

그의 인기가 지속할까?

의문의 여지 없이 그렇지 않을 것이다. 그의 인기는 확고한 바탕 없이 세워진 것이다. 지금 그의 설교를 들으러 가는 수천의 사람은 그저 호기심 때문에 가는 것이다. 사람들은 양들과 매우 흡사하다. 하나가 울타리를 통과하면, 또 다른 하나가 통과하고, 계속해서 전체 무리가 물 흐르듯이 이동한다. 양들은 정신없이 앞으로 돌진한다.

이런 모습이 바로 스펄전이 회중의 모습과 흡사하다. 하지만, 물결은 곧 방향을 바꾸고 그를 떠날 것이다. 비록 더 나을 것은 없지만, 약간 다른 동기로 그곳에 간 사람들에 대해 말하자면, 그가 그들을 오래 붙잡아둘 수는 없을 것 같다. 만약 그들을 붙잡아두려면, 그는 더 센 것으로 그들의 관심을 끌어야 할 것이다. 즉, 일요일마다 그들이 지금까지 마셔왔던 것보다 더 강한 술을 그들에게 제공해야 할 것이다.

스펄전 부인의 후기(後記)

지금은 내 남편에 대한 어떤 방어도 필요치 않다. 하나님께서 그를 데려가셨고, "거기서는 악한 자가 소요를 그치며 피곤한 자가 쉼을 얻을 것"이기 때문이다(욥 3:17). 이 화살들의 끝은 모두 무디어졌다. 이 전갈들이 쏘는 침은 모두 뽑혔다. 이 날카로운 검들의 날은 모두 녹슬었다.

> 학대자의 분노가 어디 있느냐?(사 51:13).

이 장들의 내용이 하나님의 종에게 가해진 비정한 공격들을 회상시킬 때, 기이한 평온이 내 영혼을 덮었다. 그의 원수들에 의해 기록된 부당하고 잔인한 말들을 다시 읽는 동안, 심지어 나는 미소를 지었다. 이제는 그가 아주 안전하기 때문이다. 하나님이 영원히 그를 둘러싸서 막아주시기 때문이다. 그 고통이 모두 끝나고 영원한 행복이 시작되었으니 나는 하나님을 찬송한다.

> 그가 영원토록 지극한 복을 받게 하시며 주 앞에서 기쁘고 즐겁게 하시나이다(시 21:6).

하지만, 그 비방들이 인쇄되던 시절에, 그런 비방들이 나에게 얼마나 큰 고통을 주었던가!

내 마음은 번갈아 그를 위한 슬픔으로 가득했다가, 또 그의 비방자들에 대한 분노로 타올랐다!

오랫동안, 나는 어떻게 하면 그에게 지속적인 위안을 줄 수 있을까를 궁리하다가, 마침내 한 가지 방편을 생각해냈다. 다음의 구절을 아주 커다랗게 인쇄하여 예쁜 액자에 담았다. (이는 지금은 우리나라의 가정들에서 눈에 잘 띄는 유명한 좌우명으로 알려졌지만, 이 일은 그렇게 되기 전의 일이다. 조용히 우리에게 주시는 하나님의 메시지를 들려주는 구절이다.)

> 나로 말미암아 너희를 욕하고 박해하고 거짓으로 너희를 거슬러 모든 악한 말을 할 때에는 너희에게 복이 있나니 기뻐하고 즐거워하라 하늘에서 너희의 상이 크니라 너희 전에 있던 선지자들도 이같이 박해하였느니라(마 5:11-12).

이 구절은 내 방에 걸렸고, 사랑하는 그 설교자는 매일 아침 그 구절을 반복해서 읽었다. 이 구절을 걸어 둔 목적은 아주 복되게 성취되었다. 이 구절이 그의 마음을 강하게 했고, 보이지 않는 갑옷으로 무장해주었기 때문이다. 그로 인해 그는 침착하게 사람들 사이를 걸어 다닐 수 있었고, 중상모략에 당황하지 않았으며, 오직 사람들의 최상의 유익에만 관심을 기울일 수 있었다.

제23장

뉴 파크 스트리트교회의 부흥

하나님의 역사가 얼마나 주권적인지를 주목하십시오. 엘리야가 비를 원했을 때, 한 점 구름이 보였고, 그가 큰 빗소리를 들었으며, 이윽고 비가 쏟아졌습니다. 하지만 하나님께서 엘리사에게 물을 주셨을 때, 그는 빗소리를 듣지 못했고, 한 방울도 내리지 않았습니다(참조. 왕하 2장). 하나님은 이런저런 방식이나 형식에 매이지 않으십니다. 그분이 한 지역에 부흥을 일으키려 하실 때, 사람들이 각성하고 부르짖을 수 있습니다. 그러나 다른 곳에서는 큰 무리가 있어도, 마치 아무런 자극도 없었던 것처럼, 여전히 모든 것이 잠잠하고 고요할 수 있습니다.

하나님은 종종 공개된 사역에 복을 주시기도 하지만, 빈번하게도 그분의 백성의 개인적이고 더욱 은밀한 행동에 복을 내리십니다. 그분은 그분이 원하시는 대로 복을 주실 수 있으며, 또한 그분이 원하시는 만큼 복을 주실 것입니다. 그러니 하나님에게 강요하지 맙시다. 많은 그리스도인이 복을 복으로 여기지 않아서 잃어버린 축복이 많습니다. 그것은 그들이 복을 복으로 믿지 않았기 때문이며, 그들이 복을 복으로 믿지 않은 이유는, 그것이 그들이 적절하고 옳다고 여기는 특정한 형태로 오지 않았기 때문입니다.

찰스 해돈 스펄전

우리가 파크 스트리트교회에서 가졌던 이런 기도회를 잊을 수 있을까요?
내가 내 입술에서 한 마디도 내지 않아야 한다고 느꼈을 때, 그 이유는 하나님의 성령이 비상하게 임재하셔서 우리가 땅바닥에 엎드려졌다고 느꼈기 때문입니다.
파크 스트리트에 얼마나 주의 깊은 경청이 있었는지요?
그때 우리는 숨도 제대로 쉬지 못할 정도였습니다!
토양을 흠뻑 적시는 소나기처럼 성령께서 임하셨고, 마침내 흙덩이들은 깨어질 준비가 되었습니다. 이윽고 우리는 사방에서 부르짖는 소리를 들었습니다.
우리가 구원을 얻기 위해 무엇을 해야 합니까?

찰스 해돈 스펄전

목회 사역 초기인 그 시절, 많은 수의 회심자들이 생긴 것은 내가 무자비하게 공격당했던 그 비방들의 직접적인 결과로 온 것이다. 신문에서 내 이름이 너무 자주 매도되었기 때문에, 내 이름은 거리의 일상적인 대화에서 오르내렸으며, 우리의 기도의 집 문 앞을 지나는 많은 사람이 말했다.

"내가 들어가서 스펄전의 설교를 들어보아야지."

그중의 한 사람은 구경삼아 설교자를 보려고 들어와 서 있곤 했지만, 마침내 하나님의 말씀이 그 사람의 마음에 들어갔다. 그는 자기 아내를 때리기 일쑤였고, 자기 가정을 지옥으로 만들던 사람이었으나, 머지않아 나를 찾아와서 내 손을 꼭 잡고서 이렇게 말했다,

"전능하신 하나님이 목사님께 복을 주시길 바랍니다. 참된 신앙에는 무언가가 있습니다!"

"그래요, 당신 이야기를 들려주시지요."

그런 이야기를 듣는 것은 아주 즐거웠으며, 그런 경우가 수백 번이나 있었다. 나는 그에게 말했다,

"당신의 아내를 만나게 해 주십시오. 그녀가 당신에 대해 말하는 것을 들어보고 싶습니다."

그 여인이 왔고, 내가 그녀에게 물었다.

"부인, 이제 당신은 남편에 대해 어떻게 생각하시나요?"

"오! 목사님, 제 평생에 그런 변화는 본 적이 없답니다!

그는 우리에게 너무나 친절하답니다. 이제 그는 천사 같아요. 전에는 그가 마귀같이 보였지요. 술주정이 얼마나 심했다구요!

목사님, 그때는 모든 수입이 다 술집으로 들어갔어요. 그리고 제가 예배당에 오기만 하면, 그가 나를 학대했답니다.

오! 그랬던 남편이 이제 주일에 함께 교회로 온다는 것을 생각하면 얼마나 좋은지 모르겠어요!

물론 주일에는 가게 문을 닫습니다. 아이들에 대해 말하자면, 그들은 전에 신발이나 양말도 신지 않고 사방으로 뛰어다니곤 했답니다. 이제는 남편이 아이들을 무릎에 앉히고, 아주 다정하게 그들과 함께 기도한답니다. 아아, 놀라운 변화랍니다!"

어느 주일 저녁, 뉴 파크 스트리트교회에 두 명의 형제가 주님께로 인도되

었다. 우리가 만난 첫 번째 날이었다. 그때의 사정은 이러했다. 미망인 어머니에게 두 아들이 있었고, 그들은 거의 성년이 될 나이였다. 그들은 소년 시절에 아주 뛰어났지만, 갈수록 고집불통이 되어갔다. 많은 젊은이가 흔히 그렇듯이, 그들은 어머니의 훈육에 따르지 않으려 했다. 그들은 원하는 대로 주일을 보내곤 했으며, 이따금 가지 말아야 할 곳에서 발견되기도 했다. 그들의 어머니는 그들을 위한 기도를 절대 포기하지 않겠다고 결심했다. 그러던 어느 날 밤, 교회에서, 기도 방에 틀어박혀서 두 아들의 회심을 위해 기도해야겠다고 생각했다.

그녀가 아들들을 위해 작정 기도하기로 마음먹은 바로 그 밤에, 큰아들이 그녀에게 말했다,

"서더크에 있는 그 목사님의 설교를 들으러 가겠어요. 저는 그가 특이한 사람이라고 들었는데, 그가 설교하는 것을 들어봐야겠어요."

그 어머니 본인은 그 목사에 대해 많이 생각해보지 않았지만, 자기 아이가 말씀을 들으러 간다고 하니 너무 기뻐서 "다녀오너라, 아들아"라고 말했다.

그가 덧붙여 말했다.

"동생도 같이 가기로 했어요."

그 두 젊은이가 하나님의 집에 왔고, 그 특이한 목사는 그들 모두를 회심에 이르게 하는 복을 누렸다.

어머니가 문을 열었을 때, 그들이 집에 돌아오자마자, 큰아들이 그녀의 목을 안고서, 가슴이 아픈 듯이 울었다.

"어머니!"

그가 말했다.

"제가 구주를 만났어요. 제가 주 예수 그리스도를 믿는 사람이 되었어요."

그녀가 그를 잠시 바라보다가 말했다.

"내 아들아! 그럴 줄 알았다. 오늘 밤 기도에 능력이 부어졌고, 주님이 내 기도를 들으신다고 느꼈단다."

둘째 아들이 말했다.

"오 어머니!

저도 마음이 너무 찔렸고, 저 역시도 주 예수 그리스도께 저를 드렸답니다."

그 어머니는 행복했고, 나 또한 행복했다. 그녀가 내게 왔을 때 이렇게

말했다.

"목사님이 제 두 아들의 회심에 도구가 되셨습니다. 저는 이전에 세례를 생각해본 적이 없지만, 이제 저는 그것이 주님이 제정하신 예식인 것을 알았으니, 제 자녀들과 함께 세례를 받을게요."

그 셋 모두를 이끌고 물로 들어간 것은 내게 큰 기쁨이었다. 나는 그들에게 '아버지와 아들과 성령의 이름으로' 세례를 주었다.

자기 영혼에 대하여 무관심하고 부주의했던 많은 사람이 회심하였을 뿐 아니라, 한때 비방자요 훼방자 무리에 속하던 사람들, 나에 대해 아무것도 들은 것이 없으면서 나에게 잔인하고 사악한 말 외에는 할 줄 모르는 것처럼 보였던 무리 가운데서, 적지 않은 수가 교인이 되었다. 그것이 나에게는 특별한 기쁨이었다. 교회에 회원으로 가입하려는 많은 사람이 내게 찾아와 처음으로 한 말은 이런 것이었다.

"목사님! 저를 용서해주시겠어요?"

내가 말했다.

"용서하다니요, 무엇을요?"

그가 대답했다.

"왜냐하면, 목사님께 표현하고 싶은 마음이 있는데 말로는 무어라고 표현하기가 어렵습니다. 이전에 저는 목사님을 만나본 적도 없었고, 그런 식의 말을 할 이유도 없었거든요. 저는 하나님의 백성을 저주했고, 그들에게 모든 악한 말을 했답니다. 목사님, 저를 용서해주세요."

내 대답은 이랬다.

> 제가 용서할 것은 없습니다. 비록 당신이 주님의 백성에게 죄를 지었더라도, 당신이 하나님께 그 죄를 자백할 준비가 되어있는 것을 보니 저는 대단히 기쁩니다. 하지만 저와 관계된 일이라면, 저를 불쾌하게 하신 적도 없고, 저도 불쾌한 것이 없습니다.

그 사람이 자기 마음이 아프다고 말했을 때, 그가 죄를 회개하였을 때, 그리스도께서 그의 모든 죄악을 씻으셨을 때, 그리고 그가 주님을 따르길 원하며 신앙을 고백했을 때, 내가 얼마나 기뻤던지!

나는 내가 누렸던 기쁨 중에 이보다 더 큰 기쁨은 오직 한 가지밖에 없다고 생각한다. 그것은 내가 도구가 되어 회심한 사람들이 또 다른 사람들의 회심을 위한 수단이 되었을 때의 기쁨이다. 이런 일이 내 사역 기간에 계속해서 생겼다. 마침내 나는 나를 그리스도 안에서 아버지처럼 바라보는 사람들로 둘러싸이게 되었다. 하지만 나에게는 수많은 또 다른 영적인 손주들이 있으며, 그들은 믿음 안에서 내 아들들과 딸들이 구주께로 인도한 사람들이다.

목사와 그를 통해 회심한 사람들 사이에 존재하는 사랑은 매우 특별한 종류의 사랑이다. 나에게는 내 사역 초기부터 그런 사람들이 있었다고 확신한다. 나를 뉴 파크 스트리트 구성원들과 묶어준 끈은, 아마도 적어도 한동안 그들이 나와 함께 겪었던 반대와 모함 때문에 훨씬 더 강해졌을 것이다. 대적자들의 공격은 우리를 더욱 결속시켰을 뿐이며, 한마음으로 기도하게 했다. 사람들은 내가 그들을 어디로 이끌든지 기꺼이 나를 따르고자 했다. 내가 그들 앞에 어떤 계획을 제시한 적이 없고, 혹은 어떤 거룩한 사업에서 나를 도와달라고 요청한 적도 없지만, 얼마나 큰 자기희생이 요구되든지 기꺼이 부름에 응답할 준비가 되어있었다.

조금의 아첨도 섞지 않고 내가 진실로 말할 수 있는 것은, 나는 온 세상에서, 내가 목사로서 함께 지냈던 그들보다 더 이 가르침―하나님의 택함을 받고, 특별한 사랑으로 그분의 사랑을 입은 사람들은, 그분을 위해 특별한 일들을 행해야 한다―에 충실하게 사는 사람들을 만나본 적이 없다.

내가 오랫동안 함께 지내고 행복하게 교제했던 그리스도인들에 의해 행해진 놀라운 일들을 보면서, 나는 자주 하나님 앞에 무릎을 꿇고 감사드렸다. 섬김에 있어서, 그들은 내가 요청할 수 있었던 수준 이상을 보여주었다. 내가 생각하기에, 만약 내가 그런 것을 요청했더라면 그들이 나를 불합리하다고 여겼을 것 같은 일들을, 그들은 요청받은 것도 없이 먼저 실행했다. 모든 것을 걸고, 그들은 그들의 주님을 섬겼으며, 그들이 남겨둘 수 있는 것을 모두 소비했을 뿐 아니라, 힘에 지나도록 주 예수를 섬기는 일에 헌신하였다. 종종 그들 중에 일부가 내 생각으로는 그들이 바칠 수 있는 모든 것 이상으로 주의 일을 위해 바치는 것을 보았을 때, 나는 내 눈에서 눈물을 닦았다. 그들의 물질적 헌신은 실로 사도 시대를 연상시킨다.

자기 자신은 가난하면서, 소유의 모든 것을 드렸던 몇몇 사람을 나는 안다. 신중하지 못하고 지나치게 많이 드리는 것이 아닌가 하고 내가 암시했을 때, 그들은 상처를 받은 듯이 보였지만, 다시금 그들은 그들이 사랑하는 주님의 일을 위해 물질을 기증하였다. 언젠가 한 사람이 내게 말했다.

"목사님! 만약 저에게 기부를 원하시면, 먼저 제 마음을 감동시켜야 할 겁니다. 그래야만 제 지갑을 가지실 수 있습니다."

내가 대답했다.

"아무렴요, 그래야겠지요. 당신의 지갑이 있는 곳에 당신의 마음도 있다는 것을 내가 아니까요."

그러나 이런 경우는 뉴 파크 스트리트에 있는 내 가까운 친구들에게는 보기 드문 일이었다. 그들의 마음은 주님의 일에 있었고, 따라서 그들은 주님 나라의 확장을 위해 가진 재물을 아낌없이 드렸다.

* * *

1855년 2월 11일부터 5월 27일까지 우리의 첫 번째 엑서터 홀 체류는, 그 역사적인 건물에서의 최근 집회들처럼, 일련의 길고 "특별한 예배들"의 연속이었으며, 그것은 뉴 파크 스트리트교회에 전례 없던 지위를 부여하였다. 우리 교회 책자의 다음과 같은 간략한 기록은 곧 개시될 '약진 운동'의 중요성에 대해 제대로 전달해주지 못한다.

> 우리 목사님은 이어지는 8주 동안 우리의 예배당이 확장을 위해 일시 폐쇄된다고 강단에서 선언하셨다. 그 기간 동안 교회 회중은 주일 오전과 저녁에 스트랜드에 있는 엑서터 홀의 넓은 공간에서[1] 예배드릴 것이다. 그 시설은 메이즈 폰드(Maze Pond) 채플에서 열리는 통상적인 주중 저녁 예배를 위해서도 제공되어왔다.

---

1 그곳은 4,000에서 5,000명을 수용할 수 있었다. 이보다 앞선 때에 그곳은 주로 신성하모닉협회(Sacred Harmonic Society)와 노조위원장들의 5월 회동을 위해 사용되었다.

3월 22일 「글로브」(The Globe)지에 실린 다음 글은 광범위하게 다른 신문들에서도 게재되었는데, 여기에 담긴 논평들은 우호적일 뿐 아니라 우리 예배에 대한 대중의 주의를 끄는 데 도움을 주었다.

> 최근에 찰스 해돈 스펄전 목사가 대중 앞에 나타나게 된 상황들은 기이하여, 한 번 주목해 볼 만하다. 그가 뉴 파크 스트리트교회의 목사가 된 지 몇 달 후부터, 그 건물이, 사실 본래 넉넉한 공간이었지만, 그 젊고 웅변적인 목사의 설교를 들으러 몰려드는 사람들을 수용하기엔 너무 작다고 여겨졌다.
> 이런 상황에서, 예배당을 확장하는 것 외에 대안이 없었고, 이 과정이 진행되는 동안, 그는 엑서터 홀을 사용하게 되었다. 몇 주가 지나는 동안, 그는 그곳에서 매주 일요일 아침과 저녁에 설교를 진행하고 있다.
> 그는 마치 뉴 파크 스트리트교회에서 그랬듯이, 그 큰 홀을 가득 메웠다. 스트랜드 거리를 따라 걷는 여행객은, 일요일 저녁 6시경이면, 말 그대로 대중교통의 흐름을 멈추게 하고, 불편한 보행자들을 샛길로 둘러 가게끔 할 정도로 몰려드는 큰 무리를 보고, 그 의미가 무엇인지 궁금히 여길 것이다. 보행자들은 넓은 간선도로를 따라 걸을 수 있는 가망이 전혀 없다.
> 웨슬리와 화이트필드 시대 이후로—그들의 명예로운 이름이 이 새로운 후보자의 등장으로 그늘에 묻히게 될 위험에 처한 것으로 보인다—, 종교적 열정이 이토록 강렬했던 때는 존재하지 않았다. 스펄전은 위대한 설교자가 될 것 같다. 현재, 그의 열렬하고 열정적인 웅변이 가끔은 그를 다소 빗나가게 하고, 때로는 엄숙함이 부족하여, 그것이 그의 독특하고 행복한 스타일의 아름다움을 망치기도 한다.

엑서터 홀을 대관하여 사용했던 두 달이 마치기 전에, 우리는 8주간의 안식일 동안 그곳에서 예배를(총 16회) 지속하는 것이 바람직하다는 것을 알게 되었다. 우리 예배당으로의 복귀는 교회 책자에 이렇게 기록되었다.

> 뉴 파크 스트리트에 있는 예배당은, 확장이 끝난 후 1855년 5월 31일에 다시 열렸다. 오전에는 블랙히스(Blackheath)의 제임스 셔먼 목사가 두 번 설교했고, 저녁에는 우리 목사님이 설교하였다.

그날은 비가 많이 내렸다. 비록 나는 징조를 믿지 않지만, 사람들에게 말하길, 나는 그것을 확장된 건물에서 우리가 받기를 바라는 '축복의 소나기' 예언으로 간주한다고 했다. 예배당 재개관 예배 때에 문자 그대로 비가 내렸기 때문에, 우리가 거기에서 예배하는 동안, 나는 우리에게 영적으로 비가 내리도록 기도하였다. 하나님께 영광을 돌리면서, 나는 감사하게도 그렇게 되었음을 증언한다. 나는 모여든 회중에 말라기 3장 10절 말씀을 인용하였다.

만군의 여호와가 이르노라 너희의 온전한 십일조를 창고에 들여 나의 집에 양식이 있게 하고 그것으로 나를 시험하여 내가 하늘 문을 열고 너희에게 복을 쌓을 곳이 없도록 붓지 아니하나 보라(말 3:10).

이어 회중을 향해, 만약 그들이 약속된 복을 받기 원한다면, 그 약속에 수반된 조건에 부합해야 함을 상기시켰다. 그들은 기꺼이 그럴 준비가 되어있었고, 그래서 우리가 사랑하는 성전으로 돌아오던 그때부터 그곳을 떠나는 날까지, 우리는 주께서 우리에게 눈에 띄게 부어주시는 복을 '쌓을 곳이 없을 정도로' 받았다.

두 번의 저녁에—1855년 6월 22일, 9월 4일—나는 해크니(Hackney) 에드워드 왕의 길(King Edward's Road)에 있는 들판에서 야외 예배 설교를 했다. 첫 번째 경우에, 내가 그때까지 설교한 대상 중 가장 큰 회중이 모였다. 하지만 다음 예배에서 회중의 수는 더 많이 늘었다.[2] 신중하게 산정해본 결과, 그 수는 12,000에서 14,000명 사이로 추정되었다. 우리가 흩어지기 전, 그 수많은 군중이 한 음성으로 노래했다. 그때 받은 인상을 나는 결코 잊지 못할 것이다.

---

2   이때 본문은 마태복음 8장 11, 12절이었다. 그리고 이때 전한 설교는 **뉴 파크 스트리트 강단**에 "천국과 지옥"이라는 제목으로 실렸다. 당시 러시아어와 불어를 포함하여 여러 언어로 번역본이 출판되었는데, 러시아판 사본이 이따금 스펄전 수중에 들어오기도 했다. 그 모든 사본들의 앞표지에는 "알파와 오메가"라는 글귀가 새겨져 있었고, 중앙에는 그리스 정교의 신실한 회원들에 의해 읽히고 유포될 수 있음을 증명하는 소인이 찍혀있었다. 뒷면에는, 같은 출판업자에 의해 발행된 아홉 개의 다른 설교들 목록이 표기되어 있었다. 검열관의 허락을 얻자마자, 그것을 찾던 그 신사는 백만 부를 주문했으며, 그것을 러시아 제국 전역에 뿌렸다. 그 어두운 지역에 진리를 전파하는 이런 방식으로 "그날" 하루 만에 얼마나 많은 영혼이 구원받았는지가 언젠가 드러날 것이다.

만복의 근원 하나님 온 백성 찬송드리고.

그날 밤, 나는 요한계시록에서 사도 요한이 왜 천국에서의 '새 노래'를 '많은 물소리'에 비유하였는지를, 그 이전 어느 때보다 더 잘 이해할 수 있었다. 그 영광스러운 '할렐루야'에서 찬미의 강력한 물결이 하늘로 말려 올라가는 것 같았고, 바로 그 순간 장엄한 모습으로 대양의 거센 파도가 해안에 부딪히는 것 같았다.

*　　　*　　　*

1855년 마지막 주일 아침에 뉴 파크 스트리트교회에서 설교하면서, 스펄전은 이렇게 말했다.

우리가 이 해를 주님의 역사를 돌아보지 않고 보내야겠습니까?
그분이 우리와 함께하시어, 우리를 넘치도록 번성하게 하시지 않았던가요?
우리는 엑서터 홀에 머물든 시기를 쉽게 잊지 못할 것입니다.
그렇지 않습니까?
그 몇 개월 동안, 주님은 자기의 택하신 사람들을 오게 하셨습니다. 큰 무리였지요. 그때까지 구원받지 못하고 있던 사람들이 하나님의 은혜로 부르심을 받았고, 양 울타리 안으로 들어왔습니다.
거기서 하나님이 우리를 어떻게 보호하셨던가요!
그분이 우리에게 평화와 번영을 주셨습니다!
그분이 우리의 지경을 얼마나 넓혀주셨으며, 우리의 수를 얼마나 많아지게 하셨는지요!
이제 우리는 소수가 아닙니다.
수가 크게 늘었으므로, 이제 우리는 약하지 않습니다!
거기서 우리를 이끌어주신 주님의 인자하심을 생각하면 우리가 아무리 감사를 드려도 충분치 않다고 생각합니다. 주님은 우리에게 많은 사람을 보내주셨고, 그들은 지금 이 교회에서 유익한 일꾼이 되었습니다.
어떤 나이 많은 작가가 말했습니다.

'그리스도인이 그리스도인으로 지내는 모든 시간이, 기적의 시간이다.' 그 말이 맞습니다. 교회가 연합을 유지한 매년이, 기적의 해입니다.[3] 이 말을 널리 세상에 전하십시오. 이 말을 가서 사방에 전하십시오.

"주의 눈이 우리 위에 있었고, 연초부터 연말까지 항상 우리 위에 있었습니다"(참조. 신 11:12).

210명이 올해 교회의 교제 안에서 우리와 연합하였습니다. 하나의 교회를 형성하기에도 충분한 수입니다. 런던에 있는 교회들 가운데 그 정도의 수를 헤아릴 수 있는 교회는 절반이 되지 못합니다. 하지만 주님은 그렇게 많은 사람을 우리에게 이끌어주셨습니다. 그들은 지금도 오고 있습니다. 하나님께로 회심하는 사람들을 볼 때, 교회로 가입하는 수가 너무 많아 많은 이들은 돌려 보내져야 했습니다. 나는 내년에도 이 회중 가운데서, 주 예수께로 오는 사람의 수가 많을 것이라고 확신합니다.

*   *   *

뉴 파크 스트리트에서 초창기 스펄전의 설교를 묘사한 글들이 몇 가지 있다. 그중의 하나가 존 앤더슨의 묘사인데, 그는 당시 스코틀랜드 헬렌스버그에서 1827년부터 목회하고 있었으며, 스펄전보다는 서른 살이 많았다. 런던을 방문했을 때, 그는 1856년 3월 30일에 뉴 파크 스트리트에 있었고, 고향으로 돌아가 그의 경험을 다음과 같이 언급했다.

---

[3] 이 시기에 전해진 스펄전의 설교들에는 그들이 성령의 부어주심의 한 가운데 있다는 그의 확신이 자주 언급된다. 1855년 1월 7일에 전한 설교에서, 그는 회심하지 않은 청중을 향해 이렇게 말한다, "이 부흥의 시기, 하나님의 은혜가 위로부터 부어지는 이때, 여러분은 불신앙으로 인해 감동도 없고, 부르심도 없고, 구원도 받지 못한 채로 앉아있습니다." 1857년 6월 28일에 전한 설교에서 그는 말했다, "거칠고 쉰 목소리로 항상 시대의 악함에 대해 부르짖는 자들이 있습니다. 그들은 '오! 옛 시절이 좋았다!'라고 말합니다. 과연 좋았던 옛 시절이 있었습니다… 지금 행해지고 있는 것을 안다면, 많은 옛 청교도들이 무덤에서 튀어나올 것이라고 나는 생각합니다." 후년에, 그는 회중에게 그 시기를 상기하며 이렇게 말하곤 했다, "내 청중이여, 여러분 중에 어떤 이들은 부흥의 때에 이곳에 있었습니다. 여러분은 술주정뱅이가 구원받는 것을 보았고, 가장 믿지 않을 것 같았던 사람들이 회심하는 것을 목격했습니다."『메트로폴리탄 태버너클 강단』, 1881, 459쪽.

스펄전이 작년 여름에 글래스고우에 있었을 때, 그의 웅변에 대한 명성이 한적한 이곳까지 전해졌다. 여기는 파도 소리가 들리는 바닷가이며, 그 소리는 '도시의 소음'이나 사람들의 소란에 비해 나를 즐겁게 한다. 나는 어떤 사람들이 그에 대해 '나쁘게 말하는' 것을 들은 적이 있다.

하지만 또 다른 사람들은 그에 대해 그는 놀라운 설교자이며, 화이트필드 시대 이후로, 전례 없는 인기를 얻은 설교자라고 말하는 것을 들었다. 하지만 설교의 문제에서 스스로 판단할 수 있는 한 사람으로서, 또 무엇이 좋은 설교인지에 대해 다소 특이한 견해를 가진 한 사람으로서, ―누구에 대해서도 이렇게 말할 수 있다.―내가 스펄전에 관하여 들은 말이 무엇이건 그리고 글래스고우서 그의 인기가 어떠하건, 크게 중요한 의미를 부여하지 않았다.

하지만, 어쩌다 내 손에 들어오게 된 그의 인쇄된 설교 한 편을 읽었을 때, 나는 그중 몇 문단을 읽자마자 이렇게 말했다.

"여기에, 마침내, 진짜 설교자가 등장했군. 그에 대해서는 나뿐 아니라, 바울이라도 지상에 있다면, 기꺼이 그의 설교를 듣고, 찬성하고, 인정하였을 것이라고 나는 확신한다."

나는 그 설교의 주제가 무엇이었는지를 잊었다. 하지만 나는 나 자신에게 했던 말을 잘 기억한다.

"내 시대에 출판된 모든 설교문이나 설교 모음 책자보다, 차라리 저 한 편 설교의 저자가 되었더라면 좋았겠다."

나는 최근에 거스리(Guthrie)와 케어드(Caird)의 책을 읽고 있었다. 하지만 여기 스펄전의 설교에는 전혀 다른 무언가가 있으며, 내가 보기에, 진정하고 좋은 복음 설교를 구성하는 모든 면에서, 무한히 뛰어난 무언가가 있다.

이 일이 있은 지 얼마 동안은 스펄전에 대해 들은 말이 별로 없고, 생각한 적도 별로 없었다. 하지만 지난 3월 마지막 주일에 런던에 갔다가, 예기치 않게 설교하기로 한 일정이 취소되었을 때, 나는 내 고장에서 많은 말을 들었던 그 설교자를 직접 찾아가 들어보는 것이 좋겠다는 생각이 들었다.

나는 두 명의 젊은 동행자와 함께, 그 아름다운 안식일의 이른 아침, 아직 거리에는 몇 사람밖에 없고 그 거대한 도시의 '힘센 심장'이 '조용히 멈추어 있을' 때, 이즐링턴에서 서더크의 뉴 파크 스트리트채플을 향해 길을 나섰다. 약 4마일 거리였다. 우리는 열한 시 경에 그 채플에 도착했다. 하지만 예배는 열한 시 15분 전에 이미 시작되었음을 알게 되었다. 예배당은 가득 찼고, 입구에는 어찌할 줄 모르는 많은 사람이 몰려 있었다. 커다란 입구 근처에 있는 문지기 중의 한 사람을 보고서, 나는 그에게 가서 "내가 스코틀랜드에서 왔고, 너무 멀리서 왔으니 꼭 들어가고 싶다"고 말했다.

그는 내게 "스코틀랜드 어느 지방에서 왔느냐"고 물었다.

"내가 글래스고우"라고 대답했다. 그는 더 묻지 않고,

"이리로 따라오세요. 안에 들어가시도록 인도하겠습니다"라고 말했다.

그는 우리를 그 건물 옆 동으로 인도했는데, 갖추어진 모양새로 보아 틀림없이 주일학교로 사용되는 공간이었다. 여기에도 많은 사람이 있었지만, 우리는 자리를 발견했다. 비록 문과 통로를 가득 메운 무리 때문에 그 설교자를 잘 볼 수 없었지만, 그의 소리만큼은 똑똑히 들을 수 있었다. 그것이 바로 우리가 원했던 것이다.

우리가 들어갔을 때, 그는 평소에 하던 방식대로, 성경 일부를 강해하고 있었다. 그가 풀어 설명하던 본문은 출애굽기 14장이었으며, 홍해에서 이스라엘 백성에 관한 설명을 담고 있는 내용이다. 그 성경 본문은 특히 나에게 흥미로웠다. 바닷가에 서 있던 백성이 경이롭게도 물이 갈라지는 곳까지 행진하는 광경을 담고 있다.

각 절에 관한 그 설교자의 설명은 매튜 헨리의 스타일과 매우 흡사했으며, 풍성하고 독특했다. 그의 설교 본문은 시편 106편의 일부였는데, 설교의 주제는 그가 방금 강해하였던 출애굽기의 내용과도 일치했다.─<홍해에서의 이스라엘 백성>

그들을 복음 안에서 하나님의 백성의 전형적인 모습으로 간주하면서, 그는 그가 숙고하고 싶은 두 가지가 있다고 말했다.

첫째, 그들의 역경이며,

둘째, 그들의 자원에 대한 것이다. 그의 말에 따르면, 그들의 역경은 세 가지 때문에 생긴 것이었다.

(1) 그들 앞에 있는 홍해 때문이고,

(2) 뒤에 있는 애굽 사람들 때문이며,

(3) 그들의 신앙의 연약함 때문이었다.

그가 말하길, 이런 어려움이 믿는 자들에게 방해가 된다고 했다.

첫째, 홍해의 시련이다.
이런 것은 그리스도인으로서 그들에게 닥치는 독특한 시련으로, 그들이 애굽에서 나온 것 때문에, 또는 그들이 세상을 단념한 것 때문에 발생한다. 둘째는, 그들 뒤에 있는 애굽 사람들이다. 이는 곧 죄, 사탄, 그리고 세상으로서, 그들에게 다시 멍에를 채우려고 시도하며, 그 일에 실패하면, 그들을 괴롭히고 고통스럽게 만들려고 한다. 하지만 그중에서도 가장 큰 장애물은 불신이다. 그들이 그들을 위하시는 하나님을 신뢰하였더라면, 그들은 그들을 가로막는 모든 문제를 작게 여겼을 것이다.

둘째, 그들의 자원에 대한 것이다.
그들의 자원은 세 가지가 있다.

(1) 하나님의 섭리이다
그분이 그들을 홍해까지 이끌어오셨다. 그들을 거기까지 데리고 오신 그분은, 충분히 장애물을 헤치고 그들을 이끌어가실 능력과 지혜가 있으시다.

(2) 그분의 언약이다
그분이 어떻게 하시겠다고 약속하셨으면, 그분은 영예롭게 그 일을 반드시 행하실 것이다.

(3) 모세의 중보기도다
그는 그들이 알지 못 한때 그들을 위해 기도했다. 그처럼 그리스도께서 자기 백성을 위해 기도하신다. 아버지께서는 그분의 기도를 항상 들으시며, 그분의 기도에 항상 응답하셔서, 그들을 모든 고난 가운데서 건지시고, 또 계속해서 건지신다.

그것은 그리스도인의 경험에 관하여 내가 들어본 설교 중에서 가장 풍성하고 원숙한 설교 방식 가운데 하나였다. 한결 더 놀라운 것은 그것이 너무나 젊은 목사의 설교였다는 점이다. 그것은 신앙의 경험에서 그의 많은 청중을 훨씬 앞서는 설교였고, 그 설교자도 분명히 그것을 느꼈다. 하지만, 그러면서도, 그의 스타일은 아주 단순했고, 그가 제시하는 예화는 풍성하고 독특했으며, 그의 열정은 강렬했고, 그의 전달은 경탄스러울 정도로 완벽하고 자연스러웠다. 그런 것이 그의 청중에 대해 포괄적으로, 그리고 강력하게 말해준다. 그들 중 많은 사람, 그들 중 대다수가 '평범한 사람들'이었다. 그들의 서민적인 얼굴, 노동 때문에 갈색으로 그슬린 손, 그리고 대체로 그들이 입고 있는 빛바랜 의복들을 보았을 때, 나는 그에 관하여 전에 들었던 말을 기억하지 않을 수 없었다. '보통 사람들이 그의 설교를 즐겁게 듣는다'는 말이었다. 그렇다! 스펄전은 '보통 사람들'의 목사이다. 그는 자기 자신을 그렇게 간주한다. 내가 들은 대로, 그는 정말 그런 목사일 것이다. 행복하도다.

런던 사람들이여!

그런 목사를 가질 수 있다는 것이 행복인 줄만 안다면, 정녕 그들은 행복한 사람들일 것이다!

스펄전의 설교에 대해 다시 말하자면, 그것이 그들의 표정에 미친 영향이란 어떠했던가!

그들이 설교자에게 얼마나 집중하고 있었던가!

그가 하는 모든 말을 들으려고 그들이 얼마나 진지하였던가!

조금도 놓치지 않으려고 얼마나 주의를 기울였던가!

그들의 얼굴에서 눈물이 흐르는 것을 볼 수 있었다. 비록 그들 중 많은 이들의 얼굴이 창백하고 여위긴 했으나, 빛과 기쁨으로 빛나는 것처럼 보였으며, 눈부시게 미소를 짓고 있었다. 한 사람을 나는 특히 주목했다. 그는 분명 가난한 계층의 사람이었지만, 고상하고 지적인 용모를 지니고 있었다. 그의 얼굴은 완벽한 연구대상이었다. 그 설교자가 놀라운 것을 말할 때마다, 그는 의미심장하게 나를 쳐다보았고, 나도 그를 쳐다보았다. 예배가 마쳤을 때 나는 그와 진심으로 형제로서 악수할 수 있었다. 하지만 나는 곧 그를 무리 중에서 놓쳐버렸고, 다시 그를 보지 못했다.

그날 아침에 대해서는 이 정도로 마치려 한다. 이제 저녁 설교에 대해 몇 마디 적으려 한다. 우리는 안으로 들어가려면 일찍 와야 한다는 말을 들었다. 저녁에 모이는 사람들이 아침보다 많기 때문이라고 했다. 두 친구와 함께, 나는 6시경에 교회로 돌아왔다. 예배는 6시 30분에 시작될 예정이었다. 실망스럽게도, 우리가 도착했을 때, 이미 입장을 기다리며 문 앞에 기다리는 무리가 있음을 보았다. 이번에는 표를 가진 사람들만 들어가도록 허락되었다. 우리는 표가 없었으므로, 들어간다는 가망이 거의 없었다.

하지만 내 친구 중 하나가, 내가 아침에 어떻게 들어갔는지를 알고 있어서 그랬는지, 한 경찰관에게로 가서, 내가 스코틀랜드에서 온 성직자이며 들어갈 수 있기를 애타게 바란다고 말했다. 그 경찰관은, 이 말을 듣고 나서, 아주 공손하게, 우리가 교회로 들어갈 수 있도록 허락하겠지만 좌석은 장담하지 못하겠다고 말했다. 들어가는 것만으로도 우리에겐 만족이었다.

우리 중 (숙녀) 한 사람은 호의를 얻어 자리를 잡았고, 다른 친구와 나 자신은, '창에' 걸터앉도록 허락을 받은 나이 든 유두고처럼 행복했다. 우리 발아래 통로에는 빽빽이 모인 군중이 있었다. 나는 가까이에 있는 한 사람에게 그가 정기적으로 오는지를 물었다. 그가 그렇다고 대답했다. 내가 물었다.

"그런데 왜 당신은 자리를 확보하지 못하셨나요?"

"자리요?"

그가 대답했다.

"그런 것은 원한다고 잡을 수도 없고 돈으로도 못산답니다. 저는 입석용 표를 가졌을 뿐입니다."

그 교회는 1,500석의 자리가 있다고 나는 들었다. 주일학교 공간과 통로를 가득 메운다고 해도, 3,000석이 채 되지 못할 것이라고 했다. 예배는 찬송으로 시작되었고, 회중은 선 채로 노래를 불렀다. 그런 노래를 나는 들어본 적이 없다. 그것은 마치 '많은 물소리'와 같았고 또는 천둥소리와 같았다. 그 회중에서는 오르간이 필요 없었다. 가장 강력한 오르간이라 할지라도, 살아있는 그 많은 인간의 성대에서 우러나는 소리에 묻혀 들리지 않을 것이기 때문이다.

다음에는 기도 순서였다. 얼굴 생김새와 골격으로 말하자면, 스펄전 씨에게서 아직 경외의 마음이 우러나는 것은 아니라고 말할 수 있다. 하지만 그 기도는 내가 들었던 가장 두드러지고 인상적인 기도 중의 하나였다. 그는 먼저 믿음이 굳센 신자들을 위해 기도했으며, 다음에는 신앙이 쇠퇴하는 사람들을 위해, 다음에는 여러 다른 유형의 상태에 있는 사람들을 위해 기도했다. 잠시 멈춤이 있더니, 그 후 그는 회심하지 않은 사람들을 위해 기도했다. 그가 말했다.

"이런 상태로 참석한 어떤 사람들은, 십중팔구는, 그 교회나 다른 어떤 교회에도 다시는 가지 않을 것입니다―그날 밤에 마지막 설교를 듣는 자들이다―. 그들은 다음 주일 이전에 이 세상에 없을 수도 있습니다.
그들은 어디에 있게 될까요?
그들이 있을 곳은 한 군데밖에 없습니다. 지옥입니다!"
그런 다음 그가 또 말했다.
아니, 소리쳤다고 말해야 옳을 것이다.
"오! 하나님, 하나님! 그들이 멸망해야 합니까?"
주께서 그들을 구원하지 않으실 건가요?
이번 설교가 그들이 회심하는 수단이 되게 하시지 않겠나이까?"
효과는 압도적이었다. 많은 사람이 울었고, 나도 그들 중의 한 사람이었다고 말하는 것이 부끄럽지 않다. 설교 본문은 시편 126편 1, 2절이었다.

여호와께서 시온의 포로를 돌려보내실 때 우리는 꿈꾸는 것 같았도다. 그때 우리 입에는 웃음이 가득하고 우리 혀에는 찬양이 찼었도다(시 126: 1-2).

본문에서 우러나온 주제는 <젊은 회심자의 기쁨>이었다. 이 설교는, 어떤 면에서, 아침의 설교에 미치지 못했다. 하지만 다른 면에서, 특히 크고 다양한 회중에 대한 적합성 면에서는, 아침의 설교보다 뛰어났다. 약간의 묘사가 있었다. 특히 새롭게 해방된 노예의 기쁨, 자유가 된 기쁨에 취한 모습에 대한 묘사는, 디킨스 작품에서의 묘사 또는 다른 걸작품 소설의 묘사에 필적하였다. 아픈 사람이 건강해져서, 회복된 후 처음으로 런던 거리를 왔다 갔다 활보하는 모습의 묘사 역시 마찬가지로 근사했다.
하지만, 그 설교에서 본성에 대한 섬세한 묘사는 언급하는 것이 불가능할 것이다. 그 묘사는 그 거대한 회중 전체를 일순간 '친족'으로 만들었다. 안식일을 어기는 자 또는 다른 부류의 사람들에 대한 그의 맹렬한 비난은, 참회하는 자에 대한 그의 묘사가 부드럽고 마음을 녹이는 것만큼이나 생생했다. 그에게 유머가 없는 것도 아니었다. 이 점에서 많은 사람이 그를 공감이 부족하다는 이유로 거부하고, 그를 비난받을만하다고 생각한다. 하지만, 나는 그렇게 생각하지 않는다.
다른 사람들은 다르게 생각할 것이고, 또 그럴 수도 있다. 그의 취향은, 다른 사람들의 말에 따르면, 나쁘다. 종종 그런 경우가 있겠다고 나도 인정한다. 하지만, 연령에서 그가 아직 원숙하지 않았음을 생각해보라. 나는 그가 자만심이 가득하다는 말을 들었다. 나로서는 그것에 대해 어떤 증거도 찾지 못했다.

만약 내가 증거를 찾았다면, 그 이유 때문에 그의 설교를 평가절하해야 할까? 빵을 만든 사람이 자만심이 있다고 하여, 좋은 빵을 먹지 않을 것이라고 나는 말하지 않는다. 그의 자만심이 그 자신에게는 나쁜 일이겠지만, 그의 빵은 나에게 아주 좋은 것이다. 나는 스펄전이 결코 완벽하다고 생각지 않는다. 이 점에서 그는 화이트필드와 같지 않다. 화이트필드는 설교자로서 처음부터 마지막까지 완벽했다. 하지만 청중에 감화를 미치는 그의 능력 면에서, 특히 런던 사람에게 미치는 감화력 면에서, 나는 스펄전이 화이트필드보다 못하다고 생각지 않는다.

스펄전은 칼빈주의자이고, 지금 칼빈주의자는 런던에서 비국교도들 가운데서도 극소수이다. 그는 구원을 전하며, 인간의 자유의지(free will)가 아닌 주님의 은혜(good will)를 전한다. 염려스러운 일이지만, 런던에서 그렇게 전하는 사람은 거의 없다. 이 모든 것 때문에 우리는 스펄전의 등장에 크게 기뻐하며 환호하고, 또한 그가 특별하게 쓰임 받기를 기대하는 것이다.

복되도다. 항상 그 앞에 서서 그의 지혜의 말씀을 듣는 자들이여!(참조. 왕상 10:8).

나에 대해 말하자면, 내가 그들 가운데 섰던 그 날을 오래도록 기쁘게 기억할 것이다. 그리고 내 지역에 있는 교인들에게, 주일에 런던에서 보내야 할 때는, 내가 뉴 파크 스트리트교회에서 스펄전의 설교를 들으며 보냈던 것처럼 하라고 추천할 것이다.

* * *

스펄전이 케임브리지 리전트 가에 살던 그의 절친한 친구 J. S. 와츠에 보낸 다음의 편지는, 1854-1856년 사이에 그 젊은 목사의 경험을 기록하고 있으며, 당시에 일어났던 많은 유명한 사건들을 생생하게 설명해준다.

* * *

1854년 8월 25일,
도버 길 75번지

친애하는 친구에게

명성이란 것이 상습적인 허위의 조작자를 만든다는 것을 알고는 나는 무척 놀랍니다. 나는 지난 주간에 내가 죽지 않는 한, 수요일에 케임브리지에 가지 않는다고는 생각조차 하지 않았습니다.

이번 주간에, 나는 벅스(Bucks)와 경계선에 있는 하트퍼드셔(Hertfordshire) 트링(Tring)에 있었어요. 아름다운 언덕에 올라, 아래에 있는 에일즈베리(Aylesbury)의 멋진 계곡을 감상했답니다. 아침에는 산토끼를 놀라게 했고, 저녁에는 셀 수 없는 별들과 대화를 나누었지요. 나는 숲속의 작은 빈터와 골짜기, 언덕들과 계곡들을 좋아하는데, 그것들을 충분히 만끽했습니다.

지난 주간에, 나는 램즈게이트(Ramsgate)에서 설교하고 있었고, 마게이트(Margate)에도 잠시 머물렀으며, 배편으로 돌아왔습니다. 켄트(Kent)는 정말 창조주 하나님의 멋진 작품입니다. 그 지방을 가로질러 가다 보면 풍성한 수확물을 볼 수 있고, 또 모든 것이 하나님께 감사드리는 것처럼 보인답니다.

수정궁은 내가 자주 들르는 곳입니다. 언젠가 당신의 팔을 잡고 그곳으로 안내할 테니, 그 멋진 광경을 함께 볼 수 있길 바랍니다.

이제 뉴 파크 스트리트의 소식을 알리겠습니다. 우리는 너무 빠르게 진행하고 있습니다. 우리의 추수는 너무 많아 곡식 창고에 수용하기 어려울 정도입니다. 한 모임에서 우리는 확장공사를 의논하였고, 거의 만장일치로 이번 수요일에 다시 모이기로 했습니다. 그때 더 큰 시설을 마련하기 위해 즉시 위원회를 구성하는 일이 결정될 예정입니다. 화요일 저녁에는, 사람들이 빈자리를 찾기가 어렵습니다. 예배당 전체에서 빈자리는 열 석도 채 안 되는 것 같습니다.

주일에는, 모여드는 사람 수가 엄청나서, 미리 좌석을 예약한 사람도 자리에 앉을 수가 없을 정도입니다. 30분 전에 통로가 꽉 막히고, 많은 사람이 예배가 진행되는 동안 줄곧 서 있으며, 동료들 사이에 꽉 끼어버립니다. 무리 때문에 밖으로 빠져나갈 수도 없는데, 무리가 문을 봉쇄하고 있는 형세랍니다. 예배당 앞뜰에도 사람들이 가득하고, 소리가 들릴 수 있는 곳까지는 사람들이 빽빽하게 서 있습니다. 나는 주로 저녁 예배에 대해 언급하고 있는데, 아침에도 거의 다름없다고 말할 수 있습니다.

영혼들이 구원받고 있습니다. 내가 돌볼 수 있는 한계 이상으로 신앙 상담 요청이 많이 들어옵니다. 월요일과 화요일 저녁 여섯 시에서 일곱 시 사이에, 나는 내 목양실에서 시간을 보냅니다. 그때도 간단한 면담밖에 할 수 없고, 많은 사람을 만나지도 못한 채 돌려보내야 합니다. 주님은 놀라우신 분입니다. 한 친구가, 편지에서, 내 이름의 머리글자가 예언적이기를 바란다는 희망을 표현했더군요

C(찰스)	H(해돈)	S(스펄전)
위로(Comfort)	행복(Happiness)	만족(Satisfaction)

정말 그렇다고 나는 말할 수 있습니다. 왜냐하면, 내 영혼에 **위로**가 있고, 내 일에 **행복**이 있으며, 영광스러운 내 주님과 더불어 **만족**이 있으니 말입니다. 나는 당신의 친절한 환대에 빚을 지고 있습니다. 깊은 감사를 표합니다. 내 친구들 모두에게, 당신에게, 특히 당신의 아들과 딸들에게 사랑의 안부를 전합니다. 그들이 저를 기억해주는 것이 저에게는 기쁨입니다. 머지않아 내가 그곳에 내려가 그들을 만날 수 있길 바랍니다. 당신의 출입에 하나님의 복이 있기를 바랍니다.

당신의 신실한 벗,
찰스 해돈 스펄전.

* * *

1854년 10월 또는 11월] 토요일, 도버 길 75번지

사랑하는 친구에게

어떤 방법을 내서라도 만나고 싶었는데 그렇게 하기가 어려울 것 같습니다. 월요일 오전에 열차를 타고 내려갈 가능성이 거의 없습니다. 그러니 저

를 위해 식사를 준비하거나, 제가 올 것을 기대하지 말아 주세요. 오늘이 토요일이기 때문에, 나는 오늘 아주 간략한 편지를 쓸 수밖에 없습니다. 회중은 언제나처럼 가득합니다. 지난달에 25명이 교회에 가입했습니다.

이번 달에는 12명이 가입을 신청했습니다. 예배당 확장은 신속하게 시작될 것입니다. 1,000파운드가 필요합니다. 지난 금요일 저녁에 단 한 번의 모임이 열렸을 뿐인데, 이미 700 또는 800파운드가 모금되었습니다. 충분하고도 남을 재정이 마련될 것 같습니다. 다른 사람들을 시작하게 하려고 나 자신도 100파운드를 드렸습니다.

친구들은 확고합니다. 원수들은 놀랐습니다. 마귀는 화가 났습니다. 죄인들이 구원을 받습니다. 그리스도께서 높임을 받으십니다. 나 자신은 몸이 썩 좋지 않습니다. 확장에는 300석의 지정 좌석, 300석의 자유 좌석이 포함되며, 아직 용도가 정해지지 않은 200석이 추가될 예정입니다. 나는 이달에 익명의 기부자로부터 18파운드 5실링을 받았으며, 그것을 가난한 신자들과 아픈 사람들에게 주었습니다.

여러분 모두에게 사랑을 전합니다. 급히 서두르는 것을 양해 바랍니다. 잊은 것이 있네요. 기도회에는 평균 500명이 참석합니다. 주님께 영광을 돌립니다!

예수님 안에서 당신의 친구,
찰스 해돈 스펄전.

*　　　*　　　*

1855년 3월 23일,
도버 길 75번지

내 사랑하는 친구이자 형제에게

종종 나는 당신의 편지를 기다렸습니다. 하지만, 당신을 탓하는 것이 아닙니다. 나 역시 게을렀으니까요. 정말이지, 내 맘대로 쓸 수 있는 시간이 한 시간도 안 되는 것 같습니다. 나는 항상 매여 있습니다. 내 목소리를 들어야 하는 사람들로 인해 나는 거의 죽을 정도로 불편을 겪습니다. 엑서터 홀을 숨 막힐 정도로 가득 메우고, 스트랜드 거리를 꽉 막히게 하고, 그래서 보행자들을 샛길로 둘러 다니게 하고, 다른 교통수단을 정지시킬 정도가 되게 하다니, 한 사람의 작은 몸뚱이에 그런 능력이 있다는 것이 이상합니다.

「글로브」(The Globe)는 지난 석간에서, 화이트필드 시대 이후로 이런 종교적 열정이 넘치던 때는 없었으며, 웨슬리와 화이트필드의 영광도 그늘에 묻히게 될 위험이 있다는 식의 기사를 실었습니다. 사실 그 신문은 상당히 오랫동안 나를 걸어찼었지요. 그런데 이제는 나에게 알랑거리기 시작하는군요. 하지만 후자이건 전자이건, 우리 예배당에 사람들로 가득 채우는 일에 도움이 되는 것은 마찬가지입니다. 나는 눈 덮인 한밤중에도 가득한 청중을 확보할 수 있을 거라고 믿습니다.

금식일에 팔콘(Falcon) 광장 전체가 사람들로 붐볐습니다. 경찰이 분주하게 움직였고, 여성들이 비명을 질렀습니다. 나를 보고 몰려오는 무리가 두렵습니다. 이상한 말이지만, 내 청중의 10분의 9는 남자들입니다. 하지만 여성들은 엄청난 압박을 견디지 못합니다. 옷이 찢어지는 등의 일들이 일어나지요. 엑서터 홀에 오는 여러 부류의 사람들에 대해 들었습니다. 그들은 10-12마일 떨어진 곳에서 오기도 하고, 예배 시간 30분 전에 도착하는데, 그런데도 앞쪽이 아니라 문 가까이에 머물 수밖에 없다는 말을 들었습니다.

오! 맙소사, 군중이 나를 만족하는 것은 아닙니다!

열 배의 재능을 지닌 다른 설교자들이 있는데, 사람들은 대체 왜 그들의 설교에 코를 골고 있는 것일까요?

내가 믿는 한 가지 이유는, 그들이 **복음**이 무엇인지 모른다는 것입니다. 그들은 **칼빈주의 진짜 복음**을 두려워하며, 그래서 주님이 그들을 인정하시지 않는 것입니다.

영적인 문제에서, 나는 심하게 흔들렸으나 주님이 나를 지키셨습니다. 구름 속 어딘가에서 광대한 성운(星雲)처럼 어마어마한 조언이 친구들로부터 내게 주어졌습니다. 그들의 조언 중에서 대부분은 겸손에 대한 것이었지요. 내 주님만이 나를 겸손하게 하실 수 있는 유일한 분입니다. 내 교만은 지옥과도 같아서 지상의 어떤 사람도 그것을 억제할 수 없고, 그들의 어리석은 시도는 모두 허사입니다.

하지만 내 주님만은 그 일을 하실 수 있고, 또 그렇게 하실 것입니다. 이따금, 나는 나 자신의 무가치함을 깊이 인식하여 나를 천하의 바보천치라고 부릅니다. 그래서 교만이 나를 쳐다보지도 않고 지나치게 할 정도입니다. 평소에 그렇듯이, 지금 나는 바울과 더불어 이렇게 말할 수 있습니다.

아무것도 없는 자 같으나 모든 것을 가진 자로다(고후 6:10).

영혼들이 회심하고 있으며, 비둘기처럼 그들의 창을 향해 날아가고 있습니다. 성도들은 더욱 열심을 내고, 기도에서도 마찬가지입니다. 인위적인 교구 목사 중에서 다수가 사납게도 나를 향해 욕하지만, 다른 많은 이들은 분발하고 있습니다. 지금은 잠들 때가 아니기 때문입니다.

주님은 두루 행하고 계시며, 원수는 떨고 있습니다. 마귀가 어떻게 울부짖는가를 눈여겨보십시오—지난주에, 한 과장된 신문 기사가 났습니다. 드루어리 레인 극장(Drury Lane)과 연계된 '엑서터 홀 공연장' 기사는 어디서나 읽을 수 있을 겁니다. 「입스위치 익스프레스」와 「런던 엠파이어」 신문에서의 비방 글을 보십시오. 후자는 사과문을 실었습니다.

마귀는 얼마나 어리석은지!

만약 그가 나를 비방하지 않았더라면, 나는 그토록 많은 소중한 영혼들을 내 청중으로 얻지 못했을 것입니다. 언젠가는 케임브리지에 가서 내 **폭탄** 중 하나를 던질 수 있기를 바랍니다. 여러분은 약간 졸린 상태이고, 여러분을 깨워줄 '폭발'이 필요할 겁니다. (여기서 이름 초성이 J. S. W.인 신사분은 제외입니다.) 성 금요일에 갈 예정입니다.

당신의 집은 여전히 그 주교의 숙소로 사용되나요?

물론 그렇겠지요. 이제, 내게 편지를 쓰세요. 언제나처럼 당신을 사랑합니다. 제가 당신에게 큰 빚을 졌지요.

언제 한 번 와서 저를 만나지 않겠어요?

당신이 저를 위해 기도한다는 것을 압니다.

그리스도인의 사랑을 전하며, 당신의 가족 모두의 친절을 기억하면서,

당신의 한결같은 친구,
찰스 해돈 스펄전.

제23장 뉴 파크 스트리트교회의 부흥   515

*   *   *

[1855년 4월] 화요일,
도버 길 75번지

사랑하는 친구이자 형제에게

화요일에, 우편 열차를 타고 1시 30분에 당신에게 도착할 겁니다. 세인트 앤드루 가(街)에 있는 채플에서 설교하게 되어 기쁘지만, 여러분 모두에게 실망을 안겨주게 되었네요. 사람들은 어리석게도 나를 너무 많이 따라다닙니다. 점점 심해지고 있습니다.

지난 주일에는 엄청난 인파가 몰렸습니다. 엑서터 홀에서 아침과 저녁에 90파운드가 모금되었습니다. 화요일에는 쇼어디치(Shoreditch)에 있었습니다. 거기에 800명 혹은 900명이 있었는데 600명만 입장할 수 있었답니다. 밖에 있는 사람들에게 개인적으로 호소하자, 그들은 입장할 수 없어서 실망했지만, 그들 대부분은 흩어졌고, 나머지 사람들만 들어가서 예배를 드릴 수 있었습니다. 밖에 남은 사람들이 들을 수 있도록 창문은 열어 두었지요.

요셉은 여전히 궁수들에 의해 저격을 당하고, 심하게 고통스러워합니다(침례교 소식지, 연합장로교 잡지, 비평, 크리스천 뉴스, 기타 잡동사니 잡지들을 보세요). 하지만 그의 활은 강하고, 그는 떨지 않습니다.

오, 내 사랑하는 형제여! 시기심이 나를 심하게 괴롭힙니다. 현직 침례교 목사 중에 나를 인정하는 사람을 찾아보기 어렵습니다! 나는 사람에게 넌더리가 납니다. 하지만, 내가 선한 사람을 찾을 때, 그가 다른 사람들과 대조되기 때문에 나는 그를 더욱 사랑하게 되지요.

나는 방금 은으로 된 근사한 잉크 통을 받았습니다. 이런 글귀가 새겨져 있네요: '찰스 해돈 스펄전 씨에게, 전능하신 하나님 안에서, 사람들을 어둠에서 빛으로 인도하는 통로가 되신 것에 대해, 알디스(Alldis) 부부가 진실한 감사의 증표로 드림. 1855년 3월 30일.' 언제든 원할 때마다 그것을 쳐다볼 수 있을 테고, 그것이 보는 이에게 약간의 위로주겠지요.

이제, 안녕. 그리스도인의 사랑을 당신과 당신의 가족에게 전하며,

사랑의 빚을 진 찰스 해돈 스펄전.

* * *

[1856년 2월 23일],
서더크, 뉴 켄트 거리.

내 사랑하는 형제에게

어느 지친 병사가 무장한 채로 잠시 짬을 내어 자기 형제에게 편지를 씁니다. 이번 주간에 나는 열한 번 전투에 나갔으며, 다음 주에는 적어도 열세 번의 예배가 예정되었습니다. 작년에 교회에 더해진 수는 282명이며, 올해는, 석 달 동안 80명이 넘었습니다.

다음 달에 30명이 추가로 입회할 것입니다. 신실한 수백 명이 역시 입회를 요청하고 있습니다. 하지만 시간이 부족하여 더 많은 수를 받지 못합니다. 회중의 수는 엄청나서 「타임지」(The Times)마저 주목할 정도입니다. 모든 곳에서, 모든 때에, 사람들이 문까지 꽉 들어찹니다. 마귀는 정신을 바짝 차리고 깨어 있지만, 주님께서도 깨어 계십니다.

시장은, 비록 유대인이지만, 우리 교회에 온 적이 있습니다. 그가 내 목양실에 들어서 감사를 표하더군요. 나는 시장 관저에 가서 그를 만날 예정입니다. 경찰서장 역시 우리 교회에 왔고, 목양실도 방문했지요. 하지만, 더 좋은 것은, 약간의 도둑들, 소매치기들, 창녀들 등등이 왔다는 것이며, 그들 중 일부는 지금 교회에서 바르고 명예로운 신자들이 되었습니다. 한 때 '뜨거운 감자'처럼 난감하던 사람이 이제는 '스펄전 열성파'(a hot Spurgeonite)로 널리 알려졌습니다.

설교집이 잘 나가고 있습니다. 약 15,000부가 팔렸습니다. 아내도 잘 지내며, 모든 교인에게 사랑을 받습니다. 우리는 서로 기뻐할 충분한 이유가 있습니다.

나는 대충 제목을 쓰는 기분으로 쓰니, 세부 항목은 당신이 채우세요.

나는 이번 주에 레이튼 버자드(Leighton Buzzard), 푸츠 크레이(Foots Cray), 채텀(Chatham)에 갔습니다. 어디를 가도, 무리 때문에 여유가 없습니다. 다음 주에, 이런 일정이 잡혀 있습니다.

주일	오전과 저녁 예배, 뉴 파크 스트리트 오후, 주일학교 말씀
월요일	오전, 하워드 힌튼 채플 오후, 뉴 파크 스트리트 저녁
화요일	오후, 저녁, 레이튼
수요일	오전, 저녁, 시온 채플, 화이트채플
목요일	오전, 달스턴 저녁, 뉴 파크 스트리트
금요일	오전, 플레처 박사 채플 저녁, 로저스 씨 채플, 브릭스턴

서둘러 썼지만, 사랑을 전하며,

찰스 해돈 스펄전.

제24장

최초의 문학하는 친구들

> 나는 온 힘을 다해, 모든 인간으로부터 완전한 독립적인 지위를 획득하기 위해 분투해왔습니다. 때때로, 나는 많은 칭송을 얻어왔음을 발견하는데, 내 마음이 허물어지는 경우, 나는 그것을 알아차렸습니다. 그리고 다음번에 비난을 받고 욕을 먹을 때, 그 비난과 욕설을 매우 예리하게 느꼈습니다. 내가 칭송을 받아들였다는 그 사실이, 나로 비난에도 더 민감하게 만들었기 때문입니다.
>
> 특히 최근에, 나는 사람의 칭찬에 주목하지 않는 것처럼 비난에도 주의하지 않고, 단순히 이 사실만 붙들려고 노력해왔습니다. 나는 내가 행하려는 일에서 순수한 동기를 가진 것을 안다. 나는 오직 하나님의 영광을 바라며 그분을 섬기려고 노력하는 것을 자각한다. 따라서 나는 사람으로부터의 칭찬이나 비난을 받아들이지 않으며, 오직 독립적으로 옳은 일을 행하는 견고한 바위 위에 설 뿐이다.
>
> 찰스 해돈 스펄전

런던에서 스펄전의 사역 초기에 비록 많은 사람이 신문을 통해 그를 공격했지만, 기꺼이 그에게 도움이 되려 했던 충실하고 참된 친구들도 언제나 있었고, 또 그를 옹호하며 글을 쓴 친구들도 있었다. 이 장에서는 1855년과 1856년 사이에 인쇄된 우호적이고 중요한 기사들의 일부를 담고 있다. 이 글들은 당시 그 젊은 설교자가 견뎌야 했던 중상과 비방의 글들과는 뚜렷이 대조를 이룬다.

문필가 중에서 스펄전의 가장 뛰어나고 유능한 옹호자 중의 한 사람은 제임스 그랜트였다. 그는 「**모닝 애드버타이저**」(The Morning Advertiser) 편집인이자 경영인이었다. 동시대 작가의 증언에 따르면, 그 신문은 '일류 조간지의 반열에 올랐으며, 발행 부수나 영향력 면에서 「**타임지**」(The Times) 다음이었다.' 1855년 2월 19일 칼럼에 그가 실은 글은, 다음의 발췌문에서 그 취지를 확인할 수 있다.

1. 스펄전 목사

스물하나의 나이를 먹은 젊은이로서, 메트로폴리탄 설교자들 가운데 등장한 그의 이름은, 종교적 세계에 큰 선풍을 일으키고 있다. 그가 서더크의 뉴 파크 스트리트채플의 목사로서 정착한 지 불과 몇 주밖에 되지 않았을 때, 이미 그 널찍한 자리가 사람들로 꽉 찼으며, 예배 때마다 수백 명이 입장할 수 없어 되돌아가야 했다. 그 결과, 예배당을 확장하자는 동의가 이루어졌으며, 그 앳된 목사가 그 자신의 예배당이 다시 열릴 때까지, 8번의 주일에 엑서터 홀의 넓은 공간에서 설교하게 되었다. 거의 소년에 불과한 이 설교자의 인기가 얼마다 대단한지는, 어제 아침과 저녁 예배에 4천에서 5천 명을 수용할 수 있는 그 큰 강당이 빈자리가 없을 정도로 가득 채워진 사실로 충분히 확인할 수 있다.

스펄전은 침례교단에 속했다. 그는 키가 작고, 다소 뚱뚱한 체구에다가, 얼굴은 아주 넓고 큰 데, 그것이 그를 스물한 살이 아니라 스물여섯이나 스물일곱의 나이를 먹은 것처럼 보이게 한다. 그의 교리는 강경한 칼빈주의 학파에 속한다. 우리가 듣기로, 그는 비록 젊지만 폭넓은 지식을 갖추었고, 특히 신학적 주제에 대해서는 조예가 깊고, 교양 수준이 높다. 그가 탁월한 재능을 지녔다는 것에는 의심의 여지가 없다. 강단에서 그가 일단 고양되면, 그는 높은 차원의 웅변술을 구사한다.

정념(情念, pathos)에서 그는 탁월한데, 정작 그 자신은 이 사실을 인지하지 못하는 것 같다. 하지만 이 젊은 목사에게 있는 약간의 결점들도 언급하고자 하는데, 그 이유는 그가 더욱 크게 쓰이기를 기대하기 때문이다. 그는 대중의 주의를 끌고 집중시키는데 적합한 특별한 자질들을 소유했을 뿐 아니라, 회심하지 않은 사람들의 양심을 향해 진실하고 강력하게 호소한다. 진솔한 우정의 정신으로, 우리는 그에게 더욱 무게감 있고 진지한 면을 드러내도록 연구할 것을 권면한다.

우리는 또한 그에게 필연적으로 연극식의 ─거의 멜로드라마 같은─ 태도를 포기해야 한다는 점을 인식시키고 싶다. 그는 그런 태도에 몰입하는 습관이 있다. 그는 어제 엑서터 홀에서, 일종의 강단으로 사용하도록 정해진 좁은 지점에 자기를 한정하는 대신, 마치 드루어리 레인 극장 무대 위에서 흥미로운 비극을 공연하는 배우처럼 연단 위를 돌아다녔다. 대체로, 그는 복음 사역자의 성공에 필수적으로 요구되는 경외하는 태도를 바라는 것처럼 보인다.

하지만, 우리는 그가 이런 면에서 개선되기를 희망한다. 바로 그런 뜻에서 우리는 그에게 우정어린 충고를 제시한다. 그는 상당히 독창적인 설교자이며, 따라서 언제나 많은 회중을 끌어모을 것이다. 그리하여, 그가 아니라면 충실하게 전파되는 복음의 소리에 이끌리지 않을 다양한 계층의 사람들에게 큰 유익을 끼치는 탁월한 수단이 될 것으로 보인다.

그는 명백히 조지 화이트필드를 그의 모범으로 삼았다. 그리고 그 강단 웅변가의 황태자, 그 비길 데 없는 설교자와 마찬가지로, 그도 돈호법(頓呼法) 사용을 아주 좋아한다. 화이트필드와 마찬가지로, 그도 강력한 음성을 가지고 있다. 때때로 그의 음성은, 너무 높이 올라가지만 않으면, 더 듣기 좋으면서도 더 인상적으로 들릴 것이다.

스펄전 자신의 증언도 그가 명백히 조지 화이트필드를 그의 모범으로 삼았다는 제임스 그랜트의 주장을 확인해준다. 그는 1879년 이렇게 썼다.

조지 화이트필드와 같은 사람에게 끌리는 관심은 끝이 없다. 종종 그의 생애를 읽을 때, 나는 그 내용을 펼칠 때마다 분발하게 되는 것을 뚜렷이 의식한다. 그는 진정 살아있었다. 다른 사람들은 그저 반쯤 살아있는 것처럼 보이지만, 화이트필드의 삶은 온전한 삶이었고, 불이었고, 날개였고, 힘이었다. 만약 내가 내 주님께 대한 합당한 순종의 관계 속에서, 나 자신의 모델이라는 것을 가질 수 있다면, 조지 화이트필드가 바로 그 사람이다. 하지만, 나는 그에 미치지 못하는 발걸음으로 그의 영광스러운 길을 따라가야 한다.

*　　　*　　　*

스펄전의 삶과 사역에 관한 해설이 1855년 9월 21일 「**패트리엇**」[1](*The Patriot*)

---

[1] 수사법의 하나로 사람이나 사물의 이름을 불러 주의를 새롭게 환기하는 변화법의 일종이다.-역자주

에 실렸다. 다음 내용은 그 젊은 설교자에 대한 작가의 친절한 표현 중의 일부를 옮긴 것이다.

비록 찰스 해돈 스펄전 목사의 이름이 이 신문 칼럼에 자주 언급되긴 하지만, 우리는 독자들에게 그의 설교에 관하여 어떤 공식적인 해설도 제공한 적이 없다. 하지만 매 주일에 엑서터 홀을 가득 메웠던 사람들, 그가 서더크 다리 너머에 있는 뉴 파크 스트리트의 확장된 예배당으로 돌아간 후에도 여전히 그의 설교를 듣기 위해 몰리는 거대한 군중을 보면, 호기심이 발동되지 않을 수 없다. 야외에서 일만에서 일만 이천 명을 모을 수 있었던 한 젊은이에게는 틀림없이 무언가 특별한 것이 있을 것이다.

그가 북부 지방을 방문했을 때 처음에는 의혹에 찬 냉대를 받았지만, 이윽고 저 마땅찮던 스코틀랜드 사람들로부터 확고하고 열광적인 관심을 끌게 되었다. 비록 그가 '그들은 모두 얼음덩어리로 만들어진 사람들처럼 보였다'고 말했지만, 그들의 반응은 달라졌다.

스펄전의 설교를 들으러 갈 때 '이 말쟁이가 무슨 말을 하려는가?' 의심하던 사람들이, 얼마 못 가서 그의 강론의 방식과 다루는 문제에서 더 이상 의문을 품지 않는다. 우리는 직접 스펄전의 설교를 한 번 들었지만, 계속해서 예배당 입장권을 확보하지 못했다. 우리는 억지로 인파 사이를 뚫고 제의실 옆으로 들어갔고, 거기서 설교자의 말소리를 들을 수 있었지만, 그의 모습을 볼 수는 없었다.

우리는 그가 과장하지 않고 특이하지도 않음을 알게 되었다. 그의 음성은 맑고 경쾌했다. 그의 언어는 평이했다. 그의 문체는 물 흐르듯 거침없으면서도 간결했다. 그의 방식은 명료하고 질서가 있었다. 그가 다루는 문제는 건전하고 적절했으며, 그의 어투와 분위기는 다정했다. 그의 진술은 언제나 동정에 차 있으면서도 날카로웠다. 때로는 친숙하고 일상적인 대화체 언어를 구사하지만, 결코 가볍거나 조잡하지 않았으며, 결코 불경스럽다고 할 수 없었다.

단 한 번의 설교로 판단하는 것이지만, 우리는 그가 칼빈주의라고 불리는 형태의 명백하고, 충실하고, 강력하고, 다정한 설교자가 되리라고 생각했다. 우리의 판단이 아주 우호적이었던 이유는, 그에게는 자기 나이를 초월하는 견고함이 있었고, 그에게서 아주 젊은 설교자들의 자연스러운 특징인 미숙한 화려함을 거의 감지할 수 없었기 때문이다.

설교자로서 스펄전에 대한 우리의 견해는 그의 출판된 설교문을 정독하면서 다소 수정되었다. 그의 설교문은 값싼 형태로 제작되었고, 쉽게 구매할 수 있도록 인쇄된 것으로 보인다. 이것이 그를 우리가 생각했던 것 이상으로 더 특별한 사람으로 보이게 했다. 그는 우리가 처음에 생각했던 것처럼 과시적인 것과는 거리가 먼 사람이다. 하지만, 비평의 차원보다는 정보 제공의 목적을 위해 우리는 그 설교문의 주제를 언급해야 한다.

어디서 그런 대의명분이 솟아나는 것일까?

그의 순진한 성품에서 솟아나는 힘이든, 또는 그 바탕 위에 하나님의 은혜에 의해 부여된 활력이든, 스펄전의 인쇄된 설교에는 그를 탁월한 사람으로 두드러지게 하는 것이 있었다.

설교에서 다양한 스타일의 모델들은 너무 많아서, 독창성이란 희귀하게 나타날 수밖에 없다. 하지만, 그는 독창적인 천재로 보인다. 핵심을 찌르는 제이(Jay)의 특징, 롤런드 힐(Rowland Hill)의 선명성에, 그는 상당한 친숙함을 더한다.

물론 그것은 헌팅턴(Huntington)처럼 극단적 칼빈주의 설교자들의 조악한 언어 구사와는 다르다. 그는 '신앙의 세계에서 복음의 옛 교리들을 더욱 부각할 수 있었던 것은 나의 특권이었습니다'라고 말한다. 하지만 그의 자질들은 스스로 형성되었으며, 그에 수반되는 요소들 역시 모방의 개념과는 멀고, 그의 견해 역시 독특한 면을 지닌 것으로 보인다. 설교의 문체나 구조, 그리고 전달 방식에 있어서, 인위적인 기교나 연구 또는 정교한 다듬기는 없다.

하지만 각 설교에는 시작이 있고, 중간이 있고, 끝이 있다. 주제는 적절하게 언급되면서 소개되고, 또한 세분되고, 논해지며, 강조되고, 적용된다. 하지만 모든 것이 힘들이지 않고 전개된다. 일상 대화처럼 쉽고 자유로우며, 꾸밈이 없고, 그러면서도 힘이 있으며, 표현은 자연스럽게 솟아나는 듯하다.

스펄전은 우리가 작문이라는 것을 생각할 때 필요하다고 여겨지는 요소들을 기다리지 않는다. 주의를 끄는 것, 관심을 유지하는 것, 인상을 오래가게 하는 요소를 모두 거절한다.

그의 생각의 그릇은 능숙하게 구사하는 색슨 말로 채워지고, 그것이 그림을 그리는듯한 방식으로, 또한 때로는 생생하고 극적인 방식으로 청중의 생각에 전달된다. 지배적인 큰 원리들이 자유롭게 표현되고, 종교적 경험, 과거, 현재, 그리고 미래가 살아있는 행위처럼 제시된다. 연결의 관점에서 테스트한다면, 스펄전은 이따금 부족한 것이 발견될 터이지만, 그로서는, 마치 거울에 비치는 모습이 실제의 얼굴에 반응하듯이, 그의 언어가 설교를 듣는 사람들의 마음에서 반응을 일으키는 것으로 충분하다.

이 목적이 이루어진다면, 뒤섞인 은유나 수사학적 오류에 그가 신경 쓸 이유가 무엇인가?

그의 목표가 동시대의 멜빌이나 해리스 같은 사람들의 맞수가 되는 것으로 해도, 그는 재능이나 교양에서 뒤떨어지지 않는다. 이에 더하여, 그에게는 사람이나 책을 통해서 소위 학식이라고 하는 것을 모으고, 모든 것을 활용할 수 있는 재능이 있다.

하지만 그의 유일한 목표는 복음을 전하는 것이기에, 그의 성공은 인간의 지혜로운 말을 매혹적으로 구사하는 것에 있지 않고, 도리어 성령의 능력에 있으며, 또한 그런 관점에서 사람들의 기도에 달려 있다.

스펄전 씨는 예화를 사용하는 면에서 상당한 소질을 나타낸다. 오래된 책에서뿐 아니라, 현대의 삶과 문학에서, 그리고 가장 친숙한 일상 이야기에서와 공적인 사건들을 통해서도 예화를 찾아낸다. 예를 들어, 그는 전쟁을 비유로 들어, 신자는 '자기 속에 폭탄을 지니고 다니기에, 조금이라도 유혹의 불꽃이 튀면 언제든 폭발할 수 있다'는 아이디어를 끌어낸다. 비슷한 방식으로, 그는 적군의 조준 사격에 장교들이 치명적인 노출을 당하는 경우를 비교하여, 비록 그 결과에서는 큰 차이가 있으나, 기독교 사역자들은 특이한 방식으로 적들의 공격에 노출되기 쉽다는 교훈을 들려준다.

그는 말한다.

"우리 중에 어떤 이들은 하나님의 군대에서 장교들입니다. 그래서 우리는 원수의 저격수들에게 표적이 됩니다. 앞으로 진격하면서, 우리는 적군의 사격에 노출됩니다. 하나님의 장교들 가운데서 전투에서 한 사람도 쓰러지지 않은 것이 얼마나 큰 은혜인지요! 하나님이 언제나 그들을 지키십니다!"

그의 설교에는 경구적이며 날카로운 표현들이 넘친다. 그것은 종종 그의 천재성의 두드러진 증거이기도 하다. 언어의 힘과 아름다움이 나타나는 경우는 쉽게 찾아볼 수 있으며, 그것이 그가 높은 수준의 웅변술을 지녔음을 시사한다. '반짝이는 눈에 비친 쾌활함과 허공을 걷는듯한 사랑'은 근사한 표현이다.

겨울은 꽃들을 죽이는 것으로 묘사되지 않고, "흰색 털 같은 눈으로 그것들을 덮어주는" 것으로 묘사된다. 또한, 겨울의 태양을 꺼지는 불이 아니라 구름 뒤에 숨는 모습으로 묘사하며, "차를 끓이듯 여름을 준비한 후, 다시 그 모습을 드러낼 때, 그것은 구름을 4월의 소낙비로 떨어지기에 적당하게 만들며, 그 소낙비들은 모두 5월의 꽃들의 어머니다."라는 식으로 묘사한다.

하나님은 "우리의 기도들을 장미의 잎들처럼, 그의 기억의 책갈피에 끼워두신다. 마침내 그 책이 펼쳐질 때, 거기서 아름다운 향기가 솟아나게 될 것이다." 죄인이 듣기에 "전보를 앞지르는 것이 하나 있습니다."

그들이 부르기 전에 내가 응답하겠고 그들의 말을 마치기 전에 내가 들을 것이다 (사 65:24).

기억은, 타락에 의해 오염되었기에, 다음과 같이 묘사된다.

"레바논의 삼림의 영광스러운 목재들이 망각의 물줄기를 따라 떠내려가는 과정을 겪습니다. 마침내 기억은 소돔이라는 도시에서 나오는 온갖 더러운 부유물이 떠다니는 쓰레기 더미에서 멈춥니다."

진기하면서도, 힘과 진실을 담아, 사회의 계급 감정에 대해서는 이렇게 묘사한다.

"영국에서, 소버린(sovereign, 군주 및 1파운드 금화를 나타내는 이중적인 뜻-역자주)은 실링(shilling, 1실링은 1파운드의 1/20)에게 말을 걸지 않으며, 실링은 6펜스 동전(sixpence, 1페니는 1파운드의 1/100)에게 말을 걸지 않고, 또 6펜스 동전은 1페니 동전에게 말을 걸지 않습니다."

스펄전이 번개를 가리켜 '구름을 가르고, 하늘을 찢는다'고 말하고, '강한 손이 태양으로부터 풋내기 혜성들을 부화시킨다', '하나님이 그의 경이로운 저음으로 말씀하시는 동안 별들은 그들의 음악을 멈춘다'고 말했을 때, 그의 묘사에는 진기하면서도 생생한 힘이 느껴진다.

스펄전의 사상의 주된 특징은 그가 복음의 전파와 시민의 자유 증대 사이의 관계를 표현했을 때, 그의 경탄스러운 생각에서 잘 드러날 것이다. 특징을 설명하는 면에서 그의 세밀한 기술은, 현대판 편견에 사로잡힌 유대인과 조롱하는 헬라인을 생생하게 묘사할 때 잘 드러난다.

인정사정 없이 정확하게, 혹독하게 비꼬면서, 그는 현대의 신앙고백자들이 성경을 얼마나 소홀히 여기는지를 꾸짖는다. 극적으로 묘사하고 설명하는 능력으로, 그는 죽어가는 그리스도인과 사망 사이, 심판장이신 예수와 의롭다고 인정된 죄인 사이를 생생하게 묘사한다. 미묘한 주제를 다룰 때는 그의 정제된 기술이 드러난다. 요셉의 재판에 관한 은근하면서도 인상적인 묘사가 그런 경우이다.

그는 죄인을 '자기 정욕이라는 야생말에 묶인 채로 태워져서, 뒤를 쫓고 있는 지옥의 늑대들과 함께 질주하는 인물'과 비교하였다. 마침내 그는 어느 강력한 손에 의해 멈추어지고 해방된다. '사람들의 그리스도'라는 제목의 그 설교는 우리 주님의 부활에 대한 아주 놀라운 묘사를 담고 있다. <영원한 집>이라는 제목의 설교에서, 저 죽어가는 강도의 회심 이전과 이후의 대조가 강력하게 묘사되어 있다. 한 죄인이 자기 손아귀에서 빠져나간 것에 대해, 사탄의 격노가 아주 생생하고도 장엄하게 묘사되었다. <성경>이라는 제목의 설교에서는 성경 저자들 각각의 특징이 그들의 독특성과 언어 구사에 대한 뛰어난 설명이 제시된다.

사랑하시는 자에게 잠을 주시는도다(시 127:2).

이 말씀에 기초한 아름다운 설교에서는 그가 거장임을 확인해주는 다양성과 힘이 드러난다.

*　　　*　　　*

1856년 2월 18일, 그의 첫 칼럼을 실은 지 꼭 한해가 지난 후에, 제임스 그랜트는「모닝 애드버타이저」에 다음과 같은 글을 실었다.

조지 화이트필드 시대 이후, 목사로서, 그토록 짧은 시간에, 이 침례교 설교자만큼 큰 명성을 얻은 사람은 없었다. 그는 청년에 불과하다. 완벽한 풋내

기이며, 21세에 지나지 않는다. 그런데도 그는 비교할 대상이 없을 정도로 이 시대의 가장 인기 있는 설교자이다.

나라 전역을 통틀어 그렇게 엄청난 군중을 모을 수 있는 사람은 없다. 누구도 스펄전처럼 완벽하게 청중의 관심을 사로잡거나 그들의 마음을 즐겁게 하지 못한다. 어떤 부분에서는 청중의 양심에 호소하고, 또 어떤 부분에서는 부주의한 자들을 꾸짖으며, 그의 설교는 아주 수준 높은 웅변적 힘의 표본을 보여주는 것 같다.

이 유능하고 웅변적인 설교자가 처음으로 종교적 세계의 지평에 그 모습을 드러냈을 때, 그리고 메트로폴리스에서 그의 탁월함으로 대중을 매료시켰을 때, 우리는 그가 매일 마시는 인기의 잔에 취하거나, 혹은 다양성의 결핍 때문에 그가 갑자기 획득한 명성을 유지할 수 없을 것이라고 염려했다. 그런 결과는 일어나지 않았다. 그의 결점들이 무엇이건, 한 사람으로서나 복음 설교자로서나, 그가 대중의 갈채 때문에 못쓰게 되었다고 말하는 것은 합당치 않다.

본래 그는 적지 않은 자부심을 지니고 있었다. 하지만 매일 확대되어가는 명성과 더불어 그의 자만심이 자라가기는커녕, 오히려 그는 깜짝 놀라 응시하는 우리 앞에 처음 혜성처럼 나타났을 때보다 더 겸손해지고 더 차분해진 것처럼 보인다.

우리의 또 다른 염려는, 설교자로서 그의 탁월함이 유지되지 못할 수도 있다는 것이었다. 결과적으로, 우리가 기쁘게 말할 수 있거니와, 우리의 우려는 아무런 근거가 없었음이 판명되었다. 어떤 면에서나, 질이 떨어진 것이 없다. 반대로, 어떤 면에서, 그는 시간이 지날수록 좋아지고 있다. 우리는 그의 놀라운 독창성이 처음보다 더욱 진보한 모습을 볼 수 있을 것으로 상상한다.

그 지방 신문의 초기의 우호적 기사의 표본으로서, 1856년 2월 23일자 「서부 타임즈」(*The Western Times*)에 실린 다음의 글을 제시할 수 있다.

2. 또 하나의 비범한 설교자

이 나라의 기독교 침례교단에서, 이따금 성경과 학식에서, 그리고 큰 재능과 강단의 웅변에서, 비범한 목회자들이 등장했었다는 것은 주목할만한 사실이다. 우리는 케리(Carey) 박사, 길(Gill) 박사, 리폰(Rippon) 박사, 브리스틀의 저명한 로버트 홀(Robert Hall, 그의 설교를 사륜마차와 통조림도 기쁘게 들었다고 함), 그리고 이 특이한 재능의 증거를 지닌 다른 많은 사람을 언급할 수 있다. 침례교인들 가운데 또 하나의 빛이 등장한 것으로 보인다. 그 빛은 일찍 사라지지 않는다면, 작고한 저명 인사들과 충분히 견줄만하다.

우리는 찰스 해돈 스펄전 목사를 말하고 있다. 그는 비록 21세라는 나이에 막 등장했지만, 강단과 언론에서 종교적 세계를 놀라게 한 것으로 여겨진다. 이 젊은 침례교 목사의 설교는 브리스틀에서 짧은 시간에 큰 선풍을 일으켰으며, 다른 지역들 방문에서도 큰 관심을 불러일으켰다.

스코틀랜드에서 글래스고우를 비롯한 여러 지역에서, 이 재능있는 젊은 목회자는 경이로운 영향을 끼쳤으며, 수많은 청중의 마음속에 '영원한 복음'에 담긴 구원의 진리를 심어주었다.

스펄전 목사에게 있는 특징 중 한 가지는 그가 단연코 '일반 백성 중의 한 사람'이라는 점이다. 그는 부여받은 은사들과 은혜에 의해, 교회의 위대한 머리이신 그리스도를 세상에 나타낸다. 그리스도께서 '지상에서 육신의 장막에 거하실 때' 낮은 어부 계층에서 그의 사도들을 부르신 것처럼, 그분이 하늘에 계신 지금도, 이 세련된 사회의 노동자 계층에서, 그분은 계속해서 품꾼들을 그분의 포도원 안으로 불러들이신다.

1856년 3월 4일, 또 다른 우호적인 기사가 「기독교 주간 뉴스」(*The Christian Weekly News*)에 실렸다.

위대한 웅변가들은, 강단이든, 연단이든, 상원에서든, 많은 친구와 적을 만든다. 이는 피할 수 없는 일이다. 하지만, 지금 이런 결과에 대한 이유를 조사하거나 제시하는 것이 우리의 목적은 아니다. 주어진 사실로만 볼 때, 우리는 저 젊은 목사에게 듬뿍 안겨진 갈채와 모욕을 설명할 길이 없다.

이 메트로폴리스에서 그의 출현과 수고는 종교적 사회를 온통 흥분시켰고, 그것을 넘어, 비록 감탄까지는 아닐지라도 관심과 놀라움을 불러일으켰다. 이제 겨우 청년의 나이에 불과하고, 비교적 정식 교육을 받은 것도 적으며, 무명의 상태에서, 그는 세상에서 가장 큰 이 도시에 들어왔다. 그리고 거의 동시에 이 도시에서 가장 호감을 얻는 설교자들보다 더 많은 청중을 확보했다.

거의 매일 그는 읍과 시골의 여러 지역의 강단에 서며, 어디에서나 넘쳐날 정도의 회중을 맞이한다. 예상할 수 있는 일로서, 그의 설교를 들은 많은 사람이 돌아갈 때는 그의 이름을 들먹이며 욕을 한다. 그런 한편, 훨씬 더 많은 수의 사람들은, 그의 진지함에 자극을 받고, 그의 논증에서 가르침을 받으며, 그의 감각적 호소에서 마음이 녹는다.

우리는 그의 청중 가운데에는, 거의 모든 기독교회 분파에서의 사역자들, 사회 각 분야에서 자선과 전도를 위한 단체의 후원자들로서 잘 알려진 평신도들, 그리고 최고 행정관으로부터 교구 직원에 이르기까지 이름이 알려진 시민들이 포함되어 있음을 볼 수 있었다.

그런 **열광**을 일으키는 사람은 틀림없이 그의 직종에서 흔히 발견되지 않는 어떤 능력을 소유하고 있다는 생각은, 그를 폄훼하는 사람들에게는 의문시될 뿐이다. 그 능력이 육체적인 것인지, 정신적인 것인지, 도덕적인 것인지, 혹은 그 모든 것을 잘 뒤섞어놓은 것인지는, 그를 따뜻하게 지지하는 많은 사람에게도 하나의 질문으로 남아 있을 정도로 아직 충분히 판단이 서지 않는다. 우리가 생각하기에, 지금 우리가 앞에 펼쳐 놓고 있는 설교문을 주의 깊게 살펴본다면, 그것이 그들이 판단을 내리는 데 도움을 줄 것이다.

우리 의견에, 그 이유에는 그의 무한한 인기 탓으로 돌릴 수 있는 부분도 있다. 우리는 그의 젊음, 그의 헌신, 그의 진지함을 열거할 수도 있지만, 특히 전율하게 만드는 웅변을 꼽을 수 있다. 그의 웅변은 주일 아침에 엑서터 홀에 모이는 수천 명의 마음의 수문을 단번에 열 수 있다. 주님께서 그분의 오른손의 한 별로서 그를 계속해서 붙들어주시길! 또 그를 도구로 쓰셔서 많은 영혼을 그분의 사랑과 은혜의 홀 앞에 엎드리게 하시길!

*　　　*　　　*

"최초의 문학하는 친구들"의 목록에서 에드윈 팩스턴 후드(Edwin Paxton Hood) 목사를 뺄 수는 없을 것이다. 그의 책 『성전의 등불』(*The Lamps of the Temple*)은 1856년에 출간되었고, 거기에는 스펄전에 관한 길고도 우호적인 글이 실렸다. 그 글 중간에서 작가는 이렇게 말한다.

> 아직 소년에 불과한 사람, 이 소년 설교자를 이 시대의 가장 주목할 강단의 명사라고 말해도 지나치지 않다. 모든 저명인사 중에서도, 그와 같은 인기를 구가하는 사람은 없다고 인정해야 할 것이다.
> 무엇보다, 이 젊은 설교자에 대해 목회 사역에서 그의 형제들('형제들'이라고 말해야 할까?)이 대하는 태도가 적절한가?
> 우리는 그들이 대체로 그를 '검은 양'처럼 간주해왔다고 이해한다. 그의 성품은 훌륭하며 나무랄 데가 없다. 그의 교리에는 위험한 이단 사상이 전혀 없다. 그런데도 그는 여전히 터부시되고 있다. 일전에, 아주 저명한 목회자가 시골에서 한 예배당 개소식에 초대된 적이 있다.
> 아마도 그는 런던의 비국교도 목회자 중에서 가장 유명할 것이다. 하여간, 그가 저녁 예배 순서를 맡았는데, 스펄전이 오전 예배를 맡았다는 것을 알게 되었다. 그는 그 일에 엮이는 것을 심하게 반대하며 거절했다. 참 딱한 일이었다.
> 우리는 의무상 어쩔 수 없이, 그 딱하고 시기심 많은 사람에게 엄청날 정도로 유감의 뜻을 표명해야 했다. 그는 경쟁자의 그림자가 자신이 설 강단에 먼저 드리우는 것을 두려워한 것이다. 대체로 목회자들은 이 사람의 출현을 반기지 않았다. 그 젊은이의 강력한 복음을 들으러 오는 수만 명의 인파는 그런 목회자들의 불쾌함을 누그러뜨린 것이 아니라, 오히려 짜증만 나게 했을 것이다. 그 설교자에게 가해지는 수많은 비판을 접하기란 아주 쉽다. 그런 비판 중의 상당수가, 비록 대부분이 그렇다고 말하지는 않겠지만, 아주 가혹하다. 그는 허리케인처럼 험악한 진술과 욕설의 대상이 되는데, 아마도 그의 인기의 상당 부분은 이 압도적인 저주의 말 덕분일 것이다. 한 가지는 분명하다—스펄전의 등은 넓고, 그의 피부는 두껍다는 것이다.

우리가 생각하기에, 그는 많은 비판을 견딜 수 있으며, 그것 때문에 놀라 움찔하지도 않는다. 갓 스무 살 먹은 사람이지만, 그는 지금 영국 전역에서 대화의 화두이자 논평의 주제이다. 그의 비평가 중에는 더러 지나치게 가혹한 사람들도 있지만, 그는 그들의 혹평에 개의치 않으며, 빈번하게 솔직하면서도 따뜻한 선의로 반응한다. 의심의 여지 없이, 그 소년은 건방지고, 그것도 아주 건방지다. 그렇지 않았더라면, 그 나이에, 그런 위치에 있지도 않을 것이고, 그런 일을 할 수도 없었을 것이다.

우리는 스펄전에게 그의 정신과 방식을 형성하는 데 영향을 준 본보기들이 있다고 들었다. 우리는 그 말이 의심스럽다고 여기지만, 하여간, 그는 그것들을 그대로 모방하며 따르진 않는다. 로버트 홀(Robert Hall)은 케임브리지의 로버트 로빈슨(Robert Robinson)을 모방했다는 비난을 받았다. 사실, 두 사람의 사상에는 조금도 닮은 것이 없다.

스펄전이 로버트 홀과 윌리엄 제이(William Jay)를 모방했다는 말을 듣는다. 분명 그는 그 둘의 책을 모두 읽었을 것이다. 하지만, 그의 스타일은 전적으로 그들의 방식과 다르다. 아마도 그는 윌리엄 제이의 계획과 방식의 일부를 활용하는 듯하지만, 그것이 전부다. 하지만, 로버트 홀에 대해서는 서로 닮은 것과는 거리가 멀다. 스펄전은 모방할 수 없는 그 거장의 순결이나 능력이 없고 속도도 없다.

스펄전은 홀이 자리 잡았던 눈부신 지성의 창공에서 빛을 발하기에는 적합하지 않다. 우리는 스펄전에게 매우 다른 위치를 부여해야 한다. 그에게는 억제되지 않고 규율이 없는 허비(Hervey)의 상상력이 있다. 그에게 허비에 있던 우아함은 없지만, 그 대신, 버리지(Berridge)의 해학과 롤런드 힐(Rowland Hill)이 전성기에 보이던 진지함이 있다. 하지만 공적 연설에 대한 평가에서, 우리는 조심스러워 하면서 너무 멀리 걸어온 것 같다.

세련된 취향을 가진 사람의 귀에 심하게 신경 거슬리는 말을 쓰지 않기로 작정한 사람은, 널리 환영받기가 어려울 것이다. 사람들은 자기를 낮추어 그들의 표현 양식을 활용하는 사람을 좋아한다.

가장 위대한 설교자들은—이 나라의 위대한 사도들이 그랬듯이—언제나 그랬다. 보쉬에(Bossuet), 마시용(Massillon), 홀, 차머스(Chalmers), 맥컬(McAll)은 강단의 박사들이었다. 그들의 발치에는 그 시대의 세련, 학식, 공손함이 자리 잡았다. 하지만 루터, 라티머(Latimer), 세인트 클라라(St. Clara), 녹스(Knox), 화이트필드, 크리스마스 에번스(Christmas Evans), 이런 사람들은 언제나 당시 유행하는 방언을 사용하였고, 그렇게 하여 그들의 청중을 향해 강력하게 말할 수 있었다.

이 젊은이에게서 직접 설교를 듣거나 그에 대해 소문을 들었을 때, 많은 사람이 반복해서 제기했던 한 가지 질문이 있다.

"그가 오래갈까?"

"그가 견딜 수 있을까?"

그에 대해 우리는 항상 이렇게 답변해왔다.

"안될 이유가 무엇인가?"

일견하면, 이 설교들을 생산해내는 일에 중압감은 보이지 않는다. 전체적으로 볼 때, 이 설교들은 자연스럽게 솟아나는 대화처럼 보인다. 그 설교자는 자기 속에 가득하여 넘치도록 솟아오르는 것을 말하며, 앞서 말했듯이, 한 주에도 여러 번씩 말한다.

그의 설교 중 일부는 정신적 빈곤의 특징을 보이지만, 어떤 것은, 그리고 대부분은, 엄청난 정신적 풍부가 그 특징이다. 모든 설교자에게 그렇듯이, 한밤에 등불의 기름을 소비하는 설교자들에게도, 한주에 한 편의 설교를 준비하는 것만으로도 자랑이 될 수 있다.

이 설교자의 충만함과 준비성은, 우리가 생각하기에, 그가 충분히 견딜 수 있고, 소진되지 않으리라는 하나의 보증이다. 물론 지금의 엄청난 인기는 가라앉겠지만, 그에게는 계속해서 엄청나게 따르는 자들이 생길 것이다.

우리가 예언하건대, 그는 앞으로도 줄곧 지금의 모습을 유지할 것이다. 우리는 그에게서 세련된 말투를 기대하지 않을 것이다. 길고 중후한 논증을 그에게서 기대하지 않을 것이다. 명쾌하고 선명한 비평도 그에게서 기대하지 않을 것이다.

하지만 복음의 진리에 대한 담대하고 설득력 있는 진술, 죄의 자각 문제와의 진지한 씨름, 만족스럽고도 적절한 예화들, 생생한 묘사, 상식에의 호소 등, 이런 것들을 우리는 그에게서 기대하며, 또 우리의 기대가 헛되지 않으리라고 믿는다. 한 마디로, 그는 설교한다. 형이상학자들이나 논리학자들을 향해서가 아니라, 시인들이나 석학들을 향해서가 아니라, 박학다식한 수사학의 달인들을 향해서가 아니라, 그는 '사람들'을 향해 설교한다.

어느 신학 박사가 『스펄전 목사와 함께했던 시간, 왜 그렇게 인기 있었던 가?』라는 제목의 소책자를 냈다. 이 장은 그 소책자에서 발췌한 내용으로 끝맺는 것이 적절할 것이다. 이 책이 나왔을 때 그것은 교계에서 큰 반향을 일으켰다. 결론부에서, '그 사랑받은 설교자는, 처음에 나타났을 때 교계에 큰 소동을 일으켰지만, 하나의 별로서, 천상의 빛 속으로 사라졌다'고 한 시적인 묘사는 매우 적절하다. 그 작가는 스펄전을 향해 개인적으로 다음과 같이 진술한다.

"나는 분명히 알고 있습니다.
만약 내가 직접 당신에게 '왜 그토록 인기가 있었나요?
어떻게 그렇게 쓰임 받을 수 있었나요?"
이런 질문을 던졌다면, 당신은 자기를 낮추고 하나님을 높이면서 이렇게 대답했겠지요,
"저는 아무것도 아닙니다. 하나님이 모든 것입니다. 저는 제 모든 인기나 성공을 그분의 주권 탓으로 돌립니다."
그렇게 선언하는 정신을 존중하면서, 나는 그것을 내 질문에 대한 답변으로 받아들입니다.
진정 하나님은 주권자이십니다. 하나님은 그분의 주권 안에서, 그의 영을 그가 원하실 때, 그가 원하시는 곳에, 그가 원하시는 이에게 주실 권리를 가지십니다. 하지만 그분에게는 변덕이 없으십니다. 그분은 아무렇게나 무분별하게 독단적으로 행하시지 않습니다. 그분은 비록 그분의 주권에 따라 종종 피조물인 인간에게서 이성을 폐하시기도 하지만, 결코 이성 없이 행하시지 않습니다. 그것은, 변덕이 아니라, 하나님의 주권입니다.
만약 내가 당신의 인기의 비밀을 당신이 전한 **내용**에서 찾아내지 못했다면, 당신의 설교 방식의 어떤 독특함에서 그것을 찾을 수 있을까요?
내 판단으로는, 여기에 그 비밀에 대한 설명이 있습니다. 당신은 강한 믿음을 가졌고, 그 결과로, 강렬한 열정을 가졌습니다. 여기에, 삼손의 머리털처럼, 당신의 능력의 비밀이 있습니다.
내 형제여!

이제 가십시오!
하나님이 당신에게 훨씬 큰 사역의 성공을 허락하시길 바랍니다!
말씀을 전파하십시오!
옛 신학을 전하십시오!
사도들이 수고했고 순교하기까지 했던 하나님의 영광스러운 복음을 전하십시오!
당신의 모든 가르침 속에서, 계속하여 그리스도의 십자가를 드러내십시오.
마치 태양이 태양계의 중심에서 만물을 향해 빛과 열을 발산하듯이, 기독교 계시 안에서 십자가의 빛을 드러내십시오!
사람들에게 십자가와 직접 관련된 성경의 모든 가르침과 의무와 약속을 밝히 전하십시오!
그리고 그와 관련된 의미와 가치를 끌어내어 우리에게 전해주십시오.
이렇게 하나님의 진리의 전체 체계를 조화롭고 균형 있게 드러내는 것이, 당신에게 얼마나 영광스럽고, 행복하고, 가치 있는 일이었는지요!
교회들 안에 있는 별, 대단히 크고 특별한 빛을 지닌 별로써, 명예롭게 당신이 소유한 빛을 발산하고, 정해진 길을 따라 달린 후에, 정해진 때가 되면— 결국엔 오겠지만 그 날이 아직 멀리 있기를 바랍니다.
궁극적으로 샛별처럼 되기를 바랍니다!

"어두운 서쪽 하늘 뒤편으로 떨어지지 않고,
폭풍이 이는 하늘에서도 그 빛을 흐리지 않다가,
천상의 빛 속으로 사라지기를!"

제25장

넘치도록 많은 수고 중에서

만일 그리스도께서 하늘의 세계를 떠나, 이 아침에 이 예배당 가운데로 오셔서, 여러분에게 그분의 상처 난 손과 발을 보이시고, 창에 찔린 옆구리를 보이신 후에, 여러분에게
"나는 너를 위해 고난을 받았다.
너는 나를 위해 무엇을 하려느냐?"
물으신다면, 여러분은 어떻게 대답하시겠습니까?
그분을 위해, 그 질문을 여러분에게 던지고자 합니다. 여러분은 그분의 사랑을 알았습니다. 어떤 분은 50년 동안, 어떤 분은 30년, 20년, 10년, 3년, 1년을 알았습니다. 여러분을 위해 그분은 귀한 생명을 주셨고, 십자가에 달려 극심한 고통 가운데서 죽으셨습니다.
여러분은 그분을 위해 무엇을 했습니까?
일기를 펼쳐 보십시오.
당신의 재산에서 주님께 바친 것을 기억할 수 있습니까?
그것이 얼마나 됩니까?
그것을 합산해보십시오. 예수님을 위해 한 일을 생각해보십시오.
그분을 섬기는 일에 당신의 시간을 얼마나 썼습니까?
그것을 합산해보고, 다음 장을 넘기십시오.
그분의 나라 확장을 위해 기도하는 일에 얼마나 시간을 썼습니까?
그 일을 얼마나 했습니까?
그것도 합산하십시오. 나도 나 자신을 위해 그렇게 할 것입니다. 자랑하기 위함은 아니지만 내가 말할 수 있는 것은, 나는 열심을 가지고 내 하나님을 섬겨왔으며, '넘치도록 많은 수고'를 했습니다. 하지만 내가 그것들을 모두 합산하고, 그것을 내가 그리스도께 빚진 것 옆에 나란히 둘 때, 그것은 그저 아무것도 아니고 텅 빈 것과도 같습니다. 나는 그 모든 것을 경멸하니, 그것은 허영의 티끌에 지나지 않습

니다. 비록, 오늘부터, 내가 매일 시간마다 말씀을 전하고, 그리스도를 위해 나 자신을 모두 소비한다고 해도, 밤에는 쉬지 않고 낮에도 수고를 멈추지 않으며, 해를 거듭하여 이 머리가 백발이 되고 이 몸이 다 낡아질 때까지 애를 쓴다 해도, 그 모든 것을 합산하여 계산했을 때, 어쩌면 주님은 '잘하였다'고 말씀하실 것입니다. 하지만 나는 그렇게 느껴서는 안 됩니다. 오히려 나는 이렇게 말해야 할 것입니다. "저는 무익한 종일 뿐입니다. 저는 여전히 제가 해야 할 일도 다 하지 못했고, 저의 모든 행위는 제가 마땅히 보여드리고 싶은 사랑에 훨씬 미치지 못합니다."
사랑하는 형제와 자매들이여!
여러분이 행한 것을 생각할 때, 틀림없이 여러분의 계산도 저의 수고와 마찬가지로 부족하다는 것을 발견할 것입니다.
1859년 6월 26일, 로열 서리 가든 음악당에서 전한 설교에서,

찰스 해돈 스펄전

런던에 오기 전, 나는 대체로 주일에 세 차례 설교했고, 매주 다섯 차례 저녁에 설교했다. 그리고 뉴 파크 스트리트채플의 목사가 된 후, 평균 그 정도가 줄곧 유지되었다. 2년 혹은 3년이 채 지나기 전에, 횟수가 상당히 늘어났다. 한 주간에 열두 번에서 열세 번씩 설교하고, 도로나 철도로 수백 마일을 여행하는 것은 나에게 흔치 않은 경험이었다.

메트로폴리스와 지방의 곳곳에서 예배를 인도해달라는 요청들이 쏟아져 들어왔다. 젊은 나이의 왕성한 활력이 있었으므로, 나는 복음을 전하는 모든 기회를 마다하지 않았고, 그것은 나 자신의 영혼에도 큰 축복이었다. 수년 후, 약함과 고통 때문에, 사랑하는 주님을 위해 내가 기꺼이 행하고자 한 모든 일을 다 수행할 수는 없었다.

나는 종종 내가 할 수 있는 힘을 다해 주님을 섬겼다는 생각으로 나 자신을 위로했지만, 그럴 때도 언제나 나는 나를 사랑하시고 나를 위해 자기 자신을 주신 주님을 위해 충분히 일하지 못했다고 느꼈다. 내 목회 동료 중 일부는 그들에게 지워진 무거운 짐으로 인해 한탄하곤 했다. 그들은 주님의 메시지를 주일에 두 번 전해야 했고, 주간의 저녁에 또 한 차례 전해야 했기 때문이었다. 하지만 나는 그들의 불평에 공감할 수 없었다. 왜냐하면, 나는 더 많이 전할수록, 그 행복한 섬김에 더 많은 기쁨이 있음을 발견했기 때문이

다. 나는 계속되는 수고의 부담을 지면서도, 주님의 승인을 볼 수 있는 지속적인 증거들에 의해 특별히 지탱되고 있었다.

1855년 마지막 주일에, 나는 뉴 파크 스트리트 교인들에게 신명기 11장 10-12절 본문으로 설교하였다.

> 네가 들어가 차지하려 하는 땅은 네가 나온 애굽 땅과 같지 아니하니 거기에서는 너희가 파종한 후에 발로 물 대기를 채소밭에 댐과 같이 하였거니와, 너희가 건너가서 차지할 땅은 산과 골짜기가 있어서 하늘에서 내리는 비를 흡수하는 땅이요, 네 하나님 여호와께서 돌보아 주시는 땅이라 연초부터 연말까지 네 하나님 여호와의 눈이 항상 그 위에 있느니라(신 11:10-12).

나는 이 본문으로 말씀에 수반하는 하나님의 능력을 증언할 수 있었다.

사랑하는 친구들이여!

나는 복음 사역자로서, 여호와의 눈이 올해에 특별히 내 위에 항상 있었다고 증언할 수 있습니다. 그분의 말씀을 자주 전할 수 있었던 것은 나의 특권이었습니다. 지난 12개월 동안, 나는 강단에서 그분의 진리를 400회 이상 전했습니다. 하나님께 감사하게도, 전하는 곳이 북이든 남이든 동이든 서쪽이든, 회중이 적었던 경우가 없었습니다. 그리고 내가 말씀을 전하는 곳 어디에서나 듣고 회심하는 영혼들이 있었습니다.

내가 두 차례 방문했던 마을이나 작은 도시 중에서 사람들이 내 입술에서 진리의 말씀을 듣고 주님을 찬송하지 않았던 경우를 나는 기억하지 못합니다. 지난번 브래드퍼드에 갔을 때, 나는 그곳에서 내 설교를 통해 회심한 영혼이 있다는 말을 듣지 못했다고 강단에서 언급했습니다. 그러자 교회의 좌석 안내인이 다우슨(Dowson) 목사에게 와서 말했습니다.

"왜 스펄전에게 아무개 씨가 그의 설교를 듣고 교회에 가입하게 되었다는 얘기를 하지 않으셨나요?"

그러자 그 하나님의 사람이 즉시 그 기쁜 소식을 내게 들려주었습니다.

그 이른 시기에 있었던 무수한 일정들의 목록을 정확히 확인하기란 불가능할 것이다. 그런 일을 시도할 이유는 없다. 그에 대한 기록이 하늘에 보관되어 있기 때문이다. 하지만 어떤 상황에서 몇 번의 예배들은 머리에서 강하게 떠오르기 때문에, 오랜 시간이 지난 후라도 분명히 기억해낼 수 있다.

*　　　*　　　*

나는 1880년 12월 1일에 태버너클에서 열리는 목회자대학(Pastors's College)의 연례 모임에서 나의 "개인적인 회상" 일부를 들려주기로 약속했었다. 그날 아침, 내 비서들인 케이즈(Keys)와 해럴드(Harrald)와 함께 내 서재에 앉아 있는 동안, 내가 케이즈에게 말했다.

"런던에서 첫해에 있었던 한 가지 사건이 기억납니다. 그 일에 당신도 관련이 있지요."

이야기 내용은 다음과 같다.

올드 토머즈 올니(Old Thomas Olney)—우리 뉴 파크 스트리트의 친구들에게는 아버지 올니라고 불리던 분— 씨가 내가 트링(Tring)에 가서 설교하게 되기를 간절히 바랐다. 그곳은 그가 태어난 하트퍼드셔의 작은 마을이며, 거기서 그의 아버지 다니엘 올니는 그곳에 셋 있는 침례교회 중 한 교회에서 다년간 집사로 지냈다. 그런데 그가 일정을 잡기가 아주 쉽지 않은 문제임을 발견했다. 그곳 사람들이 나에 대해 너무 많이 들었거나 혹은 거의 들은 것이 없었기 때문이었다.

나는 그 예배당 중 한 교회에 등단이 허용되지 않았는데, 이유인즉슨 그곳에서 예배하는 소박한 사람들에게는 내가 교리 면에서 너무 기준이 높기 때문이라고 했다. 또 다른 한 교회에서 장소 사용을 허락받지 못한 이유는, 거기에 모이는 초(超)-칼빈주의 친구들에게는 내가 교리 면에서 기준이 너무 낮기 때문이라고 했다. 그들은 다음과 같은 노래를 불렀는데, 그 찬송의 작사가인 와츠 박사가 절대 의도하지 않았던 의미로 불렀다.

우리는 벽으로 둘러싸인 정원,
특별한 땅으로 선택되었네.

거친 광야인 바깥세상으로부터
은혜로 둘러싸인 작은 지점이라네.

하지만 제3의 장소가 있었다. 웨스트엔드(the West End)채플이었다. 그 교회 목사는 윌리엄 스켈턴(William Skelton)이었다. 그는 내가 교리 면에서 아무런 문제 없다고 생각했고, 그래서 올니 씨는 내가 그 교회에서 설교하도록 동의를 얻었다. 내가 옳게 기억하는 것이라면, 그 훌륭한 사람이 받는 사례는 주당 15실링 정도에 불과했다. 그는 우리를 자기 집에 초대하여 차를 대접했다. 하지만 우리가 그의 초라한 집에 앉아있는 동안, 내 양심이 나를 찌르기 시작했다.

왜냐하면, 동행했던 집사와 내가 그의 빈약한 양식 저장고를 축내고 있었기 때문이다. 그래서 나는 그의 친절에 보답할 수 있는 어떤 계획을 궁리하기 시작했다. 나는 우리의 친구가 알파카(alpaca) 외투를 입고 있는 것과 그것이 매우 낡아서 번들거리고, 또 몇 군데 구멍이 뚫려 있는 것을 알아보았다. 우리는 예배당으로 갔고, 예배가 진행되었으며, 그런 동안 나는 우리에게 장소를 빌려주고 우리를 환대해 준 그 훌륭한 분에게 어떤 것을 해드리면 좋을지를 곰곰이 생각했다. 여러 찬송가 중 하나를 부르는 동안, 케이즈가 강단으로 올라와서 내게 말했다.

> 이 교회 목사님은 매우 가난한 분입니다. 교인들이 제공할 수 있는 사례가 부족하기 때문입니다. 만일 목사님이 그분을 위해 모금을 하여 외투를 장만해드릴 수 있다면 아주 친절한 행위가 될 것입니다.

내가 생각하고 있던 일이 바로 그것이었다. 그래서 예배가 마칠 무렵, 나는 회중에 말했다.

> 자! 사랑하는 친구들이여,
> 나는 할 수 있는 대로 힘을 다해 말씀을 전했습니다. 여러분은 우리 주님께서 그분의 제자들에게 하신 말씀을 아실 겁니다.

너희가 거저 받았으니 거저 주어라 (마 10:8).

나는 여러분에게 나 자신을 위해서는 어떤 것도 원하지 않습니다. 하지만 이 교회 목사님은, 거부하시지만 않는다면, 새 옷 한 벌이 필요해 보입니다.
나는 동행했던 집사 한 분을 가리키면서 말했다.
거기에 있는 파더 올니 씨, 제가 금화 반 잎을 드림으로써 모금을 시작하겠습니다. (그는 즉시 고개를 끄덕이며 내 말을 확인했다.) 나는 기쁘게 그 금액을 드릴 것이니, 여러분도 하실 수 있는 만큼 도우시면 좋겠습니다. 그러면 우리의 형제도 곧 좋은 새 옷을 가질 수 있을 것입니다.

모금이 시작되었고, 상당한 액수가 모였다. 그리고 그 목사님은 시기에 어울리는 옷을 마련할 수 있었다. 예배가 끝난 후, 나는 그의 낡은 외투를 공개적으로 언급한 나의 무례에 대해 그에게 사과했다. 하지만 그는 흔쾌히 내가 한 일에 대해 감사를 표명했고, 이런 말을 덧붙였다.

제가 주 예수 그리스도를 섬겨온 동안 줄곧, 내 주님은 언제나 저의 제복을 알아보셨습니다. 저는 종종 저의 다음 제복이 어디서 올 것인지를 궁금히 여겼고, 실제로 새 옷이 오기를 간절히 바라고 있었습니다. 그런데 이제 목사님이 저를 위해 그 옷을 장만해주셨습니다. 저는 주님과 목사님 모두에게 매우 감사드립니다.

내가 다른 방식으로 주님의 다른 가난한 종들에게 도움이 되려고 한 적은 있지만, 다른 경우에도 그때와 똑같은 일을 했는지는 기억나지 않는다. 나는 트링에 있는 친구들이 그 예배를 기뻐했다고 믿는다. 그로부터 얼마 지나지 않은 때, 나는 다시 그곳에 초대되었다. 주일학교 기념식 설교를 맡아달라고 부탁을 받은 것이다. 그 행사는, 내 생각에, 그 읍내의 다른 침례교회에서 진행된 것이었다.
나는 오후에 어린이들에게 말씀을 전했고 저녁에는 어른들에게 설교했다. 오후 예배를 마쳤을 때, 그곳에 참석했던 일부 초-칼빈주의 친구들이, 그들이 부적절한 가르침이라고 불렀던 것으로 트집을 잡았다. 그곳에 모인 많은 젊은 사람들에게 말씀을 전하는 동안 성령께서는 아주 은혜롭게 나를 도우셨고, 나는 그들 중의 일부가 구주께 인도되었다고 믿는다.

특히, 나는 그들에게 하나님이 내가 어린아이였을 때, 아직 내가 회심하기 전에도, 내 기도를 응답하셨다고 말했다. 그것은 틀림없는 사실이다. 내가 주님을 알기 전 많은 경우에서, 나는 주님에게 가서 내 어린이다운 간청을 드렸으며, 주님은 내가 그분께 요청한 것을 내게 주셨다. 나는 어린이들을 향해, 그 사실은 내가 소년이었을 때 내게 큰 감명을 주었으며, 나로 모든 것을 다스리시는 하나님의 능력을 더욱 굳게 믿도록 이끌었다고 말했다. 그리고 기도의 효력에 대해 언급하며, 나는 그들도 주님께 기도하라고 호소했다. 그 말이 내 비평가들에게는 크게 걸림이 되었던 모양이다.

그리하여 육중하고 나이 많은 대여섯 사람이 모여 내 주위에 둘러섰다. 그리고는 그들 특유의 방식으로 나를 바로잡으려고 시도했다. 그들은 "죄인의 기도가 여호와께 가증스럽다"고 성경이 선언한 것을 알지 못하느냐고 나에게 따졌다. 그 문장은 내가 성경에서 찾아볼 수 없던 문장이었기에, 나는 그들에게 '기도하라고' 그렇게 말했다. 그러자 그들이 물었다.

"어떻게 죽은 사람이 기도할 수 있소이까?"

나는 설명할 수는 없었지만, 어쨌든 나는 "허물과 죄로 죽었던"(엡 2:1) 동안에도 **내가 기도했다**는 것을 알았다. 그들은 그것이 불가능하다고 말했다. 하지만 그럴 수 있다는 것을 내가 긍정할 수 있었던 이유는, 내가 그렇게 했기 때문이다. 그들은 그것은 건전한 교리가 아니라고, 하나님은 죄인들의 기도를 듣지 않으신다고 계속해서 주장했다. 일종의 작은 고리처럼 그들은 나를 포위했고, 나는 그들의 반대에 답하려고 최선을 다했다. 하지만 결국, 승리를 얻은 것은 바락이 아니라 드보라였다.

붉은색 외투를 입은 나이든 여성 한 분이, 그 원을 뚫고 들어와서는, 나를 비난하는 자들을 향해 말했다.

> 당신들은 이 젊은 사람과 무엇을 다투고 있습니까?
>
> 당신들은 하나님이 회심하지 않은 사람들의 기도를 듣지 않으신다고 말합니다. 그분이 자녀들의 부르짖음 외에 어떤 부르짖음도 듣지 않으신다고 당신들은 말합니다.

당신들이 성경에 대해 아는 것이 무엇입니까?

당신들이 귀하게 여기는 문구는 성경에 전혀 나오지 않습니다. 오히려 시편 기자는 이렇게 말했습니다.

[그가] 들짐승과 우는 까마귀 새끼에게 먹을 것을 주시는도다(시 147:9).

그것들 속에 어떤 은혜가 있습니까?
"만약 하나님이 까마귀들의 울음소리를 들으신다면, 그분이 자기 형상대로 지음을 받은 인간의 기도도 들으신다고 생각되지 않습니까? 당신들은 그 문제에 관해 아무것도 모릅니다. 그러니 이 젊은이를 놓아주고, 그가 자기 주님의 일을 하도록 보내주시오."

그 격렬한 발언 이후에, 내 적대자들은 신속하게 흩어졌고, 나는 나이드신 그 귀한 부인과 행복한 대화를 나누며 걸어갔다. 그 지혜로운 여인이 나를 트집쟁이들에게서 구한 것이다.

* * *

서퍽(Suffolk)주 헤이버힐(Haverhill)에 설교하러 갔을 때 나는 전혀 다른 경험을 했다. 그날 회중은 다소 특별한 혜택 또는 고통을 받았는데, 두 명의 설교자가 같은 본문으로 설교하는 것을 들었기 때문이다! 본문은 사도 바울의 장엄한 선언이었다

너희는 그 은혜에 의하여 믿음으로 말미암아 구원을 받았느니라(엡 2:8).

내가 예배에 늦는 일은 좀처럼 없다. 약속을 정확히 지키는 것은 큰 죄를 예방하는 작은 덕목 중의 하나라고 느끼기 때문이다. 하지만, 우리가 철로나 열차 고장을 통제할 수는 없다. 그날 내가 정해진 장소에 상당 시간이 지나서야 도착했던 것은 그 때문이었다. 그들은 예배를 시작했고, 설교 순서가 올 때까지 계속해서 진행했다. 내가 그 예배당 가까이에 왔을 때, 누군가가 강단에서 설교하고 있는 것을 알아챘다. 그 설교자가 누구였는가 하면, 다름

아닌 내가 사랑하고 존경하는 내 할아버지였다! 내가 현관문에 들어서 통로로 다가오는 것을 보고, 그는 즉시 말했다.

"여기 내 손자가 옵니다!

그가 나보다 복음을 더 잘 전할 수 있을 것입니다. 하지만, 그가 더 나은 복음을 전할 수 있는 것은 아닙니다.

그렇지, 찰스?"

내가 인파를 뚫고 들어가면서 대답했다.

"할아버지가 저보다 더 잘 전하실 수 있지요. 계속해서 진행해주세요."

하지만 그는 내 말에 동의하지 않으셨다. 내가 설교를 맡아야 했고, 하는 수 없이 나는 그렇게 했다. 그때 그 자리에서 진행되던 주제를 계속 이어가야 했다. 그가 강단에서 비켜서면서 말했다.

> 나는 '은혜에 의해 구원받는 것'에 대해 설교하고 있었단다. 지금까지 구원의 근원이자 원천에 관하여 설명했고, 이제 막 회중에게 '믿음을 통하여' 즉 그 경로를 제시하려고 했단다. 자, 이제 네가 맡아서 계속 설교하거라.

나는 이 영광스러운 진리에 아주 편안함을 느끼기에, 내 할아버지에게 그의 강론의 줄거리를 이어받아서 전하는 일에 큰 어려움을 느끼지 않았다. 나는 할아버지의 실에 나의 실을 연결하여, 끊어짐 없이 강론을 이어갔다. 하나님의 일에 있어서 우리의 일치는 우리가 같은 강론의 공동 설교자가 되는 것을 쉽게 해 주었다.

나는 '믿음을 통하여'에 관한 내용을 이어갔고, 다음 요점인 '이것은 너희에게서 난 것이 아니오'라는 내용으로 진행할 수 있었다. 이 점에 관하여, 나는 인간 본성의 약함과 무능에 대해서와, 구원이 우리 자신에게서 날 수 없다는 확실함에 대해 설명하고 있었다. 그때 나는 옷 뒷자락이 당겨지는 것을 느꼈는데, 내 사랑하는 할아버지가 다시 자기 차례를 맡은 것이다. 내가 우리의 타락한 인간 본성에 대해 말할 때, 그 경건한 노익장이 말했다.

"사랑하는 친구들이여!

그것에 대해서는 내가 잘 압니다."

"할아버지는 비유를 들어, 다음 5분 동안 우리의 상실한 상태, 우리 본성의 부패, 그리고 그 아래에서 발견되는 우리의 영적인 죽음에 관하여 엄숙하고도 겸손케 만드는 진술을 이어나갔다. 그가 아주 은혜로운 방식으로 그의 발언을 마쳤을 때, 그의 손자가 다시 이어가도록 허락받았다. 그것이 그 존경스러운 노인에게는 큰 기쁨인 듯, 이따금 그는 부드러운 음성으로 이렇게 말하곤 했다.

"좋아! 좋아!" 그가 한차례 말했다.

"그것을 그들에게 다시 말해주렴, 찰스."

물론 나는 **그것을** 그들에게 다시 말했다. 그토록 중요한 진리를 증언하는 일에 내 몫을 감당하는 것이 나로서는 행복한 경험이었고, 그 경험은 내 마음에 깊이 각인되었다. 내가 이 본문을 읽을 때마다, 나는 그의 사랑스런 음성을 듣는 듯하다. 오래전에 지상을 떠난 그가 여전히 내게 말하는 듯하다.

"그것을 그들에게 다시 말해주렴."

내가 전하는 것은 지금 하나님과 함께 있는 선조들의 증언과 충돌하지 않는다. 만약 내 할아버지가 지상에 돌아오실 수 있다면, 그는 그가 나를 떠났던 자리에서 나를 찾을 수 있을 것이다. 믿음에 굳게 서서, 한때 성도들에게 모두 전해졌던 교리 체계에 여전히 충실한 나를 보실 것이다. 내가 은혜의 교리를 전하는 것은 내가 그것이 진리라고 믿기 때문이다. 내가 성경에서 그것을 보았기 때문이며, 내 경험이 나로 그것을 사랑하게 만들었기 때문이며, 또한 신자들의 삶에서 그 교리의 거룩한 결과들을 내가 보기 때문이다.

진보적인 학교에서 그 교리들을 멸시하기 때문에, 오히려 더 그 교리들은 내게 귀중하다고 나는 고백한다. 그들의 비난이 내게는 칭찬이다. 나는 또한 "새로운" 것이라고 불린다는 이유로 더 나은 교리라고 여길 마음이 추호도 없다고 고백한다. 많은 세대에 빛을 비추어 준 진리들은 내가 보기에 영원토록 그대로일 것 같다.

내가 전하는 교리는 청교도들의 교리이다. 그것은 칼빈의 교리이며, 아우구스티누스의 교리이며, 바울의 교리이고, 성령의 교리이다. 우리 믿음의 주요 완성자이신 그분이 저 복된 진리를 가르치셨으며, 그것은 바울의 선언과도 잘 일치한다.

"너희는 그 은혜에 의하여 구원을 받았느니라."

은혜의 교리는 예수님의 증언의 본질이다.

　　　　　　　*　　　　　*　　　　　*

　아주 옛 시절, 런던에서 몇몇 특별 예배를 인도한 것은 나에게 큰 특전이었으며, 여전히 내 기억에 생생히 남아 있다. 내가 처음으로 교단의 총회에서 설교를 요청받은 것은 1855년 1월 10일이었다. 그때 런던침례교연합회의 연례 총회는 뉴 파크 스트리트채플에서 열렸다. 당시 오후와 저녁은 인파로 가득했으며, 대개 훨씬 더 적은 인원으로 모이곤 했던 교단의 신망 있는 목회자들과 총대들은 적잖이 놀랐다. 내 설교 주제는 <거룩한 전쟁>이었으며, 고린도후서 10장 4절이 본문이었다.

　우리의 싸우는 무기는 육신에 속한 것이 아니요 오직 어떤 견고한 진도 무너뜨리는 하나님의 능력이라(고후10:4).

　웨이(Weigh) 하우스 채플의 토머스 비니 목사가 오후에 회중 가운데 있었다. 그리고 그가 돌아갈 때, 우리 친구 중 한 사람이 그가 예배에 관하여 한 말을 들었다.
　"그것은 하나님과 사람에 대한 모독입니다. 나는 지금까지 내 생애에서 저런 것을 들어보지 못했소이다!"
　우리 형제가 매우 분개하여 반박했다.
　"예수 그리스도의 젊은 사역자에게 저런 식으로 말할 수 있는 사람은, 그따위 무례한 말을 내뱉은 것을 회개하지 않는 한, 내가 사는 동안 수치스럽게 여길 사람 중의 한 사람이 될 것입니다!"
　나는 이 이야기가 사실이라고 믿는다. 내가 그 사람의 입술에서 직접 들었기 때문이다. 여러 해가 지난 뒤, 그가 다시 비니 씨와 같은 자리에 있게 되었을 때, 그는 비니 씨에게 그때의 사건을 상기시켰다. 그리고 우리의 친구는 비니 씨가 그 자리에서 다른 누구보다 나에 대해 강렬하고 진심으로 높이 평가하는 말을 했다고 나에게 전해주었다. 비니 씨는 이렇게 덧붙였다고 한다.
　"당신이 아시다시피, 당신의 목사는 그 초년 시절 이후 크게 향상되어왔습니다. 저는 곧 제 실수를 알게 되었습니다. 확실히 말씀드리지만, 스펄전에 대한 제 인식은 완전히 달라졌습니다."

저는 그 당시 당신이 나를 질책했을 때 당신을 전혀 탓하지 않았습니다. 저는 단지 친구들이 내 입장을 따르길 원했고, 그래서 내 입장을 강력히 옹호했을 뿐입니다. 그건 당신의 목사가 항상 그래왔던 것과 마찬가지입니다. 만약 내가 그를 비난하는 어떤 말을 했다면, 내 머리에 있는 벌집을 내려 놓았더라면 좋았을 것입니다. 하지만, 이제는 그에 대해 최상의 존중과 애정 외에 아무 감정이 없습니다."

나 역시 이에 대해 알고 있었는데, 이미 그 고백이 있기 오래 전, 비니 씨는 한 회중교회파 대학에서 학생들에게 연설하면서, 그가 우연히 듣게 된 나를 폄훼하는 진술과 관련하여 이렇게 대꾸했기 때문이다.
"나는 어느 정도 인기를 누려왔습니다."
"나는 언제나 회중을 끌어모을 수 있었습니다."
하지만, 스펄전에 관해 말하자면, 그가 누구인지 또 장차 어떻게 될지는 논외로 하더라도, 우리는 한 젊은이가 24시간의 공지로 이만 사천 명의 회중을 모을 수 있는 것을 봅니다.
"나는 그렇게 해본 적이 없습니다."
그리고 내가 알기로는 어떤 사람도 그렇게 할 수 있었던 적이 없습니다.
「**자유인**」(The Freeman)은 그날의 집회에 대해 이렇게 보고했다.
런던침례교연합회—그 사실에 대해 어떤 이유를 대더라도, 런던에서의 연합회 모임이 이 나라의 다른 어떤 총회와 매우 달랐다는 것이 분명하다. 여러 교회의 목회자들과 회원들은 종종 모이기 때문에 연례 총회 자체는 새로울 점이 없을 것이다. 아마도 런던 거리를 가로질러 걷는 것이나 승합마차나 2륜 마차의 덜컹거림은, 성령강림절 기간의 철도나 즐거운 시골길 여행에 비하면 매력이 없을 것이다.
그 모임은 대도시 군중의 관심에서도 벗어난 일이다. 런던침례교연합회는, 의무감에서 매년 회합을 이어왔으며, 대체로 그것은 다소 김빠진 행사라는 인상을 줄 뿐이었다. 정녕, 1월의 평일 오후에, 뉴 파크 스트리트교회에서 칠십 명의 회중과 함께 있는 것은 설교자에게나 청중에게나 그리 활기를 띠게 하는 일은 아니었다!
그런데, 올해는 모든 것이 달라졌다고 말해야겠다. 뉴 파크 스트리트에 최근에 부임한 찰스 해돈 스펄전 목사의 인기는 10일 오후에 빽빽한 청중이 모이게 했다. 그 교단의 런던 시내 소재 교회들은 대부분 대표를 파송하였다. 몇몇 주요 목회자들의 불참이 예외였는데, 해명에 따르면, 그 이유는 같은 날에 열리고 있는 분기별 선교위원회 때문이었다. 그것은 연기될 경우 다시 열리지 않는 모임이었다. 설교자는 우리가 진압해야 하는 악한 자의 '견고한 진'에 대해서와, '우리가 싸우는 무기'에 대해 진지하게 다루었으며, 우리가 그것을 통해 하나님의 능력으로 임무를 수행해야 함을 전했다.

그 설교의 힘과 독창성에 대해서는 우리가 다 진술할 수는 없지만, 그것은 그 젊은 설교자의 인기의 비결을 우리에게 충분히 설명해 주었으며, 또한 하늘의 복으로 다가오는 시대에 교회를 크게 유용하게 섬길 능력을 시사해주었다. 많은 인원이 교회에 남아서 차를 마셨다. 저녁에 그곳은 공적인 모임을 위해 사람들로 가득 매워졌다. 하지만, 두세 차례의 간략하고 단순한 복음적인 연설을 제외하고, 특별히 언급할 정도의 특징은 없었다.

런던에 있는 많은 교회가 그 연합회와 관련되지 않는 듯이 보이며, 관련된 교회들도 보고서를 발송하는 곳은 몇 군데에 지나지 않는다. 따라서, 정확한 통계가 제시될 수가 없었다. 보고서를 발송한 교회 중에서 대부분은 정체 상태에 머물고, 일부는 번성하는 것으로 보였다. 아마도 전체적으로 평균을 내면, 통계 수치는 예년과 같을 것이다.

*   *   *

여러 지방의 소도시에서 있었던 주목할만한 모임 중에서, 트로브리지(Trowbridge) 방문에 특별한 관심이 간다. 그곳에 간 것은 당초 예정에 없었으나 일정에 추가된 특별 예배 때문이었다.

나는 1856년 4월 7일, 월요일 오후와 저녁에 한 예배처에서 설교하기로 약속했다. 다음 날 아침에는 다른 예배당에서 약속이 잡혔다. 월요일의 두 번의 예배에서, 그 건물은 빽빽하게 들어찼고, 수백 명이 입장하지 못해 되돌아가야 했다. 그래서 나는 만약 친구들이 알릴 수 있고 또 새로운 회중을 들어오게 할 수 있다면, 밤 10시에 다시 설교할 것을 제안했다. 많은 사람이 첫 번째 저녁 예배 이후에 자리에 남았고, 정해진 시간에 앞서 다른 사람들이 들어오자, 그곳은 다시 한번 가득 차게 되었다.

그 밤은 기억에 남는 밤이다. 하지만, 그 기억을 퇴색시킨 또 다른 밤이 있었다. 1860년 12월, 나는 끔찍한 폭발이 있었던 리스카(Risca) 탄광의 현장에서 멀지 않은 한 예배당에 있었다. 남부 웨일스에 있는 그 매력적인 장소는 내게 조용하면서 즐거운 휴식처를 제공하였다. 주변 환경이 무척 아름다웠다. 높은 산들로 둘러싸여 있고, 산들 사이에는 낭만적인 계곡들이 있었다. 그곳의 공기를 마시면 몸이 새로워졌고, 시야에 들어오는 광경이 마음을 즐겁게 했다.

나는 그곳의 언덕을 오르곤 했고, 끝없이 펼쳐지는 풍경, 웨일스의 산들, 잉글랜드의 평야, 그리고 멀리 파도치는 바다를 바라보았다. 나는 그곳의 경건한 남녀 사람들과 어울려 하나님께 예배드렸다. 그곳 사람들이 말씀을 경청할 때 그들의 영광스러운 열정으로 인해 내게도 불이 붙었다. 그날 밤을 나는 영원히 잊지 못할 것이다. 그때, 사람들은 예배당에 가득 모였고, 마음이 따뜻한 웨일스 광부들이 내가 입 밖으로 내는 모든 말에 반응을 보였다.

메시지가 전해지는 동안 웨일스 방언으로 "하나님께 영광!"을 외치는 그들의 반응이 복음을 전하도록 나를 격려하였다. 그들은 거의 자정까지 나를 붙들어두었고, 나는 차례로 세 번의 설교를 했는데, 중간에 휴식 시간도 거의 없었다. 그들이 복음 듣는 것을 좋아했기 때문이다. 하나님이 우리와 함께하셨고, 그날 밤의 열매로서, 나중에 많은 사람이 침례의 웅덩이에 몸을 담갔다.

나는 또한 하나님이 지으신 푸른 하늘 아래, 야외에 서 있던 때를 결코 잊지 못할 것이다. 같은 장소에서 조금 떨어진 곳에 집회가 열렸고, 거기서 나는 말씀을 전했다. 그때 하나님의 영이 내게 부어졌고, 마치 여름 바람에 옥수수가 흔들리듯이, 남자들과 여자들이 하늘의 메시지에 흔들렸다. 그날 우리의 기쁨이 얼마나 컸던가! 모였던 수천 명의 사람이, 찬양과 노래를 부르면서, 들은 것을 서로 이야기하며 각자의 가정으로 흩어져 돌아갔다.

* * *

1856년 5월 27일의 스탐본 방문을 언급해야겠다. 그날 나는 내 할아버지의 요청으로 그의 목회 희년을 기념하여 설교했다. 그는 스탐본에 있는 회중교회의 목사로 46년을 봉직했고, 그 이전에는 서편에 있는 클레어(Clare)에서 4년간 목회하였다.

나는 그런 예배가 거의 유일하다고 생각한다. 나는 비슷한 상황에서 손자가 자기 할아버지를 위해 설교하는 특권을 가지는 다른 경우를 기억하지 못한다. 나는 이것을 나의 복이라고 여기며 하나님께 감사한다. 그에 앞선 주일 오전, 뉴 파크 스트리트교회에서, 나는 이사야 46장 4절의 본문으로 상당 부분 같은 설교를 했고, 그 설교는 "노인들의 하나님"이라는 제목으로 인쇄되었다. 약 1,500에서 2,000명의 사람이 그 기념식을 위해 스탐본에 모여들었다. 그들을 수용하기 위해, 지붕이 덮인 넓은 공간이 즉흥적으로 마련되었는데, 창고와 천막과 방수포 등을 활용한 것이었다. 자연스럽게, 진행에 큰 관심이 쏠렸다. <스탐본의 추억>을 편집하는데 도움을 주었던 내 친구 벤저민 베도우 목사는, 다음의 일들을 기록했는데, 그 기록이 없었더라면 나는 잊어버렸을 것이다.

> 오후에, 찰스 해돈 스펄전은 토머스 비니의 책 『두 세계 모두를 활용하는 법』(*How to Make the Best of Both Worlds*)을 넌지시 언급하면서, 어떤 사람도 두 주인을 섬길 수 없으며, 두 세계를 위해 살 수 없다는 그의 견해를 밝혔다. 한 회중교회파 목사가 발끈하였고, 설교 중간에 끼어들었다. 이것은 실수였다. 하지만 비록 논란이 일긴 했지만, 그것이 저녁 집회에 영향을 미치지는 못했다. 저녁 집회에는 앞의 예배와 마찬가지로 인파가 몰렸고 분위기도 뜨거웠다. 우리는 그저 그 일화의 속편을 잠시 언급한다.
>
> 수년 후, 찰스 해돈 스펄전의 견해에 이의를 제기했던 그 신사는, 아주 친절하고 온화한 서신에서, 그에게 그 사건을 상기시키면서 설교를 요청했다. 크랜머(Thomas Cranmer, 16세기 캔터베리 대주교를 역임했던 종교개혁자—역자주)에 관한 속담 '만약 당신이 캔터베리의 주교에게 불친절하게 굴면, 그는 평생토록 당신의 친구가 될 것이다'를 인용하면서, 정중히 요청한 것이다. 당시에 그 요청을 들어주는 일은 스펄전의 권한에 있지 않았다. 왜냐하면 한동안 그는 다른 일정으로 약속이 잡혀 있었기 때문이다. 하지만 그는 일정이 가능해지면 그렇게 하는 것이 기쁘겠다고 느꼈다.

그날 인파는 대단했다. 그 지역 숙녀들은 차를 만드느라고 모두 분주했고, 선물이 아낌없이 나누어졌다. 목회 희년을 이렇게 축하받은 그 존경스러운 그 노인은, 50년의 세월에 이르게 된 것으로 인해, 들뜸보다는 오히려 세월의 무게를 느끼는 듯이 보였다. 이제 그는 조용히 안식의 기쁨을 누렸으며, 그것은 세상이 줄 수도 빼앗을 수도 없었다.

그 시절 내 경험은 매우 다양했고, 그 경험 중 일부는 너무 독특해서 쉽게 잊을 수가 없다. 한 장소에서 나는 큰 군중을 향해 말씀을 전하고 있었고, 설교 도중에 회중의 다수가 눈에 띄게 영향을 받았다. 나는 주님의 능력이 거기에 아주 분명히 역사하는 것을 느꼈다. 한 불쌍한 사람이 죄에 대한 하나님의 진노로 인해 큰소리로 비명을 질렀다.

다른 경우에, 아직 내 설교를 채 끝내지 않았을 때, 말씀을 경청하고 있던 한 그리스도인 여성이 신도석에서 쓰러져 죽었다. 그곳은 켄트주의 한 마을이었다. 그 후 머지않아, 나는 에식스주의 톨스버리에 갔다. 내 아버지 교회의 주일학교를 위해 평일 오후에 설교하기 위해서였다. 주변 지역에서 많은 친구들이 모였다. 예배를 마치자, 그들을 위해 장막 안에서 차가 제공되었다. 대화를 마치기 전에, 어느 집사의 부인이 발작을 일으켰고, 몇 분 후에 죽었다. 저녁에는 설교할 일정이 잡혀 있지 않았다. 하지만 그런 상황에서 나는 설교했고, 바울의 말씀을 본문으로 정했다.

내게 사는 것이 그리스도니 죽는 것도 유익함이라(빌 1:21).

또 다른 지방에서, 내가 말씀을 전하고 있을 때 사람들이 계속해서 사방을 돌아보고 있었다. 나는 하나의 처방책으로 이렇게 말했다.

"자! 친구들이여, 누가 들어오는지 아는 것이 여러분에게는 아주 흥미로운 일이겠지만, 여러분이 주위를 둘러보면 나에게 방해가 됩니다. 여러분이 원하시면, 내가 들어오는 각각의 사람을 여러분에게 묘사하겠습니다. 그러면 여러분이 자리에 앉아서 나를 쳐다볼 수 있을 테고, 최소한의 예의는 지킬 수 있을테니까요."

나는 그때 들어오는 한 신사를 묘사했다. 마침 그는 내 친구여서 무례를 범하지 않고도 이렇게 묘사할 수 있었다.

"방금 들어와서 모자를 벗은 분은 아주 존경스러운 신사입니다."

한번 그렇게 하고 나니 입장하는 사람을 묘사하는 것이 더는 불필요함을 알게 되었다. 왜냐하면 그들이 내 방식에 충격을 받은 듯했기 때문이다. 나는 그들에게 그들의 불합리한 행동을 줄이기 위해 불가피하게 그런 행동을 하게 된 것 때문에 내가 더 충격을 받았다고 단언했다. 그것이 그들의 행동을 한동안 바로잡아주었다. 나는 내 특이했던 행동이 그들의 목사에게도 도움이 되었기를 바란다.

동부 지역 철도로 초기에 다녔던 많은 여행 중에서 특이한 모험도 있었다. 종종 나는 그 일을 기분 좋게 회상해보곤 한다. 나는 지방에 설교하러 갔다가 런던으로 돌아오는 일을 반복하고 있었다. 어느 순간, 나는 내 차표가 사라진 것을 알았다. 그러자 그 객실에서 유일한 다른 탑승자였던 한 신사가, 무언가를 찾는 듯이 호주머니를 뒤지다가 결국 찾지 못한 내 모습을 지켜보다가, 내게 말했다.

"선생, 무언가를 잃어버렸나요?"

나는 그에게 감사를 표하고는 차표를 잃은 것 같다고 말했다. 그리고 공교롭게도 시계도 돈도 없다고 말했다. 나는 거의 시계를 차고 다니지 않았다. 아마도 내가 도우러 갔던 어느 형제가 내가 집으로 오는 여행을 출발하기 전에, 약간의 도움이라도 필요한 것처럼 보여 그에게 시계를 주었던 것 같다. 그 신사에게 내가 덧붙여 말했다.

> 하지만 전혀 걱정하진 않습니다. 나는 내 주님의 일을 수행하고 있으니, 모든 일이 잘될 거라고 믿습니다. 큰 문제에서뿐 아니라 작은 문제들에서도, 나는 하나님의 섭리가 개입하는 것을 많이 경험했습니다. 그러니 내게 무슨 일이 일어나도, 어떻게든 궁지에서 벗어날 것이라고 느낍니다.

그 신사가 흥미를 느끼는 것처럼 보였다. 그리고 틀림없이 모두 잘 될 거라고 말해주었다. 열차가 비숍게이트(Bishopsgate) 역 가까이에 이를 때까지, 우리는 아주 즐겁고, 또 내가 생각하기엔, 유익한 대화를 나누었다. 징수원들이 표를 받으러 다가왔다. 그 관리가 우리 객실의 문을 열었을 때, 그는 내 여행 동행자를 향해 모자에 가볍게 손을 대며 인사를 했다. 내 동행자는 단순히 "모든 게 좋아, 윌리엄!" 하고 말했다. 그러자 그 관리는 다시 인사를 하고는 물러갔다. 그가 간 후, 내가 그 신사에게 말했다.

"그 징수원이 내 표를 확인하지 않은 것이 아주 이상하네요."

그가 처음으로 내 이름을 부르면서 말했다.

> 그렇지 않습니다. 스펄전 씨, 그 일은 당신이 내게 말한 것처럼 작은 일들도 살피시는 하나님의 섭리에 관한 또 하나의 일화일 뿐입니다. 저는 이 철도 노선의 총지배인입니다. 제가 당신의 동행자가 되어 방금 당신을 도울 수 있었던 것은 틀림없이 하나님이 정해두신 것입니다. 저는 당신이 아주 평안한 것을 알았고, 그런 행복한 상황에서 당신을 만난 것은 저에게 큰 기쁨이었습니다.

'곤경에 처한 친구'에게 비슷한 일이 내 생애의 후반에도 일어났다. 그 일은 앞에 언급한 상황과 꼭 어울리는 일화이기에 여기서 언급해도 좋을 것이다. 나는 런던 북부 어디론가 설교를 위해 가고 있었다. 목적지에 도착하려면 도시를 통과해야 했다. 내가 프린세스 거리에 있을 때, 감독 근처에서 내 말이 쓰러졌다. 일부 마구(馬具)는 허물어졌고, 마차의 뼈대 하나가 부러졌다. 그 사고가 발생하자 거의 즉각적으로, 한 손이 창문으로 불쑥 내밀어졌다. 그 손의 주인공이 내게 자기 명함을 주면서 이렇게 말했다.

> 스펄전 목사님, 당신이 어디로 가고 있는지 압니다. 그 예배당에 도착하려면 지체할 시간이 없습니다. 마차를 타세요, 그리고 주님의 일을 계속 수행하세요. 저는 마부와 함께 여기 남아서, 사고당한 말과 마차를 어떻게 해야 하는지 살펴보겠습니다.

나는 그 신사가 제안하는 대로 했다. 설교를 마친 후, 돌아올 준비가 되었을 때, 그 예배당 문 앞에 그 마차가 있었다. 나를 위해 준비된 것이었다. 마부가 내게 아무것도 "지불한 것이 없습니다"라는 메시지를 전했다. 나는 그 관대한 친구에게 시기적절하고 따뜻한 도움을 베풀어준 것에 대해 감사의 편지를 썼다. 답장에서 그는 이렇게 말했다.

> 제가 그저 바라는 것은, 다음번에 당신의 말이 넘어졌을 때, 제가 가까이에 있거나, 혹은 제가 그랬던 것처럼, 당신을 도울 수 있는 것을 큰 기쁨으로 여기는 다른 누군가가 거기에 있는 것입니다. 당신은 저를 모르십니다. 하지만 저는 당신의 집사 중 한 분을 잘 알고 있고, 그를 통해 당신에 대해 아주 좋은 말을 듣고 있습니다.

그 신사는 내 집사를 위해, 그리고 그 이상으로는 내 주님을 위해, 나를 돌보아 준 것이다. 수도 헤아릴 수 없이 내게 친절을 보인 많은 사람들이 있었는데, 그들은 그 일이 있기 전에는, 내게 전혀 낯선 사람들이었다. 혹자는 그런 사건들을 대수롭지 않게 여길지 모르나, 나에게는 그 사건들이 대단히 흥미로우며, 하나님께 대한 찬양과 감사의 마음으로 가득하게 해 준다.

제26장

사람들의 영혼을 얻는 것

> 늦가을 어느 화요일, 덜위치(Dulwich) 너머에서 일정을 마치고 오는 길은 헤르네 힐(Herne Hill) 산마루까지 펼쳐져 있었다. 나는 평지를 따라 걷다가 내가 올라가야 할 그 가파른 언덕을 오르고 있었다. 더 낮은 지대에서 2륜 마차를 타고 가는 동안, 나는 내 앞에서 하나의 불빛을 보았다. 그리고 언덕 가까이에 이르렀을 때, 나는 그 빛이 점차 언덕으로 올라가면서 그 뒤쪽에 별들의 무리를 남기는 것을 주목했다. 새로 생겨난 별들의 선(線)은 마치 하나의 등불, 또 다른 등불, 또 다른 등불이 연이어 놓인 형태로 남았다.
>
> 나는 그 언덕의 기슭에서 출발하여 정상에 도달했다. 나는 점등원(點燈員)을 보지 못했다. 나는 그의 이름을 알지 못하며, 그의 나이도, 그의 주거지도 알지 못한다. 하지만 나는 그가 점화한 빛들을 보았다. 이 빛들은 그가 지나간 뒤에 남아 있었다. 길을 따라 오르는 동안 나는 속으로 생각했다.
>
> '영원한 생명의 신성한 불꽃으로 영혼들에게 차례로 불을 붙이는 일에, 내 삶이 소비되기를 나는 얼마나 간절히 원하는가! 나는 내가 일하는 동안 나 자신이 가능한 보이지 않기를 바라며, 내 일을 마쳤을 때 저 위 영원한 광채 속으로 사라지고 싶다.'
>
> 찰스 해돈 스펄전

나는 각 개인에게 찾아가서 그들의 영혼에 대해 자유롭게 이야기를 나눌 수 있는 내 형제들을 종종 부러워한다. 비록 내가 예배에서 하나님의 도우심을 받아왔고, 또한 큰 보상을 얻긴 했지만, 나 자신은 항상 그렇게 하지 못하는 것을 발견한다. 한 그리스도인이 한 사람을 접촉할 때, 그리고 그에게 개인적으로 이런 방식으로 대화할 때, 그것은 마치 영국 군함이 프랑스 선박 옆에 나란히 서서, 포격을 가하고, 그 선박의 목재를 산산조각 내고, 마침내 그것을 바닥으로 가라앉히는 것과도 같다.

얼마나 많은 귀한 영혼들이, 이 거룩한 기술을 배운 그리스도인들의 개인적인 사랑의 호소를 통해 그리스도께 인도되었던가!

하나님께서 그분을 섬기려는 아주 미약한 노력에 복을 주신다는 것이 얼마나 놀라운가!

오래전, 어느 날 밤, 설교 후에 나는 마차를 타고 집에 돌아왔다. 내가 마차에서 내려 그에게 요금을 주었을 때, 그가 자기 주머니에서 작은 신약성경을 꺼내더니 내게 보여주면서 말했다.

> 당신이 그것을 내게 주고 내 영혼에 대해 말을 건넨 지 15년이 지났습니다. 나는 당신의 말을 잊지 않았습니다. 그동안 당신이 내게 준 이 책을 읽지 않고 보낸 날은 단 하루도 없었답니다.

나는 기뻤다. 분명, 씨가 좋은 땅에 떨어진 것이다.

어느 날 저녁, 어느 강변 지역에 설교하기로 약속이 되었으므로, 나는 낮에 일찍 길을 떠났다. 강에서 배를 타고 시간을 좀 보내고 싶었기 때문이다. 뱃사공을 손짓하여 불렀다. 요금을 약정하고 배에 올랐다. 배에 앉아 있는 동안, 신앙적인 문제에 그와 대화를 하고 싶어졌다. 그의 가족에 대해 질문하는 것으로 대화를 시작했다. 그는 콜레라로 인해 친척들이 하나씩 하나씩 죽더니, 자그마치 열셋을 잃게 되었다고 말했다. 내 질문과 뱃사공의 대답은, 다음과 같은 방식으로 대화가 진행되도록 길을 터준 셈이다.

스펄전: 친구여! 당신이 죽으면 천국에 간다는 좋은 소망이 있습니까?

뱃사공: 글쎄요, 어쨌건 나에게도 소망은 있다고 생각합니다.

스펄전: 그러면 당신의 소망이 무엇인지 제게 말해주세요. 누구든지 좋은 소망에 대해 부끄러워할 필요는 없잖아요.

뱃사공: 음, 나는 여기 이 강에서 20년 혹은 30년을 지내왔습니다. 그런데 아무도 내가 술 취한 모습을 본 사람이 없을 겁니다.

스펄전: 오, 저런! 그것이 당신이 믿는 전부입니까?

뱃사공: 글쎄요, 콜레라가 창궐하여 내 불쌍한 이웃들이 병들었을 때, 나는 그들을 위해 의사를 불렀지요. 그리고 그들을 위해 여러 날 밤

을 새웠습니다. 그래서 나는 내가 아는 대부분 사람처럼 나 자신도 선량하다고 생각합니다.

물론, 나는 그에게 고통을 겪는 사람들에게 동정심을 가지는 것은 매우 좋은 일이라고 말했다. 또 무례한 것보다는 자선을 베푸는 것이 훨씬 좋다고 생각한다고 말했다. 하지만 그의 선행이 어떻게 그를 천국에 데려다줄 수 있을지 이해할 수 없다고 말했다. 그러자 그가 말했다.

"아! 선생, 아마도 그럴 수는 없을 겁니다. 하지만 내가 나이를 좀 더 먹으면, 나는 배를 포기할 것이고, 교회에 다닐 것입니다. 그러면 모든 것이 잘될 거라는 소망을 가질 수 있을 겁니다.

그렇지요, 선생님?"

"그렇지 않습니다."

내가 대답했다.

"절대 그렇지 않습니다. 교회에 다닌다고 당신의 마음이 바뀌지는 않으며, 죄가 씻어지는 것이 아닙니다. 가능하면 일찍 교회에 나가기 시작하십시오. 하지만 만약 당신이 예배당에 출석하는 것으로 구원받는다고 생각한다면, 당신은 천국에 1인치도 더 가까워지지 못할 것입니다."

그 불쌍한 사람은 어안이 벙벙한 듯이 보였다. 내가 그의 소망들을 하나씩 하나씩 다 깨뜨렸기 때문이다. 그때 나는 또 다른 질문을 던짐으로써 대화를 재개했다.

스펄전: 당신은 때때로 살면서 죄를 지은 적이 있을 겁니다, 그렇지 않습니까?

뱃사공: 예, 그렇지요. 죄를 지은 때는 많지요.

스펄전: 그렇다면, 당신은 어떤 근거로 당신의 죄가 용서받을 거라고 생각하십니까?

뱃사공: 글쎄요, 선생. 그 문제에 대해서는 유감스럽습니다만, 다 지나간 문제라고 생각하는데요. 그 문제들이 지금 저를 괴롭히지는 않습니다.

스펄전: 자! 내 친구여, 당신이 거래하는 식료품 가게 여주인에게 빚을 지고

는 그녀에게 이렇게 말한다고 가정해보십시오. 여보세요, 부인, 당신의 장부에 내 외상값이 길게 기록되어 있는데, 내가 가져간 물건들에 대해 다 갚지 못해 유감스럽다고 말씀드립니다. 내가 어떻게 할지를 말하겠는데, 앞으로는 당신에게 더 빚지지 않겠습니다.

그녀는 곧바로 그렇게 말한다고 문제가 해결되지 않는다고 당신에게 말할 것입니다.

당신은 그런 식으로 위대하신 하나님을 대할 수 있다고 생각하시나요?

당신이 그분에 대해 앞으로 죄를 짓지 않겠다고 말한다고 해서, 그분이 당신의 지난 죄들을 지워주신다고 생각하나요?

뱃사공: 음, 선생님, 내 죄들을 어떻게 용서받을 수 있는지 알고 싶습니다. 당신은 교구 목사이신가요?

스펄전: 저는 복음을 전합니다. 하지만 저는 교구 목사의 이름으로 다니지는 않습니다. 저는 비국교도 목회자입니다.

그때 나는 할 수 있는 한 분명하게, 어떻게 주 예수 그리스도께서 죄인들의 자리를 대신하셨고, 또 어떻게 그분을 믿는 자들이 그분의 피와 의를 의지하여 용서와 평안을 찾을 수 있는지를 그에게 말했다. 그 사람은 십자가의 단순한 이야기를 기뻐했다. 그는 그 이야기를 수년 전에 들었더라면 좋았을 것이라고 말했다. 그리고 이 말을 덧붙였다.

> 사실을 말하자면, 선생님, 그 불쌍한 인간들이 무덤으로 내려가는 것을 보았을 때, 저는 마음이 놓이지 않았습니다. 저는 제가 원하는 무언가가 있다고 생각했습니다. 하지만 그것이 무엇인지를 몰랐답니다.

나는 우리 대화의 최종 결론이 무엇이었는지 알 수 없다. 하지만 적어도 그에게 하나님의 구원의 길을 그가 알아들을 수 있는 언어로 제시한 것을 알고 나는 만족했다.

이따금, 내 앞서 그 일을 마땅히 해야 했던 사람들의 태만 때문에, 그렇지 않았던 경우에 비해, 어떤 사람들에게 선한 영향을 끼치기가 더 어렵다는 것을 느꼈다. 어느 날, 나는 주님을 위해 어느 마부에게 말을 건네려 시도하고 있었다. 그때 그가 내게 말했다,

"당신은 아무개 목사를 아십니까?"

"예, 내가 대답했다."

"나는 그를 잘 압니다. 그에 대해 하고 싶은 말이 있나요?"

그 사람이 말했다.

"아, 그는 내가 좋아하는 종류의 목사이지요. 나는 그의 종교를 아주 좋아합니다."

내가 물었다.

"그의 종교가 어떤 것입니까?"

그가 대답했다.

"그는 6개월 동안 매일 이 마부석에 앉았습니다. 그런 동안 그는 종교에 대해서 아무 말도 한 적이 없습니다. 그런 목사를 나는 좋아합니다."

주 예수 그리스도의 종이라고 공언하는 사람에 대해 언급하는 말로서, 그것은 내게 아주 미심쩍은 칭찬이었다.

다른 경우에는, 개인을 전도할 때의 어려움은 구원의 계획에 대한 그들의 무지 때문에 생긴다. 열차 객실에서 두세 사람에게 그리스도 안에서 나 자신의 소망에 대해 말할 때, 나는 종종 완벽한 이방인들에게 말하고 있는듯한 나 자신을 발견한다. 내가 그리스도의 대속의 희생 교리에 대해 말할 때, 많은 지적인 영국 사람들의 얼굴에서 놀란 표정을 읽는다.

나는 심지어 교구 교회에 어릴 때부터 다녔으면서도 이신칭의의 단순한 교리에 대해서도 전적으로 무지한 사람들을 만났다. 비국교도 예배처소에 참석하는 사람 중에서도, 사람은 자기 자신의 행위에 의해서가 아니라 예수 그리스도의 피와 의를 믿음으로 구원이 이루어진다는 기본적인 진리를 붙들지 못하는 사람들이 있었다.

이 나라는 자기 의를 외치는 목소리에 흠뻑 빠졌고, 마틴 루터의 신교에 대해서는 일반적으로 알지 못한다. 하나님의 은혜로 부름을 받은 사람들이 그 진리를 붙들지만, 여전히 외지의 많은 대중은 그저 최선을 다하는 것에 대해 말하며, 율법적인 자기 신뢰 외에는 알지 못한다. 예수를 믿는 사람은

그분이 완성하신 일에 의해 구원받는다는 핵심 교리가, 잘못된 열광주의 발언으로 조롱을 당하거나, 방탕주의로 이끈다고 공격을 당한다.

루터는 성경으로 비텐베르크 사람들의 머리를 때리는 것에 대해 말했다. 이신칭의의 위대한 교리가 그들의 뇌에 들어가도록 하기 위함이었다. 하지만 때리는 것은 아무 소용이 없다. 우리는 우리가 가르치려는 사람들에 대해 많이 인내해야 하고, 진리의 기본 사항을 기꺼이 반복해서 가르쳐야 한다. 어떤 사람이 어느 어머니에게 물었다.

"왜 당신은 당신의 자녀에게 같은 것을 스무 번씩 가르치나요?"

그녀가 지혜롭게 대답했다.

"왜냐면 열아홉 번은 충분하지 않다는 것을 알기 때문이지요."

그런 일은 복음의 ABC를 배울 필요가 있는 사람들에게도 종종 마찬가지이다.

비록 이 나라는 신교 국가이지만, 의심의 여지 없이, 이 나라에는 공로의 차원에서 대단한 종교적 행위들을 수행하려는 교황주의자들이 있다.

얼마나 많은 빈민 구호소가 가난한 자들을 쥐어짠 저 늙은 구두쇠에 의해, 재물을 쌓아두려는 성향에 대한 속죄의 차원에서 세워졌던가!

그 병원에 무언가를 남겨둔다는 것이 얼마나 멋진 유산인가!

그것은 아주 적절한 일이다. 하지만 그것을 남긴 사람은 자기 생애에서 걸인에게 동전 한 푼도 주어본 적이 없다. 그뿐 아니라, 죽을 때 돈을 가지고 갈 수 없었기 때문에, 그래서 자기 죄에 대한 속죄로서 자선한다는 이유가 아니었다면, 그는 아무것도 남에게 주지 않았을 것이다.

때때로, 사람들은 너무 어리석어서 명시적으로 약간의 종교적인 행위를 하는 것이 그들을 천국에 데려다준다고 생각한다. 하루에 두 번 교회 기도회에 참석하고, 사순절에 금식하고, 자수로 제단을 장식하고, 채색 유리를 창문에 설치하고, 또는 새 오르간을 기부한다.

사제의 제안에 따라, 그들은 그런 식으로 많은 일을 한다. 그들은 그런 방식으로 방앗간의 눈먼 당나귀처럼 계속해서 일한다. 아침부터 밤까지 일하면서, 딱하게도 약간의 진전도 이루지 못하는 꼴이, 저 불쌍한 당나귀들과 다름없다. 많은 명목상의 그리스도인들이 내게는 일종의 '진지한 복종'의 언약을 믿는 것처럼 보인다.

그 언약에서는 만약 사람이 할 수 있는 한 많은 일을 하면, 그리스도께서 나머지를 행하실 것이고, 그래서 죄인이 구원을 받게 된다는 식이다. 하지만 그렇지 않다. 하나님은 그분의 공의에 빚진 사람에게서 어떤 화해금도 받아들이지 않으실 것이다. 하늘에는 일부 액수만 받아들이고 채무자를 빚에서 면제해주는 파산 법원이 없다. 전부를 갚지 않으면 아무것도 갚지 못한 것이다. 자기 빚을 갚으려 하는 자는 전부를 가져와야 하고, 마지막 동전 하나까지 가져와야 하며, 그럴지라도 그는 채무에서 해방되지 못한다.

하나님의 말씀이 "율법의 행위로 그의 앞에 의롭다하심을 얻을 육체가 없다"(롬 3:20)고 선언하기 때문이다. 어떤 사람들은 예배당에 출석하고, 성찬을 받고, 존중할만한 신앙고백에 관련된 어떤 선한 행위들을 하는 것이 천국에 이르는 길이라는 개념을 갖고 있다. 만약 그런 것들이 그리스도의 자리를 차지한다면, 그것들은 오히려 지옥에 이르는 길이다. 비록 그 길에 깨끗한 자갈이 깔려있고, 길 양쪽에 풀밭 길이 있어도, 그것은 천국으로 향한 길이 아니라, 영원한 사망에 이르는 길이다.

얼핏 보면 이상해 보이지만, 한 사람이 오류 체계에서 성장하였다는 바로 그 사실이, 때로는, 뚜렷한 대비로 인해, 진리를 마음과 양심에서 절실하게 느끼도록 하는 것을 더 쉽게 만들기도 한다. 복음의 단순한 진술이 종종, 하나님의 손에서, 한 영혼을 즉각적인 평안으로 이끌기에 충분하다는 것을 나는 개인적으로 증언할 수 있다.

나는 언젠가 거의 희석되지 않은 순전한 교황주의를 신봉하는 한 여성을 만난 적이 있다. 그녀와의 대화에서, 복음이 그녀에게 얼마나 흥미롭고 매력적인지를 발견하고는 나는 기뻤다. 그녀는 자기 종교로 인해 마음의 평안을 누리지 못했으며, 그것이 그녀에게 영혼의 안식을 가져다주기에, 충분하게 보인 적이 없었다고 불평스럽게 토로하였다.

그녀는 사제의 면죄 선언을 높이 생각했지만, 그것이 그녀의 영혼에 안식을 가져다주지 못한다는 것이 명백했다. 죽음이 두려웠고, 하나님이 무서웠으며, 심지어 그리스도마저 경외심의 대상일망정 사랑의 대상은 되지 못했다. 내가 그녀에게 누구든지 예수를 믿는 자는 완벽하게 용서된다는 것을 말하고, 또 나는 용서된 것을 안다고—그것을 나는 내 존재만큼이나 확신한다는 것, 내가 사는 것이나 죽는 것을 두려워하지 않음은 어느 쪽이든 내게 유익히기 때문인데, 그 이유는 하나님이 그의 아들 안에 있는 영생을 내게 주셨기 때문이라는 것을— 말했을 때, 나는 새로운 사고 체계가 그녀의 정신을 각성시키기 시작하는 것을 보았다. 그녀가 말했다.

"만약 내가 당신처럼 믿을 수 있다면, 나는 세상에서 가장 행복한 사람이 될 것입니다."

나는 그 추론을 부인하지 않았다. 오히려 나는 그 진리를 입증했다고 주장한다. 우리가 나누었던 그 짧고 단순한 대화가, 무익하게 잊히지 않았다고 생각할만한 이유를 나는 갖고 있다.

영혼의 문제로 개인적으로 대화하는 한 가지 이점은, 그들이 무리 속에 파묻혀서 들을 때에 비해, 메시지의 논지에서 벗어나기가 쉽지 않다는 것이다. 나는 내가 설교하는 도중에 종종 놀랐던 적이 있다.

나는 어떤 사람들을 정확히 묘사했다고 생각했다. 나는 그들 속에 특정한 죄를 상기시켰고, 그리스도의 충성스러운 종으로서, 강단에서 그들의 모습을 제시하는 것을 부끄러워하지 않았다. 그들은 충분히 받을만한 책망을 받았다. 하지만 그들에게 말을 마친 후, 나는 그들이 내가 한 말에 대해 감사를 표현하는 것을 듣고는 의아했다. 그들은 그 메시지가 회중 안의 다른 누군가에게 적용되는 것으로 여긴 것이다.

나는 그 메시지가 전적으로 그들에게 적용되기를 의도했으며, 내 생각에는, 그 묘사도 정확했고, 그들의 특이한 점들을 모두 밝혔기 때문에, 그 메시지가 그들에게 받아들여질 것이라고 여겼다. 하지만, 최소한 한 가지 예를 들면, 내 청중의 한 사람을 향한 직접적인 말이, 그에게는 내가 의도한 대로 받아들여지지 않았다. 그 메시지는 오히려 내가 예상하지 않았던 방식으로 적개심만 일으켰다.

나는 기자로서 내 설교를 배포하고 있던 그 신사에게 그것을 통상적인 업무의 문제로만 여기지 말고, 나머지 청중과 마찬가지로, 말씀을 자기 자신에게 주어지는 것으로 생각하기를 바란다고 말했다. 분명 나는 그 진술에 어떤 불쾌하게 만드는 요소가 담겨있다고 생각하지 않았다.

그런데 그 리포터가 분개하여 펜을 내동댕이치는 것을 보고 나는 깜짝 놀랐다. 마치 내 설교를 받아적는 일을 더는 하지 않기로 한 것 같았다. 하지만 오래지 않아, 그는 올바른 판단을 내렸고, 계속해서 그의 일을 수행했으며,

설교문은 **뉴 파크 스트리트 강단**에 때를 맞추어 출판되었다. 물론, 그 상황에서, 의도치 않게 개인적인 불쾌감을 일으켰던 개인적인 내용은 빠졌다.¹

내 청중의 느낌이 어떠했을지 몰라도, 내가 정직하게 말할 수 있는 것은, 나는 강단에서 내가 전하고 싶었던 것을 전하지 못했다는 것 때문에 탄식하면서 돌아갈 때가 수십 번, 아니 수백 번이나 있었다. 하지만 이것이 나의 위안이었다.

"나는 그리스도를 영화롭게 하기를 원했다. 나는 모든 사람의 피에 대해 내 양심이 깨끗하도록 애썼다. 사람들이 좋아하건 아니 건, 나는 그들에게 온전한 진리를 말하려고 노력했다."

자칭 그리스도의 사역자라고 공언하면서도 복음을 전하지 않은 사람이, 하나님의 법정에 가서, 그에게 맡겨졌던 영혼들에 대해 답변해야 하는 것은 무서운 일이 될 것이다. 옛 메시지가 여전히 들려질 필요가 있다.

> 칼이 임함을 파수꾼이 보고도 나팔을 불지 아니하여 백성에게 경고하지 아니하므로 그 중의 한 사람이 그 임하는 칼에 제거당하면 그는 자기 죄악으로 말미암아 제거되려니와 그 죄는 내가 파수꾼의 손에서 찾으리라(겔 33:6).

이것이 우리의 일을 너무나 중차대하게 만들기에, 다시 강단에 올라갈 것을 생각하면서 우리의 무릎은 때때로 서로 부딪힐 정도로 떨린다.

만약 우리가 하나님과 사람 앞에 진실하지 못하다면 무슨 해명을 해야 할 것인가?

---

1 스펄전의 출판 일을 맡은 패스모어(Passmore)는 스펄전이 그에게 보낸 편지를 보관하고 있었다. 그 편지에는 여기에 묘사된 사건이 다음과 같이 넌지시 언급되어 있다. "당신은 _씨에게 내가 그 말을 했을 때 그를 모욕할 의도가 전혀 없었다고 말해도 좋습니다. 오히려 나는 그의 영혼을 위한 순수한 사랑에서 그 말을 한 것입니다. 나는 내 회중의 다른 누구에게 대한 것과 마찬가지로 그에 대해서도 진실할 수밖에 없습니다. 하나님이 내 증인이 되시거니와, 나는 내 청중들 모두의 구원을 간절히 바라며, 따라서 진실하지 못한 것보다는 차라리 인격상의 문제로 실수하는 것을 더 바랄 정도입니다. 마지막 큰 날에는, 그리스도의 사역자들이 우리에게 분명하게 말했다는 것 때문에 기분이 상할 사람은 우리 중에 아무도 없을 것입니다. 나는 _씨가 불쾌해진 것에 대해 유감을 표하며, 그 설교가 그에게 복이 되기를 기도했습니다."

나는 내 사역의 끝에서, 퀘이커 교도인 조지 폭스가 임종할 때에 말한 것을, 나도 말할 수 있게 해 달라고 수없이 기도했다.

"나는 깨끗하다. 나는 깨끗하다."

어떤 연로한 목회자들이 20년, 30년, 심지어 40년을 한 곳에서 수고하고도, 그 수고에서 아무런 열매를 거두지 못하는 것이, 내게는 종종 경이로운 일로 느껴진다. 나는 그들을 판단하지 않을 것이다. 그들이 서거나 넘어지는 것은 그들의 주님에게 달린 일이다. 하지만 만약 내가 그런 위치에 있었다면, 비록 내 주님이 내게 젊을 때 일하도록 명하신 포도원을 감히 떠나지 않았겠지만, 결국에는 그분이 어떤 다른 곳에서, 즉 내 노력이 더 많은 축복의 산물을 낼 수 있는 다른 들판에서 나를 필요로 하신다는 결론을 내렸을 것이다.

나는 내 수고가 헛되지 않은 것에 대해, 혹은 내 힘을 헛되이 쓰지 않은 것에 대해 하나님께 감사한다. 그분은 내게 긴 기간 행복하고 성공적으로 섬기도록 허락하셨다. 그것에 대해 나는 온 마음으로 그분의 거룩하신 이름을 송축하고 높여드린다. 때때로 교인의 수가 크게 늘거나, 이따금 약간 줄어든 적도 있었다. 하지만 전체적으로 볼 때, 중단되지 않은 축복의 물줄기가 계속해서 같은 비율의 양으로 흘렀다. 늘 한결같았던

나의 소원은 다른 교파들에서 우리 교단으로 넘어오는 '개종자들을 만드는 것'이 아니라, 이전에 어떤 신자들의 단체에도 관련이 없던 사람들, 혹은 예배당에 참석하지 않았던 사람들을 끌어모아 우리에게 소속되게 하는 것이었다. 물론, 우리 회원으로 가입한 많은 사람이 다른 공동체 출신이고, 그들은 그렇게 하는 것이 지혜롭고 바른 조치였다고 여겼다. 하지만, 사람들이 '그 사람의 목회적 돌봄 아래에 있는 저 대형 교회는 다른 기독교회들로부터 가로챈 회원들로 구성되어 있다'고 진실로 말할 수 있다면, 나는 그것이 얼굴이 화끈거릴 정도의 수치일 것이라고 여긴다.

나는 불경건한 자들과 부주의한 자들의 가격을 높게 매기며, 그들이 세상에서 그리스도와의 교제 안으로 들어온 것을 최고의 가치로 여긴다. 이런 사람들이 진정한 상이다. 친선 국가의 언저리에서 슬며시 옮겨온 것이 아니라, 원수가 지배하는 나라에서 칼날로 포로로 삼은 자들이다. 우리는 다른 교회 출신 형제들을 환영한다. 만약 하나님의 섭리 안에서, 그들이 어쩌다 보니

우리 가운데로 떠내려온 경우라면 그렇게 한다.

하지만 우리는 난파 구조선의 불빛을 비추면서, 파선한 다른 교회들의 잔해물로 우리 자신을 배 불리려는 시도는 하지 않는다. 불안정한 사람들을 그들의 현재 예배처에서 옮기도록 꼬드기는 것보다는, 멸망하는 영혼들을 찾는 일에 분주하기를 우리는 원한다. 다른 부대에서 한 군단의 인원을 모집하더라도, 그것은 실제로 군대를 강화하는 것이 아니다. 신병을 모집하는 것이 모든 교회의 목적이어야 한다.

* * *

런던에서의 사역 초기부터, 주님은 그분의 진리 선포에 풍성한 복을 주셨다. 그래서 내가 회심자들과 진지한 구도자들을 만나려고 시간을 할애할 수 있을 때마다, 내가 헛되이 기다린 적은 거의 없었다. 대개는 너무 많은 사람이 와서, 나는 하나님께 감사하는 마음으로 어쩔 줄을 몰랐다. 한번은, 아주 특이한 경험을 했다. 그 경험에서 나는 수가 동네 우물에서 제자들의 질문에 주님이 답변하신 말씀의 의미를 깨닫게 되었다.

> 누가 잡수실 것을 갖다 드렸는가?
>
> 예수께서 이르시되, 나의 양식은 나를 보내신 이의 뜻을 행하며 그의 일을 온전히 이루는 이것이니라(요 4:33, 34).

아침에 일찍 집을 떠나, 나는 교회로 갔고, 거기서 온종일 앉아서 말씀 전파를 통해 그리스도께 인도된 사람들을 면담하고 있었다. 그들의 이야기가 너무 흥미로워, 시간이 얼마나 빨리 가는지도 모른 채 여러 시간을 보냈다. 낮 동안에 나는 서른 명 이상을 만난 것 같았다. 한 사람씩 만났다. 나는 그들이 들려주는 은혜의 이야기가 너무 기뻤고, 그들 속에 역사하신 하나님의 은혜가 너무나 경이로워, 시간이 어떻게 지나는지 전혀 알지 못했다. 일곱 시가 되어, 우리는 기도 모임을 했다.

나는 예배당으로 들어가 형제들과 함께 기도했다. 그 후에, 교회 회의가 있었다. 열 시가 되기 조금 전, 나는 허기를 느꼈다. 나는 내가 몇 시에 저녁을 먹었던가 생각해보았고, 그제야 온종일 아무것도 먹지 않은 것을 기억했다! 그 문제를 생각하지도 않았고, 배고픔도 느끼지 않았다. 왜냐면 하나님께서 나를 너무 기쁘게 하셨고, 하늘의 만나, 즉 영혼을 얻는 일의 성공에서 하늘의 양식을 먹고 배부르게 하셨기 때문이다.

그와 똑같은 경우가 다른 날에도 있었는지는 확실치 않다. 하지만 흥미를 끄는 많은 일 때문에, 때로는 마음을 낮추는 일 때문에, 또 다른 경우에는 처리해야 할 일 때문에 식사를 잊은 경우는 종종 있었다. 나는 영혼들을 얻기 위한 대화에서 나 자신의 우둔함을 발견하곤 했다. 한 불쌍한 사내아이를 구주께 인도하려 시도하는 동안 나는 당혹스러움을 느꼈다. 내가 그를 꽉 붙들었다고 생각했지만, 그는 교묘한 재간으로 연이어 빠져나가곤 했다. 때때로, 진지하게 염려하면서 질문하는 사람들은, 소망에 맞서 싸우는 그들의 독특한 기술로 나를 놀라게 했다.

그들의 논증은 끝이 없었고, 그들의 난제는 셀 수 없었다. 그들은 거듭해서 나를 궁지에 몰았다. 마침내 하나님의 은혜가 나로 그들을 빛으로 이끌 수 있게 했지만, 그럴 때마다 나는 나의 부족함을 절감하지 않을 수 없었고, 성령의 도우심이 아니면 그들을 복음의 자유로 인도하는 일에 내가 전적으로 무력하다는 것을 깨달았다.

가끔, 나는 괴로워하면서도 위로받기를 거절하는 불쌍한 영혼을 만나기도 했다. 어느 선량한 그리스도인이, 심약함 때문에, 가장 깊은 절망에 빠졌다. 나는 그처럼 끔찍한 상황에 빠진 사람을 만난 적이 거의 없다. 그에게 어떤 식의 위로를 전할 수가 있을지 당혹스러웠다. 정녕, 나는 그 일에 결국 실패하지 않았는가 염려스럽다. 그가 말했다.

"저는 구원받기에는 너무 큰 죄인입니다."

그래서 나는 그에게 하나님의 말씀을 들려주었다,

> 그 아들 예수의 피가 우리를 모든 죄에서 깨끗하게 하실 것이요(요일 1:7).

그가 대답했다.

"아아! 하지만 목사님은 그 말씀의 문맥을 기억하셔야 합니다. '그가 빛 가운데 계신 것 같이 우리도 빛 가운데 행하면 우리가 서로 사귐이 있고, 그 아들 예수의 피가 우리를 모든 죄에서 깨끗하게 하실 것이요'라고 했습니다. 지금, 저는 빛 가운데 행하고 있지 않습니다. 저는 어둠 속을 걷고 있습니다. 저는 지금 하나님의 백성과 사귐도 갖지 않습니다. 그러니 그 구절은 저에게 적용되지 않습니다."

"내가 응수했다."
하지만 그리스도께서는 '자기를 힘입어 하나님께 나아가는 자들을 온전히[끝까지, KJV] 구원하실 수 있습니다.
"그가 인정했다."
그것이 유일한 구절이지요. 저는 그것을 부정할 수 없습니다. 그 성경 구절이 '끝까지'라고 말하니까요. 제가 그것을 넘어가지 못했다는 것을 나는 압니다. 그렇지만 그 구절은 저에게 어떤 위로도 주지 않습니다.
내가 말했다. 하지만 하나님은 당신이 그분을 믿는 것 외에 당신에게 아무것도 요구하시지 않습니다. 당신이 알다시피, 만약 당신이 너무 연약한 믿음을 가졌다면, 당신은 어린아이와 같습니다. 어린아이의 약한 손일지라도 선물을 받을 수 있으며, 그것이 그리스도인의 표징입니다.

우리가 다 그의 충만한 데서 받으니(요 1:16).

"당신이 손을 내밀어 받기만 한다면, 그것으로 충분합니다."
"아아!" 그가 말했다.
"하지만 저에게는 믿음의 손이 없습니다."
내가 대답했다.
"좋습니다, 하지만 당신에게 바라는 것을 말하는 입은 있겠지요. 당신에게 받을 손이 없다면 입으로 요청할 수는 있을 겁니다."
그가 말했다.
"아닙니다. 저는 기도하지 않습니다. 저는 기도하지 못합니다. 저에게는 요청하는 입이 없습니다."

내가 답변했다.

"그렇다면, 필요한 것은 빈 곳이군요. 비어 있는 그릇 말입니다. 그곳에 하나님이 은혜를 넣어주실 수 있을 것입니다."

그가 말했다.

"아아, 목사님! 목사님의 말씀이 맞습니다. 저에게는 비어 있는 공간이 있습니다. 고통스럽게도 텅 비었지요. 만약 이 세상에서 공허한 죄인이 있다면, 제가 바로 그런 사람입니다."

내가 소리쳤다.

"좋습니다, 그리스도께서 그 공간을 채우실 것입니다. 텅 빈 죄인들을 위해 충만하신 그리스도가 계십니다."

나는 거기서 그 문제에서 손을 떼야 했다. 아주 빈번히, 상담 요청자들이 그들의 영적인 역사에 관해 이야기를 들려주려고 나를 찾아올 때, 그들은 아주 사소한 이야기를 가능하면 가장 큰 기적처럼 부풀려서 말하곤 했다. 이야기를 마치자마자, 그들은 내게 그것이 아주 특별한 경우가 아닌지를 물었다. 어떤 사람이 말했다.

"목사님! 저는 세상일에 빠져 아주 행복했습니다. 하지만 죄가 마음에 자각되었고, 그래서 구주를 찾기 시작했지요. 오랫동안, 내가 영혼의 문제에 관심을 기울이고 있을 때, 저는 너무 비참해서 견딜 수가 없었습니다. 정녕, 목사님, 이것이 이상한 일 아닌가요?"

그때 내가 그 친구의 얼굴을 쳐다보며 말했다.

"아니요, 전혀 이상하지 않습니다. 오늘 밤 이 자리에도 그런 사람이 십여 명이나 있고, 그들 모두 내게 같은 이야기를 들려주었습니다. 그런 일은 천국으로 향하는 하나님의 백성 거의 모두에게서 찾아볼 수 있습니다."

그는 나를 응시했다. 내가 진실이 아닌 것을 말한다고 여기는 눈치는 아니었지만, 마치 다른 사람도 그가 느낀 것처럼 느낀다는 사실이 세상에서 가장 기이한 일이라고 생각하는 듯했다.

나는 때때로 신앙 상담 요청자나 교회 회원 후보자를 만날 때 이런 식으로 말한다.

"자! 자리에 앉으십시오. 내가 처음 구주를 찾고 또 만났을 때 내 느낌이 어땠는지 말해주겠습니다."

그가 소리쳤다.

"와, 목사님! 제가 느낀 거랑 똑같군요. 하지만 저는 다른 누군가가 제가 밟아온 같은 길을 지나갔을 것이라고는 생각지 않습니다."

우리가 서로의 영적 경험에 대해 조금 알게 될 때, 우리의 길이 고독한 길처럼 보이는 것은 전혀 이상하지 않다. 하지만 길을 찾는 가련한 죄인들을 다루시는 하나님의 방식에 대해 많이 아는 사람은, 그들의 경험이, 큰 줄기에서는, 매우 비슷하다는 것을 잘 알아챈다.

때때로, 극단적인 경우엔 극단적인 처방이 필요하다. 한번은 내가 말하는 모든 것에 찬성하는 한 사람을 대면한 적이 있다. 내가 죄의 악함에 대해 말했을 때, 그는 내게 동의했고, 또 내가 매우 신실하다고 말했다. 내가 그에게 구원의 길을 제시했을 때, 그는 찬성했다. 하지만 그의 마음은 그 진리에 영향을 받지 않은 것이 명백했다. 나는 차라리 그가 내가 한 말에 딱 잘라서 반대하기를 바랄 정도였다.

그렇다면 내게 그와 그 문제를 토론할 기회가 생길 것이고, 그가 결심에 이르도록 압박할 수 있을 것이기 때문이다. 마침내, 나는 그와 대화하는 것에 더는 가망이 없다고 느꼈고, 그래서 그에게 말했다.

"사실은, 머지않아 당신은 죽을 것이고, 저주를 받을 것입니다."

나는 달리 한마디도 하지 않고 걸어 나왔다. 내가 예상했던 것처럼, 오래지 않아 그가 사람을 보내 나를 찾았다. 내가 그에게 갔을 때, 그는 왜 자기에게 그처럼 무서운 말을 했는지 말해달라고 요청했다. 내가 대답했다.

> 당신 영혼의 구원에 대해, 당신과 대화하는 것이 아무 소용이 없다고 여겨지더군요. 당신은 내가 무슨 말을 해도 아무런 느낌이 없는 것처럼 보였습니다. 내가 제시한 진리에 당신이 감명을 받기를 기대하는 것은, 대리석 판에 기름을 쏟는 것이나 다름없다고 여겨질 정도입니다. 내 견고한 확신은, 당신이 저주를 받는다는 것입니다.

그는 내가 그렇게 분명하게 말하는 것에 대해 상당히 화를 냈다. 그리고 심사가 틀어진 그를 남겨두고, 나는 다시 그 자리를 떠났다. 많은 시간이 지나기 전에, 그는 끔찍한 정신 상태에 빠졌다. 성령께서 그에게 죄인으로서 그의 상태를 자각하게 하셨고, 그는 영혼의 고뇌에 빠졌다. 날카로운 내 말이 물고기 아가미에 걸린 낚시 고리 같았지만, 그 물고기는 올바르게 육지에 올려졌다. 그 사람은 회개와 믿음에 이르게 되어 세례를 받았고, 교회의 회원이 되었으며, 몇 년 전에 하늘의 본향으로 떠났다.

내가 너를 파수꾼으로 세웠노라(겔 3:17).

제27장

선지자들을 위한 새 학교

여기서 우리는 목사를 세우는 참된 이유를 읽습니다. 하나님만 홀로 그 일을 하실 수 있습니다. 한 사람을 설교자로 만드는 일에는 두 가지가 절대적으로 필요합니다.
첫째, 특별한 은사입니다.
즉, 진리에 대한 인식, 단순성, 교훈을 전하는 재능, 어느 정도의 웅변술, 그리고 강렬한 열심과 같은 것입니다.
둘째, 특별한 소명입니다.
정당하게 목회 직에 있는 모든 사람은 그 직분을 위해 성령의 감동을 받은 것이 틀림없습니다. 그는 자기의 전 삶을 주님의 대의를 위해 쓰고 싶다는 거부할 수 없는 욕망을 느껴야 합니다. 대학이나, 주교나, 어떤 인간적인 임명이 한 사람을 목사로 만들지 못합니다. 하지만 버니언, 화이트필드, 버리지, 롤런드 힐이 그랬던 것처럼, 사람들의 영혼을 얻고자 하는 간절한 열망과 몸부림을 느낄 수 있는 사람은, 공중에서 하나님이 말씀하시는 음성을 느낄 수 있습니다. '인자야, 내가 너를 파수꾼으로 세웠노라.'

찰스 해돈 스펄전

당시에는 하나님의 섭리와 은혜가 내 주변으로 이끈 사람들에게 어떤 대학도 적절하다고 여겨지지 않았다. 복음에 대한 내 관점과 설교자를 훈련하는 방식이 다소 특이했으며, 지금도 그렇다는 것을 솔직히 인정해야겠다. 내 판단이 몰인정했는지 모르겠다. 하지만 나는 칼빈주의 신학이 대체로 대학에서 아주 의심스러운 것으로 가르쳐진다고 생각했고, 일반적으로 학생들의 열정은 그들의 학문적인 성취에 훨씬 못 미친다고 여겼다. 내가 보기엔, 복음의 위대한 옛 진리들을 전하는 설교자들과 대중에게 적합한 목사들은, 학위나 인간적인 학문의 휘장보다는, 설교와 신학이 주된 목표가 되는 교육기관에서 양성되는 것이 더 타당하다고 여겨졌다.

찰스 해돈 스펄전

일찍이, 뉴 파크 스트리트교회에서의 내 사역과 함께 하나님의 성령이 역사하실 때, 몇몇 열정적인 젊은이들이 진리를 알게 되었다. 그들 중 일부가 거리에서 말씀을 전했을 때, 하나님의 은혜로 영혼들이 회심하는 일이 일어났다. 이 사람들은 쓰임 받을 역량은 있지만, 받은 교육이 없어 심각한 불이익을 겪으며 고생하고 있었다. 더욱이 그런 상황에서 그들이 어떤 대학에도 입학하기를 원하지 않는 것을 알고는, 나는 그들을 위해 기초적인 교육 과정을 마련하겠다는 마음을 먹게 되었다.

그런 과정은 적어도 그들이 말씀을 전할 때 틀리는 부분을 교정해주고, 독서를 통해 필요한 지식을 획득하는 데 도움이 될 것이기 때문이었다. 특별한 약속을 붙든 어느 젊은이가 하나님의 섭리 때문에 내 삶의 길에 밀치고 들어왔다. 그래서 나는 즉시 그와 함께 시작했고, 머지않아서, 내 계획을 수행하는 데 도움을 줄 수 있는 아주 적합한 다른 사람들이 내 앞에 나타났다. 캠버웰의 조지 로저스 목사는 사무실과 개인 교습을 준비하고 있었고, 젊은이들을 교육하려는 생각이 내 머릿속에서 구체화 되어갈 무렵, 그는 그런 섬김의 일을 찾고 있었다. 우리는 만났고, 교제를 나누었고, 그 교제는 해가 갈수록 깊어졌다.

우리의 사랑의 수고는 한 명의 학생으로 시작되었다. 이 한 명의 형제를 지원하기 위해 기금이 마련되고 있었다. 하지만 동시에, 그것은 내게 아주 무거운 짐이자 큰 책임이 부여된 일처럼 보였다. 한정된 수입으로, 한 사람의 젊은 사역자를 위해 한 해에 50파운드를 보증하는 일은 쉽지 않았다. 하지만 이 문제는 머지않아 작은 문제가 되었다. 동등한 자격을 갖추고, 비슷한 교육을 받기 원하며, 같은 원조를 요청하는 다른 형제들이 생겨났기 때문이다. 우리는 그들을 거부할 수 없었다.

1856년에 한 명이던 학생 수가 머지않아 8명으로 늘었다. 그런 다음 20명으로 늘고, 금방 그 수가 거의 일백 명으로 늘어났다. 한 사람을 지원하는 짐으로 시험을 받았을 때는 믿음이 흔들렸는데, 주님께서 체험을 통해 믿음을 강하게 하셨다. 그래서 짐의 무게가 백배로 늘어났을 때도 믿음으로 즐거워할 수 있었다.

그 일은 어떤 계획으로 시작된 것이 아니다. 그것은 필요에서 생겨났고 자랐다. 처음 거기에 참여한 사람에게 그것은 선택의 문제가 아니었다. 그는 더 높은 힘을 의지하였기에 단순하게 행동했다. 그는 그 문제가 어떻게 전개될지를 몰랐고, 그 기관을 널리 영향을 미치는 단체로 만들려고 고심하지도 않았다. 현재의 필요에 대처하고, 섭리의 움직임에 따르자는 것이 의도했던 전부였다. 시작 단계에서 미래에 대한 어떤 청사진도 없었다. 쓸모있는 일이, 외부로부터의 설계나 계획보다는, 내부에 작용하는 하나님의 역사에 대한 순종을 통해, 스스로 발전하도록 하는 것이 하나님의 계획인 것으로 보인다.

목회자대학(Pastors' College)이 꽤 틀을 갖추게 되었을 때, 우리 목전에는 한 가지 목적만 있었다. 그것은 복음 설교에 의한 하나님의 영광이었다. 교육을 받지 못한 사람들이 받아들여지도록 설교하려면 훈련될 필요가 있다. 그래서 우리 교육기관은 **하나님이 복음을 전하도록 분명하게 부르신 자들**이지만, 초기의 단점들 때문에 곤란을 겪는 사람들을 교육하기 위해 세워졌다.

우리는 사람들을 설교자로 만들려는 꿈을 꾸지 않았다. 하지만 우리는 하나님이 이미 그런 목적을 위해 부르신 사람들을 돕기를 원했다. 그래서 우리는 기초 단계로서, 지원하기에 앞서, 한 사람이 약 2년 동안 설교 사역에 종사해왔고, 자기 사역에 약간의 증거들을 가져야 한다는 조건을 부여했다. 지원자가 아무리 재능이 있고 전도유망하게 보여도, 목회자대학은 단순한 희망에 따라 행동할 수 없었으며, 사람의 판단으로 발견할 수 있는 한에서 하나님의 부르심의 분명한 표징들을 가져야만 했다.

이것이 우리의 모집 요강이 되었다. 왜냐하면, 우리는 우리의 개인 교수들이 학자로 만들 수 있는 사람들을 원한 것이 아니라, 주께서 설교자로 세우실 사람들을 원했기 때문이다.

이 목표를 확고히 하고, 우리는 적합한 사람들을 받기 위해 모든 장애물을 쓸어버리며 전진했다. 우리는 절대 빈곤 때문에 사람을 거절하는 일이 없도록 결심했다. 그런 사람에게는 필요한 숙식과 의복을 제공하기로 했다. 그런 문제로 방해받는 일이 없도록 하기 위해서였다. 우리는 또한 입학을 위한 학문적인 자격 기준을 낮게 두었는데, 이는 글을 읽을 수 없는 형제들도 입학할 수 있게 하려는 배려 때문이었다. 그런 이들이 훗날 우리 학생들 가운데 가장 쓸모있는 사람이 되곤 했다. 연설가로서의 실제적인 능력, 깊은 경건, 진정한 믿음을 갖춘 사람이, 출생이나 환경에 의해 교육 편의를 박탈당한 경우가 있을 수 있다. 하지만 그런 이들이 약간의 도움을 받으면, 그리스도를 위한 유능한 일꾼으로 성장할 수 있을 것이다. 어려서 기회를 놓친 것은 그의 불행일 뿐인데, 그런 사람에게 훈련의 기회를 거절한다면 그리스도께 심각한 손실이 될 것이다. 우리 대학은, 가난하거나 문맹자이거나, 또는 부하거나 교육받은 자이거나, 그런 기준에 상관없이 하나님의 사람들을 초대하여 받아들였다.

우리는 설교문을 읽는 사람들 말고, 혹은 철학적 논문을 작성하는 사람들 말고, 열심 있는 설교자들을 찾았다.

"예수님을 위해 영혼들을 얻은 적이 있습니까?"

이것이 모든 지원자를 향한 우리의 주된 질문이었다.

"만약 그렇다면, 와서 우리와 함께합시다, 우리가 당신에게 유익을 끼칠 수 있을 겁니다."

만약 지원하는 형제가 약간의 금전적인 수단을 가졌다면, 우리는 그가 자기 수업료를 내야 한다고 느꼈다. 실제로 많은 이들이 그렇게 했다. 하지만 6펜스짜리 은화 하나를 기부할 수 없어도, 그는 동등하게 받아들여졌으며, 모든 면에서 같은 자격을 부여받았다. 예수님과 사람들을 사랑하고, 또 예수님과 사람들을 화해시키는 일을 추구하는 사람들을 찾을 수만 있다면, 대학은 그런 사람을 이백 명이라도 마치 한 사람인 것처럼 기꺼이 받아들이고자 했으며, 그들의 양식을 위해 하나님을 의지하였다.

하지만 학식과 부를 가진 사람이 들어오려고 해도, 그들이 진리를 전달하는 능력으로써, 또한 그들의 수고에 하나님이 주신 복의 열매로써 그들의 소명을 입증하지 않으면, 우리는 그들을 받지 않으려 했다. 우리 학생들은 대학 학위나 고전적인 명예를 추구하지 않으며, 오직 대중의 마음에 닿도록 효율적으로 전하고, 가난한 자들에게 복음 전하는 일을 추구한다. 이것이 우리 대학의 야망이며, 이것 외에 다른 것은 없다.

우리는 성경을 가르치려고 애쓴다. 하지만 다른 학교들도 모두 같은 일을 한다고 주장하므로, 우리는 모든 사람에게 공지되도록, 목회자대학의 신학은 청교도적이라고 분명하게 말한다. 우리는 새로운 **학문**에 대해서는 아무 것도 알지 않는다. 우리는 옛 방식을 고수한다. 소위 "현대 사상"에 의해 촉발된 발전이라는 것을, 우리는 의심스럽게 간주하며, 기껏해야 그것을 진리의 물타기일 뿐이라고 믿는다.

그리고 그런 것 중 대다수는 녹슨 이단이며, 땜질한 후에 새로운 얼굴로 잠시 나타나서는, 옛 시대에 그들이 자행한 악행을 반복하는 것뿐이라고 간주한다. 우리는 모리스보다 맨튼(Manton)을 선호하며, 로버트슨보다 차녹(Charnock)을, 보이세이보다 오웬(Owen)을 선호한다. 우리의 경험과 성경 읽기 모두는 우리에게 유행을 따르지 않는 은혜의 교리에 대한 믿음을 확인시켜준다. 저 위대한 근본 교리들에 기초하였기에, 우리 중에는 불확실한 소리가 없다. 젊은이들을 엄격한 틀에 가두어둘 수는 없다.

사역의 초보자들에게서 교리의 성숙을 기대할 수도 없다. 대체로, 학생들은 우리에게서 선명하고 건전한 신앙을 배워나가며, 거의 예외 없이, 계속해서 그런 입장을 지속한다. 일부 극소수가 초(超)-칼빈주의자로 올라가고, 다른 한편으로, 한두 명은 아르미니우스주의로 떨어졌지만, 이들조차도 진지한 복음주의자로 남는다. 그리고 절대다수의 형제들은 그들의 모교가 그들을 양육한 신앙 안에 거한다.

스코틀랜드에서 우리 학생들을 대체로 환대하는 것은, 그들이 옛 칼빈주의 복음적 교리를 고수한다는 두드러진 증거의 하나이다. 빈번하게 우리 학생들을 목회자로 받아들이고 확고한 정통 교리를 고수하는 로테르담과 암스테르담의 장로교회들은, 우리 출신 목회자들이 그들을 웨스트민스트 총회 고백의 옛 신학을 전하는 것에 대해 우리에게 거듭하여 만족스러움을 표하는 서신을 보내왔다.

아는 체하는 자들이 무슨 말을 하더라도, 그 건전한 신앙고백 속에는, 교양을 가장하고 심오하다고 허세를 부리는 학파의 일만 권의 책에서 찾을 수 있는 것보다 더 많은 진리가 있다. 옛 신학이 무엇인지 제대로 알지 못하는 이유는, 대부분 경우에 그것을 조롱하기 때문이다. 청교도 학파가 사도 시대 이래로 다른 어떤 학파보다 그 속에 복음의 진리를 더 많이 구현한다고 믿기에, 우리는 같은 노선을 고수하고 있으며, 하나님의 도우심으로, 주님이 친히 임하실 때 반드시 함께 오게 마련인 저 복음적 교리의 부흥에 참여하기를 소망한다.

달리 생각하는 자들은 다른 길로 갈 수 있다. 하지만 우리 입장을 밝히자면, 우리는 우리 학교의 교리적 가르침을 모호하고 불확실한 상태로 버려두는 일에 절대로 동의하지 않을 것이다. 우리는 편견에 사로잡힌 이 시대의 자유주의 방식을 추종하지 않는다. 우리 대학의 모토는 "나는 붙잡고 또 붙잡힌다"(I hold and am held)이다. 우리는 사람들에게 담대히 그리스도의 십자가를 제시하려고 애쓴다. 십자가만이 그 매력적인 능력으로 우리를 굳게 붙들어주기 때문이다.

우리의 바람은, 모든 사람이 특히 십자가에 못 박히신 그리스도의 진리, 바로 그 진리를 붙잡고, 또 그것에 의해 붙잡히는 것이다.

초기에 목회자대학과 관련하여 재미있는 사건들이 많았다. 그중에는 심지어 그 학교가 실제로 세워지기도 전에 일어난 사건도 있었다. 메드허스트(Medhurst)[1]가 거리에서 설교하기 시작했을 때, 당시에 뉴 파크 스트리트교회의 회원이었던 몇몇 아주 정확한 친구들이, 그의 교육의 결핍을 보고 크게 충격을 받았다. 그래서 그들은 나에게 그 문제로 불평했고, 내가 그를 중단시켜야 한다고 말했다. 만약 그를 중단시키지 않으면, 불명예스러운 일이 발생할 것이라는 우려 때문이었다.

그래서 나는 그 열심 있는 젊은 형제와 대화했다. 대화 중에 그는 자기 영어가 결함이 있음을 부인하지 않았고, 다른 면에서도 실수가 있을 것이라고 인정했다. 하지만 그가 말했다.

"목사님, 저는 전해야 합니다. 목사님이 제 머리를 베어버리지 않는 한 저는 전할 것입니다."

나는 앞의 그 친구들에게 가서, 그가 한 말을 전했다. 그러자 그들 모두 아주 진지하게 받아들였다.

"오!" 그들이 소리쳤다.

"목사님이 메드허스트의 머리를 베실 수는 없지요. 그러니 그가 계속 말씀을 전하도록 놔두셔야 합니다."

나는 그들에게 흔쾌히 동의했고, 이 말을 덧붙였다.

"우리의 젊은 형제가 명백히 온 힘을 다해 주님을 섬기므로, 나는 그가 사역을 위해 적합한 교육을 받도록 내가 할 수 있는 일을 해야겠습니다."

---

[1] 메드허스트는 1854년 메이즈(Maze) 폰드 채플에서 처음 스펄전의 설교를 들었다. 영혼의 고통의 기간을 보낸 후, 그는 뉴 파크 스트리트에서 목요일 밤 설교를 통해 회심했으며, 곧바로 위에 묘사된 행동에 돌입했다.

난처한 상황에서 나를 찾아온 다음 사람은 메드허스트 자신이었다. 어느 날, 아주 슬픈 얼굴을 하고서, 그가 내게 말했다.

"저는 석 달 동안 말씀을 전해오고 있습니다. 한 영혼이라도 회심했는지 모르겠습니다."

그를 좀 골려주려는 심산으로, 동시에 그에게 결코 잊지 못할 교훈을 주려는 뜻으로, 내가 물었다.

"주님께서 당신이 입을 열 때마다 영혼들을 구원하시기를 기대합니까?"

"오! 아닙니다, 목사님!"

그가 대답했다.

"그렇다면," 내가 말했다.

"당신이 회심자를 얻지 못한 이유가 바로 이것입니다.

> 너희 믿음대로 되라(마 9:29).

그 시기에 메드허스트는 벡슬리 히스(Bexley Heath)[2]에서 공부하고 있었고, 야외에서 예배를 인도하곤 했다. 한번은, 내가 거기에 설교하러 갔을 때, 예배를 마친 후에, 분명히 그 젊은 학생을 많이 따랐던 두 사람이 나누는 대화를 우연히 듣고서 나는 많이 놀랐다.

첫째 사람이 물었다

"스펄전의 설교가 좋았어요?"

"오!" 그녀의 동료가 대답했다,

"아주 좋았어요. 하지만 그가 우리의 친애하는 메드허스트를 너무 많이 흉내 내지 않았더라면 예배가 더 좋았을 겁니다."

또 다른 일화가 있는데, 그 이야기는 그 노부인에게 일어난 일 같지는 않다. 훗날, 그 이야기를 다른 학생들에게 언급하면서, 나는 그들이 만약 나를

---

2   메드허스트는 C. H. 호스켄(Hosken) 목사에게서 수업료를 받고 있었고, 호스켄은 벡슬리 히스에 살았으며 크레이포드(Crayford)에 있는 침례교회의 목사였다. 일주일에 한 번 그는 그의 숙소에서 신학을 공부하면서 스펄전과 여러 시간을 보냈다. 이 일은 1857년 3월 21일 스펄전의 결혼 이후에도 지속되었다. 메드허스트는 이후 캠버웰(Camberwell) 올버니 길에 있는 조지 로저스 목사의 거처로 옮겨 거주했다. 두 번째 학생이 그와 합류했고 이렇게 목회자대학이 시작되었다.

모방하면 어떤 심각한 상황이 일어날 수 있는지를 그들에게 지적하였다!

시간이 흐른 뒤, 내가 킹스턴-온-테임즈(Kingston-on-Thames)를 방문했을 때, 메드허스트가 그곳의 교회 목사가 된 이후, 나는 사람들이 그에 대해 어떻게 생각하는지를 알고 싶어졌다. 그래서 그의 회중에서 존경받는 한 부인에게 그에 대해서 짐짓 냉정한 태도로 말했다. 곧바로, 그녀는 그의 친절에 대해 아주 따뜻하게 말하기 시작했다. 그녀가 말했다.

"목사님! 그분에 대해 그런 식으로 말씀하시면 안 됩니다. 목사님이 그렇게 말씀하시는 것은 그분에 대해 모르시기 때문입니다."

내가 대꾸했다.

"오! 나는 그를 당신이 알기 전부터 알았습니다. 그는 별로 신통치 않습니다. 그렇지 않나요?"

그녀가 대답했다.

"글쎄요, 저는 그분에 대해 좋게 말할 수밖에 없습니다. 왜냐면 그분은 내 가족과 하인들에게 축복이었기 때문입니다."

나는 거리로 나섰고, 주변에 서 있는 몇몇 남자들과 여자들을 보았다. 그들에게 말했다.

"나는 여러분의 목사를 데려가야겠습니다."

"만약 그러신다면," 그들이 소리쳤다.

"목사님을 세상 끝까지라도 쫓아가서 그분을 다시 찾아올 겁니다. 우리 영혼에 그토록 유익을 끼치신 분을 데리고 가다니요!

설마 그런 야속한 일을 하진 않으시겠지요?"

열다섯인가 열여섯 사람의 증언을 수집한 후에, 내가 말했다.

> 그 사람이 그의 사역의 능력에 대해 이분들에게서 그런 평판을 얻을 수 있다면, 나는 즐거운 마음으로 그가 현재 위치에서 계속 사역하도록 할 것입니다. 주님께서 그분을 섬기도록 그를 부르신 것이 분명하기 때문입니다.

메드허스트는 한 젊은이와 관련하여 그 자신에게 일어난 한 가지 사건을 내게 들려주었다. 그를 나는 훈련을 위해 받아들였다. 적절한 교육 후에는 그가 유익한 일에 이바지할 수 있을 것으로 보았기 때문이다. 그는 성경에 대해 특히 무지했다. 그래서, 메드허스트가 느부갓네살이 사람들로부터 쫓겨났고, 마침내 그의 손톱이 새 발톱처럼 되고, 그의 머리털은 독수리 깃털처럼 될 정도였다는 이야기를 언급하는 것을 들은 후, 설교가 끝났을 때 그가 설교자였던 메드허스트에게 물었다.

"당신이 사람들에게 들려준 이야기는 정말이지 아주 신기하네요.
그런 이야기를 어떻게 알게 되셨어요?"

우리 친구가 대답했다.

"오! 성경을 읽어보지 않으셨나요?
그것을 다니엘서에서 찾아볼 수 있습니다."

그 젊은이는 다른 책들을 많이 읽었지만, 성경은 읽어본 적이 없었다.

그런데도 그는 성경 교사가 되려고 했다!

나는 그런 무지가 지금도 많은 사람에게서 볼 수 있는 일이라고 우려한다. 그들은 성경에 무엇이 있는지 알지 못한다. 그들은 다른 사람에게 국교도의 잡지, 웨슬리 교단 잡지, 혹은 침례교 잡지, 혹은 복음주의 기관지 등에 무슨 내용이 실렸는지 말할 수 있다.

하지만 한 가지 오래된 책, 무기와 진정한 부에 관한 한 가지 책, 즉 성경이라 불리는 오랜 책이 하나 있는데, 그들은 그것을 읽는 법을 잊었다. 잊지 말고 말해야 할 것이 있다. 나중에 들어온 한 학생에 관한 이야기이다. 만약 그가 침례교 편람에 대해 아는 것처럼 성경을 잘 알았더라면, 그는 좋은 목사가 되었을 것이다. 그리고 그런 평가가 적용될 사람은 단지 그 한 사람만이 아니다.

초기의 학생 중에, 그의 장래에 관하여 내게 큰 걱정을 끼쳤던 한 사람이 있었다. 그가 월요일 밤 기도회에서 이런 내용으로 간구했을 때였다.

"오! 당신은 황금의 12궁(宮)으로 둘러싸여 있나이다!"

물론, 그것은 요한계시록 1장 13절에 대한 과장된 표현이었다. 오호라! 내 두려움에는 충분한 근거가 있는 것으로 판명되었다. 대학을 떠난 후, 그는 침례교에서 회중교회로 옮겼으며, 그다음에는 극작가 겸 연극배우가 되었다. 그가 지금 어디에 있는지 나는 알지 못한다. 수년간 나는 그의 경건한 아내의 생계를 돕는 슬픈 특권을 누렸다. 그녀를 그가 버린 것이다. 내가 하나님께 감사드리는 것은, 수백 명의 사람 중에서, 그가 그랬던 것처럼 내 마음에 슬픔을 안긴 사람이 극소수라는 점이다.

제28장

첫 인쇄물

글을 쓰고 출판하는 재능을 가진 사람들에 의해 얼마나 많은 영혼이 회심할 수 있는지요! 그 예로, 도드리지 박사의 『영혼 속에서 신앙의 생성과 진보』(Rise and Progress of Religion in the Soul)가 있습니다. 비록 내가 그 책의 몇 가지에 대해서는 단호히 반대합니다만, 모든 사람이 그 책을 읽어보기를 바랍니다. 그 책을 통해 아주 많은 회심자가 나왔기 때문입니다. 나는 밀턴의 『실낙원』보다는 와츠(Watts)의 『시편과 찬송가』 저자가 되는 것이 더 큰 명예라고 생각합니다. 그리고 윌콕스(Wilcocks)의 『반석이신 그리스도에게서 나온 꿀』, 또는 하나님이 아주 귀하게 사용하신 소책자 『죄인의 친구』를 쓰는 것이, 호머의 모든 작품을 쓰는 것보다 더 큰 명예라고 생각합니다. 나는 사람들의 영혼에 유익을 주는 책들에 가치를 부여합니다. 내가 포프(Pope), 드라이든(Dryden), 번스(Burns)의 천재성을 존중하긴 하지만, 내게는 쿠퍼(Cowper)의 단순한 시구들이 귀합니다. 그것을 하나님이 영혼들을 자기에게로 이끄는 일에 사용하셨기 때문입니다. 오, 내가 만약 불쌍한 영혼들의 마음에 와닿는 책들을 쓰고 출판할 수 있다면 얼마나 좋을까요.

일전에, 어느 경건한 여성의 초대를 받아 그녀를 방문하고 만나면서 내 영혼이 무척이나 기뻤습니다. 그녀는 자신이 10년 동안 침상에 있었으며, 거기서 움직여 나올 수 없었다고 말했습니다. 그녀가 말했습니다,

"9년이 되자, 나는 침울했고, 보는 것도 없고, 깊은 생각도 없었습니다. 하지만 남편이 목사님의 설교문 한 편을 가져다주더군요. 그것을 읽었고, 하나님이 복을 주셔서 내 눈을 뜨게 되었습니다. 하나님이 그 설교문을 통해 나를 회심시키셨습니다. 이제 저는 모든 영광을 그분께 돌리고, 그분의 이름을 사랑합니다!"

그녀가 덧붙여 말했습니다,

"주일마다 저는 목사님의 설교문을 기다립니다. 나는 한 주간 내 그 말씀을 묵상하며 살고, 그것은 내 영혼에 골수와 기름진 것이 된답니다."

나는 생각했습니다,
'아! 출판인들과 또 그 선한 일에 수고하는 우리 모두에게 큰 격려가 되는 일이구나.'
지방의 한 친구가 이번 주에 내게 글을 보내왔습니다,
스펄전 목사님! 계속 분발해주십시오. 당신은 영국의 수많은 가정에 알려졌고, 또 그들에게 사랑을 받고 있습니다. 비록 우리가 직접 당신의 설교를 듣지 못하고 또 당신의 모습을 직접 보진 못해도, 우리 마을 전체에 당신의 설교문들이 뿌려집니다. 나는 그것들을 통해 회심한 여러 경우를 압니다. 아마 그 수는 내가 당신에게 알려 줄 수 있는 그 이상일 것입니다.
또 다른 친구는 내게 영국 국교회의 성직자이자 대성당 참사회 회원의 경우를 언급했습니다. 그는 주일에 그 설교문으로 자주 설교합니다. 대성당에서인지 혹은 다른 곳에서인지는 모르겠지만, 그가 계속해서 그렇게 하기를 바랍니다.
오! 이 말씀이 인쇄될 때, 그 원고가 어떤 사람의 마음에 닿게 될지, 또는 어떤 선한 결과가 생겨날지 누가 알겠습니까?

찰스 해돈 스펄전, 1855년 10월 7일,
뉴 파크 스트리트교회에서 행한 설교 중에서.

내 펜으로 쓴 글이 처음으로 인쇄된 것은 짧은 연속 간행물인 「워터비치 팸플릿」(*Waterbeach Tracts*) 1호였다. 그 앞면에 이런 공지가 새겨졌다.

"많은 친구의 요청에 따라 출판됨."

그것은 1853년 간행되었고, 같은 해에 나는 메이드스톤의 국교회 성직자와 나눈 대화를 담은 글을 『침례교 소식지』에 보냈다. 대화 내용은 믿는 자의 세례에 관하여 신약성경의 교훈을 찾아내기 위한 것이었다. 출판을 위해 내 이름의 머리글자만 표기해서 보냈지만, 내 편지는 소식지에 실렸다.

내가 런던에 정착한 지 얼마 안 되어, 당시 막 출간을 시작한 「침례교 메신저」(*The Baptist Messenger*)의 편집인이 내게 그 잡지에 실릴 약간의 기고문을 써줄 수 있는지 물었다. 그래서 나는 시편 84편 6절에 대한 해설을 썼고, 그것은 1854년 9월호에 〈눈물 골짜기〉라는 제목으로 실렸다.

다음 달에, 시편의 다음 구절이 연속으로 글의 주제를 제공하였고, 그 글은 10월호에 〈천국을 향해 나아가기〉라는 제목으로 실렸다. 다달이, 나는 계속해서 여러 페이지에 걸친 짧은 묵상 글들을 그 잡지에 기고했고, 그 일을 다른 일에 내 시간과 힘을 모두 쏟아야 할 때까지 지속하였다. 그리고 그때부터 지금까지, 내 설교문은 규칙적으로 그 작은 잡지가 나올 때마다 첫 페이지를 차지했다.

1854년 8월 20일, 나는 뉴 파크 스트리트교회에서 사무엘상 12장 17절을 본문으로 설교했다.

"오늘은 밀 베는 때가 아니냐?"

그 설교는 제임스 폴에 의해 그의 **페니 강단**(Penny Pulpit)에 2,234호로, 〈추수 때〉라는 제목으로 인쇄되었다. 내가 알기로는, 그것이 내 설교가 처음으로 인쇄된 경우이다. 언젠가 강단에 서기 전에, 인쇄될 수 있는 설교를 전해야겠다는 생각을 한 적이 있다. 내가 아주 좋아했던 요셉 아이언스(Joseph Irons)[1]의 설교 팸플릿을 읽으면서, 언젠가 때가 오면, 나도 나 자신의 "설교 팸플릿"을 만들어야겠다는 생각을 품었다. 때가 되자 그 꿈이 실현되었다. 내 설교들이 「페니 강단」과 「침례교 메신저」에 실리자, 설교문에 대한 요청이 상당히 많았기에, 나는 이따금 자체 출판도 생각해보게 되었다.

하지만, 장기간에 걸쳐 매주 지속한다는 생각은 하지 않았다. 그런 생각이 발전하다가, 마침내, 많은 두려움과 떨림 속에, 정기적으로 주간 설교를 출판하자는 훌륭한 출판인들의 제안에 동의하기에 이르렀다. 우리는 1855년 1월 7일 주일 아침에 뉴 파크 스트리트에서 전한 설교에서 시작하기로 했다. 그때의 본문은 이것이다,

> 나 여호와는 변하지 아니하나니 그러므로 야곱의 자손들아 너희가 소멸되지 아니하느니라(말 3:6).

---

1 Camberwell, Grove 교회의 목사, 1819-1852. 강력한 복음주 칼빈주의가 특징인 그의 주간 설교는 널리 배포되었다.

그리고 이제 많은 세월이 흐른 후², 이렇게 말할 수 있다는 것은 즐거운 일이다.

> 하나님의 도우심을 받아, 내가 오늘까지 서서, 높고 낮은 사람 앞에서 증언하였다
> (참조. 행 26:22).

오늘날까지 얼마나 많은 "페니 강단들"이 세워졌고 또 허물어졌는지는 말하기 어렵다. 확실한 것은, 주간마다 아주 유명한 사람들의 설교문을 발행하려는 많은 시도가 있었지만, 그것들은 다소 신속히 끝을 맺었다. 어떤 경우는 설교자의 건강 악화나 죽음 때문이지만, 내가 알기에 또 다른 여러 경우에는, 충분히 팔리지 않았기 때문이다. 아마도 강론이 너무 훌륭했기 때문이리라. 대중은 명백히 그런 것들을 그다지 흥미롭다고 여기지 않는다.

따분한 설교문을 읽는 것이 어떤 일인지를 아는 사람들은, 삼십 년 이상 자발적인 지지자들에 의해 사랑을 받고, 또한 단지 설교문을 사기만 하는 것이 아니라 실제로 그것을 읽는 독자들을 많이 둔 사람을 행복하다고 간주할 것이다.

나는 그 사실이 가능했다는 사실에 다른 누구보다 많이 놀란다. 그리고 이 외에는 다른 이유가 없다고 생각한다-그 설교문들은 복음을 담고 있었고, 쉬운 언어로 전달되었으며, 또한 정확히 일반 대중이 다른 어떤 것보다 필요로 하는 것이었다. 복음은, 항상 신선하고 항상 새로운 것으로서, 나의 방대한 회중을 오랜 세월 동안 뭉치게 했다. 그리고 같은 힘이 다수의 독자를 내 주변에 머물게 했다.

어느 프랑스 농부는, 그의 작물들이 너무 크다는 이유로 이웃들에 의해 마법을 쓴다는 비난을 받을 때, 그가 사용했던 유일한 마법으로서, 그의 근

2　1892년 스펄전의 사망 때까지, 매년 52편 이상의 설교문을 담은 37년 동안의 연간 책자가 출판되었다. 하지만 그런 자료가 매우 유용했기에 주간 설교는 1917년 5월 10일까지 지속해서 출판되었다. 마지막으로 등장한 설교문은 3,503번째였다! 이 책자들의 일부를 살펴보면서, 스펄전 부인은 언젠가 이런 글을 썼다, "내 마음이 하나님을 송축함은, 이 설교들을 통해 하나님이 이미 행하신 일 때문만이 아니라, 그분의 은혜로 그분이 오실 때까지 여전히 그 설교들이 성취할 모든 일들 때문이기도 합니다. 『내 인생의 십년』(*Ten Years of My Life*), 206쪽.

면한 아들들, 그의 수고하는 황소, 그의 삽과 쟁기를 내보였다. 그리고 나는, 하나님의 은총 아래에서, 내 설교문들이 지속해서 받아들인 이유를, 그 설교문이 담고 있는 복음과 그 복음이 표현되는 쉬운 언어의 탓으로 돌리고 싶다.

『뉴 파크 스트리트 강단』 제1권이 발행될 무렵이 되었을 때, 나는 서문에 이렇게 썼다.

> 이 설교문을 칭찬하는 면에서는 말할 것이 별로 없습니다. 그리고 이미 말해진 것보다 더 심하게 비난할 수 있는 말은 전혀 없을 것입니다. 행복하게도, 저자는 모욕과 혹평이 제풀에 지쳐 사라졌다고 들었습니다. 저자는 비난의 어휘가 바닥나고, 최악의 독설도 모두 사라진 것을 보았습니다. 저자는 인쇄된 설교문들이 바로 그런 이유로 더 순조롭게 팔리는 것을 보았고, 또한 그런 이유로 사람들이 깊은 관심을 가지고 설교문을 숙독한다는 사실도 알게 되었습니다.
>
> 오직 한 가지가 이 책을 멸시할 수 없는 위치로 올려줍니다—의기양양한 태도로 말하지만, 설교자는 사람의 견해를 무시합니다—그것은, 설교자가 확실히 아는 바로는, 여기에 실린 설교 중에서, 영혼의 회심에 의해, 전능자의 손으로부터 인장이 찍히지 않은 설교는 거의 없다는 사실입니다.
>
> 여기 실린 어떤 단편 설교문이, 어느 형제들의 단체로 공급되었고, 하나님에 의해, 적어도 스무 명의 영혼을 구원하는 수단이 되었습니다. 그 일이 단 한 편의 설교를 통해 일어난 일이라고 설교자는 알게 되었습니다. 의심의 여지없이, 마지막 날에는 더 많은 수가 찾아질 것입니다. 이것이, 수백 명의 하나님의 자녀들이 여기에 담긴 메시지에 의해 기뻐 뛰었다는 사실과 더불어, 저자를 비난과 혹평으로부터 안전하게 해 줍니다.
>
> 아마도 독자는 여기에 공표된 주장 가운데 어떤 부분에서 상당한 진보가 있음을 알아차릴 것입니다. 특히, 우리 주님의 재림에 관한 교리가 그런 경우일 것입니다. 하지만 저자는, 진리를 배우고 있는 사람은 그것을 단계별로 배운다는 점을 기억합니다. 만약 그가 배우는 대로 다른 사람을 가르친다면, 그의 교훈이 날마다 더 풍성해질 것이라고 기대할 수 있습니다.
>
> 미소를 짓게 만드는 표현들도 많이 있을 것입니다. 하지만, 모든 사람이 평

소보다 가벼운 감정에 빠져드는 순간들이 있다는 점도 기억합시다. 설교자도 그의 동료 인간들과 마찬가지로 감정을 가지는 것이 용인되어야 합니다. 그는 다른 어느 장소보다 강단에서 더 많이 살고 있기에, 그의 전인(全人)이 거기에서 개발되는 것은 자연스러운 일입니다. 게다가, 설교자는 미소가 죄라고 확신하지도 않습니다. 하여간 그는 일순간의 웃음을 자아내는 것이, 30분을 깊은 잠에 빠지게 만드는 것보다는 죄가 되지 않는다고 생각합니다.

모든 결점에도 불구하고, 구매자는 이 책을 값을 주고 산 것입니다. 완벽이 보장되지는 않으므로, 만약 구매자가 이 책에 대해 안 좋게 생각한다면, 모자란 점을 너그럽게 보고 잘 활용하시길 바랍니다. 그런 일은, 이 설교집을 읽으면서 스스로 은혜를 구하거나, 또는 독자의 친구인 설교자에게 주님께서 더 큰 빛을 주시도록 간구함으로써 이루어질 수 있습니다.

첫 일곱 권은 작은 활자체로 인쇄되었고, 각 설교는 8쪽으로 구성되었다. 하지만 종이 세(稅) 폐지로 출판업자들은 활자체를 더 읽기 좋은 크기로 늘이고, 12쪽으로 제공할 수 있었다. 이 조치로 모든 면이 개선되었고, 설교문의 역사에서 신기원이 열렸다. 비슷한 기간에 그 명칭도 **뉴 파크 스트리트 강단**에서 **메트로폴리탄 태버너클 강단**으로 변경되었기 때문이다. 판매 부수 역시 크게 증대되었다. 꾸준한 습관은 나에게 일반적으로 매번의 설교마다 비슷한 분량을 다룰 수 있게 했으며, 사소한 변화도 나를 거의 놀라게 할 정도였다. 40분에서 45분의 설교는 정확하게 사용 가능한 공간을 채웠고, 보태야 하는 수고라든가 반대로 잘라내야 하는 더 어려운 임무를 면하게 해 주었다.

초기의 설교들은, 내가 계속해서 돌아다닌 것 때문에, 거의 수정을 거치지 않았다. 결과적으로 거기에는 구어적 표현들이 풍부하며, 즉흥적인 설교에서는 용서될 수 있지만, 인쇄된 형태에서는 용인하기 곤란한 다소 거슬리는 표현들도 포함되었다. 후자의 경우는 더 신중하게 수정되어야 한다. 그래서 수정 작업은 나에게 아주 유용한 훈련이 되었고, 전달하기에 앞서 설교문을 쓰는 사람들에게 획득되는 올바른 언어 사용 훈련을 나 자신에게 제공한 셈이다. 그 수고는 어떤 사람들이 상상하는 것보다 훨씬 더 컸다. 대체로 월요일의 가장 좋은 시간을 그 일에 썼으며, 이따금 밤늦게까지 불을 밝히는 때도 있었다. 내 최선의 노력에 잘 어울리는 고객층이 있다고 느꼈기에, 비록 종종 머리가 피곤하고, 즐거움이 변하여 어쩔 수 없이 해야 하는 임무가 되기도 했지만, 그렇게 쓰는 시간을 아까워하지 않았다.

나는 작은 활자체 설교문 수정을 시작했다. 나머지 연속 설교문에서 사용된 활자체와 비슷하게 재발간하기 위해서였다. 맞춤법과 철자에서 실수들이 있었고, 교정될 필요가 있었다.

하지만, 나는 내 사역의 초기에 내가 전했던 교리 중에서 어떤 것도 바꾸어야 할 것이 없음을 알고는 행복했다. 여기저기에 삼십 년 또는 삼십 오 년 전에 사용되던 표현을 약간 수정할 수는 있었지만, 진리 그 자체에 대해서는, 나는 처음에 주께서 오류 없는 성령에 의해 그것을 내게 계시하셨을 때처럼, 내가 서 있던 그 자리에 여전히 서 있다.

나의 첫 설교집이 완성되기 전에, W. H. 콜링리지(Collingridge)가 나를 위해 『고대의 개울가에서 찾은 매끄러운 돌들』(*Smooth Stones taken from Ancient Brooks*)이라는 제목으로 출판한 것이 있다(21장 참조). 그것은 작은 책자로서 "명망 높은 청교도인 토머스 브룩스의 작품들에서 가져온 문장들, 예화들, 근사한 표현의 모음"이었다. 같은 해(1855), 제임스 폴이 내 설교 열 편을 담은 『강단의 서재』(*The Pulpit Library*) 1권을 발간했다. 납 틀로 선명하게 인쇄되고 천으로 표지를 감싼 것이었기에, 그 책은 귀하게 여겨졌고, 비록 가격은 반(半) 크라운에 불과했어도 많이 팔렸다.

거기에는 다른 여러 편의 설교와 함께, 내가 성년이 되기 전날 밤에[3] 전했

---

3   1884년 3월 30일, 올버니 공작의 갑작스러운 죽음 직후에, 나는 같은 본문으로 다시 설교했다. "너희 생명이 무엇이냐?" 그 설교는 **메트로폴리탄 태버너클 강단**에서 1,773번으로 출판되었다. 그다음 주간에 어떤 업무상의 문제로 태버너클로 나를 만나러 온 한 신사가 말했다, "저는 조금 전에 어떤 감정으로 압도되는 것을 느꼈습니다." 나는 그에게 이유를 물었다. 그러자 그가 대답했다, "제가 이 건물에 들어섰을 때, 목사님이 최근에 '너희 생명이 무엇이냐?'라는 말씀으로 설교했다는 안내문을 보았습니다." 내가 물었다, "아 그래요? 거기에 무슨 특별한 것이 있나요?" 그가 대답했다, "그럼요! 목사님이 성년이 되기 전날 밤에도 그 본문으로 설교했었답니다." 나는 그 친구에게 틀림없이 그때의 설교는 내가 최근에 전한 것과 상당히 달랐을 것이라고 말했다. 그러자 그가 말했다, "저는 오늘이 되기 전에는 목사님과 악수를 할 수 없었습니다. 그런데 이제는 그렇게 할 수 있게 되어 무척 기쁩니다. 목사님이 스물한 살이 되었을 때, 제 마음이 무척 괴로웠습니다. 저는 너무 우울했고, 만약 목사님이 목사님의 스물한 살 생일을 기념하는 그 설교를 전하지 않았더라면, 저는 틀림없이 스스로 목숨을 끊었을 것입니다. 그 말씀이 삶의 전투를 이어가

던 설교도 포함되었다. 그것은 "삶의 그림들, 생일의 회상"이었다. 그리고 헨리 올니 씨 부부의 결혼식 다음 주일에, 그 끔찍한 콜레라가 유행했던 와중에 전한 설교도 포함되었다. 그것은 "아침의 집과 축제의 집"이었다. 그리고 세 번째는 1854년 11월 5일에 (잉케르만/Inkermann 전투가 벌어진 바로 그 날이다) 이사야 54장 17절을 본문으로 전한 설교였다.

그 설교에서 나는 신교 그리스도인들이 영국 역사에서 1605년 11월 5일의 화약 음모(Gunpower Plot, 성공회에 반대하는 영국 가톨릭 신도들이 제임스 1세 암살을 모의했으나 실패한 사건-역자주)의 발각, 그리고 1688년 11월 5일 윌리엄 3세의 토베이(Torbay) 상륙을 기억할 필요가 있다고 주장했다. 그 설교의 제목은 <성도의 기업과 좌우명>(The Saints' Heritage and Watchword)이었다. 그 책은 또한 내 첫 번째 인쇄된 설교문 <추수 때>, 그리고 <눈먼 자를 위한 약속>이라는 제목의 설교를 실었다.

후자는 블랙프라이어스 거리에 있는 침례교회에서 시각장애인 구호 단체를 위해 전한 것이었다. 그 설교 중간에 우리 이웃의 세 단체는 각각 세 부류의 눈먼 자들을 대표한다고 언급했다.

"육체적으로 눈먼 자, 정신적으로 눈먼 자, 그리고 영적으로 눈먼 자가 있습니다… 런던 거리에서, 여러분은 시작 장애인들 즉 육체적으로 눈먼 자를 위한 학교를 볼 수 있습니다. 여러분 바로 앞에 로마 가톨릭 대성당이 있습니다. 거기서는 영적으로 눈먼 자들을 볼 수 있습니다. 좀 더 가면 베들레헴 병원이 있는데 거기에는 정신적으로 눈먼 자들이 있습니다."

* * *

1855년, 부분적으로는 나를 공격했던 비방과 중상에 대한 대응의 차원에서, 그리고 부분적으로는 내 교인들에게 "한 때 모든 성도에게 전해진 신앙"

도록 저에게 용기를 주었지요. 그뿐 아니라, 그 말씀이 강하게 내 마음에 새겨졌기에 저는 결코 이전의 나로 되돌아가지 않았습니다. 비록 제가 여기서 멀리 떨어진 곳에 살지만, 저보다 목사님을 사랑하는 사람은 없을 겁니다. 제가 그 끔찍한 구덩이에서 끌어 올리시고 그 더러운 진창에서 빠져나오는 일에 목사님이 도구가 되어주었기 때문입니다." 나는 내 초기 설교 중의 한 편이 그렇게 쓸모 있었다는 간증을 듣고서 매우 기뻤다.

에 대한 명백한 진술을 제공하기 위한 목적으로, 앨러배스터 씨와 패스모어 씨는 내 지시로 성경의 증거들과 함께, 1689년 7월 런던에 모인 총회 목사들과 대표들에 의해 채택된, "침례교신앙고백"(*The Baptist Confession of Faith*)에 대한 새로운 판을 발행했습니다. 1689년의 초대 총회 참여자들 가운데는 놀리스(Hanserd Knollys), 키핀(William Kiffin), 기퍼드(Andrew Gifford), 그리고 나의 걸출한 선임자 벤저민 키치(Benjamin Keach) 같은 저명한 인물들이 있다.

두 개의 서문에서, 나는 한편으로 일반 그리스도인을 향해, 또 한편으로는 내 교인들을 향해 다음과 같이 썼다.

<믿음의 모든 가족, 은혜의 영광스러운 교리 안에서 기뻐하는 이들을 위해>
사랑하는 여러분!

1689년에 침례교 목사들에 의해 채택된 바 있는, 가장 뻬어난 이 교리들의 목록을, 나는 저렴한 형태로 재인쇄할 것을 숙고해왔습니다.

우리는 진리를 위한 하나의 깃발이 필요합니다. 이 작은 책자는, 주요 교리들을 명백하게 진술함으로써 영광스러운 복음의 대의에 도움이 될 수 있을 것입니다. 여러분 중 다수에게 육으로도 얼굴이 알려졌지만, 나는 우리가 또한 영으로도 친족이며, 삼위일체 하나님의 영광을 위해 함께 분투하고 있다고 믿습니다. 주께서 속히 그분의 시온에 순수한 언어를 회복시키시어, 파수꾼들의 의견이 일치하게 되기를 바랍니다!

우리 가운데 이 신앙을 지키고 있는 사람은, 틀림없이 우리의 복음을 언제까지나 칭송할 것입니다.

예수의 복음 안에서 그렇게 되기를 기도하는 여러분의 형제,
찰스 해돈 스펄전.

* * *

<뉴 파크 스트리트에 있는 교회, 내가 즐거이 목회하는 성도에게>
사랑하는 여러분!

이 오래된 문서는 우리 가운데 확실히 믿어지는 것들의 가장 뻬어난 요약입니다. 삼위일체 하나님의 보전하시는 손길에 의해, 우리는 우리의 영광스

러운 복음의 위대한 요점들을 충성스럽게 지켜왔습니다. 또 우리는 영구히 그 가르침 안에 거하고자 더욱 굳게 결심해야 함을 느낍니다.

 이 작은 책자는 권위 있는 규범 또는 여러분에게 구속력이 있는 신앙의 법전으로서 발행된 것이 아닙니다. 오히려 이 책자는 논쟁에서 여러분을 지원하기 위해, 신앙의 확증을 위해, 의로 덕을 세우기 위한 수단으로 발행된 것입니다. 여기서, 우리 교회의 젊은 회원들은 축소된 형태로 신학의 틀을 습득할 수 있을 것이며, 또한 성경의 증거들을 가지고 그들 속에 있는 소망에 관한 이유가 무엇인지 대답할 준비가 될 수 있을 것입니다.

 여러분의 신앙을 부끄러워하지 마십시오. 그것이 순교자들과 신앙고백자들과 개혁자들과 성도의 옛 복음임을 기억하십시오. 무엇보다, 그것은 하나님의 진리이기에, 지옥의 권세들이 이길 수 없다는 것을 기억하십시오.

 여러분의 삶을 신앙으로 장식하십시오. 삶의 본으로써 여러분의 신조를 천거하십시오. 무엇보다, 그리스도 예수 안에 살고, 그분 안에서 행하며, 명백하게 그분이 승인하시지 않고 성령에 의해 인정되지 않는 어떤 가르침도 신임하지 마십시오. 여기서 여러분에게 제시된 하나님의 말씀을 굳게 붙잡으십시오. 하늘에 계신 우리 아버지께서 우리에게 영원히 미소를 지으시길 바랍니다!

 형제들이여, 저를 위해 기도해주십시오.

여러분의 애정 어린 목사,
찰스 해돈 스펄전.

*　　　*　　　*

 나는 그때 쓴 것을 변경할 어떤 이유도 찾지 못했다. 그리고 내가 런던에서 목회 초기에 그랬던 것처럼, 지금도 나는 내 동료 그리스도인들에게 침례교 신앙고백서를 기도하는 마음으로 연구하도록 진지하게 추천한다. 그것이 그들의 신앙을 크게 강화해줄 것이라고 믿기 때문이다.

 설교집 출판이 시작되자마자, 주님께서 죄인들의 회심, 배교자들의 회복, 믿는 자들의 덕세움을 통해, 거기에 인증의 도장을 찍으셨다는 것을 나는 이미 진술했다. 주님을 찬송하며, 그 이후로도 한결같았다는 것을 나는 즐거이 기술한다. 오랜 세월 동안, 모든 곳으로부터, 심지어 땅끝에서도, 한두 편의 설교를 통해 영혼들의 구원이 있었음을 들려주는 편지가 도달하지 않은 날이 드물었고, 그런 편지가 오지 않고 한 주가 지난 적은 없었다. 오랜 세월 동안 성령께서 수백 명의 고귀한 영혼들에게 복을 주시는 데 사용된 설교들이 있었음을 나는 과장 없이 말할 수 있다. 그들의 구원 이후에, 그들이 쓰임 받는 새로운 사건들이 알려지기도 했다. 이 일에 대해, 모든 영광을 하나님께 돌립니다!

아주 초기의 설교들을 읽다가 은혜를 받은 두드러진 경우들이 있었다. 내가 이를 언급하는 것은 단지 그 일과 관련된 흥미 때문이 아니라, 그 일들이 다음에 이어진 여러 해 동안 줄곧 성령께서 행하신 많은 은혜의 기적들과 유사하기 때문이다. 1856년 6월 8일, 나는 엑서터 홀에서 히브리서 7장 25절로 설교했다.

> 그러므로 자기를 힘입어 하나님께 나아가는 자들을 온전히 구원하실 수 있으니 이는 그가 항상 살아 계셔서 그들을 위하여 간구하심이라(히 7:25).

그 설교는 <끝까지 이르는 구원>이라는 제목으로 인쇄되었다. 그리고 30년 이상이 흐른 뒤, 나는 남미의 한 살인자가 그 설교를 읽고 주님께 인도되었다는 즐거운 소식을 받았다. 태버너클에서 멀지 않은 곳에 사는 한 친구가 브라질 파라(Para) 시에 간 적이 있었다. 거기서 그는 교도소에 있는 어느 영국인에 대해 들었는데, 그는 술에 취한 상태에서 살인을 저질렀고, 그로 인해 종신형을 받았다.

우리의 친구는 그를 만나러 갔으며, 그가 깊이 참회하면서도, 조용하게 평안을 누리고, 주 안에서 행복한 것을 보았다. 그는 자기 영혼에서 피 흘린 죄로 인한 끔찍한 상처를 느꼈지만, 그것이 치유되었음을 알았고, 용서의 기쁨을 누리고 있었다.

여기 그 가련한 사람이 직접 자기 말로 표현한 회심의 이야기가 있다.

> 한 젊은이가, 기름 작업 관련한 계약을 막 마치고 영국으로 돌아갈 참이었다. 하지만 그렇게 하기 전에 그는 나를 방문했고, 한 꾸러미의 책을 가져왔다.

내가 그것을 펼쳤을 때, 나는 그것들이 소설책인 것을 알았다. 하지만, 읽을 거리만 있다면 나는 무엇이건 감사했다. 그 책들을 여러 권 읽은 후, 나는 스펄전 씨의 설교 한 편(84번)을 발견했다. 거기서 그는 팔머(Palmer)란 사람에 대해 언급했는데, 당시 그는 사형 선고를 받고 스태퍼드 감옥에 갇혀 있었다. 그는 본문의 진리를 청중의 마음에 새기기 위해, 만약 팔머라는 사람이 다른 많은 살인을 저질렀어도, 만일 그가 회개하고, 그리스도 안에 있는 하나님의 용서 사랑을 구한다면, 그런 자도 용서받을 수 있다고 말했다!

그때 나는 느꼈다. 만약 팔머가 용서받을 수 있다면, 나도 용서받을 수 있을 것이다. 나는 구주를 찾았다. 그리고 하나님께 감사하게도, 그분을 발견했고, 지금은 용서를 받았다. 나는 자유롭다. 나는 은혜로 구원받은 죄인이다. 비록 나는 살인자이지만, '끝을 넘어서' 죄를 지은 것은 아니다.

그분의 거룩하신 이름을 찬송한다!

정죄 받은 한 가련한 살인자가 회심했다는 소식을 들었을 때, 그 소식이 나를 아주 행복하게 했다. 내가 하나님께 감사 드림은, 비록 끔찍한 살인죄를 저질렀지만, 인쇄된 설교를 읽고 성령의 은혜를 받아 회개와 우리 주 예수 그리스도께 대한 믿음에 이르게 된 사람은 그가 유일하지 않다는 것이다. 또 한 사람이 있다. 그는 술 취하고 방탕한 삶을 살았다. 그는 심지어 수렵용 긴 칼과 권총으로 사람의 피를 흘리기까지 했는데, 그런 그도 구주를 만났고, 새사람이 되었다. 그가 죽어갈 때, 그는 누군가에게 당부하여, 내 설교문 중 한 편이 그를 그리스도께로 인도했다는 것을 내게 알리라고 했다. 그가 말했다,

"나는 지상에서는 스펄전 씨를 볼 수 없을 것이다. 하지만, 내가 천국에 갔을 때 주 예수 그리스도께 그에 대해 말씀드릴 것이다."

그것은 멀리 떨어진 산간벽지에서 읽힌 설교였다. 그것이 주권적인 은혜에 의해, 이 큰 죄인의 구원을 이르게 하는 수단이 된 것이다.

1856년 11월의 어느 토요일 아침, 내 생각과 마음이 다음 날 서리 가든 음악당에서 큰 회중 앞에서 전해야 할 말씀 준비로 온통 차 있을 때, 노리치(Norwich)에서 한 통의 긴 편지를 받았다. 그 도시의 불신 사교 단체의 지도자 중 한 사람에게 온 것이었다. 그 편지는 당시 내가 견디고 있던 반대와 비

방의 한 가운데서 매우 기운을 북돋아 주는 것이었다. 그 편지의 내용은 다음과 같다.

나는 <이 사람 스펄전은 누구인가>라는 제목이 붙고 또 당신의 초상화가 실린 팸플릿을 3페니에 샀습니다. 나는 그것을 집으로 가져와 내 가게 창에 전시했지요. 내가 그렇게 한 것은 약간 조롱하는 쾌감을 얻기 위해서였답니다. 그 소책자 제목은 자연스럽게 풍자만화를 암시했고, 내가 당신의 초상화를 거기에 붙여둔 것은 특히 그런 인상을 전하기 위해서였습니다. 하지만 나에게는 내심 또 하나의 목적이 있었는데, 그렇게 시선을 끌면 내 장사에 도움이 될 거라는 생각을 했습니다.

저는 책이라든가 신문 사업과는 아무 관련이 없습니다. 그래서 그 전시품이나 그것을 전시한 내 동기가 더욱 눈에 튀었습니다. 이제 저는 그것을 내렸습니다.

저 자신 역시도 내려놓았습니다 … 저는 하루 이틀 전에 당신의 설교문 한편을 샀습니다. 그 설교에서 저는 이런 말을 읽었지요,

"그들은 제 갈 길을 갑니다. 그 걸음은 안전합니다. 그들은 그렇다고 간주합니다. 다음 단계도 외관상 안전합니다. 그들은 그렇다고 여깁니다. 하지만 그들의 발은 어둠의 심연 위에 있습니다."

저는 계속해서 읽어내려갔습니다. 하지만, 어둠이라는 단어가 나를 휘청거리게 했습니다. 저는 온통 어둠에 둘러싸여 있었습니다. 저는 저 자신에게 말했습니다,

"맞다. 길이 지금까지는 안전했다. 하지만, 나는 길을 잃었고 어쩔 줄을 모른다. 나는 내가 행해 왔던 대로 계속해서 행할 수가 없다. 더이상 그럴 수가 없다. 나는 그런 위험을 무릅쓰지 않을 것이다."

저는 사색하고 있던 방을 떠났고, 그렇게 할 때, '누가 알 수 있는가?' 이런 세 단어가 내 마음속에서 속삭여지는 듯했습니다. 저는 또 한 번의 주일이 지나기 전에 예배당을 찾아야겠다고 결심했습니다. 내 영혼의 문제로 내게서 무엇이 요구되는지를 알 수 없지만, 구원의 기회마저 찾지 않는 것은 천박하고, 비열하며, 겁쟁이 짓이라고 느꼈습니다. 나는 생각했습니다,

'아! 내 동료들이 비웃고, 조롱하고, 멸시하고, 나를 향해 겁쟁이 변절자라고

욕하겠지. 그럴지라도 내 영혼의 문제에서 정당하게 행동할 것이다.'
저는 예배당으로 갔습니다. 저는 경외심으로 움츠러들었습니다.
거기서 제가 무엇을 바랄 수 있었을까요?
문지기가 눈을 크게 뜨더니 무심결에 '○○ 씨잖아요, 맞습니까?'
이렇게 묻더군요. "예, 맞습니다"라고 제가 대답했습니다. 그가 나를 좌석으로 인도했고, 나중에 찬송가를 가져다 주었습니다. 나는 비통하여 가슴이 터질 것만 같았습니다. 저는 생각했습니다,
'이제, 나는 여기에 있다. 만약 이곳이 하나님의 집이라면 하늘이 내 소리를 들을 것이고, 나는 온전히 복종하리라. 오 하나님, 당신이 살아계시는 것과 사악한 탈영병 같은 저 같은 자일지라도 감히 당신의 얼굴을 구하며 용서의 은총을 구할 때 당신이 저를 쫓아내지 않으신다는 것을, 저로 알 수 있도록 증거를 허락하여 주옵소서!'

저는 나 자신을 찢어버릴 것 같은 느낌에서 생각을 좀 전환하기 위해 찬송가를 펼쳤습니다. 그리고 그 첫 마디가 제 눈을 사로잡았습니다.

   '오! 하나님께 빛을 얻지 못하면
   무덤은 어둡고, 정녕 어두우리라.'

참된 회심자라는 증거로서 몇 가지를 언급한 후에, 그는 이런 말로 편지를 마쳤다.

오! 목사님, 저처럼 교만하여 지옥과 동맹을 맺는 불쌍한 파산자들에게 이 말을 전해주십시오. 망설이는 소심한 자들에게 이 말을 전해주십시오. 낙심한 그리스도인에게 이 말을 전해주십시오. 즉, 하나님은 곤경에 처한 모든 이에게 임하셔서 도움이 되십니다!. 이 불쌍한 죄인을 생각해주십시오. 저는 이 세상에서는 목사님을 만날 수 없을 것입니다. 하지만 여기서는 당신을 축복하고 기도하며 살 것이고, 죄와 의심이 없고, 교만도 없고, 타락하는 마음도 없는 저세상에서 당신을 만나길 고대하겠습니다.

그 편지 이후로, 나는 거듭해서 그 훌륭한 형제의 소식을 들었다. 그리고 다음 성탄절에, 그가 노리치의 시장에 들어가서, 그의 오류를 공개적으로 철회하고, 그리스도를 믿는 신앙을 고백했다는 소식을 듣고서 기뻤다. 그런 후, 그는 그가 썼거나 소유한 모든 불경한 책들을 모아 모든 사람이 보는 앞에서 불태워버렸다. 그와 같은 사람에게 은혜의 기적을 행하신 하나님께 감사드린다. 그 이후 그가 직접 자기 입으로 주께서 그의 영혼에 행하신 일들을 들려주어 나는 기뻤으며, 우리는 함께 주님의 놀라운 은혜로 인해 그분께 찬송과 영광을 올려드렸다.

설교 출판과 관련하여 많은 특이한 일들이 일어났다. 내가 이름을 언급해서는 안 되는 한 형제는, 적어도 250,000부를 구매하여 나누어주었다. 그는 최상의 활자로 인쇄된 설교집들을 가지고 있었고, 그것을 유럽의 모든 국왕에게 선물로 보냈다. 그가 각각 열두 편 이상의 설교들이 실린 사본들을 대학의 모든 학생과 상원과 하원 모두의 의원들에게 보냈다. 그는 심지어 아일랜드 소도시들의 주요 세대주들에게 설교집을 보내는 일을 시작했다. 씨를 뿌리는 그의 수고에 좋은 결과들이 나타나길 바란다!

이 형제는 자기를 부인하는 삶을 통해 제한된 수입에서 지출을 줄였고, 직접 나누어 주는 일도 수행했다. 그러면서도 모든 칭찬이나 칭송을 피하고, 주목받는 것도 꺼렸다. 그는 오른손이 하는 일을 왼손이 모르게 그 일을 행한 것이다.

설교문 출판의 초창기에, 한 도시의 상인이 모든 종류의 신문에 설교 책자를 홍보했고, 비용을 자기 부담으로 하겠다고 제안했다. 그는 이런 방식으로 그렇게 하지 않았더라면 설교문에 대해 듣지 못했을 사람들에게 많은 양의 책자를 판매했다. 그는 침례교인이 아니었고, 오히려 퀘이커 단체의 관점을 가진 사람이었다. 머지않아 나는 그가 누구인지를 알게 되었다.

나는 내가 항상 그에게 느꼈던 감사의 마음을 이런 식으로 표현하는 것에 대해 그가 용서할 것이라고 믿는다. 내 허락을 받고, 설교문들은 몇몇 호주 신문에서 광고 형태로 실리기도 했으며, 믿어지지 않을까 말하기가 조심스럽지만, 내가 언급하기 어려운 액수를 어느 신사가 지급하기도 했다. 이런 수단으로 설교문은 멀리 미개간지에서도 읽혔다. 그런 광고들이 계속되어야 하는지 문의에 대한 답으로 여러 통의 편지들이 도착했다. 모두 신문에 설교문이 실림으로써 이루어진 좋은 일을 증언하는 편지들이었다.
 그 편지 중의 일부가 내게 보내어졌고, 그것이 나를 기쁨으로 뛰게 했다. 정녕 놀라운 회심들이 기술되어 있었기 때문이다. 이 외에도, 비슷한 성격의 많은 서신이 직접 내게 송부되었고, 그 내용은 황무지의 거친 거주민들이 그들의 세속 신문에서 최상의 뉴스, 즉 피로 산 용서의 이야기를 읽을 수 있어서 기뻤다는 사연이다.
 미국에서, 첫 번째 설교집의 판매는 빠른 기간에 20,000부에 달했다. 오래 전에, 거기서 판매된 부수는 500,000부로 집계되었다. 이외에도, 미국과 캐나다를 비롯한 곳에서 십여 종류의 종교 신문들이 설교문을 통째로 실었고, 그래서 설교가 어디까지 이르게 되었는지 말하기란 불가능하다. 아니, 설교가 도달하지 않은 곳을 말하기가 어렵다고 할 것이다. 인류의 대부분에게 말할 수 있었던 이런 기회들 때문에, 나는 하나님께 감사드리지 않을 수 없으며, 한편으로 이렇게 널리 전파된 복음이 헛되지 않도록 하나님의 백성들에게 기도를 요청하지 않을 수 없다.
 목회하는 형제들은 한 주에 한 편의 설교를 인쇄하는 것과 관련하여 정신적인 소모가 어떤지를 가장 잘 판단할 수 있을 것이다. 그들은 30~40년 사이의 설교들을 돌아보면서 넘치는 감사를 드리는 것이 어떤지에 대해, 그리고 그 긴 세월 동안 도우신 은혜의 하나님을 높이는 것이 어떤 것인지를 잘 공감할 것이다. 성경의 채석장은 고갈되지 않으며, 나는 거기서 수고하는 일에 초보자는 아닌 것 같다. 하지만 여전히 다음 덩어리를 선택하고, 그것을 어떤 형태로 떼어내야 하는지 숙고하는 것은, 어떤 이들이 생각하는 것처럼 그리 쉬운 문제가 아니다.
 설교하는 것과 그에 필요한 준비를 가벼운 문제로 여기는 자들은, 결코 매월 연속해서 강단에 선 적이 없는 사람들이다. 만일 그렇게 해 본 사람이라면 더 잘 알 것이다. 무엇보다 큰일은 말씀 전하는 것과 관련된 책임감이다. 나는 그것을 덜 가볍게 느끼기를 원하지 않는다. 오히려 나는 그것을 더 중하게 여기길 원한다. 그것은 목회자 평생의 일에 있어서 커다란 비중을 차지하며, 그의 사명의 다른 어떤 부분보다 그에 대해 더 많은 것을 말해준다. 감히 가볍게 설교할 자들은 그렇게 하라고 하라.
 하지만, 나에게 있어서 설교는 "주님의 짐"이다. 은혜가 주어지기에 기쁘게 지는 것이지만, 때로는 나의 전 인성을 으스러뜨려 겸손의 가루로 만드는 짐이며, 이따금 정신적인 긴장에 건강 악화가 겹칠 때면, 마음의 고뇌와 침울의 상태로 빠져들게 하는 짐이기도 하다.

하지만, 누구도 나를 오해하지 않기를 바란다. 나는 해 아래서 다른 어떤 일보다 내 일을 하고 싶다. 예수 그리스도를 전하는 것은 달콤한 일이며, 즐거운 일이며, 천상의 일이다. 화이트필드는 그의 강단을 그의 보좌라고 부르곤 했다. 십자가에 못 박히신 그리스도라는 그 영광스럽고 모든 것을 흡수하는 주제 이외에 모든 것을 잊어버리는 희열을 아는 자들은, 그 표현이 적절하다고 인정할 것이다.

하늘에서 보내어진 성령과 더불어 설교하는 것은 낙원의 물가에 있는 것과 같다. 무덤 이편에서, 설교자가 자기 주님의 임재로 오직 당면한 한 가지 일 즉 피조물의 정신과 마음을 차지하는 가장 위대한 일을 제외하고는 다른 모든 관심사와 생각을 잊어버릴 때보다, 천국에 더 가까워지는 것은 사람에게 좀처럼 가능하지 않다. 어떤 혀로도 내가 설교할 때에 누렸던 행복의 크기를 다 표현할 수 없다.

그러므로 너그러운 독자는 내가 이 감사의 기록으로 당신을 좀 지루하게 만들어도 나를 용서하기 바란다. 은혜로우신 내 주님을 찬미하는 일에 나를 도와줄 다른 사람들을 초대하지 않을 수 없기 때문이다.

> 내 영혼아 여호와를 송축하라 내 속에 있는 것들아 다 그의 거룩한 이름을 송축하라(시 103:1).

* * *

저자로서의 초기 경험에서, 나는 한 가지 실수를 했고, 그후로는 다시 그런 실수를 반복하지 않았다. 작은 8절판 480쪽으로 구성된 내 책 『성도와 구주』(The Saint and his Savior)에 대해, 나는 제임스 버츄(James S. Virtue)로부터 50파운드를 받았다. 당시 런던에 온 지 일 년이 채 안 되었던 무렵, 나는 내게 크게 보였던 그 액수에 동의했다. 하지만 그 책이 분명 그 출판업자에게 가져다주었을 액수에 비하면, 그것은 우스꽝스럽게도 소액이었다. 그리고 그가 거기에 조금이라도 더하는 것을 지혜롭다고 여기지 않았기 때문에, 나는 신중하게 처신하여 나의 다른 저작을 그의 손에 맡기지 않았고, 나를 더 관대하게 대할 줄 아는 출판업자들에게 맡겼다.

그 책이 30년 이상 팔린 후에, 그 책의 판권을 내가 원래 받았던 액수보다 훨씬 큰 액수에 넘기겠다는 제의가 왔다!

그런 상황에서는 나의 출판업자들이나 나 자신도 그것을 다시 사들여야 할 가치가 없다고 생각했다. 그래서 그 판권의 소유는 나의 좋은 친구들인 호더(Hodder) 씨와 스토튼(Stoughton) 씨에게로 넘어갔다.

그 책은 영국에서 출판된 직후에 미국에서도 발행되었고, 거기에서도 많이 팔렸다. 스펄전에게 보낸 "1857년 9월 17일, 뉴욕"이라는 일자가 찍힌 편지에서, 수년 동안 그의 저작을 서로에게 유익한 조건에서 출판해왔던 셀던(Sheldon)과 블레이크만(Blakeman)은 다음과 같은 내용을 담았다.

"버츄 씨 부자는 애플턴(D. Appleton) 사에 『성도와 구주』의 앞장 부분을 팔았으며, 그들은 그것을 우리에게 다시 팔았습니다. 우리는 받은 부분을 연판(鉛版)으로 인쇄했습니다. 우리는 런던으로부터 나머지 부분을 증기선 편으로 받기를 기대하며, 그때 즉시 그 책을 발행할 것입니다. 우리는 이 일로 인해 기쁘고, 이 일이 이곳 사람들에게도 유익을 주리라고 생각합니다."

그 책을 발행할 때 나 자신의 경험이 서문에 정직하게 묘사되었다.

> 책은 추가적인 많은 수고로 만들어지지 않았습니다. 단지 시간의 단편들이 할애될 수 있었으며, 종종 강도 높은 정신적 신체적 몰입이 나를 그 시간의 단편들조차도 이용할 수 없게 만들었습니다. 내게, 글을 쓴다는 것은 노예의 작업입니다. 내 생각을 필요할 때 즉석에서 머리에서 번쩍이는 말로 말하는 것은 즐겁고, 기쁘며, 황홀한 일입니다. 하지만 가만히 앉아서, 잘 떠오르지도 않는 생각과 단어들을 얻기 위해 씨름하는 것은 힘들고 단조로운 일입니다.
>
> 한 사람의 책은 그의 '작품'이라고 합당하게 불릴 수 있는데, 나처럼 모든 생각을 쏟아붓는 사람에게, 4절판 책을 만들어내는 것은 정녕 '작업'일 것이기 때문입니다. 그저 의무감이 나를 이 작은 책을 완성하도록 몰아붙였고, 이 작업에 2년 이상이 소요 되었습니다. 하지만 나는 때때로 내 글이 촉발하

는 묵상을 즐겼기에, 이 일이 열 배나 더 귀찮은 일이었어도 그 수고를 중단하고 싶지는 않았습니다. 게다가, 나로서는 입술로뿐 아니라 펜으로도 하나님을 섬기는 것이 어느 정도는 나에게 기쁨이 될 수 있으리라고 희망합니다.

나의 문학적인 경력에 친숙한 사람들은 그 **"희망"**이 실현되었다는 것을 잘 안다. 하지만 그 당시, 내 신실한 친구 존 캠벨(John Cambell) 박사는 자신뿐 아니라 많은 사람이 느끼던 것을 솔직하게 표현하는 글을 썼다.

그런 희망은 순진합니다. 그리고 실현되지도 않을 것입니다. 그러니 실망이 재앙처럼 여겨지진 않을 것입니다. 우리는 스펄전 씨가 이 영역에서 기대를 조금 낮추는 것이 지혜로운 일이라고 생각합니다. 과거나 지금이나 혀와 펜 모두로 명성을 얻은 사람은 소수입니다. 헬라인 중에서는 그런 사람이 배출되지 않았고, 로마인 중에서는 단 한 사람이 있습니다. 대영 제국에서도 성공적이었다고 말하긴 어렵습니다. 찰스 폭스(Charles Fox)는, 하원에서 그의 비길 데 없는 명성에 만족하지 않아, 역사의 영역에서 명예를 갈망했습니다. 토머스 어스킨(Thomas Erskine)은 법정에서 비길 자가 없었으나, 역시 문학적인 명성에 목말랐습니다.
그들은 각기 시도했으며, 웅변가들로서 그들의 대단히 뛰어난 천재성을 적지 않게 각인시켰지만, 그것 말고는 그들의 명성에 보탬이 된 것은 없습니다. 하지만 이 걸출한 인물들은, 웅변가로서 드러나기 전에 이른 시기에 글에 몰두했더라면, 문학의 영역에서도 최고의 위치를 차지할 수 있었을 것입니다. 스펄전 씨도 마찬가지입니다. 하지만 그들이 수사학의 성공에 일찌감치 빠져들었던 것처럼, 스펄전 씨도 마찬가지입니다. 끊임없이 말함으로써, 그들이 웅변술을 최대한으로 최고 수준까지 개발했던 것처럼, 스펄전 씨도 마찬가지입니다. 이렇게 된 후에, 그들은 작문 습관 함양에 필요한 힘들고 단조로운 일을 견디지 못했는데, 이 점에서 스펄전 씨도 마찬가지입니다.
펜 사용에 대한 그들의 거리낌은 시간이 흐름에 따라 증대되었으며, 스펄전 씨 역시 그럴 것입니다. 긴 세월 동안 스스로 초래한 무능력이 그들에게서 자랐기에, 그들에게 글쓰기란 거의 불가능하게 되었습니다. 스펄전 씨 역시 그렇게 될 것이며, 지금도 거의 그런 상태일 것이라고 우리는 믿습니다!

우리가 자유를 쓸 수 있다면, 우리는 이렇게 말하고 싶습니다. 즉, 자기의 위치를 알고, 그 자리를 차지하는 것으로 만족히 여기는 것이 스펄전 씨의 지혜입니다. 그가 그의 영광스러운 사명을 즐거워하고, 지금 그렇게 하고 있듯이, 계속해서 그의 높은 의무를 성취하기를 바랍니다. 성스러운 웅변의 영역에서 최고로 남아있는 것, 다른 무엇보다, 죄인들의 구원을 위해 도구로 사용된다는 것은, 그리스도인의 가슴 속에 있는 모든 야망을 만족시키기에 충분한 일입니다… 그 책은 전체적으로 볼 때 수사학적 천재성의 인(印)이 찍혀 있습니다.

그리고 작가보다는 실제적인 연설가의 책임을 시사하며, 사람들의 영혼을 위한 아주 강렬한 관심을 나타냅니다. 이것이 어디서든 두드러진 생각이며, 과시를 위한 것은 철저히 배제되어 있습니다. 우리는 이 책이 준비된 위대한 목적의 성취에서 성공을 거두기를 따뜻한 마음으로 바랍니다.

또 이 책이 비록 설교에 스며 있는 강력한 생명의 물줄기와 불에 비하면 손질되고 부드럽긴 하지만, 그 나름의 방식으로, 동일하게 위대한 목적—사람들을 어둠에서 빛으로, 사탄의 권세에게 하나님께로 돌아오게 하는 것—에 크게 기여하리라고 믿어 의심치 않습니다.

『성도와 구주』의 작업 착수와 그 책의 출판 사이에 흐른 긴 시간에, 나는 내 친구들인 요셉 패스모어 및 제임스 앨러배스터와 무척 가까워졌기 때문에, 내가 사는 동안 다른 출판업자들을 원하지 않게 되었다. 우리의 관계는 더없이 친밀했으며, 내 생각에 그들 역시 나와 마찬가지로 우리의 관계가 피차 유익한 관계였다고 말할 것이다.

사업적인 약정에서도 우리는 그리스도인들로서 마땅히 모든 면에서 하나님이 영광을 받으시기를 원했다. 그 젊은 동업자들은 핀스베리(Finsbury) 윌슨 가(街)에서 아주 겸손한 방식으로 일을 시작했고, 후에 그들은 주께서 어떻게 그곳에서 그들에게 복을 주셨는지를 이야기할 수 있었다. 출판의 신속하고도 전례 없는 성공은 때때로 주문의 쇄도에 대처하기가 어렵게 만들었다. 하지만 대담하게 임무를 수행하고, 가용한 모든 도움을 활용함으로써, 그들은 회사의 미래의 안녕을 위한 견고한 기초를 놓을 수 있었다.

후에 회사는 리틀 브리튼(Little Britain)으로 이주했다가, 다시 팬(Fann) 스트리트, 알더스게이트(Aldersgate) 거리로 옮겼다. 나는 종종 패스모어 씨에게 내가 그를 위해 글을 쓴 것이냐, 아니면 그가 나를 위해 인쇄하는 것이냐를 묻곤 했다. 다시 말해 그가 나의 고용주였는지, 아니면 내가 그의 고용주인지를 물은 것이다. 그는 나더러 "총독"이라고 말함으로써 문제를 정리했다.

> A respectful epistle from a poor author to an eminent publisher
>
> Respected Sir,
>
> I humbly suggest the enclosed as an advertisement in the Advertising sheet of Sword & Trowel for this month. If your majestic highness sees fit, please see it inserted & oblige
>
> Your humble & obed^t servant
>
> C. H. Spurgeon
>
> To my friend Joe.
> What an impertinent rascal that author is!

* * *

 아래 내용은 스펄전이 패스모어 씨 혹은 패스모어 부인에게 보낸 수백 통의 편지 중에서 선정한 것으로, 긴 세월에 걸친 그들의 친밀한 교제 기간에 발송된 것이다. 이것은 그들 사이에 있었던 행복한 우정을 엿보게 해 주며, 또한 줄곧 깨어지지 않고 조화를 유지했던 업무 관계도 보여준다. 이 소통은 아주 특이했기에 실물 그대로 싣는 일이 가치 있다고 여겨졌다.
 이 편지는, 패스모어 씨가 동행했던 많은 횟수의 대륙 여행 중 하나를 마칠 즈음에, 스펄전에 의해 쓰여졌다.

* * *

"12월 23일, 불로뉴(Boulogne)

친애하는 패스모어 부인에게
 당신의 고귀한 남편은 불 앞에 있는 한 의자에, 그의 한쪽 다리를 다른쪽 다리 위에 올린 채 앉아 있습니다. 고매하신 그분을 방해하는 것이 좀 유감스럽게 보이긴 하지만, 내가 그를 위해 당신에게 편지 쓸 것을 제안했고, 그는 내 제안을 받아들였습니다. 저는 우리가 서로 존경하고 사랑하는 요셉이 훨씬 나아졌다고 말할 수 있어서 기쁩니다.
 저는 최고의 상태로 금요일 7시 혹은 8시경에 파크 롯지(Park Lodge)에 도착할 것입니다. 바다가 좀 안정되지 못한 상태인데, 내일 바다를 건널 때 우리 중에 아무도 구토를 일으키지 않기를 바랍니다. 하지만 미리 조치하면 한결 나아지겠지요.
 친절하게도, 부인께서 부인의 좀 더 부족한 반쪽을 저에게 빌려주신 것에 대해 큰 신세를 졌습니다. 그는 소중하고, 친절하고, 관대한 영혼이기에, 어느 날이든 천사들만큼 가치가 있답니다. 당신 가정의 어린아이들이 모두 잘 지내기를 바랍니다. 내 아내는 당신이 어여쁘다(bonnie)고 합니다. 뼈가 앙상한(bony) 것보다는 훨씬 낫지요.
 당신과 당신의 가족에게 따뜻한 안부를 전합니다. 부디 제 사랑을 받아주십시오. 아마도 리틀 브리튼⁴의 왕, 폐하께서도 그의 안부를 전하고 싶을 겁니다. 하지만 그는 「에식스 스탠다드」를 읽는 일에 몰두해 있어서, 안부를 대신 전할지에 대해 저는 물어보지 않았답니다.

언제나 당신의 신실한 벗인
찰스 해돈 스펄전.

다음 편지는 어떤 설명이 거의 필요치 않다. 하지만, 모든 저자들이 약속된 "교정쇄"(校正刷)가 정해진 때에 도달하지 않았을 때 상냥한 정신으로 편지를 쓰는지를 알아보는 것은 흥미로울 것이다.

*   *   *

친애하는 패스모어 씨에게

당신은 업무에서 물러났습니까?

물러나지 않았다면, 『아침마다』(*Morning by Morning*)로 제목이 붙은 책의 11월분 교정쇄를 보내준다면 기쁘겠습니다. 내 기억이 틀리지 않았으면, 당신은 인쇄를 시작했습니다. 월요일에 약간의 문제가 있었고, 지금은 수요일입니다. 당신의 업무를 맡은 친구를 슬쩍 건드려주십시오. 그에게 당신은 언제나 정확성의 화신인 것을 알려주십시오. 그러면 그가 당신을 본받을 것입니다.

나는 10월 31일에 쪽지를 보냅니다. 그래도 나는 당일에 어떤 교정쇄도 찾을 수 없습니다. 당신이 일을 맡긴 그 신사를 재촉해주시기 바랍니다.

언제나 당신의 신실한 친구,
찰스 해돈 스펄전.

추신: 앨러배스터 역시 은퇴했습니까?
두 분 모두 은퇴하셨다니 축하드립니다. 당신의 새로운 회사가 여느 때처

---

4 당시에 인쇄 사무소가 위치했던 곳

> 럼 잘 되기를 바랍니다.
> 그 회사 이름이 무엇이지요?
> 그것이 궁금하군요. — '빨리 신속하게' 씨로부터"

　　　　　　＊　　　　＊　　　　＊

　비록 다음 편지는 앞의 편지들보다 훨씬 훗날의 것이지만, 여기에 삽입된 이유는 스펄전이 그 회사의 사장들뿐 아니라, 작은 배달 사환의 안부를 많이 생각하고 있었음을 보여주기 위해서다.

　　　　　　＊　　　　＊　　　　＊

1891년 3월 11일
북부 노리치, 벨루아 언덕, 웨스트우드.

친애하는 패스모어 씨

　그 착하고 작은 소년이 월요일에 설교문을 가지고 이곳에 왔습니다. 밤이 늦었지만 필요한 일이었지요. 하지만, 그 어린 소년을 이곳에 보낸 사람을 혼내주세요. 늦은 밤에, 이 눈길에, 자기가 들 수 있는 것보다 훨씬 무거운 소포를 들고 이곳에 오게 하다니요. 그는 열한 시가 되도록 집에 도착하지 못했을 것입니다.

　이유야 결백하지만, 나는 그 소년을 그런 밤늦은 시각에 오게 한 것에 대해서 잔인한 짐승이 된 것처럼 느낍니다. 그럴 필요가 전혀 없었습니다. 그런 일이 다시 일어나지 않도록, 나를 대신해서 누군가를 발로 걸어차십시오.

언제나 당신의 다정한 친구,
찰스 해돈 스펄전.

제29장

결혼 초기 생활

때때로 우리는 결혼의 본보기를 봅니다. 순수한 사랑에 기초하고, 상호 존중 안에서 결속된 결혼입니다. 그 속에서, 남편은 친절한 머리로서 행동하고, 아내는 참된 배우자로서 결혼 관계의 본을 실천하여, 우리와 주님과의 연합이 어떠해야 하는지를 보여줍니다. 그녀는 자기 남편을 기뻐합니다. 그의 개성, 그의 성품, 그의 애정을 기뻐합니다. 그녀에게, 그는 최고의 남성일 뿐 아니라, 그녀가 보기에 그는 모든 것입니다. 그녀 마음의 사랑은 그에게 속했고, 오직 그에게만 속했습니다. 그녀는 그와의 동행, 그와의 교제, 그의 애정에서 달콤한 만족과 위안을 발견합니다.

그는 그녀의 작은 세상이며, 그녀의 낙원이며, 그녀의 최상의 보화입니다. 어느 때든지, 그녀는 그를 흐뭇하게 하는 일에서 의심스럽다고 여겨지면, 그녀 자신의 즐거움을 기꺼이 내려놓으려 합니다. 그녀는 자신의 개성을 그의 개성 안에 가라앉힙니다. 그녀는 그녀 자신의 명성을 구하지 않습니다. 그의 명예가 그녀에게 반사되며, 그녀는 그 안에서 즐거워합니다.

그녀는 숨을 거두면서도 그의 이름을 옹호하려 할 것입니다. 그녀가 그를 위해 말할 수 있는 곳에서 그는 충분히 안전합니다. 가정의 테두리는 그녀의 왕국입니다. 거기서 행복과 위로를 창조하는 것이 그녀의 일생의 과업입니다. 감사의 미소로 답하는 것이 그녀가 원하는 보상의 전부입니다. 옷을 입을 때에도 그녀는 그를 생각합니다. 스스럼없이 그녀는 그의 취향을 묻고, 그에게 혐오스러운 것이라면 그녀도 아름답다고 여기지 않습니다. 혹 그녀 편에서 매정한 것 때문에 그의 눈에서 눈물이 흐르면, 그것이 그녀의 마음을 무척 아프게 합니다. 그녀는 자기 행동이 어떻게 하면 낯선 사람을 기쁘게 할지, 혹은 다른 사람의 판단에 따라 그녀의 행동이 정당할지를 묻지 않습니다.

그녀의 사랑하는 사람이 만족한다면, 그것으로 그녀는 기뻐합니다. 그는 삶에서 많은 목적이 있습니다. 그중에서 더러는 그녀가 이해하기 어려운 것입니다. 하지만 그녀는 그 모든 것을 믿고, 그것들에 도움이 될만한 것이 있다면, 즐거이 그 일을 수행합니다. 그는 그녀에게 사랑을 쏟으며, 답례로, 그녀는 그에게 사랑을 쏟습니다. 삶에서 그들은 공동의 목적을 가집니다. 그들의 애정이 친밀하게 연합하여, 어느 것이 첫째이고 어느 것이 둘째인지 누구도 알 수 없는 몇 가지 사항들이 있습니다. 그들의 자녀들이 건강하게 자라는 것을 지켜보는 것, 그들이 쓸모 있고 영예로운 자리를 차지하는 것을 보는 것은 그들의 공통 관심사입니다.

이 점에서와 다른 문제들에서, 그들은 온전히 하나입니다. 그들의 소원은 섞여 있고, 그들의 마음은 나뉠 수 없습니다. 점차, 그들은 아주 많이 같은 생각을 품게 됩니다. 친밀한 교제가 연합을 만들어냅니다. 나는 이것이 너무나 온전해지는 것을 알았고, 동시에, 그들의 입술에서 같은 말이 튀어나올 것을 압니다.

행복한 여인과 행복한 남자여!

만일 천국이 지상에서도 발견될 수 있다면, 그들이 그것을 가진 것입니다!

마침내, 그 둘은 서로 잘 뒤섞이고 또한 하나의 줄기에 접목되기에, 그들이 함께 보낸 세월은 사랑스러운 밀착과 공감을 만들어내며, 그로 인해 약점들이 크게 경감되고, 무거웠던 짐들은 사랑의 새로운 끈으로 변화됩니다. 그래서 그들 사이에는 의지, 감정, 생각, 마음의 행복한 연합이 존재합니다. 그들 삶의 두 물줄기가 가로막는 강둑을 허물어버리고, 연합된 존재는 하나의 넓은 물길이 되어 흐릅니다. 마침내 그들의 공통의 기쁨은 영원한 행복의 바다로 흘러들 것입니다.

찰스 해돈 스펄전

(찰스 해돈 스펄전 부인 수지의 글)

다시, 나의 가장 귀한 개인적인 추억과 내 남편의 『자서전』을 엮어서 짜야 할 책임이 내 앞에 놓였다. 그의 삶의 이야기라는 그림은, 그 자체의 아름다운 색채와 현재 그것을 완성하는데 필요한 약간의 마지막 손질을 거쳐 빛을 발할 수 있을 것이다. 안타깝게도, 그의 손은 그것을 마무리할 힘이 없다! 내가 쓰는 모든 문장은 나를 안타까움으로 채워, 그의 훌륭함과 자상함을 더 잘 표현할 수가 없다.

최근에 누군가에게 글을 써서, 한 사람의 가장 가까운 친구는 그에 대해 진실하고 편견 없이 생각하기가 불가능하다고 말했다. 그들은 그와 너무 밀착해서 살았고, 그들의 시야는 그에 대한 연모의 감정으로 방해를 받기 때문에, 그들은 다른 사람들이 좀 더 멀리 떨어져서 더 넓게, 그리고 더 정확하게 볼 수 있는 많은 것을 보지 못한다고 했다.

"멀리서 보는 것이 더욱 정확하다."

이 말은 몇 가지 경우를 제외하면, 나에게는 크게 잘못된 말인 것처럼 여겨진다.

한 개인의 성품에서 내적인 특징이나 성향을, 계속해서 가장 가까운 교제 안에서 살았던 사람보다, 다른 사람들이 더 잘 이해하고 알아본다는 것이 합리적으로 가능한 일인가?

더구나 나에게 그의 마음은 맑고 고요한 호수 같아서, 천국의 빛과 아름다움을 반영하는 듯하지 않았던가?

내 남편을 가장 잘 아는 사람들은, 그의 성품에 대한 친밀한 지식과 그와의 가까운 교제를 통해, 하나님의 은혜로 그가 얼마나 "하나님의 아들을 믿는 것과 아는 일에 하나가 되어 온전한 사람을 이루어 그리스도의 장성한 분량이 충만한 데"에 가까이 이르렀는지를 더 분명하게 증언할 수 있을 것이다. 그 자신의 평가를 말하는 것이 아니다. 이 점이 잘 이해되어야 한다.

그는 결코 자기 자신에 대해 "잡은 줄로" 여기지 않았다(참조. 빌 3:13). 그는 결코 그렇게 말하지 않았다.

그는 언제나 그 자신을 "불쌍한 죄인, 아무것도 아닌 자"로 여겼다.

그에게는 '모든 것의 모든 것 되시는 예수 그리스도'가 너무나 탁월하고 영광스러운 분이셨다.

그는 삶에서 날마다 그의 마음속에 거주하시는 성령, 믿음으로 말미암아 그를 지켜주신 하나님, 그리고 그로 '부름 받은 자로서 소명에 합당하게 행하게' 하신 하나님의 뛰어난 능력을 증언하였다.

로버트 머리 맥체인(M'Cheyne)은 이렇게 기도하곤 했다.

"오! 하나님, 저를 용서받은 죄인이 될 수 있는 만큼 거룩하게 하소서!"

내 남편의 삶으로 판단하자면, 유사한 간구가 비록 그의 입술에서는 아닐지라도 그의 마음에서는 끊임없이 이어졌을 것이 틀림없다.

우리는 짧은 신혼여행을 파리에서 보냈다. 이전에 나는 그 아름다운 도시를 여러 번 방문했고, 그 외에도 언어 습득을 목적으로 오데베즈(Audebez) 목사님 가정에서 몇 달을 보낸 적이 있었다. 그래서 나는 거기서 편안함을 느겼고, 내 남편에게 그의 관심과 경탄을 자아낼만한 모든 장소를 소개해줄 수 있어서 큰 희열을 느꼈다.

우리는 뮤리스(Meurice) 호텔에서 특별한 호의를 입어 중간층 안락한 스위트룸에서 묵었고, 매일같이 박물관이나 교회나 그림전시관 또는 역사적 명소를 찾아다녔다. 파리의 매력은 내 눈에 그 이전에 느꼈던 것에 비교해 열 배나 매력적으로 보였다. 이제는 그 모든 것을 나와 함께 바라보는 사랑하는 사람의 시선 때문이었다.

그 도시는 당시 사치와 번영의 시대를 구가하고 있었다. 아직 공산주의 불길이 그 거리를 검게 거슬리지 않았고, 사납게 날뛰는 군중이 도시의 전당들과 궁전을 훼손하여 도시의 영광을 잿더미에 파묻지도 않았다. 파리는 득의양양하고 눈부셨고, 가득한 자부심으로 말하고 있었다.

> 나는 여왕으로 앉은 자요 … 결단코 애통함을 당하지 아니하리라(계 18:7).

오호라! 그 도시에 닥쳐오는 재난과 환난의 날이 있었다. 전쟁과 피 흘림, 화재와 기근이 그녀의 아름다움을 빼앗았으며, 그녀의 최고의 거주지들을 초토화했다. 하지만 그때는 닥쳐올 재난의 전조가 우리의 마음을 어둡게 하지 않았으며, 현재의 광채가 미래를 비추었다. 우리는 베르사유, 세브르, 루브르, 마들렌, 식물원과 룩셈부르크, 클루니 호텔 등을 다녔다. 사실상, 그리스도인들이 볼만한 모든 곳에 다닐 시간을 낼 수 있었고, 양심의 거리낌은 전혀 없었다.

파리의 상품거래소(Bourse)에 들러본 것은 매우 흥미로웠다.

그 난장판이라니!

귀먹을 정도의 소음을 사람들이 만들어내다니!

내 남편은 그 흥미로운 광경을 운치 있는 몇 마디 말로 묘사했다.

"3시가 다가오자 냄비는 점점 더 맹렬히 끓어올랐다. 중개인들이, 마치 꼭대기의 거품처럼, 넘쳐흘렀고, 모든 검은 내용물들도 잇달아 넘쳤다!"

그 장소와 풍습을 아는 사람이라면 누구라도 이 생생한 묘사의 정확성과 유머를 인정할 것이다.

자연히, 교회의 내부 장식들은 우리의 많은 관심을 끌었다. 우리는 항상 감탄스러운 무언가를 발견했고, 또 한편으로는 한탄스러운 많은 것도 발견했다. 노트르담 성당을 방문했을 때, 내 동행자에게 내가 황제 나폴레옹 3세와 유제니(Eugenie) 황후의 결혼식에 축하 행사 복장을 차려입고 그곳에 와본 적이 있다고 말하자 그가 관심을 나타냈다.

그때는 그것이 얼마나 눈부시고 화려하게 보였던지!

황금의 벌들로 자수를 놓았던, 황제의 자주색 벨벳 천으로 된 얼마나 많은 휘장이 있었던가! 모든 부유하고 사치스러운 것들이 그 거대한 성당에 배치되었고, 결과는 장엄했다. 그런 장식물이 없었어도, 그 성당은 그 자체의 단순하면서도 웅장한 위용을 지니고 있었으며, 마음을 아주 평온하게 해 주었다. 내가 글을 쓰는 이 시점에, 실제 십자가의 일부와 가시 면류관 같은 신성한 유물을 소장함으로써, ―로마 가톨릭 예배자들의 견해로는― 노트르담의 신성함은 강화되었다!

그 유물들은, 금과 보석으로 뒤덮인 엄청나게 많은 눈부신 의복들과 더불어, 추가 요금을 내야만 볼 수 있는 것으로, 한 군주의 몸값의 가치가 있다. 나는 이 보물의 많은 부분이 코뮌(Commune) 시절에 옮겨지거나 무자비하게 파괴되었다고 믿는다.

생트 샤펠(Sainte Chapelle)의 아름다움은 특히 우리를 즐겁게 했으며, 우리는 거기에 두 번 이상 갔다.

"스테인드글라스의 작은 천국이군!"

그것이 내 남편의 관람평이었다. 실로 그 아름다움은 거의 천상의 수준으로 보였다. 지는 해의 광채와 빛이 그 비길 데 없이 아름다운 창문을 통과하여, 마치 한 편의 꿈처럼 눈부신 은혜와 색의 조화를 이루는 것을 우리는 넋을 잃고 쳐다보았다.

다음으로 생 로크(St. Roch), 생 쉴피스(St. Sulpice), 클로틸드(Clotilde), 그리고 다른 많은 교회를 다녔고, 생 에티엔 뒤 몽(St. Etienne du Mont), 거대하면서도 화려한 생트 주느비에브(Ste. Genevieve)도 빠뜨리지 않았다. 그리고 도중에, 완벽한 보석인 생제르맹 오세루아(St. Germain l'Auxerrois)도 들러, 그 오래된 장미 창문을 보고, 배반당한 위그노들의 아픈 기억도 되새겨보았다 (1573년 8월 23일 밤, 이곳의 종소리로 성 바돌로매 축일의 대학살이 시작되었다. 프랑스 신교도인 위그노들은 왕실 결혼식에 참석했다가 가톨릭의 음모에 의해 이날 하루에만 파리에서 3,000명이 죽임을 당했고, 이어 석 달 동안 프랑스 전역에서 최대 70,000명이 잔인하게 학살당했다-역자주).

팡테옹(The Panthéon)은 한때 신전이었으나 당시는 교회였고, 우리의 흥미와 관심을 끌었다. 내가 기억하는 한, 그 건물 자체는 주변에 늘어선 몇 가지 조각상들만 제외하면 거의 텅 빈 상태였다. 우리는 지하실로 내려갔다. 거기에는 루소, 볼테르, 그리고 다른 저명한 혹은 악명높은 사람들의 무덤이 있었다.

거기서 우리는 천둥처럼 울리는 메아리를 들었는데, 그것은 지하 묘실 방문자들에게 약간의 두려움 같은 반응을 불러일으켰다. 그것은 아주 크고 끔찍했고, 마치 대포 소리 같기도 했는데, 땅속에서 귀가 먹먹할 정도로 큰 소리를 듣는 것이 약간 묘한 느낌을 주었다. 이 경험을 한 후, 우리는 다시 나와서 신선한 공기를 마시며 즐거워했다.

당연히, 우리는 생클루(St.-Cloud)에도 갔다(아쉽게도 지금은 폐허가 되었다). 고즈넉하고 사랑스러운 산책길이 공원을 지나 디오게네스의 등불로 장식된 언덕 꼭대기까지 나 있었다. 거기서부터, 눈부시게 아름다운 경치가 펼쳐졌다. 센강이 멀리 아래에 흐르고 있었고, 그 너머로 도시 외곽이 보였다. 오른쪽으로는 몽 발레리앙(Mont-Valérien) 산이 있었고, 파리는 우리 시선 곧장 앞에 있었으며, 앵발리드(Invalides)의 금빛 돔이 청명한 하늘에서 빛나고 있었다. 생 쉘피스, 팡테옹, 그리고 무수한 첨탑들이, 집들과 거리의 거대한 바다에서 주요 지형지물을 형성하고 있었다. 그 배경에는 쌍둥이 언덕인 몽마르트와 페르라세즈(Pere la Chaise)가 있었다. 이 모든 것이 하나로 어우러졌고, 언덕에서 볼 때, 형언할 수 없을 정도로 매력적인 그림을 이루었다.

나는 좋은 안내인이 되려고 애썼고, 꽤 성공적이었다고 생각한다. 내 동반자가 크게 기뻐했기 때문이다. 후년에, 그가 친구들과 동료 여행객들과 그 프랑스의 수도를 빈번하게 방문했을 때, 그는 그 자신이 안내인 역할을 맡았고, 아주 행복하고도 만족스러운 결과를 얻었다. 그는 어디를 가든지 절대 당황하지 않았으며, 어떻게 하면 가장 즐겁고 유익한 방식으로 시간을 보낼 수 있는지를 알았다. 신혼여행 20년 후, 남편이 파리에서 쓴 작은 쪽지가 있는데, 이런 내용을 담았다.

"당신의 안내로 이 도시에 처음 방문했던 날들을 추억하면서, 내 마음은 당신을 향해 날아갑니다. 나는 지금도 그때처럼 당신을 사랑하지만, 그 사랑은 여러 배로 증대되었습니다."

아! 그 기쁨은 먼 거리에 서로 떨어져 있어도 줄어들지 않았다. 오히려 천국에서와 내 마음의 가장 깊은 곳에 잘 간직되어 있다. 언젠가, 관이 깨어질 때, 그 기쁨은 '내게 돌아올 것이다.' 여기가 아니라, 해가 지지 않는 저 행복의 나라에서, 저 사라진 손길의 감촉이 다시 느껴지는 곳에서, 그리고 여전히 감미로운 목소리가 이 황홀한 귀에 음악으로 들려오는 곳에서 그렇게 될 것이다!

우리의 신혼여행은 열흘 동안의 짧고 빛나는 시간이었다. 내 남편은 긴 시간 그의 성스러운 일을 떠날 수 없었기에 우리는 기꺼이 돌아가기로 했다.

우리는 우리만의 가정에서 즐거움을 찾고, 주인님과 마님으로 새로운 느낌을 즐기기로 했다!

집으로의 복귀는 조금도 훼손되지 않은 순수한 기쁨이었다!

우리를 그곳으로 인도하신 주님을 향해 우리가 얼마나 감사와 찬미를 드렸던가!

내 남편은 하나님의 복이 우리에게 영원히 머물도록 얼마나 진지하고 부드럽게 기도했던가! 우리는 집 안에 있는 모든 것에 대해 감탄했고, 그처럼 즐거운 가정은 전에는 없었을 거라고 여겼다. 사랑의 나라에 살아본 적이 있고, 거기서 살림을 꾸려본 사람들은 우리의 즐거움을 가장 잘 이해할 것이다. 아담한 거실의 식탁 위에 작은 소포가 올려져 있었다. 열어보니 W. 풀 발펀(Poole Balfern) 씨에게서 온 결혼 선물이었다.

내 남편과 발펀 씨가 만났던 상황을 생각해보니, 잠시 언급할 가치가 있겠다. 어느 토요일, 설교 준비할 시간이 되었을 때, 그 설교자는 자기 서재에 틀어박혀 있었다. 그때 한 목회자가 방문했다. 그는 자기 이름을 밝히려 하지 않고 이런 말만 했다,

"스펄전 씨에게 주님의 종이 그를 만나보기 원한다고 전하십시오."

이 말에 내 남편이 대답했다,

"그 신사에게 내가 그의 주님과 함께 너무 바빠서, 그 종에게 시중들 수가 없다고 말해주세요."

그런 후 방문자가 W. 풀 발펀 씨라고 전해졌고, 스펄전 씨는 그 이름을 듣자마자 뛰어나와 그의 양손을 덥석 붙잡고는 소리쳤다,

"풀 발편!『예수의 일견(一見)』(Glimpses of Jesus)을 쓴 분! 주의 은혜를 받은 이여, 들어오십시오!"

오랜 후에 그때의 회견을 묘사하면서, 발편 씨가 말했다,

"나는 그때 스펄전 씨의 성공의 비밀을 알았습니다. 그것은 그가 성령 안에 안겼다는 것입니다."

그것은 아주 인상 깊은 표현이었으며, 나는 다른 데서 그런 표현을 본 기억이 없다. 하지만 그 두드러진 표현은 진실이었다.

우리의 처음 집과 관련하여 많은 추억이 있다. 초기 결혼 생활에서 기억에 남는 많은 사건이 발생했다. 독자들이 17번 그림을 참조한다면 이어지는 설명을 더 쉽게 이해할 수 있을 것이다. 1층에 나 있는 유일한 창문은—지금은 거의 한 나무에 가려져 있는데, 그 나무는 훗날 심어진 것이다—정면의 응접실을 표시해준다. 가정생활에서 대부분 시간을 응접실에서 보냈다. 그 위로 거창한 창문 두 개가 나 있는 곳에, 상당히 넓은 방이 있었다. 집에서 가장 좋은 곳이었으므로, 최상의 용도로 즉 주인의 서재로 사용되었다. 그리고 바로 위로 두 개의 창문이 있는 곳은 같은 크기의 침실이다.

거기서 훗날 우리의 쌍둥이 두 아들이 처음으로 세상의 빛을 보았다. 여기서 말해도 부적절하지 않을 것은, 지금껏 우리가 살았던 집들—모두 넷—에서 현대의 작가들이 "거실의 문제점"이라고 부르는 일로 불편한 적이 없었다는 점이다. 왜냐하면, 우리 가족은 모두 소박하고 바쁜 사람들이라, 쓸모도 없는 공간을 필요로 여기지 않았기 때문이다. 특히, 가장 좋은 방은 '주님 안에서 많이 수고하는' 사람에게 정당하게 배정되었다고 생각한다.

우리는 아주 검소한 규모로 살림을 시작했고, 당시만 해도 모든 면에서 매우 아껴 생활해야 했다. 내 남편은 복음 전하는 젊은이들 돕는 것을 간절히 원했기에, 우리는 넉넉지 않은 수입에서 다소 큰 부분을 교육과 지원에 기부해야 했다.

T. W. 메드허스트 씨는 그 일을 위해 훈련받은 첫 사례였다. 처음에 아주 작은 것에서 출발한 그 일이 현재의 '목회자대학'으로 성장했다. 섬김을 통해 이루어진 일과 또 이루어지고 있는 일 모두 놀랍기만 하다. 그 교육기관이 세워졌을 때 내 남편의 기쁨에 동참한 것을 추억하며 나는 즐거워한다. 그의 따뜻한 마음에 간직된 목적을 수행하기 위해 우리는 함께 계획하고 지

출도 줄었다. 그것이 그 대학과 그곳에서 훈련받는 '우리의 사람들'에 대해 내게 모성애 같은 관심을 불러일으켰다. 그 시절에 돈 문제와 관련하여 가장 어려웠던 일은, '수입과 지출을 맞추는' 것이었다. 넉넉히 남은 상태로 결산하는 일은 일어나지 않았다. 하지만, 나는 그것이 장차 오게 될 가난한 목사들을 동정하고 돕도록 우리를 준비시키시는 하나님의 방식이었음을 이제는 이해할 수 있다.

그중의 한 사람이, 가난으로 인한 고통을 우리에게 들려주면서, 한 번은 이렇게 말했다,

"사모님은 잘 이해하지 못하실 겁니다. 같은 입장을 겪지 않으셨으니까요."

그래도 나는 결혼 초기 시절을 회상하면서, 진실로 이렇게 말할 수 있었다,

"지금 당신을 삼켜버릴 것 같은 그 정도의 깊은 궁핍을 제가 겪어보지 않았을 수도 있습니다. 하지만, 저도 '없이 지내면서' 하나님의 섭리의 공급에만 의지하여 살았던 시절을 잘 기억하고 있습니다. 그 시절 하나님은 종종 그분의 손을 펼치셔서 구원의 신호를 보내셨지요. 당시 우리의 재정 상태는 극도로 열악했고, 대학과 가정 양쪽의 돈궤는 거의 비어있었답니다."

나는 특별히 궁핍한 상황에서 예상치 못한 큰 은혜로 공급받던 때를 회상한다. 어떤 사람들이 찾아와서 돈 지급을 요구했다. (틀림없이 세금이나 요금 문제였을 것이다. 나는 거래 문제로 어음을 끊어본 적이 없기 때문이다) 우리에게는 그 문제를 처리할 아무 수단이 없었다. 당시 내가 얼마나 곤혹스러운 처지에 놓였던가!

내 남편이 말했다,

"여보, 우리가 무엇을 할 수 있을까?

말을 빌리는 일을 중단하고, 설교하러 갈 때마다 뉴 파크 스트리트까지 걸어가야겠소."

"불가능해요,"

내가 대답했다,

"예배가 많은데, 그렇게 할 순 없어요."

오랫동안 우리는 근심하며 방법들을 궁리하다가, 우리의 짐을 주님 앞에

내려놓고, 오셔서 우리를 도와주시기를 간구했다. 물론, 주님은 우리의 기도를 들으시고 응답하셨다. 그분은 신실하신 하나님이시기 때문이다. 그날 밤, 혹은 다음 날인지 확실치 않지만, 나는 우리가 쓸 수 있도록 20파운드가 동봉된 한 통의 편지를 받았다. 우리는 그것을 누가 보냈는지 알지 못했고, 단지 그것이 기도의 응답으로 왔다는 것만 알았다!

그 일은 하늘의 아버지께서 우리의 특별한 필요를 공급하시는 것을 우리 부부가 공동으로 경험한 최초의 일이었다. 우리가 구하기도 전에 그분이 우리의 필요를 알고 계신다는 사실에, 우리 부부의 마음은 엄숙한 경외심과 기쁨을 느꼈다.

세월이 흐르면서, 우리 삶의 파란만장한 과정에서 그런 일들을 더 많이 겪었고 심지어 더 큰 일도 겪었지만, 아마도 그 첫 번째 도우심의 축복이 내 남편에게는 강하고 굳센 믿음의 초석이 되었을 것이다. 나는 그 이후로 그가 큰일에 필요한 공급과 관련하여 크게 근심하는 것을 본 기억이 없다. 그는 전적으로 주님을 의지했다. 그의 신뢰는 완벽했으며, 그는 아무것도 부족하지 않았다.

* * *

창문으로 길을 내다볼 수 있는 그 작은 정면의 응접실에서 기억에 간직된 한두 가지 작은 장면들이 있다. 비록 기억의 색채는 바래고, 그 배경은 세월에 의해 흐려졌지만, 나는 그것을 재현하려고 시도할 것이다.

안식일에, 그날의 일이 끝났다. 그 사랑하는 설교자는 가벼운 식사를 마치고, 이제 밝은 불 가에 있는 안락의자에 앉아 휴식을 취한다. 그의 발치의 낮은 방석에는 그의 아내가 앉아서, 사랑하는 남편이 편안히 쉴 수 있도록 어떻게든 섬기려고 애를 쓴다.

"오늘 밤 책을 읽어드릴까요?"

그녀가 묻는다. 안식일 예배의 흥분과 수고가 그를 많이 지치게 하기에, 그의 정신과 마음이 쉬게 하려면 어느 정도 고요하고 부드러운 위안이 필요하기 때문이다.

"경건한 조지 허버트의 시 한 페이지나 두 페이지를 읽어줄까요?"

"그래요, 여보, 기분을 새롭게 해 주는 데는 그것이 아주 좋지요. 나는 그의 시를 좋아해요."

그래서 책이 조달되고, 그가 일부를 정해주면, 나는 천천히 그리고 여러 번 멈추면서 그것을 읽는다. 그 은혜로운 시구 속에 감추어진 달콤한 신비들을 그가 내게 해석해주도록 하기 위해서다. 아마도 그 책에 대한 그의 즐거움은 허버트의 진기한 시구절에 싸여 있는 귀한 진리들을 내게 펼쳐서 설명해주는 것 때문에 훨씬 커지는 듯하다. 그렇게 시간은 즐겁게 흘러간다. 나는 한 시간 정도를 계속해서 읽고, 마침내 하늘의 평화가 우리 영혼 속으로 흘러든다. 왕 중의 왕의 지쳤던 종은 피곤을 잊고, 수고 후에 다시 즐거워한다.

또 다른 안식일 저녁, 장면의 성격은 다소 바뀌었다. 그 사랑하는 목사님은 지쳤을 뿐 아니라, 영적으로 매우 침울했다. 그가 말한다,

"오! 여보, 나는 오늘 설교에서 신실하지 못했던 것 같아서 염려됩니다. 불쌍한 영혼들을 향해 하나님이 내게 원하시는 만큼 간절하지 못했던 것 같아요. 오! 주여, 당신의 종을 용서하소서!"

그가 이어서 말한다,

"여보, 서재에 가서 백스터의 『개혁주의 목회자』(The Reformed Pastor)를 가져오구려. 그 책에서 일부를 내게 읽어주길 바라오. 아마 그것이 내 무디어진 마음을 다시 일깨워주겠지."

내가 그 책을 가져온다. 그러면 그가 깊은 한숨을 쉬며 책장을 넘기다가 마침내 다음과 같은 구절을 발견한다.

"오! 우리가 맡은 임무가 얼마나 중대합니까!"

그런데 우리가 불충할 수 있단 말인가요?

하나님의 집에서 청지기 직분을 맡은 우리가, 그 임무를 소홀히 한단 말인가요?

우리는 영광 중에 영원토록 하나님과 함께 살 성도와 관련된 업무를 맡지 않았습니까?

그런데도 그들에 대해 무관심하단 말인가요?

그럴 수 없습니다!
형제들이여!
여러분에게 호소하니, 이 생각으로 게으른 자들을 일깨우십시오!

고통스럽고, 즐겁지 않고, 힘겨운 의무에서 뒷걸음치는 사람들이, 영혼들로부터 형식주의라는 헛된 의복을 벗길 수 있단 말인가요?
여러분은 그것이 그리스도의 신부들을 명예롭게 대하는 것이라고 여깁니까?
하나님을 만나 그분의 얼굴을 뵙고, 영원히 그분의 영광 안에서 살게 될 사람들의 영혼이야말로, 여러분이 최선의 희생과 수고를 기울일 가치가 있지 않습니까?
여러분은 하나님의 교회를 낮게 생각합니까?
그것이 여러분의 최선의 돌봄과 도움을 받기에 합당하다고 여기지 않습니까?

여러분이 양이나 돼지 떼를 돌보는 자들이라면, 그들을 보내면서 이렇게 말해도 무방하겠지요, '그들은 돌볼 가치가 없다.' 하지만 그것이 여러분의 소유라면, 그렇게 하지 않을 것입니다.
더구나 사람들의 영혼에 대해 여러분이 어떻게 감히 그렇게 말할 수 있겠습니까?"
나는 그러한 엄숙한 호소가 기록된 여러 장을 읽는다. 이따금 그의 억눌린 가슴의 흐느낌 때문에 읽는 것이 중단되다가, 마침내 내 음성은 연민과 동정으로 약해지고, 내 눈은 흐려지며, 내 눈물이 그의 눈물과 뒤섞이며 우리는 함께 운다. 그는 하나님을 향한 아주 예민한 양심의 가책 때문에 울고, 그리고 나는 단순히 그를 사랑하기 때문에, 그래서 그의 슬픔을 나누고 싶다는 이유만으로 우는 것이다.
나는 단 한 순간도, 그의 '자기-비난'에는 그럴만한 진정한 이유가 있다고 믿지 않는다. 오히려 그것은 그 자신과 그의 하나님 사이의 문제다. 나는 조용한 동정심으로 단지 그를 위로할 수 있을 뿐이다. '주님의 짐'이 그의 마음에 있고, 그분이 그로 한동안 그 엄청난 무게를 느끼게 하신다.

심히 큰 능력은 하나님께 있고(고후 4:7).

사람에게 있지 않음을 알게 하려 하심이다.

누가 그같이 교훈을 베풀겠느냐?(욥 36:22).

그 작은 방에서 또 하나의 감동적인 장면이 발생하고, 나는 그것을 『10년 후』(Ten Years After)에서 묘사했다. 하지만 이 삶의 역사에서 그 이야기를 빠뜨릴 수 없고, 또 여기에 내 남편의 자상함을 드러내는 것이 적당하다고 여기기 때문이다. 물론 그는 한결같이 우선순위를 흐트리지 않았다. 기간이 길든 짧든, 그는 설교 일정을 수행하느라 늘 집에서 떠나 있었다. 남편의 빈번한 부재가, 비록 내가 그의 일을 방해하지 않는다는 목적을 신실하게 지켰음에도 불구하고, 내게는 하나의 시련이었다.

하지만, 나는 기억한다. 늦은 밤에, 상당히 먼 거리에서 그가 돌아오기를 기다리는 동안, 나는 비좁고 자그만 그 응접실 공간에서 지치기도 했고, 좁은 통로—'홀'이라는 이름으로 위엄있게 부르기도 했다—를 왔다 갔다 하곤 했다. 내가 너무도 잘 알고 있는 남편의 발소리에 귀를 기울이면서, 오! 나는 얼마나 간절히 주께서 그의 귀한 생명을 돌보시고, 돌아오는 도로에서나 철로에서 모든 위험을 피하게 해 주시길 바랐던가!

문이 열리고, 그를 집에서 맞이하였을 때, 나는 지금도 그때의 기쁨과 감사의 전율을 회상할 수 있다.

어느 날 아침, 조반 후에, 그가 긴 여행을 위해 나갈 준비를 하는 동안, 그 방이 너무나 밝고 아늑하게 보여, 그가 떠나 있는 동안 그곳이 텅 빌 것과 또 그를 다시 볼 때까지 걱정하며 보낼 많은 시간을 생각하니 별안간 침울한 기분이 들었다. 억제하려고 노력했지만, 눈물이 내 뺨을 타고 흘러내렸다. 슬픈 표정으로 나를 쳐다보던 그가 아주 부드럽게 말했다,

"여보, 당신은 이스라엘 자녀 중 누군가 어린 양을 주의 제단에 가져와 제물을 바칠 때, 그것이 거기에 놓인 것을 보고 서서 울었다고 생각하오?"

"아니요, 그렇지 않았겠지요",

그의 이상한 질문에 놀라서 내가 대답했다,

"억지로 드리는 제물에는 주님이 기뻐하시지 않았을 것이에요."

"맞아요",

그가 자상하게 말했다,

"당신은 나를 하나님께 드리고 있다는 것을 알지 않아요? 가난한 자들에게 복음을 전하도록 나를 보내면서 당신은 울고 있구려. 주님께서 당신이 제물을 바치고 우는 모습을 보고 기뻐하실까?"

그보다 더 달콤하면서도 은혜로운 책망이 가능했을까?

그 말은, 깊은 위로와 함께, 내 마음 깊이 간직되었다. 그 이후로는 그를 떠나보낼 때 눈물을 보인 적이 거의 없다. 어쩌다 한두 방울의 길잃은 눈물이 경계를 넘어 흐를 때가 있을 때, 그는 이렇게 말하곤 했다,

"여보, 당신의 어린 양을 보고 울고 있잖아!"

그 말이 나로 신속히 눈물을 거두게 했고, 미소를 지을 수 있게 했다.

아! 사랑하는 연인이여, 당신과 같은 이가 어디 있을까?

물론 이것은 신혼 시절의 이야기다. 사랑이 풋풋하고, 성미는 차분하고, 참는 것이 쉬운 일일 때인 것은 맞다.

하지만 "네가 젊어서 취한 아내"(잠 5:18)는 그이와 함께, 이 사랑스러운 일들이 세월이 흐르면서 시들지 않았음을 증언할 수 있다. 40년 세월 전체에서, 그의 아내는 그를 사랑했음을 알고, 또 그가 너무나 자상하고, 은혜롭고, 너그러운 남편이었음을 안다. 그는 "남편이 아내의 머리 됨이 그리스도께서 교회의 머리 됨과 같다"(엡 5:23)는 말씀처럼 하나님이 정하신 위치를 지키면서도, 자기 아내의 마음과 손으로 모든 선한 말과 일에 참여하여 영향을 끼치도록 허락했다.

이제 나는 그이와 떨어져 있고, 단지 며칠이 아니라, 오랜 세월이 흘렀지만, "날이 저물고 그림자가 사라지기 전에"(아 2:17), 나는 다시 그이의 사랑스러운 음성을 듣는다고 생각한다,

"여보, 당신의 어린 양을 보고 울지 말아요."

내가 눈물을 흘리지 않고, 아낌없이 그이를 하나님께 드리려고 애쓰긴 하지만, 아, 그건 불가능하다. 하지만 마음의 온전한 복종으로 그 제물이 하나님 앞에 기쁘게 받으실 제물이 되길 바랄 뿐이다.

*   *   *

우리의 결혼 생활 초기에 한 가지 특별한 사건이 발생했다. 어느 토요일 저녁, 내 남편은 다음 날 아침에 설교하길 원했던 성경 본문에서 제시된 난제들 때문에 크게 당혹스러운 상태에 빠졌다. 그 본문은 시편 110편 3절이었다.

> 주의 권능의 날에 주의 백성이 거룩한 옷을 입고 즐거이 헌신하니 새벽 이슬 같은 주의 청년들이 주께 나오는도다(시 110:3).

평소에 수고하며 준비하듯이, 그는 그가 가진 모든 주석을 참조했고, 주석가들의 글과 그 자신의 생각에 성령의 조명을 구하였다. 하지만, 그 일은 허사로 보였다. 나는 그가 그런 것처럼 애가 탔지만, 그런 응급 상황에서 도울 길이 없었다. 나는 할 수가 없다고 생각했다. 그러나 주님은 나를 위해 큰 은혜를 예비하고 계셨고, 그의 종을 심히 당혹스러운 상황에서 건지시는 일에 나를 사용하셨다.

그는 밤늦게까지 앉아 있었고, 극도로 지치고 기운이 빠진 상태였다. 그 본문의 핵심에 도달하려는 그의 모든 노력이 소용없었기 때문이다. 나는 그에게 물러나 좀 쉬라고 조언했고, 만약 그가 잠을 자려고 시도하면, 아마도 아침에 새로이 원기가 회복되어 더 나은 연구를 하게 될지도 모른다는 말로 그를 위로했다.

"여보! 지금 내가 잠을 자게 되면, 당신이 나를 일찍 깨워줄래요? 준비할 시간을 넉넉히 가질 수 있도록 말이오."

따뜻한 확신의 말로, 시간을 지켜보고 있다가 충분히 일찍 깨워주겠다고 내가 대답했다. 그는 만족했고, 마치 피곤한 소년처럼, 머리를 베개에 올리고는 즉시 깊고도 달콤한 잠에 빠졌다.

이윽고, 놀라운 일이 발생했다. 안식일이 동트는 첫 시간에, 나는 그가 잠결에 말하는 소리를 들었다. 그리고는 주의 깊게 그 소리에 집중했다. 곧장 나는 그가 난해하게 여겼던 그 구절의 주제를 검토하고 있으며, 또한 명확하고도 선명하게 그 의미를 풀고 있다는 것을 알아차렸다. 힘도 있었고 신선하기도 했다.

나는 거의 전율할듯한 기쁨으로 그가 말하고 있는 것을 이해할 수 있었다. 그리고 만약 내가 그 강론의 핵심적인 요점들을 깨닫고 기억할 수 있다면, 그가 그것을 전개하고 확대하는 일에 어려움을 겪지 않을 것임을 알았다.

어떤 설교자도 당시의 나보다 더 열성적이고 온 관심을 기울이는 청중을 갖지 못했을 것이다!

내가 만약 그 귀한 말들을 빠뜨리면 어떻게 하나?

나에게는 당장 "기록할만한" 수단이 없었다. 그래서 느헤미야처럼,

"나는 하늘의 하나님께 기도하였고",

그분이 자기 종에게 꿈속에서 주시는 그 생각들을 내가 받아서 간직할 수 있도록 요청을 드렸다. 아주 특이하게도 그분의 메시지가 나에게 맡겨진 것이다. 나는 누운 채로, 내가 기억하기 원하는 요점들을 거듭 반복해서 되뇌었고, 그가 깨어났을 때 놀라고 기뻐할 것을 기대하며 큰 행복을 느꼈다. 하지만 나는 오래도록 깨어 있어야 했고, 기쁨을 간직하면서도, 잠과 싸워야 했다. 드디어 평상시 일어날 시간이 되었을 때, 그가 자명종 시계를 보면서 깜짝 놀라 일어나면서 말했다,

"오! 여보, 당신이 아주 일찍 깨워준다고 했잖아요, 그런데 지금 시간을 보세요!

오! 왜 나를 계속 자도록 내버려 두었어요?

이제 어떻게 하지?

이제 어쩐단 말인가?"

"여보, 들어보세요,"

내가 대답했다. 그리고 내가 들은 모든 것을 그에게 말해주었다.

"오! 내가 원했던 바로 그것이오,"

그가 소리쳤다,

"그것이 바로 그 전체 구절의 참된 설명이구려!

그런데 내가 자면서 그렇게 설교했단 말이오?"

"정말 놀라운 일이군,"

그는 그 말을 반복했고, 우리 둘은 주께서 그분의 능력과 사랑을 그토록 분명하게 나타내신 일을 감사하며 찬미했다. 내 남편은 즐거이 서재로 내려 갔고, 하나님이 주신 설교를 준비했으며, 그것은 그날 곧 1856년 4월 13일

오전에 뉴 파크 스트리트에서 전달되었다. 그 설교는 설교집 2권(74번)에서 찾을 수 있으며, 설교 서문에서 설교자는 그 본문을 다루는 과정에서 겪었던 어려움을 직접 설명하고 있다.

당시 그는 내가 여기에 기록한 상세한 과정을 회중에게 말하는 것을 삼갔지만, 먼 훗날, 그는 목회자대학 학생들에게 오래도록 기억될 어느 금요일 오후 집회에서 그 이야기를 들려주었다. 그들 중 일부는 여전히 그 이야기를 생생하게 기억한다.

이맘때 나는 남편과 함께 스탐본을 방문했다. 나는 연로하신 할아버지를 처음 보았고 또 그를 단박에 좋아했다. 할아버지는 훌륭하고 은혜로운 설교자로 자란 '그 아이'를 무척 자랑스러워하셨다.

그가 자기 손자의 아내를 얼마나 친절하게 맞아주셨던가!

그 장소에 관한 모든 것이 내 남편에 의해 이 책 앞부분에 정확하게 묘사되었고, 아무것도 달라진 것이 없다. 그 오래된 저택은 비록 예전처럼 곧은 모습은 아니어도 여전히 그 자리에 서 있다. 담쟁이덩굴이 거실 안쪽으로까지 자라나고, 꽃무늬 새겨진 커튼이 여전히 그곳에 매달려 있다. 그가 잠을 자던 가장 좋은 침실이 있는 층의 복도는 언제나 그랬듯이 '창문 밖으로 나가고 싶어' 안달하는 듯하다.

정녕, 넘어지거나 떨어지지 않으려고 조심스럽게 균형을 유지하는 모습이다. 그것은 고풍스러우면서도 아주 마음에 드는 건물이다. 거기에 살았던 그이에게 많은 소중한 추억이 서려 있는 곳이기 때문이다. 우리가 방문했을 때는 그 집회소와 관련된 혹은 그곳 목사님의 목회와 관련된 기념일이었던 것으로 안다. 그 집은 방문객들로 만원이었고, 끊임없는 환대가 그날의 주요 일정이었던 것 같다.

고향 사람들과 이웃들이 모두 얼마나 즐거워했던가!

그리고 그 젊은 목사와 그의 아내를 보고 얼마나 애정 어린 야단법석을 떨었던가!

자기 고향 사람들 가운데 있는 그를 보면서 나는 얼마나 흐뭇했던지!

그는 다시 '그 아이'로 되돌아간 듯했고, 그 연로한 어르신의 마음에 큰 기쁨이었다. 하지만 그가 설교했을 때, 하나님의 영의 능력이 그의 말에 불을 붙였고, 그는 사람들에게 충분한 꿀을 먹일 수 있었다. 할아버지의 축복은 틀림없이 천국의 기쁨을 미리 맛보는 것과 같았을 것이다.

나로서는, 상당히 친절하고 애정 어린 관심을 함께 받았지만, 내 기쁨의 잔에 한 방울의 '검은 것'이 떨어졌다. 이것은 문자 그대로를 의미하는 것이다. 나는 커다란 잔에 든 차를 즐기면서, 그것이 더운 날에 얼마나 훌륭하고 기운을 돋우어주는 것인지를 생각하고 있었다. 그런데 잔의 바닥이 드러나 보였을 때, 두렵게도, 나는 커다란 거미를 보았고, 아연실색하고 말았다. 물론 죽은 것이었지만, 그 검은 몸은 거대한 크기로 부풀어 있었고, 그의 긴 다리들은 남아있는 액체 속에서 바퀴 모양의 원을 묘사하는 것 같았다.

나는 이 괴물을 끓인 차를 다 마셔버린 것이다!
오! 얼마나 역겹던지!
오호라! 우리는 악한 것을 기억하고, 선한 것을 놓쳐버릴 수 있다!

나는 남편의 설교는 잊어버렸다. 하지만, 그 거미는 이 순간에도 나로 '오싹함'을 느끼게 하는 힘을 가진다.

* * *

이제 우리의 쌍둥이 소년들의 출생에 대해 잠시 언급하려고 한다. 이는 사람들에게 광범위하게 유포되고, 또 널리 믿어진다고 보이는 한 이야기를 강력하고 재치있게 반박하기 위해서다. 그 이야기는 처음 사람들 사이에서 돌 때뿐 아니라, 그 후에도 수년 동안 줄곧 사람들의 입에 오르내리고 또 믿어진 것 같다. 사람들에게 퍼진 말은, 내 남편이 설교하는 도중에 그의 가정에 식구가 늘었다는 소식을 전달받았고, 그는 그 사실을 즉각 회중에게 전했으며, 그것도 다음과 같이 아주 우스운 말로 전했다는 것이다.

"다른 사람보다 많이 받을 자격이 제겐 없지만,
하나님이 더 많은 것을 저에게 주셨습니다."

유감스럽게도, 당시에 그 예배에 참석했고, 그가 그렇게 말하는 것을 들었다고 주장하는 사람들이 여전히 있다!

진실을 말하자면, 그 소년들은 1856년 9월 20일, 토요일 아침에 태어났다. 내 남편은 그날 종일 집을 나가지 않았으며, 내가 아는 한, 그는 어느 때든 토요일에 설교한 적이 없다. 그러므로 그 이야기는 즉각 근거 없는 것으로 판명된다. 하지만, 나는 어떻게 해서 그 전설이 만들어졌는지를 이해할 수 있을 것 같다.

그 날짜 근방에 전해졌던 설교들을 살펴보면서, 나는 9월 25일 목요일 저녁에—언급된 사건 이후 5일째 되던 날— 스펄전 씨는 '연로한 순례자 모임'을 위해 설교한 적이 있고, 그 과정에서 다음과 같은 진술을 했다.

길을 가다가 가난한 사람을 볼 때, 우리가 만약 감사를 아는 그리스도인이라면, 하늘을 향해 눈을 들고, 하나님께 이런 찬미를 드리지 않을 수 없을 것입니다.

> 다른 사람보다 많이 받을 자격이 제겐 없지만,
> 하나님이 더 많은 것을 저에게 주셨습니다.

만일 우리가 모두 비슷하게 부유하다면, 하나님이 우리 모두에게 풍부하게 주셨다면, 우리는 결코 그분의 자비의 가치를 알지 못할 것입니다. 하지만 하나님이 가난한 사람들을 우리 옆에 나란히 두시는 것은, 그들의 시련을 통해, 마치 어두운 그림자처럼, 밝은 빛을 환히 드러나게 하려는 것입니다. 하나님은 현세적인 문제에서도 우리가 다른 사람들에게 나누어주는 것을 기뻐하십니다."

나는 이 목요일 저녁 예배에 참석했던 이들 중에서 익살맞은 누군가가, 그 아기들의 출생을 알고, 또 위 어구가 반복되는 것을 듣고서, 자기 생각으로 두 사실을 연결하여, 마치 한 가지 사실인 것처럼 세상에 퍼뜨렸다고 믿는다!

내 남편이 '강단에서' 말했다고 알려진 익살맞은 표현 대부분이 엄격한 의미에서는 말 그대로 '이야기'일 뿐이다. 그 이야기 속에 진실은 너무나 적게 포함되어 있기에, 이야기 전달자들은 과장과 모험담을 뒤섞어 아주 매력적인 허구로 만들어버렸다. 그런 일은 그의 전 생애 동안 그의 독특한 지위와 은사들에 수반되는 불이익 중의 한 가지였으며, 그는 사실의 와전이나 부당한 일들을 어쩔 수 없이 겪어야 했다.

하나님께 감사하게도, 그 모든 일이 이제는 다 지난 일이 되었다!

비록 나는 논란이 된 그 익살맞은 표현이 하나님이 우리에게 주신 쌍둥이 자녀의 출생과 관련하여 내 남편이 공개적으로 한 말이 아니라고 확신하지만, 그가 만약 사적으로 친구들에게 그런 표현을 사용했다면 나는 별로 놀라지 않았을 것이다. 그의 마음이 기쁨과 감사로 가득하다면, 다소 아이 같은 표현이 얼마든지 자연스러운 방식으로 나올 수도 있기 때문이다.

나는 최근에 시골에 사는 어느 숙녀에게서 한 통의 편지를 받았다. 편지에는 그녀가 어떤 나이 많은 사람을 방문한 이야기가 있었고, 그녀가 방문한 사람은 전직 경찰관으로서 이름은 콜먼이었다. 그는 비록 아파서 누워있었지만, 초창기 시절의 스펄전 씨에 대한 기억을 말할 때 지치지도 않고 되풀이했다.

그는 군중이 '그 소년 설교자'의 설교를 듣기 위해 몰려올 때, 특별 임무를 받아 뉴 파크 스트리트교회에 배치되었다. 짧은 시간에, 그 거리는 꽉 막혀, 예배당 문은 닫아야 했고, 한 번에 일백 명씩 들어가도록 허용되었다. 그는 그때의 상황을 즐거이 회상하며 말한다.

아! 그는 참으로 훌륭한 젊은이였지요. 그는 멋대로 행동하지 않았어요. 그는 어떤 사람하고도 악수를 했답니다. 그가 종종 내 손을 꼭 잡고는, 내 손에 반 크라운을 건네주었지요. 그는 우리 경찰관들이 봉급만 가지고는 겨우 살아가는 것을 알았던 겁니다. 나는 그가 집세를 내도록 도와준 사람이 많았다는 것을 압니다. 그가 어느 주일 아침에 내게 이런 말을 할 때는 아주 즐거워 보이더군요.

콜먼 씨, 안녕하세요?
하나님이 두 아들을 한꺼번에 내게 주셨습니다!'
나는 문 안쪽에 들어가서 앉아 있곤 했으며, 그의 설교에서 내 영혼을 위한 양식을 얻었지요. 나는 곧 그를 다시 볼 겁니다. 그렇게 되기를 소망합니다.

물론 이 작은 일화에는 앞 이야기처럼 짜릿하고 흥미로운 맛은 없지만, 그것이 '사실'이라는 장점이 있다.

전면의 응접실과 관련하여 또 다른 기억에 남는 시기가 있다. 이 순간, 처음으로 검은 슬픔의 그림자가 드리우던 때가 생각난다. 주님은 우리의 젊고 행복한 삶에 그것을 드리우는 것이 합당하다고 보셨다. 그날 역시 안식일 저녁이었다. 나는 창문 아래에 놓인 긴 의자에 누운 채로, 서리 음악당에 첫 설교를 하러 간 남편을 생각하면서, 수천 명의 회중을 향해 전하는 그의 메시지에 주님이 복 주시기를 기도하고 있었다. 그때는 우리 아이들이 태어나기 한 달 전이었다.

나는 머릿속으로 그릴 수 있는 온갖 사랑스럽고 즐거운 꿈을 꾸고 있었고, 그때 마차가 문 앞에 서는 소리를 들었다. 내 남편이 집에 돌아오기에는 너무 이른 시간이었다. 예상치 못한 방문객이 누구일까 궁금했다. 잠시 후 집사 중의 한 분이 방으로 안내되었고, 그의 태도에서, 나는 어떤 특별한 일이 생긴 것을 즉각 알아챘다. 나는 그에게 빨리 모든 것을 얘기해주도록 요청했고, 그는 그렇게 했다. 친절하고 동정어린 태도로, 그는 긴 의자 옆에 무릎을 꿇었으며, 우리에게 별안간 찾아온 무서운 시련을 견딜 수 있도록 은혜와 힘을 주시도록 기도했다.

하지만, 그가 떠났을 때 나는 얼마나 감사했던지!

나는 혼자 있기를 원했다. 그 어둠과 죽음의 시간에 하나님께 부르짖고 싶었기 때문이다! 내 남편이 집에 도착했을 때, 그는 이전의 모습이 아니었다. 한 시간의 정신적 고뇌가 그의 외모와 태도를 전부 바꾸어놓았다. 그날 밤은 울음과 흐느낌의 밤, 표현할 수 없는 슬픔의 밤이었다. 그는 위로받기를 거절했다. 나는 아침이 밝지 않을 거라고 여겼다. 아침이 왔지만, 그것은 아무런 위안을 가져다주지 않았다.

주님께서는 자비롭게도, 이어지는 그 슬픔의 시기에 겪었던 대부분의 상세한 일들을 내 머릿속에서 지워주셨다. 그때 내 남편의 고뇌는 너무나 깊고 격렬하여, 정신을 가누기가 힘들 정도였으며, 이따금 우리는 그가 다시는 설교하지 않을 것이라고 염려했다. 그것은 실로 "사망의 음침한 골짜기"였다. 마치 『천로역정』의 저 불쌍한 크리스천처럼, 우리는 "심하게 탄식하면서" 그곳을 걸었다. 길이 너무 어두워서 "이따금 발을 떼어 앞으로 옮기려 할 때, 다음에는 그 발을 어디에 두어야 할지를 우리는 알 수 없었다!"

남편이 희망을 되찾기 시작한 것은, 크로이던(Croydon) 외곽에 있는, 교회 집사 한 분이 소유한 주택의 정원에서였다. 변화와 고요가 유익했던 것 같다. 주께서 그의 정신적 평정을 회복시키시고, 그의 영혼을 어둠 속에 가두었던 빗장을 풀기를 기뻐하셨다.

우리는 평소처럼 함께 걷고 있었다. 그는 불안과 번민에 싸여 있었다. 나는 슬프고 놀랐으며, 이 일들의 결말이 어떻게 될지 궁금히 여기고 있었다. 그때, 집으로 다가가는 계단 입구에서, 그가 별안간 멈추었다. 예전의 달콤한 눈빛으로 날 바라보며 (아, 그 눈빛이 사라졌을 때 얼마나 슬펐던가!) 그가 말했다,

"여보, 내가 얼마나 어리석었는지 몰라!

주님이 영광을 받으시기만 하면, 내가 어떻게 될 것인지가 무슨 문제겠어요?"

그런 다음에 그는 아주 진지하고도 강한 어조로 빌립보서 2장 9-11절을 되풀이하여 암송했다.

> 이러므로 하나님이 그를 지극히 높여 모든 이름 위에 뛰어난 이름을 주사 하늘에 있는 자들과 땅에 있는 자들과 땅 아래에 있는 자들로 모든 무릎을 예수의 이름에 꿇게 하시고 모든 입으로 예수 그리스도를 주라 시인하여 하나님 아버지께 영광을 돌리게 하셨느니라(빌 2:9-11).

"그리스도께서 높임을 받으신다면", 그가 말했다 그리고 그의 얼굴은 거룩한 열정으로 상기되었다.

"그가 원하시는 대로 내게 행하실 것이니, 나의 한 가지 기도는, 내가 나 자신에 대하여는 죽고, 전적으로 그분과 그분의 명예를 위해 사는 것이오.

오! 여보, 이제 이 모든 것을 알겠어요!

나와 함께 주님을 찬미합시다!"

그 순간에 그의 차꼬가 풀어졌다. 그 포로는 동굴의 감옥에서 나왔고, 주님의 빛 안에서 즐거워했다. 의의 태양이 다시금 그 위에 떠 올랐고, 주께서 전능자의 날개로 품어 그를 치유해주셨다. 하지만, 그는 그 싸움의 상처를 죽는 날까지 지니고 다녔다. 그 이후로, 그는 그 격렬한 시련을 통과하기 전에 그가 소유했던 육체적 활력과 힘을 다시는 갖지 못했다.

진실로, 주께서 그를 이끄신 길은 가시밭길이었다. 인간의 사랑이라면 어떤 희생을 치르더라도 그토록 끔찍한 시련과 혹독한 고통으로부터 그를 보

호하려 했겠지만, 하나님의 사랑은 시작부터 끝을 보셨고, 그러므로 ' 그분은 결코 실수하지 않으신다.' 비록 우리가, 당시에는, 그분이 우리에게 보내신 고난 속에 있는 그분의 목적을 볼 수 없지만, 우리가 걸었던 길에 영원의 빛이 비추일 때, 그 목적은 선명하게 드러날 것이다.

*　　　　　*　　　　　*

우리가 원저(Winsor) 씨의 가정에 머무는 동안, 그는 너무나 친절하게 우리를 맞아주었고 또 고난의 시기에 우리에게 피난처를 제공해주었다. 그곳에서 아기들을 주님과 주님을 섬기는 일에 바치기로 한 결정이 내려졌다. 그 의식에 참여할 정도로 그들의 부모가 충분히 회복되었을 때, 친구들이 상당수 모였고, 우리는 기도와 찬미를 위한 행복한 모임을 가질 수 있었다. 자세한 이야기를 다 전할 순 없다.

내 기억에 남아있는 유일한 사진은, 봉헌 기도가 올려진 후, 그 어린 두 생명을 큰 방에서 빙 둘러가며 사람들에게 보이는 장면이다. 사람들은 감탄하면서, 아기들에게 입 맞추고 축복해주었다. 그때 아기들의 아버지가 그들을 위해 얼마나 특별한 자비와 은혜를 구했는지 나는 기억하지 못한다. 하지만, 주님은 그 기도와 그 뒤에 이어진 많은 간구를 잊지 않으셨다. 주님은 우리 기도를 들으셨을 뿐 아니라, 그들 삶의 여러 해를 지나는 동안 기도에 응답하셨다.

그들에게 육신의 아버지가 떠났을 때는 가장 넘치는 복을 주셨다!

어떤 성례도 행해지지 않았고, 어떤 '성수'(聖水) 방울도 그 아이들의 이마에 떨어지지 않았지만, 그날 저녁, 그 방에서, '요단 저편에 있는' 그 집에서, 우리의 아기들은 그리스도께서 "만져 주시기를 바라며" 그분께 인도되었다. 주님께서 "그 어린 아이들을 안고 그들 위에 안수하시고 축복하신"(막 15:16) 것은 이제는 믿음의 문제가 아니라 마치 눈으로 보는 듯하다.

아아! 그 쌍둥이 소년의 첫째가 웨스트우드에서 그의 첫아들을 보게 된 것은 그다지 오래전 일이 아니다. 내 남편은, 그에게 늘 자연스러운 모습처럼 부드럽게 마음을 토로하면서, 그 아이를 하나님께 드렸다.

그리고 여러 달 후에 하나님은 그 기도를 응답하시고, 그 아이를 자기에게로 데려가셨다!

여태 보았던 가장 밝고, 가장 귀여운 아기 중 하나였던 그는 우리의 기쁨이었고 기대였다. 하지만 그 선물은 별안간 드려졌다. 우리 생각에는 지상에서 많은 일을 하고, 많이 섬기기를 바란 아이였지만, 그 아이는 천사들과 함께 하나님을 찬송하기 위해 먼저 떠났다!

나는 때때로 그 속량 받은 작은 영혼이 저 영광의 나라 기슭에서 그의 전사(戰士) 할아버지를 환영해주지 않았을까 생각해본다.

제30장

서리 가든 음악당에서 일어난 대 참사

내 기억에서 영원히 지워지지 않을 어느 밤에, 내 회중 가운데 많은 사람이 흩어졌으며, 그들 중 다수가 다치고 또 어떤 이들은 죽었습니다. 사악한 사람들의 악의적인 행동 때문이었습니다. 위험 한가운데 굳게 서서, 나는 폭풍에 맞서 싸웠으며, 내 영혼도 짓누르는 압박에 굴하지 않았습니다. 내 용기는 요동하는 자들을 안심시키고, 담대한 자들을 굳세게 할 수 있었습니다.

하지만 파괴의 회오리바람이 지나고, 그 황폐한 모습이 온통 내 눈앞에 드러났을 때, 내 영혼이 겪은 슬픔과 고통을 누가 상상이나 할 수 있을까요?

나는 위로받기를 거절했습니다. 낮에는 눈물이 내 양식이 되었고, 밤에는 두려운 꿈을 꾸었습니다. 나는 전에 느껴보지 못한 것을 느꼈습니다 … 마치 모래 위에 올려진 파선한 배처럼, 내 정신은 정상적인 활동을 할 수 없었습니다. 나는 낯선 땅에 있었고, 거기서 낯선 사람이었습니다. 한때는 나의 일용할 양식이었던 성경이, 이제는 내 눈물의 수문(水門)을 들어 올리는 손이 되었습니다. 그때 '많은 사람의 비방'이 찾아왔습니다. 뻔뻔스럽게 날조된 이야기들, 명예훼손의 암시들, 야만스러운 비난이 이어졌습니다. 오직 이런 것들이 내 행복의 잔에서 마지막 한 방울의 위로까지도 퍼낼 것 같았습니다. 하지만 최악의 상황이 다시 최악으로 치달았을 때, 원수의 극도의 악의도 그 이상의 일을 할 수 없었습니다. 이미 가장 낮은 심연에 있는 자들은 더이상 낮아질 수가 없기 때문입니다.

별안간, 하늘에서 번쩍이는 번개처럼, 내 혼이 내게로 돌아왔습니다. 내 머릿속의 뜨거운 용암이 갑자기 식었습니다. 내 이마의 욱신거림은 잠잠해졌습니다. 위로의 시원한 바람이 용광로 안에서 그슬린 내 뺨으로 불었습니다 … 비둘기 날개를 타고, 내 영혼은 하늘의 별들에게로, 아니 그 너머로 올라갔습니다.

그 비둘기가 어디까지 날개짓을 했을까요?

그 비둘기는 어디서 감사의 노래를 불렀을까요?

그곳은 예수님의 발치였습니다. 그분의 이름이 두려움을 누그러뜨렸고, 슬픔의 눈물을 그치게 했습니다. 그 이름, 예수의 귀한 이름은, 이슈리얼(Ithuriel, 존 밀턴의 『실낙원』에 나오는 천사로, 에덴동산에 두꺼비 모양으로 숨어든 유혹자를 창끝으로 건드려 그 정체를 드러낸다-역자주)의 창처럼, 내 영혼의 등을 건드려 본래의 올바르고 행복한 상태로 돌려놓았습니다. 내가 서 있던 정원은 내게 에덴이 되었고, 그때 그 지점은 회복된 내 의식에 가장 엄숙하게 구별된 장소가 되었습니다 …

내가 회심한 날 이후로, 그때처럼 그분의 무한한 탁월성을 많이 느낀 적이 없었고, 내 영혼이 말할 수 없는 기쁨으로 뛰었던 적이 없었습니다. 멸시, 혼란, 슬픔은, 그분의 이름으로 인해 아무것도 아닌 것처럼 보였습니다. 나는 내 허리를 동이고 그분의 병거 앞에서 달렸고, 그분의 영광을 크게 외치기 시작했습니다. 내 영혼이 그분의 영광스러운 존귀와 무한한 긍휼이라는 한 가지 생각에 몰입되었기 때문입니다.

그렇게 예수님의 사랑은, 구원의 은혜 안에서, 지울 수 없도록 내 기억에 각인되었습니다. 그리고 양해를 구하며 밝히는 것은, 그 경험이 나에게는 삶에서 가장 기억에 남는 위기였다는 사실입니다.

찰스 해돈 스펄전,
1857년, 『성도와 그의 구주』에서.

내 친구 중 많은 이들이 런던에서 내 초기 사역의 과정에 대해 알지 못한다. 당시의 모든 세대가 지나갔으며, 지금 나와 함께 있는 무리는 '옛적 용감한 시대'에 대해 아는 것이 적다. 나중의 동조자들과 수고하는 동료들이 주께서 우리를 얼마나 놀라운 길로 인도하셨는지를 알게 하려면, 그 이야기를 들려줄 필요가 있다. 뉴 파크 스트리트교회로 돌아가면, 우리의 첫 번째 엑서터 홀 체류 기간에 그 건물은 크게 확장되긴 했지만, 그 시도는 마치 바다를 찻주전자에 담으려는 것과 같았다.

우리는 이전보다 더 불편을 겪었다. 수백 명을 문 앞에서 돌려보내는 일은, 항상 그런 것은 아니었지만 흔히 있는 일이었다. 입장할 수 있었던 사람들도 더 나을 것은 거의 없었다. 사람들로 너무 빽빽했고, 열기는 기억하기조차 끔찍할 정도였기 때문이다. 내 원수들은 소책자나 풍자만화, 신문의 기고 등을 통해 계속해서 내 이름을 널리 알려지게 했고, 그런 일은 더 많은 군중이 몰리게 하는 데 일조했다.

1856년 봄에 문제들은 위기 수준에 달했으며, 그해 5월 26일에 개최된 교회 회의에서, 두 가지 결의안이 통과되었다.

첫째, 결의는, 큰 회중을 위하여 더 넓은 집회 장소 마련이라는 긴박한 필요에 즉각 대처하는 것이었다.
둘째, 더 앞을 내다보고, 미래의 요구에 대비하는 것이었다. 공식 기록은 다음과 같다.

결의 사항—이 교회가 여름 몇 달 동안 주일 저녁 예배를 엑서터 홀에서 드릴 수 있도록 가능한 빠른 조처한다.
결의 사항—이 교회의 남성 교인들이 최대한 신속하게 모여, 우리 목사님의 사역에서 복음을 듣고자 갈망하는 거대한 무리를 위해 더 나은 시설을 제공하려면 최선의 수단이 무엇인지를 논의한다.

그 결의에 따라, 6월 8일부터 8월 24일까지 주일 아침에는 뉴 파크 스트리트교회에서 예배를 드리고, 저녁에는 액서터 홀에서 드리게 되었다. 하지만 이 계획은 상당히 불편했다. 따라서, 8월에, 더 큰 기도의 집을 세우기 위한 모금이 시작되었다. 그 목적을 위한 첫 모임은 "아버지 올니" 씨 집에서 열렸다.

그러는 사이, 엑서터 홀의 소유주들은 한 회중을 위해 그 건물을 계속해서 빌려줄 수는 없다고 넌지시 알렸다. 비록 우리가 사용료를 지불하기는 했지만, 다른 사람들 편에서 보면, 모든 교파에 속한 건물을 유독 침례교에서 독점한다고 생각하는 것이 자연스러웠다. 나는 그 입장이 정당하다고 느꼈고, 다른 보금자리를 찾아보기 시작했다. 그때는 애타는 시기였다.

친구들은 우리 자신의 건물이 세워지려면 한참 걸릴 것이라고 걱정했다. 하지만 주님은 우리를 위해 한 장소를 예비하셨고, 우리는 거기에서 3년을 머물렀다. 바로 로열 서리 가든(Royal Surrey Gardens)의 음악당이었다.

서리 가든의 이야기는 아주 진기하다. 워털루 다리 근처 엑서터 교차로에서 코끼리와 다른 동물들이 보인다는 이야기를 많은 사람이 들어보았을 것이다. 그 전시장의 소유주였던 크로스(Cross) 씨는 1831년에 그의 동물원을 서리 가든으로 옮겼다. 거기에는 분수들, 동굴들, 여름 별장, 3에이커 반 크기의 호수가 있었고, 상쾌한 산책길과 잔디, 그리고 공공 정원에 필요한 모든 일상적인 시설들이 갖추어져 있었다. 몽고메리 박사의 『케닝턴의 역사』(History of Kennington)에서 우리는 다음과 같은 내용을 볼 수 있다.

> 아마도 술을 마시지 않는 사람들에게 가장 인상 깊은 사실은, 그 정원의 소유주들이 음료를 팔 허가를 신청하지 않았다는 것이다. 그곳은 술을 팔지 않고 시작해서 성공했다. 이는 주목할만한 사실이다. 나는 훗날 어떤 일이 일어났는지 알지 못하지만, 크로스 씨 당시에는, 1844년까지 술 판매를 위한 허가를 신청한 적이 없었다.
> 정원은 일찍 열리고 일찍 닫혔다. 그 정원은 여름 중순에는 늦어도 저녁 10시에 닫히고, 가을에는 저녁 7시에 닫혔다. 우리의 여왕은 아주 어린 소녀였을 때, 켄트의 공작부인과 함께 이곳에 왔고, 워릭 씨의 안내로 정원을 둘러보았다.

내가 처음 런던에 왔을 때, 그 동물원은 아주 훌륭하고 조용한 휴양지였다. 하지만 그 시설을 활용하는 사람들은 소수였다. 산만한 교제에서 벗어나, 조용한 오락에 만족할 수 있는 세대가 그곳을 거닐었으며, 또 그런 식의 휴식에서 더 많은 운치를 느끼는 사람들에게 자리를 내어주곤 했다.

그 정원은 부분적으로 그 근방 가정들의 기부금에 의해, 그리고 부분적으로는 불꽃놀이에 의해 유지되었다. 동물원 운영을 위해 한 단체가 형성되었으며, 거기에다 줄리엔(Jullien)의 대중 음악회 같은 행사가 큰 매력을 끌었다. 아주 근사한 강당이 세워졌다. 그것은 세 개의 회랑(回廊)이 있고, 6천 명에서 1만 명까지 수용할 수 있는 건물이었다. 그 수에 대해서는 정확히 말할 수 없고, 내 개인적인 추산도 정확하진 않을 것이다. 지금은 그 강당의 흔적이 아무것도 남지 않았기 때문이다. 그곳을 보기 위해 윌리엄 올니 씨와 함께 갔던 기억이 있다.

비록 그 큰 건물에서 설교를 시도한다는 것은 모험적인 실험이라고 느끼긴 했지만, 우리는 하나님을 믿었고, 하나님이 대중에게 복음을 선포하려는 진지한 시도에 복을 주실 것을 소망했다. 우리 회원 중의 한둘은 사람들이 "마귀의 집"이라고 부르는 곳에 가는 것이 옳지 않다고 생각했다. 나는 그들이 그런 이름을 들먹이는 것에 동의하지 않았으며, 그들에게 물러서서, 그들의 양심을 어기지 말라고 조언했다.

동시에, 나는 그들에게 그들의 형제들이나 나를 말리지 말라고 명했다. 왜냐하면, 우리는 그리스도를 위해 영혼들을 얻기 위해서라면 "마귀의 집" 안에라도 기꺼이 들어가려 했기 때문이다. 우리가 그 음악당에 들어간 것은, 통상 오락을 위해 사용되는 건물에서 예배를 드리는 것이 좋다고 생각해서가 아니라, 달리 갈 곳이 없었기 때문이었다.

10월 6일에 특별 모임이 있었다. 교회 회의록에는 당시 모임의 목적이 이렇게 기록되어 있다.

> 이 모임이 열린 목적은, 엑서터 홀의 관리자들이 그 장소를 교회가 계속 사용하는 것을 거절했으므로, 주일 저녁 예배 장소로 쓰기 위해 로열 서리 가든의 큰 강당의 임대 계약을 맺는 것이 적절한지를 의논하기 위해서였다. 여러 형제가 의견을 낸 후, 10월 셋째 주일부터 시작하여 로열 서리 가든 음악당을 한 달간 사용하는 계약을 맺기로 결의했다.

예정된 날짜가 왔을 때, 우리의 기대가 높긴 했지만, 우리 중 누구도 우리 앞에 펼쳐질 일을 꿈꾸지는 않았다. 많은 기도가 올려졌고, 나는 기대 섞인 전망을 했지만, 한편으로는 책임감에 눌리고, 또 조만간 어떤 큰 시련이 닥칠 것 같다는 신비로운 예감을 느꼈다. 설교집 제2권의 서문에서, 나는 이렇게 썼다.

> 말라기 3장 10절 본문의 <나를 시험하여>라는 이 책의 첫 설교는, 서리 가든 음악당에서 인명 사고가 발생했던 주일 아침에, 뉴 파트 스트리트 채플에서 전한 것입니다. 많은 독자는 호기심을 가지고 그 설교를 읽겠지만, 설교자 자신은 그것을 다시 읽으면 모든 문장에서 전율의 감정을 느낍니다. 그 주제에는 그가 이제 곧 감당하게 될 수고가 오롯이 암시되어 있습니다. 당시 해지기 전에, 그는 전례 없이 많은 사람 앞에서 말씀 전하는 것을 예상하였습니다.
> 만약 어떤 구절이 재난을 암시하는 것처럼 보인다면, 그것이 진짜였다고 말

할 수 있습니다. 기자의 기사에도 그런 글이 실렸습니다. 그리스도인 독자는 마음에서 느끼는 것과 믿음 사이에 심한 갈등이 있다는 것을 이해할 수 있습니다. 하지만 누구도, 저자가 그랬듯이 밖으로의 싸움과 안에서의 두려움 가운데서, 어떻게 하나님 앞에서 가장 강한 확신으로 말씀을 선포할 수 있었는지는 알지 못합니다. 성경이 본문에서 권한 것처럼, 그는 하나님의 신실하심을 시험해보았고, 그 결과에 대해서는 (심한 환난에도 불구하고) 풍성한 감사의 말로 증언할 수 있습니다.

그 설교 자체에 거의 예언과도 같은 다음 대목이 포함되었다.

아마도 나는 뇌운(雷雲)이 몰린 곳에 서도록 부름을 받을 수도 있습니다. 거기는 산 정상에서 번개가 치고, 폭풍이 휘몰아치는 곳입니다. 그때, 거기서, 나는 우리 하나님의 능력과 위엄을 입증해야 합니다. 위험의 한 가운데서, 그분은 내게 용기를 불어넣으실 것이며, 고생의 한 가운데서, 그분은 나를 강하게 하실 것입니다.

이 옛 성경이 오늘 나에게 말합니다. 이 성령의 말씀이 여러분 중 많은 이들의 마음으로 뚫고 들어왔습니다. 비록 그 마음이 대리석처럼 단단하였어도, 말씀이 그것을 쪼개어 산산이 부서지게 했습니다. 나는 하나님의 군사로서 여러분 가운데서 그 칼을 휘둘렀으며, 여러분의 굳은 마음은 이 옛 예루살렘의 칼날에 산산조각이 났습니다.

하지만 우리는 오늘 밤 다시 모일 것입니다. 전례 없이 많은 군중이 모일 오늘 밤, 아마도 한가한 호기심으로 하나님의 말씀을 듣기 위해 오는 사람도 있을 것입니다. <지금 나를 시험하여 보라>는 그분의 목소리가 내 귀에 울립니다.

내 사역 기간에, 많은 사람이 쇠 미늘 갑옷을 입고, 완전 무장을 하고 왔습니다. 하지만 이 단련된 무기가 그들을 둘로 쪼개었고, 관절과 골수를 찔러 쪼개었습니다. '나를 시험하여 보라'고 하나님이 말씀하십니다. '신성모독자들 앞에 가서 나를 시험하여 보고, 타락한 자들과 가장 악독한 자들 앞에 가서 나를 입증하라. 가장 더러운 자들에게도 가서 나를 시험하여 보라'고 말씀하십니다.

생명을 주는 십자가를 들고, 그것을 다시 사람들에게 보이십시오. 사망의 영역으로 가서, 생명의 말씀을 선포하십시오. 도시에서 역병으로 가장 크게 타격을 입은 지역에 가서, 구주의 공로의 향이 담긴 향로를 흔들며, 그분이 역병을 멈추실 수 있는지, 그리고 질병을 제거하실 수 있는지 시험하여 보십시오.

하지만 하나님이 교회를 향하여 무어라고 말씀하십니까?

너희가 전에는 나를 시험해보았다. 너희는 큰일들을 시도했었다. 비록 너희 중 일부는 약한 마음으로 '우리는 감히 모험하지 않겠습니다'라고 했지만, 너희 중 또 다른 이들은 믿음을 가지고 나를 시험해보았다. 이제 다시금 말하노니, '지금 나를 시험하여 보라.'

하나님이 무엇을 행하실 수 있는지를 보십시오. 하나님이 여러분에게 말씀을 전하도록 세우신 사람의 머리 위에 구름이 드리우고 있을 바로 그때, 가서 그분을 시험하여 보십시오. 그리고 여러분이 꿈도 꾸지 못했던 복을 그분이 쏟아붓지 아니하시나 보십시오. 그분이 오순절의 복을 여러분에게 주시지 않는가를 지켜보십시오.

'지금 나를 시험하여 보라.'

왜 우리가 믿지 못하는 것입니까?

우리에게 믿지 못하게 하는 이유가 있습니까?

우리는 연약합니다.

하지만 그것이 무슨 대수입니까?

자기 스스로는 가장 약할 때, 하나님 안에서 가장 강한 자들이 우리가 아닙니까?

우리는 어리석습니다. 사람들이 그렇게 말하고, 실제로 우리는 그렇습니다. 우리는 그것을 압니다. 하지만 그분은 미련한 것들을 택하여 지혜로운 자들을 부끄럽게 하시는 분이십니다. 우리는 천합니다. 하지만 하나님은 세상의 천한 것들을 택하십니다. 우리는 학식이 없는 자들입니다. 우리는 어떤 철학자들의 교묘한 기술을 알지 못합니다.

하지만 그리스도의 능력이 머물 때 우리는 약함 속에서도 기뻐합니다. 사람들이 우리를 폄훼하려면 하라고 하십시오. 그들이 사람에게 부여할 수 있는 가장 끔찍한 특징을 우리에게 부여할 테면 하라고 하십시오. 우리는 그들을 축복할 것이며, 그들이 잘 되기를 바랄 것입니다.
무기가 돌멩이 하나이면 어떻습니까?
나귀 턱뼈 하나뿐이면 어떻습니까?
주님이 사용하신다면 그것으로 충분합니다. 어떤 이들이 말합니다,
'지혜로운 사람들이 뭐라고 말하는지 아나요?'
예, 알고 말고요. 하지만 우리는 그들의 충고를 역으로 읽을 수 있습니다. 그들의 말은 그들의 지혜에서 솟아난 것입니다. 우리는 누가 그들을 가르쳤는지 알고, 또한 그가 처음부터 거짓말쟁이였다는 것을 압니다.
오! 미련하고 마음에 더디 믿는 자들이여!
여러분은 진리를 피하여 움츠러드는 것입니까?
아니면 오명과 수치가 두려워 움츠러드는 것입니까?
어느 쪽이든, 여러분에게는 마땅히 여러분이 가져야 할 주님을 향한 사랑이 없습니다. 만약 여러분이 용감하고 진실한 사람이라면, 가서 정복하십시오. 두려워하지 말고, 싸워서 이기십시오.
하나님의 거룩한 복음이 다시금 땅을 흔들 것입니다. 깃발이 높이 들렸으며, 무수한 군사들이 그곳으로 모이고 있습니다. 바리새인들이 모여 상의하고, 학식 있는 자들이 혼란스러워하며, 지혜로운 자들이 당혹스러워합니다. 그들은 어찌할 바를 모릅니다. 작은 자를, 하나님이 위대하게 만드셨습니다. 한때 멸시받았던 그분이, 지금 높임을 받으셨습니다. 그러므로 그분을 의지합시다. 그분이 끝까지 우리와 함께하실 것입니다. 그분이 말씀하셨습니다, '보라, 내가 세상 끝날까지 너희와 항상 함께 있으리라.'"

* * *

나는 그 끔찍했던 밤을 잊을 수 없다. 모든 잡지와 신문에서 그 "대 재난"과 관련한 기록을 잘 보전했기에, 나는 그저 그 기억에 대해 글을 쓰기 위한 목적으로 기록들을 정독해본다. 이런 과정을 통해 나는 그 일이 상당히 고통스러웠다는 것을 다시 상기한다. 하지만 그 일은 나로 주님의 이름을 더욱 찬미하게 한다.
내가 마노(Manor) 거리에 있는 저택에 가까이 다가가고 있을 때였다. 멀찌

감치서 거리에 인파가 몰려 있는 것을 보고 나는 매우 놀랐다. 힘겹게 문에 도착했다. 정원 입구에서 음악당까지는 아주 긴 사유지 길이 나 있었다. 그 길도 사람들로 가득 메워져 막힌 것처럼 보였다. 그들은 그 건물 안으로 들어갈 수가 없었다. 나는 위압감을 느꼈다. 그리고 내가 젊을 때 통상 설교하기 전에 전조처럼 느끼곤 했던 현기증도 느꼈다. 조용히 회복한 후에, 나는 빽빽한 청중 가운데 있는 강단으로 인도되었다. 여기서 나는 내 인생 최대의 시련을 겪게 될 예정이었다.

하지만 여기서 나는 캠벨 박사에게 양보해야겠다. 그는 당시 「영국의 깃발」(The British Banner) 편집인이었고, 그의 기록은 직접 목격한 것에 대한 묘사이면서, 편견 없고, 냉정한 비평이었기 때문이다. 그는 이렇게 썼다.

> 교회의 관점에서 볼 때, 지난 주일(10월 19일)은 여러 세대에 걸쳐 메트로폴리스에서 가장 극적인 사건이 일어난 밤 중의 하나로 꼽을 수 있다. 그날 밤, 이 거대한 도시에서 공공 위락 시설로 세워진 가장 크고, 가장 넓고, 가장 아름다운 건물이, 구원의 복음을 선포하는 목적을 위해 사용되었다.
>
> 거기서, 아주 오랫동안, 야생 동물들이 전시되어왔고, 또 헤아릴 수 없이 많은 사람이 한가한 시간을 보내려고 모여들곤 했던 그곳에, 이 섬나라의 어떤 건물에서 모였던 그 어떤 회중보다 더 큰 회중이, 비국교도 목사의 설교를 듣기 위해 모여들었다.
>
> 사람의 눈으로 보기에, 그것은 그 자체로 아주 인상적이었으며, 장엄하고, 어마어마한 광경이었다. 그 인상을 어떤 묘사로도 적절하게 전달할 수가 없다. 제대로 이해하려면, 그 광경을 보았어야 한다. 그것을 목격한 사람이라면 시간이 흘러도 지워질 수 없는 강한 인상을 받았을 것이다. 그런 장소에서, 10,000명 혹은 12,000명 정도의 사람들이 살아계신 하나님의 말씀을 듣기 위해 모여드는 광경은, 그것을 목격한 모든 경건한 사람들의 마음에 지극히 큰 기쁨을 자아내기에 충분했다.
>
> 천사들의 세계에서 이목을 끌기에도 충분하다 말해도 결코 과장된 말이 아닐 것이다!
>
> 하지만 한껏 고취되었던 기쁨과 소망에 비례하여, 끔찍한 재난의 발생으로 인한 슬픔과 낙심이 있었다.

그로 인해 첫 예배는 갑작스럽게 중단되었다!

사고가 일어난 그 순간, 악한 자가 일어나 힘을 발휘했으며, 마치 회오리바람처럼 죄가 들어오고, 공포, 탈출, 무질서, 죽음이 뒤따랐다!

도시 전체가 경악했다!

술집에서부터 궁전에 이르기까지, 그 두려운 밤의 사건들은 열띤 토론의 주제가 되었다. 광장에서, 거리에서, 샛길과 골목에서, 작업장들과 경리 사무실을 포함하여, 사람들이 모이는 모든 장소에서, 그 일은 몇 날을 계속하여 생각과 대화의 큰 소재가 되었다.

과장, 악의, 허위가 판을 칠 때는 상상력이 작용한다.

한 소문에 의하면, 일단 그 아름다운 빌딩이 화염에 휩싸이자, 재가 되어버렸다!

다른 소문에 의하면, 그곳 지붕이 무너져내려 10,000명을 덮쳐버렸다!

비극적이고 놀라운 일에 열렬히 탐닉하는 인간의 정신은, 가장 터무니없는 소문조차도 게걸스럽게 삼켜버린다. 더 끔찍할수록 더 믿으려 하고, 더 잘 받아들이려 한다. 의례 그렇듯이 공적인 언론도 흥분한 수백만 인구의 병적인 식욕에 부응하는 면에서 뒤처지지 않았다.

언론은 과장할 뿐 아니라 거짓말을 했으며, 그것도 아주 두려운 수준이었다! '공포의 방'에나 어울릴법한 공상의 그림이 그려졌다. 우리는 직접 그 광경을 목격했을 뿐 아니라 바로 그 현장에 있었기에, 본 것을 말할 수 있고, 대중이 주로 알기 원하는 몇 가지 점을 묘사할 수 있으며, 거짓과 오류 사이를 구분할 수 있다. 그러므로 우리는 명예로운 사람들의 성품과 행위를 둘러싼 혼란스러운 안개와 어둠을 제거하는 것이 우리의 의무라고 느낀다.

우리는 그 건물에 처음에 들어간 사람들 가운데 있었다. 거기서 우리는 강단 앞에 자리를 잡았고, 강단은 오케스트라 전면에 세워져 있었다. 그래서 우리는 그 강단 전체를 잘 조망할 수 있었고, 거기서 보이고 들리는 것 중에 중요한 것이라면 무엇이든 듣고 볼 수 있었다. 일어난 사건들에 대한 가장 단순한 진술이, 주로 메트로폴리탄 언론으로부터 홍수처럼 쏟아져나오는 오해와 허위에 대한 최선의 해독제가 될 것이다.

거대한 크기를 고려하면, 그 집은 아주 신속히 채워졌다고 말할 수 있다. 입장을 허락받지 못한 같은 수의 사람들이 밖에 있었을 것이다. 그 강단을 채우는 과정은, 사람들이 추정하는 대로, 다소 소란스러운 방식으로 진행되었다. 사람들은 입장하기 위해 문에서 겪어야 하는 격렬한 몸부림으로 인해 상당히 흥분되었고, 입장한 후에는, 앉을 자리나 적어도 서 있을 공간이라도 확보할 가능성이 있어 보이는 모든 방향으로 신속히 이동했다.

물론 이 시기에 그 강당은 정규적인 예배의 자리는 아니었으며, 질서정연한 사람들의 차분한 정신에는 썩 어울리는 곳이 아니었다. 하지만 분명, 그곳은 엑서터 홀에서의 거대한 종교적 기념식장이라든가, 일반적인 거대 집회장과 비교해보면, 상당한 호감을 가질 수 있는 곳이었다.

케닝턴(Kennington) 공유지, 무어필드(Moorfield), 글래스고우 하이 처치야드(HIgh Churchyard), 에든버러 오편 하우스 파크(Orphan House Park) 등에 모였던 화이트필드의 거대 집회와 비교하면, 그 집회는 그래도 자기 몸 정도는 가눌 수 있는 수준이었다. 역사적인 사례들을 보면, 떠들썩하고 경박스럽다는 이유로 불평할 수가 없었다.

그 강당은 사방으로 가득 찼고, 장내는 완벽히 안정된 상태로 여겨졌다. 소란이 멈추었고, 집회 분위기는 침착하게 예배하는 여느 장소와 마찬가지로 아주 조용했다. 강당이 이처럼 가득 찼으므로, 스펄전 목사는 신중하고도 지혜롭게 정해진 때보다 약 10분 전에 예배를 시작했다. 그는 아주 점잖게 보이는 수많은 사람에 의해 둘러싸였다.

그들은 찬송가를 인도하는 그의 동역자들과 교인들로 구성된 사람들이었다. 매우 적절하게 몇 마디 한 후, 그는 간략하게 기도를 드렸고, 그런 다음 힘 있는 소리로 복음적인 찬송가를 발표했다. 그것이 거대한 회중 위로 엄숙한 분위기를 드리웠다. 그들이 부른 찬송은 많은 물소리와 같았다. 찬송 자체가 복음의 선포였다.

성경 낭독이 즉시 이어졌고, 설교자의 유창한 해설이 곁들여졌다. 성경은 잘 선택되었고, 성경 해설은 가장 경박한 사람들에게도 깊은 감명을 줄 정도로 매우 적절했다. 그것은 메마른 논문이 아니었으며, 진기한 비평도 아니었고, 청중의 마음에 직접 전달되는 설명이었다. 처음부터 설교자는 매우 중대한 문제에 대해 말하려는 강한 의도를 가지고 등장했고, 그 의도의 성취와 무관한 부분은 아무것도 없었다.

다음으로, 포괄적인 기도가 이어졌다. 여기에서도, 역시 적절하면서도 독특한 분위기가 느껴졌다. 그 설교자에게 생기를 불어넣는 한 가지 큰 동기는, 명백하게도, 사람들의 구원인 것처럼 보였다.

이는 악의 지뢰를 터뜨려 많은 사람을 죽이기 위해, 어둠의 사절들에 의해 선택된 순간이었다!

회중이 하나님을 찬미하는 노래를 부르는 동안에 그런 계획을 시도했다면, 분명 실패했을 것이다. 설교가 고조되고, 모든 눈이 떠져 있는 동안에 그런 시도를 했다면, 그 역시 성공을 거두지 못했을 것이다. 그 비인간적인 악한 들은―불경하고 잔인할 뿐 아니라 아주 교활했기 때문에―그것을 알았다. 그들은 확실히 악을 행하는 면에서 능숙했다. 그들은 자기들의 업무를 철저히 이해했다. 그들의 계획은 교묘하게 세워졌고, 포대의 덮개를 한꺼번에 펼치는 군사 작전처럼 정확하게 실행되었다.

회중 가운데 경건한 사람들의 정신이 영원하신 하나님의 보좌 주위로 모여들고, 땅과 땅에 있는 일들로부터 멀어져, 부복하고 찬미하며 경배드리는 일에 몰두하였을 때, 마귀의 음모는 폭풍 속의 번개처럼 신속하게 진행되었다!

그 결과가 어떨지는 예견될 수 있었다. 한두 사람이 '불이야' 하고 소리쳤을 때, 우리가 목격했듯이 처음에는 회중 전체가 그것을 이해하지 못했다. 우리 쪽에서는, 그런 소리가 잘 들리지 않았다. 하지만 의심의 여지 없이, 그것은 신호였을 뿐이다. 그것이 적어도 수백 명이 가담한 계획에 시동을 걸었다. '불이야'라는 외침이 건물 전체로 퍼져가는 불안을 일으켰다.

하지만 실제적인 동요는 미미했다. 형언할 수 없는 끔찍한 상황은 큰 출입구 주변에 몰려 있던 사람들에게 제한되었다. 그 돌발상황은 훈련된 찬양 대원들이 한꺼번에 터뜨리는 소리, 또는 거대한 저수지의 수문이 열리고 둑이 터지는 소리에 비유될 수 있었다.

두세 사람이 개인적으로 소리친 것이, 그토록 갑작스럽게 또 동시다발적으로, 두려움과 경악과 공포를 발생시키고 지속한다는 것은 불가능하다. 능숙하게 실행된 과정을 볼 때, 우리는 그 일이 미리부터 잘 짜인 계획에 따른 것이라는 강한 인상을 받는다.

겉으로 드러난 일로 판단해보자면, 그 끔찍한 소동을 일으킨 무리, 혹은 그들 중의 일부는, 아수라장이 되어버린 인파 가운데 뒤섞였을 것이다. 큰 충격에 압도되었다가 즉시로 회복한 스펄전 씨는, 기도하던 현장에서, 당연히 그 경보가 허위임을 즉시로 알아보았다. 불난 곳은 보이지 않았고, 그 건물 어디에도 무너지거나 부서진 흔적이 없었다. 그는 즉시 소란의 진상을 파악했고, 소동을 잠재우고 회중을 안심하는 데 필요한 방법을 간구하며 적절하게 처신했다.

*   *   *

여기서 어느 설교에 언급되었던 진술을 인용한다면, 그 문제를 독자들에게 더 생생하게 제시할 수 있을 것이다. 그 설교는 그 재난 직후에 알렉산더 플레처 목사가 전한 것이다.

일찍감치 다섯 시가 되자, 수천 명이 서리 가든을 채우고 있었습니다. 여섯 시 오 분경, 강당은 넘칠 정도로 찼습니다. 적어도 12,000명이 참석했던 것으로 추정됩니다. 또 다른 수천 명은 바깥에 있었고, 그뿐 아니라 그만큼 많은 수의 인원이 서리 가든에 입장조차 허락받지 못했습니다.

스펄전 목사가 평상시처럼 예배를 인도하는 동안, 두 번째로 기도하고 있을 때, 별안간 동시다발적 외침이 있었습니다. 의심의 여지 없이 사전에 조율된 행동이었고 건물 사방에서 소리가 들려왔습니다.

"불이야!"

"회랑이 무너지고 있다!"

"건물이 무너진다!"

청중에게 그 영향이란 묘사하기가 불가능할 정도입니다. 그들 자신의 목숨을 잃을 위험도 있었고, 다른 사람들의 목숨을 희생시킬 위험도 있었음에도, 수백 명의 사람이 출구 쪽으로 몰렸습니다. 스펄전 목사가 침착하고 우렁찬 목소리로 놀란 청중에게, 그것은 도둑들과 소매치기들의 '계략'임을 알리려 했으나 소용이 없었습니다. 회랑에 있던 사람들이 몰려 내려갔고, 그들 스스로를 거의 질식시키는 상황으로 몰아넣었습니다. 계단 난간이 부러졌고, 어떤 이는 죽고 또 다른 이들은 상처를 입었습니다.

힘으로 떠밀려 넘어졌거나, 정신을 잃은 사람들이 발에 밟혔고, 몇몇 사람들은 그 아수라장 속에서 목숨을 잃었습니다. 혼란을 더욱 가중한 것은, 군중의 일부가 출구로 나가자, 신속하게 밖에 있던 다른 사람들이 안으로 들어왔다는 것입니다. 이 치명적인 사태를 알지 못했던 스펄전 목사는 잠시 진정한 후에, 설교를 시도하도록 설득을 받았습니다.

하지만 한두 차례 시도 후에, 그는 범죄자들이 일으키는 소음 때문에 계속 진행하는 것이 불가능함을 알았습니다. 사람들이 차분히 강당 밖으로 나가도록 하려고, 그는 찬송가를 발표했고, 노래를 부르는 동안에 회중이 그곳을 떠나도록 요청했습니다. 그다음으로 그는 축도하였고, 마침내, 오랫동안 간신히 억누르고 있던 감정이 북받쳐서, 도움을 받아 연단에서 물러났습니다. 명백히 인사불성 상태였습니다. 이 끔찍한 공황의 결과는 고통스러운 재앙이었습니다. 일곱 사람의 목숨이 희생되었고, 많은 사람이 심각한 신체적인 해를 입었습니다.

스펄전은 그런 상황에서 준비한 내용을 전하기가 불가능하다고 느꼈다. 하지만 소란에도 불구하고, 사람들은 그에게 계속해서 설교하라고 요구했고, 그래서 그는 이렇게 말했다.

내 친구들이여!
여러분은 나에게 설교하라고 말합니다.
하지만 내가 무엇에 대하여 설교하겠습니까?
나는 내가 할 수 있는 모든 것을 할 준비가 되어 있지만, 이 모든 혼란의 와중에, 무엇이 내 설교 주제이겠습니까?
하나님의 성령께서 내게 이 엄중한 상황에 적합한 주제를 주시기를 바랍니다!
내 친구들이여!
끔찍한 날이 다가옵니다. 그날에는 오늘 저녁의 공포와 놀람이 아무것도 아닐 것입니다. 천둥과 번개, 그리고 가장 캄캄한 어둠이 최대의 힘을 가질 때가 올 것입니다. 그때 땅은 우리 아래에서 요동칠 것이며, 저 견고한 하늘의 아치는 중심에서부터 흔들릴 것입니다. 구름이 그 놀라운 전조를 드러내고, 그리스도께서 영광중에 구름에 앉으시어, 여러분을 심판대 앞으로 부르실 날이 오고 있습니다.

많은 사람이 오늘 밤에 이 끔찍한 혼란의 와중에 떠났습니다. 저 큰 날에도 그럴 것입니다. 하지만 나는 시련의 시간은 그 결과를 반드시 보여주리라고 믿습니다. 많은 사람이 ─떠나간 사람에 비교해 지금 남은 사람의 비율에 모자라지 않게─ 그날에도 시련을 견딜 것입니다. 지금 발생한 이 경보는, 어느 정도는, 자기를 보호하라고 우리에게 가르치는 본능 때문에 발생한 것입니다.

하지만 더 많은 무수한 경우에, 사람들에게 영향을 미치는 것은 죽음의 두려움이 아니라, '죽음 이후의 무언가에 대한 두려움'입니다. 저 드러나지 않은 나라, 어떤 여행객도 그 경계에서 돌아올 수 없는 나라에 대한 두려움입니다. 그들을 겁쟁이로 만든 것은 양심입니다. 많은 사람이 여기서 멈추기를 두려워했습니다. 왜냐하면, 그들 생각으로는, 만약 그들이 가만히 있으면, 죽을 수도 있고, 저주를 받을 것이기 때문입니다.

그들은 의식하고 있었고, 또 여러분 가운데 다수도 의식하고 있습니다. 즉, 만약 여러분이 오늘 밤 급히 여러분의 조물주 앞에 간다면, 여러분은 죄를 고하지도 못한 채, 용서받지 못한 채, 정죄 받은 상태로 서게 될 것을 말입니다. 하지만 지금 여러분의 두려움이, 전능자께서 여러분을 소환하시는 저 두려운 날에 임할 두려움에 비하면 무엇이란 말입니까?

그때 여러분 위의 하늘은 움츠러들고, 여러분 아래의 지옥은 그 입을 열 것입니다.

하지만 내 친구들이여!

은혜가, 하나님의 은혜가, 여러분을 구원할 수 있음을 알지 않습니까?

여러분은 예수께서 죄인들을 구원하려고 세상에 오셨다는 복된 소식을 듣지 않았습니까?

여러분이 죄인 중의 괴수일지라도, 그리스도께서 여러분을 위해 죽으신 것을 믿으십시오.

그러면 구원을 얻을 것입니다.

여러분이 잃은 자요 타락한 자임을 알지 못합니까?

예수님 외에는 아무도 죄인들을 도울 수 없다는 것을 알지 않습니까?

여러분은 아프고 병들었습니다. 하지만 예수님은 여러분을 고치실 수 있습니다.

여러분이 그분을 신뢰하기만 하면 그분이 기꺼이 그렇게 하실 것입니다.
나는 오늘 밤 잠언 3장 33절을 본문으로 설교하리라 생각했습니다.

악인의 집에는 여호와의 저주가 있거니와 의인의 집에는 복이 있느니라(잠 3:33).

나는 이 일이 발생한 후에, 내가 바랐던 대로 설교할 수 없다고 느낍니다. 나는 여러분이 다시 놀랄 것을 염려합니다. 여러분이 차분하게 물러나도록 애써주기를 바라고, 아무도 해를 당하지 않기를 바랍니다.

이때 새로운 소란이 있었다. 하지만 찬송가 한 절을 부른 후에 비교적 조용해졌고, 설교자는 다시 말을 이어가려고 시도했다.

내 청중이여, 비록 여러분은 이 세상에는 각기 다른 50계층 사람들이 있다고 생각할 수 있지만, 하나님 앞에서는 단 두 부류의 사람이 있을 뿐입니다. 하나님은 오직 의로운 자와 의롭지 않은 자, 악인들과 의인들만 아십니다.

다시 이어진 소란 속에서 설교하려는 시도는 소용이 없었다. 그래서 스펄전은 말했다.

내 머리가 어질어질합니다. 나는 내가 어디에 있는지 잘 모르겠습니다. 많은 사람이 한꺼번에 몰려나가다가 다쳤을 것 같아서, 내가 불안합니다. 나는 여러분이 차분하게 물러가기를 바랍니다.
전능하신 하나님께서 은혜 안에서 여러분을 해산하시고, 여러분을 안전히 집으로 가게 하시길 바랍니다!
우리 친구들이 중앙 문으로 나가면, 우리는 그동안 찬송을 부를 것입니다. 그리고, 결국, 이 큰 악으로부터 어떤 선한 일이 이루어지도록 기도할 것입니다. 하지만 서두르지 마십시오. 문 가까이에 있는 사람들부터 나가십시오.

* * *

그 끔찍한 밤에 대해 내가 기억할 수 있는 모든 것은, 그 소동을 보면서, 당시에는 내가 그것을 잘 이해할 수 없었다는 것이다. 지금도 그것은 내게 미스터리로 남아있다. 비록 초기에 악행을 방조하는 것은 있었더라도, 나는 그 슬픈 사건의 밑바닥에 협동으로 저지른 악은 없었기를 바란다. 우리는 모두 그 장소에 낯설었고, 어느 정도 흥분한 상태였다. 나는 최대한 침착하려 했고, 사람들을 조용히 시키려고 했으며, 청중 대부분에 대해서는 그런 시도가 성공했다.

하지만 그 건물 끝 멀리 떨어진 곳에서 내가 이해하지 못하는 무언가가 진행되고 있었다. 그 강당의 좌석이 있는 부분 주위에 어떤 흥분한 사람들이 부산하게 움직이고 있었고, 그 이유를 나는 모르겠다.

지금 한 가지는 이해할 수 있는데, 계단에서 일어난 사고를 본 사람들이, 사람이 죽은 후에도 예배가 계속되는 것을 이상하게 생각하며, 그 일에 주의를 환기하려고 시도했을 것이다. 이 두려운 재난에 대해 나는 그때까지 모르고 있었으며, 내가 정신이 아찔하여 강단에서 내려올 때, 누군가 그 일에 관하여 내게 속삭이는 것을 들었다. 그 이상은 알지 못한다. 나는 거의 의식을 잃은 상태였기 때문이다.

많은 사람이 울고 소리치는 와중에, 나는 사유지 정원을 통과하여 거리로 이끌려 왔고, 초주검이 된 상태로 집에 도착했다. 풀밭에 일곱 명의 시체가 뉘어졌고, 후에 많은 사람이 그 통탄할 광경에 대해 내게 말해주었다. 나는 그것을 보지 못했다. 하지만 이미 내가 본 것만 해도 내 정신에 엄청난 충격을 주기에 충분했다. 큰 영향을 끼치리라 전망되었던 목회가 영원히 잠재워지는 듯했다. 쾌재를 부르며 그렇게 말한 사람들이 있었지만, 그들은 그들이 무슨 말을 했는지도 모른다.

다음 날 이른 아침, 사람들이 나를 한 친구의 집으로 데려갔다. 나는 크로이든(Croydon)에서 부축을 받아 마차에 태워졌다. 한 노동자가 그런 나를 보더니, 놀라 더듬거리면서 말했다,

"오! 이런, 이런! 스펄전 목사님이시잖아, 그렇죠?"

내가 말했다,

"예." 그때 그가 다시 대꾸했다,

"저건 그분의 유령임이 틀림없어. 왜냐하면, 지난밤, 그분이 서리 가든 음

제30장 서리 가든 음악당에서 일어난 대 참사

악당에서 죽은 채 실려 가는 걸 내가 보았거든!"

하나님께 감사하게도, 나는 죽지 않았었다. 하지만 구경꾼들이 그 끔찍한 충격 때문에 내가 죽었을 것이라고 상상한 것도 무리가 아니다.

당연히 사인 규명이 있었고, 결론은 사고사(事故死)였다. 대체로, 얻을 수 있는 유일하게 안전한 결론이었다. 희생자들을 위한 모금이 이루어졌고, 부상자들을 돕기 위해 우리 교인들이 할 수 있는 모든 조치가 행해졌다. 우리의 친구들은 심적으로 위축되었지만, 그들의 믿음과 사랑을 저버리지 않았으며, 그들의 젊은 목사를 멀리하지도 않았다. 짧은 기간, 나는 어떤 정신적인 일에도 종사할 수 없었다.

그러지 않을 사람이 누구겠는가?

청중 가운데 많은 사람이 죽거나 장애인이 되었으니 설교자에게는 얼마나 큰 시련인가!

나는 그 재난에 대해 한마디도 할 수 없었고, 성경조차 볼 수 없었다. 그저 눈물만 쏟아졌고, 정신은 온통 혼란스럽기만 했다.

그 시기에, 나는 언론에 의해 나에게 가해지는 맹렬한 공격을 알지 못했다. 정녕, 내가 다시 상처를 입지 않고 비난을 견뎌낼 정도로 충분히 회복될 때까지는, 그에 대해서는 한마디도 듣지 못했다.

성경에서 다윗에 대해 읽어보면, 사람들이 그를 돌로 치자고 말할 때가 있었는데, 나에게도 마찬가지였다. 여기에, 대중 일간지에 의해 실린 내용 중에서 하나의 표본을 뽑아 제시하겠다. 이름을 밝히진 않을 것이다. 그 신문은 오랫동안 상당히 다른 태도를 보여주었었고, 나에게 아주 친절했던 일간지다.

> 스펄전 목사는 그의 죄 많은 청중의 머리 위에 저주를 쏟아내는 설교자다. 성경에서 교훈을 끌어내어, 잘못하고 있는 사람들에게 좋은 말과 부드러운 훈계로써 바른길을 제시하는 사람들이 더러 있다. 그런데 스펄전 씨는 사람들의 코를 잡아끌고, 그들을 협박하여 종교에 빠지도록 만든다.
>
> 스펄전 목사 같은 사람들의 침해와 훼방에 대항하여 장벽을 세우고, 그들을 향해 '여기까지는 너희가 왔지만, 그 이상은 안 된다'라고 말하자. 어떤 강력한 수단을 고안하여, 계몽이 필요한 수천 명을 향해 이렇게 말하자,
>
> '이 사람은, 자기 소견에는 의로운 크리스천이다. 하지만 우리가 보기에, 그

는 고함만 지르는 돌팔이에 불과하다.'

우리는 엄격하게 예의범절을 따지는 것도 아니고 우리 식대로 안식일을 지키자고 주장하지도 않는다.

하지만 우리는 극장과 교회로부터는 거리를 두고 싶고, 멀리 떨어져 있고 싶다. 무엇보다, 우리는 올바른 생각을 지닌 모든 사람의 손에 채찍을 들려주어, 불쾌하고 모독적인 발언을 하는 자들을 사회에서 몰아내게 하고 싶다. 지난 안식일 저녁에, 죽은 자들과 죽어가는 자들이 부르짖는 소리보다 더 크게, 부상당한 자들의 슬픈 울부짖음보다 더 크게, 스펄전의 입에서 나온 모독적인 발언들이 서리 가든 음악당에 울려 퍼졌다.

그것과 마찬가지로 잔인하면서 명예를 훼손하는 다른 많은 진술이 있었다. 한 신사가 램버스(Lambeth)의 치안판사에게, 그 재난과 관련된 상황 및 음악당을 예배 장소로 사용하는데 필요한 허가와 관련하여 조사하겠다고 지원했다. 그는 그 전날 토요일에 그 건물이 한 국교 반대파의 예배 장소로 허가되었다는 것을 알지 못했다.

그는 허가받지 않은 장소에서 헌금을 거두는 사람들은 사기꾼이나 부랑자 취급을 당할 수 있다고 말했으며, 그 말에 덧붙여, 그 큰 회중을 모이게 한 당사자들은 중한 처벌을 받을 수 있다고도 했다.

그 신사는 그 설교자 자체를 못마땅하게 여기는 상당히 많은 사람의 생각을 대변한 것이다. 하지만 치안판사는, 그 지원자에게, 임시적인 목적을 위해, 공공건물을 예배의 장소로 사용할 수 있도록 법이 허용했다는 사실을 확인해주었다.

1856년 10월 25일, **「토요 평론」**(*The Saturday Review*)[1]에는 다음의 기사가 등장했다.

---

1 「토요 평론」에 실린 이 공격을 회상하면서, 스펄전의 초기 친구였던 록하트(W. P. Lockhart)는 훗날 뉴 파크 스트리트의 목사를 향해 일어난 적대적 감정과 관련하여 다음과 같은 글을 썼다. "한 사람이 옛 시절을 기억한다. 런던에서 대중 시위가 있었을 때, 그의 마차가 군중 사이로 지나는 동안, 거기 탄 사람이 누군지 알려지자 군중은 큰 소리로 야유를 보냈다. 그는 언론의 조롱 가득한 기사도 기억하는데, 그 기사에서 가장 충격적인 부분을 옮기자면 바로 이 대목이다—진정한 크리스천은 하나님을 두려워하고 **「토요 평론」**에 의해 미움을 받는 자다."

서리 가든의 스펄전 목사

유명인사들이 여론을 만들어내기보다는 대변하는 것이 사실이라면, 스펄전 목사와 그의 행위들은, 그 고유의 가치라고 정당화되기보다는 심각하게 고려되어야 마땅하다. 한 시대 혹은 한 시대 사람들의 태도는 문학을 따르는 것이 아니라, 오히려 문학을 만들어낸다.

크레비용(Crebillon, 프랑스 소설가)이나 섀프츠베리(Shaftesbury, 영국 정치가)가 그들의 동시대 사람들의 취향이나 원리를 형성한 것이 아니다. 볼테르는 그의 시대를 가르친 것이 아니라 구현한 것이다. 마찬가지로, 사람들의 감정 상태 덕분에 스펄전 씨는 인기를 구가하고 있지만, 그가 그것을 창조해낸 것은 아니다. 그런 인물이 유명인사가 된 것은 우울한 현상이다.

대중이 망상에 빠지는 것은 새로운 일이 아니다. 하지만 우리는 종교의 시대가 지나갔다고, 소위 종교적 전염병의 시대는 지났다고 너무 자만했었다. 강신술(降神術)과 스펄전의 시대—커밍(Cumming) 박사가 권위를 가지고, 평범한 조 스미스(Joe Smith)와 프린스(Prince) 씨가 선지자인 시대—는 여전히 '암흑 시대'를 비난할 수 없다. 적절한 무기가 무엇이건, 그것이 논쟁이건 조롱이건, 순전한 사기행위의 진행을 막기 위해서라면 기꺼이 활용될 수 있을 것이다.

우리는 그것을 정당화할 수 있다. 우리는 이 순간, 스펄전이 대중의 주목을 받을 자격이 있다고 인정해서는 안 된다. 우리는 그가 소송을 제기할 것을 걱정해서도 안 된다. 단순하게 말해 그의 성공은 가장 천박하고 흔해 빠진 유형이다. 재능을 얼마간 타고났고, 비길 데 없는 뻔뻔함을 획득한 사람으로서, 또 고상한 취향이나 종종 일반적인 예의범절에 대해서는 위험한 반감을 지닌 사람으로서, 그는 항상 효과를 낼 것이다.

자기를 위대한 사람이라고 내세우는 사람이라면 누구나, 그의 지도력을 받아들일 충분한 추종자들을 찾을 것이다. 얼간이들이 있으니 돌팔이도 있는 것이다. 스펄전의 비국교도 집회에 모여드는 무리는 천막 마술사를 따라다니거나 혹은 런던 기념탑에서 성 바울 성당까지 날 수 있다고 광고하는 자를 보러 가는 계층의 사람들일 뿐이다.

스펄전은 인간 본성이 지금이나 오백 년 전과 같다는 것을 정확히 알고 있다. 그러므로 우리가 그의 평가에 동의한다면 그것은 수치다. 떼 지어 모이는 회중은 그의 영업 자산의 일부다. 그는 엑서터 홀이나 서리 가든을 단지 홍보의 차원에서 빌린다. 만약 그가 로마의 원형경기장을 가질 수 있다면, 그 역시 안전한 투자일 것이다. 일만 오천 명을 수용하는 집회장을 건립하려는 그의 계획은 모두 사업의 하나일 뿐이며, 큰 가게, 말하자면 파리에 있는 길거리 시장과 다를 바 없다.

우리가 할 수 있는 일이란 대중에게 경고하는 것이다. 하지만 우리는 거의 효과가 없을 것을 염려한다. 대중은 기만당하기 마련이다. 아마도 돈이 넘쳐날 때 공동출자 은행이나 공공 기업에 투자를 주의하라고 알리는 것이나, 스펄전 목사를 아주 흔한 사기꾼으로 세상에 알리려는 것이나, 소용없기는 마찬가지일 것이다.

유일하게 효과적인 처방은, 전자의 경우엔 안전하고 정직한 자본 투자처를 제공하는 것이며, 후자의 경우에는, 대중의 주의를 끌 더 건강하고 합리적인 대안을 제시하는 것이다.

우리는 어떤 면에서, 종교를 대체하기 위해 일요일 오락을 권장하는 것에 대해 비난을 받아왔다. 사실 우리는 그런 일을 하지 않았다. 우리의 논지는 모두 건전한 오락과 종교적 행사의 양립 가능성, 그리고 그 두 가지를 결합할 정책에 근거를 둔 것이다.

하지만 스펄전의 일요일 활동이나 거기에 모이는 무리와 관련된 문제라면, 어떻게 해서든, 그 무리가 적어도 제한이나 경쟁 없이 입장할 수 있게 해야 할 것이다. 우리가 원하는 것은 스펄전 씨를 침묵시키는 것이 아니다. 하지만 공공의 안전을 위해, 군중 수를 좀 줄이도록 해야 한다. 최근에, 우리는 매우 사려 깊게 프림로즈 언덕(Primrose Hill)의 서쪽 끝 공원과 런던의 동쪽에서 동시에 불꽃놀이를 했다.

우리는 왜 스펄전이 템스강 남쪽을 독점하는지 이해할 수 없다. 화이트필드는 박람회장에서 설교하곤 했다. 이 공개경쟁의 시대에, 우리는 이런 관행을 뒤집지 못할 아무런 이유도 없다고 본다. 하나의 오락을 다른 오락으로 대체하거나, 혹은 일요일 활동의 목록을 추가하는 것만으로도 쇄신이 가능할 것이다. 종교적인 사람들은 이것이 일을 바르게 처리하는 것이 아니라고 생각할 테지만, 그렇게 생각하려면 하라고 하라.

스펄전 쇼에 모여드는 군중들과 관련하여, 단지 흥분을 좋아하는 것 이상으로 높은 영향력이 있다고 상상하는 것은, 종교에 대한 모독이다. 우리가 믿기에, 스펄전의 행동들은 그의 동료 종교 제일주의자들에 의해서도 전적으로 승인을 받는 것이 아니다. 주목할만한 비국교도 목사 중에서도 그와 교류하는 인사는 드물다. 그의 계획이나 건물 운영에 관련된 이사진 명단, 혹은 그와 비슷한 목록에서, 우리는 소위 종교계에서 어떤 지도자들의 이름도 찾지 못했다.

비국교도 사이에서 존경받는 인물이 스펄전에 대해 가지는 그런 감정들을 우리는 단지 시기심 탓으로 돌릴 수 없다. 어쨌거나, 일반적으로 느껴지는 것은, 스펄전의 변칙적 행보에 의해 종교계가 유익을 얻지 못한다는 것이다. 하여간 그와 그의 경쟁자들 사이에는 이러한 아주 두드러진 '차이점'이 있다. 그는 홀로 서 있으며, 적어도 거의 그런 상태에 있다. 무거운 혐의를 두고 자연스럽게 불신할만한 근거가 이미 있는 것이다.

일요일 설교를 위한 공공 위락 시설의 임대는 처음 있는 일이고, 고통스러운 일이다. 마치 종교의 최후 수단인 것처럼 보인다. 그것은 강함의 표징이기보다는 차라리 약함의 고백이다. 그것은 —옛 열성적인 청교도 용어를 쓰자면— 견고한 진에 있는 사탄과의 싸움이 아니라, 아주 겁을 먹고 세상과 휴전에 돌입하는 것이다. 결국, 스펄전 씨는 일요일 스타가 되는 정도로만 영향을 미친다.

우리는 교회가 기적극(miracle-plays) 공연이나 다른 형편없는 축제를 용인했을 때, 성직자의 정신 밑바닥에 틀림없이 자리 잡고 있었을 불경에 대해 들은 적이 있다. 하지만 인기 있는 설교자들이 음악당을 빌리고, 담배 연기 자욱한 술집에서 특별 구속(救贖)에 대해 설교하고, 한편으로 거기서 소박하게 두드리는 박자 소리와 춘희(椿姬, 베르디의 오페라-역자주)의 왈츠풍 멜로디가 울려 퍼질 때, 옛것이 다시 출현한 셈이다.

이런 일의 끝은 어디일까?

스펄전이 확신 있게 주장했듯이 만약 엑서터 홀이 성공회 성직자에 의해 임대되어 거기서 케어드(Caird) 씨가 설교문을 읽는다면, 그리고 그런 두드러진 재능을 발휘하는 그 진취적인 성직자가 신중한 캔터베리 대주교에 의해 해마다 500파운드의 사례를 받는다면, 그가 서리 가든을 빌리지 못할 이유는 무엇인가?

스펄전은 맨스필드(Mansfield)보다 비싼 값을 불렀다.

하지만 누군가 스펄전 보다 비싼 값을 부르지 말란 법은 없지 않은가?

아니, 그가 왜 현재의 성취에 만족해야 하는가?

서리 가든 사건은 거대한 쿠데타였다. 일곱 명이 목숨을 잃고, 수십 명이 장애를 입었으며, 혹은 다른 방식으로 참혹하게 상처를 입은 그 개탄스러운 사고를, 스펄전은 단지 그에게 유리한 관점에서 섭리의 추가적인 개입으로 간주한다.

'이 사건은 우리에게 냉정하고, 합리적이고, 분별을 가져야 할 필요성에 대해 말하려는가?

아니다!

우리 자신의 건물을 가져야 할 필요성을 가르쳐준다고 나는 믿는다.'

또 다른 군중을 공포의 광란으로 몰아넣는 설교를 하는 것이다. 십여 명을 죽게 하고 다치게 해도, 억측은 계속될 것이다.

스펄전은 그 기회를 이용하여, "그 모임이 사탄을 일깨웠고, 그가 중단시킬 노력도 하지 않은 채, 그냥 예배가 계속되도록 허용하지 않으려 했다"고 발언한 것으로 알려졌다. 우리는 스펄전과 달리 사탄이나 그의 행동에 친숙하다고 공언하지 않는다.

스펄전은 보통 사람보다 사탄의 비밀을 많이 알고, 그의 특징에 대해서도 잘 아는 것 같다. 적어도, 악의 권세에 대해 평가하자면, 우리는 그의 허영과 탐욕으로 인한 슬픈 결과를 다루는 태도에서 판단을 내려야 할 것이다.

우리는 분명 사탄이 지난 일요일 저녁에 충분히 분주했다고 믿는다. 기자들이 알린 바에 따르면, 술집 주인들과 소매치기들이 그 사건을 통해 '풍성한 수확'을 거두었다. 하여간, 이런 것이 복음 사역의 새로운 열매들이고, 십자가의 이상한 승리다. 자기 사역의 특이한 결과물 앞에서 스펄전처럼 행동하는 사람들에게는, 충고와 조언은 팽개쳐진다. 하지만 이기심과 허영을 폭로하는 것은 언제나 공적인 의무다. 이런 경우에 우리의 의무가 공공의 유익이 되기를 바랄 뿐이다.

제30장 서리 가든 음악당에서 일어난 대 참사

*   *   *

우리 교회의 책자는 그 재난과 관련하여 다음의 서문을 담고 있다. 이 서문은 이 큰 환난에 대한 우리 친구들의 관점을 보여준다.

1856년 10월 19일, 주일. 이날 저녁, 10월 6일 교회 회의에서 통과된 결의에 따라, 교회 회중은 로열 서리 가든의 음악당에서 우리 목사님의 설교를 듣기 위해 모였다. 아주 많은 사람(약 7,000명)이 모였고, 예배는 평상시처럼 찬양과 성경 낭독과 기도 순으로 시작되었다. 하지만, 목사님이 기도를 시작한 직후, 소동이 일어났으며(일부 악한 의도를 가진 사람들이 모의하여 일으킨 것으로 추정됨), 전체 회중은 갑작스럽게 공황 상태에 빠졌다. 이 두려움이 사람들을 문으로 몰리게 했고, 특히 회랑에 있던 사람들이 그랬다. 부주의하게 서두른 결과로, 혹은 뒤쪽의 군중으로부터의 극심한 압박 때문에, 일곱 사람이 북서쪽의 돌계단으로 떨어졌고, 지나가는 군중에 의해 밟혔다.

이 한탄스러운 일로 일곱 명이 목숨을 잃었고, 스물여덟 명이 심하게 다쳐 병원으로 옮겨졌다. 우리 목사님은, 인명 손실이 발생한 것을 모른 채, 강단에 계속 머물렀고, 어떻게든 사람들의 두려움을 누그러뜨리려고 온 힘을 기울였으며, 어느 정도는 성공을 거두었다. 예배를 재개하려 시도하는 와중에, 사람들이 너무 흥분하여 그에게 귀를 기울일 수 없었으며, 따라서 예배는 종결되었고, 자리에 남아있던 사람들은 조용히 흩어졌다.

이 슬픈 상황은 우리 목사님의 신경계통에 심각한 영향을 미쳤다. 그는 며칠간 전혀 몸을 가누지 못했으며, 설교 일정을 모두 취소할 수밖에 없었다. 하지만, 우리의 하늘 아버지의 크신 자비로 말미암아, 그는 11월 2일 주일에 우리의 채플 강단에 설 수 있을 정도로 회복되었으며, 차츰 평소의 건강과 활력도 회복했다.

'주님의 이름을 높여드립니다!'

교회는 이 사건을 교회 회의록에 상세하게 기록하기를 바라며, 이 슬픈 재난 속에서도, 사랑하는 목사님, 집사들, 교회 회원들의 목숨을 보전하신 것에 대해 하나님을 향한 교인들의 진실한 감사도 역시 기록하기를 바란다. 우리의 하늘의 아버지께서 외견상 이런 악으로부터도 크고 오래가는 진정한 선을 이루실 것을 소망한다.

스펄전은 일반적으로 그의 기도를 인쇄하는 것을 승인하지 않았다. 하지만 그런 상황에서, 교회 회중은 그 주일 아침(1856년 11월 2일)에 모여, 여느 때와는 달리, 그 사건 후 그들의 목사가 강단에서 하는 첫 발언을 예외적으로 기록해두고자 했다.

오! 주여, 이날, 기쁨과 슬픔의 감정으로 뒤섞인 채, 우리는 여기에 모였습니다. 기쁨은 우리가 다시 만났기 때문이며, 슬픔은 사별의 고통을 겪는 사람들 때문입니다.
주님의 이름에 감사를 드립니다!
주님의 이름에 감사를 드리나이다!
당신의 종은 이 회중이 다시 만나지 못하는 것은 아닐까 두려워했습니다. 하지만 주께서 그를 맹렬히 타는 풀무에서 건져내셨고, 그을린 냄새조차 그에게 남지 않게 하셨습니다. 더욱이 주께서는 당신의 종에게 특별히 힘을 회복시키셨으며, 이제 그는 복음이 제시하는 은혜의 큰 약속들을 확증하며 전하기를 원합니다.
오! 주여, 주께서는 우리의 슬픈 감정을 아시나이다!
우리가 슬픔의 수문을 열어서는 안 될 것입니다.
하지만, 오! 하나님, 고통과 괴로움의 자리에 있는 이들을 위로하시고, 사별로 슬퍼하는 이들이 기운을 얻게 하소서!
그들에게 큰 은혜가 임하게 하소서. 은혜 언약의 복을 주시고, 이 세상에서의 위로도 내려주소서.
오! 주여, 지금, 당신의 백성에게 복을 내려주소서!
우리는 깨끗한 마음으로 서로를 뜨겁게 사랑해왔습니다. 우리는 다른 사람이 기뻐할 때 함께 기뻐했으며, 다른 사람이 슬퍼할 때 함께 울었습니다. 주께서 우리를 하나로 뭉치셨습니다. 주께서 우리를 교리와 행실과 거룩과 사랑에서 하나가 되게 하셨습니다.
오! 여기 우리와 함께한 각각의 개인은 한 꾸러미의 생명으로 묶였다고 말할 수 있습니다! 오! 주여, 우리는 심지어 모든 비방, 모욕, 악의에도 불구하고 주께 감사드리나이다. 주께서 원수에게 허락하신 그것으로써 우리를 명예롭게 하소서. 주께 구하오니, 그들이 당신의 거룩한 이름을 훼방할만한 어떤 진정한 이유도 우리가 그들에게 제공하지 않게 하소서!

이 모든 것을 우리 주 예수 그리스도의 이름으로 구하나이다. 아멘.

그날 전한 설교의 첫 문장들이 특별하고도 항구적인 관심사가 되는 것은, 미래의 예배들과 그 음악당에서의 축복과 관련한 스펄전의 예언을 주께서 풍성하게 성취하셨다는 사실 때문이다.

오늘 아침, 감히 이 강단에 서게 된 것을 나는 거의 애석하다고 생각합니다. 왜냐하면 여러분에게 유익이 되도록 설교를 할 수 없을 것 같다고 느끼기 때문입니다. 나는 지난 두 주 동안의 안정과 휴식이 저 끔찍한 재난의 영향을 제거했다고 생각했습니다. 하지만 이 예배당에 돌아오자마자, 그리고 특히, 여러분에게 말하려고 이곳에 서자마자, 나는 앞서 나를 거의 좌절시켰던 고통스러운 감정을 느낍니다.

그러므로 여러분은, 이 아침에 내가 그 엄청난 사건에 대해 별다른 언급을 하지 않더라도, 아니 전혀 언급하지 않더라도, 나를 이해해 주실 거라고 믿습니다. 나는 조금이라도 그 일과 연관이 있는 주제에 대해서는 여러분에게 설교할 수 없습니다. 나는 내가 감당해야 하는 자리에서, 그 끔찍한 장면을 상기하게 될 때, 의무적으로 침묵해야 한다고 느낍니다. 하지만 틀림없이, 하나님은 그 일을 뒤집을 것입니다.[2]

어떤 이들이 주장했듯이 그것은 사람들의 악의에 의해 발생한 일이 아닐 수도 있습니다. 그것은 어쩌면 단순한 악—회중을 불안하게 하려는 의도—이

---

[2] 삼십 년 후 런던의 주요 신문은 이런 기사를 실었다. "그것은 심각한 사고였고, 스펄전 씨의 증대되는 영향력이 온 세상의 이목을 끈 일이었다. 그 젊은 설교자는—그는 당시 아주 젊었다—이미 런던 남부에서 엄청난 추종자들을 확보했다. 하지만 세상의 다른 쪽, 즉, 템스 강 북부, 서부의 동호 집단과 사교계, 블룸스베리(Bloomsbury)와 피츠로이(Fitzroy) 광장 지역, 마이다 베일(Maida Vale)과 하이게이트(Highgate) 지구 등 다양한 지역에서, 그 강력하고 젊은 설교자는 거의 혹은 전혀 알려지지 않았다. 당시 그의 회중은 이미 서더크에 있는 뉴 파크 스트리트교회의 수용 능력을 훨씬 초과했다… 물론, 스펄전 씨는 서리 음악당의 재난이 없었더라도 여러 지방의 대중에게 알려졌을 것이다. 하지만 그 사건이 있던 다음 날 아침, 그는 자신이 유명해진 것을 알았고, 그 명성을 유지했다."

었고, 저 불쌍한 사람들의 목숨을 빼앗는 심각한 범죄를 저지르려는 생각은 없었을지도 모릅니다.

그 끔찍한 행동을 선동한 자들을 하나님이 용서하시기 바랍니다! 나 역시도 중심으로 그들을 용서합니다. 하지만, 그것이 우리를 멈추진 못할 것입니다. 우리는 그 일로 조금도 겁먹지 않습니다. 나는 거기서 다시 설교할 것입니다. 정녕, 하나님은 거기서 우리에게 영혼들을 주실 것이며, 사탄의 왕국은 이전보다 더 크게 흔들릴 것입니다. 하나님이 우리와 함께하십니다. 우리와 맞설 자가 누구입니까?

내가 선정한 본문은 우리를 크게 위로하는 본문이며, 나로 오늘 이곳으로 올 수 있게 했습니다. 이 본문의 묵상이 내 침울했던 심령에 커다란 위로와 힘을 주었습니다. 그 본문은 이것입니다.

이러므로 하나님이 그를 지극히 높여 모든 이름 위에 뛰어난 이름을 주사, 하늘에 있는 자들과 땅에 있는 자들과 땅 아래에 있는 자들로 모든 무릎을 예수의 이름에 꿇게 하시고, 모든 입으로 예수 그리스도를 주라 시인하여 하나님 아버지께 영광을 돌리게 하셨느니라 (빌 2:9-11).

나는 이 본문으로 설교를 시도하지 않을 것입니다. 나는 단지 내 생각에 떠오른 몇 가지를 언급하려고 합니다. 오늘은 내가 설교할 수 없기 때문입니다. 나는 전혀 연구할 수 없었지만, 몇 마디라도 오늘 아침에 여러분이 받을만한 말이 있으리라고 생각했습니다. 여러분이 따뜻한 마음으로 받을 것이라고 믿습니다.

오! 하나님의 영이시여, 당신의 종이 약한 중에서도 당신의 능력을 나타내소서!

당신의 종이 비록 속에서 낙심될 때에라도, 그로 그의 주님께 영광을 돌리게 하소서!

*   *   *

나는 그 큰 재난을, 사고를 하나님의 심판으로 간주해서는 안 된다는 진리를 위한 예화로 누차 사용해왔다. 아마도 그중에서 가장 두드러진 경우는,

브라이튼(Brighton) 철도 클레이턴(Clayton) 터널에서 있었던 충돌 사고 직후에 전한 설교일 것이다.³ 그 설교가 내게 더욱 기억에 남는 이유는, 리빙스턴(Livingstone) 박사가 그 설교문 맨 윗부분에 "아주 좋음—리빙스턴"이라고 쓴 사본을 내가 가지고 있기 때문이다. 그는 그 설교문을 그의 아프리카 여행에 들고 갔다.

1861년 11월부터 1863년 7월까지 쓴 그의 일기에 끼워져 있던 그 설교문은, 그의 사후에, 그의 따님인 리빙스턴 브루스 여사에 의해 내게 보내어졌다. 그 설교 중간에 나는 이렇게 말했다.

> 한 주간의 첫날에 여행하다가 사고를 당한 이들에 대해, '그 사고는 그들이 예배의 날을 어긴 것 때문에 그들에게 임한 하나님의 심판으로 간주해야 한다'는 식의 말은 아주 터무니없는 진술입니다.
>
> 최근의 안타까운 충돌 사고를 두고, 때마침 그 클레이턴 터널에 있던 그 불행한 사람들에게, 하나님의 진노가 특별히 놀랍고도 두드러지게 나타난 사건으로 간주해야 한다는 진술이 심지어 경건한 목사들의 입에서도 나왔습니다. 이제 나는 그런 추론에 대해 이의를 제기하되, 내 이름으로가 아니라, 그리스도인의 주이시며 그리스도인의 선생이신 주님의 이름으로 반대하는 바입니다.
>
> 그 터널 충돌 사고를 당한 분들에 대해 말하자면, 여러분은 그들이 다른 모든 사람보다 죄가 더 있는 줄로 생각합니까?
>
> 너희에게 이르노니, 아니라, 너희도 회개하지 아니하면 다 이와같이 망하리라 (눅 13:5).
>
> 지난 월요일에 죽임을 당한 사람들에 대해, 여러분은 그들이 런던에 있는 모든 사람보다 죄가 더 있는 줄로 생각합니까?
>
> "너희에게 이르노니, 아니라, 너희도 회개하지 아니하면 다 이와 같이 망하리라."

---

3 『메트로폴리탄 태버너클 강단』, 설교집 제7권. p.481 참조.

죄를 지은 특정한 사람들에게 하나님의 심판이 있었다는 사실을 나는 부인하지 않습니다. 때때로, 아주 드문 경우라고 나는 생각하지만, 그런 일들이 일어났습니다. 우리 중 어떤 이들은, 경험적으로, 하나님을 모독하면서 그분에게 그들을 멸해보라고 공개적으로 대항하던 이들이 갑작스럽게 죽은 일들을 알고 있습니다.

그런 경우에는, 심판이 신성모독에 신속하게 뒤따랐기 때문에 그 일에 하나님의 손길이 있었다고 의식하지 않을 수 없습니다. 방자하게 하나님의 심판을 요청한 사람이 있었고, 그의 요청이 받아 들여져 심판이 임했습니다. 하지만 내가 언급한 사고의 경우, 갑작스럽고 즉각적인 죽음의 경우에 대해서는, 그렇게 목숨을 잃은 사람이 해를 입지 않고 살아남은 사람들보다 많은 죄를 지었다는 어리석고도 터무니없는 개념에 대해 나는 엄중한 반대를 표명합니다.

나는 이 문제에 대해 그리스도인들과 더불어 바른 추론을 하도록 시도하고 싶습니다. 왜냐하면 내가 말한 것에 대해 공포를 느끼는 무지한 그리스도인들이 있기 때문입니다. 왜곡에 빠지기 쉬운 사람들은, 예배일의 신성함을 훼손한 것에 대해 내가 사과를 할 것이라고 꿈을 꿉니다.

나는 그런 일을 하지 않습니다.

나는 죄를 변명하는 것이 아닙니다.

나는 그저 사고들이 죄에 대한 심판으로 여겨져서는 안 된다는 것을 증언하고 선언할 뿐입니다. 심판은 이 세상에 속한 것이 아니라, 다가올 세상에 속한 것이기 때문입니다. 성급하게 모든 재난을 심판이라고 간주하는 모든 이들에게, 나는 그런 생각을 바로잡기를 바라는 마음으로 말하는 것입니다.

내 형제들이여!

여러분이 말하는 것이 옳지 않다면, 그것이야말로 여러분이 그런 말을 해서는 안 되는 중요한 이유임을 알지 못합니까?

여러분 자신의 경험과 관찰이, 한 가지 사건이 의인들과 악인들 모두에게 일어날 수 있음을 여러분에게 가르치지 않습니까?

악인들이 이따금 거리에서 쓰러져 죽는 것이 사실이지만, 목사도 강단에서 쓰러져 죽은 일이 있지 않습니까?

사람들이 주일에 오락을 즐기려고 탔던 배가 갑자기 가라앉은 사건이 있었음은 사실입니다. 하지만 복음을 전하려고 여행 중이던 경건한 사람들을 태운 큰 배도 가라앉은 일이 있지 않습니까?

하나님의 가시적인 섭리는 사람을 가리지 않습니다. 반역 죄인들을 가득 태운 배 주위에 폭풍이 일어날 수 있는 것과 마찬가지로, 존 윌리엄스(Johns Williams) 선교선(船) 주위에도 폭풍이 발생할 수 있습니다.

여러분은 하나님의 섭리가, 사실상, 외견상으로는, 나쁜 사람들보다 선한 사람들에게 더 가혹할 수 있다는 것을 깨닫지 못합니까?

바울이, 그의 시대에 의인들의 고통을 보고서, "만일 그리스도 안에서 우리가 바라는 것이 다만 이 세상의 삶뿐이면 모든 사람 가운데 우리가 더욱 불쌍한 자이리라"(고전 15:19)고 말하지 않았습니까?

의의 길은 종종 사람들을 고문대, 감옥, 교수대, 화형대로 안내합니다. 반면 죄의 길은 종종 사람을 제국과 통치의 길, 그리고 자기 동료들 사이에서의 높은 평가를 받는 위치로 이끕니다. 하나님이 이 세상에서, 원칙적으로, 반드시, 지은 죄에 대해서는 사람들을 벌하시고, 그들의 선행에 대해서는 보상하신다는 말은 사실이 아닙니다.

다윗이 이렇게 말하지 않았습니까?

내가 악인의 큰 세력을 본즉 그 본래의 땅에 서 있는 나뭇잎이 무성함과 같구나 (시 37:35).

이것이 그 시편 기자를 한동안 당혹스럽게 했고, 마침내 그가 하나님의 성소에 들어가서야 비로소 그들의 결말을 깨닫지 않았습니까?

내가 진지하게 반대하는 그런 사상적 입장은 매우 잔인하고 불쾌한 것이라고 나는 말하고 싶습니다.

만약 특이하고 끔찍한 방식으로 죽음에 직면하는 모든 사람이 다른 사람들보다 더 큰 죄인이라면, 그것이 사별 후에 남은 사람들에게는 얼마나 잔인한 공격입니까?

항변할 수 없는 이유로 그것을 하나의 두려운 진리로 받아들여야 하는 경우가 아니라면, 그런 생각을 용인한다는 것이 우리 편에서 매정한 일이 아닌가요?

여러분이 감히 그런 생각을 저 과부의 귀에 속삭일 수 있단 말입니까?

그녀의 집으로 가서, 그녀에게, '당신 남편은 다른 사람들보다 더 나쁜 죄인이었습니다.
그래서 그가 죽은 것입니다'라고 말할 수 있습니까?
여러분에게 그 정도의 잔인성은 없으리라 믿습니다. 타락한 아담의 후손인 것은 맞지만, 아직 죄의식도 없고, 죄를 지어본 적도 없는 유아가 사고 잔해 속에서 발견됩니다. 자, 잠시만 생각해보십시오.

죽은 사람들이 다른 사람들보다 더 죄인이라고 가정한다면, 어떤 터무니 없는 결과로 이어지겠습니까?
이 의식도 없는 유아가, 여전히 살아서 악행의 소굴에 남아있는 많은 사람보다 더 큰 죄인이란 말인가요?
그렇게 생각해야 합니까?
그런 생각이 근본적으로 잘못되었음을 이해하지 못합니까?

나는 여러분에게도 언제든 그런 일이 일어날 수 있음을 상기시킴으로써, 그런 가정이 얼마나 부당한지를 잘 보여줄 수 있다고 생각합니다. 여러분 자신이 그런 방식으로 갑자기 죽음을 맞이한다고 생각해보십시오.
그런 경우는 저주라고 기꺼이 판단을 내릴 수 있습니까?
그런 사건은 하나님의 집에서도 일어날 수 있습니다. 나 자신의 사건을 회상합니다. 여러분에게도 물론 슬픈 회상이 되겠지요.
우리가 모였을 때 무슨 일이 일어났습니까?
나는 깨끗한 양심으로, 우리가 모였을 때, 하나님을 섬기려는 것 외에는 다른 목적이 없었다고 말할 수 있습니다. 목사로서 내가 그 장소에 갔던 것은, 그렇게 하지 않으면 말씀을 들을 수 없던 많은 사람에게 말씀을 들려주기 위한 목적 외에는 없었습니다. 하지만 그 거룩한 노력의 결과(우리는 거룩한 노력이 있었다고 맹세할 수 있습니다) 장례식을 치러야 했습니다. 사망자가 있었고, 그것도 하나님의 백성 가운데에서 사망자가 발생했습니다.
나는 그 일이 다른 사람들이 아니라 하나님의 백성에게 일어난 것이어서 다행스럽다고 말하고 싶습니다. 회중은 놀람과 두려움에 붙잡혔고, 그래서 그들은 도망쳤습니다. 만약 사고를 심판으로 간주해야 한다면, 우리는 거기서 죄를 짓고 있었다는 추론이 가능해집니다.

그런 추론이야말로 우리가 조롱하고 반박해야 하는 것 아닙니까?

하지만, 만약 그런 논리가 진실이라면, 그것은 다른 사람들에게 해로운 것처럼 우리에게도 해로운 것입니다. 하나님께 예배하기 위해 그곳에 있던 사람이 죄 때문에 다치고 해를 입었다는 논리를, 여러분은 다른 사람들뿐 아니라 여러분 자신을 위해서라도 분개하며 물리쳐야 할 것입니다. 지난 2주 동안, 죽은 사람들이 어떤 큰 죄 때문에 죽었다고 모독했던 일부 사람들과 한통속이 되지 마시기 바랍니다.

나는 이 지점에서, 신중하고 열성적인 사람들의 항의를 예상합니다. 그들은 두려워 떨면서, 웃사가 그랬던 것처럼 하나님의 언약궤에 손대려 합니다. 한 사람이 말합니다,

"음, 하지만 우리는 이런 식으로 말해서는 안 됩니다. 왜냐하면, 그것은 아주 유익한 미신이기 때문입니다. 사고를 우려하여 주일에 여행을 꺼리는 사람들이 많습니다. 그러니 우리는 그들에게, 죽은 사람들이 주일에 여행한 것 때문에 죽은 것이라고 말해주어야 합니다."

사랑하는 형제들이여!

나는 거짓말을 해서 영혼을 구원하려 하지 않겠습니다. 그렇게 말하는 것은 거짓말을 하는 것이며, 사실이 아닙니다. 나는 주일의 노동과 죄를 멈추기 위해서 정당한 행동이라면 무엇이건 할 용의가 있습니다. 하지만 그렇게 하려고 거짓말을 지어내고 싶지는 않습니다. 그들은 일요일과 마찬가지로 월요일에 죽을 수도 있었습니다.

하나님은 한 주간의 어느 특정한 날에 사고를 면제하시는 것이 아닙니다. 사고란 어느 때든 일어날 수 있는 것입니다. 우리가 그리스도를 위한다는 명분으로 사람들의 미신을 이용한다면, 그것은 단지 경건해 보이는 사기일 뿐입니다. 로마 가톨릭 사제라면 고집스럽게 그런 주장을 할 수 있겠지만, 진정한 기독교 신앙이란 거짓을 말하지 않고도 유지된다고 믿는 정직한 그리스도인은 그렇게 하는 것을 도리어 꾸짖습니다.

이 사람들은 주일에 여행한 것 때문에 죽은 것이 아닙니다. 구제의 사명을

띠고 일하던 다른 사람들이 월요일에 죽은 것을 생각해보십시오. 나는 하나님이 왜, 무엇 때문에 그 사고를 허용하셨는지 알지 못합니다. 하나님이 우리에게 이유를 밝히지 않으실 때는, 우리 자신의 이성으로 그 이유를 밝히려 해서는 안 됩니다. 우리는 사람들의 미신을 하나님의 영광을 도모하는 수단으로 사용하도록 허락받은 것이 아닙니다. 여러분이 알다시피, 개신교인들 가운데도, 천주교의 관습이 상당히 많습니다. 나는 다음과 같은 구실로 유아세례를 주장하는 사람들을 만납니다.

"그것은 아무런 해를 끼치지 않습니다. 그 속에는 좋은 의미가 많이 있으며, 그것이 유익을 줄 수도 있습니다. 심지어 견진성사가 어떤 사람들에게는 축복이 되기도 합니다. 그러니 거기에 대해서 반대하지 맙시다."

나는 그 일이 해를 끼치는가 아닌가에 대해서는 상관하지 않겠습니다. 내가 상관하는 것은 그것이 옳으냐, 그것이 성경적이냐, 그것이 진실이냐 하는 것입니다. 만약 진리가 해를 끼친다 해도—이는 우리가 절대 허용할 수 없는 미신입니다—그 해로움은 우리의 문에 엎드리지 않을 것입니다. 하늘이 무너진다 해도, 우리는 진리를 말하는 수밖에 없습니다.

그 재난이 끔찍했지만, 그와 같은 일을 다시 겪지 않은 것에 대해 하나님께 감사드린다. 그런 일을 두 번 겪었다면 나는 살아남지 못했을 것이다. 물론 여러 차례, 하나님의 말씀을 듣기 위해 모여든 사람들의 무게를 견디지 못할 것 같은 장소에서 예배를 인도하는 동안, 다소 놀랄만한 일들을 겪은 적은 있다. 그럴 때는 서리 가든에서 느꼈던 감정이 한꺼번에 되살아났다.

여러 해 전에, 나는 엄청난 인파가 몰린 건물에서 설교하고 있었다. 불안하게도 지속적인 진동이 있었다. 나는 걱정되었고, 그런 문제를 이해하는 한 친구에게 말했다.

"아래층으로 내려가 보세요. 이 건물 구조가 정말 안전한지 살펴보세요. 아무래도 이 건물이 군중의 무게를 견디기 어려워 보이는군요."

그가 돌아왔을 때, 그는 걱정하는 듯이 보였지만, 내게 아무런 답변을 주지 않았다. 그 예배는 조용히 끝났고 그때야 그가 말했다.

"모두 안전하게 자리를 떠서 무척 기쁩니다. 저는 목사님이 여기서 다시 설교해서는 안 된다고 생각합니다. 이 건물은 아주 약합니다. 하지만 만약 제가 목사님을 놀라게 했다면, 이 예배를 계속 진행했을 때보다 큰 두려움을 초래할 우려가 있다고 생각했습니다.

내가 가까스로 그 음악당 사고의 반복을 피할 수 있었던 때는, 음악당 사고가 있은 지 18개월이 지난 무렵이었다. 다음 주일 아침(1858년 4월 11일), 나는 내 회중에 주님의 은혜로운 개입에 대해 다음과 같이 묘사했다.

이번 주에, 내 생각의 방향은 섭리의 주제로 많이 쏠렸습니다. 내가 한 날의 이야기를 많이 들려주더라도 여러분은 이상히 여기지 마십시오. 지난 수요일, 나는 할리팩스(Halifax)에서 설교하고 있었습니다. 거기엔 심한 눈보라가 있었습니다. 8,000명의 회중을 위한 준비가 이루어졌고, 거대한 목조 구조물이 세워졌습니다.

나는 혹독한 날씨 때문에 소수의 사람만 참석할 수 있으려니 생각했습니다. 나는 거대한 장소에서 숫적으로 얼마 안 되는 사람들을 앞에 두고 말씀을 전해야 하는 다소 우울한 임무를 예상하였습니다. 하지만, 내가 도착했을 때, 5,000명에서 6,000명이나 되는 사람들이 하나님의 말씀을 듣기 위해 모인 것을 보았습니다. 더 튼튼하게 보이는 장소를 확보할 수 있었더라면 좋았을 것입니다. 그것은 그리 아름답지 않은 건물이었지만, 목적에 들어맞을 정도는 된다고 보였습니다.

우리는 오후에 모였고, 다시 저녁에도 모여 하나님께 예배드렸습니다. 우리가 흩어져서 집으로 돌아갈 때, 아니, 막 흩어지려고 할 때, 이 모든 과정에서 하나님의 은혜로운 섭리가 우리를 돌보고 있었습니다. 내 바로 전면에는 거대한 회랑이 있었는데, 그것은 대단히 커다란 구조물로서 2,000명 정도는 수용 가능한 것처럼 보였습니다.

오후에, 여기에 사람들이 몰렸고, 그것은 마치 반석처럼 견고하게 서 있는 듯이 보였습니다. 저녁에도 다시 모였지만, 그것은 요동하거나 흔들리지 않았습니다. 하지만 하나님의 섭리 손길을 느꼈습니다. 저녁에, 사람들이 물러가고 있었고, 거기에 일백 명 남짓한 사람들이 남아있었을 때, 커다란 기둥이 무너졌고, 그 회랑 바닥에 충돌하며 부서졌습니다. 몇 사람이 널빤지들과 함께 떨어졌지만, 여전히 하나님의 손이 우리를 지키셨습니다. 단 두 사람이 크게 다쳐 다리가 부러졌지만, 절단 수술은 하지 않아도 되었습니다.

만약 이 일이 조금만 일찍 발생했더라면, 훨씬 많은 사람이 다쳤을 뿐 아니라, 틀림없이 우리가 아직도 기억하고 슬퍼하는 그 사건과 비슷한 사고가 뒤따랐을 것입니다.

그런 일이 일어났다면, 내가 그런 일을 또 겪는 불행한 설교자가 되었다면, 나는 다시는 강단에 서지 못할 것이라고 느낍니다. 그 첫 재난의 영향은 너무나 컸기에, 나는 내가 살아남은 것에 대해서도 놀랄 정도입니다. 어떤 사람의 입으로도 내가 경험한 것을 표현하지 못합니다. 하지만, 주께서 은혜롭게 우리를 보전하셨습니다.

그 회랑에 있던 몇몇 사람이 그런 재난을 막았고, 아주 두려운 사고를 피할 수 있었습니다. 하지만 여전히 기억해야 할 더 놀라운 섭리가 있습니다. 거기에 내린 눈의 엄청난 무게에 눌리고, 심한 바람에 맞서서, 우리가 그곳을 떠난 지 세 시간 후에 그 건물 구조 전체가 무너져 내렸습니다. 거대한 목재들이 부러졌고, 건물 재료들이 다른 건축에 쓰일 수 없을 정도로 산산이 부서졌습니다.

이점에 주목하십시오. 눈이 세 시간 일찍 내렸더라면, 그 건물은 틀림없이 우리 위에 무너졌을 것이며, 우리 중에 몇 사람이나 빠져 나왔을지 추측도 할 수 없습니다. 하지만 주목해야 할 또 다른 일이 있습니다.

온종일 날씨가 빠르게 풀렸고, 녹아서 떨어진 눈은 흰 눈이 아니라, 눈과 물이 뒤섞인 진창을 만들었습니다. 이것이 지붕을 통해 우리 위로 떨어졌고, 우리를 상당히 성가시게 했고, 우리는 하나님의 섭리가 우리를 심하게 다룬다고 거의 불평할 뻔했습니다. 하지만 날이 풀리지 않고 얼었다면, 틀림없이 그곳은 실제 무너지기 여러 시간 전에 무너졌으리라는 것을 여러분은 충분히 짐작할 수 있습니다.

그랬다면 여러분의 목사와 이 회중의 수보다 더 많은 사람이, 아마도 다른 세상에 있게 되었을 것입니다. 내가 아는 것은 이것입니다. 내가 설혹 오늘날까지 하나님의 감독과 지혜로운 보살핌의 교리를 믿지 않는 자였더라도, 틀림없이 나는 지금 이 시각부터라도 그것을 믿는 자가 되었을 것입니다.

오! 나와 함께 하시는 주님을 높여드립니다!

다 함께 주님의 이름을 높여드립시다!
주님은 우리에게 너무나 은혜로우셨고, 우리를 언제나 기억하십니다.

*　　　　　*　　　　　*

[쉰들러(Shindler)]는 『보조 교사의 책상에서 태버너클 강당까지: 찰스 해돈 스펄전 목사의 삶과 수고』(*From The Usher's Desk to the Tabernacle Pulpit: The Life and Labours of Pastor C. H. Spurgeon*)의 제목이 붙은 그의 책에서, 서리 가든의 재난과 관련하여 다음과 같이 말한다.

> 25년 후, 필자는 이 슬픈 사건에 대한 기억이 스펄전에 얼마나 우울한 영향을 끼쳤는지를 목격했다. 1881년 포츠머스와 사우샘프턴에서 열린 침례교 연합 모임 기간에, 스펄전이 포츠머스에서 가장 넓은 공간에서 설교하기로 공지되어 있었다. 예배가 시작되기 한참 전에, 이용할 수 있는 모든 좌석과 모든 입석 공간에 사람들이 채워졌고, 여전히 수백 명의 사람이 앞으로 밀치면서 들어오기 위해 애쓰고 있었다.
>
> 설교자가 자기 자리에 가려고 연단 위를 지나는 동안 약간의 혼란이 있었다. 그는 전적으로 무기력해 보였고, 손으로 머리를 받치고서 통로에 서 있었다. 그는 필자에게 그 상황이 너무나 생생하게 서리 음악당에서의 끔찍한 장면을 떠오르게 한다고 말했다.
>
> 그리고 설교하기 어려울 것 같다고도 말했다. 하지만 그는 비록 신경계통의 불안에서 완전히 회복하진 못했지만, 설교했고, 훌륭하게 설교했다. 당시 그 지역의 군사령관이었던 빅토리아 여왕의 사촌이자 색스-바이바르의 황태자 에드워드가 수행원과 함께 그곳에 참석했었고, 설교가 끝난 후, '설교자들의 황태자'에게 다정하게 인사를 건넸다.

윌리엄스(W. Williams) 목사는 『찰스 해돈 스펄전에 대한 개인적인 회상』(*Personal Reminiscences of Charles Haddon Spurgeon*)이라는 그의 책에서 이런 기록을 남겼다.

"내일 무엇을 설교하려고 하십니까?"
한번은 그가 내게 물었다.

악인의 집에는 여호와의 저주가 있거니와 의인의 집에는 복이 있느니라(잠 3:33).

내가 대답했다.
"이 구절이 본문입니다."
그가 깊은 한숨을 쉬었다. 심지어 내가 그 짧은 구절 읽기를 다 마치기도 전에 그의 안색이 변했다. 그리고는 매우 엄숙한 목소리로 말했다,
"아, 나로구나!"
내가 물었다.
"목사님 왜 그러십니까?"
그가 대답했다,
"목사님은 알지 못하십니까?
그 구절이 바로 내가 서리 가든 음악당에서 사고가 있던 그 끔찍한 밤에 전했던 본문입니다."
물론 나는 그 내막을 알지 못했다. 하지만 나는 단순히 그가 그 정도 언급하는 것만으로도, 그 무서운 밤의 재난이 그의 정신에 얼마나 영구적인 영향을 끼쳤는지를 알게 되었다.
그때 이후로, 나는 이 본문이나 서리 가든의 재난에 대해서는 입 밖에도 내지 않았다. 그때 내가 본 일을 통해, 나는 그가 비교적 이른 나이에 죽은 것이, 어느 정도는 그 끔찍한 밤 이후로 그가 견뎌야 했던 정신적 고통 때문이라고 생각하지 않을 수 없다.

제31장

다양한 목소리들 – 찬성과 반대

나는 이 자리에서 일 년 전처럼 많은 회심자를 얻을 것이라고 기대하지 않습니다. 그때는 오히려 지금보다 청중이 훨씬 적었지요.

왜 그런지 아십니까?

왜냐하면, 일 년 전에, 나는 모든 사람에게 모욕을 당했습니다. 당시 내 이름을 언급한다는 것은, 여태껏 살았던 가장 혐오스러운 어릿광대의 이름을 언급하는 것이었습니다. 그것을 언급하는 것으로도 욕설과 저주가 쏟아져 나왔지요. 많은 사람에게 그 이름은 경멸의 이름이었고, 축구공처럼 거리에서 발길질 당하는 이름이었습니다. 하지만 그때 하나님께서는 내게 수백 명의 영혼을 주셨습니다. 그들이 내 교회에 가입하였고, 일 년 만에 적어도 일천 명의 회심자를 보는 것이 개인적으로 내게 행복이었습니다.

지금은 그런 일을 예상하지 않습니다. 내 이름은 어느 정도 존중받고 있으며, 세상에서 큰 자들이 내 발치에 앉는 것을 불명예라고 생각지 않습니다. 하지만 세상이 나를 존중할 때에 내 하나님께서 나를 버리시지 않을까 나는 염려스럽습니다.

나는 차라리 다른 어떤 것보다 멸시받고 비방을 당하고 싶습니다. 이 총회, 여러분이 대단하고 훌륭하다고 생각하는 이 총회와 나는 기꺼이 작별하고 싶습니다. 그렇게 잃음으로써 더 큰 복을 얻을 수만 있다면 기꺼이 그렇게 하고 싶습니다. 인기를 구가하는 모든 때에, 우리는 '호산나!'의 환호성에 이어 곧바로 "저를 십자가에 못박으소서!"라는 외침이 따랐음을 기억해야 합니다.

오늘 가득 모인 군중도, 진실하게 대하면, 내일은 한 줌밖에 안 되는 적은 무리로 변할 수 있습니다. 사람들은 솔직한 말을 좋아하지 않기 때문입니다. 우리는 멸시받는 법을 배워야 하며, 비난받고 중상모략 당하는 법을 배워야 합니다. 그럴 때 우리는 하나님에 의해 쓰임 받게 되는 것을 배울 것입니다. 새로운 비방이 나에게 쏟아질 때, 나는 종종 이마에 땀을 흘리며 무릎을 꿇고 엎드립니다. 슬픔과 고뇌 속에서, 내 마음은 완전히 부서집니다.

그러다 마침내 나는 모든 것을 견디고, 아무것도 염려하지 않는 행동을 배웁니다. 이제 내 슬픔은 다른 방향으로 흐릅니다. 정반대의 방향입니다. 나는 하나님이 나를 버리시지 않을까 걱정합니다. 그분이 구원의 주이심을 입증하시고, 구원의 능력이 설교자에게서가 아니라, 군중에서가 아니라, 사람들의 이목을 끄는 데서도 아니라, 하나님 안에, 오직 하나님 안에만 있음을 입증하시기 위해 혹 그렇게 하실까 나는 두렵습니다. 내가 마음으로부터 말할 수 있는 희망은 바로 이것입니다.

즉, 다시 거리의 진흙탕처럼 되고, 바보들의 웃음거리가 되고, 술주정뱅이들의 노래가 되어서라도, 다시 한번 내 주님을 더 잘 섬길 수 있게 된다면, 그분의 목적을 위해 더 쓸모 있게 될 수 있다면, 바로 그것을 나는 이 모든 군중보다 더 원할 것입니다. 인간이 줄 수 있는 모든 갈채보다 나는 그것을 더 바랄 것입니다.

찰스 해돈 스펄전

제30장에서, 음악당에서의 대 재난 이후 여러 신문에 등장한 잔인한 명예 훼손 기사들에 대한 언급이 있었고, 거기서 두 가지 글이 표본으로 제시된 바 있다. 우호적 논평을 담은 다른 일반 신문들도 있었다. 그중에서 하나를 꼽자면, 1856년 11월 5일 「저녁별」(The Evening Star)에 실린 글이다.

그 건물의 구조라든가, 놀란 회중의 자기보호 외에도, 서리 가든 재난과 관련하여 다른 질문들이 제기된다. 그 설교자의 소명, 그의 능력의 비밀, 이런 질문이 그 사건 때문에 모든 사람의 생각에 떠오르게 되었고, 따라서 그것이 신문의 논평 거리가 되었다. 속된 관점을 가진 사람들이야 어쩔 수 없이 그 시설의 특징을 살펴볼 수밖에 없었을 것이다. 그 시설은 대대적인 변화에도 살아남았고, 박해나 경쟁 같은 것도 견뎠다.

그 무대나 연단은 아주 독특하여, 왕의 보좌 외에는 교회의 제단이나 강단이 달리 경쟁할 대상이 없던 12세기나 16세기에 못지않게, 이 19세기에도 여전히 두드러진다. 반면에, 초자연적이거나 위로부터의 직접적 혹은 간접적인 영감의 결과 같은, 모든 종교적 현상에 대해 생각하기를 좋아하는 독실한 사람들은, 성령께서 다양한 인간의 기관들을 통해 아주 다양하게 활동하시는 측면에 주목하려 할 것이다.

다수의 선하면서도 아마도 유능한 사람들이, 성서를 근거로 제각기 수백 명의 청중에게 강론하는 반면, 한 사람—그는 비교적 교육받지 않은 청년이다—은 단번에 일만 오천 명의 무리를 모은다. 그리고 그는, 심지어 사망자들과 부상자들이 집회장 문으로 실려 나가는 동안에도, 설교를 계속하도록 요청받는다.

사람으로 가득한 교회에, 혹은 대다수 예배당에 들어가는 사람은 이런 질문을 하고 싶은 유혹을 느낀다.

"가난한 자들은 어디 있는가?"

설교자와 청중은 한결같이 중산층이다. 눈에 띄는 자리에 앉은 백발의 노인, 흰 목도리를 두른 사람, 존경스러워 보이는 사람들은 잘나가는 무역상들이거나 법률가들 혹은 의사들이다. 좀 더 젊은 사람들은 사무원들이거나 가게 주인들이다. 소수의 주일학교 교사들, 미혼의 소매 상인들과 사무원들이 주로 남성 회중을 형성한다. 여성들이 차지하는 비율은 수적으로 아주 우세하다. 그녀들은 거의 예외 없이 앞서 언급한 사람들과 관련되어 있다.

물론, 여기저기, 혼자 온 부인과 미망인 모친들이 간혹 있다. 그들은 저 천상의 입에서 떨어지는 위로를 낚아채기 위해 극빈 가정에서 빠져나온 사람들이다.

하지만 기능인 계층은 어디에 있는가?

예리한 눈에 강한 정신력을 가진 종족, 정치적 집회나 값싼 음악회에 모여들고, 소극장을 메우며, 문화회관 같은 곳에 경쟁하듯 입장하는 사람들, 그들은 어디에 있는가?

가장 저명한 설교자들의 집회에도 그들이 입장하는 경우는 아주 드물다. 그런데 그들이 스펄전 목사를 추종한다. 바로 그것이 그 신사를 시대의 명사이자 경이로운 현상으로 만들었다. 2~3년 전에, 우리가 그에 대해서 처음 들었던 말은, 뱅크사이드(Bankside)의 노동자들이 주일과 주중 밤에 그의 설교를 들으러 간다는 것이었다.

재작년 여름, 우리는 베스널 그린(Bethnal Green)의 기술자들—훨씬 더 까다로운 사람들이다—이 해크니(Hackney)의 들판에 그들 둘러싸고 모여있는 것을 보았다. 그리고 그 음악당에서 죽거나 다친 사람들의 목록에는, 페인트공, 피혁공(皮革工), 모자 제작 여공들이 포함되었다. 그 이유가 무엇인지 물을만한 가치가 있다.

만약 듣는 사람이 볼 수도 있다면, 단 한 번만 들어도 그 질문에 답하기에는 충분하다. 인기 있는 연설가 중에 혀보다는 팔로써 더 잘 말하지 못했던 사람은 아직 없었다. 스펄전 목사는 이점을 본능적으로 안다. 그는 본문을 읽고, 서둘러 원고로 눈을 돌리거나, 손을 받침대 위에 올리지 않는다. 그는 말하기 시작하자마자, 행동하기 시작한다. 그는 무대 위에서 열변을 토하듯 말하는 것이 아니라, 마치 거리에서 여러분과 대화를 나누듯 말한다.

그는 사방을 둘러보며 악수하는 듯이 보이고, 모든 사람을 편하게 대면한다. 힘겹게 서두를 꺼내는 일이 없고, 듣는 이로 하여금 주제로 들어갈 때 기발하게 구불구불 돌아서 간다고 생각하게 하지 않는다. 오히려 그는 평범한 말, 적절한 인용, 단순한 우화, 한두 가지의 친숙한 문장 등을 통해 청중이 모두 편안하게 관심을 가지게끔 만든다.

본문 해설에서 철학적인 허세 같은 것 없이, 그저 두세 마디 알아듣기 쉬운 말로 설명할 뿐이며, 주의를 집중시키려 하기보다는 그저 인도할 뿐이다. 곧이어 예화를 통해 번쩍이는 유머가 뒤따른다. 아마도 그것은 통속적인 표현일 수도 있고, 형편없는 말재간일 수도 있다. 사람들이 즐거워한다. 하지만 그렇다고 맘껏 소리 내어 웃는 것은 아니다.

그 설교자의 유머는 단지 그의 엄숙한 열심을 좀 가볍게 해주는 정도다. 그는 슬픈 임종 장면, 혹은 때맞춘 회개의 장면을 그린다. 막달라 마리아의 용서, 또는 탕자의 복귀를 묘사한다. 그의 색채는 지상과 하늘에서, 평범한 인간의 경험과 열망에서 찾아낸 것이다. 그는 자기 펜을 가장 가까이에 있는 관중의 혈관에 적시어, 모든 인간의 본성을 묘사하는 작업을 한다. 그가 제시하는 이미지는 보통 사람의 가정, 일용할 양식을 위한 매일의 수고, 지친 노동 후에 누리는 밤의 안식, 빗나가는 소년을 향한 어머니의 사랑, 병든 딸을 향한 아버지의 자상함 등에서 가져온 것이다.

그의 일화들은 억지스럽지 않고 자연적인 공감을 자아낸다. 그는 실의에 찬 어떤 불행한 여인이, 마지막 남은 동전을 지닌 채 자살하려고 다리를 향해 서둘러 가다가, 찬송 소리에 걸음을 멈추고, 그의 예배당으로 들어온 일화를 들려준다. 또는 어떤 과부의 아들이, 자기 어머니의 가정에서 멀리 도망치다가, 기도를 떠올리며 되돌아왔고, 지금 그 신도석에 앉아 있다는 이야기를 들려준다. 그는 사건들을 서술하는 것이 아니라, 간략하고, 생생하고,

진실하게 그 일들을 묘사한다.

그는 교리를 추론해내는 것이 아니라, 선포하고, 설명하며, 적용한다. 그는 무모하게 정치적인 암시를 하지 않으며, 곧장 민주주의의 핵심으로 직행한다. 야외에서, 어떤 사람이 방해하거나 추궁할 수도 있지만, 그 대응은 새로운 효과를 낸다. 간단히 말해, 이 사람은 어니스트 존스(Earnest Jones)가 차티스트운동(Chartism)을 전하듯이, 그리고 고프(Gough)가 절제에 대해 전하듯이 기독교를 전한다.

그가 이런 성공을 거두는 것이 이상한 것일까?

혹은 그가 비난이나 조롱을 받아야만 할까?

우선, 라티머(Latimer)도 왕 앞에서 설교할 때 그에 못지않게 순수했고 사우스(South)도 로체스터를 위협했을 때 적지 않게 유머를 섞었으며, 화이트필드도 흄과 프랭클린을 감동하게 했을 때 적잖게 열변을 토했고, 롤런드 힐 역시 비록 남작의 형제였지만 꽤 통속적이었다는 사실을 기억해야 한다. 우리가 보기엔, 관심을 기울이게 만드는 것이 자기의 첫 번째 임무인 사람에게는, 따분함이야말로 손꼽히는 잘못이다.

강단의 위엄이란 그것을 매력적으로 만들어야 확보되는 것이다. 모든 교파의 성직자는 설교문을 작성할 때, 대학에 다녀보지도 않은 그 젊은 침례교 설교자로부터 자주 힌트를 얻는 것이 좋겠다.

* * *

음악당에서 예배가 재개된 지 얼마 안 되어, 「더 선」(The Sun) 신문의 기자가 다음의 글을 썼다.

> 만약 지난 주일에 우리가 들은 것이 스펄전의 평상시 설교의 표본이라면, 이 나라의 대다수 복음주의 국교회 성직자와 비국교도 설교자들에게서 들을 수 있는 것과 다르게 과장된 것은 전혀 없다.
> 하나님의 진노와 장래의 심판에 관한 격정적인 묘사도 없었고, 회개의 신학에 대한 왜곡된 설명이라 할 것도 딱히 없었다. 후자에 관한 그의 진술은 상당히 상식에 근거한 것이라고 특징지을 수 있다. 그의 논증이 회개의 필요성

에 관한 것이므로, 그것은 강력하게 표현되고 예시되었다. 정녕, 모든 교파에 속한 설교자들에게서 발견되지 않을만한 것들은 거의 없었다. 그의 음성은 고상했고, 아주 편안하게 그 공간 전체에 닿았다. 그 건물의 뒤쪽에서도, 우리는 그의 음성을 한 음절도 놓치지 않았다.

그의 태도는 아무 거리낌이 없었지만, 그렇다고 불손하지는 않았다. 그의 언어 구사는 상당히 뛰어나지만, 그것이 그를 즉흥적인 연설가의 수다로 이끌지는 않는다. 그의 문체는 틀에 매이지 않으며, 편안하고, 강력하며, 예리한 표현들이 풍부하다. 우스꽝스럽다거나 터무니없는 부분은 전혀 없었다. 지난 주일의 표본으로 볼 때, 그의 인기의 비밀은 아주 다른 무언가에 있다고 여겨진다.

그 설교자가 자기 자신이 아니라, 그의 청중에게 집중했다고 느끼지 못하는 건 불가능했다. 형식상 강당과 청중의 거리는 그와 청중을 갈라놓지 못했다. 그는 그들과 대화했으며, 그는 그들 중의 하나였다. 그는 그들에게 '권위를 가지고' 강의하지 않았고, 그들의 사고의 범주에서 벗어난 논지나 주제에 빠져들지도 않았으며, 그들이 그들 자신의 가정에서도 나눌법한 엄숙한 주제에 대해 그들과 이야기를 나누었다.

우리의 강단 대부분은 '안락사'에 빠진 상태다. 하지만 그 설교자는 모든 사람의 수준에 자기를 맞추었으며, 그러면서 주일에 어울리지 않는 것은 아무 것도 없었다. 물론, 생생한 상상력, 상당한 수준의 표현 능력, 빼어난 음성의 도움, 이런 것들도 그의 성공의 요소들일 수 있겠지만, 우리는 우리가 꼽은 것이 주된 이유라고 생각한다. 왜냐하면, 수천 명의 청중 가운데서 ―우리가 자세히 살펴보았으나― 단 한 사람도 잠든 사람을 찾지 못했기 때문이다.

좀 더 위엄있는 설교자들은 이 젊은이가 인기를 얻는 현상을 연구해 볼 필요가 있다. 우리 편에서는, 단지 그의 태도가 비평을 무장 해제시켰다는 점을 말할 수 있을 뿐이다. 그리고 우리는 그가 그곳에 참석한 수천 명에게 유익을 주었다고 생각할 따름이다. 그들의 외모에서 볼 때, 그들은 통상적인 강단의 따분한 소리를 듣는 사람들이 아니라고 우리는 확신한다.

대법관 캠벨(Campbell) 경이 그의 아들과 함께 연단에 있었고, 우리와 같은 관점을 가진 것처럼 보였다. 예배 후, 그가 여러 차례나 그의 수행자 중 한 사람을 향해, 그리고 역시 그 자리에 참석했던 경찰청장 리처드 메인 씨를 향해, '설교를 굉장히 잘하시는군요, 대단히 훌륭합니다'라고 우리가 들리도록 말하는 것을 들었다. 런던은 그런 설교자들 스무 명을 위해 자리를 찾을 수 있다. 그런 이들이야말로 대중이 필요로 하는 설교자들이다.

존 캠벨 박사는 앞의 글을 「영국의 깃발」(The British Banner)에 다시 실었으며, 다음과 같은 말을 덧붙였다.

그 분야에서, 그런 진술을 한 것은 특별한 가치가 있다. 영국 대법관의 신중한 언어는 이 글이 읽히는 곳마다 정당하게 평가될 것이다. 산 사람 중에서, 큰소리치며 열변을 토하는 열광주의자도, 대법관 앞에서 두려움을 갖지 않을 사람은 없을 것이다. 가르침이나, 설교나, 웅변에 대해서, 캠벨 경보다 더 나은 판단을 할 사람은 어디에서도 찾지 못할 것이다. 그러므로 스펄전 씨의 친구들은 이 대단한 법률 권위자에게서 이런 평가를 들은 것에 대해 기뻐해도 좋을 것이다.[1]

유명한 『그레빌 회고록』(Greville Memoirs)은 지금 다루어지는 시기와 관련하여 다음의 기록을 담고 있다.

1857년 2월 8일. 나는 저명한 스펄전 목사가 서리 가든 음악당에서 설교하는 것을 듣고 방금 돌아왔다. 그곳은 사람들로 가득했다. 그는 강단에서 우리에게 9,000명이 참석했다고 말했다. 그 예배는 장로교 방식과 비슷했다. 시편 낭독, 기도, 시편 강해, 그리고 설교가 이어졌다.
그는 분명 놀랍고, 믿을 수 없을 정도로 훌륭한 인물이다.
용모가 대단하진 않다. 얼굴은, 작은 맥콜리(Macaulay, 19세기 영국의 문호이자 정치가-역자주)처럼 생겼다고 할까?
그는 아주 맑고 힘 있는 음성을 가졌고, 그 소리는 강당 어디에서도 들린다.

1　다른 저명인사들도 그 음악당 예배에 참석했다. 1857년에 또 다른 증언자는 이런 기록을 남겼다. "리빙스턴 박사가 연단에 앉았고, 국왕의 장녀 역시 서덜랜드의 공작부인과 함께 참석했다고 한다." 한번은, 빅토리아 여왕도 '신분을 숨기고' 몸소 참석했다는 소문이 있다.

태도는 자연스럽고, 열정적이며, 가식이나 과장은 없었다. 언어 구사는 놀라우리만큼 유창하다. 예화도 풍부한 데, 종종 아주 친밀한 일상에서 가져오지만, 그렇다고 경박하거나 불손한 내용은 없다. 열정과 진지함에서 그는 깊은 인상을 주었다. 책이나 주석을 언급하지는 않지만, 그의 설교는 분명 아주 신중하게 준비된 것이다.

성경 본문은 "나를 숨은 허물에서 벗어나게 하소서"(시 19:12)였고, 그는 그것을 은밀한 죄의 불행, 어리석음, 위험이라는 3대지로 나누었다(네 번째 대지도 있었지만 내가 잊어버렸다). 그 모든 점에서 그는 웅변적이고 인상적이었다. 그는 45분가량 설교했다. 청중이 손수건을 사용했고 또 다른 사람에게 들릴 정도로 흐느꼈던 것으로 판단하자면, 아주 효과적인 설교였다.

올리펀트(Oliphant) 부인이 쓴 『툴로치 총장의 삶』(Life of Principal Tulloch)에는, 그 스코틀랜드 설교자가, 1858년 5월에 그의 동료 페리어(Ferrier) 교수와 함께 그 음악당에 방문했을 때 남긴 묘사가 실려 있다.

툴로치는 서신에서 다음과 같이 썼다.

우리는 단지 스펄전의 설교를 듣기 위해 여기에 왔습니다. 우리 둘은 모두 큰 감명을 받았고, 기억이 아직 생생할 때, 나는 당신에게 내가 받은 인상을 전하고 싶습니다. 우리 둘 다 감명을 받았다는 점에는 의심의 여지가 없습니다. 페리가 내게 한 말이 인상적입니다. "그런 설교를 듣는 것은 내게 큰 유익이라고 느낍니다. 너무나 생생한 설교군요."

그 설교는 내가 오랫동안 접했던 설교 중에 가장 실제적인 설교였습니다. 거스리(Guthrie)는 그에 비하면 소리 나는 구리와 울리는 꽹과리나 마찬가지입니다. 비록 (특히 후반기에) 케어드(Caird)에게서 볼 수 있는 심오한 사상과 묘사의 절묘함은 없지만, 그럴지라도 부족함은 없으며, 게다가 힘은 더 있습니다. 사실상, 능력과 생명이 그의 특징이라 할 수 있습니다.

그 장소는 설교를 위해 제격입니다. 내가 보았던 건물 중에서 가장 크고, 가장 밝고, 바람이 잘 통하는 건물입니다. 물론 전혀 불편하진 않았지만, 그곳은 가득 메워졌습니다. 사방으로 긴 의자들에는 사람들이 빽빽이 들어찼으며, 그 주위로 넓고 개방된 복도가 있었고, 창문들은 열려 있었는데, 아마 당신이 원한다면 창문을 통해 정원(서리 가든)으로 들락날락 할 수 있을 정도였습니다.

페리어는 설교 도중에 이따금 사방을 둘러보았습니다. 그는 짧은 기도로 설교를 시작했고, 그다음에 시편 23절로 노래를 불렀습니다. 하지만 그것은 우리의 근사한 옛 역본이 아니라, 약간 안 좋은 역본이었기에, 그 시편 본래의 단순한 아름다움을 완전히 잃었습니다. 다음으로 그는 (내 생각에) 민수기 32장을 읽고 설명했습니다. 그의 설명은 아주 훌륭하고 요점이 있었으며, 부적절한 감정을 섞지 않았습니다. 그런 후 그는 다소 길게 기도했고, 이 부분은 내가 그 예배에서 가장 덜 좋아했던 부분입니다.

그는 그가 읽은 장에서 설교했습니다. 가나안 땅에서 돌아온 정탐꾼들에 관한 내용이었는데, 그중에는 좋은 정탐꾼과 나쁜 정탐꾼들이 있지요. 그가 말하길, 그것은 신앙에 관한 하나의 비유였습니다. 가나안을 천국의 모형으로 여기는 것은 올바르지 않습니다.

오히려 가나안은 신앙생활의 모형이지요. 다음으로, 신앙을 고백한다고 하면서 성경(그는 오직 여기에 자신의 사상과 이해의 근거를 두고 있습니다)에 근거하지 않고 신앙을 판단하는 세상 사람들(물론 그들은 그럴 권리가 없습니다)에 대해 말한 후, 그는 두 부류의 사람에 대해 말하고 싶다고 했습니다. 첫째는 나쁜 정탐꾼들입니다.

그들은 신앙에 대해 많은 논쟁을 일삼으면서 신앙의 능력에 대해서는 보여주는 것이 없습니다. 두 번째는 좋은 정탐꾼들입니다. 여기서 그의 묘사는 아주 생생하여 내가 당신에게 제대로 전달하기가 어렵습니다. 그가 신앙의 영역에 대해 나쁜 보고를 하는 우울한 종교인들에 대해 말할 때, 그것은 폐부를 찌르는 듯한 아주 강력한 풍자였지만, 그렇다고 지나치지는 않았습니다. 나쁜 정탐꾼들은 자기 자신뿐 아니라 자기 아내와 자녀들을 비참하게 만듭니다. 그들은 주일을 우울하다고 여기며, '가장 비참할 때는 가장 종교적일 때고, 가장 종교적일 때가 가장 비참한 때'라는 인상을 줍니다. 그런 작자는 온화한 얼굴로 주일마다 기도할 수 있고 시간제로 설교할 수도 있지만, 월요일마다 부정을 일삼고, 항상 자기 기도서를 가까이 두면서도 동시에 이상한 현금출납부를 지참하며, 또한 욕설은 하지 않으나 속임수와 거짓말은 남발합니다.

그런 다음 그가 선한 정탐꾼들을 묘사할 때도 큰 공감을 불러일으켰습니다. 50년간 하나님을 섬겼지만, 하나님이 결코 실망하게 하신 적이 없다고 증언한 실명한 노인, 죽음의 이슬이 이마에 맺히는 때에도 자기 구주의 선하심을 증언하는 폐결핵 환자 소녀, 그런 사람들이 바로 선한 정탐꾼들입니다. 그리고 밤 열두 시에도 저녁을 준비하며, 지치지 않는 친절로써 남편을 회심에 이르게 한 아내, 부엌 도구를 더 잘 씻어 관리하는 믿는 하인, 단지 그리스도인으로서 합당한 삶을 살았던 모든 사람이 선한 정탐꾼들입니다. 정직한 그리스도인 상인이나, 남을 가르치거나 구역 심방을 다닐 시간은 없지만 매일 가사를 충실하게 돌보는 주부처럼, 무명의 그리스도인들이 바로 선한 정탐꾼들입니다.

사실상, 그 전체적인 과정에서 그의 대단한 정신적 활력과 기독교 신앙의 감수성이 드러났기에, 나는 그런 사람이 얼마나 큰 유익을 끼칠 수 있을지를 가늠해 보았습니다. 페리는 방금 그의 아내에게 쓴 편지를 내게 읽어주었는데, 그가 받은 인상도 강렬했습니다. 페리의 말로는, 스펄전이 설교를 시작하면서 그의 외모도 더 나아 보였다고 합니다.

처음에 그는 분명 얼굴이나 외모에서 관심을 끌지 못했습니다. 그는 통통하게 살찐 편이고, 그 점은 내 동료가 보기에도 마찬가지였을 겁니다. 하지만 그의 음성은 대단히 듣기 좋았고, 종소리처럼 맑아서, 한 음절도 놓치지 않을 정도입니다.

*　　　*　　　*

아래의 서신은 1857년 4월 13일 「타임」(*The Times*)에 실렸다. 스펄전은 그것을 보존할 가치가 있다고 생각했다. 이 서신은 어느 학식 있는 교수가 쓴 것으로, 그에게 유리하도록 여론을 전환하는 데 크게 공헌했다.

설교의 차이

타임즈의 편집인에게,

한 달 전, 어느 일요일 아침에, 내 아내가 말했습니다,

"우리 아이들을 성 마가렛(Margaret)교회에 보내 대주교의 설교를 듣게 합시다. 대주교께서 오늘 설립 300주년을 기념하는 노인 장애인협회를 위해 설교하시잖아요."

그래서 우리 아이들을 그곳에 보냈고, 우리 부부는 언급하기 어려운 몇 가지 이유로 그들과 함께 가진 못했습니다.

"자! 애들아, 대주교의 설교를 듣고 어떻더냐?

그분이 노인 장애인들을 위해 무슨 말씀을 하셨지?"

여기서 우리 아이들이—그때는 저녁 식사 중이었음—음식을 마치 공격하듯이 아주 게걸스럽게 먹었습니다. 하지만 우리는 그들 입에서 그들이 당일에 참여했던 영적인 연회에 대해서는 한 마디도 얻어내지 못했습니다.

전혀요!

심지어 그들은 본문도 말하지 못했습니다. 그들을 더 추궁할수록, 그들은 얼굴이 더 붉어졌고, 머리를 접시에 파묻고 있었습니다. 마침내, 내가 화를 내면서, 그들에게 예배 시간에 잠을 잤냐고 나무랐습니다. 이 공격이 내 장남에게 방어 태세를 취하게 했습니다. 그는 훌쩍거리며 사실을 말했지요. 이때쯤 그의 눈은 눈물로 가득했습니다.

"아, 아빠! 우리는 대주교님이 무슨 말씀을 하셨는지를 모르겠어요. 한마디도 들을 수 없었거든요. 그는 매우 늙으셨고, 치아도 없었어요. 그리고 아실지 모르겠지만, 저는 그분에게 혀도 없지 않나 하는 생각이 들었어요. 그의 입술이 움직이는 것을 보았지만, 한 단어도 알아들을 수 없었어요."

여기서 나는 더 말하지 않았습니다. 그리고 그 '장애인협회'에 대해, 그들의 덕망 있는 지지자들, 언어학자가 된다는 것 등에 대해 많은 생각을 하게 되었고, 온통 순음(脣音)으로만 구성된 철자 구성의 가능성 등에 대해서도 곰곰이 생각에 빠졌습니다. 만일 그런 무미건조한 꿈에서 아내가 나를 깨우지 않았더라면, 나는 '순음으로 구성된 언어' 혹은 '혀나 치아의 도움을 받지 않고 설교하는 법'이라는 제목의 소책자를 내 볼까 하는 공상에 거의

빠져들었을 것입니다.

그런 책을 출판한다면 노인 '장애인협회'에 유익할 것이고, 물론 허락을 받아야겠지만, 그 대주교에게 헌정될 수도 있을 것입니다.

이제 또 다른 이야기를 들어주십시오. 스코틀랜드 장로교도인 내 친구 중의 한 사람이 상경하더니 이런 말을 했습니다,

"나는 스펄전의 설교를 듣고 싶네, 함께 가세."

음! 나는 고교회파 신도(High Churchman)라고 말할 수 있습니다. 그래서 내가 대답했지요,

"뭐라고!

교회에 가까이 있으면서도 그 경내에 들어오지 않는 것을 부끄러워해야 할 칼빈주의자, 침례교인에게 가서 그의 설교를 듣자고?"

"괜찮으니, 가서 들어보세."

결국, 우리는 어제 아침에 서리 가든에 있는 그 음악당으로 갔습니다. 우선, 나는 잘못하고 있다는 이상한 감정을 느꼈습니다. 그것은 마치 주일 아침에 극장 공연에 가는 것 같았습니다. 세차게 부는 바람도 새로운 장소에 가는 내 우울한 기분을 북돋아 주지 않았습니다. 일만 명으로 구성된 회중을 상상해보십시오. 그들이 강단으로 쏟아져 들어가고, 회랑으로 올라가면서, 흥얼거리고, 웅성거리고, 떼를 지어 움직이는 장면을 생각해보십시오.

마치 거대한 벌떼가 우선은 좋은 자리를 확보하려다가, 마지막에는 어떤 자리라도 확보하려고 애쓰는 장면 같았습니다. 반 시간을 더 기다린 후에―만약 자리를 잡기 원한다면, 최소한 그 정도는 미리 와야 합니다.

스펄전 목사가 연단에 올랐습니다. 사람들이 웅성거리고, 밀치고, 서로 밟히기도 하다가, 차분하고 집중하게 만드는 긴장, 그리고 기도의 속삭임이 이어집니다. 별안간, 참석한 모든 사람의 마음에 전류가 흐르는 것 같았습니다. 자석 같은 사슬로, 설교자는 약 두 시간 동안 우리를 단단히 묶었습니다.

저의 목적은 그의 설교를 요약해서 제시하는 것이 아닙니다. 그의 음성에 대해 말하는 것으로도 충분합니다. 그의 목소리는 그 방대한 공간 누구에게나 들릴 정도로 힘과 성량이 충분했습니다. 그의 언어는 거창하지도 않았고, 다정다감하지도 않았습니다. 그의 설교 스타일에 대해 말하자면, 그는 때때로 친숙하면서도, 때로는 열변을 토했습니다. 항상 유쾌하면서, 종종 웅변적

이었지요.

그의 교리에 대해 말하자면, 칼빈주의자도 침례교인도 그가 수행하는 전투의 전면에 등장하지는 않습니다. 그는 수그러들지 않는 적대감과 복음의 무기를 가지고, 불신앙, 허례, 위선, 교만, 그리고 일상생활에서 사람을 괴롭히는 은밀한 죄들과 맞서 싸웁니다. 한마디로 요약하자면, 그에게서, 그의 진실성에 대해서 완벽한 확신을 가질 수 있다는 인상을 받습니다.

나는 내 아이들이 그 대주교의 웅얼거림을 들었을 때 영적 양식의 결핍에 대해서와, 서리 가든에서 경험한 나 자신의 영적 만찬에 대해서는 길게 쓰지 않았습니다.

이 두 이야기로부터 어떤 실제적인 결론을 내리거나, 그 두 가지를 하나의 기준으로 평하고 싶지 않기 때문입니다. 이 사람을 국교회에 재임 중인 많은 성직자보다 더 칼빈주의자라고 하긴 어렵습니다. 국교회 성직자들은, 옛 라티머(Latimer)가 말했듯이, 전례 의식의 본문을 '시시하게 중얼거리는' 사람들이지요. 이 사람은 물에 완전히 잠기는 것과 성인들이 세례받아야 할 필요성에 대해 말합니다.

이는 그의 교리상의 오류입니다. 하지만, 내가 대주교 휘하의 사제 목사라면, 스펄전의 설교를 조사한 후에 이렇게 보고하고 싶습니다,

대주교께 아뢰오니, 여기에 유창하게 설교할 수 있는 사람이 있습니다. 그는 그 음성으로 영국에 있는 가장 큰 교회를 채울 수 있고, 더 좋은 것은, 그곳을 사람들로 채울 수 있다는 것입니다. 메트로폴리스에는 성 바울 교회와 웨스트민스터 사원이라는 두 교회가 있습니다.

감히 아뢰오니, 대주교께서는 이 이단적인 칼빈주의자 침례교도인 스펄전 목사를 초청하여, 그의 목소리를 시험해봄이 어떠신지요?

그는 일요일 아침에 신도석에 일만 명의 사람을 모을 수 있는 사람입니다. 하여간, 한 가지는 제가 분명히 답변드릴 수 있습니다. 만일 그가 웨스트민스터 사원에서 설교한다면, 지금 교회에 일반화된 현상, 즉 무미건조한 설교가 시작되면 교회를 나가버리는 일을 방지하기 위해 성가에 앞서 설교하는, 그 부끄러운 관행을 되풀이하지 않을 것입니다.

그런 순서상의 관행은 설교 뒤에 따르는 음악을 듣기 위해 청중을 억지로나마 머물도록 하기 위함입니다.' 하지만 유감스럽게도, 나는 대주교 휘하

의 사제 목사가 아닙니다. 그러므로 나는 그저 내가 머무는 종교적 황무지에서, 친필 서명을 한 후, 이 편지를 귀하에게 보낼 뿐입니다.

시코(Sicco)의 거주민,
웨스트민스터의 '넓은 경문'(經文)으로부터.

같은 시기, 「타임」(The Times)은 위 서신에 대해 아래와 같은 중요한 기사를 실었다.

사회에는 개인과 마찬가지로 그 나름의 고충들이 있고, 모든 구성원이 공감하는 오래된 곪은 상처들이 틀림없이 있을 것이다. 마부들의 부당 착취, 숙박시설 요금, 지방세와 국세 등의 문제는 모든 계층에서 상당한 반감을 불러일으킬 것이다. 이런 공격적인 주장들에 대해서는 의견 충돌이 있을 수 있고, 모든 사람이 할 이야기가 있을 것이다.

소위 설교라고 하는 것도 이 오래된 고충에 속하는 문제이다. 이 문제에 대한 암시는 시들한 대화에 불을 붙이고, 모든 사람의 마음에 있는 반항심을 일깨울 것이다… 정녕, 일반적으로 공감하는 말이겠지만, 좋은 설교자가 너무 희귀하여, 그런 사람을 찾으려면 디오게네스(Diogenes, 기원전 4세기 그리스 철학자로서 아테네 시민 중에서 정직한 사람을 찾기 위해 등불을 들고 다녔다고 함-역자주)의 등불이 필요할 것이다.

설교에서 따분함은 당연하게 여겨지고 있고, 그 문제를 어떻게 설명해야 할지 당혹스럽기만 하다.

성경이 그런 따분함을 요구하는가?

주교들은 그렇게 지시하는가?

그 폐단이 온통 비밀스러워, 그 문제를 곰곰이 생각해보는 것은 악몽과도 같다. 나일강의 근원처럼, 그 근원은 알려지지 않는다.

화산의 영향 때문일까?

조수 현상 때문이라고 설명할까?

혹은 그 수수께끼는 기상학적 해결책을 기다리는 것인가?

21. 엑서터 홀에서 설교하는 스펄전

22. 로열 서리 가든 내에 있는 음악당

23. 모친에게 보낸 잊을 수 없는 편지 ▶

Mr Winson's
Beulah House
Croydon
Friday

Dear Mother,
I could not write till now for my poor brain was hot with grief — but it is all right now — all right —

I shall rest for some days & then at it again.

God is on my side why should I fear this burning furnace.

I will thrash the devil yet — I will seek to be yet more valiant for God.

The Lord nerved me that evening & no unaided man in the universe could have been as brave, as calm, as fearless as I by God's grace —

Ah Mother, this

2

I am not dismayed for God shall help me.

Dear Susie do not write she is so ill — The Doctor has been to day & says she is very, very ill — then says but not seriously —

Do not mention the accident in the Gardens to me at present, but pray for me —

I am now almost restored to spirits, but I shall never forget

is no small honour to be maligned for Jesus —

Tremble not I do not — In God's name I say to timid friends & boisterous foes my word is On, still On — for Christ & for his truth —

My most fervent love to you & my dear father —
your much loved son
Charles

24. 음악당에서 설교하는 스펄전

25. 헬렌스버그 저택

26. 어머니와 함께 있는 찰스 스펄전과 토머스 스펄전

27. 정원에서의 스펄전 부부

28. 아버지와 쌍둥이 아이들

29. 스펄전과 요셉 패스모어

설교 때문에 괴로움을 겪는 사람들의 감정에도 그처럼 어떤 비밀스러운 것이 있는 것 같다. 언어란 경험되어지는 것의 피상적인 특징을 제시할 뿐이 겠지만, 그 밑바탕에 설명할 수 없는 무언가가 있는 것 같다. 사실상, 그 문제를 분석해보려고 시도할 때, 우리가 마음 깊은 곳에서 느끼는 것은 그 문제 전체가 매우 불가사의하다는 것이다.

의심의 여지 없이, 설교자들은 이 문제에 대해 그들 편에서 무언가 할 말이 있다. 대중에게 노출되는 계층으로서, 그들은 특이한 어려움을 겪으며 수고한다. 예를 들어, 좋은 강의와 좋은 연극 작품은 반복될 수 있고, 우리는 앨버트 씨와 **코르시칸 형제들**(The Corsican Brothers, 알렉산드르 뒤마 작품으로 연극 무대에 올려지기도 했다-역자주)을 매일 밤 만날 수 있다. 하지만 좋은 설교는 단 한 번 존재한다. 그것은 마치 로켓처럼 쏘아 올려져서, 영원히 사라진다.

설교자는 두 번째 공연을 광고할 수 없다. 만일 그런 일이 일어난다 해도, 그런 일은 조용히 슬그머니 일어날 것이다. 하지만 성공은 빈번하지 않기에 이런 낭비와 사치는 심각한 결과를 초래한다. 다른 영역에서는 실패하더라도 대중의 이목을 피할 수 있다. 그런 실패는 잠정적일 뿐이며, 효과가 없었던 것으로 발견되는 즉시 중단하면 된다. 반면 한 번의 성공이 수개월 동안 대중의 마음에 각인된다. 하지만 설교의 경우에는, 좋고 나쁨이 동시에 드러나며, 인간의 본성은 그 평균점에 강하게 고정된다.

하지만 설교 영역에 대한 평가가 이처럼 낮기에, 어느 대단한 설교자의 등장에 흥분하는 갑작스러운 현상도 놀랍지는 않다. 만일 신문 기고자인 그 '시코의 거주민'이, 교회가 예배의 혜택을 얻지 못하는 것을 애석히 여긴다면, 왜 그런 현상이 비국교도에게 한정되는지 묻는 것은 아주 자연스럽다.

왜 국교회는 군중을 모으는 거물급 설교자를 갖지 못하는가?

물리적으로 말하자면, 국교회가 그런 설교자를 갖지 못할 이유는 없다. 한 세대에 한두 번꼴로, 국교회 성직자들 사이에서도 스펄전 목사처럼 큰 목소리가 있는 타고난 연설가가 나올 수 있다. 그런 사람이 나온다면, 국교회가 그를 활용하지 못할 어떤 설득력 있는 이유도 없다. 큰 음성은 결정적인 은사이자 자질이다. 그것은 그것을 바르게 사용할 목적이 없는 사람, 그 뛰어난 발성 기관으로 무엇을 말해야 하는지 생각이 없는 사람, 그리고 강단에서 단지 목소리 큰 것으로 젠체하는 사람에게는 헤프게 낭비될 수도 있을 것이다.

하지만 그것이 바르게 사용할 생각과 목적이 있는 사람에게 주어진다면, 효과는 만점일 것이다. 그런 경우 들을 사람들이 모일 것이며, 그것도 단지 첫걸음일 뿐이다. 함께 시작할 무리가 있으므로, 또 다른 무리가 올 것이고, 이어 세 번째 무리가 두 번째 무리를 따를 것이다. 이것이 전부가 아니다. 같은 공간이나 교회에 가득한 군중은 무언가 다른 느낌으로 한 연설가의 말을 듣는데, 군중은 그 자체로 군중을 느끼기 때문이다.

군중은 그 수를 의식하며, 모든 개인은 군중의 거대한 진동에 어느 정도 참여자가 된다. 이렇게 더해지는 힘은 엄청나다.

사정이 이러하거늘, 교회에 거물 설교자가 없었다는 것이 어찌된 영문인가?

그 이유는, 큰 목소리는 그것을 발휘할 적당한 재료를 요구하기 때문이다. 주지의 사실이지만 목소리는 그 특성상 감정을 싣는다. 목소리는 일률적으로 시끄럽거나 부드러울 수 없다. 어떤 것은 외쳐야 하고, 다른 것은 속삭여야 한다. 누구도 수학 원리를 큰소리로 외치지 않으며, 여러 개연성을 가늠할 때 천둥소리를 내지 않는다. 아무도 조언할 때 큰 소리로 말하지 않는다.

그런데 어떤 분명한 진리, 강한 감정을 표현할 때는 소리쳐야 한다. 종교에서는, 틀림없이 교리의 형태로 강조해야 할 무언가가 있을 것이다. 갑작스러운 회심이라든가 저항할 수 없는 은혜의 교리는 소리쳐 말할 수 있다. 하지만 예컨대 자유의지를 다룰 때처럼 온건하고 합리적으로 전달해야 할 때조차 늘 소리만 치려고 애쓴다면, 그런 사람은 자신도 모르게 소리가 줄어든 것을 발견할 것이다. 그러므로 크게 소리를 낼 때는, 그런 소리를 낼만큼 '시끄러운'(loud) 교리적 내용이 담겨야 한다.

하지만 영국 국교회는 '시끄러운' 교리와는 거리를 두는 편이다. 국교회의 일반적인 표준은 그것과는 반대다. 국교회의 기초는 균형 잡힌 것에 있다. 반대되는 진리들을 혼합하고, 신중한 이의제기나 입장 부인을 통해 교회의 가르침에 정당성을 부여하는 것이 국교회의 주된 방식이다.

영국 국교회는 로마교회에 반대하면서도 가톨릭주의를 전하고, 제네바에 반대하면서 신교를 주장한다. 이것이 아주 합리적이고 진실일 수는 있겠지만, 대중적인 설교에 비하면 호감을 얻지 못한다. 국교회는 두 개의 분파로 나뉘는데, 한쪽은 외치는 것이 틀렸다고 생각한다. 그렇게 하는 것이 예배의 원리와 반대된다고 여기기 때문이다.

이 학파는 특히 이런 관점에서 소위 '무례한 세계'와는 대조적인 입장에 선다. 그들이 보기에 무례한 세계란 항상 소리치고, 무엇이든 시끄럽고 소란스럽게 행한다.

그들 스스로 생각하기에 그들은 대담무쌍하고 뻔뻔한 이단자들과는 대조적이다. 국교회는 옷을 화려하게 차려입고, 종교적 진리를 전달할 때는 세련미와 좋은 취향도 갖추었다. 국교회는 종교적 진리란 베일에 가려진 채 단편적인 방식으로만 전달되어야 한다고 생각한다. 그것이 양식 있는 자들의 예민한 귀에는 들리고 불경한 자들의 귀에는 그냥 지나치도록 하기 위해서다. 이 모든 것이 아주 탁월하고 세련되지만, 인기를 끄는 설교와는 거리가 멀다. 그래서 다른 한 분파도 있다. 다른 분파는 원한다면 크게 말한다. 그것을 반대할 이론은 없으며, 그 분파의 가르침도 그것을 인정한다.

게다가 이 분파는, 비록 겉으로 내세우기로는 강력한 교리를 주장하지만, 실제로는 그런 교리를 상당히 누그러뜨리고, 국교회의 온건한 기준으로 기울어진다. 그리하여, 비난을 두려워하고, 알려진 표준, 나태, 공손, 그 외 다른 것들을 크게 존중하여―한쪽은 소리치는 것을 이단적이라 여기고, 다른 한쪽은 대중적인 것을 불손하다고 여김으로써―영국 국교회에는 거물 설교자가 없는 것이다.

그것은 한 가지 질문이 떠오르게 한다. 즉, 일반적인 정책에서, 우리가 지나치게 조심하는 건 아닌가, 이론적인 정확성을 기하려다 실제적인 효율성을 많이 희생하고 있진 아닌가 하는 것이다.

조금은 지나치고 조금은 일방적이어도, 인간의 마음에 선하고, 중요하고, 자연적인 방식으로 호소하는 면에서 유익하다면 용인될 수 있지 않을까?

우리 입장으로는, 강력한 음성을 가지고 스펄전 목사처럼 행동하는 복음주의 성직자를 반대하지 않는다. 두 가지 교리가 실제로는 상당히 같다.

무슨 비판이 두렵기에 복음주의 학파가 효과를 낼 수 있는 방식을 실행하지 못한단 말인가?

인습적인 기준의 영향력이 우리 모두를 겁쟁이들로 만든다.

1857년 6월, 「브리티시 계간 논평」(The British Quarterly Review)은 장문의 기사를 실었다. 다음의 내용은 그 첫 단락과 마지막 몇 단락들이다.

1. 찰스 스펄전과 설교 강단(Pulpit)

"스펄전 목사는 유명인사다. 그는 수개월 동안 엑서터 홀을 열렬한 청중으로 가득 채웠다. 서리 가든의 거대한 음악당은 9,000명을 충분히 수용할 만큼 넓지만, 그는 거기서도 같은 일을 했다. 지금까지 설교자들이 잘못해왔다는 느낌을 지울 수가 없다. 심지어 군중은 전보다 더 모여들고 있다. 엑서터 홀에서와 마찬가지로, '보통 사람들'이 거기에 있다. 하지만 지금은 그들뿐 아니라 그들보다 높은 계층의 사람들도 많다. 전문 직업인, 상원 의원, 국무대신, 귀족들이 스펄전의 청중 가운데 포함된다. 이는 의문의 여지가 없는 사실들이다. 아주 특별한 무언가가 있음을 모두 느끼는 것이다.

그런 현상을 어떻게 설명할 것인가?

서리 가든에서 주일 집회에 나타나는 현상을 설명하려면, 그 설교자 개인이나 그가 제기하는 진리 체계를 넘어서, 그 자체에 신적 손길과 같은 것을 인정해야 한다고 우리는 믿는다. 절대 지혜의 존재가, 종종 세상 지혜를 조롱하려는 목적으로 선택된 듯이 보이는 방법과 도구들을 활용하여 활동해왔다. 그분이 기독교를 세우셨을 때 그렇게 했고, 또한 그와 같은 일을 다시 행하실 수 있다.

요즘에는 심사숙고하여 점잖게 꾸짖는 것이, 특히 스스로 선견지명이 있는 부류에 속한다고 여기는 사람들 사이에서 만연하게 되었다. 어떤 사람들은, 종교와 연관된 모든 것을 큰 난제이자 신비에 둘러싸여 있다는 식으로 말한다. 그들은 그런 모든 문제와 관련하여 두 가지 측면이 있으며, 부정적인 측면이 일반적으로 상상하는 것보다 훨씬 더 크다고 말한다. 따라서, 그들은 주저하거나 의심하는 상태에 있는 것을 지성의 징표라고 여기고, 반면, 무언가에 대해서 적극적으로 확신하는 것은 속되고 천박한 정신의 징표라고 여긴다.

영국인들은 복음의 교리들에 상당히 익숙하다고 알려졌지만, 사실상 더 나을 것도 없다. 그들은 그런 주제에 대해 자만심을 가지면서도 실상은 아무것도 알지 못하는 고집통이일 수 있다. 요즘에 교육받은 사람이란, 단언이나 주장에 만족하지 않는 사람이다. 그 결과, 설교자는 그런 문제들을 이전보다 많이 다루게 되었다.

요즘 시대에 성경의 권위를 주장하는 것은 허사이며, 예전처럼 복음의 교리를 주장하는 것이 헛수고라고 사람들은 말한다. 설교자는 더 사려 깊고, 더 솔직하고, 더 포용적이어야 한다. 그는 더 많은 지성, 더 독립적인 자세, 더 철학적인 정신을 가지고, 전하는 주제를 더 폭넓고 일반적인 근거 위에서 제시해야 한다. 달리 말하면, 소위 '옛 진리'를 전하는 옛 방식의 시대는 끝났다. 화이트필드가 다시 돌아온다고 해도, 우리 세대에는 그다지 감명을 주지 못할 것이다.

하지만 여기 한 사람이 등장했다. 그는 음성, 침착성, 위엄, 혹은 천재성에 있어서 화이트필드와는 다르지만, 화이트필드가 그랬듯이, 이 모든 병든 감상주의와 비겁한 불신앙을 단번에 쓸어버린다. 그 모든 것이 그에게는 단지 길을 막는 가느다란 거미줄에 불과하다. 그는 온 힘을 다해 바울의 옛 교리를 바울의 언어로 전할 뿐 아니라, 그 자신의 과장된 언어로 전하기도 하는데, 아마도 후자에 대해서는 바울은 꺼렸을 것이다.

이 사람은 복음의 근원에 대해, 그것이 무엇인지에 대해, 그것이 어떻게 우리 마음에 자리 잡게 될 것인지에 대해, 의심이라곤 없다. 그 모든 주제에 대해 그의 생각은 확고하다. 그는 복음의 옛 교리들이 아주 훌륭한 역할을 해왔음을 의심하지 않는다. 오히려 그는 다른 어디에서도 선한 것을 기대하지 않으며, 오직 복음의 옛 교리들을 위해 모든 노력을 기울인다.

우리가 복음에 대해 아는 것과 모르는 것 사이에서, 철학적 정확성, 문학적 세련미, 점잖은 분별은 우리를 극단에 서게 하지 않는다. 어쩌면 거의 아는 것이 없는 위치에 서게 할 것이다.

어떤 사람에게는 이런 태도가 이 시대에 아주 필요하다고 간주하겠지만, 스펄전 목사는 그런 것을 조롱한다. 그는 옛 바울의 교리를 직접적이고 독단적으로 선포한다. 그 개요를 부드럽게 완화하려는 조금의 시도도 하지 않는다. 그 결과에 대해, 어떤 일이 따를까에 대해서도 괘념치 않는다. 진실로, 신의 섭리는 다시금 이 세상 지혜를 어리석게 만든 것처럼 보인다. 어떻게 설교해야 하는지를 잘 아는 신사 계층의 사람들이, 그들의 심오한 교훈을 텅 빈 신도석 의자 앞이나 외딴 구석진 곳에서나 전하고 있는 반면에, 서리 가든의 그 젊은이는 9,000명에 이르는 청중을 가리키며 이런 질문을 던질 수 있다,

'이 광경을 목격하는 사람이라면, 영성이 깃든 복음이, 저 선한 옛 복음이, 인류의 가슴에 큰 능력이 될 수 있다는 희망을 어찌 잃어버릴 수 있겠습니까?'

* * *

다음 글은 유잉 리치(J. Ewing Ritchie)가 '크리스토퍼 크레용'(Christopher Crayon)이라는 필명으로 쓴 글에서 발췌한 내용이다. 이 글은 『런던의 강단』(The London Pulpit)이란 제목의 그의 책에 실렸으며, 1857년에 '모든 사람이' 그 젊은 설교자에 대해 '좋게 말한 것은 아니었음'을 보여준다.

2. 찰스 해돈 스펄전 목사

나는 교회와 세상 사이에 차이가 거의 없는 것을 염려한다. 양쪽 다, 무지, 뻔뻔함, 허풍을 선호하는 풍조가 된 듯 보인다. 스펄전 씨의 경우를 보면, 양쪽 모두 같은 우상을 숭배하기로 동의했다. 일요일 오전, 서리 음악당에서 일어나는 일보다 더 천박한 일은 다른 어디에도 없다. 스펄전의 예배는 열한 시 15분 전에 시작하지만, 문은 한 시간 삼십 분 전에 열린다. 그 사이에 남자와 여자들이 밀물처럼 계속해서 들이닥친다. 더러는 도보로 오고, 어떤 이들은 작은 탈 것을 이용하고, 많은 이들은 승합 마차를 이용한다. 이들이 한 꺼번에 몰려오는 것에 세상이 놀랄 정도다. 그렇게 마구 뒤섞인 군중은 연구 대상이다.

서리 가든 한 곳에 모이는 회중은 이처럼 매우 다양하다. 실제 양들—파크 스트리트교회의 본래 교인들—은 독특한 사람들이어서 알아보기 쉽다. 그들은 아주 수수하고, 상당히 고전풍의 옷을 입고 있다. 일견하면, 남자들은 눈을 찌푸리고, 딱딱하고, 투덜거리기 잘하는 모양새이고, 여자들은 억세고 퉁명스러워 보인다. 하지만 그들의 말을 믿자면, 그런 사람들, 오직 그런 사람들만이, 새 예루살렘의 진주 길을 걸을 것이며, 순교자들과 선지자들과

아브라함과 이삭과 야곱 같은 거룩한 성도들과 함께 앉을 것이며, 어린 양의 혼인 잔치에 참여할 것이다.

여기에 귀족이 있고, 저기에 양복장이가 있다. 한쪽에서는 귀부인이 무료한 시간을 죽이고 있고, 다른 한쪽에서는 가난한 소녀가 여주인의 비싼 옷을 바느질하느라 앉아서 밤을 새운다. 여기 욕쟁이가 들어와 웃고 있고, 저기에는 한 성도가 기도한다.

이 마른 뼈들이 살아날 수 있을까?

설교자가 이 대규모 청중의 마음을 감동할 수 있을까?

자기 자신보다 강력한 주문 같은 것에 사로잡혀, 이 청중이 비통과 고뇌로 '우리가 어떻게 하여야 구원을 얻을 수 있을까?'

어떤 복음을 외치게 될까?

독자들은 이런 대중이 아마도 찰머스(Chalmers)나 파슨즈(Parsons), 혹은 멜빌(Melville)이나 어빙(Irving)과 같은 성스러운 인물 휘하에서 그 마음이 녹았을 것이며, 여기서도 인간의 같은 감정의 흐름을 본다고 생각할 것이다.

아! 독자 여러분이 틀렸다!

스펄전 목사에게는 '모든 생각과 모든 감정과 모든 기쁨을' 뒤흔들 능력이 없다. '무기를 흔들며, 그리스를 호령할만한' 것이 그의 속에는 없다. 그의 가장 격렬한 선언 속에서도, 여러분은 그의 청중이 아무런 감동도 받지 못했음을 발견할 것이다. 그의 표현은 조잡하고, 그의 묘사는 서툴기에, 여러분은 줄곧 마음의 동요 없이 차분히 앉아 있을 수 있다. 곁에 있는 한 거만한 미녀가 나른하게 부채질하는 동안, '몹시 지친' 찰스 매튜스는 시기할지 모른다.

저 설교자를 보라. 수수께끼가 풀린다. 여러분은 그가 높이 비상하는 사람이 아님을 단번에 알아본다. 그는 자기 청중들을 이끌고 황홀경 속에 떨며, 하늘을 향해 비상하는 그런 사람이 아니다.

물론, 때로는 그의 입술에서 거친 웅변 또는 유창한 연설이 쏟아져 나오기도 한다. 그 주변의 군중은 그런 것 때문에 모여들 것이다. 그 연설가는 언제나 그의 청중과 함께 솟아오른다. 그의 경박한 말을 고대하는 흥분한 수천 명과 함께 있을 때, 그는 열정이나 마음의 요동 없이 가만히 있을 수 없다. 그의 말과 생각은 그들에게서 나온 것이다. 그 시간에 흥분이 있다. 그 주제에 흥분이 있다. 그 현장의 군중에게도 흥분이 있다. 설교자가 물리적인 지옥에 대해 말하고, 물리적인 천국에 대해 묘사할 때, 본성의 어떤 감각적인 부분이 일깨워지고, 인생에 변화가 생길 수도 있을 것이다.

작은 원인으로 큰 사건이 생길 수 있다. 우연한 한마디 말이 새롭고 더 나은 삶의 시작이 될 수도 있다. 하지만 생각이 깊은 사람은 아무것도 배우지 않을 것이다. 그런 사람은 스펄전의 말에서 마음의 양식이나 기독교인의 덕목 같은 것을 얻지 못할 것이며, 차라리 집에 머무는 편이 낫다고 느낄 것이다. 사려 깊은 사람에게, 스펄전 목사는 기껏해야 입심 좋은 설교자에 불과하다. 아마도 그런 사람은 스펄전의 예배에서 돌아올 때 그 시끄럽고 혼잡스러운 것 때문에 역겨움을 느낄 것이고, 하나님의 집이 아니라 광장에 다녀온 기분일 것이다.

그 설교자의 진부한 기도, 의문스러운 연설 방식, 신조의 편협, '복되신 하나님의 영광스러운 복음'에 대한 설교자의 유감스러운 오해에 대해서도 비슷한 역겨움을 느낄 것이다. 역겨움이 느껴지는 것은, 신성한 영감을 전하는 일에서, 그가 무지와 낯두꺼운 건방짐과 대단한 폐활량을 두루 갖추었다는 점도 마찬가지일 것이다. 사려 깊은 사람이라면, 돌아오는 길에, 필시, 스펄전 목사를 런던에서 가장 어리고, 가장 시끄럽고, 가장 악명높은 설교자라고 인정할 것이다. 더 나아가, 스펄전 목사를 평소 극장에 가지는 않으면서도 극장의 흥분을 갈망하는 사람들의 우상이라고 여길 것이다.

스펄전의 회심자들도, 더 나이를 먹으면—기독교를 더 잘 이해하게 되면서—그 열광적인 청중 가운데서 극적인 대화술에 의해 야기된 흥분이 사라지고 나면, 역시 같은 것을 느끼게 되지 않을까?

하지만 1857년 10월 7일의 행사에서 이 사람의 청중은 거의 24,000명에 이를 정도였다. 그런 일은 기적적으로 보인다. 인기의 기준에서 보자면, 스펄전 목사는 우리의 가장 위대한 연설가 중 하나일 것이다. 사실, 런던에서 군중을 모으기란 어렵지 않다. 내가 그저 한낮에 치프사이드(Cheapside)에 가만히 서 있기만 해도, 즉시로 군중은 모여들 것이다. 상류 계층은 스펄전이 휘두르는 것보다 더 세련된 무기를 요구한다. 하지만 그는 사람들에게 편안한 방식으로 설교하고, 사람들은 그런 걸 좋아한다.

그는 언제나 명료하며, 절대 따분하지 않다. 또한, 그의 음성은 놀랍다. 그 자체로만 보면, 그 소리를 들으러 가볼 만하다. 그는 언제든 강단에 설 준비가 되었고, 그것은 연설가에게 매우 유용한 자질이다. 그의 전달 방식은 그 자체로 교육받지 못한 청중에게 호감을 준다. 우리는 옛 기적극(miracle-plays)과 작별했다. 거기서는 성부 하나님이 푸른색 외투를 입고서 무대에 등장하며, 마귀는 뿔과 꼬리를 달고 등장한다.

하지만 그 원리―사람들이 추상적인 진리보다는 극적인 묘사를 좋아한다는 것―는 호소력이 있었고, 지금도 여전하다. 스펄전 목사는 그것을 성공적으로 활용한 것이다. 또 하나의 특이한 사실―스펄전은 그것을 진리의 한 가지 증거로 인용할 것이다―은 스펄전 목사가 전하는 소위 '높은 교리'라고 하는 것인데, 그 교리는 모든 인간의 교만을 낮춘다. 그것은 우리가 필연적으로 범죄자들이고, 어쩔 수 없는 바보들이라고 가르친다. 그 교리는 언제나 인기가 있고, 특히 런던의 서리 가든 쪽에서는 더욱 그런 것처럼 보인다.

결론적으로, 내가 스펄전 목사를 비난한다고 오해하지 말기를 바란다. 우리는 칼리반(Caliban)이 스테파노(Stephano) 발 앞에 엎드려서, '그가 용감한 신이고 천상의 음료를 가졌다고 맹세할 때' 스테파노를 비난하지 않는다(칼리반과 스테파노는 셰익스피어 템페스트에 등장하는 극중 인물들-역자주). 극소수의 설교자에게만 사람들이 설교를 듣기 위해 모인다. 스펄전 목사는 그런 면에서 성공적이다. 사람들이 왜 더 좋은 설교자들에게 가서 듣지 않는지 유감이다. 하지만 어쨌거나, 누구도 스펄전 목사를 비난할 수 없다. 그는 두려움 없이 정직하게 영성으로 그가 진리라고 여기는 천성으로 가는 메시지를 전하기 때문이다.

제32장

"다운-그레이드"(Down-grade) 논쟁[1]의 전조

선한 청지기로서, 우리는 교회에 오는 모든 사람에 대해 진리의 대의를 유지해야 합니다. '종교적 논쟁에 빠지지 마십시오'라고 한 사람이 말합니다. 그 말인즉슨, '그리스도의 군사가 되십시오. 하지만 당신의 칼을 칼집에서 녹슬게 놔두고, 천국에 갈 때는 겁쟁이처럼 조용히 숨어서 들어가십시오.'라는 말로 해석될 수 있습니다. 그런 조언에 나는 찬성할 수 없습니다. 하나님이 여러분을 진리로써 부르셨다면, 그 진리를 여러분의 구원의 수단으로 계속 붙드십시오. 우리는 싸우기를 좋아하거나, 까다롭게 항상 경쟁하려고 해서는 안 됩니다. 하지만 우리가 성령의 진리를 배웠다면, 우리 선조들이 목숨 걸고 세웠던 깃발이 찢어지는 것을 온순하게 보고만 있을 수는 없습니다.

지금은 우리가 진리를 열정적으로, 격렬하게, 계속해서 주장해야 하는 시대입니다. 많은 사람이 그렇게 하고 있듯이, 놀이하듯이 내키는 대로 행동하고, 오늘은 이것을 믿다가 내일은 저것을 믿는 것은, 진노의 자녀라는 확실한 징표입니다. 하지만 바울이 디모데에게 명했듯이, 진리를 받은 후에 그것을 있는 그대로 굳게 지키는 것은, 천국을 유업으로 받는 사람들의 의무 중 하나입니다.

진리를 위해 굳게 서십시오!

충성된 사람들에게 하나님이 승리를 주실 것입니다!

1867년, 찰스 해돈 스펄전.

---

[1] 다운-그레이드 논쟁(Down-grade Controversy)이란 1887년에 스펄전이 자신이 속한 교단에서 시작된 격렬한 논쟁에 붙인 이름이다. 그해 8월 스펄전은 자신의 월간 잡지 「칼과 모종삽」(*The Sword and Trowel*)에 글을 실었는데, 그것이 "속죄를 무시하고, 성령의 영감을 비웃고, 성령을 하나의 영향력 정도로 비하하며, 죄에 대한 심판을 하나의 허구로, 부활을 하나의 신화로 바꾸어버린" 침례교 목사들의 이목을 끌었다. 이 심각한 이단들과 나란히 "교회와 무대, 카드놀이와 기도, 춤추기와 성례를 하나로 묶는" 시도들이 진행되었다. 달리 말하면, 스펄전은 현대주의와 세속성을 동시에 공격한 것이다. 결국 그는 침례교 연합에서 물러났다. 의심의 여지 없이, 다운-그레이드 논쟁은 그가 57세라는 비교적 이른 나이에 숨지도록 영향을 미쳤다.

1887년 "다운-그레이드" 논쟁이 크게 벌어졌을 때, 스펄전은 그 자신이 그리스도의 충성된 증인이자 '순교자'임을 입증했다. 많은 사람이 어리석게도 그가 새로운 '역할'을 맡았다고 상상했다.

더러는 그가 단지 복음을 전하기만 하고 소위 "이단자들"은 제 갈 길을 가도록 내버려 두었더라면 더 좋았을 것이라고 말했다!

그런 비평은 그의 전 삶의 역사에 비추어볼 때 낯설고 어울리지 않는 것임이 틀림없다. 사역의 초기부터, 그는 열성적으로 성도에게 주어진 믿음을 위해 싸워왔기 때문이다.

"죄와의 싸움과 주님을 위한 수고의 기록"으로서 「칼과 모종삽」이 매달 간행되기 오래전부터, 그 잡지의 편집인이었던 스펄전은 '싸우고 세우는' 일에 분주하게 종사해왔다. 즉, 모든 형태의 오류와 힘차게 싸우고, 동시에, 믿음 안에서 예수 안에 있는 진리의 지식으로 인도된 성도의 덕을 세우고 굳세게 하는 일에 애써 온 것이다.

스펄전이 목회하던 교회가 뉴 파크 스트리트교회에서 예배하는 동안, 널리 알려진 두 가지 논쟁이 있었다.

첫째, 찬송가 문제와 관련하여 야기된 것이다.

논란이 된 것은 토머스 토크 린치(Thomas Toke Lynch) 목사가 편찬하고 『개울: 마음과 목소리로 부르는 찬송』(The Rivulet: or, Hymns for the Heart and Voice)이라는 제목이 붙은 찬송가였다. 다른 논쟁은 제임스 볼드윈 브라운(James Baldwin Brown) 목사의 설교집 발행에서 야기된 것인데, 그 설교집의 제목은 『인간 속에 있는 신적 생명』(The Divine Life in Man)이었다. 그 시기에 스펄전에 대해 반대 의견을 냈던 유잉 리치(J. Ewing Ritchie) 씨는 동시에 린치 씨에 관해서는 우호적인 글을 썼다.

"몇 년 전, 당시 런던대학의 교수였고 지금은 맨체스터에 있는 오언(Owen)대학의 교수인 스콧(Scott) 씨가 시내에 있을 때였다. 당시 기독교와 철학을 조화시키려는 정직한 시도가 있었던 것으로 보인다. 비록 그것이 교회의 신조와는 일치하지 않지만, 기록된 말씀에서보다는 살아있는 인간의 가슴을 교과서로 취했다는 점에서, 그것은 참되고 진지하면서 종교적인 노력이었다. 우리 시대에, 같은 일이 시도된다. 그런 시도를 할 용기를 가진 사람에게는 마땅히 명예가 주어져야 할 것인데, 그는 바로 토머스 린치 목사다."

「침례교 소식지」(The Baptist Messanger)는 1856년에 제임스 그랜트의 소책자 「개울 논쟁」(The Rivulet Controversy)을 검토하면서, 그 논쟁의 요점을 아래와 같이 제시했다. 이를 통해 오늘날의 독자들은 당시 논쟁의 요점들을 이해할 수 있을 것이다.

"T. T. 린치 목사의 시집이 최근에 출간되었다. 이 '찬송가들'은 「이클렉틱 리뷰」(The Eclectic Review)에 강력히 추천되었으며, 이어 「패트리엇」(The Patriot), 「비국교도」(The Nonconformist)에서도 추천되었다. 한창때 복음적인 진리를 위해 많이 봉사했던 「모닝 애드버타이저」(The Morning Advertiser)의 편집인(제임스 그랜트 씨)은 그 책에 대해서도 평론했다.

그는 린치 씨와 그의 시를 아주 정중하게 언급하면서도, 복음의 본질 면에서 볼 때 그 '찬송가들'에는 심각한 결점이 있다고 선언했다. 그 찬송가에는 그리스도의 신성, 구주의 대속적 희생과 중보 사역, 성령의 인격성 및 직무와 활동에 대한 명확한 인식이 없을 뿐 아니라, 동시에, 본성적이고 총체적인 타락 교리를 부인하는 입장을 은근히 암시하기 때문이다. 거기서 뒷부분의 비판에 대한 증거로, 그랜트 씨는 의문시되는 찬송가 중 하나에서 다음의 연(聯)을 인용하여 제시한다.

'작은 연못 같은 우리 마음
밀려오는 바닷물 옆에 가만히 머물러,
생각에 잠겨 안식하노라면
잔잔하고 시원한 수정 같은 샘물이 되네.
얼마나 아름다운 푸른 초목이
그 안에서 자라고 있는지,
이 짧은 안식이 아니었다면
우린 그것을 볼 수 없었으리라.'

「모닝 애드버타이저」의 편집인은 '이런 식의 찬송가들이 공적 예배 장소에서 불리고 인용되는 것을 상상해보라'고 말한다. 그 찬송가의 63번째 노래에 '시'는 있지만, 그 속에 실제적인 경건은 조금도 찾아볼 수 없다고 그랜트 씨는 말한다.

그는 덧붙이기를, 만약 그 신사적인 목사의 설교 주제들이 근본적으로 그의 찬송가들의 주제와 유사하다면, 그의 목회적 돌봄 아래에 있는 사람들이 영혼의 고뇌 속에서 우리가 어떻게 하여야 구원을 얻으리이까?

이렇게 외치는 경우는 극히 드물 것이라고 말한다.

다음 호에 이어지는 글에서, 위의 작가는 「이클렉틱 리뷰」가 린치 씨의 '변형된 이신론'을 홍보한 점에 대해, 그리고 그런 혐오스러운 글이 다른 잡지에도 은근슬쩍 실리기를 바란 점에 대해 유감을 표명했다. 이 혹평에 대해 이클레틱의 편집인이 대응했다. 그의 대응은 단호한 반대자로부터 더 이상의 항의를 받지 않아도 될 정도로 솔직하지 못했다. 그랜트의 혹평에 「이클렉틱」은 분개했으며, 그랜트 씨를 '극단적으로 개인적 편견'에 영향을 받아 '추악하게 중상을 일삼는다'고 비난했다.

이에 대해 우리는 주저 없이 다음과 같이 말해야겠다. 즉, 「모닝 애드버타이저」의 편집인에 대해 우리가 아는 것에 기반하여, 우리는 그가 신실한 그리스도인 신사로서 천박하고 무가치한 동기에 영향을 받을 인물이 아니라고 증언할 수 있다. 그러기는커녕, 그랜트 씨는 그 책에서 드러난 문학적인 격조를 기꺼이 인정했으며, 린치 씨에 대해 상냥하면서도 아주 지성적이라고 말했다. 그랜트 씨가 비난한 것은 단지 린치 씨의 '신학'에 대한 것이다.

「이클렉틱 립뷰」 3월호에서, 논쟁은 열 배 이상으로 강렬하게 재개되었다. 이때는 알론(Allon), 비니(Binney), 뉴먼 홀(Newman Hall)이 이끄는 런던의 주요 목사들 15명 정도가 「이클렉틱 리뷰」의 편집인과 그들의 피보호자 격인 린치 씨를 돕기 위해 참여했다. 그들은 그 찬송가 저자의 정통성에 대해서뿐 아니라 그 찬송가의 문학적이고 경건한 장점들을 옹호했으며, 15명 모두의 서명을 실은 형태로 공개적으로 권장하였다.

「모닝 애드버타이저」의 편집인은 공격자들의 신분이나 재능 때문에 전혀 겁먹지 않았다. 그는 인상적인 밀집 대형으로 밀고 오는 연합군에 대항하여 한 가지 단순한 질문으로 맞섰다.

"뉴먼 홀 씨, 비니 씨, 마틴 씨, 혹은 그 반대파 15인 목사 중 누구라도, 우리가 방금 인용한 그 찬송가를 자신의 관점과 조화시켜서 그의 예배당에서 발표할 수 있겠는가?

그들 중 어느 한 사람도 감히 이 질문에 긍정적인 답변을 하지 못할 것이다.

만약 그렇다면, 우리가 묻는다.

대체 이 목사들은 무엇 때문에 싸움터에 나타난 것인가?

그들이 '싸움이 일어나기 전에 시비를 그칠 것이니라'(잠 17:14)는 지혜자의 조언에 귀를 기울였더라면, 그랜트 씨의 비평과 항의에 나타난 장점을 인정해주고 그 문제에 끼어들지 않았더라면, 그들 자신을 위해서나 이클렉틱 리뷰를 위해서라도 훨씬 좋았을 것이다. 우리는 이 15명의 목사가 자발적으로 또 불필요하게 이 일에 참견한 것을 무척이나 개탄한다. 특히 우리가 염려하는 이유는, 그것이 그들이 초월주의 신학 쪽으로 명백히 기울어질 조짐을 나타내기 때문이다. 초월주의 신학의 해로운 영향은 한때 번성했던 많은 교회에 치명적이었음이 입증되었다.

강력한 필체로 쓰였고, '비국교도 신학'이라는 제목으로 「배너」(The Banner)에 실린 일련의 기고문에서, 캠벨 박사는 린치 씨의 책을 자세히 살펴 분석한 결과를 제시했다. 그 기고문에서 그는 린치 씨의 책은 기독교 교리의 초보적인 원리에서뿐 아니라 시적 탁월성 면에서도 결핍되었고, 어느 무신론자든 작문하거나 활용할 수 있는 시를 찬송가 편에 모아두었다고 선언한다.

우리는 그랜트 씨가 그의 소책자에서 솔직한 진실을 실은 것에 대해 감사한다. 그는 그 책자에서 한때 성도에게 전해진 신앙을 위해 고상하고도 열성적으로 싸웠다. 그 자신의 말을 빌자면, 그것은 일종의 '수고'였으며, '전능자께서 분명한 성공으로 영예롭게 하시기를 기뻐하실 일'이었다."

5월 23일자 「크리스천 캐비닛」(The Christian Cabinet)에서, 뱅크스(Banks) 씨는 스펄전이 쓴 다음의 기고문을 실었다.

"내 의견 『개울』이라고 제목이 붙여진 책의 등장은 가장 기억에 남는 논쟁을 촉발했다. 나는 그 격렬한 소란의 시시콜콜한 내용으로 들어가지 않을 것이다. 고상한 계급에 속한 양측의 투사들은 최선을 다했고, 주를 위해서 싸운다고 공언했으니, 주님의 평결을 기다려야 한다. 그 싸움의 일부는 공정하게 진행되지 않은 것 같다. 그 싸움에서 불명예 외에는 얻은 것이 거의 없는 몇 사람이 있다. 반면 충성 되고 용감하게 진리를 옹호한 것 때문에 영원토록 고맙다는 인사를 받을만한 사람들도 있다. 다른 때에 나는 그 주제에 대해 '내 의견'을 제시할 수도 있을 것이다. 여기서는 교리적인 논점들에 대하여, 내 마음이 그 찬송가 작가의 신학을 비난한 사람들과 전적으로 함께한다고 말하는 것으로 충분하다.

편집인의 허락을 받아, 나는 과거를 잠시 잊고, '내 의견'을 제시할 것이다. 그것은 큰 소용이 없을지도 모르나, 참을성 있게 들으려는 사람들도 적지 않다. 우선, 이 책 『개울』에 대해 말하자면, 나는 린치 씨가 거주하는 마을을 제외하고는 다른 어디에서도 공적 집회에서 그 책을 '마음과 목소리로 부르는 찬송'으로 사용하고픈 사람을 찾기 어려울 것이라고 믿는다. 어느 한 책이 매우 뛰어나면서도, 특정한 목적에서는 부적합할 수 있다. 공적 예배에서 옛 퀄즈(Quarles, 17세기 영국 종교 시인-역자주)의 싯구를 부를 사람이 있을 거라고 누가 꿈이라도 꾸겠는가?

'퀄즈의 『마음의 학교』 시집에서 150쪽에 나오는 송영을 불러 하나님을 찬미하자'고 말하는 성가대 선창자를 상상해보라!

> '정녕!
> 언제까지
> 누운 채로 나는
> 땅 위를 기어야 하나?
> 기쁨 없는 이곳에서
> 언제나 올라갈 수 있을까?
> 천하고 슬픈 나를 고치는 곳
> 그곳으로 나는 언제나 올라가려나?
> 행복은 무척이나 높이 있지만
> 약간의 해결책도 틀림없이 있으리.'

우리는 밀턴의 <실낙원>(*Paradise Lost*), 허버트(Herbert)의 <성전>(*Temple*),

영(Young)의 <한 밤의 생각>(*Night Thoughts*)을 예배당에서 노래할 수 없다는 이유로, 그런 시에서 흠을 찾아서는 안 된다. 하지만 『개울』의 저자는 그것이 '찬송가'라 주장하고, '교회당에서 낭독이나 노래로 사용하기에 적합하며' 노래로 사용하는 것을 가능하게 하려고 시편의 선율을 붙였다.

그러므로 우리는 그 책을 찬송가의 기준으로 판단해야 한다. 그런 기준에서 우리의 확고한 견해는, 버틀러(Samuel Butler, 17세기 영국 시인-역자주)의 후디브라스(*Hudibras*,, 버틀러의 영웅풍자 서사시-역자주)가 천국에서 노래될 때까지는, 린치 씨의 『개울』이 이 땅 성도의 총회에서 채택되지 않으리라는 것이다.

만약 우리 중 누구라도 감히 강단에 올라 '자! 우리『개울』에 있는 34번째 찬송가를 부름으로써 예배를 시작하도록 합시다'라고 소리친다면, 우리의 교회들에서 나이 든 여성 가운데, 목사의 머리를 향해 변기통을 던진 저 옛 스코틀랜드 여인을 모방하지 않으려는 여성은 거의 없을 것이다. 『개울』에 실린 34번째 곡이란 이런 식이다.

> "바람이 불 때
> 힘차게 앞으로 행진하며
> 능력과 기쁨을 느끼라.
> 무거운 공기 속에
> 마음은 무거워도
> 불어오는 모든 바람
> 절망을 날려 보내리."

나는 어떤 부정적인 반응도 두려워하지 않고 이렇게 묻는다―그리스도의 나라에서 어떤 사람이 저 마지막 두 행을 노래로 부를 수 있단 말인가?

나는 이런 노래를 교회에서 찬송으로 부르자고 옹호하는 사람을 만나지 못할 것이라고 믿는다. 이제 나는 단지 이 진술로써 이 **첫 번째** 논지를 끝맺으려 한다.

만약, 어느 한 책이 스스로 규정한 성격에 맞지 않으면, 다른 면에서 아무리 뛰어나더라도, 그것은 실패작이다. 그 지적인 저자가 수정판을 내고, 다른 말로 서문을 써서 그의 책이 다른 목적으로 쓰인 것이라 주장한다면, 큰 반대를 조용히 면할 수 있을 것이다. 만약 그 저자가 그와 함께 노래 부를 사람을 찾을 수만 있다면, 그는 자신의 작품을 여전히 '찬송가'라 여기며 사용할 수 있을 것이다.

두 번째로, 단지 문학 작품으로 그 찬송가를 읽을 때, 나는 그 책이 빈축을 살 정도는 아니라고 여긴다. 그중에는 아주 우아하고 세련되어 진정한 시라고 할만한 것들이 포함되어 있다. 때로는 꽃들 혹은 빗방울의 소리처럼 맑고 부드럽게, 그 시인의 생각은 마음속에 계속해서 메아리를 불러일으킨다. 뿌연 안개가 자욱하기도 하지만, 어둠을 밝히는 시적인 빛도 충분하다. 나는 그 책에 이해할 수 없는 작문도 상당량 포함되었다고 믿는다.

하여간, 내가 연결을 이해할 수 없는 많은 문장이 있다. 하지만, 의심의 여지 없이, 그 단어들의 배후에는 장엄한 생각이 있고, 가끔은 적절성에서 놀라게 만들기도 한다. 그 책에 아주 놀라운 건 없다. 우리는 더 나이 들기 전에 그보다 월등히 나은 작품들을 볼 것이라고 기대한다. 적어도, 우리는 일간지의 비평을 견딜 수 있고, 15인 목회자의 강력한 추천이 없어도 좋은 평가를 유지할 많은 책을 볼 수 있을 것으로 희망한다.

나는 이 『개울』을 내 서가에서 그 노래로 보아서는 테니슨(Tennyson, 19세기 영국 계관시인-역자주) 근방 어딘가에 두어야겠고, 그 교리로 보아서는 잡다하고 별 특징 없는 신학책들 사이에 두어야겠다. 하지만 만약 내가 그것을 와츠(Watts), 쿠퍼(Cowper), 하트(Hart), 토플라디(Toplady)와 같은 책장에 꽂아 둔다면, 그 훌륭한 저자들이 책 표지에서 한꺼번에 일어나 소란을 피우지 않을까 경계를 서야만 할 것이다.

그리고 만약 그 책을 오웬(Owen), 백스터(Baxter), 하우(Howe), 차녹(Charnock), 번연(Bunyan), 크리스프(Crisp), 길(Gill) 등의 인물 모형들을 위해 구별한 자리에 둔다면, 그 타원형 골동품들에는 주먹이 없기에, 그 옛 인물의 모형들이 분노를 표현하지는 않을 거라고 확신한다. 신학적인 고려와는 별개로, 독서를 좋아하는 사람이라면 이 책을 사도 후회하지 않을 것이다. 하지만 책을 훑어보는 정도의 대다수는, 약간의 단서와 더불어, 테니슨의 시 모드(Maud)와 관련된 기지 섞인 말을 이 책에 적용할 것이다.

끔찍하게 메마르고 끔찍하게 꾸물거리는,
테니슨의 모드(Maud)는 테니슨의 넋두리일 것이다.

나는 이 표현이 그 책을 반대하는 논거는 아니라고 생각한다. 사실, 많은 작가는 단지 소수만 그들의 작품을 감상할 수 있다는 말을 들을 때 그것을 칭찬으로 여긴다. 나는 다수와 소수 사이의 중간이다. 나는 한 사람의 표현 양식에 충분히 공감하지 못한다는 이유로 그의 시를 반대한다고 소리치지 않을 것이며, 또한 양식 있는 소수에게 부여된 결정적인 비평의 권리가 나에게 있다고 주장할 수도 없다.

내가 단순히 말할 수 있는 것은, 나로서는 이 근사하지만 비교적 쓸모없는 노래들보다 차라리 『어린이들을 위한 경건하고 도덕적인 노래들』(Divine and Moral Songs for Children, 18세기 아이작 와츠의 어린이 찬송가-역자주)을 쓰고 싶다. 중간 정도의 교육을 받은 어떤 사람도 이 『개울』에 나타난 재능, 정신, 탐구력을 멸시하지 못한다. 하지만 재능이 잘 발휘되고, 지성이 큰 관심을 끌 정도로 잘 표현된 작품을 보고 싶은 사람이라면, 이 운문들에서 그런 요소가 잘 발휘되었다고 여기지는 않을 것이다.

거룩한 복음을 위한 그리스도의 사신은 언제나 그의 동료 인간의 회심을 추구할 것이다. 그러므로 나는 부주의한 영혼들을 일깨우고, 방황하는 자들을 인도하며, 낙심한 자들을 위로하고, 믿는 자의 덕을 세우는 일에 가치가 적다고 평가되는 일을 위해, 그토록 많은 글을 쓰고, 그토록 많은 수고를 기울이는 것에 유감을 느낀다.

다음으로, 신학적으로 그 찬송가에 대해 무슨 말을 해야 할까?

나는 그 책 속에 교리적인 요소가 거의 없어 어떻게 판단해야 할지 모르겠다고 답하겠다. 저자가 서문에서 밝힌 입장과는 달리, 교리적인 부분은 너무 적고 또 너무 불분명하여, 독자는 저자의 교리적인 관점이 대체 무엇인지 추측하기도 힘들 것이다. 분명, 일부 시들은 나쁜데, 그 단어의 가장 노골적인 의미에서 나쁘다. 하지만 다른 시들은, 독자가 원하는 대로, 여러 측면에서 적절하게 이해될 수 있을 것이다.

문체의 단아함과 주제의 무게 면에서 옛 훌륭한 시인의 입술에서 나올법한 근사한 문장도 더러 있다. 하지만 불친절한 독자는 그것조차도 유니테리언

(Unitarian, 삼위일체 교리를 부정하는 이단교파-역자주)의 적개심을 불러일으킬 정도로 입장이 분명하지는 않으며, 우리에게 잘 알려진 복음을 옹호하는 사람에게나 싫어하는 사람의 입에서 마찬가지로 인용될 수 있는 내용이라고 본다.

정직한 혀는 종종 주저함 없이 비난을 표명해야 한다. 하지만 가라지를 뽑느라고 곡식도 뽑을 수 있으므로, 가만히 있어야 할 경우도 많이 있다.

> 저울은 어느 순간 진리와 함께 내려와,
> 오랜 시간 그 자신의 영광을 위해
> 텅 빈 채 하늘 높이 매달려 있네.

이런 식으로, 그 책에는 분명한 것이라고는 없고 온통 불분명한 것뿐이다.

> 이 어여쁜 계곡을 배회하는 동안
> 극도의 불안을 느끼는 이유는
> 거기 있는 길 이정표들이
> 불의와 속임으로 가득한 마법의 땅에
> 세워진 것이 아닌가 궁금해서라네.

자기 마음속에 질병이 있음을 아는 사람이라면 이런 교리를 한순간도 용인할 수 없다!

은혜의 교리를 믿는 사람은 그런 것을 가라지 취급하고 뽑아버릴 것이며, 먹을 수 있는 양식으로 여기지 않을 것이다. 죄를 인식한 사람은 "그것은 내 책이 아니다"라고 소리칠 것이다. 성숙한 신자도 마찬가지로 "그것은 내 책도 아니오"라고 말할 것이며, 그 책을 노골적이진 않아도 은근히 불건전하다고 간주할 것이다.

그런 시들이 『개울』에는 마치 '인어들'처럼 등장한다. 표면 위로는 예쁘고 단아한 모양이 있지만, 아래쪽은 묘사하기가 어렵다. 아마도 그것들은 보기보다 근사한 존재들이 아닐 것이다. 내가 그들의 반짝이는 눈과 물결치는 머릿결 아래를 볼 때, 나는 어떤 더 천한 것이 신성한 형태와 결합했다고 생각할 것이지만, 이 『개울』의 수면 위로는 아름다운 꽃이 만발한 푸른 수초

(水草)처럼 보인다. 하여간 나는 그것의 본질이 도사리고 있는 깊은 물 속은 거의 들여다볼 수가 없다.

내가 이 책에서 발견할 수 있는 것은 이 정도다. 즉, 그것은 다른 어디에서 보다 예수님에 대해 더 많은 것을 말해주는 이사야의 노래가 아니며, '내 사랑하는 자'에 대해 말하는 솔로몬의 아가(雅歌)도 아니다. 이 아기의 모친이 누구인지가 의심스럽다. 도저히 정통 신앙이 그것을 지지하기란 어렵다. 그 아기의 참 부모는 사랑스러운 팔로 안을 수 있겠으나, 다른 이에게 그 아기를 안으라고 요구할 수 없다.

하지만, 그래서인지, 그 작가는 우리에게 그를 우리의 정통 신앙으로 평가하도록 요청하지 않았다. 그러니 우리도 그가 요청하지도 않은 문제와 관련하여 그를 논할 필요가 없다.

내가 오지브와족(Ojibewas, 미국과 캐나다의 인디언 원주민 부족-역자주)의 추장과 우호적인 관계에 있다면, 다음번에 나는 린치 씨의 몇몇 시 구절을 의전용 언어로 참조할 수도 있을 것이다. 그러면 그가 서풍(西風)의 위대한 정령 앞에 엎드려 절할 때, 계시를 믿는 그 시인 뿐 아니라 미개한 야만인도 잘 이해하고 아마도 쉽게 받아들일 적절한 14행시를 찾을 수 있을 것이다.

들으라! 너희 델라웨어족(Delawares), 모호크족(Mohawks), 촉토족(Choctaws), 치카스족(Chickasaws), 블랙풋족(Blackfeet), 포니족(Pawnees), 쇼니족(Shawnees), 그리고 체로키족(Cherokees)이여,

여기 너희 원시 신앙이 아주 달콤하게 표현된 노래가 있다!

여러분 원주민의 언어가 아닌, 백인의 언어로 된 노래로다.

> 내 하나님을, 나는 자연 속에서 고백하네
> 신성으로 둘러싸인 아름다운 존재여;
> 분명하게 새겨진 사랑을 발견하니
> 내 삶의 계명들이 하늘에 있네.
> 오! 밝은 빛이 한 해를 비추니
> 여전히 내 생의 날들은 귀하여라!

이런 구절들은 시온의 노래라기보다는 자연 찬미에 가깝다고 보는 것이,

아마도 작가도 승인할 공정한 판단이라고 나는 생각한다. 물론 나로서는 여기서 자연의 목소리가 제대로 해석되었는지도 믿기 어렵다. 이 '개울'은 아름다운 목초지를 통과하여 영광스러운 계곡 사이로 흐르지만, 나를 기쁘게 하는 '하나님의 계시'로부터 발현되었다고 보기에는 너무 어렵다. 그 개울에는 하나님이 내리신 비의 순수한 물방울들이 일부 있겠지만, 그 개울은 '하나님의 성을 즐겁게 하는 강'(시 46:4)에서 나온 물줄기가 아니다. 거기에는 자연이라는 하나님의 영광스러운 성전에서 솟아난 좋은 생각, 거룩한 생각도 있고, 그 생각들은 주님의 영감을 받은 선지자들의 몇몇 단어들과 뒤섞이기도 했다.

하지만, 대체로, 그것의 특징은 계시가 아니라 자연에 대한 것이다. 그러니, 그것은 거룩하신 예수님과 교제 안에서 즐거워하는 영적인 사람의 취향과는 맞지 않는다. 조물주의 머리에 사상의 화관을 씌워드리고 싶은 사람들은 아마 여기서 약간의 도움을 얻을지도 모른다. 하지만 신인(God-man)이신 그리스도 예수의 발을 눈물로 씻어드리고 싶은 사람은 이 책에서 동료를 찾지 않을 것이다.

나는 그 책과 더불어 한 시간 동안 대화할 수 있고, 거기서 많은 것을 배울 수도 있지만, 내가 허버트를 좋아하듯이 그 책을 좋아할 수는 없다. 그리고 그것은 내가 자주 듣는 시온의 음악처럼 천국의 문을 열어주지도 않는다.

하지만 우리가 선조들로부터 물려받은 경건의 차원에서 기록된 책이 아니라고 해서, 내가 왜 그런 책을 비난한단 말인가?

그가 상당히 혼잡스러운 생각으로 차분한 신앙으로는 도저히 해석할 수 없는 언어로 말한다고 해서, 불평할 이유가 무엇이란 말인가?

그 출처가 의심스럽다고 해서 이 책을 불태우는 것은 부당할 것이다. 지하 묘지에, 희미한 등불을 가지고, 한 사람이 나타나, 고대인들처럼 '진리, 지옥의 문이 그것을 이기지 못할 것이다'라고 노래를 부른다고 해서, 무슨 음모가 있지 않을까 지나치게 두려워하는 것도 용기가 아니다.

양심의 자유는 모든 인간의 권리다.

작가는 자기 생각을 말할 수 있으니, 의견에 동조하지 않는 사람은 외면해 버리면 되거늘, 왜 유독 그는 많은 사람의 공격을 받아야 하는가?

그런 싸움은 탁월한 능력에 대한 헌사(獻辭)이든가, 시대의 징조일 텐데,

나는 그 둘 모두라고 믿는다. 자기 자신을 칼빈주의 기독교인이라고 밝히기를 두려워하지 않는 사람의 잣대로 볼 때, 그 책에는 오류가 있다. 하지만 그보다 훨씬 못한 다른 책에 비교해 더 많은 해로운 누룩이 있다고 말할 순 없다. 그 책이 논쟁의 한 가운데에 있지 않았다면, 아무도 그 책을 질시의 눈으로 읽지 않았을 것이다. 우리는 조용히 그 책을 홀로 내버려 두든지, 그 속의 해로운 혼합물을 잊어버리고, 거기에 담겨 있는 소량의 좋은 부분만 간직하면 그만이다. 그 책의 저자는 우리를 위해 쓴 것이 아니라, 그와 같은 신앙을 가진 사람들을 위해 쓴 것이다. 그는 자신의 작은 책에 대해 이렇게 말한다.

같은 신앙을 가진 이들의 마음의 승인이
너의 안식처가 될 것이다.

한 가지 궁금한 것은, 우리와 생각이 다른 사람들이 그 책에 담긴 내용을 지지한다는 점이다. 사적인 우정이 크게 작용했을 것이며, 아마도 그들 중 일부는 '그 노래하는 사람'보다는 '그 비난받는 사람'에 대해 더 많은 동정을 느꼈을 것이다. 저명한 위치에 있는 사람들의 행동이 현재 우리 토론의 주제가 아니다. 하지만 우리는 그들의 공격에 놀라지 않을 것이며, 그들의 비난에 힘차게 대응하는 것 외에 다른 길이 없다고 밝힐 수밖에 없다.

정녕 우리는 이 책이 죽어가는 병상에서 우리를 위로하거나, 치열한 삶의 현장에서 믿음의 용기를 줄 수 있다고 생각지도 않는다. 그 책의 분위기는 우리가 느끼는 것과 다르다. 그 책의 목표, 그 책의 가르침은, 우리에게 도움을 주고 우리가 소중히 여기면서 붙잡는 것과는 거리가 있다.

하지만 어떤 선한 것이 있다면, 꿀벌이 쐐기풀에서도 꿀을 빨지 않는가?

우리도 그것을 쐐기풀 정도로 여기면서 그와 같은 행동을 할 수 있다. 하지만 우리의 정원에서 자라지 않고, 큰 키로 자라지도 않은 풀이라면, 딱히 혐오할 대상도 아니다. 그 저자가 옛 학파의 한 사람이라고 주장했다면, 우리는 분연히 일어날 것이다. 하지만 우리는 그 사람들과 그들의 입장을 알기에, 우리가 승인하지 않는 것을 읽을 필요는 없다.

그 책은 신학적인 작품으로서는 우리 입장과 다르다. 그것은 '우리'가 믿는 것을 옹호하지 않는다. 우리는 정직하게 이런 말을 하는 것이다. 우리와 같은 입장이라고 생각하는 사람들은 저자를 비방할 필요가 없다. 하지만 싸움이 이제 다른 영역으로 접어들었으니, 그 책에 동조하는 이들에게 아무리 크게 반감을 느끼더라도, 그 사람만큼은 존중하길 바란다.

이 논쟁은 단지 하나의 화산으로서, 우리 교회들의 품에 불이 잠복해 있음을 보여준다. 수년이 더 지난 후, 문제가 바뀌지 않는다면, 우리 교회들이 정통임을 입증하기란 어려워질 것이다. 그 책은 이미 존재하고 있던 것을 드러낸 것이며, 전에는 보이지 않았던 악에 불빛을 비춘 것이다.

우리의 교회들이 온순하게 거짓 교리를 용납하는 시대가 끝나기를 바란다. 진리의 용사들이 모두 한 가지 관점을 유지하고, 각각의 개성들을 멈추길 바란다. 하나님께서, 그분의 무한하신 자비로, 옳은 것을 보전하시고, 믿음에서 빗나간 이들을 예수님의 양 우리로 이끌어 구원하여 주시길 바란다!

거저 주시는 은혜의 옛 교리들은 여전히 은혜로운 교리들이다. 이 책에는 이런 은혜의 교리들이 전혀 없다.

그렇다면 어떻게 할 것인가?

그 옛 교리들이 우리 마음에 있으니, 그 교리들의 명백한 진술이 거짓 지성인의 거창한 언어 남발보다는 열 배나 더 효과가 있을 것이라고 나는 믿는다. 그 책은 단지 논쟁의 경첩으로 중요할 뿐이며, 오직 그런 용도로만 우리의 정신을 자극할 뿐이다. 하지만 우리가 그 경첩을 덜 주목할수록, 우리는 문제의 본질을 더 잘 보게 되고, 승리는 더 쉽게 우리의 몫이 될 것이다.

싸움이 한 사람 또는 한 권의 책과 관련되었다고 생각되는 한, 논쟁은 의심스럽다. 그러나 만약 논쟁이 하나님과 그분의 진리를 위한 것이라면, 그것은 주님의 싸움이다. 곧 우리는 어린이용 장갑이 아닌 전투용 장갑을 끼고 진리를 다루어야 할 것이다. 그것은 거룩한 용기와 진실의 장갑이다.

그대 십자가의 용사들이여, 계속해서 가라!

그대들 앞에 왕이 계신다! 일간지 「저녁별」(*The Evening Star*)은 크롬웰과 밀턴을 자유롭게 한 자유 안에 굳게 서도록 목사들에게 촉구한다. 하지만 하나님의 아들의 사도는 '그리스도께서 여러분을 자유롭게 한 그 자유 안에 굳게 서라'고 명한다. 옛 신앙은 반드시 승리할 것이다!

찰스 해돈 스펄전.

*   *   *

린치는 위의 글에 대해 다음과 같이 견해를 밝혔다.
"스펄전의 이 논평에 대해 내가 확인하는 것은 한 가지다.
즉, 그는 나를 반대한다. 그것은 비록 악의적이지는 않더라도 무례한 것이다. 그의 논평은 그랜트나 캠벨이 그랬던 것보다 더 큰 비평 능력을 드러내며, 한 사람이, 만약 강력하면서도 해로운 아첨과 인기에 눈멀지 않았다면, 천상의 광채로 빛날 수도 있다는 것을 보여준다.
스펄전 목사는 '옛 신앙은 반드시 승리할 것이다'는 진술로 글을 맺었고, 그것에 대해서는 전적으로 그에게 동의하는 바다. 한 가지 의심스러운 것은, 그가 세상의 슬픔과 분투를 경험하고 옛 신앙이 진정 무엇인지 알 정도로 충분히 나이를 먹었는가 하는 점이다. 그는 말한다,
"곧 우리는 어린이용 장갑이 아닌 전투용 장갑을 끼고 진리를 다루어야 할 것이다. 그것은 거룩한 용기와 진실의 장갑이다.
당연하다, 우리는 그럴 것이고, 우리 중 일부는 이미 그렇게 하고 있다!
그리고, 아마도

> 당혹스러운 외침 가운데서도 침착하며,
> 승리를 확신하노라.

이런 음악에 맞추어 싸울 정신을 가진 사람이야말로, 전투를 위해서는 주먹을 움켜쥘 뿐 아니라, 강하고 따뜻한 우정을 위해서는 손을 맞잡는 사람일 것이다."

「자유인」(*The Freeman*)과 「웨슬리언 타임즈」(*The Wesleyan Times*)가 린치 씨를 지지한 다른 신문들과 합류했다. 하지만 그랜트와 캠벨의 저항이 너무 강력했기에 회중교회 연회는 가을 회기를 연기해야만 했다. 이 오랜 "신앙을 위한 싸움"의 최종 결과는 30년 이후에 있을 "다운-그레이드" 논쟁의 결과와 상당히 유사하게 보인다. 많은 목사와 그들을 지지하는 사람들은 길을 잃기 시작했던 근본적인 교리들로 되돌아가야 했다. 복음적인 진리가, 적어도 한

동안은 더 널리 선포되었다.

그리고, 비록 일부 사람이 성령으로 감동된 말씀이라는 크고 중심되는 진리로부터 더 멀리 벗어나긴 했지만, 전체적으로 볼 때, 당대의 신뢰할 만한 증인들이 선언하는 바에 따르면, 그 토론은 하나님의 교회에 실로 엄청난 유익을 가져다주었다.

*　　　　*　　　　*

거의 4년의 세월이 지났고, 볼드윈 브라운(Baldwin Brown)의 설교집에 의해 시작된 다음번의 역사적 논쟁이 있기 전이었다. 침례교 원로 목사인 하워드 힌튼(Howard Hinton)이 두 편의 글을 썼는데, 그것이 1860년 「**침례교 잡지**」(*The Baptist Magazine*)의 3월과 4월 호에 실렸다. 그 글에는 "J. B. 브라운 목사의 '인간 속에 있는 신적 생명'의 몇 대목에 대한 혹평"이라는 제목이 붙었다. 그의 주장의 결론은, 27년 후 스펄전이 취한 비슷한 행동을 정당화해 주는 하나의 모범이었기에, 여기에 수록될만하다. 힌튼 씨는 다음과 같이 썼다.

> 나는 이 '혹평'에 대해 아무런 사과도 하지 않는다. 이 글이 다루는 문제는 대중에 공개된 것이기 때문이다. 나는 브라운 씨에 대해서는 존중하는 감정을 가지고 이 글을 썼으며, 그런 존중의 감정에서 조금도 벗어나지 않았다고 믿는다. 나는 이 글을 목회 사역에서 '예수의 환난과 나라와 참음에 동참하는'(계 1:9) 내 형제들에게 정중하게 제출하는 바다. 나는 이 글이 다루는 주제가 매우 중요하다고 느끼며, 다른 사람들에게도 진지하게 고려될 가치가 있는 내용으로 여겨지길 바란다.
>
> 나는 중대한 복음적인 진리 즉 하나님의 진리와 인간의 영혼을 위해 확신을 가지고 호소한다. 내가 이 글을 쓰는 이유는, 복음의 진리와 능력에서 치명적인 결점을 가진 신학이 영국 복음주의 비국교 교회들 안으로 최초로 공개적으로 침투한 것에 대항하여, 맞서 싸우는 일에 조금이라도 기여하고 싶기 때문이다.
>
> 이런 신학 혹은 이와 비슷한 신학 체계가 어느 정도까지 은밀하게 퍼졌는지, 나는 알지 못하며, 암시하거나 추측하지도 않겠다. 하지만 단언컨대, 나는 그것의 확산이 아주 심각하게 해로운 것이라고 간주하기에, 사람들이 듣든지

아니 듣든지, 그에 반대하는 목소리를 높이지 않을 수 없다.

사실 이제 나는 나이 많은 목사로서, 떠오르는 신진 목회 세대가 일반적으로 나이 많은 목회자들에 대해 제안하듯이, 마치 고대 영웅들의 갑옷이 런던 타워에 전시된 것처럼 '하나님의 무기고에 전시되어' 있어야 하는지도 모른다. 하지만 무덤의 경계에서 낮게 들려오는 소리일지라도, 그것이 깨어 있는 정신과 진리에서 우러난 말이라면 반응하는 사람들이 있을 것이다. 시대의 양상이 나를 대담하게 만든다.

사랑하는 형제들이여!

그 어느 때보다 '마지막'이 가까운 때는 바로 지금이 아닌가?

예수 안에 있는 진리의 왜곡과 희석(稀釋)이 우리 가운데 환대받으며 들어오는 이때는, 한편으로 부흥의 고무적인 표징들이 우리의 희망에 불을 붙일 때가 아닌가?

"성도에게 단번에 주신 믿음의 도를 위하여 힘써 싸우라"(유 1:3)는 권면이 우리에게 주어진 것이라고 나는 믿는다.

위의 글은 나중에 소책자 형태로 재발간되었다.

"혹평"에 대한 평론이 「자유인」(The Freeman)에 실렸다. 몇몇 저명한 침례교 목회자들은 그 평론을 매우 불만족스럽게 여겼고, 그들 중 7인은 연합으로 서명하여 다음의 공동 항의 서한을 작성하였다. 그 서한은 4월 11일 자 교단 신문에 실렸다.

J. B. 브라운과 J. H. 힌튼.
자유인의 편집인들에게

심사숙고한 끝에 우리는 귀하들에게 글을 보내지 않을 수 없었습니다. 이 문제는 그냥 참고 있기에는 우리에게 너무 긴급하고 중대한 문제로 여겨집니다. 하지만 우리는 자유롭고 치우치지 않은 비평의 가치를 높이 인정하고, 공적인 언론의 합당한 자유를 침해하는 것을 원치 않기에, 크게 주저하면서, 단지 우리가 우리의 의무라고 여기는 정도에 따라, 신학적 진리로서 우리가 중요하게 여기는 것에 대해 이 글을 씀을 밝힙니다.

우리가 의무라고 여기는 것은, 귀사의 칼럼에 우리의 명백한 입장을 실어

달라고 요청하는 것입니다. J. B. 브라운 목사의 최근 작품에 대한 힌튼 씨의 '혹평'에 관하여, 귀사의 지난 호에 실렸던 평론은 '우리'의 입장을 표현하는 것과는 거리가 멉니다. 우리의 일치된 견해는, 브라운 씨가 공언하는 신학적 원리에 대해서나, 힌튼 씨가 복음적 진리를 위한다는 목적으로 브라운 씨의 작품에 대해 혹평한 것에 대해서, 양쪽 모두에 동의하지 않는 것입니다.

일반적으로 「자유인」은 침례교단과 밀접하게 연관되었다고 평가되기에 (하지만 우리가 보내는 이 서신이 그런 연관성을 부인합니다), 그 논평은 교단 전체의 분위기를 대변하는 것이라고 여겨질 것입니다. 잘못된 견해가 환대받아서는 안 됩니다. 하여간, 침례교 목회자들로서 '우리'의 입장은 잘 알려져 있으며, 우리는 우리 자신을 위해 직접 말합니다.

우리는 브라운 씨의 책의 성격과 경향에 대해 무제한으로 비난하지 않을 것입니다. 하지만 우리가 어쩔 수 없이 말해야 한다고 느끼는 부분이 있습니다. 힌튼 씨가 그의 '혹평'에서 지적했던 몇몇 대목들은, 우리가 판단하기에 치명적인 오류입니다. 우리는 브라운 씨의 진술에서 온당하게 끌어낼 수 있는 추론에 대해서 책임을 묻고자 하는 것이 아니며, 브라운 씨는 자신이 주장한 몇 가지 원리들에서 불가피하게 생겨날 결과들을 예견하지는 않았을 것이라고 봅니다.

하지만 우리는 주저 없이 우리의 확신을 공언합니다. 즉, 그 원리들과 그에 따른 결과적 추론들은, 명확하게 진술되었든 비유로 표현되었든, 성경에 계시 된 하나님의 도덕적 통치 체계 전체를 뒤엎는 것입니다. 십자가를 둘러싸고, 십자가를 중심으로 한 고귀한 진리들은, 복음의 가장 두드러진 요소이자 가장 근본적인 요소입니다.

그러므로, 우리의 판단에, 힌튼 씨는 브라운 씨의 책을 혹평함으로써 복음적인 기독교에 시기적절하고 가치 있는 공헌을 한 것입니다. 우리로서는, 우리 형제의 펜이 그렇게 유능하게 잘 활용되었다는 것에 대해 하나님께 감사하는 바입니다. 귀사의 논객도 마찬가지겠지만 우리 역시 교회에서 논쟁을 즐기는 사람들이 아닙니다.

하지만 복음을 파괴하는 오류들이 복음의 일꾼이라고 자임하는 몇몇 사람들에 의해 옹호된다면, 다른 사람들이 그 오류들에 맞서는 것은 의무입니다. 우리는 힌튼 씨가, 그가 자연스럽게 바랐을 인생의 안식기에 있다가, 믿음의 중요한 교리들을 옹호하고 방어하는 일에 나선 것을 존중합니다.

결론적으로, 우리는 우리의 강단이 브라운 씨가 공표한 주장으로부터 보전되기를 간절히 바라며, 그런 희망을 표명하지 않을 수가 없습니다. 또한, 귀사의 논객이 승인한 내용에 대해서도 염려를 금할 수가 없습니다. 귀사의 논객이 말하듯이, 우리는 이교의 '공상적인 히드라'(그리스 신화에 등장하는 머리가 아홉 개 달린 괴물-역자주)를 떠올리지 않고, 그것이 우리의 교회들에서 만연하게 되었다고 상상하지도 않습니다.

우리는 한순간도 그렇게 생각하거나 믿지 않습니다. 우리는 우리의 목회자들이 그들의 신학을 브라운 씨가 강력히 천거하는 모리스(Mourice), 스콧 교수, 그리고 그 학파의 다른 사람들에게서 끌어오기보다는, 계속해서 하우, 차녹, 홀, 풀러의 학생으로 남을 것이라고 믿습니다.

무엇보다도, 우리는 우리보다 젊은 목회자들에게 허세를 부리듯 지적인 것처럼 보이려는 태도를 경계하며, 인간의 죄성, 전적 부패, 우리 죄로 인한 희생으로서 그리스도의 속죄, 그리스도의 의의 전가에 의한 이신칭의, 성령의 역사에 의한 새로운 출생 등의 옛 교리를 부끄럽게 여기는 듯한 설교 방식을 피하라고 애정 어린 주의를 주고 싶습니다.

한마디로, 일반적으로 '은혜의 교리'로 알려진 기독교 진리의 교리 체계에서 그들이 벗어나지 않기를 바랍니다. 그 교리들은 성경 신학의 요약이자 압축으로서, 그리고 성령의 임재와 능력으로 말미암아 교회의 영적 생명의 근간이 되는 것으로서, 우리에게는 너무나 소중합니다.

양해를 구하며 마지막 말을 덧붙입니다. 누구에 의해서든 이러한 교리들의 가치를 평가절하하고 그 영향을 손상하는 악한 일이 자행될 수 있겠지만, 귀사는 마치 우리 교단의 공적 언론 기관의 하나인 것처럼 그런 일을 선도하거나, 조장하거나, 돕는 일을 멀리하길 바랍니다.

에드워드 스테인
다니엘 캐턴즈
찰스 해돈 스펄전
찰스 스탠퍼드
W. G. 루이스 주니어

제32장 "다운-그레이드"(Down-grade) 논쟁의 전조 713

윌리엄 브록
요셉 앵거스. 일동.
런던, 1860년 4월 9일."

위의 전언에 대해 「**자유인**」의 편집인들은 다음의 기사를 추가하였다.

우리는 위 서신에 대해 주저 없이 추가적인 글을 올린다. 논평과 관련하여 토론을 허락하는 것은 다소 특별하고 또 일반적으로 불편한 일이다. 하지만 위 서신을 통해 우리에게 호의를 보인 형제들의 정신이 아주 훌륭하고 또한 우리 자신을 향해서도 친절한 존중을 보이기 때문에, 만약 우리가 그들의 견해를 밝히도록 허락하는 일을 지연한다면, 우리 자신과 그들 모두에게 부당한 일을 행하는 셈이 될 것이다.

동시에, 우리는 그들이 그러한 입장표명이 필수적이라고 생각했다는 사실에 상당히 놀라지 않을 수 없었다.

어떤 의미에서, 「**자유인**」은 '침례교단의 기관지'로 여겨질 수도 있지만, 편집인으로서 '우리'는 스테인, 캐턴즈, 스펄전, 스탠퍼드, 루이스 주니어, 브록, 앵거스 씨 일동을 의미할 수 있다고는 생각지도 않았다. 더군다나, 한 작품에 대한 어떤 판단이, 우리의 평론가에 의해 형성되고 표명될 수도 있지만, 그것이 누군가에 의해 침례교단의 판단으로 여겨질 수 있다고는 우리가 상상도 하지 않았다.

적어도, 겸양의 태도를 지닌 우리 논객은 우리 신문의 논평이 대표성을 지니는 것으로 간주할 수 있다는 생각에 아주 충격을 받았으며, 그래서 그 작품에 대한 그의 판단이 단지 '그 자신의 판단'임을 밝혀주도록 우리에게 요청했다. 그러므로 위의 서신에 등장한 형제들이나 다른 어떤 형제들이라도, 그들이 사전에 본 적도 없었고, 자문을 요청받지도 않았던 작품에 관한 견해에 대해서는 어떤 책임도 없는 것이다.

브라운 씨의 책에 관한 우리 동료의 평론에 대해 말하자면, 우리는 그것에 대해 어떤 말도 할 필요가 있다고 생각지 않는다. 우리 평론가는 이미 상당히 길게 그 작품에 대한 '그의' 견해를 제시했으며, 그 책에 대한 그의 반대는 결코 '불명확'하지 않다. 그는 구속 주의 인격과 사역과 관련하여, 그 책의 결함들을 정확하게 지적했다.

우리가 감히 말하지만, 그가 우리 형제들의 비난을 받을 이유는 없다. 공정한 비평가로서, 그가 만약 힌트 씨의 '혹평'에 대해서도 어떤 요소들에 반대하는 것이 그의 의무라고 느낀다면, 그 논평을 읽는 모든 사람은 그가 의심의 눈으로 보는 부분이 '혹평'의 '교리'에 대한 것이 아님을 즉시 알아챌 것이다. 교리는 '유지되는 것이 중요하다'고 그는 강조하여 선언한다. 하지만 '혹평'의 '방식과 성격'에 대해, 그는 여전히 자기 자신의 견해를 유지한다.

우리는 또한 '우리의 목회자들이 하우, 차녹, 홀, 풀러의 학생으로 남을 것'임을 믿는다고 굳이 말할 필요가 없기를 바란다. 더욱이, 우리는 우리의 목회자들이 인간의 죄성, 전적 부패, 우리 죄로 인한 희생으로서 그리스도의 속죄, 그리스도의 의의 전가에 의한 이신칭의, 성령의 역사에 의한 새로운 출생 등의 '옛 교리'를 부끄러워하지 않을 것과 '은혜의 교리'로 알려진 기독교 진리의 교리 체계에서 벗어나지 않을 것이라고 '굳게 믿는다.'

동시에, 우리는 '우리보다 젊은 목회자들'이 그들보다 연장자인 형제들―그들 중에는 스펄전 씨, 스탠퍼드 씨, 루이스 주니어 씨 등이 포함된 것으로 보인다―이 그들에게 이러한 교리들을 '부끄럽게' 여기는 것을 경계하며 공개적으로 '주의'를 줄 빌미를 주었는지에 대해 의심해볼 수 있어야 한다고 믿는다.

우리의 '더 젊은' 목회자들에게도 그들의 '연장자들'에게나 마찬가지로, 이 교리들은 '소중하다.' 비록 더 유능하게는 아닐지라도, 우리의 젊은 목회자들의 강단에서도 그들의 연장자들의 강단에서와 마찬가지로, 이 교리들은 전해지고 있다. 우리는 '우리의 연장자 형제들의 말년이 그들보다 젊은 목회자들의 정통 신앙에 대한 의심으로 괴로워지지 않기를, 영혼들이 그런 사태에 대해서는 자연히 거부감을 보이기를 바란다'는 우리 평론가의 희망에 깊이 공감을 표한다.

편집인들.

*　　　*　　　*

1860년 4월 15일 주일 저녁, 뉴 파크 스트리트교회에서 설교했다.

제32장 "다운-그레이드"(Down-grade) 논쟁의 전조 715

하나님이 죄를 알지도 못하신 이를 우리를 대신하여 죄로 삼으신 것은 우리로 하여금 그 안에서 하나님의 의가 되게 하려 하심이라(고후 5:21).

이 본문 말씀으로 스펄전 목사는 서두에서 당시 뜨거웠던 문제를 언급했다.

얼마 전, 어느 귀부인이 나를 찾아와, '사형 반대' 문제에 관하여 내 동의를 얻을 목적으로 면담을 요청했습니다. 나는 그녀가 살인을 범한 사람들을 교수형에 처하는 것을 반대하며 그녀가 내세우는 이유를 들었습니다. 비록 그 이유들이 나를 설득시키진 못했지만, 나는 굳이 반박하려고 하지 않았습니다. 그녀가 제안하는 바는, 살인한 사람을 종신형에 처해야 한다는 것입니다. 내 진술은, 많은 사람을 평생의 절반 동안 억류하는 것이 그를 더 낫게 만들지 않는다는 것이었습니다. 그녀는 그들이 반드시 회개할 것이라고 믿었으며, 나는 그것이 꿈일 뿐이라고 우려했습니다. 선한 사람으로 보였던 그녀는 이렇게 말했습니다,

"아! 그것은 우리가 그동안 형벌에 대해 잘못 생각해왔기 때문입니다. 우리가 사람들을 처벌하는 것은 그들이 처벌받을만하다고 여기기 때문입니다. 이제, 우리는 그들에게 우리가 그들을 사랑하는 것과 그들에게 벌을 주는 것이 그들을 더 낫게 만들기 위함임을 보여주어야 합니다."

내가 대답했습니다,

"부인, 나는 그 이론을 정말이지 수없이 많이 들었고, 그 문제에 관하여 좋은 글도 많이 읽었습니다. 하지만 나는 그것을 믿지 않습니다. 처벌의 목적은 개선이어야 합니다. 하지만 처벌의 근거는 범죄자의 명확한 잘못에 있습니다. 내가 믿기로는, 한 사람이 잘못할 때, 그는 그로 인해 벌을 받아야 합니다. 그리고 죄에는 처벌을 정당화하는 죄책이 있습니다."

그녀는 그것을 이해하지 못했습니다. 그녀가 보기에, 죄는 매우 나쁜 것이지만, 그렇다고 처벌이 합당한 생각은 아닙니다. 그녀는 사람들이 감옥에서 너무 잔인한 처우를 받는다고 생각했고, 또한 그들이 우리가 그들을 사랑한다는 것을 알아야 한다고 생각했습니다. 만약 그들이 감옥에서 친절한 처우를 받고, 따뜻하게 대해 진다면, 그들은 훨씬 좋아질 것이라고 그녀는 확신

했습니다. 그녀가 내세우는 이론을 쉽게 풀어줄 목적으로 내가 말했습니다,
"그렇다면 당신은 감옥에 있는 범죄자들에게 모든 종류의 편익을 제공하고 싶은 게로군요.

어떤 엄청난 부랑자, 절도를 수십 번 저지른 사람에게, 저녁에 근사한 난로 앞 안락의자에 앉게 하고, 물 탄 화주(火酒)를 제공하고, 파이프 담배도 주고, 그를 행복하게 함으로써, 우리가 얼마나 그를 사랑하는지를 보여주고 싶은 건가요?"

그녀는 그에게 술을 제공하지는 않겠지만, 나머지 것들은 그에게 유익할 것이라고 보았습니다. 나는 그것이 정말 즐거운 그림이라고 생각했습니다. 나에게는 그것이 범죄자들을 양성하는 가장 효과적인 방식으로서, 독창성 있는 고안으로 보였습니다. 나는 여러분이 그런 방식으로 얼마든지 많은 절도범을 키울 수 있다고 생각합니다. 그것은 온갖 종류의 악행을 선전하는 특별한 수단이 될 것이기 때문입니다.

아주 아름다운 이러한 이론들은, 나처럼 단순한 생각이 있는 사람에게는, 아주 우습게 들릴 뿐이었습니다. 악인들을 끔찍이 아끼고, 그들의 범죄를 마치 어린이들이 넘어진 문제처럼 다룬다는 생각은, 나로 실컷 웃게 했습니다. 나는 만약 정부가 이 훌륭한 사람들에게 그 기능을 맡길 경우, 그들의 놀랍도록 친절한 실험의 결과가 얼마나 엄청날 것인지 상상해봅니다.

치안판사의 칼은 근사한 수저로 변하고, 감옥은 나쁜 평판을 가진 사람들을 위한 달콤한 휴양지가 될 것입니다. 나는 사는 동안 이런 부질없는 이론이 강단에서 가르쳐지는 것을 보리라고는 생각지도 않았습니다. 하나님의 도덕적 통치를 성경이 계시하는 엄숙한 기준이 아니라 유약한 감상주의로 전락시키는 가르침이 이처럼 대두되리라고는 나는 전혀 몰랐습니다. 그런 가르침은 모든 남성적인 덕목이 결핍된 신을 숭상합니다. 하지만 내일 어떤 일이 생길지 오늘 우리는 알지 못합니다.

우리는 한 부류의 사람들을 보았습니다. 하나님께 감사하게도, 그들은 침례교인이 아닙니다! 하지만 유감스럽게도, 침례교인 중에서도 그들의 전철을 따르기 시작한 사람들이 아주 많습니다. 요즘에 그들은 하나님이 보편적인 아버지(universal Father)라고 가르치면서, 회개치 않는 자들에 대해 그분은 아버지로서가 아니라 재판장으로서 대하신다는 우리의 개념을, 케케묵은 오

류의 잔재라고 치부합니다.

이 사람들에 따르면, 죄란, 잘못이라기보다는 일종의 무질서이며, 범죄라기보다는 오류입니다. 사랑은 그들이 알아볼 수 있는 유일한 속성이며, 하나님 속성의 다른 부분에 대해서는 그들이 아는 바가 없습니다. 이런 사람들 가운데 일부는 끝까지 밀고 나가다 허위의 수렁과 진창에 빠지고, 마침내 영원한 형벌의 교리는 꿈처럼 조롱을 받는다고 우리에게 말합니다. 사실상, 우리 주 예수 그리스도의 대속의 희생과 같은 것은 없다고 가르치는 책들도 등장하고 있습니다. 그들이 속죄라는 단어를 쓰는 것은 사실입니다. 하지만 그 의미와 관련해서, 그들은 고대의 표지석을 옮겨버렸습니다. 그들은 아버지께서 아들을 보내심으로써 불쌍한 죄인을 향한 그분의 크신 사랑을 나타내셨음을 인정합니다.

하지만 그들은 하나님이 의로운 방식으로 그분의 자비를 나타내신 것이나, 그분이 자기 백성을 대신하여 그리스도께 벌을 주셨다는 것, 하나님이 진노 중에 누군가를 영원히 벌하신다는 것, 그리고 징계와는 다른 차원의 공의가 있다는 것에 대해서는 인정하지 않습니다. 심지어 그들은 '죄'와 '지옥'은 오래된 말이니 지금부터는 새로운 의미, 달라진 의미로 사용되어야 한다고 주장합니다. 그들이 볼 때, 그런 것은 구식의 개념이며, 계속해서 선택과 전가되는 의에 대해 말하는 우리는 불쌍한 영혼들로서 시대에 뒤떨어진 자들입니다.

이 주제에 관한 책을 내는 신사들은 모리스(Maurice) 씨와 스콧(Scott) 교수 같은 부류를 칭송합니다. 하지만 그러면서도 그들을 추종하여 그런 주장을 담대하게 내세우기에는 겁이 많습니다.

이들은 사도 바울이 전부 틀렸고, 우리 신앙이 헛되며, 우리가 크게 잘못 알고 있었고, 우리 죄를 씻기 위한 속죄의 피가 필요 없음을 우리에게 알리기 위해, 하나님이 하늘에서 내려보내신 '새로운' 사람들입니다!

사실상, 이들은 우리의 죄는 훈련이 필요할 뿐, 복수의 처벌과 의로운 진노는 말도 안 된다고 주장합니다. 이런 말을 할 때, 나는 그런 개념들이 자기 책에서 그렇게 진술한 특정한 한 개인에 의해 배운 것이 아님을 인정합니다. 하지만 그가 진리를 심각하게 왜곡하는 자들의 책을 선전하고 있기에, 나는 그가 그런 신학을 지지하고 있다고 믿을 수밖에 없습니다.

자! 사랑하는 형제들이여,

나는 그런 쓸데없는 종류의 가르침이 이 강단에 침투하지 못했다고 기쁘게 말합니다. 벌레가 이 강단의 나무를 다 파먹기 전까지는 그런 소리가 이곳에서 들려지지 않을 것이라고 나는 감히 말합니다.

이 뼈들이 독수리들에 의해 파헤쳐지고, 이 살이 사자들에게 갈기갈기 찢기고, 이 몸의 모든 신경이 고문으로 고통을 겪는 한이 있어도, 내 입으로 그런 교리나 주장들을 내뱉는 일은 절대 없을 것입니다!

우리는 은혜의 옛 교리를 믿는 영혼들과 한 자리에 머물 것입니다. 우리는 기꺼이 계속해서 지성인들의 대단한 행진 위에 머물 것이며, 움직이지 않는 십자가 곁에 서 있을 것입니다. 십자가는, 북극성과 같아서, 진보하지 않습니다. 그것은 움직이지 않으며, 언제나 그 자리에 머물러, 천국으로 향하는 영혼을 안내합니다. 그것이 유일한 기초이기에, 사람이 다른 기초를 놓을 수 없습니다. 그 위에 집을 세우지 않는 사람은 살아서 하나님의 얼굴을 영원히 보지 못할 것입니다.

지금까지 나는 작금에 논쟁거리가 되는 문제에 대해 말했습니다. 이 현대의 이단을 어느 한 신문사가 기꺼이 돕는 것 같은 상황을 반대하는 항의 서한에서, 가장 유능한 목회자 여섯 분과 연합할 수 있었던 것은 내게 큰 특권이었습니다. 우리는 그 서한이, 하나님의 손에 들려, 그들의 '하향 행진'을 저지하는 수단이 될 수 있다고 믿습니다. '하향 행진'이란 특이한 것에 심취하여 진리로부터 이탈하는 것이며, 우리 교단의 몇몇 형제들의 정신이 그런 증세를 이미 보여왔습니다."

특정 언론(자유인)과 관련한 항의 서한은 효과가 없지 않았다. 몇 주 후, 스펄전은 적어도 두 개의 다른 신문사에 서신을 발송했으며, 그것은 그 논쟁과 관련한 그의 마지막 기고였다.

1860년 5월 21일. 클라팜

성가신 의무를 수행하는 것은 신실한 복종의 시험이다. 기쁨과 섬김이 일치할 때, 고결한 업무에 부지런하기란 쉽다. 하지만 피와 살이 알려진 의무에 저항할 때는, 하나님의 은혜의 도우심을 구해야 한다. 우리 주님의 명령과 요구 앞에서는 모든 개인적인 감정과 사적인 애착을 내려놓아야 한다. 믿음을 위한 싸움은 그리스도와의 교제에 비하면 훨씬 덜 즐겁다. 하지만 계명에 대한 태만은 특권의 철회와도 관련될 수 있다.

신문사 「자유인」 문제에서, 슬프게도 나는 내 감정에는 내키지 않는 일에 개입하게 되었다. 그것은 내 상황을 고려하면 아주 불편한 일이기 때문이다. 침묵을 위한 핑계들을 찾을 수 없었다. 비록 그 언론사를 주도하는 신사들에 대한 나의 존경심이 평화를 제안하고픈 논거들을 제공하지만, 내 양심은 진리를 희생시켜 평화를 사려는 시도를 허용하지 않는다. 내 영혼은 진리 안에서 위안과 기쁨을 찾기 때문이다.

개인적인 원한은 없다. 오히려 정반대로, 나는 개인적으로 존중의 감정을 간직하고 있다. 그것이 이 논쟁에서 더 강력한 문체를 사용하지 않도록 나를 억제하며, 내 앞에 놓인 싸움에서 나를 크게 주저하게 만든다.

우리는 개인적인 능력 면에서 그 신사들을 존중하면서도, 그들이 공식적으로 심한 비판에 노출되는 자리를 차지한 사실에 대해서는 유감을 표명할 수도 있지 않은가?

나는 나와는 다른 많은 사람을 화기애애한 관계에서 폭넓게 만날 수 있다는 것을 정직하게 말할 수 있다. 나는 내 견해에 반대하는 주장을 개인적인 공격의 차원에서 절대 생각하지 않는다. 그렇지 않다. 나는 정직한 반대자를 존중한다. 내가 멸시하는 것은 오직 반감과 공적 토론을 뒤섞는 사람이다. 우리가 토론하는 것은 엄숙한 문제들이다. 그 문제들은, 어느 정도는, 기독 교회를 괴롭혀온 가장 심각한 이단 중의 하나와 연관되어 있다.

그것이 우리로 토론하는 그 교리들의 가치를 아는 사람들의 입에서 나올 언어를 사용하게 만든다. 우리로서는 주장하는 감정과 그에 조화되는 정신을 가지는 것이 우리의 지혜일 것이다. 엄숙히, 하나님 앞에 있는 것처럼, 나는 「자유인」이 매우 잘못되었다고 믿는다. 하지만 우리는 오직 주님 앞에서 서기도 하고 넘어지기도 할 것이다. 비난하는 것은 우리의 몫이지만, 정죄하는 것은 우리의 몫이 아니다. 잘못한 쪽에서의 의무는 방어하는 것이지, 되받아 비난하는 것이 아니다.

런던 침례교 목회자 일곱 형제가, 그 교단의 가장 존경받는 원로 중 한 분의 지도를 따라, 연합하여 중요한 문제에 대해 이의를 제기한 것은, 그 편집인들에게 분명 상당히 부담을 주었을 것이다. 그 편집인들은 학식, 능력, 성공 면에서 우정어린 권고가 닿지 않을 정도로 대단한 위치에 있지 않으며, 정녕 형제들이 엄숙하게 서명한 공개적 항의를 경멸조로 받아들일만큼 무례하진 않을 것이다.

그들은 서명한 형제들을 신망 있는 그리스도의 종들로 인정하지 않을 수 없을 것이다.

그 항의가 담긴 서한이 모욕적이거나, 뻔뻔하거나, 비우호적이었던가? 절대 그렇지 않다. 그 글은 통렬함보다는 느슨함으로 치우칠 우려가 있을 정도로 다정다감한 사람에 의해 쓰인 것이 아니었던가?

가장 무거운 이유이자 강력한 동기가 아니었다면, 무엇 때문에 그토록 다정한 사람이, 고령과 고통스러운 질병 때문에 삶의 힘든 시기를 보내는 중에도, 위험스러운 악에 맞서 세밀한 항의의 글을 쓰느라고 힘겨운 밤을 보내야 했겠는가?

이 글이 어떤 사람들에게는 농담으로 여겨질지 모르지만, 우리에게는, 우리 주 예수의 이름으로 세례를 받는 행위와 마찬가지로 엄숙한 일이었다. 만약 필요했다면 나는 거리낌 없이 내 피로써 그 서신에 서명했을 것이다. 우리는 그 문제에서 한가지 치명적인 악의 영향을 보았다. 그것은 우리의 학문을 오염시키는 것으로 시작되었고, 우리의 강단을 타락시키는 것으로 종결될지 모른다.

우리는 하나님 앞에서 강한 의무감으로 항의 서한을 쓴 것이며, 거기에 서명하지 않았더라면 하고 바란 적은 한순간도 없었다. 우리는 「자유인」을 공격한 것이 아니다. 우리는 단지 그 신문사가 신학의 새로운 학파를 후원하는 것을 비난하는 것이다. 그 평론가는 우리가 배격하는 주장을 개인적으로 신봉하는 사람이라고, 그 글에서 우려를 표명한 것은 사실이다.

우리의 우려는 확신으로 변했다. 하지만 그것은 편집자들에 대한 의혹과 관련된 것이 아니다. 우리에게는 그 평론가가 그 언론사의 경영자들과는 전적으로 구분된다고 믿을 이유가 있다. 자기중심적이라고 여겨질 수 있음을 감수하고, 나는 주저 없이 그 서신보다 더 냉철하고, 관대하고, 신사답게, 그리스도인답게 작성된 서신은 없다고 말한다. 그 서신은 그것을 쓴 사람의 인물됨에 어울리고, 그 서신이 옹호한 대의명분을 훼손시키지 않는다.

하지만 이제 악한 일이 시작된다.

그 우호적인 서신이 어떻게 받아들여 졌는가?

그것은 편집자 후기에 의해 보충되었고, 그 후기의 핵심은 그 형제 중 세 사람이 아직 소년에 불과하여, 나이에서는 그들보다 어린 사람들 수준으로 무언가를 알지만, 예절에서는 어린 나이보다 훨씬 더 어리다고 하는 농담이다. 당황하고 혼란스러운 사람의 얼굴에서 번득이며, 자기 두려움을 경박의 가면으로 감추길 원하는 사람에게서 볼 수 있는 섬뜩한 미소, 단지 그것이 우리가 받은 대답이었다.

우리는 종교적인 문제를 다루고 있었고, 우리의 거룩한 신앙의 기초와 관련된 실제적인 문제를 다루고 있었다. 그런데 그에 대한 대응은 악의 없는 문장에 대한 장난질이었다. 서한의 문장은 그 7인 형제들의 입에서 나올법한 매우 적절하면서도, 전혀 무례하지 않은 문장이었다. 그 불합리한 농담은 선교적인 문제에서 엑서터 홀을 향해 끔찍한 포탄을 발사한 것이나 다름없다고 여겨지며, 듣는 이들의 혐오감을 불러일으켰다. 한 신사는 자기 목소리가 일으킨 메아리에 깜짝 놀랐고, 그 소리를 듣고 분개한 사람의 한마디에 떨며 사과문을 발표했다.

침묵이 뒤따랐다. 분별이 보초를 서고, 논평과 기사는 소리를 죽였다. 예외적으로 희미하게 으르렁거리는 소리가 하나 있었는데, 그것은 가장 열성적인 글쓰기보다 더욱 확실하게 내면적인 적대감을 보여주었다. 우리는 양심이 작동했다고 암시하지 않겠지만, 아마도 그것이 바른 추정일 것이다.

하지만, 마침내 고요가 깨어지고, 「자유인」이 새롭고 예상치 못한 모습으로 앞으로 나섰다. 그것은 교단의 기관지이기를 거부했고, 심지어 몸과 관련이 있는지조차 의심스러워졌다.

제정신이 있는 사람이라면, 어느 누가 한 신문이 일곱 사람을, 하물며 한 교단을 대변하는 일이 가능하다고 생각할 수 있을까?

우리는 부적절하게도 처음에 그 신문의 유포를 지원했고, 우리 중 일부는 그 유지에 관여했으니, 그것은 어떤 의미에서 교단을 대표한다는 착각이 들

수도 있었다.

이런 믿음으로 우리는 편지를 쓴 것이다. 이제 우리가 잘못 생각했었음을 알았다. 정치적이고 종교적인 단체들을 대변한다는 잘못된 개념이 수십 가지 신문사에서 나타났던 것이 사실이다. 하지만 아무리 완강하더라도, 「자유인」의 강력한 풍자 앞에서는 모두 항복해야 할 정도다. 그 신문의 유포가 주로 그 편집인들이 그토록 즐겁게 거부하는 잘못된 개념 덕택인 것 역시 마찬가지로 사실이다. 하지만 하나의 항의가 다른 공격적인 문제를 제기하지 않을 때, 복수하는 자세를 취할 것이 아니라 상식을 지키며 관심을 가지는 것이 마땅하다.

오! 그 항의의 결과는 얼마나 슬픈가!

그것은 가장 예상치 못한 방식으로 그 목적을 이루었다. 우리는 오류에 연루되는 것에서 우리 자신을 보호해야 한다고 생각했다. 그리고 그 일은 우리가 바랄 수 있었던 것보다 더 효과적으로 이루어졌다. 「자유인」이 대변지로서의 입장, 즉 그 신문사의 영예이자 그 코의 호흡과도 같이 소중한 입장을 거부했기 때문이다. 이는 응징을 받으려고 자살하는 행위나 다름없다. 그 신문사의 가장 나쁜 적수들도, 그 신문사가 지겹도록 같은 주장을 되풀이하는 것보다 더 큰 타격을 입힐 수는 없었을 것이다.

그 편집인은 언론 협회에 중요한 자리를 가지고 있지만, 그는 이제 그를 투표로 지지해주기를 바랐던 사람들의 대변자가 아니다. 그는 무례하게도 친절을 보이는 사람 면전에서 비웃는다.

「자유인」씨여! 그렇게 하려면 하라. 당신 자신의 내키는 뜻에 따라, 아무런 규제도 없이, 당신 자신의 견해를 주장하라. 이날부터, 당신과 우리의 교회들 사이에는 어떤 관련이 있다는 생각에 기초하여 비난하던 것을 우리는 멈출 것이다. 당신은 당신 자신의 대변인이지, 우리들의 대변자는 아니다. 만약 우리가 서로 타협점에 이르렀다고 믿지 않았더라면, 우리는 그 주제에 손대지 않았을 것이다. 그리고 우리가 어떤 착각 속에서 애썼다는 것을 알았기 때문에, 이제는 그런 착각을 행복하게 떨쳐버린다.

더는 우정어린 태도로 항의할 필요도 없다. 전장(戰場)은 이제 우리를 갈라놓았다. 옛 루터의 정신은 영원히 매장된 것이 아니다. 우리는 시대의 오류들로부터 날마다 우리 자신을 씻음으로써, 모든 사람의 피에 대해 깨끗할 것이다.

「자유인」의 공연에서는, 비극 뒤에 반드시 소극(笑劇)이 따르는 것처럼 보인다. 이 놀라울 정도로 '자유로운' 배우는 가발과 가운을 착용하고 심판석에 앉아서, 그를 부드럽게 꾸짖은 형제들을 심문했다. 마치 그들이 무슨 비행이라도 저지른 듯이 따져 물었다. 재판을 흉내 내면서, 그는 정죄한다. 하지만 우습게도, 그는 용서해 주겠다고 제안한다.

재판장이시여!
만일 내가 한순간 목사로서의 본분을 잊었다면 용서하시고, 이 어리석은 형제들을 너그러이 대하소서!
이 사람들이 얼마나 눈부시도록 재치 있는 사람들인가!

그들은 우리 7인 모두가 목에 밧줄을 두르고, 그 언짢은 편집자들에게 용서를 애걸하면서, 「자유인」 사무실까지 참회의 순례라도 오기를 기대하는 듯하다. 저지른 잘못이 너무 중대해서, 본보기로 처벌을 요구하는 듯하다. 예배에서도 그와 관련된 증언이 있었다는 것이나, 그 항의는 다름 아닌 개신교 신학의 이름으로 승인된 것이라고 호소하는 것도 소용이 없다.
그 7인 목회자의 견해는, 어떤 의미에서는 그 편집인들 가운데 둘 혹은 셋의 발언과도 실질적으로 다르지 않다는 사실도 역시 소용이 없다. 이것이 요점이 아니다. 그들은 범죄자들이 잘못한 것이니, 자비를 빌어야 한다고 주장하는 셈이다. 얼마 전에는 일종의 대주교의 감독권과 권위를 행사하는 식으로 굴었던 그 신문사가, 문제를 일으킨 범인들이 현장에서 처형되지 않았으니 회개의 여지가 여전히 남아있다고 말하는 것이 그 신문사가 보여주는 인내심의 증거이다.
우리의 철회가, 만약 그렇게 한다면, 마치 자애로운 부모의 애타는 심정과 넘치는 모든 자비로움으로 받아들여 질 것을 우리는 확신한다(나는 그것을 의심하지 않는다).
오! 실수한 내 형제들이여!
슬프게도 범죄의 동료가 되어버린 내 형제들이여, 서둘러 지혜롭게 행하길! 우리는 커다란 죄악을 자백해야 하고, 그러면 우리가 비록 용서받을 자격은 없지만, 땅바닥에 조아리는 우리의 머리 위에 용서의 기름이 부어질 것이다. 「**자유인**」은 넓은 아량으로 여러분에게 자비의 손을 내밀 것이며, 그 은혜로운 팔로 안아주고, 질식할듯한 찬사를 쏟아낼 것이다. 한결같은 복종을 통해, 여러분은 잃어버린 지위를 회복할 수도 있고, 부모의 더 많은 인정을 받을 것이다.

그렇다, 우리가 우리의 입장을 철회하고 용서를 구할 때, 우리의 항의가 단지 침례교단의 건전성을 위해 필요한 조공에 불과했으며, 우리 자신을 위한 경고에 지나지 않았음을 인정할 때, 신사적인 「**자유인**」은 우리 모두의 초상화를 회랑에 걸어두어 기념하고, 우리를 무릎 위에 앉혀 어르며, 킹슬리와 J. B. 브라운의 더없이 행복한 동료로 삼을 것이다.

이런 희극이 「**자유인**」으로서는 선뜻 동의할만한 것이겠지만, 나로서는 넌더리가 한다. 그리고 다시 한번 우리의 주제가 요구하는 것이 무엇인지를 냉철하게 생각해본다. 이제 나는 우리가 개인적으로 받았던 공격이 무엇을 암시하는지 언급해야겠다. 「**자유인**」은 우리 중 몇 사람은 우리가 언급한 그 책을 읽지도 않았다고 단언한다.

나는 분명 그 책을 읽고 주목했지만, 내적으로 음미하면서 그 무사안일주의자에게 동조할 수는 없었다. 다음으로, 「**자유인**」은 앵거스 씨의 편지가 공동으로 쓴 것이라고 간주했지만, 그것은 그가 단독으로 쓴 것이다. 경탄스러운 그 서신이 일곱 사람 전체의 공동 서신이 아닌 것은, 이 서신이 공동 서신이 아닌 것과 마찬가지다. 편집인은 이 서신을 나의 서신으로, 나만의 서신으로 간주해야 할 것이다.

이보다 더 나쁜 행동은 고압적으로 조사를 요구하는 것이다. 「**자유인**」은 내가 지금 언급하려는 문제에 대해 보충 진술하든지, 그렇지 않으면 그 용기와 진실성이 사라졌다고 조용히 인정해야 할 것이다. '「**자유인**」은 무모하게도 우리 중 한 사람이 이전에 브라운 씨의 책을 승인했다고 말한다.' 그 사람의 이름을 밝히라.

왜 그 일곱 사람을 어둠 속에서 찌르려고 하나?

신앙을 거론할 필요도 없이, 정직의 이름으로, 그 개인을 지목하라. 그렇게 불명확한 말로 제기된 혐의에 대해, 우리 중에서 애써 부인하지 않을 사람은 아무도 없을 것이다. 그런 혐의는 너무 심각하다. 따라서 누구에게든 그런 혐의가 허위로 적용될 경우, 만약 충분한 사과가 따르지 않으면, 그 사람은 사회적 보호를 위해서라도 그 명예훼손의 당사자에게 찾아가서 그 나라의 법률이 규정하는 최고의 법을 요구하는 것이 마땅하다.

그런 비방은 한 사람을 부정직하다고 부르는 것이나 마찬가지니, 우리 중 누가 그런 혐의를 받고도 가만히 있어야 한단 말인가?

이 마지막 대목은 답변을 듣기 위해 좀 기다릴 필요가 있을 정도로 중대한 문제이다. 나는 「**자유인**」에게보다는 경영책임자에게 글을 쓴다. 그 이유는 이 마지막 문제가 소통의 장벽으로서, 그냥 넘어가기에는 너무 심각하기 때문이다.

이만 줄이고자 한다.

찰스 해돈 스펄전.

브라운 씨는 다음의 서신을 「**자유인**」의 편집인들에게 보냈다.

편집인들에게

의도적으로 내 사역과 최근 출판된 내 저서 『인간 속에 있는 신적 생명』에 대해 편견을 갖게 하려고 애쓰는 스펄전 씨, 또 그와 함께하는 여섯 명의 침례교 목사들과, 나는 쟁론하지 않을 것입니다.

그들은 내게 진리를 약화하거나 부인한다고 말하지만, 많은 그리스도인 형제들은 그 책에서 내가 약화하거나 부인한다고 말을 듣는 바로 그 진리들이 가득함을 발견한다고 내게 증언해왔습니다. 그렇기에 나는 내 비평가들의 판단을 태연하게 참을 수 있습니다.

침례교 목회자 중에는 내 말을 믿을만하다고 여기는 솔직한 사람들이 있을 것이라 믿고, 나는 은혜의 교리들이, 그 용어의 복음적이고 넓고 온전한 의미에서, 거의 20년간 내 목회 사역의 큰 주제였다고 선언하는 것으로 만족하겠습니다. 그리고 내가 내 마음을 알거니와, 그것은 내가 죽을 때까지도 마찬가지일 것입니다.

나는 이 7인이 그들의 목회 사역에서, 그들이 나의 사역에 대해서와 또 나에 대해 증언한 것보다, 그들의 주님의 말씀을 더 충성 되게 증언하도록 기도합니다.

J. 볼드윈 브라운.

> 추신: 그 항의 서한을 실은 신문사들이, 공정하게 이 간략한 답변을 함께 실어주기를 바라는 것은 너무 큰 기대일까요?

브라운 씨의 서신을 실은 신문사 중의 하나는 아래와 같이 의미심장한 논평을 덧붙였다.

> 우리는 볼드윈 브라운 씨의 서신을 싣는 것은 단순한 공정의 문제로 느끼지만, 조금도 과장하지 않고 말하자면, 브라운 씨가 이 서신에서 밝혔듯이 '은혜의 교리들을 복음적이고 넓고 온전한 의미에서' 붙든다고 한 것은 상당히 주목할 만하다. 동시에, 그가 모리스와 스콧 교수들을, 진리의 훌륭한 교사들로 온전히 인정한다고 선언하는 것 역시 주목할만하다. 그들의 출판된 책들은 아주 결정적으로 복음의 근본적인 진리들에 대해 적대적이며, 또한 체제전복적이다.

유니테리언 교단 신문인 「탐구자」(The Inquirer)는 한 논쟁 기사에서, 힌튼 씨와 그의 일곱 목회자 형제들의 항의를 완전히 정당화했다. 관련된 당시 기사의 일부는 이렇게 말한다.

> 우리는 오랜 세월 나쁜 세평에도 불구하고 신실한 신앙고백을 유지해왔다. 그런 우리에게 적지 않게 고무적인 일은, 정통 목회자들 가운데서도 가장 사려 깊고 열성적인 젊은 목회자들이, 우리가 옹호해왔던 성경의 가장 고상한 진리들을 인정하는 방향으로 꾸준히 힘겹게 싸우고 있다는 것이다. 우리는 그들의 싸움을 깊이 공감하면서 지켜보고 있으며, 그들이 그 싸움에서 사나이답게 처신하고, 충성스럽게 진리가 인도하는 대로 따르기를 바란다.

「다이얼」(The Dial)지는 위의 발췌문을 인용하면서, 아주 적절한 말을 덧붙인다.

> 브라운 씨는 아마도 '나를 내 친구들에게서 구하소서!'라고 말하는지 모른다. 유니테리언 신문의 작가들은 그의 가르침이 어느 쪽으로 기울고 있는지 분명하게 볼 수 있었다. 그것은 마치 한 세대가 온전히 지난 후에, 그들의 계승자들

제32장 "다운-그레이드"(Down-grade) 논쟁의 전조

이, 신앙의 용감한 투사—찰스 해돈 스펄전—의 마음을 상하게 했던 '내리막 길'(Down-Gradeism) 논쟁의 추세를 분명히 인식했던 것과 마찬가지다. 스펄전은 그가 살아계신 하나님의 귀중한 진리라고 간주했던 것을 휩쓸어가고 있던 급류를 저지할 수만 있다면, 자기 생명을 조금도 귀한 것으로 여기지 않았다.

제33장

헬렌스버그 저택과 정원

(찰스 해돈 스펄전의 부인 수지)

오늘날 잘 알려진 한 작가가 그의 단편 글에서 이런 말을 한다.

> 한 사람의 초기 삶에는 다소 혼란스럽게 여겨지는 어떤 장면들이 있다. 일어난 사건은 확실하지만, 그것이 언제 일어났으며, 또 그것이 어떻게 다른 사건들과 연결되는지 말하기란 쉽지 않다. 과거의 기억은 신기하게 뒤섞이며, '우울한 기억에서 즐거운 기억으로, 활기찬 기억에서 혹독했던 기억으로' 빠르게 통과한다.

이는 정확히, 우리의 신혼 생활의 사건들을 연대순으로 엮어보려 애쓸 때의 내 경험을 묘사한다. 나는 내게 몰려오는 많고 다양한 기억들 사이에서 당황스럽다. 하지만 그 가운데 많은 기억은 글로 쓸 정도로 중요하진 않고, 어떤 기억들은 너무 흩어져 있어서 정확하게 되살릴 수가 없다.

내 앞에는 밝고 빛나는 소중한 기억들이 거미줄처럼 얽혀있고, 그것을 풀어 정돈하기란 가망이 없어 보인다. 내가 어떻게 이 엉킨 실타래를 풀어, 질서 있고 아름다운 무언가로 짤 수 있을까 하는 의문이 든다.

나는 어린 소녀 시절, 정리를 잘 하지 않는 습관으로 벌을 받았던 기억이 있다. 아마도 엉킨 명주 실타래로 가득한 바구니가 건네졌고, 일정 시간 내에, 그것들을 다 규칙적인 선으로 펼쳐 놓으라는 벌이었던 것으로 생각된다. '정돈'의 요정이 그녀의 고충을 딱하게 여겨 도우러 왔고, 그녀의 지팡이로 건드려, 솜씨 좋게 그 일을 수행하여, 그 소녀를 어려움에서 벗어나게 해주었다.

나는 한 요정이 할 수 있었던 것보다 더 나은 도움을 원한다. '정돈'과 날짜순 배열은 나에게는 상당한 도움이지만 나로서는 그 사건들을 기억해 내는 것만으로도 온통 생각을 집중해야 했다. 사건들의 관련성에 대한 기억은, 자연스러운 호기심을 만족시키거나, 이 글을 읽는 사람들에게 어떤 즉각적이고도 지속적인 유익을 줄 정도로 충분하지 않다. 내 남편의 전 삶은 "말과 행실과 사랑과 믿음과 정절에 있어서 믿는 자에게 본이 되는"(딤전 4:12) 것이었다.

만약 내가 쓴 글의 어떤 대목에서도 그 본을 적절하게 보여주는 데 실패한다면, 그것은 내 잘못이며, 그로 인해 나는 깊이 한탄할 것이다. 하지만 만약 내가 그의 속에 있던 하나님의 은혜를 잘 드러내는 데 성공한다면, 그것은 단지 주님께서 그분 자신의 영광을 위해 나에게 섬길 기술을 주셨기 때문이다. 나는 에스라와 더불어 이렇게 말할 수 있다,

> 내 하나님 여호와의 손이 내 위에 있으므로 내가 힘을 얻었나이다(스 7:28).

1857년, 우리는 뉴 켄트(New Kent Road)를 떠나, 클래펌(Clapham) 나이팅게일(Nightingale Lane)에 거주하게 되었다. 당시 그곳은 예쁘고 시골스러웠으며, 비교적 알려지지 않은 지역이었다. 이 변화로 인한 우리의 기쁨과 그곳에 대한 우리의 관심은 한이 없었다. 만약 방문객이 클래펌 쪽에서 온다면, 그 길의 오른쪽에는 아름다운 공원이 펼쳐져 있었다. 그 공원은, 그 경내에 있던 저택과 함께 덴트(J. Dent) 씨의 소유였다. 우리 집은 그 왼편에, 그 공원과 울타리를 마주 보고 서 있었다.

그 길 전체를 따라, 이쪽 끝에서 다른 쪽 끝까지, 우리 집 말고 대 여섯 집이 더 있었던 것으로 기억한다!

이 호젓함은 남편에게 큰 매력이었다. 그는 낮 동안의 수고와 애씀 후에는 절대적인 고요와 휴식이 필요하다고 느꼈으며, 여기서 그것들을 찾았다. 그 시절에 우리는 잎이 우거진 길을 따라 산책할 수 있었고, 너무 많은 사람이 말을 걸어오는 상황을 염려할 필요도 없었다. 이 특전은 우리에게 아주 큰 기쁨을 가져다주었다. 그렇게 배회하며 돌아다니던 중에, 내 남편이 아주 섬세하게 묘사했던 한 가지 사건이 있었는데, 그것은 죄인을 찾는 일에 대한 격려의 일화로 바뀌었다. 나는 그것을 마치 내 수정 원석들 가운데 있는 한 금강석처럼 여기에 소개하며, 어떤 갈망하는 영혼이 그것을 찾아, 그 가치를

알고, 그로 인해 영원히 부유하게 되기를 기도한다.

우리는 내가 사는 근처 길을 따라 걷고 있었습니다. 한 불쌍한 여인이 있었고, 그녀가 우리를 멈추게 했습니다. 그녀는 불어로 말했습니다. 이 불쌍한 영혼은 길퍼드(Guildford)에 자녀들을 두었습니다. 그녀는 그들에게 가는 길을 찾고 있었지만, 영어는 한 문장도 알지 못했습니다. 그녀는 그 길을 따라 늘어선 신사들의 저택 문들을 두드렸습니다. 하지만 당연히 하인들은 그녀를 위해 아무것도 할 수 없었습니다.

그녀가 하는 말을 그들이 알아들을 수 없었기 때문입니다. 그래서 그녀는 이곳저곳을 다니다가, 마침내 자신이 어떻게 될 것인지도 모르게 되었습니다. 그녀는 약 삼십 마일을 걸었으나 신경 쓰지 않았습니다. 하지만 그때, 그녀는 어느 쪽으로 가야 하는 건지 알 수 없었고, 아마도 내가 생각하기에 누구라도 붙잡고 물어보려고 결심한 것 같았습니다. 그녀가 아는 것이라고는, 그녀가 종이에 쓴 '길퍼드'라는 단어가 전부였습니다. 그녀는 그것을 내밀면서, 어디로 가야 바른길인지 불어로 묻기 시작했습니다.

마침내, 그녀가 그녀에게 가야 할 길을 말해줄 수 있는 누군가를 만났을 때, 그녀는 자신의 근심과 감사를 모두 아름답게 표현했습니다. 그녀가 말하길, 그녀는 마치 사냥꾼에 쫓기는 불쌍한 새처럼 느꼈으며, 둥지로 가는 길을 알지 못했다고 했습니다. 나는 생각했습니다, '이 이야기는 죄인이 천국으로 가는 길을 찾기 원할 때와 얼마나 비슷한가!'

그가 아는 것이라고는, 그가 그리스도를 원한다는 것이 전부입니다. 그러나 그를 어디서 찾을지, 어떻게 그분에게 이를지는 그가 알지 못합니다. 먼저 하나의 문을 두드리고, 이어서 다른 문을 두드립니다. 어쩌면 예배당의 목사도 따뜻한 동정의 언어를 알지 못합니다. 그는 죄인의 필요를 이해하지 못합니다. 내 주님의 집에는 많은 종이 있지만, 유감스럽게도, 그들은 한 죄인이 부르짖은 말을 이해하지 못합니다.

오! 죄인이여,

그대는 어떻게 그리스도께 이르러야 할지 알지 못하지만, 반드시 그분을 발견할 것이오!

그분이 그대에게 물을 것이기 때문이라오,

'네가 누구를 찾느냐?'

그대는 '나는 예수를 찾습니다'라고 대답하겠지요. 그러면 그분이 말씀하실 것입니다.

네게 말하는 내가 곧 그라(요 4:26).

만약 당신의 마음에 말씀하시는 분이 당신이 찾고 있던 예수가 아니시라면 나는 큰 실수를 하는 셈입니다. 당신의 마음에 들려오는 그분의 말씀이 곧 그분의 사랑의 증거입니다. 그분을 의지하십시오, 그분을 믿으십시오, 그러면 구원을 얻을 것입니다.

그 집은 아주 오래된 집이었다. 처음 상태로는 방이 여덟 개 있었고, 지하에는 나중에 주방으로 변경된 저장고들이 있던 집이었다. 앞 소유자가 한 층을 더 올렸고, 그 여덟 개의 방들을 네 개의 큰 방으로 개조했다. 하지만 이런 개선에도 불구하고, 여전히 그 방들은 좁고 불편했다. 하지만 당시 우리에게, 그 방들은 우리가 바랄 수 있던 전부였고, 커다란 정원이 실내의 비좁음을 보완해주었다.

오! 비록 그것이 오랫동안 방치되어 황폐하긴 했지만, 우리는 그곳을 얼마나 환희로 가득한 곳으로 생각했었던가!

블랙베리 관목들이 주제넘게 그들 스스로 나무들이라 주장했고, 과일나무들은 가지치기 작업을 하지 않아 아무렇게나 뻗어나고 있었다. 이 다듬지 않은 어수선함이 우리에게는 더 흥미로웠다. 그 정원을 차츰 우리가 가진 생각대로 가꿀 수 있었기 때문이다.

우리는 집과 정원 관리 양면에서 어처구니없이 많은 실수를 했다고 인정해야겠다 하지만 젊은 날에, 그것이 무슨 대수였던가?

나뭇가지 갈래 안에 둥지를 짓는 어떤 두 마리 새들도, 우리가 아담한 시골집을 구상하고 세우고 고치는 일을 수행할 때 얻은 기쁨보다 더 큰 기쁨을 얻지 못할 것이다.

그러한 조용한 휴식이 내 남편에게 얼마나 유익했는지는, 피곤한 뇌와 지친 몸으로 어려움을 겪어본 열성적인 일꾼들이라면 잘 이해할 것이다. 이 무렵 스펄전의 설교문은 국내와 해외에서 경이로운 판매 부수를 올리고 있었고, 출판사들로부터의 수입과 교회에서 받는 늘어난 사례비는 그 집과 대지의 임차권 구매를 가능하게 했다. 오래되고 한동안 사람이 살지 않았던 것 때문에, 그 집과 정원을 좋은 조건으로 사들일 수 있었다.

집터 모퉁이에 우리는 단순히 재미로 잡다한 것들을 모아두었다가 나중에 치우기도 했다. 집 측면에 큼지막한 맥주 양조장 같은 구조물이 있었고, 그것은 우리에게 큰 수수께끼였다. 그 구조물에는 판석이 깔려 있었고, 한쪽 구석에는 커다란 보일러가 있었으며, 자그마한 기이한 방들, 작은 저장용 공간들이 있었는데, 우리는 그 공간을 사과 저장실로 바꾸었다.

하지만 거기서 최고는 우물이었다. 그 우물은 우리를 온통 매료시켰다. 그 매력은 나중에 그것이 무너져, '하나의 증거'로서 흔한 펌프 손잡이 하나만 남겨놓고 모든 것이 다 잔해로 덮일 때까지 사라지지 않았다. 그것은 정말 근사한 우물이었다. 올라오는 물은 맑게 반짝였고, 얼음처럼 차가웠다. 내가 기억하는 대로 그 우물의 사연을 전하자면 다음과 같다.

그 집의 이전 거주인이, 어떤 비용이 들더라도, 그 특정한 지점에서 물을 얻어야겠다고 결심했다. 그래서 그는 우물 파는 사람들을 고용했고, 그들은 우물을 파기 시작했다. 일백 피트 깊이에서 그들은 멈추었다. 물이 나올 징조가 없었다. 주인장이 말했다,

"계속하세요, 더 깊이 들어가야 합니다."

그들은 다시 이백 피트를 더 팠다. 그러자 단단한 바위가 나왔다!

그가 말했다.

"이제, 당신들은 그것을 뚫어야 합니다. 여기서 땅으로 뚫고 들어가면 나는 물을 얻을 겁니다."

그래서 그들은 다시 파 들어갔으며, 계속해서 파다가, 완전히 낙심하고 말았다. 이제 그들은 땅속으로 460피트까지나 팠기 때문이다!

하지만 주인은 그들이 노력을 멈추지 말아야 한다고 주장했다. 어느 날, 그들은 평상시처럼 저녁을 먹으러 올라왔다가, 다시는 바위로 내려가지 않았다. 물이 솟아올라, 그들의 장비를 덮고, 우물 높이까지 찼기 때문이다!

그가 목적을 단념했더라면 그토록 즐거울 수 있었을까?

그는 인내의 보상을 받은 것이 아닌가?

제33장 헬렌스버그 저택과 정원   733

 그는 또한 자손 세대들에게 혜택을 베푼 사람이 되었다. 그 맛 좋은 물은 그 근방에서 명성을 얻었고, 우리 때의 거주인들도 그곳으로 가서 한 주전자 가득 "그 우물의 물"을 요청하곤 했다.
 오랜 세월이 지난 후, 중요한 배수 작업이 진행될 때, 풍부했던 수량이 감소했다. 새로운 집이 세워졌다. 비록 여전히 우물은 있었지만, 내가 말했듯이, 예전의 매력은 잃어버렸다. 그리고 '위험'도 사라졌다. 그렇다, 그 옛 우물에는 우리가 고통스럽게 인식하듯이 위험도 있었다.
 어느 날, 한 사람이, 우물 조금 아래에서 보수 작업을 하던 중 발을 헛디뎠고, 많은 나무 층계들(우물 안쪽에 세워져 있으며, 사다리로 다가갈 수 있었다) 아래로 떨어졌다. 그는 깊은 물 속에 잠길 것이고, 목숨을 건질 가망은 희박했다. 하지만 하나님의 크신 은혜로, 그의 팔이 나무 층계들 하나에 걸렸다.
 그는 어둠의 공포 속에서 거기에 매달려 있었으며, 마침내 그의 동료가 그를 구출할 수 있었다!
 그때 상황에서 나는 내 남편이 걱정하던 모습을 잊을 수 없다. 그는 고민과 긴장 속에서 그 우물막(幕) 문 앞에서 왔다 갔다 했다. 우리는 하얗게 질려 떨었으며, 당혹과 두려움으로 어쩔 줄을 몰랐다. 하지만 주님께서 비극이 될뻔했던 그 일을 바꾸어주셨고, 그 사람은 깊은 곳에서 구출되어, 복된 햇살을 다시 볼 수 있었다. 그가 안전하게 '육지'에 도달했을 때, 그는 살았다기보다는 거의 죽은 사람 같았다.
 하지만 비록 타박상을 많이 입긴 했지만, 큰 부상을 입진 않았다. 그 일 후로, 내 남편은 튼튼한 밧줄로 온몸을 두르거나, 다른 사람이 붙잡아주는 경우가 아니면, 아무도 우물 아래로 내려가지 못하게 했다. 그 후로 우리는 다시 그런 사고를 겪지 않았다.
 이 옛집의 작은 응접실에서—그림 24에서 현관 왼쪽에 있는 방의 창문을 보라— 어느 날 아주 흥미로운 일이 일어났다. 그 일은 아직도 살아계신 저명한 작가(존 러스킨)와 관련된 일인데, 나는 그 일을 밝혀도 무방하다고 생각한다. 그 일은 당시에 그 저명하고 재능있는 분의 마음에 있던 따뜻한 형제 사랑을 드러내 줄 터인데, 오랫동안 봉인되어 감추어져 있었다.
 1858년, 그해가 끝나갈 무렵, 내 남편은 심각한 질병에 걸렸었고, 그 때문에 세 번의 주일 동안 강단에 설 수가 없었다. 그 무렵 러스킨 씨는 서리 음악당 예배에 자주 출석했다. 그는 내 남편의 다정한 친구였을 뿐 아니라, 복음 설교자로서 그를 열렬히 칭송하던 한 사람이었다고 나는 믿는다.

스펄전 목사가 일부 회복 중이면서도 여전히 고통을 겪으며 약한 상태일 때, 그의 상태를 알게 된 러스킨 씨는 그를 보러 왔다. 내 남편은 그날 처음으로 아래층에 있었고, 내가 언급했던 그 방의 침상에 누워있었다. 나는 러스킨 씨가 보여준 뜨거운 사랑과 헌신을 잘 기억하고 있다. 그는 환자 곁에 몸소 무릎을 꿇고서, 따뜻한 애정과 눈물로 그를 포옹했다.

"내 형제여! 나의 귀한 형제여!"

그가 말했다.

"당신이 이렇게 누워있는 것을 보니 내 마음이 얼마나 아픈지요!"

그의 슬픔과 동정은 아주 감동적이었고 큰 위로가 되었다. 그는 두 개의 작은 판화를 들고 왔으며—예술적 감각이 있는 귀한 작품으로, 여전히 '웨스트우드'의 방 한쪽 벽면을 장식하고 있다— 많이 약해진 환자의 원기를 돋우어 주기를 바라며 귀한 포도주도 몇 병 가져왔다. 내 남편은 그가 보여준 사랑과 배려에 크게 감동했고, 훗날에도 그 일을 고마워하면서 자주 언급했다.

특히 후년에, 러스킨 씨 편에서 감정의 변화가 생겨, 스펄전이 죽는 날까지 굳게 붙들었던 신학적 견해의 일부를 강하게 배격했을 때도 그랬었다.

내가 지금 묘사한 그 날의 방문 때였는지, 아니면 그보다 훗날의 방문 때였는지 확실치 않지만, 러스킨 씨는 내 남편에 관한 이야기가 진실임을 직접 확인할 수 있었을 것이다. 나는 그들이 하나님의 섭리 개입, 자기 백성에 대한 그분의 돌보심, 위험과 어려움의 때에 그분이 자기 백성에게 베푸셨던 특별한 구원 등에 관하여 대화를 나누었다고 생각한다. 그다음에, 러스킨 씨는 내가 펜으로 흉내 낼 수 없을 진지한 열정으로, 두려운 죽음으로부터 하나님이 직접 보호하신 한 사건을 들려주었다.

한 그리스도인 신사, 일곱 자녀가 딸린 한 홀아비가, 그의 자녀들의 건강을 위해 시골의 오래된 농가에 입주 계약을 맺었다. 어느 날, 최종적으로 이사하기에 앞서, 그는 자녀들을 데리고 그들의 새로운 거처를 보러 갔다. 그가 지주 혹은 지주의 대리인과 대화하는 동안, 어린아이들은 여기저기 정원과 마당까지 재빨리 움직이며 돌아다녔다. 그런 후 그들은 계속해서 그 집도 점검해보기로 했으며, 위층 아래층을 급히 움직이면서 모든 방을 살펴보고, 기쁨으로 춤추기도 하고, 새로운 것을 찾을 때마다 신이 나서 소리치기도 했다. 이윽고, 그 오래된 집의 신기한 면에 싫증이 난듯했을 때, 그들 중 하나가 지하 공간을 아직 둘러보지 않았다고 하면서, 거기에도 즉시 방문해보자고 했다. 그래서 그 신난 무리는 허둥지둥 아래로 내려갔으며, 어떤 어두운 계단 꼭대기에 있는 한 문을 발견했다. 중간쯤에서, 그들은 갑자기 놀라며 멈추었다.

그 계단 아래에 '그들의 어머니'가 서 있는 것을 보았기 때문이다. 팔을 벌리고, 애정 어린 몸짓으로, 그들을 뒤로 물러서라고 신호를 보내면서, 더 이상 통과하지 못하도록 조용히 금지하고 있었다. 두려움과 기쁨으로 뒤섞여, 소리치면서 그들은 돌아섰고, 서둘러 그들의 아버지에게로 도망쳤다. 그리고 아버지에게 그들이 "어머니"를 보았으며, 그녀가 그들을 향해 사랑스럽게 미소를 지으면서도, 돌아가도록 힘차게 손짓했다고 말했다.

아이들의 말을 듣고 매우 놀란 아버지는 즉시 무언가 특별한 일이 일어났음을 알아챘다. 조사가 이루어졌고, 그 좁고 음침한 계단들 바닥 가까이에서, 그들은 깊은 우물을 발견했다. 문도 없고, 아무런 보호 장치도 없었다. 만일 주께서 은혜로 개입하지 않으셨고, 아이들이 급히 몰려서 내려갔다면, 모두가 빠져서 죽을 수밖에 없는 곳이었다.

초자연적인 이야기들은 대개 신빙성이 결핍된다. 하지만 이 경우에, 내 남편과 러스킨 씨는 둘 다 하나님께서 끔찍한 죽음으로부터 그 소중한 아이들을 구원하시기 위해, 그들의 어머니가 그들에게 나타나도록 허용하셨다고 확신했다. 그 환상이 아니었다면 이런 일이 이루어질 수 없었고, 재난에서 그 아이들이 보호될 수 없었다.

데이비스(J. D. Davies) 목사로부터 친절하게도 내게 제공된 자료인 "웨스트우드의 떡갈나무 아래"에서, 나는 그 사건에 관한 내용을 읽었다. 스펄전 목사에게 이런 질문이 주어졌다,

"당신은 초자연적인 방문을 믿나요?"

그 대답으로 그는 러스킨 씨의 이야기를 되풀이했다. 학생들은 진지한 관심을 가지고 경청했고, 즉각, 그들의 학장에게 그런 현시에 대해 그의 이론을 들려달라고 요청했다. 그는 그것을 설명할 수는 없지만, 하나님께서 그 어린아이들의 안전을 위해, 그들이 자연스럽게 즉시 아버지에게 돌아가도록, 그들의 망막에 하나의 물체가 새겨지게 하셨다고 믿는다고 대답했다.

주님께서 자기 자녀들이 특별한 위험에 처했을 때, 그와 비슷한 현시를 허락하셨음을 입증하는 다른 많은 사건이 있었다. 그런 주제를 조용히 경건한 마음으로 묵상하면, 우리 영혼은 행복하게도, 눈에 보이는 일시적인 것들과 보이지 않는 영원한 것들 사이를 가르는 휘장 가까이에 이르게 된다.

*　　　*　　　*

우리는 나이팅게일 길에 있는 정겨운 옛집에서 여러 해를 보냈다. 이렇게 세월이 지난 후 되돌아보니, 그때가 우리의 결혼 생활에서 염려나 근심이 가장 적었던 시절이었다고 생각된다. 우리는 둘 다 젊었고, 높은 기상으로 충만했다. 우리는 상당히 건강했고, 서로를 진실하게 사랑했다. 우리 자녀들은 맑은 시골 공기에서 빠르게 자랐으며, 나는 내 전 시간과 힘을 내 남편의 안녕과 행복의 증진을 위해 쓸 수 있었다.

나는 빈번한 그의 설교 여행에 동행하고, 그가 아플 때 돌보면서, 한결같이 그의 곁에 머물 수 있다는 것을 나의 기쁨이자 특권으로 여겼다. 휴가 여행길에도 그의 즐거운 동반자로서, 항상 그를 향한 사랑에서 솟아나는 열정과 동정심으로 그를 살피고 돌보았다. 내가 이것을 언급하는 것은, 내 편에서 어떤 공로를 암시하려는 것이 아니며, 단지 여기서 하나님을 향한 나의 진심 어린 감사를 기록하고자 함이다.

그 복된 10년 동안, 나는 아내이기에 솟아나는 애정과 힘으로 그를 위로하고 보살피도록 허락받은 것이다. 훗날, 하나님은 그 순서를 바꾸셨다. 그분은 우리가 서로 위치를 바꾸는 것이 적합하다고 보셨고, 오랫동안, 오랜 기간, 섬기는 것 대신 아픈 것이 내 일상의 몫이었으며, 아픈 아내를 위로하고 돌보는 것이 내 남편의 몫이 되었다.

그 정원이 내게 얼마나 큰 기쁨이었는지는 이미 말했다. 우선, 그곳에는 언제나 무언가 새롭고 흥미로운 것이 있었다. 그 새로운 것이 차츰 낡아지기 시작하면, 우리는 그것을 더 사랑했는데, 그것에 대해 우리가 더 많이 알게 되었기 때문이다. 여기서 내 남편은 즐거워했다. 몸의 휴식과 오락을 위해서뿐 아니라, 정신의 자극과 활기를 위해서도 그곳을 좋아했다. 설교를 위한 독창적인 예화들, 본문을 비추어주는 측광(側光)과도 같으며 듣는 이들의 마음을 감동하고 깊은 인상을 심어주는 은유와 비유들, 이 모든 것들을 스펄전 씨는 이 오래된 산책로에서 즐겨 찾곤 했다.

그것들은 그의 발치에 얼마든지 펼쳐져 있었다. 비유가 얼마나 흔한 것이냐는 문제가 되지 않았고, 죄인들의 마음을 향해 쏘려는 화살에서 미늘 혹은 깃털이 되어준다면 그것으로 예화나 비유의 역할은 충분했다. 예증과 교훈의 목적을 위해, 그는 가장 단순한 사건이나 비유들을 활용하는 것을 주저하지 않았다.

한평생 이어진 이런 습관적인 행동에서, 그 자신이 좋은 본보기일 것이다. 목회자 후보생들에게 강의하던 중에, 그는 이렇게 말한다.

> 여러분이 눈을 크게 뜬다면, 자기 주인을 따라가는 개 한 마리 혹은 구멍에서 살짝 내다보는 생쥐 한 마리를 볼 때, 그리고 나무판자를 부드럽게 긁는 작은 소리에서도, 설교에 엮어서 넣을 어떤 재료를 찾을 수 있을 것입니다. 오늘 밤 여러분이 집으로 가서 난롯가에 앉았을 때, 집에서 키우는 고양이를 통해서도 예화로 쓸 수 있는 무언가를 찾을 수 있어야 합니다.
>
> 고양이의 발바닥은 얼마나 부드러운지요!
>
> 하지만 일단 화가 나면 그 발톱이 얼마나 날카로워지는지요!
>
> 죄의 유혹은, 마치 고양이가 처음 우리에게 다가올 때처럼 아주 부드럽고 다정하지만, 머지않아 그것은 얼마나 치명적이고 지독한 상처를 입히는지요!
>
> 나는 우리 집 정원에서 일어난 한 사건을 사용하여, 태버너클에서 설교할 때 상당한 효과를 보았던 것을 기억합니다. 습관적으로 울타리 사이로 들어와서 화단을 헤집는 개가 한 마리 있었습니다. 그것이 정원사의 수고와 기분을 온통 망쳐놓곤 했지요.
>
> 어느 토요일 오후, 다음날에 있을 설교 준비를 하며 그 정원을 거닐다가, 나는 네 발 달린 그 짐승을 보았습니다. 마침 손에 지팡이가 들려 있기에, 나는 그것을 힘껏 던졌고, 동시에 집으로 돌아가라고 약간의 충고를 주었습니다.
>
> 자! 이 약삭빠른 친구가 무슨 반응을 보였을까요?
>
> 그는 돌아서더니, 그 지팡이를 입으로 물고, 내게로 가져와, 내 발밑에 놓았습니다.
>
> 나에게서 감사와 친절한 말을 기대하는지 줄곧 꼬리를 흔들면서 말입니다!
>
> 당연히, 여러분은 내가 그 녀석을 발로 찼으리라고 생각하진 않을 겁니다. 혹

은 그 녀석에게 또다시 지팡이를 던졌으리라 생각지도 않을 겁니다. 나는 나 자신이 굉장히 부끄럽다 느꼈고, 그 녀석에게 말하길, 앞으로 오고 싶으면 얼마든지 자주 와서 머물러도 된다고 했습니다. 그 일은 심지어 의로운 분노마저 이기는 무저항, 복종, 인내, 신뢰의 힘을 보여주는 사례입니다. 나는 그 예화를 다음날 설교에서 사용했고, 그 이야기를 함으로써 나 자신이 전혀 천박해졌다고 느끼지 않았습니다.

내 기억이 틀리지 않는다면, 이 기억에 남는 만남 이후로, 여러 가지 잡다한 껍데기와 뼈다귀들이 이 잡종 똥개에게 은밀히 배달되곤 했습니다.

이곳에서, 그 젊은 목사는 시골의 열린 공간에서 경험할 수 있는 모든 일상적인 경치와 소리를 평화롭게 즐겼습니다. 새들의 노래는 그에게 가장 감미로운 음악이었고, 가장 흔한 꽃들도 그에게 기쁨을 주었습니다. 그 모든 것이 그에게 하나님 아버지의 마음에 있는 사랑을 드러내 주었기 때문입니다. 한번은 그가, 내가 지금 글로 쓰고 있는 이 오래된 공간을 언급하면서 이렇게 말했습니다,

> 내가 이 정원에 갈 때, 나무들 사이 내 주변에는 합창대가 있어요. 그들은 성가대 가운을 입진 않았고, 그들의 노래는 인위적이거나 공식적이지도 않아요. 그중에 일부는 윤기 나는 검정 옷을 입었지만, 그래도 그 노래 만큼은 천사들의 소리 같아요. 그들은 노래를 불러 태양을 일어나게 하고, 이른 아침에 나를 깨운답니다. 그들은 태양의 마지막 붉은 노을이 사라질 때까지 계속해서 재잘거립니다.
>
> 수풀과 나무에서 뛰쳐 나와 노래하고 그들의 하나님을 찬미하지요. 그리고 그 모든 꽃, 이제 지기 시작한 앵초(櫻草)들은, 그 마지막 눈을 감을 때까지 하나님에 관하여 내 마음에 깊은 의미를 전달해줍니다. 목서초(木犀草), 십자화, 라일락, 불두화나무, 그리고 향기를 뿜어내는 수많은 아름다운 꽃들은 마치 이렇게 말하는 것 같아요,
>
> '우리를 만드신 하나님께 감사하라!
>
> 그분의 이름을 송축하라!
>
> 온 땅에 그분의 인자하심이 가득하도다!'

제34장

평일 예배

설교하라, 하루에 두 번 설교하라!
나는 할 수 있고 할 것입니다. 하지만 설교를 위한 준비가 고역입니다. 전하는 것이 항상 즐겁고 기쁜 것은 아닙니다. 하나님이 그것을 아십니다. 만약 하나님의 말씀을 전하는 일에 유익이 수반되지 않으면, 사람이 알려진다는 것은 전혀 행복한 것이 아닙니다. 그것은 아침부터 밤까지 수고에 쫓기는 설교자에게서 모든 위안을 앗아가며, 발바닥과 머리를 식히기 위한 휴식도 가질 수 없게 만듭니다. 사람들이 시골에서 마차에 올라탈 때 이렇게 묻습니다.
"마차가 우리를 다 수용할 수 있을까?"
하지만 그들은 말이 그들을 끌고 갈 수 있을까에 대해서는 생각하지 않습니다. 마찬가지로 그들은 묻습니다.
"목사님, 이런저런 곳에서 말씀을 전해주시겠어요?
목사님은 두 번씩 설교하시니, 다른 마을이나 도시에서 또 설교할 수 있지 않을까요?"

> 찰스 해돈 스펄전, 1857년, 6월 28일,
> 로열 서리 가든 음악당에서 전한 설교에서.

* * *

하나님이 내 증인이시지만, 나는 사람의 얼굴을 두려워하지 않았다고 말할 수 있습니다. 그가 누구이건, 무얼 하는 사람이건 마찬가지입니다. 하지만 나는 강단에 올라갈 때 종종 떨었고, 아니, 항상 떱니다. 죽어가는 불쌍한 죄인들에게 복음을 충실하게 전할 수 있을까 하는 긴장 때문입니다. 말씀을 바르게 준비하고 전달하는 과정에서의 긴장, 설교자로서 청중에게 그리스도를 온전히 전하고, 그리스도를 위하여 그들에게 하나님과 화해하도록 호소하기 위한 긴장은, 사람들의 영혼을 사랑하는 사람만이 아는 것입니다.

강단에 서는 것은 어린아이의 놀이가 아닙니다. 만일 누군가 강단에 서는 것을 그

> 렇게 여긴다면, 그는 심판의 날이 올 때 그것이 마귀의 장난보다 더 두려운 무엇이
> 라는 사실을 알게 될 것입니다.
>
> 찰스 해돈 스펄전, 1858년 8월,
> 벨파스트에서 전한 설교에서.

태버너클 건축 계획이 착수되었을 때[1], 스펄전 목사는 그 큰 사업에 필요한 기금을 모으기 위해 아주 정력적으로 활동하기 시작했다. 필요한 액수 중 대부분이 그의 설교, 담화, 강연 등을 통해 모금되었다. 많은 경우, 액수의 절반은 해당 지역의 목적을 위해 드려졌고, 나머지는 새 예배당 건축을 위해 스펄전에게 주어졌다. 하지만 다른 경우에는, 전액이 건축 헌금에 보태지기도 했다.

매달의 기부 목록 중에서 이 항목을 위한 기부가 포함되지 않는 경우는 거의 없었다. 서리 가든 음악당의 회중은 아주 특별했기에, 그 젊은 목사가 주일에 없을 경우는 아주 드물었다. 한번은, 그가 주중 며칠에 이어 주일을 스코틀랜드에서 보냈을 때, 글래스고우와 애든버러 방문 결과로, 돌아와서 391파운드에 달하는 액수를 재정에 보낼 수 있었다. 그는 또한 그의 도움을 원하는 지방의 여러 교회를 위해 할 수 있는 한 설교를 지속했다. 이따금, 어

---

[1] 새로운 태버너클을 위한 건축 위원회는 1856년 6월에 발족했다. 새로운 과제를 진행하기 위해 뉴 파크 스트리트 채플에서 9월 29일에 열린 첫 번째 공식 모임에서, 태버너클에 5,000개의 좌석이 갖추어져야 한다는 결의가 만장일치로 통과되었다. 총 예상 비용은 12,000파운드였다. 1861년 3월 초, 건축은 최종적으로 31,000파운드의 지출로 완공되었다. 3월 18일, 월요일 아침, 입당 예배가 큰 기도 모임을 겸하여 거행되었다. 뉴 파크 스트리트 회중에게 임한 영적인 축복은 그 교회의 재정 수지에서도 놀라울 정도로 실증되었다. 1853년 교회의 총수입은 300파운드가 안 되었다. 스펄전 목사의 사역이 시작된 시점부터 그 수치는 다음과 같다.

연도	교회 수입금			구제 목적 헌금			다른 목적 헌금			별도 예배 계좌			건축 헌금 계좌		
	파운드	실링	페니	파운드	실링	페니	파운드	실링	페니	파운드	실링	페니	파운드	실링	페니
1854	515	5	5				57	14	4						
1855	834	7	9	104	17	6	74	17	3				1,359	18	6
1856	868	0	9	140	0	1	125	10	9	479	2	3	229	11	6
1857	1,146	8	8	165	9	10	255	18	2	3,211	4	0	6,100	0	0	†
1858	1,090	2	5	216	12	1	213	6	10	1,956	5	9	9,639	3	10	†

† 이 수치는 그해 끝에 뉴 태버너클 건축 비용으로 쓸 수 있는 보유 액수를 나타낸다. 이는 또한 별도 예배 계좌에서 받은 큰 비중의 액수를 포함한다.

떤 해에 그런 곳에서 새 태버너클을 위해 기부금이 주어졌고, 다음 해에 스펄전이 다시 그곳을 갔을 때, 이미 그를 도왔던 사람들이 큰 액수의 기금을 모아 주기도 했다.

이러한 주중 예배를 일일이 서술하는 것이 가능하다면, 아마도 이 책에서 할애된 것보다 훨씬 많은 공간이 필요할 것이다. 그런 일을 시도할 필요는 없다. 그 사랑의 활동은 하늘에 기록되었고, 영국 내의 많은 도시와 고을과 마을에 사는 수많은 사람에게 즐거움과 감사의 기억으로 남아있기 때문이다.

그 이야기는 아버지에게서 아들에게로, 이 나라의 거의 모든 지역에서 계속해서 전해져 왔다.

오직 영원만이 그 젊은 전도자가 19세기의 신앙생활에 얼마나 큰 영향을 끼쳤는지를 드러낼 수 있을 것이다. 그의 엄청난 청중의 일부를 구성했던 사람들은 그들의 기억을 잘 간직할 것이며, 그들의 후손들에게 그 옛 시절의 특별한 사건에 대한 추억을 전할 것이다. 아주 대표적인 몇 가지 사례만을 들려줄 수 있는데, 여기에서 **"넘치도록 많은 수고"**의 몇 가지 단면을 볼 수 있을 것이다. 그것은 그 뉴 파크 스트리트교회의 목사가 계속 성장하는 그의 교회 사역과 관련된 노고에 더하여, 추가로 감당해야 하는 수고였다.

런던에서, 스펄전은 그의 목회에서 요구되는 것 외에도 끊임없이 예배 인도를 요청받았다. 그는 심지어 짓밟히고 억압받는 모든 이들을 언제나 기꺼이 지지하고자 했다. 그는 1858년 2월 22일, '조기폐점협회'(Early Closing Association, 19세기 중반 상점의 노동 시간 조정과 주일 거래를 폐지하기 위해 결성되었던 단체-역자주)를 지원하는 차원에서, 스코틀랜드의 리젠트 광장(Regent Square) 교회에서 이사야서 62장 10절 <돌을 제하라> 본문으로 전한 설교에서, 그는 그 당시에만 아니라 지금도 적절할 수 있는 주장을 제기했다. 물론 '조기폐점협회'는 그사이에 많은 진전을 이루어왔다. 스펄전은 천국을 향해 걷기 원하는 사람들의 길에서 다음과 같은 "돌들"을 치우기 원했다.

(1) 복음이 전파되는 건물이 신성한 성격을 가졌다는 상상
(2) 많은 설교자에게서 볼 수 있는 모호하고 학문적인 언어들
(3) 신앙고백자에게 드러나는 모순되고 음울한 행위들

스펄전은 그가 설교 요청을 받은 목적에 대해 다음과 같이 언급했다.

이제, 여러분이 달리 무슨 말을 해야겠습니까?

아마 여러분은 이렇게 대답할 것입니다,

당신이 말한 것은 좋고 훌륭합니다. 신앙이 거룩하고 고상하다는 것에는 의심의 여지가 없습니다. 하지만 목사님, 내 길에는 또 다른 돌이 있습니다. 당신이 그것을 치워줄 수 있나요?

저는 일에 매여있기 때문에 내 영혼의 문제에 관심을 기울이기란 전적으로 불가능합니다. 월요일 아침부터 토요일 밤까지, 아니 심지어 주일 오전까지, 나는 일하고, 또 일하고, 또 일해야 합니다. 나는 침대에 쓰러지듯 몸을 눕히자마자 아침에 일어나야 하고, 다시 업무를 시작해야 합니다.

목사님은 주일 아침에 예배당에 오라고 나를 초대하지만, 거기 가서 내가 잠들기를 바라시나요?

목사님은 나에게 목회자의 말에 귀를 기울이라고 요청합니다. 만약 당신이 하늘에서 천사를 데려올 수 있다면, 그리고 가브리엘의 나팔을 주고, 그것으로 죽은 자를 깨울 수 있다면, 나는 깨어서 귀 기울여 들을 수 있을 것입니다. 하지만 내 불쌍한 눈꺼풀이 열려 있도록 유지하려면 그 정도로 강력한 무언가가 있어야 할 것입니다.

나는 성도들이 노래하는 동안 코를 골고 있을 텐데, 왜 제가 굳이 가서 목사님의 예배를 망친단 말입니까?

목사님이 내게 그리스도의 멍에를 메라고, 그분의 멍에는 쉽고 그분의 짐은 가볍다고 말씀하시는 것이, 내게 무슨 소용이 있습니까?

나는 그리스도의 멍에가 쉬운지 모르겠습니다. 하지만 나는 소위 기독교인이라는 사람들이 내게 지워준 멍에가 쉽지 않다는 것은 압니다. 나는 마치 노예처럼 일해야 합니다. 이스라엘 백성이 애굽에서 감독자들의 채찍 아래서 감당해야 했던 벽돌 만드는 일도, 내가 하는 일보다 더 많은 땀과 수고를 요구하는 일이었다고 말하긴 어려울 것입니다.

오! 목사님, 이것은 내 길 가운데 놓인 커다란 돌입니다.

그것이 나를 크게 가로막고 있어서, 내 길에서 이 장애물이 치워지기 전에는, 당신이 나를 기독교 신앙으로 이끌려 하는 모든 일은 허사일 것입니다!

나는 여러분 모두에게 이 장벽이 마치 그리스도의 무덤 앞에 놓였던 커다란 돌과 같다고 말합니다.

여러분이 그것을 제거하려고 애쓰지 않으면, 이 사람들이 어떻게 하나님의 말씀을 들을 소망을 가질 수 있겠습니까?

오늘 저녁에 내가 여기에 온 이유는, '조기폐점협회' 운동을 위해 설교하기 위해서입니다. 그 문제를 내 설교의 주된 내용으로 삼을 수는 없다고 느꼈지만, 설교의 여러 요점 중 하나로서 여러분에게 특별한 관심을 촉구할 수는 있다고 생각했으며, 지금 그렇게 하려고 애쓰고 있습니다.

그리스도인들이여!

나는 여러분이 이 돌을 그리스도 밖에 있는 사람들의 길에서 치워야 한다고 생각합니다. 그렇게 하려면, 여러분이 늦은 시간에 상점이나 다른 업무실을 방문하는 습관을 멈추어야 합니다.

여러분이 한 사람에게 6일 동안 너무 많은 시간을 일하게 하면, 실제로 6일 동안 12일을 일하는 것처럼 만들면, 그것은 이틀 동안의 노동 분량을 하루에 몰아놓는 것이나 다를 바가 무엇입니까?

그런 사람에게 어떻게 안식일을 구별하여 지키도록 기대할 수 있겠습니까?

비록 그 사람이 주일을 지키고 싶어도, 그가 하나님의 집에 들어왔을 때, 어떻게 합당한 경건의 상태로 머물 것이라 상상할 수 있겠습니까?

우리 주 예수 그리스도는 온전히 구원하실 수 있습니다. 그렇지 않다면, 가난한 재봉사들이나, 포목점이나 다른 상점들에 고용된 젊은 사람들의 구원은 불가능할 것입니다. 그분은 그들의 기진맥진에도 불구하고 그들을 구원하십니다. 그들이 육체적으로나 정신적으로 애쓸 힘이 거의 남아있지 않을 때도, 그들에게 느끼고 회개할 힘을 주심으로써 온전히 구원하십니다.

오! 형제들과 자매들이여,

그 돌들을 밖으로 밀어내십시오!

여러분이 그것들을 깨끗이 치우지 못할망정, 여러분의 동료 인간들이 쉬어야 할 때도 일하게 만듦으로써, 그 길에 돌들이 더 쌓이게 하지 마십시오.

이 세상의 잡동사니보다 더 고상한 무언가를 추구하는 많은 남녀가 있습니다. 그들은 그리스도께 회심하여 행복해질 수 있습니다. 하지만 그들이 그렇게 하지 못하고 억눌려 있는 것은, 그들에게 주님을 찾을 시간이 없기 때문입니다. 나는 그것이 그들이 내세울 수 있는 타당한 변명이라고 말하는 것이 아닙니다. 회개와 믿음에는 반드시 많은 시간이 필요한 것이 아니기 때문입니다.

하지만 내가 말하고 싶은 것은, 그리스도께 오는 일에서 방해받고 있는 수백, 수천 명의 사람이 있다는 것입니다. 그들이 받은 초기의 신앙적 감명은 무겁게 억눌리고, 죄의 자각은 질식 상태에 있으며, 그들 속에 있는 더 나은 생명의 처음 불빛이 꺼져 있습니다. 작금의 잔인한 사회 체제 때문입니다. 어느 선량한 농부가 그의 마차를 멈추고, 길바닥에서 유리병 조각을 집어 울타리 밖으로 던지는 동안, 그의 회색 조랑말을 가만히 서 있도록 하는 것을 본 적이 있습니다. 그가 말했습니다,

"아! 나는 내 조랑말이 유리병 조각을 밟아 발을 다쳤던 일을 기억한다. 그런 식으로 쓸모 있는 말이 불구가 되는 것을 보고 싶지 않아. 내가 그것을 치우면 위험 요인을 제거하는 셈이지."

우리 모두 그 나이 많은 농부가 했던 것과 같은 방식으로 행동합시다. 우리 형제들과 자매들 가운데 누군가 걸려 넘어지지 않도록, 길에서 모든 돌을 치웁시다.

1858년 4월 28일, 주중의 오전에, 서리 가든 음악당이 꽉 찬 광경을 보았다면, 분명 그것은 오래도록 기억에 남는 광경이었을 것이다. 그날 스펄전은 연례 침례교선교회에서 시편 46편 8,9절 본문으로 설교했다.

> 와서 여호와의 행적을 볼지어다 그가 땅을 황무지로 만드셨도다. 그가 땅 끝까지 전쟁을 쉬게 하심이여 활을 꺾고 창을 끊으며 수레를 불사르시는도다(시 46:8-9).

그 설교는 **뉴 파크 스트리트 강단** 시리즈로 『주의 황무지, 그의 성도들의 위로』라는 제목으로 출판되었다. 따라서 그것을 여기에 길게 묘사할 필요는 없지만, 그 선교회의 기념일과 관련하여 새롭게 동튼 시대에 대한 캠벨 박사의 논평을 언급하는 것은 흥미로울 것이다.

수요일에, 서리 음악당에서 행한 스펄전 목사의 선교 설교는 대단한 것이었다. 그 거대한 건물이 오전 11시라는 이른 시간에 넘칠 정도로 가득 찼다. 그

위대한 설교자는, 언제나처럼, 완벽하게 편안해 보였고, 그의 마음은 활력으로 가득했다.

스펄전 목사는 여러 주를 그런 설교를 준비하는데 헌신하고, 그런 다음 그 큰 날에 앞서 힘을 회복하느라고 2주 정도 휴식을 취할 수 없다. 그에게는 모든 날이 큰 날이다. 그에게는 바쁜 날들이 곧장 이어지기 때문에, 비록 그가 바라더라도, 설교를 공들여 다듬거나 마무리할 가능성은 없다고 본다. 그에게 위대함을 목표로 삼기가 불가능하다. 과시는 그의 생각에 자리 잡을 여지가 없다.

그는 그것을 비웃는다. 끊임없는 수고가 지나가고 또 다가오는 와중에서, 그때의 필요를 공급하는 것이 그가 추구하는 전부이며, 또 그가 줄 수 있는 전부이다. 그는 적절한 감각을 갖춘 설교자이다. 그는 목회자들을 향해서가 아니라, '사람들'을 향해 설교한다. 그리고 그는 보상을 얻는다.

그에게는 논문을 읽는 식의 개념이 없으며, 6월의 총회 설교에서, 두 시간 혹은 세 시간씩 끈다는 생각이 없다!

그렇게 한다면, 그것은 자기 직무의 왜곡이자, 자기 청중에 대한 모욕이라고 그는 간주할 것이다. 수요일에 있었던 그의 설교는 평소의 길이였으며, 평소의 특징 그대로였고, 전체 내용이 선교적이었다는 점만 달랐다. 이런 면에서의 상식이, 스펄전 목사의 다른 활동에서와 마찬가지로, 큰 성공을 거두게 했다. 모금된 기금은 거의 150파운드에 달했다."

스펄전에 의해, 주목할만한 두 편의 주중 설교가 1858년 6월 11일 금요일, 엡섬(Epsom) 경마장의 거대한 관람석에서 행해졌다. 그날 오후의 본문은 독특하게도 그런 장소에 어울렸다.

너희도 상을 받도록 이와 같이 달음질하라(고전 9:24).

저녁 설교는 강력한 복음의 초청이었고 이사야서 55장 1절에 근거를 두었다.

돈 없이, 값 없이 와서 포도주와 젖을 사라(사 55:1).

각각의 집회에 큰 회중이 모였고, 엡섬에 예배당을 세우기 위한 기금으로 60파운드가 거두어졌다. 거기에 참석한 사람 중 누구도, 당시 거기에 "사탄의 보좌"가 세워졌었던 특별한 의도에 관한 언급을 잊을 수 없었을 것이다.

*　　　*　　　*

1858년 8월, 스펄전은 아일랜드를 처음으로 방문했고, 벨파스트에서 네 번의 설교를 했다. 그는 사례 없이 예배를 인도했으며, 모든 일정은 '청년지적향상협회'가 새로운 교실들을 세우는 데 도움을 주려는 목적으로 진행되었다. 당시 스펄전은 그런 수고를 하기에는 건강 상태가 썩 좋지 않았으며, 그 사실은 그가 돌아온 후 주일 오전에 행한 음악당 예배에서 그가 한 진술에서 명백해진다.

> 네가 사는 날을 따라서 능력이 있으리로다(신 33:25).

이 말씀으로 전한 설교에서, 그는 이렇게 말했다.

> 하나님의 자녀들이여!
> 여러분은 지금까지 이 말씀이 진실이었다고 말할 수 있지 않습니까? 나는 말할 수 있습니다. 지난 주간에 내가 얻은 증거에 대해 말하면 나는 자기중심적으로 보일 수 있습니다. 그렇지만 그 일에 대해 간증함으로써 하나님을 찬미하지 않을 수가 없습니다. 지난 주일에 이 강단을 비웠을 때, 강단을 비운 사람이 으레 그러하듯이 나는 몸이 아팠습니다. 몹시 아팠기에 요양을 위해 이 나라를 떠났습니다.
> 하지만 내가 바다 건너 육지에 발을 디디자마자, 그곳에서 복음을 전해야 했고, 평소와 같은 힘이 완전히 회복되었습니다. 내 주님을 위한 싸움을 싸우기 위해 장비를 갖추고 앞으로 나서자마자, 곧 모든 통증과 아픔이 사라졌습니다. 내 병이 달아난 것입니다. 확실히, 내가 사는 날을 따라 내게 능력도 주어진 것입니다.

첫 번째 설교는 마음을 정하지 못한 사람들에게 진지한 호소가 되었다. 다음 본문은 마가복음 12장 34절이었다.

> 예수께서 그가 지혜 있게 대답함을 보시고 이르시되 네가 하나님의 나라에서 멀지 않도다(막 12:34).

23년 후, 스펄전은 어느 선교사로부터 다음의 고무적인 내용이 담긴 글을 받았다.

> 목사님이 벨파스트에서 전하셨던 첫 번째 설교는 저로 선교에 동참하도록 최종적인 결정을 하게 했습니다. 그 이후, 저는 다마스쿠스에서 10년간 선교 사역에 저를 드렸고, 그 도시에서 참되신 하나님께 영으로 예배드리기 위한 목적으로 첫 교회를 세웠습니다. 저는 헤르몬산에 두 교회를 세웠고, 거기서 목사님의 설교들을 아랍어로 여러 번 전했습니다. 그중의 한편은 헤르몬산 정상에서, 함께 소풍을 떠났던 여러 마을 사람들에게 전해졌습니다.

두 번째 설교는 스펄전이 특히 좋아했던 주제와 관련된 것이다. 그 초창기 무렵, 어느 곳에서든 그가 여러 편의 설교를 전해야 할 때면, 그중의 한 편은 거의 틀림없이 요한계시록 14장 1-3절에 근거한 설교였다.

> 또 내가 보니 보라 어린 양이 시온 산에 섰고 그와 함께 십사만 사천이 서 있는데 그들의 이마에는 어린 양의 이름과 그 아버지의 이름을 쓴 것이 있더라. 내가 하늘에서 나는 소리를 들으니 많은 물소리와도 같고 큰 우렛소리와도 같은데 내가 들은 소리는 거문고 타는 자들이 그 거문고를 타는 것 같더라. 그들이 보좌 앞과 네 생물과 장로들 앞에서 새 노래를 부르니 땅에서 속량함을 받은 십사만 사천 밖에는 이 노래를 배울 자가 없더라(계 14:1-3).

설교 과정에서, 대개 스펄전은 도입부 몇 문장에서 거문고 소리를 그가 얼마나 좋아하는지를 묘사하곤 했다. 벨파스트에서도 마찬가지였는데, 다음의 발췌문이 그것을 보여준다.

요한이 말합니다.

"내가 들은 소리는 거문고 타는 자들이 그 거문고를 타는 것 같더라."

정녕, 모든 악기 중에서, 거문고 소리가 가장 감미롭습니다. 오르간 소리는 장엄하지만, 거문고 소리는 부드럽고 감미로워 다윗 같은 궁정 음악가에게 잘 어울리는 악기였습니다. 거문고는 내게도 큰 매력이 있다고 고백해야겠습니다. 나는 이따금 거리에서, 어떤 나이 많은 거문고 연주자가 연주하는 소리를 들으며 가만히 서 있곤 했습니다. 나는 그에게 우리 집에 와서 내게 연주해주도록 요청한 적도 있습니다.

그가 연주하는 동안 설교를 준비할 수 있도록 하기 위해서였습니다. 내가 그 떨리는 현악기의 소리를 듣는 동안, 나는 위로를 얻고, 내 마음에서는 감동이 생깁니다. 천국의 노래는 거문고의 부드러운 멜로디와 어울릴 것이며, 그러면서도 요동치는 바다 물결처럼 큰 소리를 낼 것입니다.

어째서 그럴까요?

거기에는 위선자들도 없고, 형식주의자들도 없으므로, 삐걱거리는 소리로 화음을 망치는 일이 없을 것이기 때문입니다.

> 불멸의 혀로 재잘거리는 노래에
> 한숨과 탄식 소리 뒤섞이지 않도다.

고통도, 슬픔도, 죽음도, 죄도, 저 복된 곳에 도달하지 못합니다. 천국에서 영화롭게 된 영혼들의 행복을 저해할 문제들은 하나도 없습니다. 그들은 모두 온전케 된 이들이니, 거기서 모두 감미롭게 노래할 것입니다. 그들은 모두 하나님의 한량없는 은혜로 완벽하게 되었으니, 더욱 큰 소리로 노래할 것입니다."

세 번째 설교의 본문은 마태복음 28장 5절이었다.

> 천사가 여자들에게 말하여 이르되 무서워하지 말라 십자가에 못 박히신 예수를 너희가 찾는 줄을 내가 아노라(마 28:5).

이 설교는 특별히 진실한 구도자들을 찾고 위로하려는 목적으로 전한 설교였다.

그 네 번의 예배 중 마지막 예배는 식물원에서 열렸는데, 당시 7,000명이 설교를 들은 것으로 추산되며 본문은 마태복음 1장 21절이었다.

> 이름을 예수라 하라. 이는 그가 자기 백성을 그들의 죄에서 구원할 자이심이라 하니라 (마 1:21).

이 설교의 끝부분에서 스펄전은 행상꾼 잭의 이야기를 들려주었는데, 그의 신학은 아래의 친숙한 구절로 요약되었다.

> 나는 불쌍한 죄인, 아무것도 아니라네.
> 하지만 예수 그리스도는 나의 전부라오.

예배를 마치면서, 그 설교자는 말했다.

> 내가 받은 모든 친절에 대해 여러분에게 감사를 표해야겠습니다. 특히 나는 벨파스트의 목사님들께 감사드립니다. 지금까지 나는 한 마을에서 선한 옛 진리를 사랑하는 이처럼 고귀한 분들의 단체가 있는 것을 본 적이 없습니다. 나는 그분들 모두를 사랑한다고 말할 수 있습니다.
> 나는 그들이 내게 베푼 모든 친절, 그들이 나에게 말한 것, 나에 관하여 말한 것에 대해 감사합니다. 그분들과 내 모든 벗에게 따뜻한 작별의 인사를 드리며, 그날이 올 때 우리 모두 천국에서 만나기를 바랍니다!

스펄전은 이후에도 여러 차례 아일랜드에 갔고, 그곳의 친구들은 태버너클 건축을 위해 아낌없이 기부했다. 큰 부흥 이후, 그는 엑서터 홀에서 설교하는 중에 아일랜드 방문에 관해 언급한 적이 있다. 당시 본문은 아모스 9장 13절이었다.

> 여호와의 말씀이니라 보라 날이 이를지라 그 때에 파종하는 자가 곡식 추수하는 자의 뒤를 이으며 포도를 밟는 자가 씨 뿌리는 자의 뒤를 이으며 산들은 단 포도주를 흘리

며 작은 산들은 녹으리라(암 9:13).

그 설교에서 스펄전이 말했다.

"여기서 우리는 '산들이 단 포도주를 흘릴 것이라'는 말씀을 듣습니다. 이로써 우리는 이례적인 영역에서도 회심이 일어날 것이라고 이해해야 합니다. 형제들이여, 이 약속이 오늘 문자적으로 우리에게 성취되었습니다. 나는 이번 주에 전에 본 적이 없는 일을 보았습니다. 지난 6년간, 가득 모인 회중을 향해 설교하고, 많고 많은 영혼을 그리스도께로 인도해왔던 것이 내 분깃이었습니다.

이 나라에서 가장 대단하고 고귀한 사람들이 하나님의 말씀을 경청하는 모습을 보는 것이 우리에게 아주 드문 일이 아니었습니다. 하지만 반복해서 말하지만, 이번 주에, 나는 내 눈이 이전에 결코 본 적이 없는 것을 보았으며, 그것은 나에게 아주 비상한 광경이었습니다.

나는 더블린의 사람들이, 예외 없이, 가장 높은 자로부터 가장 낮은 사람까지 복음을 듣기 위해 모여든 것을 보았습니다. 그리고 나는 그 회중이 상당 부분 로마 가톨릭 신자들로 구성된 것을 알았고, 그들이 마치 신교도라도 되는 듯이 큰 관심을 기울이며 말씀을 경청하는 것을 보았습니다. 군인들을 보았습니다.

그들의 취미와 습관은 청교도 목사의 취미와 습관과 같지 않습니다. 하지만 그들도 자리에 앉아 말씀을 경청했습니다. 그들이 다시 왔고, 그들이 가장 잘 들을 수 있는 자리를 찾았습니다. 말씀을 듣기 위해서라면 붐비는 곳에 앉는 것도 감수한 것입니다. 나는 또 어떤 사람들에 관한 반가운 소식을 들었습니다. 그들은 욕설을 섞지 않으면 대화를 할 수 없는 부류의 사람들이었으나, 말씀을 듣기 위해 왔습니다. 그들이 죄를 깨달았습니다. 나는 그들 속에 영원히 지속할 역사가 일어났다고 믿습니다.

하지만 내가 본 것 중에 가장 기쁜 것은 따로 있는데, 그 일을 여러분에게 말해야겠습니다. 허비(Hervey)가 언젠가 이렇게 말했지요.

'떠다니는 배마다, 떠다니는 지옥이다.'

모든 계층의 사람 중에서, 선원들이야말로 복음이 가장 와닿기 어려운 사람들일 것입니다. 홀리헤드(Holyhead)에서 더블린까지 왕복하면서, 두 명의 아주 거친 선원들과, 나는 내가 기억하는 한 가장 기분 좋은 시간을 보냈습니다.

첫 번째 배에 탔을 때, 선원들이 내 손을 잡더니 마구 흔들어댔습니다. 나는 속으로 궁금히 여겼습니다.

'이 사람들이 나를 어떻게 알지?'

그들이 나에게 '형제여'라고 부르기 시작했습니다. 물론, 나는 그들이 형제라고 느꼈습니다. 하지만 나는 그들이 어떻게 나에게 다가와서 그런 식으로 말하는지 영문을 알지 못했습니다. 선원들이 목사를 보고 '형제'라고 부르기란 흔치 않습니다. 그들은 내게 최대한의 관심을 보여주었습니다.

내가 '여러분은 왜 이렇게 친절하나요?'

물었을 때, 그중 한 사람이 대답했습니다.

'왜냐구요?

내가 당신의 주인, 주 예수님을 사랑하기 때문이지요.'

내가 또 물어서 알게 된 것은, 전체 승무원 중에 회심하지 않은 사람은 단 세 명이었다는 것입니다. 그들 중 대부분은 전에 하나님도 없고, 그리스도도 없이 살았지만, 하나님의 성령이 별안간 임하셔서, 그들 대부분이 회심하게 된 것입니다.

나는 이 사람들과 대화를 나누었습니다. 그들은 내가 보았던 누구보다 영적인 사람들이었습니다. 그들은 매일 아침 배가 출발하기 전에 기도 모임을 하고, 항구에 돌아온 후에 다시 기도 모임을 열었습니다. 그들이 킹스타운 또는 홀리헤드에 정박할 때는, 한 목사님이 배에 올라 복음을 전합니다. 가능할 때는 갑판에서 예배가 드려집니다. 그것을 직접 목격한 사람이 내게 말하였다.

'그 목사님은 아주 진지하게 설교하지만, 그 사람들이 기도하는 것을 들어보시면 좋겠습니다. 나는 그런 간구를 전에 들어본 적이 없습니다. 그들은 오직 선원들만이 할 수 있는 기도를 드립니다.'

내 마음은 기쁨으로 부풀었고, 떠다니는 교회가 되는 한 선박을 생각했습니다. 그것은 벧엘, 하나님의 집입니다.

내가 다른 증기선으로 돌아올 때, 나는 앞의 경험이 반복되리라고 예상하지 않았습니다. 하지만 그랬습니다. 비슷한 일이 이 배의 선원들 가운데서도 일어나고 있었습니다. 나는 그들 사이를 걸으며, 그들과 대화를 나누었습니다. 그들 모두 나를 알았습니다. 한 사람이 그의 호주머니에서 웨일스 말로 된 오래된 가죽 표지의 책을 꺼내더니, 내게 말했습니다.

'표지에 있는 사람이 누구를 닮았는지 아시겠어요?'

내가 대답했습니다.

'예, 알 것 같습니다. 당신은 그 설교들을 읽습니까?'

그가 대답했습니다,

'물론입니다. 목사님! 우리는 당신의 설교를 배에서 읽어왔었고, 저는 가능하면 자주 그 설교들을 큰 소리로 읽습니다. 좋은 항해 길을 만날 때면, 몇 사람을 모이게 해서, 그들에게 설교문을 읽어준답니다.'

또 다른 사람이, 그들이 찬송가를 부르는 동안 한 승무원은 웃으면서 서 있었던 이야기를 전해주었습니다. 선원 중 한 사람이 그를 위해 기도하자고 제안했고, 그들은 그렇게 했습니다. 그 승무원이 갑작스럽게 거꾸러졌습니다. 그는 부두에서 자비를 구하며 울부짖기 시작했고, 하나님께 용서를 구했습니다.

'아! 목사님', 그 선원들이 말했습니다.

'우리는 하나님이 여기 계시다는 최고의 증거를 얻었습니다. 우리는 이 승무원이 기적적으로 진리를 아는 지식에 이르게 된 것을 보았습니다. 그리고 여기서 우리는 기쁘고 행복하게 주님을 섬기고 있답니다.'

이처럼 복된 은혜의 역사에 대해, '산들이 단 포도주를 흘린다'는 말 외에 우리가 달리 무슨 말을 하겠습니까?

욕설로 가장 떠들썩한 사람들이, 지금은 찬송으로 가장 시끄러운 사람들이 되었습니다. 사탄의 가장 무모한 자식이었던 사람들이, 지금은 진리의 가장 열렬한 옹호자들이 되었습니다. 일단 선원들이 회심하면, 그들이 할 수 있는 선한 일에는 한계가 없다는 점에 주목하십시오. 말씀을 잘 전할 수 있는 모든 사람 중에서도, 선원들이 최고입니다. 그 선원들은 깊은 곳에서 하나님의 경이로운 일들을 목격했습니다.

억센 영국의 뱃사람은 많은 육지 생활자들과는 달리, 차갑게 만들어지지 않은 다른 심장을 가졌습니다. 그 심장이 일단 감화를 받으면, 그것은 크게 박동치고, 그의 몸 기관 전체에 거대한 활력을 전달합니다.

그러면 열정과 기운이 넘치는 그가, 하나님의 도우심과 은혜로, 하지 못할 일이 무엇이겠습니까?"

*   *   *

확인되는 바로는, 웨일스 청중을 대상으로 한 스펄전의 첫 설교는 1859년 6월 20일 수요일, 뉴포트(Newport)와 카디프(Cardiff) 중간에 있는 캐슬턴(Castleton)의 오래된 마을에서 전해졌다. 친절하게도 이 정보를 알려준 메드허스트(T. W. Medhurst) 목사는 이렇게 말한다.

> 이 방문은 여전히 이 지역의 나이 많은 사람들에게 회자 되고 있습니다. 그들이 붉은 글씨로 표시해 둔 날의 지난 경험을 회상하며 언급하는 동안, 그들의 눈이 반짝이는 것을 보면서, 나는 즐거워하곤 했습니다. 그날 목격된 광경에 버금갈만한 일은, 그 마을의 역사에서 전에도 없었고 그 후에도 없을 정도입니다. 그의 방문이 있기 얼마 전, 몬머스셔(Monmouthshire)와 글래모건셔(Glamorganshire)를 통해, 유명한 설교자 찰스 해돈 스펄전이 캐슬턴에서 두 차례 야외 설교를 한다는 소식이 전해졌습니다.
> 사람들이 흥분했고, 특히 언덕 지역에 사는 사람들이 그 예배를 엄청나게 기대했습니다.
> '스펄전의 설교를 들으러 갈 겁니까?'
> 이런 질문이 날씨에 관한 인사를 대신할 정도였습니다. 여러 철도 회사들이 여행 객차들을 운행했고, 그 결과 사방에서 어마어마한 수의 사람들이 몰려들었습니다.
> 첫 예배는 오전 11시에, 그런 상황에서 아주 적절하게 선정된 야외에서 시작되었습니다. 그곳은 맨 아래쪽까지 완만하게 경사진 들판이었습니다. 좌석은 반원(半圓) 형태로 배치되었습니다. 모두가 설교자를 잘 볼 수 있었고, 그의 힘 있는 목소리는 9천 혹은 일만 명의 회중에게 분명하게 들렸습니다. 그날의 본문을 발표하기에 앞서 스펄전이 말했습니다.

> '내 사랑하는 친구들이여!
> 오늘 내가 복음을 능력으로 전할 수 있도록, 매우 진지하고도 겸손하게 여러

분의 기도를 요청합니다. 내가 다른 어느 때에도, 오늘 느끼는 것만큼 나 자신의 연약함을 느낀 적이 있는지 모르겠습니다. 나는 여러분 중 일부가 때때로 얼마나 유능한 하나님의 사람에게서 말씀을 들었는지 알고 있습니다. 그런 목사님들은 지구상의 어떤 누구 못지않게 그 이름이 존경스럽게 여겨져야 합니다. 나로서는 그런 설교자들의 발자취를 따라간다는 희망을 하기가 어렵습니다. 하지만, 이것만은 내가 말할 수 있습니다.

여러분은 웨일스에서 내가 전할 수 있는 것보다 '더 나은 방식으로' 복음을 전할 수 있는 사람들을 볼 수 있을 것입니다. 하지만 여러분은 내가 전하는 것보다 '더 나은 복음'을 전하는 사람을 볼 수는 없을 것입니다. 처음부터 끝까지 같은 복음입니다. 나는 같은 구주에 대해 말합니다. 내가 전하는 복음은, 그리스도를 통해 하나님께 오기만 한다면, 가장 천하고, 가장 약하고, 가장 죄가 많고 가장 악한 사람들도 얼마든지 받아들일 만한 복음입니다.

은혜로우신 성령께서 오늘 우리에게 임하시기를 바랍니다!

나는 설교 본문으로 마태복음 28장 5절을 읽겠습니다. 그런 다음, 해버퍼드웨스트(Haverfordwest)대학의 데이비스 씨가, 내가 흉내 낼 수 없는 솜씨로, 같은 본문을 웨일스 방언으로 여러분에게 읽어드릴 것입니다.'

그 설교는 아주 강력했습니다. 가장 웅변적인 웨일스 설교자들도 그것을 능가한 적이 없을 정도로, 불같은 열심과 진지함으로 전달된 설교였습니다. 저녁 설교의 본문은 요한계시록 14장 1-3절이었습니다. 두 번의 예배 모두에서, 설교자의 모든 말은 전체 청중에게 분명하게 들렸습니다. 해 질 녘에도 그의 음성은 시작할 때와 마찬가지로 맑고 힘찼습니다.

스펄전은 이후에도 웨일스에서 여러 차례 설교했다. 25장 중반에서 언급된 바 있는 남부 웨일스에서의 예배는 아마도 1860년 5월 30일 수요일에 애버칸(Avercarn)에서 열렸을 것이다. 당시 야외에서 전한 그의 설교를 들은 사람들은 20,000 정도로 추산된다.

*　　　　*　　　　*

스펄전의 목회 초기 두드러진 주중 예배 중에서, 설교자 자신과 사람들 모두에게 1860년 2월 7-9일(화,수,목) 파리에서 열렸던 예배보다 더 잘 기억될 예배는 거의 없을 것이다. 그에 관한 기록은 32쪽짜리 소책자에 잘 보존되어 있다. 스펄전이 소유했던 그 소책자 표지에는 친필로 다음과 같은 글이 새겨져 있다.

"'아마존'의 화재에서 빠져나왔던 윌리엄 블러드(Blood) 목사로부터."

이 신사는 임시로 파리에 있는 미국인 교회 목회자로 봉직하고 있었으며, 스펄전의 방문 결과로 이어진 상황을 다음과 같이 기술했다.

> 내가 파리에 있은 지 얼마 안 되었을 때, 내 친구 찰스 해돈 스펄전 목사를 프랑스의 수도에서 설교하도록 초청할 좋은 기회가 왔다. 나는 그를 초청함으로써 이 미신과 오류의 땅에 하나님의 은혜로 부흥이 시작되기를 바랐다. 비록 종교개혁 시대 이후 몹시 방치되긴 했지만, 프랑스와 대륙은 선교 사역을 위한 좋은 밭인 것을 알았기에, 나는 연기를 내는 순수한 신앙의 잿불에 다시 불을 붙일 시도를 하지 않을 이유를 찾지 못했다. 그 일은 결과적으로 빛과 열을 내며 온 나라에 퍼지는 불꽃이 될 수도 있었다.
> 저 외로운 수도사는, 외로운 독방에서, 하나님의 말씀을 읽고 깨달으면서, 그렇게 하지 않았더라면 음울하기만 했을 시간에 생기를 얻었다. 하나님의 말씀이 그의 마음에 빛과 열을 주는 것을 발견한 후, 그는 다른 사람들도 천상의 불에 의해 행복해져야 한다고 결심했다.
> 그는 하나님의 진리의 횃불을 움켜쥐었고, 우선 그 자신의 어둠을 밝히는 것에서 출발하여, 나아가 모두가 그 살아있는 빛을 볼 수 있도록 그 횃불을 높이 들었다. 다른 사람들의 마음도 같은 불꽃에 의해 밝혀졌고, 곧 하늘의 진리의 광채는 독일 전역으로 퍼졌다.
> 루터가 일으켰던 일, 아니 그보다 더 나은 일이, 아름다운 프랑스에서 일어날 수는 없는 것인가?
> 그런 일이 더 많이 일어나지 못할 이유가 무엇인가?
> 영국에서 그토록 많은 영혼을 회심하게 했던 주의 종의 복된 사역이, 이 큰 나라에도 복이 될 수 있지 않을까?

그렇지만, 맞닥뜨릴 장애들이 몇 가지 있다. 스펄전 목사는 앞으로 2년 동안 거의 매일 일정이 잡혀 있다. 또 그는 비록 단기간 체류이고, 런던에 있는 그의 교회당 건축을 돕기 위해 20,000파운드를 제안받았음에도 불구하고, 미국에 가는 것을 거절했다. 그가 심한 질병에 걸렸을 때, 그 특별한 상황에서 내가 그를 위해 설교했던 것은 사실이다.

하지만 성직자가 '서품식'도 아닌데 다른 사람을 초청하여 설교하도록 하는 것이 교회법에 맞는 일일까?

그는 국교회에서 '서품받은' 사람이 아니다. 하지만 하나님은 분명 그에게 화평의 복음을 전하도록 명하셨다. 왜냐하면 그의 설교를 통해 '거룩하게' 된 죄인들이 이미 수천 명에 이르기 때문이다. 그는 이렇게 말할 수 있다,

'내 사역의 인증은 주 안에서 여러분입니다.'

그러므로 그 문제는 정해졌다. 나는 즉시 내 친구 커티스(Curtis) 씨―너그럽고 고상한 마음씨의 미국인이며, 미국인 교회 건립을 주도한 인물―에게 그 건물을 사용할 수 있는지 문의했고, 만약 모금이 이루어진다면, 그 교회의 채무를 청산하거나 가난한 사람들을 돕는데 드려질 수 있을 거라는 희망을 피력했다. 위원회가 즉시 모였고, 다음과 같이 결의했다.

'1860년 1월 18일, 파리.―위원회는 윌리엄 블러드 목사에게, 그가 합당하다고 생각하는 대로, 그의 친구 찰스 해돈 스펄전 목사가 미국인 교회를 사용하는 문제를 일임하기로 결의하였습니다. 하지만 위원회는 헌금이 미국인 교회를 위해 사용되는 것을 사양하며, 그보다는 스펄전 목사의 교회 건축을 위해 드려지기를 바랍니다.'

다음에는 파리 중심부에 있는 훨씬 큰 건물(오라토리오교회, the Église de l'Oratoire)의 사용을 위해, 프랑스 개혁교회 장로 회의에 신청서를 보냈다. 그 신청에 즉각 회신이 왔고, 그 내용은 다음 결의 사항이다.

'장로 회의는 어젯밤에 위원회를 열어, 오라토리오교회를 윌리엄 블러드 목사에게, 그의 친구 찰스 해돈 스펄전 목사의 설교 장소로 빌려줄 것을 결정했습니다.'

여기에 아주 덕망 있는 목사인 그랑피에르(Grandpierre) 박사의 글이 몇 줄 첨

부되었는데, 그는 이렇게 말했다.

"성령께서 우리 형제 스펄전 씨의 설교에 복을 주셔서, 많은 영혼이 회심하고, 믿음 안에서 힘을 얻고 새롭게 되도록 간절히 기도합니다."

그 후 스펄전은 파리에 가도록 요청받았고, 그는 기꺼이 세 번 설교하기로 동의했다. 3일간 매일 두 차례 설교해달라는 추가적인 요청에 대해, 그는 이렇게 대답했다.

*　　*　　*

친애하는 블러드 씨,

저는 기꺼이 화요일 저녁에, 당신이 원하시는 어디서든, 한 차례 설교하겠습니다. 그런 후 수요일에 두 차례, 목요일에 두 차례 설교할 수 있습니다. 하지만 저는 금요일 오전 일찍 돌아와야 합니다. 저는 미국인 교회를 섬기려는 뜻으로 그곳에 건너갈 생각을 했지만, 그 위원회가 헌금을 런던에 있는 예배당 건축을 위해 드리기를 원한 것에 대해 저는 만족합니다.

어느 정도 조용한 집에 머물 수 있도록 해주시고, 방문객들로 너무 붐비지 않게 해주시길 바랍니다. 저를 떠받드는 것은 제 사역에 가장 큰 방해입니다. 이 방문에 하나님이 복을 주시길 바랍니다.

따뜻한 마음을 전하며,

찰스 해돈 스펄전.

*　　*　　*

파리에서 전했던 스펄전의 설교에 대한 다음의 묘사는 그랑피에르 박사가 쓴 것이며, 프랑스 종교 신문 「**희망**」(*L'Esperance*)에 실렸다.

그 저명한 설교자가 루 드 베리(Rue de Berri)의 미국인 채플에서 세 번, 그리고 오라토리오교회에서 두 번 말씀을 전했다. 미국인 채플에서 그의 설교이다.

첫 번째 설교의 주제는 <구원>(사도행전 16:31)이었다.
두 번째 설교 주제는 <측량할 수 없는 그리스도의 사랑>(에베소서 3:19),
세 번째는 <예수, 성도의 목자>(시편 23:1)였다.

오라토리오교회에서 설교이다.
첫 번째, <기도>(시편 73:28)에 대해 설교했고,
두 번째, <속량 받은 자들의 새 노래>(계시록 14:1-3)에 대해 설교했다.

이 저명한 설교자가 그의 청중이 일반적으로 그에 대해 가지는 높은 평판을 정당화하고 또 그 평판을 능가했다고 우리가 선언하더라도, 우리에게 반박할 사람은 아무도 없을 것이다.

스펄전 목사는 강한 체질을 가진 것처럼 보이며, 그를 그토록 두드러지게 한 탁월한 재능은 그의 외모를 얼핏 보아서는 드러나지 않는다. 그리스도인으로서, 그는 가장 뜨거운 경건으로 생기가 넘치고, 그의 인격 전체에서, 영혼에 대한 사랑이 신성한 불처럼 빛나는 것 같다.

그는 특히 회심하지 않은 죄인들의 구원을 위해서, 그리고 거듭난 사람의 믿음 강화를 위해 설교한다고 느껴진다. 신학자로서, 그의 교리는 선명하고, 정확하고, 똑바르다고 말할 수 있다. 그는 명백히 칼빈주의자이면서, 동시에 온건하다.

그가 오라토리오교회에서 활기차고 선명하게 구주의 완전한 신성, 그의 속죄의 죽음에 의한 속량, 하나님의 자녀들의 영원한 선택, 그리고 다른 본질적인 교리들을 전했을 때, 우리는 매우 만족스러웠다.

웅변가로서, 그는 단순하고 힘이 넘쳤고, 선명하면서 풍부했다. 그의 설교 구도는 쉽게 이해하고 따라갈 수 있다. 그의 전개는 논리적이고, 그의 언어는 언제나 우아하게 흐르면서 절대 지루하지 않다. 한 번에 몇 시간을 기꺼이 들을 수 있을 정도다. 웅변에 필요한 요소들을 그는 놀라울 정도로 잘 갖추고 있는데 그중에 특히 세 가지가 우리에게 깊은 인상을 준다.

첫째, 엄청난 기억력이다.
그것은 그에게 현장에서 비유, 사실들, 이미지 등을 최상으로 떠올리게 하여

그의 사상에 빛을 비추어준다.
둘째, 굵고 조화로운 목소리가 있다.
그는 가장 낮은 어조에서 가장 높은 어조까지 목소리를 아주 쉽게 조절할 수 있다.
셋째, 대단히 풍성한 상상력이 있다.
그것은 그의 모든 생각에 색깔을 입혀주고, 끊임없이 다양한 표현을 가능하게 하며, 그리스도의 진리를 정신적으로 시각화한다.

스펄전 목사는 사실상 시인이다. 하지만 그의 설교를 들어보지 않고서, 그의 사고가 얼마나 풍성한지를 가늠하기란 어렵다. 하지만 그의 풍성한 사고가 기독교 강단의 단순성에서나, 그리스도의 사역자로서의 위엄에서 벗어나게 하지도 않는다.

스펄전 목사는 대학에 다닌 적이 없고, 열일곱 살 이후 줄곧 설교해왔다고 알려졌다. 그는 아직도 스물여섯에 불과하다. 하지만 우리가 일단 그의 설교를 들으면, 육체적으로나 도덕적으로, 영적으로, 모든 면에서, 하나님께서 그에게 웅변가 즉 기독교 웅변가로서의 특별한 자질을 주셨다고 확신하게 된다. 그는 청중의 마음과 생각에 가장 즐겁고, 가장 유익한 인상을 남겼다. 그의 설교 전후로, 개인 기도와 공중 기도를 위한 특별 기도회가 열렸다. 그의 복음 선포에 하나님께서 복을 주시길 구하기 위해서였다.

우리는 얼마간 영혼들이 회심하였다고 믿어 의심치 않는다. 그뿐 아니라, 모든 그리스도인이 분명 그들의 내적 생명에서 생기를 얻어 다시 활기차게 되었을 것이라고 확신한다. 우리의 귀하고 존경스러운 그 형제는, 이 도시에서 모든 복음적인 교단의 그리스도인들로부터 우애 깊은 환대를 받았다. 그리고 그는 분명 감명을 받고, 고마워하고, 행복해하면서, 다시 돌아온다는 약속을 남기고 우리를 떠났다. 가능하다면, 조만간, 다시 우리를 방문하겠다는 약속이었다.

우리로서는, 파리에 있는 개혁파 교회위원회가 그들의 친구의 요청에 응답하는 것이 영예이자 특권이라고 여긴 것에 대해 하나님께 감사드린다. 두 번 모두의 예배에서, 그 큰 성전의 문이 열리자마자, 사람들이 빽빽하게 들어찼다. 기쁘게도, 이 엄청난 집회에 참석한 우리 교회의 회원들도 결코 소수가 아니었다. 이로써 우리 교회에는 우리 주 예수 그리스도의 가르침에 대한 신실하고 살아있는 설교를 귀하게 알아보는 많은 가족이 있음을 입증한 것이다.

더 놀라운 것은 한 「토론 학술지」(Journal des Débats)에 실린 기사였는데, 그 학술지의 주필(主筆)이자 파리 문필가들 가운데 가장 대중적으로 알려진 프레보(Prevost) 씨가 쓴 것이었다. 비록 로마가톨릭신자였지만, 그는 스펄전과 그가 인도한 예배에 대해 감탄조로 글을 썼다.

스펄전 목사는 약속을 지켰다. 그 지칠 줄 모르는 사도는 우리와 함께 3일을 보냈다. 그의 방문 기간에 그는 다섯 번 설교했고, 우리는 이 재능있는 설교자에게서 조금의 지친 기색도 볼 수 없었다. 우리는 다른 어떤 웅변가도 그보다 더 강력하게 말하거나, 또 청중에게 자기 자신을 온전히 맡긴 경우를 생각할 수가 없다. 멈춤도 없이, 열정적으로, 스펄전 목사 처음부터 끝까지 생동감 넘치게 설교했다.

그의 설교 주제는 대체로 흔한 것이며, 그 목적은 어느 정도 예견될 수 있다. 하지만 흔하지도 않고 예견될 수도 없는 것, 그의 설교를 듣지 않고는 이해할 수 없는 것이 있는데, 그것은 그가 그의 청중을 자기를 따라오도록 만드는 설득력 있고, 친밀하면서도, 강력한 방식이다. 그는 지치지 않고 상세한 설명, 생생한 묘사, 권면, 시기적절한 경고 또는 호소를 이어가면서, 대단히 예술적으로 그의 설교를 탄탄하고 풍성하게 만든다.

재능이 의심스럽다면 어찌 예술에 대해 말하겠는가?

우리는 그의 설교가 우리가 여태 들어본 것 중 가장 즐거운 마음으로 들은 영감 있는 설교였다고 말하고 싶다. 한 편의 설교도 덜 준비된 채로 전달된 것이 없고, 청중에게 잘 연구된 설교라는 인상을 주지 않은 것이 없다.

그의 유창하면서도 단순한 설교에서, 청중이 조금이라도 약점이나 우물쭈물하는 대목을 발견할 수 있었던가?

청중은 그의 강력하면서도 공감되는 음성에 기쁘게 귀를 기울였다. 그의 음성은 적정한 한계를 넘어 지나치게 올라가거나 떨어지는 법이 없었고, 달콤한 억양으로 교회 전체에 가득 울려 퍼졌다.

이런 재능들을 소유하고 또 그것들을 잘 활용하는 그 사람은, 아직 만으로 스물여섯 살이 되지 않았다. 그의 열정적이면서도 진실하게 보이는 얼굴을 쳐다보면, 거기서 확신과 용기, 그리고 옳은 일을 행하고자 하는 진지한 열망이 읽힌다.

표현과 양심의 자유가 있는 나라에서 가장 인기 있는 설교자인 그는 모든 사람 중에서도 가장 수수하며, 또한 가장 단순한 사람이다. 대중의 비판이 부당해선 안 된다고 생각하는 국민에게 연설하는 것이 그에게 행복이긴 하지만, 스펄전 목사가 크고 유익한 영향력을 획득한 것은, 결국 그 자신의 덕택이다. 누구도 그를 자기중심적이라고 정당하게 비난할 수 없다. 그가 전적으로 모든 영광을 하나님께 돌리는 것은 가식이 아니다.

우리는, 그런 사도에 대해서, 경건과 관련한 모든 논쟁이 사라져야 한다고 본다. 우리는 그의 능력을 인정해야 하며, 그것이 정당하다. 이 젊고 웅변적인 설교자에게서 현대 기독교와 자유의 가장 행복한 본보기를 보는 우리로서는, 스펄전 같은 사람과 접촉하고, 그와 우정의 악수를 교환하게 된 것을 명예라고 느낀다.

스펄전 부인은 이 방문에 남편과 동행하는 것을 크게 기뻐했다. 이 방문에 스펄전 목사와 동행한 또 한 사람인 제임스 로우 집사는 파리에서의 추가 예배에 대해 큰 관심을 가지고 다음과 같이 기술했다.

특별 초대를 받아, 스펄전 목사는 파시(Passy)에 있는 대학을 방문했다. 거기에는 선교 분야에서 교육을 받는 전도유망한 젊은이 몇 사람이 있었다. 스펄전 목사는 그 학생들을 따뜻하게 환대했고, 그들에게 설교 사역의 중요성과 의무에 관한 아주 감동적이면서 흥미로운 말씀을 전했다. 특히 그는 그들에게 십자가에 못 박히신 그리스도를 전하도록 호소했고, 그 교리가 그들의 청중의 마음에 다른 어떤 주제보다 큰 영향을 미칠 것이라고 했다. 그 대학의 학장이 스펄전의 설교를 프랑스어로 통역했으며, 학생들은 그의 방문을 매우 고마워했다.

스펄전 목사는 여러 목회자와 다른 사람들로부터 조만간 다시 파리에서 설교해주도록 요청을 받았다. 그가 인도한 예배의 결과는 대단히 만족스러웠다. 친구들의 따뜻한 마음을 보이기 위해, 미국인 교회에서 모금이 있었고, 64파운드가 태버너클 건축 기금으로 주어졌다. 오라토리오교회에서 파리의 가난한 사람들을 위해서는 두 번의 헌금이 있었고, 그 액수는 40파운드였다.

블러드 씨는 이렇게 기록했다.

신문에 실린 글 때문에, 비단 파리에서만 아니라, 프랑스의 다른 지역들에서도 스펄전 목사의 설교를 듣고 싶다는 열망이 있음을 알게 되어 만족스럽다. 수백 마일을 여행하여 예배에 참석한 이들도 더러 있었다. 또 참석한 이들 중에는, 마르세유와 리용에서 온 목회자들도 있었다. 오라토리오교회에서의 마지막 예배 후, 스펄전 목사는 목회자 회관에서 장로위원들을 만나도록 초대되었다. 거기에 많은 그리스도인 친구들이 참석했고, 사실상 그 회관은 붐빌 정도였다. 기쁨의 찬송을 맘껏 불렀으며, 하나님께서 뿌려진 씨에 복을 주시고, 또 뿌려진 씨가 많은 사람의 마음에 깊이 뿌리내릴 수 있도록 뜨거운 기도를 올리기도 했다.

스펄전 목사에게 프랑스교회에 친절한 도움을 주어 고맙다는 따뜻한 인사가 전해졌고, 스펄전은 간략한 작별 연설을 했다. 정말 은혜롭고도 엄숙한 시간이었다. 작은 오순절의 계절이랄까, 쉽게 잊히지 않을 것이다. 이 예배는 전적으로 불어로 진행되었다.

이 장은 무어필즈(Moorfields)에 있는 화이트필드 태버너클(Whitefield's Tabernacle)에서의 주중 예배들을 언급함으로써 마무리하는 것이 적절할 것이다. 그 예배들은 매년 약속으로 정해진 것이었다. 그 젊은 목사의 오랜 친구이자 옹호자였던 존 캠벨 박사는 이 연례 방문에 대해 다음과 같이 말했다.

매년, 스펄전 목사와 그의 친밀한 동반자 그리고 그들의 작은 왕태자 둘은 하루를 종일토록 우리와 함께하는 영광을 우리에게 베풉니다. 우리는 그렇게 여기고 있습니다. 그런 날은 우리에게 축제일입니다. 두 편의 설교로써, 스펄전 목사는 거의 전적으로 태버너클에 있는 우리의 '도시선교회'를 지원합니다.

당시의 회상에서 스펄전은 이 행복한 협정에 대해 이렇게 표현한다.

「영국의 깃발」(The British Banner) 편집자이신 캠벨 박사님과 교제해온 것은 내게는 언제나 큰 기쁨이었다. 그는 아주 귀한 나의 벗이다. 나는 매년 그를 위해 설교하곤 했다. 내가 그곳에 갈 때면, 내 아내와 두 소년도 동행하는 것이 당연하게 여겨졌다. 그는 아주 엄격하고 강직하여, 이단에 대해서는 자비가 없어 그들을 멍이 들도록 때려주려고 하는 사람이다—문학적인 의미가 아니라 문자 그대로의 의미에서 그렇다.

그런 그가, 우리가 가기 전날이면, 아이들을 위해 장난감 가게에 들러, 말과 마차와 다른 노리개들을 잔뜩 사곤 했다. 한 번은, 그가 우리 가족 모두 그의 집에 오도록 초대장을 보냈을 때, 이런 내용이 담겨 있었다.

'우리 고양이가 새끼들을 낳았어요. 소년들이 같이 놀만한 새로운 무언가가 될 겁니다.'

그 일은 이 꼬마들에게 즐거움을 주기 위해 수고를 아끼지 않았던 그가 얼마나 친절한 마음씨를 가졌는지를 잘 보여준다.

이 연례 방문 중에서 가장 기억될만한 것 중의 하나로 꼽히는 것은 1860년 3월 14일 수요일의 방문이었다. 그날이 가까울 때, 많은 심각한 사고와 갑작스러운 사망 사건들이 있었다. 미국에서 방앗간에 무너져 수백 명이 잔해에 파묻혔다. 한 열차가 철로를 탈선하였고, 그 결과 많은 승객이 죽임을 당했다. 많은 폭풍을 뚫고 안전하게 정박하고 있던 가장 큰 배의 선장이, 그의 가족에게 작별 인사를 하고 물에 뛰어들어 죽었다. 한 재판장이, 큰 재판에서 평상시처럼 지혜롭고, 침착하고, 신중한 판결을 내린 후, 잠시 멈추더니, 뒤로 쓰러졌고, 급히 들려갔지만 이내 숨졌다. 너그러운 그리스도인 신사로서 잘 알려진 코데로이(Corderoy) 씨가, 별안간 소천하여, 교단 전체가 슬픔에 잠겼다. 다음 주일 오전에 엑서터 홀에서 전해진 <죽음을 기억하라>는 스펄전의 설교에는 이런 사건들이 언급된다. 그 무렵 언급되었던 또 하나의 사건은 직접적으로 캠벨 박사에게 미친 일이기도 하다.

만일 그들이 지혜가 있어 이것을 깨달았으면 자기들의 종말을 분별하였으리라
(신 32:29).

이 말씀으로 전한 설교에서, 스펄전은 이렇게 말한다.

불과 지난 수요일에, 나는 저 능력 있는 하나님의 종, 믿음의 위대한 수호자, 자기 시대의 루터라고 할만한 캠벨 박사의 집에 앉아 있었습니다. 우리는 그 때 이런 갑작스러운 죽음들에 관하여 이야기를 나누고 있었고, 그와 비슷한 재난이 그의 가족에게 닥쳐오리라고는 생각지도 못했습니다.
그러나, 오호라!
우리는 다음날 신문에서, 그의 둘째 아들이 미국에서 돌아오는 항해 길에서 배가 전복되어 물에 잠겼다는 소식을 접했습니다. 담대하고 용감했던 청년은 물에서 죽음을 맞았습니다.

그처럼 오! 여기, 저기, 사방에, 죽음이 있습니다!
죽음이여! 나는 네 행위를 보노라!
본국에서, 해외에서, 바다에서, 바다 건너서, 너는 활동하고 있구나!
오! 너 풀 베는 자여!

얼마나 오랫동안 네 큰 낫이 잠잠할 수 있을까?

오! 너 인간을 멸하는 자여!
너는 쉬지 않으며, 가만히 있을 수 없느냐!
오! 죽음이여!

영원히 구르며 바스러뜨리는 거대한 수레여, 인간의 해골과 피를 계속해서 네 수레의 자취로 남겨야만 하느냐?
그렇습니다. 불멸의 생명의 왕이신 그분이 오실 때까지는 그럴 수밖에 없습니다. 하지만 그때, 성도는 더이상 죽지 않을 것이며, 하나님의 천사들과 같이 될 것입니다!

제35장

음악당에서의 예배

> 서리 음악당에서의 그 설교자가 악한 자들의 소란에 의해 회중이 흩어지는 것을 보고, 또한 갑작스럽게 희생당한 고귀한 생명을 두고 한탄하는 동안, 그 충격적인 재난에서, 그 사역을 하나님의 일이 아니라고 간주하며 그 설교자가 그만둘 징후를 읽은 사람들이 있었습니다. 하지만 그 젊은이는 그런 징후들을 믿지 않았으며, 자기 직무에 임했습니다. 그래서 그는 가능한 한 빨리 다시 강단에 나타났습니다.
>
> 그 장소에서 후기 사역의 결과로서, 수천 명이 그의 직접적인 가르침에 의해 그리스도를 찾았다고 말해도 과언이 아닐 것입니다. 그런 사이 하나님의 말씀 선포는 대성당에서나, 수도원에서나, 음악당이나, 극장에서나, 어디에서나 용인되는 일이 되었고, 심지어 그렇게 하는 것이 전도의 가장 대중적인 방식이 되었습니다.
>
> 찰스 해돈 스펄전.

음악당에서의 설교는 오전에만 재개되었다. 큰 회중이 모이기에는 저녁 시간이 더 좋을 수도 있었지만, 낮의 햇빛이 어둠의 행위를 방지하도록 하기 위해서였다. 거기서 첫 오전 예배는 1856년 11월 23일에 드려졌고, 마지막은 1589년 12월 11일에 있었다. 하나님의 섭리 안에서, 그 큰 강당은 정확하게 그것이 필요할 때에 준비되었으며, 거의 그것이 필요한 기간에만 제한적으로 사용될 수 있었다.

오전에만 사용하는 조건으로 지급되는 사용료는 꽤 괜찮은 수입 항목이었지만, 그들은 이 확실한 수입보다 주일에 사람들을 수용하는 것을 선호했다. 서리 가든 앞은 주일에 대중에게 개방되었고, 우리는 그곳을 떠났다. 정원 운영 회사는 주된 수입원을 잃은 셈이었다. 그때부터 내리막길로의 몰락은 아주 신속했다. 도덕적으로나 재정적으로 그 정원은 가망 없이 가라앉고 말았다. 우리, 즉, 설교자와 회중은, 한동안 그런 보금자리를 찾을 수 있게 하신 하나님의 섭리를 기념해야 한다. 하나님의 섭리가 아니었다면 우리 스스로 그런 자리를 얻기란 불가능했을 것이다.

수상으로부터 그 아래 사람들까지, 모든 계층의 사람이 그곳에서 말씀을 들었다. 귀족계층에서 그렇게 많은 사람이 비국교도 예배에 참석했던 때는 달리 없었다. 어느 주일이든 참석한 저명인사 목록을 뽑자면 길다. 정치인, 귀족들, 신학자들, 위대한 여행가들, 그리고 모든 종류의 유명한 사람들이 서리 가든의 그 설교자에게 말씀을 들으러 왔다. 그들의 참석과 도움은, 우리의 영속적인 예배당 건물이 꼭 필요한 시설이 될 것이며, 우리가 그 막중한 임무를 이룰 수 있을 것이라는 희망적인 징조였다.

대중에 대해 말하자면, 그 수는 언제나 대규모였다. 이들은, 사회의 종교적 분파에서 온 사람들뿐 아니라, 공적 예배라고는 가본 적 없는 사람들이 대다수였다. 예배 시작 전에 신문을 읽는 것은, 비록 그 자체로는 빈축을 살 일이지만, 거기서 예배를 시도했을 때 참석한 사람들의 면면을 보여주는 증거다. 무엇보다 좋은 것은, 하나님이 우리와 함께하셨다는 것이다.

회심한 사람들이 수없이 많았고, 그들 중의 일부는 아주 놀랄만한 종류의 사람들이다. 그들은 주로 평범한 종교 집회에서는 아무런 감동도 받지 않는 사회 계층 출신이다. 비록 그 강당은 완전히 사라졌지만, 그곳이 그들의 영적인 출생지였던 사람들의 기억에서는 언제나 한 자리를 차지하고 있을 것이다. 우리가 그곳에서 예배드렸던 수년 동안 줄곧, 교회에 출석하는 사람 수는 더해졌다.

새로운 얼굴의 노동자들이 있었고, 새로운 사업을 시작하는 사람들도 계속해서 들어왔다. 대학, 고아원, 서적상, 전도협회, 대학 선교단체를 비롯하여 다양한 부류의 선교단체들이, 여기서 예배드리는 기간에 교회의 성장을 통해 모두 혜택을 입었다. 우리는 악한 일을 통해서도 선이 이루어지는 것을 보았으며, 이 점에서 시편 기자와 더불어 이렇게 말할 수 있다.

> 사람들이 우리 머리를 타고 가게 하셨나이다 우리가 불과 물을 통과하였더니 주께서 우리를 끌어내사 풍부한 곳에 들이셨나이다(시 66:12).

내가 서리 가든에서 설교를 시작할 때, 내 회중은 너무나 다양한 사람들로 이루어졌다. 매 주일 그런 회중을 대상으로 설교했던 사람은 지금까지 거의 없을 것이다. 그토록 변동이 심한 회중을 향해, 내가 주제를 선택하고 호소할 내용을 정리할 때 경험했던 염려가 어느 정도인지는 오직 하나님만이 아신다.

강단에 오를 생각에 머리가 온통 어지러울 때도 있었다. 한편, 내 백성과 함께 예배드리는 중에 나는 가장 큰 자유를 누리기도 했다. 자기 가족과 함께 있는 자리에서 가장 편안함을 느끼는 사람의 확신으로, 나는 마치 동포를 향한 내 온전한 사랑이 과녁을 빗맞힐지도 모른다는 염려, 혹은 목사의 참된 직무에 실패할지도 모른다는 모든 염려를 몰아낸 것처럼 말했다.

강당에서 설교하는 것과 예배당에서 설교하는 것 사이에는 아주 큰 차이가 있다. 전자는 중립지대를 차지한 것 같고, 후자는 성스러운 명망을 누린다는 점이 대조를 이룬다.

*　　　　　*　　　　　*

얼마 후, 그 음악당으로 항상 모여드는 엄청나게 많은 낯선 자들의 수에 더하여, 그 회중의 상당수가 규칙적으로 스펄전의 설교를 듣는 청중이 되었으므로, 그는 그곳에서도 마치 뉴 파크 스트리트에서와 마찬가지로 편안함을 느꼈다. 그리고 그는 변화된 사정에 따라 설교를 조정하였다. 1858년 2월 28일 주일 아침에 전한 설교에서, 그는 이렇게 말했다.

내가 이 강당에서 처음 설교했을 때, 내 회중은 비정규적인 출석자들로서 이 도시의 사방에서 말씀을 듣기 위해 몰려든 사람들로 보였습니다. 그때 나는 그저 한 전도자로서, 전에 복음을 듣지 못한 사람들에게 말씀을 전했습니다. 하나님의 은혜로, 아주 복된 변화가 일어났습니다. 이제 사람들은 비정규적인 군중으로서 모여드는 것이 아니라, 런던의 다른 목회자들의 회중과 마찬가지로 규칙적으로 출석합니다.

나는 이 강단에서, 여러 달 동안, 가능하면 가까이에서 늘 같은 자리를 차지하는 내 친구들의 얼굴을 볼 수 있습니다. 이곳에 모이는 사람들의 대다수, 적어도 3/4은, 호기심 때문에 이곳에 들르는 사람들이 아니라, 정규적이고 꾸준한 내 청중입니다. 내 직무의 성격도 변했습니다. 전도자로 시작하여, 지금은 이곳에서 여러분의 목사가 되었습니다. 내가 저녁에도 설교하는 예배당에서와 다를 바가 없습니다. 나의 회중과 나 자신 양쪽이 변했으므로, 가르침도 어느 정도는 차이를 보인다고 모든 사람이 판단할 것입니다.

복음의 단순한 진리에 바탕을 두고 설교하는 것이 내 습관이었습니다. 내가 이곳에서 하나님의 진리의 심오한 영역으로 뛰어들려고 시도했던 경우는 매우 드물었습니다. 한 본문이, 내가 생각하기에 저녁에는 내 회중에 적합하다고 여겼어도, 그것을 오전에 이 강당에서의 설교 주제로 삼을 수는 없었습니다. 본래의 예배당에서는 내가 종종 다룰 기회가 있는 높고도 신비로운 교리들이 많습니다. 하지만 그것을 여기서 소개하는 것에 대해 나는 자유롭다고 느끼지 않았습니다.

이곳의 사람들을 어쩌다가 하나님의 말씀을 들으려고 모여든 사람들로 간주했기 때문입니다. 하지만 이제, 상황이 바뀌었으니, 가르침 역시 바뀔 것입니다. 나는 이제 단순히 믿음의 교리, 혹은 믿는 자의 세례에 관한 가르침에만 나 자신을 제한하지 않을 것입니다. 나는 진리의 표면에만 머물지 않을 것이며, 과감하게, 하나님이 나를 안내하시는 대로, 우리가 아주 소중히 여기는바 경건의 밑바닥에 놓여 있는 것들을 향해 들어갈 것입니다. 나는 여러분 앞에서 수줍어하며 얼굴을 붉히지 않고, 하나님의 주권 교리에 대해 가르칠 것입니다.

나는 주저하지 않고, 스스럼없고 자유로운 방식으로, 선택의 교리를 선포할 것입니다. 나는 두려움 없이, 성도의 최종 견인이라는 위대한 진리를 제시할 것입니다. 나는 확실한 성경의 가르침인 하나님이 택하신 자들의 효과적인 소명에 대해서도 묻어두지 않고 전할 것입니다.

하나님의 도우심을 따라, 나는 내 양 떼가 된 여러분에게 아무것도 숨기지 않으려 노력할 것입니다. 이제 여러분 가운데 많은 사람이 '주님의 인자하심을 맛보았음을' 보았기에, 우리는 은혜의 교리의 전 체계를 살펴보려고 노력할 것입니다. 그럼으로써 성도들은 그들의 거룩한 신앙 안에서 견고히 세워질 수 있을 것입니다.

다음번 주일에도 스펄전 목사는 설교하였다.

나를 보내신 아버지께서 이끌지 아니하시면 아무도 내게 올 수 없다(요 6:44).

우리 주님의 말씀에 근거하여 <인간의 무능>에 대해 설교했다. 조금 후, 그는 <인간의 책임>에 대해서도 설교했으며, 당시의 본문은 그리스도의 또 다른 엄중한 말씀이다.

내가 와서 그들에게 말하지 아니하였더라면 죄가 없었으려니와 지금은 그 죄를 핑계할 수 없느니라(요 15:22).

그 후 얼마 지나지 않아, 그는 <주권적인 은혜와 인간의 책임>이라는 제목의 설교에서 하나님의 진리의 양쪽 측면을 제시하려 했다. 그 설교에서 그는 한편으로는 아르미니아누스주의 오류들을, 다른 한편으로는 초(超)-칼빈주의 오류들을 피했다. 시간이 흐르면서, 서리 가든에서나 뉴 파크 스트리트 교회에서나, 스펄전은 은혜의 모든 교리를 강해했다. 진리를 가르치는 그 방식의 결과가 어땠는지에 대해 그는 다음과 같이 묘사했다.

> 매달 세례와 교회 회원 가입을 지망하는 많은 사람 가운데, 젊은이들의 수가 대단히 많고, 또 한편으로는 최근에 구주를 찾은 연로한 이들도 있습니다. 개인별로 그들의 이야기를 듣는 것이 나는 기쁩니다. 그들은 스스로 이신칭의의 위대하고 근본적인 진리를 분명하게 표현할 뿐 아니라, 은혜 언약을 둘러싼 교리들을 잘 배웠다는 분명한 증거를 제시합니다.
>
> 나는 여러 해 동안 우리 교회가 두드러지게 하나님의 복을 받았던 한 가지 이유가, 우리 교회에 새로 들어온 대다수 구성원이 옛 청교도들과 언약주의자들(Convenanters, 17세기 스코틀랜드 장로교 운동의 주역들-역자주)의 신앙 안에서 잘 세움을 받았고, 따라서 우리에게서 빗나가거나 떨어지지 않았기 때문이라고 생각합니다.
>
> 그 초창기 시절, 사람들은 우리가 교회 안으로 '한 무더기의 소년 소녀들'을 끌어들인다고 말하곤 했습니다. 오랜 후에, 태버너클에서 큰 무리로 모이던 어느 때, 내가 우리 친구들에게 그 경멸조의 진술을 상기시켰더니 그들이 웃었습니다. 그때 내가 이 말을 덧붙였지요,

'나는 그때의 소년 소녀들이 여전히 내 주위에 모여서 행복합니다. 그들은 이제 상당히 나이가 들었고, 그들의 아들과 딸들 가운데 많은 자녀가 또 그 부모의 본을 따릅니다. 심지어 초기 우리 교회에서 회심한 이들의 손주들도 이미 우리와 연합하여 교회의 회원이 되었습니다.'

*　　　　*　　　　*

일반 대중의 차원에서, 그 음악당 예배들은 일종의 거대한 전도 운동이었다. 나는 내 청중이 복음을 받아들이든 거절하든, 최소한 그들이 그것을 이해하게끔 해야 한다고 결심했다. 그래서 나는 어린아이들도 이해할 수 있도록 복음을 분명하고 편안한 색슨 영어로 전했고, 내가 할 수 있는 한 열성을 다해 전했다.

어느 주일날, 나와 함께 그 강단 계단을 내려가면서 한 친구가 내게 한 말을 기억한다.

"오늘 오전에는 8천 명이 참석했고, 그들은 심판의 날에 변명을 대지 못할 것입니다."

나는 다른 때에도 그 서리 가든에서 흩어진 많은 사람에게 그 말이 적용될 수 있기를 바란다. 나는 그때도 모든 사람을 기쁘게 하진 않았다. 나에게 가장 좋은 친구가 되어야 마땅했던 어떤 사람들이 흠을 잡았다.

　사람을 강권하여 데려다가 내 집을 채우라(눅 14:23).

이 성경 말씀으로 전한 설교에 큰 불평이 있었던 것을 나는 기억한다. 나는 많은 애정과 긍휼을 하고 영혼들을 위해 말할 수 있었다. 난폭하고 극단적인 초-칼빈주의자 무리는 그 설교가 아르미니아누스 노선이고 불건전하다고 말했다. 하지만 사람들의 판단에 따라 비난을 받는 것은 내게는 큰 문제가 아니었다. 내 주님께서 그 메시지에 아주 분명하게 그분의 인장(印章)을 찍으셨기 때문이다.

나는 다른 것을 전함으로써 그토록 많은 영혼을 하나님께 인도할 수 있었다고 생각지 않는다. 오랫동안 지속한 우리 교회의 집회가 그것을 증언한다.

세계 곳곳에서, 어디든 인쇄된 설교문이 배포되는 곳에서, 죄인들이 그것을 통해 구원을 얻었다. 그러므로, 만약 죄인들을 그리스도께로 오도록 권면하는 것이 천박하다면, 나는 얼마든지 더 천박해질 용의가 있다. 나는 살아있는 그 어떤 사람보다 은혜의 교리를 굳게 믿는 사람이고, 장 칼빈 그 자신의 노선을 따른 진정한 칼빈주의자다.

아마도 나는 그의 작품을 나를 비난하는 그 어떤 사람보다 많이 읽었을 것이다. 하지만 죄인들에게 "영생을 취하라"(딤전 6:12)고 말하는 것이 악하게 생각된다면, 나는 이런 면에서는 더 악해질 것이고, 이 점에서 칼빈을 본받을 뿐 아니라, 내 주님과 그분의 사도들을 본받을 것이다. 예수님과 사도들은 구원이 은혜, 즉 오직 은혜에 속하였음을 가르쳤지만, 또한 사람들에게 이성적이고 책임 있는 존재로서 말하기를 두려워하지 않았다.

> 좁은 문으로 들어가기를 힘쓰라(눅 13:24),

> 썩을 양식을 위하여 일하지 말고 영생하도록 있는 양식을 위하여 하라(요 6:27).

그 음악당에서 전한 설교 중에서, 큰 복을 받았던 또 하나의 설교는 <예수를 바라보기>라는 제목의 설교였다. 그 설교는 그것을 들음으로써 주님께로 오게 된 회심자들에 의해 종종 언급되었다. 그것이 인쇄되어 널리 배포되었을 때, 그것을 읽는 중에 위로부터의 기름 부으심 같은 것이 수반되었다는 간증을 나는 많이 들었다.

이 사실에 나는 놀라지 않는다. 왜냐면 그것은 하나님의 주권에 대한 또 하나의 증거일 뿐이기 때문이다. 그 설교는 연속 설교 중에서 가장 단순한 설교였기에, 아마도 무언가 독창적이고 두드러진 것을 찾는 사람에게는 간과되기 쉬운 설교였을 것이다. 하지만 주님은 그 설교에서 역사하셨다. 그 설교는 성령에 의해 적용되었을 때 주의 백성들의 마음을 기쁘게 했다. 나는 설교를 사람들의 승인을 기준으로 평가하지 않고, 그 설교에서 드러난 능력에 따라 평가하지도 않는다. 도리어 나는 설교를 성도를 위로하고 죄인을 각성시키는 효과에 따라 평가한다.

<부끄러운 수난자(受難者)>에 관한 설교는 아주 많은 사람에게 큰 축복의

수단이 되었다. 피 흘리시는 그리스도는 언제나 사람들의 마음에서 피를 흘리게 한다. 그리고 그분이 당하신 수치는 사람들로 죄를 부끄러워하도록 만든다. 일단 성령께서 사람들의 눈을 열어 슬퍼하시는 구주를 바라보게 하시기만 하면, 그들은 곧 죄로 인해 슬퍼하게 될 것이다.

그 음악당에서 특별히 두드러지는 회심 사건들이 많았다. 특히 그중에는 너무 특이하기에, 나는 종종 그 일을, 하나님은 이따금 그분의 종들을 그들 스스로는 생각하지도 않은 말을 하게끔 이끄셔서, 청중 가운데 그 메시지가 개인적으로 적용되는 사람에게 복을 주신다는 증거로 언급하기도 한다. 한번은, 그 강당에서 설교하는 동안, 나는 의도적으로 군중 가운데 있는 한 사람을 가리키며 말했다,

저기 앉아 있는 한 사람이 있습니다. 그는 구두 제조업자입니다. 그는 자기 가게를 주일에도 계속 엽니다. 그 가게는 지난 주일 오전에도 열렸습니다. 그는 9펜스를 벌었고, 거기서 4펜스의 이윤을 남겼습니다. 그의 영혼이 4펜스에 사탄에게 팔린 것입니다!"

어떤 도시 선교사가, 자기 구역을 돌다가, 이 사람을 만났다. 그가 내 설교문 중 한 편을 읽는 것을 보고, 선교사가 그에게 이렇게 물었다,

"스펄전 목사를 아십니까?"

그 사람이 대답했다,

"예, 압니다. 내가 그를 알만한 충분한 이유가 있지요. 그의 설교를 듣다가, 하나님의 은혜로 나는 그리스도 예수 안에서 새로운 피조물이 되었답니다. 어떻게 그런 일이 생겼는지 얘기해 드릴까요?

나는 그 음악당으로 갔습니다. 그곳 중간에 내 자리를 잡았지요. 스펄전 목사가 마치 나를 아는 것처럼 쳐다보더니, 설교에서 나를 꼭 집어서, 회중에게 내가 구두 제조업자인데, 주일에 가게 문을 연다고 말하더군요. 선생님, 실제로 저는 그랬습니다. 나는 그 말에 신경 쓰지 않으려고 했지요. 그런데 그가 내가 앞선 주일에 9펜스를 벌었고, 거기서 4펜스의 이윤을 얻었다고 말하더군요. 제가 그날 9펜스를 벌었던 것이 맞고, 남긴 이윤은 정확히 4펜스였습니다.

하지만 그가 그것을 어떻게 알았는지, 나로선 영문을 모르겠습니다. 그때 그

를 통해 내 영혼에 말씀하시는 분이 하나님이시라는 생각이 들었습니다. 그래서 저는 그다음 주일에는 가게 문을 닫았지요. 마침내, 저는 그가 사람들에게 나에 대해 더 많은 말을 할까 봐 다시 그의 설교를 들으러 가기가 두려워졌습니다. 하지만 그 이후에도 저는 갔고, 주님께서 저를 만나주셨고, 제 영혼을 구원해주셨답니다.

내가 그 강당에서 누군가를 지적한 유사한 경우가 아마도 십여 차례는 더 있을 것이다. 물론 그 사람에 대해 전혀 알지 못했고, 내가 그렇게 말하도록 성령에 의해 감동하였다고 믿는 것을 빼고는, 내가 말한 것이 맞는지도 몰랐다. 내 묘사가 너무나 놀라워서, 그 사람들은 돌아가서 그들의 친구들에게 이렇게 말하곤 했다,

내가 행한 모든 일을 내게 말한 사람을 와서 보시오. 의심의 여지 없이, 그는 내 영혼을 위해 하나님이 보내신 사람임이 틀림없습니다. 그렇지 않다면 그가 나에 대해 그토록 정확하게 묘사할 수는 없었을 것입니다.

그런 일뿐 아니라, 나는 강단의 메시지에 의해 사람들의 생각이 드러났던 많은 경우도 알고 있다. 나는 이따금 사람들이 그 이웃에게 팔꿈치로 옆구리를 살짝 찌르는 모습을 보았다. 그들이 떠나면서 이런 말을 했다는 것을 나는 종종 들었다,
"그 설교자가 우리에게 말한 것은, 우리가 예배당에 들어갈 때 문밖에서 서로 나누었던 바로 그 대화 내용이에요."
뉴 파크 스트리트에서 교회에 가입했던 이들 중에는, 자신들의 회심의 시기를 서리 가든 음악당에서의 사역 기간으로 거슬러 기억하는 이들이 더러 있다. 하지만 그들의 말에 따르면, 설교만으로 회심에 이른 것이 아니라, 다른 요인들도 합력하여 그들을 회심에 이르게 하는 수단이 되었다. 그들이 시골에서 갓 올라왔을 때, 지금은 천국에 있는 우리 친구 중의 한 사람이 그들을 문에서 만났다. 그가 그들에게 말씀을 듣고 좋았기를 바란다고 했으며, 또 저녁에 예배당에 오겠냐고 물었다.
그리고 그들이 자기 집에서 차라도 마신다면 기쁠 것이라고 말했다. 그들

은 그의 집에 갔고, 그는 그들과 주님에 대해 짧은 대화를 나누었다. 그리고 그들은 다시 저녁에 우리 예배에 왔다. 다음 주일에도 같은 일이 일어났다. 마침내, 비록 그들이 설교에서는 많은 감명을 받지 못했지만, 그 선하고 나이 드신 분의 설득력 있는 말을 통해, 그리고 주님의 은혜로운 역사로, 하나님께 마음을 돌이켰다.

그 음악당에서 설교하는 기간에, 내가 모르는 아주 유능한 어느 검열관이, 나의 틀린 발음과 다른 말실수를 기록한 목록을 매주 보내오곤 했다. 그는 그 목록에 자기 서명을 하지 않았는데, 그것이 내가 그에게 불만을 가졌던 유일한 이유다. 그는 내가 갚을 수 없는 빚을 내게 남겼기 때문이다. 온화한 기질과 내게 유익을 주려는 분명한 열망을 가지고, 그는 내가 틀리게 말했다고 생각되는 모든 것을 가차 없이 적어 내려갔다.

그의 비평에 대해 말하자면, 그중 일부는 그 자신이 틀리기도 했지만, 대부분은 그가 옳았다. 그의 목록은 나로 많은 실수를 인식하게 했고, 이후로는 그것들을 피할 수 있게 해주었다.

나는 많은 관심을 가지고 그가 매주 보내는 보고서를 살펴보았고, 그것 때문에 훨씬 더 나아졌다고 믿는다. 내가 만약 앞선 주일에 같은 문장을 두 번 혹은 세 번씩 반복하면, 그는 이렇게 쓰곤 했다.

"그 설교에서 같은 표현이 얼마나 등장하는지 살펴보십시오."

물론 그는 인쇄된 설교문의 쪽수를 언급하는 것도 빠뜨리지 않았다. 한번은, 그가 내가 다음의 문구를 얼마나 자주 인용했는지를 언급했다.

"내 손에서 가져오는 건 아무것도 없습니다."

그는 이런 말을 덧붙였다.

"우리는 목사님의 손이 빈 것을 충분히 압니다."

아마도, 어떤 젊은이들은 그런 심한 비평을 받으면, 비록 짜증을 내진 않더라도, 의욕이 꺾였을 것이다. 하지만 그런 반응은 어리석은 것이다. 그런 교정을 싫어하면, 발전을 위한 가치 있는 도움을 버리는 셈이기 때문이다.

수정궁에서의 금식일 예배

서리 가든에서 머무는 기간에, 특별히 언급할만한 한 예배를 인도한 것은 나에겐 특전이었다. 그 예배에서 나는 지금까지 건물 안에서 설교했던 것 중에서 가장 큰 회중을 대상으로 말씀을 전했다. 그날은 1857년 10월 7일 수요일이었다. 23,654명이 수정궁에 모였다. 다음의 엄숙한 선언에 따라 지정된 날을 준수하기 위해서였다.

<전능하신 하나님 앞에서 엄숙한 금식, 겸손, 기도를 위한 날>

"우리 죄에 대해 용서를 얻고, 인도에서의 회복과 평정을 위해 우리 군대에 복과 도움을 주시길 간구하기 위해." 한 달 전쯤, 음악당에서 <인도에서의 불행과 영국의 슬픔>에 관한 내 설교에서, 나는 인도에서의 반란과 그로 인해 내 동포들과 여성들에게 미친 결과에 대해 길게 언급했었다. 그 '금식일'은 아직 공표되지 않았지만, 그것이 공표되었을 때, 나는 수정궁 건물의 중앙 회랑에서 예배를 인도하고, 그 반란으로 인한 피해자들을 위해 기금을 모금하자는 수정궁 관리들의 제의를 기꺼이 수락했다.

주님께서는 거대한 무리가 모이기도 전에 이미 그 노력에 인을 찍으셨다. 나는 오랜 시간이 지난 뒤에야 그때 임한 복을 알게 되었다. 내가 서리 가든에서 쓰던 강대상을 사용하는 것으로 정해졌고, 그래서 수정궁에서 설교하기 전 하루나 이틀 전에, 나는 그 강대상을 어디에 두어야 할지를 정하기 위해 갔다. 그 건물의 음향적 특성을 시험해보려고 나는 크게 소리쳐보았다.

보라! 세상 죄를 지고 가는 하나님의 어린 양이로다.

회랑 중 한 곳에서, 무슨 일이 진행되는지 아무것도 몰랐던 한 노동자가, 그 소리를 하늘로부터 그의 영혼에 들려오는 메시지로 들었다. 죄책감이 엄습하자, 그는 도구를 내려놓고, 집으로 갔다. 그리고 거기서 한동안 영적인 갈등을 겪은 후, 하나님의 어린 양을 바라봄으로써 평안과 생명을 얻었다. 수년 후, 그는 이 이야기를 그의 임종 자리를 방문한 사람에게 들려주었다.

그 예배에 대한 완벽한 기록이 **뉴 파크 스트리트 강단** 154-5번에 보존되어 있다. 따라서 내가 여기서 상세히 기술할 필요는 없으며, 단지 당시의 본문을 언급하는 것으로 족할 것이다.

너희는 매가 예비되었나니 그것을 정하신 이가 누구인지 들을지니라(미 6:9).

당시 모금액은 거의 500파운드에 달했고, 거기에 수정궁 소유 회사가 200파운드를 보탰다. 태버너클 건축 기금으로 50파운드 기부하는 것을 제외하고는, 나는 어떤 설교 사례도 받지 않기로 했다. 그 예배는 앞으로도 내가 잊지 못할 예배일 것 같다. 그 예배가 내 신체적인 상태에 미친 영향도 상당히 크다.

예배가 마쳤을 때, 나는 특별한 피곤을 느끼진 않았지만, 실은 매우 지친 상태였던 것이 틀림없다. 그 수요일 밤에 잠든 후, 나는 금요일 아침까지 일어나지 않았다. 목요일 내내, 내 아내는 수시로 나를 살피러 들어왔다가, 번번이 내가 평화롭게 자는 모습을 보고는, 계속해서 잘 수 있도록 배려했다.

"아늑한 잠이, 지친 몸을 회복할 때까지."

깨어나서 그때가 금요일인 것을 알고는 나는 깜짝 놀랐다. 하지만 그런 경험은 내 생애에서 그때가 유일하다. 오직 영원만이, 그날 수정궁에서의 금식일 예배의 최종적인 결과를 드러낼 것이다.[1]

* * *

서리 가든에서의 마지막 예배는 1859년 12월 11일, 주일 아침에 드려졌다. 스펄전은 그날 에베소 장로들을 향한 바울의 고별사를 본문으로 설교했다.

---

[1] 이 중요한 집회가 스펄전에게 주었던 중압감은 그 예배의 시작 때 일어난 한 사건에 의해서도 잘 나타난다. 그 사건은 훗날 스펄전 부인 가까이에 앉았던 한 참석자에 의해 회상되었다. 스펄전의 평정심은 그의 아내를 보면서 한때 흔들렸다. 그녀는 강단 가까이에 있었고 그녀의 염려는 그녀의 남편에게도 분명하게 감지되었다. 건장한 백발의 집사를 강단으로 오도록 손짓으로 불러서, 그 설교자는 메시지를 그녀에게 전하도록 했다. 잠시 후 그가 조심스럽게 스펄전 부인의 자리로 가서 이 말을 전했다. "스펄전 목사님이 하신 말씀입니다. 목사님이 사모님을 보지 않을 수 있도록 자리를 좀 옮겨주시겠어요? 사모님이 보여 신경이 쓰이시는 모양입니다." 스펄전 부인은 즉시 설교자의 위치에서 보이지 않는 다른 자리로 옮겼다.

그러므로 오늘 여러분에게 증언하였거니와 모든 사람의 피에 대하여 내가 깨끗하니 이는 내가 꺼리지 않고 하나님의 뜻을 다 여러분에게 전하였음이라(행 20:26, 27).

그 설교는 그 음악당에서 그의 삼 년간의 사역을 잘 요약하기에 그 발췌문을 여기에 싣는 것이 적절하다고 본다.

> 만일 누구든 하나님의 뜻을 다 전하는 일에서 양심에 꺼림이 없고자 한다면, 무엇보다 우리는 '복음의 가르침'을 전하는 일에 유념해야 합니다. 우리는 자기 백성을 향한 아버지의 사랑이라는 위대한 가르침을 온 세상에 전해야 합니다. 그들에 대한 그분의 주권적 선택, 그들을 향한 언약의 목적들, 그리고 그들을 향한 그분의 변치 않는 약속을 큰소리로 전해야 합니다.
> 이와 더불어, 참된 전도자는 그리스도의 성품의 미덕들, 그분의 직무의 영광, 그분이 이루신 일의 완전성, 그리고 무엇보다 그분의 피의 효력을 전하는 데 실패해서는 안 됩니다. 다른 것을 우리가 빠뜨리더라도, 이것을 우리는 가장 강력한 방식으로 전하고 또 전해야 합니다. 그 안에 그리스도가 없다면 그것은 복음이 아닙니다. 그리스도가 아닌 '진리'를 전한다고 하는 현대의 사상은 사탄의 사악한 책략입니다.
> 이뿐 아니라, 하나님 안에는 세 위격(three Persons)이 있으므로, 우리는 그 모든 위격이 우리의 사역에서 합당한 영광을 얻으시도록 주의를 기울여야 합니다. 중생, 성화, 성도의 견인에 있어서 성령의 활동은 우리의 강단에서 항상 높여져야 합니다. 그분의 능력이 없으면 우리 사역은 죽은 문자이며, 우리가 매일 그분을 높여드리지 않으면 그분이 능력의 팔을 우리에게 펼치실 것을 우리는 기대할 수 없습니다.
> 이 문제들에 대해 우리가 동의한다면, 나는 초점을 돌려 더 논쟁적인 문제, 은폐 하려는 유혹이 많이 있으므로 결과적으로 더 정직한 고백이 필요한 문제를 언급하고 싶습니다. 나는 이런 질문을 제기합니다.
> 예정에 대한 교리를, 그 교리의 장엄함과 확실성과 더불어, 계속해서 전하지 않았다면, 또한 담대하고도 솔직하게 하나님이 계시하신 진리 중의 하나로 선택에 관하여 가르치지 않았다면, 우리가 하나님의 뜻을 다 전했다고 할 수 있습니까?

근원에서 시작하여, 다른 모든 물줄기를 추적하는 것은 목회자의 의무입니다. 효과적인 소명을 자세히 설명하고, 이신칭의를 주장하며, 믿는 자의 확실한 인내를 강조하고, 선택받은 모든 백성 곧 피로 값 주고 사신 모든 이에게 확실하게 적용되는 은혜의 언약을 즐거이 선포하는 것이 설교자의 의무입니다. 이 시대에는 교리상의 진리를 무색하게 하는 경향이 있습니다.

언약주의자들이 주장했고, 음란한 시대 가운데서 청교도들이 증언했던 엄중한 진리를, 불쾌하게 여기는 설교자들이 너무 많습니다. 그들은 시대가 변했으므로, 이 옛 (소위) 칼빈주의 교리들을 수정하여, 그것들을 시대의 분위기에 맞게 누그러뜨려야 한다고 말합니다. 사실상, 그런 교리들은 물타기가 필요하다고 그들은 말합니다.

사람들이 너무 지성적으로 변했기 때문에, 우리는 신앙의 영역에서 천사들을 제거하고, 두드러진 모서리를 깎아내어 사각형을 원형처럼 둥글게 만들어야 한다는 것입니다. 누구라도 이런 짓을 하는 사람은, 내가 판단하는 한, 하나님의 뜻을 다 전하는 사람이 아닙니다. 신실한 목사는 이런 교리들과 관련하여 솔직하고, 단순하고, 입장이 분명해야 합니다. 그가 그런 교리들을 믿는지 안 믿는지를 논쟁의 여지가 없어야 합니다. 그는 자기 청중이 그가 자유의지를 전하는지 혹은 은혜 언약을 전하는지, 그가 행위에 의한 구원을 전하는지 아니면 하나님의 능력과 은혜에 의한 구원을 전하는지, 알 수 있도록 설교해야 합니다.

하지만 여러분!

한 사람이 이 교리들을 최대한 전하면서도, 하나님의 뜻을 다 전하는 것이 아닐 수도 있습니다. 교리를 전하는 것만으로는 충분치 않습니다. 우리는 '의무'를 가르쳐야 하고, 신실하고도 확고하게 '실천'을 주장해야 합니다. 만약 당신이 그저 순수하게 교리만 전한다면, 어떤 특정한 부류의 사람들, 비정상적으로 지적인 사람들은 당신을 칭송할 것입니다. 하지만 일단 책임에 대해 설교하기 시작하면, 예컨대 죄인이 멸망하면 그것은 그의 책임이라고 말하고, 만약 누군가 지옥으로 떨어진다면 그의 저주가 그의 문 앞에 웅크리고 있을 것이라고 단호하게 드러내놓고 말하기 시작하면, 즉각 이런 외침이 들려올 것입니다,

'모순이오! 어떻게 이 두 가지가 양립할 수 있단 말이오?'

심지어 선량한 기독교인 중에서도 그 온전한 진리를 견디지 못하는 사람들이 있을 것입니다. 그래서 그들은 하나의 단편으로 만족하지 않으려 하고 정직하게 그리스도의 복음 전체를 제시하려고 하는 주의 종을 반대할 것입니다. 이런 일은 신실한 목회자라면 견뎌야 하는 고충 중의 하나입니다.

하지만 나는 엄숙하게 말합니다. 만일 어떤 사람이 그저 하나님의 주권 교리를 전할 수 있으면서, 책임에 관한 가르침을 주장하는 면에서 소홀하다면, 그 사람은 하나님께 신실한 종이 아니라고 나는 믿습니다. 내가 분명하게 믿는 바는, 지옥으로 떨어지는 모든 사람은 오직 자신만이 그 저주에 책임이 있다는 것입니다.

사도 바울은 여론을 무릅쓰고, 한편으로는 인간의 의무를 전하고 다른 한편으로는 하나님의 주권을 전하는 법을 알았습니다. 나는 천사의 날개를 빌리고 싶습니다. 그래서 하나님의 주권에 대해 설교할 때 그 고상한 교리의 가장 높은 곳까지 날고 싶습니다. 하나님은 자신이 원하는 대로 인간에게 행하실 수 있는 절대적이고도 제한 없는 권세를 가지셨으며, 그것은 마치 토기장이가 흙덩이에 대해 그런 것과 마찬가지입니다.

하나님이 그분의 문제를 다 설명해주시지 않더라도, 피조물이 창조주에 대해 힐문할 순 없습니다. 하지만 내가 사람에 대해 설교하고, 진리의 다른 측면을 바라볼 때, 나는 가장 깊은 곳으로 뛰어드는 것입니다. 만약 여러분이 나를 그렇게 부르고 싶다면, 나는 그 점에서는 덜 교리적인 사람입니다. 그리스도의 정직한 전령으로서, 나는 그분의 언어를 사용해야 하고, 이렇게 외치는 수밖에 없습니다.

그를 믿는 자는 심판을 받지 아니하는 것이요 믿지 아니하는 자는 하나님 독생자의 이름을 믿지 아니하므로 벌써 심판을 받은 것이니라(요 3:18).

더 나아가, 만일 사람이 하나님의 뜻을 다 전하길 원하고, 그렇게 하길 피하지 않는다면, 그는 시대의 울부짖는 죄들을 거침없이 말할 수 있어야 합니다. 정직한 목회자는 단지 죄를 뭉뚱그려서 말하지 않습니다. 그는 자기 청중에게 개별적인 죄를 지목하여 말하고, 아무렇게나 활을 당기는 것이 아니라, 화살을 줄에 걸고 당깁니다. 그러면 성령께서 그것을 각 개인의 양심에 올바로 날아가게 하십니다. 자기 하나님에게 진실한 사람은 그의 회중을 각각의 개인으로 바라봅니다.

그는 설교를 각 사람의 양심에 적용하려고 애씁니다. 그러니 사람들은 그가 그들 각자에 대해 말한다고 인식할 것입니다. 만약 여러분에게 멀리해야 할 악이 있고, 피해야 할 오류가 있으며, 수행해야 할 의무가 있음에도, 이 모든 것이 강단에서 설교 도중에 언급되지 않는다면, 그 목사는 하나님의 모든 뜻을 전하는 것이 아닙니다. 이웃에게, 특히 회중에 한 가지 고약한 죄가 있는데도, 목사가 여러분을 불쾌하게 하지 않으려고 그 특정한 악을 외면한다면, 그는 자기 소명에 충실하지 않은 것이며, 자기 하나님에게 정직하지 못한 것입니다.

하지만 그런 다음에도, 그리스도의 사역자는 전체 진리를 전해야 한다고 느껴야 합니다. 왜냐하면, 그것이, 오직 그것만이, 사람들의 필요를 채울 수 있기 때문입니다. 그리스도를 믿는 사람이, 자기를 지켜 깨끗하고, 소박하고, 거룩하고, 자비롭고, 그리스도를 닮기 원한다면, 오직 예수 안에 있는 모든 진리를 전함으로써 그렇게 될 수 있습니다. 그리고 죄인들의 구원에 대해서 말합니다.

오! 나의 청중이여,

만약 우리가 복음을 전체로서 전하지 않는다면, 죄인들이 회심하도록 하나님이 우리 사역에 복을 주시기를 결코 기대할 수 없습니다. 만약 우리가 진리의 일부분만 붙들고, 다른 것을 제쳐두고 항상 그것만 곰곰이 생각하고 있다면, 나는 내 주님의 복을 기대할 수 없습니다.

하지만 내가 그분이 내게 전하길 원하시는 대로 전한다면, 그분은 틀림없이 그 말씀을 인정하실 것입니다.

주님은 그분 자신의 생생한 증언 없이 그 말씀을 버려두시지 않을 것입니다. 하지만 만약 내가 복음을 개선할 수 있다고 생각하고, 내가 그것을 모순되지 않게 만들고, 내가 그것을 포장하여 더 세련되게 보이게 만들 수 있다고 상상한다면, 나는 내 주님이 떠나신 것을 알게 될 것이고, '이가봇'이 성소의 벽에 쓰인 것을 보게 될 것입니다.

목사들이 복음의 초대를 소홀히 함으로써 얼마나 많은 사람이 여전히 속박의 상태에 있는지요!

그들은 구원받기를 갈망하며 하나님의 집에 올라갑니다. 그런데 그들을 위해서는 예정설밖에는 없습니다.

다른 한편으로, 목사가 실용적인 설교만 함으로써 얼마나 많은 무리가 여전히 흑암 속에 있는지요!

그런 설교에는 '하라! 하라! 오직 행하라!' 밖에 없습니다.

가련한 영혼이 왔다가 이렇게 말합니다,

'저런 명령이 내게 무슨 소용인가?

나는 아무것도 할 수 없구나.

오! 내게 소용이 있는 구원의 길을 가르쳐준다면 좋으련만!'

나는 이제 여러분에게 작별 인사로서 아주 진지하고 애정 어린 말을 조금 해야겠습니다. 나는 자책에 대해서는 아무것도 말하고 싶지 않습니다. 나는 나 자신의 신실함에 대해 스스로 증언자가 되지 않을 것입니다. 하지만 나는 여러분에게 호소합니다. 내가 여러분에게 하나님의 뜻을 다 전하는 일을 회피하지 않았음에 대해 여러분이 나의 증언자가 되어주길 바랍니다. 종종 나는 매우 약한 가운데서 이 강단에 올랐습니다.

그보다 훨씬 자주, 나는 큰 슬픔에 빠진 상태로 돌아갔습니다. 왜냐하면 여러분에게 내가 바랐던 만큼 성심을 다해 전하지 못했기 때문입니다. 나는 나 자신의 많은 잘못과 실패, 특히 여러분의 영혼을 위해 기도할 때 열심의 부족을 시인합니다. 하지만 오늘 아침, 한 가지 책무에 대해서는 내 양심이 나에게 무죄를 선고하는데, 이 한 가지 책무에 대해서는 여러분도 나에 대해 같은 증언을 하리라고 생각합니다.

'이는 내가 꺼리지 않고 하나님의 뜻을 다 여러분에게 전하였음이라.'

만일 내가 어떤 점에서 실수한 것이 있다면, 그것은 판단의 실수였을 것입니다. 내가 틀렸을 수도 있습니다. 하지만 적어도 내가 아는 한, 여론이나 사적인 견해에 대한 어떤 두려움도, 나로 내 주님의 진리를 붙잡는 일에서 벗어나게 하지 않았다고 말할 수 있습니다. 나는 여러분에게 복음의 귀한 것들을 전했습니다. 나는 내 능력껏 복음 안에 담긴 충만한 은혜를 전하려 힘썼습니다. 나는 나 자신의 경험에서도 은혜의 교리가 얼마나 소중한지를 압니다. 나는 결코 다른 복음을 전할 수 없습니다!

만약 우리가 은혜로 구원받는 것이 아니면, 우리는 도무지 구원받을 수 없습니다. 만일, 처음부터 끝까지, 구원의 일이 하나님의 손에 있지 않다면, 우리 중 누구도 그분의 얼굴을 은혜 안에서 볼 수 없습니다. 나는 이 교리를 전합니다. 취사선택해서가 아니라, 절대적인 필요성에 의해 전합니다. 이 교리가 진실이 아니라면, 우리는 모두 잃은 영혼입니다. 여러분의 믿음도 헛되고, 우리의 전하는 것도 헛되며, 우리는 여전히 죄 가운데 있을 것이고, 종말까지 그런 상태에 있을 수밖에 없습니다.

하지만, 다른 한편으로, 나는 또한 내가 권면하고, 초대하고, 호소하는 것도 피하지 않았다고 말할 수 있습니다.

나는 죄인을 향해 그리스도께 오라고 말해왔습니다. 그렇게 하지 말라고 설득하는 사람들이 있었지만, 나는 그렇게 하지 않을 수 없었습니다. 멸망하는 영혼들을 향하여 속에서 우러나는 갈망으로, 나는 이렇게 소리치지 않고 설교를 마칠 수 없었습니다.

'예수께로 오시오! 죄인이여, 오시오!'

죄인들을 위해 눈물을 흘리며, 나는 그들에게 예수께 오라고 말해야만 했습니다. 초대 없이 교리만 상세히 설명하는 것은 내게는 불가능합니다. 여러분이 그리스도께 오지 않는다면, 그것은 여러분을 부르지 않아서가 아니며, 내가 여러분의 죄 때문에 울지 않았거나, 사람들의 영적 출생을 위해 수고하지 않아서가 아닙니다. 한 가지 내가 여러분에게 요청하는 것은 바로 이것입니다.

나의 사랑하는 청중이여!

이런 면에서, 내가 모든 사람의 피에 대해 깨끗하다는 것을 증언해주십시오. 나는 하나님의 뜻을 내가 아는 대로 다 여러분에게 전했기 때문입니다.

내가 꾸짖지 않았던 죄가 하나라도 있었나요?

내가 믿으면서도 말하지 않고 남겨두었던 교리가 하나라도 있었나요?

하나님의 말씀 중에서, 그것이 교리적인 것이든 체험적인 것이든, 내가 의도적으로 감추려 한 부분이 있었던가요?

나는 온전함과는 거리가 멀고, 다시금 울면서 나의 무가치함을 고백합니다. 나는 마땅히 섬겨야 하는 대로 하나님을 섬기지 못했고, 내가 바라던 만큼 여러분에게 열성을 다하지 못했습니다. 이제 이곳에서 3년간의 사역이 끝나는 시점에, 나는 다시 시작할 수 있기를 바라고, 여러분 앞에 무릎을 꿇고 여

제35장 음악당에서의 예배

러분에게 평화를 가져다줄 일들을 숙고하라고 호소하고 싶습니다.

하지만, 다시 반복하거니와, 내가 호소하는 열성 면에서는 잘못이 있을지 몰라도, 진실과 정직에 관해서는 나는 하나님의 법정에 호소할 수 있습니다. 내가 꺼리지 않고 하나님의 뜻을 다 전한 것에 대해, 나는 선택된 천사들에게 도전할 수 있고, 여러분 모두에게 내 증인이 되라고 소환할 수 있습니다.

얼마 후, 여러분 가운데 일부는 복음이 전해지지 않는 곳에 빈번히 다니게 될 것입니다. 여러분은 다른 복음 곧 거짓 복음을 환대할지도 모릅니다. 나는 여러분에게 오직 이 한 가지를 요구합니다―그것이 내 잘못이 아니었음을 증언하십시오. 내가 신실했고, 여러분에게 꺼리지 않고 하나님의 뜻을 다 전하였음을 증언하십시오. 아마도, 이 가운데 어떤 이는, 예배당에 출석한다는 사실 때문에 그 악함이 억눌러져 왔겠지만, 좋아하던 목사가 떠난 것을 보고는, 이후로는 다른 어디라도 갈지 모릅니다.

여러분은 경솔하게 될 것입니다. 어쩌면 다음 주일에, 여러분은 집에 머물며, 빈둥거리면서 날을 허비하고 있을지도 모릅니다. 하지만 여러분이 다시는 하나님의 집에 가지 않겠다고 마음먹기 전에, 내가 말하고 싶은 한 가지가 있습니다―내가 여러분에게 신실했다는 것을 증언하시기 바랍니다.

이 가운데 어떤 이는, 하나님의 말씀을 듣는 동안에는 한동안 잘 달려왔다고 공언했지만, 머잖아 퇴보할 수도 있습니다. 여러분 중에 더러는 곧장 세상으로 되돌아갈 것이고, 술주정뱅이, 욕쟁이 같은 부류가 될지도 모릅니다.

그런 일이 있어서는 안 됩니다!

하지만 여러분에게 도전합니다. 만약 여러분이 죄에 빠진다면, 적어도 여러분이 구원받기를 간절히 바랐던 사람을 위해 이 한 가지를 말해주십시오. 즉 내가 여러분에게 정직했고, 거리낌 없이 하나님의 뜻을 다 여러분에게 전했음을 말해주십시오.

오! 나의 청중이여,

여러분 중에 어떤 이는 잠시 후면 임종의 침상에 눕게 될 것입니다! 심장의 박동이 약해지고, 무시무시한 죽음의 공포가 엄습해올 때, 여러분이 여전히 그리스도께 회심하지 않았다면, 내가 여러분의 마지막 유언에 한마디를 더하기를 바라는 것은, 바로 이것입니다―여러분 자신의 영혼을 소홀히 하도록 이끈 절망적인 어리석음을 탓할 때, 지금 여러분 앞에 서 있는 이 불쌍한 목사를 제외하십시오.
내가 여러분에게 회개하라고 호소하지 않았던가요?
죽음이 여러분을 놀라게 하기 전에, 그리스도를 바라보라고 내가 말하지 않았던가요?
오! 나의 청중이여, 내가 여러분에게 복음 안에 있는 소망을 붙잡으라고 권면하지 않았던가요?
오! 죄인이여,
당신이 저 검은 강을 건널 때, 마치 내가 당신의 살인자라도 되는 양 나를 향해 어떤 욕지거리도 날리지 마십시오. 이 문제에서 나는 이렇게 말할 수 있습니다.
'나는 손을 씻어 무죄하고, 당신의 피에 대해 깨끗합니다.'
하지만 우리가 다시 만나게 될 날이 오고 있습니다. 이 큰 회중은 더 큰 회중으로 합쳐질 것이며, 마치 물방울이 바다에서 그 자신을 잃는 것처럼 될 것입니다. 그리고, 그날, 만일 내가 여러분에게 경고하지 않았더라면, 내가 만약 불충한 파수꾼이었다면, 여러분의 피는 내 손에서 찾아질 것입니다. 내가 만약 여러분에게 그리스도를 전하지 않았고, 그분에게 달려가 피난처를 찾으라고 말하지 않았더라면, 비록 여러분이 멸망하더라도, 여러분의 영혼은 나를 비난할 수 있을 것입니다.
그러나 여러분이 나를 비웃고, 내 메시지를 거절하며, 그리스도를 멸시하고, 복음을 싫어함으로써 결국 저주를 받게 된다면, 적어도 여러분의 피의 책임으로부터 나를 면제시켜 주십시오. 내 앞에는 내 설교를 자주 듣지 않은 사람들이 더러 있습니다. 나는 그들에 대해서도, 그들이 내 은밀한 기도의 제목이었다는 것을 말할 수 있습니다. 그들이 계속해서 죄악 가운데 행하는 것을 볼 때, 종종 나는 눈물로 기도했습니다.
자! 나는 이 한 가지를 더 요청합니다. 정직한 사람들로서 여러분은 내 말을 부인하지 못할 것입니다. 만일 여러분이 계속 죄 가운데 행하기를 원하고, 잃어지기를 원하고, 그리스도께 오지 않으려 한다면, 적어도, 그 마지막 큰 날의 천둥이 울릴 때, 여러분의 영혼을 파멸하는 데 일조했다는 죄명에서는 나를 제외하시기 바랍니다.
내가 더 무슨 말을 하겠습니까?

내가 여러분에게 무엇을 호소할까요?

내가 천사의 혀를 가지고, 구주의 심장을 가졌다면, 나는 더 호소할 수 있을 것입니다. 하지만 나는 평소에 해왔던 것 이상으로 더 많은 말을 할 수 없습니다. 하나님의 이름으로 여러분에게 호소합니다.

그리스도께 달려가 피난처를 찾으십시오. 앞의 모든 것이 충분하지 않았어도, 이제 이 권면으로 충분할 것입니다. 죄 많은 영혼이여, 오십시오. 팔을 활짝 펴고, 참회와 믿음으로 자기에게 피하는 모든 영혼을 기꺼이 받아주시는 그분에게 달려가십시오.

잠시 후면, 설교자도 자기 침상에 누울 것입니다. 몇 번 더 엄숙한 집회를 열고, 몇 번 더 설교하고, 몇 번 더 기도하면, 나 자신도 내 주위에 둘러선 채 나를 바라보는 친구들과 함께 저기 다락방에 누운 자신을 발견할 것입니다. 수천 명을 향해 설교해왔던 사람도 이제는 그 자신을 위한 위로가 필요합니다. 죽음의 문턱에서 많은 사람을 격려했던 그였지만, 이제는 그 자신이 그 강을 건너가고 있습니다.

내 사랑하는 청중이여!

거기에 여러분 중에 누가 있을까요?

내 임종의 침상에서 내가 여러분 중에 누구를 볼까요?

그중에 누가 나를 신실하지 못했다고 비난할까요?

이 사람들 가운데 어느 누가, 내가 그들을 즐겁게 하고 또 관심을 기울였지만, 그 마음속에 진리를 전하려고 애쓰지는 않았다고 비난할 수 있을까요?

내가 거기에 누웠을 때, 이 큰 회중이 두려운 파노라마처럼 내 앞에 펼쳐질까요?

그들이 내 눈앞에서 한 사람씩 사라져갈 때, 그들이 각기 나를 신실하지 못했다고 비난할까요?

그런 일은 없을 것입니다!

내가 누워 죽어갈 때, 나는 여러분이 나에게 호의를 보일 것이라 믿습니다. 여러분은 내가 모든 사람의 피에 대해 깨끗하며, 여러분에게 거리낌 없이 하나님의 뜻을 다 전했다고 인정할 것입니다. 만약 내가 여러분에게 신실하지 않았다면, 전에 들어보지 못한 천둥소리가 내 머리 위에서 울릴 것이며, 마귀를 상처입힌 것보다 더 끔찍한 번개가 이 가슴에 칠 것입니다.

만약 내가 수백 번이 아니라, 단 한 번이라도 이 군중에게 말씀을 전했다면, 그러면서 신실하지 않았더라면, 내 자리는 온 우주에서 가장 끔찍한 곳이 될 것입니다.

오! 하나님께서 최악의 병폐인 불성실을 내 머리에서 치워주시길 원합니다! 이제 나는 여기에 서서, 이 마지막 호소를 드립니다.

내가 그리스도를 대신하여 간청하노니 여러분은 하나님과 화목하십시오(고후 5:20).

하지만 여러분이 그렇게 하지 않겠다면, 나는 여러분에게 이 한 가지 부탁을 하겠습니다. 여러분이 그것을 부인하진 않으리라 생각합니다―여러분 자신이 멸망의 책임을 지십시오. 왜냐면 모든 사람의 피에 대하여 내가 깨끗하니, 이는 내가 꺼리지 않고 하나님의 뜻을 다 여러분에게 전하였기 때문입니다.

서리 음악당에서의 설교가 중단된 후, 스펄전은 이렇게 진술한다.

"도덕적으로나 재정적으로 그 정원은 가망 없이 가라앉고 말았다."

이 단언은 이 책을 준비하는 과정에서 놀랄 정도로 확인되었다. 그것은 1897년 11월, 메트로폴리탄 태버너클에서 세례받은 한 그리스도인이 기록한 편지에 담겨 있다. 그는 자신이 묘사하는 상황에서 그 음악당에 오랫동안 고용되어왔던 사람이다. 그의 서신에서, 언급되는 모든 사람의 이름이 빠짐없이 등장한다. 그의 기록은 다음과 같다.

'검은 사업'에 종사하는 동안 오른쪽 눈 실명에 대한 보상으로 받은 마지막 금화를 써버린 후, 저는 레스터 스퀘어(Leicester Square)에 있는 알람브라(Alhambra)의 지배인 _____씨가 63,000파운드의 자본을 들여 그 음악당을 다시 극장으로 개관하려 한다는 것을 알게 되었습니다.

그 대단한 재정적 투자를 감행할 때 그는 비용을 조금도 아끼지 않았습니다. 풍자극인 그 오페라의 제목은 에우리디케(Eurydice, 그리스 신화의 등장인물로 전설적인 음악가이자 시인인 오르페우스의 아내-역자주)였습니다. 그것은 성경에 대한 수치스럽고 졸렬한 희화화였으며, 극 중 몇몇 인물들은 지옥의 잃어버린 영혼들이 묘사된 것입니다. 노우드(Norwood)에 있는 총지배인 _____씨를 알고 있었으므로, 저는 그에게 무언가 할 수 있는 일을 얻으려 지원서를 냈습니다.
그는 나를 고용했고, 나에게 장식과 소품 담당자인 _____ 밑에서 일하도록 제안했습니다. 보수는 시간당 6펜스, 저녁 근무 때는 2실링이었고, 여성용 급발을 관리하는 일도 맡겨졌습니다. 리허설이 있을 때, 공연자들은 끊임없이 질문했습니다.

'스펄전은 이 일을 어떻게 생각할까요?
스펄전은 이 일에 대해 무슨 말을 할까요?
스펄전은 이 일에 대해 무슨 반응을 보일까요?'

스펄전 목사가 어떻게 하고 있는지를 듣기까지 우리는 오래 기다릴 필요가 없었습니다. 상황은 이런 식으로 진행되었습니다. 그 정원을 내려다보는 집들의 임차인들이 거의 모두 스펄전의 양들이고, 또한 그들이 참을 수 없는 일에 대해 반대 청원을 할 예정이라는 것을 알고는, _____씨는 그들과 그들의 하숙 객들을 위한 자유 통행권을 보냄으로써 그들을 달래려고 시도했습니다.
그러나 그는 우편으로 통행권을 돌려받았고, 그들에게서 그리스도께 맞서 전쟁을 시도하지 말라고 촉구하는 서신들과 소책자들을 함께 받았습니다.
많은 경우에, 서신 작성자들은 이러한 의미심장한 글귀를 덧붙였습니다.
'우리는 당신을 위해 기도하고 있습니다.'
이런 일이 그 지배인의 가까운 친구가 극장 바에서 술을 마시는 동안 다 새어나갔습니다.
시작부터, 그곳을 임시 병원에서 극장 겸 놀이 공원으로 변경하려는 모험과 관련된 모든 일이 틀어졌습니다. 연기자들은 무료입장 관람객을 대상으로 공연했고, 이교 신화의 신들을 재현하느라고 쏟아부은 돈은 _____씨의 주머니에서 나갔다가 돌아오지 않았습니다. 빗발치듯 실패만 이어졌습니다. 사람들이 오지 않도록 일조한 요소로는 우선 격렬한 뇌우(雷雨)를 꼽을 수 있습니다(공연이 이어지는 기간 내내 거의 경이로울 정도였습니다). 그것이 방문객들로 '이곳에 심판이 임하는구나, 여기서는 절대 이득이 안 남을 거야!'

이런 소리치도록 만들었지요. 새로운 재정적 재난을 만날 때마다 그들은 냉소적인 투로 말했습니다.

'그들이 또 기도하고 있구나.'

이는 스펄전 목사와 그의 회중을 의미하는 말입니다. 제가 이런 사정을 적고 있자니, 그 일이 마치 지난주에 있었던 일처럼 여겨집니다.

불쌍한 _____씨, 그는 심장마비로 죽었습니다. 그는 항상 자기의 실패를 찰스 해돈 스펄전과 그의 양 떼의 기도 탓이라고 여겼습니다. 우리는 그의 휘하에 모여, 돌아가는 상황을 파악하고는, 서리 가든에서 떠날 수 있었습니다. 그리고 홀번(Holborn)에 있는 왕립 원형경기장에서 사탄적인 모험을 다시 감행했습니다. 하지만 결과는 같았고, 완전한 실패로 끝났습니다.

아마도 당신은 왜 내가 이 모든 이야기를 전에 언급하지 않았었는지 의아하게 여길 것입니다. 이유는 제가 다시 '검은 사업'으로 되돌아가서, 마귀의 종이 되었기 때문입니다. 저는, 간증의 형식에서, 당신이 나더러 구주에게 오라고 강권하게 만드는 어떤 요소도 언급하고 싶지 않았습니다. 하지만 이제, 예수의 보혈로 하나님의 자녀가 되었으니, 저는 할 수 있는 대로 이렇게 죄와 사탄에 대한 그분의 능력을 설명하는 것입니다.

이 장이 인쇄소에 넘겨진 후, 다음의 흥미로운 서신이 도착했다. 서신을 쓴 사람은 분명 그 음악당에 모였던 거대한 회중의 한 사람이었다. 이 서신에는 서리 가든에서 드린 예배들에 대한 생생한 묘사가 담겨 있기에, 익명의 발신자에 대한 따뜻한 감사의 마음으로, 여기에 그 내용을 싣는다.

*   *   *

스펄전 부인께

조만간 스펄전 목사님의 자서전 두 번째 책이 나온다고 믿기에, 로열 서리 가든의 그 음악당에서 제가 그분에게 받았던 몇 가지 감동을 써서 편지로 보내고 싶다고 생각했습니다. 저는 언제나 그분의 사역과 관련해서, 그리스도인 목회자가 경험할 수 있는 가장 놀랍고 가장 낭만적인 요소가 있다는 견해를 가졌습니다.

제35장 음악당에서의 예배

사람들이 모인 그 광대한 중앙 홀, 그 젊은 설교자가 등장하기를 기대하는 사람들이 경험하곤 했던 거의 낭만적인 흥분, 그가 강단 계단으로 다가서는 모습이 보일 때 (귀족으로부터 시작해서 가장 비천한 사람에 이르기까지 모든 계층으로 구성된) 그 거대한 군중의 갑작스러운 고요와 인상적인 침묵, 검은 머리와 대조되는 그의 엄숙하고도 창백한 얼굴, 그리고 '기도로 하나님께 예배를 시작하겠습니다'라고 모든 귀에 울려 퍼지던 그 아름다운 목소리—이 모든 것이, 비록 40년이 지났음에도 불구하고, 마치 최근에 일어난 일인 것처럼 아직도 제 기억에는 생생합니다.

제가 스펄전 목사님의 설교를 '처음으로' 들었던 때를 기억하지 못해 유감입니다. 아마도 1857년 4월의 어느 주일 이전이었던 것 같습니다만, 그때 제 부친이 감탄하면서 집으로 돌아오셨었지요. 부친이 들으신 그 설교의 제목이 <다윗의 임종 기도>였던 것으로 기억합니다. 그 설교의 비길 데 없는 서문, 전체 강론의 감동적인 내용이, 틀림없이 부친에게는 그때까지 들었던 설교 중에서 가장 두드러진 설교였던 것 같습니다.

하지만 내가 분명히 기억하는 첫 설교는 그다음 달에 전해졌던 133번 <천국의 안식>입니다. 그 설교를 내가 얼마나 좋아하고 잘 기억하고 있는지요. 바느질하는 불쌍한 여인의 '한 땀, 한 땀' 했던 그분의 표현도 잘 기억납니다! 저는 존 러스킨 씨도 그때 참석했었다고 믿습니다.

저는 캠버웰(Camberwell)에서 주일학교를 다녔습니다. 하지만 스펄전 목사님에게 열광했기 때문에, 10시가 되면 몇 분 후에 떠날 수 있도록 허락을 받았고, 그래서 예배 시간에 맞추어 그 정원에 도착할 수 있었습니다. 저는 단 한 번 주일 오전을 빠졌는데, 그날은 제가 종일토록 아플 때였습니다. 저는 11월 29일에 전해진 <무시된 경고>라는 제목의 설교가 얼마나 엄숙했는지를 기억합니다.

또 12월 20일에는 목사님이 얼마나 기뻐하셨는지도 기억합니다. 그날 목사님은 <첫 번째 크리스마스 캐롤>이라는 제목으로 말씀을 전했고, 모든 청중에게 그들이 살면서 지냈던 가장 행복한 크리스마스가 되길 바란다는 말로 설교를 마무리하셨습니다.

저는 그날 왜 그 수천 명의 회중이 말로 그의 친절한 바람에 화답하지 않는지 의아했습니다. 저는 1857년의 마지막 주일에 전해진 <내가 행한 것이

무엇인고?>(렘 8:6)라는 설교도 잊을 수 없습니다. 얼마나 불붙은 언어로 그가 다른 사람들을 잘못 인도하는 자들의 죄를 꾸짖었는지, 그리고 그들에게 회개하지 않으면 곱절로 고통스러운 지옥에 처하게 될 것이라고 경고하셨던지요. 그는 마치 옛 선지자들 혹은 사도들 가운데 한 사람처럼 말하는 것 같았습니다.

회랑에 있는 몇 사람, 그리고 그 건물의 다른 쪽에 있던 몇몇 사람들은 앉은 채로 그를 볼 수 없었기에, 그 놀라운 말을 하는 설교자를 보려고 자리에서 일어섰습니다. 떨고 있는 벨릭스에 관한 설교에서, 스펄전 목사님은 성령의 활동 몇 가지에 대해 진술하셨고, 그 진술은 케닝턴(Kennington)에 있는 한 설교자로부터 강한 비난을 받았습니다.

그가 말하길, 만약 성령께서 스펄전 목사가 말한 것처럼 행동하신다면, 그는 성경을 덮고, 다시는 읽지 않을 것이라고 했습니다. 하지만, 내가 알기로, 수년 후 그 목사는, 처음에는 스펄전을 반대하였다가 나중에는 그에게 이끌린 수 많은 사람과 마찬가지로, 찰스 해돈 스펄전을 높이 평가하게 되었습니다.

1858년 2월과 3월 무렵, 저는 그가 슬퍼 보였다고 생각합니다. 그가 청중을 향해 그들이 고정된 회중으로 보이며, 그에 따라서 설교를 조정하고 싶다고 말한 것도 그 무렵이었습니다. 여전히, 그는 근심이 있는 것처럼 보였습니다. 그리고 어느 주일 아침에, 그는 옛 시대의 선지자들은 그들이 전해야 하는 메시지를 '주님의 부담'으로(참조. 겔 12:10, KJV) 여겼다고 말함으로써 설교를 시작했습니다.

저는 속으로 생각했지요,

'목사님도 주님의 부담을 지고 있는 것처럼 보입니다.'

저는 이 시기에 그가 우리 주님의 말씀을 인용했던 것을 결코 잊지 못합니다.

"나의 하나님, 나의 하나님, 어찌하여 나를 버리셨나이까?"

그 날카롭고, 울부짖으며, 거의 비명을 지르는듯한 외침, 그리고 한없이 슬픈 음조는, 저에게 그런 것처럼 틀림없이 많은 다른 사람들의 마음에도 와 닿았을 것입니다. 목사님이 심각한 사고를 피한 일을 언급하면서 감사하던 모습을 볼 때는 아주 즐거웠습니다. 그는 그 일을 <섭리>라는 제목의 설교에서 언급하셨지요. 그때는 1858년 4월이었고, 그는 요한복음 17장 24절에서 설교하셨습니다. 예배를 마치고 오는 길에, 저는 내 친구에게 그 설교에 대한 내 소감을 들려주었지요. 그러자, 내게는 낯설었던 어느 연로하신 분이 내가 말하는 것을 듣고는 이렇게 말씀하시더군요,

"아! 얘야, 그 설교가 우리로 천국에 가고 싶어 하도록 만들었지?"

저는 <악인의 삶, 장례식, 그리고 묘비명>에 대한 설교에서도 큰 감명을 받았습니다. 그 설교에는 특별히 엄숙한 무언가가 있었습니다. 도입부에서, 그 설교자는 교회 경내의 무덤 사이에서 놀고 있는 어린이들에 대해 말했고, 스탬본에서의 그의 어린 시절을 회상했지요. 하지만 그가 8월에 '네가 사는 날을 따라서 능력이 있으리로다'(신 33:25)라는 본문으로 설교할 때는 얼마나 행복했던지요. 그는 이전 며칠간 몸이 편치 않은 상태였었는데, 그때 우리가 부른 찬송가의 두 소절을 저는 잘 기억합니다.

> '그가 네 질병을 치유하시고
> 너를 다시 젊게 하시네.'

9월에, <그의 이름은 기묘자!>라는 제목의 설교를 내 친척 숙녀와 함께 들었답니다. 그녀는 수년 후, 내가 그녀를 볼 때마다 그때의 설교에 대해 감탄조로 언급했습니다. 그리고 다음 달에, 사모님이 잘 아시겠지만, 스펄전 목사님은 심한 고통으로 일을 놓으셨고, 불가피하게 3주간 그 음악당에 오지 못했습니다. 저는 그의 복귀를 기억합니다. 아픈 후 첫 주일에, 그는 거의 부축을 받고 끌려오듯이 강단 계단을 올랐습니다. 예배의 앞부분은 브리스틀의 프로버트 씨에 의해 매끄럽게 인도되었습니다.

11월에 전해진 <삼손>에 대한 설교를 저는 듣지 못했습니다. 제가 몸이 아팠기 때문입니다. 그 주일 오전에 저는 혼자서 '은혜, 아주 아름다운 말일세', '너희는 그 나팔을 불라' 같은 찬송을 혼자서 부르려고 애썼답니다. 두 찬송 모두 스펄전 목사님이 아주 좋아하셨던 곡이랍니다.

1858년 12월 19일, 서리 가든의 회중은 별안간 아주 작은 규모로 줄었습니다. 날씨가 나쁘지 않았지만, 연단은 절반 정도만 찼고, 3층 회랑은 거의 비어있었고, 전체로는 3/4 정도만 채워졌습니다. 스펄전 목사님은 하나님의 사랑에 관하여 은혜로운 말씀을 전하셨습니다. 저는 회중의 수가 줄어든 것

이 목사님께 어떤 영향을 주었을까 궁금했기에, 저녁에 뉴 파크 스트리트교회로 갔습니다. 그는 분명 슬퍼 보였습니다. 하지만 설교를 이어가면서 그의 심령은 고양되었습니다.

나는 그 주간 내내 다음 주일엔 그 음악당이 어떤 모습일지 다소 걱정했습니다. 그날이 왔고, 비가 내렸습니다. 저는 더욱 걱정되었습니다. 하지만, 내 누이와 함께 걸어서 예배드리러 갈 때, 온통 젖은 상태였지만, 그녀가 한 말을 기억합니다.

"어쨌든 우리 두 사람은 참석하는 셈이네."

하지만 저는 계속해서 지레 걱정만 했습니다. 도착하면서, 저는 회중이 지난 주일보다 훨씬 많다는 것을 알았고, 잠시 후에는 원래 규모로 늘어난 것을 보았습니다. 새해(1859년) 초반에, 스펄전 목사님이 미국에 가신다는 소문이 돌았고, 그는 청중에게 잠시 출타할 수도 있다고 말함으로써 소문을 확인해주었습니다.

하지만, 우리는 그가 미국에 가지 않은 것을 압니다. 이 무렵, 그는 아주 능력 있는 설교를 전했는데, 그 제목은 <개혁하라>였습니다. 그 설교의 일부는 춤과 극장 및 사람들의 오락을 겨냥했습니다. 그 청중 가운데 기분이 상한 사람이 있었을까, 지금도 저는 궁금합니다.

한두 달 후에, 찬송을 부르던 중에, 그가 별안간 멈추더니 이렇게 말했습니다,

"얼마 전에, 내가 어느 유대인 회당에서 예배를 드리고 있을 때, 나는 거기서 만나는 친구들의 풍습대로 모자를 쓰고 있었습니다. 나는 두 신사를 주목하는데, 아마도 유대인의 신념을 가졌는지 지금 모자를 쓰고 있습니다. 우리가 예배를 위해 모였을 때는, 친절하게도, 모자를 벗어주시겠습니까?"

저는 언급되는 그 당사자들을 보진 못했지만, 아마도 그들은 설교자가 부탁한 대로 따랐을 것입니다. 잠시 멈추어진 후에, 다시 예배가 진행되었으니까요. 예배가 시작된 후에, 경외심 없이 다소 허세를 부리며 모자를 쓰고 있는 사람에게, 그토록 친절한 태도로 꾸지람을 줄 수 있는 사람은 많지 않습니다.

7월의 첫 주일에, 스펄전 목사님은 "그 아들에게 입맞추라, 그가 진노하시지 않도록"(시 2:12, KJV)이라는 본문으로 연민이 가득한 설교를 하셨습니

다. 다음 주일 오후에, 그는 설교에서 클래펌 커먼(Clapham Common)에 대해, 2주 전에 그곳의 한 나무 아래에서 한 사람이 번개에 맞아 죽은 사건을 언급했습니다. 1859년 7월 17일, <하나님의 능하신 행동의 이야기>라는 설교를 저는 잊지 못합니다.

제 기억으로는, 그 음악당의 당국자들이 그 장소에서 주일 저녁에 음악회를 열자고 제안했지만, 스펄전 목사님의 위협 때문에 그렇게 하지 못했습니다.

그날 오전에 목사님 자신이 설교에 얼마나 흠뻑 빠지셨는지요!

그날은 또 어찌나 더웠던지, 목사님은 연신 이마에서 땀을 닦아내셨습니다. 하지만 그 자신의 불편이 설교에 영향을 미치진 않았고, 그의 말은 마치 성스러운 웅변의 급류처럼 흘렀습니다.

사모님도 아시듯이, 8월에는 태버너클의 초석이 놓였습니다. 이제 그 폐허에 대한 느낌은 옛 유대인이 첫 성전의 붕괴를 생각했을 때 경험했던 느낌과 비슷하게 여겨질 수 있습니다. 새 태버너클은 결코 예전의 태버너클과 같을 수 없으니까요. 저는 1859년 12월 11일, 그 음악당에서 열린 마지막 예배에 참석했습니다. 안개가 많이 낀 날이었습니다. 하지만 그곳은 정말 채워질 수 있는 대로 꽉 채워졌습니다. 나는 2층 회랑의 앞 좌석에 앉았고, 그래서 사람들로 채워진 장관을 볼 수 있었습니다.

스펄전 목사님은 <하나님의 뜻을 다 전하는 것>에 대해 설교하셨습니다. 마지막에는 언제나 좀 슬프게 느껴지는 무언가가 있습니다. 예배를 마치고 오는 동안, 저는 '내 젊은 날의 가장 행복한 경험 중의 하나가 이제는 과거가 되었구나' 하고 느꼈습니다. 내 견해로는, 스펄전 목사님의 아름다운 삶에서 가장 낭만적인 무대 역시 그렇게 지나간 것 같습니다.

일전에, 저는 그 옛 정원의 입구였던 곳 반대편에 서 있었습니다. 그 이후로 40년 이상 흘러간 세월에 대해 생각하지 않을 수 없었습니다. 그때는 마차들이, 마치 시내처럼, 멋스러운 사람들이 사는 이웃을 오르락내리락 굴러다녔지요. 예배가 끝나면 수천의 사람들이 그 강당에서 쏟아져 나왔습니다. 그 젊은 목사가 떠나는 것을 보려고 기다리는 사람들도 있었답니다. 그가 모자를 벗은 채 다가오는 것이 보이면, 한 무리의 사람들이 친절하고도 존경스러운 말투로 소리치곤 했습니다,

"모자를 쓰세요, 목사님, 모자를 쓰세요."

이제 모든 것이 변했습니다. 한때는 생명, 흥분, 호기심이 있던 곳에, 따분함, 무감각, 활력 없는 치세만 남았습니다.

젊은 시절의 찰스 해돈 스펄전, 그리고 고령의 글래드스턴(W. E. Gladstone)은, 19세기의 가장 아름다운 현상이 아니었던가요?

둘 다 떠나갔습니다. 하지만 저는 항상, 그 훌륭하고 고상한 사람들의 영향력 아래에 살았던 것을, 큰 특권이자 높은 명예라고 간주합니다."

*   *   *

1872년 10월 6일, 메트로폴리탄에서 요한복음 14장 16절 말씀으로 설교했을 때, 그 위대한 설교자의 입에서 나온 다음의 증언은, 초기 시절에 깨달은 주된 교훈에 대한 놀라운 요약이다. 그것이 이 책의 적절한 결론을 제공한다.

이 순간 우리 존재에 대한 유일한 지지는 우리 가운데 계시는 보혜사의 활동입니다.

그분이 여전히 그리스도를 위해 활동하시고 또 증언하십니까?

나는 그분이 어떤 교회들에는 계시지 않은 것을 염려합니다. 하지만 '여기서' 우리는 그분을 보았습니다. 이 장소에서 그분의 활동들을 보십시오. 거의 이십 년 전에 우리 사역은 이 도시에서 시작되었습니다. 많은 반대와 적대적인 비평과 더불어, 설교자는 사방팔방으로 저속하고, 배우지 못했고, 사실상 '일시적인 화젯거리'에 불과하다는 비난을 받았습니다.

예수 그리스도는 우리를 통해, 사람들이 익히 들어왔던 것보다 더 단순한 언어로 전파되셨습니다. 그리고 우리의 모든 설교는 옛 방식의 복음으로 가득했습니다. 많은 다른 강단들이 지성적이었지만, 우리는 청교도적이었습니다. 설교자의 대다수는 미사여구의 수필을 들려주었습니다. 하지만 우리는 사람들에게 복음을 주었고, 저 옛 종교개혁자들의 교리, 칼빈주의 진리, 아우구스티누스의 가르침, 바울의 교리를 세상 앞에 제시했습니다. 우리는, 아는 체하는 사람들이 우리를 칭하듯이, '전도 폭발의 메아리'가 되는 것을 부끄러워하지 않았습니다.

우리는 그리스도와 그분의 십자가에 못 박히심을 전했습니다. 그랬더니, 이 이십 년의 세월이 흐르는 동안, 우리의 회중이 줄었습니까?
이 거대한 자리가 가득 차지 않았던 적이 언제입니까?
회심자들이 없던 적이 있었나요?
회심자 없이 주일이 지나간 적이 있었던가요?
파크 스트리트에서 작았을 때부터, 지금까지 이 교회의 역사는 승리의 행진을 이어오지 않았던가요?
전쟁에서 전리품을 얻듯이 우리는 사람들의 마음과 영혼을 얻었습니다. 그리고 이 전쟁의 깃발은 줄곧 십자가에 못 박히신 그리스도였습니다. 지금도 여전히 그렇습니다.
사람들이 복음으로 돌아가 그것을 불처럼 전하게만 하십시오. 말의 단정함과 세련된 화술의 매력이 아니라, 불타는 가슴이 그들을 강권하는 대로, 그리고 하나님의 영이 그들에게 말하도록 가르치시는 대로 말하게 하십시오.
그러면 위대한 표적과 기사들이 보일 것입니다. 우리는 그런 증언에 뒤따르는 표적을 얻을 것입니다. 우리는 세상에 다른 대답을 할 수 없습니다. 그들이 조롱하고, 악을 쓰고, 저주하고, 거짓말을 하게 내버려 두십시오.
하나님이 그들에게 대답하실 것입니다. 우리의 몫은 하나님의 성령 능력으로 계속해서 그리스도를 전하고 구주를 영화롭게 하는 것입니다.

부록

뉴 파크 스트리트교회 회중의 신앙과 실천 선언문

이 선언문은 존 길(John Gill) 박사 재임 때, 당시 교회가 카터 레인(Carter Lane)에서 모였을 때 작성되었다. 이 선언문이 언제부터 쓰이지 않게 되었는지는 알려지지 않았으나, 스펄전 목사에 의해 분명하게 수용되었고 또 그의 시대에 교회에서 가르쳐졌다(28장의 전반부 참조).

그리스도의 교회의 신앙과 실천에 관한 선언문

* 서더크 카터-레인에서, 존 길 박사의 목회적 돌봄 하에, 입회 회원들에게 읽히고 승인을 받음.

1. 우리는 구약과 신약 성경이 하나님의 말씀이며 신앙과 실천의 유일한 기준임을 믿는다.

2. 우리는 살아계시고 참되신 하나님이 오직 한 분이신 것과, 한 분 하나님 안에 본질과 능력과 영광에서 동일하신 아버지와 아들과 성령의 세 위격이 계신 것과, 아들과 성령이 아버지와 마찬가지로 참되고 합당하게 하나님이신 것을 믿는다. 하나님의 세 위격은 독특한 관계적 특성에 의해 서로 구별되신다. 제1 위격 하나님의 구별되는 관계적 특성은 나으시는 것(begetting)이다. 그는 그와 같은 본성의 아들을 낳으셨고, 아들은 그의 본체의 형상이시기에, 아주 합당하게 아버지(the Father)로 불리신다.

제2 위격 하나님의 구별되는 관계적 특성은 나셨다(begotten)는 것이며, 그래서 그는 아버지의 독생자이자 정당한 아들로 불리신다. 나셨다는 것은 천사들이나 사람들처럼 창조에 의해 나셨다는 것이 아니며, 성도처럼 입양에 의한 것도 아니고, 치안 판사들처럼 직무에 의한 것도 아니라, 본성상, 신적 본성에 있어서 아버지의 영원한 발생(generation)에 의해 나신 것이며, 그러므로 그는 진정으로 아들(the Son)이라고 불리신다.

제3 위격 하나님의 구별되는 관계적 특성은 아버지와 아들에 의해 숨결이 되셨다(be breathed)는 것이며, 아버지와 아들 모두로부터 발출하시고(proceed), 그러므로 아주 합당하게 아버지와 아들 모두의 영(Spirit) 혹은 숨(Breath)이라고 불리신다. 이처럼 세 위격으로 구별되는 하나님을, 우리는 유일하게 참되신 하나님으로서 공경하고, 섬기고, 예배한다.

3. 우리는 하나님께서 창세 전에 일정 수의 사람들을 영원한 구원에 이르도록 선택하신 것과 그의 기뻐하시는 뜻을 따라 예수 그리스도에 의해 그들을 자녀로 삼으시기로 예정하신 것을 믿으며, 또한 그 은혜로운 계획을 수행하기 위해, 그 사람들을 위해 그 아들 예수 그리스도와 은혜와 평화의 언약을 맺으셨으며, 그로써 한 구주가 임명되셨고, 그들을 위해 모든 영적인 복이 주어진 것을 믿는다. 또 우리는 선택된 사람들의 모든 은혜와 영광이 그리스도의 손에 넘겨졌고, 그분의 돌봄과 책임에 맡겨진 것을 믿는다.

4. 우리는 하나님이 첫 사람 아담을, 그분을 섬기고 영화롭게 할 수 있도록, 자기의 형상과 모양을 따라 정직하고, 거룩하고, 순수한 피조물로 창조하셨지만, 아담이 죄를 범하였고, 그의 모든 후손도 그 안에서 죄를 지어 하나님의 영광에 이를 수 없게 되었음을 믿는다. 아담의 죄책이 전가되고, 그에게서 비롯된 부패한 본성은 보통의 자연적인 출생에 의해 모든 후손에게 미쳤다.

인간은 육적이고 부정한 첫째 출생에 의해서는 모든 선을 싫어하고, 어떤 선도 행할 수 없으며, 오히려 모든 죄에 기울어졌으므로, 본성으로는 진노의 자녀이며 정죄 아래에 놓이게 되었다. 그리하여 신체적 죽음 및 그와 관련된 도덕적이고 영적인 죽음의 지배를 받을 뿐 아니라, 첫 '아담' 안에 있는 타락한 죄인으로서는 영원한 죽음에 이르게 되었다. 그런 정죄로부터의 구원은 다른 어디에서도 오지 않으며, 오직 두 번째 '아담'이신 그리스도에 의해서만 가능하다.

5. 우리는 주 예수 그리스도께서 영원 전부터 언약의 중보자로 세워지신 것과, 그가 자기 백성의 보증이 되신 것과, 때가 차매 실제로 인간의 본성을 취하신 것을 믿는다. 그의 인간 정신(human soul)은 피조된 것으로서, 영원 전부터 존재한 것이 아니며, 그가 동정녀의 태에 잉태되었을 때, 그 안에 인간의 영을 형성하신 분에 의해 그의 몸에서 창조되고 형성되었다. 그러므로 그의 인성(human nature)은 실제 몸과 이성적 정신으로 구성되었으며, 그 두 가지 모두를 하나님의 아들이 취하여 그의 신적 인격과 연합시키셨다. 인성 안에서 그는 실제로 자기 백성을 위하여, 그들을 대신하여 고난을 당하고 죽으셨으며, 그로써 속죄를 다 이루고, 율법과 하나님의 공의를 만족시키셨으며, 자기 백성에게 필요한 영원한 복을 주는 길이 되셨다.

6. 우리는 그리스도께서 자기 피를 흘리심으로써 획득하신 영원한 속량이 특별하고 특정한 것이라고, 즉, 그것이 오직 하나님이 택하신 자들 곧 그리스도의 양들을 위하여 의도적으로 계획된 것이며, 오직 그들만이 그 특별하고도 특정한 복에 참여한다고 믿는다.

7. 우리는 하나님이 택하신 백성의 칭의는, 그들이 행한 어떤 의로운 행위와는 무관하게, 오직 그들에게 전가되는 그리스도의 의에 의해서만 가능하다고 믿으며, 과거와 현재와 장래에 그들의 죄와 불의에 대한 충만하고도 값없이 주어지는 용서는 오직 그리스도의 피에 의해, 그의 은혜의 풍성함을 따라 주어진다고 믿는다.

8. 우리는 중생, 회심, 성화, 믿음의 역사가, 인간의 자유의지와 능력의 행위가 아니라, 하나님의 강력하고 효과적이며 거부할 수 없는 은혜의 행위임을 믿는다.

9. 우리는 아버지에 의해 택함을 받고 아들에 의해 속량함을 받은 모든 사람이, 틀림없이 또 최종적으로 견인(堅忍)할 것과 그들 중 아무도 멸망치 않고 영생을 얻을 것을 믿는다.

10. 우리는 의인과 악인들 모두를 포함하여 죽은 자의 부활이 있을 것과 그리스도께서 다시 오셔서 산 자와 죽은 자를 심판하실 것과 그가 악인에게는 보응하시